SILKE SCHÖPS

Vom Stimmrecht zum Wahlrecht

Eine rechts- und verfassungsgeschichtliche Untersuchung zur politischen Partizipation von Frauen im Rahmen des bürgerlichen Verfassungsstaates des 19. und beginnenden 20. Jahrhunderts insbesondere in Sachsen

SV SAXONIA VERLAG für Recht, Wirtschaft und Kultur

Zugl.: Dresden, Techn. Univ., Diss., 2017

SV SAXONIA VERLAG für Recht, Wirtschaft und Kultur GmbH
Lingnerallee 3, 01069 Dresden
Tel. (03 51) 48 52 60, Fax (03 51) 4 85 26 61
E-Mail: office@saxonia-verlag.de
Internet: http://www.laenderrecht.de

Druck: PRINT GROUP Sp. z o. o., ul. Księcia Witolda 7, 71-063 Szczecin (Polen)

ISBN: 978-3-946374-44-2

Vorwort

Die vorliegende Untersuchung wurde von der Juristischen Fakultät der Technischen Universität Dresden im Sommersemester 2016 als Dissertation angenommen.

Für die hilfreiche und verständnisvolle Begleitung bin ich vor allem meinem Doktorvater, Herrn Professor em. Dr. Dieter Wyduckel, verpflichtet, der krankheitsbedingt und schließlich durch seinen Tod im August 2015 meine Arbeit leider nicht bis zum Ende begleiten konnte. Besonders danke ich deshalb Herrn Prof. Dr. Martin Schulte, der die Betreuung meiner Dissertation bereitwillig übernahm und zum erfolgreichen Ende führte.

Mein Dank gilt ebenfalls Herrn Professor Dr. Ansgar Hense, Direktor des Instituts für Staatskirchenrecht der Diözesen Deutschlands in Bonn, für die zügige Erstellung des Zweitgutachtens und Herrn Professor Dr. Ullrich Fastenrath für seine Tätigkeit als Vorsitzender des Prüfungsausschusses.

Meiner Tochter Freya, die allzu oft auf mich verzichten musste, und meinen Eltern danke ich für ihre Unterstützung, Aufmunterung und – insbesondere meiner Mutter – für viele Stunden Korrekturlesen.

Dresden, im März 2017

INHALTSVERZEICHNIS

Quellen- und Literaturverzeichnis

A. Quellen

I. Ungedruckte Quellen

Sächsisches Hauptstaatsarchiv (SächsHStA) Dresden

- 10055 Amt Hohnstein mit Lohmen
  - Nr. 0803 Einführung der Landgemeindeordnung in Hainersdorf 1838-1854
  - Nr. 0805 Einführung der Landgemeindeordnung in Hinterhermsdorf 1838-1853
  - Nr. 0806 Einführung der Landgemeindeordnung in Hinterhermsdorf 1847-1855
  - Nr. 0812 Einführung der Landgemeindeordnung in Oberposta 1838-1854
  - Nr. 0933 Einführung der Landgemeindeordnung in Niederposta 1838-1851
- 10057 Kreisamt Meißen
  - Nr. 2110 Die Einführung der Landgemeindeordnung in Gasern und Wahlen der Gemeindevertretung 1839-1856, 1862, 1868, 1875
- 10692 Ständeversammlung
  - Nr. 8623 Acta der II. Kammer die Petitionen der Gemeinde Lindenau und Genossen, die Anwendung der Bestimmungen von §§ 15-24 der Rev. Städte-Ordn. auf größere Landgemeinden betr.
- 10697 Gesamtministerium
  - L III/1 Loc. 60 Nr. 1, Bd. 3
- 10736 Ministerium des Innern, Sektion 1: Organisation, innere Verwaltung des Ministeriums und Zusammenarbeit mit anderen Ministerien
  - Nr. 9328 Vorarbeiten des Ministeriums des Innern für eine neue Verwaltungsorganisation in Sachsen 1863-1865
- 10736 Ministerium des Innern, Sektion 4: Wahlen und Parlamentsangelegenheiten Nr. 5445 Änderungen des Reichstagswahlgesetzes und des Wahlreglements
- 10736 Ministerium des Innern, Sektion 6: Gemeindesachen und Kommunalaufsicht
  - Nr. 326 Die über Einführung einer allgemeinen Gemeinde-Ordnung in einem deutschen Nachbar-Staate aufgenommenen Vorarbeiten sowie den Gesetzentwurf, die Wahlen der Gemeindevertreter betreffend 1848
  - Nr. 844/1 Die Revision der Gemeindeverfassung

    - Nr. 962a-e Die städtische Verfassung betreffend
    - Nr. 2179 Entwurf einer Landgemeinde-Ordnung 1831
    - Nr. 2180c Entwurf einer Landgemeindeordnung
    - Nr. 3911 Der Stadt Brand communliche Angelegenheiten 1835
    - Nr. 3912 Der Stadt Brandis communliche Angelegenheiten 1835
    - Nr. 3984 Das Localstatut für die Stadt Lunzenau 1840
    - Nr. 3995 Das Localstatut für das Städtchen Naunhof 1840
    - Nr. 3996 Der Stadt Nerchau communliche Angelegenheiten 1833
    - Nr. 4121 Die Einführung der Landgemeindeordnung in kleinen Städten
    - Nr. 4133 Die Stimmberechtigung und Wählbarkeit auf dem Lande betreffend 1839
    - Nr. 4152 Das Gesetz, die Wahlen in den Landgemeinden u. einige damit zusammenhängende Bestimmungen vom 12. Juli 1864
- 10754 Amtshauptmannschaft Dresden
    - Nr. 1204 Gemeindewahlen Obergorbitz
    - Nr. 1824 Ortsstatut von Löbtau
    - Nr. 2736 Ortsstatut von Pieschen
    - Nr. 3317 Ortsstatut von Striesen

II. Parlamentaria

Landtags-Acten vom Jahre 1830/31, 4 Bd., Dresden 1830/31

Landtags-Acten

- 1. Abtheilung: Die königlichen Mittheilungen an die Kammern und die Eingaben der Letzteren an den König enthaltend, Dresden 1833/34-1871/73
- 2. Abtheilung: Die Protocolle der 1. Kammer, Dresden 1833/34-1871/73
- 2. Abtheilung: Die Protocolle der 1. Kammer, Beilagen zu den Protocollen der 1. Kammer, Dresden 1833/34-1871/73
- 3. Abtheilung: Die Protokolle der 2. Kammer, Dresden 1833/34-1871/73
- 2. Abtheilung: Die Protocolle der 2. Kammer, Beilagen zu den Protocollen der 2. Kammer, Dresden 1833/34-1871/73
- 4. Abteilung: Die als Handschrift für die Mitglieder der Kammern gedruckten Schriften enthaltend, Dresden 1833/34-1871/73

Acten des außerordentlichen Landtags

- 1. Abtheilung: Die königlichen Mittheilungen an die Kammern und die Eingaben der Letzteren an den König enthaltend, Dresden 1847-1862

- 2. Abtheilung: Die Protocolle der 1. Kammer enthaltend, Dresden 1847-1862
- 2. Abtheilung: Die Protocolle der 1. Kammer, Beilagen zu den Protokollen der 1. Kammer enthaltend, Dresden 1847-1862
- 3. Abtheilung: Die Protokolle der 2. Kammer enthaltend, Dresden 1847-1862
- 3. Abtheilung: Die Protocolle der 2. Kammer, Beilagen zu den Protocollen der 2. Kammer, Dresden 1847-1862

Landtags-Akten

- Königliche Dekrete nebst Anfugen, Dresden 1873/74-1917/18
- Ständische Schriften, Dresden 1873/74-1917/18
- Berichte der 1. Kammer, Dresden 1873/74-1917/18
- Berichte der 2. Kammer, Dresden 1873/74-1917/18

Mittheilungen über die Verhandlungen des Landtags im Königreiche Sachsen, Dresden 1831-1836/37

Mitteilungen über die Verhandlungen des Ordentlichen Landtags im Königreiche Sachsen, 1. Kammer, Dresden 1839/40-1917/18

Mitteilungen über die Verhandlungen des Ordentlichen Landtags im Königreiche Sachsen, 2. Kammer, Dresden 1839/40-1917/18

Mitteilungen über die Verhandlungen des Außerordentlichen Landtags im Königreiche Sachsen, 1. Kammer, Dresden 1847-1904

Mitteilungen über die Verhandlungen des Außerordentlichen Landtags im Königreiche Sachsen, 2. Kammer, Dresden 1847-1904

Mitteilungen über die Verhandlungen des Außerordentlichen Landtags im Königreiche Sachsen, Dresden 1854-1915

Verhandlungen des Bayerischen Landtags. Ordentliche und außerordentliche Tagung 1919

Stenographische Berichte über die Verhandlungen des Deutschen Reichstags

- 9. Legislaturperiode, III. Session 1894-1895, Bd. 159
- 13. Legislatur-Periode, I. Session 1912/14, Bd. 301
- 13. Legislatur-Periode, II. Session 1914/17, Bd. 310, 321, 325

Handbuch für den Preußischen Landtag. Ausgabe für die 1. Wahlperiode (von 1921 ab), Berlin 1921

Verzeichnis der Mitglieder, Ausschüsse und Fraktionen der Volkskammer des Freistaates Sachsen, 1919

Verzeichnis der Mitglieder, Ausschüsse und Fraktionen der Volkskammer des Freistaates Sachsen nach dem Stande vom 6. Mai 1920

Reden für die deutsche Nation 1848/49. Stenographischer Bericht über die Verhandlungen der deutschen constituirenden Nationalversammlung zu Frankfurt am Main, hrsg. v. Wigard, Franz, Bd. 7, Frankfurt am Main 1849, Neudr. München 1988

III. Statistische Veröffentlichungen

Bevölkerung des Königreichs Sachsen am 1. Dezember 1834, in: Mittheilungen des Statistischen Vereins für das Königreich Sachsen, 6. Lfg., Dresden 1835, S. 1-45

Bevölkerung des Königreichs Sachsen am 1. Dezember 1837, in: Mittheilungen des statistischen Vereins für das Königreich Sachsen. 10. Lfg., Dresden 1838, S. 1-58

Bevölkerung des Königreichs Sachsen am 1. Dezember 1840, in: Mittheilungen des statistischen Vereins für das Königreich Sachsen, 15. Lfg., Dresden 1842, S. 1-59

Bevölkerung des Königreichs Sachsen am 1. Dezember 1843, in: Mittheilungen des statistischen Vereins für das Königreich Sachsen, 16. Lfg., Dresden 1844, S. 1-74

Bevölkerung des Königreichs Sachsen am 3. Dezember 1846, in: Mittheilungen des statistischen Vereins für das Königreich Sachsen, 17. Lfg., Dresden 1848, S. 1-121

Die Zunahme der Bevölkerung im Königreich Sachsen von 1834 bis 1849, in: Statistische Mittheilungen aus dem Königreich Sachsen herausgegeben vom statistischen Bureau des Ministeriums des Innern. Bevölkerung. Erste Abtheilung. Stand der Bevölkerung nach der Zählung vom 3. Dezember 1849, 1. Lfg., Dresden 1851, S. 2-176

BURKHARDT, FELIX: Die Entwicklung der sächsischen Bevölkerung in den letzten 100 Jahren. Statistische Untersuchungen unter besonderer Berücksichtigung zwischen Bevölkerung und Wirtschaft, in: SächsStLAZ 77 (1931), S. 1-69

LOMMATZSCH, GEORG: Die Einwohnerzahlen der Landgemeinden von 1834-1900 und die Veränderungen in der Verwaltungseinteilung des Königreiches seit 1815, in: SächsStLAZ 51 (1905), S. 12-91

Die Volkszählungs-Ergebnisse von 1832-1910, in: SächsStLAZ 61 (1915), S. 1-48

[WÜRZBURGER, EUGEN]: Die Wahlen für die Zweite Kammer der Ständeversammlung von 1869 bis 1896, in: SächsStLAZ 51 (1905), S. 1-12

Statistik der Urwahlen für die zweite Kammer der Ständeversammlung in den Jahren 1897 bis 1901, nebst Nachtrag, betreffend die Urwahlen von 1903, in: ZSächsStatB 49 (1903), S. 1-64

Die Wahlen für die zweite Kammer der Ständeversammlung in den Jahren 1903 bis 1907, in: SächsStLAZ 54 (1908), S. 168-171

Die Wahlen für die Zweite Kammer der Ständeversammlung vom Oktober und November 1909, Erster Teil, in: SächsStLAZ 55 (1909), S. 220-246

Die Wahlen für die Zweite Kammer der Ständeversammlung vom Oktober und November 1909, Erster Teil (Schluss), in: SächsStLAZ 57 (1911), S. 1-168

Die Wahlen für die Zweite Kammer der Ständeversammlung vom Oktober und November 1909, Zweiter Teil, in: SächsStLAZ 58 (1912), S. 259-331

IV. Sonstige gedruckte Quellen

Sammlung der Gesetze und Verordnungen für das Königreich Sachsen, 1832-1834

Gesetzes- und Verordnungsblatt für das Königreich Sachsen, 1835-1918

Gesetz- und Verordnungsblatt für die Republik Sachsen, 1918-1919

Gesetz- und Verordnungsblatt für den Freistaat Sachsen, 1919-1920

Reichs-Gesetz-Blatt, Frankfurt/Main 1848-1849

Bundes-Gesetzblatt des Norddeutschen Bundes, Berlin 1867-1871

Reichsgesetzblatt, Berlin, 1871-1922

Gesetz-Sammlung für die Königlich Preußischen Staaten, 1806/1810, 1831, 1850, 1872

Großherzoglich Badisches Staats- und Regierungsblatt, 1832

Quellen-Sammlung zu dem Oeffentlichen Recht des Teutschen Bundes. Enthaltend die Schluß-Acte des Wiener Congresses, den Frankfurter Territorial Receß, die Grundverträge des Teutschen Bundes, und Beschlüsse der Bundesversammlung von allgemeinem Interesse, hrsg. v. KLÜBER, JOHANN LUDWIG, 3. Aufl., Erlangen 1830, Neudr. Leipzig 1970

PÖLITZ, KARL HEINRICH LUDWIG: Die europäischen Verfassungen seit dem Jahre 1789 bis auf die neueste Zeit. Mit geschichtlichen Erläuterungen und Einleitungen, Bd. 4, hrsg. v. BÜHLAU, FRIEDRICH, 1. Abth., die Verfassungen des teutschen Staatenbundes seit dem Jahre 1833 enthaltend, 2. Aufl., Leipzig 1847

DERS.: Die Verfassungen des teutschen Staatenbundes seit dem Jahre 1789 bis auf die neueste Zeit. Mit geschichtlichen Erläuterungen und Einlei-tungen, fortgesetzt von BÜHLAU, FRIEDRICH, 2. Aufl., Bd. 1, Leipzig 1832, Neudr. Hildesheim 1999

Codex Saxonicus. Chronologische Sammlung der gesamten praktischgültigen königliche Sächsischen Gesetze von den ältesten Zeiten, vom Jahre 1255 an bis zum Schlusse des Jahres 1840; mit einem alphabetisch-systematischen Repertorium von SCHAFFRATH, WILHELM MICHAEL, 2 Bde., Leipzig 1842

Das Allgemeine Landrecht für die Preußischen Staaten in der seit dem 1. Januar 1900 gültigen Umfang. Ausgabe mit Anmerkungen, hrsg. v. LANDÉ, PAUL/ HERMES, RUDOLF, 4. Aufl., Zweiter Theil, Berlin 1905.

Jahrbücher des Königlich Sächsischen Oberverwaltungsgerichts 4 (1904), 6 (1905)

Vollständige Sammlung aller in Folge der in Dresden stattgefundenen Ereignisse vom 10. September 1830 an publicirten Bekanntmachungen, Verordnungen, Befehle, Proclamationen und dergleichen. Ergangen von Er. Allerhöchst verordneten Commission so wie von den betreffenden Behörden, Dresden, o. J.

Dokumente zur deutschen Verfassungsgeschichte, hrsg. v. HUBER, ERNST RUDOLF, Bd. 1, 3. Aufl., Stuttgart 1978; Bd. 2, 3. Aufl., Stuttgart 1986; Bd. 3, 3. Aufl., Stuttgart 1990

Sitzungsberichte der Stadtverordneten zu Dresden, 1871-1922

Wahlliste oder Verzeichniß der, bei der, nach Vorschrift der allgemeinen Städteordnung, vorzunehmenden Wahl von Stadtverordneten und Ersatzmännern, stimmberechtigten und wählbaren Bürger der Stadt Dresden, vom 31. Dezember 1838; vom 18. November 1841, mit den Berichtigungen vom 22. November 1841; vom 3. Oktober 1844, mit Berichtigungen vom 3. Oktober 1844; vom 4. September 1847, mit Berichtigungen vom 11. September 1847

B. Zeitschriften und Zeitungen[1]

Außerordentliche Beilage zur Leipziger Zeitung. Nachrichten vom Landtag

Die Biene. Volksblatt für Sachsen, Jg. 1848/49

Denkwürdigkeiten für Sachsen

Dresdner Anzeiger, Jg. 1918-1919

Dresdner Neueste Nachrichten, Jg. 1918-1919

Dresdner Tageblatt und Elbthalbote. Amtsblatt der Gemeinden Striesen, Blasewitz und Laubegast, Jg. 1884

Dresdner Volkszeitung

Elbtal-Abendpost. Allgemeine Zeitung für Dresden und Umgebung. Amtsblatt für die Amtshauptmannschaft Dresden-Altstadt, sowie Gemeindevorstand und Gemeinderat zu Altfranken, Briesnitz, Coschütz, Cossebaude, Döltzschen, Gohlis, Gompitz, Kaitz, Kemnitz, Leutewitz, Niedergorbitz, Obergorbitz, Omsewitz und Stetzsch, 44. Jg. (1919)

[Fischers] Zeitschrift für Praxis und Gesetzgebung der Verwaltung zunächst für das Königreich Sachsen

Leipziger Allgemeine Zeitung

Leipziger Volkszeitung

Mittheilungen für das Erzgebirge und Voigtland, Jg. 1836

---

[1] Sofern die Beiträge im nicht einzeln folgenden unter C. Schrifttum aufgeführt sind.

Pirnaisches Wochenblatt

Der Sächsische Communalgardist

Sachsenzeitung

Sächsische Staatszeitung

C. Schrifttum

Adreß-Buch der Gemeinde Striesen. 1890, Striesen 1891

ALTMANN-GOTTHEIMER, ELISABETH: Wie erlangen wir das Gemeindewahlrecht, in: Die Frau 18 (1910/11), S. 98-106

„Ameisenschreiber", siehe Philippi, (Karl) Ferdinand

ANONYM („Von einem Höheren Verwaltungsbeamten"): Über die Verwaltungsorganisation in Sachsen, in: [Fischers] Zeitschrift für Praxis und Gesetzgebung der Verwaltung zunächst für das Königreich Sachsen 2 (1881), S. 289-308 und 338-346

ANSCHÜTZ, GERHARD: Das Programm der Reichsregierung, in: JW 47 (1918), S. 751-752

APOLANT, JENNY: Das kommunale Wahlrecht der Frauen in den deutschen Bundesstaaten, hrsg. v. Deutschen Reichsverband für Frauenstimmrecht, Leipzig 1918

ARISTOTELES: Politik, übersetzt und mit erklärenden Anmerkungen versehen von ROLFES, EUGEN, 4. Aufl., Hamburg 1981

BADURA, PETER: Die Verfassungsgeschichte des Königreichs Sachsen von 1815 bis 1918, in: 100 Jahre Allgemeines Baugesetz, hrsg. v. BAUER, HARTMUT/BREUER, RÜDIGER/DEGENHART, CHRISTOPH/OLDIGES, MARTIN, Stuttgart 2000, S. 3-18

BARTH, THOMAS/ MATZERATH, JOSEF: „... unter constitutionellem Beirath der Stände". Der Anteil der sächsischen Ständeversammlung am Wahlrecht von 1831, in: MATZERATH, JOSEF, Aspekte Sächsischer Landtagsgeschichte. Umbrüche und Kontinuitäten 1815 bis 1870, Dresden 2000, S. 25-28

BÄUMER, GERTRUD: Die Aussichten der Frau auf Zulassung zur lokalen Schulverwaltung, in: Die Frau 10 (1902/03), S. 298-306

DIES.: Die Geschichte des Bundes Deutscher Frauenvereine, in: Jahrbuch des Bundes Deutscher Frauenvereine 1921, S. 15-64

DIES.: Eine neue Gefahr für das Frauenstimmrecht, in: Die Frauenfrage 21 (1919), (zit. nach WEBERLING)

DIES.: Der erste Wahlkampf, in: Die Frau. Monatsschrift für das gesamte Frauenleben unserer Zeit, hrsg. v. LANGE, HELENE/ BÄUMER, GERTRUD, Jg. 26 (1918/19), S. 133-137

DIES.: Die politische Lage und die Frauenbewegung, in: Die Frauenfrage 20 (1918) (zit. nach WEBERLING)

DIES.: Zwischen den Zeiten, in: Die Frau 26 (1918/19), S. 69-72

BEBEL, AUGUST: Die Frau und der Sozialismus, 50. Aufl., Stuttgart 1910, in: August Bebel. Ausgewählte Reden und Schriften, Bd. 10/2, bearb. v. BESKE, ANNELIESE/ MÜLLER, ECKHARD, München 1996

BECK-GERNSHEIM, ELISABETH: Frauenrollen/Frauenbilder, in: Frauenlexikon. Tradition, Fakten, Perspektiven, hrsg. v. LISSNER, ANNELIESE/SÜSSMUTH, RITA/WALTER, KARIN, Freiburg im Breisgau 1989, Sp. 378-384

BECKER, HANS-JÜRGEN: Stimmrecht, in: HRG, Bd. 4, Berlin 1990, Sp. 1993-1994

DERS.: Wahl, Wahlrecht, in: HRG, Bd. 5, Berlin 1998, Sp. 1083-1086

Bemerkungen der Dresdner Sachwalter über den Entwurf der Verfassungsurkunde und das Wahlgesetz für das Königreich Sachsen, Dresden 1831

BERGER, PAUL: Die Politik der Gesetze, das Vereins- und Versammlungsrecht betreffend, in den deutschen Einzelstaaten, in: VerwA 1 (1893), S. 541-610 und 2 (1894), S. 290-339

Bericht über den Stand und die Verwaltung der Gemeindeangelegenheiten der Stadt Nerchau für die Jahre 1890 bis 1893, hrsg. v. KAULISCH, EMIL, Nerchau 1894

BERTHOLD, WILLI: Vorbemerkung zu: Die Gemeindeordnung für den Freistaat Sachsen vom 1. August 1923 in der Fassung des Gesetzes vom 15. Juni 1925, hrsg. v. DEMS., Dresden 1925

BESCHORNER, HANS: Falkenstein, Johann Paul Freiherr von, in: ADB, hrsg. v. d. Historischen Kommission bei der Bayrischen Akademie der Wissenschaften, Bd. 48, Leipzig 1904, S. 489-494

DERS.: Friesen, Richard Freiherr, in: ADB, hrsg. v. d. Historischen Kommission bei der Bayrischen Akademie der Wissenschaften, Bd. 49, Leipzig 1904, S. 143f.

BEYER, MARGA: Der Kampf der deutschen Sozialdemokratie um ein demokratisches Wahlrecht in den Jahren 1895-1897, dargestellt anhand der sächsischen Wahlrechtskämpfe 1896 und der Diskussion um die Beteiligung an den preußischen Landtagswahlen, Berlin 1970

Die Bibel. Altes und Neues Testament. Einheitsübersetzung, Freiburg 2009

BIERMANN, INGRID: Männliche Autorität oder weibliche Hingabe? Normative Konzepte zur Einheit der Familie im 19. und 20. Jahrhundert, in: ZfF&G 20 (2002), H. 4, S. 105-111

BLASCHKE, KARLHEINZ: Bevölkerungsgeschichte von Sachsen bis zur industriellen Revolution, Weimar 1967

DERS.: Das Königreich Sachsen 1815-1918, in: Beiträge zur Verfassungs- und Verwaltungsgeschichte. Ausgewählte Aufsätze von Karlheinz Blaschke aus Anlaß seines 75. Geburtstages, hrsg. v. SCHIRMER, UWE/ THIEME, ANDRÉ, Leipzig 2002, S. 527-545

DERS.: Die Dorfgemeinde in Sachsen vom 12. bis 19. Jahrhundert, in: Beiträge zur Verfassungs- und Verwaltungsgeschichte. Ausgewählte Aufsätze von Karlheinz Blaschke aus Anlaß seines 75. Geburtstages, hrsg. v. SCHIRMER, UWE/ THIEME, ANDRÉ, Leipzig 2002, S. 200-206

DERS.: Die sächsische Verfassung von 1831 als Epochengrenze, in: Beiträge zur Verfassungs- und Verwaltungsgeschichte. Ausgewählte Aufsätze von Karlheinz Blaschke aus Anlaß seines 75. Geburtstages, hrsg. v. SCHIRMER, UWE/ THIEME, ANDRÉ, Leipzig 2002, S. 576-587

DERS.: Die wirtschaftliche Entwicklung Sachsens im 19. Jahrhundert, in: 100 Jahre Allgemeines Baugesetz, hrsg. v. BAUER, HARTMUT/BREUER, RÜDIGER/DEGENHART, CHRISTOPH/OLDIGES, MARTIN, Stuttgart 2000, S. 61-72

DERS.: Dorfgemeinde und Stadtgemeinde in Sachsen, in: Beiträge zur Verfassungs- und Verwaltungsgeschichte. Ausgewählte Aufsätze von Karlheinz Blaschke aus Anlaß seines 75. Geburtstages, hrsg. v. SCHIRMER, UWE/ THIEME, ANDRÉ, Leipzig 2002, S. 207-228

DERS.: Geschichte Sachsens im Mittelalter, Berlin 1990

DERS.: Landstände, Landtag, Volksvertretung. 700 Jahre politische Mitbestimmung im Land Sachsen, in: Beiträge zur Verfassungs- und Verwaltungsgeschichte. Ausgewählte Aufsätze von Karlheinz Blaschke aus Anlaß seines 75. Geburtstages, hrsg. v. SCHIRMER, UWE/ THIEME, ANDRÉ, Leipzig 2002, S. 229-254

DERS.: Sachsen zwischen den Reformen 1763 bis 1831, in: Sachsen 1763-1832. Zwischen Rétablissement und bürgerlichen Reformen, hrsg. v. SCHIRMER, UWE, Beucha 1996, S. 9-23 (Schriften der Rudolf-Kötzschke-Gesellschaft, 3)

DERS.: Vom Dorf zur Landgemeinde. Struktur- und Begriffswandel zwischen Agrar- und Industriegesellschaft, in: Beiträge zur Verfassungs- und Verwaltungsgeschichte. Ausgewählte Aufsätze von Karlheinz Blaschke aus Anlaß seines 75. Geburtstages, hrsg. v. SCHIRMER, UWE/ THIEME, ANDRÉ, Leipzig 2002, S. 185-197

BLOS, ANNA: „Befreiung der Frau", in: Dresdner Volkszeitung. Organ für die Interessen des gesamten werktätigen Volkes, Nr. 3 vom 4. Januar 1919, S. 2

DIES.: Die Stellung der Frau im Volksstaat, in: Dresdner Volkszeitung Nr. 6 vom 10. Januar 1919, S. 2

BLUM, ROBERT: Über Gemeindewesen und Gemeindeverfassung, in: Politische Streifzüge, in: Eine neue Ausgabe des Volkstaschenbuches Vorwärts Bd. 1, hrsg. v. DEMS., Leipzig [1843], S. 152-180

BOCH, RUDOLF: Von der Heimarbeit zur Massenproduktion. Vor 200 Jahren begann in Sachsen das Industriezeitalter – Weber und Wirker verdienten das „wirkliche“ Geld, in: TU-Spektrum, Magazin der Technischen Universität Chemnitz, Jg. 1998, H. 4, S. 38-39 (http://www.tu-chemnitz.de/spektrum/98-4/tu35.html)

BOCK, GISELA/ ZIMMERMANN, MARGARETE: Die Querelle des Femmes in Europa. Eine begriffs- und forschungsgeschichtliche Einführung, in: Querelles. Jahrbuch für Frauenforschung 2 (1997), S. 9-38

BÖCKENFÖRDE, ERNST-WOLFGANG: Der Verfassungstyp der deutschen konstitutionellen Monarchie im 19. Jahrhundert, in: Moderne deutsche Verfassungsgeschichte (1815-1914), hrsg. v. DEMS., 2. Aufl., König-stein/Ts. 1981, S. 146-170

BÖCKSTIEGEL, ELKE: Volksrepräsentation in Sachsen: zur Entwicklung der Repräsentation des sächsischen Volkes von 1789-1850, München 1998 (Rechtswissenschaftliche Forschung und Entwicklung, Bd. 564)

BOETCHER JOERES, RUTH-ELLEN: Die Anfänge der deutschen Frauenbewegung: Louise Otto Peters, Frankfurt a. M. 1983 (Fischer 3729: Die Frau in der Gesellschaft)

BOETTICHER, WALTER VON: Geschichte des Oberlausitzischen Adels und seiner Güter 1635-1815, Bd. 3, Oberlößnitz b. Dresden, 1919

BÖHME, HANS-JÜRGEN: Politische Rechte des einzelnen in der Naturrechtslehre des 18. Jahrhunderts und in der Staatstheorie des Frühkonstitutionalismus, Berlin 1993 (Schriften zur Verfassungsgeschichte, Bd. 44)

BÖHMERT, VICTOR: Die Ergebnisse der sächsischen Einkommens-Abschätzungen in den Jahren 1875 und 1877, in: ZSächsStatB 23 (1877), S. 188-209

DERS.: Der sächsische Wahlgesetzentwurf und seine Folgen, Dresden 1896

BOSSE, HANS ALEXANDER VON: Die Novelle zur Revidierten Landgemeindeordnung, in: [Fischers] Zeitschrift für Praxis und Gesetzgebung der Verwaltung zunächst für das Königreich Sachsen 7 (1886), S 193-199

DERS.: Die Selbstverwaltung in den Landgemeinden und die damit gemachten Erfahrungen. Vortrag, Dresden 1878, in: Mittheilungen der Oekonomischen Gesellschaft im Königreiche Sachsen, Jg. 1877/78, S. 79-94

DERS.: Königlich Sächsische Revidirte Landgemeindeordnung vom 24. April 1873, 7. Aufl., Leipzig 1892

DERS.: Königlich Sächsische Revidirte Städteordnung und Städteordnung für mittlere und kleine Städte vom 24. April 1873, 5. Aufl., Leipzig 1898 (Handausgabe Königl. Sächs. Gesetze, 28)

BOVENSCHEN, ALBERT: Die Grundsätze und Forderungen der Sozialdemokratie in ihrer geschichtlichen Entwicklung, am Erfurter Programm und an der deutschen Revolution dargestellt und beleuchtet, Berlin 1920

BRATER, KARL: Frauen, in: Deutsches Staats-Wörterbuch, hrsg. v. BLUNTSCHLI, JOHANN CASPAR/ Dems., Bd. 3, Stuttgart 1858, S. 722-728

BRAUN, LILY: Die Frauenfrage, ihre geschichtliche Entwicklung und ihre wirtschaftliche Seite, Leipzig 1901

DIES.: Frauenfrage und Sozialdemokratie. Reden anläßlich des Internationalen Frauenkongresses zu Berlin, Berlin 1896

BRÄUER, JÖRG: Jacob Bernhard Eisenstuck – ein deutscher Demokrat aus Annaberg, in: Jahrbuch für das Erzgebirge 11 (2005), S. 68f.

BRAUNE, ASJA: Konsequent den unbequemen Weg gegangen. Adele Schreiber (1872-1957) Politikerin, Frauenrechtlerin, Journalistin, Berlin 2003, http://edoc.hu-berlin.de/dissertationen/braune-asja-2003-01-27/html/front.html (besucht am 19.10.2007)

Briefwechsel zwischen König Johann von Sachsen und den Königen Friedrich Wilhelm IV. und Wilhelm I. von Preußen, hrsg. v. JOHANN GEORG, Herzog zu Sachsen, Leipzig 1911

BÜRGER, JÖRDIS: Carl Friedrich Wilhelm von Gerber als sächsischer Kultusminister. Eine rechts- und verfassungsgeschichtliche Untersuchung zu seinem rechtlichen und politischen Wirken im Spannungsfeld von Kirche und Staat im ausgehenden 19. Jahrhundert, Frankfurt a. M. 2007 (Dresdner Schriften zum öffentlichen Recht, 4)

CAUER, MINNA: Drei Richtungen, in: Zeitschrift für Frauenstimmrecht Jg. 1914, Nr. 4, S. 11

CLEMENS, BÄRBEL: Der Kampf um das Frauenstimmrecht in Deutschland, in: „Heraus mit dem Frauenwahlrecht“. Die Kämpfe der Frauen in Deutschland und England um die politische Gleichberechtigung, hrsg. v. WICKERT, CHRISTL, Pfaffenweiler 1990, S. 51-123 (Frauen in Geschichte und Gesellschaft, Bd. 17)

DAUTZ, ADRIAN: „Constitution, wie sie das sächsische Volk wünscht“ Der Verfassungsentwurf des Rechtsanwalts Bernhard Moßdorf – die demokratische Alternative, in: SächsHBl. 37 (1991), S. 202-204

Die Gemeindeordnung für den Freistaat Sachsen vom 1. August 1923 in der Fassung des Gesetzes vom 15. Juni 1925, hrsg. v. BERTHOLD, WILLI, Dresden 1925

Die königliche Gesetzgebung über das Vereins- und Versammlungsrecht und die Angelegenheiten der Presse aus den Quellen erläutert und zum Gebrauch für Richter, Beamte, Sachwalter, Geschworene etc. hrsg. v. HAASE, CARL HEINRICH, Leipzig 1849

Die Wahlgesetze für den Landtag im Königreiche Sachsen nebst den Ausführungsverordnungen und den Bestimmungen über den Betrieb des Landtags, hrsg. v. HETTNER, FRANZ, Leipzig 1909

DIERSCH, VICTOR CAMILLO: Die geschichtliche Entwicklung des Landtagswahlrechts im Königreich Sachsen, Leipzig 1918

DIETRICH, RICHARD: Die Verwaltungsreform in Sachsen 1869-1873, in: NASächsG 61 (1940), S. 49-85, 343-363

DILCHER, GERHARD: Die Ordnung der Ungleichheit. Haus, Stand und Geschlecht, in: Frauen in der Geschichte des Rechts, hrsg. v. GERHARD, UTE, München 1997, S. 55-72

DERS.: Stadtrecht, in: HRG, Bd. 4, Berlin 1990, S. 1863-1873

DOHM, HEDWIG: Der Frauen Natur und Recht. Zur Frauenfrage, zwei Abhandlungen über Eigenschaften und Stimmrecht der Frauen, Berlin 1876, Neudr. Neukirch 1986

DÖRRER, HORST: Wahlrechtskämpfe der Dresdner Arbeiter unter dem Einfluß der russischen Revolution von 1905, in: JBG Dresdens 8 (1980), S. 59-64

DÖSCHER, ELVIRA/SCHRÖDER, WOLFGANG: Sächsische Parlamentarier 1869-1918. Die Abgeordneten der II. Kammer des Königreichs Sachsen im Spiegel historischer Photographien. Ein bibliographisches Handbuch, Düsseldorf 2001 (Photodokumente zur Geschichte des Parlamentarismus und der politischen Parteien, Bd. 5)

DOYÉ, SABINE/HEINZ, MARION/KUSTER, FRIEDERIKE: Philosophische Geschlechtertheorien. Eine historisch-kritische Rekonstruktion, in: ZfF&G 20 (2002), H. 4, S. 83-95

ENGEL, ERNST: Das Königreich Sachsen in statistischer und staatswirthschaftlicher Beziehung, Dresden 1853 (Jahrbuch für Staatswissenschaft des Königreichs Sachsen, Bd. 1)

ERDMANNSDÖRFFER, BERNHARD: Beust, Friedrich Ferdinand Freiherr, in: ADB, hrsg. v. d. Historischen Kommission bei der Bayrischen Akademie der Wissenschaften, Bd. 46, Leipzig 1902, S. 494-532

ERMISCH, HUBERT MAXIMILIAN: Die Anfänge des sächsischen Städtewesens, in: Sächsische Volkskunde, hrsg. v. WUTTKE, ROBERT, 2. Aufl. Leipzig 1903, Neudr. Frankfurt/Main 1981, S. 127-168

FALTER, JÜRGEN/LINDENBERGER, THOMAS/SCHUMANN, SIEFGRIED: Wahlen und Abstimmungen in der Weimarer Republik. Materialien zum Wahlverhalten 1919-1933, München 1986 (Statistische Arbeitsbücher zur neueren deutschen Geschichte)

FELLER, LUDWIG ROBERT: Kirchenvorstands- und Synodal-Ordnung für die evangelisch-lutherische Kirche des Königreichs Sachsen nach ihrer Entstehung und Bedeutung dargestellt und praktisch erläutert, Leipzig 1868

FISCHER, OTTO: Verfassungs- und Verwaltungsrecht des Deutsches Reiches und des Königreiches Sachsen, 1. Aufl., Leipzig 1882; 11. Aufl. 1907

FLOßMANN, URSULA: Die beschränkte Grundrechtssubjektivität der Frau. Ein Beitrag zum österreichischen Geschlechterdiskurs, in: Frauen in der Geschichte des Rechts. Von der Frühen Neuzeit bis zur Gegenwart, hrsg. v. GERHARD, UTE, München 1997, S. 293-324

FORBERGER, RUDOLF: Die Industrielle Revolution in Sachsen 1800-1861, Bd. 1/1: Die Revolution der Produktivkräfte in Sachsen 1800-1830, Berlin 1982

DERS.: Die industrielle Revolution in Sachsen 1800-1861, Bd. 2/1: Die Revolution der Produktivkräfte in Sachsen 1831-1861, Berlin 1999 (Quellen und Forschungen zur sächsischen Geschichte, Bd. 18)

DERS.: Die Manufaktur in Sachsen vom Ende des 16. bis zum Anfang des 19. Jahrhunderts, Berlin 1958

FRACKOWIAK, JOHANNES: Soziale Demokratie als Ideal. Die Verfassungsdiskussion in Sachsen nach 1918 und 1945, Köln 2005 (Demokratische Bewegungen in Mitteldeutschland, Bd. 10)

Frauen in der Geschichte des Rechts. Von der Frühen Neuzeit bis zur Gegenwart, hrsg. v. GERHARD, UTE, München 1997

Frauenstimmrecht in der Praxis. 1913, hrsg. vom Weltbund für Frauenstimmrecht. Mit Beiträgen von Chrystal MacMillan, Vorw. von Carrie Chapmann Catt, Dresden [1913], Mikrofiche-Ausg. Wildberg 1990-92

FREVERT, UTE: „Mann und Weib und Weib und Mann“. Geschlechterdifferenzen in der Moderne, München 1995

FROTSCHER, WERNER/PIEROTH, BODO: Verfassungsgeschichte, 7. Aufl., München 2008

FUCHS, GESINE: Politische Partizipation von Frauen in Deutschland, in: Politische Partizipation von Frauen zwischen Konvention und Protest. Eine studienorientierte Einführung, hrsg. v. HOECKER, BEATE, Opladen 2006, S. 235-260

FUCHS, KARL: Advocat Moßdorf's und Nudelmüller Bertholdy's Gefangenschaft und Tod, Dresden 1848

GANGL, HANS: Der Weg zum Verfassungsstaat im 19. Jahrhundert, in: Der Staat, Beiheft 1: Probleme des Konstitutionalismus im 19. Jahrhundert, S. 23-58

GEIßEL, BRIGITTE/ PENROSE, VIRGINIA: Dynamiken der politischen Partizipation und Partizipationsforschung – Politische Partizipation von Frauen und Männern, in: Gender-Politik-Online, September 2003, http://web.fu-berlin.de/gpo/ geissel_penrose.htm (besucht am 25.03.2008)

GENSEL, J.: Stimmrecht und Wählbarkeit für die Handels- und Gewerbekammern im Königreich Sachsen, Leipzig 1899

GEORGI, OTTO: Zur Reform des Wahlrechts für die Zweite Sächsische Kammer, Leipzig 1906

GERBER, CARL FRIEDRICH VON: Grundzüge eines Systems des deutschen Staatsrechts, Leipzig 1865

GERHARD, UTE: Einleitung, zu: Frauen in der Geschichte des Rechts. Von der Frühen Neuzeit bis zur Gegenwart, hrsg. v. DERS., München 1997, S. 11-22

DIES.: Gleichheit ohne Angleichung. Frauen im Recht, München 1990

DIES.: Grenzziehungen und Überschreitungen. Die Rechte der Frauen auf dem Weg in die politische Öffentlichkeit, in: Frauen in der Geschichte des Rechts. Von der Frühen Neuzeit bis zur Gegenwart, hrsg. v. DERS., München 1997, S. 510-546

DIES.: Menschenrechte auch für Frauen. Der Entwurf der Olympes des Gouges, in: Kritische Justiz 20 (1987), S. 127-149

DIES.: Schiller als „Religion". Literarische Signaturen des XIX. Jahrhunderts, München 1994

DIES.: Verhältnisse und Verhinderungen. Frauenarbeit, Familie und Rechte der Frau im 19. Jahrhundert, Frankfurt am Main 1978

GILDE, ANDREA: Die Stellung der Frau im Reichsstrafgesetzbuch von 1870/71 und in den Reformentwürfen bis 1919 im Urteil der bürgerlichen Frauenbewegung, Frankfurt/Main 1999

GOEDSCHE, HELMUT: Die Verfassung der sächsischen Gemeinden nach der Gemeindeordnung für den Freistaat Sachsen vom 1. August 1923 in der Fassung vom 15. Juni 1925, Leipzig [1926]

GOLDT, CHRISTOPH: Parlamentarismus im Königreiche Sachsen. Zur Geschichte des Sächsischen Landtages 1871-1918, Münster 1996 (Geschichte, 8)

GÖPNER, JOHANNES: Der sächsische Landtag von 1830-1840, Leipzig 1913

GOUGES, OLYMPE DE: Erklärung der Rechte der Frau und Bürgerin [1791], in: GERHARD, UTE: Gleichheit ohne Angleichung. Frauen im Recht, München 1990, S. 263-269

GREVEN-ASCHOFF, BARBARA: Die bürgerliche Frauenbewegung in Deutschland 1894-1933, Göttingen 1981 (Kritische Studien zur Geschichtswissenschaft, Bd. 46)

GROß, RAINER: Die Bürgerliche Agrarreform in Sachsen in der ersten Hälfte des 19. Jahrhunderts. Eine Untersuchung zum Problem des Übergangs vom Feudalismus zum Kapitalismus in der Landwirtschaft, Weimar 1968

DERS.: Dresden im zweiten Drittel des 19. Jahrhunderts – Zentrum des politischen Geschehens im Lande, in: Geschichte der Stadt Dresden, Bd. 2: Vom Ende des Dreißigjährigen Krieges bis zur Reichsgründung, hrsg. v. DEMS./JOHN, UWE, S. 527-566

DERS.: Verfassung und Verwaltung, in: Geschichte der Stadt Dresden, Bd. 2: Vom Ende des Dreißigjährigen Krieges bis zur Reichsgründung, hrsg. v. DEMS., Stuttgart 2006, S. 351-355

DERS./ WERNER, INES: Verfassung und Verwaltung nach Einführung der kommunalen Selbstverwaltung, in: Geschichte der Stadt Dresden, Bd. 2: Vom Ende des Dreißigjährigen Krieges bis zur Reichsgründung, hrsg. v. DEMS., Stuttgart 2006, S. 567-576

Gizycki, Lily v., siehe Braun, Lily

HABERMAS, JÜRGEN: Strukturwandel der Öffentlichkeit. Untersuchungen zu einer Kategorie der bürgerlichen Gesellschaft, 4. Aufl., Neuwied 1969 (Politica, 4)

HAASE, CARL HEINRICH, siehe Die königliche Gesetzgebung

HEEPE, KATHRIN: Zur Geschichte des Frauenwahlrechts, in: Jura 20 (1998), S. 232-239

HEIDENREICH, FRANK: Arbeiterkulturbewegung und Sozialdemokratie in Sachsen vor 1933, Weimar 1995 (Demokratische Bewegungen in Mitteldeutschland, Bd. 3)

HERETH, ANITA: Parameter politischer Partizipation in Gruppen der neuen sozialen Bewegungen. Eine differentialpsychologische Studie auf handlungstheoretischer Basis, Frankfurt am Main 1996

HERRMANN, URSULA: Der Kampf der Sozialdemokratie gegen das Drei-Klassen-Wahlrecht in Sachsen in den Jahren 1905/06, in: Zeitschrift für Geschichtswissenschaft (Berlin) 3 (1955), S. 856-883

HERZOG ZU SACHSEN, ALBERT: Die Reform der sächsischen Gewerbegesetzgebung (1840-1861), München 1970

HEß-MEINING, ULRIKE: Politische Partizipation und bürgerschaftliches Engagement, in: Gender Datenreport. 1. Datenreport zur Gleichstellung von Frauen und Männern in der Bundesrepublik Deutschland im Auftrag des Bundesministeriums für Familie, Senioren, Frauen und Jugend, hrsg. v. CORNELIßEN, WALTRAUD, München 2005 (2. Fassung), S. 358-405 http://www.bmfsfj.de/bmfsfj/generator/Publikationen/genderreport/root.html (besucht am 20.11.2007)

HETTNER, FRANZ, siehe Die Wahlgesetze für den Landtag

HEYDENREICH: Gemeinde-Ordnung. Bedenken eines Bürger-Veteranen über den Gemeindetag und dessen Erzeugnisse, o. O., [nach 1869]

HEYMANN, LIDA GUSTAVA: Das kommunale Wahlrecht der Frauen im Deutschen Reich, München 1910

DIES.: Das Wahlrecht der Frauen zu den Handelskammern in den deutschen Bundesstaaten, hrsg. v. Deutschen Verbande für Frauenstimmrecht, Gautzsch b. Leipzig 1910

DIES.: Wird die Mitarbeit der Frauen in den politischen Männerparteien das Frauenstimmrecht fördern?, hrsg. v. Verein für Frauenstimmrecht, Gautzsch b. Leipzig 1911 (Kultur und Fortschritt. Neue Folge der Sammlung „Sozialer Fortschritt“. Hefte für Volkswirtschaft, Sozialpolitik, Rechtspflege und Kulturinteressen, Nr. 392 (1911), S. 1-16)

HILLEN, BARBARA: Beutler, Gustav Otto, in: Sächsische Biografie, hrsg. vom Institut für Sächsische Geschichte und Volkskunde e.V., bearb. v. SCHATTKOWSKY. MARTINA, Online-Ausgabe: http://www.isgv.de/saebi/ (besucht am 22.8.2010)

HIPPEL, THEODOR GOTTLIEB VON: Ueber die bürgerliche Verbesserung der Weiber, 9. Aufl., Berlin 1842

HIPPEL, WOLFGANG VON: Revolution im deutschen Südwesten. Das Großherzogtum Baden 1848/49, Stuttgart 1998 (Schriften zur politischen Landeskunde Baden-Württembergs, Bd. 26)

HIRSCHBERG, CARL RICHARD: Die allgemeine Städteordnung nebst Publicationsgesetz und Einführungsverordnung für das Königreich Sachsen, unter steter Berücksichtigung der neuern Gesetzgebung und Entscheidung der höheren Behörden erläutert und nebst einer geschichtlichen Einl., Leipzig 1863

HOECKER, BEATE: Politische Partizipation: systematische Einführung, in: Politische Partizipation von Frauen zwischen Konvention und Protest. Eine studienorientierte Einführung, hrsg. v. DERS., Opladen 2006, S. 3-20

HOFFMANN, ANDREAS: „Emma geht als Herr verkleidet, mit Treitschken auf die Tribüne.“ Fundstücke aus der Geschichte der Sächsischen Landtage, in: Landtagskurier, Jg. 2014, H. 5, S. 18-19

HOFMANN, HUGO: Die Entwicklung des Wahlrechts zur sächsischen Zweiten Kammer unter Berücksichtigung der politischen Zustände, Borna 1911

HOLTHÖFER, ERNST: Die Geschlechtervormundschaft. Ein Überblick von der Antike bis ins 19. Jahrhundert, in: Frauen in der Geschichte des Rechts. Von der Frühen Neuzeit bis zur Gegenwart, hrsg. v. Gerhard, Ute, München 1997, S. 390-451

HONEGGER, CLAUDIA: Die Ordnung der Geschlechter. Die Wissenschaften vom Menschen und das Weib 1750-1850, Frankfurt am Main 1991

HUBER, ERNST RUDOLF: Deutsche Verfassungsgeschichte seit 1789, Bd. 2, 3. Aufl., Stuttgart 1988, Bd. 3, 3. Aufl. 1988, Bd. 4, Rev. Nachdr. d. 2. Aufl. 1994, Bd. 5, Rev. Nachdr. d. 1. Aufl. 1992

ICHENHAEUSER, ELIZA: Das Frauenwahlrecht, Berlin [1906]

IGEL, JAYNE-ANN: Besitzstandswahrung und Experiment. Der Stadtbund Dresdner Frauenvereine 1918-1933, in: DH 62 (2000), H. 2, S. 43-49

JAUCH, URSULA PIA: Immanuel Kant zur Geschlechterdifferenz. Aufklärerische Vorurteilskritik und bürgerliche Geschlechtervormund-schaft, Wien 1988

JELLINEK, CAMILLA: Der graue Alltag im Frauenstimmrecht, in: Die Frau 26 (1918/19), S. 340-343.

JELLINEK, WALTER: Revolution und Reichsverfassung. Bericht über die Zeit vom 9. November 1918 bis zum 31. Dezember 1919, in: JöR 9 (1920), S. 1-128

JOHANN, siehe Briefwechsel

JOHANN GEORG, Herzog zu Sachsen, siehe Briefwechsel

KANT, IMMANUEL: Die Metaphysik der Sitten. Erster Theil, metaphysische Anfangsgründe der Rechtslehre, in: Immanuel Kant, Werke in sechs Bänden, hrsg. v. WEISCHEDEL, WILHELM, Bd. 4, Darmstadt 1956, S. 303-499

DERS.: Über den Gemeinspruch: Das mag in der Theorie richtig sein, taugt aber nicht für die Praxis (1792), hrsg. v. EBBINGHAUS, JULIUS, 5. Aufl., Frankfurt/Main 1992

KASTENBERG, MATHILDE: Die Stellung der Frau in den Dichtungen der Christine de Pisan, Darmstadt 1909

KAULISCH, EMIL, siehe Bericht über den Stand und die Verwaltung

KIESEWETTER, HUBERT: Industrialisierung und Landwirtschaft. Sachsens Stellung im regionalen Industrialisierungsprozeß Deutschlands im 19. Jahrhundert, Köln 1988 (Mitteldeutsche Forschungen, Bd. 94)

KIENZLER, KLAUS: Sohm, Rudolph, in: BBKL Bd. 10, Herzberg 1995, Sp. 743-745

KIRSCH, INGRID: Julie Salinger – eine der ersten Frauen im Länderparlament Sachsens, in: DH 62 (2000), H. 2, S. 85-88

KLEMM, BEATE: Die langen Linien des Frauenwahlrechts. Soziale Räume und Diskussionszusammenhänge in Deutschland zwischen Vormärz und dem Ende des 19. Jahrhunderts, in: Auf den Spuren bewegter Frauen. Berichte vom 12. Louise-Otto-Peters-Tag 2004, hrsg. v. d. Louise Otto-Peters-Gesellschaft e. V. Leipzig, Leipzig 2005, S. 31-46 (Louiseum 23)

KOCH, ELISABETH: Die Frau im Recht der Frühen Neuzeit. Juristische Lehren und Begründungen, in: Frauen in der Geschichte des Rechts. Von der Frühen Neuzeit bis zur Gegenwart, hrsg. v. GERHARD, UTE, München 1997, S. 72-93

KOCH, SONJA: Marie Stritt – Frauenrechtlerin im Kaiserreich, in DH 62 (2000), H. 2, S. 79-82

KOHL, JÜRGEN: Zur langfristigen Entwicklung der politischen Partizipation in Westeuropa, in: Probleme politischer Partizipation im Moderniserungsprozeß, hrsg. v.

STEINBACH, PETER, Stuttgart 1982, S. 473-503 (Geschichte und Theorie der Politik: Unterreihe A, Geschichte; Bd. 5)

KOCH, RAINER: Deutsche Fortschrittspartei (DFP), in: Lexikon zur Geschichte der Parteien in Europa, hrsg. v. Wende, Frank, Stuttgart 1981, S. 88-89

DERS.: Freisinnige Vereinigung (FVg), in: Lexikon zur Geschichte der Parteien in Europa, hrsg. v. Wende, Frank, Stuttgart 1981, S. 106

DERS.: Freisinnige Volkspartei (FVP), in: Lexikon zur Geschichte der Parteien, hrsg. v. WENDE, FRANK, Stuttgart 1981, S. 106-107

KÖLLMANN, WOLFGANG: Politische und soziale Entwicklung der deutschen Arbeiterschaft 1850-1914, in: Die deutschen Parteien vor 1918, hrsg. v. RITTER, GERHARD A., Köln 1973, S. 316-330 (Neue wissenschaftliche Bibliothek, 61)

Das Königlich Sächsische Preßgesetz vom 24. März 1870, hrsg. v. BARTH, GUSTAV, Leipzig 1870

KÖTZSCHKE, RUDOLF/ KRETZSCHMAR, HELLMUT: Sächsische Geschichte – Werden und Wandlungen eines Deutschen Stammes und seiner Heimat im Rahmen der Deutschen Geschichte. 2 Bde., Dresden 1935, Neudr. 1 Bd., Augsburg 1995

KRANICH, SEBASTIAN: Böhmert, Karl Viktor, in: BBKL, Bd. XIX, hrsg. v. BAUTZ, FRIEDRICH-WILHELM/ BAUTZ, TRAUGOTT, Nordhausen 2001, Sp. 69-74 http://www.bbkl.de/b/boehmert_k_v.shtml (besucht am 18.12.2008)

KROESCHELL, KARL/ CORDES, ALBRECHT: Bürger, in: HRG, Bd. 1, 2. Aufl., Berlin 2008, Sp. 738-747

KÜHNE, THOMAS: Historische Wahlforschung in der Erweiterung, in: Modernisierung und Region im wilhelminischen Deutschland. Wahlen, Wahlrecht und Politische Kultur, hrsg. v. LÄSSIG, SIMONE/ POHL, KARL HEINRICH/ RETALLACK, JAMES, Bielefeld 1995, S. 39-67

KUNTZE, HANS: Die Landgemeinde und ihre Stellung im Staate im Gebiete des Königreichs Sachsen, unter Ausschluß der Lausitz, vom 16. Jahrhundert bis heute, Leipzig 1919

LABAND, PAUL: Das Staatsrecht des Deutschen Reiches, 3. Aufl., Bd. 1, Freiburg i. B. 1895

LANGEWIESCHE, DIETER: Europa zwischen Restauration und Revolution 1815-1849, 3. Aufl., München 1993 (OGS, Bd. 13)

LÄSSIG, SIMONE: Wahlrechtskampf und Wahlreform in Sachsen (1895-1909), Köln 1996 (Demokratische Bewegungen in Mitteldeutschland, Bd. 4)

DIES.: Wahlrechtskämpfe im Kaiserreich. Lernprozesse, Reformimpulse, Modernisierungsfaktoren: das Beispiel Sachsen, in: NASächsG 64 (1994), S. 137-168

DIES.: Wahlrechtsreformen in den deutschen Einzelstaaten. Indikatoren für Modernisierungstendenzen und Reformfähigkeit im Kaiserreich?, in: Modernisierung und Region im wilhelminischen Deutschland. Wahlen, Wahlrecht und Politische Kultur, hrsg. v. DERS./ POHL, KARL HEINRICH/ RETALLACK, JAMES, Bielefeld 1995, S. 127-170

LEEB, JOSEF: Wahlrecht und Wahlen zur Zweiten Kammer der bayerischen Ständeversammlung im Vormärz (1818-1845), Bd. 1, Göttingen 1993 (Schriftenreihe der Historischen Kommission bei der Bayerischen Akademie der Wissenschaften, 55)

LENGEMANN, JOCHEN: Landtag und Gebietsvertretung von Schwarzburg-Rudolstadt 1821-1923. Biographisches Handbuch, Jena 1994 (Historische Kommission für Thüringen, Große Reihe, Bd. 1, Teil 1)

DERS.: Landtag und Gebietsvertretung von Schwarzburg-Sondershausen 1834-1923. Biographisches Handbuch, Jena 1998 (Historische Kommission für Thüringen, Große Reihe, Bd. 1, Teil 3)

LENZ, MARLENE/ STRECKER, GABRIELE: Der Weg der Frau in die Politik, 6. Aufl., Melle 1988

LERNER, GERDA: Die Entstehung des feministischen Bewußtseins. Vom Mittelalter bis zur Ersten Frauenbewegung, Frankfurt a. M. 1993 (Frauen und Geschichte, Bd. 2)

LEUTHOLD, CARL EDWIN: Das Staatsrecht des Königreichs Sachsen, in: Handbuch des Oeffentlichen Rechts der Gegenwart in Monogaphien, hrsg. v. MARQUARDSEN, HEINRICH, Freiburg i. B. 1887, Bd. 2, 2. Hbd., S. 167-262

LIPP, CAROLA, Frauen und Öffentlichkeit. Möglichkeiten und Grenzen politischer Partizipation im Vormärz und in der Revolution 1848/1849, in: Schimpfende Weiber und patriotische Jungfrauen. Frauen im Vormärz und in der Revolution 1848/49, hrsg. v. DERS./BECHTOLD-COMFORTY, BEATE, Moos 1986, S. 270-307

Local-Statut für die Stadt Zittau, Zittau o. J.

LOMMATZSCH, GEORG: Die Einwohnerzahlen der Landgemeinden von 1834-1900 und die Veränderungen in der Verwaltungseinteilung des Königreiches seit 1815, in: SächsStLAZ 51 (1905), S. 12-91

LUDWIG, JOHANNA: „Auch die Rechte der Frauen bedenken". Louise Otto (1819-1895) in der Revolution 1848/49, in: Akteure eines Umbruchs. Männer und Frauen der Revolution von 1848/49, hrsg. v. BLEIBER, HELMUT/ SCHMIDT, WALTER/ SCHÖTZ, SABINE, [Bd. 1], Berlin 2003, S. 493-514

LUDWIG, JÖRG/ NEEMANN, ANDREAS: Revolution in Sachsen 1848/49. Darstellung und Dokumente, Dresden 1999

LUTHER, MARTIN: Luthers Werke in Auswahl. 8. Bd., Tischreden, hrsg. v. CLEMEN, OTTO, 3. Aufl., Berlin 1962

MACMILLAN, CHRYSTAL: Zur Einführung, in: Frauenstimmrecht in der Praxis. 1913, hrsg. vom Weltbund für Frauenstimmrecht. Mit Beiträgen von Chrystal MacMillan, Vorw. von Carrie Chapmann Catt, Dresden [1913], Mikrofiche-Ausg. Wildberg 1990-92, S. VII-XV

MATHIAK, WALTER: Das sächsische Einkommenssteuergesetz von 1874/78. Entstehung und Durchführung; Genese des Maßgeblichkeitsgrundsatzes, Dresden 2005

MATZERATH, JOSEF: Alexander Karl Hermann Braun. Präsident der II. Kammer bei den Landtagen 1845/46 und 1847, in: DERS., Aspekte Sächsischer Landtagsgeschichte. Präsidenten und Abgeordnete 1833 bis 1952, Dresden 2001, S. 63-64

DERS.: „Auf der Bahn der Demokratie und des Sozialismus". Vom konstitutionellen Zweikammerparlament zur sächsischen Volkskammer, in: DERS., Aspekte Sächsischer Landtagsgeschichte. Varianten der Moderne 1868 bis 1952. Mit Beiträgen von Andreas Denk, Silke Marburg und Mike Schmeitzner, Dresden 2003, S. 56-59

DERS.: Carl Friedrich Reiche-Eisenstuck. Präsident der II. Kammer beim Landtag 1836/37, in: DERS., Aspekte Sächsischer Landtagsgeschichte. Präsidenten und Abgeordnete 1833 bis 1952, Dresden 2001, S. 59-60

DERS.: Christian Gottlob Eisenstuck, in: Landtagskurier, Jg. 2008, H. 7, S. 18-19

DERS.: Die Damentribüne, in: DERS., Aspekte Sächsischer Landtagsgeschichte. Umbrüche und Kontinuitäten 1815 bis 1870, Dresden 2000, S. 77-80

DERS.: Dr. Karl Gustav Ackermann. Präsident der II. Kammer bei den Landtagen 1891/92-1897/98, in: DERS., Aspekte Sächsischer Landtagsgeschichte. Präsidenten und Abgeordnete 1833 bis 1952, Dresden 2001, S. 75-76

DERS.: Dr. Karl Heinrich Haase. Präsident der II. Kammer bei den Landtagen 1839/40-1842/43 und 1850/51-1857/58, in: DERS., Aspekte Sächsischer Landtagsgeschichte. Präsidenten und Abgeordnete 1833 bis 1952, Dresden 2001, S. 61-62

DERS.: Einleitung, zu: DERS., Aspekte sächsischer Landtagsgeschichte. Die Spätzeit der sächsischen Ständeversammlung (1763-1831), S. 7-14

DERS.: Ernst Gustav v. Gersdorf. Präsident der I. Kammer bei den Landtagen 1833/34-1842/43, in: DERS., Aspekte Sächsischer Landtagsgeschichte. Präsidenten und Abgeordnete 1833 bis 1952, Dresden 2001, S. 11-12

DERS.: Friedrich Ernst v. Schönfels. Präsident der I. Kammer bei den Landtagen 1848 und 1850/51-1862, in: DERS., Aspekte Sächsischer Landtagsgeschichte. Präsidenten und Abgeordnete 1833 bis 1952, Dresden 2001, S. 17-18

DERS.: Ludwig Eduard Victor v. Zehmen. Präsident der I. Kammer bei den Landtagen 1871/72-1889/90, in: DERS., Aspekte Sächsischer Landtagsgeschichte. Präsidenten und Abgeordnete 1833 bis 1952, Dresden 2001, S. 23-24

DERS.: Mitglieder des Landtags Weimarer Republik von 1919-1933, in: DERS., Aspekte Sächsischer Landtagsgeschichte. Präsidenten und Abgeordnete, Dresden 2001, S. 150-160

DERS.: Pro fide rege et lege. Prinz Johann auf dem Landtag 1848, in: DERS., Aspekte Sächsischer Landtagsgeschichte. Umbrüche und Kontinuitäten 1815 bis 1870, Dresden 2000, S. 58-61

DERS.: Von einem „politischen Selbstmord". Die erste Kammer des sächsischen Landtages akzeptiert die Wahlrechtsreform des Jahres 1848, in: DERS., Aspekte Sächsischer Landtagsgeschichte. Umbrüche und Kontinuitäten 1815 bis 1870, Dresden 2000, S. 62-68

DERS.: „Vervielfältigung und Verallgemeinerung der Interessen". Die Wahlrechtsänderung des Jahres 1868, in: DERS., Aspekte Sächsischer Landtagsgeschichte. Formierung und Brüche des Zweikammerparlaments (1833-1868), Dresden 2007, S. 104-107

DERS.: „… unter constitutionellem Beirath der Stände", siehe Barth, Thomas

MAYER, OTTO: Das Staatsrecht des Königreichs Sachsen, Tübingen 1909 (Das öffentliche Recht der Gegenwart, Bd. 9)

MENZEL, BIRGIT: Frauen und Menschenrechte. Geschichtliche Entwicklung einer Differenz und Ansätze zu deren Beseitigung, Frankfurt/M. 1994

MEYER, GEORG: Das parlamentarische Wahlrecht. Nach dem Tode des Verf. hrsg. v. JELLINEK, GEORG, Berlin 1901

MEYER, URSULA J.: Das Bild der Frau in der Philosophie, Aachen 1999 (Philosophinnen, Bd. 8)

MICHEL, EMMANUEL: Königlich-Sächsische Landgemeindeordnung in der Fassung des Gesetzes vom 11. Juli 1913 und Gemeindeverbandsgesetz vom 18. Juni 1910. Handausgabe mit den zugehörigen Bestimmungen und ausführlichen Erläuterungen, Leipzig 1914

Modernisierung und Region im wilhelminischen Deutschland. Wahlen, Wahlrecht und Politische Kultur, hrsg. v. Lässig, SIMONE/ POHL, KARL HEINRICH/ RETALLACK, JAMES, Bielefeld 1995

MODEROW, HANS-MARTIN: Sachsens Volksschule am Ende des Kaiserreichs, in: DH 97 (2008), H. 1, S. 5-15

MOHL, ROBERT VON: Das deutsche Reichsstaatsrecht. Rechtliche und politische Erörterungen, Tübingen 1873

DERS.: Staatsrecht, Völkerrecht und Politik. Monographien, Dritter Band: Politik II, Tübingen 1869, Neudr. Graz 1962

DERS.: Encyklopädie der Staatswissenschaften, Tübingen 1859, S. 13

MÖLLER, HORST: Parlamentarismus in Preußen 1919-1932, Düsseldorf 1985 (Handbuch der Geschichte des deutschen Parlamentarismus)

MOßDORF, BERNHARD: Constitution, wie sie das sächsische Volk wünscht, Dresden 1831

MUHS, RUDOLF: Zwischen Staatsreform und politischem Protest. Liberalismus in Sachsen zur Zeit des Hambacher Festes, in: Liberalismus in der Gesellschaft des deutschen Vormärz, hrsg. v. SCHIEDER, WOLFGANG, Göttingen 1983, S. 194-238 (Geschichte und Gesellschaft: Sonderh., 9)

MÜLLER, RICHARD: Was die Arbeiterräte wollen und sollen. Mit einem Vorwort von Ernst Däumig, Berlin [1919]

NEEMANN, ANDREAS: Landtag und Politik in der Reaktionszeit. Sachsen 1849/50 bis 1866, Tübingen 1998 (Beiträge zur Geschichte des Parlamentarismus, Bd. 126)

DERS.: Revolution in Sachsen 1848/49, siehe Ludwig, Jörg

NIEHUSS, MERITH, siehe Ritter, Gerhard A.

NIPPERDEY, THOMAS: Grundprobleme der deutschen Parteiengeschichte im 19. Jahrhundert, in: Deutsche Parteien vor 1918, hrsg. v. RITTER, GERHARD A., Köln 1973, S. 32-56 (Neue wissenschaftliche Bibliothek, 61)

NOLTE, PAUL: Gemeindebürgertum und Liberalismus in Baden 1800-1850. Tradition, Radikalismus, Republik, Göttingen 1994 (Kritische Studien zur Geschichtswissenschaft, Bd. 102)

NOTZ, GISELA: „Her mit dem allgemeinen, gleichen Wahlrecht für Mann und Frau!“ Die internationale sozialistische Frauenbewegung zu Beginn des 20. Jahrhunderts und der Kampf um das Frauenwahlrecht, Bonn 2008 (Friedrich-Ebert-Stiftung, Gesprächskreis Geschichte, H. 80)

OBERMANN, KARL: Flugblätter der Revolution. Eine Flugblattsammlung zur Geschichte der Revolution von 1848/49 in Deutschland, Berlin 1970

OETTEL, ANDREAS: Zur Verwaltungsgliederung Sachsens im 19. und 20. Jahrhundert, in: 175 Jahre amtliche Statistik in Sachsen, hrsg. v. Statistischen Landesamt des Freistaates Sachsen, Kamenz 2006, S. 69-98

OGRIS, WERNER: Munt, Muntwalt, in: HRG, Bd. 3, Berlin 1984, Sp. 749-761

OPPE, ERWIN: Die Reform des Wahlrechts für die II. Kammer der Ständeversammlung im Königreich Sachsen, in. JöR 4 (1910), S. 374-409

OSTROGORSKI, MOISEI JAKOVLEVIC: Die Frau im öffentlichen Recht. Eine vergleichende Untersuchung der Geschichte und Gesetzgebung der civilisierten Länder, Leipzig 1897

OTTO-PETERS, LOUISE: Adresse eines deutschen Mädchens, in: Sächsische Vaterlandsblätter, 3. Jg., Nr. 142 vom 5. September 1843, S. 633-634, abgedr. in: BOETCHER JOERES, RUTH-ELLEN, Die Anfänge der deutschen Frauenbewegung: Louise Otto-Peters, Frankfurt/Main 1983, S. 74-77

DIES.: Frauen und Politik, in: Sächsische Vaterlandsblätter, 3. Jg., Nr. 187 vom 23. November 1843, S. 811-813 und Nr. 188 vom 25. November 1843, S. 811-816, abgedr. in: BOETCHER JOERES, Die Anfänge der deutschen Frauenbewegung, S. 77-80

DIES.: Offener Brief an einige Mitarbeiterinnen der „Frauen-Zeitung", in: Frauen-Zeitung Nr. 45 vom 23. November 1851, S. 323-326, abgedr, in: BOETCHER JOERES, Die Anfänge der deutschen Frauenbewegung, S. 115-118

DIES.: Die Theilnahme der weiblichen Welt am Staatsleben, in: Vorwärts! Volks-Taschenbuch für das Jahr 1847. Unter Mitwirkung mehrerer freisinnigen Schriftsteller Deutschlands hrsg. v. BLUM, ROBERT, 5 (1847), Leipzig 1847, S. 37-63

DIES.: Vor dreißig Jahren, in: Neue Bahnen, 13 (1878) Nr. 9, S. 65-68, abgedr. in: BOETCHER JOERES, Die Anfänge der deutschen Frauenbewegung, S. 63-66

PACHE, ALFRED: Geschichte des sächsischen Wahlrechts von 1831 bis 1907 unter Beurteilung des Entwurfs der Regierung von 1903 in der Zweiten Kammer am 3. Februar 1904 sowie der Entwurf der Regierung zur Reform des Wahlgesetzes vom 7. Juli 1907 und dessen Beurteilung durch die Presse, Dresden 1907

PAHLMANN, MANFRED A.: Anfänge des städtischen Parlamentarismus in Deutschland. Die Wahlen zur Berliner Stadtverordnetenversammlung unter der Preußischen Städteordnung von 1808, Berlin1994 (Publikationen der Historischen Kommission Berlin)

PANKOKE-SCHENK, MONIKA/ MEHRLE, GERLINDE: Frauenbewegungen, in: Staatslexikon in 5 Bänden, hrsg. v. d. Görres-Gesellschaft, 7. Auflage, Bd. 2, Freiburg 1986, S. 667-675

PAPPI, FRANZ URBAN, Aggregatdatenanalyse, in: Techniken der empirischen Sozialforschung, Band 7: Datenanalyse, hrsg. v. VAN KOOLWIJK, JÜRGEN/WIEKEN-MAYSER, MARIA, München 1978, S. 78-110

PENROSE, VIRGINIA: Dynamiken, siehe Geißel, Brigitte

PETSCHEL, DORIT: Die Persönlichkeit Friedrich August des Gerechten, Kurfürsten und Königs von Sachsen, in: Sachsen 1763-1832. Zwischen Rétablissement und bürgerlichen Reformen, hrsg. v. SCHIRMER, UWE, Beucha 1996, S. 77-100 (Schriften der Rudolf-Kötzschke-Gesellschaft, 3)

PFÜTZE, ARNO: Die Entwicklung der amtlichen Landesstatistik in Sachsen. Zum 100jährigen Bestehen der statistischen Landeszentrale Sachsen, in: SächsStLAZ 76 (1930), S. 1-24

PHILIPPI, (KARL) FERDINAND: Die Landgemeindeordnung für das Königreich Sachsen nebst dazu gehöriger Ausführungsverordnung zu Nutz und Frommen des Bürgers und Landmanns, erl. von dem Ameisenschreiber, Grimma 1839

Phrasen und Schlagworte der sogenannten „Ordnungsparteien“. Ein Rath- und Hülfsbüchlein für den „beschränkten Unterthanenverstand“, von einem sogenannten Umstürzler. o. O., o. J. [ca. 1890], Elektr. Ausg., Bonn 2006 http://library.fes.de/pdf-files/netzquelle/a97-08525.pdf (besucht am: 18.4.2011)

PLATON: Der Staat. Deutsch von HORNEFFER, AUGUST, eingeleitet von HILDEBRAND, KURT, Stuttgart 1973

POHL, KARL HEINRICH: Kommunen, kommunale Wahlen und kommunale Wahlrechtspolitik: Zur Bedeutung der Wahlrechtsfrage für die Kommunen und den deutschen Liberalismus, Wahlrechtskampf und Wahlreform in Sachsen (1895-1909), in: Modernisierung und Region im wilhelminischen Deutschland. Wahlen, Wahlrecht und Politische Kultur, hrsg. v. LÄSSIG, SIMONE/ POHL, KARL HEINRICH/RETALLACK, JAMES, Bielefeld 1995, S. 89-126

DERS.: Nationalliberalismus und Kommunalpolitik in Dresden und München vor 1914, in: Sachsen in Deutschland. Politik, Kultur und Gesellschaft 1830-1918, hrsg. v. RETALLACK, JAMES, Bielefeld 2000, S. 171-18 (Studien zur Regionalgeschichte, Bd. 14)

PRÄTORIUS, RAINER: Deutsche Reformpartei (DRP), in: Lexikon zur Geschichte der Parteien, hrsg. v. WENDE, FRANK, Stuttgart 1981, S. 92-93

DERS.: Deutschkonservative Partei (DKonsP), in: Lexikon zur Geschichte der Parteien, hrsg. v. WENDE, FRANK, Stuttgart 1981, S. 97

PRENGEL, ANNEDORE: Abhängigkeit, in: Frauenlexikon. Tradition, Fakten, Perspektiven, hrsg. v. LISSNER, ANNELIESE/ SÜSSMUTH, RITA/ WALTER, KARIN, Freiburg im Breisgau 1989, Sp. 1-8

PUSCHMANN, ANKE: Volkszählungen in Sachsen - gestern und heute, in: 175 Jahre amtliche Statistik in Sachsen, hrsg. v. Statistischen Landesamt des Freistaates Sachsen, Kamenz 2006, S. 99-113

RABERG, FRANK: Biographisches Handbuch der württembergischen Landtagsabgeordneten 1815-1933, im Auftrage der Kommission für geschichtliche Landeskunde in Baden-Württemberg, Stuttgart 2001

RAUSCHENBACH, BRIGITTE: Politische Philosophie und Geschlechterordnung – Ideengeschichte neu besehen, in: Gender-Politik-Online, Januar 2004 http://web.fu-berlin.de/gpo/brigitte_rauschenbach.htm (besucht am 25.03.2008)

REHM, HERMANN: Der Erwerb von Staats- und Gemeindeangehörigkeit in geschichtlicher Entwickelung nach römischem und deutschem Staatsrecht, in: Annalen des deutschen Reichs für Gesetzgebung, Verwaltung und Statistik. Staatswissenschaftliche Zeitschrift und Materialiensammlung, Jg. 1892, S. 137-282

REINHARDT, PAUL: Die sächsischen Unruhen der Jahre 1830-1831 und Sachsens Übergang zum Verfassungsstaat, Halle-Wittenberg 1915

RETALLACK, JAMES: Einleitung. Sachsen und Deutschland, Sachsen in Deutschland, in: Sachsen in Deutschland. Politik, Kultur und Gesellschaft 1830-1918, hrsg. v. RETALLACK, JAMES, Bielefeld 2000, S. 11-32

DERS.: Politische Kultur, Wahlkultur, Regionalgeschichte, Methodologische Überlegungen am Beispiel Sachsens und des Reiches, in: Modernisierung und Region im wilhelminischen Deutschland. Wahlen, Wahlrecht und Politische Kultur, hrsg. v. LÄSSIG, SIMONE/ POHL, KARL HEINRICH/ RETALLACK, JAMES, Bielefeld 1995, S. 15-38

DERS.: Wahlrechtskämpfe in Sachsen nach 1896, in: DH 80 (2004), H. 4, S. 13-24

RICHTER, OTTO: Verfassungs- und Verwaltungsgeschichte der Stadt Dresden, Bd. 1, Verfassungsgeschichte, Dresden 1885

RITTER, GERHARD A. (unter Mitwirkung von NIEHUSS, MERITH): Wahlgeschichtliches Arbeitsbuch. Materialien zur Statistik des Kaiserreichs 1871-1918, München 1980

DERS.: Das Wahlrecht und die Wählerschaft der Sozialdemokratie im Königreich Sachsen 1867-1914, in: Der Aufstieg der deutschen Arbeiterbewegung. Sozialdemokratie und freie Gewerkschaften im Parteiensystem und Sozialmilieu des Kaiserreiches, hrsg. v. DEMS., München 1990, S. 49-101 (Schriften des Historischen Kollegs, Kolloquien, 18)

DERS.: Wahlen und Wahlpolitik im Königreich Sachsen 1867-1914, in: Sachsen im Kaiserreich. Politik, Wirtschaft und Gesellschaft im Umbruch, hrsg. v. LÄSSIG, SIMONE/POHL, KARL HEINRICH, Dresden 1997, S. 29-86

ROSENBUSCH, UTE: Der Weg zum Frauenwahlrecht in Deutschland, Baden-Baden 1998 (Schriften zur Gleichstellung der Frau, Bd. 20)

ROß, SABINE: Biographisches Handbuch der Reichsrätekongresse 1918/19, Düsseldorf 2000 (Handbücher zur Geschichte des Parlamentarismus und der politischen Parteien, Bd. 11)

DIES.: Revolution ohne Revolutionäre? Kollektive Biographie der Delegierten der deutschen Reichsrätekongresse 1918/19, in: Historical Social Research 23 (1998), Nr. 3, S. 38-57

RUDLOFF, MICHAEL: Geschichte der Sozialdemokratie, siehe Schmeitzner, Mike

RUDOLPH, KARSTEN: Ein „Rotes Königreich“ im Wilhelminischen Deutschland, in: DH 80 (2004), H. 4, S. 3-12

RÜFNER, WOLFGANG: Die Entwicklung der Verwaltung in den Bundesstaaten. § 1 Preußen, in: Deutsche Verwaltungsgeschichte, hrsg. v. JESERICH, KURT G. A./ POHL, HANS/V. UNRUH, GEORG-CHRISTOPH, Bd. 3: Das Deutsche Reich bis zum Ende der Monarchie, Stuttgart 1984, S. 678-714

RUHLAND, VOLKER: Bernhard Moßdorfs Verfassungsentwurf – ein einmaliges Dokument der Geistesgeschichte Dresdens, in: DH 1 (1983), H. 3, S. 45-50

DERS.: Die bürgerliche Revolution von 1830/31 und Sachsens Übergang zum Verfassungsstaat, in: DH 26 (1991), H. 2, S. 5-12

DERS.: Die revolutionären Ereignisse in Dresden in den Jahren 1830/31, in: JBG Dresden 8 (1980), S. 69-77

DERS.: Sachsen in der Zerfallskrise des Feudalismus. Die Septemberkrise von 1830, in: Sachsen 1763-1832. Zwischen Rétablissement und bürgerlichen Reformen, hrsg. v. SCHIRMER, UWE, Beucha 1996, S. 183-205 (Schriften der Rudolf-Kötzschke-Gesellschaft, 3)

DERS.: Sächsischer Feudalstaat in der Krise, in: SächsHBl. 37 (1991), S. 194-198

Sachsens Umbildung seit dem Jahre 1830, Den constitutionellen Ständen des Königreichs Sachsen gewidmet, Leipzig 1833

SALOMON, ALICE: Sozialdemokratie und Frauenbewegung, in: Die Frau 12 (1904/05), S. 72-77

SCHILKE, IRIS: Die starken Frauen des Barock, in: DH 62 (2000), H. 2, S. 4-9

DIES.: Frauenvereine im 19. Jahrhundert, in: DH 62 (2000), H. 2, S. 29-34

SCHILLING, ERNST MORITZ: Entwurf zu einer Städteordnung für das Königreich Sachsen, Leipzig 1830

SCHIMMEL, OTTO E.: Die Entwicklung des Wahlrechts zur sächsischen Zweiten Kammer und die Zusammensetzung derselben in parteipolitischer und sozialer Hinsicht, Nossen 1912

SCHLECHTE, HORST: Die Staatsreform in Kursachsen 1762-63, Quellen zum Kursächsischen Rétablissement nach dem Siebenjährigen Kriege, hrsg. v. DEMS., Berlin 1958

SCHLICKE, GEORG: Die Entwicklung der sozialpolitischen Frauenrechte, Dresden 1929

SCHMEITZNER, MIKE: Dresden in der Novemberrevolution, in: Geschichte der Stadt Dresden, Bd. 3: Von der Reichsgründung bis zur Gegenwart, hrsg. v. STARKE, HOLGER, Stuttgart 2006, S. 252-259

SCHMEITZNER, MIKE/ RUDLOFF, MICHAEL: Geschichte der Sozialdemokratie im Sächsischen Landtag. Darstellung und Dokumentation 1877-1997, Dresden 1997

SCHMIDT, GEROLD: Zur Erinnerung an den großen Prozeßrechtler Adolf Wach (1843-1926), in: ZZP 100 (1987), S. 3-10

SCHMIDT, GERHARD: Der sächsische Landtag 1833-1918. Sein Wahlrecht und seine soziale Zusammensetzung, in: Beiträge zur Archivwissenschaft und Geschichtsforschung, hrsg. v. GROß, RAINER/ KOBUCH, MANFRED, Weimar 1977, S. 445-465 (Schriftenreihe des Stadtarchivs Dresden, 10)

DERS.: Die Staatsreform in Sachsen in der ersten Hälfte des 19. Jahrhunderts. Eine Parallele zu den Steinschen Reformen in Preußen, Weimar 1966

DERS.: Reformbestrebungen in Sachsen in den ersten Jahrzehnten des 19. Jahrhunderts, Dresden 1969 (Quellen und Forschungen zur Sächsischen Geschichte, Bd. 7)

SCHMIDT, SIEGFRIED: Die Entwicklung der politischen Opposition im Königreich Sachsen zwischen 1830 und 1848, Dresden 2005 (Bausteine aus dem Institut für Sächsische Geschichte und Volkskunde, 2)

SCHNITGER, ELKE: Frauen und Parlamente. Verhältnisse und Verhinderungen, Oldenburg 1990 (Studien zur Soziologie und Politikwissenschaft)

SCHORN-SCHÜTTE, LUISE: Wirkungen der Reformation auf die Rechtsstellung der Frau im Protestantismus, in: Frauen in der Geschichte des Rechts. Von der Frühen Neuzeit bis zur Gegenwart, hrsg. v. GERHARD, UTE, München 1997, S. 92-104

SCHÖTZ, SUSANNE: Handelsfrauen im neuzeitlichen Leipzig: Gewerberecht und Lebenssituationen (16. bis 19. Jahrhundert), in: Frauen in der Geschichte des Rechts. Von der Frühen Neuzeit bis zur Gegenwart, hrsg. v. GERHARD, UTE, München 1997, S. 151-174

SCHREIBER, ADELE: Frauen! Lernt wählen! Revolution und Frauenrecht, Berlin [1918].

SCHRÖDER, WOLFGANG: Saxony's „Liberal Era“ and the Rise of the Red Specter in the 1870, in: Saxony in German History. Culture, Society, and Politics, 1830-1933, hrsg. v. RETALLACK, JAMES, University of Michigan 2000, S. 235-254

DERS.: Wahlrecht und Wahlen im Königreich Sachsen 1866-1896, in: Wahlen und Wahlkämpfe in Deutschland. Von den Anfängen im 19. Jahrhundert bis zur Bundesrepublik, hrsg. v. RITTER, GERHARD A., Düsseldorf 1997, S. 79-130 (Dokumente und Texte, Bd. 4)

DERS.: Zur Geschichte des sächsischen Parlamentarismus in der zweiten Hälfte des 19. Jahrhunderts, Jb AHF 1997, http://www.ahf-muenchen.de/Forschungsberichte/Jahrbuch1997/Schroeder.shtml (besucht am 25.4.2007)

DERS.: Sächsische Parlamentarier, siehe DÖSCHER, ELVIRA

SCHÜLLER, ELKE: Marie Stritt. Eine „kampffrohe Streiterin“ in der Frauenbewegung (1855-1928), Königstein 2005

SCHULZE, CAROLA: Frühkonstitutionalismus in Deutschland, Baden-Baden 2002

SEELA, REYK: Landtage und Gebietsvertretungen in den reussischen Staaten 1848/67-1923. Biographisches Handbuch, Jena 1996 (Historische Kommission für Thüringen, Große Reihe, Bd. 1, Teil 2)

SIEBLIST, [OTTO]: Revidierte Städteordnung und Städteordnung für mittlere und kleine Städte für das Königreich Sachsen. Textausgabe mit Anmerkungen, insbesondere den Entscheidungen des Kgl. Sächs. Oberverwaltungsgerichtes, Nossen 1911 (Bibliothek des Verwaltungsbeamten, 8)

SPIES, THOMAS: Die Schranken des allgemeinen Wahlrechts in Deutschland, München 1979

STANGE, HARTMUT: Die Einführung der Städteordnung in Groitzsch mit einem Anhang zu den Ergebnissen der Wahlen für die provisorischen Communrepräsentanten, Stadtverordneten und Bürgerausschusspersonen in den Jahren 1831 bis 1840, Radebeul 2006

STEINBACH, PETER: Einleitung, zu: Modernisierung und Region im wilhelminischen Deutschland. Wahlen, Wahlrecht und Politische Kultur, hrsg. v. LÄSSIG, SIMONE/ POHL, KARL HEINRICH/ RETALLACK, JAMES, Bielefeld 1995, S. 9-14

STOLLEIS, MICHAEL: Geschichte des Sozialrechts in Deutschland, Ein Grundriß, Stuttgart 2003

DERS.: Selbstverwaltung, in: HRG, Bd. 4, Berlin 1990, Sp. 1621-1625

STOLZ, DIETER HELMUTH: Binding, in: NDB, Bd. 2, Berlin 1955, S. 244-246

STRAUß, RUDOLPH: 125 Jahre Gemeindewahlrecht in Sachsen, in: Sächsische Heimatblätter. Heimatkundliche Blätter für die Bezirke Dresden, Leipzig, Karl-Marx-Stadt 3 (1957), S. 243-250

DERS.: Die Lage und Bewegung der Chemnitzer Arbeiter in der ersten Hälfte des 19. Jahrhunderts, Berlin 1960 (Deutsche Akademie der Wissenschaften zu Berlin, Schriften des Instituts für Geschichte, Reihe II, 3)

STRECKER, GABRIELE: Der Weg der Frau, siehe Lenz, Marlene

STRITT, MARIE: Nach den ersten Wahlen, in: Die Frauenfrage. Zentralblatt des Bundes Deutscher Frauenvereine 21 (1919), S. 9-10

DIES.: Rechtskämpfe, in: Frauenbewegung und soziale Frauenthätigkeit in Deutschland nach Einzelgebieten. Handbuch der Frauenbewegung, hrsg. v. LANGE, HELENE/BÄUMER, GERTRUD, 2. Teil, Berlin 1901, S. 134-153

SUPPÉ, RÜDIGER: Die Grund- und Menschenrechte in der deutschen Staatslehre des 19. Jahrhunderts, Berlin 2004 (Schriften zur Verfassungsgeschichte, Bd. 71)

TEICHMANN, ALBERT: Müller, Karl Otto, in: ADB, Bd. 52 (1906), S. 521f.

DERS.: Heinze, Rudolf, in: ADB, Bd. 50 (1905), S. 153-155

THÜMMLER, GERHARD: Die sozialökonomische Zusammensetzung des sächsischen Landtages in der Zeit zwischen 1864-1873, [Dresden 1965]

TITZ-MATUSZAK, INGEBORG: Bernhard August von Lindenau (1779-1854). „Feind der Reaction und der Revolution“, Weimar 2000

TREUGE, MARGARETE: Die Vorbereitung der Frau auf die Wahlen, Die Frau 26 (1918/19), S. 73-77

TWELLMANN, MARGIT: Die deutsche Frauenbewegung. Ihre Anfänge und erste Entwicklung 1843-1889, Frankfurt a. M. 1993

UHLIG, [KARL] OTTO: Die Landgemeindeordnung. Ein Führer durch die Gemeindegesetze Sachsens. Im Auftrag des Landesvorstandes der Sozialdemokratischen Partei Sachsens, Zittau 1913

ULBRICHT, GUNDA: Die exemten Mittelstädte Sachsens im Prozeß der Gemeindeverfassungsreform 1918 bis 1933, Dresden 1995

DIES.: Die Reform der Einwohnervertretung durch die Allgemeine Städteordnung vom 2. Februar 1832 und die Landgemeindeordnung vom 7. November 1838, in: Sachsen 1763-1832. Zwischen Rétablissement und bürgerlichen Reformen, hrsg. v. SCHIRMER, UWE, Beucha 1996, S. 206-221 (Schriften der Rudolf-Kötzschke-Gesellschaft, 3)

DIES.: Die verfassungsrechtliche Trennung von Stadt- und Landgemeinde. Ein zentrales Problem der sächsischen Kommunalgesetzgebung im 19. Jahrhundert, in: NASächsG 69 (1998), S. 159-184

DIES.: Kommunale Vertretung und Verwaltung, in: Geschichte der Stadt Dresden, Bd. 3: Von der Reichsgründung bis zur Gegenwart, hrsg. v. STARKE, HOLGER, Stuttgart 2006, S. 40-50

DIES.: Kommunalpolitik und Stadtverwaltung, in: Geschichte der Stadt Dresden, Bd. 3: Von der Reichsgründung bis zur Gegenwart, hrsg. v. STARKE, HOLGER, Stuttgart 2006, S. 273-281

ULICH-BEIL, ELSE: Ich ging meinen Weg. Lebenserinnerungen, Berlin-Grunewald 1961

VOGEL, BERNHARD/NOHLEN, DIETER/SCHULTZE, RAINER-OLAF: Wahlen in Deutschland. Theorie, Geschichte, Dokumente 1848-1970, Berlin 1971

VOGEL, DAGMAR: Wahre Geschichten um Sachsens letzte Königin, 2. Auflage, Taucha 2006

VOGEL, LUTZ: „… so bin ich da als Mutter wohl besser sachverständig als der Minister…“ Das parlamentarische Wirken der ersten weiblichen Abgeordneten im sächsischen Landtag 1919-1933, Teil 1, in: Landtagskurier, Jg. 2007, H. 4, S. 23.

DERS.: Parlamentsarbeit einer „Novizin“. Julie Salinger im Sächsischen Landtag, in: Medaon. Magazin für Jüdisches Leben in Forschung und Bildung, Heft 1/2007, S. 1-3 http://www.medaon.de/pdf/M-Vogel.pdf (besucht am 30.10.2007)

VOGEL, URSULA: Gleichheit und Herrschaft in der ehelichen Vertragsgesellschaft – Widersprüche der Aufklärung, in: Frauen in der Geschichte des Rechts. Von der Frühen Neuzeit bis zur Gegenwart, hrsg. v. GERHARD, UTE, München 1997, S. 265-292

VOIGT, SONJA: Spuren von Louise Otto-Peters und August Peters in Oederan, Freiberg und Umgebung, in: Auf den Spuren bewegter Frauen. Berichte vom 12. Louise-Otto-Peters-Tag 2004, hrsg. v. d. Louise Otto-Peters-Gesellschaft e. V. Leipzig, Leipzig 2005, S. 16 bis 24 (Louiseum 23)

VOLLPRECHT, HANS: Die geschichtliche Entwicklung der Gemeindemitgliedschaft in Sachsen vor dem geltenden Recht, Leipzig 1918

WÄCHTER, GEORG: Die sächsischen Städte im 19. Jahrhundert, in: ZSächsStatB 47 (1901), S. 179-323

WAENTIG, H[EINRICH]: Justiz und Verwaltung in Sachsen, in: [Fischers] Zeitschrift für Praxis und Gesetzgebung der Verwaltung zunächst für das Königreich Sachsen 1 (1880), S. 1-24

WAHL, REINER: Die Entwicklung des deutschen Verfassungsstaates bis 1866, in: Handbuch des Staatsrechts der Bundesrepublik Deutschland, hrsg. v. ISENSEE, JOSEF/KIRCHHOF, PAUL, Bd. 1: Historische Grundlagen, 2. Aufl., Heidelberg 1995, S. 3-34

WARREN-SABEAN, DAVID: Allianzen und Listen: Die Geschlechtsvormundschaft im 18 und 19. Jahrhundert, in: Frauen in der Geschichte des Rechts. Von der Frühen Neuzeit bis zur Gegenwart, hrsg. v. GERHARD, UTE, München 1997, S. 460-479

WEBER, DANNY: Die sächsische Landesstatistik im 19. Jahrhundert, Stuttgart 2003 (Beiträge zur Wirtschafts- und Sozialgeschichte, 98)

DERS.: Karl Victor Böhmert (1829-1918). Nationalökonom, Statistiker und Philanthrop, in: 175 Jahre amtliche Statistik, hrsg. v. Statistischen Landesamt des Freistaates Sachsen, Kamenz 2006, S. 18-27

WEBERLING, ANJA: Zwischen Räten und Parteien. Frauenbewegung in Deutschland 1918/1919, Pfaffenweiler 1994 (Forum Frauengeschichte, Bd. 11)

WEGENER, BERNHARD W.: Der geheime Staat. Arkantradition und Informationsfreiheitsrecht, Göttingen 2006 (http://www.oer2.jura.uni-erlangen.de/habil.pdf)

WEICHLEIN, SIEGFRIED: Wahlkämpfe, Millieukultur und politische Mobilisierung im Deutschen Kaiserreich, in: Modernisierung und Region im wilhelminischen Deutschland. Wahlen, Wahlrecht und Politische Kultur, hrsg. v. LÄSSIG, SIMONE/ POHL, KARL HEINRICH/ RETALLACK, JAMES, Bielefeld 1995, S. 70-87

WEIDEMANN, HEDWIG: Frauenstimmrecht! Vortrag, Hamburg o. J. [1907], Mikrofiche-Ausg., Wildberg 1990-92

WEISS, VOLKMAR: Bevölkerung und soziale Mobilität. Sachsen 1550-1880, Berlin 1993

WELCKER, CARL THEODOR: Abstimmung, in: ROTTECK, CARL VON/ WELCKER, CARL THEODOR, Staats-Lexikon oder Enzyklopädie der Staatswissenschaften in Verbindung mit vielen der angesehensten Publicisten Deutschlands, 1. Bd., Altona 1834, S. 160-164

DERS.: Geschlechtsverhältnisse, Frauen, ihre rechtliche und politische Stellung in der Gesellschaft, Rechtswohlthaten und Geschlechtsbeistände der Frauen, Frauenvereine und Vergehen in Beziehung auf die Geschlechtsverhältnisse, in: ROTTECK, CARL VON/ WELCKER, CARL THEODOR, Staats-Lexikon oder Enzyklopädie der Staatswissenschaften in Verbindung mit vielen der angesehensten Publicisten Deutschlands, 6. Bd., Altona 1838, S. 629-665

DERS.: Grundvertrag, Staatsvertrag, politische Vertragstheorie; ihre Gegner; die Gefahren ihrer Mißkennung, vorzüglich in unseren Zeiten, in: ROTTECK, CARL VON/ WELCKER, CARL THEODOR, Staats-Lexikon oder Enzyklopädie der Staatswissenschaften in Verbindung mit vielen der angesehensten Publicisten Deutschlands, 7. Bd., Altona 1839, S. 235-289

WERNER, INES: Fanal für bürgerliche Kommunalpolitik, in: SächsHBl. 37 (1991), S. 208-211

DIES.: Politisierung und kommunale Partizipation des Dresdner Gemeindebürgertums im Reformfeld der Allgemeinen Städteordnung für das Königreich Sachsens. Eine Untersuchung zu Intention und parlamentarischem Wirken der Communrepräsentanten/Stadtverordneten 1830-1848, 2 Bde., Chemnitz 1999

WESTERKAMP, DOMINIK: Pressefreiheit und Zensur im Sachsen des Vormärz, Baden-Baden 1999 (Juristische Zeitgeschichte, Abt. 1, Bd. 3)

WINKLER, JÜRGEN R.: Historische Wahlforschung, in: Handbuch Wahlforschung, hrsg. v. FALTER, JÜRGEN W./ SCHOEN, HARALD, Wiesbaden 2005, S. 543-572

WISNIEWSKI, ROSWITHA/ KUNST, HERMANN: Handbuch der Frauenfragen. Zur Stellung der Frauen in der Gegenwart. Informationen – Analysen – Anregungen, Stuttgart 1988

WITZLEBEN, C. D. VON: Die Entstehung der konstitutionellen Verfassung des Königreichs Sachsen. Zur Feier des fünfzigjährigen Bestehens der Verfassungsurkunde vom 4. September 1831, Leipzig 1881

WÖLK, MONIKA: Wahlbewußtsein und Wahlerfahrungen zwischen Tradition und Moderne, in: HZ 238 (1984), S. 311-352

WOSGIEN, GERLINDE ANNA: Literarische Frauenbilder von Lessing bis zum Sturm und Drang. Ihre Entwicklung unter dem Einfluß Rousseaus, Frankfurt a. Main 1999 (Studien zur literarischen Kultur in Deutschland, Bd. 30)

WUNDER, HEIDE: „Er ist die Sonn', sie ist der Mond". Frauen in der Frühen Neuzeit, München 1992

DIES.: Herrschaft und öffentliches Handeln von Frauen in der Gesellschaft der Frühen Neuzeit, in: Frauen in der Geschichte des Rechts. Von der Frühen Neuzeit bis zur Gegenwart, hrsg. v. GERHARD, UTE, München 1997, S. 27-54

WYDUCKEL, DIETER: Der Verwaltungsaufbau und das Verwaltungsverfahren in Sachsen um 1900, in: Festschrift zum 100-jährigen Jubiläum des Sächsischen Oberverwaltungsgerichts, hrsg. v. REICH, SIEGFRIED, München 2002, S. 79-106

DERS.: Die Entwicklung der Staats- und Kommunalverwaltung in Sachsen von 1815 bis 1918, in: 100 Jahre Allgemeines Baugesetz, hrsg. v. BAUER, HARTMUT/ BREUER, RÜDIGER/DEGENHART, CHRISTOPH/OLDIGES, MARTIN, Stuttgart 2000, S. 19-43

DERS.: Die Trennung von Justiz und Verwaltung in Sachsen nach 1831, in: DH 60 (1999), H. 4, S. 21-29

DERS.: Johanns rechtliches Wirken als Mensch, in: König Johann von Sachsen. Zwischen zwei Welten, hrsg. v. d. Sächsischen Schlösserverwaltung und dem Sächsischen Schlossbetrieb Wesenstein, Halle an der Saale 2001, S. 377-286

DERS.: Prinz Johann als Jurist und Mitglied der Ersten Kammer des Sächsischen Landtages, in: König Johann von Sachsen. Zwischen zwei Welten, hrsg. v. d. Sächsischen Schlösserverwaltung und dem Sächsischen Schlossbetrieb Wesenstein, Halle an der Saale 2001, S. 125-134

ZEICHART, E[RICH]: Die Wahlen vom 19. Januar und 2. Februar 1919 und vom 6. Juni und 14. November 1920, in: SächsStLAZ 66/67 (1919/20), S. 328-442

ZELLER: Das Vereins- und Versammlungsrecht in Deutschland, in: AöR 10 (1895), S. 239-288

ZIEGERHOFER, ANITA: Der Bau eines Frauenzimmers in Europa oder der langwierige Prozeß, das unsichtbare Geschlecht der Europa sichtbar zu machen, in: Recht, Geschlecht und Gerechtigkeit. Frauenforschung in der Rechtswissenschaft, hrsg. v. FLOßMANN, URSULA, Linz 1997, S. 35-93 (Linzer Schriften zur Frauenförderung, Bd. 5)

ZIPPELIUS, REINHOLD: Allgemeine Staatslehre. Politikwissenschaft, ein Studienbuch, 16. Aufl., München 2010

ZWAHR, HARTMUT: Arbeiterbewegung in Leipzig vor der Jahrhundertwende, in: DERS., Revolutionen in Sachsen. Beiträge zur Sozial- und Kulturgeschichte, Weimar 1996, S. 230-243 (Geschichte und Politik in Sachsen, Bd. 1)

DERS.: Bourgeoisie und Proletariat am Beginn der bürgerlichen Umwälzung in Sachsen. Die Septemberereignisse von 1830 und die Anfänge der deutschen Arbeiterbewegung, in: ZfG 25 (1977), S. 656-675

Abkürzungsverzeichnis

a.a.O.	am angegebenen Ort
Abg.	Abgeordneter
abgedr.	abgedruckt
Abs.	Absatz
Abt(h).	Abt(h)eilung
ADAV	Allgemeiner Deutscher Arbeiterverein
ADB	Allgemeine Deutsche Biographie
ADF	Allgemeiner Deutscher Frauenverein
AfS	Archiv für Sozialgeschichte
Anm.	Anmerkung
ä. L.	ältere Linie
allg.	allgemein(e)
AöR	Archiv des öffentlichen Rechts
Art.	Artikel
Aufl.	Auflage
Ausg.	Ausgabe
außerordentl.	außerordentlich
b.	bei
BadRegBl.	Großherzoglich Badisches Staats- und Regierungblatt
BBB	Bayerischer Bauernbund
BBKL	Biographisch-Bibliographisches Kirchenlexikon
Bd./Bde.	Band/Bände
bearb.	bearbeitet
BGB	Bürgerliches Gesetzbuch
beigeh.	beigeheftet
Beil.	Beilage
Bem.	Bemerkung
betr.	betreffend
Bl.	Blatt
BVP	Bayerische Volkspartei
bzw.	beziehungsweise

ca.	circa
D.	Doktor (veraltete Abkürzung)
DDP	Deutsche Demokratische Partei
DDR	Deutsche Demokratische Republik
DDVP	Deutsche Demokratische Volkspartei
d. G.	des Gesetzes
DH	Dresdner Hefte. Beiträge zur Kulturgeschichte
d. h.	das heißt
DHP	Deutsch-Hannoversche Partei
Dekr.	Dekret
Ders.	Derselbe
Dies.	Dieselbe
DNN	Dresdner neueste Nachrichten
DNVP	Deutschnationale Volkspartei
DtVP	Fortschrittlichen Volkspartei
DVP	Deutsche Volkspartei
EGAStO	Gesetz, die Publication und Einführung der allgemeinen Städte-Ordnung betreffend
ehem.	ehemalig(e)
elektr.	elektronische
erl.	erläutert
f./ff.	folgend(e)
Fn.	Fußnote
FS	Festschrift
FVp	Freisinnige Volkspartei
FVP	Fortschrittlichen Volkspartei
geb.	geboren(e)
gegr.	gegründet
GG	Grundgesetz für die Bundesrepublik Deutschland
GVBl.	Gesetzes- und Verordnungsblatt für das Königreich Sachsen/für die Republik Sachsen/für den Freistaat Sachsen
H.	Heft

Hbd.	Halbband
HdStR	Handbuch des Staatsrechts der Bundesrepublik Deutschland
HRG	Handwörterbuch zur deutschen Rechtsgeschichte
hrsg. v.	herausgegeben von
HZ	Historische Zeitschrift
insbes.	insbesondere
i. V. m.	in Verbindung mit
i. S.	im Sinne
Jb AHF	Jahrbuch der historischen Forschung in der Bundesrepublik Deutschland
Jb. d. SächsOVG	Jahrbücher des Königlich Sächsischen Oberverwaltungsgerichts
JBG Dresden	Jahrbuch zur Geschichte Dresdens
Jg.	Jahrgang
j. L.	jüngere Linie
JöR	Jahrbuch des öffentlichen Rechts in der Gegenwart
JW	Juristische Wochenschrift
K.	Kammer
Kap.	Kapitel
kgl./ königl.	königlich
KJ	Kritische Justiz
LA	Landtagsakten
LandeswahlG	Landeswahlgesetz
Loc.	Locat
Lfg.	Lieferung
lit.	littera(e)
LT	Landtag
LVZ	Leipziger Volkszeitung
M.	Mark (3 M. = 1 Thl.)
Mitt(h).	Mitt(h)eilungen
Mitth. d. Ökonom. Ges.	Mittheilungen der Ökonomischen Gesellschaft im Königreiche Sachsen

Mitt. d. Statist. Vereins	Mitteilungen des Statistischen Vereins
MSPD	Mehrheitssozialdemokratische Partei Deutschlands [Mitte 1917 und 1919, bis max. 1922 verwendet]
m. w. N.	mit weiteren Nachweisen
NASächsG	Neues Archiv für Sächsische Geschichte
NDB	Neue Deutsche Biographie
N. F.	neue Folge
Neudr.	Neudruck
Neudr. d. Ausg.	Neudruck der Ausgabe
Ngr.	Neugroschen (1 Thl. = 30 Ngr.)
NLP	Nationalliberale Partei
Nr.	Nummer
o. J.	ohne Jahr
o. O.	ohne Ort
öffentl.	öffentlich
OGS	Oldenburg Grundriss der Geschichte
PrALR	Allgemeines Landrecht für die Preußischen Staaten
PrGS	Gesetz-Sammlung für die Königlich Preußischen Staaten
Prot.	Protokoll
RegE	Regierungsentwurf
RGBl.	Reichsgesetzblatt
Rn.	Randnummer
S.	Seite
sächs.	sächsisch
SächsHBl.	Sächsische Heimatblätter
SächsGemO	Gemeindeordnung für den Freistaat Sachsen (in der Fassung der Bekanntmachung vom 18. März 2003)
SächsGS	Sammlung der Gesetze und Verordnungen für das Königreich Sachsen
SächsHStA	Sächsisches Hauptstaatsarchiv
SächsStLAZ	Zeitschrift des Sächsischen Statistischen Landesamtes (ab 51. Jg.)
SächsVerf	Sächsische Verfassung

SAP	Sozialistische Arbeiterpartei Deutschlands
SDAP	Sozialdemokratische Arbeiterpartei
Sp.	Spalte
SPD	Sozialdemokratische Partei Deutschlands
Statist. Mitth.	Statistische Mittheilungen
StOmkSt	Städteordnung für mittlere und kleine Städte
Thl.	Thaler (1 Thl. = 3 M.)
u.	und
u. a.	unter anderem
USPD	Unabhängige Sozialdemokratische Partei Deutschlands [gegr. 8. 4. 1917]
v.	von
vgl.	vergleiche
VerfUrk	Verfassungsurkunde
Verh.	Verhandlungen
VerwA	Verwaltungsarchiv
VO	Verordnung
WRV	Weimarer Reichsverfassung
z. B.	zum Beispiel
Zentrum	Deutsche Zentrumspartei
ZfG	Zeitschrift für Geschichtswissenschaft (Berlin)
ZfF&G	Zeitschrift für Frauenforschung und Geschlechterstudien
ZS f. Praxis u.	Zeitschrift für Praxis und Gesetzgebung der Verwaltung zunächst für die Gesetzgebung d. Verw. Königreich Sachsen
ZSächsStatB	Zeitschrift des Sächsischen Statistischen Büros (1. bis 50. Jg.)
z. T.	zum Teil
ZZP	Zeitschrift für Zivilprozess

§ 1 Einführung und Literaturstand

Die Entwicklung des sächsischen Staatswesens im 19. und frühen 20. Jahrhundert ging mit tiefgreifenden gesellschaftlichen Umbrüchen einher. Sie ist durch umfassende Reformbestrebungen in Staat und Verwaltung sowie weitgehend von außen angeregten revolutionären Bestrebungen gekennzeichnet, die in der Nachwirkung der Pariser Juli-Revolution von 1830 der konstitutionellen Bewegung auch in Sachsen zum Durchbruch verhalfen.[2] Im Verlaufe dieser Veränderungen überschritt das Königreich Sachsen die Schwelle vom ständisch-feudalen Agrar- zum bürgerlichen Industriestaat.

Schon kurz nach der Wende zum 19. Jahrhundert führte die in Sachsen bereits früh einsetzende industrielle Entwicklung[3] einen Wandel in den Wirtschafts- und Sozialstrukturen herbei, ohne dass das staatliche Organisationsgefüge den neuen Bedürfnissen auch nur annähernd gewachsen war. Das berührte auch die überkommene gesellschaftliche und rechtliche Stellung der Frauen, einschließlich ihrer politischen Partizipationsmöglichkeiten. In der Folge kam um die Jahrhundertmitte in Deutschland die Frauenbewegung auf, die dann auch in der Öffentlichkeit erstmals die Forderung nach einem „Frauenstimmrecht" problematisierte.[4] Ein entscheidender Wandel hin zu einer gleichberechtigten Teilnahme von Frauen am öffentlichen Leben bahnte sich aber erst nach der Wende zum 20. Jahrhundert an.

I. Aufgabenstellung und Ziel der Arbeit

Die gestellte Aufgabe zielt darauf, die Problematik eines „Frauenstimmrechts" und „Frauenwahlrechts" vor dem Hintergrund der rechtlichen, wirtschaftlichen und sozialen Umbrüche von der Zeit der sächsischen

[2] BADURA, Verfassungsgeschichte, in: 100 Jahre Allgemeines Baugesetz, S. 6; RUHLAND, Sächsischer Feudalstaat in der Krise, in: SächsHBl. 37 (1991), S. 194f.

[3] Am 6. November 1798 wurde die Genehmigung für die Errichtung der ersten Baumwollmaschinenspinnerei Sachsens in Harthau bei Chemnitz erteilte. Dieses Datum kann bereits als Beginn der Industrialisierung in Sachsen gelten. – BOCH, Heimarbeit, in: TU-Spektrum, Jg. 1998, H. 4, S. 38-39. Die wissenschaftlichen Kontroverse, ob die Industrialisierung – terminologisch betrachtet – in Sachsen bereits um 1800 oder erst auf Basis der Staatsreformen nach 1830 begann, kann und soll hier offenbleiben, da in Sachsen um 1800 jedenfalls schon eine intensive industrielle Entwicklung einsetzte. – näher dazu BLASCHKE, Wirtschaftliche Entwicklung, in: 100 Jahre Allgemeines Baugesetz, S. 64ff.

[4] BOETCHER JOERES, Die Anfänge, insbes. S. 58; CLEMENS, Kampf um das Frauenstimmrecht, in: „Heraus mit dem Frauenwahlrecht", hrsg. v. WICKERT, S. 55ff.

Verfassungsgebung im Jahre 1831 bis zum Ende der Monarchie im November 1918 und der nachfolgenden grundlegenden Umgestaltung des sächsischen Staatswesens darzustellen.

Reformbedarf hatte es bereits nach dem Ende des Siebenjährigen Krieges im Jahre 1763 gegeben, als der Wiederaufbau des Landes anstand.[5] Die von Kurfürst FRIEDRICH CHRISTIAN (1722-1763)[6] unter maßgeblicher Unterstützung seiner Gemahlin MARIA ANTONIA WALPURGIS VON BAYERN (1724-1780) eingeleiteten Veränderungen blieben im Rahmen des Aufgeklärten Absolutismus. Sie gingen weder weit genug – und waren schon deshalb von begrenzter Wirkung – noch konnten sie aufgrund des frühen Todes des Kurfürsten nach einer Regierungszeit von nur 74 Tagen zu Ende geführt werden.[7] So folgte bald wieder eine Periode des politischen Stillstands, die nicht zuletzt auch der entschieden konservativen Persönlichkeit des Kurfürsten und späteren Königs FRIEDRICH AUGUST I. (1750-1827)[8] zuzuschreiben ist.[9]

Unter diesen Rahmenbedingungen blühte nach 1763 das sächsische Manufakturwesen auf und nach 1815 bildete sich bereits frühzeitig ein Fabrikwesen heraus.[10] Die rasante Wirtschaftsentwicklung blieb in erster Linie ein Verdienst des aufstrebenden und leistungsfähigen sächsischen Bürger- und Unternehmertums, das aber in politische Entscheidungsprozesse und die Verwaltungstätigkeit kaum einbezogen war. Das nach wie vor bestehende Nebeneinander von Behörden, Ständevertretungen, Vorzugsrechten, Gesetzen und Steuersystemen einzelner Landesteile hemmte trotz des erheblichen Potentials den wirtschaftlichen Fortschritt des Landes.[11]

Zur Zeit der napoleonischen Herrschaft und der Befreiungskriege war der Stillstand in Staat und Verwaltung zwar bereits Gegenstand von Kritik, die Reformforderungen wurden jedoch bis zum Jahre 1830 nicht aufgegriffen. In der unmittelbaren Folge des Wiener Kongresses verschärfte sich die Situation

---

[5] Zu den Staatsreformen vor 1830 vgl. insbes.: SCHLECHTE, Staatsreform; GERHARD SCHMIDT, Staatsreform; DERS., Reformbestrebungen.

[6] Regierungszeit vom 5. Oktober bis 17. Dezember 1763.

[7] BLASCHKE, Sachsen zwischen den Reformen, in: Sachsen 1763 bis 1832, S. 9-23, insbes. S. 12.

[8] Regierungszeit 1763 bis 1827, seit 1806 als König.

[9] vgl. PETSCHEL, Die Persönlichkeit Friedrich August des Gerechten, in: Sachsen 1763 bis 1832, S. 77-100.

[10] vgl. dazu FORBERGER, Manufaktur in Sachsen; DERS., Industrielle Revolution, Bd. 1/1 und Bd. 2/1; KIESEWETTER, Industrie und Landwirtschaft; BLASCHKE, Wirtschaftliche Entwicklung, in: 100 Jahre Allgemeines Baugesetz, S. 64f.

[11] GERHARD SCHMIDT, Staatsreform, S. 22-54; DERS., Der sächsische Landtag, in: Beiträge zur Archivwissenschaft, hrsg. v. GROẞ/KOBUCH, S. 446; BLASCHKE, a.a.O., S. 67f.

zusätzlich, als ein erheblicher Teil des Staatsgebietes[12] verloren ging. Die bestehenden Staats- und Verwaltungsstrukturen waren auf das verbliebene Gebiet in keiner Weise zugeschnitten. Gleichwohl wurden auch infolge dieser neuen Situation bis zum Jahre 1830 nur marginale Veränderungen vorgenommen.[13] So blieb die altständische Ordnung im Wesentlichen unverändert erhalten und nicht einmal die Wiener Schlussakte vom 15. Mai 1820 wurde erfüllt, die in Art. LVII[14] eine durch das monarchische Prinzip beschränkte landständische Verfassung vorschrieb.[15]

Die Reformdiskussion und die späteren tatsächlichen Veränderungen waren durch die Ideen der Aufklärung, des Liberalismus und insbesondere der Französischen Revolution angestoßen, die im Wesentlichen vom Bürgertum getragen wurden. Frauen waren dabei nur wenig beteiligt. Allerdings hatten sich in den Reihen der französischen Revolutionäre auch Frauen wie etwa OLYMPE DE GOUGES (1748-1793) engagiert. Die Französin hatte in ihrer *Déclaration des Droits de la Femme et de la Citoyenne*[16] bereits im Jahre 1791 die vollen staatsbürgerlichen Rechte für Frauen gefordert. Sie bezahlte ihren Einsatz am Ende aber mit dem Leben.[17] Dennoch blieb ihr Wirken in der Wahrnehmung der Ereignisse bestenfalls eine Fußnote.

Die Leitgedanken der Französischen Revolution, Liberté, Égalité und Fraternité, stießen aber auch in Sachsen auf Resonanz.[18] Anders als in Frankreich kam es aber nicht zu einem Umsturz der überkommenen Verhältnisse, sondern – ausgehend von der Julirevolution 1830 gut 40 Jahre später – zu Reformen von oben, deren Folge und wesentlicher Markstein die Verfassung vom 4. September 1831 war.[19] Die Verfassungsentwicklung blieb aber nach wie

---

[12]Es verblieben 42,5 Prozent der früheren Fläche mit 57,8 Prozent der ehemals rund 2,05 Millionen Einwohner beim Königreich Sachsen. – KÖTZSCHKE/KRETZSCHMAR, Sächsische Geschichte, S. 310.

[13]WYDUCKEL, Staats- und Kommunalverwaltung, in: 100 Jahre Allgemeines Baugesetz, S. 21f.; Sachsens Umbildung, S. 2ff.

[14]Quellensammlung des Teutschen Bundes, S. 216.

[15]vgl. dazu etwa GERHARD SCHMIDT, Reformbestrebungen, insbes. S. 113f.; BADURA, Verfassungsgeschichte, in: 100 Jahre Allgemeines Baugesetz, S. 5f.

[16]abgedr. in: GERHARD, Gleichheit ohne Angleichung, S. 263-269. – Zuvor hatte die Pariser Nationalversammlung am 3. September 1791 die „Déclaration des Droits de l'Homme et du Citoyen" verabschiedet.

[17]vgl. GERHARD, Menschenrechte auch für Frauen. Der Entwurf der Olympes de Gouges, in: KJ 20 (1987), S. 131ff.; DIES., Gleichheit ohne Angleichung, S. 49ff.; MENZEL, Frauen und Menschenrechte, S. 75ff.

[18]vgl. etwa RUHLAND, Die bürgerliche Revolution, in: DH 26 (1991), H. 2, S. 5-12; DERS., Sachsen in der Zerfallskrise, in: Sachsen 1763 bis 1832, S. 183-205.

[19]Zu den Gründen freiwilliger Verfassungsgebung allgemein vgl. WAHL, Die Entwicklung des deutschen Verfassungsstaates bis 1866, in: HdStR I, § 1 Rdn. 12 m. w. N.

vor hinter der rasanten Entfaltung der sächsischen Wirtschaft zurück. Das sollte nicht ohne Auswirkungen auf die Lebensverhältnisse weiter Teile der Bevölkerung des Königreiches bleiben, insbesondere auch auf die der sächsischen Frauen.

Mit dem Aufkommen des Manufakturwesens und dem Bedeutungsschwund der Landwirtschaft traten Frauen vermehrt als selbständig Erwerbstätige außerhalb des familiären Umfeldes hervor. Die traditionelle häusliche Produktionsweise geriet dagegen mehr und mehr in den Hintergrund. Zu diesem Schritt wurden die Frauen aus der wirtschaftlichen Notwendigkeit heraus gezwungen, den Unterhalt ihrer Familie mit zu sichern. Sie leisteten nunmehr in vielen Fällen die gleiche Arbeit wie Männer, aber ihre rechtliche Stellung war gleichwohl eine wesentlich schlechtere. Das betraf neben der familienrechtlichen Stellung vor allem den Bereich des politischen Lebens und erstreckte sich insbesondere auf die Teilnahme von Frauen an Wahlen und Abstimmungen in den Körperschaften des öffentlichen Rechts.

Das Familienrecht kann dabei als Abbild der gesellschaftlichen Normen angesehen werden, die das Verhältnis zwischen den Geschlechtern und gegenüber den Kindern bestimmen. Wenn es um die Frage politischer Rechte ging, dienten familienrechtliche Regelungen, wie etwa die Geschlechtsvormundschaft als Argumentationsgrundlage.[20] Die kontinuierliche Verbesserung der Rechtsstellung der Frauen und ihre die Ermutigung dazu, ansatzweise bereits bestehende Partizipationsrechte wahrzunehmen, sollten deshalb zu einem der zentralen Anliegen der Frauenbewegung werden. Bis zum Ende der Monarchie im Jahre 1918 gelang es ihr, deutlich an politischer Wirksamkeit zu gewinnen und einige ihrer Forderungen, wie etwa die Zulassung von Frauen zu höherer Schulbildung[21] und zum Universitätsstudium[22] durchzusetzen.

Vor allem in der zweiten Hälfte des 19. Jahrhunderts führte das Fortschreiten der industriellen Entwicklung zu einem rasanten Anstieg des Anteils der Arbeiterschaft an der Bevölkerung. Das ist ganz wesentlich auch auf die besonders starke Zuwanderung von Arbeitskräften für die Industrie zurückzuführen.[23] Im Jahre 1900 lebten erstmals mehr Menschen in den sächsischen Städten als auf dem Lande.[24] Die Veränderungen in der Erwerbsstruktur weiter Teile der Bevölkerung wirkten sich unmittelbar auf deren Lebensverhältnisse aus und führten zur Herausbildung der sozialen Frage und schließlich

[20] z. B. in den entsprechenden Landtagsdebatten.

[21] Die ersten Gymnasialkurse für Mädchen in Sachsen wurden 1894 in Leipzig eingerichtet.

[22] Als erstes deutscher Bundesstaat ließ das Großherzogtum Baden zum Sommersemester 1900 Frauen als ordentliche Studierende zu. Sachsen folgte zum Sommersemester 1906.

[23] 1890 betrug der Anteil der Einwohner, die nicht in Sachsen geboren waren, 12 Prozent.

[24] BLASCHKE, Wirtschaftliche Entwicklung, in: 100 Jahre Allgemeines Baugesetz, S. 70f.

auch zur Etablierung der Sozialdemokratie als politische Kraft. Der gezielte Eingriff in das Landtagswahlrecht durch die Einführung des Dreiklassenwahlrechts im Jahre 1896 konnte wesentliche Wahlerfolge der Sozialdemokraten zwar vorübergehend verhindern, verschärfte aber zugleich die Unzufriedenheit mit den rechtlich-politischen wie sozialen Verhältnissen im Königreich. Eine ganz wesentliche politische Forderung der Sozialdemokraten war daher die Einführung eines allgemeinen Wahlrechts und zwar ausdrücklich auch für Frauen.

Neben der Staats- und Verwaltungsreform im Zusammenhang mit der Verfassungsgebung von 1831 sind zwei weitere wesentliche Reformwellen zu verzeichnen: in den 50er Jahren in der Folge der revolutionären Bewegung von 1848/49, als nach einer Phase der Reaktion die Ideen des Vormärz erneut aufgegriffen wurden[25] und schließlich im Zusammenhang mit der Gründung von Norddeutschem Bund 1867/68 und Deutschem Kaiserreich 1871, als sich ein grundlegender Wandel im staatlichen Selbstverständnis des Königreichs Sachsens vollzog und neue politische wie rechtliche Rahmenbedingungen gesetzt wurden.[26]

Politische Partizipation beschränkt sich nicht auf die Mitwirkung an politischen Entscheidungen an sich und insbesondere auch nicht auf die Teilnahme an Wahlen und Abstimmungen. Sie umfasst vielmehr sämtliche Verhaltensweisen, mit denen versucht wird, sowohl allein als auch in Gruppen Einfluss auf Entscheidungen auf allen Ebenen des politischen Systems zu nehmen.[27] Nicht ohne Grund wird von der heutigen Demokratie- und Partizipationsforschung deshalb z. T. gefordert, dass die politische Repräsentation annähernd die Zusammensetzung der Bevölkerung widerspiegeln soll, also auch männliche wie weibliche Positionen und Sichtweisen vertreten seien müssen. Es wird der Standpunkt vertreten, dass Politik nur dann überhaupt effizient funktionieren könne, wenn die Kompetenzen und Fähigkeiten der Frauen als einer Hälfte der Bevölkerung nicht ungenutzt blieben.[28] Für die bis in die Gegenwart hinein bestehende politische Unterrepräsentanz von Frauen werden als wesentliche Erklärungsansätze deren geschlechtsspezifische Situation in Be-

---

[25] BADURA, Verfassungsgeschichte, in: 100 Jahre Allgemeines Baugesetz, S. 13.

[26] WYDUCKEL, Staats- und Kommunalverwaltung, in: 100 Jahre Allgemeines Baugesetz, S. 32.

[27] Zum Begriff „Partizipation" siehe sogleich in Kap. I., S. 18ff.

[28] vgl. ausführlich zur Terminologie der politischen Partizipation von Frauen GEIßEL/PENROSE: Dynamiken, in: Gender-Politik-Online, September 2003, S. 2ff.

zug auf Sozialisation, Lebenslagen und strukturelle Zugangsbarrieren angeführt.[29] Das lässt sich so freilich nicht ohne Vorbehalt auf das 19. Jahrhundert übertragen.

Der eigenen Teilhabe an Entscheidungen im Staatswesen geht bei den Frauen eine Phase der persönlichen Politisierung und des politischen Engagements voraus. Soziales Engagement bot insbesondere für Frauen des Bürgertums zunächst die einzige, gesellschaftlich akzeptierte Möglichkeit, sich außerhalb des häuslichen Umfelds gesellschaftlich zu betätigen. Die Forderung nach weitergehenden Beteiligungsmöglichkeiten – und insbesondere dann auch einer Einführung des Frauenstimmrechts – tritt in den Biographien der Frauen vielfach erst im Laufe der Zeit hinzu. Dieser Prozess muss mit der Herausbildung des bürgerlichen Verfassungsstaates ebenso in den Zusammenhang gesetzt werden, wie mit der rasanten industriellen Entwicklung des Königreichs und ihren sozialpolitischen Herausforderungen.

Sachsen ist hier besonders aufschlussreich, da es, so JAMES RETALLACK, verglichen mit der übrigen Entwicklung in der deutschen Geschichte regelmäßig aus dem Rahmen fällt, „weil es zu verschiedenen Zeitpunkten seiner Geschichte sowohl das schlimmste mögliche Szenario als auch die beste aller möglichen Welten repräsentierte".[30] Konkret gilt das in diesem Zusammenhang etwa für die große Rückständigkeit in Verfassung und Verwaltung in den ersten Jahrzehnten des 19. Jahrhunderts, die dann z. T. mit im Sinne der Zeit vorbildlichen Reformbemühungen[31] überwunden wurde.

Es stellt sich mithin die Frage nach Wunsch und Notwendigkeit einer eigenverantwortlichen Wahrnehmung von – vor allem aus der zunehmenden Erwerbstätigkeit resultierenden – Interessen, nach dem neuen, im Entstehen begriffenen bürgerlichen Frauenbild und nicht zuletzt nach dem weiteren Schicksal des äußerst schmalen Bestands von bereits vorhandenen weiblichen Partizipationsrechten. Eng damit verknüpft ist die Problematik der Anerkennung der Frau als Rechtsperson schlechthin, d. h., ob Frauen in den Augen ihrer Zeitgenossen selbst Träger von Rechten und Pflichten sein konnten oder aber ihre Interessen nur durch männliche Hilfe und Stellvertretung verfolgen sollten. Dies schließt die Frage nach politischen Rechten, wie eben dem hier zu erörternden Wahl- bzw. Stimmrecht einschließlich des zeitgenössischen Verständnisses des Gleichheitssatzes, mit ein.

---

[29] a.a.O., S. 14.

[30] RETALLACK, Einleitung. Sachsen und Deutschland, Sachsen in Deutschland, in: Sachsen in Deutschland, hrsg. v. DEMS., S. 13.

[31] So hinsichtlich der Verfassung der Städte und Landgemeinden.

Vor diesem Hintergrund soll für Sachsen der Versuch einer umfassenden Darstellung der Problematik des „Frauenstimmrechts" von der sächsischen Verfassungsgebung im Jahre 1831 bis zum Ende der Monarchie im November 1918 und der nachfolgenden grundlegenden Umgestaltung des sächsischen Staatswesens unternommen werden. Die verfassungsrechtliche und verfassungsgeschichtliche Darstellung der Frauenstimmrechtsproblematik muss dabei notwendigerweise mit allgemeinhistorischen, aber vor allem auch politisch-sozialgeschichtlichen Aspekten verbunden werden, denn die Entwicklung der die politische Partizipation von Frauen betreffenden Normen vollzieht sich an der Schnittstelle von gesellschaftlich determiniertem Frauenbild und tatsächlicher Lebenswirklichkeit von Frauen.

Die vorliegende Darstellung will deshalb der Bedeutung und den Auswirkungen der Geschlechterdifferenz in einem Teilbereich der Rechts- und Verfassungsgeschichte nachgehen. Dazu soll zunächst vor allem die Entwicklung der mit dem „Frauenstimmrecht" im Zusammenhang stehenden Normen für das Königreich Sachsen dargestellt werden. Hierbei geht es nicht nur um das Wahlrecht als solches, sondern ergänzend auch um Rechtsmaterien wie vor allem das Versammlungsrecht, das die Voraussetzung für eine politische Betätigung darstellt. Besonderes Augenmerk liegt hier auf den Verhandlungen der Ständeversammlung und den dort beratenen Gesetzesvorlagen und Petitionen.

Die Untersuchung beschränkt sich nicht auf die Chronologie der einschlägigen Normen, sondern versucht darüber hinaus die soziale Wirklichkeit des Stimm- bzw. Wahlrechts unter Berücksichtigung des öffentlichen Meinungsbildes einzubeziehen. Sie widmet sich vor diesem Hintergrund auch der Frage, wie das Recht von seinen Adressaten erfahren und gelebt wurde und wie Frauen selbst versucht haben, auf die Rechtsentwicklung Einfluss zu nehmen. Es soll nicht nur die Frage beantwortet werden, ob und gegebenenfalls in welchem Umfang es das „Frauenstimmrecht" gab, sondern auch die nach der Resonanz, die es bei den Wahl- bzw. Stimmberechtigten fand. Dazu werden – wie es die Quellenlage zulässt – beispielhaft Wahlen zu den kommunalen Vertretungskörperschaften und der Zweiten Kammer des Landtages herausgegriffen, um die Tragweite der Problematik zu illustrieren, die in den gesetzlichen Regelungen bereits im Ansatz zum Ausdruck kommt. Nachgegangen wird auch der Frage, in welchen Bereichen es ein „Frauenstimmrecht" gab und in welchem Umfang im Vergleich dazu Männer stimmberechtigt waren. Dies erfolgt ausgehend von der Hypothese, dass die Bedeutung des „Frauenstimmrechts" im Gesamtzusammenhang sich nur dann erschließt, wenn sowohl in Ansehung anderer Ausschlusstatbestände auch der Anteil der wahl- bzw. stimmberechtigten Personen männlichen Geschlechts an der Bevölkerung herausgearbeitet, als auch die Entwicklung des

Wahlrechts und der Staats- und Kommunalverfassung insgesamt im Auge behalten wird.

Im Mittelpunkt der Arbeit steht dabei nicht so sehr der umfassende wie systematische Vergleich mit anderen deutschen (Bundes-)Staaten – hierfür sei ausdrücklich auf die Arbeit von UTE ROSENBUSCH[32] verwiesen –, sondern die Frage des Zustandekommens und der Entwicklung der wahlrechtlichen Regelungen im Königreich Sachsen. Das Hauptaugenmerk liegt dabei auf den parlamentarischen Debatten und den Versuchen – von innen wie außen – auf eine Einbeziehung von Frauen in dieses Wahlrecht hinzuwirken sowie letztlich auch auf dessen Einordnung in eine verfassungsgeschichtliche Gesamtentwicklung des Königreichs Sachsen als Teil eines in seiner Wiederentstehung begriffenen deutschen Staates. Letztlich werden daher auch die Versuche seitens der Frauenbewegung und anderer politischer Kräfte, speziell in Sachsen und aus Sachsen heraus eine Veränderung des Wahlrechts im Sinne der Teilnahme von Frauen zu erreichen, zu berücksichtigen sein.

Es hat sich dabei als wenig hilfreich erwiesen, Methoden der modernen historischen Wahlforschung zu Grunde zu legen. Als deren Voraussetzungen gelten ein konstitutionell-kodifiziertes Wahlrecht, statistisch-quantifizierbare Ergebnisse, die Interpretation am Ordnungsmodell eines Parteiensystems und gegebenenfalls die Annahme fester Zusammenhänge zwischen Bevölkerungs-, Wirtschafts- und Sozialstruktur.[33] Ein wahlsoziologischer Ansatz kann nur insofern einbezogen werden, als mit dem „Frauenstimmrecht" das Recht einer sozialen Gruppe im Hinblick auf seine rechtlichen Grundlagen untersucht wird.[34]

Der Parteienbezug, der ein wichtiger Bezugspunkt der Wahlanalyse ist, wird dabei einbezogen, aber nur insoweit, als sich einzelne politische Gruppierungen für oder gegen das „Frauenstimmrecht" positionierten. Dabei ist zu beachten, dass sich ein Parteiensystem erst allmählich herausgebildet hat,[35] Parteien

---

[32]Der Weg zum Frauenwahlrecht in Deutschland, Baden-Baden 1998.

[33]WÖLK, Wahlbewußtsein, S. 313; In Betracht käme hier bestenfalls nur – und sofern entsprechendes statistischen Material vorhanden ist – eine Aggregatdatenanalyse hinsichtlich Wahlberechtigung und Wahlbeteiligung. Näher dazu PAPPI, Aggregatdatenanalyse, in: Techniken der empirischen Sozialforschung, Bd. 7, hrsg. v. VAN KOOLWIJK/ WIEKEN-MAYSER, S. 78ff.; zur Geschlechterproblematik insbes. KÜHNE, Historische Wahlforschung, in: Modernisierung und Region, hrsg. v. LÄSSIG/ POHL/ RETALLACK, S. 40f. und 63ff.

[34]vgl. WINKLER, Historische Wahlforschung, in: Handbuch Wahlforschung, S. 564 und 552ff.; STEINBACH, Einleitung, zu: Modernisierung und Region, hrsg. v. LÄSSIG/ POHL/ RETALLACK, S. 10.

[35]z. B. wurden der ADAV erst 1863 und die Sozialdemokratische Arbeiterpartei 1869 gegründet. – näher HEIDENREICH, Arbeiterkulturbewegung, S. 30ff.

also noch keine entscheidende politische Position in Staat und Gesellschaft erlangten.[36] Parteien im Sinne von organisierten Zusammenschlüssen, die primär auf die Teilnahme an Wahlen und die parlamentarische Arbeit ausgerichtet waren, entwickelten sich erst im Nachgang von 1848 sowie in den 1860er und 1870er Jahren, und zwar vornehmlich als Weltanschauungsparteien mit bis zur Gründung des Kaiserreichs nur untergeordnetem Bezug zu tagespolitischen Forderungen. Zuvor bestanden seit dem frühen 19. Jahrhundert vornehmlich politische Interessengruppen, die sich meist ohne Organisationsstrukturen um Zeitschriften und literarische Werke, gesellschaftliche Zirkel und Festaktivitäten bildeten.[37]

Im Hinblick auf eine Erörterung des Frauenstimm- bzw. Frauenwahlrechts ist das Wirken dieser politischen Gruppen im noch vorpolitischen und außerparlamentarischen Raum allerdings insofern von Bedeutung, wie ihre Bestrebungen auf die Ausweitung von Partizipationsrechten und vor allem auf die Etablierung eines Stimm- bzw. Wahlrechts für Frauen gerichtet sind. Ferner lässt sich die parteipolitische Einstellung oder Parteizugehörigkeit in vielen Fällen heute kaum mehr ermitteln, z. B. deshalb, weil etwa derartige politische Bekenntnisse gerade im kommunalpolitischen Bereich über lange Zeit als gesellschaftlich und moralisch nicht akzeptabel angesehen wurden.[38] Zum anderen bieten die weitreichenden Beschränkungen im Königreich keine ausreichende Grundlage für wahlsoziologische Interpretationen.[39] Probleme bereitet – betrachtet auf den gesamten Untersuchungszeitraum – auch die erstaunliche Vielfalt wahlrechtlicher Regelungen.

Schließlich gestaltet sich auch die Abgrenzung der Begriffe „Stimmrecht“ und „Wahlrecht“ selbst als schwierig. Die Terminologie wird in den verschiedenen zeitgenössischen Texten nicht einheitlich verwendet und unterlag zudem im Laufe der Zeit einem gewissen Wandel.[40] Das wird näher zu untersuchen sein, vor allem hinsichtlich etwa bestehender Zusammenhänge zwischen dem Wandel der Begrifflichkeiten und den politischen Entwicklungen der jeweiligen Zeit.

---

[36] Erst die Einführung des allgemeinen Wahlrechts führte zu einer Politisierung der Massen und machte die Parteien mehr und mehr zu Interessenvertretungen, NIPPERDEY, Grundprobleme, S. 51; vgl. auch RITTER, Wahlen und Wahlpolitik, in: Sachsen im Kaiserreich, hrsg. v. LÄSSIG/ POHL, S. 32.

[37] NIPPERDEY, a.a.O., S. 33; vgl. für Sachsen: S. SCHMIDT, Die Entwicklung, insbes. S. 40ff. und 55f.; GERHARD SCHMIDT, Der sächsische Landtag, in: Beiträge zur Archivwissenschaft, hrsg. v. GROß/ KOBUCH, S. 449ff.; TITZ-MATUSZAK, Bernhard August von Lindenau, S. 113.; GÖPNER, Der sächsische Landtag, S. 43ff. und 89ff.

[38] ULBRICHT, Kommunale Vertretung und Verwaltung, in: Geschichte der Stadt Dresden, Bd. 3, S. 43.

[39] vgl. für die ähnliche Problematik in Bayern, LEEB, Wahlrecht, Bd. 1, S. 17f.

[40] Dazu siehe sogleich unter § 3, S. 22ff.

II. Literaturstand

Geschlechtsbezogene Fragestellungen wurden lange Zeit von der rechtshistorischen Forschung vernachlässigt. Für die Untersuchung des „Frauenstimmrechts" im Königreich Sachsen bedeutet das, nahezu Neuland betreten zu müssen. Umfassende, regional ausgerichtete Darstellungen liegen noch nicht vor. Das gilt insbesondere für den kommunalen Bereich.

Mit den Arbeiten von VICTOR CAMILLO DIERSCH,[41] HUGO HOFMANN,[42] E. OTTO SCHIMMEL,[43] ALFRED PACHE,[44] ERWIN OPPE,[45] JOHANNES GÖPNER[46] und OTTO GEORGI[47] aus den Jahren 1906 bis 1918 sowie GERHARD SCHMIDT[48] aus dem Jahrc 1988 stehen mehr oder weniger umfassende Darstellungen der Entwicklung des Landtagswahlrechts in Sachsen und der Verhandlungen der Ständeversammlung von 1831 bis 1918 zur Verfügung. Aufschlussreich zeigte sich auch die anonym erschienene zeitgenössische Schrift zur Ersten Staatsreform *Sachsens Umbildung seit dem Jahre 1830. Den constitutionellen Ständen des Königreichs Sachsen gewidmet.*[49]

Ältere Darstellungen zum Kommunalwahlrecht der Frauen liegen u. a. von LIDA GUSTAVA HEYMANN[50] und JENNY APOLANT[51] vor. Der grundlegende Beitrag von HANS VOLLPRECHT aus dem Jahre 1918 über *Die geschichtliche Entwicklung der Gemeinde–mitgliedschaft in Sachsen vor dem geltenden Recht*[52] beleuchtet mit der Zugehörigkeit zur Gemeinde einen wesentlichen

---

[41]Die geschichtliche Entwicklung des Landtagswahlrechts im Königreich Sachsen, Leipzig 1918.

[42]Die Entwicklung des Wahlrechts zur sächsischen Zweiten Kammer unter Berücksichtigung der politischen Zustände, Borna 1911.

[43]Die Entwicklung des Wahlrechts zur sächsischen Zweiten Kammer und der Zusammensetzung derselben in parteipolitischer und sozialer Hinsicht, Nossen 1912.

[44]Geschichte des sächsischen Landtagswahlrechts von 1831-1907, Dresden 1907.

[45]Die Reform des Wahlrechts für die II. Kammer der Ständeversammlung im Königreich Sachsen, in. JöR 4 (1910), S. 374-409.

[46]Der sächsische Landtag von 1830-40, Meißen 1913.

[47]Zur Reform des Wahlrechts für die Zweite Sächsische Kammer, Leipzig 1906.

[48]Der sächsische Landtag 1833-1918. Sein Wahlrecht und seine soziale Zusammensetzung, in: Beiträge zur Archivwissenschaft und Geschichtsforschung, hrsg. v. GROß, RAINER/ KOBUCH, MANFRED, Weimar 1988, S. 445-465.

[49]Leipzig 1833.

[50]Das kommunale Wahlrecht der Frauen im Deutschen Reich, München 1910.

[51]Das kommunale Wahlrecht der Frauen in den deutschen Bundesstaaten, Leipzig 1918.

[52]Leipzig 1918.

Teilaspekt des „Stimmrechts". Zur Entwicklung der Landgemeindeverfassungen in Sachsen liegt eine Dissertation von HANS KUNTZE[53] aus dem Jahre 1919 vor.

Von den Werken zeitgenössischer Autoren sind insbesondere auch die Kommentare zu den Sächsischen Städteordnungen von KARL RICHARD HIRSCHBERG[54] und von HANS ALEXANDER VON BOSSE[55], sowie zu den Landgemeindeordnungen ebenfalls von HANS ALEXANDER VON BOSSE[56], dem unter dem Pseudonym „Ameisenschreiber" auftretenden KARL FERDINAND PHILIPPI,[57] EMMANUEL MICHEL[58] und KARL OTTO UHLIG[59] hervorzuheben.

Die moderne sächsische Landesstatistik nahm ihren Anfang mit der Gründung des statistischen Vereins im Jahre 1831.[60] Seit dem 18. Jahrhundert wurden recht ungenaue Daten auf der Grundlage der sog. Konsumentenlisten[61] ermittelt, die bis zum Jahre 1832 die einzige amtliche Quelle über den Stand der Bevölkerung bildeten. Dieses Material war schon 1831 zum größten Teil nicht mehr vorhanden.[62] Die erste Volkszählung im Königreich Sachsen fand zwar bereits 1832, im Jahr nach dem Inkrafttreten der Verfassung, statt. Von

---

[53]Die Landgemeinde und ihre Stellung im Staate im Gebiete des Königreichs Sachsen, unter Ausschluß der Lausitz, vom 16. Jahrhundert bis heute, Leipzig 1919.

[54]Die allgemeine Städteordnung nebst Publikationsgesetz und Einführungsverordnung für das Königreich Sachsen, Leipzig 1863. HIRSCHBERG war Bürgermeister zu Meißen.

[55]Königlich Sächsische Revidirte Städteordnung und Städteordnung für mittlere und kleine Städte vom 24. April 1873, 5. Aufl., Leipzig 1898.

[56]Königlich Sächsische Revidierte Landgemeindeordnung vom 24. April 1873, 7. Auf., Leipzig 1892; VON BOSSE gehörte von 1874 bis 1890 selbst dem Landtag an.

[57]Die Landgemeindeordnung für das Königreich Sachsen nebst dazu gehöriger Ausführungsverordnung zu Nutz und Frommen des Bürgers und Landmanns, erl. von dem Ameisenschreiber, Grimma 1839. PHILIPPI war gemeinsam mit ROBERT BLUM Redakteur der zunächst in Dresden erschienenen „Constitutionellen Staatsbürgerzeitung zur Verständigung über Gegenstände des gesellschaftlichen Lebens, der Staats- und Gemeindeverwaltung, der Volksbildung, der kirchlichen Verfassung und des gewerblichen Verkehrs".

[58]Königlich-Sächsische Landgemeindeordnung in der Fassung des Gesetzes vom 11. Juli 1913. Handausgabe mit den zugehörigen Bestimmungen und ausführlichen Erläuterungen, Leipzig 1914 (Fortführung v. Bosses' Kommentars).

[59]Die Landgemeindeordnung. Ein Führer durch die Gemeindegesetze Sachsens. Im Auftrag des Landesvorstandes der Sozialdemokratischen Partei Sachsens, Zittau 1913.

[60]PFÜTZE, Die Entwicklung der amtlichen Landesstatistik, in: SächsStLAZ 76 (1930), S. 1.

[61]Die Konsumentenlisten sollten für Notzeiten die Versorgung der Bevölkerung sicherstellen, indem sie anhand von Übersichten zu Ernten und Lebensmittelvorräten und den Bevölkerungszahlen zu ermitteln versuchten, ob die Inlandsproduktion an Nahrungsmitteln zur Deckung des Bedarfs ausreichend war. – Näher dazu PUSCHMANN, Volkszählungen, in: 175 Jahre amtliche Statistik, S. 100; PFÜTZE, Die Entwicklung der amtlichen Landesstatistik, in: SächsStLAZ 76 (1930), S. 3.

[62]a.a.O., S. 3.

zuverlässigen Zählungen kann aber erst ab 1834 ausgegangen werden.[63] Somit liegen zwar Ergebnisse der zwischen 1831 und 1918 im Königreich durchgeführten Volkszählungen anhand der Veröffentlichungen in zeitgenössischen statistischen Zeitschriften vor,[64] allerdings differiert ihre Detailtiefe.[65]

Erste – aber immer noch unvollständige – offizielle Statistiken zu Wahlbeteiligung und Wahlergebnissen der Landtagswahlen liegen für das Königreich Sachsen überhaupt erst ab 1869 vor. Für die Zeit davor beinhaltet die im Jahre 1853 erschienene, umfangreiche Sammlung statistischen Materials von ERNST ENGEL zwar einige Angaben zur „politischen Beschaffenheit der Bevölkerung" einschließlich der Wahlbeteiligung. Doch sind auch diese Untersuchungen nur für die erste Wahl nach der Verfassungsgebung „nur theilweise angestellt worden", wie eine zeitgenössische Darlegung Mitte des 19. Jahrhunderts feststellt.[66] Eine amtliche Wahlstatistik wurde durch das Statistische Landesamt für die Landtagswahlen sogar erst 1897, für die Reichstagswahlen 1920 und für die Gemeindewahlen 1924 eingeführt.[67]

Daher war für die Wahlen der Gemeindevertretungen der Rückgriff auf die Bestände des Sächsischen Hauptstaatarchivs unverzichtbar. Jedoch sind auch diese Materialien zu den Wahlen in einzelnen Städten und Landgemeinden nur bruchstückhaft vorhanden und noch nicht zusammenhängend erschlossen,[68] so dass letztlich nur Stichproben einzelner Wahlen in einzelnen Orten ausgewertet werden konnten, deren Wählerlisten und Wahlprotokolle auffindbar waren. Aber selbst wenn die Quellen hier vollständig wären, ließe sich im Rahmen dieser Untersuchung keine vollständige Auswertung leisten und auch dann wäre vor dem Hintergrund der Zeit ein Ergebnis nicht zu erzielen, das heutigen Maßstäben standhalten könnte. Somit kann es nur darum gehen, die praktische Bedeutung der Partizipationsrechte gerade von Frauen in den Landgemeinden anhand von Beispielen zu veranschaulichen.

---

[63]Die Verbesserung der Methoden gegenüber 1832 führte dazu, dass 1834 eine um 100.000 höhere Bevölkerung ermittelt wurde. – a.a.O., S. 6.

[64]z. B. FELIX BURKHARDT, Die Entwicklung der sächsischen Bevölkerung in den letzten 100 Jahren. Statistische Untersuchungen unter besonderer Berücksichtigung zwischen Bevölkerung und Wirtschaft, in: SächsStLAZ 77 (1931), S. 1-69; GEORG LOMMATZSCH, Die Einwohnerzahlen der Landgemeinden von 1834-1900 und die Veränderungen in der Verwaltungseinteilung des Königreiches seit 1815, in: SächsStLAZ 51 (1905), S. 12-91; zur den verschiedenen statistischen Quellen vgl. DANNY WEBER, Die sächsische Landesstatistik im 19. Jahrhundert, Stuttgart 2003.

[65]vgl. RITTER/NIEHUSS, Wahlgeschichtliches Arbeitsbuch, S. 170f.

[66]ERNST ENGEL, Das Königreich Sachsen in statistischer und staatswirthschaftlicher Beziehung, Dresden 1853, S. 124ff. (Jb für Staatswissenschaft des Königreichs Sachsen, Bd. 1)

[67]PFÜTZE, Die Entwicklung der amtlichen Landesstatistik, in: SächsStLAZ 76 (1930), S. 20.

[68]vgl. zur Problematik für Dresden: WERNER, Politisierung, Bd. 1, S. 23 und Fn. 85.

Dagegen ist die Quellenlage hinsichtlich der Gesetzgebungsmaterialen zur Sächsischen Verfassung und den Städte- und Landgemeindeordnungen außerordentlich gut. Beginnend mit dem Landtag von 1830/31 liegen die Landtagsakten in gedruckter Form vor. Sie sind die wesentliche Quelle zur Entwicklung des „Frauenstimmrechts" im Untersuchungszeitraum.[69] Wertvolles erschließt sich auch aus den Akten des Königlich Sächsischen Staatsministeriums des Inneren in den Beständen des Sächsischen Hauptstaatsarchivs Dresden.

Zeitgenössische politische Beiträge in Zeitungen und Zeitschriften sind zunächst aufgrund der strengen Zensur sehr selten und dann weitgehend unkritisch gehalten. Auch politische Zeitschriften wie *Die Biene* konnten deshalb nur zeitweilig erscheinen.[70] Die Presse insgesamt, wie auch die dort abgedruckten amtlichen Veröffentlichungen, liefern trotzdem eine Fülle von Material, das nur auszugsweise Berücksichtigung finden konnte.

Hinsichtlich einzelner Ortsgesetze und anderer örtlicher Sonderbestimmungen ist die Quellenlage schwierig. Bereits Zeitgenossen wie KARL OTTO UHLIG (1872-1950),[71] mussten feststellen, dass „in sehr vielen Fällen ... keine ordentliche Sammlung ortsgesetzlicher Vorschriften im Gemeindeamte vorhanden [ist], geschweige denn, daß die Ortsgesetze, Ortsstatuten, Ortsregulative oder die einzelnen ortsgesetzlichen Beschlüsse den Gemeindemitgliedern in gedruckter Form auch unter Berücksichtigung aller Nachträge und Neuerungen in die Hand gegeben würden".[72]

Neuere Forschungen zur Frauenrechtsgeschichte reißen den Untersuchungsgegenstand z. T. an. Zur Frauenrechtsgeschichte allgemein liegt ein von UTE GERHARD herausgegebener Sammelband mit dem Titel *Frauen in der Geschichte des Rechts*[73] vor, der sich einer Darstellung der Rechtsstellung der Frau angenommen hat, aber keine regionale Ausrichtung auf Sachsen aufweist. Die Problematik des „Frauenstimmrechts" wird zwar auch hier nur angerissen,[74] doch werden wichtige Aspekte zur rechtlichen Situation der Frauen im Untersuchungszeitraum überhaupt erörtert. Daneben konnten der sozialgeschichtlichen und sozialwissenschaftlichen Literatur viele Anregungen entnommen werden, da inzwischen eine wachsende Zahl von Veröffentlichungen zur Geschichte der Frauenbewegung und zur Stellung der Frau in

[69] Die Landtagsakten erschienen als zeitschriftenartige Reihe mit wechselnder Systematik.

[70] vgl. GÖPNER, Der sächsische Landtag, S. 5.

[71] ab 1909 MdL, 1919 sächsischer Innenminister.

[72] UHLIG, Landgemeindeordnung, S. 4.

[73] München 1997.

[74] So z. B. im Beitrag der Herausgeberin „Grenzziehungen und Überschreitungen. Die Rechte der Frauen auf dem Weg in die politische Öffentlichkeit", S. 510-546.

der Gesellschaft vorliegt. Hervorzuheben sind hier die Veröffentlichungen von RUTH-ELLEN BOETCHER JOERES,[75] BARBARA GREVEN-ASCHOFF[76] und ELKE SCHÜLLER[77] sowie speziell zur Frauenstimmrechtsbewegung der von CHRISTL WICKERT herausgegebene Band „Heraus mit dem Frauenwahlrecht“ mit einem Beitrag zur deutschen Frauenstimmrechtsbewegung von BÄRBEL CLEMENS[78].

HANS-JÜRGEN BÖHME[79] setzt sich vor dem ideengeschichtlichen Gesamtzusammenhang mit der Frage nach der Mitwirkung des Einzelnen an Entscheidungsprozessen im Staat aus der Sicht des Naturrechts und der frühkonstitutionellen Staatslehre auseinander. Indem er die Kriterien darstellt, die den Kreis der Wahlberechtigten einschränken, stellt er auch die Gründe für den Ausschluss der Frauen aus dem Kreis der politisch Berechtigten dar.

Zur Geschichte des sächsischen Parlamentarismus, einschließlich des Landtagswahlrechts, sind in der Nachfolge des grundlegenden *Wahlgeschichtlichen Arbeitsbuchs* von GERHARD A. RITTER aus dem Jahre 1980[80] seit der Wiedervereinigung eine Reihe von Arbeiten vorgelegt worden.[81] CHRISTOPH GOLDT bietet u. a. in *Parlamentarismus im Königreich Sachsen. Zur Geschichte des Sächsischen Landtages 1871-1918*[82] u. a. neben einem Überblick über das Landtagswahlrechts von 1868 bis 1918 auch eine Analyse der Wahlen in diesem Zeitraum.

---

[75]Die Anfänge der deutschen Frauenbewegung: Louise Otto Peters, Frankfurt a. M. 1983.

[76]Die bürgerliche Frauenbewegung in Deutschland 1894-1933, Göttingen 1981.

[77]Marie Stritt. Eine „kampffrohe Streiterin“ in der Frauenbewegung (1855-1928), Königstein 2005.

[78]CLEMENS, Der Kampf um das Frauenstimmrecht in Deutschland, in: „Heraus mit dem Frauenwahlrecht“. Die Kämpfe der Frauen in Deutschland und England um die politische Gleichberechtigung, hrsg. v. WICKERT, Pfaffenweiler 1990, S. 51-123.

[79]Politische Rechte des einzelnen in der Naturrechtslehre des 18. Jahrhunderts und in der Staatstheorie des Frühkonstitutionalismus, Berlin 1993.

[80]RITTER/NIEHUSS, Wahlgeschichtliches Arbeitsbuch, Materialien zur Statistik des Kaiserreichs 1871-1918, München 1980.

[81]So u. a. KARL-HEINRICH POHL, Kommunen, kommunale Wahlen und Wahlrechtspolitik: Zur Bedeutung der Wahlrechtsfrage für die Kommunen und den deutschen Liberalismus, Wahlrechtskampf und Wahlreform in Sachsen (1895-1909), in: Modernisierung und Region im wilhelminischen Deutschland. Wahlen, Wahlrecht und Politische Kultur, hrsg. v. LÄSSIG/POHL/RETALLACK, Bielefeld 1995, S. 89-126; ANDREAS NEEMANN, Landtag und Politik in der Reaktionszeit. Sachsen 1849/50 bis 1866, Düsseldorf 2000; Ausführlich zur Forschungsgeschichte SCHRÖDER, Parlamentarismus, in: Jb AHF 1997; vgl. auch RETALLACK, Politische Kultur, in: Modernisierung und Region, hrsg. v. LÄSSIG/POHL/RETALLACK, insbes. S. 29f.

[82]Münster 1996.

Ein großer Teil der allgemein angestellten Untersuchungen zum Landtagswahlrecht hat den Bereich der Wahlrechtskämpfe zum Gegenstand. Hervorzuheben sind hier etwa die Arbeiten von SIMONE LÄSSIG, *Wahlrechtskämpfe im Kaiserreich. Lernprozesse, Reformimpulse, Modernisierungsfaktoren: das Beispiel Sachsen,*[83] *Wahlrechtskampf und Wahlreform in Sachsen (1895-1909)*[84] und der von ihr herausgegebene Sammelband *Modernisierung und Region im wilhelminischen Deutschland. Wahlen, Wahlrecht und politische Kultur*[85]. ELKE BÖCKSTIEGEL befasst sich mit der Entwicklung der Repräsentation des sächsischen Volkes in der Zeit von 1789 bis 1850.[86] Daneben liegen mit GERHARD A. RITTERS *Das Wahlrecht und die Wählerschaft der Sozialdemokratie im Königreich Sachsen 1867-1914*[87] eine grundlegende Studie. Mit MARGA BEYER, HORST DÖRRER und URSULA HERRMANN legen Vertreter der DDR-Geschichtsforschung[88] ihren regionalen Schwerpunkt auf Sachsen. Lediglich BEYER geht dabei auf die Forderung nach dem Frauenwahl- bzw. Frauenstimmrecht ein, indem sie diese als einen wichtigen Teil der politischen Programmatik der sächsischen Sozialdemokratie in den Wahlrechtskämpfen der Jahre 1895-1897 herausstellt.

Einen Überblick über die Rechtsentwicklung des Frauenstimm- bzw. Frauenwahlrechts insgesamt und seiner geistesgeschichtlichen Grundlagen bietet *Der Weg zum Frauenwahlrecht in Deutschland* von UTE ROSENBUSCH aus dem Jahre 1998.[89] Sie widmet sich auch regionalen Aspekten, so etwa bezogen auf verschiedene Ebenen des Stimmrechts in einzelnen deutschen Staaten; für Sachsen wird lediglich die Entwicklung der Gesetzeslage kurz angesprochen, ohne dass auf deren Entstehungsgeschichte, die im Königreich selbst angelegten Hintergründe und Entwicklungslinien eingegangen wird.

[83]In: NASächsG 65 (1994), S. 137-168.

[84]Weimar 1996.

[85]Hrsg. v. Lässig, Simone/ Pohl, Karl Heinrich/ Retallack, James, Bielefeld 1995.

[86]Volksrepräsentation in Sachsen: zur Entwicklung der Repräsentation des sächsischen Volkes von 1789-1850, München 1998.

[87]In: Der Aufstieg der deutschen Arbeiterbewegung. Sozialdemokratie und freie Gewerkschaften im Parteiensystem und Sozialmilieu des Kaiserreiches, hrsg. v. RITTER, GERHARD A., München 1990, S. 49-101.

[88]BEYER, Der Kampf der deutschen Sozialdemokratie um ein demokratisches Wahlrecht in den Jahren 1895-1897, dargestellt anhand der sächsischen Wahlrechtskämpfe 1896 und der Diskussion um die Beteiligung an den preußischen Landtagswahlen, Berlin 1970; DÖRRER, Wahlrechtskämpfe der Dresdner Arbeiter unter dem Einfluß der russischen Revolution von 1905, in: JBG Dresdens 8 (1980), S. 59-64; HERRMANN, Der Kampf der Sozialdemokratie gegen das Drei-Klassen-Wahlrecht in Sachsen in den Jahren 1905/06, in: ZfG 3 (1955), S. 856-883. Zu den sich hieraus ergebenden methodischen Problemen LÄSSIG, Wahlrechtskämpfe, in: NASächsG 64 (1994), S. 138f.; DIES., Wahlrechtskampf, S. 27ff.; RETALLACK, Politische Kultur, in: Modernisierung und Region, hrsg. v. LÄSSIG/POHL/RETALLACK, S. 20ff.

[89]Baden-Baden 1998.

Zuvor war von KATHRIN HEEPE bereits ein Beitrag *Zur Geschichte des Frauenwahlrechts* erschienen.[90]

Die jüngst vorgelegte dreibändige *Geschichte der Stadt Dresden* bietet in den Beiträgen von RAINER GROß, INES WERNER und GUNDA ULBRICHT[91] einen kurzen Abriss der Entwicklung der städtischen Kommunalverfassung. Sie stützt sich dabei weitgehend auf die Darstellung des Dresdner Ratsarchivars OTTO RICHTER aus dem Jahre 1885.[92] INES WERNER beschreibt den Transformationsprozess von einer ständischen hin zu einer bürgerlichen Kommunalverwaltung und die Entstehung von Partizipationsmöglichkeiten im Zusammenhang mit der Staatsreform nach 1831 am Beispiel der Stadt Dresden. Dabei bezieht sie auch die Entwicklung der rechtlichen Grundlagen der Kommunalverfassung ein.[93]

Als einige der wenigen Autoren der neueren Forschung reißen u. a. GUNDA ULBRICHT in Die Reform der Einwohnervertretung durch die Allgemeine Städteordnung vom 2. Februar 1832 und die Landgemeindeordnung vom 7. November 1838[94] und DIETER WYDUCKEL in Die Entwicklung der Staats- und Kommunalverwaltung in Sachsen von 1815 bis 1918[95] die Frage des Frauenstimmrechts zu diesen Körperschaften mit an.

III. Gang der Untersuchung

Der Aufbau der Darstellung orientiert sich an der Chronologie der rechtlichen und politischen Entwicklung. Aus methodischen Gründen sind vorab in § 2 des Ersten Kapitels einige grundlegende Begriffe – vor allem der des Stimm-

---

[90] Zur Geschichte des Frauenwahlrechts, in: Jura 20 (1998), S. 232-239.

[91] RAINER GROß, Verfassung und Verwaltung, in: Geschichte der Stadt Dresden, Bd. 2: Vom Ende des Dreißigjährigen Krieges bis zur Reichsgründung, hrsg. v. DEMS., Stuttgart 2006, S. 351-355; DERS./INES WERNER, Verfassung und Verwaltung nach Einführung der kommunalen Selbstverwaltung, ebd., S. 567-576; GUNDA ULBRICHT, Kommunale Vertretung und Verwaltung, in: Geschichte der Stadt Dresden, Bd. 3: Von der Reichsgründung bis zur Gegenwart, hrsg. v. STARKE, HOLGER, Stuttgart 2006, S. 40-50; DIES., Kommunalpolitik und Stadtverwaltung, a.a.O., S. 273-281.

[92] Verfassungs- und Verwaltungsgeschichte der Stadt Dresden, Bd. 1., Verfassungsgeschichte, Dresden 1885.

[93] Politisierung und kommunale Partizipation des Dresdner Gemeindebürgertums im Reformfeld der Allgemeinen Städteordnung für das Königreich Sachsens. Eine Untersuchung zu Intention und parlamentarischem Wirken der Communrepräsentanten/Stadtverordneten 1830-1848, 2 Bde., Chemnitz 1999. Dort findet sich auf S. 25ff. auch ein umfassender Literaturüberblick zur historischen Entwicklung des sächsischen Kommunalrechts, auf den hier ausdrücklich verweisen sein soll.

[94] In: Sachsen 1763 bis 1832. Zwischen Rétablissement und bürgerlichen Reformen, hrsg. v. SCHIRMER, Beucha 1996, S. 206-221.

[95] In: 100 Jahre Allgemeines Baugesetz, hrsg. v. BAUER/BREUER/DEGENHART/OLDIGES, Stuttgart 2000, S. 19-43.

und Wahlrechts – zu klären. Das Zweite Kapitel umreißt die Ausgangslage hinsichtlich der Stellung der Frau in Recht und Gesellschaft und zur Situation in Sachsen an der Schwelle des Übergangs vom ständisch-feudalen Privilegienstaat hin zum bürgerlichen Verfassungsstaat. Dabei wird auch auf die dafür entscheidenden geistesgeschichtlichen Grundlagen einzugehen sein.

Das Dritte Kapitel setzt sich mit der Frage von „Stimmrecht" und „Wählbarkeit" anlässlich der umfassenden Umstrukturierung und Modernisierung von Staat und Verwaltung im Rahmen der Verfassungsgebung von 1831, bis hin zur kurzzeitigen Liberalisierung des Wahlrechts in den Revolutionsjahren von 1848/49 und der nachfolgenden Reformwelle der 1850er Jahren auseinander. Danach sind im Vierten Kapitel die Veränderungen in der Folge des Beitritts Sachsens zum Norddeutschem Bund ab den Jahren 1867/68 und der Gründung des Deutschen Kaiserreich im Jahre 1871, die vor allem auch die Städte- und Landgemeindeordnung betreffen, zu untersuchen. Ein Fünftes Kapitel widmet sich der Zeit von den Wahlrechtskämpfen der 1890er Jahre und dem Aufkommen der Frauenstimmrechtsbewegung um die Jahrhundertwende bis hin zu letzten Reformversuchen kurz vor dem Zusammenbruch der Monarchie. Diese wesentlichen Entwicklungsschritte von Staat, Verwaltung und Gesellschaft des Königreichs Sachsen im 19. und beginnenden 20. Jahrhundert werden hinsichtlich ihrer Auswirkungen auf die rechtliche und politische Partizipation der Frauen betrachtet.

Ein Ausblick in die Zeit nach der Abdankung FRIEDRICH AUGUST III. (1865-1932)[96] und die nachrevolutionäre Rechtslage soll die Tragweite der veränderten Rechtsstellung der Frauen im neuen Sächsischen Freistaat perspektivisch anreißen.

[96]Regierungszeit von 1904 bis 1918.

Erstes Kapitel
Begrifflich-systematische und verfassungsgeschichtliche Voraussetzungen

§ 2 Zum Begriff der politischen Partizipation, insbesondere von Frauen

Das Stimm- und Wahlrecht ist Teil der politischen Partizipation. Um den Begriff „politische Partizipation" zu beschreiben, haben sich verschiedene Ansätze herausgebildet:[97] Nach dem instrumentellen Partizipationsverständnis werden solche Verhaltensweisen als politische Partizipation angesehen, die bewusst und freiwillig darauf gerichtet sind, Einfluss auf politische Entscheidungen zu nehmen, um damit letztlich individuell politisch-soziale Interessen durchzusetzen. Es steht im Zusammenhang mit der empirischen Demokratietheorie, die die Rolle der Bürger in einer Demokratie auf die Wahlhandlung beschränkt wissen will und z. T. zu viel Partizipation sogar als schädlich betrachtet.[98]

Das normative Partizipationsverständnis dagegen sieht in der Partizipation nicht nur ein Mittel, um damit einen bestimmten Zweck zu verfolgen, sondern einen Wert an sich. Damit kommt es hier auf eine Beteiligung möglichst vieler Bürger an, so dass dort besonders viel Demokratie herrscht, wo besonders viele an den Entscheidungen beteiligt werden.[99]

Daneben unterscheidet man verschiedene Formen der Partizipation, etwa repräsentativ-demokratische und direkt-demokratische, verfasste und unverfasste, konventionelle und unkonventionelle oder legale und illegale. Zudem gibt es zahlreiche Einflussfaktoren auf die Partizipation, wie bestimmte mobilisierende Ereignisse, die Wahrnehmung individueller Handlungsmöglichkeiten auf der Basis der jeweiligen politischen Kultur, sowie nicht zuletzt auch die vorgefundenen institutionellen Bedingungen. Zu letzteren gehört auch das Wahl- und Parteiensystem, einschließlich der damit zusammenhängenden Rekrutierungs- und Norminierungsmuster. Schließlich ist auch das

---

[97] Zum Partizipationsbegriff vgl. HOECKER, Politische Partizipation: systematische Einführung, in: Politische Partizipation zwischen Konvention und Protest, hrsg. v. DERS., S. 3-20 sowie zur politischen Partizipation von Frauen G. FUCHS, Politische Partizipation von Frauen in Deutschland, a.a.O., S. 235-260.

[98] HOECKER, a.a.O., S. 3ff.

[99] a.a.O., S. 6f.

Geschlecht Untersuchungsgegenstand als Einflussfaktor auf die politische Partizipation.[100]

Von der Partizipationsforschung wurde das Geschlecht lange Zeit nicht als Problem wahrgenommen, seine Unterrepräsentanz hingenommen, da ja Frauen von vornherein weniger politisch interessiert und mit weniger Kompetenz und Ressourcen ausgestattet seien.[101] Historisch betrachtet spielen damit hier noch Begründungsansätze unterschwellig hinein, wie sie schon bei den Auseinandersetzungen um das Frauenwahl- bzw. Frauenstimmrecht bis 1918 von Bedeutung waren: So etwa die Trennung zwischen Öffentlichkeit[102] und Privatheit oder produktiven und reproduktiven Arbeiten. Dabei wird die eigentliche Sphäre des Politischen, die Öffentlichkeit, wie auch die produktive Arbeit als solche grundsätzlich immer noch zu allererst dem Mann zugewiesen.[103] Auch gegenwärtige Mechanismen der Elitenbildung begünstigen – jedenfalls im politischen Bereich – immer noch traditionell männliche Lebensentwürfe. Wenn sich für Frauen heute die Frage nach der Vereinbarkeit von Familie und Beruf stellt, so ergibt sich für sie zusätzlich die Frage nach der Vereinbarkeit von Familie, Beruf und politischen Engagement.

Zu diesen immer noch vorherrschenden Geschlechtsbildern, d. h. mit der allgemeinen Einstellung zur Rolle der Frau in Politik und Gesellschaft, kommt die individuelle Perspektive von Frauen im Hinblick auf ihr politisches Interesse und Kompetenzgefühl, Politikverständnis sowie ihre persönlichen Wert- und Zielvorstellungen. Sie führen letztlich dazu, dass – abgesehen von der Wahlbeteiligung selbst – die politische Partizipation von Frauen bis heute geringer ausgeprägt ist als die von Männern.[104]

Somit wird der Blick auf den Weg hin zur wohl immer noch bedeutendsten Form politischer Partizipation, der Teilnahme an Wahlen, auch ein Blick auf die Wurzeln der weiter bestehenden Unterrepräsentanz von Frauen in der Sphäre des Politischen. Während des Zeitraums, den diese Untersuchung zu Gegenstand hat, ging es darum, überhaupt erst einmal die rechtliche Möglichkeit der Teilnahme von Frauen an Abstimmungen bzw. Wahlen zu schaffen. Dagegen stellt sich heute – trotz allmählicher Fortschritte – die Frage, ob es notwendig und überhaupt wünschenswert ist, zu erreichen, dass Frauen in gleichem Maße auch in Entscheidungspositionen gewählt werden. Somit wäre aus heutiger Perspektive zu klären, ob und inwiefern eine Repräsentanz

[100] vgl. a.a.O., S. 9ff.

[101] vgl. GEIẞEL/PENROSE, Dynamiken, in: Gender-Politik-Online, September 2003, S. 17f.

[102] Zum Begriff „Öffentlichkeit" siehe sogleich S. 50f.

[103] vgl. G. FUCHS, a.a.O., S. 235f.

[104] Ein Überblick über verschiedene Erklärungsansätze findet sich etwa bei GEIẞEL/PENROSE, a.a.O., S. 13ff. und G. FUCHS, a.a.O., S. 237ff.

von Frauen in politischen Gremien an sich schon dafür Sorge trägt, dass spezifisch weibliche Interessen adäquat berücksichtigt werden oder ob es hier noch weiterer oder völlig anderer Ansätze bedarf.

Dass das aktive und passive Stimm- und Wahlrecht letztlich ein großer Meilenstein, aber eben nur ein Meilenstein auf dem Weg der Frauen in die Politik war, zeigen die ersten Wahlen unter gleichberechtigter weiblicher Teilnahme Anfang 1919: Trotz der großen anfänglichen Euphorie in den Reihen der Frauenstimmrechtsbewegung über die einigermaßen unerwartete Gewährung des aktiven wie passiven Wahlrechts für Frauen im November 1918, folgte hier schon wenige Wochen später die Ernüchterung. Obwohl Frauen sogar zahlreicher zur Wahl gingen als Männer, gelang es ihnen doch nicht, auch nur annähernd ebenso viele Mandate zu erzielen, wie diese. Letzteres ist, trotz einer positiven Entwicklung seit den 1980er Jahren,[105] bis heute nicht erreicht.

[105]Zahlen bei G. FUCHS, a.a.O., S. 248, Abb. 2.

§ 3 Begriff und Funktion des Stimm- und Wahlrechts

Das weitest gehende Mittel politischer Partizipation innerhalb einer parlamentarischen Verfassungsordnung ist die Teilnahme an Abstimmungen und Wahlen. Ihre Ausgestaltung, und damit u. a. auch die Bestimmung des Kreises der Berechtigten, wird durch den Staat vorgenommen. Von der konkreten Ausgestaltung hängt es aber ab, ob und wie das Wahl- bzw. Stimmrecht dem politischen Willen einzelner Bevölkerungsgruppen zur Durchsetzung verhelfen kann.

Aus heutiger Perspektive bezeichnet man dieses grundlegende politische Recht als Wahlrecht. Es ist ein subjektiv öffentliches Recht und Bestandteil des status activus. Im modernen demokratischen Staat ist das Wahlrecht an die Prämisse der staatsbürgerlichen Gleichheit gebunden. Auf der Grundlage des heute geltenden Verfassungsrechts des Bundes und der Länder wäre deshalb ein Ausschluss der Frauen vom Wahlrecht im Bund, den Ländern und Kommunen verfassungswidrig. Dieser ist mit den Wahlrechtsgrundsätzen, die auf sämtliche Wahlen und Abstimmungen in den Körperschaften des öffentlichen Rechts Anwendung finden, nicht zu vereinbaren.

Historisch betrachtet, bereitet der Begriff „Wahlrecht" gewisse Schwierigkeiten, da die Quellen selbst über lange Zeit überwiegend von „Stimmrecht" sprechen. Auch ist zu klären, inwiefern aus zeitgenössischer Perspektive von einem *allgemeinen* Wahlrecht die Rede sein kann,[106] obwohl es sich weitgehend um ein reines Männerwahlrecht handelte. Des Weiteren sind die Ebenen von Staat und Verwaltung zu lokalisieren, bei denen dieses Stimm- und Wahlrecht angesiedelt war.

Das Stimm- und Wahlrecht steht damit im Zusammenhang mit den Kategorien der Staats- bzw. Landesangehörigkeit, des (Gemeinde-)Bürgerrechts und der Gemeindemitgliedschaft, also der Mitgliedschaft des Einzelnen in Staat, Stadt- und Landgemeinde. Innerhalb dieser Körperschaften findet die Partizipation statt. Selbige Zugehörigkeiten setzen wiederum zumeist die Ansässigkeit, Selbständigkeit oder einen Zensus voraus. Kategorien, die sich maßgeblich aus den wirtschaftlichen Verhältnissen des Einzelnen ableiten.

I. Der Begriff des Stimm- und Wahlrechts und seine Bedeutung

Unter Stimmrecht wird die Befugnis verstanden, sich an einer Abstimmung oder Wahl aktiv zu beteiligen. Es ermöglicht den stimmberechtigten Mitgliedern einer Personenvereinigung, an deren Willensbildung mitzuwirken. Das

[106] Das allgemeine (Männer-)Wahlrecht war eine zentrale Forderung der demokratischen Bewegung – Siehe dazu sogleich unten Kap. IV, S. 143ff.

Stimmrecht ist damit Mitwirkungs-, Teilhabe- und Organisationsrecht. Es kann als Abstimmung oder als Wahl ausgeübt werden.[107] Ein in diesem Sinne weit verstandener Begriff „Stimmrecht" schließt somit das Wahlrecht – also das Recht zur Teilnahme an einer Wahl – mit ein. Gleichwohl ist in historischer Perspektive ein Wandel im Sprachgebrauch vom Begriff „Stimmrecht" hin zu „Wahlrecht" auszumachen.

Abstimmung ist der Oberbegriff für Plebiszit, Referendum und Wahl. Bei einem Plebiszit ist nur eine Zustimmung oder Ablehnung über Personen- oder Sachfragen möglich. Das Referendum ist ein Mittel indirekter Demokratie, eine Abstimmung über Sachfragen.[108]

Die Wahl dient der Bestimmung eines herrschaftsausübenden Organs einer Körperschaft mittels politischer Willensbildung.[109] Sie ist damit neben der Bestellung nach Geburtsrecht, die eine Vererbung von Amt oder Mandat zum Gegenstand hat, und durch Losentscheidung eine Art der Bestellungsmethode von Körperschaften. Die Wahl setzt eine Auswahlmöglichkeit zwischen Alternativen sachlicher und personeller Art ebenso voraus, wie die Freiheit des Wählers, zwischen diesen entscheiden zu können.[110] Relevant ist hier sowohl die direkte Wahl als auch die indirekte unter Zwischenschaltung von Wahlmännern.[111]

Die im Wahlrecht normierten Regelungen, vor allem die Frage nach Wahlberechtigung und Wählbarkeit, sind seit der Französischen Revolution einer steten Entwicklung unterworfen. In den westlichen Demokratien haben sich im Laufe ihrer Entwicklung mit „allgemein", „gleich", „direkt" und „geheim" vier Eckpfeiler jeder Form von Wahl herausgebildet, die sowohl den liberalpluralistischen Wahlbegriff ausmachen als auch dem demokratischen Staat seine Legitimationsbasis verschaffen.[112]

Im Vergleich zum modernen Begriff des allgemeinen Wahlrechts, der alle Staatsbürger unabhängig von Merkmalen wie z. B. Geschlecht, Einkommen, Besitz, Stand und Bildung einbezieht, trifft das für den historischen Begriff vor allem im Hinblick auf das Frauenwahl- bzw. Stimmrecht nicht zu. Beim allgemeinen Wahlrecht handelt es sich daher bis 1918 fast ausschließlich um ein allgemeines Männerwahlrecht. Es ist demnach nur ein beschränktes

---

[107] näher BECKER, Stimmrecht, in: HRG, Bd. 4, Sp. 1993f.

[108] Vogel/Nohlen/Schulze, Wahlen, S. 8.

[109] näher BECKER, Wahl, Wahlrecht, in: HRG, Bd. 5, Sp. 1083ff.

[110] Vogel/Nohlen/Schulze, a.a.O., S. 1ff.

[111] Dabei wird für die Wahl der Wahlmänner durch die Stimmberechtigten der Begriff „Urwahl" gebraucht.

[112] Dazu wie im folgenden VOGEL/NOHLEN/SCHULZE, a.a.O., S. 20ff.; vgl. Art. 38 Abs. 1 GG spricht von „allgemeiner, unmittelbarer, freier, gleicher und geheimer Wahl".

Wahlrecht, da eine durch unveränderliche Merkmale bestimmte Gruppe – die Frauen – durch ihren direkten Ausschluss vom Wahlrecht ausgenommen wird.

Noch GEORG MEYER (†1900) fasst dagegen in seinem posthum im Jahre 1901 erschienenen Werk *Das parlamentarische Wahlrecht* den Begriff des allgemeinen Wahlrechts anders auf. Seiner Ansicht nach müssen „gewisse Personen naturgemäß von den Wahlen ausgeschlossen werden, so namentlich Kinder und Geisteskranke. Aber auch Frauen wird die Zulassung dazu fast überall versagt."[113] Trotzdem handelt es sich aus seiner Perspektive noch um ein allgemeines Wahlrecht.[114]

Er begründet den Ausschluss damit, dass „im Allgemeinen .. auch der Grundsatz [gilt], dass das politische Wahlrecht nur Personen männlichen Geschlechts zusteht". Im Gegensatz zu Nordamerika seien Frauen in Europa „mit vollem Recht" überall vom politischen Wahlrecht ausgeschlossen: „Der Mann gehört dem öffentlichen Leben, die Frau dem Hause und der Familie an; sie würde durch das Hineinziehen in politische Bewegungen ihrem eigentlichen Berufe entfremdet werden. Man erwartet wohl von der Betheiligung der Frauen am öffentlichen Leben eine Milderung unserer Parteikämpfe. Sehr mit Unrecht." Das weibliche Geschlecht lasse sich mehr vom Gefühl als vom Verstand leiten, was eine Emotionalisierung der politischen Auseinandersetzungen zur Folge habe. Auch mutmaßte MEYER, dass sich die meisten Frauen wiederum nur von anderen Männern, sei es vom Ehemann, Verwandten oder gar von – vor allem katholischen – Geistlichen, in ihren Entscheidungen beeinflussen lassen und gar nicht ihre eigenen Interessen verfolgen würden. Er verweist ausdrücklich auf die Ablehnung gegenüber dem „Frauenstimmrecht" in Italien, „weil man fürchtete, die Frauen würden bei dem Kampfe zwischen Kirche und Staat eine Waffe in den Händen des Klerus sein".[115] Dies mag an dieser Stelle – und soweit es um die Begriffe geht – als Beispiel für die ablehnende Haltung zum Wahl- bzw. Stimmrecht von Frauen im Kaiserreich genügen.

Entsprechendes gilt für den Grundsatz der Gleichheit der Wahl. Ihm werden alle Formen der Klassen-, Kurien-[116] und Pluralwahlrechte nicht gerecht, da

[113]Ebenso Personen denen die bürgerlichen Ehrenrechte entzogen wurden, die unter Vormundschaft stehen, sich in Konkurs befinden oder Armenunterstützung beziehen.

[114]G. MEYER, a.a.O., S. 412f. Wenn daher in den Quellen die Forderung nach einem allgemeinen Wahlrecht erhoben wird, muss stets die Frage gestellt werden, ob Frauen von diesem mit umfasst werden oder nicht. Auch handelt es sich insofern nur um eine relative Gleichheit. – vgl. FLOßMANN, Die beschränkte Grundrechtssubjektivität, in: GERHARD, Frauen in der Geschichte des Rechts, S. 293-324, 307.

[115]G. MEYER, a.a.O., S. 455f.; vgl. SPIES, Die Schranken, S. 137.

[116]Ein Kurienwahlrecht, bei dem die Zuordnung der Wahlberechtigten (auch) nach ihrer Standeszugehörigkeit erfolgte, bestand etwa in Österreich.

hier eine der Gleichheit entgegenstehende Differenzierung bei der Stimmgewichtung der einzelnen Wählerstimmen vorgenommen wird. Das kann einerseits durch Einteilung der Wähler in zahlenmäßig sehr verschiedene Klassen (auch als Abteilungen bezeichnet), Kurien, Stände u. ä. erfolgen.[117]

Beim Pluralwahlrecht – wie es in Sachsen von 1909 bis 1918 in Geltung war – werden bestimmten Wählern aufgrund bestimmter Eigenschaften, wie z. B. Steuerleistung, Bildungsabschlüssen und Alter, ein oder mehrere Zusatzstimmen eingeräumt werden. Diese waren damit praktisch mehrfach wahlberechtigt, sodass ihre Wahlentscheidung mehr Einfluss auf das Wahlergebnis hatte.

Dagegen wird beim Zensuswahlrecht mittels des Kriteriums „Zensus", also Steuerleistung, von vornherein die Zulassung des Einzelnen zur politisch fungierenden Öffentlichkeit reguliert.[118] Da aufgrund des Zensus nur der gebildete und besitzende Privatmann das Wahlrecht hatte, war dieses Folge aus seinem in der Privatsphäre erlangten Status und daher auch keine Einschränkung der Öffentlichkeit.[119] Den Zugang zum Wahlrecht regelte damit nicht im eigentlichen Sinne die Verfassung, sondern bereits – ihr vorgelagert – die Struktur der bürgerlichen Gesellschaft, in der freilich – so die Politische Ökonomie des 19. Jahrhunderts – für jedermann Chancengleichheit herrschte, um mit Bildung und Privateigentum auch Zugang zum Wahlrecht zu erwerben. Wenn also grundsätzlich jeder ein Bürger werden konnte, sollte nur ein Bürger Zugang zur politischen Öffentlichkeit haben.[120] Damit war – aus zeitgenössischer Perspektive – auch die Prämisse staatsbürgerlicher Gleichheit hier von vornherein nicht betroffen.

Die Begriffe „Stimmrecht" und „Wahlrecht" werden in den verschiedenen Quellen weder konsequent noch einheitlich verwendet. In CARL V. ROTTECKS und KARL THEODOR WELCKERS in den Jahren 1834 bis 1847 erschienenem *Staats-Lexikon* tauchen „Wahlrecht" oder „Wahl" als Stichwort noch nicht auf, dafür aber „Abstimmung". Eine solche Abstimmung liegt vor, „wenn mehrern Personen das Recht oder die Pflicht zusteht, eine gewisse Bestimmung oder Entscheidung gemeinschaftlich zu geben". Jede dieser Personen habe dann „ein Stimmrecht oder das Recht, abzustimmen". Wahl, insbes. auch zu den repräsentativen Ständeversammlungen, fasst er als nur eine mögliche Form der Abstimmung auf.[121]

---

117 VOGEL/NOHLEN/SCHULZE, a.a.O., S. 22.

118 HABERMAS, Strukturwandel, S. 98.

119 a.a.O., S. 99.

120 a.a.O., S. 99f.

121 vgl. WELCKER, Abstimmung, in: Staats-Lexikon, hrsg. v. V. ROTTECK/WELCKER, Bd. 1, S. 160-164, 160f.

Die Begriffe „stimmberechtigt“, „Stimmberechtigte“, „Stimmrecht“ und „Stimmberechtigung“ werden zunächst fast ausnahmslos im Zusammenhang mit der Ausübung des aktiven Gemeindewahlrechts nach der AStO von 1832 und die LGO von 1838[122] verwendet; „Wählbar“ und „Wählbarkeit“, dagegen für das passive Gemeindewahlrecht. So wurden nach der AStO die Stadtverordneten zwar „gewählt“, aber von „stimmberechtigten“ Bürgern, wofür diese wiederum das „Stimmrecht“ besitzen mussten und dann auch „wählbar“ waren.[123] Die im Vorfeld der AStO ergangene Vorschrift zur Wahl der Dresdner Communrepräsentanten spricht dagegen von „wahlberechtigt und wahlfähig“.[124]

Auch die Sächsische Verfassung von 1831[125] gebraucht nebeneinander die Begriffe „stimmberechtigt“ und „wählbar“ (§ 65 VerfUrk 1831), „Wählbarkeit“ (§ 73 VerfUrk 1831); zugleich an anderer Stelle aber auch „wahlberechtigt“ (§ 70 VerfUrk 1831). Das dazu gehörige Wahlgesetz bestimmt in seinem § 5 die „Allgemeinen Erfordernisse zur Stimmberechtigung“.

Die Gesetzgebung der Revolutionsjahre 1848/1849 behält diese Begrifflichkeiten im Grundsatz bei: Die gescheiterten Entwürfe eines Wahlgesetzes und einer Verfassungsänderung vom 22. Mai 1848 enthielten die Formulierungen wie „stimmberechtigt“, „Stimmrecht“ und „Stimmberechtigte“, „zur Teilnahme an einer Wahl berechtigt“, „wählbar“ und „Wählbarkeit“, die neuerlichen Gesetzentwürfe vom 2. September 1848 und die daraus entstandenen provisorischen Gesetze vom 15. November 1848 „Stimmberechtigung“ und „Wählbarkeit“, „stimmberechtigt“ und „wählbar“, aber auch „Wahlberechtigung“.[126] Das Dekret vom 3. November 1849, das sowohl das Landtags- als auch das Gemeindewahlrecht zum Gegenstand hatte, verwendete für beide

[122] Allgemeine Städteordnung für das Königreich Sachsen vom 2. Februar 1832, in: SächsGS 1832, S. 21-110 bzw. Landgemeindeordnung für das Königreich Sachsen vom 7. November 1838, in: GVBl. 1838, S. 431-449.

[123] vgl. §§ 122, 125ff. AStO, in: SächsGS 1832, S. 49f.

[124] Bekanntmachung, die Wahl von Communrepräsentanten betreffend, in: Vollständige Sammlung, S. 27-32, 27.

[125] In: SächsGS 1831, S. 241-282.

[126] Entwurf zum Gesetz, die Wahl der Abgeordneten zur Ständeversammlung betreffend und Entwurf zu einem Gesetze wegen einiger Abänderungen in der Verfassungsurkunde vom 4. September 1831 betreffend, in: Mitth. über die Verh. d. außerordentl. LT 1848, 2. K., Bd. 1, S. 245-252; Decret an die Stände vom 2. September 1848. die Vorlegung der Entwürfe zu den provisorischen Gesetzen, die Wahl der Landtagsabgeordneten und einige Abänderungen in der Verfassungsurkunde betreffend, in: LA 1848, 1. Abth., königl. Mitth., S. 371-390.

Bereiche die Begriffe „stimmberechtigt", „Stimmberechtigte", „Stimmrecht", „wählbar".[127] „Stimmrecht", „Stimmberechtigte", „wählbar" finden sich im *Entwurfs eines Gesetzes, einige Abänderungen in der Verfassung der Gemeinden betreffend, vom 3. November 1849*,[128] „Stimmberechtigung", „stimmberechtigt" und „Wählbarkeit" in die Entwürfen zum Landtagswahlrecht von 1850[129] und „Stimmberechtigung und Wählbarkeit" in der Wahlrechtsänderung von 1861.[130] Diese Terminologie setzt sich in den 1860er Jahren weiter fort.

Die Literatur ist nicht einheitlich: LEUTHOLD gebraucht noch 1884 „Stimmrecht und Wählbarkeit" für alle Ebenen, einschließlich des Landtags,[131] während – bezogen auf das Reichstagswahlrecht – bei LABAND etwa zur gleichen Zeit bereits die Begriffe aktives und passives Wahlrecht Verwendung finden.[132]

Wenn es um die aufkommende Frauen*stimmrechts*bewegung als solche ging, verwendete man aber im Allgemeinen die Bezeichnung „Stimmrecht" und schloss dabei zunächst auch das Landtags- und Reichstagswahlrecht mit ein. Die Bezeichnung „Frauenstimmrechtsbewegung" wurde zudem als Selbstbezeichnung der einschlägigen Vereinigungen verwendet, die das „Frauenstimmrecht" anstrebten, wie z. B. dem 1902 gegründeten „Deutschen Verein für Frauenstimmrecht".[133] Aber auch seitens der Frauenstimmrechtsbewegung forderte man kurz vor Beginn des Ersten Weltkriegs dann ausdrücklich das „ das aktive und passive Wahlrecht zum Reichstag" ein.[134] Demgegenüber hatten die SPD und ihre Vorläuferparteien in ihren Programmen das allge-

[127]Decret an die Kammern vom 3. November 1849, die innenbemerkten Gesetzentwürfe betreffend, eingegangen bei der II. Kammer am 26. November 1849, in: LA 1849/50, 1. Abth., königl. Mitth., Bd. 1, S. 515-565.

[128]Decret an die Kammern vom 3. November 1849, die innenbemerkten Gesetzentwürfe betreffend, eingegangen bei der II. Kammer am 26. November 1849, in: LA 1849/50, 1. Abth., königl. Mitth., Bd. 1, S. 515-565, hier S. 516-530. Das Gesetz war lediglich als Vorgriff auf eine umfassende Revision der Kommunalverfassung angelegt. – a.a.O., S. 552.

[129]Decret an die Stände, die Vorlage innenbemerkter Gesetzentwürfe betreffen. Eingegangen bei der I. Kammer den 24. Juli 1850, in: LA 1850/51, 1. Abth., königl. Mitth., S. 277-343.

[130]Art. IV des Gesetzes, einige Abänderungen der Verfassungsurkunde vom 4ten September 1831 betreffend; vom 19ten October 1861, in: GVBl. 1861, S 286-287, 286; vgl. Decret an die Stände, die Vorlage innenbenannter Gesetzentwürfe betreffend. Eingegangen bei der II. Kammer am 19. April 1861, vom 17. April 1861, in: LA 1860/61, 1. Abth., königl. Mitth., Bd. 2, S. 499-531.

[131]Das Staatsrecht des Königreichs Sachsen, in: Handbuch des Oeffentlichen Rechts, hrsg. v. MARQUARDSEN, Bd. 2, 2. Hbd., S. 167-262, 188.

[132]Staatsrecht des Deutschen Reiches, 3. Aufl., Bd. 1, S. 273ff.

[133]vgl. dazu Kap. V., S. 382 und 415.

[134]vgl. dazu Kap. VI, S. 424f.

meine „Wahlrecht“ – zunächst für Männer und dann für „alle Staatsangehörigen“ gefordert. Dabei stand das Wahlrecht auf Landes- und Reichsebene im Vordergrund der Bestrebungen.[135]

Doch selbst das Wahlgesetz von 1909 verwendet noch die Begriffe „Wahlrecht“ und „Stimmrecht“ nebeneinander, wenn es von „Wahlberechtigten“, „Wahlrecht“, „stimmberechtigten Wählern“, „wählbar“, „Stimmrecht“ und „stimmberechtigt“ spricht.[136] Auch GEORG MEYER verwendet zwar die Begriffe auf der parlamentarischen Ebene im Jahre 1900 durchaus nebeneinander,[137] sieht aber die Einführung der Begriffe „aktives“ und „passives Wahlrecht“ dennoch kritisch und scheint weiterhin „Stimmrecht“ und „Wählbarkeit“ zu bevorzugen: „Wenn man von aktivem [Herv. i. O.] und passivem Wahlrecht spricht, so ist das doch nur eine der beliebten Klangfiguren ohne ernsthaften Sinn.“[138] Mit JENNY APOLANT unterscheidet im Jahre 1918 eine Vertreterin der Frauenstimmrechtsbewegung im kommunalen Bereich aktives und passives Wahlrecht.[139]

Erst gegen Ende des 19. Jahrhunderts zeichnete sich also im Hinblick auf die Begriffe „Stimmrecht“ und „Wahlrecht“ ein gewisser Begriffswandel ab. Zunächst setzte sich auf der parlamentarischen Ebene der sächsischen Ständeversammlung und des Reichstages, ganz zuletzt auch auf der kommunalen Ebene, mehr und mehr der Begriff (aktives) „Wahlrecht“ durch, ohne dass allerdings die alte Terminologie aufgegeben wurde. Ähnliches gilt auch für die Begriffe „Wählbarkeit“ und „passives Wahlrecht“; jedoch waren diese als Schlagworte in der öffentlichen Diskussion weitgehend ohne Bedeutung. Dem Begriff „Wahlrecht“ kommt insofern nämlich noch eine weitergehende Bedeutung zu, als damit nicht nur die Berechtigung zur aktiven Teilnahme an der Wahlhandlung selbst bezeichnet wird, sondern „das Wahlrecht“ als weit umfassendere Rechtsmaterie, die Gegenstand der öffentlichen Auseinandersetzung war und sich nicht mehr nur auf die Frage der aktiven und passiven Teilnahmeberechtigung des Einzelnen beschränkt, sondern auch das Wahlsystem als solches und seine Ausgestaltung betrifft. „Stimmrecht“ und „Wahlrecht“ wurden in der Literatur wie in der öffentlichen Debatte vielfach auch nebeneinander und synonym verwendet. Doch deutet vieles darauf hin, dass der Begriff „Stimmrecht“ der weitergehende war, gerade weil „Wahl-

[135]vgl. dazu Kap. V, S. 261f.

[136]vgl. dazu unten, Kap. VI, S. 407f.

[137]Das parlamentarische Wahlrecht, insbes. S. 411ff.

[138]a. a. O., S. 131, Fn. 5.

[139]Das kommunale Wahlrecht, S. 1ff.

recht" zunächst der dezidiert politischen Sphäre von Land- und Reichstag zugeordnet wurde und die Frauen*stimm*rechtsbewegung eine viel umfassendere Partizipation von Frauen anstrebte.

Heute ist „Stimmrecht" vor allem noch im Zusammenhang mit Abstimmungen innerhalb der Parlamente, kommunalen und anderen Vertretungskörperschaften und in deren Untergliederungen,[140] sowie bei Plebisziten[141] gebräuchlich, bezieht sich also auf einen sachlichen Gegenstand. Wahlrecht wird hingegen für die Bestimmung der Zusammensetzung von Organen und der Besetzung von Ämtern, verbunden mit der Erteilung einer Handlungsvollmacht an die Gewählten, verwendet. So unterscheidet etwa auch Art. 20 Abs. 2 Satz 2 GG in „Wahlen und Abstimmungen" und meint damit die Formen der mittelbaren und unmittelbaren Demokratie.

Hiernach soll die Entwicklung vom Begriff „Stimmrecht" zum „Wahlrecht" nachvollzogen werden. Dabei ist im Hinblick auf den Übergang vom „Stimmrecht" zum „Wahlrecht" folgende Tendenz festzuhalten: Zur Entstehungszeit der Sächsischen Verfassung von 1831 war „Stimmrecht" der überwiegend gebräuchliche Begriff sowohl für die kommunale wie die Landesebene. Mit den politischen Auseinandersetzungen um die Einführung eines allgemeinen Wahlrechts trat der Begriff „Wahlrecht" auch als Bezeichnung des individuellen Rechts hervor und setzte sich zuerst auf Landes- und Reichsebene, dann auch im Hinblick auf die Kommunen allmählich durch, wobei beide Begriffe auch nebeneinander verwendet wurden. Endgültig vollzog sich der Übergang zur heutigen Terminologie etwa mit der Neuordnung von Staat und Verwaltung nach dem Ende der Monarchie in Sachsen im Jahre 1918.

Die vorliegende Darstellung versucht sich weitgehend an die historische Terminologie anzulehnen und diese unter Berücksichtigung des politisch-rechtlichen Wandels nachzuvollziehen.

II. Die verschiedenen Ebenen des Stimm- und Wahlrechts

Das Stimm- und Wahlrecht ist explizit an die Zugehörigkeit zu Personenvereinigungen gebunden. Bei Inkrafttreten der Verfassung vom 4. September 1831[142] konnte das Königreich Sachsen bereits auf eine jahrhundertelange Tradition seiner Verwaltungsgliederung zurückblicken. Bis in die 1830er

---

[140] vgl. §§ 103f. GO d. Sächs. Landtags (5. Wahlperiode), die zwar Abstimmungen und Wahlen regeln, ohne dass aber hierbei der Begriff „Stimmrecht" – im Gegensatz zu den Landtagsgeschäftsordnungen von Baden-Württemberg, Brandenburg und Hessen – verwendet wird.

[141] So etwa Art. 71ff. *SächsVerf 1992* und insbes. § 2 VVVG sowie bereits im *Gesetz über Volksbegehren und Volksentscheid. Vom 8. März 1921*, in: SächsGBl. 1921, S. 62-64 (insbes. § 12).

[142] SächsGS 1831, S. 241-282.

Jahre hinein bestand die administrative Gliederung aus den vier sächsischen Kreisen sowie dem Markgraftum Oberlausitz.[143] Die vier Kreise setzten sich aus insgesamt 11 Amtshauptmannschaften zusammen, die ihrerseits aus verschiedenen Amts- und Justizbezirken bestanden. Hinzu kamen Inhaber von Sonderrechten, wie die Schönburgischen Rezeßherrschaften. Justiz und Verwaltung – einschließlich der Kirchen- und Schulangelegenheiten – waren auf der untersten Ebene nicht getrennt.

Die Kreise, Ämter, Städte und ländlichen Siedlungen besaßen weder einen einheitlichen rechtlichen Status, klare Zuständigkeiten und Zuordnungen zu übergeordneten Einheiten, noch waren ihr Territorium und ihre Bevölkerung klar bestimmt und von auch nur annähernd gleichmäßiger Größe.

Als parlamentarische Vertretung besaß Sachsen auf der Grundlage der Verfassung von 1831 eine aus zwei Kammern bestehende Ständeversammlung. Während die Zweite Kammer vollständig aus Wahlen hervorging, wurde ein wesentlicher Teil der Abgeordneten der Ersten Kammer vom König ernannt oder war kraft seines Amtes Mitglied. Das Wahlrecht zu beiden Kammern unterlag im Laufe der Zeit zahlreichen Änderungen.

Daneben gab es eine Reihe von weiteren Rechtskreisen, in denen von Angehörigen der verschiedenen Personenvereinigungen, Stimmrechte ausgeübt wurden, wie etwa im Bereich berufsständischer Selbstverwaltung, der Sozialversicherungen, des Vereinswesens und nicht zuletzt auch der Evangelischen Kirche.

1. Städte und Landgemeinden

Auf der untersten Ebene standen die Stadt- und Landgemeinden. Sie waren mit der Wahrnehmung eigener Belange betraut, wurden aber gleichzeitig als Teile der Staatsverwaltung in Anspruch genommen und in unterschiedlicher Intensität beaufsichtigt. Die Kommunalpolitik war in den deutschen Staaten von großer Bedeutung, da etwa seit der Mitte des 19. Jahrhunderts den Kommunen ein im europäischen Vergleich umfangreicher Bestand an Rechten zukam.[144] Das ermöglichte zumindest einem gewissen Teil der Bevölkerung eine aktive Partizipation an politischen Entscheidungen.[145]

[143] Ausführlich und im folgenden OETTEL, Zur Verwaltungsgliederung, in: 175 Jahre amtliche Statistik, S. 69ff. Auf die besondere Entwicklung der Oberlausitz soll im Rahmen dieser Darstellung nicht eingegangen werden.

[144] So etwa das Recht auf eigene Einnahmen.

[145] vgl. POHL, Kommunen, in: Modernisierung und Region, hrsg. v. LÄSSIG/POHL/RETALLACK, S. 103; STOLLEIS, Selbstverwaltung, in: HRG, Bd. 4, Sp. 1621ff.

Dabei bedeutete das Stimmrecht, so die Erläuterungen zu einem frühen Entwurf der Sächsischen Landgemeindeordnung aus dem Jahre 1831, im „Vollgenuß der staats- und gemeindebürgerlichen Rechte“ zu sein. „Wer von einem andern vertreten wurde, befand sich unter seinem Mundium, so wie itzt auf dem Lande die nicht stimmberechtigten Gemeindemitglieder und in den Städten die Schutzverwandten.“[146] Der Begriff „Mundium“ meint hier offenbar das für gewöhnlich als Mund oder Munt bezeichnete, aber nicht einheitlich ausgestaltete, Herrschafts-, Schutz- und Abhängigkeitsverhältnis innerhalb wie außerhalb des Familienrechts. Zu den ihm unterworfenen Personen gehörte neben anderen Abhängigen auch die Ehefrau gegenüber ihrem Ehemann und die unverheirateten Söhne und Töchter gegenüber dem (Haus-)Vater, aber auch Dienstboten, Gesinde, Lehrlinge und Gesellen gegenüber ihrem Dienstherrn. In der Folge konnten diese nicht selbst, sondern nur unter Vermittlung ihres Muntwalts an öffentlichen Belangen teilnehmen.[147]

Die Partizipation in den Städten und Landgemeinden war noch stark durch den Gedanken des mittelalterlichen Genossenschaftsrechts geprägt, das sich aus einer Vielzahl von nebeneinander bestehenden und sich überlagernden Rechtskreisen aller Lebensbereiche zusammensetzte. Für die Frauen resultierten hieraus in verschiedenen deutschen Ländern noch gewisse überkommene, mit dem Eigentum verbundene Stimmrechte, die sie aber zum großen Teil nur durch eine männliche Vertretung ausüben konnten.[148]

Die Stadt- und Landgemeinden waren zwar schon aufgrund ihrer räumlichen Kontinuität dazu prädestiniert, einen Rahmen für die Entfaltung der bürgerlichen Gesellschaft zu bieten.[149] Trotzdem hatten in den deutschen Städten Frauen nirgends das Stimmrecht.[150] Dass sich die Lage in den Landgemeinden z. T. weitaus günstiger gestaltete,[151] ist auf den unterschiedlichen historischen Ursprung von Stadt- und Landgemeinden zurückzuführen.

Die „Landgemeinde“ wurde in Sachsen erst mit der Landgemeindeordnung von 1838 eingeführt. Sie trat neben die seit alters her bestehende Dorfgemeinde. Der Begriff „Dorf“ hängt etymologisch mit dem lateinischen

[146] *Erläuternde Anmerkungen zu dem Entwurfe einer Ordnung für die Landgemeinden im Königreiche Sachsen*, in: SächsHStA Dresden, MdI Sekt. 6, 2179 Entwurf einer Landgemeinde-Ordnung 1831, Bl. 105-141, 122.

[147] Näher dazu OGRIS, Munt, Muntwalt, in: HRG, Bd. 3, Sp. 749-761, insbes. Sp. 756ff.; vgl. auch die Ausführungen zum Familienbegriff in Kap. II, S. 43f. und zur Geschlechtsvormundschaft S. 62ff.

[148] MACMILLAN, Zur Einführung, in: Frauenstimmrecht, S. XI.

[149] POHL, a.a.O., S. 106.

[150] vgl. GERHARD, Grenzziehungen, in: Frauen in der Geschichte des Rechts, hrsg. v. DERS., S. 516f.

[151] Einen Sonderfall stellen die selbständigen Gutsbezirke dar. – näher dazu UHLIG, Landgemeindeordnung, S. 13ff. und unten Kap. VI, S. 455, Fn. 2342.

„turba“, Getümmel, Schar, Haufe, zusammen.[152] In Sachsen gingen die Dorfgemeinden wesentlich aus der mittelalterlichen Kolonisation hervor.[153] Um 1300 wandelten sich die freien Bauerngemeinden von rein wirtschaftlichen zu politischen Verbänden, als neben der Stadt auch die Dorfgemeinde mit der öffentlichen Armenunterstützungspflicht für ihre Gemeindeangehörigen belegt wurde. Eine jede bedürftige Person musste unabhängig von ihrem Aufenthaltsort jederzeit wieder von der Gemeinde aufgenommen und versorgt werden, deren Gemeindeangehörigkeit sie besaß. Dieses Recht wurde als „Heimathsrecht“ (Heimatrecht) bezeichnet. Um diesen Personenkreis über die angestammte, gemeindeangehörige Bevölkerung hinaus möglichst gering zu halten, verlangten die Gemeinden von zugewanderten Personen, dass die Wohnsitznahme von einer gewissen Dauerhaftigkeit sein musste, um die Gemeindemitgliedschaft und – somit auch das Heimatrecht – erwerben zu können.[154] Besonders für die Dienstboten und Tagelöhner der Städte bedeutete dies, dass sie u. U. in ihr angestammtes Dorf zurückkehren mussten, weil sie nur dort auf Unterstützung in der Not hoffen konnten.

Die Dorfgemeinde beruhte seit ihrer Entstehung auf mündlich überliefertem Gewohnheitsrecht, das erst ab dem 16. Jahrhundert in Dorfordnungen aufgezeichnet wurde.[155] Entscheidungen traf die Dorfgemeinde auf den zwei- bis viermal im Jahr stattfindenden Gemeindeversammlungen, zu deren Teilnahme alle Gemeindemitglieder verpflichtet waren. Die Dorfgemeinden mussten sich aber vor allem im 17. und 18. Jahrhundert vermehrt gegen die Einflussnahme der Grundherrschaft zur Wehr setzen.[156]

Traditionell umfasste die Dorfgemeinde nur die „Nachbarn“, die verhuftes Land besitzenden Bauern. Die Gärtner, Häusler und Hausgenossen als Nichtmitglieder hatten zwar keine Gemeinderechte, wurden aber trotzdem zu Leistungen verpflichtet. Da der Anteil der nichtbäuerlichen Bevölkerung anstieg, gehörten im Laufe der Zeit immer weniger Bewohner der Dorfgemeinde an. Zwar kannte man in Sachsen schon im 16. Jahrhundert die Unterscheidung

---

[152] BLASCHKE, Vom Dorf zur Landgemeinde, in: Beiträge zur Verfassungs- und Verwaltungsgeschichte, hrsg. v. SCHIRMER/THIEME, S. 186; zur Entwicklung der Gemeinde vgl. auch VOLLPRECHT, Gemeindemitgliedschaft, S. 2ff. und KUNTZE, Die Landgemeinde, S. 41ff.

[153] BLASCHKE, Sachsen im Mittelalter, insbes. S 104ff. und 251f.

[154] REHM, Der Erwerb von Staats- und Gemeindeangehörigkeit, in: Annalen des deutschen Reichs, Jg. 1892, S. 182ff.; KUNTZE, Die Landgemeinde, S. 55, Anm. 61. Zum Heimatrecht vgl. auch unten Kap. III, S. 111f.

[155] vgl. die Übersicht bei KUNTZE, a.a.O., S. XIVff.

[156] BLASCHKE, Die Dorfgemeinde, in: Beiträge zur Verfassungs- und Verwaltungsgeschichte, hrsg. v. SCHIRMER/THIEME, S. 201ff.; DERS., Dorfgemeinde und Stadtgemeinde, a.a.O., S. 218f. m. w. N.

in Ansässige und Unangesessene, doch waren nicht sämtliche Ansässige zugleich auch Nachbarn, da der Grundbesitz als wesentliches Merkmal der Ansässigkeit kein Privileg der Nachbarn war.[157]

Infolge der weiteren Zunahme der nichtbäuerlichen Bevölkerung auf dem Land war zu Beginn des 19. Jahrhunderts nur noch ein sehr kleiner Kreis von Besitzenden und Privilegierten als Nachbarn Eigentümer des Dorfvermögens.[158] Im Zuge der Industrialisierung entstanden in Sachsen sogenannte Fabrikdörfer mit mehreren tausend Einwohnern, die größer als manche Städte waren. 1843 betrug der Anteil der bäuerlichen Bevölkerung in Sachsen nur noch 13,5 Prozent.[159] Somit entsprach die Verfassung des Dorfes bereits zu Beginn des 19. Jahrhunderts längst nicht mehr der gesellschaftlichen Wirklichkeit.

Die Landgemeindeordnung von 1838 schuf neben den existierenden, alten Dorfgemeinden die neuen Landgemeinden, die den Kreis ihrer Mitglieder nun deutlich größer zogen.[160] Beide bestanden nebeneinander fort: Der Besitz der Dorfgemeinden ging nicht auf die neuen Landgemeinden über, sondern verblieb bei den nunmehr nur noch rein privatrechtlich fortbestehenden „Altgemeinden".[161] Grundlegende Veränderungen gab es hier mit dem *Gesetz über Ablösungen und Gemeinheitstheilungen, vom 17ten März 1832*.[162]

Als sich die Bürgerschaft in den Städten im 12. Jahrhundert zu Stadtgemeinden zusammenschloss, taten sie das als verschworener, wehrhafter, bruderschaftlicher Verband.[163] Das Wort „Bürger"[164] leitet sich vom althochdeutschen „burgari" ab, das seit dem 9. Jahrhundert die Bewohner einer Burg bezeichnete. Frauen galten als nicht wehrfähig und konnten schon deshalb nicht selbst Mitglied dieser städtischen Wehrbünde werden, sondern bedurften des Schutzes eines männlichen Familienmitglieds. Mit Herausbildung der Ratsverfassung entstand die Abstufung der Zugehörigkeit zur Stadt in Bürger- und

[157]KUNTZE, Die Landgemeinde, S. 43ff.

[158]BLASCHKE, Vom Dorf zur Landgemeinde, a.a.O., S. 190f.; DERS., Die Dorfgemeinde, a.a.O., S. 200f.

[159]BLASCHKE, Bevölkerungsgeschichte, S. 192f.

[160]Dazu im Einzelnen in Kap. IV, S. 180ff.

[161]vgl. BLASCHKE, Vom Dorf zur Landgemeinde, a.a.O., S. 194.

[162]In: GVBl. 1873, S. 163-266; vgl. dazu BLASCHKE, Wirtschaftliche Entwicklung, in: 100 Jahre Allgemeines Baugesetz, S. 67f.

[163]Zur Stadtgemeinde vgl. DILCHER, Stadtrecht, in: HRG, Bd. 4, Sp. 1863ff.; REHM, a.a.O., S. 163ff. und 181ff.; BLASCHKE, Dorfgemeinde und Stadtgemeinde, a.a.O., S. 212ff.; ERMISCH, Die Anfänge des sächsischen Städtewesens, in: Sächsische Volkskunde, hrsg. v. WUTTKE, S. 127-168.

[164]Zum Begriff des Bürgers vgl. KROESCHELL/CORDES, Bürger, in: HRG, Bd. 1, Sp. 738ff.

Einwohnerschaft: Zu den Bürgern traten die Beisassen, Hintersassen und Inwohner als Mitglieder der Stadtgemeinde hinzu. Die Bürger selbst mussten nicht mehr notwendigerweise einen Wohnsitz in der Stadt haben.[165]

Die Stadtgemeinde bestand in den ersten Jahrhunderten aus den grundbesitzenden Kaufleuten und Handwerkern, da deren Tätigkeit Grundbesitz erforderte.[166] Seit dem 16. Jahrhundert waren auch wirtschaftlich selbständige Bewohner der Städte ohne Grundbesitz Gemeindemitglieder. Eine neue Form der Vertretung der Stadtbewohner waren die Viertelsmeister, die für ihre Stadtviertel jeweils mit polizeilichen, militärischen und fiskalischen Aufgaben betraut waren.

Anders als in den Städten beruhte die Mitgliedschaft in den Dorfgemeinden ausschließlich auf Grundbesitz im Gemeindegebiet. Die Dorfgemeinde vertrat die Interessen bäuerlicher Arbeit; die Stadtgemeinde war auf die Regelung von Handel und Gewerbe ausgerichtet.[167] In den Städten war daher zusätzlich zum Grundbesitz die Ausübung eines Gewerbes für den Erwerb des Bürgerrechts von Bedeutung.[168]

Während die Funktion der Dorfgemeinde weitgehend unverändert blieb und nur ihre Selbstverwaltung durch die Ausweitung der Grundherrschaft Einschränkungen erfuhr, unterlagen die Stadtgemeinden am Ausgang des Mittelalters strukturellen Veränderungen, aber wiederum nicht in ihren Beziehungen zur Obrigkeit. Vor allem in den größeren Städten bildete sich unter den Gemeindemitgliedern eine Gruppe heraus, die alle städtischen Führungsämter für sich selbst beanspruchte. In der Folge wurden in den Städten die Ratsstellen durch Kooptierung aus den Reihen weniger Ratsfamilien besetzt, so dass die ganz überwiegende Mehrheit der Mitglieder der Stadtgemeinde darauf keinerlei Einfluss mehr hatte. Diese Praxis hatte in den sächsischen Städten bis zur Neuordnung der Kommunalverfassung im 19. Jahrhundert Bestand.[169] In der Frühen Neuzeit war die Stadtgemeinde in Sachsen von einem Neben- wie Gegeneinander von oligarchischem Stadtrat und einer von der Mitwirkung in den Angelegenheiten der Stadt ausgeschlossenen Stadtgemeinde geprägt.[170] In den Dorfgemeinden haben dagegen wohl

[165]REHM, a.a.O., S. 164.

[166]BLASCHKE, Dorfgemeinde und Stadtgemeinde, a.a.O., S. 214.

[167]a.a.O., S. 214.

[168]VOLLPRECHT, Gemeindemitgliedschaft, S. 3ff.; vgl. BLASCHKE, Sachsen im Mittelalter, S. 120.

[169]BLASCHKE, Dorfgemeinde und Stadtgemeinde, a.a.O., S. 218ff. und 222f.; DERS., Sachsen im Mittelalter, S. 259ff.; ULBRICHT, Reform der Einwohnervertretung, in: Sachsen 1763-1832, hrsg. v. SCHIRMER, S. 208f. Der Begriff „Kommunalverfassung" ist für diese Zeit und das 19. Jahrhundert wohl ausschließlich im materiellen Sinne zu verstehen.

[170]BLASCHKE, Dorfgemeinde und Stadtgemeinde, a.a.O., S. 223f.

bereits in der Zeit der Landnahme die Kolonisten zumindest einen Gemeindevorsteher gewählt.[171]

An der Wende zum 19. Jahrhundert bestand für Dorf- wie Stadtgemeinden demnach ein dringender Reformbedarf. Während die Dorfgemeinde weder die sich ausbreitenden dörflichen Unterschichten integriert hatte, noch sich nachhaltig gegen den Herrschaftsanspruch der Grundherrschaft behaupten konnte, wurden die Städte von einer kleinen, abgeschlossenen Oberschicht beherrscht, deren Selbstverständnis mit den bürgerlich-demokratischen Partizipationsansprüchen inkompatibel war.[172]

Im Ergebnis lässt sich damit festhalten, dass ausgehend vom mittelalterlichen Genossenschaftsprinzip zu Beginn des 19. Jahrhunderts in den sächsischen Gemeinden zwar eine Reihe von Mitwirkungsrechten bestanden, diese aber sehr verschieden ausgeprägt waren und nur einem Teil der Bewohner überhaupt zustanden. Infolge des abweichenden historischen Ursprungs der Dorfgemeinden als Zusammenschlüsse bäuerlichen Grundbesitzes, waren Frauen lediglich hier als Eigentümerinnen des verhuften bäuerlichen Grundbesitzes in den Gemeindeversammlungen stimmberechtigt. Der ganz überwiegende Teil der Dorfbevölkerung war jedoch von jeder Mitwirkung ausgeschlossen.

2. Amts- und Kreishauptmannschaften

Seit der Verwaltungsreform von 1835 gliederte sich das Königreich Sachsen in vier Kreisdirektionen, darunter Amtshauptmannschaften, Ämter und als unterste Ebene die Gemeinden. Kreisdirektionen und Amtshauptmannschaften fungierten zunächst hauptsächlich als Bezirke staatlicher Verwaltung.[173] Erst in späterer Zeit orientierten sich „insbesondere die Amtshauptmannschaften als weitere Verbände zur Erreichung selbständiger wirtschaftlicher Zwecke“[174]. Damit kannte das staatliche Organisationsgefüge des Königreichs Sachsen bereits im 19. Jahrhundert die heute geläufigen Ebenen. Sie besaßen zu dieser Zeit schon eine jahrhundertelange Tradition und waren vor

[171] BLASCHKE, Sachsen im Mittelalter, S. 84.

[172] BLASCHKE, Dorfgemeinde und Stadtgemeinde, a.a.O., S. 226.

[173] Einen Überblick zur Geschichte der Verwaltungsgliederung Sachsens im 19. Jahrhundert gibt u. a. OETTEL, Zur Verwaltungsgliederung Sachsens, in: 175 Jahre amtliche Statistik, S. 69-98; vgl. auch WYDUCKEL, Verwaltungsaufbau, in: FS zum 100-jährigen Jubiläum, hrsg. v. REICH, S. 83f.

[174] FISCHER, Verfassungs- und Verwaltungsrecht, 1. Auflage 1882, S. 27.

allem im Gebiet der Markgrafschaft Meißen bereits frühzeitig von den Wettinern durchgesetzt worden.[175]

Als zusätzliche Verwaltungsebene hatte Sachsen ebenso wie etwa Preußen und Bayern im 19. Jahrhundert regionale Mittelbehörden als Teil einer dreistufigen Staatsverwaltung errichtet. Bis dahin bestanden der Erzgebirgische, Vogtländische und Meißner Kreis mit Kreishauptämtern an der Spitze. „Kreis" war im damaligen Sinne die Bezeichnung für einen größeren Verwaltungsraum, dem die Amtshauptmannschaften als kleinere Verwaltungsgebiete untergeordnet waren.

Mit Verordnung vom 6. April 1835 wurden mit Sitz in Bautzen, Dresden, Leipzig und Zwickau vier Kreisdirektionen eingerichtet.[176] Sie erfüllten Aufgaben für alle Ministerien und untergliederten sich wiederum in insgesamt 14 Amtshauptmannschaften. Zugleich ordnete man in § 5 d. VO die kreis- und landständischen Angelegenheiten – und damit auch die Landtagswahlen der Rittergutsbesitzer der früheren Kreise – jeweils diesen Kreisdirektionen zu, die nun zuständige Regierungsbehörden wurden.[177] Ihnen wurden verschiedene Verwaltungsangelegenheiten übertragen, darunter u. a. Land- und Kreistagsangelegenheiten, Armen- und Medizinalpolizei, Gewerbe- und Innungssachen, Straßen- und Brückenbau, Statistik, sowie die Steuer- und Finanzverwaltung. § 6 ordnete ihnen zudem die Wahlbezirke zu.[178] § 8 räumte den Kreisdirektionen außerdem eine gewisse Selbständigkeit in den Entscheidungen ein.[179] Organisatorisch bestanden die Kreisdirektionen nur aus Verwaltungsbeamten unter der Leitung eines Kreisdirektors und verfügten auch nicht über eine Selbstverwaltungskörperschaft.[180]

Diese 1835 begonnene Verwaltungsreform schuf insgesamt eine administrative Gliederung, die in ihren wesentlichen Zügen bis 1952 Bestand hatte. Im Zuge der allgemeinen sächsischen Verwaltungsreform von 1873 wurden aber

[175] So durch die Ausbildung einer flächendeckenden, churfürstlichen Verwaltung im Zuge der Verämterung ab dem hohen Mittelalter und die Einbindung des sächsischen Adels in die Verwaltung mittels der Kreise vor allem durch Kurfürst MORITZ. Auf die Sonderstellung der Provinziallandtage der Oberlausitz soll schon wegen der bereits zum 24. Januar 1835 erfolgten Angleichung an das Recht der übrigen Landesteile nicht eingegangen werden.

[176] Verordnung wegen Errichtung von Kreisdirectionen, vom 6ten April 1835, in: GVBl. 1835, S. 237-242; vgl. auch die Verordnung, eine Veränderung der Bezirkseinteilung betreffend; vom 28ten Mai 1836, in: GVBl. 1836, S. 153-164 und die Verordnung, die Amtshauptmannschaften des Dresdner und Leipziger Kreisdirectionsbezirkes betreffend, vom 14. September 1838, in: GVBl. 1838, S. 414-416. Zugleich endete auch die Sonderstellung des Markgraftums Oberlausitz.

[177] GVBl. 1835, S. 238f.

[178] a.a.O., S. 239.

[179] a.a.O., S. 240.

[180] a.a.O., S. 241.

mit §§ 22ff. des *Gesetzes über die Organisation der Behörden für die innere Verwaltung, vom 21. April 1873*[181] die Kreisdirektionen wieder aufgelöst und durch die vier Kreishauptmannschaften in Bautzen, Dresden, Leipzig, Zwickau und ab 1900 zusätzlich in Chemnitz ersetzt. Verwaltungsaufgaben auf der Ebene der Kreishauptmannschaften nahmen – und zwar als Selbstverwaltungskörperschaft – nun auch Kreisausschüsse wahr.[182]

Die Zahl der Amtshauptmannschaften erhöhte sich mit dem Organisationsgesetz auf 25. Sie wurden nur durch ständische Einzelpersonen, den Amtshauptleuten, als eine Art Ein-Mann-Behörde mit Kontrollfunktionen repräsentiert. Ihr unterstanden noch bis zu deren Auflösung im Jahre 1873 die alten Ämter. Daneben hatte es auch auf der Ebene der Amtshauptmannschaften zunächst keine gewählten Selbstverwaltungskörperschaften gegeben. Die mit den §§ 10ff. Organisationsgesetz ebenfalls in allen Amtshauptmannschaften eingeführten Bezirksausschüsse setzten sich aus dem Amtshauptmann und von der jeweiligen Bezirksversammlung gewählten Mitgliedern zusammen.[183]

Die Bezirksversammlungen gehen wiederum auf das *Gesetz, die Bildung von Bezirksverbänden und deren Vertretung betreffend, vom 21. April 1873*[184] zurück. Danach hatte jede Amtshauptmannschaft einen Bezirksverband im Sinne eines Gemeindeverbandes zu bilden, deren gewähltes Vertretungsorgan nach §§ 3ff. die Bezirksversammlung war.[185] Letztere wählte die Mitglieder des Bezirksausschusses, der eine dem Stadtrat in den Städten vergleichbare Funktion hatte, und bestimmte gemeinsam mit den unmittelbaren Städten auch die Mitglieder des ihr übergeordneten Kreisausschusses. Die Errichtung dieser Selbstverwaltungskörperschaften in Sachsen erfolgte vergleichsweise spät: In Preußen war bereits am 17. Mai 1827 mit der *Kreisordnung für die*

---

[181]In: GVBl. 1873, S. 275-284, hier insbes. S. 280ff.; Verordnung, die Ausführung des Gesetzes über die Organisation der Behörden für die innere Verwaltung vom 21. April 1873 und der damit zusammenhängenden Gesetze betreffend, vom 20. August 1874, in: GVBl. 1874, S. 113-123; dazu etwa MAYER, Staatsrecht, S. 258ff.; WAENTIG, Justiz und Verwaltung, in: ZS f. Praxis u. Gesetzgebung d. Verw. 1 (1880), S. 2ff.

[182]Näher MAYER, a.a.O., S. 260ff.; WAENTIG, a.a.O., S. 21.

[183]In: GVBl. 1873, S. 277ff.; vgl. auch MAYER, a.a.O., S. 262ff.

[184]In: GVBl. 1873, S. 284-290, vgl. auch das Gesetz, das Ausscheiden der Stadtgemeinden Zittau, Freiberg, Meißen und Bautzen aus ihren Bezirksverbänden sowie die Erweiterung der Bezirksaufgaben betreffend, vom 16. Oktober 1914, in: GVBl. 1914, S. 471-474 und das Gesetz über die Wahlen zu den Bezirksversammlungen, Bezirksausschüssen, Kreisausschüssen und innerhalb dieser Körperschaften, vom 5. Juli 1919, in: GVBl. 1919, 145-148; näher Mayer, a.a.O., S. 299f.

[185]In: GVBl. 1873, S. 284ff.

Provinz Sachsen das erstes Kreisordnungsgesetz eingeführt worden, das dauerhaft einen Kreistag mit Vertretern aller vier Stände einrichtete.[186]

3. Landesebene

Die Ständeversammlung trat aller zwei Jahre unter getrennten Beratungen der Kammern zu ordentlichen Landtagen zusammen oder wurde vom König zu außerordentlichen Landtagen einberufen. Sie war an die Stelle der landständischen Versammlung getreten, die sich nahezu unverändert auf die Landtagsordnung von 1728 stützte und außer zur Bewilligung von Steuern auch zur Beratung bei wichtigen Verfassungsänderungen vom Landesherrn zusammengerufen wurde.[187]

In Sachsen, wie in der Mehrzahl der deutschen und europäischen Staaten überhaupt, waren die Frauen nicht expressis verbis in der Verfassung von den Wahlen zu den beiden Kammern der Ständeversammlung ausgeschlossen. Es wurden Formulierungen gewählt, die dem Wortlaut nach auf beide Geschlechter passten. Im Wesentlichen wurden der Gewohnheit nach die Frauen von der Wahlteilnahme ausgeschlossen.[188] In Sachsen beschränkte sich das Wahlrecht bis 1918 aufgrund des Wahlgesetzes auf Männer. Gleichwohl hat es im Untersuchungszeitraum, und zwar im Wesentlichen gegen Ende des Jahrhunderts, erbitterte Auseinandersetzungen um das Wahlrecht gegeben, die auch die Frauen betrafen.

4. Partizipation in weiteren Bereichen des öffentlichen Lebens

Stimmrechte für Frauen waren neben den bereits erörterten Körperschaften auch noch in anderen Bereichen des öffentlichen Lebens denkbar, so im berufsständischen Selbstverwaltungswesen, im Sozialversicherungswesen und im kirchlichen Bereich. Voraussetzung hierfür war in der Regel das Bestehen einer Selbstverwaltung bzw. von gewählten Gremien überhaupt.[189]

Die Selbstverwaltung im Handwerk war mit dem Ende des Zunftwesens erloschen. Sie wurde jedoch stufenweise als neues berufsständisches

---

[186]Die Bezeichnung Kreis für eine Verwaltungskörperschaft geht auf das tschechische Wort kraj (=Land) und dort schon in den Anfängen bis ins Mittelalter zurück. Anfang des 19. Jahrhunderts griff HEINRICH FRIEDRICH KARL REICHSFREIHERR VOM UND ZUM STEIN dieses Modell auf und versuchte nach dem Vorbild der Preußischen Städteordnung von 1808 auch im ländlichen Raum eine kommunale Selbstverwaltung zu realisieren. Allgemein umgesetzt wurde Steins Konzept erst in den achtziger Jahren, z. B. 1886 für die preußische Provinz Westfalen und 1887 für die rheinische Provinz Westfalen.

[187]Dazu näher BÖCKSTIEGEL, Volksrepräsentation, S. 12ff. m w. N.

[188]vgl. MACMILLAN, Zur Einführung, in: Frauenstimmrecht, S. VII.

[189]Diese sollen ohne Anspruch auf Vollständigkeit angesprochen werden.

Selbstverwaltungswesen in öffentlich-rechtlichen Organisationsformen wiederaufgebaut. Bereits vor der Industrialisierung hat es in Europa auch Fraueninnungen gegeben.[190]

Im Bereich der Handwerks- und Industriekammern, Kammern der Heilberufe und Anwaltskammern kamen Stimmrechte für Frauen überhaupt erst dann in Betracht, wenn sie als Mitglieder zugelassen waren. Eine Ausnahme bildete die Selbstverwaltung in der Sozialversicherung, in die Frauen bereits seit ihrer Einführung mit dem Krankenversicherungsgesetz aus dem Jahre 1883 teilweise auch in die Wahlen der Vertretungs- und Kontrollgremien einbezogen waren.[191] Hierbei handelte es sich jedoch um eine reichsrechtliche Regelung.

III. Weitere Begriffsbestimmungen

Unter dem Begriff „bürgerlicher Verfassungsstaat" soll hier der Staat verstanden werden, der sich auf der Grundlage der Verfassungsgebung von 1831 auf maßgebliches Betreiben jener bürgerlichen Schichten herausbildete, die sich als wesentliche Kraft der industriellen Entwicklung hervor taten und aus denen sich zunehmend die politische Elite rekrutierte.[192] Zu den Entwicklungsschritten seiner Entstehung gehören u. a. die Abschaffung ständischer Gliederungen, Ablösung feudalen Dienstverpflichtungen in der Landwirtschaft, allmähliche Liberalisierung des Gewerberechts und die zunehmende Trennung von Justiz und Verwaltung. Allesamt Prozesse, die sich in Sachsen bis weit in die zweite Hälfte des Jahrhunderts hinzogen und z. T. erst mit dem Ende der Monarchie ihren endgültigen Abschluss fanden. Auf der rechtlichen Ebene wird die Arbeit mit der Verfassung und Rechtsnormen überhaupt zu einem Merkmal von Bürgerlichkeit und zwar vor allem in Gestalt einer neuen Generation von Juristen und Verwaltungsbeamten.[193]

Als gesellschaftliche Gruppe ist das Bürgertum darüber hinaus freilich in erster Linie durch seine „bürgerliche" Lebensweise in Abgrenzung zum Adel, zur Landbevölkerung und der aufkommenden Industriearbeiterschaft auszumachen. Es ist jedoch selbst auch keine homogene Gruppe. Dazu gerechnet

---

[190] vgl. LENZ/STRECKER, Der Weg der Frau, S. 11.

[191] *Gesetz, betreffend die Krankenversicherung der Arbeiter vom 15. Juni 1883*, in: RGBl. 1883, S. 73-104; fortgeführt mit der *Reichsversicherungsordnung* vom 19. Juli 1911, in: RGBl. 1911, S. 509-838; näher dazu STOLLEIS, Geschichte des Sozialrechts, insbes. S. 71ff. und unten, Kap. V, S. 366ff.

[192] BÖCKENFÖRDE, Der Verfassungstyp, in: Moderne deutsche Verfassungsgeschichte, hrsg. v. DEMS., S. 147ff.; vgl. zur Entwicklung in Sachsen BLASCHKE, Die sächsische Verfassung, in: Beiträge zur Verfassungs- und Verwaltungsgeschichte, hrsg. v. SCHIRMER/THIEME, S. 576ff.

[193] Das ist jüngst für den 1878 in den erblichen Adelsstand erhobenen CARL FRIEDRICH VON GERBER (1823-1891) untersucht worden: BÜRGER, Carl Friedrich Wilhelm von Gerber als sächsischer Kultusminister, Frankfurt a. M. 2007.

werden können jedenfalls sowohl der alte – vornehmlich mit Handel und Gewerbe befasste – Bürgerstand der Städte als auch das neu entstandene Bildungs- und Wirtschaftsbürgertum, das vor allem im höheren Staatsdienst, freien akademischen Berufen und als Industrieunternehmer tätig war. Handwerker und Einzelhändler, die zwar in den Städten nach wie vor Bürger im eigentlichen Sinne waren, wurden nicht mehr dazu gerechnet.[194]

Was die in der Literatur zeitlich nicht einheitlich abgegrenzten Begriffe „Frühindustrialisierung", „Industrielle Revolution" und „Hochindustrialisierung" betrifft, so sollen diese in Anknüpfung an markante Entwicklungen und Ereignisse in Sachsen gebraucht werden. Beginnend mit der Jahrhundertwende ist für Sachsen ab 1825 eine rasante industrielle Entwicklung zu verzeichnen. Diese Anfänge blieben im Wesentlichen auf die Gebiete des Erzgebirges und Vogtlandes beschränkt, sowie zunächst auf die Baumwollindustrie als erstem Industriezweig mit fabrikmäßiger Produktion. Hinzu tritt der Maschinenbau. Ab 1830 erfasst die Industrieentwicklung auch die anderen Gebiete des Landes. Schwerpunkt bleibt nach wie vor die Textilindustrie. Die großen Städte Dresden, Chemnitz, Leipzig und Zwickau entwickelten sich zu den industriellen Zentren. Ein weiterer Aufschwung setzte nach der Gründung des ersten Zollvereins in Jahre 1834 ein, da verbesserte Absatzmöglichkeiten geschaffen wurden und der Aufbau des Eisenbahnnetzes die Transportkosten erheblich senkte. Die Frühindustrialisierung mündet in vormärzlichen Pauperismus und findet ihr Ende mit der Revolution von 1848/49.

Die Industrialisierung im engeren Sinne ist wiederum eine Folge dieser Revolution, die eine allgemeine Aufbruchsstimmung auslöste. Der wesentliche Schwerpunkt lag nunmehr in der Schwerindustrie und im Eisenbahnbau. Die Herstellung billiger Fabrikware rief eine Krise traditioneller, handwerklicher Produktionsverfahren hervor und führte die nunmehr wachsende Zahl von Erwerbslosen aus diesem Bereich letztlich der Industriearbeiterschaft zu. Im Gegensatz zu anderen deutschen Regionen verblieben diese Arbeiter zu einem erheblichen Teil auf dem Lande, so dass neben der Industrie der großen Städte vor allem im Erzgebirge sog. Industriedörfer mit oft beachtlicher Einwohnerzahl entstanden, deren urbane Wirtschaftsstruktur sich deutlich von den weiterhin landwirtschaftlich geprägten Landgemeinden abhob.

---

[194] vgl. HABERMAS, Strukturwandel, S. 84.

ZWEITES KAPITEL
Frauenbild und politische Partizipation zur Zeit des Frühkonstitutionalismus

§ 4 DAS FRAUENBILD ZU BEGINN DES 19. JAHRHUNDERTS

Frauen haben zu jeder Zeit ein gewisses Maß an politischer Einflussnahme ausgeübt. Auch wenn sie selbst nach außen nur selten in Erscheinung traten, so wirkten sie doch vielfach indirekt auf die Ausübung politischer Rechte durch Männer als deren Mütter, Ehefrauen oder Geliebte ein.[195] Ihr Platz in der menschlichen Lebensordnung wurde jeweils vom zeitgenössischen Frauenbild vorgezeichnet. Dieses beruhte weitgehend auf der damaligen Erwartungshaltung von Männern gegenüber Frauen und deren Überzeugung, dass die Frau bei ihrer Schöpfung von Gott aus einem Mann als unvollkommener Mann erschaffen worden sei. Deshalb erschien es jahrhundertelang als selbstverständlich, sie ungeachtet ihrer symbolischen Stellung, die auch religiös motiviert war,[196] gleichwohl als minderwertiges wie minderberechtigtes Wesen zu betrachten, sie in erster Linie mit ihrer reproduktiven Funktion zu identifizieren und sie deshalb auf die daraus folgenden Rollen und Beziehungen zu beschränken. Erst mit dem Aufkommen des Frühkonstitutionalismus[197] trat der praktische Ansatzpunkt für die Frage hervor, ob und inwiefern Frauen an einer repräsentativen Volksvertretung und deren Zustandekommen zu beteiligen wären.[198]

I. Frauenbild, weibliche Partizipation und Geschlechtsvormundschaft

Bis heute ist das Selbstbild der einzelnen Frau wesentlich dafür ausschlaggebend, ob und in welcher Weise bestehende Partizipationsmöglichkeiten ausgefüllt werden. Wenn von der Entstehungsphase der modernen deutschen

---

[195] vgl. ZIEGERHOFER, Der Bau eines Frauenzimmers, in: Recht, Geschlecht und Gerechtigkeit, hrsg. v. FLOßMANN, S. 36.

[196] vgl. etwa die Marienverehrung und die Galanterie nach dem Vorbild der Ritterromane. – KASTENBERG, Christine de Pisan, S. 3ff.

[197] Der Frühkonstitutionalismus umfasst die Phase des Strebens des gebildeten Bürgertums nach einer Verfassung mit Volksrepräsentation vom Ende des 18. Jahrhunderts bis zur Revolution von 1848. Zum Begriff: SCHULZE, Frühkonstitutionalismus, S. 15f; GANGL, Der Weg zum Verfassungsstaat, in: Der Staat, Beiheft 1, S. 29f.; HUBER, Verfassungsgeschichte, Bd. 3, S. 3ff.; BÖHME, Politische Rechte, S. 67 m. w. N.

[198] Ein kurzer Blick auf die ideengeschichtlichen Hintergründe der Stellung der Frau ist unerlässlich, da erst dadurch das Maß an Selbstverständlichkeit, mit der sie aus dem Kreise politisch Berechtigter fast vollständig ausgeschlossen wurde, und die Aussichtslosigkeit dagegen aufzubegehren, deutlich wird.

Verfassungen bis kurz nach der Wende zum 20. Jahrhundert gerade die Ungleichheit von Männern und Frauen als etwas Selbstverständliches begriffen wurde,[199] um wieviel geringer musste dann die Bereitschaft einer Frau gewesen sein, ihre dennoch bestehenden spärlichen politischen Rechte auszufüllen?

Ganz entscheidend wurde die Stellung der Frau in der Zeit des Frühkonstitutionalismus durch das Rechtsinstitut der auch als Kriegsvogtschaft bezeichneten Geschlechtsvormundschaft geprägt.[200] Ihrem Grundgedanken nach war die Geschlechtsvormundschaft eine gerichtliche und außergerichtliche Schutz- und Fürsorgepflicht des Mannes für Person, Ehre und Vermögen seiner Ehefrau, aus der ihm bestimmte Vorrechte ihr gegenüber erwuchsen. Nach der germanischen Rechtstradition standen Wehrhaftigkeit, politische Mitwirkung und Repräsentation, wie etwa die Teilnahme an Versammlungen, und das Auftreten vor Gericht in einem engen Zusammenhang. Gerichtsverfahren dienten der Beilegung der Fehde und konnten zu einem Zweikampf der Parteien führen. Daher waren diese Lebensbereiche aufgrund ihrer Verknüpfung mit der Waffenfähigkeit ursprünglich funktional Aufgabe des Mannes gewesen. Der Mann war den Frauen aufgrund von Ehe oder Verwandtschaft zum Schutz und damit auch zur Fürsorge und Vertretung in rechtlichen Dingen verpflichtet, weshalb ihm zugleich auch gewisse Vorrechte gegenüber den Frauen eingeräumt waren. Gegenüber der Frau handelte es sich folglich um eine Verbindung von Schutz und Herrschaft. Die Geschlechtsvormundschaft verlor aber spätestens infolge des Fehdeverbotes ihre ursprüngliche Funktion.

Bereits im Spätmittelalter hatte es deshalb erste Bestrebungen gegeben, die Geschlechtsvormundschaft abzuschaffen. Im 16./17. Jahrhundert stagnierte diese Entwicklung aber wieder, weil die Geschlechtsvormundschaft inzwischen auf eine neue Legitimationsgrundlage gestellt worden war. So wurde der weiblichen Natur Wankelmütigkeit, schwächerer Verstand und geschäftliche Unerfahrenheit zugeschrieben, ohne das hinterfragt wurde, ob diese Eigenschaften – sofern sie exemplarisch bei Frauen vorhanden waren – eben gerade gesellschaftlich verursacht worden waren.[201]

---

[199]Zu Recht und Gleichheit vgl. GERHARD, Einleitung, zu: Frauen in der Geschichte des Rechts, hrsg. v. DERS., S. 13-15; DIES., Menschenrechte, in: KJ 20 (1987), S. 127f. m. w. N.

[200]vgl. allg. zur Geschlechtsvormundschaft z. B. HOLTHÖFER, Die Geschlechtsvormundschaft, in: Frauen in der Geschichte des Rechts, hrsg. v. GERHARD, S. 390ff.; BRATER, Frauen, in: Deutsches Staats-Wörterbuch, hrsg. v. BLUNTSCHLI/BRATER, Bd. 3, S. 722f.; WELCKER, Geschlechtsverhältnisse, in: v. ROTTECK/WELCKER, Staats-Lexikon, 6. Bd., S. 653f.

[201]DILCHER, Die Ordnung der Ungleichheit, S. 62f; vgl. HOLTHÖFER, a.a.O., S. 407ff.

II. Ausgangslage: Das Frauenbild in der ständischen Gesellschaft

Bis in das 18. Jahrhundert bildete im Gegensatz zu heute nicht die (Klein-)Familie sondern der Haushalt des „ganzen Hauses“ die vorherrschende Arbeits- und Lebensform.[202] Frauen waren hier in ganz erheblichem Umfang an der täglichen Existenzsicherung beteiligt. Den überwiegenden Teil der Waren, die der Haushalt benötigte, stellte er noch selbst her. Das war vor allem auch Aufgabe der Frauen.[203] Die Kinder blieben derweilen sich selbst oder in „besseren Kreisen“ den Hausangestellten überlassen. Die Familien waren infolge der komplexen Funktionsteilung in einem Maße sozial integriert, dass ein besonderer emotionaler Zusammenhalt nicht notwendig war, um den inneren Zusammenhalt herzustellen.

Diese vorindustrielle, kleinräumige Lebenswelt ist von einem Politikverständnis geprägt, das nicht die Mitwirkung in Institutionen zum Ziel hatte, sondern die Mitgestaltung des lokalen Lebens. Frauen und Angehörige der Unterschichten, die generell von der institutionalisierten Politik völlig oder jedenfalls nahezu ausgeschlossen waren, erhielten hier die Möglichkeit der Mitgestaltung.[204] Durch ihre Sorge für den Haushalt als gesellschaftliches Ordnungssystem wurde die Hausmutter von der Zeit der Reformation bis hinein ins 18. Jahrhundert zu öffentlichem Handeln berechtigt und verpflichtet, selbst wenn sie darin den Weisungen des Hausvaters unterstand und ihm infolge der Eheschließung Gehorsam schuldete. Prinzipiell waren Hausmutter und Hausvater aber gleichgeordnet. Ihnen waren lediglich unterschiedliche Wirkungsbereiche zugewiesen.[205]

1. Politische und wirtschaftliche Entfaltungsmöglichkeiten von Frauen in der ständischen Gesellschaft

Aus dem öffentlichen wie politischen Leben war das „schwache Geschlecht“[206] in der traditionellen Gesellschaft bei weitem nicht gänzlich ausgeschlossen. Lediglich die Art und Weise, wie Frauen an diesem teilnahmen, war eine besondere. Ehefrauen wurden zwar einerseits von ihrem Ehemann nach

[202]Zur Entwicklung von Ehe und Haushalt WUNDER, Herrschaft und öffentliches Handeln, in: Frauen in der Geschichte des Rechts, hrsg. v. GERHARD, S. 34ff.; vgl. im Folgenden HABERMAS, Strukturwandel, S. 56ff.

[203]Beispiele bei BECK-GERNSHEIM, Frauenrollen/Frauenbilder, in: Frauenlexikon, hrsg. v. LISSNER/SÜSSMUTH/WALTER, Sp. 378.

[204]LANGEWIESCHE, Europa, S. 146.

[205]vgl. WUNDER, a.a.O., S. 37; DILCHER, Die Ordnung der Ungleichheit, S. 59ff.

[206]Zum Begriff „Schwaches Geschlecht“: WISNIEWSKI/KUNST, Handbuch der Frauenfragen, S. 446.

außen hin vertreten, teilten aber andererseits auch automatisch dessen sozialen Status,[207] weil das Ehepaar als eine rechtliche wie soziale Einheit galt.

Die Situation der Frauen war auch ganz wesentlich von ihrer Standeszugehörigkeit abhängig. Während Frauen des Adels in verschiedenen Konstellationen ganz selbstverständlich Herrschaft über weltliche wie geistliche Territorien im Heiligen Römischen Reich Deutscher Nation ausübten,[208] waren bürgerliche Frauen in den Städten aus der unmittelbaren Teilhabe an der Politik ausgeschlossen.[209] Witwen konnten in weiten Bereichen die Rechte ihrer verstorbenen Ehemänner wahrnehmen, etwa für ihre minderjährigen Söhne die Regentschaft ausüben[210] oder das Gewerbe des Ehemannes fortführen,[211] wie in Sachsen z. B. die Meisterswitwen.[212] Vor allem auf dem Gebiet von Handel und Gastgewerbe gab es selbständige Unternehmerinnen.[213] Vereinzelt gingen Frauen sogar einem Beruf in städtischen Diensten nach. So wurden etwa im Jahre 1708 in den Dresdner Ratsakten sogar „Mädchenschulmeisterinnen“ geführt.[214]

2. Geistes-, kirchen- und sozialgeschichtliche Quellen des Frauenbildes

Vor allem auf Betreiben der Kirche wurde eine Arbeitsteilung der Geschlechter, wie sie die damalige Wirtschaftsweise nach sich zog, über die sachlichen Notwendigkeiten hinaus vorangetrieben.[215] Die Argumentationsgrundlage bildete eine entsprechende Auslegung der Heiligen Schrift. Die allgemeine theologische Lehrmeinung legte den biblischen Schöpfungsbericht androzentrisch aus und vertrat dementsprechend auch ein paternalistisches Gottesverständnis:[216] Eva wurde aus einer Rippe Adams geschaffen und wegen des von ihr zu verantwortenden Sündenfalls seiner Herrschaft unterstellt. Gott galt damals ebenso explizit als ausschließlich männlich, wie der von ihm originär geschaffene Mensch nur Mann sein konnte. Frauen waren deshalb nicht

---

[207]vgl. WUNDER, „Er ist die Sonn'…“, S. 58f.; Rosenbusch, Frauenwahlrecht, S. 42.

[208]WUNDER, Herrschaft und öffentliches Handeln, in: Frauen in der Geschichte des Rechts, hrsg. v. GERHARD, S. 27ff.

[209]DILCHER, a.a.O., S. 68.

[210]WUNDER, a.a.O., S. 48f.; ROSENBUSCH, a.a.O., S. 36ff.

[211]E. KOCH, Die Frau im Recht der Frühen Neuzeit, in: Frauen in der Geschichte des Rechts, hrsg. v. GERHARD, S. 83f.

[212]Dazu sogleich in Kap. III, S. 114.

[213]In Köln und Paris bestanden sogar Frauenzünfte. – WUNDER, a.a.O., S. 84.

[214]SCHILKE, Die starken Frauen des Barock, in: DH 62 (2000), H. 2, S. 8f.

[215]vgl. zur christlichen Anthropologie der Geschlechter: WUNDER, a.a.O., S. 32ff.; WOSGIEN, Literarische Frauenbilder, S. 62ff.; sowie auch die als Streitschrift der Frauenbewegung angelegte Darstellung von BRAUN, Die Frauenfrage, S. 26ff.

[216]Belegt mit Gen. 1, 26-27; Gen. 2, 7 und 20-23.

nur unvollkommene Männer, sondern zugleich unvollkommene Menschen. Besonders häufig zitiert wurde das Redeverbot für Frauen in der Gemeindeversammlung.[217]

Das Weibliche, und damit jede Form von Weiblichkeit überhaupt, wurde mit durchweg negativen Eigenschaften wie etwa Eitelkeit, Wankelmut, Leidenschaft und Launenhaftigkeit belegt. So hat etwa nach der Auffassung des Scholastikers und Kirchenlehrers THOMAS VON AQUIN (1225-1274) die verminderte Rechtsstellung der Frauen vier Gründe: sie seien lediglich unvollständig entwickelte Männer, von geringerer Körperkraft und minderen geistigen Fähigkeiten, sowie in ihrem Handeln und insbesondere beim Zeugungsakt nur passiv und duldend, nicht aber aktiv und gestaltend.[218] Auch der Reformator MARTIN LUTHER (1483-1546) vertrat keine grundlegend andere Sichtweise. Für ihn war die Unterwerfung der Frau unter die Macht des Mannes eine Strafe Gottes für den von ihr in Gestalt Evas zu verantwortenden Sündenfall.[219]

Der Ausschluss von Frauen aus der Ämterhierarchie des Klerus hatte wohl ebenfalls eine gewisse Vorbildfunktion für die Gesellschaft, da der kirchlichen Verwaltung eine wichtige Rolle für die Herausbildung einer staatlichen Verwaltung zukam.[220]

Anknüpfungspunkte für die These von der weiblichen Zweitrangigkeit fanden die christlichen Philosophen des Mittelalters bei den wiederentdeckten antiken Denkern, so etwa bei ARISTOTELES (384-322 v. Chr.).[221] Durch ARISTOTELES ist auch die Tafel der Gegensätze des PYTHAGORAS (570-496/7 v. Chr.) überliefert, in der der Vorsokratiker Gegensatzpaare aufgestellt hatte, die in ein Gleichgewicht gebracht werden sollten, um die Harmonie der Welt als das Grundprinzip seiner Philosophie herzustellen. „Männlich“ ordnet er derselben Seite zu wie „begrenzt“, „rechts“, „ungerade“, „Geist“ und „hell“.

---

[217] 1 Kor. 14, 33-35: „Wie es in allen Gemeinden der Heiligen üblich ist, sollen die Frauen in der Versammlung schweigen; es ist ihnen nicht gestattet zu reden. Sie sollen sich unterordnen, wie auch das Gesetz es fordert. Wenn sie etwas wissen wollen, dann sollen sie zu Hause ihre Männer fragen; denn es gehört sich nicht für eine Frau, vor der Gemeinde zu reden.“; vgl. auch Eph. 5, 22-23; Kol. 3, 18; 1. Tim. 2, 11-15; 1 Petr. 3, 1-7 und U. MEYER, Bild der Frau, S. 49; E. KOCH, Die Frauen im Recht der Frühen Neuzeit, in: Frauen in der Geschichte des Rechts, hrsg. v. GERHARD, S. 77.

[218] ZIEGERHOFER, Der Bau eines Frauenzimmers, in: Recht, Geschlecht und Gerechtigkeit, hrsg. v. FLOẞMANN, S. 36.; vgl. die Argumentation bei WELCKER, Geschlechtsverhältnisse, in: V. ROTTECK/WELCKER, Staats-Lexikon, 6. Bd., S. 637.

[219] SCHORN-SCHÜTTE, Wirkungen der Reformation, in: Frauen in der Geschichte des Rechts, hrsg. v. GERHARD, S. 95; vgl. z. B. LUTHER, Tischreden 3 und 5110.

[220] DILCHER, Die Ordnung der Ungleichheit, S. 69.

[221] vgl. E. KOCH, Die Frau im Recht der Frühen Neuzeit, in: Frauen in der Geschichte des Rechts, hrsg. v. GERHARD, S. 91.

„Weiblich“ steht auf einer Seite mit „unbegrenzt“, „links“, „gerade“, „schlecht“ und „dunkel“. Bei PYTHAGORAS sind beide Seiten noch gleichwertig und ohne Rangverhältnis. In späterer Zeit tauchen sie dann verbunden mit einer eindeutigen Hierarchie des Männlichen über das Weibliche wieder auf.[222]

Auch ARISTOTELES[223] war der Überzeugung, dass die Natur der Frau der des Mannes unterlegen sei. Das Männliche sei „von Natur mehr zu Leistung und Führung geeignet als das Weibliche“[224]. Es steht dem Mann zu, über die Frau zu herrschen, die dem Mann an Tugend unterlegen sei. Der Herrschende müsse aber „die ethische Tugend in vollkommenem Maße besitzen“[225].

PLATON[226] (427-348/47 v. Chr.) hingegen stand als einer der wenigen antiken Denker einer politischen Teilhabe von Frauen aufgeschlossener gegenüber, auch wenn er das traditionelle Lebensbild der Frauen seiner Zeit nicht in Frage stellte. Mann und Frau sah er als von Natur aus gleich an und lehnte es deshalb für seinen Idealstaat ab, Aufgaben bei der Verwaltung des Staates allein aufgrund des Geschlechts zuzuweisen oder vorzuenthalten. Frauen gestand er die Führung von Staatsgeschäften ebenso zu wie Männern, sofern sie im konkreten Einzelfall eine Begabung dafür besaßen. Allerdings waren auch für PLATON Männer trotzdem in jeder Hinsicht Frauen überlegen.[227]

3. Schlussfolgerungen

Vor diesem geistes- und sozialgeschichtlichen Hintergrund erscheint die Reduzierung der Frau auf eine billige Arbeitskraft, Geliebte, Gebärerin und persönliche Fürsorgerin nur als folgerichtig. In der ständischen Gesellschaft wurde aber zugleich auch das Merkmal „Geschlecht“ vielfach vom Merkmal des „Standes“ überlagert und somit ein Teil der Frauen aufgrund bestimmter – bis hin zu Ausübung politischer Herrschaft reichender – Privilegien bessergestellt als andere, vielfach sogar besser als zahlreiche unterprivilegierte männliche Zeitgenossen. Die Unterordnung der Frau unter den Mann in Ehe und Familie – wie sie auch in der Geschlechtsvormundschaft zum Ausdruck kam – führte daher nicht zu einer generellen Unmündigkeit, denn die vorre-

[222]U. MEYER, Bild der Frau, S. 14.

[223]Zum Frauenbild bei ARISTOTELES näher RAUSCHENBACH, Politische Philosophie, in: Gender-Politik-Online, Januar 2004, S. 4ff.; DOYÉ/HEINZ/KUSTER, Geschlechtertheorien, in: ZFf&G 20 (2002), H. 4, S. 84; U. MEYER, a.a.O., S. 28.

[224]ARISTOTELES, Politik I 12, 1259b.

[225]a.a.O., I 13, 1260a, 15-20.

[226]Zum Frauenbild bei PLATON näher RAUSCHENBACH, a.a.O., S. 2ff.

[227]vgl. PLATON, Der Staat, S. 451ff.

volutionären Rechtsordnungen kannten die Gleichheit der Menschen als bestimmendes Ordnungsprinzip noch nicht.[228] Somit lässt sich nicht pauschal sagen, dass Frauen ob ihrer minderen Rechtsstellung generell von sämtlicher formeller politischer Partizipation ausgeschlossen waren. Vielmehr ist danach zu unterscheiden, welche Rechtsposition die Frau im konkreten Fall einnahm. Sie konnte demnach als Tochter, volljährige unverheiratete Frau, Ehefrau oder Witwe in das regional und lokal ausdifferenzierte rechtliche Beziehungsgeflecht eingebunden sein.[229] Gleichwohl wurden den Frauen eigene politische Rechte vorenthalten.

III. Der Wandel des Frauenbildes im Rahmen des Übergangs zur bürgerlichen Gesellschaft

Die (Früh-)Industrialisierung brachte sowohl einen Wandel im weiblichen Selbstverständnis als auch im Frauenbild mit sich. Auf der einen Seite formt sich in der öffentlichen Diskussion, Wissenschaft und Literatur ein bürgerliches Frauenbild heraus, das die Frau zunehmend idealisiert.[230] Auf der anderen Seite stellt der wirtschaftliche Umbruch der Industrialisierung völlig neue Anforderungen an ihre Lebensgestaltung.

1. Die Formulierung von Geschlechtscharakteren

Die Gestalt der weiblichen Lebenswelt hatte sich – beginnend mit der Früh-Industrialisierung – grundlegend verändert. Durch die neue Wirtschaftsweise schrumpfte der Haushalt auf den Reproduktionsbereich der (Klein-)Familie zusammen.[231] Eine steigende Zahl von Männern nahm bezahlte Tätigkeiten außer Haus auf. Zugleich bildete sich im zahlenmäßig wachsenden Bürgertum der neuen Mittelschicht ein neues Frauenleitbild heraus. Von nun an sollten die Frauen nicht nur im Haus bleiben, weil dort die Aufgaben ihres Arbeitsbereichs angesiedelt waren, sondern wurden auf das Haus als Lebenssphäre beschränkt. Das weibliche Tätigkeitsfeld schmolz wesentlich zusammen und umfasste anstelle der Herstellung der meisten Güter des täglichen Bedarfs weitgehend nur noch deren Kauf und Verbrauch. Damit verringerte sich dann auch die Bedeutung des Beitrags der Frauen für die Gesellschaft wesentlich.

Eine Ausweitung fand das Frauenbild auf der gefühlsmäßigen Ebene: Von den Frauen wurde nicht mehr nur die Arbeit, sondern ein Dasein überhaupt

---

[228]DILCHER, Die Ordnung der Ungleichheit, in: Frauen in der Geschichte des Rechts, hrsg. v. GERHARD, S. 55.

[229]WUNDER, Herrschaft und öffentliches Handeln, S. 30f.

[230]vgl. dazu wie im folgenden DOHM, Der Frauen Natur und Recht, insbes. S. 3ff.

[231]Ausführlich GERHARD, Verhältnisse und Verhinderungen, S. 81ff. m. w. N.

für die Familie verlangt.[232] Die Familie selbst sollte ein Ort der Harmonie und des Schönen sein, frei von Konkurrenz und Konflikten, auch zwischen den Eheleuten.[233] Vom bürgerlichen Ideal der bezahlten Erwerbstätigkeit waren Frauen dagegen ausgeschlossen. Unbezahlte Hausarbeit wurde als wertlos eingestuft. Den tatsächlichen Lebensverhältnissen einer steigenden Zahl erwerbstätiger Frauen entsprach dieses Bild aber nicht.[234] Selbst in bürgerlichen Kreisen war den Frauen nicht mehr Bildung zugebilligt, als zu einer gepflegten Konversation erforderlich.[235] Frauenerwerbstätigkeit wurde allgemein abgelehnt.[236] Erziehung und Bildung der Frauen standen deshalb vielfach im Widerspruch zu ihren tatsächlichen Lebensverhältnissen.[237]

Prägend für das Frauenbild dieser Zeit war nicht zuletzt das philosophisch-literarische Schaffen zeitgenössischer Autoren wie etwa JEAN-JACQUES ROUSSEAUS (1712-1778) und GEORG WILHELM FRIEDRICH HEGELS (1770-1831)[238]. ROUSSEAU formulierte in seinem im Jahre 1762 erschienenen Roman *Émile ou de l'éducation* die Theorie einer naturgegebenen Geschlechterhierarchie.[239] Die Frau „müsse frühzeitig lernen, Unrecht zu erdulden und Übergriffe eines Mannes zu ertragen, ohne sich zu beklagen".[240] Sie sollte deshalb allein auf die Bedürfnisse des Mannes hin erzogen werden und ihn bei der Entfaltung seiner Talente unterstützen. Dieser Gedanke fand Eingang in die Erziehungsratgeber.[241] Auch deutsche Autoren und große Denker und Dichter, wie z. B. GOTTHOLD EPHRAIM LESSING (1729-1781)[242] und FRIEDRICH SCHILLER (1759-1805)[243] rezipierten ihn und prägten mit ihren Werken die Bildungsinhalte unzähliger Generationen bis weit ins 20. Jahrhunderte

---

232 BECK-GERNSHEIM, Frauenrollen/Frauenbilder, in: Frauenlexikon, hrsg. v. LISSNER/SÜSSMUTH/WALTER, Sp. 378f.

233 GREVEN-ASCHOFF, Die bürgerliche Frauenbewegung, S. 32.

234 PRENGEL, Abhängigkeit, in: Frauenlexikon, hrsg. v. LISSNER/SÜSSMUTH/WALTER, Sp. 1-8, insbes. 5f.

235 vgl. OTTO-PETERS, Die Theilnahme, in: Vorwärts 5 (1848), S. 52f.

236 U. MEYER, Bild der Frau, S. 155.

237 vgl. OTTO-PETERS, Frauen und Politik, abgedr. in: BOETCHER JOERES, Die Anfänge, S. 78; DIES., Theilnahme der weiblichen Welt, in: Vorwärts 5 (1847), S. 52.

238 Er ordnet die Geschlechter den Sphären Familie und Staat zu, zwischen die als dritte Sphäre die ebenfalls männliche bürgerliche Gesellschaft tritt, der er die Aufgabe der materiellen Produktion überträgt. – DOYÉ/HEINZ/KUSTER, Geschlechtertheorien, in: ZFf&G 20 (2002), H. 4, S. 90; U. MEYER, a.a.O., S. 156ff.

239 Zu ROUSSEAUS „Émile" und seiner Rezeption ausführlich WOSGIEN, Literarische Frauenbilder, S. 241ff. bzw. 263ff.; HONEGGER, Ordnung der Geschlechter, S. 50f.

240 ROUSSEAU, Émile, zit. n. WOSGIEN, a.a.O., S. 252.

241 WOSGIEN, a.a.O., S. 248.

242 a.a.O., S. 57ff. m. w. N.

243 GERHARD, Schiller als „Religion", insbes. S. 245ff.; vgl. auch LIPP, Frauen und Öffentlichkeit, in: Schimpfende Weiber, hrsg. v. DERS./BECHTOLD-COMFORTY, S. 270.

hinein.[244] Offenbar entsprach es auch der Lebensrealität vieler Frauen, wenn es hieß, man würde sie „zu Puppen [der Männer] erziehen, es wird ihnen Nichts um der Sache selbst willen gelehrt, sondern nur, um damit zu glänzen in der Gesellschaft".[245]

Als Kritiker dieses literarisch vermittelten idealisierten Frauenbildes favorisierte dagegen FRIEDRICH VON SCHLEGEL (1772-1829) in Anlehnung an PLATON in seinem einzigen Roman *Lucinde* von 1799 das Bild einer selbstbewussten Frau. Die Frau müsse auch selbstbewusst sein, wie der Mann auch sanft sein müsse, um sich dem Idealbild des Menschen überhaupt annähern zu können. Das Werk avancierte deshalb zum Skandalbuch. Die Frauenbewegung griff später das Frauenbild des Frühromantikers jedoch bereitwillig als Argumentationsgrundlage für eine gleichberechtigte, partnerschaftliche Ehe auf.[246]

Ungeachtet dieser kritischen Stimmen änderte sich an den ganz konkreten Zwängen des bürgerlichen Frauenideals nichts. Mann und Frau wurden bestimmte Merkmale zugesprochen, die Ausdruck ihrer besonderen Geschlechtscharaktere[247] sein sollten: dem Manne Willenskraft, Tapferkeit, Strebsamkeit, Festigkeit, Weitsichtigkeit, Vernünftigkeit, Fähigkeit zum Urteilen, Geist; der Frau hingegen Ergebenheit, Bescheidenheit, Betriebsamkeit, Wankelmut, Kurzsichtigkeit, Empfindsamkeit, Fähigkeit zum Verstehen, Gemüt. Das Wesen des Mannes galt als gebend und das der Frau als empfangend. Die Zuordnung dieser Eigenschaften beruhte nach zeitgenössischer Überzeugung auf einer Verknüpfung von Naturhaftigkeit, Bestimmung und göttlichem Willen. Damit gründete sich nunmehr die Unterscheidung der Geschlechter nicht mehr länger – wie bis weit ins 18. Jahrhundert hinein in der ständischen Gesellschaft – primär auf Stand, soziale Position und wirtschaftliche Funktion, sondern auf innere Wesensmerkmale des Menschen, auf tatsächliche oder vermeintliche mentale und moralische Charakteristika.[248]

Als Resultat des Sozialisationsprozesses der Frau und der psycho- bzw. soziohistorischen Entwicklungsprozesse auf der gesellschaftlichen Ebene folgte der Rolle als Hausfrau nach wie vor eine wirtschaftliche Abhängigkeit vom Ernährer nach. Sie verlangte von den Frauen, eigene Interessen und Rechte

[244]z. B. SCHILLERS Ballade „Lied von der Glocke" (1799).

[245]OTTO-PETERS, Theilnahme der weiblichen Welt, in: Vorwärts 5 (1847), S. 53.

[246]LERNER, Entstehung, S. 280; vgl. auch U. MEYER, Bild der Frau, S. 160ff.

[247]Zum Begriff vgl. GREVEN-ASCHOFF, Die bürgerliche Frauenbewegung, S. 32, Anm. 11.

[248]BIERMANN, Männliche Autorität, in: ZfF&G 20 (2002), H. 4, S. 107; WELCKER, Geschlechtsverhältnisse, in: v. ROTTECK/WELCKER, Staats-Lexikon, 6. Bd., S. 637ff.

als Individuum zu verleugnen. Davon abweichendes Verhalten wurde als negativ, vermessen und unklug empfunden, so dass sich Frauen von sich aus wiederum schämten, ihren Willen frei und offen zu artikulieren.[249]

2. Die Differenzierung zwischen öffentlichem und privatem Lebensbereich

Das Bild der passiven, sich selbst verleugnenden Frau fügt sich in die Aufspaltung der Lebensbereiche in einen privaten und einen öffentlichen Bereich ein. Der Frau war nach dem Ideal der Zeit freilich allein das Private zugedacht. Diese Unterscheidung zwischen Öffentlichkeit und Privatheit[250] entsprach seit der Mitte des 18. Jahrhunderts den gesellschaftspolitischen Zielsetzungen des Bildungs- und Besitzbürgertums, das sich einen staatsfreien Bereich des Privaten schuf, um dort seine Vorstellungen von einem bürgerlichen Gesellschaftsmodell zu verwirklichen. Bis dahin waren die Tätigkeitsbereiche von Mann und Frau innerhalb ihres ehelichen Gemeinschaftsverhältnisses nicht nur als gleichwertig betrachtet worden, sondern gehörten jeweils in den Bereich des Politischen.[251]

Die Kategorien „Öffentlichkeit" und „Privatheit" lassen sich auf griechische Ursprünge zurückführen. Die Teilhabe am öffentlichen Leben, dem die Beratungen und das Gericht ebenso zugeordnet waren, wie die Kriegführung und kämpferische Spiele, war den mit privater Autonomie ausgestatteten Hausherren (Oikodespoten) vorbehalten. Deren Gewalt über Hauswirtschaft und Familie unterstanden die Sklaven und Frauen. Hier vollzog sich die Reproduktion, wobei dieses „Reich der Notwendigkeit und Vergänglichkeit .. im Schatten der Privatsphäre versunken" bleibt. Im Gegensatz dazu war die Öffentlichkeit „ein Reich der Freiheit und Stetigkeit". Das Öffentlichkeits-Modell aus der Zeit der griechischen Stadtstaaten hat sich als „ideologisches Muster" der Geistesgeschichte bis in die Gegenwart hinein erhalten. Jedoch wurde es erst mit der Entstehung des modernen Staates und der von ihm unterschiedenen bürgerlichen Gesellschaft wieder rechtstechnisch wirksam.[252]

Als nicht unwesentlich für die individuelle Lebensgestaltung ist die Abhängigkeit von äußeren, wirtschaftlichen Erfordernissen etwa im Hinblick auf die Verzweckung von Bildungsinhalten oder einer arrangierten Geld- und Standesheirat zu sehen. Hier stießen die bürgerlichen Ideale einer Bildung

[249]PRENGEL, Abhängigkeit, in: Frauenlexikon, hrsg. v. LISSNER/SÜSSMUTH/WALTER, Sp. 4f.

[250]Zum Verhältnis von Privatsphäre und Öffentlichkeit vgl. im Folgenden GERHARD, Grenzziehungen, in: Frauen in der Geschichte des Rechts, hrsg. v. DERS., S. 509ff. und HABERMAS, Strukturwandel, S. 11ff.

[251]SCHORN-SCHÜTTE, Wirkungen der Reformation, in: Frauen in der Geschichte des Rechts, hrsg. v. GERHARD, S. 101; WUNDER, „Er ist die Sonn', S. 241.

[252]HABERMAS, a. O., S. 13f.

nur um ihrer selbst Willen und der Ehe als freiwilliger Liebesgemeinschaft an ihre Grenzen.[253] Die Familie ist damit in hohem Grade von den Bedürfnissen des Marktes abhängig, verschaffte zugleich aber auch einen Freiraum gegenüber der Gesellschaft.[254]

Nach dem bürgerlichen Werteverständnis sollten die eigentlichen rechtlichen Wertvorgaben privatrechtlicher und nicht öffentlich-rechtlicher Natur sein. Dazu zählte auch das Postulat der naturrechtlichen Geschlechterhierarchie,[255] das die Grundlage für die Verbannung des Weiblichen aus dem öffentlichen in das private Leben, in den „häuslichen Zwinger“ und das „bürgerliche Verließ“[256], bildete.

Doch war auch die Privatheit der bürgerlichen Familie publikumsbezogen, wie etwa im Rahmen der bürgerlichen Salons und der Veröffentlichung von nur vordergründig privaten Briefwechseln und Tagebüchern, die sich tatsächlich aber zumindest auch an einen unbekannten Adressatenkreis richteten und somit als literarische Gattung hervortraten.[257] Von der politischen Öffentlichkeit lässt sich daher eine literarische unterscheiden: In der ersteren agiert der Bürgerliche als „bourgeois“, als ein Eigentümer, der sich mit den anderen Eigentümern über objektive Regelungen verständigt, während er in letzterer „homme“ ist, d. h. als Mensch unter Menschen, der mit den anderen über seine subjektive Erfahrungswelt in Austausch tritt. Frauen – und ebenso Unselbständige – sind lediglich von der politischen Öffentlichkeit durch Gesetze wie Konventionen ausgeschlossen, während sie an der literarischen Öffentlichkeit häufig besonders intensiv Anteil nehmen. Gleichwohl galten nach dem bürgerlichen Selbstverständnis beide Bereiche als identisch, so dass aus zeitgenössischer Perspektive nur eine unteilbare Öffentlichkeit bestand. Nach JÜRGEN HABERMAS beruhte somit die bürgerliche Öffentlichkeit letztlich nur „auf der fiktiven Identität der zum Publikum versammelten Privatleute in ihren beiden Rollen als Eigentümer und als Menschen schlechthin“.[258]

Als mit dem Aufblühen des bürgerlichen Vereinswesens zu Beginn des 19. Jahrhunderts nun auch in Vereinsform organisierte Lesezirkel entstanden, die

[253] a.a.O., S. 60ff.

[254] vgl. a.a.O., S. 67

[255] vgl. FLOẞMANN, Die beschränkte Grundrechtssubjektivität, in: Frauen in der Geschichte des Rechts, hrsg. v. GERHARD, S. 293 und 304f.; HABERMAS, Strukturwandel, S. 87f.

[256] G. V. HIPPEL, Ueber die bürgerliche Verbesserung, S. 12.

[257] HABERMAS, Strukturwandel, S. 59f.

[258] a.a.O., S. 67f.

sich neben gemeinsamer Lektüre auch dem Austausch über das Gelesene widmeten und somit dazu dienten, bürgerlichen Privatleuten eine öffentliche Plattform zum Meinungsaustauschs zu geben, hatten Frauen keinen Zugang.[259]

3. Schlussfolgerungen

Mit der Industrialisierung hatte sich auch die Lebenswelt der Frauen entschieden verändert. Da die Frauen aufgrund der Verkleinerung des häuslichen Aufgabenbereichs nicht mehr am Erwerbsprozess der Familie teilnahmen, wurde ihre Tätigkeit allgemein entwertet. Während nach dem neuen bürgerlichen Ideal die bezahlte Erwerbstätigkeit allein Sache des Mannes sein sollte, verlangte es von der Frau ein Leben ganz und ausschließlich im Dienste ihrer Familie. Obwohl dieses Frauenbild im Widerspruch zur Lebensrealität einer zunehmenden Zahl von erwerbstätigen Frauen stand, wurde bestenfalls die Ausgestaltung des ehelichen Verhältnisses der Geschlechter zueinander in Frage gestellt.

Verbreitung fand das Frauenbild vor allem anhand literarischer Vorbilder von willenlosen, nur zum Wohlergehen des Mannes lebenden Frauen, die dementsprechend auch nur eine mindere Bildung und Erziehung zugebilligt bekamen. Der Mann hingegen konnte sich bewähren und gewissermaßen als Staatsbürger sogar seiner Bestimmung nach selbst verwirklichen. Frauen sperrte das bürgerliche Ideal dagegen aus der Öffentlichkeit aus und zugleich in die Privatheit ein. Gerechtfertigt wurde dies mit naturgegebenen Geschlechtscharakteren, die den Geschlechtern ihre Rollen vorgaben, aus denen sie nicht ausbrechen konnten.

IV. Die Frau als Inhaberin politischer Rechte

Die Rechtswissenschaft des späten 18. und des 19. Jahrhunderts tat sich mit der Einbeziehung der Frauen in eine allgemeine Menschengleichheit schwer. Mit der Französischen Revolution war „Egalité“, die Gleichheit, als eines ihrer Schlagwörter zu einem Leitbegriff der Moderne geworden. Die Forderung nach Gleichheit ist – neben der nach Gerechtigkeit – Ausdruck des neuzeitlichen Naturrechts, eine Forderung, die angesichts des eigenen Erfahrens der überkommenen Ungleichheit in der geltenden Ordnung gestellt wurde.

An die Stelle der ständischen Ordnung mit ihrem komplexen System mannigfaltig abgestufter und sich überlagernder Rechte- und Pflichtenbeziehungen trat nun nach und nach eine bürgerliche Rechtsordnung, die die Zuweisung von Rechten und Pflichten auf der Grundlage staatlicher Hoheit

[259] a.a.O., S. 85.

nach Gesetz und Verfassung regelte. Deshalb drohten den Frauen durch die Auflösung der ständischen Ordnung nun jene Rechte wieder verloren zu gehen, die nichts mit ihrem Geschlecht zu tun hatten, sondern an andere Merkmale der Person geknüpft waren. Gerade das Merkmal Geschlecht wurde nunmehr als ein Ungleichheit rechtfertigendes Merkmal hervorgehoben und zog eine Vereinheitlichung der Rechtsstellung der Frauen unter Aufgabe bisheriger Privilegien nach sich. Damit geriet die Rechtsstellung der Frauen im besonderen Maße in Abhängigkeit von der jeweiligen Wertschätzung, die dem weiblichen Geschlecht als solchem entgegengebracht wurde.

1. Naturrechtliche Herleitung

Nach naturrechtlichem Verständnis bewegten sich politische Rechte zunächst und vor allem auf der Ebene der Teilnahme des Einzelnen an der Staatsentstehung. Der Staat selbst setzt sich aber dann aus den Familien auf der Grundlage eines Vertrages zusammen.[260] Die Familie wird als Gesellschaft angesehen, die sich wiederum aus ebenso vertraglich begründeten Gesellschaften zusammensetzt, zu denen die eheliche Gesellschaft, als der Zusammenschluss von Mann und Frau zwecks der Erzeugung von Kindern zählt.[261] Das eheliche Verhältnis ist – so schon JOHN LOCKE (1632-1704) – ein Vertragsverhältnis zwischen freien und gleichen Personen. Trotzdem wird dem Mann das Entscheidungsmonopol zugebilligt und der Frau die Verfügungsgewalt über ihre eigene Person wie auch über ihr Privateigentum abgesprochen.[262]

Nur derjenige kann über den Gesellschaftsvertrag am Staat beteiligt sein, der sich selbst nicht schon aufgrund eines vorgelagerten Vertrages (Familie, Ehe, Eltern-Kind-Beziehung, Gesinde) einem Gewaltverhältnis unterworfen hat. Deshalb untersteht nur der Mann als Hausvater und zugleich Ehemann, Vater und Dienstherr in keinem dieser Rechtsverhältnisse einer Gewalt.[263]

Insofern es um die Rechtsbeziehungen zu Kindern und Gesinde geht, war damit die Hausmutter dem Hausvater gleichgestellt. Ihre Unterordnung und so ihr Ausschluss aus dem Kreise politisch Berechtigter ergab sich aber – und zwar nur daraus – insbesondere aus dem ehelichen Rechtsverhältnis. Darin ist die Frau dem Mann untergeordnet, was sowohl biologisch und funktional als auch gesellschaftspolitisch begründet wird.[264] So sei der Mann aufgrund

[260]Familie im Sinne der Gesamtheit von Eltern, Kindern und Gesinde, mit Haushalt und Wirtschaftsbetrieb als einer Wirtschaftseinheit.

[261]BÖHME, Politische Rechte, S. 13ff.

[262]DOYÉ/HEINZ/KUSTER, Geschlechtertheorien, in: ZFf&G 20 (2002), H. 4, S. 85.

[263]BÖHME, a.a.O., S. 21f.

[264]U. VOGEL, Gleichheit und Herrschaft, in: Frauen in der Geschichte des Rechts, hrsg. v. GERHARD, S. 270ff.

der Natur und seiner Tätigkeit für die Familie und darüber hinaus der Frau geistig wie verstandesmäßig überlegen. Die Frau sei schon aufgrund von Schwangerschaft und der ihr obliegenden Kindererziehung nicht im gleichen Maße in der Lage, die Angelegenheiten der Familie nach außen zu vertreten. Weil sich aus der besonderen Verantwortung des Mannes größere Pflichten ergeben, habe er auch mehr Rechte.[265]

Die Frage nach der Rechtsstellung der unverheirateten Hausmutter und der außerhalb eines Hauses lebenden Personen bleibt hingegen häufig ungeklärt[266] und kinderlose Ledige, Witwen wie Witwer ohne Familie mithin rechtlich überhaupt nicht existent. Auf die Frage des Geschlechts kam es dann erst gar nicht an.

Ungeachtet einer weitgehend anerkannten Gleichheit von Mann und Frau nach dem Recht der Natur und den Forderungen der Französischen Revolution wird die Unterwerfung der Frau sogar als notwendig angesehen, weil die Frauen in ihrer Gesamtheit nicht „weise" seien. Die Rechtfertigung einer Ungleichheit trotz Gleichheit eröffnet viel Raum für Widersprüche. Es wird deutlich, dass man in Bezug auf das Verhältnis der Geschlechter und die Rechtsstellung der Frau bemüht war, mit der von den Vorstellungen des Deutschen und des rezipierten Römischen Rechts geprägten Rechtswirklichkeit der Zeit im Einklang zu stehen. Die Gleichheit von Mann und Frau in der Verfassungsordnung musste deshalb für sie ein rechtstheoretisches Ideenkonstrukt ohne realpolitische Relevanz bleiben.[267]

Das zeigt, dass die ideengeschichtlichen Grundlagen, die heute das Fundament der seit der Weimarer Reichsverfassung vom 11. August 1919 in den deutschen Verfassungen verankerten Gleichberechtigung der Geschlechter bilden, damals nicht zu Ende gedacht, sondern im Einklang mit den gesellschaftlichen Konventionen und Rollenbildern interpretiert wurden.

2. Die Frau als Staatsbürgerin

Auch die kritische Philosophie IMMANUEL KANTS (1724-1804) veränderte die konkreten politischen Inhalte nicht grundlegend. Was sich änderte, war der Familienbegriff. Er wird an die realen Verhältnisse angepasst und schrumpft durch das Ausscheiden der Dienstboten auf die wesentlich enger gefasste, verwandtschaftliche begründete biologische Reproduktionsgemein-

[265]BÖHME, a.a.O., S. 24ff.; vgl. WELCKER, Geschlechtsverhältnisse, in: V. ROTTECK/WELCKER, Staats-Lexikon, 6. Bd., S. 634f.
[266]BÖHME, a.a.O., S. 32f. und 37ff.
[267]a.a.O., S. 27ff.

schaft zusammen. Für die Frage nach der politischen Berechtigung des Einzelnen sind die bürgerliche Selbständigkeit,[268] das Eigentum und die Mündigkeit maßgeblich, werden aber nicht einheitlich gebraucht. Frauen wird hierbei die Selbständigkeit von vornherein in Abrede gestellt – zumal sie selbst als Inhaberinnen eines eigenen Handels oder Gewerbes nicht vollkommen unabhängig vom Willen anderer waren.[269]

Eine grundlegende Eigenschaft des Staatsbürgers ist die Fähigkeit zur „Stimmgebung", für die „die Selbständigkeit dessen im Volk" Voraussetzung sei. Nicht selbständig sei, wer „nicht nach eigenem Betrieb, sondern nach der Verfügung anderer (außer der des Staates), genötigt ist, seine Existenz (Nahrung und Schutz) zu erhalten". Er „entbehrt der bürgerlichen Persönlichkeit, und seine Existenz ist gleichsam nur Inhärenz". Die bürgerliche Selbständigkeit hebe den aktiven vom passiven Bürger ab. Zwar sei auch der passive Bürger Teil des Staates, habe aber keine politischen Mitwirkungsrechte. „Alles Frauenzimmer" – wie u. a. auch Handwerksgesellen, Dienstboten und Unmündige – besäßen „keine bürgerliche Selbständigkeit" und auch nicht die Befähigung zum Staatsbürger, dessen Fähigkeit die „Stimmgebung" sei.[270] KANT schließt in seinen Begriff der bürgerlichen Selbständigkeit auch eine Unabhängigkeit vom Willen eines anderen mit ein, in dem Fall der Frau also von dem Willen des Hausvaters oder Vormunds.[271]

Für die Frau muss sich das wiederum in erster Linie aus ihrer ehelichen Stellung ergeben: Was das innereheliche Verhältnis betrifft, so sind für KANT zwar beide Partner gleich, aber es widerspreche nicht der natürlichen Gleichheit eines Menschenpaares, wenn „das Gesetz von dem Manne im Verhältnis auf das Weib sagt: er soll dein Herr (er soll der befehlende, sie der gehorchende Teil) sein", „wenn dieser Herrschaft nur die natürliche Überlegenheit des Vermögens des Mannes über das weibliche, in Bewirkung des gemeinschaftlichen Interesses des Hauswesens und des darauf gegründeten Rechts zum Befehl zum Grunde liegt, welches daher selbst aus der Pflicht der Einheit und Gleichheit in Ansehung des Zwecks [Herv. i. O.] abgeleitet werden

---

[268] Näher zum (spezifisch sächsischen) Verständnis dieses Begriffs sogleich in Kap. III, S. 117f.

[269] Autoren wie FRIEDRICH VON SCHLEGEL und AUGUST LUDWIG SCHLÖZER setzten als alleiniges Kriterium die Mündigkeit voraus, weshalb sie Frauen, Gesinde und Arme schon Ende des 18. Jahrhunderts nicht von vornherein vom „Stimmrecht" ausschließen wollten. Dazu im Einzelnen BÖHME, a.a.O., S. 52ff. m. w. N.; vgl. auch FREVERT, „Mann und Weib…", S. 68ff.

[270] KANT, Metaphysik der Sitten, S. 432f.; vgl. DERS., Über den Gemeinspruch, S. 46ff.; vgl. JAUCH, Immanuel Kant, S. 201.

[271] JOHANN GOTTLIEB FICHTE (1762-1814) zieht dagegen politische Rechte für unverheiratete Frauen durchaus in Erwägung. – FREVERT, „Mann und Weib…", S. 70.

kann".[272] Dem Staat gegenüber seien alle Untertanen gleich, es gäbe aber zugleich eine „Ungleichheit der Menge" und des Grades des Besitztums nach, „an körperlicher oder Geistesüberlegenheit über andere". Daher müsse das Weib dem Mann gehorsam sein.[273]

Neu hieran ist, dass Frauen zumindest als passive Bürger, als Staatsgenossen bzw. -genossinnen, dem Staat angehören. Die Ehefrau hat aber nach wie vor keine eigenen politischen Rechte, sondern nimmt nur an denen ihres Ehegatten teil. Sie ist also nicht in personam als Bürger, sondern durch ihren Ehegatten als Schutzgenosse am Gesellschaftsvertrag beteiligt.[274]

3. Gottlieb von Hippels Streitschrift für die politische Gleichberechtigung der Frauen

Für einiges Aufsehen sorgte die 1793 in Königsberg anonym erschienene Schrift *Ueber die bürgerliche Verbesserung der Weiber*. Als Autor wurde – nachdem zunächst KANT selbst in Verdacht geraten war – sein Schüler und Vertrauter, der Jurist und frühere Bürgermeister von Königsberg, Theodor GOTTLIEB VON HIPPEL (1741-1796) ausgemacht.[275] VON HIPPELS Hauptforderung ist die politische Gleichberechtigung der Frauen bis hin zur Gewährung der gleichwertigen bürgerlichen Rechte.[276]

Die Natur habe nicht vorgesehen, eines der Geschlechter auf Kosten des anderen zu begünstigen und es sei ebenfalls nicht gemäß der Natur, einen Teil der Menschen „zu beglücken und zu ehren, die anderen dagegen zu verkümmern und zu vernachlässigen".[277] Dass „das weibliche Geschlecht … nicht jene hervorragenden Geistesfähigkeiten" äußere, „heißt bei weitem nicht: die Natur hat ihm die Anlagen dazu versagt". Sie hätten sich nur nicht entwickeln können, weil sie nicht gepflegt worden seien.[278] Der Staat behandle die Frau wie eine „parasitische Pflanze" und gewähre ihnen keine Rechte, sondern allenfalls Privilegien.[279] Der Rechtsstaat müsse sich, um nicht Unrechtscharakter zu besitzen, mit den Vorurteilen gegenüber den Geschlechtern auseinandersetzen. Die Aufklärung stelle sich geradezu selbst in Frage, wenn sie die Frauen von den Früchten ihres Gedankengutes ausschließe. Die Aufklärung setze nämlich eine Unparteilichkeit des eigenen Urteilsstandpunktes

---

[272] KANT, Metaphysik der Sitten, S. 392.
[273] KANT, Über den Gemeinspruch, S. 42f.
[274] KANT, a.a.O., S. 46f.
[275] JAUCH, Immanuel Kant, S. 203ff.
[276] G. V. HIPPEL, Ueber die bürgerliche Verbesserung, S. 127ff. und 188ff.
[277] a.a.O, S. 20f.
[278] a.a.O, S. 35.
[279] a.a.O., S. 41.

voraus, was aber insbesondere für die politischen Zielsetzungen der Französischen Revolution gerade auch in Bezug auf die politischen Rechte der Frauen überhaupt nicht der Fall sei.[280]

VON HIPPEL, der sich mit seiner Schrift vor allem gegen ROUSSEAU wendet, bezieht in der kurz zuvor aufgeworfenen deutschen „Querelle de femmes“[281] Stellung. Insbesondere aber reflektiert er die Entwicklungen in Frankreich, wo ungeachtet einer Erklärung der allgemeinen Menschenrechte im April 1793 u. a. auch den Frauen das Bürgerrecht aberkannt worden war.[282] Zumindest von einigen seiner Zeitgenossen ist die Tragweite dieser Gedanken erkannt worden. In seinem Königsberger Freundeskreis sind sie zwar lebhaft diskutiert, dennoch aber fast ausnahmslos verworfen worden.[283]

4. Die Familie als Keimzelle des Staates

Im ersten Drittel des 19. Jahrhunderts vollzog sich ein Wandel in der Rechts- und Staatslehre. Hatte bisher die Darstellung des Staates als historische Gemeinschaft und die Erörterung von Einzelrechten im Mittelpunkt des wissenschaftlichen Interesses gestanden, so machte nunmehr das Streben nach umfassender politischer Partizipation die Verortung des Einzelnen wie gesamter gesellschaftlicher Gruppen innerhalb des politischen Systems notwendig. Der neue Gedanke vom Staat als Organismus erwuchs zum herrschenden Staatsverständnis: Der Staat galt hiernach als ein lebendiger Gesamtkörper, der sich aus eigener Kraft durch die Wechselwirkungen seiner Teile stetig weiterentwickle. Die Frau wurde als Verkörperung des Natürlichen zwar idealisiert und überhöht,[284] ihre prekäre gesellschaftliche Position aber nicht in Frage gestellt. Daran änderten auch die wenigen, in intellektuellen Zirkeln dieser Zeit wirkenden Frauen nichts.[285]

Für die Staatslehre der Romantik war im Gegensatz zum vernunftrechtlichen Rationalismus die Familie der Urtyp und die Keimzelle des Staates, der erst

---

[280]a.a.O., S. 117f.

[281]Als Begründerin dieser vielfach so bezeichneten literarischen Debatte über das Verhältnis der Geschlechter gilt bereits die Schriftstellerin CHRISTINE DE PIZAN (1365- nach 1430) mit ihrem Werk *Le Livre de la Cité des dames,* die als vehemente Verteidigerin der Frauen auftrat. Im Gegensatz zur späteren Frauenbewegung ging ihr es aber noch nicht darum, den Wirkungskreis der Frauen zu Erweitern und zu verstetigen, sondern ihnen überhaupt erst ein Tätigkeitsfeld zu erschließen, das einen Eigenwert vermittelt. – KASTENBERG, Christine de Pisan, S. 49; zum Begriff „Querelle de femmes“ vgl. BOCK/ ZIMMERMANN, Die Querelle des Femmes, in: Querelles 2 (1997), S. 11ff.

[282]vgl. HONEGGER, Ordnung der Geschlechter, S. 75f.

[283]a.a.O., S. 83ff.

[284]vgl. DOYÉ/HEINZ/KUSTER, Geschlechtertheorien, in: ZFf&G 20 (2002), H. 4, S. 89.

[285]U. MEYER, Bild der Frau, S. 161ff.

durch die zeitliche wie räumliche Verbindung von Familien historische Kontinuität erlangte. Wie der Fürst über den Staat, so herrschte der Hausvater über die Familie. Die Familie hatte die Funktion, den Egoismus der abstrakten Persönlichkeit des Einzelnen in seine Schranken zu verweisen und gebot dadurch der Selbstsucht und der Überbetonung des individuellen Willens Einhalt.

So ist für ROBERT VON MOHL (1799-1875) „die Familie die erste und größte Schule der Sittlichkeit".[286] Diese besondere sittliche Aufgabe der Familie ist neben fehlender Eignung der Frauen deshalb Grund, ihnen politische Rechte zu versagen: Die Verleihung von politischen Rechten an die Frau widerspreche „der Natur der Sache und also der Vernunft". Zum einen sei sie „unpassend, weil sie den unveränderlichen natürlichen geistigen Anlagen des Weibes widerspricht". Frauen fällten gefühlsmäßige Entscheidungen und seien zu weich, milde darin und nicht zu logischem Denken begabt. Selbst bei einer Verleihung des „Stimmrechts" würden die meisten Frauen im Haus bleiben, wodurch „ihnen aber nothwendig jede Kenntnis" des öffentlichen Lebens fehle. Schon vielen Männern fehle der politische Sachverstand, deshalb wäre es „ein wahres Unglück", wenn auch noch die Frauen mitreden würden. Zum anderen komme das aktive und passive Wahlrecht als staatsbürgerliches Recht nur dem zu, der auch die Pflichten als Staatsbürger, wie vor allem die des Kriegsdienstes und der Steuerleistung erfülle. Das könnten aber nur Männer. Die Frau sei dazu körperlich nicht in der Lage.[287]

Durch ein „selbständiges Recht der Frauen an den Wahlen" käme es zu einer „Verwirrung in den häuslichen Verhältnissen" und zum Streit innerhalb der Familie, sobald sich die Frau für eine andere politische Richtung entscheide als andere Familienmitglieder.[288] Wenn sie sich aber sowieso in ihrer Wahlentscheidung dem Willen des Hausvaters unterwerfen würde, dann bräuchte sie auch keine eigene Stimme abzugeben. Ebenso konnte sich VON MOHL gemischte politische Versammlungen oder sogar ein gemischtes Parlament nicht vorstellen und sah die „Ausübung von Pflicht, Ordnung und Sitte" in Gefahr.[289]

Dieser Standpunkt erscheint vor dem Hintergrund verständlich, dass die sich entwickelnde bürgerliche Gesellschaft des 19. Jahrhunderts von einem ausgesprochen starken Konkurrenzverhalten und für damalige Verhältnisse sehr

---

[286] V. MOHL, Encyklopädie der Staatswissenschaften, S. 13; zu V. MOHLS Argumentation vgl. FREVERT, „Mann und Weib…", S. 115ff.

[287] V. MOHL, Staatsrecht, Völkerrecht und Politik, Bd. 3, S. 302f., Anm. 1.

[288] V. MOHL, a.a.O., S. 303, Anm. 1; so auch WELCKER, Geschlechtsverhältnisse, in: V. ROTTECK/WELCKER, Staats-Lexikon, 6. Bd., S. 645ff.

[289] V. MOHL, a.a.O., S. 303, Anm. 1; vgl. zum Ganzen BIERMANN, Männliche Autorität, in: ZfF&G 20 (2002), H. 4, S. 106f.; BÖHME, Politische Rechte, S. 101f. und ROSENBUSCH, Frauenwahlrecht, S. 242f. m. w. N.

weitreichenden Freiheitsansprüchen geprägt war. Der Bestand von Ehe und Familie als unverzichtbare Basis einer jeden Gesellschaft war in V. MOHLS Augen und der Mehrheit seiner Zeitgenossen nicht zu Unrecht gefährdet.

5. Schlussfolgerungen

Bis auf wenige Ausnahmen werden von den Autoren, die die erste Hälfte des 19. Jahrhunderts prägten, politische Rechte für Frauen abgelehnt. Bestehende Rollenbilder werden auch unter dem Eindruck der Französischen Revolution kaum in Frage gestellt, sondern in die neuen Denkansätze eingepasst. Zwar bezieht KANT Frauen zumindest als passive Bürger in seinen Staatsbürger-Begriff mit ein. Die Verbannung der Frau aus der Politik ist aber auch für ihn selbstverständliche Normalität, da Letztere für ihn per se zu einer bürgerlichen Selbständigkeit nicht in der Lage war.

KANTS Staatsbürger-Begriff setzte sich in der Folgezeit zwar weitgehend durch.[290] Die Voraussetzungen für das Kriterium der Selbständigkeit blieben dagegen unscharf, so dass es auch nur bedingt für einen Ausschluss der Frauen von politischen Rechten taugte.[291] Wirtschaftlich selbständige Frauen im tatsächlichen Sinne hat es nämlich fast zu jeder Zeit gegeben. Daher mussten noch zusätzliche, vermeintlich geschlechtsbezogene Unterscheidungen in die Argumentation eingeflochten werden, vor allem etwa eine allgemeine weibliche Schwäche oder die natürlichen Aufgaben.[292]

Für die zeitgenössische Sichtweise auf die Frau ist V. HIPPEL demgegenüber eine Ausnahmeerscheinung. Er eilte mit seinen Forderungen seiner Zeit weit voraus. Zeitgenossen galt er bis ins frühe 19. Jahrhundert noch als „‚Hyperrevolutionär' in der Frauenfrage und ‚Gynokrat'", war aber schon Mitte des Jahrhunderts bereits weitgehend in Vergessenheit geraten. Selbst von der entstehenden deutschen Frauenbewegung wurde er als launenhaft und versponnen verworfen.[293] Seine Positionen machen aber dennoch deutlich, dass die bis in die 1840er Jahre maßgeblichen naturrechtlichen Argumentationslinien in einer Weise von der faktisch bestehende Rechts- und Sozialordnung beeinflusst waren,294 dass man das Naturrecht sogar zur Legitimation für vollkommen entgegengesetzte gesellschaftspolitische Zielsetzungen heranzog.

[290]vgl. FREVERT, „Mann und Weib...", S. 80f.

[291]So aber offenbar WELCKER, Grundvertrag, in: V. ROTTECK/WELCKER, Staats-Lexikon, 7. Bd., S. 255.

[292]Ausführlich BÖHME, a.a.O., S. 100ff.

[293]Näher HONEGGER, Ordnung der Geschlechter, S. 90ff. m. w. N.

[294]vgl. SUPPÉ, Die Grund- und Menschenrechte, S. 24.

Insgesamt und auf lange Sicht betrachtet sollte aber KANTS Ethik später die Rechtfertigung für den Gedanken der staatsbürgerlichen Gleichheit auch für Frauen bieten. Sie legitimierte die im Vordringen begriffenen demokratischen Vorstellungen und zog durch die Verdrängung der einem allgemeinen und gleichen Wahlrecht entgegenstehenden Unterscheidungen, auch die staatsbürgerliche Gleichstellung der Geschlechter nach sich.[295] Mehr als ein Jahrhundert später war das Frauenwahlrecht nur die notwendige Konsequenz dieser Entwicklung.[296]

Die öffentliche Meinung entwickelte sich aber vorerst noch in eine andere Richtung: Das Ideal einer still und hingebungsvoll in häuslicher Zurückgezogenheit wirkenden Frau fand nämlich in der restaurativen Staatslehre der Romantik und deren Abkehr gerade von jenen vernunftrechtlichen Theorien, aus denen von V. HIPPEL seine Forderung nach politischen Rechten für die Frau herleitete, seine theoretische Basis.

Auch der als Mitbegründer des Rechtspositivismus geltende spätere sächsische Kultusminister und Vorsitzende des Gesamtministeriums CARL FRIEDRICH VON GERBER (1823-1891)[297] machte bereits 1865 in der Erstausgabe seiner *Grundzüge eines Systems des Deutschen Staatsrechts*[298] klar, dass zwischen Staat und Staatsbürger ein „organisches Gewaltverhältnis" wie im Familienrecht bestehe. Zwar sind nach seiner Ansicht auch Frauen Staatsbürger, aber der Staat gestatte nur „einem Theile derselben durch die politischen Wahlrechte eine Einwirkung auf die Richtungen ..., welche der Staatswille nehmen soll". Als die besonderen Voraussetzungen für das politische Wahlrecht benennt VON GERBER „z. B. männliches Geschlecht, bestimmtes Alter, eine gewisse Vermögenslage, Ehrenhaftigkeit, längerer Aufenthalt im Lande, Theilnahme an gewissen Ständen usw".[299]

Mit der Zeit traten jedoch bei der Argumentation gegen eine politische Berechtigung von Frauen an Stelle von Vernunft, Sittlichkeit und Politik als Reaktion auf die Forderungen der Frauenbewegung mehr und mehr Zweckmäßigkeitserwägungen in den Vordergrund. Frauen drängten in immer mehr bislang den Männern vorbehaltene Lebensbereiche. Sie sollten wohl als unliebsame Konkurrentinnen des Mannes ausgeschaltet werden.[300] Noch um

---

[295]ZIPPELIUS, Allgemeine Staatslehre, S. 269.

[296]Zu den Ansätzen einer Gleichheit der Geschlechter im Werk IMMANUEL KANTS: JAUCH, Immanuel Kant.

[297]Zur Person vgl. BÜRGER, Carl Friedrich Wilhelm von Gerber, insbes. S. 9ff.

[298]S. 42, Fn. 2.

[299]a.a.O., S. 47, Fn. 6.

[300]U. MEYER, Bild der Frau, S. 180f.; FREVERT, „Mann und Weib...", S. 80; vgl. DOHM, Der Frauen Natur und Recht, S. 103.

die Wende vom 19. zum 20. Jahrhundert finden sich bei namhaften Gelehrten wie SIGMUND FREUD (1856-1939), ARTHUR SCHOPENHAUER (1788-1860) und FRIEDRICH NIETZSCHE (1844-1900), MAX SCHELER (1874-1928) und GEORG SIMMEL (1858-1918) im Hinblick auf die Wertigkeit der Frau Hinweise auf eine Minderwertigkeits- bzw. Ergänzungstheorie,[301] die dafür als Rechtfertigung dienen konnten.[302]

V. Die Aufhebung der Geschlechtsvormundschaft im Königreich Sachsen

In Sachsen hatte es vom lange bestehenden Rechtsinstitut der Geschlechtsvormundschaft für die Ausübung eines Handelsgewerbes bereits Ausnahmeregelungen gegeben, die – und zwar allein für diesen Bereich – die rechtliche Handlungsfähigkeit der Frauen sicherstellten.[303]

Eine grundlegende Überarbeitung und Lockerung der Geschlechtsvormundschaft erfolgte bereits mit dem *Mandat, die Geschlechtsvormundschaft betreffend, vom 10ten November 1828.*[304] § 1 des Mandats beschränkte die Geschlechtsvormundschaft zum 1. Februar 1829 auf Ehefrauen, „Töchter in väterlicher Gewalt“ und Frauen, die nach der allgemeinen Vormundschaftsordnung zu bevormunden waren. Alle anderen durften nach § 2 der Vorschrift „in der Regel gerichtliche und außergerichtliche Geschäfte … allein unternehmen“. Ein Geschlechtsvormund wurde nach § 3 des Mandats auch von diesen Frauen nur noch in einzelnen familien-, erb-, lehns- und prozessrechtlichen Angelegenheiten benötigt. War bis dato im Regelfall die Geschlechtsvormundschaft angeordnet, so wurde sie nun zur Ausnahmeregelung. Auch das *Mandat über die Verbürgung von Frauenspersonen; vom 6. November 1828*[305] hatte den Schutz der Ehefrau zum Ziel. Es setzte u. a. nach seinen §§ 1 und 7 eine vorherige Beratung der Frau durch den zuständigen Richter über die Folgen ihrer Erklärung als für deren Gültigkeit zwingend voraus.[306] Wenn sich aber eine Ehefrau für Dritte verbürgte, so galten diese Schutzvorschriften nicht, sondern es waren nach § 13 des Mandats ggf. die Regelungen

[301]vgl. oben, S. 48ff. Nach der Ergänzungstheorie kommt den Frauen neben dem seit dem 18. Jahrhundert in steigender Zahl außerhäuslich berufstätigem Mannes nur eine komplementäre Rolle zu.
[302]Dazu MENZEL, Frauen und Menschenrechte, S. 98ff. m. w. N.
[303]vgl. SCHÖTZ, Handelsfrauen, in: Frauen in der Geschichte des Rechts, hrsg. v. GERHARD, S. 153f.
[304]In: SächsGS 1828, S. 244-253.
[305]In: SächsGS 1828, S. 239-243; vgl. die Motive zum *Gesetz-Entwurf, die Aufhebung der Geschlechtsvormundschaft betreffend. [Vom 24. Juni 1837]*, in: LA 1836/37, 1. Abth., königl. Mitth., Bd. 2, S. 537-542, 538.
[306]In: SächsGS 1828, S. 239f.

zur Geschlechtsvormundschaft heranzuziehen, die für das Eingehen von eigenen Verbindlichkeiten der Ehefrau noch in Kraft waren.[307]

Mit dem Decret an die Stände. Die Entscheidung einiger zweifelhafter Rechtsfragen und einige Abänderungen in den Processverfahren und dem Civilrecht betreffend,[308] legte die Staatsregierung auf dem Landtag von 1836/37 zunächst nur der Ersten Kammer im Rahmen einiger Neuregelungen im Zivil- und Zivilprozessrecht auch einen Gesetz-Entwurf, die Aufhebung der Geschlechtsvormundschaft betreffend vor. Er enthielt nunmehr die völlige Abschaffung der Geschlechtsvormundschaft und folgte damit dem allgemeinen Wunsch „bei allen Theilen der sächsischen Nation". Der Gesetzgeber hatte erkannt, dass der über die Novelle von 1828 hinaus beabsichtigte Schutz des weiblichen Geschlechts vor Nachteilen im Geschäftsverkehr infolge Unerfahrenheit und Abhängigkeit „einen reellen Nutzen nicht gewähren kann". Männer wie Frauen hätten nach wie vor die Möglichkeit, ohne staatliche Vorgabe für ihre Geschäfte bei Bedarf einen Berater hinzuzuziehen. Bei der Geschlechtsvormundschaft der Ehefrau bestünde sogar die Gefahr ihrer Übervorteilung infolge eines einvernehmlichen Zusammenwirkens von Ehemann und Geschlechtsvormund zu ihrem Nachteil.[309] Der Entwurf stieß bei der ersten Deputation der Ersten Kammer, der auch Prinz JOHANN angehörte,[310] im Wesentlichen auf Zustimmung und wurde für "zeitgemäß und wünschenswerth" befunden.[311]

Allerdings hielt die Deputation weiterhin Ehefrauen in besonderem Maße bei Bürgschaften für ihren Ehemann für schutzbedürftig und wollte daher die bisherige Regelung aus dem Mandat vom 6. November 1828 § 1 unter 2. und § 6 beibehalten, damit die Ehefrau Bürgschaftserklärungen auch weiterhin unter Ausschluss der Anwesenheit ihres Mannes leisten könne und damit von diesem in ihrer Entscheidung nicht beeinflusst werde. Das der Geschlechtsvormundschaft zugrundeliegende Prinzip sollte auch künftig die Ehefrau vor Übervorteilung durch den eigenen Mann schützen, weil sie per se schwächer

---

[307]a.a.O., S. 242.

[308]*Eingegangen bei der I. Kammer am 26. Juni 1837*, in: LA 1836/37, 1. Abth., königl. Mitth., Bd. 2, S. 533-579.

[309]Gesetz-Entwurf, die Aufhebung der Geschlechtsvormundschaft betreffend. [Vom 24. Juni 1837], in: LA 1836/37, 1. Abth., königl. Mitth., 2. Bd., S. 537-542, 538ff.

[310]Weitere Deputationsmitglieder waren Albert von Carlowitz, Paul August Ritterstädt (Referent), Christian Friedrich Wehner und Utz von Schönberg.

[311]Bericht der 1sten Deputation vom 31. Juli 1837 über das allerhöchste Decret vom 24. Juni 1937., die Entscheidung einiger zweifelhaften Rechtsfragen, und einige Abänderungen in dem Prozeßverfahren und dem Civilrechte betr., Eingeg. am 1. Aug. 1837, in: LA 1836/37, Beil. Prot. 1. K., Bd. 3, S.123-130, 124.

sei und damit in besonderem Maße Gefahr laufe, aufgrund etwaiger Überredung, Drohung und Misshandlung schwere Nachteile zu erleiden.[312]

In den Beratungen des Gesetzentwurfs in der Ersten Kammer am 4. August 1837 sprachen sich eine Reihe von Kammermitgliedern für den Entwurf aus, da dieser „eine wahre Verbesserung" brächte, für die es aber schon 1828 zahlreiche Zustimmung gegeben hätte. Mit geringfügigen Änderungen hinsichtlich des Verfahrens vor dem Richter folgte die Kammer ihrer Deputation.[313] Die Zweite Kammer billigte dieses Ergebnis,[314] so dass die Aufhebung der Geschlechtsmundschaft in Sachsen schließlich zum 1. März 1838 erfolgen konnte, womit damit sämtliche bisher bestehende Geschlechtsvormundschaften erloschen.[315]

Während der ersten Hälfte des 19. Jahrhunderts wurde die Geschlechtsvormundschaft außer in Sachsen auch im Königreich Württemberg,[316] in einigen thüringischen Staaten und preußischen Provinzen[317] abgeschafft.

Aufgrund der eherechtlichen Vorschriften standen die verheirateten sächsischen Frauen gleichwohl auch weiterhin unter der Vormundschaft ihrer Ehemänner,[318] so dass sich die familienrechtlichen Beziehungen zwischen Ehemann und Ehefrau damit auch nach der Abschaffung der Geschlechtsvormundschaft im Grundsatz kaum änderten.[319] Vielfach wurde die Rechtsstellung der Ehefrau im Zuge der Neukodifikationen sogar verschlechtert, so dass es trotz abgeschaffter Geschlechtsvormundschaft zu keiner Besserstellung hinsichtlich der Rechtsfolgen kam. So bestimmte das Sächsische BGB von 1863 u. a. in § 1838, dass eine Ehefrau „zu allen Rechtsgeschäften mit Dritten, durch welche sie nicht lediglich erwirbt, der Einwilligung ihres Ehemannes" bedarf und verpflichtete sie in § 1631 ihrem Mann gegenüber zum

---

[312]a.a.O., S. 124f.

[313]Berathung über die durch das Königl. Decret, die Entscheidung einiger Rechtsfragen etc. betreffend, zugefertigten sieben Gesetzentwürfe, in: LA 1836/37, 2. Abh., Bd. 2, S. 369-374, 369ff.; vgl. zu Differenzen mit der Zweiten Kammer LA 1836/37, 2. Abh., Bd. 2, S. 703-705, 704.

[314]vgl. LA 1836/37, 3. Abth., Bd. 3, S. 629.

[315]Gesetz, die Aufhebung der Geschlechtsvormundschaft betreffend; vom 8. Januar 1838, in: GVBl. 1838, S. 23.

[316]Hier über ledige Frauen. – vgl. WARREN-SABEAN, Allianzen und Listen, in: Frauen in der Geschichte des Rechts, hrsg. v. GERHARD, S. 474ff.

[317]Im Einzelnen HOLTHÖFER, Die Geschlechtsvormundschaft, in: Frauen in der Geschichte des Rechts, hrsg. v. GERHARD, S. 439f.

[318]vgl. die Allgemeine Vormundschaftsordnung vom 10. October 1782, in: Codex Saxonicus, Bd. 1, S. 1121-1146.

[319]vgl. WARREN-SABEAN, a.a.O., S. 464ff.

Gehorsam.[320] Diese Regelungen schränkten ihre Teilnahme am Wirtschaftsleben weiterhin empfindlich ein.

VI. Zwischenfazit

In der ersten Hälfte des 18. Jahrhunderts gelang es dem Bürgertum ungeachtet des Fortbestehens der ständischen Gesellschaft sich zunehmend zu emanzipieren. Durch die Trennung der bürgerlichen Lebenswelt in private und öffentliche Sphäre wurde der Lebenshorizont der Frauen nach den zeitgenössischen Konventionen auf die Pflege der häuslichen Gemütlichkeit und ihr Lebensinhalt auf Hingabe an die Familie beschränkt. Das wirtschaftliche und politische Leben war hingegen dem Mann vorbehalten. Die überwiegende Zahl der Männer aus bisher unterprivilegierten Schichten erlangte entsprechend der jeweiligen Vermögens- und Einkommenssituation erstmals verfassungsrechtlich verbürgte politische Rechte, die den Frauen nicht zugebilligt wurden. Stattdessen war das neue Gleichheitskonzept sogar dazu geeignet, die Einschränkung der Stellung der Frauen im Recht zu verstärken. Politische Rechte, wie das Wahl- bzw. Stimmrecht, mithin die Grundlagen einer männlich dominierten Gesellschaft überhaupt, konnten auf diese Weise nach der allgemeinen Rechtsmeinung den Frauen verweigert werden.

Das Frauenbild in der Zeit des Frühkonstitutionalismus war insgesamt entscheidend durch das Spannungsverhältnis zwischen dem Vernunftpostulat der Aufklärung und der tradierten bürgerlichen Geschlechtsvormundschaft geprägt. Es definierte die Ungleichheit insofern neu, dass zwar das Prinzip der Rechtsgleichheit miteingeschlossen, zugleich aber unter den Vorbehalt einer unangezweifelten Geschlechterdifferenz gestellt wurde. Damit trat also lediglich eine andere theoretische Grundlage für die Ungleichheit der Geschlechter in den Vordergrund, die zugleich die Gefahr eines Rechtsverlustes in sich barg.[321] Der Übergang in die bürgerliche Gesellschaft brachte damit im Ergebnis zunächst keine grundlegende Verbesserung für die Frauen. Vielmehr lieferte sie sogar für die überkommene Annahme weiblicher Zweitrangigkeit neue Argumentationsgrundlagen.

Der frühen Frauenbewegung ging es von daher nicht nur darum, rein äußerlich Frauen die gleichen Rechte wie Männern zu verleihen, sondern sie versuchte weiblichen Wertmaßstäben die gleiche Geltung wie den männlichen einzuräumen. Dabei wollte sie nicht die männlich dominierte Welt durch eine

---

[320] *Verordnung, die Publication des bürgerlichen Gesetzbuchs betreffend, vom 2ten Januar 1863*, in: GVBl. 1863, S. 1-314, insbes. S. 194f. Die Rechtsstellung der Frauen nach dem SächsBGB ähnelt der der beschränkt geschäftsfähigen Minderjährigen nach heutigem Recht.

[321] vgl. GERHARD, Einleitung, zu: Frauen in der Geschichte des Rechts, hrsg. v. DERS., S. 13f.

weibliche ersetzen, sondern es sollten beide geistige Welten gleichberechtigt nebeneinanderstehen und sich zu einem Ganzen verbinden.[322]

Bemerkenswert ist indessen die vergleichsweise günstige Position unverheirateter Frauen. Ihre Lage hatte sich im Bereich des Privatrechts seit dem 18. Jahrhundert zwar langsam aber doch stetig verbessert. In Sachsen – wie auch in den meisten anderen deutschen Staaten – wurde die Geschlechtsvormundschaft nach und nach abgeschafft und somit die unverheiratete Frau zumindest hier dem Mann fast völlig gleichgestellt. Die verheiratete Frau blieb hingegen durch das Familienrecht auch weiterhin von ihrem Ehemann gewissermaßen bevormundet.

[322]vgl. GREVEN-ASCHOFF, Die bürgerliche Frauenbewegung, S. 39ff.

§ 5 Die Teilnahme der Frau am öffentlichen Leben

Bis zur Mitte des 19. Jahrhunderts waren die Lebensverhältnisse der überwiegenden Mehrheit der Bevölkerung Kontinentaleuropas durch die Landwirtschaft geprägt.[323] Das hohe Bevölkerungswachstum des 18. Jahrhunderts beschleunigte sich nochmals in der ersten Hälfte des 19. Jahrhunderts.[324] Damit stand als Voraussetzung für die Industrialisierung eine große Anzahl von Arbeitskräften zur Verfügung. Die Agrargesellschaft vermochte die gestiegenen Bevölkerungszahlen jedoch nicht mehr ausreichend mit Nahrungsmitteln zu versorgen. Dadurch kam es zu einer Massenverarmung, die die verbreitete Furcht erweckte, die überkommene Ordnung werde unter dem Druck stetig wachsender verarmter Massen zusammenbrechen.[325] Diese Furcht zog aber nicht nur eine pessimistische Grundhaltung nach sich, sondern war auch Anstoß für zahlreiche Reformbemühungen. So folgten den Ausstrahlungen der französischen Juli-Revolution von 1830 auf Sachsen nicht nur 1831 eine neue Verfassung, sondern auch ein umfangreiches Reformvorhaben für weite Teile von Staat und Verwaltung.[326]

Auch wenn die Frauen nach dem gesellschaftlichen Idealbild der neuzeitlichen und liberalen Theorie in der bürgerlichen Gesellschaft auf die Privatheit ihres häuslichen Umfelds beschränkt waren, so ist in Ansätzen schon sehr früh ein wachsendes soziales Engagement von Frauen zu beobachten. Zum einen suchten sie nach Möglichkeiten, ihren Lebensunterhalt und den ihrer Familien durch eigenes Einkommen zu sichern. Zum anderen versuchten bürgerliche Frauen, sich auch außerhalb des häuslichen Bereiches sinnvolle Tätigkeiten zu erschließen. Es konnten längst nicht mehr alle Frauen von besserer sozialer Herkunft auf eine Heirat hoffen, die sie zugleich auch wirtschaftlich absicherte.

Die rechtlichen wie gesellschaftlichen Rahmenbedingungen für die Berufstätigkeit von Frauen waren zu Beginn des 19. Jahrhunderts katastrophal, so dass es zwangsläufig zu Bemühungen von Seiten der erwerbstätigen Frauen und ihrer Unterstützer kommen musste. Spätestens seit der Zeit des Vormärz drängte es daher Frauen in die Politik.[327]

---

[323]vgl. hierzu und zu Agrargesellschaft und Industrialisierung allgemein: LANGEWIESCHE, Europa, S. 22ff. m. w. N.; zur Entwicklung der sächsischen Landwirtschaft: GROß, Die Bürgerliche Agrarreform in Sachsen, inbes. S. 15.

[324]In der ersten Hälfte des 19. Jahrhunderts stieg die Bevölkerung Europas von 187 auf 266 Millionen um 43% an.

[325]LANGEWIESCHE, a.a.O., S. 22f.

[326]Zur Juli-Revolution und ihrem Einfluss auf Europa vgl. LANGEWIESCHE, a.a.O., S. 48ff. bzw. S. 65f.

[327]vgl. GERHARD, Grenzziehungen, in: Frauen in der Geschichte des Rechts, hrsg. v. DERS., S. 521.

I. Zum Problem der politischen Partizipation von Frauen

Politische Partizipation[328] manifestiert sich aus heutiger Sicht in einer umfangreichen Palette von verfassten wie nicht verfassten Beteiligungsformen, zu denen die Mitarbeit in Parteien und die Wahlteilnahme, aber auch problemorientiertes Engagement oder die Teilnahme an Demonstrationen zählen.[329]

Die Möglichkeiten für den Einzelnen, Einfluss auf politische Entscheidungen zu nehmen, hängen nicht zuletzt von den jeweiligen institutionellen Gegebenheiten ab. So wird festgelegt, wer sich in welcher Form an der Politik beteiligen darf. Zugleich ist eine bestimmte Motivation für politische Mitwirkung notwendig, also insbesondere der persönliche Wunsch am Erhalt oder der Veränderung konkreter Lebensumstände. Die Partizipationsforschung der Gegenwart sieht außerdem „die Überzeugung von eigenen effektiven Handlungsmöglichkeiten sowie das Vertrauen in die eigene politische Kompetenz" als wesentlich an. D. h., nur derjenige wird sich einbringen wollen, der davon überzeugt ist, dass er selbst – infolge bestimmter persönlicher Ressourcen wie Einkommen, Bildung oder Beruf – auch handeln kann.[330] Bei der politischen Beteiligung von Frauen spielen neben diesen sozioökonomischen Strukturen zunehmend die politische Kultur und Sozialisation – etwa in Gestalt des herrschenden Frauenbilds und der Darstellung von Politikerinnen in den Medien –, aber auch institutionelle Faktoren – wie etwa Wahlsystem und Parteistrukturen – eine entscheidende Rolle.[331]

Methodisch werden heute repräsentative Aussagen über die politische Partizipation durch Meinungsumfragen auf der Basis von repräsentativen Bevölkerungsstichproben gewonnen.[332] In der historischen Perspektive steht demgegenüber nur – lückenhaftes – Quellenmaterial in Form von Wählerlisten, Wahlstatistiken, Einzelfallberichten und zeitgenössischem Schrifttum zur Verfügung, das den heutigen Methoden nur schwer zugänglich ist. Die Suche nach Problemzusammenhängen wird so ungleich schwieriger.

---

[328] Zum Begriff „politische Partizipation" bereits oben, Kap. I, S., 18f.

[329] vgl. HERETH, Parameter politischer Partizipation, S. 15f.; GEIßEL/PENROSE: Dynamiken, in: Gender-Politik-Online, September 2003, S. 2ff.; HOECKER, Politische Partizipation, in: Konvention und Protest, hrsg. v. DERS., S. 9f.

[330] HOECKER, a.a.O., S. 12.

[331] Ausführlich G. FUCHS, Politische Partizipation von Frauen, in: Konvention und Protest, hrsg. v. HOECKER, S. 239ff.

[332] HOECKER, Politische Partizipation, in: Konvention und Protest, hrsg. v. DERS., S. 13f.; GEIßEL/PENROSE, Dynamiken, in: Gender-Politik-Online, September 2003, S. 5f.

II. Frauenbewegung und Frauenrechte

Die Frauenbewegung ist eine Antwort auf das zunehmende Auseinanderfallen des gesellschaftlichen Anspruchs an das Frauenleben und seiner gelebten Wirklichkeit. In Deutschland setzte sie erst in den vierziger Jahren und damit später als in England und Frankreich ein. Es war die Zeit wachsender Liberalisierung, eines beginnenden Patriotismus und damit insgesamt ein Klima des Aufbruchs, in dem nicht nur Männer, sondern vereinzelt auch Frauen mit politischen Forderungen an die Öffentlichkeit traten.[333] Seit dieser Zeit gab es erstmals vermehrte Bildungs- und Ausbildungschancen für Frauen und Mädchen und daher mehr gelernte weibliche Arbeitskräfte. Die frühe Frauenbewegung in Deutschland[334] war ganz entscheidend vom deutschen Idealismus und den revolutionären Ideen von 1848 geprägt. Der erste und zugleich bedeutendste Zweig dieser Kulturbewegung war in Sachsen die liberale Frauenbewegung um die gebürtige Meißnerin LOUISE OTTO-PETERS (1819-1895).[335]

1. Die Anfänge der Frauenbewegung in Sachsen

Zur Mitte des Jahrhunderts hin begannen einzelne Frauen, sich öffentlich mit politischen Fragen zu befassen. Diese ersten Protagonistinnen einer deutschen Frauenbewegung traten als Initiatorinnen und Unterstützerinnen der um die Revolutionsjahre 1848/49 neu entstandenen „Deutschen Vaterlandsvereine“[336] auf. Die ersten Vaterlandsvereine entstanden auf Initiative des radikalen Demokraten ROBERT BLUM (1807-1848), einem der führenden Köpfe der sächsischen liberalen Opposition, in Leipzig und breiteten sich über das gesamte Königreich aus. Es waren Zusammenschlüsse von Demokraten, meist städtischen Kleinbürgern und Arbeitern. Schon nach wenigen Wochen

---

[333] BOETCHER JOERES, Die Anfänge, S. 58.

[334] Auf die einzelnen Strömungen innerhalb der deutschen Frauenbewegung soll hier nicht eingegangen werden. Dazu und mit weiterführender Literatur z. B. PANKOKE-SCHENK/MEHRLE, Frauenbewegungen, in: Staatslexikon, 2. Bd., S. 667ff.; GREVEN-ASCHOFF, Die bürgerliche Frauenbewegung, insbes. S. 70ff.; TWELLMANN, Die deutsche Frauenbewegung, S. 141ff.

[335] LOUISE OTTO führte erst seit ihrer Eheschließung mit AUGUST FRIEDRICH PETERS (1817-1864) am 24. November 1858 den Namen Otto-Peters. Dieser soll hier der Übersichtlichkeit wegen durchgehend verwendet werden.

[336] Näher zur Entstehung der Vaterlandsvereine in Sachsen BÖCKSTIEGEL, Volksrepräsentation, S. 145ff.; zur Situation politischer Vereine allgemein vgl. „Vereine und Presse“, in: Die Biene, Jg. 1848, S. 62-64 (Nr. 16 vom 20. Juni 1848); „Vereine“, a.a.O., S. 89-90 (Nr. 23 vom 6. Juli 1848); „Die politische Stimmung des Landes“, a.a.O., S. 141-143 (Nr. 36 vom 5. August 1848).

gelang es, die zahlreichen Vereine zu einer starken Landesorganisation zusammenzuführen.[337] Die politische Betätigung der Frauen in der Revolutionszeit war aber selbst hier zunächst im Wesentlichen auf ein indirektes Wirken beschränkt, denn die Vaterlandsvereine nahmen nur Männer als Mitglieder auf.[338] BLUM selbst hatte bereits 1843 angemahnt, dass das Desinteresse von Männern an politischer Betätigung auch darin begründet sei, dass ihren Frauen das Bewusstsein fehle, dass auch sie dem Staat und der Gemeinde angehörten und in ihrem häuslichen Wirkungskreis ebenso für sie wirken müssten. So zu handeln, sei aber „der Frauen schönste und seegenreichste Theilnahme am Staatsleben" und „ihre einzig wahre Emanzipacion".[339]

Begünstigt durch die zumindest vorübergehende Aufhebung der Restriktionen im Vereins- und Versammlungsrecht während der Revolutionszeit, bildeten sich auch erste politische Frauenvereine. Diese wollten den Frauen eine Plattform zur Erfüllung ihrer staatsbürgerlichen Pflichten geben und setzten sich vorrangig für Arbeiter, hilfsbedürftige Familien sowie politisch Verfolgte und Gefangene ein.[340] Der demokratische Frauenverein in Oederan wurde als erster und damals einziger politischer Frauenverein in Sachsen am 26. November 1848 gegründet und besaß etwa 200 Mitglieder.[341]

a. Erstes öffentliches Wirken von Frauen im sozialen Bereich

Bürgerliche Frauen entdeckten zunächst das Gebiet der karitativen Arbeit für sich.[342] In Dresden etwa gründeten jüdische Frauen schon 1790 einen Israelitischen Frauenverein, 1814 folgten christliche Frauen der Stadt ihnen nach. Sie betrieben u. a. Armenküchen, betreuten – verheiratete – Wöchnerinnen und betrieben Säuglings- und Kinderbewahranstalten für eheliche Kinder.

---

[337] Sie waren angeblich mit 120 Zweigvereinen bis in die Dorfgemeinden hinein verbreitet und hatten 30.000 Mitglieder. – „Die politische Stimmung des Landes", in: Die Biene, Jg. 1848, S. 141-143, 142f. (Nr. 36 vom 5. August 1848).

[338] „Jeder unbescholtene Mann, welcher das 21. Altersjahr erreicht hat, kann Mitglied … werden." – OBERMANN, Flugblätter der Revolution, S. 141; vgl. OTTO-PETERS, Vor dreißig Jahren, abgedr. in: BOETCHER JOERES, Die Anfänge, S. 65; LOUISE OTTO-PETERS lehnte es ab, den Versammlungen des von ihr in Meißen initiierten Vaterlandsvereins nur von der Tribüne aus zuschauen zu dürfen. – JOH. LUDWIG, „Auch die Rechte der Frauen bedenken", in: Akteure eines Umbruchs, hrsg. v. BLEIBER/SCHMIDT/SCHÖTZ, S. 498.

[339] BLUM, Über Gemeindewesen und Gemeindeverfassung, in: Vorwärts 1 (1843), S. 160f.

[340] vgl. GERHARD, Grenzziehungen, in: Frauen in der Geschichte des Rechts, hrsg. v. DERS., S. 523; KLEMM, Die langen Linien, in: Auf den Spuren bewegter Frauen, S. 34f.

[341] So VOIGT, Spuren, in: Auf den Spuren bewegter Frauen, S. 18ff.

[342] VOIGT, a.a.O., S. 17; vgl. WELCKER, Geschlechtsverhältnisse, in: V. ROTTECK/WELCKER, Staats-Lexikon, 6. Bd., S. 656f.

Auch weibliche Mitglieder des königlichen Hauses zeigten sozialpolitisches Engagement: Als im Jahre 1836 im Erzgebirge und im Vogtland eine Hungersnot herrschte, rief MARIA ANNA LEOPOLDINE VON BAYERN (1805-1877), die zweite Ehefrau von FRIEDRICH AUGUST II. (1797-1854), zur Gründung weiterer Frauenvereine auf. Diese sollten Lebensmittel sammeln und verteilen.[343] Es wurde eine von ihr geleitete „Frauenvereinsanstalt der obererzgebirgischen und vogtländischen Frauenvereine" geschaffen, die 1859 durch Satzungsgebung als „Zentralausschuß der obererzgebirgischen und vogtländischen Frauenvereine" Rechtspersönlichkeit erlangte und mindestens bis 1932 bestand.[344]

Ihre Schwester AMALIE AUGUSTE (1801-1877), die ihr als Ehefrau König JOHANNS (1801-1873) 1854 als Königin folgte, wurde 1850 Obervorsteherin des Frauenvereins zu Dresden. Dieser Verein widmete sich der Fürsorge für Wöchnerinnen, der Speisung der Armen und unterhielt in Dresden drei Kinderbewahranstalten. Auch CAROLA VON WASA-HOLSTEIN-GOTTORP (1833-1907), Gattin von König ALBERT (1828-1902), engagierte sich sehr intensiv für Bedürftige und stand zahlreichen Wohltätigkeitsvereinen vor. Sie gründete u. a. 1867 den mit der Pflege von Kranken und Kriegsverwundeten befassten Albert-Verein, als dessen Präsidentin sie fungierte. Durch ihr Engagement für bessere Bildungsmöglichkeiten für arme Frauen und Mädchen trug sie auch zu vermehrter beruflicher Selbständigkeit und verbesserten Erwerbschancen von Frauen bei.[345] Mittelbar förderten so selbst Mitglieder der königlichen Familie die wirtschaftliche Selbständigkeit und damit letztlich auch die Emanzipation der sächsischen Frauen.

b. Louise Otto-Peters und ihr Wirken für die Frauenbewegung

LOUISE OTTO-PETERS entwickelte ab etwa 1840 eine umfangreiche Tätigkeit als Verfasserin politischer Essays, die sie zunächst bezeichnender Weise unter dem männlichen Pseudonym „Otto Stern" veröffentlichte. Thematisch widmeten sie sich vor allem der sozialen Stellung der bürgerlichen wie proletarischen Frau.[346] Insbesondere mit ihrer *Adresse eines deutschen Mädchens*, ihrem ersten Beitrag für ROBERT BLUMS in Leipzig erscheinende *Sächsische Vaterlandsblätter* im September 1843, erregte sie einiges Aufsehen. In dieser Adresse, die als Leserzuschrift unter eigenem Namen erschien, setzt sie sich

[343] SCHILKE, Frauenvereine, in: DH 62 (2000), H. 2, S. 29ff.

[344] Decret des Ministeriums des Innern wegen Bestätigung des Gesamtstatuts für die Obererzgebirgischen und Voigtländischen Frauenvereine, vom 4ten März 1859, in: GVBl. 1859, S. 55.

[345] D. VOGEL, Wahre Geschichten, S. 48ff.

[346] BOETCHER JOERES, Die Anfänge, S. 57f.; zu den sozialkritischen Arbeiten OTTO-PETERS vgl. auch: ALBERT HERZOG ZU SACHSEN, Die Reform der sächsischen Gewerbegesetzgebung, S. 212ff.

mit der Frage auseinander, ob für die Frauen eine Teilnahme am Staatsleben nicht nur ein Recht, sondern sogar eine Pflicht sei. Nicht am Staatsleben teilzunehmen, sei „widernatürlich" und „bei der neuen Ordnung der Dinge" gebühre den Frauen ebenfalls „eine neue Stellung".[347] Geradezu zeitlos wirkt ihr Fazit: „An der Stellung, welche die Frauen in einem Lande einnehmen, kann man sehen, wie dick von unreinen Nebeln oder wie klar und frei die Luft eines Staates sei; – die Frauen dienen als Barometer der Staaten."[348] Zum ersten Mal mischte sich damit eine Sächsin selbstbewusst in die Politik ein. In der Reaktion der Öffentlichkeit sah sie sich offenen Drohungen, Verleumdungen und Einschüchterungsversuchen ausgesetzt.[349]

Im November 1843 beschreibt LOUISE OTTO-PETERS das Erziehungs- und Bildungsdefizit der Frauen.[350] Vom Innenminister der Märzregierung des Jahres 1848, MARTIN OBERLÄNDER (1801-1868),[351] wird sie als Kennerin der sozialen Lage von Frauen zu Rate gezogen. 1849 gründete sie schließlich die *Deutsche Frauenzeitung*, „um sich über die Emanzipation des Weibes – im edelsten Sinne des Wortes zu verständigen".[352] Nach dem Verbot einiger Ausgaben, Hausdurchsuchungen und Mahnungen[353] zwang sie der sächsische Gesetzgeber schon bald dazu, den Erscheinungsort nach Gera zu verlegen. Das *Gesetz, die Angelegenheiten der Presse betreffend, vom 14ten März 1851*[354], von ihr treffend als „Lex Otto" bezeichnet,[355] ließ es nicht mehr zu, dass Frauen eigenständig eine Redaktion führten. Nach § 12 d. G. durften die „verantwortliche Redaction einer Zeitschrift" nur noch „im Königreiche

[347] OTTO-PETERS, Adresse eines deutschen Mädchens, abgedr. in: BOETCHER JOERES, Die Anfänge, S. 74; vgl. auch DIES., Theilnahme der weiblichen Welt, in: Vorwärts 5 (1847), S. 37f. Die *Vaterlandsblätter* wurden infolge der blutigen Zusammenstöße zwischen Anhängern einer politisch-freireligiösen Bewegung und dem sächsischen Militär am 12. August 1848 in Leipzig verboten.

[348] OTTO-PETERS, Adresse eines deutschen Mädchens, abgedr. in: BOETCHER JOERES, Die Anfänge, S. 76.

[349] JOH. LUDWIG, „Auch die Rechte der Frauen bedenken", in: Akteure eines Umbruchs, hrsg. v. BLEIBER/SCHMIDT/ SCHÖTZ, S. 493; VOIGT, Spuren, in: Auf den Spuren bewegter Frauen, S. 17f.; CLEMENS, Der Kampf um das Frauenstimmrecht, in: „Heraus mit dem Frauenwahlrecht", hrsg. v. WICKERT, S. 56ff.

[350] „Die Erziehung und Bildung der Frauen steht mit unseren staatlichen und sozialen Verhältnissen in Widerspruch." – OTTO-PETERS, Frauen und Politik, abgedr. in: BOETCHER JOERES, Die Anfänge, S. 78.

[351] Zur Person vgl. S. SCHMIDT, Die Entwicklung, S. 42.

[352] OTTO-PETERS, Offener Brief an einige Mitarbeiterinnen der „Frauen-Zeitung", abgedr, in: BOETCHER JOERES, Die Anfänge, S. 116.

[353] vgl. OTTO-PETERS zur Zensur: Vor dreißig Jahren, abgedr. in: BOETCHER JOERES, Die Anfänge, S. 64.

[354] GVBl. 1851, S. 62-71; vgl. WESTERKAMP, Pressefreiheit, S. 169f.

[355] BOETCHER JOERES, Die Anfänge, S. 60; GERHARD, Grenzziehungen, in: Frauen in der Geschichte des Rechts, hrsg. v. DERS., S. 525.

Sachsen wesentlich wohnhafte, männliche Personen übernehmen oder fortführen, welche 25 Jahre alt, dispositionsfähig und im Besitze der politischen Ehrenrechte sind".[356] Das *Bundes-Preßgesetz vom 6. Juli 1854*[357] beinhaltete wieder ein äußerst restriktives Kon–zessionensystem für die Herstellung und den Vertrieb von nahezu allen Presseerzeugnissen. Zwar mussten verantwortliche Redakteure nach § 8 d. G. in der Regel dispositionsfähig und im Besitz der bürgerlichen Ehrenrechte, aber zumindest nach dem Wortlaut nicht mehr ausdrücklich männlichen Geschlechts sein.[358] Die *Verordnung, die Vollziehung des Bundesbeschlusses vom 6ten Juli 1854 betreffend, vom 30ten Januar 1855*[359] ließ die bisherigen Vorschriften, sofern sie der Bundesratsbeschluss nicht abänderte, weiter in Geltung, darunter ausdrücklich auch § 12 des Pressegesetzes vom 14. März 1851. Mit der *Verordnung, die unter dem 6. Juni 1854 wegen der Verhinderung des Mißbrauchs der Presse unter dem 13. Juli 1854 in Betreff des Vereinswesens gefaßten Bundestagsbeschlüsse betreffend; vom 30. März 1865*[360] wurde die Verordnung von 1855 bereits wieder aufgehoben. Damit blieb § 12 des Pressegesetzes von 1851 noch bis 1870 in Kraft.[361]

Durch ihr publizistisches Wirken sammelte LOUISE OTTO-PETERS eine Reihe von Frauen um sich, wie etwa AUGUSTE SCHEIBE (1824-1898)[362], und regte

---

[356] GVBl. 1851, S. 64; vgl. auch: Mitth. über die Verh. d. LT 1850/51, 1. K., 2. Bd., S. 1062-1064.

[357] Allgemeine Bundesbestimmungen zur Verhinderung des Mißbrauchs der Preßfreiheit vom 6. Juli 1854, in: Dokumente, hrsg. v. HUBER, Bd. 2, Nr. 3 (S. 3-7, insbes. S. 4); Verordnung zu Publication des wegen der Verhinderung des Mißbrauchs der Presse unterm 6ten Juli 1854 gefaßten Bundestagsbeschlusses; vom 29ten Januar 1855, in: GVBl. 1855, S. 22-27; dazu HUBER, Verfassungsgeschichte, Bd. 3, S. 137; FROTSCHER/PIEROTH, Verfassungsgeschichte, S. 179, Rdn. 328.

[358] Dahingehend aber offenbar BRATER: Frauen seien durch das „Preßgesetz des Bundes" von der Redaktion politischer Zeitschriften ausgeschlossen. Die Meinungsfreiheit wie die Vereinigungsfreiheit besäßen politischen Charakter. Frauen sollten aber nicht handelnd, sondern mitfühlend an öffentlichen Angelegenheiten Anteil nehmen und durch ihr begeistertes Mitgefühl die Männer stärken. – BRATER, Frauen, in: Deutsches Staats-Wörterbuch, hrsg. v. BLUNTSCHLI/BRATER, Bd. 3, S. 727.

[359] In: GVBl. 1855, S. 27-29.

[360] In: GVBl. 1865, S. 141-142.

[361] Nach dem Gesetz, die Presse betreffend; vom 24. März 1870, in: GVBl. 1870, S. 71-81 und der Verordnung zur Ausführung des Gesetzes vom 24. März dieses Jahres, die Presse betreffend; vom 24. März 1870, a.a.O., S. 81-83, waren Frauen von der Redaktion nicht ausgeschlossen. Zur Entwicklung des Presserechts in Sachsen: Das Königlich Sächsische Preßgesetz vom 24. März 1870, hrsg. v. BARTH, S. 6ff., insbes. S. 68. Das Reichsgesetz vom 7. Mai 1874 liberalisierte das Presserecht wieder weitgehend, wobei die herrschende Lehre zu dieser Zeit bereits von einer Gleichberechtigung der Frauen im Presserecht ausging. – GERHARD, Grenzziehungen, in: Frauen in der Geschichte des Rechts, hrsg. v. DERS., S. 525f.; OSTROGORSKI, Die Frau im öffentlichen Recht, S. 173.

[362] JOH. LUDWIG, „Auch die Rechte der Frauen bedenken", in: Akteure eines Umbruchs, hrsg. v. BLEIBER/SCHMIDT/SCHÖTZ, S. 505.

die Gründung von lokalen Frauenvereinen an. Daneben verfasste sie sozialkritische Romane, wie z. B. *Schloß und Fabrik*, und Gedichte. 1865 konnte LOUISE OTTO-PETERS gemeinsam mit AUGUSTE SCHMIDT (1833-1902) in Leipzig einen Frauenbildungsverein ins Leben rufen und wurde im Oktober bei der Gründung des „Allgemeinen deutschen Frauenvereins" (ADF) dessen 1. Vorsitzende.[363] Bei der Gründungsversammlung war neben der zur bürgerlichen Frauenbewegung gehörenden JOSEPHINE EIßNER (1822-1906) – Mutter von CLARA ZETKIN (1857-1933), einem der später führenden Köpfe der sozialistischen Frauenstimmrechtsbewegung – auch der Arbeiterführer und künftige sächsische Landtags- und Reichstagsabgeordnete AUGUST BEBEL (1840-1913) zugegen.[364] Vorreiterinnen der Frauenbewegung wie LOUISE OTTO-PETERS dienten später anderen engagierten Frauen als Vorbilder.[365]

2. Die Frauenfrage als Rechtsfrage

Alle Hemmnisse und Rückschläge konnten nicht verhindern, dass Frauen mehr Interesse an Politik zeigten und verstärkt ihre eigene Situation selbst zu reflektieren begannen.[366] Deshalb warf die Frauenbewegung die Frauenfrage als *Rechts*frage auf, um einerseits die Anerkennung der Frauen als gleichwertige Menschen mit den gleichen Rechten wie denen der Männer zu erzielen und andererseits um auf die besondere Lebenssituation von Frauen überhaupt aufmerksam zu machen, was eine Hervorhebung der Geschlechterdifferenz bedeutete.[367]

Infolge einer allenfalls rudimentären politischen Partizipationsmöglichkeit von Frauen war ihnen selbst im Streben um die Anerkennung ihrer Rechte und damit ihrer Gleichberechtigung die Ebene politischer Gremien weitgehend entzogen. Obwohl Frauen weder selbst in die Parlamente einziehen durften noch auf deren Zusammensetzung direkt Einfluss hatten, wurden ihre ureigenen Angelegenheiten wie etwa Arbeiterinnen- und Wöchnerinnenschutz, Frauenbildung, Ehegesetze, Lage der unehelichen Mutter und ihres Kindes von diesen Gremien erörtert. Nicht ohne Grund wurden Zweifel geltend gemacht, ob diese männlichen Parlamentarier sich für die Angelegenheiten der Frauen überhaupt mit der gleichen Energie engagieren bzw. schon

---

[363] BOETCHER JOERES, a.a.O., S. 171; GREVEN-ASCHOFF, Die bürgerliche Frauenbewegung, S. 82f.
[364] NOTZ, „Her mit dem allgemeinen, gleichen Wahlrecht…", S. 10.; CLEMENS, Der Kampf um das Frauenstimmrecht, in: „Heraus mit dem Frauenwahlrecht", hrsg. v. WICKERT, S. 65.
[365] SCHREIBER, Lernt wählen, S. 6f.
[366] OTTO-PETERS, Theilnahme der weiblichen Welt, in Vorwärts 5 (1847), S. 40.
[367] Zu Recht und Gleichheit vgl. GERHARD, Einleitung, zu: Frauen in der Geschichte des Rechts, hrsg. v. DERS., S. 13ff.

aufgrund der Natur der Sache überhaupt ebenso nachdrücklich einsetzen konnten, wie für ihre eigenen.[368]

Das Bürgerrecht der Frau wurde von der bürgerlichen Frauenbewegung erst in den 1890er Jahren öffentlich thematisiert. Die Forderung nach dem vollen Staatsbürgerrecht und damit letztlich nach dem Wahlrecht sollte unter den Frauen bis zum Ersten Weltkrieg für weitgreifende Kontroversen und kaum überwindbare Differenzen sorgen.[369]

3. Schlussfolgerungen

Vorerst strebte die Frauenbewegung eine Verbesserung der Stellung der Frauen im Familienrecht und Berufsleben sowie bessere Bildungsmöglichkeiten an.[370] Die Forderung nach dem „Frauenstimmrecht" blieb zunächst noch Privatmeinung einiger weniger Frauen, wie LOUISE OTTO-PETERS.[371] Erst mit dem Aufkommen der Stimmrechtsbewegung bemühten sich die Stimmrechtsvereine wie auch der ADFV durch Öffentlichkeitsarbeit darum, dass wenigstens die beschränkten Möglichkeiten so gut es ging genutzt wurden, indem sie versuchten, die stimmberechtigten Frauen zur Stimmabgabe zu bewegen.[372] Waren die politischen Rechte der Frauen schon auf ein Minimum beschränkt, so sollten diese wenigsten aktiv ausgeübt werden. Die Forderung nach Einführung des „Frauenstimmrechts" wurde erst nach der Wende zum 20. Jahrhundert von der Mehrheit der Frauenbewegung getragen. Der „Bund Deutscher Frauenvereine" nahm erst im Jahre 1907 die Stimmrechtsforderung in sein Programm auf.[373]

III. Das Vereins- und Versammlungsrecht als Grundlage politischer Betätigung von Frauen

Die Beteiligung an politischen Versammlungen, die Gründung von politischen Vereinen und Interessenvertretungen bis hin zu Parteien und die aktive Mitgliedschaft in diesen, sind der Ausübung des Stimmrechts als politischem

[368]WEIDEMANN, Frauenstimmrecht, S. 3f. mit Beispielen aus der Tätigkeit des preußischen Abgeordnetenhauses.

[369]CLEMENS, Der Kampf um das Frauenstimmrecht, in: „Heraus mit dem Frauenwahlrecht", hrsg. v. WICKERT, S. 58ff.

[370]So schon OTTO-PETERS, Theilnahme der weiblichen Welt, in: Vorwärts 5 (1847), S. 52ff.

[371]BOETCHER JOERES, a.a.O., S. 177; KLEMM, Die langen Linien, in: Auf den Spuren bewegter Frauen, S. 40.

[372]In manchen Ländern mit großem Erfolg. – Frauenstimmrecht in der Praxis, S. 134.

[373]GREVEN-ASCHOFF, Die bürgerliche Frauenbewegung, S. 132; vgl. auch STRITT, Rechtskämpfe, in: Handbuch der Frauenbewegung, S. 151.

Partizipationsrecht vorgelagert. Für den Einzelnen stellen politische Organisationen und Versammlungen zum einen eine Plattform des Informationsaustauschs, der Meinungsbildung und -äußerung dar, geben ihm aber andererseits auch die organisatorische Basis für sein aktives Eingreifen in politische Entscheidungsprozesse bis hin zu einer Kandidatur um Ämter und Mandate. Deshalb ist es auch für Frauen unverzichtbar, zur Ausübung ihres Wahl- bzw. Stimmrechts hierin den Männern gleichberechtigt zu sein.

1. Das sächsische Vereins- und Versammlungsrecht im Vormärz

Bereits Ende des 18. Jahrhunderts hatte sich die bürgerliche Gesellschaft mit dem Vereinswesen eine eigene Öffentlichkeit jenseits der ständisch-korporativen Strukturen geschaffen. Innerhalb weniger Jahrzehnte etablierte es sich zu einem wichtigen sozialen Element.[374] In Sachsen beschränkte sich das Vereins- und Versammlungsrecht weitgehend auf das *Mandat wider Tumult und Aufruhr, den 18. Januar 1791*,[375] das jede Form von Agitation gegen die Obrigkeit untersagte und unter Strafe stellte, ohne dabei besondere Regelungen für Frauen zu treffen. Hinzu kamen seit 1815 bundesrechtliche Vorgaben, wie die *Maßregeln zur Aufrechterhaltung der öffentlichen Ruhe und gesetzlichen Ordnung*,[376] die der Bundestag am 5. Juli 1832 als Reaktion auf das Hambacher Fest beschlossen hatte. Danach verpflichteten sich die Bundesstaaten, alle politischen Vereine und politische Agitation bei Versammlungen zu verbieten.[377] Im Vormärz war dadurch das politische Vereins- und Versammlungsrecht fast völlig aufgehoben.[378] Vor allem nach den Augustunruhen des Jahres 1845 nahmen die außerparlamentarischen Forderungen nach einer allgemeinen Versammlungs-, Vereinigungs- und Pressefreiheit zu. Auch bei der Zweiten Kammer der Stände gingen dazu zahlreiche Petitionen ein.379 Die

[374]vgl. GERHARD, Grenzziehungen, in: Frauen in der Geschichte des Rechts, hrsg. v. DERS., S. 526.

[375]In: Codex Saxonicus, Bd. 1, S. 1242-1243.

[376]Verordnung zu Publication der, in Bezug auf die Maßregeln zu Aufrechterhaltung der gesetzlichen Ordnung und Ruhe im Deutschen Bunde, unterm 5. Juli 1832 gefaßten Bundesbeschlüsse, vom 24. November 1832, in: Codex Saxonicus, Bd. 2, S. 491-492; Dokumente, hrsg. v. HUBER, Bd. 1, Nr. 45.

[377]Zi. 2 und 3 d. VO, in: Codex Saxonicus, Bd. 2, S. 491; näher dazu HUBER, Verfassungsgeschichte, Bd. 2, S. 162f.

[378]vgl. Die königliche Gesetzgebung, hrsg. v. HAASE, Bem. S. 7f.; *Bericht der ersten Deputation der zweiten Kammer über den Gesetzentwurf, das Vereins- und Versammlungsrecht betreffend*, in: LA 1848, Beil. Prot. 2. K., S. 253-258, 254; BÖCKSTIEGEL, Volksrepräsentation, S.118ff.; sowie zum oppositionellen Liberalismus des Vormärz in Sachsen MUHS, Zwischen Staatsreform und politischem Protest, in: Liberalismus, hrsg. v. SCHIEDER, S. 194ff.

[379]Dazu ausführlich BÖCKSTIEGEL, a.a.O., S. 135ff.

Gewährung dieser Grundfreiheiten wurde zu den dringendsten Forderungen der Revolution von 1848 in Sachsen.[380]

2. Die Liberalisierung des Vereins- und Versammlungsrechts in der Bürgerlichen Revolution 1848/49

Mit der *Proklamation vom 16. März 1848*[381] war nun „das sächsische Volk im vollkommen freien Besitze des Vereins- und Versammlungsrechts".[382] Am 2. April 1848 wurden die seit den Karlsbader Beschlüssen von 1819 ergangenen Bundesbeschlüsse aufgehoben.[383] Trotzdem bestand das Bedürfnis, die Ausübung des Vereins- und Versammlungsrechts gewissen Regeln zu unterstellen, um Missbrauch zu vermeiden.[384] Seitens der sächsischen Regierung wurde daher dem außerordentlichen Landtag des Jahres 1848 erstmals der Entwurf einer umfassenden gesetzlichen Regelung vorgelegt.

Dieses Gesetz, das *Vereins- und Versammlungsrecht betreffend, vom 14. November 1848*[385] gewährleistete in § 1 d. G. „dem sächsischen Volk" das Vereins- und Versammlungsrecht, mithin jedem sächsischen Staatsangehörigen. Bisherige Beschränkungen wurden ausdrücklich aufgehoben, so u. a. das Mandat vom 18. Januar 1791, aber auch die Beschränkungen in den Städte- und Landgemeindeordnungen.[386] „Personen, welche überhaupt oder doch beziehungsweise diejenige Unabhängigkeit nicht genießen, worauf der Gebrauch aller Befugnisse beruht", sollten aber dennoch ausgeschlossen bleiben. Frauen waren damit aber wohl nicht gemeint.[387] Auch waren „Vereine und Versammlungen, deren Zwecke die Bestimmungen des Criminalgesetzbuches verletzen" durch § 3 d. G. verboten.

---

[380] BÖCKSTIEGEL, a.a.O., S. 173; insbes. zur Pressefreiheit und Zensur WESTERKAMP, Pressefreiheit S. 165ff.

[381] Näher BÖCKSTIEGEL, a.a.O., S. 142f.

[382] Bericht der ersten Deputation der zweiten Kammer über den Gesetzentwurf, das Vereins- und Versammlungsrecht betreffend, in: LA 1848, Beil. Prot. 2. K., S. 254.

[383] Allerhöchste Verordnung zu Bekanntmachung des, wegen Aufhebung der seit dem Jahre 1819 erlassenen Ausnahmegesetze, unter dem 2ten April 1848 gefaßten Bundesbeschlusses, vom 15ten April 1848, in: GVBl. 1848, S. 49-50.

[384] Auch bereits auf kommunaler Ebene, wie in einer Bekanntmachung des Leipziger Rates. – *Interappellation des Herrn Abgeordneten Tzschirner, eine Verordnung des Ministeriums des Innern betr.*, in: LA 1848, 3. Abth., Prot. II. K., S. 76-77, 76.

[385] In: GVBl. 1848, S. 289-290; zu den Beratungen vgl. „Die erste Kammer und das Vereinsrecht", in: Die Biene, Jg. 1848, S. 262-264 (Nr. 66 vom 14. Oktober 1848) und S. 265 (Nr. 67 vom 17. Oktober 1848).

[386] So Innenminister Martin Oberländer in der Berathung des Berichts der ersten Deputation der zweiten Kammer über den Gesetzentwurf, das Vereins- und Versammlungsrecht betr., in: LA 1848, 3. Abth., Prot. II. K., S. 366-367, 266; Die königliche Gesetzgebung, hrsg. v. Haase, S. 10ff.

[387] Die königliche Gesetzgebung, hrsg. v. HAASE, Bem. S. 12f.

Zur Einberufung von Versammlungen und Gründung von Vereinen sollte nach § 5 d. G. nur berechtigt sein, wer „dispositionsfähig[388] und im Besitze der politischen Ehrenrechte" ist.[389] Nach den Motiven zum Regierungsentwurf, der in seinem § 4 bereits eben diese Voraussetzungen enthielt, war damit keine wirkliche Beschränkung des Vereins- und Versammlungsrechts angestrebt. Man wollte aber sicherstellen, „daß namentlich politischen Vereinen und das Gemeinwesen oder allgemeine Interessen besprechende Versammlungen eine gewisse Würde … erhalten" wird. Das wäre nicht gewährleistet, wenn „selbst bescholtene und unselbständige Personen sich des so wichtigen und einflußreichen Convocationsrechtes bedienen dürften".[390]

Der Schluss liegt nahe, dass auch Frauen hier als unselbständige Personen nicht erfasst sind, da man ihnen die „politischen Ehrenrechte" gemeinhin nicht zubilligte. In den Beratungen der Kammern taucht die Frauenfrage nicht weiter auf. Die Zweite Kammer setzte sich intensiv mit der Frage der Erfordernisse „Dispositionsfähigkeit" und „politische Ehrenrechte" in § 4 d. E. auseinander, wobei die einzelnen Redner ein sehr verschiedenes Verständnis von diesen Begriffen erkennen lassen.[391] Lediglich der Abgeordnete und Freiberger Stadtrichter KARL FRIEDRICH SACHßE (1781-?) streifte in einem Redebeitrag die Frauenproblematik am Rande, indem er unterstellte, dass Frauen nicht im Besitz der politischen Ehrenrechte und demnach auch nicht zur Einberufung von Versammlungen und der Gründung von Vereinen berechtigt seien. Die Polizei solle aber mit der nötigen Diskretion den Gegenstand des Vereins im Einzelfall prüfen und – wohl bei rein caricativen und auf Unterhaltung ausgerichteten Anliegen – „nicht einschreiten, wo es lächerlich sein würde."[392] In den Gesetzestext fanden diese Erwägungen jedoch keinen Eingang.

Ebenso wie die Redner der Zweiten Kammer, ließen die der Ersten Kammer erkennen, „daß das Zusammenrufen von Versammlungen und Begründung von Vereinen im öffentlichen Leben zunächst Sache von Männern und nicht

[388]Das waren alle, die das 21. Lebensjahr vollendet hatten und nicht unter Vormundschaft standen. – a.a.O., Bem. 2.

[389]Die erste Deputation der Zweiten Kammer hatte sich mit ihrem Bericht, Dispositionsfähigkeit und der Besitz der politischen Ehrenrechte als „belästigende und beengende, im Erfolge aber werthlose Bestimmung" zu streichen, nicht durchsetzen können. – *Bericht der ersten Deputation der zweiten Kammer über den Gesetzentwurf, das Vereins- und Versammlungsrecht betr.*, in: LA 1848, Beil. Prot. 2. K., S. 255; *Berathung des Berichts der ersten Deputation der zweiten Kammer über den Gesetzentwurf, das Vereins- und Versammlungsrecht betr.*, in: LA 1848, 3. Abth., Prot. 2. K., S. 375-379, 375.

[390]Decret an die Stände vom 13. Juni 1848, die Vorlegung eines Gesetzentwurfs über das Vereins- und Versammlungsrecht betr., in: LA 1848, 1. Abth., königl. Mitth., S. 231-237, 236.

[391]Zu § 4 d. E.: Mitth. über die Verh. d. außerordentl. LT 1848, 2. K., 2. Bd., S. 1234-1255.

[392]a.a.O., S. 1236.

Sache der Unerwachsenen ist." Daher spielte dann auch die Frage studentischer Vereine und Versammlungen, und damit der Belange minderjähriger junger Männer, eine gewisse Rolle in der Debatte. Ebenso schien man mit dem Gesetz, ohne es ausdrücklich im Text zu formulieren, im Wesentlichen eine Regelung überhaupt nur für politische Vereine schaffen zu wollen. Demzufolge konnten Frauen, die nach überwiegender Anschauung politisch selbst nicht aktiv zu sein hatten, überhaupt nicht vom Gesetz betroffen sein.

Erst in den Beratungen der Zweiten Kammer zum *Preßgesetz vom 18. November 1848*[393] wurde die Frage des Vereins- und Versammlungsrechts von Frauen geklärt, als der eher konservativ orientierte vormalige Präsident der Zweiten Kammer KARL HEINRICH HAASE (1785-1868)394 die Frage aufwarf, ob auch Frauen nach dem Willen der Staatsregierung Redaktionen leiten dürften und dies auch selbst unterstützte.[395]

Der Königliche Commissar CARL GOTTHELF TODT396 (1803-1852) pflichtete HAASE ausdrücklich in seiner Meinung bei. Frauen sollten sowohl von redaktioneller Tätigkeit wie der Einberufung von Versammlungen und der Vereinsgründung nicht ausgeschlossen werden, denn im Vereins- und Versammlungsrecht drohe noch weniger ein Missbrauch wie im Pressewesen, „weil ja immer noch die Männer da sind und etwaigen Mißbrauch verhindern können. Wäre dies aber auch nicht der Fall, so wird wohl das Gesetz auch bei den Frauen ausreichen, und somit, denke ich, läßt sich von Seiten der Regierung die Frage des Abg. D. Haase in jeder Hinsicht nur bejahend beantworten."[397] Demnach hielt man Männer offenbar für diese Aufgaben für befähigter, erkannte hier aber Frauen wenigstens als Inhaberinnen „politischer Ehrenrechte" an.

[393]GVBl. 1848, S. 31-63.

[394]Zur Person vgl. MATZERATH, Dr. Karl Heinrich Haase, in: Präsidenten und Abgeordnete, S. 61-62.

[395]„Ich selbst hätte nichts dawider, wenn eine großjährige und unbescholtene Frau die Redaction einer Zeitschrift übernehmen dürfte." – Mitth. über die Verh. d. außerordentl. LT 1848, 2. K., 2. Bd., S. 2159.

[396]TODT, vormals selbst der liberalen Opposition in der Zweiten Kammer zuzurechnen, war als gemäßigter Demokrat Mitglied der provisorischen Regierung. – J. LUDWIG/NEEMANN, Revolution in Sachsen, S. 30; S. SCHMIDT, Die Entwicklung, S. 41f.

[397]Mitth. über die Verh. d. außerordentl. LT 1848, 2. K., 2. Bd., S. 2161f.; vgl. Bericht der ersten Deputation der zweiten Kammer über die Verordnung, die Aufhebung der Censur betr. vom 9. März 1848; über die Verordnung über die Angelegenheiten der Presse vom 23. März 1848, so wie über den Entwurf zu einem Preßgesetze, in: LA 1848, Beil. Prot. 2. K., S. 571-594, 584f.; Die königliche Gesetzgebung, hrsg. v. HAASE, S. 19f.

Dieses Gesetz wurde bereits wenige Monate später im August 1849 Rechtsgrundlage für das Verbot der Vaterlandsvereine – eine Reaktion auf den Dresdner Maiaufstand[398] –, weil „die in Sachsen bestehenden, unter sich verbundenen Vaterlandsvereine gesetzwidrige Zwecke verfolgt und sich zur Erreichung ihrer Zwecke auch verbrecherischer Mittel bedient haben".[399] Trotzdem wurden auch das Vereins- und Versammlungsgesetz und ebenso das „Preßgesetz" – wie der wesentliche Teil der gesetzgeberischen Tätigkeit des außerordentlichen Landtags von 1848 – nach dem Scheitern der revolutionären Bestrebungen unter restaurativer Zielsetzung modifiziert oder gänzlich ersetzt.[400]

3. Die Einführung neuer Restriktionen im Jahre 1850

Nachdem der König zum zweiten Mal die Zweite Kammer aufgelöst hatte, und noch bevor die Stände „in derselben Zusammensetzung, in der sie zu dem außerordentlichen Landtage des Jahres 1848 versammelt waren"[401] zusammen traten, erfolgte am 3. Juni 1850 eine deutliche Einschränkung des Vereins- und Versammlungsrechts zur Bekämpfung revolutionärer Bestrebungen auf Grundlage von § 88 VerfUrk, nachdem der vorherige Landtag den Entwurf nicht beraten wollte.[402] Die Neuregelung sah zwar in § 1 keine Erlaubnispflicht vor, aber nach § 2 für öffentliche wie nichtöffentliche Versammlungen, „in welchen öffentliche Angelegenheiten erörtert werden sollen", eine Verpflichtung zur vorherigen Anzeige bei der örtlichen Polizeibehörde.[403] Entsprechendes galt gemäß §§ 18, 20 auch für Vereine und deren Zusammenkünfte.[404] Unter öffentlichen Angelegenheiten waren „namentlich all diejenigen Angelegenheiten zu verstehen, welche die Politik, Staatseinrichtungen, die Religion, Kirche und Schule, das Gemeindewesen, Handel und Gewerbe, die Beförderung gewisser Richtungen des Volkslebens (wie

---

[398]Näher hierzu BÖCKSTIEGEL, Volksrepräsentation, S. 179f.

[399]Verordnung das Verbot der Vaterlandsvereine betreffend, vom 21. August 1849, in: GVBl. 1848, S. 174.

[400]So vor allem das *Gesetz, die provisorischen Gesetze vom 15ten November 1848 betreffend, vom 15. August 1850*, in: GVBl. 1850, S. 199-200; vgl. BÖCKSTIEGEL, Volksrepräsentation, S. 182ff., insbes. S. 185.

[401]Bekanntmachung, die Versammlung der Stände des Königreichs Sachsen zu einem ordentlichen Landtage betreffend, vom 3ten Juni 1850, in: GVBl. 1850, S. 135-136. Der Landtag war am 1. Juni 1850 aufgelöst worden, am 15. Juni traten die vorrevolutionären Stände wieder zusammen.

[402]Bericht der ersten Deputation der ersten Kammer, die mittels Decrets der Staatsregierung vom 19. Juli 1850 an die Ständeversammlung gelangte Verordnung vom 3. Juni desselben Jahres, über das Vereins- und Versammlungsrecht betreffend, in: LA 1850/51, Beil. z. d. Prot. d. 1. K., Bd. 1, S. 23-30, 23.

[403]Verordnung, das Vereins- und Versammlungsrecht betreffend, vom 3ten Juni 1850, in: GVBl. 1850, S. 137-142, 137.

[404]a.a.O., S. 140.

dieß z. B. die Turnvereine, Arbeitervereine und dergleichen bezwecken) und sonst ähnliche Gegenstände des öffentlichen Lebens betreffen".[405] Damit waren auch weitgehend alle für die Lebensverhältnisse der Frauen besonders bedeutsamen Bereiche des öffentlichen Lebens eingeschlossen.

Verboten waren Versammlungen und Vereine, deren Zweck es war „zu Gesetzesübertretungen oder unsittlichen Handlungen aufzufordern, oder doch dazu geneigt zu machen".[406] Für die Vereinsgründung und -mitgliedschaft war nur noch allein der Besitz der Dispositionsfähigkeit Voraussetzung, § 21. Bei einem auf öffentliche Angelegenheiten gerichteten Vereinszweck war allerdings gemäß § 23 d. G. eine staatliche Bestätigung erforderlich, um „nach außen als Körperschaft auftreten" zu können, „Zweigvereine" zu gründen „oder sich mit anderen Vereinen in Verbindung zu setzen",[407] sprich, sich in irgendeiner Weise auszutauschen oder gemeinsame Aktivitäten zu unternehmen.

Diese Beschränkungen ermöglichten es, vor allem solche politischen Bestrebungen, die eine Beseitigung der herrschenden Verfassungsordnung anstrebten, weitgehend von legalen Möglichkeiten des Vereins- und Versammlungsrechts auszuschließen. Frauen unterstanden in Sachsen keinen Sonderreglungen, sondern denselben Beschränkungen wie Männer. Freilich wäre ein allzu radikaler, auf völlige Gleichberechtigung der Frau und Gewährung politischer Rechte gerichteter Versammlungs- oder Vereinszweck möglicherweise als „Gesetzesübertretung" oder „unsittliche Handlung" unter das gesetzliche Verbot subsumiert worden. Die Redaktionsarbeit von LOUISE OTTO-PETERS mit ihren damals noch weit hinter derartigen Forderungen zurückstehenden Veröffentlichungen, hat jedenfalls nur wenige Zeit später ausgereicht, um den Gesetzgeber zum Handeln zu bewegen.[408]

Am 4. Juli 1850 erging bereits das erste Vereinsverbot aufgrund der neuen Regelung gegen die Arbeitervereine, da „sich diese Arbeitervereine fast ohne Ausnahme der sogenannten deutschen Arbeiterverbrüderung angeschlossen" haben und die meisten von ihnen „gefährliche politische Tendenzen verfolg-

[405] § 4 Abs. 2 der Verordnung zur Ausführung der auf Grund des § 88 der Verfassungsurkunde erlassenen Verordnung, das Vereins- und Versammlungsrecht betreffend, vom 7ten Juni 1850, a.a.O., S. 149-150, 150.

[406] §§ 5, 19 d. G., Verordnung, das Vereins- und Versammlungsrecht betreffend, vom 3ten Juni 1850, a.a.O., S. 137 bzw. 140.

[407] a.a.O., S. 150.

[408] Siehe oben, S. 72.

ten, indem sie für den Umsturz der bestehenden monarchistischen Staatsverfassung und Einführung einer socialen Republik wirken". Die bestehenden Arbeitervereine wurden durch das Innenministerium aufgelöst.[409]

Noch im selben Jahr wurde die Verordnung gemäß § 88 Abs. 2 Satz 2 VerfUrk 1831 den Ständen zur Beratung vorgelegt. Nach § 3 des *Gesetzes, das Vereins- und Versammlungsrecht betreffend, vom 22ten November 1850*[410] waren nunmehr zur Einberufung von Versammlungen „nur diejenigen berechtigt, welche dispositionsfähig und im Besitze der politischen Ehrenrechte sind". Außerdem musste mindestens ein Mitglied der Gemeinde anwesend sein, in deren Gemeindegebiet die Versammlung stattfinden sollte.[411] Obwohl die „Veranstaltung friedlicher Versammlungen" gemäß § 1 d. G. auch weiterhin nicht erlaubnispflichtig war, waren solche zu öffentlichen Angelegenheiten[412] nach § 2 schriftlich bei der örtlichen Polizeibehörde anzuzeigen.[413] Das galt nach § 21 auch für Vereinsversammlungen.[414] Sollten Versammlungen auf öffentlichen Straßen und Plätzen stattfinden, musste vorab eine Genehmigung der zuständigen Straßenpolizeibehörde eingeholt werden, § 13.[415] Weiterhin blieben Versamm–lungen wie auch Vereine, „deren Zweck es ist, Gesetzesübertretungen oder unsittliche Handlungen zu begehen, dazu aufzufordern oder doch dazu geneigt zu machen", auch weiterhin verboten, §§ 5 und 20.[416]

Zur Bildung von Vereinen war keine Genehmigung erforderlich, „die Rechte der Körperschaft erlangen sie aber [nach § 18 d. G. – Anm. d. Verf.] erst durch ausdrückliche Ertheilung". Das war aber nach § 23 Voraussetzung für die Gründung von Zweigvereinen und das Zusammenwirken mit anderen Vereinen, sofern sie sich mit öffentlichen Angelegenheiten beschäftigten. Vereine, deren „Zweck sich auf öffentliche Angelegenheiten bezieht" mussten Statute

---

[409] *Verordnung, das Verbot der Arbeitervereine betreffend, vom 4. Juli 1850*, in: GVBl. 1850, S. 178-80; vgl. STOLLEIS, Geschichte des Sozialrechts, S. 43.

[410] In: GVBl. 1850, S. 264-270; dazu auch FISCHER, Verfassungs- und Verwaltungsrecht, 11. Aufl., S. 108f.; ZELLER, Vereins- und Versammlungsrecht, in: AöR 10 (1895), S. 280f.

[411] In: GVBl. 1850, S. 265.

[412] Der Definition des Begriffs „öffentliche Angelegenheiten" wurde mit § 1 der nun geltenden Verordnung zur Ausführung des Gesetzes vom 22ten November dieses Jahres, das Vereins- und Versammlungsrecht betreffend, vom 23ten November 1850, in: GVBl. 1850, S. 270-272, weitgehend beibehalten. Es waren darunter nun „namentlich all diejenigen zu verstehen, welche die Politik, Religion, Staatseinrichtungen des Staates, der Kirche und Schule, des Gemeindewesens, Handel und Gewerbe, die Beförderung gewisser Richtungen des Volkslebens (z. B. Turnvereine) und andere ähnliche Gegenstände des öffentlichen Lebens betreffen."

[413] In: GVBl. 1850, S. 264.

[414] a.a.O., S. 267.

[415] a.a.O., S. 266.

[416] a.a.O., S. 265 bzw. 267.

erstellen und hatten diese, sowie jede spätere Änderung, der Ortspolizeibehörde vorzulegen, § 19. Auch wer einen Verein gründen wollte, mußte nach § 22 d. G. nun wiederum „dispositionsfähig und im Besitze der politischen Ehrenrechte" sein. Selbst die Mitgliedschaft war nur noch dispositionsfähigen Personen gestattet.[417] Diese Voraussetzungen waren auf Betreiben der Stände in das Gesetz aufgenommen worden.[418]

Die Frage der politischen Betätigung von Frauen spielte dabei kaum eine Rolle. Die revolutionär gesinnten politischen Vereine hatten bisher zu wenig Offenheit gegenüber einer direkten Mitwirkung von Frauen gezeigt und daher keinen Anlass geboten.[419]

4. Schlussfolgerungen

Sachsen verfügte über ein für Frauen relativ günstiges Vereins- und Versammlungsrecht. Von den am Ende des 19. Jahrhundert geltenden 26 deutschen Vereinsgesetzen gestanden die meisten jedem Staatsbürger das Recht auf Gründung von Vereinen und der Mitgliedschaft darin zu.[420] In 16 Staaten bestand seit den 1850er Jahren auch kein Verbot für Frauen hinsichtlich einer Mitgliedschaft in politischen Vereinen und damit der Bildung politischer Frauenvereine.[421] Einschränkungen und Repressalien des Vereins- und Versammlungsrechts richteten sich in Sachsen stets gegen beide Geschlechter.[422]

---

417 a.a.O., S. 267f.

418 Bericht der ersten Deputation der ersten Kammer über diejenigen Puncte des Vereinsgesetzes (Verordnung vom 3. Juni 1850) in welchen die Beschlüsse der ersten und zweiten Kammer differiren, in: LA 1850/51, Beil. z. d. Prot. d. 1. K., Bd. 1, S. 97-105, 98 (§ 3) und 112 (§ 22); vgl. Bericht der ersten Deputation der zweiten Kammer über die allerhöchste Verordnung vom 3. Juni dieses Jahres, das Vereins- und Versammlungsrecht betreffend, in: LA 1850/51, Beil. z. d. Prot. d. 2. K., Bd. 1, S. 107-118, 110 (§ 4) und 114 (§ 21).

419 Auch der Bundesratsbeschluss von 1854 hinsichtlich der Beschränkung des Vereinswesens hatte keine besonderen Auswirkungen auf die sächsischen Frauen. – *Verordnung, die Publication des von der deutschen Bundesversammlung am 13ten Juli 1854 in Betreff des Vereinswesens gefaßten Beschlusses betreffend, vom 30ten Januar 1855*, in GVBl. 1855, S. 30-31. Gleichwohl traf er aber ebenso die Frauenvereine der Arbeiterschaft. – KLEMM, Die langen Linien, in: Auf den Spuren, S. 38.

420 BERGER, Vereins- und Versammlungsrecht, in: VerwA 2 (1894), S. 301.

421 STRITT, Rechtskämpfe, in: Frauenbewegung hrsg. v. LANGE/BÄUMER, S. 150; BERGER, a.a.O., S. 305.

422 Das *Bundesvereinsgesetz vom 13. Juli 1854*, abgedr. in: Dokumente, hrsg. v. HUBER, Bd. 2, Nr. 4, veränderte die Situation sächsischer Frauen nicht. Erst 1898 wurde in Sachsen Minderjährigen der Besuch politischer Versammlungen verboten. – vgl. FISCHER, Das Verfassungs- und Verwaltungsrecht, 11. Aufl., S. 108; HUBER, Verfassungsgeschichte, Bd. 3, S. 137f. sowie Kap. VI, S. 419ff.

Lediglich im Presserecht sind infolge der Tätigkeit früher Protagonistinnen der Frauenbewegung, Frauen von der Redaktion ausgeschlossen worden.[423]

Dass aber gerade auch in Preußen Frauen die Mitgliedschaft in politischen Vereinen und die Teilnahme an deren Versammlungen verboten wurde,[424] wirkte sich umso ungünstiger aus, als dass es sich dabei um den nach Territorium, Bevölkerung und politischem Gewicht wohl bedeutendsten Bundesstaat handelte. Deshalb entwickelte sich die Bekämpfung der Beschränkung des Vereins- und Versammlungsrechts vor allem dort zu einem wichtigen Betätigungsfeld der Frauenbewegung.[425] Ebenso konnten sich aus diesem Grunde wohl auch Dresden und Leipzig als die historisch gewachsenen Zentren der Frauenbewegung noch lange gegen Berlin behaupten.

IV. Zwischenfazit

Die politische Partizipation von Frauen hängt sowohl von deren Handlungsmöglichkeiten als auch von ihrer Selbsteinschätzung im Hinblick auf die dazu notwendigen Kompetenzen ab. In den 1840er Jahren entstanden in Sachsen vor allem um LOUISE OTTO-PETERS erste Anfänge einer Frauenbewegung, die zunächst die Verbesserung der Bildung und der Erwerbsmöglichkeiten von Frauen zum Gegenstand hatte. Das Vereins- und Versammlungsrecht setzte wesentliche Rahmenbedingungen für die politische Betätigung von Frauen wie Männern überhaupt. Durch seine Liberalisierung im Zuge der Bürgerlichen Revolution von 1848 entstanden eine Vielzahl von politischen Vereinen, in deren Umfeld sich auch Frauen bewegten, und in Oederan der erste und einzige politische Frauenverein Sachsens.

Daneben entwickelte sich ein lebhaftes karitatives Vereinsleben von und auch für Frauen, das selbst vom sächsischen Königshaus unterstützt und mitgetragen wurde. Obwohl diese Vereine sich als unpolitisch verstanden, trugen auch sie letztlich zu mehr wirtschaftlicher Unabhängigkeit von Frauen und damit zu deren Emanzipation bei.

Im Gegensatz zu anderen Staaten des Deutschen Bundes, waren in Sachsen Frauen im Vereins- und Versammlungsrecht auch nach dem Ende der revolutionären Bestrebungen gleichgestellt. Allerdings ermöglichte das im Zuge der Restauration in Kraft gesetzte Vereins- und Versammlungsrecht dem Staat

[423] vgl. oben, S. 72f.

[424] Verordnung über die Verhütung eines die gesetzliche Freiheit und Ordnung gefährdenden Mißbrauchs des Versammlungs- und Vereinigungsrechts (sog. „Preußisches Vereinsgesetz") vom 11. März 1850, in: PrGS 1850, S. 277-283.

[425] Ausführlich STRITT, a.a.O., S. 149ff.

weitreichende Eingriffs–möglichkeiten in die Bildung und Tätigkeit politischer Vereine. Im Presserecht wurde Frauen als Reaktion auf die intensive publizistische Tätigkeit von LOUISE OTTO-PETERS die Möglichkeit eigenständiger redaktioneller Tätigkeit hingegen entzogen.

Entscheidend für die Verbesserung der Lebenssituation von Frauen war ihre Stellung im Recht. In wesentlichen Fragen, die sie unmittelbar betrafen, hatten sie keine Möglichkeit der Mitentscheidung, da sie keinen Zugang zu den Parlamenten und Gemeindevertretungen besaßen. Deshalb warf die Frauenbewegung die Frauenfrage als Rechtsfrage auf und forderte gleiche Rechte für Frauen ein. Die Forderung nach dem „Frauenstimmrecht“ blieb aber zunächst Privatmeinung einzelner Frauen. Sie wurde erst ab der Wende zum 20. Jahrhundert von weiten Teilen der Frauenbewegung getragen.

DRITTES KAPITEL
Das Wahlrecht nach der Verfassungsgebung von 1831 und der Staatsreform 1831-1835

§ 6 DER AUSSCHLUSS DER FRAUEN VOM WAHLRECHT ZUR STÄNDEVERSAMMLUNG NACH DER VERFASSUNG VON 1831

Sachsen trat zu Beginn des 19. Jahrhunderts als Vorreiter der Industriellen Revolution in Deutschland hervor, die einen umfassenden sozialen Umstrukturierungsprozess in Gang setzte. Staat und Verwaltung wurden den sich ändernden Verhältnissen nicht mehr gerecht: Während im Südwesten Sachsens eines der bedeutendsten Industriegebiete Deutschlands entstanden war, regierte der König noch mit feudalen Strukturen. Die Lebensverhältnisse entsprachen längst denen eines bürgerlichen Industrie- und Handelstaates, während die Verfassung auf der Stufe eines aristokratischen Privilegienstaates verharrte.[426]

In Folge der Ereignisse um die 300-Jahr-Feier der Confessio Augustana[427] und der Julirevolution in Paris im Jahre 1830 kam es am 2. September 1830 in Leipzig wiederholt zu Unruhen, die am 9. September auf Dresden übergriffen. Bereits am Morgen des 10. September 1830 sah sich König ANTON (1755-1836) genötigt, eine Kommission zur Wiederherstellung der Ruhe und Sicherheit einzusetzen. Sie führte für die nächsten Wochen faktisch die Regierungsgeschäfte im Königreich.

Es fanden sich erstmals die Bürger der Städte zu Bürgerversammlungen zusammen und richteten Petitionen u. a. mit den Forderungen nach der Einführung einer modernen Städteordnung,[428] der Einberufung der Stände und einer Vertretung der Bürger auf den Landtagen an die Kommission.[429] Als sich die Unruhen auf weitere Landesteile ausweiteten, wurde am 13. September das konservative Kabinett unter DETLEV GRAF VON EINSIEDEL (1773-1861)

---

[426] HUBER, Verfassungsgeschichte, Bd. 2, S. 77f.; RUHLAND, Die Bürgerliche Revolution, in: DH 26 (1991), H. 2, S. 5; WYDUCKEL, Die Trennung von Justiz und Verwaltung, in: DH 60 (1999), H. 4, S. 22f.

[427] Dazu z. B. Sachsens Umbildung, S. 36ff.; KÖTZSCHKE/KRETZSCHMAR, Sächsische Geschichte, S. 185 und 321.

[428] Näher BÖCKSTIEGEL, Volksrepräsentation, S. 76ff.; REINHARDT, Die sächsischen Unruhen, S. 75; ULBRICHT, Reform der Einwohnervertretung, in: Sachsen 1763-1832, hrsg. v. SCHIRMER, S. 209.

[429] WERNER, Fanal für bürgerliche Kommunalpolitik, in: SächsHBl. 37 (1991), S. 208.

durch eine reformfreundlichere Regierung unter der Führung BERNHARD AUGUST VON LINDENAUS (1779-1854) ersetzt.[430] Diese brachte eine umfassende Staatsreform in Gang, zu der u. a. die Schaffung von Verfassungsurkunde, Städte- und Landgemeindeordnung gehörten.

I. Die Entstehungsgeschichte des Wahlrechts nach der Verfassung vom 4. September 1831 und des Wahlgesetzes vom 24. September 1831

Die sächsische Verfassungsgebung von 1831 stand im Zusammenhang mit der zweiten Verfassungswelle, die die größeren mitteldeutschen Staaten in den 1830er Jahren erfasste.[431] Sie bildet das Fundament eines weitreichenden Umbaus von Staat und Verwaltung in Sachsen zu einer konstitutionellen Monarchie. Die Verfassung, die am 4. September 1831 in Kraft trat,[432] ersetzte u. a. die landständische Versammlung, die sich nahezu unverändert auf die Landtagsordnung von 1728 stützte und außer zur Bewilligung von Steuern zur Beratung bei wichtigen Verfassungsänderungen vom Landesherrn zusammengerufen wurde,[433] durch ein Zwei-Kammer-Parlament. Während bisher die meisten der 540 Mitglieder der Landschaft auf Lebenszeit berufen wurden,[434] wählte man nunmehr die Zweite Kammer und Teile der Ersten Kammer.

Am 1. März 1831 wurden den Ständen die Entwürfe einer Verfassung und eines Wahlgesetzes zur Beratung übergeben, die dafür zu einem außerordentlichen Landtag einberufen wurden. Der Regierungsentwurf[435] der Verfassung ging maßgeblich auf einen Entwurf von HANS GEORG VON CARLOWITZ (1772-1840)[436] zurück, der sich an die Verfassung Württembergs anlehnte,

---

430 vgl. z. B. Sachsens Umbildung, S. 62ff.; SCHIMMEL, Die Entwicklung des Wahlrechts, S. 8f.; HUBER, a.a.O., S. 79f.; BADURA, Verfassungsgeschichte, in: 100 Jahre Allgemeines Baugesetz, S. 6f.; BLASCHKE, Das Königreich Sachsen 1815-1918, in: Beiträge zur Verfassungs- und Verwaltungsgeschichte, hrsg. v. SCHIRMER/ THIEME, S. 532ff.; REINHARDT, a.a.O., S. 27ff.; RUHLAND, a.a.O., S. 5f.; zu V. LINDENAUS Wirken als sächsischer Staatsminister: TITZ-MATUSZAK, Bernhard August von Lindenau, S. 103ff.; V. WITZLEBEN, Entstehung, S. 147ff.

431 Neben Sachsen auch Kurhessen, Braunschweig und Hannover. – vgl. WYDUCKEL, a.a.O., S. 22.

432 In: SächsGS 1831, S. 241-282.

433 Dazu näher MAYER, Staatsrecht, S. 6f.; DIERSCH, Die geschichtliche Entwicklung, S. 6ff.; HOFMANN, Die Entwicklung des Wahlrechts, S. 6ff.; GERHARD SCHMIDT, Der sächsische Landtag, in: Beiträge zur Archivwissenschaft, hrsg. v. GROß/KOBUCH, S. 446; MATZERATH, Einleitung, zu: Die Spätzeit, S. 7ff.; BÖCKSTIEGEL, Volksrepräsentation, S. 12ff., jeweils m w. N.

434 Die 128 Vertreter der Städte wurden von den aus den Reihen städtischer Patrizierfamilien stammenden Stadträten gewählt, Stifte durch ihre Prälaten vertreten. – zur Zusammensetzung und Arbeitsweise des Landtags bis 1830/31 etwa Göpner, Der sächsische Landtag, S. 9ff. m.w.N.

435 Decret an die Landstände. Den Entwurf der Verfassungsurkunde für das Königreich Sachsen betr., Eingegangen am 1. März 1831, in: LA 1830/31, Bd. 3, S. 1373-1406.

436 Seit 1827 Mitglied des Geheimen Rates, seit 15. Oktober 1831 als Minister ohne Portefeuille. – V. WITZLEBEN, Entstehung, S. 162ff.

und der gemeinsam mit dem weiteren, an der Verfassung Badens orientierten Entwurf VON LINDENAUS, vom Geheimen Rat vorberaten worden war.[437]

Im Hinblick auf die Stellung der Frauen im Königreich Sachsen ist bemerkenswert, dass nach Ziffer 39 des Carlowitz'schen Entwurfs ausdrücklich nur die „volljährigen Inländer männlichen Geschlechts" Staatsbürger sein können.[438] Im v. Lindenau-Entwurf wie im Regierungsentwurf ist eine derartige Regelung nicht enthalten.

War in der öffentlichen Diskussion die Frage eines Ein- oder Zweikammerparlaments von erheblicher Bedeutung,[439] so entschieden sich die Stände sehr rasch für ein Zweikammerparlament[440] und folgten damit den süddeutschen Vorbildern[441]. Beide Kammern sollten nach § 59 RegE – ihn legte die Staatsregierung den Ständen mit Dekret vom 1. März 1831 zur Beratung vor – gleiche Rechte und Pflichten besitzen.[442] Die Erste Kammer sollte aus den Vertretern der in § 60 RegE namentlich benannten Standesherrschaften, zehn von der Ritterschaft direkt und auf Lebenszeit gewählten Rittergutsbesitzern, einem katholischen und einem evangelischen Geistlichen, den Oberbürgermeistern der sechs großen Städte, einem Vertreter der Universität Leipzig sowie den adeligen und bürgerlichen Rittergutsbesitzern mit mindestens 4.000 Talern Jahreseinkommen und vom König verliehener, erblicher Standschaft

---

[437]Ausführlich zu den Verfassungsentwürfen und ihre Bearbeitung im Geheimen Rat: V. WITZLEBEN, Entstehung, S. 178ff.; DIERSCH, Die geschichtliche Entwicklung, S. 22ff.; SCHIMMEL, Die Entwicklung des Wahlrechts, S. 9ff.; HOFMANN, Die Entwicklung des Wahlrechts, S. 16ff.; TITZ-MATUSZAK, Bernhard August von Lindenau, S. 110ff.; vgl. auch WYDUCKEL, Verwaltungsaufbau, in: FS zum 100-jährigen Jubiläum, hrsg. v. REICH, S. 80ff.; BÖCKSTIEGEL, Volksrepräsentation, S. 88; Die Entwürfe selbst sind bei V. WITZLEBEN, a.a.O., S. 330ff., 357ff. und 370ff. abgedruckt.

[438]In: V. WITZLEBEN, a.a.O., S. 336. Das wegen Arbeitsüberlastung der Stände nicht weiter verfolgte Decret an die Stände. Den Entwurf eines Gesetzes über Staatsangehörigkeit und Staatsbürgerrecht, auch Wohnsitz- und Heimathsrecht betr. Eingegangen den 18. April 1833, vom 12. April 1933, in: LA 1833/34, 1. Abth., königl. Mitth., Bd. 2, S. 426-500, hier insbes. S. 458f., gestand Frauen dagegen die Staatsangehörigkeit, und zwar in der Regel die des Ehemannes oder Vaters, zu, verlangte in § 47 d. E. aber für die politische Rechte nach sich ziehende Staatsbürgerschaft das männliche Geschlecht.

[439]vgl. z. B. die umfangreiche Erörterung „Ueber das Zweikammersystem", in: Der Sächsische Communalgardist, Donnerstag, 12. Mai 1831, S. 149-150; Montag, 16. Mai 1831, S. 155-156; Donnerstag, 19. Mai 1831, S. 157-158; Montag, 23. Mai 1831, S. 163-64; Donnerstag. Mai 1831, S. 166-168.

[440]V. WITZLEBEN, a.a.O., S. 224f.; BÖCKSTIEGEL, a.a.O., S. 91ff.

[441]So in Baden, Württemberg, Bayern und Hessen.

[442]Abgedr. in: V. WITZLEBEN, a.a.O., S. 370-401, hier insbes. S. 380.

bestehen. Die Zweite Kammer sollte sich – auf der Grundlage eines Zensuswahlrechts[443] – nach § 65 RegE aus gewählten 15 Abgeordneten der Rittergutsbesitzer und je 25 Abgeordneten der Städte und des Bauernstandes zusammensetzen.[444]

§ 69 d. RegE regelte die persönlichen Voraussetzungen für die aktive und passive Teilname an den Wahlen zur Ständeversammlung: Für die Wahlteilnahme wurde ein Mindestalter von 25 Jahren, für die „Wählbarkeit" ein solches von 30 Jahren verlangt. Ausgeschlossen war, wer unter „Curatel" stand, über dessen „Vermögen ein gerichtliches Conkurs- oder außergerichtliches Liquidationsverfahren entstanden ist" und zwar solange, bis alle Gläubiger befriedigt waren, ferner, wer wegen entehrender „Vergehungen" vor Gericht gestanden hatte und nicht vollumfänglich freigesprochen wurde. Über die Frage, „ob ein Vergehen nach allgemeinen Begriffen für entehrend zu halten sey", sollte bei Wahlmännern die Wahlversammlung, d. h. die Versammlung der Wahlmänner, und bei Abgeordneten die Ständeversammlung befinden.[445] Die näheren Bestimmungen über „Wahlverfahren und Wahlberechtigung" sollten in einem Wahlgesetz geregelt werden, das schließlich als das *Gesetz, die Wahl der Abgeordneten zu den künftig zu haltenden Ständeversammlungen betreffend, vom 24ten September 1831,* in Kraft trat.[446]

II. Das Wahlrecht nach dem Moßdorf-Entwurf einer Sächsischen Verfassung

Im Zuge der Septemberunruhen von 1830 war in Dresden unter der Führung des Rechtsanwaltes BERNHARD MOßDORF (1802-1833)[447] der „Dresdner Bürgerverein" entstanden, dem vor allem Handwerker und kleine Gewerbetreibende angehörten.[448] Wegen seiner radikal-demokratischen Zielsetzung wurde er aber schon im April 1831 von der Regierung wieder zerschlagen.

Der Verein kritisierte die Langwierigkeit der Verfassungsberatungen der Stände und versuchte mit einem eigenen Verfassungsentwurf auf die Beratungen einzuwirken. MOßDORF hatte unter dem Titel *Constitution, wie sie das sächsische Volk wünscht* einen eigenen Verfassungsentwurf ausgearbeitet. Zu seinen zentralen Forderungen zählte unter Ziff. 4 die Gleichheit aller Sachsen

---

[443] Zum Begriff „Zensuswahlrecht" näher Kap. I, S. 24.

[444] V. WITZLEBEN, a.a.O., S. 381f.

[445] In: V. WITZLEBEN, a.a.O., S. 383.

[446] In: SächsGS 1831, S. 287-310; dazu sogleich S. 91ff.

[447] Zu MOßDORF vgl. etwa RUHLAND, Bernhard Moßdorfs Verfassungsentwurf, in: DH 1 (1983), H. 3, S. 45-50; GROß, Dresden im zweiten Drittel des 19. Jahrhunderts, in: Geschichte der Stadt Dresden, Bd. 2, S. 535ff.; DAUTZ, „Constitution…", in: SächsHBl. 37 (1991), S. 202ff.

[448] BÖCKSTIEGEL, Volksrepräsentation, S. 86; vgl. Briefwechsel, hrsg. v. JOHANN GEORG, S. 109ff.

vor dem Gesetz. Auch sollte ihnen eine Reihe von Freiheitsrechten, wie etwa Religions-, Meinungs-, Presse- und Versammlungsfreiheit gewährt werden.[449]

Nach Ziff. 25 war „jeder Inländer, der christlicher Religion, 21 Jahre und in Sachsen wesentlich wohnhaft ist“ sächsischer Staatsbürger. Als solcher konnte er gemäß Ziff. 27 „an den Wahlen der Volksvertreter Theil nehmen ... und Volksvertreter sein“.[450] Als Volksvertretung war ein Einkammerparlament vorgesehen, das in gleichgroßen Wahlbezirken von 9.000 bis 11.000 Seelen gewählt werden sollte, Ziff. 34ff. Dabei sollte „jeder Staatsbürger [wählbar sein], der sich im Wahlbezirke wesentlich aufhält, 25 Jahr alt ist, einen eignen Haushalt hat, ein Gewerbe auf eigne Hand betreibt, eine direkte Steuer an den Staat zahlt und nicht in Lohndienst steht“. Die Wahl sollte auf vom König einzuberufenden Wahlversammlungen erfolgen und war ausschließlich persönlich auszuüben, Ziff. 39ff.[451] Für die so gewählte Kammer war nach Ziff. 53 ein jährlicher Zusammentritt und eine Neuwahl nach dem Abschluss der Beratungen vorgesehen. Ebenso konnte der König sie zu außerordentlichen Sitzungen zusammenrufen und sie trat automatisch bei Tod des Königs zusammen, Ziff. 53ff.[452]

Frauen waren in diesem Entwurf nicht ausdrücklich von der Teilnahme an der Wahl ausgeschlossen. Jedoch ist davon auszugehen, dass nicht beabsichtigt war, ihnen das Wahlrecht zu gewähren. Darauf deuten auch andere Bestimmungen dieses Verfassungsentwurfs hin: So sollten nach Ziff. 79 Frauen und deren Nachkommen von der Erbfolge des königlichen Hauses ebenso ausgeschlossen sein, wie nach Ziff. 88 von der Regentschaft.[453] Immerhin versprach der Entwurf mittelbar Fortschritte hinsichtlich der Rechtsstellung der Frauen, da er – vor allem im Hinblick auf einzelne Grundrechte – gegenüber dem Regierungsentwurf insgesamt liberaler ausgerichtet war.

Zwar wurde MOßDORFS Entwurf von der Öffentlichkeit mit großem Interesse aufgenommen und ist eingehend diskutiert worden, trat aber für seinen Verfasser an den Anfang einer persönlichen Tragödie. MOßDORF, als einer der Hauptrădelsführer der Dresdner Aprilunruhen von 1831 zu 15 Jahren strenger Festungshaft verurteilt, setzte bereits am 14. November 1833 während seiner Haft auf dem Königstein seinem Leben selbst ein Ende.[454]

---

[449] MOßDORF, Constitution, S. 3f.

[450] a.a.O., S. 5.

[451] a.a.O., S. 6f.

[452] a.a.O., S. 8.

[453] a.a.O., S. 11f.

[454] GROß, Dresden im zweiten Drittel des 19. Jahrhunderts, in: Geschichte der Stadt Dresden, Bd. 2, S. 538; RUHLAND, Die revolutionären Ereignisse, in: JBG Dresden 8 (1980), S. 74; vgl. K. FUCHS, Advocat Moßdorf, S. 5ff.

III. Der Ausschluss der Frauen vom Landtagswahlrecht und die Wahlrechtsregelungen im Einzelnen

Bis auf den Verfassungsentwurf MOßDORFS ist weder in den Beratungen der Kurien, noch in der öffentlichen Diskussion, die Forderung nach einem gleichen und allgemeinen (Männer-)Wahlrecht, geschweige denn einem Frauenwahlrecht, erhoben worden. Statt dessen bestand Einigkeit darüber, dass nur mit besonderen persönlichen Voraussetzungen versehene Männer wählen und in die Kammern gewählt werden sollten.[455] So forderte etwa eine von 40 Dresdnern unterzeichnete Bittschrift an den König und den Mitregenten vom 18. März 1831 zwar einerseits die Aufgabe des Erfordernisses der Ansässigkeit im Wahlrecht, verlangte aber gleichwohl, dass „Frauenspersonen" „von den Wahlen, sowohl als Wähler, als von der Fähigkeit, als Abgeordnete gewählt zu werden" ausgeschlossen werden müssten.[456] Dagegen waren in Schwarzburg-Rudolstadt schon 1816 Frauen unter den gleichen Voraussetzungen wie Männer stimmberechtigt und in Schwarzburg-Sondershausen zumindest „als Besitzerinnen von Ritter- oder Freigütern oder von Handlungen".[457] In anderen thüringischen Staaten bestand ein durch Stellvertretung auszuübenden aktives Wahlrecht für Frauen.[458] Wählbar waren sie aber auch in diesen Ländern nicht.

Die sächsische Verfassung, die am 4. September 1831 in Kraft trat,[459] und das *Gesetz, die Wahl der Abgeordneten zu den künftig zu haltenden Ständeversammlungen betreffend, vom 24ten September 1831*[460] beschritten hinsichtlich der Zusammensetzung der Kammern einen Mittelweg zwischen

[455]Dahingehend auch die *Ständischen Bemerkungen zum Wahlgesetz*, in: Landtags-Acten 1830/31, Bd. 4, S. 1898f.; vgl. BÖCKSTIEGEL, Volksrepräsentation, S. 105. Dagegen waren in Schwarzburg-Rudolstadt Frauen schon 1816 unter den gleichen Voraussetzungen wie Männer und in Schwarzburg-Sondershausen beschränkt bestimmte Besitztümer aktiv wahlberechtigt. In anderen thüringischen Staaten bestand ein durch Stellvertretung auszuübenden aktives Wahlrecht. Im Herzogtum Nassau gehörte mit der ERZHERZOGIN HERMINE VON ÖSTERREICH sogar eine Frau der Ersten Kammer an. Diese politischen Partizipationsrechte von Frauen wurden mit der „Demokratisierung" des Wahlrechts 1848/49 als ständische Privilegien abgeschafft. – SPIES, Die Schranken, S. 133; ROSENBUSCH, Frauenwahlrecht, S. 64ff.

[456]Bemerkungen der Dresdner Sachwalter, S. 12 und 14.

[457]§ 111 Landes-Grundgesetz für das Fürstenthum Schwarzburg-Sondershausen, vom 24. September 1841, in: PÖLITZ, Europäische Verfassungen, Bd. 4, 1. Abth., S. 298-323, 311.

[458]Auch diese politischen Partizipationsrechte überstanden als ständische Privilegien die Revolution 1848/49 nicht und wurden danach trotz Scheiterns der Revolution nicht wiederhergestellt. – Näher dazu ROSENBUSCH, Frauenwahlrecht, S. 64f. und 71 m. w. N.

[459]In: SächsGS 1831, S. 241-282.

[460]In: SächsGS 1831, S. 287-310; dazu ausführlich SCHIMMEL, Die Entwicklung des Wahlrechts, S. 21ff. und HOFMANN, Die Entwicklung des Wahlrechts, S. 5ff. Im Folgenden als Wahlgesetz bezeichnet.

radikaldemokratischen und konservativen Positionen. Dabei konnten sich auch die Stände mit ihren Vorschlägen in den Beratungen beider Regierungsentwürfe weitgehend durchsetzen.[461]

1. Die Zusammensetzung der Ersten und der Zweiten Kammer

Nach § 63 VerfUrk[462] setzte sich nunmehr – in Abweichung vom Regierungsentwurf[463] – die Erste Kammer[464] aus den volljährigen Prinzen des königlichen Hauses, einem Vertreter des Hochstifts Meißen, den Besitzern verschiedener namentlich benannter Standesherrschaften, dem Oberhofprediger, dem Dekan des Domstifts Bautzen, dem Superintendenten zu Leipzig, zehn vom König auf Lebenszeit ernannten Rittergutsbesitzern, den Oberbürgermeistern der Städte Dresden und Leipzig, sowie sechs weiteren, vom König zu bestimmenden Städten zusammen. Hinzu kamen als einzige gewählte Mitglieder 12 Vertreter der Rittergutsbesitzer.[465] Diese wurden nach § 65 Abs. 1 VerfUrk „in Kreis- und Oberlausitzer-Provinzial-Versammlungen gewählt",[466] auf denen sich die Stimmberechtigten einzufinden hatten. Die Liste der für stimmberechtigt erklärten Rittergüter war nach § 26 Satz 2 des Wahlgesetzes in einem besonderen Verzeichnis gesetzlich festgeschrieben.[467] Für die Wählbarkeit war zudem ein Zensus von „mindestens jährlich Zwei Tausend Thaler reinen Ertrag" des Rittergutes Voraussetzung, § 65 Abs. 3. Auch die vom König ernannten Vertreter der Ritterschaft mussten nach § 65 Abs. 4 einen Zensus in Höhe von „mindestens Vier Tausend Thalern" jährlichem Reinertrag eines sächsischen Rittergutes vorweisen können.[468]

Die Voraussetzungen des Wahlrechts zur Zweiten Kammer sind in den Beratungen der Stände lebhaft diskutiert worden, so vor allem die Frage der Ansässigkeit[469] und die Höhe des Zensus. Die Vermögenden sahen durch eine zu

---

461 *Schrift, den Verfassungsentwurf betreffend* (vom 17. Juli 1831), in: LA 1830/31, Bd. 4, insbes. S. 1782ff. und 1787ff.; im Einzelnen dargestellt bei DIERSCH, Die geschichtliche Entwicklung, S. 36ff.; GERHARD SCHMIDT, Der sächsische Landtag, in: Beiträge zur Archivwissenschaft, hrsg. v. GROß/KOBUCH, S. 447ff.

462 In: SächsGS 1831, S. 254.

463 vgl. oben, S. 87.

464 vgl. im Folgenden: MAYER, Staatsrecht, S. 114ff.

465 Seit dem 3. Dezember 1868 nicht nur Rittergutsbesitzer, sondern auch Besitzer größerer ländlicher Güter.

466 In: SächsGS 1831, S. 255.

467 a.a.O., S. 292.

468 a.a.O., S. 255.

469 vgl. LA 1830/31, Bd. 4, S. 1892ff. und 1905ff.

weite Ausweitung des Wahlrechts ihren Einfluss gefährdet und verlangten daher eine deutliche Beschränkung des Kreises der Stimmberechtigten.[470]

Nach der abschließenden Fassung setzte sich die Zweite Kammer[471] gemäß § 68 VerfUrk aus 20 Abgeordneten der Rittergutsbesitzer, je 25 Abgeordneten der Städte und des Bauernstandes und fünf Vertretern des Handels und Fabrikwesens zusammen.[472] Nach drei Jahren, nach dem Ende eines ordentlichen Landtages, wurde ein Drittel der Abgeordneten der Zweiten Kammer neu gewählt, § 71 VerfUrk.[473]

Die Rittergutsbesitzer wählten ihre Abgeordneten der Zweiten Kammer nach § 70 Abs. 1 unmittelbar jeweils in den vier verbliebenen erbländischen Kreisen und der Oberlausitz.[474] Der Wahlmodus entsprach damit dem der 12 „Besitzer von Rittergütern" i. S. v. § 63 Zi. 13 VerfUrk. Lediglich der Zensus für die Wählbarkeit nach § 70 Abs. 2 war bei einem Reinertrag des Gutes „von mindestens jährlich Sechshundert Thalern" deutlich geringer.[475]

Während die Abgeordneten der Rittergutsbesitzer unmittelbar gewählt wurden, erfolgte die Wahl der Vertreter der Städte[476] und des Bauernstandes unter Zwischenschaltung von Wahlmännern in indirekter Wahl.[477] Es bestanden die städtischen Wahlkreise Dresden und Leipzig mit je zwei, Chemnitz mit einem Abgeordneten, sowie 20 weitere städtische Wahlkreise mit je einem Abgeordneten.[478] § 56 Wahlgesetz hängte die Hürde für eine Wählbarkeit als städtischer Abgeordneter hoch. Es musste die Ansässigkeit mit Grundbesitz bestehen und zehn Taler Schock- und Grundquatembersteuer[479] o. ä., ein Vermögen von sechstausend Talern, ein „sicheres Einkommen" von vierhundert

---

[470]Näher dazu: BARTH/MATZERATH, „…unter constitutionellem Beirath der Stände", in: Umbrüche und Kontinuitäten, S. 25f.

[471]vgl. im folgenden MAYER, a.a.O., S. 123ff.

[472]In: SächsGS 1831, S. 256.

[473]a.a.O., S. 256f.; zum Begriff „rollierendes System" vgl. HUBER, Verfassungsgeschichte, Bd. 4, S. 402 Fn. 12; näher zur Wahl der städtischen Abg. in §§ 43ff. WahlG, SächsGS 1831, S. 294ff. und Abg. des Bauernstandes §§ 74ff., a.a.O., S. 300ff.

[474]Näher geregelt in §§ 28ff. Wahlgesetz, a.a.O., S. 292. Zum Wahlmodus der Rittergutsbesitzer vgl. auch (unter Beachtung der ideologischen Ausrichtung) THÜMMLER, Die sozialökonomische Zusammensetzung, S. 10ff.

[475]In: SächsGS 1831, S. 256. Näher im Wahlgesetz, §§ 25ff., a.a.O., S. 292ff.

[476]Ein abschließendes Verzeichnis aller Städte findet sich im Anhang zum Wahlgesetz, a.a.O., S. 306-307.

[477]§§ 3, 6 und 7 Wahlgesetz, a.a.O., S. 288f.

[478]Näher geregelt in §§ 43ff. Wahlgesetz, a.a.O., S. 294ff. Nach § 52 entsprach die Ernennung der Wahlmänner der nach der AStO.

[479]Die Schocksteuer wurde in Sachsen seit 1488 entsprechend des Grundstückswerts erhoben. Die Quatembersteuer war eine bereits im 17. Jahrhundert in Sachsen eingeführte, quartalsweise zu leistende Gewerbesteuer.

Talern im Jahr oder – je nach Größe der Stadt zwischen 10 und 30 Talern direkten Real- und Personal-Landesabgaben aufgebracht werden. Teilweise kamen noch weitere Voraussetzungen, wie das Bürgerrecht, der dreijährige Besitz der sächsischen Staatsangehörigkeit, sowie ein seit drei Jahren in der Stadt ausgeübtes Gewerbe hinzu.[480] Trotz aller Beschränkungen war dadurch für einen Nichtansässigen nur aufgrund seines entsprechenden Vermögens die Kandidatur und ggf. Wahl zum Abgeordneten selbst dann möglich, wenn er weder aktiv noch passiv zur Teilnahme an den Urwahlen berechtigt war.

Daneben bestanden die 25 ländlichen Wahlkreise, deren zu wählende Abgeordnete des Bauernstandes nach § 95 Wahlgesetz einen Grundsteuerzensus von 30 Talern aufzubringen hatten. Als Wahlmänner konnten nach § 83 Grundbesitzer mit 10 Talern Grund- und Kavalleriesteuer gewählt werden.[481]

Eine Besonderheit stellen die fünf Abgeordneten von Handel und Fabrikwesen dar.[482] Sie waren in den ursprünglichen Entwürfen nicht vorgesehen und kamen erst auf Betreiben der Stände hinzu.[483] Hinsichtlich ihrer Wahl enthielten weder die Verfassung selbst noch das Wahlgesetz nähere Regelungen,[484] da für eine entsprechende Beratung die Zeit nicht mehr ausreichte. Daher wurden sie zunächst für die Landtage von 1833/34 und 1836/37 durch den König ernannt.[485] Erst mit dem *Gesetz, die Wahlen der Vertreter des Handels und Fabrikwesens betreffend, vom 7ten März 1839*[486] wurden dann Wahlregeln aufgestellt, die eine indirekte Wahl nach dem Gewebesteueraufkommen in fünf Wahlkreisen, sowie Wahlabteilungen vorsahen.[487] Mit § 38 Abs. 1 des

[480]a.a.O., S. 296.

[481]a.a.O., S. 300ff.

[482]vgl. dazu MAYER, Staatsrecht, S. 124; BÖCKSTIEGEL, Volksrepräsentation, S. 109f.

[483]*Schrift, den Verfassungsentwurf betreffend*, in: LA 1830/31, Bd. 4, S. 1782ff.; SCHIMMEL, Die Entwicklung des Wahlrechts, S. 26ff.

[484]§§ 68 Ziffer 4, 70 Abs. 4 VerfUrk.; vgl. § 65 des Dectrets an die Landstände. Die Höchsten Resolutionen auf die ständischen Schriften vom 19ten Juli 1831 betreffend, in: LA 1830/31, Bd. 4, S. 2235-2272, 2250.

[485]§ 7 der *Verordnung, wegen des im Laufe des gegenwärtigen Jahres zu haltenden Landtag, vom 20ten Februar 1832*, in: SächsGS 1832, S. 135-137, 136; Verordnung, die Vertreter des Handels und Fabrikwesens in der zweiten Kammer der Ständeversammlung betreffend, vom 29ten Dezember 1832, in: SächsGS 1833, S. 3; *Verordnung, Ernennungen in die beiden Kammern der Ständeversammlung betreffend, vom 1ten Oktober 1836*, in: GVBl. 1836, S. 217-128f.

[486]In: GVBl. 1839, S. 33-35.

[487]Geregelt in § 2 der Verordnung, die Ausführung des Gesetzes wegen der Wahl der Vertreter des Handels und Fabrikwesens, vom 7ten März 1839 betreffend, in: GVBl. 1839, S. 36-50, 36; näher DIERSCH, Die geschichtliche Entwicklung, S. 74ff.

Gesetzes, die Wahlen der Abgeordneten beider Kammern der Ständeversammlung betreffend, vom 19. Oktober 1861[488] wurde die Zahl der Abgeordneten von Handel und Fabrikwesen auf 10 erhöht.

2. Die allgemeinen persönlichen Voraussetzungen von Stimmberechtigung und Wählbarkeit

Verfassung und Wahlgesetz enthielten einige persönliche Voraussetzungen für die Wahlteilnahme, die für die Teilnahme an sämtlichen Wahlen der Ständeversammlung galten. § 73 VerfUrk verlangte für beide Kammern „das fünf und zwanzigste, und zur Wählbarkeit das erfüllte dreißigste Altersjahr". § 74 VerfUrk schloss einige Personengruppen vom aktiven und passiven Wahlrecht aus.[489] Das betraf diejenigen, die unter Curatel standen, sich in Konkurs befanden und die Gläubiger nicht vollständig befriedigt hatten, sowie bestimmte Straftäter. Frauen schloss der Wortlaut der Verfassung nicht ausdrücklich von der Wahl aus.[490]

Gleichwohl war die gesetzgeberische Intention eindeutig, denn es galt nach allgemeiner Lesart in einem Maße als selbstverständlich, Frauen als nicht stimmberechtigt anzusehen, dass es einer Erwähnung in den einschlägigen Normen der Verfassungen überhaupt nicht bedurfte.[491] In Bezug auf das Wahlrecht zur sächsischen Ständeversammlung sah man dennoch die Notwendigkeit, Frauen zumindest im Wahlgesetz ausdrücklich von der Wahl auszuschließen: Die Verfassung verweist in §§ 65 Abs. 2, 70 Abs. 2 und 3, 77 VerfUrk hinsichtlich der näheren Ausgestaltung der Voraussetzungen von Stimmberechtigung und Wählbarkeit auf das Wahlgesetz. Dieses war nach § 77 Satz 2 VerfUrk „zwar kein integrirender Theil der Verfassung, kann aber ohne ständische Zustimmung nicht verändert werden".[492] Es besaß damit eine verfassungsrechtlich herausgehobene Stellung.

Bereits der Regierungsentwurf des Wahlgesetzes[493] schloss Frauen vom Wahlrecht zur Ständeversammlung ausdrücklich aus. Dies wurde weder in

---

[488]In: GVBl. 1861, S. 296.

[489]Für die ernannten oder Kraft eines besonderen Standes in der Ersten Kammer sitzenden Abgeordneten gilt diese Regelung zumindest nach dem Wortlaut nicht, wird aber trotzdem wohl so zu verstehen sein. Dafür spricht auch § 64 VerfUrk, der bei einigen Mitgliedern der Kammer eine Vertretung gestattet, die selbst aber nicht nach § 74 von der Wahl ausgeschlossen sein darf.

[490]SächsGS 1831, S. 257f.

[491]So neben Sachsen z. B. auch in Preußen, Bayern, Baden und Württemberg. – vgl. ROSENBUSCH, Frauenwahlrecht, S. 82.

[492]In: SächsGS 1831, S. 258. Dahingehend auch schon die drei Verfassungsentwürfe, V. WITZLEBEN, Entstehung, S. 345f., 360 und 383.

[493]§ 5 e) d. E, in: LA 1830/31, Bd. 3, S. 1449-1463, 1450.

den Beratungen des Entwurfs, noch in der öffentlichen Debatte in Frage gestellt.[494] Somit waren nach § 5 Ziff. 3 Wahlgesetz „Frauenspersonen" – neben Almosenempfängern, Schuldnern und verschiedenen Straftätern – „unfähig" „zur Stimmberechtigung in allen drei Klassen". Als positive Voraussetzungen wurden Ansässigkeit[495], „das erfüllte 25te Lebensjahr" und „das Bekenntniß der christlichen Religion, ohne Unterschied der Confession" verlangt. Für die „Wahlfähigkeit als Landtagsabgeordnete" waren nach § 8 Wahlgesetz zusätzlich „ein Alter von 30 Jahren" erforderlich.[496] Das Stimmrecht konnte nur durch persönliche Anwesenheit ausgeübt werden, § 15.[497]

Der Ausschluss der Frauen war hier – neben besonderen Bestimmungen für die einzelnen Wahlklassen, wie vor allem Grundbesitz und Zensus[498] – aber nur eine von vielen erheblichen Beschränkungen des Kreises der Wahlberechtigten. Demzufolge hatte auch nur ein geringer Teil der männlichen Bevölkerung im wahlfähigen Alter die Möglichkeit, aktiv, geschweige denn passiv, an den Wahlen zur Ständeversammlung teilzunehmen. Wo das Wahlrecht Grundbesitz verlangte, waren nach § 23 Abs. 2 Wahlgesetz „Ehemänner und Väter, welchen der gesetzliche Nießbrauch an Grundstücken ihrer Eheweiber oder Kinder zusteht, ... zwar stimmberechtigt, aber nicht wählbar".[499] Das bedeutet, dass in beschränktem Maße Frauen zumindest ihren Männern bzw. Vätern wenigstens zu einem aktiven Wahlrecht verhelfen konnten.

Weitere allgemeine Voraussetzungen für das Wahlrecht in allen Klassen[500] war das Erreichen des 25. Lebensjahres am Tag der Ausfertigung der Wahllisten,[501] die Ansässigkeit und das christliche Glaubensbekenntnis. Darüber hinaus war für die Wählbarkeit sogar das 30. Lebensjahr und, sofern diese vorausgesetzt wurde, eine Mindestdauer der Ansässigkeit von drei Jahren erforderlich.[502]

---

[494]Nicht erwähnt im *Dectret an die Landstände. Die Höchsten Resolutionen auf die ständischen Schriften vom 19ten Juli 1831 betreffend*, in: LA 1830/31, Bd. 4, S. 2258 und den *Ständischen Bemerkungen zum Wahlgesetz*, a.a.O., S. 1883f.; vgl. BÖCKSTIEGEL, Volksrepräsentation, S. 103ff. und DIERSCH, Die geschichtliche Entwicklung, S. 58, Fn. 10.

[495]Außer im Fall von Erbschaft musste dafür der Besitz eines Grundstücks seit mindestens 3 Jahren vorliegen. – § 22 Wahlgesetz, in: SächsGS 1831, S. 291.

[496]a.a.O., S. 288f. Hinsichtlich der Ansässigkeit gab es allerdings für die städtischen Abgeordneten in §§ 56 und 60 Wahlgesetz Ausnahmen.

[497]a.a.O., S. 290.

[498]vgl. oben, S. 91.

[499]In: SächsGS 1831, S. 292. Auf diese Regung verweist auch § 1 des Gesetzes, die Wahlen der Vertreter des Handels und Fabrikwesens betreffend, vom 7ten März 1839; in: GVBl. 1839, S. 33.

[500]Zum Ergebniswert der Stimmen vgl. unten, S. 163f.

[501]„Zu § 5 b 8 und 22", Verordnung, die Erledigung mehrerer von den, zur Leitung der Wahlen des Bauernstandes, wegen des bevorstehenden Landtags, in den Kreislanden ernannten Commissarien, geschehenen Anfragen betreffend; vom 4ten Juli 1832, in: SächsGS 1832, S. 365-380, 367.

[502]§§ 5, 8 Wahlgesetz, in: SächsGS 1831, S. 288f.

3. Schlussfolgerungen

Das Landtagswahlrecht auf Grundlage der Verfassung von 1831 verschaffte nur einem geringen, durch Standeszugehörigkeit und Besitz besonders privilegierten Teil der Bevölkerung eine Möglichkeit zu politischer Einflussnahme.[503] Auch hatte es die besondere Eigenart, für einen Wahlberechtigten mehrfach zur Anwendung kommen zu können: So konnte etwa ein Rittergutsbesitzer in jedem Kreis, in dem er über entsprechenden Grundbesitz verfügte, zur Ersten und zur Zweiten Kammer wählen und war möglicherweise noch zusätzlich in der städtischen und/oder ländlichen Kurie wahlberechtigt.[504]

Die konkreten Anforderungen des Wahlrechts an die sächsischen Bürger führten dazu, dass nicht nur Frauen, sondern selbst weite Teile der männlichen Bevölkerung von der Landtagswahl ausgeschlossen blieben. Die Erste Kammer setzt sich nach wie vor weitgehend auf Grundlage der altständischen Sonderrechte aus den Prälaten, Grafen und Herren zusammen. Das Wahlrecht zur Zweiten Kammer war eine Frage der Auseinandersetzung zwischen den vom geltenden Recht begünstigten Personenkreisen und den nach Teilhabe an der politischen Macht strebenden Bevölkerungsgruppen. Zwar war in den Beratungen die Absicht erklärt worden, dass die Zusammensetzung der Zweiten Kammer den tatsächlichen Anteilen der Standeszugehörigkeiten an der sächsischen Bevölkerung entsprechen solle. Eine dahingehende Untersuchung der tatsächlichen Verhältnisse ist aber nicht erfolgt, so dass die Kurien hier ganz nach eigenem Gutdünken und Vorteil verfuhren.[505]

---

[503] VICTOR CAMILLO DIERSCH sieht die weitgehende Beschränkung des Kreises der aktiv wie passiv Wahlberechtigten vor dem Hintergrund der Bildungssituation der damaligen Zeit rückblickend als positiv an: „Was sollen die breiten Schichten der Bevölkerung, ohne politische Bildung, oft genug auch ohne jedes politische Interesse, plötzlich mit weitgehend politischen Rechten, wo ihnen bisher auch nicht die geringste Anteilnahme an den öffentlichen Angelegenheiten zugestanden hatte!" – DIERSCH, Die geschichtliche Entwicklung, S. 65f. Zum Umfang der Kompetenzen der Kammern – und damit der Frage des tatsächlichen Einflusses der Wahlteilnahme auf die Geschicke des Königreichs – vgl. insbes. GERHARD SCHMIDT, Der sächsische Landtag, in: Beiträge zur Archivwissenschaft, hrsg. v. GROß/KOBUCH, S. 448ff.

[504] vgl. etwa „Zu § 96", Verordnung, die Erledigung mehrerer von den, zur Leitung der Wahlen des Bauernstandes, wegen des bevorstehenden Landtags, in den Kreislanden ernannten Commissarien, geschehenen Anfragen betreffend; vom 4ten Juli 1832, in: SächsGS 1832, S. 365-380, 376f.; § IX der Bekanntmachung der Landesdirection, die zur Leitung der Wahlen der Städte und des Bauernstandes, wegen des im Laufe des gegenwärtigen Jahres zu haltenden Landtags, in den Kreislanden ernannten Commissarien und die ihnen ertheilte Instruction betreffend; vom 24. März 1832, in: SächsGS 1832, S. 281-296, 187.

[505] BÖCKSTIEGEL, Volksrepräsentation, S. 98f.

IV. Zwischenfazit

Mit der Neuorganisation der sächsischen Ständeversammlung durch die Verfassungsgebung von 1831 kam es auch erstmals zur Einführung eines Wahlrechts zumindest für grundbesitzende und vermögende Männer in Sachsen. Das betraf allerdings nur einen sehr geringen Teil der Bevölkerung. Während diese Personenkreise so mit der Besetzung der Zweiten Kammer eine Möglichkeit politischer Partizipation zugestanden bekamen, blieb die Erste Kammer auch weiterhin Ausdruck des ständischen Gedankens. Lediglich ein geringer Teil der Kammer, zwölf Rittergutsbesitzer, wurde aus den Reihen ihresgleichen auf Lebenszeit gewählt. Das ermöglichte den bisher privilegierten Schichten, auch weiterhin ihren maßgeblichen Einfluss geltend zu machen.

Der Ausschluss von Frauen von einer politischen Mitwirkung entsprach zu dieser Zeit dem allgemeinen Konsens aller politischen Strömungen und war in dem Maße eine Selbstverständlichkeit, dass ihr Ausschluss vom Wahlrecht nicht einmal der Erwähnung in der Verfassung bedurfte. Zwar enthält das sächsische Wahlgesetz in § 5 Ziff. 3 eine Regelung, die Frauen ausdrücklich vom Wahlrecht der Ständeversammlung ausschließt. Ihr ist – dafür spricht vor allem das Fehlen einer Debatte zu diesem Thema in den Beratungen der Kammern – eher ein deklaratorischer Charakter beizumessen. Denn Frauen galten per se nicht als Inhaber politischer Rechte.

Gleichwohl war das Wahlrecht von 1831 – und ebenso die Verfassung – vor dem Hintergrund seiner Zeit schon deshalb ein bedeutender Fortschritt, weil Sachsen erstmals eine landesweite, gewählte Volksvertretung besaß.

§ 7 Das Frauenstimmrecht in den Städten und Landgemeinden

Trotz einzelner Fortschritte erwies sich die Verfassung der Städte und Dörfer im Königreich Sachsen zunehmend als Hemmnis für die wirtschaftliche Entwicklung des Landes. Gerade diejenigen Bevölkerungsgruppen, die vom wirtschaftlichen Aufbruch besonders stark betroffen waren, hatten kaum Möglichkeiten zur Partizipation an den Angelegenheiten ihrer Gemeinden. Die Verfassungssituation der sächsischen Kommunen war zudem äußerst unübersichtlich und lässt sich in all ihren Nuancen im Einzelnen kaum nachvollziehen.[506]

So war nicht nur die innere Organisation der Städte von Stadt zu Stadt verschieden, sondern auch ihr Grad an Unabhängigkeit gegenüber dem Landesherrn.[507] Die Verwaltung oblag patrizisch verfassten Stadträten. Sie war von Vetternwirtschaft und bürokratischer Willkür geprägt.[508] Ein Recht der Bürger auf Teilhabe an der Gemeindeverwaltung gab es – auch ungeachtet der Viertelsmeister[509] und der in Dresden und in Leipzig zeitweilig bestehenden Stadtrepräsentanten[510] – praktisch nicht mehr.[511]

---

[506] vgl. Blaschke, Die sächsische Verfassung, in: Beiträge zur Verfassungs- und Verwaltungsgeschichte, hrsg. v. Schirmer/Thieme, S. 578. Eine Darstellung zur Entwicklung der Verfassung der sächsischen Gemeinden seit 1832 im Sinne der DDR-Geschichtsschreibung findet sich bei Strauß, 125 Jahre Gemeindewahlrecht, in: SächsHBl. 3 (1957), S. 243-250.

[507] Näher dazu Hirschberg, Städteordnung, S. VIff.; zur Situation in einzelnen Städten um 1830: Sachsens Umbildung, S. 75ff.

[508] Huber, Verfassungsgeschichte, Bd. 2, S. 77; Ulbricht, Reform der Einwohnervertretung, in: Sachsen 1763-1832, hrsg. v. Schirmer, S. 208f.; Schilling, Entwurf, S. 3f. (Einleitung).

[509] Die Viertelsmeister nahmen lediglich Verwaltungsaufgaben im Stadtviertel wahr, besonders polizeiliche. War die Stelle eines Viertelsmeisters neu zu besetzen, so bestimmten die übrigen Viertelsmeister die Wahlmänner, die dann die Wahl vornahmen. – näher dazu Werner, Politisierung, Bd. 1, S. 87ff.; Richter, Verfassungs- und Verwaltungsgeschichte, Bd. 1, S. 97ff.

[510] Bei der Einführung der Dresdner Stadtrepräsentanten im Jahre 1816 waren zunächst 100 Wahlmänner aus dem Kreise von 300 von den damals 16 Viertelsmeistern vorgeschlagenen Personen vom König ernannt worden. Diese wählten in drei Abteilungen Mitte Mai 1816 dann insgesamt 15 Stadtrepräsentanten, darunter auch Christian Gottlieb Eisenstuck. Dem Rat gelang es aber bei der Regierung zu erreichen, dass ihnen im Wesentlichen nur die Mitwirkung bei der Kriegsschuldentilgung als vorübergehende Aufgabe zugewiesen wurde. Mit Erledigung wurden die Stadtrepräsentanten 1821 aufgelöst. – näher dazu Werner, a.a.O., S. 98ff.; Richter, a.a.O., S. 102f. In Leipzig bestanden die Stadtrepräsentanten dagegen noch bis 1830. – „Amtliche Ansicht der sächsischen Stadtverfassungen“, in: Denkwürdigkeiten für Sachsen, Jg. 1831, Nr. 2 vom 7. Januar 1831, S. 5-8, 8.

[511] Sachsens Umbildung, S. 34f.; Vollprecht, Gemeindemitgliedschaft, S. 44; Böckstiegel, Volksrepräsentation, S. 35f.; vgl. auch oben Einleitung, S. 30f.

In den sächsischen Dörfern bestanden Gemeindeversammlungen der Dorfgemeinde in unterschiedlicher Ausprägung. Bewohner der Dorfgemeinden, die nicht zugleich auch zum eng umgrenzten Kreis der Gemeindemitglieder gehörten, besaßen keine Gemeinderechte und konnten auch nicht an den Gemeindeversammlungen teilnehmen, die die Dorfgemeinde mehrmals im Jahr abhielt. Hier wurden aber die wesentlichen Entscheidungen getroffen.[512]

Die Unzufriedenheit mit der bestehenden Landgemeinde- und vor allem aber der Städteverfassung war eine der wesentlichen Ursachen für die Unruhen der Jahre 1830/31[513] und veranlasste die Regierung am 2. Februar 1832 eine *Allgemeine Städteordnung für das Königreich Sachsen*[514] als erstes wesentliches Reformgesetz der Staats- und Verwaltungsreform nach der Verfassungsgebung in Kraft zu setzen. Auf dem nächstfolgenden Landtag wurden dann auch Entwürfe zu einer Landgemeindeordnung vorgelegt.[515]

I. Die Entstehung der Allgemeinen Städteordnung (AStO) für das Königreich Sachsen vom 2. Februar 1832 und das Frauenstimmrecht

Nachdem sich schon König FRIEDRICH AUGUST I. (1750-1827)[516] als Wahrer wohl erworbener städtischer Rechte ausgezeichnet hatte, kam die Sache nach dem Regierungsantritt seines Bruders ANTON (1755-1836)[517] wieder in Bewegung. Infolge von Unregelmäßigkeiten in der Verwaltung einzelner Städte in den 1820er Jahren war auf dem Landtag von 1830/31 eine Reform des Städtewesens ernsthaft in Erwägung gezogen und von der Kurie der Ritterschaft angenommen worden.[518] Der Schwerpunkt der Reformforderungen lag auch hier auf einem Ausbau der Beteiligung der Einwohner an kommunalen Angelegenheiten und auf dem Verhältnis der Kommunen zum Staat. Insbesondere das Zustandekommen der Städteordnung wurde deshalb von einer lebhaften öffentlichen Diskussion begleitet.

---

[512] BLASCHKE, Die Dorfgemeinde, in: Beiträge zur Verfassungs- und Verwaltungsgeschichte, hrsg. v. SCHIRMER/THIEME, S. 201f.

[513] Näher etwa HIRSCHBERG, Städteordnung, S. X; BÖCKSTIEGEL, a.a.O., S. 71ff und 76ff.; WERNER, Politisierung, Bd. 1, S. 111ff. m. w. N.; vgl. oben, S. 85f., sowie auch die Resolution des Königl. Geh. Rathes Eisenstuck vom 5. Januar 1830 zu Missständen der städtischen Verfassung, in: SächsHStA Dresden, MdI Sekt. 6, Nr. 962a Die städtische Verfassung betreffend, Bl. 1-13, und zahlreiche Petitionen und Zuschriften in dieser Akte.

[514] In: SächsGS 1832, S. 20-110.

[515] Ein Überblick zu den Landtagsverhandlungen über die wesentlichen Reformgesetze der Landtage von 1833-1840 findet sich bei GÖPNER, Der sächsische Landtag, S. 25ff.

[516] Regierungszeit 1763 bis 1827, seit 1806 als König.

[517] Regierungszeit von 1827 bis 1836.

[518] *Schrift wegen der Intercessonalien und Beschwerden* vom 5. Juli 1830, in: LA 1830/31, Bd. 3, S. 1192, 1193; vgl. HIRSCHBERG, Städteordnung, S. IXf.

Mittels Bekanntmachung vom 30. September 1830 wies schließlich die königliche Kommission[519] u. a. die „unverzügliche" Erarbeitung einer allgemeinen Städteordnung an.

1. Die Wahl provisorischer Communrepräsentanten

Die Neuordnung der Verhältnisse begann bereits durch die Wahl der provisorischen Communrepräsentanten in einzelnen Städten unter der Leitung königlicher Kommissare.[520] In Anbetracht der Brisanz der Ereignisse ordnete die Kommission in den Städten Leipzig und Dresden die Wahl von Communrepräsentanten schon vor dem Erlass einer landesweiten Regelung vorab mit Einzelstatuten an.[521] Grundlage zur Abgrenzung des Kreises der Stimmberechtigten war das jeweilige Ortsbürgerrecht, so dass die Abweichungen beider Wahlverordnungen auch in dieser Beziehung Folge der „Verschiedenheit der örtlichen Verhältnisse" waren.[522] Hinsichtlich des Stimmrechts von Frauen ergibt sich dabei ein recht unterschiedliches Bild.

a. Das mittelbare Frauenstimmrecht in Leipzig

In Leipzig erfolgte die Wahl auf der Grundlage der Bekanntmachung der königlichen Kommission vom 22. September 1830.[523] Es war eine indirekte Wahl von 60 Communrepräsentanten vorgesehen, davon 25 Angesessene und 35 Unangesessene,[524] wobei sich letztere noch in drei Klassen untergliederten. Die Urwähler unterfielen entsprechend ihrer wirtschaftlichen Verhältnisse in insgesamt fünf Klassen, die jeweils ihre Wahlmänner bestimmten. Zwar konnten damit die Unangesessenen mehr Vertreter wählen, jedoch hatten die Angesessenen als Ausgleich dafür auch bei der Wahl der Unangesessenen das – und somit ein doppeltes – Stimmrecht.

Frauen waren nach A. III. 3) zwar von der Wahl selbst ausgeschlossen, konnten aber trotzdem „durch ihre Geschlechtsvormünder, oder schriftlich beglaubigte Bevollmächtigte … sich vertreten lassen". Ebenso war eine Vertretung

---

519 Siehe oben, S. 85.

520 Dazu u. a. REINHARDT, Die sächsischen Unruhen, S. 75; zum Begriff „Commun" vgl. BLASCHKE, Vom Dorf zur Landgemeinde, in: Beiträge zur Verfassungs- und Verwaltungsgeschichte, hrsg. v. SCHIRMER/THIEME, S. 193.

521 vgl. Sachsens Umbildung, S. 82ff.; „Sachsen, im Jahre 1830 (Fortsetzung)", in: Der Sächsische Communalgardist, 4. April 1831, S. 105-107, 106.

522 vgl. „Umbildung des Städtewesens", in: Denkwürdigkeiten für Sachsen, Jg. 1831, Nr. 38 vom 13. Mai 1831, S. 149-150; Nr. 46 vom 10. Junius 1831, S. 181-182.

523 Abgedr. in: Sachsenzeitung 1 (1830), S. 1291-1292; konkretisiert in einem Wahlaufruf: „Einladung", a. a. O., S. 1299ff.

524 d. h. mit bzw. ohne Grundbesitz in der Stadt.

für „auswärtige Hausbesitzer" und Minderjährige möglich. Personen, die von anderen vertreten wurden, waren allerdings nicht wählbar.[525] Damit hatten Frauen in Leipzig, sofern sie zur Bürgerschaft gehörten, ein kommunales Stimmrecht, das sie nur durch Stellvertreter ausüben konnten. Wählbar waren sie dagegen nicht.

b. Das Stimmrecht für Frauen als Forderung der „Vertreter und Vorsprecher" der „Dresdner Bürger und Einwohner"

Für Dresden[526] war hingegen eine unmittelbare Wahl vorgesehen, wobei nach Cap. I § 3 der *Bekanntmachung, die Wahl von Communrepräsentanten betreffend,* die ansässigen Bürger 18 und die unansässigen 9 Vertreter zu wählen hatten. „Wahlberechtigt und wahlfähig" waren gemäß Cap. I § 2 „alle unter Raths-Jurisdiction mit Häusern angesessene Bürger, sowie die Lehnträger solcher unter Rathsgerichtsbarkeit gelegener Häuser, deren Besitzer nicht selbst Bürger sind" sowie auch „alle unangesessenen Bürger und zwar ohne Unterschied der Gerichtsbarkeit, unter der sie wohnen".[527] Nach Cap. II § 4 konnte dieses Wahlrecht nur persönlich ausgeübt werden.[528]

Die damals geltende Dresdner Stadtverfassung, deren Grundlage immer noch die Ratsordnung von 1517 war,[529] verpflichtete Frauen mit Grundeigentum oder wenn sie selbständig ein Gewerbe betreiben wollten, sogar zum Erwerb des Bürgerrechts.[530] Es deutet aber trotzdem nichts auf ein Stimmrecht für Frauen bei der Wahl der Dresdner Communrepräsentanten hin, auch wenn dies in der Wahlbekanntmachung nicht explizit ausgeschlossen war.[531] Offenbar durfte nämlich überhaupt ein erheblicher Teil auch der wirtschaftlich etablierten Einwohner nicht an der Wahl teilnehmen, so dass die von der Stadtgemeinde als Interessenvertreter gegenüber der königlichen Kommission eingesetzten sieben „Vertreter und Vorsprecher" der „Dresdner Bürger und Einwohner" gegenüber der königlichen Kommission bemängelten, dass sich die

---

[525] A. I. und III., a.a.O., S. 1291.

[526] vgl. im Folgenden die umfangreiche Darstellung bei WERNER, Politisierung, Bd. 1, S. 137ff.; DIES., Fanal für bürgerliche Kommunalpolitik, in: SächsHBl. 37 (1991), S. 208ff.

[527] In: Vollständige Sammlung, S. 27-32, 27.

[528] a.a.O., S. 29.

[529] Näher dazu WERNER, Politisierung, Bd. 1, S. 90f.; RICHTER, Verfassungs- und Verwaltungsgeschichte, Bd. 1, S. 81f.

[530] RICHTER, a.a.O., Bd. 1, S. 218; vgl. § 3 der Churfürstlichen Sächßischen Residentz-Stadt Dresden Statuta und Stadt-Recht, S. 10f.

[531] Es war weder die damals übliche Differenzierung bei Frauen nach Familienstand, noch eine Stellvertretung bei der Stimmabgabe wie in Leipzig in der Dresdner Wahlbekanntmachung vorgesehen.

Bürger und Einwohner Dresdens auf Grundlage der Anordnung nicht ausreichend vertreten sähen. Diese Vorsprecher stützten ihre Legitimation auf eine öffentlich ausgelegte Vollmacht, die zahlreiche Unterschriften erhalten hatte.[532]

Eine Ausweitung des Stimmrechts über den Kreis der Bürger hinaus schien somit erforderlich, denn nicht einmal alle „Ortseinwohner, welche mit einem Bürgerbriefe bei der Wahl erscheinen" zählten zur „Gesamtheit der Wahlfähigen", da neben zahlreichen anderen auch Frauen mit städtischen Grundbesitz – also die ansässigen Frauen mit Bürgerrecht – vom Stimmrecht ausgeschlossen seien.[533] Die Vorsprecher baten deshalb die königliche Kommission, nicht nur alle männlichen Einwohner mit einem Mindestaufkommen an direkten Steuern von mindestens fünf Thl., sondern auch die Ehemänner ansässiger Frauen und „die unverheiratheten ansäßigen Frauen selbst", sowie die Vertretungsberechtigten auswärtiger Hausbesitzer als „stimmberechtigt" und – sofern männlich – auch als „wahlfähig" anzuerkennen. Ferner sollte die Anzahl der Repräsentanten mindestens auf 60 erhöht werden.[534]

Die Kommission entgegnete, dass an der Verwaltung des Kämmerei- und Gemeindevermögens nur die Bürgerschaft beteiligt und nur diese als Verhandlungspartner über die städtische Verfassung anzusehen sei. Daher müsse am Grundsatz, dass nur Bürger stimmberechtigt seien, festgehalten werden, solange mit der Städteordnung keine andere Regelung ergehe. Die Anzahl der zu wählenden Repräsentanten erhöhte man dagegen auf insgesamt 66.[535] Die Forderung nach einem städtischen Frauenstimmrecht fand hingegen kein Gehör. Allerdings ist sie hier allein vor dem Hintergrund einer Vertretung von Interessen städtischer Grundeigentümer zu betrachten, nicht aber im Sinne eines Eintretens für Partizipationsrechte von Frauen selbst. Nachdem die Wahlen in Dresden am 14., 15. und 16. Oktober 1830 stattgefunden hatten, konnten Anfang November die gewählten Vertreter ihre Arbeit aufnehmen.[536]

---

[532]Sie nahmen ihre Sitzungen am 17. September 1830 auf. – [Unterstützungsaufruf], in: Vollständige Sammlung, S. 20; „Sachsen im Jahre 1830 (Fortsetzung)", in: Der Sächsische Communalgardist, 2. März 1831, S. 69-71, 69; REINHARDT, Die sächsischen Unruhen, S. 60ff.

[533]a.a.O., S. 83f.

[534]a.a.O., S. 84; auch: „Sachsen im Jahre 1830 (Fortsetzung)", in: Der Sächsische Communalgardist, 7. April 1831, S. 108-111, 111.

[535]Sachsens Umbildung, S. 84f.; vgl. die *Bekanntmachung, vom 6. October 1830*, in: Vollständige Sammlung, S. 40: Jeder Wähler konnte nunmehr in seinem Wahlbezirk die doppelte Anzahl an Personen wählen.

[536]Sachsens Umbildung, S. 102f.; Die Namen der Gewählten sind abgedruckt in: *Bekanntmachung vom 26. October 1830*, in: Vollständige Sammlung, S. 47-49, auch: „Verzeichniß der durch Stimmenmehrheit gewählten Commun-Repräsentanten der Residenzstadt Dresden", in: Der Sächsische Communalgardist, 1. November 1830, S. 35-36; RUHLAND, Die revolutionären Ereignisse, in: JBG Dresden 8 (1980), S. 72f.

c. Das „Mandat, die Wahl provisorischer städtischer Communrepräsentanten betreffend, vom 15. December 1830“

Wo bis dahin noch keine Wahlen erfolgt waren, wurden die Städte durch das Mandat, die Wahl provisorischer städtischer Communrepräsentanten betreffend vom 15. December 1830[537] hierzu verpflichtet.

Die Wahl sollte nach § 14 d. Mandats in Abhängigkeit von der Größe der Stadt direkt oder indirekt erfolgen.[538] Zugelassen waren hier nur Bürger. „Personen weiblichen Geschlechts, wenn sie auch das Bürgerrecht, der Localverfassung gemäß, erlangt haben“, Almosenempfänger, in gerichtlicher Untersuchung oder Konkursverfahren befindliche Personen und removierte – d. h. entlassene – oder suspendierte Advokaten waren nach § 19 d. Mandats von den Wahlen ausgeschlossen.[539] Damit wurden Frauen in eine Reihe mit Personen gestellt, deren öffentliche Reputation beschädigt oder zumindest in Frage gestellt war.

Bis zum Inkrafttreten einer neuen Städteordnung wurden sämtliche Ratswahlen ausgesetzt.

2. Außerparlamentarische Vorschläge zu einer Städteordnung

Wie zur Verfassung hatte es auch in der Entstehungsphase der Städteordnung außerparlamentarische Gesetzesvorschläge gegeben. In dem 1830 von ERNST MORITZ SCHILLING (1791/92-1832) veröffentlichten *Entwurf zu einer Städte-Ordnung für das Königreich Sachsen* war eine Partizipation von Frauen an städtischen Vertretungskörperschaften nicht vorgesehen. Dieser Entwurf schlug eine Einteilung der Einwohner in Bürger, Schutzverwandte[540] und Eximierte[541] als Grundlage für eine Einwohnervertretung vor. Auf eine Selbständigkeit kam es nicht an. Neben einem Magistrat[542] sollte es gemäß § 43 d. E. in jeder Stadt eine Vertretung der Stadtgemeinde geben und sich dabei die

---

[537] SächsGS 1830, S. 223-246; vgl. dazu Sachsens Umbildung, S. 103ff. und ULBRICHT, Reform der Einwohnervertretung, in: Sachsen 1763-1832, hrsg. v. SCHIRMER, S. 210; Entwurf d. Mandats mit zahlreichen Änderungen in: SächsHStA Dresden, MdI Sekt. 6, Nr. 962a Die städtische Verfassung betreffend, Bl. 37-75, sowie weitere Materialien in dieser Akte.

[538] SächsGS 1830, S. 227.

[539] a.a.O., S. 229; vgl. „Umbildung des Städtewesens“, in: Denkwürdigkeiten für Sachsen, Jg. 1831, Nr. 38 vom 13. Mai 1831, S. 150.

[540] i.S.v. Einwohnern ohne Bürgerrecht, § 166 d. E., SCHILLING, Entwurf, S. 52; zum Entwurf vgl. ULBRICHT, Reform der Einwohnervertretung, in: Sachsen 1763-1832, hrsg. v. SCHIRMER, S. 209f.

[541] „Befreite“, d. h. Personen, die von der städtischen Gerichtsbarkeit und bestimmten Abgaben befreit waren, wie etwa Angehörige des Adels. – vgl. §§ 2ff. II 14, § 3 II 17 PrALR und LANDÉ/HERMES, PrALR, Bd. 2, S. 216, Anm. 1.

[542] SCHILLING, Entwurf, § 13ff., S. 11ff.

Anzahl der Repräsentanten nach der Größe der Stadt, ihrer Gewerbestruktur und ihrem Verwaltungsaufwand richten.[543] Nach § 64 d. E. sollten diese Stadtrepräsentanten auf sechs Jahre gewählt werden, wobei jährlich die Neuwahl von einem Sechstel erfolgen sollte.[544] Die Wahl selbst war als unmittelbare Wahl auf der Ebene von Bezirken in Wählerversammlungen vorgesehen, wobei bei Strafe eine Wahlpflicht bestand, §§ 56ff. d. E.[545]

Nach § 145 d. E. hatte jeder einen Anspruch auf Erwerb des Bürgerrechts, der seinen Wohnsitz in der Stadt nehmen will und unbescholten ist.[546] Nach § 148 d. E. konnten „unverheirathete Personen weiblichen Geschlechts" das Bürgerrecht erwerben, wenn sie die dafür notwendigen Eigenschaften nach § 145 d. E. vorwiesen. Witwen und an der Scheidung nicht für schuldig befundene, geschiedene Frauen, waren zur Weiterführung des Gewerbes des Ehemannes oder als Grundbesitzerinnern nicht zu einem erneuten Erwerb des Bürgerrechts verpflichtet, wenn bereits der Ehemann das Bürgerrecht besessen hatte. Sie sollten so lange alle „bürgerlichen Rechte" ihrer Ehemänner behalten, wie sie ihren Familienstand nicht verändern.[547] § 146 d. E. räumte den Erwerb des Bürgerrechts zur Fortführung eines Gewerbes Frauen selbst für den Fall ein, dass ihr Ehemann infolge der Verurteilung wegen eines Verbrechens sein Bürgerrecht verloren hatte oder in Konkurs gefallen war. Die Frauen konnten sich in diesen Fällen – statt durch den Ehemann – von einem „andern qualificirten Stellvertreter" vertreten lassen.[548]

An der Wahl der Stadtrepräsentanten sollten nach § 47 d. E. „ohne Beziehung auf Stand, Corporation, Zunft und so weiter" alle stimmfähigen Bürger teilnehmen. Von der Stimmfähigkeit ausgeschlossen waren in § 48 Satz 2 Ziff. 3 d. E. gleichwohl „die das Bürgerrecht besitzenden Personen weiblichen Geschlechts".[549] Die „Wahlfähigkeit", damit ist das passive Wahlrecht gemeint, besaßen nach § 60 Abs. 1 d. E. nur stimmfähige Bürger und damit nicht Frauen.[550]

Während die Verfassung von 1831 ihrerseits keine Bestimmungen zum Wahlrecht in den Städten und Landgemeinden enthielt, beinhaltete dagegen Moßdorfs Verfassungsentwurf in Ziff. 111 detaillierte Regelungen zur Vertretung in den Gemeinden. Es sollten „von jeder Stadt- oder Dorfgemeinde" zwischen

[543] § 43, a.a.O., S. 20.
[544] a.a.O., S. 25.
[545] a.a.O., S. 23ff.
[546] a.a.O., S. 45f.; vgl. aber die Ausnahmen in §§ 148ff., a.a.O., S. 46f.
[547] a.a.O., S. 46.
[548] a.a.O., S. 51f.
[549] a.a.O., S. 21.
[550] a.a.O., S. 24.

30 und 100 Vertreter zur „Anordnung und Kontrolle aller Gemeindeangelegenheiten“ für die Dauer eines Jahres ernannt werden. Dabei billigte MOßDORF „das Recht, zu wählen und gewählt zu werden“ gleichermaßen den Ansässigen, Unansässigen und Bürgern zu, den Nichtbürgern jedoch „nur verhältnißmäßig“. Ein Gemeinderat oder eine anderweitige „vollziehende Behörde“, war von den Gemeindevertretern jährlich zur Hälfte neu zu wählen. Kleine Gemeinden mit bis zu 200 „stimmfähigen Gliedern“ sollten sich selbst vertreten.[551]

Ob damit Frauen ein Stimmrecht in den Gemeinden besitzen sollten, lässt die Formulierung nicht erkennen. Es spricht hier wohl mehr für die Annahme, dass sie nicht stimmberechtigt sein sollten und dies dem Autor zu selbstverständlich war, um es explizit niederschreiben zu müssen.

Auch die Presse setzte sich mit dem Inhalt einer künftigen Städteordnung auseinander.[552] So stellt etwa ein Beitrag in den in Dresden erschienenen *Denkwürdigkeiten für Sachsen* aus dem Jahre 1831 die positiven Erfahrungen in Preußen dar.[553] Zwar bestand auch hier eine Verpflichtung zum Erwerb des Bürgerrechts bei Vorliegen der entsprechenden Voraussetzungen. Doch waren „Unmündige, Dienende und alle Personen, deren Abhängigkeit eine freie Bewegung im bürgerlichen Leben hindert“ vom Bürgerrecht ausgeschlossen.[554]

Frauen erwähnte der Beitrag nicht, obwohl sie die *Städteordnung für alle Provinzen der Monarchie vom 19. November 1808*[555] aufgrund der privatrechtlichen Wirkungen des Bürgerrechts, das erforderlich war, um ein Gewerbe zu betreiben oder ein Grundstück in der Stadt zu besitzen, auch zum Erwerb des Bürgerrechts zuließ. Dagegen wurden ihnen politische Rechte – wie die Teilnahme an der Wahl der Stadtverordneten – selbst mittels Stellvertreter ausdrücklich verwehrt. Die *Revidierte Städteordnung für die Preußische Monarchie vom 17. März 1831*[556] räumte das Bürgerrecht, aus dem nunmehr unmittelbar auch die politischen Rechte folgten und das nicht mehr Voraussetzung für Gewerbe und Grundbesitz war, nur noch den preußischen Männern ein. Daneben bestand für Frauen aber weiterhin die Möglichkeit, als

---

[551] MOßDORF, Constitution, S. 14.

[552] z. B. „Stadtverfassung“, in: Die Biene, Nr. 42 vom 17. Oktober 1830, S. 329-330; „Entgegnung. Die allgemeine Städteordnung betreffend“, in: Der Sächsische Communalgardist, 17. März 1831, S. 78-80; 14. März 1831, S. 94-95 und 28. März 1831, S. 100.

[553] „Stoff zu Berathungen“, in: Denkwürdigkeiten für Sachsen, Jg. 1831, Nr. 4 vom 14. Januar 1831, S. 14-16; Nr. 5 vom 18. Januar 1831, S. 17-19.

[554] a.a.O., S. 15.

[555] Ordnung für sämmtliche Städte der preußischen Monarchie, mit dazu gehöriger Instruktion, Behufs der Geschäftsführung der Stadtverordneten bei ihren ordnungsgemäßen Versammlungen. Vom 19. November 1808, in: PrGS 1806/1810, S. 324-360.

[556] Allerhöchste Kabinettsorder vom 17ten März 1831, wegen Einführung der Städteordnung, in: PrGS 1831, S. 9-40.

Schutzverwandte Gemeindemitglied zu sein, was dem Status eines Bürgers ohne politische Gemeinderechte gleichkam.[557]

Im selben Jahrgang der *Denkwürdigkeiten für Sachsen* findet sich allerdings auch ein recht bemerkenswerter Bericht über eine lebhafte Auseinandersetzung in der Zweiten Kammer der Stände im Großherzogtum Baden zur Frage des Bürgerrechts für Frauen. Insbesondere fand in dem Beitrag Erwähnung, dass eine Reihe von Abgeordneten[558] vehement für die Sache der Frauen Partei ergriffen, als diese vom Bürgerrecht vollkommen ausgeschlossen werden sollten.[559]

In Baden verabschiedete der Landtag von 1831, nachdem der Versuch in den 1820er Jahren mehrfach gescheitert war, eine liberale Gemeindeverfassung. Sie war in einem Gesetz über die Verfassung und Verwaltung der Gemeinden und einem Gesetz über das Gemeindebürgerrecht niedergelegt.[560] Die nun landesweit für Städte und Landgemeinden einheitliche, im Gegensatz zu Preußen und zur späteren Gesetzgebung in Sachsen auch nicht mehr abgestufte Gemeindemitgliedschaft, war entweder angeboren und konnte dann gegen eine Gebühr angetreten werden, oder musste ausdrücklich erworben werden, wofür bestimmte ökonomische Mindestvoraussetzungen verlangt wurden. Frauen stand der erstere Weg zwar offen, aber nur, wenn sie mit einem Gemeindebürger verheiratet waren. Vom Stimmrecht bei Gemeindewahlen waren sie nicht ausdrücklich ausgeschlossen, übten es wohl aber gewohnheitsmäßig nicht aus.[561]

3. Schlussfolgerungen

Die Schaffung einer Städteordnung mit einer gewählten Repräsentation der Bürgerschaft war die politische Forderung vor allem aufstrebender bürgerlicher Kreise in Sachsen. Die Öffentlichkeit begleitete dann auch bereits in der vorparlamentarischen Phase lebhaft ihren Entstehungsprozess. Dabei galt ihr

---

[557] Doch durften diese weder unter väterlicher Gewalt, Vormundschaft und noch Kuratel stehen, mussten ihren Wohnsitz im Stadtgebiet haben und unbescholten sein. – PAHLMANN, Anfänge des städtischen Parlamentarismus, insbes. S. 17ff.; FREVERT, „Mann und Weib…", S. 74ff.; ROSENBUSCH, Frauenwahlrecht, S. 92ff.; APOLANT, Das kommunale Wahlrecht, S. 11f. und 51f.

[558] Karl von Rottek und Carl Joseph Anton Mittermaier.

[559] „Das Bürgerrecht der Frauen", in: Denkwürdigkeiten für Sachsen, Jg. 1831, Nr. 60 vom 30. Julius 1831, S. 237-238.

[560] Gesetz über die Verfassung und Verwaltung der Gemeinden vom 31. Dezember 1831, in: BadRegBl. 1832, S. 81-115; *Gesetz über die Rechte der Gemeindebürger und die Erwerbung des Bürgerrechts vom 31. Dezember 1831*, a.a.O., S. 117-132.

[561] NOLTE, Gemeindebürgertum, S. 85ff.; ROSENBUSCH, Frauenwahlrecht, S. 114; vgl. APOLANT, Das kommunale Wahlrecht, S. 28 und 82f. Die Städteordnung von 1874 schloss Frauen dann sowohl von Bürger- und Gemeindewahlrecht ausdrücklich aus. Entsprechendes galt auch für die übrigen württembergischen Gemeinden.

aufmerksamer Blick ebenso den Erfahrungen und Entwicklungen der Städteverfassungen jenseits der Landesgrenzen.

Sieht man von wenigen Ausnahmen ab, so wird eine mögliche Beteiligung von Frauen an der neuen städtischen Repräsentation der Bürgerschaft nicht einmal problematisiert. Gleichwohl besaßen Frauen zumindest mittels Stellvertreter und als unverheiratete auch persönlich das Stimmrecht bei der Wahl der Leipziger Communrepräsentanten. Die Dresdner Einwohner und Bürger hatten mit einer ähnlichen Forderung jedoch keinen Erfolg.

In beiden Fällen ist das Frauenstimmrecht jedoch nicht als eigentliche Partizipation von Frauen an städtischen Angelegenheiten anzusehen, sondern als Stimmrecht von Grundbesitzern, die zufällig weiblichen Geschlechts waren und denen man aber trotzdem nicht die Vertretung der Interessen ihres Grundbesitzes versagen wollte.

Hinsichtlich der Verankerung von Frauen in der städtischen Verfassung zeichnete sich – nicht zuletzt vor dem Hintergrund der Entwicklungen etwa in Preußen und Baden – die Erörterung der Frage ab, ob Frauen überhaupt das Bürgerrecht in den Städten zu gewähren sei.

II. Gemeindemitgliedschaft, Bürgerrecht und Frauenstimmrecht nach der AStO

Mit dem *Decret an die Landstände. Den Entwurf zu einer allgemeinen Städteordnung betreffend,*[562] legte die Regierung den Ständen den Entwurf einer Städteordnung vor. Als Vorbild für diesen Regierungsentwurf, aus dem die *Allgemeine Städteordnung für das Königreich Sachsen vom 2. Februar 1832*[563] hervorging, diente in erster Linie die *Preußische Städteordnung vom 19. November 1808*, die zu dieser Zeit in Form der *Revidierten Städteordnung vom 17. März 1831* in Kraft war.[564]

Die neue Städteordnung sollte „das gesamte Städtewesen hiesiger Lande zu einer solchen Selbständigkeit und thunlichsten Gleichförmigkeit führen“.[565]

[562]*Eingegangen am 8. März 1831,* in: LA 1830/31, Bd. 3, S. 1538-1606; vgl. dazu ULBRICHT, Reform der Einwohnervertretung, in: Sachsen 1763-1832, hrsg. v. SCHIRMER, S. 210ff.; vgl. auch zur Entstehung der AStO SächsHStA Dresden, MdI Sekt. 6, Nr. 962a-e Die städtische Verfassung betreffend.

[563]SächsGS 1832, S. 21-110.

[564]*Allerhöchste Kabinettsorder vom 17ten März 1831, wegen Einführung der Städteordnung*, in: PrGS 1831, S. 9-40; näher VOLLPRECHT, Gemeindemitgliedschaft, S. 29f.; WYDUCKEL, Verwaltungsaufbau, in: FS zum 100-jährigen Jubiläum, hrsg. v. REICH, S. 85f.; vgl. auch FREVERT, „Mann und Weib…“, S. 74ff.

[565]Gesetz, die Publikation und Einführung der allgemeinen Städte-Ordnung betreffend; vom 2ten Februar 1832, in: SächsGS 1832, S. 7-15, 7.

Der Regierungsentwurf machte daher zwar die Verfassungen der sächsischen Städte übersichtlicher, indem er den Unterschied zwischen den mittelbaren und unmittelbaren, schriftsässigen, amtssässigen und Amtsstädten beseitigte. Eine Einheitlichkeit wurde aber dennoch nicht hergestellt, sondern nunmehr eine Gliederung in größere, mittlere und kleinere Städte geschaffen.[566] Sie führte z. T. zu erheblichen Unterschieden zwischen den Städten, bis hin zur Anwendung der späteren LGO von 1838 auf kleine Städte,[567] die vorläufig bis dahin ihre überkommenen Verfassungen beibehielten.[568]

Auch die Bewohner der Stadtgemeinde waren im Hinblick auf ihre Rechte und Pflichten gegenüber dieser nicht gleich. Nicht alle wurden als Mitglieder der Gemeinde angesehen und unter den Gemeindemitgliedern wurde zwischen Bürgern und Schutzverwandten unterschieden. Letztere hatten zwar ihren wesentlichen Wohnsitz in der Gemeinde, besaßen aber nicht das Bürgerrecht. Diese Differenzierungen überstanden die Beratungen der Kammern und fanden im Wesentlichen so Eingang in den beschlossenen Gesetzestext.[569]

Gewählte Organe der Gemeinde waren der Stadtrat als „die Gemeindeverwaltungsbehörde und städtische Obrigkeit“[570], die Stadtverordneten und der – auf Veranlassung der Stände aufgenommene – größere Bürgerausschuss. Die stimmberechtigten Bürger wählten die Stadtverordneten und den größeren Bürgerausschuss, der sich aus den Stadtverordneten, den Stadtältesten[571] und weiteren, dafür gewählten Bürgern zusammensetzte und seinerseits den Stadtrat einschließlich des Bürgermeisters wählte.

---

[566] vgl. LA 1830/31, Bd. 3, S. 1539; zu den Bemühungen einer sachgerechten Abgrenzung von Stadt und Landgemeinde ausführlich ULBRICHT, Die verfassungsrechtliche Trennung, in: NASächsG 69 (1998), S. 159ff. Die als Städte anerkannten Gemeinden waren bereits im Anhang zum WahlG 1831 abschließen aufgelistet.

[567] Vgl. dazu Kap. IV, S. 193.

[568] Andere deutsche Staaten hatten dagegen eine getrennte Kodifikation bereits deshalb verworfen, weil sie – dem französischen Vorbild folgend – eine Unterteilung der sonst ja gleichen Staatsbürger in Angehörige der Städte und der Landgemeinden nicht begründen konnten. – vgl. ULBRICHT, a. a. O., S. 160f. m. w. N.

[569] Die AStO hat aber hier in der Absicht, ein einheitliches System der Staats- und Gemeindeangehörigkeit zu schaffen, Regelungen einem Staatsbürgerschaftsgesetz überlassen. – *Erläuternde Anmerkungen zu dem Entwurfe einer Ordnung für die Landgemeinden im Königreiche Sachsen*, in: SächsHStA Dresden, MdI Sekt. 6, Nr. 2179 Entwurf einer Landgemeinde-Ordnung 1831, Bl. 105-141, 111f.

[570] Sachsens Umbildung, S. 160.

[571] Siehe dazu § 199 AStO, in: SächsGS 1832, S. 68.

1. Frauen als Mitglieder der Stadtgemeinde

Nach § 11 Abs. 1 Satz 1 AStO bildete „die Gesamtheit der selbständigen, sich lediglich daselbst aufhaltenden Einwohner[572] ... und derjenigen, welche Grundbesitz darin besitzen, ohne darin zu wohnen, ... die Stadtgemeinde". Abs. 2 zog daraus die Konsequenz, dass jedes Gemeindemitglied entweder zu den Bürgern oder den Schutzverwandter zu rechnen war.[573]

Diese Unterscheidung zwischen Bürgern und Schutzverwandten in den Städten liege in den „städtischen Gewerbsverhältnissen" begründet, die es nicht zuließen, jemandem, der sein Stimmrecht verliere, zugleich auch das „Bürgerrecht in gewerblicher Hinsicht" zu entziehen. Auch Preußen hätte eine derartige Regelung inzwischen aufgegeben.[574]

Neben Bürgern und Schutzverwandten gab es aber auch noch diejenigen Einwohner, die sich zwar mehr oder weniger dauerhaft in den Städten aufhielten, aber nicht Mitglieder der Stadtgemeinde waren: „Die nicht selbständigen Einwohner und diejenigen in- oder ausländischen selbständigen Personen, welche sich ohne bleibenden Wohnsitz, im Stadtbezirke aufhalten (die Fremden), sind nicht Mitglieder der Stadtgemeinde." Sie waren aber gleichwohl den städtischen Behörden unterworfen.[575] Damit wurde das Kriterium der bürgerlichen Selbständigkeit[576] ein wesentliches Merkmal auch für die Zugehörigkeit zur Stadtgemeinde.

a. Der Einfluss des Heimatgesetzes vom 26. November 1834 auf die Gemeindemitgliedschaft

Um seinen „wesentlichen Wohnsitz mit ständiger Wirtschaftsführung" zu nehmen und damit Gemeindemitglied werden zu können, bedurfte es nach § 18 AStO für Fremde einer ausdrücklichen Aufnahme durch den Stadtrat in die Stadtgemeinde als Bürger oder Schutzverwandte. Wenn aber Angehörige eines Bürgers oder Schutzverwandten, oder andere Personen mit Heimatrecht in der Stadtgemeinde Selbständigkeit erlangten, so wurden sie nach § 30 AStO ohne diesen Aufnahmeakt zu Schutzverwandten.[577]

---

[572]Die Kommentierung von HIRSCHBERG verweist darauf, dass sie einen „dauernden wesentlichen Aufenthalt in der Stadt haben" müssen. – HIRSCHBERG, Städteordnung, S. 26.

[573]In: SächsGS 1832, S. 23.

[574]Erläuternde Anmerkungen zu dem Entwurfe einer Ordnung für die Landgemeinden im Königreiche Sachsen, in: SächsHStA Dresden, MdI Sekt. 6, Nr. 2179 Entwurf einer Landgemeinde-Ordnung 1831, Bl. 122f.; zur Preußen siehe oben, S. 106.

[575]§ 12, in: SächsGS 1832, S. 23.

[576]Dazu sogleich auf S. 117ff.

[577]In: SächsGS 1832, S. 24.

Nicht nur hier entfaltete das wenige Jahre später in Kraft gesetzte *Heimaths-Gesetz, vom 26ten November 1834* (Heimatgesetz) Rechtswirkungen auf die Gemeindemitgliedschaft nach der AStO. § 29 Heimatgesetz modifizierte nachträglich § 20 AStO, der die Aufnahme „Einheimischer" als Schutzverwandte durch Erwerb der Selbständigkeit regelt: Nunmehr war jeder selbständige Einwohner, der sich dauerhaft im Gemeindebezirk aufhielt, zugleich auch Schutzverwandter.[578]

Nach § 1 Heimatgesetz musste nämlich jeder Staatsangehörige eine Heimatangehörigkeit besitzen und nach § 2 d. G. jedes Grundstück zur Sicherstellung der Armenversorgung einem Heimatbezirk angehören.[579] Die Heimatbezirke hatten für die Armenversorgung aufzukommen. Dafür konnten nicht nur Geburt oder Verleihung, sondern auch die „Ansässigkeit mit einem Wohngebäude" oder die „Gewinnung des Bürgerrechts" die Heimatangehörigkeit nach § 8 Abs. 1 Heimatgesetz begründen. Allerdings erfolgte nach Abs. 3 der Erwerb der Heimatangehörigkeit aufgrund von Ansässigkeit und Bürgerrecht nicht mehr sofort, sondern nunmehr erst nach fünf Jahren.[580]

Während Ehefrauen nach § 11 Heimatgesetz ebenso die Heimatangehörigkeit ihrer Ehemänner teilten, wie Witwen die des letzten Ehemannes beibehielten, enthielt § 10 Heimatgesetz hinsichtlich des Erwerbs durch Geburt am Ort eine Sonderregelung. Hielt sich die Mutter zum Zeitpunkt der Geburt des Kindes nur zufällig und vorübergehend in der Gemeinde auf, erwarb das Kind die Heimatangehörigkeit dieser Gemeinde nicht allein aufgrund seiner Geburt. Das Gesetz benennt hier ausdrücklich die Durchreise der Mutter, ihren Aufenthalt aufgrund eines Gesindedienstverhältnisses oder zur Entbindung des Kindes, ihre Inhaftierung in einer Strafanstalt oder einem Gefängnis sowie ihren Aufenthalt infolge eines Militärdienstverhältnisses ihres Ehemannes.[581]

Die Heimatangehörigkeit hatte damit erhebliche Auswirkungen auf die Gemeindemitgliedschaft und ihren Erwerb. Auch wenn das Heimatgesetz in seinem § 17 eine für damalige Verhältnisse relativ weitgehende

[578]In: SächsGS 1834, S. 449-456, 455; vgl. auch HIRSCHBERG, a.a.O., S. 29. Das Decret an die Stände. Den Entwurf eines Gesetzes über Staatsangehörigkeit und Staatsbürgerrecht, auch Wohnsitz- und Heimathsrecht betr. Eingegangen den 18. April 1833, vom 12. April 1833, in: LA 1833/34, 1. Abth., königl. Mitth., Bd. 2, S. 426-500, war zuvor unerledigt geblieben. – dazu Vollprecht, Gemeindemitgliedschaft, S. 50-52.

[579]SächsGS 1834, S. 449.

[580]a.a.O., S. 450.

[581]a.a.O., S. 451.

Niederlassungsfreiheit einführte,[582] so dass dadurch die Bestimmungen der AStO zur Gemeindemitgliedschaft z. T. ins Leere liefen, war für wirtschaftlich Abhängige und Besitzlose – wie insbesondere das Hausgesinde – die Chance sehr gering, das Heimatrecht und damit auch die Gemeindemitgliedschaft erwerben zu können.

b. Der Erwerb des Bürgerrechts durch Frauen

Unter den Bewohnern der Städte wurden am weitesten die Bürger in die städtischen Angelegenheiten einbezogen. Die AStO ermöglichte es auch Frauen, in allen Städten das Bürgerrecht zu erwerben. Sie konnten es ebenso wie Männer nach den §§ 41ff. AStO[583] erlangen, sofern sie „in Gemäßheit der Gesetze, ihren Angelegenheiten selbständig vorzustehen vermögen, und dem christlichen Glauben zugethan sind“ und die entsprechenden Voraussetzungen, wie Besitz[584] von Grundstücken, örtlichen Gerechtsamen, gesichertes Auskommen verbunden mit Wohnsitz oder zumindest aber das Betreiben eines Gewerbeunternehmens in der Stadt, erfüllten.[585]

Nach dem Regierungsentwurf hatte das Bürgerrecht eine mehr politische Natur: Gemäß § 51 RegE befähigten für den Erwerb des Bürgerrechts „im Allgemeinen solche persönlichen Verhältnisse, welche eine besondere Theilnahme für die öffentlichen Angelegenheiten [Herv. d. Verf.] einer Stadtgemeinde voraussetzen“.[586] Als besondere Voraussetzungen wurden nach § 54 d. E. entweder der Erwerb von Immobilien oder gleichzusetzenden Gerechtsamen oder ein gesichertes Auskommen bei zugleich wesentlichem Wohnsitz im Gemeindebezirk oder zumindest der Betreibung eines vor Ort mit „einem wirklichen Etablissement“ angesiedelten Gewerbeunternehmens verlangt.[587]

---

[582] Für den Erwerb der Gemeindemitgliedschaft war für Angehörige von Gemeindemitgliedern der Erwerb der Selbständigkeit, sonst für andere sächsische Staatsangehörige aber nur noch die Vorlage eines „Heimatsscheins“ und eines „Verhaltscheins“ (Nachweis, innerhalb des letzten Jahres weder öffentliche Almosen in Anspruch genommen, noch gebettelt oder sonst bei der Polizei in Erscheinung getreten zu sein) erforderlich. – vgl. SächsGS 1834, S. 452f. und VOLLPRECHT, Gemeindemitgliedschaft, S. 52ff.

[583] SächsGS 1832, S. 30ff.; vgl. §§ 52ff. d. E., in: LA 1830/31, Bd. 3, S. 1552ff.

[584] i.S.v. „Civilbesitz“, näher dazu HIRSCHBERG, Städteordnung, S. 40.

[585] Zu den einzelnen Voraussetzungen des Bürgerrechts nach der AStO VOLLPRECHT, a.a.O., S. 36ff.; HIRSCHBERG, a.a.O., S. 39f.

[586] LA 1830/31, Bd. 3, S. 1552; näher bestimmt durch § 57 d. RegE: „Die Befähigung zum Bürgerrecht außer im Fall der Ansässigkeit ist in der Regel bei jedem Inländer anzunehmen, der, ohne einem Gemeinwesen als Armer zur Last zu fallen, seinen Unterhalt hat.“ Ausnahme nach § 54 Abs. 1 bei Unangesessenen, „deren Erwerbzweig in einer gemeinen, eine kunst- und handwerksmäßige Kenntniß nicht erfordernden Lohnarbeit, wie z. B. die der Tagelöhner, Holzhacker, Lastträger, Aufwärter und dergleichen, besteht“. – LA 1830/31, Bd. 3, S. 1553.

[587] a.a.O., S. 1552f.

Die Stände sprachen sich jedoch gegen den Erwerb des Bürgerrechts durch Frauen aus. Das sei „nicht nur dem bisherigen Gebrauche“ entgegen, nach dem Frauen davon ausgeschlossen seien,[588] sondern widerspräche auch der in Sachsen geltenden Geschlechtsvormundschaft.[589] Überhaupt müssten Frauen von den persönlichen Leistungsverpflichtungen des Bürgers immer ausgeschlossen bleiben. Auch mit § 14 der *Revidirten Städteordnung für die Preußische Monarchie vom 17. März 1831* sei den Frauen die Befähigung zum Erwerb des Bürgerrechts wieder entzogen worden.[590] Deshalb erscheine es angemessen, es bei den bisherigen Grundsätzen zu belassen und lediglich darauf acht zu geben, dass sich Frauen als Grundbesitzerinnen und Gewerbetreibende ihren Obliegenheiten nicht „ungebührlich“ entziehen könnten.[591]

Ein neuer § 59, an Stelle des § 65 RegE, sollte daher lauten: (1) „Frauenspersonen sind zwar zu Erlangung des Bürgerrechts unfähig, sie haben jedoch, wenn sie städtische Grundstücke besitzen, oder das Gewerbe eines Bürgers betreiben, alle hieraus hervorgehenden Verbindlichkeiten zu erfüllen, mit persönlichen Leistungen aber, insofern diese nicht durch Stellvertreter verrichtet werden können, sind sie zu verschonen.“ (2) „Wegen der ihnen zugehörigen Grundstücken haben sie einen Bürger als Lehnträger zu bestellen.“[592]

Letztlich blieb es aber bei dem Bürgerrecht für Frauen. § 43 AStO beinhaltet daher – grundsätzlich unabhängig vom Geschlecht – eine Verpflichtung zur Erlangung des Bürgerrechts für den Fall, dass Grundstücke oder Gerechtsame i. S. v. § 42 AStO erworben werden oder eine selbstständige Erwerbstätigkeit aufgenommen wurde.[593] Nach HIRSCHBERG war damit der Erwerb des Bürgerrechts *vor* der Errichtung des Gewerbes erforderlich,[594] doch waren – bei entsprechender Auslegung des § 52 AStO – im Wesentlichen nur die Gewerbe zünftiger Handwerksmeister gemeint, also weder Handwerksgesellen mit „selbständiger Wirtschaftsführung“, noch Lohnarbeiter und dergleichen.[595] Auch musste nach § 44 AStO das Bürgerrecht von Gewerbetreibenden selbst dann erworben werden, wenn kein Wohnsitz im Stadtgebiet vorhanden war.[596]

---

[588] Siehe aber oben, S. 101ff.

[589] Zum Begriff und der rechtlichen Entwicklung in Sachsen siehe bereits Kap. II, S. 62ff.

[590] Siehe dazu oben, S. 106f.

[591] *Schrift, den Entwurf einer allgemeinen Städteordnung betreffend*, in: LA 1830/31 Bd. 4, S. 1960-2044, 1993.

[592] LA 1830/31 Bd. 4, S. 1996.

[593] SächsGS 1832, S. 30.

[594] HIRSCHBERG, a.a.O., S. 40.

[595] a.a.O., S. 44ff.

[596] In: SächsGS 1832, S. 30.

Eine besondere Regelung bestand hinsichtlich des Bürgerrechts von Meisterwitwen. Zunächst war unklar, ob für den Erwerb des Bürgerrechts auch bei Frauen der Betrieb eines Gewerbes ausreichen sollte. Jedenfalls wollte man die Frage, ob ihnen das Betreiben so genannter bürgerlicher Gewerbe gestattet werden solle, einer künftigen Gewerbeordnung überlassen und zunächst die überkommene Sonderregelung für Meisterwitwen beibehalten.[597]

Somit waren nach § 49 AStO grundsätzlich auch Frauen verpflichtet, als Grundbesitzerinnen und Gewerbetreibende das Bürgerrecht zu erwerben.[598] Lediglich Meisterwitwen waren hiervon ausgenommen, aber nur „so viel die Fortsetzung des Handwerks ihres verstorbenen Ehemanns anlangt“. Sie hatten auch nur diejenigen persönlichen Leistungen zu erbringen, für die sie einen Stellvertreter beauftragen konnten.[599] Nach HIRSCHBERGS Kommentierung war diese Befreiung aber nicht „auf Wittwen anderer selbständiger, und einer Innung nicht angehörig gewesener Gewerbetreibender“ anzuwenden, sondern „als Privilegium ... engstens auszulegen“.[600] Die Befreiung der Meisterwitwen von der Verpflichtung zur Erlangung des Bürgerrechts überdauerte selbst das *Gewerbegesetz vom 15ten Oktober 1861*,[601] da dieses die Innungen nicht abschaffte.

---

[597] JULIUS TRAUGOTT JAKOB VON KÖNNERITZ in seinem „Allunterthänigsten Vortrag“ an Konferenzminister GOTTLOB ADOLF ERNST VON NOSTITZ UND JÄNCKENDORF (1765-1834) vom 24. Januar 1831, in: SächsHStA Dresden, MdI Sekt. 6, Nr. 962b Die städtische Verfassung betreffend, Bl. 1-90m, 33f.: „Zu § 61 ist die Frage entstanden, ob nicht auch außer dem Falle der Ansässigkeit, die Handelsfrauen und überhaupt solche Frauenspersonen, welche für eigne Rechnung ein Gewerbe treiben, wozu bei Männern das Bürgerrecht erfordert wird, dasselbe gewinnen müssen? Eine Verfügung dieser Art hat aber der Majorität [der Deputation – Anm. d. Verf.] theils überhaupt bedenklich, theils wenigstens für jetzt noch nicht in die allgemeine Städte-Ordnung gehörig geschienen. Erst die künftige Gewerbeordnung wird bestimmen, inwieweit dem Frauenspersonen, insofern sie nicht als Wittwen die Geschäfte ihrer verstorbenen Ehemänner fortsetzen, überhaupt der selbständige Betrieb bürgerlicher Gewerbe zu gestatten ist. Die dermalen übliche Fortsetzung des Gewerbes durch die Wittwen, hat aber zeither das Bürgerwerden derselben nicht erfordert, und es würde Mißvergnügen erregen, auch schwerlich einen wesentlichen Nutzen haben, wenn die Wittwen künftig die Kosten des Bürgerwerden übernehmen sollten.“ vgl. auch den Bl. 90-219 folgenden Entwurf der AStO.

[598] Im Lokalstatut von Zittau z. B. findet sich in § 16 eine Konkretisierung von § 49 AStO. Danach müssen „Ehefrauen, welche ein Grundstück erwerben, oder für sich allein einen solchen Handel treiben, wodurch sie wechselfähig werden, auch dann das Bürgerrecht erwerben, wenn ihr Ehemann bereits im Bürgerrechte steht.“ Bestimmte weibliche Berufsgruppen, wie Hebammen, Leichenwäscherinnen und Schankweiber waren aber aufgrund ihres Gewerbes zum Erwerb des Bürgerrechts „weder verbunden noch berechtigt“. – *Local-Statut für die Stadt Zittau*, S. 10.

[599] In: SächsGS 1832, S. 31f.

[600] HIRSCHBERG, Städteordnung, S. 43f.

[601] In: GVBl. 1861, S. 187-217; zum Gewerbegesetz ausführlich: ALBERT HERZOG ZU SACHSEN, Die Reform der sächsischen Gewerbegesetzgebung, insbes. S. 900ff.

Daneben bestand nach § 52 AStO für diejenigen, die von der Verpflichtung zu Erwerb des Bürgerrechts befreit waren, die Möglichkeit, es unter den Voraussetzungen des § 42 AStO freiwillig zu erlangen. Allerdings stand es in „weiterm Ermessen" des Stadtrats, ob er dem Begehren entsprach.[602]

c. Die bürgerlichen Ehrenrechte als Voraussetzung von Stimmrecht und Wählbarkeit

Wenn also auch Frauen unter bestimmten Voraussetzungen das Bürgerrecht in den Städten erlangen konnten, so wurden ihnen die damit verbundenen politischen Mitwirkungsrechte dennoch verwehrt. Nach § 65 AStO waren die bürgerlichen Ehrenrechte, die „in dem Stimmrechte bei der Wahl der Vertreter der Stadtgemeinde (§ 126), der Wählbarkeit zu städtischen Ämtern (§ 127), und der sonst, nach dieser allgemeinen Städte-Ordnung, lediglich den Bürgern zukommenden Theilnahme an den gemeinsamen Stadtangelegenheiten" bestehen, zwar Teil des Bürgerrechts.[603] Von ihrer Ausübung waren nach §§ 73ff. AStO aber bestimmte Personengruppen ausgeschlossen, darunter auch unter § 73 lit. b) „Frauenspersonen, wenn sie auch das Bürgerrecht erlangt haben".[604]

Für die Frauen bedeutet das, dass sie als Gemeindemitglieder und in besonderem Maße als Bürgerinnen weitgehend zur Übernahme von städtischen Gemeindeleistungen verpflichtet waren, sofern dafür nicht der Besitz der bürgerlichen Ehrenrechte Voraussetzung war,[605] selbst aber keine Mitwirkungsrechte in städtischen Angelegenheiten besaßen.

Darüber hinaus ging der Begriff der bürgerlichen Ehrenrechte nach der AStO auch nicht mit dem Wahlrecht zur Ständeversammlung konform. Somit war es durchaus möglich, dass Männer, die kein kommunales Stimmrecht besaßen, weil sie nicht Bürger waren, trotzdem die Abgeordneten der Landtage mit wählen durften.[606]

---

602 In: SächsGS 1832, S. 32.

603 a.a.O., S. 65; zu den bürgerlichen Ehrenrechten im Einzelnen: VOLLPRECHT, Gemeindemitgliedschaft, S. 43-47.

604 SächsGS 1832, S. 36. Ausschließungsgründe waren ferner u. a. fehlender wesentlicher Aufenthalt im Stadtbezirk, mehr als 2 Jahre Verzug mit Landes- und Gemeindeabgaben, der Empfang öffentlicher Almosen, Geisteskrankheit, Vormundschaft, Überschuldung, Ausschluss von öffentlichen Ämtern oder der juristischen Praxis.

605 vgl. §§ 82ff., insbes. § 88 AStO, a.a.O., S. 38ff.

606 Das betrifft vor allem die Stimmberechtigung nach §§ 24, 26 und 27 des *Gesetzes, die Wahlen der Abgeordneten beider Kammern der Ständeversammlung betreffend; vom 19ten October 1861*, in: GVBl. 1861, S. 293f.; vgl. HIRSCHBERG, Städteordnung, S. 50.

d. Die Gemeindemitgliedschaft und Schutzverwandte

Die zweite Gruppe der Gemeindemitglieder bildeten die Schutzverwandten. Nach § 68 S. 1 AStO waren das „alle selbständigen Individuen, welche innerhalb des städtischen Gemeindebezirks (§ 10) ihren wesentlichen Wohnsitz haben, aber nicht Bürger sind“.[607]

Das Wort „selbständig“ in § 23 d. E. ist erst auf Betreiben der Stände eingefügt worden, damit der Unterschied zwischen Personen mit kurzem und solchen mit langjährigem Aufenthalt in der Gemeinde nicht aufgehoben werde. Auch würden sonst „alle in dem Gemeindebezirke lebenden Pächter, sowie das Dienstgesinde, nicht minder die Studenten, Schüler, Seminaristen, Handlungsdiener, Handwerksgesellen, Lehrlinge und dergleichen Personen als Schutzverwandte und als Mitglieder der Stadtgemeinde behandelt werden müssen“. Ein Ausschluss dieser Personen war nicht nur ausdrücklich beabsichtigt, sondern wurde von den Ständen hier nur klarstellend zum Regierungsentwurf in den Text eingefügt, da er „den außerdem unbestritten geltenden Rechtsprincipien“ entsprach.[608]

HIRSCHBERG weist in seiner Kommentierung darauf hin, dass auch die Bürger und die Schutzverwandten nicht gleichgestellt werden dürften, und zudem wegen der Erfordernisse der Selbstständigkeit und des wesentlichen Aufenthalts Personen mit vorübergehendem oder zufälligem Aufenthalt nach § 10 Heimatgesetz[609] nicht erfasst würden. Das betreffe Angehörige der Garnison und Dienstboten, nicht aber „Gewerbsgehülfen mit eigener Wohnung“.[610] Danach konnten also Handwerksgesellen mit eigenem Hausstand als Schutzverwandte Gemeindemitglieder sein, nicht aber Hauspersonal, selbst wenn es sein gesamtes Arbeitsleben in ein und derselben Stadt verbrachte.

Zwar stand den Schutzverwandten bereits nach § 126 AStO kein Stimmrecht zu und sie waren nach § 65 nicht Inhaber der bürgerlichen Ehrenrechte. Doch wurden sie nochmals ausdrücklich von § 69 AStO vom Stimmrecht ausgeschlossen und zudem wurde festgestellt, dass sie bei der Wahl der Vertreter der Stadtgemeinde durch die Bürger vertreten würden. Und auch § 70 AStO hält ihren Ausschluss von den bürgerlichen Ehrenrechten sowie von allen „Besitz- und Gewerbsvorrechten“, deren Erwerb das Bürgerrecht voraussetzt, nochmals fest.[611]

---

[607] In: SächsGS 1832, S. 35.

[608] *Schrift, den Entwurf einer allgemeinen Städteordnung betreffend*, in: LA 1830/31, Bd. 4, S. 1988.

[609] Siehe oben, S. 111f.

[610] HIRSCHBERG, a.a.O., S. 51.

[611] In: SächsGS 1832, S. 35.

e. Zum Kriterium der Selbständigkeit als Voraussetzung für die Gemeindemitgliedschaft

Die Gemeindemitgliedschaft blieb vor allem den unselbständigen[612] Personen von vornherein versagt[613] und damit auch sämtlich politische, wirtschaftliche und sonstige Vorrechte der Gemeindemitglieder. Eine Legaldefinition des Merkmals „selbständig" enthielt die AStO nicht.[614]

Das Merkmal der Selbständigkeit leitete sich auch nicht automatisch aus den Wohnverhältnissen ab, sondern trat als eigenständiges Merkmal neben das des wesentlichen Wohnsitzes. Um als selbständig zu gelten, schien zunächst aber ein eigener Hausstand notwendig gewesen zu sein. OTTO MAYER (1848-1924) schließt das aus dem Wortlaut des § 19 AStO, nach dem Fremde, die ihren wesentlichen Wohnsitz mit selbständiger Wirtschaftsführung im Gemeindebezirk nehmen, als Gemeindemitglieder aufgenommen werden können.[615] § 20 AStO deutet auf verschiedene Wege zur Selbständigkeit hin, wenn er von Einheimischen spricht, die „auf irgendeine Art zur Selbständigkeit gelangen".[616]

HANS VOLLPRECHT (1889-?) versucht daher, aus der damaligen Gesetzgebung zwei Wege zur Selbständigkeit herzuleiten: Das Mandat, die Niederlassung von Ausländern im Königreich Sachsen, welche daselbst ein Gewerbe oder Handarbeit treiben wollen, und die von den Obrigkeiten und Gemeinden bei deren Aufnahme in Obacht zu nehmenden Erfordernisse, vom 13ten Mai 1831, verlange in §§ 1 und 8 lit. c) nur dann eine Erlaubnis zur Niederlassung in einer Stadt, wenn diese Person dort ein zunftmäßiges Gewerbe selbständig betreiben oder sich „als bloßer Hand- oder Tagearbeiter mit eigner selbständiger Wirtschaftsführung häuslich niederlassen will".[617] Nach § 12 dieses Mandats ist hingegen „das Verhältniß der Fabrikarbeiter, welche bei einem Fabrikunternehmer gegen Tage-, Wochen- oder Stücklohn in Arbeit stehen, sofern dieselben nicht verheirathet sind oder doch ihre Familie nicht bei sich haben, nicht als ein solcher selbständiger Erwerb anzusehen, welcher einen festen Wohnsitz und ein Heimathsrecht gegen die Gemeinde begründete, wo sie sich aufhalten".[618] Daher bestehe – so die Auffassung VOLLPRECHTS – erst

[612]Zum Begriff „selbständig" im folgenden VOLLPRECHT, Gemeindemitgliedschaft, S. 33ff. und SIEBLIST, RevStO, § 14 Anm. 2, S. 32f.

[613]So bereits die §§ 11, 12 Abs. 1 AStO, in: SächsGS 1832, S. 23.

[614]So schon §§ 16, 17 RegE, in: LA 1830/31, Bd. 3, S. 1544.

[615]MAYER, Staatsrecht, S. 281, Anm. 10.

[616]vgl. dazu VOLLPRECHT, a.a.O., S. 34f.

[617]In: SächsGS 1831, S. 99-104, 100 und 102.

[618]a. a. O, S. 103.

dann eine Selbständigkeit dieser Ausländer, wenn sie selbst ein Gewerbe betreiben oder sich im Inland verheiraten bzw. ihre Familie aus dem Ausland nachkommen lassen.

Hieraus ließe sich „erkennen, was nach der Anschauung der Zeit unter Selbständigkeit in Bezug auf Niederlassung und Heimatrecht verstanden wurde: der selbständige Erwerb, der einen festen Wohnsitz und Heimatrecht begründet, der eine gewisse Dauer der Niederlassung und eine gewisse Sicherheit verbürgt, durch sich selbst bestimmte Beziehungen zu der Gemeinde, zum Gemeindeland hervorruft – selbständiger Erwerb also i. S. von bodenständigem Erwerb; das ist der eigentliche Sinn des Begriffs." Damit sollte nicht nur Rücksicht auf die bestehenden Verhältnisse genommen, sondern die Gemeinden auch vor übermäßiger Inanspruchnahme geschützt werden.[619]

So lässt sich festhalten, dass die Selbständigkeit entweder einen selbständigen Gewerbebetrieb oder bei abhängiger Beschäftigung die Eigenschaft als Haushaltsvorstand einer eigenen Familie erforderte. Zumindest letzteres wird für Frauen nur im Ausnahmefall vielleicht im Witwenstand überhaupt denkbar gewesen sein. In jedem Fall handelte es sich aber um eine Einzelfallentscheidung, was sich für eine gleichmäßige Handhabung des Begriffes als eher schwierig erweist.[620]

Jungen Männern war es ohne Nachweis der erfüllten Militärpflicht nicht gestattet, sich selbständig niederzulassen,[621] so dass sie bis dahin auch nicht Mitglied einer Gemeinde werden konnten.

2. Stimmrecht und Wählbarkeit in der Stadtgemeinde

Nach § 126 AStO stand „das Stimmrecht ... in der Regel allen, im städtischen Gemeindebezirk wohnhaften Bürgern zu". Davon ausgeschlossen waren „die Mitglieder des Stadtrathes, die Raths-Officianten und städtischen Unterbedien-

[619] VOLLPRECHT, a.a.O., S. 35.

[620] vgl. auch den Bericht der ersten Deputation der ersten Kammer über den mittels Allerhöchsten Decrets vom 19. November 1863 vorgelegten Entwurf zu einem Gesetze, die Wahlen in den Landgemeinden und einige damit zusammenhängende Bestimmungen betreffend, Eingegangen am 22. April 1864, in: LA 1863/64, 2. Abth., Beil. z. Prot. d. 1. K., Bd. 1, S. 293-314, 297: „Der Begriff der Selbständigkeit ist in der Landgemeindeordnung selbst nicht näher festgestellt; sie wird in jedem einzelnen Falle nach den obwaltenden concreten Verhältnissen zu beurtheilen sein, und im Sinne der angegebenen Bestimmungen der Landgemeindeordnung über die Gemeindemitgliedschaft werden als selbständige Gemeindemitglieder Personen anzusehen sein, denen man unter anderen Verhältnissen die Selbständigkeit kaum zuerkennen wird."

[621] HIRSCHBERG, Städteordnung, S. 39.

ten“ sowie „alle diejenigen Bürger, welche sich nicht im Genusse der bürgerlichen Ehrenrechte befinden“, und damit auch Frauen.[622] Ebenso konnten sie nicht wählbar sein, da nach § 127 AStO „nur stimmberechtigte Bürger … wählbar“ waren.[623]

Die Stadtverordneten und ihre Ersatzmänner wurden nach § 122 AStO auf drei Jahre gewählt, wobei sich nach § 124 AStO jährlich das dienstälteste Drittel einer Neuwahl unterziehen musste. Die Wahl erfolgte nach § 125 Abs. 1 AStO in Städten mit mindestens 200 Bürgern indirekt über Wahlmänner und in kleineren Städten direkt durch die stimmberechtigten Bürger.[624] Von den Stadtverordneten, ihren Ersatzmännern und den Wahlmännern mussten nach § 129 Abs. 1 AStO i. d. R. zwei Drittel, mit Genehmigung der Regierungsbehörde sogar nur mindestens die Hälfte ansässig sein.[625] Es wurde dabei bereits als ausreichend angesehen, wenn die Ehefrau als Besitzerin eines Wohnhauses im Grund- und Hypothekenbuch eingetragen war.[626] Einzelheiten zum Wahlverfahren konnten von den Städten nach § 132 AStO im Lokalstatut geregelt werden.[627]

§ 140 Abs. 1 AStO verpflichtete die stimmberechtigten Bürger wie die Wahlmänner zum persönlichen Erscheinen bei der Stimmabgabe, die nach § 141 Abs. 2 AStO durch geheime Abstimmung erfolgte. Eine Wahlpflicht bestand nach § 142 nicht, jedoch war ein Quorum von zwei Dritteln der Stimmberechtigten bzw. Wahlmänner erforderlich. Wurde diese Wahlbeteiligung nicht erreicht, war ein neuer Wahltermin anzusetzen. Der diesbezügliche Aufwand war – jedenfalls bei der Wahl der Stadtverordneten – denen in Rechnung zu stellen, die ohne eine hinreichend begründete Entschuldigung nicht erschienen waren.[628]

Entsprechend der Vorschriften zur Wahl der Stadtverordneten und gleichzeitig mit deren Wahl wurden auch die Bürger der Stadt im größeren Bürgerausschuss gewählt, die diesem gemäß § 110 AStO neben den Stadtverordneten

[622]SächsGS 1832, S. 50. – Das Gesetz entzieht damit Frauen das Stimmrecht sogar doppelt: Während § 73 lit. b) bestimmt, dass „Frauenspersonen, wenn sie auch das Bürgerrecht erlangt haben“, die bürgerlichen Ehrenrechte, zu denen nach § 65 auch das Stimmrecht gehört, nicht ausüben dürfen, schließt § 126 Abs. 2 lit. b) nochmals „alle diejenigen Bürger, welche sich nicht im Genusse der bürgerlichen Ehrenrechte befinden“ vom Stimmrecht aus.

[623]a.a.O., S. 50.

[624]a.a.O., S. 49f.

[625]a.a.O., S. 51.

[626]HIRSCHBERG, a.a.O., S. 81. Auch das *Lokalstatut der Stadt Zittau* rechnete in § 34 Abs. 3, S. 13, unangesessene Ehemänner mit Wohnhäusern angesessener Ehefrauen zu den Ansässigen.

[627]SächsGS 1832, S. 51f.

[628]a.a.O., S. 54f.; HIRSCHBERG, Städteordnung, S. 88.

und den Stadtältesten i. S. v. § 199 AStO angehörten. Die Anzahl der Mitglieder des größeren Bürgerausschusses wurde durch Ortsstatut bestimmt.[629]

Der größere Bürgerausschuss war im Regierungsentwurf noch nicht enthalten gewesen. Er wurde erst auf Vorschlag der Stände nach dem Vorbild der zeitgleich den Ständen des Großherzogtums Baden zur Beratung vorliegenden Gemeindeordnung auch in Sachsen eingeführt, da man besonders wichtige Angelegenheiten und zwar vor allem Verfügungen über das städtische Vermögen, nicht den Stadtverordneten allein überlassen und somit also die Verantwortung auf einen größeren Personenkreis übertragen wollte.

Wesentliche Aufgabe des größeren Bürgerausschusses war seinerseits nach § 111 AStO die Wahl der Mitglieder des Stadtrates.[630] Darüber hinaus beschränkte sich sein Wirkungskreis auf die größeren Vermögensdispositionen der Stadt. Er konnte nach § 113 AStO weder aus eigenem Antrieb zusammentreten, noch hatte er ein Selbstbefassungsrecht. Während er in Dresden und Leipzig bereits per Gesetz nicht vorgesehen war, „weil die Collegien ihrer Stadtverordneten schon an sich eine sehr große Anzahl Mitglieder in sich fassen",[631] konnte in kleineren Städte nach § 114 durch Ortsstatut auf den größeren Bürgerausschuss verzichtet werden.[632]

Die Mitglieder des Stadtrates wurden nach § 191 AStO „teils auf Lebenszeit, teils aus der Mitte der Bürger auf bestimmte Jahre gewählt". Der Bürgermeister selbst war erstes Mitglied des Stadtrats und wurde auf Lebenszeit gewählt.[633] Die Wahlen fanden nach § 200 AStO alle zwei Jahre oder nach § 201 AStO als außerordentliche Wahlen zur Wiederbesetzung beim Ausscheiden von Stadtratsmitgliedern statt. Die gewählten Ratsmitglieder waren nach §§ 207, 208 AStO von der vorgesetzten Regierungsbehörde zu bestätigen. Diese konnte die Bestätigung versagen, „wenn ihr bei den Gewählten in irgendeiner Hinsicht erhebliche Bedenken beigehen".[634]

---

[629] SächsGS 1832, S. 45. Zum großen Bürgerausschuss in Baden vgl. NOLTE, Gemeindebürgertum, S. 91.

[630] Wo es keinen größeren Bürgerausschuss gab, wählten die Stadtverordneten allein.

[631] *Schrift, den Entwurf einer allgemeinen Städteordnung betreffend*, in: LA 1830/31, Bd. 4, S. 1961f.; Änderungsvorschlag der Stände abgedr. a.a.O., S. 2006ff.; vgl. HIRSCHBERG, a.a.O., S. 70f.

[632] SächsGS 1832, S. 45f.

[633] a.a.O., S. 66.

[634] a.a.O., S. 68f. Davon ist Gebrauch gemacht worden, so dass Neuwahlen einzelner Stadträte notwendig wurden.

3. Die Einführung der AStO nach dem „Gesetz, die Publication und Einführung der allgemeinen Städte-Ordnung betreffend, vom 2ten Februar 1832“ und ihre Bedeutung für das Frauenstimmrecht

Zu den ausdrücklich im *Gesetz, die Publication und Einführung der allgemeinen Städte-Ordnung betreffend, vom 2ten Februar 1832*[635] (EGAStO) genannten Zwecken, gehörte ebenfalls u. a. die Herstellung einer „thunlichsten Gleichförmigkeit“ der Gemeindeverfassung der Städte.[636] Es wurden aber gleichwohl gewisse Ausnahmen zugelassen. So konnten die mit der Einführung der Städteordnung beauftragten Behörden, entsprechend den jeweiligen Gegebenheiten, kleinere Amts- und Patrimonialstädte von der Städteordnung entweder teilweise oder sogar ganz ausnehmen, oder aber die Vorschriften den örtlichen Gegebenheiten anpassen. Das betraf vor allem solche Städte, die auch bisher keine „mit magistrathischen Rechten versehene Stadträthe oder andere eigene Behörden“ besessen hatten. Zudem erhielten diese Städte – nach entsprechender Genehmigung – das Recht, bis zur Einführung einer Landgemeindeordnung ihre bisherige Verfassung beizubehalten.[637] Damit war von vornherein ein Teil der Städte von der Geltung der Städteordnung zumindest teilweise ausgenommen und eine Vereinheitlichung der Kommunalverfassung aller Städte auch mit der AStO von 1832 nicht erfolgt.

§ 1 des EGAStO sah die Auflösung und Neuwahl der Stadträte vor, sofern nicht schon Neuwahlen erfolgt waren. Die Neuwahl sollte von einem besonders zu bildenden Bürgerausschuss[638] durchgeführt werden, bestehend aus den provisorischen Communrepräsentanten und einer gleichen Anzahl von Personen, die auf die gleiche Weise wie die Communrepräsentanten aus der Mitte der Bürgerschaft gewählt wurden. Lediglich in Dresden sollten die Communrepräsentanten allein den neuen Stadtrat wählen.[639]

Nach § 9 EGAStO hatten alle Personen, die nach der neuen Städteordnung aufgrund ihres „Besitzthums oder Erwerbs“ verpflichtet sind, das Bürgerrecht zu erwerben und es noch nicht besaßen, es sofort zu ersuchen. Sofern sie nach dem bisherigem Recht nicht zum Erwerb verpflichtet waren, war das sogar

[635] In: SächsGS 1832, S. 7-15. Weitere Ausführungsbestimmung enthielt die *Allerhöchste und höchste Verordnung, das Verfahren bei Einführung der allgemeinen Städte-Ordnung und Errichtung der örtlichen Statuten betreffend; vom 2ten Februar 1832*, a.a.O., S. 16-20; vgl. auch Decret an die Stände, den Gesetzentwurf §. 5. und 6. des *Gesetzes wegen Publication und Einführung der allgemeinen Städteordnung vom 2. Februar 1832. enthaltenen Bestimmungen betr. Eingegangen den 30. März 1833*, in: LA 1833/34, 1. Abth., königl. Mitth., Bd. 2, S. 417-424.

[636] SächsGS 1832, S. 7; vgl. oben, S. 109.

[637] SächsGS 1832, S. 8.

[638] Als Vorläufer des größeren Bürgerausschusses, vgl. dazu oben, S. 120.

[639] SächsGS 1832, S. 8f.

kostenlos, sofern sie es innerhalb von drei Monaten ab Einführung der Städteordnung beantragten.[640] Das kam auch den Frauen zugute, denn die Gebühren für den Erwerb des Bürgerrechts waren nicht ganz unerheblich.[641]

Die Städteordnung sollte nach § 10 EGAStO mit der Einführung des neugewählten Stadtrats in Kraft treten,[642] also landesweit nicht zu einem einheitlichen Datum.

4. Änderungen des Wahlrechts nach der AStO bis 1837

In der praktischen Anwendung der AStO erwiesen sich einige Regelungen sehr bald als zu kompliziert und auch unzulänglich. Das betraf u. a. das Wahlverfahren. Mit dem *Decret an die Stände vom 5. October 1837* legte daher die Regierung den *Entwurf eines Gesetzes zur Abänderung einiger Vorschriften der allgemeinen Städteordnung betreffend* vor.[643] Auf dieser Grundlage wurden von der Ständeversammlung mittels einer Ständischen Schrift vom 1. Dezember 1837 „Vorschläge und Wünsche" eingebracht.[644]

Die im Ergebnis ihrer Beratungen von den Kammern im *Gesetz, die Abänderung einiger Bestimmungen in der allgemeinen Städteordnung betreffend, vom 9. Dezember 1837*[645] beschlossenen Modifizierungen räumten unter II. den Städten u. a. die Möglichkeit ein, die §§ 122, 124 und 125 i. V. m. § 110 lit. c AStO durch Ortsstatut dahingehend zu modifizieren, dass die Drittelerneuerungen nur noch aller zwei Jahre erfolgten und sich damit die Wahlperiode für Stadtverordnete und „Ausschußbürger" auf sechs Jahre verlängerte, sowie etwaige Wahlmänner bis zu drei Jahren im Amt bleiben konnten. Damit wurde die bisher einheitliche, regelmäßige Wahlperiode für Stadtverordnete und Mitglieder der größeren Bürgerausschüsse aufgegeben. In den Städten mit indirekten Wahlen konnten Urwahlen und Wahlen der Wahlmänner entkoppelt

---

[640] a.a.O., S. 13.

[641] z. B. für Zittau fünf Thl. für Witwen, Söhne und Töchter Zittauer Bürger, zehn Thl. für Schutzverwandte und andere Inländer, 20 Thl. für Ausländer, sowie jeweils zuzüglich einem Thl. „Feuer-Eimer-Geld" und einem Beitrag zur Straßenbeleuchtung von einem Thl. und 8 Groschen für Witwen und Kinder von Bürgern und zwei Thl. und 16 Groschen für alle anderen. – § 20 d. *Local-Statuts für die Stadt Zittau*, S. 12f.; weitere Städte sogleich S. 224.

[642] a.a.O., S. 13; Die Amtseinführung des Stadtrats wurde von den Städten als Festlichkeit begangen, vgl. etwa „Beschreibung der Festlichkeiten, welche am 30. September 1832 bei der Einführung der Städteordnung und der neuen städtischen Behörden in Pirna veranstaltet worden", in: Pirnaisches Wochenblatt, 40tes Stück, Sonnabends, den 6. October 1832, S. 451.

[643] LA 1836/37, 1. Abth., königl. Mitth., Bd. 3, S. 3-6.

[644] a.a.O., S. 208-212.

[645] In: GVBl. 1837, S. 140-141.

werden, so dass hier die stimmberechtigten Bürger nunmehr seltener als bisher zur Wahl gerufen werden konnten, als in den Städten mit direkten Wahlen.[646]

Ebenso wurde eine Fortschreibung der Bürgerverzeichnisse ermöglicht, so dass diese nicht mehr vor jeder Wahl neu aufgestellt werden mussten. Für alle Gerichte und sonstigen öffentlichen Behörden bestand künftig eine Meldepflicht für den Fall, dass diese Kenntnis von Umständen erlangten, die nach § 73 AStO den Verlust der bürgerlichen Ehrenrechte zur Folge hatten.[647] Das bedeutete eine wesentliche Erleichterung für die recht mühsame Wahlbürokratie.

5. Schlussfolgerungen

Die AStO von 1832 räumte Frauen zwar das Bürgerrecht in den Städten ein, nicht aber die bürgerlichen Ehrenrechte, zu denen auch das Stimmrecht und die Wählbarkeit bei den städtischen Wahlen gehörte. Während in einigen preußischen Landesteilen Frauen die Möglichkeit zum Erwerb des Bürgerrechts, die sie nach der Städteordnung von 1808 besessen hatten, mit der Revidierten Städteordnung von 1831 wieder verloren hatten, konnten in Sachsen die Stände mit einer entsprechenden Forderung nicht durchdringen. In Sachsen waren damit Stimmrecht und Wählbarkeit nicht an das Bürgerrecht selbst geknüpft, sondern es wurde gleichsam mit den bürgerlichen Ehrenrechten ein besonderes Bürgerrecht geschaffen, dessen Besitz erst die Teilnahme an den Gemeindewahlen ermöglichte. Somit wurden Frauen, denen man den Besitz bürgerlicher Ehrenrechte nicht zubilligte, auf diesem Wege von der Teilnahme an den Wahlen nach der AStO ausgeschlossen.

III. Entwürfe zu einer Landgemeindeordnung (LGO)

Die Anteilnahme der Öffentlichkeit am Entstehungsprozess der LGO war im Vergleich zur lebhaften Diskussion um die AStO deutlich geringer.[648] Trotzdem waren auch die Erwartungen in diese Reform groß.

So hegte der Historiker und Verleger KARL FERDINAND PHILIPPI (1795-1852) die Hoffnung, „die Land-Gemeinden werden fortan freier athmen und mit und in ihnen die Einzelnen; [Herv. i. O.] denn sie, die Gemeinden, werden fortan die Schule werden, worin die Einzelnen sich bilden für das constitutionelle

---

[646] a.a.O., S. 140f.; vgl. HIRSCHBERG, Städteordnung, S. 77.

[647] In: GVBl. 1837, S. 141.

[648] vgl. ULBRICHT, Reform der Einwohnervertretung, in: Sachsen 1763-1832, hrsg. v. SCHIRMER, S. 206ff. Die Einführung einer Dorfgemeindeordnung gehörte zu den Zielen, die sich „Bienenvater“ KARL ERNST RICHTER für seine Landtagsmitgliedschaft gesetzt hatte. – SCHIMMEL, Die Entwicklung des Wahlrechts, S. 30f.

Leben". Seiner Ansicht nach hatte „der Mangel an genügenden Bestimmungen in Bezug auf die Verwaltung der Angelegenheiten der Dorfgemeinden und die Unzweckmäßigkeit der bisher bestandenen sehr verschiedenartigen Gemeindeverfassungen, eine Landgemeindeordnung als ein noch dringenderes Bedürfniß .. erscheinen lassen, als die Städte-Ordnung selbst".[649]

Auch wenn die letztlich in Kraft getretene Fassung der Sächsischen Landgemeindeordnung erst aus dem Regierungsentwurf vom 20. April 1837 hervorgehen sollte,[650] war sie in ersten Entwürfen bereits auf dem ersten Landtag nach Inkrafttreten der Sächsischen Verfassung von 1831 in der Ständeversammlung Beratungsgegenstand.[651]

1. Der Entwurf einer LGO vom 23. Februar 1833

Mit dem *Decret an die Stände. Die Entwürfe zu einer Landgemeindeordnung und zu einem Gesetze, die Anwendung der Landgemeindeordnung auf kleinere Amts- und Patrimonial-Städte betreffend, vom 23. Februar 1833*[652] legte die Regierung den Ständen erstmals einen Entwurf vor.

Die Regierung hielt ein gemeinsames Gesetz für die Städte und Landgemeinden aufgrund der jahrhundertelangen unterschiedlichen Entwicklung in Sachsen nicht für angebracht. Dennoch sollten sich „die Fundamentalbestimmungen der Städteordnung" in der Verfassung der Landgemeinden wiederfinden, so etwa die „Repräsentation der Gemeinde durch gewählte Vertreter in allen Gemeindeangelegenheiten".[653]

---

[649] PHILIPPI, Landgemeindeordnung, S. 3.

[650] *Decret an die Stände. Die Entwürfe einer Landgemeinde-Ordnung und eines Gesetzes über deren Anwendung auf kleinere Amts- und Patrimonialstädte betreffend. Eingegangen bei der II. Kammer am 24. April 1837*, in: LA 1836/37, 1. Abth., königl. Mitth., Bd. 2, S. 327-382. Dazu ausführlich in Kap. IV, S. 179ff.

[651] In den grundlegenden Erwägungen des MdI zum System einer künftigen Landgemeindeordnung wurden die Varianten einer „den Staatsbehörden unmittelbar untergeordneten, aber von fiscalischen und patrimoniallen Einflüssen entbundenen absoluten Communal-Verfassung" und „eine durch Beibehaltung des Patrimonial- und fiscalischen Prinzips beschränkte Communal-Verfassung" mit oder ohne besondere Gemeindeorgane für deren Verwaltung diskutiert. Näher dazu: *Erläuternde Anmerkungen zu dem Entwurfe einer Ordnung für die Landgemeinden im Königreiche Sachsen*, in: SächsHStA Dresden, MdI Sekt. 6, Nr. 2179 Entwurf einer Landgemeinde-Ordnung 1831, Bl. 105-141, 105ff.

[652] *Eingegangen den 26. Februar 1833*, in: LA 1833/34, 1. Abth., königl. Mitth., Bd. 1, S. 633-700; vgl. auch die grundlegenden Erwägungen des MdI zu einer Gemeindeordnung in den Erläuternden Anmerkungen zum Entwurf von 1831, SächsHStA Dresden, MdI Sekt. 6, Nr. 2179 *Entwurf einer Landgemeinde-Ordnung 1831*, Bl. 103-141; vgl. dazu ULBRICHT, Reform der Einwohnervertretung, in: Sachsen 1763-1832, hrsg. v. SCHIRMER, S. 215f.

[653] So die Motive, LA 1833/34, 1. Abth., königl. Mitth., Bd. 1, S. 670ff.

Der Entwurf sah erste Ansätze einer kommunalen Selbstverwaltung auch in den Landgemeinden vor und war damit Vorlage für den später tatsächlich in Kraft getretenen Text aus dem Jahre 1837. Nach § 6 d. E. sollte „jede Landgemeinde .. ihre Angelegenheiten selbst durch die von ihr, aus ihrer Mitte, zu erwählten Personen“ verwalten.[654]

Nach § 23 d. E. waren „alle Einwohner eines ländlichen Bezirks .. entweder Gemeindemitglieder (Nachbarn) oder nicht”. Gemeindemitglieder konnten „nur diejenigen selbständigen Personen [sein], welche ihren bleibenden Wohnsitz mit eigener Wirthschaftsführung innerhalb des Gemeindebezirks haben, ingleichen diejenigen, welche, ohne daselbst zu wohnen, Grundstücke in demselben besitzen, (Forenser,) insofern nicht einzelnen Orten in letzterer Beziehung durch rechtsbegründetes Herkommen oder Verträge ein entgegengesetztes Verhältnis besteht, bei welchem es solchenfalls bewendet.”[655]

Damit konnten auch Frauen Gemeindemitglied sein. Ein früher und mit immerhin 231 Paragraphen sehr umfangreicher *Entwurf einer Ordnung, für die Landgemeinden im Königreiche Sachsen des Ministeriums des Innern aus dem Jahre 1831*[656] sah dagegen noch anderes vor. § 26 d. E. bestimmte in seiner Ausgangsfassung, dass „Mitglieder der Landgemeinde .. diejenigen selbständigen Personen männlichen und weiblichen Geschlechts [sind], welche bleibenden Wohnsitz mit eigner Wirtschaftsführung innerhalb des Landgemeindebezirks haben, und diejenigen welche auch ohne darin zu wohnen, Grundstücke in demselben besitzen”.

Allerdings wurde der Passus „männlichen und weiblichen Geschlechts” wieder gestrichen. Zugleich fügte man als neuen § 27 d. E. ein: „Das weibliche Geschlecht ist von der Gemeindemitgliedschaft ausgeschlossen. Verheirathete Frauen sind jedoch in der Regel nicht Gemeindemitglieder, weil sie nicht selbständig und in Ansehung des Wohnsitzes vom Ehemanne abhängig sind. Ausnahmsweise sind die im Gemeindebezirke ansässigen Ehefrauen und Söhne, welche innerhalb desselben ein selbständiges Gewerbe betreiben, als Gemeindemitglieder zu betrachten.”[657] Offenbar waren sich die Autoren der Landgemeindeordnung zumindest in diesem frühen Stadium nicht über die Frage der Gemeindemitgliedschaft von Frauen einig.

Gemeindemitglieder waren auch gemäß § 24 d. RegE vom 23. Februar 1833 ausdrücklich nicht Personen, die „nicht selbständig sind” oder die sich „ohne

[654]a.a.O., S. 635.
[655]a.a.O., S. 639.
[656]SächsHStA Dresden, MdI Sekt. 6, Nr. 2179 Entwurf einer Landgemeinde-Ordnung 1831, Bl. 3-71. Der Entwurf regelt viele Details und enthält auch noch ausführliche Bestimmungen zum „Armenwesen“ und den „Kirchen, Schulen und frommen Stiftungen“.
[657]a.a.O., Bl. 11.

ihren bleibenden Wohnort daselbst genommen zu haben, am Orte aufhalten".[658] Diese Fremden konnten unter der Voraussetzung, dass sie „ihren wesentlichen Wohnsitz mit selbständiger Wirtschaftsführung innerhalb des Landgemeindebezirks nehmen, oder daselbst sich ansässig machen", d. h. Grundeigentum erwerben, nach § 26 d. E. von der „Obrigkeit"[659] mit Zustimmung des Gemeinderates zu Gemeindemitgliedern aufgenommen werden, wobei im Falle eines Widerspruchs des Gemeinderates nach § 27 d. E. die Regierungsbehörde die Entscheidung zu treffen hatte. Dagegen erwarben „Angehörige von Gemeindemitgliedern oder anderen Personen, deren Heimathsrecht in der Gemeinde unzweifelhaft ist" nach § 28 d. E. die Mitgliedschaft bereits dadurch, „daß sie auf irgend eine Art zur Selbständigkeit und eigenen Wirthschaftsführung im Gemeindebezirke gelangen".[660]

Nach § 29 d. E. waren „alle in dem Gemeindebezirk angesessenen [Herv. i. O.] Mitglieder, mit Inbegriff der Ortsgeistlichen, Schullehrer und Kirchendiener, .. stimmberechtigt, in soweit sie nicht zu Folge bisheriger Verfassung oder sonst aus besonderen Gründen von der Stimmberechtigung schon bisher ausgeschlossen sind".[661] Diese Stimmberechtigung bezog sich nach § 30 d. E. „theils auf die Wahlen zu Gemeindeämtern, theils auf Gemeindeangelegenheiten". Die unangesessenen Gemeindemitglieder, Hausgenossen und Auszügler waren nach § 31 d. E. nicht stimmberechtigt. Nach § 32 d. E. wurden die Grundbesitzer ohne Wohnsitz in der Gemeinde durch den Gemeindeausschuss mitvertreten und konnten „an dessen Wahl als stimmberechtigte Theil nehmen, in so fern sie nicht nach der Ortsverfassung vom Gemeinderechte bereits ausgeschlossen sind". Wählbar zu einem Gemeindeamt waren sie allerdings nicht.[662]

---

[658]LA 1833/34, 1. Abth., königl. Mitth., Bd. 1, S. 639f. Die Bedingungen der Gemeindemitgliedschaft entsprechen denen in der Stadtgemeinde, so die Selbständigkeit der Person und der wesentliche Wohnsitz. – so die Motive „ad §. 23.-32.", a.a.O., S. 678.

[659]Das blieb zumindest vorerst weiterhin die Behörde, die bisher die Erbgerichtsbarkeit innehatte. Zur Entwicklung der Ortsobrigkeit ausführlich KUNTZE, Die Landgemeinde, S. 20ff.

[660]LA 1833/34, 1. Abth., königl. Mitth., Bd. 1, S. 640.

[661]Der oben erwähnte Entwurf von 1831 ähnelt in der Frage des Stimmrechts dem RegE der AStO (dazu oben, S. 112): Nach § 35 d. E. befähigen „zu Erlangung des Stimmrechts in den Angelegenheiten der Landgemeinde. im Allgemeinen solche persönliche Verhältnisse, welche eine besondern Theilnahme für die öffentlichen Angelegenheiten dieser Gemeinde voraussetzen lassen." Dafür war entweder Grundbesitz nach § 39 d. E. im Gemeindebezirk oder ein „gesichertes selbständiges Auskommen, verbunden mit dem wesentlichen Wohnsitze innerhalb des Gemeindebezirks" erforderlich. – SächsHStA Dresden, MdI Sekt. 6, Nr. 2179 *Entwurf einer Landgemeinde-Ordnung 1831*, Bl. 14.

[662]LA 1833/34, 1. Abth., königl. Mitth., Bd. 1, S. 640f.

§ 33 d. E. beinhaltete die Ausschlusstatbestände vom Stimmrecht. Danach waren „ausgeschlossen vom Stimmrechte in Bezug auf vorzunehmende Wahlen" nach lit. a) „Frauenspersonen".[663] Daneben traf es Steuerschuldner, Personen, die öffentliche Almosen erhielten, so lange sie diese nicht zurückgezahlt hatten, Unmündige, „solche Gemeindeglieder, welche als Verschwender, Wahn- oder Blödsinnige, oder sonst unter Zustandsvormundschaft gekommen sind", von öffentlichen Ämtern und der juristischen Praxis suspendierte, Überschuldete, sowie Personen, gegen die eine Untersuchung nach dem *Generale, anderweits, wegen des Verfahrens in Untersuchungssachen, den 30. April 1783*[664] anhängig und bei denen noch kein Freispruch erfolgt war.[665] § 34 d. E. ermöglichte darüber hinaus einen Ausschluss vom Stimmrecht für Personen, die „sich durch unsittliche Aufführung der öffentlichen Achtung verlustig gemacht haben".[666]

Allerdings wurde durch § 37 d. E. „von der Befähigung zum Stimmrecht in Gemeindeangelegenheiten … das Stimmrecht in den besondern Angelegenheiten der einzelnen Classen der Anspänner, Gärtner u.s.w." getrennt, das „lediglich auf dem persönlichen oder dinglichen Verhältnisse zur betreffenden Classe" beruht.[667] Bis auf die Forenser nach § 32 d. E. und die nach § 33 d. E. vom Stimmrecht Ausgeschlossenen, waren alle angesessenen und unangesessenen Gemeindemitglieder zu Gemeindeämtern wählbar.[668]

Damit war nach diesem Entwurf weder direkt noch indirekt ein Frauenstimmrecht vorgesehen, ja nicht einmal die Anrechnung ihres Grundbesitzes zugunsten des Vater bzw. des Ehemannes. Der Ausschluss der Frauen erscheint

---

663 Auch der Entwurf von 1831 sah in seinem § 43 lit. b den Ausschluss von „Frauenspersonen, wenn sie auch Gemeindemitglieder sind (§ 27)" vor. – SächsHStA Dresden, MdI Sekt. 6, Nr. 2179 Entwurf einer Landgemeinde-Ordnung 1831, Bl. 16. Ganz am Anfang sah die Lage noch anders aus, denn zunächst hatte die Oberamtsregierung in ihrem Entwurf den Vormund für sein Mündel – und damit wohl auch für Frauen – als stimmberechtigt erklärt. Offenbar liegt dem die Annahme zugrunde, dass das Stimmrecht Teil des Vermögensrechts sei. Das Innenministerium lehnt das aber ab. Einerseits müssten dann selbst diejenigen stimmberechtigt sein, die aufgrund persönlicher Verfehlungen sonst das Stimmrecht verloren haben, sowie auch „Pächter, etc.", und es müsste den Entwürfen von AStO und LGO ein anderes System zugrunde gelegt werden. Außerdem „sollen aber befähigte die Gemeindevertretung bilden". Ein „oberlausitzscher Entwurf" schließe dagegen „nur unangesessene, nicht aber angesessene Weibspersonen von dem Stimmrechte aus". – *Erläuternde Anmerkungen zu dem Entwurfe einer Ordnung für die Landgemeinden im Königreiche Sachsen*, a.a.O., Bl. 123f. bzw. 131.

664 In: Codex Saxonicus, Bd. 1, S. 1152-1156.

665 LA 1833/34, 1. Abth., königl. Mitth., Bd. 1, S. 641f.

666 a.a.O., S. 642.

667 a.a.O., S. 643.

668 a.a.O., S. 634.

hier vor dem Hintergrund des angestrebten Gleichklangs von AStO und LGO sogar als konsequent.

Die Motive d. E. ziehen daher auch ausdrücklich eine Parallele zwischen den Regelungen der §§ 23 bis 30 d. E. und den §§ 11, 12, 16 bis 21 der AStO. Wie sich in der Stadt die Mitglieder der Stadtgemeinde aus den „stimm- und wahlfähigen" Bürgern und den dazu nicht berechtigten Schutzverwandten zusammensetzen, „so bilden in der Landgemeinde die Angesessenen und Unangesessenen die beiden Haupt-Classen". Ein Unterschied liege aber darin, dass in den Städten „die Fähigkeit zum Genuß des Bürgerrechts, und vermöge desselben auch die Stimmfähigkeit nicht von der Ansässigkeit, sondern nur von dem Betrieb eines selbständigen Gewerbes und einem dadurch gesichterten Auskommen abhängt." Dagegen sei auf dem Lande in der Regel immer noch „der mit eigenthümlichen Besitz von Grund und Boden verbundene Betrieb der Agricultur" nicht nur die vorherrschende Art gewerblichen Erwerbs, sondern zugleich auch die sicherste Quelle eines selbständigen Einkommens. An dieser Gewichtung orientiere sich „wiederum nach den gangbaren Begriffen und Sitten der Maasstab des größern oder geringern Ansehens".[669]

Wenn man daher in den Landgemeinden „die Unangesessenen oder sogenannten Hausgenossen, welche in den Landgemeinden gewöhnlich nur wie Geduldete angesehen werden", mit den Angesessenen vollkommen gleichstelle, würde man den über Jahrhunderte tradierten und weitgehend auch noch bestehenden Charakter der Verfassung der Landgemeinden „auf eine der Volksmeinung selbst widersprechende Weise" verletzen.[670]

Auch nach Ansicht KARL FERDINAND PHILIPPIS hängt die Stimmberechtigung ausschließlich am Grundbesitz, „weil von ansässigen, durch Gemeindeeigenthum an ihren Wohnsitz fester geknüpften Gemeindegliedern sich auch mit noch größerer Zuversicht erwarten läßt, daß sie demselben mit besondrer Liebe zugethan sind, und um so gewissenhafter in allen Fällen erwägen werden, was der Gemeinde frommt und zum Besten dient, wenn es darauf ankommt, ihre Stimme in Gemeindeangelegenheiten abzugeben".[671] Somit sollte die unangesessene selbständige Bevölkerung zwar Mitglied der Landgemeinden, aber gleich den Schutzverwandten in den Städten nicht stimmberechtigt sein können.

Im Hinblick auf die abweichende Einteilung der Klassen gegenüber den Städten heißt es bereits in den Erläuterungen des Innenministeriums zu dem frühen Entwurf aus dem September 1831: „Auf dem Lande finden [den Städten

[669] „ad §. 23.-32.", a.a.O., S. 677f.; vgl. KUNTZE, Die Landgemeinde, S. 57f.
[670] LA 1833/34, 1. Abth., königl. Mitth., Bd. 1, S. 678.
[671] PHILIPPI, Landgemeindeordnung, S. 79.

– Anm. d. Verf.] ähnliche Gewerbsverhältnisse nicht statt. Daher bedarf es hier nicht der Unterscheidung zwischen Bürgern ohne Stimmrecht und zwischen Schutzverwandten. Die Eintheilung in stimmberechtigte und nicht stimmberechtigte Gemeindemitglieder ist daher auf dem Lande völlig erschöpfend und es ist keine praktische Nothwendigkeit vorhanden, ersteren den Bürgertitel zuzugestehen. In manchen Gegenden würde dieses vielleicht von dem Bauernstande selbst nicht gern gesehen werden.“[672]

In der Öffentlichkeit rief der Ausschluss der Unangesessenen vom Stimmrecht heftige Kritik hervor, wie ein Beitrag in den *Mittheilungen für das Erzgebirge und Voigtland* zeigt: Die Unangesessenen würden „nur als Geduldete [Herv. i. O.] betrachtet und sind weder stimm- noch wahlberechtigt, und so hat denn hier abermals der Mammon und Grundbesitz die Vorhand. – Wird dieser Grundsatz angenommen, so wird das irreligiöse Vorurtheil: daß Grundbesitz und überhaupt Reichtum als das sicherste Unterpfand rechtlicher Gesinnungen und zur Wahlfähigkeit, Stimmberechtigung etc. ist, bis in‘s kleinste Detail durchgeführt und zum Gesetz erhoben. Dann ist dem Unangesessenen sein hartes Loos – stumm und nicht wahlfähig – schon in der Wiege gefallen, er ist zeitlebens passiv – die Reichsten gelten blos dieserhalb für die Besten.“ Es müsse aber „allen Staatsbürgern wenigstens äußere Gleichheit zugestanden werden“.[673] Das bringt das grundlegende Problem dieses Entwurfs wie auch der folgenden auf den Punkt: Während die große Mehrheit der Dorfbewohner mangels Grundbesitz kein Stimmrecht hatte, ist sie zugleich aber zu Leistungen an eine Gemeinde verpflichtet, über deren Belange sie so gut wie überhaupt nicht mitentscheiden kann. Nicht einmal ein Gewerbe, so bedeutend dieses möglicherweise in den sächsischen Industriedörfern auch war, konnte – wie nach der AStO – einem Unangesessenen zum Stimmrecht verhelfen.

Für die Forenser käme – so die Motive – schon aufgrund der Natur der Sache die Übernahme eines Gemeindeamts nicht in Betracht. Näheres solle wie in den Städten den Lokalstatuten überlassen bleiben, um nicht in bestehende Vermögensrechte einzugreifen.[674]

Auch stünden – und das ist entscheidend für die Versagung des Frauenstimmrechts – „die Stimmberechtigung zu Wahlen und die Wählbarkeit zu Gemeinde-Ämtern .. in der Landgemeinde den bürgerlichen Ehrenrechten in der

---

[672]Erläuternde Anmerkungen zu dem Entwurfe einer Ordnung für die Landgemeinden im Königreiche Sachsen, in: SächsHStA Dresden, MdI Sekt. 6, Nr. 2179 Entwurf einer Landgemeinde-Ordnung 1831, Bl. 123.

[673]„Landgemeindeordnung“, in: Mittheilungen für das Erzgebirge und Voigtland, Nr. 42 vom 18. Oktober 1836, S. 332-334, 333f.

[674]LA 1833/34, 1. Abth., königl. Mitth., Bd. 1, S. 678f. Zum Begriff „Forenser“ vgl. oben, S. 125.

Stadtgemeinde gleich. Jene erfordern in der Landgemeinde dasselbe Vertrauen, dasselbe persönliche Ansehen in der Meinung der Mitglieder der Gemeinde, wie jene in den Städten, man hat sie daher an dieselben Requisiten binden, und die Ausschliessung davon auf dieselben Fälle, welche §. 73. und 74. der Städte-Ordnung festgestellt sind, setzen müssen." Lediglich in den Angelegenheiten der einzelnen Bevölkerungsklassen in der Gemeinde, sei diese Strenge nicht erforderlich, da es hier um die unmittelbaren Interessen des Einzelnen aufgrund seines Eigentums und seiner Gerechtsame gehe. Daher müssten auch die in den §§ 33, 34 d. E. Ausgeschlossenen die Möglichkeit bekommen, „ihre Eigentumsrechte selbst mit zu vertreten", weil sie nicht „ganz der Willkühr der anderen mitbestimmenden Mitglieder der Gemeinde Preis gegeben seyn sollen".[675] Im Gegensatz zu den „Gemeinde-Sachen" handele es sich hier nur um „Privat-Sachen".[676] Das deutet darauf hin, dass in diesen Fällen ein Stimmrecht für Frauen jedenfalls nicht von vornherein ausgeschlossen werden sollte. Nähere Erörterungen dieser Problematik wurden nicht angestellt.[677]

Im Vergleich zur Struktur der Städte sollte in den Landgemeinden der Gemeindevorstand dem Stadtrat, der Gemeindeausschuss den Stadtverordneten und der Gemeinderat wenigsten z. T. dem größeren Bürgerausschuss entsprechen.[678] Obwohl beabsichtigt war, dass die verschiedenen Klassen der Einwohner im Gemeindeausschuss vertreten sein sollten – und darunter auch die nicht stimmberechtigten Unangesessenen –, sah § 51 Abs. 2 d. E. die Besonderheit vor, dass die stimmberechtigten Angesessenen die Vertreter der Unangesessenen wählen sollten. Damit waren in Bezug auf den Gemeindeausschuss die Unangesessenen zwar wählbar, aber nicht stimmberechtigt. Auf ein Stimmrecht der Unangesessenen war – wie bereits dargestellt – wieder „aus Besorgnis, daß .. an zahlreich mit Hausgenossen besetzten Orten für den Frieden in den Gemeinden störende Folgen entstehen möchten", verzichtet worden. Andererseits wollte man ihnen aber die Vertretung ihrer Interessen nicht vollkommen versagen.[679]

Der Gemeindeausschuss nach § 49 lit. b) d. E. hatte die Aufgabe, die Gemeinde gegenüber dem Gemeindevorstand zu vertreten und diesen zu kontrollieren. Nach § 51 d. E. musste er aus mindestens so vielen Personen

675 „ad §. 33. und 34.", a.a.O., S. 679.

676 „ad §. 37.", a.a.O., S. 679.

677 Die Frage dieser gesonderten Klassenbildung blieb später in der Praxis ohne Relevanz. – Siehe dazu unten, Kap. V, S. 341.

678 Der Entwurf von 1831 kennt keinen Gemeinderat, vgl. §§ 105ff. (Gemeindeausschuss) und §§ 112ff. (Gemeindevorsteher) – SächsHStA Dresden, MdI Sekt. 6, Nr. 2179 Entwurf einer Landgemeinde-Ordnung 1831, Bl. 32ff.

679 „ad §. 49.-57.", LA 1833/34, 1. Abth., königl. Mitth., Bd. 1, S. 682f.

bestehen, wie es „Hauptclassen"[680] in den Gemeinden gab, jedoch nicht aus mehr als neun Mitgliedern.[681]

Neben dem Gemeindeausschuss war gemäß § 49 lit. a) d. E. auch der Gemeindevorstand grundsätzlich für alle Gemeinden vorgeschrieben. Er hatte die Gemeinde zu verwalten und sie nach außen zu vertreten. Nach § 50 d. E. bestand er in der Regel aus drei bis sechs Mitgliedern, wobei der „Vorsteher" den Titel „Gemeinde-Aeltester" führte. Jedoch hatten die Gemeinden die Möglichkeit, mit Genehmigung der Obrigkeit nur eine Person als Gemeindevorstand einzusetzen, wenn es für „die Einfachheit ihrer Angelegenheiten" ausreichte.[682] Die Mitglieder des Gemeindevorstandes waren nach §§ 58ff. d. E. in einzelner Abstimmung auf sechs Jahre zu wählen. Fanden die Bewerber nicht im ersten Wahlgang die absolute Mehrheit der abgegebenen Stimmen, reichte in einem zweiten Wahlgang bereits die einfache Mehrheit aus.[683] Nach § 60 d. E. waren – je nach Größe des Gemeindevorstandes – verschiedene Modi einer partiellen Erneuerung nach zwei oder drei Jahren vorgesehen.[684]

Die Leitung dieser Wahlen oblag der Ortsobrigkeit, § 61 d. E.: Sie hatte den Wahltag festzusetzen und bekannt zu machen, sowie die Stimmberechtigten vorzuladen. Die Abstimmung hatte in der Regel mündlich zu erfolgten, „jedoch nach dem Ermessen der Ortsobrigkeit auch ganz oder theilweise schriftlich durch Abgabe von Stimmzetteln".[685] Nach § 63 d. E. konnte in Gemeinden mit mehr als 200 stimmberechtigten Mitgliedern auch eine indirekte Wahl von Gemeindeausschuss und Gemeindevorstand unter Zwischenschaltung von Wahlmännern erfolgen.[686]

Gemeindeausschuss und Gemeindevorstand bildeten nach § 56 d. E. in gemeinsamer Sitzung den Gemeinderat.[687] Dieser hatte nach § 73 vor allem bei

---

[680] § 50 d. E. nennt „Hüfner, Gärtner, Häusler, Unangesessene, zu welchen letztern die Auszügler zu rechnen sind".

[681] a.a.O., S. 647.

[682] a.a.O., S. 647. Nach § 62 d. E. waren die gewählten Mitglieder durch die Obrigkeit zu bestätigen. – a.a.O., S. 650.

[683] Nach § 52 waren sowohl für den Gemeindevorstand als auch für den Gemeindeausschuss keine Stellvertreter vorgesehen, jedoch Bestand im Einzelfall die Möglichkeit Ausnahme hiervon zuzulassen. – a.a.O., S. 648.

[684] a.a.O., S. 649.

[685] a.a.O., S. 649. § 61 d. E. scheint für die Wahlen von Gemeindeausschuss und Gemeindevorstand gleichermaßen zu gelten, obwohl das aus der Systematik nicht ganz zweifelsfrei hervorgeht.

[686] a.a.O., S. 650.

[687] a.a.O., S. 648.

größeren Vermögensdispositionen der Gemeinde seine Zustimmung zu geben und war nach § 103 d. E. für den Entwurf des Haushaltsplanes zuständig.[688]

In kleinen Gemeinden i. S. v. § 22 d. E., die weniger als 50 stimmberechtigte Mitglieder689 zählten, enthielten die §§ 138ff. d. E. einige Sondervorschriften. Diese Gemeinden besaßen keinen Gemeindeausschuss. Seine Funktion nahm nach §§ 138 Abs. 2, 139 d. E. „die Versammlung aller [Herv. i. O.] stimmberechtigten Gemeindemitglieder" wahr.[690] Nur für sie gestattete § 71 d. E. außerdem die Versammlung *aller* Gemeindemitglieder.[691] Wenn die Gemeinde sogar nicht einmal sechs stimmberechtigte Mitglieder aufweisen konnte, hatte die Ortsobrigkeit mit diesen zu beraten, „in wiefern zur einstweiligen Aussetzung der Anwendung der Vorschriften der Landgemeindeordnung zu verschreiten seyn dürfte, … und an die vorgesetzte Regierungsbehörde gutachtlichen Bericht zu erstatten".[692]

Mit dem zugleich vorgelegten *Gesetzentwurf, die Anwendung der Landgemeinde-Ordnung auf kleinere Amts- und Patrimonial-Städte betreffend*[693] sollte unter bestimmten Voraussetzungen die Anwendung der künftigen LGO auch auf kleine Städte ermöglicht werden, da dies den z. T. sehr ländlich geprägten Verhältnissen einer Reihe kleiner Ackerbürgerstädte als angemessener erschien.[694] War die AStO noch nicht eingeführt worden, so konnten diese Städte die Annahme der LGO erklären. Nach § 2 d. E. behielten sie weiterhin ihr Stadtrecht, und damit auch Bürger, Stadtrat und Bürgermeister, wobei diese jeweils die entsprechenden Funktionen nach der LGO auszufüllen hatten.[695] Die Städte bekamen zudem in § 6 d. E. die Möglichkeit eingeräumt,

---

688 a.a.O., S. 652f. und 659.

689 Ursprünglich waren hier 200 Konsumenten angedacht. – *Erläuternde Anmerkungen zu dem Entwurfe einer Ordnung für die Landgemeinden im Königreiche Sachsen*, in: SächsHStA Dresden, MdI Sekt. 6, Nr. 2179 Entwurf einer Landgemeinde-Ordnung 1831, Bl. 119.

690 LA 1833/34, 1. Abth., königl. Mitth., Bd. 1, S. 639 und 668. Nach § 200 d. E. von 1831 galten Sonderbestimmungen für kleine Landgemeinden für Landgemeinden mit nicht mehr als 25 stimmberechtigten Mitgliedern. An die Stelle des Gemeindeausschusses trat hier ebenfalls die Gemeindeversammlung. Nach § 224 waren Gemeinden mit nicht mehr als drei stimmberechtigten Mitgliedern sogar aufzulösen. – SächsHStA Dresden, MdI Sekt. 6, Nr. 2179 Entwurf einer Landgemeinde-Ordnung 1831, Bl. 62ff.

691 LA 1833/34, 1. Abth., königl. Mitth., Bd. 1, S. 652.

692 a.a.O., S. 668. Offenbar sollte dieses Problem durch Eingemeindung gelöst werden. – „ad §. 140.", a.a.O., S. 696.

693 a.a.O., S. 696-698.

694 Bei Inkrafttreten der AStO hatte „eine nicht ganz geringe Zahl von Städten" von der Möglichkeit Gebrauch gemacht, ihre bisherige Verfassung vorläufig beizubehalten, so dass diesem Gesetz einige Bedeutung zufiel. – a.a.O., S. 698.

695 a.a.O., S. 697; vgl. oben, S. 130f.

auf ihre Verhältnisse nicht passende Vorschriften durch Lokalstatut in Richtung der Regelungen der AStO zu modifizieren.[696] Damit stand ihnen trotz Anwendung der LGO der Weg zum Wahlrecht der AStO offen, so dass sie mit einer Übernahme der städtischen Regelungen zum Stimmrecht (§ 73 lit. b) AStO) zugleich auch das Frauenstimmrecht bei den Gemeindewahlen ausschließen konnten.[697]

Nachdem am 11. März 1833 in der Zweiten Kammer der Versuch erfolglos blieb, eine besondere Deputation für den Gesetzentwurf mit dem Ziel einzurichten, die Beratungen zu beschleunigen, wurde der Entwurf der zuständigen ersten Deputation zur Begutachtung überwiesen.[698]

2. Der Bericht der ersten Deputation der Zweiten Kammer vom 5. Oktober 1833

Der Entwurf blieb zwar letztlich in der ersten Deputation[699] der Zweiten Kammer hängen,[700] da der Gesetzgeber zu dieser Zeit so sehr überlastet war, dass einige Gesetzentwürfe nicht bearbeitet werden konnten.[701] Der *Bericht der Deputation der zweiten Kammer, über die Entwürfe einer Landgemeindeordnung und eines gleichzeitig zu erlassenden Gesetzes, die Anwendung der*

---

[696] LA 1833/34, 1. Abth., königl. Mitth., Bd. 1, S. 698, und Motive, S. 700.

[697] Da die Lokalstatuten der betroffenen Städte aber individuell ausgestaltet, ist das Schicksal des Frauenstimmrechts im Einzelfall einer Prüfung zu unterziehen. Beispiele dazu sogleich S. 224ff.

[698] LA 1833/34, 3. Abth., Bd. 1, S. 142.

[699] Mitglieder der ersten Deputation der Zweiten Kammer waren CHRISTIAN GOTTLIEB EISENSTUCK, FRIEDRICH FREIHERR VON FRIESEN, FRIEDRICH WILHELM SCHÄFFER, JOHANN GOTTLIEB WINKLER, CHRISTIAN GOTTLOB ATENSTÄDT, JULIUS GOTTLOB NOSTITZ UND JÄNCKENDORF (Referent) und CARL AUGUST PUTTRICH.

[700] vgl. LA 1833/34, 3. Abth., Bd. 1, S. 119.

[701] „Mittelst allerhöchsten Decrets vom 23. Februar 1833. waren der vorigen Ständeversammlung die Entwürfe zu einer Landgemeinde-Ordnung und zu einem Gesetze über deren Anwendung auf kleinere Amts- und Patrimonialstädte vorgelegt worden; sie konnten aber in Folge der wegen Abkürzung des damaligen Landtags gepflogenen Verhandlungen und des hierauf bezüglichen Decrets vom 16/19. Juni 1834. zur Berathung der Kammern nicht gelangen. Auch der nachmals mittelst fernerweiten allerhöchsten Decrets vom 21. August 1834. den Ständen vorgelegte Entwurf zu einem Gesetze über die Vertretung der Landgemeinden mußte, in Berücksichtigung des damaligen Dranges der ständischen Arbeiten, ausgesetzt bleiben." – *Decret an die Stände. Die Entwürfe einer Landgemeinde-Ordnung und eines Gesetzes über deren Anwendung auf kleinere Amts- und Patrimonialstädte betreffend. Eingegangen bei der II. Kammer am 24. April 1837*, in: LA 1836/37, 1. Abth., königl. Mitth., Bd. 2, S. 327-382, 327; vgl. VOLLPRECHT, Gemeindemitgliedschaft, S. 50 und PHILIPPI, Vorwort zu: Landgemeindeordnung, S. 3f.

Landgemeindeordnung auf die kleinen Amts- und Patrimonial-Städte betreffend[702] gibt nicht nur den Stand der Auseinandersetzung mit dem Gesetzentwurf wieder, sondern wurde zur Grundlage weiterer Entwürfe und auch der letztlich erst Jahre später in Kraft getretenen Fassung der LGO.

Die Deputation war mit den Grundzügen der im Regierungsentwurf niedergelegten Gemeindeverfassung, darunter auch einer „Repräsentation der Gemeinde durch gewählte Vertreter in allen Gemeindeangelegenheiten" und der „Verwaltung des Gemeindewesens durch selbstgewählte Organe unter Controlle der Repräsentanten der Gemeinde" grundsätzlich einverstanden. Ebenso billigte sie die Ausrichtung an der AStO, forderte aber zugleich auch die Berücksichtigung der Verschiedenheit zwischen Städten und Landgemeinden ein.[703]

Dabei machte sie auf den grundlegenden Unterschied in der Entwicklung der Repräsentation in den Städten und Landgemeinden aufmerksam: Während in den Städten die Bürger erst durch die AStO Einfluss auf die Verwaltung bekommen hätten, besäßen die Gemeindemitglieder ihn in den Landgemeinden schon immer, so dass es hier nur der Schaffung „geregelterer Formen" bedürfe.[704]

Hinsichtlich der Definition der kleinen Landgemeinde, für die Ausnahmeregelungen gelten sollten, schlug die Deputation eine Änderung von 50 „stimmberechtigten Mitgliedern" auf 25 „angesessene Gemeindemitglieder" vor, da die Zahl der Stimmberechtigten einem zu großen Wechsel unterliege.[705] Bedeutung hatte das auf jeden Fall – und zwar unabhängig vom Stimmrecht – auch für Frauen, da diese dann als Angesessene bei der Einordnung ihrer Landgemeinde auf jeden Fall mitberücksichtigt würden.

Bemerkenswert ist, dass sich die Deputation *für* ein Stimmrecht für Frauen aussprach und der Regierung eine entsprechende Änderung des Entwurfs antrug. Sie begründete das sowohl mit der bisherigen Praxis als auch mit Gerechtigkeits- und Zweckmäßigkeitserwägungen: Da „bisher in vielen Landgemeinden die Frauenspersonen, welche ihrer Besitzungen halber selbst Gemeindemitglieder sind, an den Gemeindeverhandlungen Theil nahmen", infolge der Aufhebung der Geschlechtsvormundschaft nun auch „bei sehr wichtigen eigenen Geschäften" ihre Selbständigkeit erlangt hätten", beantrage die Deputation die Streichung von § 33 lit. a) d. E., wonach „Frauenspersonen" vom Stimmrecht ausgeschlossen sein sollten.

[702] *Eingegangen am 5. October 1833*, in LA 1833/34, 3. Abth., Beil. z. d. Prot. d. 2. K., Bd. 1, S. 485-539.
[703] a.a.O., S. 485f.
[704] a.a.O., S. 486.
[705] a.a.O., S. 496 und 497.

Zwar sei man sich bewusst, dass in anderen deutschen Staaten Frauen von der „Stimmberechtigung“ ausgeschlossen worden seien und dass sie ferner nach der AStO von 1831 kein Stimmrecht besäßen. Doch sei das kein Grund, „den Frauen auf dem Lande ein Recht zu entziehen, was bisher zu keinen Inconvenienzen Anlaß gegeben“ habe. Nach Auffassung der Deputation sei es außerdem nicht „zweckmäßig, Curatoren für Frauen stimmen zu lassen, weil die Curatoren selbst in den meisten Fällen schon für sich stimmberechtigt seyn werden, ein doppeltes Votum aber zuzugestehen nicht rathsam seyn möchte; abgesehen von den sonstigen Unzulänglichkeiten. Wenn sie es aber für unbedenklich hält, den Frauen die Stimmberechtigung auch in dieser Ausdehnung zuzugestehen, so scheint es ihr sogar nothwendig, in kleinen Gemeinden vielleicht mehrere bedeutende Besitzungen nicht unvertreten zu lassen, weil eben da die Gemeindeangelegenheiten häufig einen sehr bedeutenden Einfluß auf die Verhältnisse der einzelnen Eigenthümer haben; es würde dies aber durch Beauftragung von Curatoren nur höchst unvollständig geschehen.“[706]

Insofern es hier aber – entgegen der Auffassung der Deputation – nur um eine Befugnis gehe, „die Gemeindebehörden mit zu wählen“, so gehöre diese Regelung systematisch zu den Vorschriften über die kleinen Gemeinden. Man beantrage folglich „die Hinweglassung des Schlußsatzes von: ‚Für die unter u. s. w.' an”.[707]

Damit führte die Deputation alle wesentlichen Argumente in der Frage des Frauenstimmrechts in den Landgemeinden in die Diskussion ein, wie sie auch später in den Beratungen der Kammern wieder zum Tragen kommen würden. Allerdings nahm die Deputation den Ausschluss der Frauen von der Wählbarkeit auch in den Landgemeinden als selbstverständlich an, denn sie beantragte, dies entsprechend in § 39 d. E. einzufügen. Eine Begründung erfolgte nicht.[708]

Weitreichende Änderungen wurden auch in der Struktur der Organe der Landgemeinden in den §§ 49ff. d. E. vorgeschlagen. So sprach man sich etwa gegen einen kollegialen Gemeindevorstand aus.[709] Ebenso waren die aufgrund der §§ 52, 53 d. E. erforderlichen häufigen Wahlhandlungen Gegenstand der Kritik: „Die Deputation hält diese Vervielfältigung der Wahlen für äußerst beschwerlich für die Gemeinden sowohl, als für die Obrigkeit, und

[706] a.a.O., S. 499f.
[707] a.a.O., S. 500.
[708] a.a.O., S. 501.
[709] a.a.O., S. 507ff.

hat §. 61. diesem durch die vorgeschlagene Anordnung, wonach in jedem Jahr nur einmal Wahlen stattfinden, zuvorzukommen gesucht."[710]

3. Der Entwurf einer LGO vom 21. August 1834

Nicht besser erging es dem Regierungsentwurf des Folgejahres vom 21. August 1834,[711] auch wenn dieser einen Teil der von der Deputation zum vorangegangenen Entwurf gemachten Änderungsvorschläge aufgegriffen hatte. Es fällt sofort auf, dass dieser Entwurf mit nur 58 Paragraphen gegenüber 148 um weit mehr als die Hälfte kürzer ist. Es handelt sich hier auch nicht mehr um den Entwurf einer vollständigen Landgemeindeordnung, sondern nur noch um den *Entwurf zu einem Gesetz, die Vertretung der Landgemeinden betreffend.* Aufgrund der Verkürzung des Landtages, die auf Wunsch der Stände erfolgt war, greift er nur den „Teil, welcher über eine angemessene Repräsentation der Landgemeinden Anordnungen enthält" heraus.[712]

Er beinhaltet daher lediglich Regelungen zu Gemeindevorstand, Gemeinderat und Gemeindeausschuss als den Organen der Gemeinde, deren Zustandekommen und Aufgaben, sowie zur Aufsicht über die Gemeinden. Ein Entwurf zur Anwendung auf kleinere Amts- und Patrimonialstädte war nicht mehr beigefügt.

„Stimmberechtigt" sollten nach § 5 d. E. auch hier „nur die im Gemeindebezirk Angesessenen" sein.[713] Der Ausschluss von „Frauenspersonen" ist nach § 6 lit. a) ebenso wieder enthalten, wie der der übrigen, gemeinhin vom „Stimmrecht" ausgeschlossenen Personengruppen, gegenüber dem vorangegangenen Entwurf im Wesentlichen so beibehaltenen wurde. Gleiches gilt nach § 11 d. E. für die Wählbarkeit.[714]

Nach § 4 d. E. sind jetzt nur noch Gemeinden mit weniger als 25 *angesessenen* Mitgliedern als kleine Gemeinden anzusehen.[715] Doch auch für sie enthielt § 19 d. E. wieder die Ausnahmebestimmung, dass bei ihnen an die Stelle des Gemeindeausschusses die Versammlung aller Stimmberechtigten und nunmehr auch von Deputierten der Unangesessenen trat, jedoch nach § 20 d.

[710] a.a.O., S. 509.

[711] *Decret an die Stände. Den mitfolgenden Entwurf zu einem Gesetze, die Vertretung der Landgemeinden betreffend. Eingegangen bei der II. Kammer am 2. September 1834*, in: LA 1833/34, 1. Abth., königl. Mitth., Bd. 4, S. 52-75.

[712] LA 1833/34, 1. Abth., königl. Mitth., Bd. 4, S. 52f.

[713] aber ausdrücklich auch „ohne Rücksicht auf Ansässigkeit, die Ortsgeistlichen, Schullehrer und Kirchendiener." – a.a.O., S. 54f.

[714] a.a.O., S. 55f.; siehe oben, S. 127f.

[715] LA 1833/34, 1. Abth., königl. Mitth., Bd. 4, S. 54.

E. nur, insofern es nicht um Wahlen ging.[716] Die Anzahl der Vertreter der Unangesessenen sollte stets unter einem Viertel der stimmberechtigten Angesessenen liegen. Sie sollten nach § 21 d. E. an den Gemeindeversammlungen teilnehmen, wenn diese sich mit den sonst dem Gemeindeausschuss obliegenden Angelegenheiten befassten. Stimmberechtigt bei der Wahl der Vertreter der Unangesessenen waren hier nur die Unangesessenen selbst. Gewählt werden konnten aber nicht nur „Personen aus ihrer Mitte“.[717] Auch die Vorschrift für Gemeinden mit weniger als sechs stimmberechtigten Mitgliedern war wieder im Entwurf enthalten.[718]

Gemeindevorstand und Stellvertreter sowie der Gemeinderat wurden nach §§ 28, 29 d. E. auf sechs Jahre gewählt. Der Gemeinderat unterlag wiederum der teilweisen Erneuerung.[719] Nach § 23 bestand der Gemeindevorstand nur noch aus einer Person, der aber ein Stellvertreter zuzuordnen war und die bei Bedarf noch auf Gehilfen zurückgreifen sollte, die jedoch nicht an den Gemeinderatsversammlungen teilnehmen durften.[720] Man wollte damit Rücksicht darauf nehmen, „daß nicht zu viel Individuen zu Besetzung der Gemeindeämter erforderlich wären; theils würde dadurch ein Hauptzweck, welchen man durch die Vertretung der Landgemeinden zu erreichen beabsichtigt, nur unvollkommen erreicht, theils würde es in vielen Gemeinden an brauchbaren und bereitwilligen Männern fehlen. Deshalb und weil in der Regel wenigstens die Verwaltung einfach ist, jede Gelegenheit zu Uneinigkeit, zu Collision von Privatinteressen möglichst vermieden, und jedes Hindernis einer energischen Ausführung gefaßter Beschlüsse entfernt gehalten werden mußte, schien es als angemessen, in der Regel nur eine Person [Herv. i. O.] zum Vorstand der Gemeinde zu bestimmen.”[721]

Auch veränderte sich die Zusammensetzung des Gemeindeausschusses grundlegend, denn dies „schien allerdings noch zweckmäßiger”.[722] Nach § 32 bestand letzterer nunmehr aus dem Gemeindevorstand, dem Gemeinderat und hinzutretenden Gemeindemitgliedern. Diese wurden gewählt, bei mehr als 200 Stimmberechtigten nach § 33 d. E. sogar durch indirekte Wahlen mittels Wahlmännern.[723]

---

716 a.a.O., S. 59. Damit wollte man die Situation mehr der in den großen Gemeinden annähern, in denen die Unangesessenen im Ausschuss berücksichtigt wurden. – a.a.O., 71f.

717 a.a.O., S. 59.

718 § 22 d. E., a.a.O., S. 59.

719 a.a.O., S. 61.

720 a.a.O., S. 60.

721 a.a.O., S. 70f.

722 a.a.O., S. 70.

723 a.a.O., S. 62f.

Der Bericht der ersten Deputation der Zweiten Kammer,[724] über den mittels *Decrets vom 21. August d. J. eingegangenen Entwurf zu einem Gesetze, die Vertretung der Landgemeinden betreffend, vom 6. October 1834*[725], nimmt auch zur Frage des Frauenstimmrechts in § 6 d. E. Stellung: Diese Vorschrift enthalte nunmehr die Regelungen des § 33 des früheren Entwurfs in veränderter Form, berücksichtige aber nicht die entsprechenden Ausführungen des Deputationsgutachtens. Auch nach einer neuerlichen Prüfung der dort ausgeführten Gründe gegen einen Ausschluss der „Frauen von der Stimmberechtigung bei Wahlen" und „bei nochmaliger Erwägung der Verhältnisse und die in den meisten Theilen des Landes statt findende Gewohnheit" bleibe die Deputation bei ihrer Auffassung, „daß die Frauenspersonen hier nicht zu erwähnen seyn würden", d. h. vom Stimmrecht nicht auszuschließen. Man behalte sich aber vor, im weiteren Beratungsgang zwischen die §§ 9 und 10 d. E. eine neue Vorschrift einzufügen, die „darüber Anordnung gäbe, wie dieses Stimmrecht auszuüben ist".[726]

Dieser neue § 9 b sollte daher lauten: „Frauenspersonen haben ihr Stimmrecht persönlich auszuüben. Eine Ausnahme findet nur bei verheiratheten Frauen statt, welche dasselbe ihren Ehemännern übertragen können."[727] Die Verpflichtung, sich vom Ehemann vertreten zu lassen, sei als Ausnahme von der Regel „durch das den Ehemännern zustehende Nutzungsrecht gerechtfertigt". „Curatoren" sollten aber aus den bereits im vorherigen Deputationsgutachten angedeuteten Gründen und „weil dieses Verhältnis auf dem Lande nur zu häufig in ein Gewerbe ausartet, ausgeschlossen bleiben".[728] Bereits im Zusammenhang mit der Aufhebung der Geschlechtsvormundschaft war gegen eine Beauftragung Dritter argumentiert worden, als man insbesondere eine Übervorteilung verheirateter Frauen durch ein für sie nachteiliges Zusammenwirken von Ehemann und Geschlechtsvormund befürchtete.[729]

Ohne auf den Deputationsbericht einzugehen, teilte das Gesamtministerium in der Sitzung der Zweiten Kammer am 11. Oktober 1834 mit, dass es das Präsidium der Kammer ersucht habe, neben weiteren auch diesen Gesetzentwurf vorerst hinter andere Gegenstände zurückzustellen, bei denen man in

---

[724]Mitglieder der Deputation waren Christian Gottlieb Eisenstuck (Vorstand), Ludwig Eduard Roux, Julius Gottlob von Nostitz und Jänckendorf (Referent), Christian Gottlob Atenstädt, Johann Gottlieb Winkler, Carl August Puttrich und Friedrich Wilhelm Schäffer.

[725]Eingegangen am 7. October 1834, in: LA 1833/34, Beil zur 3. Abth., Bd. 4, S. 77-88.

[726]a.a.O., S. 79.

[727]a.a.O., S. 80.

[728]a.a.O., S. 81. Außerdem sollte in § 11 d. E. „nach dem Worte ‚(Forenser)' noch hinzugefügt wünschen: ‚der Frauenspersonen.'"

[729]vgl. oben, Kap. II, S. 62.

der Beratung schon deutlich weitergekommen sei oder die sonst dringend zum Abschluss gebracht werden müssten. Die Kammer fasste darauf den Beschluss, den Beratungsgegenstand auszusetzen.[730]

4. Schlussfolgerungen

Bereits auf dem ersten Landtag unter der neuen Verfassung bemühte sich die Regierung auch um die Neuordnung der Verfassung der Landgemeinden. Im Februar 1833 wurde den Ständen der Entwurf einer Landgemeindeordnung und eines Gesetzes zu deren Anwendung auf kleine Städte vorgelegt, der die Strukturen der AStO auch auf die Landgemeinden zu übertragen versuchte. Er beinhaltete Ansätze einer Selbstverwaltung und sah eine Repräsentation der Gemeindemitglieder unter der Aufsicht der Obrigkeit vor. Frauen waren jedoch davon ausgeschlossen, auch wenn sie sonst die Voraussetzungen des Stimmrechts und der Wählbarkeit erfüllten. Zumindest in Teilen des Landes war aber bis dahin die Beteiligung von ansässigen Frauen an den Gemeindeversammlungen durchaus üblich. Deshalb kritisierte die erste Deputation den Ausschluss der Frauen vom Stimmrecht als ungerecht und unzweckmäßig. Bisher habe das Frauenstimmrecht auf dem Lande keine Probleme bereitet und die Frauen hätten in letzter Zeit mehr Selbständigkeit in ihren Angelegenheiten erlangt. Auch ungeachtet der abweichenden Rechtslage in anderen deutschen Staaten sei es nicht angebracht, vor allem in kleinen Gemeinden die Interessen bedeutender Besitzungen nur deshalb unvertreten zu lassen, weil sie sich gerade in Frauenhand befinden. Der Ausschluss von der Wählbarkeit war aber für die Deputation selbstverständlich.

Nachdem der erste Entwurf in Folge der Überlastung des Gesetzgebers gescheitert war, setzte die Regierung im August 1834 zu einem neuerlichen Versuch an. Diesmal beschränkte sich das Gesetzesvorhaben aber nur auf die Teile der Gemeindeverfassung, die sich auf die Repräsentation der Gemeindemitglieder bezogen. Zwar wurden Vorschläge des Deputationsberichtes zum vorherigen Entwurf partiell aufgegriffen, nicht aber die Einführung eines Frauenstimmrechts. Dieser Entwurf kam aber trotz seines deutlich reduzierten Umfangs ebenfalls nicht über die Beratungen in der zuständigen Deputation hinaus.

In der öffentlichen Wahrnehmung wurde damit die Beratung der Landgemeindeordnung zu einem der wichtigsten Gesetzgebungsvorhaben des neuen

[730] LA 1833/34, 3. Abth., Bd. 5., S. 95.

Landtags, „auf dessen Verwirklichung 6 Jahre lang nicht bloß die Dorfgemeinden, sondern selbst viele kleine Städte des Vaterlandes mit Sehnsucht, ja mit Ungeduld warteten“.[731]

IV. Zwischenfazit

Die Errichtung bzw. Neuformierung einer gewählten Repräsentation in den sächsischen Städten und Landgemeinden als politische Forderung vor allem aufstrebender bürgerlicher Kreise in Sachsen, veranlasste die Regierung im Nachgang der Verfassungsgebung zur Schaffung einer neuen Kommunalverfassung. Bereits vorab wurden in den Städten provisorische Communrepräsentanten gewählt, wobei in Leipzig Frauen zumindest mittels Stellvertreter und als unverheiratete auch persönlich das Stimmrecht bei der Wahl besaßen. In Dresden hatten sich dagegen ähnlich Forderungen der Bürger und Einwohner keinen Erfolg.

Die zügig beratene und noch auf dem Landtag von 1830/31 verabschiedete *Allgemeine Städteordnung* (AStO) von 1832 war das erste wesentliche Reformgesetz der Staats- und Verwaltungsreform nach der Verfassungsgebung. Es brachte eine Vereinheitlichung der städtischen Verfassung in Sachsen, wobei aber eine Unterscheidung in größere, mittlere und kleinere Städte eingeführt wurde.

Die AStO räumte den Frauen die Mitgliedschaft in der Stadtgemeinde nicht nur als Schutzverwandte ein. Sie gab ihnen darüber hinaus nicht die Möglichkeit zum Erwerb des Bürgerrechts, sondern verpflichtete sie als Grundbesitzerinnen und Gewerbetreibende sogar dazu. Von den noch weitergehenden und aus dem Bürgerrecht folgenden bürgerlichen Ehrenrechten, zu denen auch das Stimmrecht und die Wählbarkeit bei den städtischen Wahlen gehörte, wurden sie jedoch ausdrücklich und vollständig ausgeschlossen. Da das für die Gemeindemitgliedschaft wesentliche Kriterium die bürgerliche Selbständigkeit war, konnten Frauen, solange sie wirtschaftlich abhängig blieben und keinem eigenen Haushalt vorstanden, nicht einmal Schutzverwandte der Stadtgemeinde werden. Somit müssten Frauen unter den Bürgern und Schutzverwandten in den Städten eher selten anzutreffen gewesen sein.

Als wesentliches Organ der Stadtgemeinden setzte die AStO das zu jeweils einem Drittel jährlich für drei Jahre zu wählende Kollegium der Stadtverordneten ein. In Abhängigkeit von der Größe der Stadt erfolgten die Stadtverordnetenwahlen indirekt oder direkt. Die Stadtverordneten bzw. das in kleineren Städten zu wählende erweiterte Gremium des größeren Bürgerausschusses

[731] „Landgemeindeordnung", in: Mittheilungen für das Erzgebirge und Voigtland, Nr. 42, vom 18. Oktober 1836, S. 332-334, 332.

wählten – teils auf Lebenszeit, teils zeitlich begrenzt – ihrerseits die Stadträte als die eigentlichen Funktionsträger der Stadtverwaltung und den Bürgermeister.

Die ursprünglich eingeforderte Gleichmäßigkeit der städtischen Verfassung wurde mit Einführung der AStO im EGAStO zwar wiederum bekräftigt, dann aber doch nicht durchgehalten: So waren nicht nur Ausnahmen von der AStO – mit behördlicher Genehmigung – zugelassen; es konnten auch Städte vollständig von der Einführung der AStO ausgenommen werden, um die erwartete Landgemeindeordnung später anzunehmen. Bis dahin sollten sie ihre bisherige Verfassung beibehalten.

Da sich einige Regelungen der AStO, und darunter auch das Wahlverfahren, bald als zu kompliziert erwiesen, räumte man 1837 den Städten die Möglichkeit ein, per Ortsstatut einige Vereinfachungen vorzunehmen. So konnten etwa die Stadtverordneten aller zwei Jahre und für eine Dauer von sechs Jahren gewählt werden. Insgesamt wurde die Häufigkeit der städtischen Wahlen reduziert.

Ein erster Entwurf für eine Landgemeindeordnung (LGO) wurde zwar schon 1833 dem Landtag vorgelegt, blieb aber ebenso, wie ein neuerlicher Entwurf aus dem Jahre 1834, aufgrund der Überlastung des Gesetzgebers durch die umfangreichen Gesetzesvorhaben der Staats- und Verwaltungsreform unerledigt. Diese Entwürfe beinhalteten Ansätze einer Selbstverwaltung der Landgemeinden vor und wollten eine Repräsentation der Gemeindemitglieder unter Aufsicht der Gemeindeobrigkeit errichten. Der Versuch, im Entwurf von 1833, Frauen, die nach der bisherigen Praxis in weiten Teilen des Landes als Grundbesitzerinnen zur Teilnahme an den Gemeindeversammlungen berechtigt waren, das Stimmrecht zu verwehren, stießen auf dem Landtag auf Kritik. Aber auch der neuerliche Entwurf von 1834 beinhaltete noch kein Frauenstimmrecht.

VIERTES KAPITEL
Die Entwicklung des Frauenstimm- und Wahlrechts von 1838 bis 1866

§ 8 DER AUSSCHLUSS DER FRAUEN VOM WAHLRECHT ZUR STÄNDEVERSAMMLUNG

Die gescheiterte Bürgerliche Revolution der Jahre 1848/49 beinhaltete in Sachsen auch den Versuch einer Liberalisierung des Wahlrechts zur Ständeversammlung.[732] Zwar hatte es bereits im Vormärz Forderungen nach einem liberalen Wahlrecht mit einem größeren Kreis an Berechtigten gegeben,[733] doch hatten sich diese unter dem vermittelnden Kurs der Regierung VON LINDENAU ebenso wenig durchsetzen können, wie extrem konservative Positionen. Ungünstig für die Forderungen nach einer Liberalisierung des Wahlrechts erwies sich zudem der konservative Schwenk der Regierungspolitik insbesondere seit dem Amtsantritt JOHANN PAUL FREIHERR VON FALKENSTEINS (1801-1882)[734] als Innenminister im nunmehr seit 1843 amtierenden Kabinett unter dem Konservativen JULIUS TRAUGOTT JAKOB VON KÖNNERITZ (1792-1866).[735]

Im Vormärz hatte sich Leipzig als Handels- und Wissenschaftsstadt zu einem bedeutenden Zentrum des bürgerlichen Liberalismus entwickelt und bildete damit einen Gegenpol zur konservativ geprägten Regierung. Sich infolge der Industrialisierung zunehmend verschärfende soziale Gegensätze und die Unzufriedenheit mit der überkommenen feudalen Ordnung mündeten in Sachsen

---

[732]Dazu und im folgenden z. B. MATZERATH, Von einem „politischen Selbstmord", in: Umbrüche und Kontinuitäten, S. 62-68; NEEMANN, Landtag und Politik, S. 152ff.; DIERSCH, Die geschichtliche Entwicklung, S. 96ff.; vgl. auch ROSENBUSCH, Frauenwahlrecht, S. 65ff.

[733]So etwa der Antrag der liberalen Oppositionellen KARL GOTTHELF TODT und JULIUS VON DIESKAU auf dem Landtag 1836/37, der in der Zweiten Kammer nur noch zwei weitere Unterstützer fand. Er beinhaltete die Einführung eines Einkammerparlaments und als ersten Schritt die Ausweitung des passiven Wahlrechts. – LA 1836/37, 3. Abth., Bd. 1, S. 659ff.; vgl. auch S. SCHMIDT, Die Entwicklung, S. 49f., DIERSCH, a.a.O., S. 82ff., SCHIMMEL, Die Entwicklung des Wahlrechts, S. 42ff. und GÖPNER, Der sächsische Landtag, S. 103; sowie die neuerliche Wahlrechtsdebatte auf dem Landtag von 1842/43 – LA 1842/43, Beil. 2. K., Bd. 3, S. 554ff.; 3. Abth., S. 849ff. Die weiteren, aber geringfügigen Korrekturen und Ausführungsbestimmungen des Wahlrechts, sollen – wenn sie nicht bereits angerissen wurden – hier unberücksichtigt bleiben; siehe dazu DIERSCH, a.a.O., S. 67ff. und HOFMANN, Die Entwicklung des Wahlrechts, S. 29ff.

[734]Seit 1844 Innenminister. Zur Person vgl. BESCHORNER, Falkenstein, Johann Paul Freiherr von, in: ADB, Bd. 48, S. 489-494.

[735]Zur Person vgl. v. WITZLEBEN, Entstehung, S. 166f. So blieben auch die 73 Wahlrechtspetitionen des Landtags von 1845/46 erfolglos. – LA 1845/46, Beil. 2. K., Bd. 3, S. 879ff.; vgl. hierzu wie im folgenden SCHIMMEL, a.a.O., S. 47ff.; HOFMANN, Die Entwicklung des Wahlrechts, S. 32ff.; GROß, Geschichte Sachsens, S. 222ff.

am 12. August 1845 erstmals in einem öffentlichen Protest: In Leipzig brachte die Bevölkerung ihren Unmut gegen die klerikal-konservative Haltung von Prinz Johann mit einem Massenprotest vor dessen Hotel zum Ausdruck, der vom Militär blutig beendet wurde. Leipzig galt fortan als Zentrum des Umsturzes.[736]

Im Frühjahr des Jahres 1848 wurden die Staaten des Deutschen Bundes mehr oder minder stark von einer Welle an Aufständen und Unruhen erfasst. Demokratische Bewegungen formulierten weitreichende Forderungen nach Demokratisierung und Liberalisierung, die sich in Sachsen in den Jahren 1848/49 in Auseinandersetzungen um das Vereins- und Versammlungsrecht, die Pressefreiheit, die Anerkennung von Grundrechten, das Wahlsystem und die nationalstaatliche Einigung Deutschlands niederschlugen.[737]

I. Das Wahlrecht zur Ständeversammlung in der Bürgerlichen Revolution von 1848/49

Ausgangspunkt für die revolutionären Bestrebungen in Sachsen war erneut Leipzig, von wo aus ROBERT BLUM am 1. März 1848 eine Petition zur Gewährung der Pressefreiheit an die Staatsregierung in Dresden übersandte. Eine landesweite Petitionsbewegung gab sich nicht mehr mit der Entlassung des verhassten Innenministers VON FALKENSTEIN zufrieden, sondern erzwang den Rücktritt der gesamten Regierung VON KÖNNERITZ. Das daraufhin eingesetzte sog. Märzministerium unter ALEXANDER KARL HERMANN BRAUN (1807-1868)[738] ging auf wesentliche Forderungen ein[739] und legte den Ständen auf dem außerordentlichen Landtag von 1848 Entwürfe zu einer grundlegenden Abänderung von Verfassung und Wahlgesetz vor. Auch die zahlreichen Petitionen von politischen Vereinen, Gemeinden, aber auch Bürgern, die in dieser Zeit bei den Kammern des Landtags eingingen, betrafen die weitere Demokratisierung des Wahlrechts und die Einführung eines Einkammerparlaments und sprachen sich nur selten dagegen aus.[740]

---

[736]HUBER, Verfassungsgeschichte, Bd. 2, S. 526ff.

[737]Zusammenstellung bei GROß, a.a.O., S. 223.

[738]Zur Person vgl. MATZERATH, Alexander Karl Hermann Braun, in: Präsidenten und Abgeordnete, S. 63-64; S. SCHMIDT, a.a.O., S. 43. Zum Kabinett gehörte u. a. auch MARTIN OBERLÄNDER als Innenminister.

[739]vgl. im Einzelnen GROß, a.a.O., S. 224.

[740]Statt vieler z. B. die Petition des deutschen Vaterlandsvereins zu Werdau, die Organisation einer Volkskammer, Einführung directer Wahlweise und den alljährlichen Zusammentritt der Volksvertreter betreffend, in: Mitth. über die Verh. d. außerordentl. LT 1848, 2. K., Bd. 1, S. 77; vgl. SCHIMMEL, Die Entwicklung des Wahlrechts, S. 49ff.

Bereits in dem ersten *Entwurf zum Gesetz, die Wahl der Abgeordneten zur Ständeversammlung betreffend*[741] vom 22. Mai 1848 waren aber nach § 6 lit. c) d. E. „Frauenspersonen" von der Wählbarkeit allgemein ausgeschlossen.[742] Der Ausschluss der Frauen von der Wahlberechtigung erfolgte im Vergleich zur bisherigen Regelung nicht mehr in einer allgemeinen Vorschrift, sondern ergab sich aus den einzelnen Regelungen für die Wahl der beiden Kammern.[743] Während das Mindestalter für das aktive Wahlrecht von 25 auf 21 Jahre gesenkt wurde, blieb es für das passive Wahlrecht unverändert bei 30 Jahren.[744] Voraussetzung war außerdem die Gemeindemitgliedschaft nach der Städte- bzw. Landgemeindeordnung, die ihrerseits Ansässigkeit, zumindest aber Selbständigkeit verlangten.[745]

Während nach § 1 d. E. die Rittergutsbesitzer der Ersten Kammer direkt gewählt werden sollten und die Kammer unverändert bestehen blieb, sah der Entwurf für die nunmehr nur noch aus 75 Abgeordneten der städtischen und ländlichen Wahlbezirke bestehende Zweite Kammer auch weiterhin eine indirekte Wahl vor. Zensus und Grundbesitz fielen als Voraussetzung für das passive Wahlrecht – außer für die Rittergutsbesitzer[746] – weg. § 5 d. E. führte die Selbständigkeit als neues Kriterium an ihrer Stelle ein.[747]

[741] Mitth. über die Verh. d. außerordentl. LT 1848, 2. K., Bd. 1, S. 245-250; vgl. Decret an die Stände vom 22. Mai 1848. Die Gesetzentwürfe wegen der Wahl der Abgeordneten zur Ständeversammlung und wegen einiger Abänderungen der Verfassungsurkunde betr., in: LA 1848, 1. Abth., königl. Mitth., S. 25-49; vgl. dazu HOFMANN, a.a.O., S. 45ff.

[742] Mitth. über die Verh. d. außerordentl. LT 1848, 2. K., Bd. 1, S. 245.

[743] §§ 12, 44, 75 d. E., a.a.O., S. 245 und 247f.

[744] „...daß der zu Wählende ein selbständiger unbescholtener Staatsangehöriger des Königreichs Sachsen sei und ein alter von dreißig Jahren habe", § 5 d. E., a.a.O., S. 245.

[745] vgl. §§ 11, 68 AStO, 24 LGO.

[746] Für die Wählbarkeit eines Rittergutsbesitzers der Ersten Kammer war nach § 13 d. E. ein Mindestertrag seines Rittergutes von 2.000 Taler erforderlich. Bürger und Schutzverwandte der Städte, sowie Ansässige und Unansässige auf dem Land (außer Frauen), waren bereits ein Jahr nach ihrer Aufnahme wählbar.

[747] § 5 Abs. 2: „Als selbständig gilt Derjenige, welcher einen eigenen Haushalt führt.", a.a.O., S. 245; Zum Verständnis d. Begriffs vgl. etwa den *Bericht der ersten Deputation der ersten Kammer über das Königliche Decret, die provisorischen Gesetzentwürfe wegen der Wahlen der Landtagsabgeordneten, so wie wegen einiger Abänderungen der Verfassungsurkunde vom 4. September 1831 betreffend, eingegangen den 15. October 1848*, in: LA 1848, Beil. 1. K., S. 369-406, 378: „Es kann daher zur Berechtigung, an den Wahlen thätigen Antheil nehmen zu dürfen, kein anderes äußeres Merkmal aufgestellt werden, als dasjenige, welches der Staat seinen Angehörigen gegenüber in Beziehung auf das bürgerliche [Herv. i. O.] leben anerkennt; ein Merkmal, welches dem Staate zur Beurtheilung dienst, ob jemand unabhängig von der Genehmigung oder dem Einspruche eines Dritten für sich allein über sich, seine Zeit, Kräfte und Vermögen zu verfügen berechtigt sei; ein Merkmal, welches wir die „bürgerliche Selbständigkeit" nennen". Frauen spielten hier abermals keine Rolle.

Zugleich mit dem Entwurf des Wahlgesetzes wurde ein *Gesetz wegen einiger Abänderungen in der Verfassungsurkunde vom 4. September 1831*[748] beraten, mit dem auch einige Regelungen des neuen Wahlrechts in die Verfassung Eingang finden sollten, darunter erstmalig der ausdrückliche Ausschluss der Frauen von der Wahl: § V d. E. sah eine Neufassung des § 74 VerfUrk dahingehend vor, dass „weder zur Teilnahme an einer Wahl berechtigt, noch wählbar … b) Frauenspersonen“ sein sollten.[749] Die Frage eines Frauenwahlrechts tauchte in der Debatte nicht auf.[750]

Beide Entwürfe wurden aber in ihrem wesentlichen Regelungsgehalt von der Zweiten Kammer verworfen, so dass die Regierung sie schließlich mit *Decret vom 6. Juli 1848* wieder zurücknahm, ohne dass sie überhaupt an die Erste Kammer gelangten, „weil es nicht allenhalben den Wünschen und Ansichten der gerechten Kammer entsprochen hat“.[751]

Mit dem Überarbeiten der Entwürfe ließ sich das Gesamtministerium zwar nur wenige Wochen Zeit, aber die Stände drängten auf eine rasche Vorlage. So kündigte der Abgeordnete der Zweiten Kammer, GEORG FRIEDRICH WEHNER aus Leisnig, Ende August eine Interpellation mit dem Ziel an, die Regierung möge nun endlich Auskunft darüber geben, wann mit den Entwürfen zu rechnen sei. Innenminister MARTIN OBERLÄNDER erklärte daraufhin in der Sitzung der Kammer vom 25. August, dass „das Gesamtministerium … sich nunmehr über die Hauptgrundzüge des neuen Wahlgesetzes vereinbart [hat], welchen auch Se. Majestät der König Seine Genehmigung ertheilt hat“. Das Gesetz müsse nur noch „in Form“ gebracht werden, um es dann „in acht bis zehn Tagen … in die Kammern zu bringen“.[752]

Die Vaterlandsvereine forderten sogar den Zusammentritt einer verfassungsgebenden Landesversammlung. Dieser Verfassungsrat sollte ein neues Wahlgesetz und Verfassungsänderungen erarbeiten.[753]

Die neuen Entwürfe wurden mit dem Decret an die Stände vom 2. September 1848. die Vorlegung der Entwürfe zu den provisorischen Gesetzen, die Wahl

---

[748]a.a.O., S. 250-251.

[749]a.a.O., S. 251.

[750]vgl. insbes. a.a.O., S. 251.

[751]a.a.O., S. 473; vgl. *Decret an die Stände vom 6. Juli 1848, die Zurücknahme des Entwurfs zum Wahlgesetz etc. betr.*, in: LA 1848, 1. Abth., königl. Mitth., S. 265. Dazu auch „Unser Wahlgesetz“, in: Die Biene, Nr. 1 vom 16. Mai 1848, S. 3-4 und „Der Landtag“, in: Nr. 4 vom 23. Mai 1848, S. 15-16 und Nr. 26 vom 13. Juli 1848, S. 102-103.

[752]a.a.O., S. 1162.

[753]„Das Verlangen nach einem Verfassungsrath in Sachsen“, in: Die Biene Nr. 24 vom 8. Juli 1848, S. 95-96.

der Landtagsabgeordneten und einige Abänderungen in der Verfassungsurkunde betreffend[754] eingebracht. Der Entwurf des Wahlgesetzes sah in § 1 nunmehr 76 Wahlbezirke mit gleicher Einwohnerzahl vor. Nach § 2 sollte jeder dieser Bezirke einen Abgeordneten zur Zweiten und jeweils zwei Bezirke gemeinsam einen Abgeordneten zur Ersten Kammer wählen. Es sollte aber nach § 3 d. E. auch weiterhin unterschiedliche Anforderungen an die „Stimmberechtigung und Wählbarkeit" für die beiden Kammern geben.[755]

Allgemein war „stimmberechtigt ohne Unterschied der Religion und des Glaubensbekenntnisses, jeder männliche volljährige und selbständige[756] Staatsbürger" an seinem wesentlichen Wohnsitz, § 4.[757] Wählbar war gemäß § 6 d. E. u. a. auch weiterhin nur, wer mindestens 30 Jahre alt war. Von der Wahl ausgeschlossen waren nach § 5 d. E. unter „Curatel" stehende Personen, Almosenempfänger, Überschuldete, Personen, die die Fähigkeit zur Bekleidung öffentlicher Ämter und zur juristischen Praxis verloren hatten, sowie wegen entehrender Vergehen Verurteilte. Für die Erste Kammer kam nach § 7 für die Stimmberechtigung zusätzlich die Ansässigkeit mit Grundbesitz und nach § 8 für die Wählbarkeit neben den Voraussetzungen des § 6 eine jährliche Leistung an direkten Steuern von mindestens 10 Thl. hinzu.[758]

Mit der nun auch erforderlichen Verfassungsänderung sollten die §§ 63-76 VerfUrk ersetzt werden. Das betraf u. a. § 63 VerfUrk, der nunmehr eine Zusammensetzung der Ersten Kammer aus den 38 Abgeordneten der Wahlbezirke, einem Vertreter der Universität Leipzig und je drei Vertretern von Akademien, Gymnasien und höheren technischen Lehranstalten, der ordinierten christlichen Geistlichen und der festangestellten Lehrer der Volksschulen vorsah. Ebenso war eine Anpassung der Vorschriften über die Stimmberechtigung und Wählbarkeit zur Ersten und Zweiten Kammer vorgesehen. Der Ausschluss von Frauen von der Wahl sollte dabei aber nicht ausdrücklich in die Verfassung aufgenommen werden.[759]

In den Beratungen zu § 4 d. E. schlug die vorberatende Deputation der Ersten Kammer vor, eine Legaldefinition des Begriffs Selbstständigkeit wieder ins Gesetz einzufügen: „Im Sinne dieses Gesetzes sind selbständig in den Städten

[754] In: LA 1848, 1. Abth., königl. Mitth., S. 371-390; vgl. Mitth. über die Verh. d. außerordentl. LT 1848, 2. K., Bd. 2, S. 1620-1625; vgl. im folgenden DIERSCH, Die geschichtliche Entwicklung, S. 106ff.; HOFMANN, Die Entwicklung des Wahlrechts, S. 37ff.; GERHARD SCHMIDT, Der sächsische Landtag, in: Beiträge zur Archivwissenschaft, hrsg. v. GROß/KOBUCH, S. 449ff.

[755] LA 1848, 1. Abth., königl. Mitth., S. 372.

[756] Der Begriff der Selbständigkeit war nicht mehr im Gesetz definiert. – vgl. dazu auch Mitth. über die Verh. d. außerordentl. LT 1848, 2. K., Bd. 2, S. 1657ff. und 1706ff.

[757] LA 1848, 1. Abth., königl. Mitth., S. 372.

[758] a.a.O., S. 373.

[759] a.a.O., S. 382f.

Bürger und Schutzverwandte, auf dem Lande Angesessene und Hausgenossen, und sämtliche der Armee Angehörige."[760] Diese Formulierung fand als § 4 Abs. 2 in den Beschlusstext Eingang.[761]

In der Folge stimmten die Stände einem Wahlrecht zu, das den Kreis der „Stimmberechtigten" deutlich erweiterte.[762] Mit dem *Provisorischen Gesetz wegen einiger Änderungen der Verfassungsurkunde vom 4ten September 1831 betreffend, vom 15. November 1848*[763] wurde die Kurienwahl der Zweiten Kammer aufgegeben und nur noch einheitlich 75 Abgeordnete in 75 Wahlbezirken gewählt. Die Erste Kammer bestand jetzt – außer den königlichen Prinzen – aus 50 Abgeordneten, von denen jeweils einer von drei der Wahlbezirke gemeinsam zu wählen war.[764] § 65 Abs. 1 VerfUrk legte den Kreis der Wähler fest: „Stimmberechtigt bei der Wahl der Abgeordneten zur Zweiten Kammer ist, ohne Unterschied der Religion und des Glaubensbekenntnisses, jeder männliche volljährige und selbständige Staatsangehörige", und zwar in der Gemeinde seines wesentlichen Wohnsitzes. Damit wurden Frauen nun auch nach dem Wortlaut der Verfassung von der Wahl ausgeschlossen. Das passive Wahlrecht konnte mit Vollendung des 30. Lebensjahres wahrgenommen werden. Nach § 67 VerfUrk waren alle männlichen Staatsangehörigen „wählbar".[765]

Schließlich wurden von § 65 Abs. 3 VerfUrk Rittergüter und ähnliche Güter, die nicht zu einem Gemeindebezirk gehörten, „in Bezug auf die Wahlberechtigung ihrer Bewohner ein für allemal derjenigen Landgemeinde oder einer der Landgemeinden zugetheilt, deren Heimathsbezirk sie angehören".[766]

Nähere Bestimmungen zur Wahl wurden wiederum in einem Wahlgesetz niedergelegt. Dieses *Provisorische Gesetz, die Wahlen der Landtagsabgeordneten betreffend, vom 15ten November 1848*,[767] erklärt in seinem § 4 Abs. 1

[760]Mitth. über die Verh. d. außerordentl. LT 1848, 1. K., S. 1216.

[761]zu den recht umfangreichen Beratungen d. Wahlgesetzes vgl. Mitth. über die Verh. d. außerordentl. LT 1848, 2. K., Bd. 2, S. 1620ff., hier insbes. S. 1674ff.

[762]Es war das bis dahin liberalste Wahlrecht des damaligen Deutschlands. – MATZERATH, Pro fide rege et lege, in: Umbrüche und Kontinuitäten, S. 59.

[763]In: GVBl. 1848, S. 219-226; vgl. WYDUCKEL, Die Trennung von Justiz und Verwaltung, in: DH 60 (1999), H. 4, S. 25f.

[764]§§ 63, 64 VerfUrk, in: GVBl. 1848, S. 219; vgl. Mitth. über die Verh. d. außerordentl. LT 1848, Bd. 2, S. 1704f. (Wahlgesetz) und S. 1783f. (VerfUrk).

[765]In: GVBl. 1848, S. 219f.; vgl. Mitth. über die Verh. d. außerordentl. LT 1848, Bd. 2, S. 1784f.

[766]In: GVBl. 1848, S. 220; zum Heimatrecht sogleich unten, S. 111f.

[767]In: GVBl. 1848, S. 227-232.

ebenfalls nur männliche Staatsangehörige für stimmberechtigt und wählbar, wobei diese bürgerlich selbständig[768] sein mussten.

Zwar war eine politische Partizipation von Frauen auf diesem Landtag nicht einmal ablehnungswürdig, doch findet sich seit der Mitte des 19. Jahrhunderts nunmehr häufiger ein ausdrücklicher Ausschluss der Frauen von den politischen Rechten in den wahlrechtlichen Regelungen. Das deutet darauf hin, dass es zumindest Klarstellungsbedarf gab und die Frage des Frauenstimmrechts allmählich in die politische Debatte Eingang fand.[769]

Das zeigt sich auch in der Frankfurter Nationalversammlung. § 94 Abs. 2 der Paulskirchenverfassung regelte bezüglich des Wahlrechts, dass die Wahl „nach den in dem Reichswahlgesetze enthaltenen Vorschriften" geschehe.[770] Jedoch tauchte die Frage des Frauenwahlrechts wenigstens – wenn auch ohne erkennbare Absicht einer Umsetzung – in den Beratungen des Frankfurter Reichswahlgesetzes vom 15. Februar 1849[771] am Rande auf:

In der Debatte verwies der Abgeordnete FRANZ EDLAUER (1798-1866)[772] darauf, dass die geltenden Gesetze, die nach ihrem Wortlaut nur das männliche Geschlecht einschließen, „nach einer allgemein anerkannten Auslegungsregel, soweit das weibliche Geschlecht nicht durch das Wesen der Sache oder gesetzliche Bestimmung ausgeschlossen wird, auch für dieses" Geltung besäßen. Daraus folge, dass auch „das Wahlgesetz, sofern es das Wahlrecht dem weiblichen Geschlecht nicht zuerkennt, dies ausdrücklich bemerke". Der Einwand, „daß sich dies von selbst verstehe", sei „unstatthaft". Das solle der Verfassungsausschuss berücksichtigen.

Zugleich stellte sich EDLAUER aber auf die Seite des Verfassungsausschusses, der den Frauen kein Wahlrecht gewähren wollte,[773] und stützte sich dabei auf eine der gängigen Argumentationslinien: Er prophezeite das Ende des harmonischen Familienglücks im Falle eines Wahlrechts der Frau: „Wehe uns, wenn die Tummelplätze politischer Fehden in das Gebiet des innern Familienlebens eingedrungen sind! Die Ruhe des Gemüthes ist dann

[768]vgl. § 4 Abs. 2 d. G.: „Im Sinne dieses Gesetzes selbständig in Städten Bürger und Schutzverwandte, auf dem Lande Angesessene und Hausgenossen, und sämtliche der Armee Angehörigen."

[769]So SPIES, Die Schranken, S. 134f.; vgl. auch Kap. III, S. 94f.

[770]*Verfassung des Deutschen Reiches vom 28. März 1849*, in: Dokumente, Bd. 1, hrsg. v. HUBER, S. 375-396, 385; vgl. im folgenden HEEPE, Zur Geschichte des Frauenwahlrechts, in: Jura 20 (1998), S. 233.

[771]*Reichsgesetz über die Wahlen der Abgeordneten zum Volkshause vom 12. April 1849*, in: Dokumente, Bd. 1, hrsg. v. HUBER, S. 396-399; Entwurf abgedr. in: Reden für die deutsche Nation, Bd. 7, hrsg. v. WIGARD, S. 5218-5220.

[772]fraktionsloser Abg. des 15. Wahlkreises Steiermark in Liezen.

[773]Bericht des Verfassungs-Ausschusses zu dem Entwurf des Reichsgesetzes über die Wahlen der Abgeordneten zum Volkshause, a.a.O., S. 5220-5230, 5222f.

in seinem letzten Asyle, im innersten Heiligthum des Gemüthslebens gefährdet, vielleicht vernichtet."[774]

Zum selben Ergebnis kommt auch der Redebeitrag FRIEDRICH ERNST SCHELLERS (1791-1869).[775] Allerdings geht SCHELLER davon aus, „daß ein Gesetz, wenn es von politischen Rechten redet, nur das männliche Geschlecht meinen kann". „Soll aber hier dennoch etwas ausdrücklich über das Geschlecht gesagt werden, will man aussprechen, daß das weibliche Geschlecht ausgeschlossen sei, so wird man auch in den Grundrechten Änderungen vornehmen müssen." Denn auch die Wehrpflicht sei allgemein und gelte doch nicht für die Frauen. Deshalb sei es in § 1 des Frankfurter Reichswahlgesetzes „nicht nöthig, das weibliche Geschlecht auszuschließen".[776]

So wurde dann auch ein Reichswahlgesetz beschlossen, nach dessen § 1 „jeder unbescholtene Deutsche, welcher das fünfundzwanzigste Lebensjahr zurückgelegt hat", stimmberechtigt war und überdies wählbar, wer nach § 5 Abs. 1 zusätzlich dazu „seit mindestens drei Jahren einem deutschen Staat angehört hat".[777] Trotz des noch selbstverständlichen Ausschlusses von Frauen sollte aber dieses, für die damaligen Verhältnisse äußerst fortschrittliche Wahlrecht die weitere Entwicklung des Wahlrechts in Deutschland – bis hin zur Weimarer Reichsverfassung und dem Grundgesetz – entscheidend prägen.

Auch in § 4 der vorangegangenen sächsischen Wahlverordnung, auf deren Grundlage die sächsischen Abgeordneten für die Frankfurter Nationalversammlung gewählt wurden, waren „alle volljährigen selbständigen[778] Sächsischen Staatsangehörigen unbescholtenen Rufs" stimmberechtigt und nach § 16 auch zum Wahlmann wählbar,[779] Frauen aber nicht erwähnt.

[774] a.a.O., S. 5226; vgl. SPIES, Die Schranken, S. 136 und oben, Kap. II, S. 58f.

[775] Abg. des 17. Wahlkreis Brandenburg in Frankfurt/Oder. Er gehörte wie CARL THEODOR GEORG PHILIPP WELCKER (1790-1869) der nationalliberalen Casino-Fraktion, später deren konservativer Abspaltung Pariser Hof an.

[776] a.a.O., S. 5329; zur Argumentation vgl. SPIES, Die Schranken, S. 137.

[777] *Reichsgesetz über die Wahlen der Abgeordneten zum Volkshause vom 12. April 1849*, in: Dokumente, Bd. 1, hrsg. v. HUBER, S. 396-399, 696f.

[778] „Für selbständig haben in vorliegender Beziehung alle diejenigen zu gelten, welche nicht aus öffentlichen Cassen Armenunterstützung erhalten, oder, ohne eigenen Hausstand, in einem Privatdienstverhältnisse in Lohn und Kost stehen, und zwar so, daß in zweifelhaften Fällen mehr für das Vorhandensein der Selbständigkeit zu entscheiden ist." – *Verordnung, die unterm 10ten April dieses Jahres verfügte Wahl deutscher Nationalvertreter betreffend; vom 17ten April 1848*, in: GVBl. 1848, S. 33-34.

[779] *Allerhöchste Verordnung, die Wahl deutscher Nationalvertreter für das zwischen den Regierungen und dem Volke zu Stande zu bringende deutsche Verfassungswerk betreffend; 10ten April 1848*, a.a.O., S. 25-28.

Gleichwohl bedeutete das neue sächsische Wahlrecht vom 15. November 1848 insgesamt eine weitgehende Abkehr von der ständischen Verfassung der Kammern. Bemerkenswert ist, dass mit ihrer Zustimmung die Abgeordneten der eigentlich konservativen Ersten Kammer unter dem unüberwindlichen Druck der revolutionären Kräfte ihre Vorrechte – wohl in der Hoffnung, es handele sich tatsächlich nur um provisorische Gesetze – aufgaben und sich damit selbst um ihre Sitze brachten.[780]

Der danach gewählte Landtag, in dessen Zweiter Kammer 66 von 75 Sitzen auf Kandidaten der Vaterlandsvereine entfallen waren,[781] war zwar – so GERHARD SCHMIDT – „die damals fortschrittlichste Volksvertretung in den deutschen Einzelstaaten".[782] Die Wahlrechtsregelungen vom 15. November 1848 waren aber trotz aller Liberalität durchaus auch problembehaftet, ja sie erschienen im Nachhinein selbst aus der Perspektive des Gesetzgebers als unbillig, da zwar „der Besitzer der kleinsten Landparzelle Wähler zur ersten Kammer" aufgrund des für ihn fehlenden Zensus sein konnte, gleichwohl aber der grundbesitzlose, „reichste Kaufmann oder Fabrikant, der vielleicht Hunderte von Menschen beschäftigt und sehr wesentlich zu den Staatslasten beiträgt, als solcher kein Wahlrecht zur ersten Kammer besitzt".[783]

Der überwältigende Erfolg der Vaterlandsvereine bedeutete aber zugleich eine schwere Niederlage für das Märzministerium, da sich die Regierung in der Öffentlichkeit gegen das Wahlprogramm der Vaterlandsvereine erklärt hatte, das u. a. die Forderungen nach einem Einkammerparlament und dem allgemeinen, gleichen und direkten Wahlrecht enthielt. Infolge weiterer tiefgreifender Kontroversen zwischen Landtag und Regierung in Fragen der Steuerbewilligung und der Annahme von Grundrechten trat das Märzministerium schließlich am 24. Februar 1849 zurück. Trotz der neu eingesetzten Regierung unter der Führung des gemäßigten Liberalen GUSTAV FRIEDRICH HELD (1804-1857), der auch Beamte wie u. a. FRIEDRICH FERDINAND VON BEUST (1809-1886)[784] als Außenminister angehörten, blieben die grundlegenden Gegensätze zwischen den Kammern und dem Gesamtministerium bestehen.[785]

---

[780]MATZERATH, Von einem „politischen Selbstmord", in: Umbrüche und Kontinuitäten, S. 63 und 66; NEEMANN, Landtag und Politik, S. 152; vgl. auch KÜHNE, Historische Wahlforschung, in: Modernisierung und Region, hrsg. v. LÄSSIG/ POHL/ RETALLACK, S. 59f.

[781]GROß, Geschichte Sachsen, S. 226.

[782]GERHARD SCHMIDT, Der sächsische Landtag, in: Beiträge zur Archivwissenschaft, hrsg. v. GROß/KOBUCH, S. 451.

[783]LA 1849/50, 1. Abth., königl. Mitth., Bd. 1, S. 550.

[784]Zur Person vgl. ERDMANNSDÖRFFER, Beust, Friedrich Ferdinand Freiherr, in: ADB, Bd. 46, S. 523.

[785]vgl. GROß, a.a.O., S. 226f.

Der allgemeine Unmut über die Haltung des Königs und seiner Regierung hatte sich im Dresdner Maiaufstand vom 3. bis 9. Mai 1849 entladen. Nachdem sich die königliche Familie und die verbliebenen Mitglieder der inzwischen ebenfalls auseinandergebrochenen und seit dem 2. Mai von dem unpolitischen Verwaltungsbeamten FERDINAND VON ZSCHINSKY (1797-1858)[786] geleiteten Regierung am 4. Mai vor den Ausschreitungen auf den Königstein in Sicherheit bringen mussten, hatte zwischenzeitlich unter der Leitung des Bautzener Rechtsanwalts SAMUEL ERDMANN TZSCHIRNER (1812-1870)[787] eine provisorische Regierung[788] die Amtsgeschäfte übernommen, die ihre Legitimation nicht auf die verfassungsmäßige Ordnung, sondern auf die Revolution stützte.[789]

Mit Hilfe der vom Außenminister des Zschinsky-Kabinetts, VON BEUST, ins Land gerufenen preußischen Truppen wurde dieser Regierung schon nach wenigen Tagen, am 9. Mai 1849 in erbitterten Straßenkämpfen ein Ende gesetzt, wie auch die revolutionären Bestrebungen in Sachsen endgültig niedergeschlagen. Aus den noch im September 1849 angeordneten neuerlichen Landtagswahlen nach dem Wahlrecht vom 15. November 1848 gingen erneut die Demokraten siegreich hervor,[790] sodass der Gegensatz zwischen den demokratisch dominierten Ständen und der Staatsregierung weiter fortbestand.

Auf dem folgenden Landtag von 1849/1850 wurde die nächste Wahlrechtsdebatte geführt.[791] Der Regierungsentwurf sah eine erneute Abänderung des § 65 VerfUrk vor. Die Erste Kammer sollte nunmehr aus 50 unmittelbar gewählten Mitgliedern und den volljährigen Prinzen bestehen, die Zweite Kammer aber weiterhin indirekt gewählt werden. Dabei waren nach einer Neufassung von § 66 VerfUrk „stimmberechtigt bei den Urwahlen zur zweiten Kammer … alle diejenigen Gemeindebürger, welche an dem Orte ihres

[786]Zur Person vgl. NEUBERT, Dr. Ferdinand Zschinsky, in: Sächsische Justizgeschichte, Bd. 4, S. 23-40.

[787]Zur Person vgl. VON CAROLSFELD, Tzschirner, Samuel Erdmann, in: ADB (1895), S. 66.

[788]Zu ihr zählte auch KARL GOTTHELF TODT als führender Vertreter der linken Opposition im neu gewählten Landtag.

[789]BLASCHKE, Das Königreich Sachsen 1815-1918, in: Beiträge zur Verfassungs- und Verwaltungsgeschichte, S. 536f.; vgl. GROß, a.a.O., S. 227f.

[790]*Verordnung, die Veranstaltung von Landtagswahlen betreffend; vom 20. September 1849*, in: GVBl. 1849, S. 208. Die Auflösung des Landtages von 1849 war bereits Ende April erfolgt. – Bekanntmachung, die Auflösung der dermalen versammelten Kammern des Königreichs betreffend, vom 28. April 1849, a.a.O., S. 89.

[791]Die Gesetzentwürfe betrafen ebenfalls das Kommunalwahlrecht, das an dieser Stelle inhaltlich noch nicht erörtert werden soll. – *Decret an die Kammern vom 3. November 1849, die innenbemerkten Gesetzentwürfe betr., eingegangen bei der II. Kammer am 26. November 1848*, in: LA 1849/50, 1. Abth., königl. Mitth., Bd. 1, S. 515-547; vgl. dazu HOFMANN, Die Entwicklung des Wahlrechts, S. 42f.

wesentlichen Aufenthalts … bei den Gemeindewahlen persönlich stimmberechtigt sind, dafern sie seit mindestens drei Jahren als sächsische Staatsangehörige sich im Königreiche Sachsen wesentlich aufhalten". Wählbar zum Wahlmann war nach § 67 d. E. jeder Stimmberechtigte. Für die Wählbarkeit zum Abgeordneten war zusätzlich das Erreichen des 30. Lebensjahres erforderlich.

Stimmberechtigt zur Ersten Kammer war nach § 68 d. E. jeder der nach § 66 d. E. bereits Stimmberechtigten, der mindestens 25 Thaler direkte Staatsabgaben leistete. Für die Wählbarkeit in die Erste Kammer musste der Bewerber nach § 69 d. E. das 40. Lebensjahr erreicht haben.[792]

An den Landtagswahlen sollte nur teilnehmen können, wer auch „dem engeren Verbande einer Gemeinde als vollberechtigtes Mitglied angehört und bei den Gemeindewahlen stimmberechtigt ist".[793] Deshalb strebte die Regierung zugleich auch eine Überarbeitung der Vorschriften zum Stimmrecht bei den Gemeindewahlen an. Stimmberechtigt sollte danach jeder männliche Gemeindebürger sein, der das 25. Lebensjahr vollendet hat und sich mindestens seit einem Jahr am Ort seiner Stimmabgabe aufhielt. Diese Anknüpfung des Wahlrechts zur Ständeversammlung an die Stimmberechtigung bei den Gemeindewahlen beruhte „auf der Grundansicht, daß zur vollen Ausübung der bürgerlichen Rechte in der Gemeinde und im Staate, abgesehen von gewissen persönlichen Eigenschaften, deren Mangel eine Ausnahme begründet, Jedermann berechtigt ist, der

1) durch den Besitz eines beweglichen oder unbeweglichen Vermögens …,
2) dadurch, daß er nach einer gesetzlich geregelten Vorbereitung ein öffentliches Amt, oder das Recht zur Ausübung eines wissenschaftlichen oder technischen Gewerbes … erlangt hat, oder
3) wenn er zu keiner dieser Kategorien gehört, durch seine Persönlichkeit, seinen Charakter und die Art und Weise seines Verhaltens im Allgemeinen eine Bürgschaft dafür gewährt,

daß er die wichtigen staatsbürgerlichen Befugnisse, die er erhält, im Sinne des Rechts und der öffentlichen Ordnung und nach bester Überzeugung zum Wohle der gesammten Staatsgesellschaft ausüben werde".[794]

---

[792] *Gesetz, die Abänderung der Verfassungsurkunde vom 4. September 1831 betreffend,* a.a.O., S. 531-537, 532f.; dazu als Wahlgesetz das *Gesetz, die Wahlen der Landtags-Abgeordneten betreffend*, a.a.O., S. 538-547.

[793] LA 1849/50, 1. Abth., königl. Mitth., Bd. 1, S. 551. Der Begriff „Gemeindewahlen" bezieht sich auf Städte und Landgemeinden.

[794] a.a.O., S. 557.

Zwar wird auch ausdrücklich anerkannt, dass „Frauenzimmer und Auswärtige Kraft des Gesetzes Gemeindebürger [sind], wenn sie innerhalb des Bezirks Grundeigenthum besitzen oder ein Gewerbe betreiben".[795] Aber daraus folgte nicht automatisch, dass diese auch die Zusammensetzung der Kammern mitentscheiden konnten. Vielmehr galten die o. g. Kriterien für sie ohne Ansehen der individuellen Fähigkeiten und Fertigkeiten offenbar nicht, obwohl sie in der Sache wohl auf den überwiegenden Teil der Frauen durchaus zutrafen. Als in den Gemeinden nicht *persönlich* Stimmberechtigte waren Frauen vom Wahlrecht im Land daher ausgeschlossen.[796]

Der vorberatende Ausschuss schlug der Zweiten Kammer vor, den Entwurf abzulehnen und statt dessen auf die Vorlage einer neuen Gemeindeordnung zu warten.[797] Während auch die Kammer daraufhin die Vorlage einer vollständigen Gemeindeverfassung verlangte, erfolgte am 1. Juni 1850 eine weitere Auflösung des Landtags, so dass die Entwürfe nicht weiter beraten wurden.[798] Wesentlicher Grund für die erneute Landtagsauflösung war die Auseinandersetzung um die Anerkennung der von der Frankfurter Nationalversammlung verabschiedeten Reichsverfassung, die die Regierung trotz entsprechendem Votum der Zweiten Kammer strikt ablehnte.[799]

Der König beschränkte sich in Reaktion auf die fortwährende scharfe Kritik der Stände an der Regierungspolitik nicht auf eine Auflösung des Landtags. Mit den Verordnungen vom 3. Juni 1850[800] hob er die Vereins- und Versammlungsfreiheit sowie die Pressefreiheit auf und berief die Stände in ihrer vorrevolutionären Zusammensetzung des außerordentlichen Landtags von 1846

---

[795] a.a.O., S. 558

[796] §§ 17ff. des Gesetzentwurfs vom 3. November 1849, in: LA 1849/50, 1. Abth., königl. Mitth., Bd. 1, S. 516-530, 521f.; näher dazu sogleich unten, S. 204.

[797] *Vorbericht des zweiten Ausschusses der zweiten Kammer, bezüglich der durch Königliches Decret vom 3. November a. p. an die zweite Kammer gelangten Gesetzesvorlagen unter A. B. C. und D., einige Abänderungen in der Verfassung der Gemeinden und des Heimathsgesetzes, sowie die definitive Feststellung einiger nur provisorisch getroffenen Bestimmungen, die Abänderung der Verfassungsurkunde und die Wahl der Landtagsabgeordneten betreffend, eingegangen den 3. Januar 1850*, in: LA 1849/50, 3. Abth., Ber. d. 2. K., Bd. 1, S. 51-53, 52.

[798] *Bekanntmachung, die Auflösung der dermalen versammelten Kammern des Königreichs betreffend, vom 1ten Juni 1850*, in: GVBl. 1850, S. 135; DIERSCH, Die geschichtliche Entwicklung, S. 120f.; vgl. § 116 VerfUrK.

[799] vgl. HOLLDACK, Geschichte der Reaktion, S. 59ff.; GROß, Geschichte Sachsens, S. 227.

[800] *Verordnung, das Vereins- und Versammlungsrecht betreffend, vom 3ten Juni 1850*, in: GVBl. 1850, S. 137-142; *Verordnung, einige Zusätze zum Preßgesetz betreffend, vom 3ten Juni 1850*, a.a.O., S. 142-144; *Bekanntmachung, die Versammlung der Stände zu einem ordentlichen Landtag betreffend, vom 3ten Juni 1850*; a.a.O., S. 135f.

ein. Damit setzte er sich über geltendes Verfassungsrecht hinweg[801] und brach zugleich auch mit dem Wahlgesetz vom 15. November 1848.

Der Landtag, der am 15. Juli 1850 zusammenkam, legitimierte diesen Verfassungsbruch im Nachhinein, indem er die Verordnungen vom 3. Juni 1850 billigte und mit dem *Gesetz, die provisorischen Gesetze vom 15ten November 1848 betreffend*, vom 15. August 1850,[802] auch der Aufhebung der Reformgesetze vom 15. November 1848 – einschließlich des Wahlgesetzes – nachträglich seine Zustimmung erteilte und den Rechtszustand vor der Revolution wieder herstellte.[803] Unter dem Jubel der sächsischen Konservativen und des besitzenden Bürgertums konnte die Regierung ihr Bemühen um eine Stärkung der alten Staatsordnung in Angriff nehmen, während der Mittelstand sich von der Politik ab und dem Wirtschaftsleben zu wandte und die verbliebenen demokratischen Kräfte sich ruhig verhielten.[804]

Die Aufhebung der Gesetze aus der Revolutionszeit war dadurch erleichtert, dass es sich bei der Gesetzgebung von 1848 fast nur um *provisorische* Gesetze handelte. Diese waren unter äußerstem Zeitdruck als Momentaufnahme der politischen Forderungen entstanden und sollten die Grundlage für spätere, gründlicher zu erarbeitende Gesetze bilden. Sie hatten sich angesichts des Scheiterns der Revolution im Dresdner Maiaufstandes und ihrer endgültigen Niederlage mit der Auflösung des Landtags von 1849 rasch als untauglich für die Führung eines Staatswesens erwiesen, das sich infolge revolutionärer Bestrebungen einem demokratischen Umbruch unterziehen sollte. In den Augen der Regierung und der reaktivierten Stände waren die provisorischen Gesetze schon deshalb hinfällig geworden, weil ihr ursprünglicher Zweck mit dem Scheitern der Revolution entfallen war.[805] Doch band sich damit die Regierung zugleich eng an die Stände, da sie nun ihrerseits ohne deren Einvernehmen – und das galt insbesondere auch für das Wahlrecht – sich selbst nicht

[801] WYDUCKEL, Staats- und Kommunalverwaltung, in: 100 Jahre Allgemeines Baugesetz, S. 31.

[802] In: GVBl. S. 199-200; vgl. hierzu auch die *Beratungen des Decrets, die provisorischen Gesetze vom 15. November 1848 betreffend*, in: Mitth. über die Verh. d. LT 1850/51, 2. K., Bd. 1, S. 29-52; HOLLDACK, Geschichte der Reaktion, S. 95f. sowie zur Einberufung des Landtags die *Bekanntmachung, die Versammlung der Stände des Königreichs Sachsen zu einem ordentlichen Landtage betreffend, vom 13ten Juni 1850*, in: GVBl. 1850, S. 151f.

[803] Zur Restauration in Sachsen vgl. HOLLDACK, insbes. S. 91ff.; HUBER, Verfassungsgeschichte, Bd. 3, S. 204ff.; MAYER, Staatsrecht, S. 125; HOFMANN, Die Entwicklung des Wahlrechts, S. 44ff.; BLASCHKE, a. a. O, S. 537; GROß, a.a.O., S. 228.

[804] HOLLDACK, a.a.O., S. 91ff.

[805] Die Aufhebung wurde daher „in formeller Weise" verstanden. – *Dekret an die Stände, den Gesetzentwurf über die Wirksamkeit der provisorischen Gesetze vom 15. November 1848 betreffend*, in: LA 1850/51, 1. Abth., königl. Mitth., S. 243f., 244 (Motive); vgl. HOLLDACK, a.a.O., S. 97f.

von den Verhältnissen von 1831 entfernen konnte.[806] Zaghafte Reformen sind erst wieder für die Mitte der 1850er Jahre zu vermelden, so etwa die Aufhebung der Patrimonialgerichtsbarkeit.[807]

II. Änderungen des Wahlrechts zur Ständeversammlung bis 1866

Bereits auf dem Landtag von 1850/51 wurde mit Dekret an die Stände vom 19. Juli 1850 der Entwurf eines Wahlgesetzes und der Entwurf einer revidierten Verfassungsurkunde mit Einführungsgesetz vorgelegt.[808] Die Entwürfe orientierten sich im Wesentlichen am Wahlrecht von 1831 und enthalten einige unbedingt notwendige Anpassungen, wie vor allem den weitgehenden Wegfall des Erfordernisses der Ansässigkeit:[809] Nach Aussage der Gesetzesmotive konnte sie als Voraussetzung für die „Stimmberechtigung" zur Zweiten Kammer „bei der gesteigerten Wichtigkeit des beweglichen Vermögens und dem unverkennbaren Interesse der Unansässigen, auch bei dem Landtage vertreten zu sein, nicht beibehalten werden".[810]

„Stimmberechtigt" zur Zweiten Kammer – nunmehr nur noch aus 30 städtischen und 34 landsässigen Abgeordneten bestehend – sollten alle männlichen Staatsangehörigen sein, die sich mindestens drei Jahre im Land aufhielten, einen Zensus von mindestens 2 Thl. und 15 Ngr. aufbringen konnten[811] und nicht unter sonstige Ausschlussgründe des Wahlgesetzes fielen. Die „Wählbarkeit" erforderte neben dem Erreichen des 30. Lebensjahres einen Zensus von jährlich mindestens 10 Thl. an ordentlichen direkten Steuern.[812] Die Zusammensetzung der Ersten Kammer blieb weitgehend unverändert, jedoch sollten u. a. die Vertretungen des Kollegiatstifts Wurzen und des Hochstifts Meißen entfallen und jetzt die Stimmberechtigten zur Zweiten Kammer bei

---

[806] so HOLLDACK, a.a.O., S. 104.

[807] dazu WYDUCKEL, Staats- und Kommunalverwaltung, in: 100 Jahre Allgemeines Baugesetz, S. 31 m. w. N.; vgl. HOLLDACK, a.a.O., S. 144ff.; HUBER, a.a.O., S. 208.

[808] *Decret an die Stände, die Vorlage innenbemerkter Gesetzentwürfe betreffen. Eingegangen bei der I. Kammer den 24. Juli 1850*, in: LA 1850/51, 1. Abth., königl. Mitth., S. 277-343; vgl. dazu NEEMANN, Landtag und Politik, S. 197ff.; DIERSCH, a.a.O., S. 122ff., HOFMANN, a.a.O., S. 46ff.; SCHIMMEL, Die Entwicklung des Wahlrechts, S. 68ff. und HOLLDACK, a.a.O., S. 105ff. Daneben enthielt das Dekret noch den *Entwurf eines Gesetzes, die Aufhebung der Grundrechte betreffend.*

[809] vgl. §§ 76ff. d. VerfE, in: LA 1850/51, 1. Abth., königl. Mitth., S. 296f. Bedeutende Änderung waren ferner außerhalb des Wahlrechts, so hinsichtlich von Grundrechten, vorgesehen.

[810] a.a.O., S. 337-343, 340. Da Unangesessene in erheblichem Umfang stimmberechtigt und wählbar wurden, wurde eine gesonderte Vertretung des Handels und Fabrikstandes als nicht mehr erforderlich betrachtet.

[811] Der Zensus der von zweieinhalb Thl. für das Stimmrecht erschien den Motiven als den Verhältnissen in Sachsen angemessener. – a.a.O., S. 340.

[812] §§ 76, 77 d. VerfE, a.a.O., S. 296f.

den Wahlen der 15 auf Lebenszeit gewählten größeren ländlichen Grundbesitzer – bis dato 12 Rittergutsbesitzer – stimmberechtigt sein, die in Sachsen mit einem Grundbesitz ansässig waren, der mindestens 1.500 Steuereinheiten erbrachte. Für die Wählbarkeit betrug der Zensus sogar 3.000 Steuereinheiten zuzüglich eines Mindestalters von 30 Jahren.[813]

Mit dem *Entwurf zu einem Gesetz, die Wahlen der Landtagsabgeordneten betreffend*[814] wurde vor allem eine Vereinfachung des Procedere der Wahlhandlung angestrebt. Die Voraussetzungen der Stimmberechtigung waren dagegen im Wahlgesetzentwurf nicht geregelt. § 1 d. E. verweist stattdessen lediglich auf die §§ 76ff. VerfUrk und enthält daneben nur die Regelung der üblichen Ausschlussgründe, wie Ausschluss von öffentlichen Ämtern und der juristischen Praxis, Überschuldung, bestimmte Straftaten und die fehlende Dispositionsfähigkeit.[815] Bemerkenswert ist, dass durch § 26 Abs. 1 d. E. die „Gleichzeitigkeit" der Wahl zur Zweiten Kammer in allen Wahlbezirken vorgeschrieben wird.[816]

Mit *Decret an die Stände. Die Aufhebung der Grundrechte betreffend, Eingegangen bei der II. Kammer den 19. Februar 1851, vom 18. Februar 1851,*[817] musste jedoch seitens der Regierung der *Entwurf der revidirten Verfassungsurkunde, insoweit sich derselbe auf die sechs ersten Abschnitte der Verfassungsurkunde vom 4. September 1831 bezieht nebst dem dazu gehörenden Einführungsgesetz und dem Entwurf eines Gesetzes, die Aufhebung der Grundrechte betreffend*, wieder zurückgenommen werden, da die Kammern übereinstimmend keine Revision der Verfassungsurkunde vornehmen wollten, mit der Grundrechte in diese aufgenommen werden sollten.[818] Somit verblieben vorerst der *Entwurf der Revidierten Verfassungsurkunde nur hinsichtlich des siebenten und achten Abschnittes der VerfUrk von 1831 und der Wahlgesetzentwurf im Geschäftsgang. Zugleich wurde ein neuer Entwurf eines Gesetzes, die Aufhebung der die Publication der deutschen Grundrechte betreffenden Verordnung vom 2. März 1849 betreffend*[819] eingebracht, der nunmehr die Regelung von Grundrechten außerhalb der VerfUrk vorsah.

[813] §§ 78, 79 VerfE, a.a.O., S. 297. Statt der bisher zwölf gewählten und zehn ernannten Rittergutsbesitzer sollten nach dem neuen § 71 Nr. 10, 12 VerfE nunmehr „fünfzehn Angeordnete der größeren ländlichen Grundbesitzer" und „zwölf vom Könige nach freier Wahl auf Lebenszeit ernannte Mitglieder" der Ersten Kammer angehören. – a.a.O., S. 295.

[814] a.a.O., S. 322-335.

[815] a.a.O., S. 322f.

[816] a.a.O., S. 330.

[817] In: LA 1850/51, 1. Abth., königl. Mitth., S. 687-700.

[818] vgl. LA 1850/51, 2. Abth., S. 358ff. und 371ff.; 3. Abth., S. 467ff.; Mitth. über die Verh. d. LT 1850/51, 1. K. Bd. 1, S. 742ff.; 2. K., Bd. 2, S. 1627ff.

[819] In: LA 1850/51, 1. Abth., königl. Mitth., S. 688f.

Die Stände verweigerten aber auch weiterhin überwiegend ihre Zustimmung zu den Verfassungsänderungen, oder die Regelungen erzielten nicht die notwendige verfassungsändernde Mehrheit nach § 152 VerfUrk, so dass es nicht mehr zu einer Beratung des Entwurfs des Wahlgesetzes kam.[820] Damit war das Gesetzesvorhaben gescheitert.

Die Revision des Wahlrechts auf dem Landtag von 1860/61, angestoßen durch eine öffentliche Debatte zu Beginn des Landtags und durch Anträge von Abgeordneten,[821] betraf vor allem die allgemeinen Voraussetzungen von „Stimmberechtigung und Wählbarkeit".[822] Die Staatsbürgerschaft, sprich der „Besitz des Sächsischen Unterthanenrechts", wurde nach § 1 des *Gesetzes, die Wahlen der Abgeordneten beider Kammern der Ständeversammlung betreffend; vom 19ten October 1861* ebenso zur Voraussetzung für eine Wahlteilnahme, wie die christliche Religion zugleich als Erfordernis entfiel.[823] Neben Empfängern öffentlicher Almosen, Schuldnern, die ihren Verpflichtungen gegenüber Staat und Privaten nicht nachkamen, von öffentlichen Ämtern, der anwaltlichen Praxis oder der Communalgarde Ausgeschlossenen, bestimmten Straftätern und Personen, denen bereits nach § 74 AStO oder § 29 sub 7 LGO die Stimmberechtigung entzogen wurde, waren nach § 2 lit. a) auch weiterhin „Frauenspersonen" „vom Stimmrechte" ausgeschlossen.[824] Die Ausschlussgründe entsprachen damit im Wesentlichen den bisherigen Regelungen zuzüglich einiger redaktioneller Änderungen und Klarstellungen.[825]

Jedoch wurden nunmehr durch § 5 d. G. für die Stimmberechtigung und Wählbarkeit sowohl Grundbesitz als auch die Steuerleistung von Ehefrauen

---

[820]Ständische Schrift, das allerhöchste Decret vom 19. Juli 1850 und die demselben gefügten Gesetzentwürfe sub A. B. C. und D. betreffend, in: LA 1850/51, 1. Abth., königl. Mitth., S. 852-857.

[821]vgl. Mitth. über die Verh. d. LT 1860/61, 2. K., Bd. 1, S. 185ff., 730ff. und 1033f.

[822]Diese Begriffe verwendet auch Art. IV des *Gesetzes, einige Abänderungen der Verfassungsurkunde vom 4ten September 1831 betreffend; vom 19ten October 1861*, in: GVBl. 1861, S 286-287, 286; vgl. im Folgenden NEEMANN, Landtag und Politik, S. 220ff.; DIERSCH, Die geschichtliche Entwicklung, S. 128ff., SCHIMMEL, Die Entwicklung des Wahlrechts, S. 79ff., HOFMANN, Die Entwicklung des Wahlrechts, S. 48ff. und MAYER, Staatsrecht, S. 126. – Insgesamt fielen die Änderungen am Regierungsentwurf (*Decret an die Stände, die Vorlage innenbenannter Gesetzentwürfe betreffend. Eingegangen bei der II. Kammer am 19. April 1861, vom 17. April 1861*, in: LA 1860/61, 1. Abth., königl. Mitth., Bd. 2, S. 499-531) gering aus, so dass die Debatte dazu (LA 1860/61, 3. Abth., S. 477ff. und 2. Abth., S. 528ff. bzw. Mitth. über die Verh. d. LT 1860/61, 2. K., Bd. 3, S. 2896ff., 2965ff., Bd. 4, S. 4105ff., 4202; 1. K. Bd. 2, S. 1917ff., 1944ff und 2207ff.) hier außen vor bleiben kann.

[823]a.a.O., S. 289-305, 289.

[824]a.a.O., S. 289f.

[825]Völlig neu war nur der Ausschluss der aus disziplinarischen Gründen aus der Communalgarde ausgeschlossenen nach § 2 g).

und unter väterlicher Gewalt stehender Kinder, dem Ehemann bzw. Vater zugeschlagen.[826] Bisher besaßen diese nach § 23 des Wahlgesetzes a. F. „unter Voraussetzung eines ihnen zustehenden Nießbrauchrechts" an deren Grundbesitz lediglich das Stimmrecht, nicht aber die Wählbarkeit. Man wollte mit dieser Änderung dem Grundsatz Rechnung tragen, dass „das Familienoberhaupt die Interessen seiner Familienmitglieder, auch abgesehen von einem ihm selbst daraus erwachsenden Nutzen, zu vertreten habe".[827] Damit wurde dem Mann die Rolle des einzig legitimen politischen Vertreters seines Hauses zugebilligt, der die Interessen aller Mitglieder gegenüber dem Staat zu repräsentieren habe.[828]

Zwar wurde das Mindestalter von 30 Jahren als Voraussetzung für die Wählbarkeit durch § 4 d. G. nicht verändert, gleichwohl aber neben anderen nunmehr in Abs. 3 „unselbständige Gewerbetreibende und Personen, welche in Gesindedienst stehen" von der Wählbarkeit ausdrücklich ausgeschlossen.[829]

Daneben änderte man die Voraussetzungen für die Stimmberechtigung einzelner Wählerklassen. So waren nunmehr in den Städten Gemeindemitglieder stimmberechtigt, die mit Wohnsitz in ihrer Gemeinde Grundeigentum besaßen oder als Unansässige eine Steuerleistung an Grund- und Personalsteuer je nach Größe der Stadt von zwei oder drei Thl. aufbringen konnten. Für eine Wählbarkeit zum Wahlmann betrug dieser Zensus einheitlich 10 Thl. und zum Abgeordneten für Ansässige 10 und für Unansässige 15 Thl.[830] Die „Anknüpfung der Wahlrechte an das städtische Bürgertum" in den Städten wurde damit aufgegeben, „da durchaus kein Grund vorlag, ... zum Erwerb des Bürgerrechts nicht verpflichtete Personen von der Theilnahme an den Wahlen auszuschließen".[831]

Entsprechende Regelungen zum Zensus bestanden auch für die Wahlen des Bauernstandes,[832] wobei hier der höchste Zensus für die Wahl als Abgeordneter ohne Ansässigkeit sogar 20 Thl. betrug. Für Rittergutsbesitzer entfiel selbst die Voraussetzung der Gemeindemitgliedschaft.[833]

---

[826] a.a.O., S. 290.
[827] „Zu § 2.", LA 1860/61, 1. Abth., königl. Mitth., S. 526; vgl. oben, S. 95.
[828] Siehe dazu oben, Kap. II, S. 53ff.
[829] GVBl. 1861, S. 290.
[830] §§ 24, 26, 27 d. G., a.a.O., S. 293f.
[831] „Zu § 24", LA 1860/61, 1. Abth., königl. Mitth., S. 527.
[832] Im Regierungsentwurf war dagegen auch schon der „Betrieb der Landwirtschaft oder eines Fabrikgeschäftes auf dem Lande als Haupterwerb" ausreichend. Das wurde – angeregt durch den Deputationsbericht der Ersten Kammer – gestrichen. – vgl. LA 1860/61, Beil. 1. K., Bd. 3, S. 244.
[833] §§ 33ff. d. G., in: GVBl. 1861, S. 295f.

Die Motive zum Regierungsentwurf begründen die Ausweitung des Wahlrechtes für Unangesessene damit, dass eine „eminente Entwicklung, welche die sächsische Industrie in neuerer Zeit gewonnen hat, … eine größere Betheiligung derselben und überhaupt des mobilen Vermögens neben dem Grundbesitz bei der Landesvertretung gerechtfertigt erscheinen" lasse. Vor allem erschien es der Regierung angebracht, „eine stärkere Vertretung der großen Industrie her[zu]stellen".[834] Infolge der Änderungen im Wahlgesetz wurden daher auch die entsprechenden Vorschriften in der Verfassung angepasst.[835] Das betraf etwa die Erhöhung der Vertreter des Handels und Fabrikwesens in § 68 Nr. 4 VerfUrk von fünf auf zehn[836] und die Regelungen hinsichtlich der Stellvertreter von Abgeordneten der Ersten Kammer in § 74 VerfUrk.[837]

Es konnten im Prinzip tatsächlich zwar eine größere Zahl von Unansässigen an der Wahl teilnehmen, aber aufgrund des Zensus kam das nur vermögenden Personen zugute. Ferner hatte man sich bemüht, „alle unwesentlichen Förmlichkeiten des dermaligen Verfahrens zu beseitigen" und auch die Fristen zu verkürzen, um damit das bisher recht umständliche Wahlverfahren zu vereinfachen.[838] Das Übergewicht der Rittergutsbesitzer und vergleichbaren Grundbesitzer blieb in den Kammern auch weiterhin erhalten.[839]

Erneute Versuche einer Liberalisierung des Wahlrechts gab es bereits auf dem Landtag von 1863/64. Doch scheiterten diese Petitionen, von denen eine die Wiedereinführung des Wahlrechts von 1848 verlangte, an den Mehrheitsverhältnissen in der Zweiten Kammer.[840]

---

[834] LA 1860/61, 1. Abth., königl. Mitth., S. 524.

[835] *Gesetz, einige Abänderungen der Verfassungsurkunde vom 4ten September 1831 betreffend; vom 19ten October 1861*, in: GVBl. 1861, S. 286-287.

[836] Art. I d. G., a.a.O., S. 286.

[837] (1) „Ueber die Bedingungen der Stimmberechtigung und Wählbarkeit enthält das Wahlgesetz das Weitere." (2) „Diejenigen, welchen nach demselben das Stimmrecht im Allgemeinen und ohne Unterschied der verschiedenen Ständeclassen entzogen ist, können auch nicht in Gemäßheit von § 64 als Stellvertreter der § 63 unter 3,4,6,7 und 12 benannten Herrschaftsbesitzer, noch einer sonstigen Eigenschaft in die erste Kammer eintreten oder ihren Sitz in derselben behalten." – a.a.O., S. 286f.

[838] „Zu § 44 flg.", LA 1860/61, 1. Abth., königl. Mitth., S. 530; näher DIERSCH, Die geschichtliche Entwicklung, S. 135.

[839] Näher GERHARD SCHMIDT, Der sächsische Landtag, in: Beiträge zur Archivwissenschaft, hrsg. v. GROß/KOBUCH, S. 454f.

[840] Näher DIERSCH, a.a.O., S. 142ff.; SCHIMMEL, Die Entwicklung des Wahlrechts, S. 85ff.; MATZERATH, „Vervielfältigung…", in: Formierung und Brüche, S. 104.

III. Wirkungen des Wahlrechts zur sächsischen Ständeversammlung zwischen 1831 und 1866[841]

Der erste Landtag auf Grundlage der neuen Verfassung war Ende Januar des Jahres 1833 zusammengetreten. Ihm war eine Neubesetzung der Ständeversammlung vorausgegangen, deren gewählte Abgeordnete nunmehr regelmäßig durch Wahlen neu bestimmt wurden.

Lediglich die gewählten Rittergutsbesitzer der Ersten Kammer blieben unter den Voraussetzungen des § 66 VerfUrk auf Lebenszeit im Amt. Von den Mitgliedern der Zweiten Kammer schied dagegen nach § 71 VerfUrk „alle drei Jahre am Schlusse eines außerordentlichen Landtags" ein Drittel aus und war neu zu wählen.[842] Die Ergänzungswahlen wurden mit der Einberufung der Stände gleich mit angesetzt.[843] Auch bestand kein einheitlicher Wahltermin, so dass es einige Zeit dauern konnte, bis die Wahlen in allen Klassen der beiden Kammern abgeschlossen waren.[844]

Nähere Aussagen zur Resonanz der Wahlen in der Bevölkerung, sowie zum Kreis der Wahlberechtigten und Wähler lassen sich nur sehr schwer treffen. Unter dem Wahlrecht von 1831 hatte das Statistische Büro weder Erhebungen zur Zahl der Stimmberechtigten und Wählbaren gemacht, noch lagen dort die dafür notwendigen Unterlagen vor. Lediglich anlässlich der ersten Wahl unter der Verfassung von 1831, die 1833 erfolgte, war das Material der Wahlen der städtischen und bäuerlichen Abgeordneten entsprechend zusammengetragen und ausgewertet worden. Doch waren selbst diese Angaben nicht vollständig.[845] Zudem handelt es sich bei dieser ersten Wahl um eine Sondersituation, so dass davon auszugehen ist, dass gerade die Wahlbeteiligung bei den folgenden Ergänzungswahlen kaum in dieser Höhe Bestand hatte.

---

[841] Aufgrund der schwierigen Quellenlage bietet sich eine Gesamtbetrachtung des Zeitraumes 1831 bis 1866 an.

[842] In: SächsGS 1831, S. 256f. Bei den ersten beiden Landtagen entschied das Los, sonst die Dauer der Wahlperiode von neun Jahren.

[843] vgl. z. B. die *Verordnung, die Veranstaltung von Landtagswahlen betreffend; vom 20ten Februar 1839*, in: GVBl. 1839, S. 30.

[844] Zu den Problemen des Wahlrechts von 1831 näher Neemann, Landtag und Politik, S. 155ff.

[845] Die Zahlen kamen erst 1853 zur Veröffentlichung bei Engel, Das Königreich Sachsen, S. 131ff.

Erste – aber immer noch unvollständige – offizielle Statistiken zur Wahlbeteiligung und den Wahlergebnissen liegen für das Königreich Sachsen überhaupt erst ab 1869 vor. Auch die wenigen Berichte in der zeitgenössischen Presse benennen zumeist nur die gewählten Kandidaten.[846]

Die Wahlen standen so gut wie gar nicht im Blickpunkt der Öffentlichkeit. Lediglich persönliche Auseinandersetzungen erfolgten im lokalen Rahmen zwischen einzelnen Kandidaten. Besonders hinderlich für eine Anteilnahme der Öffentlichkeit war das Verbot von Wahlversammlungen und die weitgehende Unmöglichkeit, oppositionelle politische Standpunkte mittels Veröffentlichungen in der Presse zu verbreiten.[847] Selbst die Regierung war bestrebt, das Interesse an den Wahlen möglichst gering zu halten und begünstigte damit den Wahlsieg regierungstreuer Kandidaten.[848] Es ist sogar anzunehmen, dass eine Wahlstatistik den Regierenden überhaupt nicht wünschenswert erschien, da diese das Missverhältnis der Repräsentation einzelner Bevölkerungsgruppen in einer Weise zu Tage gebracht hätte, die unerwünschte Begehrlichkeiten im Hinblick auf eine Demokratisierung des Wahlrechts nur noch mehr befördert hätte.[849]

Aufgrund der dürftigen Quellenlage sollen im Folgenden nur einige, in diesem Zusammenhang bedeutsame Aspekte der tatsächlichen Möglichkeit einer Wahlteilnahme dargelegt werden. Am 1. Dezember 1834 wurde im

[846] z. B.: „Ergebniß der Wahl des Landtags-Abgeordneten und dessen Stellvertreters im XV. städtischen Wahlbezirk", in: Mittheilungen für das Erzgebirge und Voigtland, Nr. 38, vom 20. September 1836, S. 301: Von den 51 Wahlmännern waren bei der Wahl am 19. September 1836 49 anwesend. Unter insgesamt sieben Kandidaten konnte sich Amtshauptmann GEORG RUDOLPH VON WELCK, gleich im ersten Wahlgang mit absoluter Mehrheit durchsetzen, während sein Stellvertreter, der Stadtrat und spätere Innenminister MARTIN GOTTHARDT OBERLÄNDER aus Zwickau, erst mit relativer Mehrheit im zweiten Wahlgang gewählt wurde.

[847] Interessant ist in diesem Zusammenhang ein Beitrag, den die *Mittheilungen für das Erzgebirge und Voigtland* – das Mitteilungsblatt der Kreisdirektion Zwickau – aus dem *Adorfer Wochenblatt* unter dem Titel „Ueber die bevorstehenden Landtagswahlen im Voigtlande" in Nr. 39, vom 27. September 1836, S. 309-310, übernahmen und der den Leser davor warnte, den Wahlen gegenüber gleichgültig zu sein: „Wir unsers Theils würden bei der Wahl eines Deputirten so sorgsam sein, als wollten wir eine Frau nehmen. Solch' Bündniß ist unauflöslich, darum vor allen Dingen: Vorsicht, Vorsicht, Vorsicht!" Der künftige Abgeordnete solle daher „freisinnig", „ein Mann auf den man sich verlassen kann" und politisch gebildet sein. Letztlich zog aber trotz oder vielleicht sogar wegen dieser Warnung im 18. städtischen Wahlbezirk kein geringerer als der Bürgermeister und Stadtrichter von Adorf, KARL TODT, in die Zweite Kammer ein, und wurde dort zum führenden Kopf der liberalen Opposition. – vgl. Ergebniß der Landtagswahlen in dem Bezirke der Königl. Kreis-Direktion Zwickau, in: Mittheilungen für das Erzgebirge und Voigtland, Nr. 41, vom 11. Oktober 1836, S. 327-328.

[848] vgl. S. SCHMIDT, Die Entwicklung, S. 39f. Lediglich in wenigen Zeitschriften, wie vor allem in der ab 1827 in Zwickau erscheinenden, zeitweilig und 1849 dann endgültig verbotenen, „Die Biene. Volksblatt für Sachsen" fanden hin und wieder regierungskritische Stimmen eine Plattform.

[849] a.a.O., S. 135.

Königreich Sachsen die erste zuverlässige Volkszählung[850] durchgeführt und bis 1867 alle drei Jahre wiederholt. Sie ergab eine Einwohnerzahl von insgesamt 1.595.668 Personen, von denen 775.244 männlich und 820.424 weiblich waren, 523.771 in den Städten und 1.071.897 auf dem Land lebten.[851] Für das Jahr nach Inkrafttreten der Verfassung wird die Bevölkerungszahl Sachsens mit 1.558.113 Personen angegeben, davon 756.554 männlichen und 801.559 weiblichen Geschlechts.[852]

Nach der Volkszählung von 1834 kamen auf eine Haushaltung in den Städten 4,33 und auf dem Land 4,64 Personen. Etwa ein Drittel der Bevölkerung war 14 Jahre oder jünger, nur etwas mehr als ein Drittel 30 Jahre und älter.[853] Der Frauenüberschuss war in Sachsen mit rund fünf Prozent der höchste innerhalb Deutschlands.[854]

Damit waren im Königreich Sachsen über die Hälfte der Einwohner schon allein aufgrund ihres weiblichen Geschlechts von der Wahl ausgeschlossen. Der überwiegende Teil der Menschen lebte zudem bürgerlich unselbständig im Haushalt eines anderen oder hatte das wahlfähige Alter noch nicht erreicht. Geht man zudem davon aus, dass etwa 70 Prozent der Gesamtbevölkerung zu den Besitzarmen und Besitzlosen gehörten, aber nur 30 Prozent Bürger und Bauern waren,[855] so konnte auf Grundlage des Wahlrechts von 1831 selbst von den männlichen Bewohnern im wahlfähigen Alter insgesamt nur eine Minderheit wahlberechtigt, geschweige denn wählbar, gewesen sein.[856]

---

[850]BURKHARDT, Die Entwicklung der sächsischen Bevölkerung, in: SächsStLAZ 77 (1931), S. 1-69. Zu den Ergebnissen: Bevölkerung des Königreichs Sachsen am 1. Dezember 1834, in: Mitt. d. Statist. Vereins 1835, Lieferung 6, S. 1-45.

[851]Die Zunahme der Bevölkerung im Königreich Sachsen von 1834 bis 1849, in: Statist. Mitth. 1851, 1. Lieferung, S. 234; Die Volkszählungs-Ergebnisse von 1832-1910, in: SächsStLAZ 61 (1915), S. 2.

[852]Ohne Militärpersonen und deren Angehörige. – Die Volkszählungs-Ergebnisse von 1832-1910, in: SächsStLAZ 61 (1915), S. 2.

[853]15,77 Prozent der Bevölkerung in den Städten und 25,24 Prozent auf dem Land männlich, sowie 17,04 bzw. 26,45 Prozent weiblich. – Procentuale Verhältnisse unter einzelnen Elementen der Bevölkerung in den Jahren 1834, 1837, 1840, 1843, 1846 und 1849 mit Unterscheidung der Stadt- und Landbewohner, in: Statist. Mitth. 1851, 1. Lieferung, S. 220.

[854]Zudem war die überwiegende Zahl der Zuwanderer nach Sachsen weiblich und in den am stärksten ausgebildeten Industriezweigen waren verhältnismäßig viele Frauen beschäftigt. – BURKHARDT, Die Entwicklung der sächsischen Bevölkerung, in: SächsStLAZ 77 (1931), S. 14ff.

[855]Das nimmt BLASCHKE, Bevölkerungsgeschichte, S. 192, für das Jahr 1843 an. Eine Übersicht zur sozialen Gliederung findet sich hier in Abb. 29.; kritisch dazu WEISS, Bevölkerung, S. 50ff.

[856]Noch 1869 – dazu unten, Kap. V, S. 289 – lag die Zahl der Wahlberechtigten bei nur 9,9 Prozent der Einwohner. – WÜRZBURGER, Die Wahlen für die Zweite Kammer der Ständeversammlung von 1869 bis 1896, in: SächsStLAZ 51 (1905), S. 11; vgl. RITTER/NIEHUSS, Wahlgeschichtliches Arbeitsbuch, S. 164.

Stark überprivilegiert waren in beiden Kammern die Rittergutsbesitzer. 1848/49 gab es im Königreich Sachsen 1.026 Rittergüter mit 987 stimmberechtigten und 820 wählbaren Rittergutsbesitzern. Diese 0,05 Prozent der Bevölkerung hatten aber 34 Prozent aller Landtagsmandate zu bestimmen. Doch konnten 39 Rittergüter ihr Stimmrecht nicht ausüben, weil sie sich überwiegend im Staatsbesitz, in Konkurs oder – und das traf auf „mehre Güter“ zu – im Besitz von Frauen befanden. Damit ruhte die Stimmberechtigung des Ritterguts.[857]

Gut vertreten waren die Grundbesitzer in den Landgemeinden. 1833 waren in den ländlichen Wahlbezirken mit einer Bevölkerung von etwas über einer Million immerhin 132.973 Personen stimmberechtigt, was einem Anteil von etwa 13 Prozent an der Bevölkerung entsprach. Hiervon waren aber nach § 5 WahlG 1831 12.674 Personen von der Stimmabgabe ausgeschlossen, so dass letztlich nur 120.299 – etwa zwölf Prozent der Landbevölkerung – an den Urwahlen teilnehmen konnten.[858]

In den städtischen Wahlkreisen waren unter den insgesamt 504.437 Einwohnern lediglich 41.407 – 8,2 Prozent – stimmberechtigt, davon konnten wiederum ganze 10.222 infolge persönlicher Ausschlussgründe ihr Stimmrecht nicht ausüben, so dass nur 31.185 Personen – 6,2 Prozent der Einwohner – überhaupt an den Urwahlen teilnehmen konnten. Zu Abgeordneten wählbar waren in den städtischen Wahlkreisen lediglich 3.471 und damit nur 0,7 Prozent der dortigen Bevölkerung.[859]

Von einer politischen Partizipation breiter Bevölkerungsteile konnte – selbst unter den Männern – damit nicht im Entferntesten die Rede sein. Die sächsische Ständeversammlung blieb ein Honoratiorenparlament, wenn auch spätestens auf dem außerordentlichen Landtag von 1848 erste liberale Abgeordnete vor allem in der Zweiten Kammer politisch wirksam werden konnten und schließlich aufgrund der vorübergehenden Wahlrechtsliberalisierung sogar die Oberhand gewannen.

Im Gegensatz zu Sachsen verfügte beispielsweise das Großherzogtum Baden bereits frühzeitig über ein deutlich liberaleres Wahlrecht zur Zweiten Kammer der Badischen Ständeversammlung. Stimmberechtigt waren hier alle Männer, die im Wahlbezirk als Bürger angesessen waren oder die ein öffent-

[857] ENGEL, Das Königreich Sachsen, S. 129. NEEMANN, Landtag und Politik, S. 155f., schätzt außerdem die Zahl der Stimmberechtigten des Handels- und Fabrikstandes auf lediglich 2.000 Personen. Diese Abg. wurden aber erst seit der Wahlrechtsergänzung von 1839 überhaupt durch Wahlen bestimmt. – siehe dazu oben, Kap. III, S. 93.

[858] ENGEL, a.a.O., S. 134; vgl. NEEMANN, a.a.O., S. 156ff. ENGEL gibt hier keine Bevölkerungszahl an, so dass hier die Volkszählung von 1834 als Grundlage genommen wurde.

[859] ENGEL, a.a.O., S. 132. Die Zahlen einiger Wahlbezirke sind ungenau.

liches Amt bekleideten, nicht aber weite Teile der Dienstboten, Handwerksgesellen und Fabrikarbeiter. Nach der Aufhebung des Schutzbürgerstatus im Jahre 1831[860] konnten hier etwa 70 Prozent der über 25jährigen Männer – ein Viertel mehr als vor dieser Reform – an den Urwahlen zur Zweiten Kammer teilnehmen. Auch die Wahlbeteiligung lag in Baden während der Zeit des Vormärz mindesten bei etwa 70 Prozent, teilweise auch darüber.[861]

Das sächsische Wahlrecht von 1848 kam lediglich bei zwei Wahlen zur Anwendung, im November 1848 und im Oktober 1849. Immerhin waren auf seiner Grundlage etwa 450.000 selbständige Männer zur Zweiten Kammer wahlberechtigt, das entspricht ungefähr 90 Prozent der volljährigen Männer und 23,7 Prozent der sächsischen Gesamtbevölkerung. Von den zur Zweiten Kammer Wahlberechtigten durften wiederum 67 Prozent die Abgeordneten der Ersten Kammer wählen, mithin 60 Prozent der volljährigen Männer und 15,8 Prozent der Gesamtbevölkerung.[862]

In der Folge der Ergänzungswahlen vom 18. Mai 1848 stellten die Radikalen auch die Mehrheit in der zweiten Deputation der Zweiten Kammer, die die Wahlrechtsentwürfe bearbeitete.[863] Im Dezember 1849 wurde nach dem neuen, liberalen Wahlrecht gewählt. Der neue Landtag nahm am 10. Januar die Beratungen auf, wurde aber bereits am 28. April wieder aufgelöst. Im September 1849 erfolgte eine neuerliche Landtagswahl aufgrund der provisorischen Wahlgesetze. Die unüberbrückbaren Gegensätze zur Behandlung der neuerlichen Wahlrechtsentwürfe zwischen der Zweiten Kammer und der Regierung führten zu einer erneuten Auflösung des Landtags am 1. Juni 1850. Die daraufhin zusammengerufenen vorrevolutionären Stände kehrten zum Wahlrecht von 1831 zurück. Damit verloren erhebliche Teile der männlichen Bevölkerung ihr Wahlrecht wieder.

Die Wahlbeteiligung für die Wahlen zur Zweiten Kammer fiel in den Städten und dem ländlichen Raum deutlich auseinander: Im Jahre 1833 wählten in den städtischen Wahlkreisen 17.166 Stimmberechtigte – 55 Prozent – und in den ländlichen Wahlkreise 90.467 – 78 Prozent.[864] Das Interesse der Rittergutsbesitzer an den Wahlen muss zumindest anfangs – trotz ihres großen Stimmengewichts – nicht sonderlich hoch gewesen sein: In der Zweiten

---

[860] vgl. das Gesetz über die Rechte der Gemeindebürger und die Erwerbung des Bürgerrechts vom 31. Dezember 1831, in: BadRegBl. 1832, S. 117-132.

[861] W. v. HIPPEL, Revolution, S. 26f. und 35f.

[862] Zahlen nach MATZERATH, Von einem „politischen Selbstmord“, in: Umbrüche und Kontinuitäten, S. 64.

[863] vgl. LA 1848, 3. Abth., Beil., Bd. 1, S. 378-406.

[864] Angaben zur Wahlbeteiligung im X. bäuerlichen Stimmbezirk fehlen. ENGEL, Das Königreich Sachsen, S. 132ff.; vgl. NEEMANN, a.a.O., S. 166, Fn. 50.

Kammer kamen im Jahre 1833, auf dem ersten Landtag nach dem neuen Wahlrecht, Zweifel auf, ob die Wahlen aus der Klasse der Rittergutsbesitzer der Zweiten Kammer überhaupt gültig waren,[865] da nirgends die notwendigen Zweidrittel der persönlich Stimmberechtigten zur Wahl erschienen waren.[866]

Selbst unter dem Eindruck der politisch aufgeheizten Stimmung der Revolutionsjahre von 1848/49 nahmen an den Landtagswahlen im Dezember 1848 nur etwa 45 Prozent der Stimmberechtigten teil; an den Wahlen zur Frankfurter Nationalversammlung sogar nur etwa 40 Prozent.[867] Nach der Wiederherstellung des vorrevolutionären Wahlrechts nahmen an 11 von insgesamt 18 städtischen Ergänzungswahlen des Jahres 1851 etwa 20 Prozent der Stimmberechtigten teil. Die schlechteste Wahlbeteiligung konnte dabei für Riesa ermittelt werden, wo von 267 Urwählern nur 17 erschienen, von denen – infolge der Unzufriedenheit mit den Kandidaten – dann aber nur fünf ihre Stimme für die drei zu wählenden Wahlmänner abgaben.[868]

Wenn sich auch die radikalen Liberalen insgesamt für eine Einbeziehung von bisher aus dem öffentlichen Leben ausgeschlossene Bevölkerungsgruppen einsetzten[869] und sogar Frauen in Ansätzen eine politische Plattform boten, war auch für sie die Einbeziehung von Frauen in das Wahlrecht zu den Ständen schwerlich vorstellbar. Frauen wurde eine passive Anteilnahme an der Landespolitik, sowie ein Wirken im sozialen und bestenfalls im vorpolitischen Bereich zugestanden. Nicht einmal ein allgemeines Wahlrecht für Männer war von den Demokraten der Jahre 1848/49 gewollt.

---

[865] Zum Problem des § 17 Wahlgesetz vgl. DIERSCH, Die geschichtliche Entwicklung, S. 70ff., insbes. Fn. 10 und 12.

[866] In der Sitzung vom 25. Februar 1833 wurde der Kammer berichtet, dass sich die Zahl der Stimmberechtigten im Meißner Kreis auf 177 „persönlich befähigte Besitzer" von insgesamt 277 zu Wahl befähigenden Rittergütern belief. Die Wahl wurde am 10. und 11. Dezember 1832 abgehalten, wobei sich „am ersten Tage ... die Zahl der Anwesenden auf 100 [belief], die sich Nachmittags bei Fortsetzung des Wahlgeschäfts auf 98 und später abwechselnd auf 92 und 94 vermindert hatte. Am zweiten Wahltage, den 11. Dezember waren nur 75 Stimmberechtigte anwesend, die sich bis auf 71 verminderten." Im Erzgebirgischen Kreis kamen auf 123 Rittergüter 85 persönlich Stimmberechtigte, von denen jedoch nur 42 bei der Wahl anwesend waren. Für die 236 Rittergütern des Leipziger Kreises war „eine vollständige, definitiv regulirte Liste der Stimmberechtigten" erst gar nicht bei den Akten vorhanden. Es konnte der Kammer lediglich mitgeteilt werden, dass 173 Vorladungspatente ausgestellt worden waren und die Zahl der Anwesenden am Wahltag zwischen 66 und 68 schwankte. Schließlich waren bei 120 Rittergütern im Voigtländischen Kreis 103 persönlich Stimmberechtigt und 59 anwesend. Die Kammer entschied sich schließlich für die Gültigkeit der Wahlen. – LA 1833/34, 3. Abth., Prot. d. 2. K., Bd. 1, S. 110f.

[867] NEEMANN, a.a.O., S. 163, Fn. 163.

[868] Diese – bruchstückhaften – Zahlen konnte NEEMANN, a.a.O., S. 167, aufgrund von Presseberichten ermitteln.

[869] vgl. S. SCHMIDT, Die Entwicklung, S. 79.

Bei der Durchführung der Landtagswahlen kam es zudem wiederholt zu erheblichen Verzögerungen, so dass sich auch die Regierung genötigt sah, nunmehr Maßnahmen zur Beschleunigung zu ergreifen. So drängte man auf die schnellere Erstellung der Wählerlisten. Die zuständigen Behörden bekamen dafür knapp bemessene Fristen gesetzt und für den Fall der Überschreitung sogar Ordnungsstrafen angedroht.[870] Doch das Problem bekam man offensichtlich auch damit nicht völlig in den Griff, so dass es wiederholt Anlass zu Beschwerden gab.[871] Mit der *Ständischen Schrift, die Verzögerung der Landtagswahlen betreffend, vom 5. Februar 1864*,[872] forderten die Stände die Regierung auf, dafür zu sorgen, dass „die Gewählten ihre Missiven mindestens vierzehn Tage vor dem Zusammentritte der Kammern zugestellt erhalten". Aufgrund der Verzögerung bei der Durchführung der Wahlen waren noch bei Landtagseröffnung in der Zweiten Kammer nicht alle Mandate vergeben.

IV. Exkurs: Die Debatte über den Zutritt des weiblichen Geschlechts auf die öffentlichen Tribünen der Ersten und Zweiten Kammer

„Öffentlichkeit" umfasste nach mehrheitlicher Auffassung zunächst nur Männer, nicht aber Frauen.[873] Deshalb waren Frauen im Vormärz weitgehend von den Zuschauertribünen der Stände in den deutschen Staaten ausgeschlossen.[874] Während ihnen etwa in Württemberg der Zutritt gänzlich verwehrt wurde,[875] waren sie nach § 37 der Geschäftsordnung der Bayrischen Zweiten Kammer zumindest bei Eröffnung und Schließung der Kammer zugelassen.[876]

Auch § 135 VerfUrk schrieb für beide Kammern die Öffentlichkeit der Verhandlungen vor.[877] Die Frage, ob daher auch den Frauen das Zuschauen von

[870] *Verordnung des Ministerii des Innern, die Beschleunigung künftiger Landtagswahlen betr.*, in: GVBl. 1842, S. 21-29. Das war ein sächsisches Problem. Preußen bewältigte seine deutlich zahlreicheren Wahlen in nur wenigen Wochen. – NEEMANN, Landtag und Politik, S. 150.

[871] vgl. den *Bericht der dritten Deputation, die Anträge der Abgeordneten Fahnauer, Günther und Genossen und Mammen, wegen Verzögerung der Landtagswahlen betreffend*, in: LA 1863/64, 3. Abth., Beil. z. Prot. d. 2. K., Bd. 1, S. 31-41.

[872] In: LA 1863/64, 1. Abth., königl. Mitth., Bd. 2, S. 317.

[873] vgl. dazu oben, S. 50f. sowie WEGENER, Der geheime Staat, S. 334.

[874] WEGENER, a.a.O., S. 238, Fn. 846; zur Öffentlichkeit der Parlamentsverhandlungen vgl. HABERMAS, Strukturwandel, S. 96f.

[875] Jedenfalls im Jahre 1831. – „Das Bürgerrecht der Frauen", in: Denkwürdigkeiten für Sachsen, Jg. 1831, Nr. 60 vom 30. Julius 1831, S. 237-238.

[876] *Edikt über die Geschäftsordnung für die Kammer der Abgeordneten*, vom 28. Febr. 1825, in: PÖLITZ, Verfassungen, Bd. 1, S. 175-197, 182.

[877] In: SächsGS 1831, S. 270; vgl. BÖCKSTIEGEL, a.a.O., S. 100f. Auch nach Ziff. 75 des Moßdorf-Entwurfs waren die Sitzungen öffentlich. – MOßDORF, Constitution, S. 10f.

den Tribünen zu gestatten sei,[878] spielte erstmals auf dem Landtag von 1833/34 eine Rolle.

In der ersten öffentlichen Sitzung der Ersten Kammer am 28. Januar 1833 stellte Kammerpräsident ERNST GUSTAV VON GERSDORF (1780-1843)[879] an die Kammer die Frage, „ob an die Frauenzimmer Billets zu vertheilen" seien, wies auf die verneinende Ansicht der Zweiten Kammer hin und kündigte eine Prüfung dieser Frage bis zum nächsten Tag an. Während sich im folgenden allein CARL FRIEDRICH AUGUST WILHELM ZIEGLER VON KLIPPHAUSEN (1770-1841),[880] gewählter Rittergutsbesitzer der Oberlausitz, für die Zulassung von Frauen zu den öffentlichen Galerien erklärte, vertrat Prinz JOHANN (1801-1873),[881] späterer König ab 1854, die Ansicht, dass „der Gegenstand nicht wichtig genug sey, um denselben einer besonderen Berathung auszusetzen" und wies darauf hin, „daß die Verhandlungen der Kammern außer dem Wirkungskreise der Frauen lägen". Der Kammerpräsident schloss sich dem Standpunkt des Prinzen an. In der folgenden Abstimmung, die „ohne besondere Deliberation durch Aufstehen oder Sitzenbleiben" erfolgte, stimmte ZIEGLER als einziger für die Zulassung von Frauen.[882]

ZIEGLER nahm in der Ersten Kammer eine Art Sonderstellung ein. Zwar gehörte er selbst seiner sozialen Herkunft nach zur überwiegenden Mehrheit der – so JOHANNES GÖPNER – „unbeabsichtigten" konservativ-ritterschaftlichen Partei in der Kammer, die eine entschiedene, auf die Sicherung eigener Privilegien bedachte Interessenpolitik betrieb. Doch vertrat er in bestimmten Fragen ausgesprochen liberale Positionen, so dass er sich letztlich weder der konservativen Mehrheit noch der liberalen Minderheit – die im Wesentlichen aus dem Vertreter der Universität Leipzig und Bürgermeistern verschiedener Städte bestand – zuordnen lässt.[883]

Am folgenden Tag wiederholte ZIEGLER seinen Antrag nochmals, „jedoch mit der Modification, daß, wenn diese Zulassung auch nicht täglich stattfinden sollte, mindestens aller vier Wochen ein Tag dazu bestimmt werden möge".

---

[878] vgl. im Folgenden für die Erste Kammer: MATZERATH, Die Damentribüne, in: Umbrüche und Kontinuitäten, S. 77ff.

[879] Zur Person vgl. MATZERATH, Ernst Gustav v. Gersdorf, in: Präsidenten und Abgeordnete, S. 11-12.

[880] Zur Person vgl. V. BOETTICHER, Geschichte des Oberlausitzischen Adels, Bd. 3, S. 206f.

[881] Näher zu JOHANNs Wirken im Landtag: WYDUCKEL, Prinz Johann als Jurist, in: König Johann von Sachsen, S. 125ff.

[882] Außerordentl. Beil. zur Leipziger Zeitung, Nr. 2 vom 29. Januar 1833. Nachrichten vom Landtage, S. 9f.; vgl. LA 1833/34, 2. Abth., Prot. d. 1. K., Bd. 1, S. 19.

[883] Zu ZIEGLERS Agieren in den Kammerverhandlungen GÖPNER, Der sächsische Landtag, S. 52ff.

Er wurde jedoch damit zurechtgewiesen, „daß der Gegenstand bereits durch Stimmenmehrheit beseitigt sey".[884]

Damit war das Thema für diesen Landtag allerdings immer noch nicht abgeschlossen. Am 5. Februar 1833 machte der Vertreter der Universität Leipzig, WILHELM TRAUGOTT KRUG (1770-1842)[885], die Erste Kammer darauf aufmerksam, dass – wie er selbst in Erfahrung gebracht habe – die Zweite Kammer überhaupt keinen Beschluss zum Ausschluss der Frauen von den Zuschauertribünen gefasst habe, wie behauptete worden war. Die fehlerhafte Information der Kammer sei von Einfluss auf das Abstimmungsergebnis gewesen, auch auf seine eigene Entscheidung. Deshalb sei die Gültigkeit des Beschlusses der Ersten Kammer fraglich, auch habe es die angekündigte Aussprache trotz entsprechender Tagesordnung nicht gegeben. KRUG sah in dem fraglichen Beschluss der Zweiten Kammer zudem den einzigen Grund, für den Ausschluss der Frauen zu votieren. So könne allein durch den Ausschluss von den Zuschauertribünen nicht verhindert werden, „daß diese Berathungen die Frauen in einen ihnen fremden Wirkungskreis hineinzögen", denn sie hätten genug anderweitige Möglichkeiten, sich über den Fortgang der Verhandlungen zu informieren. Auch stellte er die seiner Ansicht nach bedeutende erzieherische Aufgabe der Frauen heraus: „Die Frauen haben mit uns Einen König, Ein Vaterland; sie sollen König und Vaterland lieben, wie wir, und wenn sie Mütter sind, auch ihre Kinder zu dieser Liebe erziehen." KRUG stellte deshalb den Antrag, über die Sache noch einmal zu befinden.

Prinz JOHANN entgegnete ihm, dass der – vermeintliche – Beschluss der Zweiten Kammer keinen Einfluss habe, weil er überhaupt nicht vorläge. Wer sich davon bei seiner Meinungsbildung habe leiten lassen, „habe es sich selbst zuzuschreiben". ZIEGLER sprach sich ebenfalls erneut unter Hinweis auf § 135 VerfUrk für die Zulassung der Frauen aus. Eine Ausschließung sei verfassungswidrig.

Bis auf KRUG und ZIEGLER stimmten schließlich aber alle Mitglieder der Kammer dafür, den bereits gefassten Beschluss aufrecht zu erhalten. Auch stellte sich heraus, dass es tatsächlich keinen Beschluss der Zweiten Kammer

[884] LA 1833/34, 2. Abth., Prot. d. 1. K., Bd. 1, S. 20.

[885] KRUG war seit 1809 Professor für Philosophie in Leipzig. Seine Schriften zur konstitutionellen Monarchie waren vor allem beim sächsischen Bürgertum verbreitet. In der ansonsten konservativen Ersten Kammer war KRUG, wie die Vertreter der Universität Leipzig i. d. R. überhaupt, deutlich liberaler ausgerichtet. – zur Person BÖCKSTIEGEL, Volksrepräsentation, S. 57f. Anm. 310; vgl. GÖPNER, Der sächsische Landtag, S. 44ff.

gegeben hatte, sondern lediglich einen provisorischen Beschluss des Direktoriums beider Kammern für die erste Sitzung.[886]

In der Zweiten Kammer fand das Thema erstmals am 1. Februar 1833 am Rande der Beratung des Vorschlags zum Druck eines Namensverzeichnisses der Kammermitglieder und der Landtagsschriften Erwähnung. Der gemäßigt-liberale Dresdner Abgeordnete CHRISTIAN GOTTLOB EISENSTUCK (1773-1853)[887] konnte sich hier mit seiner Auffassung, dass eine wechselseitige Übermittlung der Protokolle der beiden Kammern „manchem Misbrauche und Misverständnisse" vorbeuge, nicht durchsetzen. Dem Präsidenten der Ersten Kammer sei nämlich bereits ein derartiger Fehler unterlaufen: Und zwar habe er, „als man über das Zulassen der Damen bei den öffentlichen Sitzungen der Kammern gesprochen" habe, in der Sitzung der Ersten Kammer behauptet, die Zweite Kammer habe schon darüber gesprochen und sei der gleichen Ansicht, obwohl das – wie aus der Protokollen erkennbar – überhaupt nicht der Fall gewesen sei.[888]

Auf dem nächsten Landtag trug ZIEGLER der Ersten Kammer in der Sitzung vom 14. November 1836 erneut sein Ansinnen vor. Diesmal entbrannte eine Debatte über die Auslegung des § 135 VerfUrk. Während ZIEGLER darauf hinwies, dass § 135 VerfUrk auch Frauen den Zutritt zu den Zuschauergalerien gestatte, „indessen sei dermalen der schöne Theil der Staatsbürgerschaft ganz ausgeschlossen", positionierte sich Prinz JOHANN erneut als entschiedener Gegner einer Zulassung von Frauen. Er glaube nicht, dass in § 135 VerfUrk auch „die Rede von dem schwächern Theil der Staatsbürgerschaft sei". Diese Vorschrift schließe nicht aus, dass „nähere Bestimmungen darüber getroffen werden können, denn sonst würde man auch keine Billets vertheilen dürfen. Er glaube daher nicht die Zulassung der Damen anempfehlen zu können und hege gerade dieselben Bedenken, welche er am letzten Landtage schon dargelegt habe." Da kein formeller Antrag gestellt war, ging man an diesem Tag zur Tagesordnung über.[889]

Der Antrag lag bereits wenig später in der Sitzung vom 19. November 1836 vor. ZIEGLER begründete darin ausführlich sein Begehren mit der Auslegung

---

[886] Außerordentl. Beilage zur Leipziger Zeitung, Nr. 8 vom 7. Februar 1833, Nachrichten vom Landtage, S. 32f.

[887] Von 1830 bis 1843 Communrepräsentant bzw. Stadtverordneter in Dresden; zur Person vgl. WERNER, Politisierung, Bd. 2, S. 640f. und 707ff.; GÖPNER, Der sächsische Landtag, S. 98f.; zur Familie Eisenstuck vgl. MATZERATH, Christian Gottlob Eisenstuck, in: Landtagskurier, Jg. 2008, H. 7, S. 18-19.

[888] LA 1833/34, 3. Abth., Prot. d. 2. K., Bd. 1, S. 48.

[889] Mitth. über die Verh. d. LT 1836/37, 1. K., S. 15f.

von § 135 VerfUrk. Auch stünden die Frauen „an Geist und Herz den Männern nicht nach“ und „in den cultivirtesten Staaten ... steht das Weib nicht unter, sondern dem Manne gleich, nur ihre Geschlechts-Eigenthümlichkeiten begrenzen für jeden den Wirkungskreis“. Deshalb könne auch nicht in Zweifel gezogen werden, „daß die Frauen rechten lebendigen Antheil an der neuen repräsentativen Verfassung nehmen würden“. Es müsse den Frauen selbst überlassen werden, ob sie von ihrem Recht auf Anteilnahme am Beratungsgeschehen Gebrauch machen würden.[890] Offenbar taten sie das auch schon heimlich, denn zumindest der Abg. CHRISTIAN GOTTLOB LEBERECHT GROßMANN (1783-1857), Superintendent zu Leipzig, „habe noch in den letzten Tagen davon sprechen hören, daß allerdings Damen, verkleidet, den Verhandlungen auf den Tribünen beigewohnt hätten, die Wahrheit lasse er dahingestellt sein“.[891]

Belegt ist die Anwesenheit einer Frau bei der ersten Sitzung eines konstitutionellen Landtags in Sachsen am 29. Oktober 1834. Die Ehefrau eines Mitglieds der Ersten Kammer, EMMA LUISE VON WELCK (1805-1892), geb. von Beust, gelang es als Mann verkleidet und in Begleitung eines Freundes ihrer Familie Zugang zu den Zuschauertribünen zu erhalten. Ob außer ihrem Ehemann, der in seinem Tagebuch berichtet, auch ihr Vater und dessen Vetter sowie ihr Schwager, die ebenfalls zu dieser Zeit Mitglieder der ersten Kammer waren, von Emmas skandalträchtiger Unternehmung Kenntnis hatten, und man sie als Frau erkannte, ist nicht überliefert.[892] Ob dieses kleine Abenteuer lediglich ein Einzelfall blieb und so zum Auslöser aller weiteren Gerüchte wurde, bleibt offen.

In der Debatte der Ersten Kammer nahm Prinz JOHANN abermals zu ZIEGLERs Vorbringen Stellung, indem er zu bedenken gab, dass die Verfassungsurkunde einen derartigen Antrag nicht gebiete und „derselbe ferner mit den deutschen Sitten in Widerspruch zu stehen und daher nicht unbedenklich“ sei. Es sei zu befürchten, dass die Anwesenheit von Frauen auf den Galerien die Abgeordneten beeinflusse und dazu animiere, durch ihre Worte einzelnen der anwesenden Frauen in besonderem Maße zu gefallen. Dadurch würde Zeit verloren gehen und die Debatten in die Länge gezogen werden. Der Prinz kündigte an, gegen den Antrag zu stimmen; er solle an die Zweite Kammer abgegeben werden.[893] Der Chemnitzer Bürgermeister CHRISTIAN FRIEDRICH WEHNER (1775-1862) pflichtete JOHANN darin bei, „daß es wohl Störungen verursa-

[890]a.a.O., S. 36f.

[891]a.a.O., S. 38.

[892]HOFFMANN, „Emma geht als Herr verkleidet“, in: Landtagskurier, Jg. 2014, H. 5, S. 18f.

[893]Mitth. über die Verh. d. LT 1836/37, 1. K., S. 37.

chen würde, wenn auf der Galerie eine Anzahl hübscher Frauenköpfe gegenwärtig wären", weshalb „es besser sei, es vor der Hand beim Alten zu lassen".[894] Der Dresdner Bürgermeister CARL BALTHASAR HÜBLER (1788-1866) wies auf die zu beengten räumlichen Verhältnisse und die Beschlusslage vom letzten Landtag hin. Daher lehne er das Ansinnen ZIEGLERS ebenfalls ab. Für Superintendent GROßMANN war durch das Zuschauen sogar das weibliche Wesen, die Frömmigkeit, gefährdet: „durch Hineinziehn der Frauen in politische Diskussionen" werde diese „nicht bloß beeinträchtigt, sondern geradezu untergraben". Das gelte – vor allem angesichts fehlender Damentribünen – auch für die „Zucht", sowie für „Demuth" und „Gehorsam" der Frau gegenüber dem Manne. Durch eine Beteiligung an öffentlichen Angelegenheiten werde „die Monarchie des Mannes" untergraben.[895] Die Kammer lehnte ZIEGLERS Antrag erneut und nur gegen dessen Stimme ab. An die Zweite Kammer gelangte die Frage – wie schon auf dem vorherigen Landtag – nicht.

Am 30. März 1837 befasste sich nunmehr auch die Zweite Kammer mit ZIEGLERS Petition. Bis dahin war „ein Kammerbeschluß, welcher die Frauen unbedingt von dem Zutritt auf die Galerien ausschlösse, ... vor der Hand nicht vorhanden, im Gegentheil, ist dem Präsidenten nach der Landtagsordnung überlassen, die Art der Legitimation zum Eintritt näher zu bestimmen". Dass sich die Kammer bisher auch nicht veranlasst sah, sich mit der Frage zu beschäftigen, mag auch darauf zurückzuführen sein, dass eine Frau offenbar bisher noch nicht Zutritt zu den Tribünen begehrt hatte, sieht man vom Gerücht von als Männer verkleideten Frauen ab.

Bemerkenswert ist die Äußerung von Kammerpräsident CARL FRIEDRICH REICHE- EISENSTUCK (1790-1864)[896], dass nach seiner Ansicht für diesen Fall „die Öffentlichkeit des Zutritts zu den Galerien, die im Allgemeinen ausgesprochen worden ist, auch für die Frauen nicht unbedingt zu bezweifeln sein würde". Infolge der Petition erfrage er nun die Meinung der Kammer. Zwar sei die Petition auf die Gewährung des Zutritts für Frauen zu den Kammerverhandlungen gerichtet, jedoch „sind die Galerien ihnen bisher jetzt nicht verschlossen gewesen, also scheint die Petition des Grundes ganz zu ermangeln, und es kommt darauf an ob man nicht die Petition als ungeeignet auf sich beruhen lassen wolle".[897]

---

[894]a.a.O., S. 37f. Ansonsten galten die Vertreter der Städte in der Ersten Kammer als eher liberal orientiert. – so GÖPNER, Das Wahlrecht, S. 46ff.

[895]Mitth. über die Verh. d. LT 1836/37, 1. K., S. 38f.

[896]Zur Person vgl. MATZERATH, Carl Friedrich Reiche-Eisenstuck, in: Präsidenten und Abgeordnete, S. 59-60.

[897]Mitth. über die Verh. d. LT 1836/37, 2 K., S. 1711.

Nicht nur der Standpunkt des Präsidenten, auch das Stimmungsbild der Abgeordneten der Zweiten Kammer unterschied sich von dem der Ersten. Der gemäßigte Liberale JULIUS VON DIESKAU (†1872)[898] erklärte, dass die Verfassungsurkunde Frauen an keiner Stelle von der Öffentlichkeit der Sitzungen ausschließe und auch nicht dahingehend auszulegen sei. Allerdings stellte auch er fest, „daß sich der Kammer zur Zeit keine Gelegenheit dargeboten hat, irgend eine Erfahrung hierüber zu machen u. Praxis zu erlangen".[899]

Auch für einen anderen gemäßigten Liberalen, KARL WILHELM TRAUGOTT VON MAYER[900], Abgeordneter der Rittergutsbesitzer der Oberlausitz, lag „eine nicht zweifelhafte Frage" vor, da der Begriff Öffentlichkeit für ihn „so unstreitig und unzweifelhaft [war], daß eine Auslegung nicht nothwendig ist; jede Auslegung könne nur eine Beschränkung der Öffentlichkeit sein". Frauen seien damit auch nicht ausgeschlossen, aber er „glaube, daß es des Anstandes wegen nöthig werden könnte, dazu nicht nur besondere Eintrittskarten auszugeben, sondern auch abgesonderte Plätze zu bestimmen, damit mancherlei Inconvienzen vermieden werden". Nach der kurzen und weitgehend einhelligen Debatte wies die Zweite Kammer die Petition mit 58 gegen eine Stimme als ungeeignet zurück.[901] LOUISE OTTO-PETERS sah demgegenüber in der Zulassung von Frauen als Zuschauerinnen zu den Sitzungen der Zweiten Kammer – wie auch in der Abschaffung der Geschlechtsvormundschaft – die „heilige Flamme des Fortschrittes auf der Bahn staatlicher Entwicklung".[902]

Die Entscheidung der Zweiten Kammer veranlasste ZIEGLER auf dem Landtag von 1839/40 dazu, die nunmehr unterschiedliche Anwendung des § 135 VerfUrk zu beanstanden. Kammerpräsident VON GERSDORF wies ihn jedoch darauf hin, dass „es nicht nothwendig [ist], daß eine Kammer nach der anderen sich richten muß in solchen Dingen".[903] ZIEGLER stellte daraufhin abermals einen Antrag – in Schriftform – auf Zulassung der Frauen.

In der Sitzung der Kammer am 19. Dezember 1839 kam es zu einer kurzen Debatte hierüber. Das neuerliche Stellen des in der Vergangenheit bereits

[898]Zur Person vgl. S. SCHMIDT, Die Entwicklung, S. 41; GÖPNER, Der sächsische Landtag, S. 101ff., rechnet ihn zu den extrem liberalen Abgeordneten der Zweiten Kammer; vgl. auch SCHIMMEL, Die Entwicklung des Wahlrechts, S. 34f.

[899]Mitth. über die Verh. d. LT 1836/37, 2. K., S. 1711.

[900]Zur Person vgl. S. SCHMIDT, a.a.O., S. 41

[901]Mitth. über die Verh. d. LT 1836/37, 2. K., S. 1712.

[902]OTTO-PETERS, Frauen und Politik, in: Sächsische Vaterlandsblätter, 3. Jg., Nr. 187 vom 23. November 1843, S. 811- 813 und Nr. 188 vom 25. November 1843, S. 815-816, abgedr. in: BOETCHER JOERES, Die Anfänge, S. 77-80, 77.

[903]Mitth. über die Verh. d. LT, 1. K., 1839/40, S. 6.

mehrfach abgelehnten Antrags löste bei einigen Kammermitgliedern Empörung aus. Auch Prinz JOHANN erklärte: „Öffentlichkeit findet schon statt, und ich sehe es nicht ein, was noch für ein Antrag zu stellen wäre." Nach ZIEGLERS Ansicht hatten sich die Umstände jedoch geändert, da bei seinen früheren Anträgen „sich die zweite Kammer darüber noch nicht entschieden" hätte. Trotzdem lehnte es die Kammer mit 27 zu 11 Stimmen ab, den Antrag an die zuständige Dritte Deputation zu verweisen, und beschloss mit 32 zu 6 Stimmen, den Gegenstand beizulegen.[904]

Damit übten die Kammern auch weiterhin eine unterschiedliche Praxis hinsichtlich der Zulassung von Frauen als Zuhörerinnen zu ihren öffentlichen Sitzungen aus. Die Mehrheit der Ersten Kammer gegen den Antrag war aber längst nicht mehr ganz so erdrückend, wie auf den früheren Landtagen. Das deutet auf einen langsam einsetzenden Bewusstseinswandel bei den Kammermitgliedern hin. Hervorzuheben ist, dass sich gerade JOHANN, der spätere König, als Wortführer der Gegner einer Teilnahme von Frauen an den Landtagsverhandlungen hervortat.[905]

Auf die Tagesordnung in der Ersten Kammer kam das Thema erst wieder in der Sitzung des außerordentlichen Landtags vom 22. Mai 1848. Da ZIEGLER dem Landtag nicht mehr angehörte,[906] stellte diesmal der der liberalen Opposition zuzurechnende[907] Leipziger Bürgermeister und Freund des Revolutionärs ROBERT BLUMS[908], HERMANN ADOLPH KLINGER (1806-1874) den Antrag auf Zulassung von Frauen zu den Tribünen. Er begründete ihn mit dem geltenden Verfassungsrecht. Die Verfassung garantiere die Öffentlichkeit der Sitzungen und mache diesbezüglich auch keinen Unterschied zwischen dem männlichen und weiblichen Geschlecht. KLINGER folgerte daraus, dass auch die Frauen Zutritt zu den Galerien hätten, „zeither" befolge die

---

[904] a.a.O., S. 132.

[905] Zur besonderen Rolle des Adels in dieser Frage: MATZERATH, Die Damentribüne, in: Umbrüche und Kontinuitäten, S. 78ff.

[906] ZIEGLER VON KLIPPHAUSEN war Mitglied der Ersten Kammer auf den Landtagen von 1833/34, 1836/37 und 1839/40.

[907] S. SCHMIDT, Die Entwicklung, S. 42, 85 und 103. KLINGER war zuvor 1839/40, 1842/43 und 1845/46 Mitglied der Zweiten Kammer.

[908] BLUM war seit 18. Mai 1848 Mitglied der Frankfurter Nationalversammlung, nachdem er bereits dem Vorparlament angehört hatte. Im Gegensatz zum Vorparlament hatten Frauen zu deren Verhandlungen von Anfang an Zutritt. Kritiker bemängelten jedoch die Ernsthaftigkeit der dort anwesenden Damen, die während der Sitzungen auf der Tribüne stricken und sticken würden. Angeblich hätten sich aber auch schon im Vorparlament Frauen heimlich in Männerkleidung Zutritt verschafft. Ob das auch auf den Tribünen der Landtage in Sachsen der Fall war, ist nicht bekannt. – vgl. BERGER, Vereins- und Versammlungsrecht, in: VerwA 2 (1894), S. 304f.

Kammer aber eine gegenteilige Ansicht. Deshalb frage er nun Kammerpräsident FRIEDRICH ERNST VON SCHÖNFELS (1796-1878)[909], ob schon Vorkehrungen getroffen worden seien, um Frauen den Zutritt zu ermöglichen. VON SCHÖNFELS antwortete, dass er „zur Zeit keine Veranlassung gehabt habe, ein Arrangement zu treffen, um dem weiblichen Theile des Publikums Eintritt zu verschaffen. Die bisherige Praxis ist von der Art gewesen, daß diesem Geschlechte der Zutritt nicht gestattet war".

Secretair GUSTAV HEINRICH FREIHERR VON BIEDERMANN, Vertreter des Kollegiatstifts Wurzen, stellte wiederum auf das Platzproblem ab. Es hätte bisher auch so daran scheitern müssen, da nicht genug Platz vorhanden sei, „um einen anständigen Platz für die Damen zu gewinnen". Im Saal der Zweiten Kammer sei mehr Platz vorhanden. Auf dem vorangegangenen Landtag habe er selbst nachgeforscht, ob „man über der Rednertribüne durchbrechen und Tribünen für die Damen anlegen könnte. Es wurde mir aber erwidert, daß es nicht gehen würde, wegen der Feueressen." Die Tribünen seien schon jetzt überfüllt, da könne man nicht noch Platz abteilen. Wenn noch Platz von den jetzt bestehenden Tribünen weggenommen werde, könne das zu Unzufriedenheit beim Publikum führen.

Nunmehr bezog auch Kammerpräsident VON SCHÖNFELS in der Debatte Stellung: „Auch ich habe nicht begreifen können, warum man den weiblichen Theil des Publicums bisher ausgeschlossen hat". Daraufhin kippte das Meinungsbild und es kam zu eifrigen Unterstützungserklärungen seitens einer Reihe von Abgeordneten, wie durch den Chemnitzer Bürgermeister SIEGISMUND MORITZ SCHANZ und den gewählten Rittergutsbesitzer des Meißner Kreises GOTTLOB FRIEDRICH VON THIELAU. Entgegen seinem ersten Redebeitrag erklärte nun selbst VON BIEDERMANN, dass es sein „Wunsch immer gewesen" sei, gab aber zu bedenken, dass bei KLINGERS Auslegung der Verfassung auch eine Zulassung von Frauen zum Staatsdienst denkbar sei. Soweit wollte allerdings dann auch KLINGER nicht gehen. Sogar Prinz JOHANN hatte nun „kein Bedenken" mehr gegen die Anwesenheit von Frauen auf den Tribünen. Zu den Gründen für seinen Sinneswandel äußerte er sich nicht.

Lediglich FRIEDRICH FREIHERR VON FRIESEN (1796-1871), als Rittergutsbesitzer ernanntes Mitglied der Ersten Kammer, erklärte sich noch dafür, dass aufgrund des knappen Platzes auf den Tribünen alles so bleiben solle, wie es ist: „Wo nicht alle Wünsche befriedigt werden können, da muß man dahin

[909]Zur Person vgl. MATZERATH, Friedrich Ernst v. Schönfels, in: Präsidenten und Abgeordnete, S. 17-18.

sehen, daß die Wünsche und Ansprüche derjenigen zuvörderst befriedigt werden, die das erste Anrecht haben, und das scheint mir hier jedenfalls das männliche Geschlecht zu sein, während die Frauen wieder andere Vorzüge genießen, die uns nicht zukommen, und vorzugsweise den häuslichen Sorgen vorzustehen haben." Schließlich beschloss die Kammer sogar einstimmig, „daß Directorium zu beauftragen, Erörterungen anzustellen, ob es möglich sei, für das weibliche Geschlecht Platz zu finden".[910]

Konnten sich bereits in den 1840er Jahren in der Zweiten Kammer liberale Strömungen fest etablieren,[911] so hatten sich die Mehrheitsverhältnisse in der Ersten Kammer bei diesem Antrag unter dem Eindruck der revolutionären Bestrebungen nun auch verändert: Selbst bislang erklärte Gegner der Anwesenheit von Frauen auf den Tribünen, rückten von ihrer Meinung ab. Auftragsgemäß teilte das Direktorium in der Sitzung vom 24. Mai 1848 mit, dass eine Damentribüne durch Verkleinerung der Tribünen für das diplomatische Korps und der Regierung zu realisieren sei. Daraufhin erteilte die Kammer den Auftrag zur Herstellung der Damentribüne.[912]

V. Zwischenfazit

Die gescheiterte Revolution von 1848/49 umfasste auch den Versuch, auf parlamentarischen Wege eine Demokratisierung des Wahlrechts zur Ständeversammlung vorzunehmen. Bereits in einem ersten Gesetzentwurf vom 22. Mai 1848, mit dem das Märzministerium wesentliche Forderungen einer landesweiten Petitionsbewegung aufgriff, setzte sich der außerordentliche Landtag von 1848 auseinander. Zwar senkte dieser Entwurf die Hürden für eine Teilnahme an den Wahlen, Frauen schloss er aber ausdrücklich davon aus. In den revolutionären Kreisen blieben Frauen auf die Rolle von Unterstützerinnen männlicher Akteure beschränkt, traten aber damit auch erstmals politisch in Erscheinung, wie am Beispiel von LOUISE OTTO-PETERS deutlich wird.[913]

Anschaulich wird die Frage der Akzeptanz des Auftretens von Frauen im politischen Raum in der Haltung der Kammern zur Zulassung von Frauen auf die Zuschauergalerien der Sitzungssäle. Während die Zweite Kammer den Grundsatz der Öffentlichkeit der Sitzungen in § 135 VerfUrk offenbar von Anfang an auch auf Frauen bezog, ist für die Erste Kammer hier eine interessante Entwicklung zu verzeichnen: Zunächst als Einzelmeinung von der

---

910 Mitth. über die Verh. d. außerordentl. LT 1848, 1. K., S. 6f.; vgl. LA 1848, 2. Abth., Prot. 1. K., S. 12.

911 vgl. dazu SCHIMMEL, Die Entwicklung des Wahlrechts, insbes. S. 41.

912 Mitth. über die Verh. d. außerordentl. LT 1848, 1. K., S. 14; vgl. LA 1848, 2. Abth., Prot. 1. K., S. 19.

913 Zu Person und Wirken von LOUISE OTTO-PETERS siehe bereits oben, Kap. II, S. 71ff.

Kammer mit Empörung zurückgewiesen, kam es schließlich unter dem Eindruck der revolutionären Forderungen von 1848 zu einem Mehrheitsbeschluss der Ersten Kammer für die Einrichtung einer Damentribüne. Selbst Prinz JOHANN hatte seinen Standpunkt inzwischen revidiert.

Die Wortführer für die Sache der Frauen in der Zweiten Kammer kamen zwar häufig aus den Reihen der liberalen Opposition im Landtag, aber selbst in diesen Kreisen waren kritische Stimmen zu finden. Zwar versuchten die Liberalen und die radikalen Demokraten im Rahmen ihrer wiederholt auf den Landtagen erhobenen und in den provisorischen Gesetzen von 1848 kurzzeitig auch weitgehend durchgesetzten Forderung nach einer Liberalisierung des Wahlrechts seine Ausweitung auf bisher ausgeschlossene Personenkreise durchzusetzen. Frauen betraf das jedoch nicht, denn ein Frauenwahlrecht „lag damals in allen Staaten noch völlig außerhalb aller Überlegungen“.[914] War 1831 in Sachsen zumindest im Wahlgesetz der Ausschluss der Frauen vom Wahlrecht zur Ständeversammlung ausdrücklich verankert worden,[915] so verzichtete die Frankfurter Nationalversammlung bewusst auf eine derartige Regelung in der Paulskirchenverfassung oder deren Wahlgesetz, weil man sie nicht für erforderlich hielt. Zwar galten Frauen auch zur Zeit der Bürgerlichen Revolution längst noch nicht als Inhaber politischer Rechte. Doch sah man sich zunehmend überhaupt zu einer Auseinandersetzung mit dieser Frage veranlasst.

Mit dem Scheitern der Revolution setzte in Sachsen eine Phase der Restaurierung ein. Der König berief den letzten, vorrevolutionären Landtag wieder ein, der die Aufhebung der Reformgesetze von 1848 und damit auch die Rückkehr zum Wahlrecht von 1831 bestätigte. Nachdem der Versuch, das Kriterium der Ansässigkeit im Wahlrecht fallen zu lassen, auf dem Landtag von 1850/51 gescheitert war, kam erst auf dem Landtag von 1860/61 eine Wahlrechtsänderung zustande, die vor allem eine Ausweitung des Wahlrechts für Unangesessene und eine Vereinfachung des Wahlverfahrens brachte. Frauen blieben zwar weiterhin vom Wahlrecht ausgeschlossen. Aber ihr Grundbesitz und ihre Steuerleistung wurden nunmehr dem Ehemann oder Vater zugerechnet, sodass dieser u. U. damit die Stimmberechtigung erwerben und damit die Vermögensinteressen der von ihm so vertretenen Frau, als ihr Familienoberhaupt repräsentieren konnte.

Insgesamt kam das Wahlrecht von 1831 nur einem geringen Teil der männlichen Bevölkerung Sachsens zugute. Trotz der schwierigen Quellenlage lässt sich erkennen, dass vor allem die Rittergutsbesitzer, die zwar nur 0,05 Pro-

[914] BLASCHKE, Landstände, Landtag, Volksvertretung, in: Beiträge zur Verfassungs- und Verwaltungsgeschichte, hrsg. v. SCHIRMER/ THIEME, S. 240.
[915] Vgl. Kap. III, S. 94f.

zent der Bevölkerung Sachsens ausmachten, aber 34 Landtagsmandate zu besetzen hatten, deutlich überrepräsentiert waren. Gut vertreten waren auch die ländlichen Grundbesitzer, schlecht dagegen die Bewohner der Städte. Die Benachteiligung der Städte gegenüber dem Land spiegelt sich auch in der Wahlbeteiligung wieder, die 1833 auf dem Land mit 78 Prozent mehr als ein Viertel höher war als in den Städten. Nach der anfänglichen Euphorie sank die Wahlbeteiligung ab und erreichte selbst im Revolutionsjahr 1848 nur etwa 45 Prozent.

§ 9 DAS FRAUENSTIMMRECHT IN DEN STÄDTEN UND LANDGEMEINDEN

War mit dem Inkrafttreten der Allgemeinen Städteordnung ein Bestandteil der Staats- und Verwaltungsreform sehr schnell zur Umsetzung gekommen, so hatte die ebenso angekündigte Landgemeindeordnung aufgrund der erheblichen Überlastung des Gesetzgebers und der offenbar größeren Dringlichkeit anderer Gesetzesvorhaben auf sich warten lassen.

Aber auch die Einführung einer Landgemeindeordnung war unverzichtbar, da die Arbeit der Gemeindeversammlungen auf der Grundlage des bisher geltenden Rechts offenbar mancherorts sehr zu wünschen übrigließ. Das zeigt beispielhaft ein Bericht aus dem Jahre 1836: Es sei gerade in größeren Dörfern zu beobachten, „wie Zank und Streit fast stets eine ruhige Erwägung der zu berathenden Gegenstände verdrängen; wie geflissentlich die verständigsten und achtbarsten Kommunmitglieder sich diesen tumultartigen Verhandlungen entziehn; wie dann fast immer nur einige Schreier das Wort führen, und bei der Sitte, daß niemals die Stimmen gezählt werden, auch das Wort behalten und ihre Meinung, als die der Gemeinde herausgeben. Eine solche ungebundene Theilnahme aller Eingesessenen verleiht den Berathungen keine Freiheit, wie behauptet worden ist; sondern bannt sie vielmehr in die Fesseln der Unordnung und Anarchie, und hindert fast stets die Durchführung des wirklich Guten." Daher sei eine Repräsentation notwendig, „die aus der freien Wahl sämtlicher Gemeindemitglieder hervorgeht", um diese Missstände zu beenden.[916]

[916]Siehe „Landgemeindeordnung", in: Mittheilungen für das Erzgebirge und Voigtland, Nr. 42 vom 18. Oktober 1836, S. 332-334, 332. Der Beitrag bezieht sich hierin auf den Bericht FRANZ LUDWIG RUNDES aus Pappendorf, des Abgeordneten des 13. bäuerlichen Wahlbezirks. „Diese Art [d. h. die überkommene – Anm. d. Verf.] der Gemeindeversammlungen bald und zwar auf eine, den selbsteignen Lauf gewordenen Wünschen vieler Landgemeinden entsprechende zweckmäßige Weise zu beseitigen, scheint von größter Wichtigkeit." – *Erläuternde Anmerkungen zu dem Entwurfe einer Ordnung für die Landgemeinden im Königreiche Sachsen*, in: SächsHStA Dresden, MdI Sekt. 6, Nr. 2179 Entwurf einer Landgemeinde-Ordnung 1831, Bl. 105-141, 108.

I. Das Frauenstimmrecht in den Beratungen des Sächsischen Landtages zur Landgemeindeordnung vom 7. November 1838

Wie die gescheiterten Entwürfe der LGO sah auch der nunmehr zur Beschlussfassung gelangte Entwurf vom 20. April 1837[917] Gemeindevorstand, Gemeindeausschuss und Gemeinderat als die künftig wesentlichen Organe der Landgemeinde vor.[918] An dieser Struktur wurden – wie am Entwurf überhaupt – in den Beratungen der Stände noch erhebliche Änderungen vorgenommen. Auch sah der Entwurf gegenüber den vorangegangenen beiden anderen eine erhebliche Stärkung der Rechte der Gemeindemitglieder vor.[919]

Zwar sollte die LGO für alle Landgemeinden gelten, jedoch ließ sie nach wie vor „wo die örtlichen Verhältnisse es rathsam machen, .. für einzelne Gemeinden besondere Gemeindeordnungen (Ortsstatuten)" zu.[920] Die Flurbezirke blieben nach § 14 LGO erhalten und nach § 20 LGO „vom Gemeindeverband und den Gemeindebezirken ausgeschlossen: 1) alle zu Staatsgute gehörigen Waldungen, 2) die Kammergüter, die Königlichen Schlösser und deren Zubehörungen, die Rittergüter, 5) solche Güter, die zwar nicht wirkliche Rittergutseigenschaften haben, aber zur Gemeinde in gleichen Verhältnissen stehen, wie jene, sowie geschlossene, bisher zum Gemeindeverbande gehörige Waldungen." Ausgenommen davon waren allerdings nach § 22 LGO die von diesen „Besitzungen erworbenen bäuerlichen Grundstücke" und „die von den erstern abgebauten und vererbten Häuser",[921] d. h. jene Grundstücke und deren weiteren Teilungen, die z. B. Gärtner oder Häusler aus dem Bestand der vorbenannten Besitzungen heraus erworben hatten und die somit ihrem Charakter nach dem Grundbesitz innerhalb des Gemeindebezirks gleichkamen und folglich diesem auch zugeordnet werden sollten.

---

[917] *Decret an die Stände. Die Entwürfe einer Landgemeinde-Ordnung und eines Gesetzes über deren Anwendung auf kleinere Amts- und Patrimonialstädte betreffend. Eingegangen bei der II. Kammer am 24. April 1837*, in: LA 1836/37, 1. Abth., königl. Mitth., Bd. 2, S. 327-382; vgl. ULBRICHT, Reform der Einwohnervertretung, in: Sachsen 1763-1832, hrsg. v. SCHIRMER, S. 217ff.; siehe dazu auch den *Entwurf zu einer Landgemeinde-Ordnung wie solcher durch Combination der den Ständen mittelst allerhöchster Decreta vom 23ten Februar 1833, und 21ten August 1834*, vorgelegten Gesetz-Entwürfe sich gestalten würde, in: SächsHStA Dresden, MdI Sekt. 6, Nr. 2180c Entwurf einer Landgemeindeordnung, Bl. 3-50.

[918] Zu den Änderungen gegenüber den vorherigen Entwürfen nehmen die Motive ausführlich Stellung: LA 1836/37, 1. Abth., königl. Mitth., Bd. 2, S. 364ff.; vgl. hier vor allem auch den *Entwurf einer Land-Gemeinde-Ordnung für das Königreich Sachsen, vom 23. Februar 1833*, in: LA 1833/34, 1. Abth., königl. Mitth., Bd. 1, S. 646ff. und S. 668, sowie oben, S. 130f. und 136f.

[919] So auch PHILIPPI, Vorwort zu: Landgemeindeordnung, S. 4; zur LGO WYDUCKEL, Verwaltungsaufbau, in: FS zum 100-jährigen Jubiläum, hrsg. v. REICH, S. 88.

[920] §§ 1, 2 d. E. und der LGO, in: LA 1836/37, 1. Abth., königl. Mitth., Bd. 2, S. 328f. bzw. GVBl. 1838, S. 431f.

[921] GVBl. 1838, S. 434f.

Damit waren sowohl Ausnahmen von den Regelungen der LGO für die Landgemeinden selbst möglich, als auch immer noch eine Reihe ländlicher Besitzungen – und mithin auch deren Bewohnerschaft – vom Geltungsbereich der LGO ausgenommen.[922]

1. Frauen als Mitglieder der Landgemeinde

Hinsichtlich der Gemeindemitgliedschaft hatte nunmehr das mittlerweile in Kraft getretene Heimatgesetz aus dem Jahre 1834[923] eine veränderte Grundlage für eine LGO geschaffen. So war das Widerspruchsrecht der Gemeinde gegen die Aufnahme einer Person durch die Obrigkeit nach §§ 26, 27 d. E. vom 23. Februar 1833 mit der weitgehenden Niederlassungsfreiheit nach § 17 Heimatgesetz obsolet geworden.[924]

a. Erwerb der Gemeindemitgliedschaft durch Frauen

Nach § 24 LGO konnten „nur diejenigen selbständigen Personen, welche entweder Grundstücke im Gemeindebezirke besitzen, oder innerhalb desselben, ohne Grundbesitz, ihren bleibenden Wohnsitz haben", Gemeindemitglied einer Landgemeinde sein.[925] Diese Mitgliedschaft konnte nach § 25 LGO durch „Angehörige von Gemeindemitgliedern und alle solche im Orte wohnhafte Personen, deren Heimathsrecht in der Gemeinde unbezweifelt ist", erworben werden, indem sie „auf irgend eine Art zur Selbständigkeit und eigenen Wirthschaftsführung im Gemeindebezirke gelangen" oder ein Grundstück im Gemeindebezirk erwerben. Allerdings bedurften „Fremde", d. h. zugezogene Personen, „welche im Gemeindebezirke sich wesentlich niederlassen wollen,

---

922 Das betraf etwa 1000 Rittergüter und ihnen gleichgestellte Güter, die noch bis zum Beginn des 20. Jahrhunderts von der Geltung der LGO ausgenommen waren. – ULBRICHT, Reform der Einwohnervertretung, in: Sachsen 1763-1832, hrsg. v. SCHIRMER, S. 221.

923 Siehe dazu oben, S. 111f.

924 vgl. Mitth. über die Verh. d. LT 1836/37, 2. K., S. 4662f.; KUNTZE, Die Landgemeinde, S. 59f.; VOLLPRECHT, Gemeindemitgliedschaft, S. 52ff.

925 GVBl. 1838, S. 435; vgl. § 25 d. E., in: LA 1836/37, 1. Abth., königl. Mitth., Bd. 2, S. 334; im folgenden auch VOLLPRECHT, a.a.O., S. 62f., KUNTZE, a.a.O., S. 55ff. und UHLIG, Die Landgemeindeordnung, S. 20.

ohne sich darin ansässig zu machen, .. ausdrücklicher Aufnahme zu Gemeindemitgliedern“.[926] Für die Entscheidung über die Aufnahme in die Gemeinde war nach § 26 LGO die „Obrigkeit“[927] zuständig. Nur in zweifelhaften Fällen war „zuvörderst die Erklärung des Gemeinderathes zu vernehmen“, aber nur dessen „erhebliche Einwendungen gegen die Aufnahme zu berücksichtigen“.[928]

b. Das Kriterium der Selbständigkeit als Voraussetzung für die Gemeindemitgliedschaft

Entscheidendes Kriterium für den Erwerb der Gemeindemitgliedschaft war damit wiederum die Selbständigkeit. Als selbständig im Sinne der LGO wurden diejenigen Personen betrachtet, die geschäftsfähig waren und nicht bei einer anderen Person in Lohn und Kost standen. Voraussetzung war ein selbständiger oder mit eigener Wirtschaftsführung verbundener, d. h. bodenständiger Erwerb.[929]

Allerdings hatten die Stände die Erfordernisse der „eigenen Haushaltung“ und der „eigenen Wirtschaftsführung“ aus dem Entwurf gestrichen. Nachdem die Zweite Kammer hier keinen Änderungsbedarf gesehen hatte,[930] beantragte in der Beratung der Ersten Kammer der Abgeordnete und Leipziger Bürgermeister CHRISTIAN ADOLPH DEUTRICH die Streichung der Passage „eigene Haushaltung“ aus § 25 d. E, da es auf dem Lande „namentlich in der Umgebung größerer Städte eine Menge unverheiratheter selbständiger Personen [gäbe], welche keine eigene Haushaltung haben, sondern bei Familien mit der Absicht einen bleibenden Wohnsitz an diesem Ort zu nehmen, wohnen“. Darunter wären viele, die zwar nicht wohlhabend seien, doch aber ein

[926] GVBl. 1838, S. 435f.; vgl. § 26. d. E, in: LA 1836/37, 1. Abth., königl. Mitth., Bd. 2, S. 334: „Angehörige von Gemeindemitgliedern und alle solche im Orte wohnhafte Personen, deren Heimathsrecht in der Gemeinde unbezweifelt ist, treten dadurch, daß sie auf irgend eine Art zur Selbständigkeit und eigenen Wirthschaftsführung [Herv. d. Verf.] im Gemeindebezirke gelangen, ohne Weiteres in das Verhältnis von Gemeindemitgliedern. Dasselbe gilt von denjenigen, welche Grundstücke im Gemeindebezirke erwerben. Es haben jedoch die Lehns- und Hypothekenbehörden in Fällen, wo auswärtige Acuirenten von Grundstücken in der §. 17. des Heimathsgesetzes vom 26. November 1834. vorgeschriebenen Maase sich nicht auszuweisen vermögen, mit der Confirmation oder Adjudication und Lehnsreichung so lange anzustehen, bis die Zustimmung der Gemeindeobrigkeit erfolgt ist. Fremde hingegen, welche im Gemeindebezirke sich wesentlich niederlassen wollen, ohne sich darin ansässig zu machen, bedürfen ausdrücklicher Aufnahme zu Gemeindemitgliedern.“

[927] vgl. §§ 5, 7 LGO, in: GVBl. 1838, S. 432f.

[928] a.a.O., S. 436; nach § 27 d. E. war noch ggf. der Gemeindeausschuss zu hören. – LA 1836/37, 1. Abth., königl. Mitth., Bd. 2, S. 334f.

[929] VOLLPRECHT, a.a.O., S. 56-61, insbes. S. 59; MICHEL, LGO, S. 113f.: vgl. auch V. BOSSE, Die Novelle, in: ZS f. Praxis u. Gesetzgebung d. Verw. 7 (1886), S 193f.

[930] Mitth. über die Verh. d. LT 1836/37, 2. K., S. 4662f.

gutes Einkommen hätten. Wenn diese nicht Gemeindemitglieder würden, hätten sie auch nicht zu den Gemeindeleistungen beizutragen. Sie entsprächen den Schutzverwandten der AStO; dort gäbe es den Zusatz auch nicht. Der Antrag wurde einstimmig beschlossen, ebenso die entsprechende Änderung von § 26 d. E.[931] Das wirkte sich vor allem auf die Stellung der Arbeiter in der Gemeinde aus. Dienstboten waren davon nicht betroffen, da diese nicht selbständig seien.[932]

Der Begriff der Selbständigkeit nach der LGO entsprach damit dem der AStO. Frauen konnten grundsätzlich Selbständigkeit in diesem Sinne erlangen und damit Gemeindemitglieder in den Landgemeinden sein. Die Vorteile einer Gemeindemitgliedschaft waren sogar größer als die des städtischen Bürgerrechts, denn in den Landgemeinden hatten die Gemeindemitglieder gegenüber den übrigen Einwohnern das Vorrecht auf Teilnahme an der Gemeindeverwaltung. In den Städten hatten dieses Recht dagegen nur die Inhaber der bürgerlichen Ehrenrechte als dem besonderen Bürgerrecht.[933]

2. Das Frauenstimmrecht nach der LGO vom 7. November 1838

§ 28 Abs. 1 LGO erklärte auch weiterhin „nur die im Gemeindebezirke ansässigen Gemeindemitglieder“ für stimmberechtigt. Nach Abs. 2 war bei ungeteiltem Besitz des Grundstücks nur eine Person stimmberechtigt, nach Abs. 3 waren Auszügler – das sind Altbauern, die unter Einräumung eines Wohnrechts ihren Hof an ihre Erben oder Dritte übergeben hatten – auch dann nicht zu den Angesessenen zu rechnen, wenn sie ein Auszugshaus bewohnten.[934]

Zudem enthielt § 29 LGO Ausschlusstatbestände vom Stimmrecht für eine Reihe von Personengruppen,[935] die gegenüber dem Entwurf nahezu unverändert belassen wurden. Lediglich um § 29 Ziff. 1) d. E., der „unverehelichte

---

[931] Mitth. über die Verh. d. LT 1836/37, 1. K., S. 5721.

[932] vgl. UHLIG, a.a.O., Anm. S. 20 und 29.

[933] so VOLLPRECHT, a.a.O., S. 52, Fn. 2.; Nach § 27 LGO wurden als Mitglied einer Landgemeinde außerdem „diejenigen Rechte [erlangt], welche nach der örtlichen Verfassung allen Gemeindemitgliedern überhaupt und denen der betreffenden Classe insbesondere zustehen“. – GVBl. 1838, S. 436.

[934] GVBl. 1838, S. 436; aber noch nach § 28 Abs. 1 d. RegE „nur die im Gemeindebezirke ansässigen Gemeindeglieder, ingleichen, ohne Rücksicht auf Ansässigkeit, die Ortsgeistlichen und Schullehrer“ – LA 1836/37, 1. Abth., königl. Mitth., Bd. 2, S. 335 und die Motive dazu: S. 362; vgl. oben, S. 132, 134 und 137.

[935] So Steuerschuldner und andere Überschuldete, aus Gemeindemitteln alimentierte Arme, Unmündige, unter Zustandsvormundschaft stehende, von öffentlichen Ämtern und der juristischen Praxis ausgeschlossene, bestimmte Straftäter, sowie unter bestimmten Voraussetzung auch „Personen, die durch unsittliche Aufführung der öffentlichen Achtung sich verlustig gemacht haben“. – GVBl. 1838, S. 436f.

Frauenspersonen“ vom Stimmrecht ausschließen sollte,[936] entzündete sich eine der heftigsten Kontroversen in den Beratungen der Stände zur LGO.[937] Nach § 30 RegE war das Stimmrecht grundsätzlich persönlich auszuüben. Jedoch durften nach Ziff. 1) „verehelichte Frauenspersonen .. nur durch ihre Ehemänner an den Gemeindeversammlungen Theil nehmen“.[938] Die persönliche Ausübung des Stimmrechts durch Frauen war hingegen nicht vorgesehen, womit selbst Witwen kein Stimmrecht hatten.

Offenbar hatte man bestenfalls erwogen, den Frauen insgesamt das Stimmrecht per Stellvertretung einzuräumen, konnte die gegen die Vertretung bestehenden Bedenken aber lediglich in Bezug auf verheiratete Frauen ausräumen. Eine nähere Begründung dazu findet sich in den Gesetzesmotiven jedoch nicht.[939]

Die Motive des früheren, nach den Beschlüssen des Gesamtministeriums abgeänderten Entwurfs,[940] nehmen zur Frage des Frauenstimmrechts noch ausführlich Stellung: Man bleibe zwar ungeachtet des Deputationsvorschlags, den Frauen „ein unbeschränktes und persönliches Stimmrecht einzuräumen“, bei seiner ablehnenden Haltung. Da aber die Gründe gegen eine Ausübung des Stimmrechts unverheirateter Frauen durch Vormünder und Curatoren bei Ehefrauen nicht zum Tragen kämen, sei „es für unbedenklich erachtet worden, die gänzliche Ausschließung vom Stimmrechte auf unverehelichte Frauenspersonen zu beschränken, die verheiratheten aber in § 30 durch ihre Ehemänner vertreten zu lassen“.[941]

Das Stimmrecht für verheiratete Frauen bedeutete also schon eine erhebliche Verbesserung gegenüber den Entwürfen von 1833/34, die überhaupt kein Stimmrecht für Frauen vorgesehen hatten.[942] Das ging aber der Zweiten Kammer nicht weit genug: Als § 29 d. E. am 12. September 1837, dem nunmehr

---

[936]LA 1836/37, 1. Abth., königl. Mitth., Bd. 2, S. 335.

[937]vgl. dazu im folgenden VOLLPRECHT, a.a.O., S. 65f., Fn.7.

[938]Ausnahmen bestanden auch für im öffentlichen Eigentum stehende Grundstücke, sowie für Rittergüter und ähnliche Güter. – LA 1836/37, 1. Abth., königl. Mitth., Bd. 2, S. 336.

[939]a.a.O., S. 362.

[940]Dieser Entwurf war vom Innenministerium mittels Kommissionsaktes vom 6ten März 1837 dem Gesamtministerium mitgeteilt worden, das seinerseits darüber am 30. März 1837 beraten hatte. – SächsHStA Dresden, MdI Sekt. 6, Nr. 2180c, Entwurf einer Landgemeindeordnung, Bl. 212-217.

[941]a.a.O., Bl. 149-192, 162f.; vgl. dazu den Entwurf selbst, a.a.O., Bl. 117-149, 125f. sowie die §§ 34, 39, 40 des vorangegangenen *Entwurfs zu einer Landgemeinde-Ordnung wie solcher durch Combination der den Ständen mittelst allerhöchster Decreta vom 23ten Februar 1833, und 21ten August 1834, vorgelegten Gesetz-Entwürfe sich gestalten würde*, a.a.O., Bl. 12 und 14f. und §§ 28, 30 des Entwurfs einer Landgemeindeordnung für das Königreich Sachsen, a.a.O., Bl. 51-79, 59 und die Motive dazu: Bl. 80-113, 94.

[942]dazu oben, S. 127 und 136.

dritten von insgesamt fünf Beratungstagen, Gegenstand der Debatte wurde, lag der Antrag der vorberatenden ersten Deputation[943] vor, die „darin unter I. ausgesprochene Ausschließung der unverehelichten Frauenspersonen vom Stimmrechte aufzuheben".[944] Damit wäre das Merkmal des weiblichen Geschlechts als Grund für einen Ausschluss vom Stimmrecht gänzlich entfallen.

Die Deputation wies in ihrer Begründung darauf hin, dass es auch bisher keine Beschränkung des Stimmrechts von Frauen auf dem Land gegeben habe: „Die unverehelichten Frauenspersonen sind in der Gemeindeversammlung erschienen, haben ihre Angelegenheiten mit berathen und ihre Stimme abgegeben, ohne daß dies zu Inconvenienzen Anlaß gegeben hat." Künftig hätten sie diese Möglichkeit nur noch in den kleinen Landgemeinden. Dies würde „eine große Beschränkung herbeiführen und als ein Rückschritt anzusehen sein". Es ginge ja hier lediglich um das Recht, „die Gemeindebehörden mit zu wählen". Außerdem beruhe das Stimmrecht auf der Ansässigkeit. Daher habe eine Frau als Grundstücksbesitzerin „ein nicht unwichtiges Interesse bei allen Gemeindeangelegenheiten", da sie genauso wie ein Mann zu den Gemeindelasten beizutragen habe „und die Emanzipation der Frauen gegenwärtig so weit vorschreitet, daß sie dieselben der Geschlechtsvormundschaft zu entbinden beabsichtigt".[945]

Bedenken gegen diesen Antrag kamen vom stellvertretenden städtischen Abgeordneten TRAUGOTT FRIEDRICH GRAFF aus Schneeberg. Eine derartige Änderung würde eine Ungleichheit zwischen Stadt und Land hervorrufen, „weil die Städteordnung dergleichen Frauenspersonen ein Stimmrecht nicht zugestehe, ja daß selbst in den Städten unter sich eine Verschiedenheit eintrete, in sofern der Landgemeindeordnung auf kleinere Städte Anwendung gegeben

[943] Mitglieder der Deputation waren Christian Gottlieb Eisenstuck, Karl Wilhelm Traugott v. Mayer, Friedrich Freiherr von Friesen, Christian Gottlieb Atenstädt, Friedrich Wilhelm Schäffer (als Referent), Gottlieb Scholze, Robert Gotthardt Schröder und Karl Heinrich Haase. Der *Bericht der ersten Deputation der zweiten Kammer über die Entwürfe einer Landgemeindeordnung und eines Gesetzes über deren Anwendung auf kleinere Amts- und Patrimonial-Städte betreffend. Eingegangen am 28. August 1837,* selbst ist abgedr. in: LA 1836/37, Beil. zur 3. Abth., Bd. 3, S. 315-334.

[944] LA 1836/37, 3. Abth., Prot. d. 2. K., Bd. 3, S. 189-191, hier S. 189; vgl. Mitth. über die Verh. d. LT 1836/37, 2. K., S. 4668ff.; vgl. die Bemerkungen zum Gesetzentwurf vom 12. Juli 1837 zu § 29 d. E., in: SächsHStA Dresden, MdI Sekt. 6, Nr. 2180c Entwurf einer Landgemeindeordnung, Bl. 218-260, 229f.: „Die Ausschließung der unverehelichten Frauenspersonen, unter denen Jungfrau und Wittwen zu verstehen sind, schien unbillig, da daß Stimmrecht ohnehin auf die Ansässigkeit beschränkt ist, und Besitzerinnen von Grundstücken so gut zu den Gemeindelasten beizutragen haben, als die Besitzer, auch ist diese Ausnahme der bisherigen Praxis entgegen, daher man ihr nicht beitritt."

[945] Mitth. über die Verh. d. LT 1836/37, 2. K., S. 4669; vgl. den Deputationsbericht, in: LA 1836/37, Beil. zur 3. Abth., Bd. 3, S. 320f.; zur Aufhebung Geschlechtsvormundschaft bereits ausführlich oben, Kap. II, S. 62ff.

werden könne".[946] Auf diesen Einwurf hin wurde „von mehreren Seiten[947] erwidert", dass es keinen Grund dafür gäbe, dass einer restriktiv gefassten Städteordnung auch eine ebensolche Landgemeindeordnung folgen müsse und „schon jetzt den Frauenspersonen auf dem Lande der Zutritt zu den Gemeindeversammlungen nicht streitig gemacht worden" sei. Auch sei es gemäß § 7 des *Gesetz-Entwurfes, die Anwendung der Landgemeindeordnung auf kleinere Amts- und Patrimonial-Städte betreffend*[948] möglich, auf diese Städte einzelne Bestimmungen der Städteordnung anzuwenden.[949] Damit konnte das Frauenstimmrecht für diese Fälle also ausgeschlossen werden.

Dagegen hatte der bäuerliche Abgeordnete CARL AUGUST PUTTRICH aus Olbersdorf bei Zschopau darauf verwiesen, dass es „zeither .. in den Gemeinden .. überall wohl nicht der Fall gewesen [ist], daß unverehelichte Frauenspersonen in den Gemeindeversammlungen mit erschienen; wenigstens in der Gegend, wo mein Aufenthaltsort ist, ist es mir nicht bekannt". Über diese Frage bestand jedoch keine Einigkeit, da wiederum der bäuerliche Abgeordnete JOHANN GOTTLIEB WINKLER aus Räcknitz erklärte, „daß in den Gegenden und Orten, welche mir bekannt sind, die Frauen überall an den Gemeindeversammlungen Theil genommen haben" und darin vom bäuerlichen Abgeordneten CHRISTIAN FRIEDRICH SCHUSTER aus Unterlosa unterstützt wurde.[950] Nach CHRISTIAN GOTTLIEB EISENSTUCK war „einer der hauptstächlichsten Gründe" für den Standpunkt der Deputation, „daß in vielen Gegenden des Landes, namentlich auch in hiesiger Gegend, im Voigtlande und im Erzgebirge die Frauen bisher diese Berechtigung gehabt haben". Sie hätten sich dort auch immer angemessen in den Gemeindeversammlungen benommen. Mit Blick auf ein Frauenstimmrecht in den Städten bekannte er sogar: „ich wünschte, es wäre ihnen diese Berechtigung auch gegeben worden".[951]

---

[946] LA 1836/37, 3. Abth., Prot. d. 2. K., Bd. 3, S. 189. Die Motive zum *Entwurf eines Gesetzes über Änderung einiger Vorschriften der allgemeinen Städteordnung betreffend,* vom 5. October 1837, sprechen von einer „wünschenswerten Übereinstimmung der … in Stadt- und Landgemeinden zu befolgenden Grundsätze" nur hinsichtlich des Verlust des Stimmrechts „wegen eines nach allgemeinen Begriffen entehrenden Verbrechens" oder der Verwicklung in dessen Untersuchung, weswegen eine entsprechende Änderung der Städteordnung anzuempfehlen sei. – LA 1836/37, 1. Abth., königl. Mitth., Bd. 3, S. 7.

[947] Gemeint sind die Abg. FRIEDRICH WILHELM SCHÄFFER (zugl. Referent der Deputation), JOHANN GOTTLIEB WINKLER aus Räcknitz, CHRISTIAN FRIEDRICH SCHUSTER, CHRISTIAN GOTTLIEB EISENSTUCK und CHRISTIAN GOTTLOB ATENTÄDT. Die Landtagsmitteilungen geben die Debatte nicht nur im Wortlaut verschieden, sondern auch deutlich ausführlicher wieder.

[948] LA 1836/37, 1. Abth., königl. Mitth., Bd. 2, S. 379-382.

[949] LA 1836/37, 3. Abth., Prot. d. 2. K., Bd. 3, S. 189f.

[950] Mitth. über die Verh. d. LT 1836/37, 2. K., S. 4669.

[951] a.a.O., S. 4669f.

Der Staatsminister des Inneren EDUARD GOTTLOB VON NOSTITZ UND JÄNCKENDORF (1791-1858) wandte hierauf ein, es spreche – neben einer hier nicht zu rechtfertigenden Abweichung von insbesondere § 73 AStO[952] – für den ursprünglichen Gesetzentwurf, dass zum einen „nicht allenthalben den Frauen Zutritt zu den Gemeindeversammlungen gestattet worden" sei und zum anderen, „wo letzteres der Fall gewesen, für die Abkürzung der Verhandlungen eben kein ersprießlicher Einfluß sich gezeigt habe".[953]

Auch sei es überhaupt nicht die Absicht der Regierung gewesen, so der Geheime Regierungsrat und „Königlicher Kommissair" FRIEDRICH MÜLLER, mit dem Entwurf in den kleineren Gemeinden die Stimmberechtigung der Frauen beibehalten zu wollen, wie der Deputationsbericht behauptet, sondern vielmehr eine einheitliche Regelung in allen Landgemeinden herzustellen. Der Regierungsentwurf schließe das Stimmrecht für unverheiratete Frauen überall aus. Dagegen gab CHR. G. EISENSTUCK zu bedenken, dass „eine solche Regel [also der gänzliche Ausschluss der Frauen vom Stimmrecht – Anm. d. Verf.] in kleinen Gemeinden, wo vielleicht die Mehrzahl der Angesessenen, ja wohl auch alle Angesessenen aus Frauen bestehen, nicht wohl ausführbar seyn" wird.[954]

Interessant ist auch die Bemerkung des Referenten FRIEDRICH WILHELM SCHÄFFER, Abgeordneter der Rittergutsbesitzer im Meißner Kreis, als letztem Redner: Wenn die Jugend ihre Zeit schon hauptsächlich mit Frauen verbringe, so wäre es nur gut, wenn diese „nun mit den Gemeindeangelegenheiten näher vertraut werden", damit sie „auf die heranwachsende Jugend nur um so wohlthätiger einwirken und derselben schon frühzeitig einen richtigen Begriff vom Gemeindeinteresse beibringen können".[955]

Schließlich trat die Kammer dem „auf Weglassung der ersten Position: ‚unverheiratete Frauenspersonen' gerichteten Deputationsgutachten" bei sieben Gegenstimmen bei und nahm die so geänderte Vorschrift „einhellig" an.[956]

---

[952] § 73 AStO regelt den Ausschluss von den bürgerlichen Ehrenrechten, dazu oben, S. 127.

[953] LA 1836/37, 3. Abth., Prot. d. 2. K., Bd. 3, S. 190. vgl. dagegen in den Mitth. über die Verh. d. LT 1836/37, 2. K., S. 4670: „So viel hat die Regierung in Erfahrung zubringen vermocht hat, ist übrigens nicht allenthalben auf dem Lande den Frauen ein Stimmrecht bei den Gemeindeversammlungen eingeräumt worden. Es ist vielmehr auch in dieser Beziehung sehr verschieden gehalten worden. Auch will verlauten, daß die Mitwirkung der Frauen bei denselben wenigstens nicht dazu beigetragen hat, die Verhandlungen abzukürzen. Übrigens ist mir keine Gemeindeordnung bekannt, nach welcher diese Mitwirkung stattfindet, vielmehr sind Frauen in der Regel vom Stimmrecht ausgeschlossen."

[954] LA 1836/37, 3. Abth., Prot. d. 2. K., Bd. 3, S. 190; vgl. Mitth. über die Verh. d. LT 1836/37, 2. K., S. 4670.

[955] Mitth. über die Verh. d. LT 1836/37, 2. K., S. 4671.

[956] LA 1836/37, 3. Abth., Prot. d. 2. K., Bd. 3, S. 190.

Bei der folgenden Beratung von § 30 d. E. zur persönlichen Ausübung des Stimmrechts stellte der städtische Abgeordnete CHRISTIAN GOTTLOB ATENSTÄDT aus Oschatz den Änderungsantrag, unter Ziff. 1) den Passus „verehelichte Frauenspersonen dürfen nur“ [Herv. i. O.] durch „verehelichte Frauenspersonen können“ zu ersetzen, „weil die Worte ‚dürfen nur‘ sich auf die frühere, jetzt abgeänderte Disposition des Gesetzes beziehen, und z. B. eine von ihrem Manne getrennt lebende Frau in schlimmere Lage setzen würden, als worin sich unverehelichte Frauenspersonen und Witwen befinden“.[957] Nach ATENSTÄDTS Antrag sollten die Ehefrauen selbst entscheiden können, ob sie persönlich auf den Gemeindeversammlung erscheinen und ihre Stimme abgeben, oder sich durch den Ehemann vertreten lassen.

Der Referent SCHÄFFER gab aber zu bedenken, „daß auf solche Weise das dem Ehemann zustehende Nutzungsrecht, worauf die Repräsentation ruhe, Gefahr laufe“. Das Nutznießungsrecht stehe dem Ehemann auch noch am Vermögen seiner getrenntlebenden Frau zu.[958] Der Antrag Atenstädts wurde trotzdem mit einer Gegenstimme beschlossen und auch § 30 insgesamt nach weiteren Debatten über andere Passagen „mit den beschlossenen Notificationen“ gegen 18 Stimmen angenommen.[959]

Das Beratungsergebnis der Zweiten Kammer zum Entwurf insgesamt wurde in der Presse positiv aufgenommen: „Der Erfolg muß im Ganzen ein sehr wohlthätiger sein, indem dadurch den Bedingungen der Konstitution nachgekommen und eine fühlbare Lücke im Gemeindewesen ausgefüllet, auch mehr Selbständigkeit und Rechtsgleichheit für die betreffenden Gemeindeglieder“ erreicht werde.[960] Das Stimmrecht der Frauen wird in den ausführlichen Erläuterungen von Regierungsentwurf und Kammerverhandlung hier zumindest mit erwähnt, wenn auch nicht weiter kommentiert.[961]

Die Erste Kammer befasste sich am 4. November 1837 mit der Problematik. Die erste Deputation[962] der Kammer, die sich mit dem Entwurf beschäftigt

[957] a.a.O., S. 190.

[958] a.a.O., S. 190; vgl. Mitth. über die Verh. d. LT 1836/37, 2. K., S. 4674f.

[959] LA 1836/37, 3. Abth., Prot. d. 2. K., Bd. 3, S. 192; vgl. Mitth. über die Verh. d. LT 1836/37, 2. K., S. 4676 und 4678.

[960] „Landgemeindeordnung“, in: Mittheilungen für das Erzgebirge und Voigtland, Nr. 45, vom 7. November 1837, S. 343-345, 343.

[961] a.a.O., S. 344; vgl. „Landgemeindeordnung“ in: Mittheilungen für das Erzgebirge und Voigtland, Nr. 47, vom 21. November 1837, S. 359-361, insbes. S. 360.

[962] Mitglieder der Deputation waren PRINZ JOHANN, ALBERT VON CARLOWITZ als Referent, PAUL AUGUST RITTERSTÄDT, CHRISTIAN FRIEDRICH WEHNER und UTZ VON SCHÖNBERG.

hatte, empfahl hier die Zustimmung zu den Änderungen der Zweiten Kammer am Regierungsentwurf.[963] Diesen Standpunkt teilte auch ZIEGLER, der schon in der Frage des Zulassens von Frauen zu den Zuschauertribünen der Ersten Kammer zu Beginn des Landtages von 1836/37 zum wiederholten Male die Initiative ergriffen hatte,[964] und sich auch hier auf die Seite der Frauen stellte: „Da man sie überhaupt mehr und mehr emanzipirt, muß man sie auch von dieser Seite emanzipiren, und namentlich dürfte dieses Stimmrecht ihnen um so eher zu bewilligen sein, als man in den Gemeinden fast in der Regel sieht, daß die Frauen bei ihrer Wirthschaft und sonst räthlicher mit dem Vermögen umgehen, als die Männer."[965]

Innenminister VON NOSTITZ UND JÄNCKENDORF rekurrierte auch diesmal auf das Vorbild der AStO, das Beispiel der Nachbarstaaten, sowie die bisher angeblich an vielen Orten übliche Nichtzulassung von Frauen zu den Gemeindeversammlungen. Auch gab er zu, dass die Regierung „an sich keinen besonderen Werth darauf [legt], ob unverehelichte Frauen vom Stimmrechte ausgeschlossen werden oder nicht". Aber er wollte sich auch „nicht unbedingt gegen die beabsichtigte Emanzipation aussprechen", doch traute er den Frauen trotzdem nicht allzuviel zu, da er sich „von der Theilnahme des schönen Geschlechts an den Gemeindeversammlungen keinen besonderen Nutzen" versprach und er im Übrigen „die Frauen lieber auf ihren eigentlichen Beruf, die häusliche Wirthschaft hingewiesen sehen möchte".[966]

Erstaunlicherweise sprach sich aber Prinz JOHANN *für* das Stimmrecht der Frauen aus. Er hatte sich in der Tribünenfrage noch gegen die Zulassung von Frauen positioniert,[967] so dass er sich in der Kammer mit dem Vorwurf konfrontiert sah, dass er „zu wenig galant gegenüber Frauen sei". Seine Haltung für das Stimmrecht begründete der damit, dass „die Geschäfte der Landge-

[963] *Bericht der ersten Deputation der ersten Kammer, den Entwurf einer Landgemeindeordnung und eines Gesetzes über deren Anwendung auf kleinere Amts- und Patrimonialstädte betreffend. Eingegangen am 28. October 1837*, in: LA 1836/37, Beil. z. d. Prot. d. 1. K., Bd. 3, S. 615-642, 627f.; allerdings war sich die Deputation in der Frage des Frauenstimmrechts wohl zunächst nicht einig gewesen. „Zu § 30. genehmigt man 1) den Wegfall der Worte ‚in der Regel'; 2) ist die Mehrheit der Meinung, daß Ehefrauen nur mit den Ehemännern oder durch dieselben, geschiedene aber |: wenn auch nur von Tisch und Bette :| allein gleich den unverheiratheten stimmen sollen, wogegen sich die Minorität mehr der II. Kammer zuneigt." – Protokoll der Deputationssitzung vom 13. Oktober 1837, in: SächsHStA Dresden, MdI Sekt. 6, Nr. 2180c Entwurf einer Landgemeindeordnung, Bl. 278-281, 278.

[964] Dazu oben, S. 169.

[965] Mitth. über die Verh. d. LT 1836/37, 1. K., S. 5726; vgl. LA 1836/37, 2. Abth., Prot. d. 1. K., Bd. 2, S. 782.

[966] a.a.O., S. 782.

[967] Siehe dazu oben, Kap. IV, S. 167ff.

meinden .. so einfacher Natur [sind], die Gegenstände, deren Erörterung namentlich den Gemeindeversammlungen zugestanden wird, .. einen so beschränkten Wirkungskreis innerhalb der Landgemeinden" gewähren, dass ein Mitspracherecht für Frauen hier auch weiter unbedenklich sei. Auch hielt er es für möglich, dass in einer Gemeinde nahezu alle Grundstücke Frauen gehören, denn auf dem Lande hätten die Frauen viel häufiger Grundbesitz als in der Stadt.[968]

Nach den Erfahrungen von GUSTAV HEINRICH FREIHERR VON BIEDERMANN, Vertreter des Kollegiatstiftes Wurzen, sei den Witwen in den Landgemeinden nie das Stimmrecht verwehrt gewesen. Diese gehörten auch zu den „unverehelichten Frauenspersonen". Die Ursache dafür, „daß die Mädchen nie oder nur sehr selten mit abgestimmt haben", sah er darin, dass sie nur sehr selten als einzige Tochter Erbin seien und selbst dann meistens noch vor Erreichen der Volljährigkeit heirateten. Auch sei es nicht richtig, einer Frau, die ihren Mann verliert, deshalb auch noch ihr Stimmrecht zu nehmen. Daher halte er das Deputationsgutachten für zustimmungswürdig.[969] Daraufhin stimmte auch die Erste Kammer mit 26 gegen 2 Stimmen für die Zulassung unverheirateter Frauen zum Stimmrecht und sogar einstimmig für die insgesamt geänderte Fassung des § 29 d. RegE.[970]

Bei § 30 RegE folgte die Erste Kammer – wie auch von ihrer Deputation vorgeschlagen – hinsichtlich der Streichung von „in der Regel" dem Votum der Zweiten Kammer. Die Deputation schlug jedoch vor, der Ersetzung von „dürfen nur" mit „können" in Nr. 1 nicht zuzustimmen, sondern stattdessen zur Wahrung des häuslichen Friedens auf dem Lande zu beschließen, dass „verehelichte Frauenspersonen .. nur mit ihren Ehemännern oder durch dieselben, geschiedene aber, wenn sie auch nur von Tisch und Bett getrennt sind, .. allein an den Gemeindeversammlungen Theil nehmen" dürfen. Damit nahm sie die Ausweitung des Frauenstimmrechts der Zweiten Kammer ein Stück weit zurück, die „zur Absicht [hatte], die verheiratheten, vorzüglich die von ihren Ehemännern getrennt lebenden, Frauen nicht schlechter zu stellen als die unverheiratheten". Doch ging es der Deputation zu weit, den Ehefrauen allein, so ganz ohne Mitwirkung und Einflussmöglichkeit des Ehemannes, das Stimmrecht zuzugestehen und sah in ihrer Fassung einen gangbaren Mittelweg.[971]

---

[968] Mitth. über die Verh. d. LT 1836/37, 1. K., S. 5726; vgl. LA 1836/37, 2. Abth., Prot. d. 1. K., Bd. 2, S. 782; vgl. WYDUCKEL, Prinz Johann als Jurist, in: König Johann von Sachsen, S. 126f.

[969] Mitth. über die Verh. d. LT 1836/37, 1. K., S. 5726f.; vgl. LA 1836/37, 2. Abth., Prot. d. 1. K., Bd. 2, S. 782f.

[970] Mitth. über die Verh. d. LT 1836/37, 1. K., S. 5727; LA 1836/37, 2. Abth., Prot. d. 1. K., Bd. 2, S. 783.

[971] LA 1836/37, Beil. z. d. Prot. d. 1. K., Bd. 3, S. 628.

Jedoch war der Sekretär ERNST FRIEDRICH HARTZ, Bürgermeister zu Bautzen, mit dieser veränderten Fassung insofern nicht einverstanden, „als nach derselben verehelichte Grundstücksbesitzerinnen gemeinschaftlich mit ihren Ehemännern erscheinen und stimmen sollen, was bei getheilter Ansicht solcher Ehepaare zu großen Übelständen führen könne“. Deshalb sei es besser, wenn hier nur die Ehemänner als Vertreter, aber geschiedene, unverehelichte und getrenntlebende Frauen selbst abstimmen. Punkt 1 solle demnach in der Fassung des Regierungsentwurfs beibehalten und lediglich nach „dürfen“ um den Passus „in sofern sie nicht von Tisch und Bett getrennt sind“ ergänzt werden.[972]

Dieser Antrag wurde von der Kammer unterstützt und – nach einer längeren Debatte über die Umsetzungen einer gemeinsamen Stimmabgabe der Eheleute[973] und dem Hinweis des Justizministers VON KÖNNERITZ auf „das ehemännliche Nutzungsrecht an den Grundstücken des Eheweibes“ – einstimmig angenommen, ebenso auch die insgesamt geänderte Fassung des § 30.[974] Damit erklärte sich am 11. November 1837 auch die Zweite Kammer einverstanden.[975]

Die *Ständische Schrift, die Erklärung auf die mittels allerhöchsten Decrets vom 20. April 1837. vorgelegten Entwürfe der Landgemeindeordnung und des Gesetzes über deren Anwendung auf kleinere Amts- und Patrimonial-Städte betreffend,* vom 2. Dezember 1837[976] formulierte schließlich auch den gemeinsamen Standpunkt beider Kammern zum Stimmrecht der Frauen in der künftigen Landgemeindeordnung: „Da das Stimmrecht auf der Ansässigkeit beruhet, und kein ausreichender Grund vorhanden ist, die Frauenspersonen davon auszuschliessen, indem dieselben noch dazu schon zeithero an den Gemeindeversammlungen Theil genommen haben“, wurde die Streichung des Punkt „1.) unverehelichte Frauenspersonen“ in § 29 RegE beantragt.[977] Außerdem „wünschte“ man, in § 30 RegE „die Worte ‚in der Regel‘ in Wegfall gebracht, und nach dem Worte ‚dürfen‘ in Punct 1. eingeschaltet zu sehen: „in sofern sie nicht von Tisch und Bett getrennt sind“.[978]

---

[972]LA 1836/37, 2. Abth., Prot. d. 1. K., Bd. 2, S. 784f.; vgl. Mitth. über die Verh. d. LT 1836/37, 1. K., S. 5730.

[973]Mitth. über die Verh. d. LT 1836/37, 1. K., S. 5730f.

[974]LA 1836/37, 2. Abth., Prot. d. 1. K., Bd. 2, S. 785; Mitth. über die Verh. d. LT 1836/37, 1. K., S. 5731; vgl. auch die Anmerkungen zum Deputationsbericht der 1. K., in: SächsHStA Dresden, MdI Sekt. 6, Nr. 2180c Entwurf einer Landgemeindeordnung, Bl. 286-295, 290, wonach wegen der Vormundschaft Ehefrauen nur mit oder durch ihre Ehemänner stimmen sollen.

[975]LA 1836/37, 3. Abth., Prot. d. 2. K., Bd. 3, S. 762.

[976]LA 1836/37, 1. Abth., Bd. 3, S. 417-434.

[977]„18. Zu §. 28.“, a.a.O., S. 423f.

[978]„19. Zu §. 30.“, a.a.O., S. 424f.

In dieser Fassung trat die LGO schließlich auch in Kraft, so dass also Frauen unabhängig vom Familienstand nicht schon durch ihr Geschlecht vom Stimmrecht ausgeschlossen waren. Nach § 30 LGO war das Stimmrecht zwar persönlich auszuüben, jedoch galt das nur für unverehelichte Frauen. „Verehelichte Frauenspersonen dürfen, insofern sie nicht von Tisch und Bette getrennt sind, nur durch ihre Ehemänner an den Gemeindeversammlungen Theil nehmen."[979]

Dagegen waren nach § 32 Ziff. 1 LGO „Frauenspersonen ohne Unterschied" unstreitig nicht wählbar. Nach § 31 LGO waren außerdem alle Gemeindemitglieder zur Übernahme von Gemeindeämtern verpflichtet, auch die unansässigen. Ausgenommen davon waren aber die in den §§ 32ff. LGO benannten Personen, Frauen eingeschlossen.[980]

Die Vorschrift des § 31 d. E. zu dem weiteren „Stimmrecht in den besondern Angelegenheiten der einzelnen Classen von Gemeindemitgliedern, z. B. der Anspänner, Gärtner u. s. w.", für das die Vorschriften über das Gemeindestimmrecht nicht gelten sollten, war in der endgültigen Fassung so nicht mehr enthalten, sondern nach vorn in § 6 Abs. 2 LGO verschoben worden.[981]

Eine Ausnahme von der Ansässigkeit als Voraussetzung für das Stimmrecht galt gemäß § 28 Abs. 1 i. V. m. 54 LGO wiederum auch hier in den kleinen Gemeinden mit nicht mehr als 25 ansässigen Mitgliedern. Hier gab es keinen Gemeinderat.[982] An seine Stelle trat die Gemeindeversammlung als die Versammlung aller stimmberechtigten Gemeindemitglieder, zu der auch Abgeordnete der Unangesessenen hinzukamen. Ihre Anzahl musste aber unter einem Viertel der angesessenen Gemeindemitglieder liegen. Sie wurden von den unangesessenen Mitgliedern der Gemeinde gewählt. Diese Gemeindeversammlung hatte einen Gemeindevorstand und einen Gemeindeältesten zu wählen.[983] Ansässige Frauen konnten dennoch unter den Voraussetzungen der §§ 28 und 30 LGO an den Gemeindeversammlungen teilnehmen, unangesessene aber die Vertreter ihrer Klasse nicht mitwählen. Die Mitgliedschaft in

[979] § 30 Ziff. 1 LGO, in: GVBl. 1838, S. 437. Darüber hinaus blieb es bei den Regelungen des Entwurfs.

[980] GVBl. 1838, S. 437f. „Zu Gemeindeämtern wählbar, und zu deren Übernahme verpflichtet," waren nach § 32 d. E. ebenfalls alle Gemeindemitglieder, nicht jedoch nach § 33 Ziff. 1.) d. E. „Frauenspersonen ohne Unterschied". Weiterhin die Ausnahmen nach § 29 d. E., sowie für Unansässige, Geistliche und Schullehrer. – LA 1836/37, 1. Abth., königl. Mitth., Bd. 2, S. 337.

[981] LA 1836/37, 1. Abth., königl. Mitth., Bd. 2, S. 336f.; siehe oben, S. 128.

[982] vgl. oben, S. 132 und 134.

[983] GVBl. 1838, S. 436 und 444.

den Gemeindeversammlungen zog für diese Frauen weitere Stimmrechte in anderen Bereichen nach sich.[984]

Nach § 36 LGO war in Gemeinden mit über 25 Gemeindemitgliedern ein Gemeinderat vorgesehen, der sich aus dem Gemeindevorstand, einem oder mehreren Gemeindeältesten und Gemeindeausschusspersonen zusammensetzte.[985] Der Gemeinderat war nach § 37 LGO die „berathende und beschlußfassende Behörde in allen Gemeindeangelegenheiten" und vertrat die Gemeinde nach außen. Jedoch waren auch in den größeren Gemeinden bestimmte Angelegenheiten der Kirchen- und Schulgemeinde der Zuständigkeit des Gemeinderates entzogen und oblagen ungeachtet des Verbots in § 53 LGO auch weiterhin der Gemeindeversammlung.[986]

Wie schon im vorangegangenen Entwurf bestand der Gemeindevorstand nur noch aus einer Person und war gemäß § 38 LGO u. a. für die Überwachung der ordnungsgemäßen Verwaltung der Gemeinde, die Ausführung der Beschlüsse des Gemeinderats und die Vertretung gegenüber Dritten zuständig.[987] Ihm war nach § 39 LGO als Stellvertreter ein Gemeindeältester „für Erledigungs- und Behinderungsfälle" zuzuordnen, bei Bedarf auch mehrere Gemeindeälteste als „Gehülfen" im Allgemeinen oder für bestimmte Aufgaben, wie „z. B. für die Cassengeschäfte, zur Schriftenfertigung usw.", ggf. „bei außergewöhnlichen Vorfällen" auch noch weitere Personen.[988]

Gemeindevorstand und Gemeindeälteste wurden in den größeren Gemeinden nach § 40 LGO vom Gemeinderat aus den wählbaren Gemeindemitgliedern unter Leitung der Obrigkeit für die Dauer von sechs Jahren gewählt, wobei im ersten Wahlgang die absolute, in einem ggf. erforderlichen zweiten Wahlgang dann die relative Stimmenmehrheit erforderlich war. Diese Wahlen bedurften nach § 41 LGO der Bestätigung durch die Ortsobrigkeit.[989]

---

984 Siehe sogleich unten, § 7, S. 248.

985 GVBl. 1838, S. 439. Nach § 37 d. E. sollte dagegen jede Gemeinde einen Gemeindevorstand verfügen, sowie bei über 25 ansässigen Mitgliedern einen Gemeindeausschuss, der sich seinerseits nach § 43 d. E. aus dem Gemeindevorstand und einer nach örtlichem Bedürfnis festzulegenden Zahl von Ausschusspersonen zusammensetzt. – LA 1836/37, 1. Abth., königl. Mitth., Bd. 2, S. 339 und 341.

986 GVBl. 1838, S. 443; PHILIPPI, Landgemeindeordnung, S. 97.

987 GVBl. 1838, S. 439.

988 a.a.O., S. 440. Nach § 39 d. E. eine Person als Gemeindevorstand, dazu Stellvertreter, sowie bei Bedarf Gehilfen und weitere Hilfspersonen. – LA 1836/37, 1. Abth., königl. Mitth., Bd. 2, S. 340.

989 GVBl. 1838, S. 440. Bei Einführung der LGO war zunächst die Wahl von Ausschusspersonen in einer Gemeindeversammlung vorgesehen, die dann ihrerseits den Gemeindevorstand, seinen Stellvertreter und die Gemeindeältesten wählten und endlich sich allesamt als Gemeinderat konstituierten. – vgl. PHILIPPI, Landgemeindeordnung, S. 102ff.

Die Anzahl der Gemeindeausschusspersonen richtete sich gemäß § 42 LGO nach den jeweiligen Bedürfnissen der Gemeinde, durfte nicht über 27 Personen, musste aber „allenthalben wenigstens so viel betragen, als einzelne Hauptclassen von Gemeindemitgliedern, z. B. Hüfner, Gärtner, Häusler, im Orte vorhanden sind".[990] Die Gemeindeausschusspersonen wurden nach § 43 LGO in Klassen auf 6 Jahre gewählt. Bei über 200 Gemeindemitgliedern fand eine indirekte Wahl mit Wahlmännern statt, aber ohne Berücksichtigung der Klassen. Aller zwei Jahre erfolgte nach § 44 LGO eine Drittelerneuerung, zudem waren gemäß § 45 LGO Ersatzmänner vorgesehen.[991] Damit war der hohen Fluktuation Rechnung getragen, die weiterhin aber u. a. auch dadurch begünstigt wurde, dass nach § 50 Abs. 2 LGO bis auf den Gemeindevorstand, dessen Stellvertreter und den Gemeindeältesten, die Gemeinderatsmitglieder ihr Amt unentgeltlich auszuüben hatten und nur „unvermeidliche bare Auslagen" erstattet bekamen.[992]

Das *Gesetz, die Anwendung der Landgemeindeordnung auf kleinere Städte betreffend; vom 7ten November 1838*[993] ermöglichte es den kleineren Städten, an Stelle der AStO ihre Verfassung nach der LGO zu organisieren. Nach § 1 hatten die kleineren Städte, die die LGO statt der AStO annehmen wollten, dies innerhalb einer noch festzulegenden Frist[994] zu erklären und – wenn sie schriftsässig sind – „zugleich, daß sie das Bezirksamt als Gemeindeobrigkeit anerkennen wollen". Sie behielten dabei nach § 2 d. G. auch weiterhin ihr Stadtrecht und die Titel Bürger, Stadtrat und Bürgermeister, sowie nach § 3 d. G. die magistratischen Rechte ihre Stadträte, die sie bisher ausgeübt hatten. Darüber hinaus stand es gemäß § 5 d. G. im Ermessen der Regierungsbehörde, auch bestimmte Anteile an der Gerichtsbarkeit und Polizeipflege bei diesen Städten zu belassen. Die Stadträte sollten – so § 6 d. G. – zwar in die Rolle der Gemeindevorstände der LGO eintreten. Es konnte aber durch Lokalstatut bestimmt werden, dass sie daneben weitere, sonst dem Gemeinderat zukommende Kompetenzen übertragen bekommen. Die Städte hatten demnach nach § 7 d. G. zwar ein von der Regierungsbehörde zu genehmigendes Lokalstatut nach den Grundsätzen der LGO zu entwerfen, es konnten aber „selbigem auch aus der Städteordnung diejenigen Bestimmungen einverleibt werden, welche nach den vorstehenden §§ 2 bis 5 mit zu berücksichtigen,

[990]GVBl. 1838, S. 440f. vgl. oben, S. 131.

[991]GVBl. 1838, S. 441.

[992]a.a.O., S. 443.

[993]a.a.O., S. 449-451.

[994]Die Erklärung musste nach § 27 der *Verordnung, die Ausführung der Landgemeindeordnung und des Gesetzes über deren Anwendung auf kleinere Städte betreffend; vom 7ten November 1838*, a.a.O., S. 457, spätestens bis zum 1ten Mai 1839 gegenüber der zuständigen Kreisdirektion erfolgen.

oder welche sonst als den Ortsverhältnissen entsprechend anzusehen sind“.[995] Wie weit das im Einzelfall gehen konnte und ob das vor allem auch Vorschriften des Wahlrechts einschloss, geht aus dem Gesetz nicht hervor, und wird damit weitgehend im Ermessen der Regierungsbehörde gestanden haben.

3. Schlussfolgerungen

Wie auch in den Städten orientierte sich die Mitgliedschaft in der Landgemeinde wesentlich am Kriterium der Selbständigkeit. Zusätzlich wurde für eine Gemeindemitgliedschaft Grundbesitz oder ein auf Dauer angelegter Wohnsitz im Gemeindebezirk verlangt. Als selbständig wurde angesehen, wer geschäftsfähig war und nicht in Lohn und Kost eines anderen stand. Auf die weiter gehende Voraussetzung einer eigenen Haushaltsführung hatten die Stände bewusst verzichtet, um nicht die zahlreichen Bewohner der Industriedörfer und der Gemeinden im Umland größerer Städte, die zwar häufig ein recht gutes Einkommen hatten, aber gleichwohl als (Unter-)Mieter dem Hausstand anderer zugeordnet wurden, nicht von der Gemeindemitgliedschaft auszuschließen.

Die Stimmberechtigung besaßen aber nur ansässige Gemeindemitglieder. Unverheiratete Frauen waren im Gegensatz zu den verheirateten, die sich durch den Ehemann vertreten lassen mussten, nach dem Gesetzentwurf noch ausdrücklich vom Stimmrecht ausgeschlossen. Nach heftigen Debatten räumten die Stände dann aber auch unverheirateten Frauen das Stimmrecht ein, verheiratete Frauen, die nicht vom Ehemann getrennt lebten, mussten sich aber durch den Ehemann vertreten lassen. Die Argumentation stützte sich vor allem auf die schon bisher verbreitete Praxis der Teilnahme von Frauen an den Gemeindeversammlungen. Für kleine Gemeinden ohne Gemeinderat bedeutet das, dass die berechtigten Frauen selbst bzw. vertreten durch ihren Ehemann an den Gemeindeversammlungen teilnehmen und dort mitstimmen konnten. Unangesessene Frauen besaßen im Gegensatz zu den unangesessenen Männern dagegen keinerlei Stimmrecht in der Landgemeinde.

Die LGO konnte nicht nur in den Landgemeinden, sondern auch in kleinen Städten zur Anwendung kommen. Zwar bestand die Möglichkeit der Modifizierung per Ortsgesetz, auch des Wahlrechts, doch wurde damit im Grundsatz ein Weg eröffnet, auch ansässigen Frauen in diesen Städten das Stimmrecht einzuräumen.

[995] a.a.O., S. 450f.

II. Die Einführung der LGO nach der Verordnung vom 7. November 1838

Nach § 1 der Verordnung, die Ausführung der Landgemeindeordnung und des Gesetzes über deren Anwendung auf kleinere Städte betreffend; vom 7ten November 1838, trat die LGO am 1. Mai 1839 in allen Landgemeinden in Kraft.[996] Bis dahin musste die neue Gemeindevertretung bestimmt sein. Dazu waren nach § 2 d. VO zunächst Verzeichnisse der Gemeindemitglieder aufzustellen. In diesen waren dann gemäß § 6 d. VO Stimmrecht und Wählbarkeit der einzelnen Gemeindemitglieder zu vermerken.[997]

In den § 8ff. regelte die Verordnung die konkrete Durchführung der Wahl. Nach § 11 erfolgte die Wahl dergestalt, „daß jeder erschienene Stimmberechtigte entweder die festgesetzte Anzahl wählbarer Gemeindemitglieder als Wahlmänner bezeichnet, oder, wo diese in Wegfall kommen, aus jeder der bestimmten Classen so viele Wählbare benennt, als für diese Classe in den Gemeinderath zu wählen sind". Dabei war es der Obrigkeit überlassen, entsprechend „den örtlichen Verhältnissen" zu entscheiden, ob „die Abstimmung mündlich zum Protocolle, oder durch vorher auszutheilende Stimmzettel erfolgen solle". Alle erschienenen Stimmberechtigten oder Wahlmänner waren einzeln ins Protokoll aufzunehmen und die abgegebenen Stimmzettel schließlich acht Tage[998] versiegelt aufzubewahren.[999]

Der Wechsel der Gemeindevertreter erfolgte zum Ende des Kalenderjahres, wobei die Wahlen spätestens im November davor zu erfolgen hatten.[1000]

Bei der Einführung der LGO in kleineren Städten[1001] zeigten sich schon bald Unzulänglichkeiten in den gesetzlichen Regelungen. An das Innenministerium wurden eine ganze Reihe von Anfragen zu Auslegung und Anwendung einzelner Vorschriften gerichtet. Das betraf u. a. die Frage, ob die Stadträte auf Lebenszeit zu wählen seien, ob auch ein nachträglicher Wechsel von der AStO zu LGO noch möglich sei, die Frage der Leitung der Wahlen durch die Obrigkeit oder den Stadtrat, die Klasseneinteilung bei den Wahlen der Ausschusspersonen und die Bestimmung des Kreises derer, die auf Seiten der

[996] a.a.O., S. 451-459, 451.

[997] a.a.O., S. 452.

[998] vgl. § 15 der VO – a.a.O., S. 455.

[999] a.a.O., S. 453f.

[1000] §§ 23, 24, a.a.O., S. 556.

[1001] Für die LGO entschieden sich z. B. im Bezirk der Kreisdirektion Leipzig die Städte Naunhof, Lunzenau, Trebsen, Nerchau und Mügeln. – SächsHStA Dresden, MdI Sekt. 6, Nr. 4121 Die Einführung der Landgemeindeordnung in kleinen Städten, Bl. 39; vgl. dazu sogleich unten, S. 224ff.

kleineren Städte die Verhandlungen zur Einführung der LGO führen sollten.[1002] Das Ministerium antwortete damit, dass es ihm schon bei der Erarbeitung des Gesetzes klar gewesen sei, dass weder die AStO noch die LGO auf die kleineren Städte vollständig passen würde, sondern das „Material" im Einzelfall mit Rücksicht auf die lokalen Verhältnisse zur Anwendung kommen solle.[1003]

Auch entzog sich das Ministerium weitgehend der Entscheidung der offenen Rechtsfragen und wies diese der Entscheidung im Rahmen der Verhandlungen mit der jeweiligen Stadt zu. Hinsichtlich der Frage, wer für die kleineren Städte die Verhandlungen führen solle, entschied man sich für die bereits gewählten provisorischen Communrepräsentanten. Diese sollten ggf. durch Nachwahlen ergänzt werden und die weitere Verfahrensweise bei der Einführung der LGO klären.[1004] Für die Einführung der LGO in den Landgemeinden war in § 10 der Ausführungsverordnung zur LGO vorgesehen, dass alle stimmberechtigten Gemeindemitglieder Verhandlungspartner sein sollten, damit also auch die stimmberechtigten Frauen. Dagegen waren Frauen bei den Wahlen der Communrepräsentanten weder stimmberechtigt noch wählbar. Somit wirkte sich diese Entscheidung des Innenministeriums wiederum ungünstig auf etwaige Mitwirkungsmöglichkeiten von Frauen aus.

Das Frauenstimmrecht selbst bereitete in seiner Umsetzung in den Landgemeinden offenbar keine nennenswerten Schwierigkeiten.[1005]

III. Die weitere Entwicklung von AStO und LGO bis 1866

Bereits auf dem Landtag von 1839/40 kamen zwei Anträge auf Änderung der LGO in die Zweite Kammer.[1006] Gegenstand dieser Anträge war die ausnahmsweise Wahrnehmung der Geschäfte der Gemeindeobrigkeit für Stadtdorfschaften durch die Stadträte und die Zusammenlegung von Gemeinden. Sie wurden als Punkt 11 des Berichts der ersten Deputation über das *Decret,*

[1002] Umfangreiche Erörterungen finden sich in: SächsHStA Dresden, MdI Sekt. 6, Nr. 4121 Die Einführung der Landgemeindeordnung in kleinen Städten, Bl. 1ff.

[1003] a.a.O., Bl. 26.

[1004] a.a.O., Bl. 27.

[1005] vgl. die Streitfälle hinsichtlich Stimmberechtigung und Wählbarkeit in: SächsHStA Dresden, MdI Sekt. 6, Nr. 4133 Die Stimmberechtigung und Wählbarkeit auf dem Lande betreffend. – Das betraf vor allem Fälle strafrechtlicher Untersuchungen, das Stimmrecht von Frauen war dagegen nicht Gegenstand.

[1006] Sie gingen auf die Beilage der Ständischen Schrift zu den Entwürfen der LGO und eines Gesetzes über deren Anwendung auf kleinere Amts- und Patrimonialstädte vom 2. December 1837 (LA 1836/37, 1. Abth., Bd. 3, S. 417-434) zurück; vgl. dazu S. 190ff.

Allerhöchste Entschließungen auf verschiedene ständische Anträge betreffend, vom 10. November 1839,[1007] am 14. Dezember 1839 von der Zweiten Kammer beraten und auf Vorschlag der Deputation einstimmig für erledigt erklärt. Die Deputation war zu dem Ergebnis gekommen, dass diese Vorschläge bereits bei der Erarbeitung der LGO auf dem vorherigen Landtag berücksichtigt worden seien.[1008]

Dem Landtag von 1842/43 ging eine Reihe von Petitionen zu, die die Leitung der Gemeindewahlen durch die Obrigkeit zum Gegenstand hatten: So begehrten der bäuerliche Abgeordnete GOTTLIEB SCHOLZE, mehrere Einzelpersonen und 50 Landgemeinden, dass die Stände der Regierung eine Abänderung des Wahlverfahrens der §§ 40 und 43 LGO antragen sollten.[1009]

Die Petenten beanstandeten in erster Linie die hohen Kosten, die den Landgemeinden durch das bisher praktizierte Verfahren bei der Wahl der Ausschusspersonen entstehen würden und wiesen auf den nicht unerheblichen Verwaltungsaufwand der Behörden hin.[1010] Teilweise beklagten sie aber auch, dass sie „nicht selbständig und ohne Bevormundung ihren Gemeinderath wählen können, so ist die Gleichgültigkeit der Gemeinden gegen die Landgemeindeordnung so groß geworden, daß deren Aufhebung wenig Unwillen unter den Landleuten erzeugen würde". Allerdings wollte SCHOLZE soweit nicht gehen. Er hielt lediglich die Forderung nach einer Senkung der Kosten für berechtigt.[1011]

[1007] Mit diesem Dekret nahm die Regierung zu einer Reihe von Anträgen der Stände Stellung, die auf dem letzten Landtag von der Regierung nicht mehr beantwortet werden konnten.

[1008] Mitth. über die Verh. d. LT 1839/40, 2. K., S. 152f.; vgl. LA 1839/40, 3. Abth., Bd. 1, S. 92f.

[1009] *Petition des Abgeordneten Scholze, wegen der durch die Landgemeindeordnung vorgeschriebenen Wahlen insbesondere, daß aus den §§ 40 und 43 der Landgemeindeordnung die Worte „unter Leitung der Obrigkeit" durch Verordnung in Wegfall gebracht werden*, in: Mitth. über die Verh. d. LT 1842/43, 2. K., Bd. 1, S. 53; *Petition des Gemeindevorstandes zu Nauhain und sechs anderen Ortschaften um Wegfall der §§ 40 und 43 der Landgemeindeordnung (überbracht vom Abg. WILHELM EHRENFRIED GEYLER)*, a.a.O., S. 520; *Petition der Gemeinde Schlunzig nebst 34 anderen Ortschaften, Johann Gottlieb Stein und Consorten, die Ausschließung der Obrigkeiten bei der Wahl ihrer Gemeindevorstände betreffend*, a.a.O., S. 575-576; *Petition der Gemeinde Schönau auf dem Eigen nebst fünf anderen Ortschaften, Johann Gottlob Kiesling und Consorten, die Concurrenz der Obrigkeit bei den Wahlen der Gemeindeausschußpersonen betreffend (überbracht vom Abg. CHRISTIAN GOTTFRIED ZIMMERMANN)*, a.a.O., S. 415-416.

[1010] Mitth. über die Verh. d. LT 1842/43, 2. K., Bd. 1, S. 53.

[1011] a.a.O., S. 575.

Am 7. Februar 1843 beriet die Zweite Kammer über den Bericht ihrer vorberatenden Deputation vom 20. Januar 1843.[1012] Er war zu dem Ergebnis gekommen, dass die Landgemeinden trotz der Stempel- und Gebührenfreiheit für die „durch die von den obrigkeitlichen Personen behufs der Leitung gedachter Wahlen zu unternehmenden Reisen" aller zwei Jahre einen nicht unerheblichen finanziellen Aufwand zu tragen hätten. Die Deputation hielt es darüber hinaus sogar für sinnvoll, die Petition noch auf die kleinen Gemeinden i. S. v. § 54 LGO auszudehnen.

Allerdings war nach Auffassung der Deputation keine Gesetzesänderung erforderlich, sondern nur „eine zweckdienliche, bisher nicht stattgefundene Auslegung". Es könne nämlich die obrigkeitliche Leitung der Wahlen bestehen bleiben, nur müsse diese eben nicht mehr wie bisher „durchgängig unmittelbar ausgeübt" werden. Die Obrigkeiten sollten auch weiter die Wahllisten anfertigen, Wahltag und -ort bestimmen, die Wähler vorladen, und schließlich auch die Gewählten bestätigen. Gemeinden, die sich das zutrauen, sollten sich selbst um geeignete Personen für die Leitung der Wahlen bemühen können, im Übrigen aber die Wahlhandlung analog der Regelungen für die Stadtverordnetenwahlen nach §§ 141ff. AStO erfolgen.[1013]

Die Deputation schlug daher der Kammer vor, gemeinsam mit der Ersten Kammer die Staatsregierung um Abgabe einer Erläuterung der §§ 40, 43 und 54 LGO mit dem Inhalt zu ersuchen, „daß die Leitung der darin vorgeschriebenen Wahlhandlungen nicht in jedem Falle unmittelbar durch die Obrigkeiten geschehen müsse, sondern auch die hierzu sich bereit erklärenden Vertreter der Landgemeinden, und zwar nach Befinden in den vorangegebenen Modalitäten, erfolgen könne".[1014]

Damit hatte die Deputation das Begehren einiger Landgemeinden abgebogen, das unverkennbar auf die Ausweitung der Selbständigkeit der Gemeinden im Verhältnis zur Obrigkeit gerichtet war. Diese Frage spielte aber in den Kammern zumindest am Rande nach wie vor eine gewisse Rolle, da einige Abgeordnete diesen Standpunkt teilten. Die Mehrheit der Zweiten Kammer zeigte sich in der Debatte aber mit dem Vorschlag der Deputation einverstanden,[1015] nachdem auch GOTTLIEB SCHOLZE nochmals die gegenwärtigen Beschwernisse in den Landgemeinden dargelegt hatte: Die Wahlen in ihrer jetzigen Form seien auf dem Land mit großem Aufwand für die Stimmberechtigten

[1012] *Bericht der dritten Deputation über die Petition des Abgeordneten Scholze, die obrigkeitliche Leitung der durch die Landgemeindeordnung vorgeschriebenen Wahlen betreffend*, abgedr. a.a.O., S. 645-646.

[1013] a.a.O., S. 645.

[1014] a.a.O., S. 646.

[1015] vgl. zu den einzelnen Redebeiträgen a.a.O., S. 646ff.

verbunden, da diese dafür ihre Wirtschaft oder ihre Gewerbe verlassen müssten. Die Wahlen im Oktober und November fielen für die Bauern gerade in die Zeit der Feldbestellung und auch die Handwerker wären auf das Tageslicht dieser Monate angewiesen, da eine Beleuchtung teuer sei. Außerdem entstünden noch Kosten für den Aufenthalt im Wahllokal, wogegen in den Städten die Wahlzettel ins Haus zugeschickt würden, und dann nur ausgefüllt zu einem bestimmten Termin abgegeben werden müssten. Da die Wahllokale auch noch meistens die Wirtshäuser wären, könne man dort die Stimmberechtigten viel leichter in „Wahlumtrieben“[1016] beeinflussen. Das wäre alles nicht der Fall, wenn man die Regelung der Städte auch in den Landgemeinden anwende und selbst das Problem, dass vor allem auf dem Land nicht alle schreiben könnten, gäbe es so nicht mehr, da mittlerweile zumindest die Kinder alle schreiben lernen würden und helfen könnten.[1017]

Der städtische Abg. CHRISTIAN EHRENFRIED PÜSCHEL aus Zittau, der sich gegen die Petition erklärte, verwies u. a. auf die seiner Erfahrung nach problematische Wahlbeteiligung in den Landgemeinden hin. Es bestehe bereits die Tendenz, dass sich viele Gemeindemitglieder den Gemeindeämtern entziehen wollen, da ihnen diese „als eine Last erscheinen“. Schon die Beteiligung an den „Wahlhandlungen“ sei deshalb z. T. sehr gering, weil man glaube, „so am besten übersehen zu werden“. D. h. man befürchtete, bereits durch die Abgabe Stimme bei den Gemeindewahlen, sich für eines der Gemeindeämter ins Gespräch zu bringen. Es wäre, so PÜSCHEL weiter, ein „schlimmes Verhältnis“, wenn sich – wie einige Petitionen vorbringen –, die Gemeindeobrigkeiten tatsächlich „in solcher Stellung gegen die Gemeinden befänden“, dass schon ihre Anwesenheit bei der Wahlhandlung die Wähler von der Teilnahme abschrecke. Gemeindevertreter hätten ihm gegenüber sogar schon öfters die Befürchtung geäußert, dass es bei einer Leitung der Wahlen durch die Gemeinderäte selbst sogar noch viel schlimmer werde, „da man nicht einmal [gemeinde]obrigkeitliche Befehle respectirt“. Es würden „auch von den Gewählten allerhand Ausflüchte und Reclamationen hervorgesucht, um die Wahl rückgängig zu machen“.[1018]

Das Wirken demokratischer Mechanismen sah PÜSCHEL ebenfalls als nachteilhaft an: „Geht aber die Wahl auf die Gemeinderäthe über, so wird diese

[1016] „Wie viele Wahlumtriebe sind nicht vorgefallen bei andern, noch wichtigeren Wahlen! Ich will nur anführen, was in öffentlichen Blättern stand. Es wurde verlangt, daß der Gemeindevorstand Mitglieder aus der Gemeinde vorschlagen mußte, und dann wurde der Abstimmende nur gefragt: ‚Nicht wahr, Sie wählen auch dieselben?‘ und dies ging solange fort, bis endlich einer die Courage hatte, nicht; dieselben‘ zu sagen. Aber diese Wahlumtriebe fallen weg, wenn die Zettel ins Haus getragen werden.“

[1017] a.a.O., S. 648.

[1018] a.a.O., S. 649.

Einfachheit des Geschäfts verschwinden, es werden dann verschiedene Meinungen Gleichgestellter mit einander in Kampf treten, kein Theil wird nachgeben wollen, man wird unverrichteter Sache aus einander gehen, auf Entscheidung der Gemeindeobrigkeit provociren, und es werden Wahlen cassirt und neue angeordnet werden müssen."[1019]

Nach Auffassung des Abg. der Rittergutsbesitzer der Erzgebirgischen Kreises, AUGUST JANI, könne der tatsächliche Kostenaufwand für die Leitung der Gemeindewahlen gar nicht so hoch sein, weshalb jede Gemeinde einen festen Kostensatz für ihre Wahlhandlungen bezahlen solle. Er stellte daher den Antrag, die Regierung lediglich mit der Reduzierung der Kosten zu beauftragen.[1020]

FRIEDRICH WILHELM SCHÄFFER sprach sich nunmehr für eine Wahl mit Wahlzetteln wie in den Städten aus, da Personen, „welche ein unmittelbares Interesse bei der Wahl haben, diese nicht leiten" sollen.[1021] Wenn Gemeinderäthe die Leitung der Wahlen ganz allein übernehmen würden, „sind wir nahe daran, noch einen Schritt weiter zu gehen, und in das Verhältniß zu gerathen, in welchem sich die hochachtbaren Stadträthe vor dem Jahre 1830 befanden, die die Mitglieder, welche in ihrem Collegio saßen, selbst ergänzten".[1022] Er habe früher selbst „Wahlhandlungen" geleitet und dabei „zuweilen ganz eigne Fälle" beobachtet. Man müsse die Wahlen sehr aufmerksam überwachen, „damit nicht Nullitäten herbeigeführt werden". Er erinnere sich etwa daran, dass Ehefrauen gekommen seien und versucht hätten, ihm den Stimmzettel des abwesenden Ehemannes „mit Gewalt" aufzudrängen und sogar mal eine anstatt des Stimmzettels eine Schneiderrechnung überbracht habe.[1023]

In ihre „Wahlsachen", so der städtische Abg. und spätere Innenminister MARTIN OBERLÄNDER aus Zwickau, „sollten sich die Gemeinden von Niemand Etwas hineinreden lassen". Sie würden die Männer ihres Vertrauens „am besten und sichersten" unter sich allein und „unabhängig von dem Einflusse dritter Personen" finden. Er stimme daher dem Antrag zu.[1024]

In der Abstimmung der Zweiten Kammer sprachen sich dann schließlich 34 Abgeordnete für und 35 gegen den Antrag der Deputation aus. Der Antrag des Abgeordneten JANI, „es möge, im Verein mit der ersten Kammer, die hohe Staatsregierung ersucht werden, die Forderungen der Gemeindeobrigkeiten

[1019] a.a.O., S. 650.
[1020] a.a.O., S. 652f.
[1021] a.a.O., S. 654.
[1022] a.a.O., S. 655.
[1023] a.a.O., S. 655.
[1024] a.a.O., S. 656.

für ihre Concurrenz bei Gemeindewahlen auf denjenigen Betrag zu beschränken, mit welchem der gegebene Zweck sich noch vollständig erreichen läßt", wurde dagegen mit 58 gegen 11 Stimmen angenommen.[1025]

Am 4. April 1843 beriet nunmehr die Erste Kammer den Bericht ihrer Dritten Deputation zu diesem Vorgang. Dieser listet recht umfangreich mögliche Kosten für die Gemeinden auf, die ihnen seitens der Obrigkeit entstehen könnten.[1026] Nach Einschätzung der Deputation erscheine es daher als „wünschenswerth, daß die Gemeinden für die Zukunft gegen eine unnöthige Häufung der Verläge [d.h. der Kosten – Anm. d. Verf.] in ihren der Leitung der Obrigkeiten unterliegenden Angelegenheiten, namentlich der Bestellungsgebühren, Botenlöhne und Reisekosten, im Wege der Verordnung sichergestellt werden möchten". Da der Antrag der Zweiten Kammer keine Gesetzesänderung anstrebe, daher „unverfänglich" sei und Missbräuchen vorbeugen könne, empfahl die Deputation der ersten Kammer, diesem beizutreten.[1027]

Auch in der Debatte der Ersten Kammer zeigten sich wiederum Unsicherheiten in Bezug auf den tatsächlichen Zweck der Petitionen. Bürgermeister ADOLPH TRAUGOTT EDUARD STARKE, Vertreter der Stadt Bautzen, war etwa der Ansicht, dass die Scholz'sche Petition die Emanzipation der Gemeinden beabsichtigt hätte. Der von der Zweiten Kammer beschlossene Jani'sche Antrag dagegen sei ungeeignet, dieses Ziel zu erreichen, sondern verdächtige die Behörden völlig grundlos. Er sei daher nicht nur gegen den Antrag, sondern man solle die ganze Sache auf sich beruhen lassen.[1028]

Auch Referent CURT ERNST VON POSERN, vom König ernanntes Mitglied der Kammer, erklärte, dass er trotz der Beschwerden aus den Landgemeinden unter keinen Umständen für die Abschaffung der Wahlleitung durch die Gemeindeobrigkeit stimmen könne, „weil dadurch den Gemeinden bewahrte Wahlfreiheit, die dadurch erlangte größere Feierlichkeit und Sicherheit des Wahlactes, das in den Schranken halten vorlauter ungebildeter Schreier u. s. w." für ihn mehr Gewicht habe als das Kostenargument. Dennoch wünsche er nicht, dass den Gemeinden hieraus mehr Kosten entstünden, als unbedingt notwendig.[1029] Er sprach sich für die Ablehnung des Antrags aus, da auch die Staatsregierung bereits zugesichert habe, sich der Sache anzunehmen.

[1025] a.a.O., S. 660.

[1026] Beratung des *Berichts der dritten Deputation über einen bei Berathung mehrer Petitionen, die obrigkeitliche Leitung der durch die Landgemeindeordnung vorgeschriebenen Wahlen betreffend, von der jenseitigen Kammer gefaßten Beschluß*, in: Mitth. über die Verh. d. LT 1842/43, 1. K., Bd. 2, S. 758.

[1027] a.a.O., S. 759.

[1028] a.a.O., S. 760f.

[1029] a.a.O., S. 761.

Dagegen erklärte sich Prinz JOHANN für den Bericht der Deputation. Allerdings sei es erfolgversprechender, nicht die Kosten selbst zu verringern, sondern den Verwaltungsaufwand selbst. Und auch die Kammer stimmte letztlich – wie von der Deputation vorgeschlagen – mit 35 zu 4 Stimmen zu.[1030]

Bedenkt man, dass große Teile der Abgeordneten der Ersten Kammer selbst Inhaber der Obrigkeit über Landgemeinden waren, so überrascht es nicht, dass die Kammer sich hier des Problems auf diese Weise entledigte: Sie machte das Kostenproblem zur Verwaltungsangelegenheit der Regierung, ohne dabei eigene Einflussmöglichkeiten in den Landgemeinden preisgeben zu müssen.

Mit der ständischen Schrift vom 24. Mai 1843[1031] wurde die Regierung nunmehr beauftragt, „die Forderungen der Gemeindeobrigkeiten für ihre Concurrenz bei den Gemeindewahlen auf dem jetzigen Betrag zu beschränken, mit welchem sich der angegebene Zweck noch vollständig erreichen lasse“, um künftig „möglichen Mißbräuchen und Weitläufigkeiten“ vorzubeugen. Das betraf jedoch nur die Verwaltungspraxis, nicht aber eine etwaige Änderung der LGO.

Im Zuge der revolutionären Bestrebungen der Jahre 1848/49 kam auch die Kommunalverfassung auf den Prüfstand, denn die Forderungen der Revolutionäre zielten nicht zuletzt auf eine Neufassung des Wahlrechts in den Gemeinden nach denselben, wie auch für die Ständeversammlung eingeforderten Grundsätzen hin.[1032] Daher stellte die Regierung bereits dem außerordentlichen Landtag von 1848 eine grundsätzliche Neuordnung des Wahlrechts in den Städten und Landgemeinden in Aussicht.[1033]

Um die Demokratisierung des Wahlrechts zum Landtag entsprechend in den Städten und Landgemeinden zu realisieren, wurde die Neufassung des Gemeindewahlrechts sogar vorgezogen. *Der Entwurf zu einem Gesetze, die*

[1030] a.a.O., S. 761f.

[1031] *Ständische Schrift über einen Antrag in Bezug auf die obrigkeitliche Leitung der durch die Landgemeindeordnung vorgeschriebenen Wahlen*, in: LA 1842/43, 1. Abth., königl. Mitth., Bd. 2, S. 454.

[1032] So z. B. seitens der Vaterlandsvereine: „Wegfall aller bürgerlichen Unterschiede in der Gemeinde“, in: Die Biene Nr. 89 vom 7. Dezember 1848, S. 353-356; *Der städtische Verein zu Dresden am 12. Oktober 1848 an das Ministerium den Inneren,* in: SächsHStA Dresden, MdI Sekt. 6, Nr. 326 Die über Einführung einer allgemeinen Gemeinde-Ordnung in einem deutschen Nachbar-Staate aufgenommenen Vorarbeiten sowie den Gesetzentwurf, die Wahlen der Gemeindevertreter betreffend 1848, Bl. 31-32.

[1033] *Decret an die Stände, den Entwurf zu einem Gesetze, die Wahlen der Gemeindevertreter betreffend. Eingegangen bei der II. Kammer den 29. October 1848*, in: LA 1848, 1. Abth., königl. Mitth., S. 493f. (Motive).

Wahlen der Gemeindevertreter betreffend,[1034] sah nunmehr eine zumindest im Grundsatz einheitliche Regelung des Wahlrechts für die Städte und Landgemeinden vor. Nach § 1 d. E. sollten „alle Gemeindevertreter, in Städten sowohl wie auf dem Lande, ... von nun an nicht mehr unter Vermittlung von Wahlmännern, sondern ohne Rücksicht auf die Größe der Gemeinden und auf die Zahl der Stimmberechtigten in denselben durch unmittelbare Wahl aller Stimmberechtigten ernannt werden."[1035] Gleichzeitig bestimmte aber § 4 d. E., dass alle Regelungen in LGO und AStO in Kraft blieben, die sich nicht auf Wahlmänner bezogen.[1036] Das betraf auch Stimmberechtigung und Wählbarkeit.

Mit diesem Gesetzentwurf sollte dem öffentlichen Druck Rechnung getragen und die Unmittelbarkeit der Wahl bereits vor einer angestrebten allgemeinen Revision der Kommunalverfassung allgemein eingeführt werden. In der Debatte der Zweiten Kammer spielte vor allem die Frage eines Wahlrechts für die Schutzverwandten eine Rolle.[1037] Ein noch viel weiterführender Antrag des städtischen Abgeordneten GEORG FRIEDRICH WEHNER, der ein Stimmrecht für alle „im städtischen Gemeindebezirke wesentlich wohnhaften Gemeindemitglieder" mit Ausnahme derer ohne bürgerliche Ehrenrechte anstrebte, wurde dagegen abgelehnt.[1038] Die Erste Kammer schloss sich dem Votum der Zweiten Kammer nach kurzer Debatte einstimmig an.[1039]

Da in den Landgemeinden in der Regel bereits direkt gewählt wurde, entfaltete das nunmehr einstimmig beschlossene[1040] *Gesetz, die Wahlen der Gemeindevertreter betreffend, vom 17ten November 1848*[1041] im Wesentlichen nur Auswirkungen auf die Städte: § 1 d. G. ordnete eine direkte Wahl aller Gemeindevertreter an und § 2 hob entgegenstehende Bestimmungen in der AStO, der LGO und den Lokalstatuten auf. Wo ein Wechsel zur direkten Wahl erfolgte, hatten alle bisherigen Gemeindevertreter auszuscheiden und bis zum

[1034]a.a.O., S. 489-496; vgl. dazu auch einen wohl ersten *Entwurf zum Gesetz, die Wahlen der Gemeindevertreter betreffend*, in: SächsHStA Dresden, MdI Sekt. 6, Nr. 326 Die über Einführung einer allgemeinen Gemeinde-Ordnung in einem deutschen Nachbar-Staate aufgenommenen Vorarbeiten sowie den Gesetzentwurf, die Wahlen der Gemeindevertreter betreffend 1848, Bl. 42-44.

[1035]LA 1848, 1. Abth., königl. Mitth., S. 490.

[1036]a.a.O., S. 491.

[1037]Mitth. über die Verh. d. außerordentl. LT 1848, 2. K., Bd. 2, S. 2321ff.

[1038]a.a.O., S. 2324ff. und 2336; *Berathung des Berichts der ersten Deputation über den Gesetzentwurf, die Wahl der Gemeindevertreter betreffend*, in: LA 1848, 3. Abth., S. 641f.

[1039]Mitth. über die Verh. d. außerordentl. LT 1848, 1. K., S. 1468-1470. Zusätzlich hob die Kammer mit dem § 142 AStO das Quorum für die Wahlen auf, so dass hier eine Mindestbeteiligung an „Wahlberechtigten" nicht mehr erforderlich war.

[1040]LA 1848, 3. Abth., S. 687.

[1041]In: GVBl. 1848, S. 275-277. Die Öffentlichkeit nahm die Einführung der direkten Wahl positiv auf; so etwa: „Die direkten Stadtverordneten- und Gemeindewahlen", in: Die Biene, Nr. 98 vom 30. Dezember 1848, S. 390-391.

regulären Wechsel, Neujahr 1849, sich einer vollständigen Neuwahl zu unterziehen. § 5 d. G. hob § 142 AStO auf, der bisher eine Mindestwahlbeteiligung vorschrieb. Nach § 6 d. G. konnten Städte durch Lokalstatut jetzt Wahlbezirke einführen. Alle übrigen Bestimmungen, die sich nicht auf Wahlmänner bezogen, blieben – wie schon im Entwurf vorgesehen – gemäß § 4 d. G. ausdrücklich in Kraft. Auch bei den Voraussetzungen von Stimmberechtigung und Wählbarkeit blieb alles beim Alten, lediglich die Beschränkungen hinsichtlich der Glaubenszugehörigkeit wurden durch § 8 d. G. aufgehoben. Eine Vereinheitlichung in Städten und Landgemeinden fand somit hier nicht statt, so dass sich für die Frauen nichts änderte.

Mit der Novelle reagierten auch die Stände auf eine Reihe von „Anträgen" auf Einführung der unmittelbaren Wahl, wie sie vor allem aus Dresden und Leipzig gestellt worden waren.[1042] Bereits in den Gesetzesmotiven hatte die Regierung außerdem die allgemeine Revision der LGO und AStO in Aussicht gestellt, die auch eine Abschaffung der größeren Bürgerausschüsse beinhalten sollte, da sich diese nicht bewährt hätten.[1043]

Im Hinblick auf eine umfassende Reform der Kommunalverfassung hatte zuvor auch die erste Deputation der Zweiten Kammer einige Grundsätze in ihrem Deputationsbericht festgehalten, so war „vor Allem die ausschließende Bevorrechtung einzelner Stände und die Mittelbarkeit der Wahlen bei der Vertretung der Gesamtheit in Staat und Gemeinde" mit dem demokratischen Prinzip unverträglich, weshalb nicht nur „die Ständevertretung der aus allgemeinen freien Wahlen hervorgehenden Volksvertretung weichen muß", sondern „künftig in nothwendiger Consequenz auch bei den Gemeindevertretungen sämtlichen Mitgliedern der Gemeinden, insbesondere in Städten, eine erweiterte Theilnahme schlechterdings nicht versagt werden" kann.[1044] Ob und in welcher Weise damit auch die weiblichen Gemeindemitglieder gemeint waren, bleibt allerdings offen. Forderungen nach einer einheitlichen Gemeindeverfassung von Städte und Landgemeinden wurden ebenso nicht erfüllt.[1045]

[1042] *Zahlreiche Gesuche an das MdI um Neuordnung der Städteverfassung,* in: SächsHStA Dresden, MdI Sekt. 6, Nr. 326 Die über Einführung einer allgemeinen Gemeinde-Ordnung in einem deutschen Nachbar-Staate aufgenommenen Vorarbeiten sowie den Gesetzentwurf, die Wahlen der Gemeindevertreter betreffend 1848.

[1043] LA 1848, 1. Abth., königl. Mitth., S. 494f.

[1044] *Bericht der ersten Deputation der zweiten Kammer über den Gesetzentwurf, die Wahl der Gemeindevertreter betreffend. Eingegangen den 3. November 1848*, in: LA 1848, Beil. z. d. Prot. d. 2. K., S. 663-665, 463.

[1045] „Die allerbreitesten demokratischen Grundlagen für Sachsen", in: Die Biene, Nr. 16 vom 20. Juni 1848, S. 61-64, 61f.

Im Vorgriff auf diese angekündigte Revision wurden auf dem Landtag von 1849/50 auch eine Neufassung der AStO und der LGO beraten:[1046] Dieser *Entwurf eines Gesetzes, einige Abänderungen in der Verfassung der Gemeinden betreffend, vom 3. November 1849*,[1047] der neben der Einführung eines „Gemeindebürgerrechts" für Städte und Landgemeinden, auch erstmals ein überwiegend einheitlich geregeltes Wahlrecht in den Städten und Landgemeinden vorsah, gestand in den Landgemeinden den grundbesitzenden und gewerbetreibenden Frauen ein per Stellvertreter auszuübendes Stimmrecht zu. Das hätte eine Schlechterstellung der stimmberechtigten Frauen bedeutet, denn nach bisherigem Recht, durften zumindest unverheiratete und getrenntlebende Frauen ihr Stimmrecht persönlich ausüben. Infolge der Landtagsauflösung am 1. Juni 1850 wurde dieses Gesetzesvorhaben jedoch nicht mehr weiterverfolgt.[1048]

§ 1 des *Entwurfs eines Gesetzes, einige Abänderungen in der Verfassung der Gemeinden betreffend, vom 3. November 1849*,[1049] wies zunächst jeden Bewohner auch von nicht zu einer Gemeinde gehörenden Grundstücken der nächstgelegenen Gemeinde zu, so dass es in diesem Sinne keine selbständigen Gutsbezirke mehr gab.[1050] Damit waren diese Personen hinsichtlich einer möglichen Gemeindemitgliedschaft der Bevölkerung in den Landgemeindebezirken gleichgestellt.

Verändert wurden auch die Regelungen zum „Gemeindebürgerrecht", das nunmehr als einheitliche Bezeichnung für das bisherige Bürgerrecht in den Städten und die Gemeindemitgliedschaft in den Landgemeinden eingeführt wurde. Es war alleinige Voraussetzung für die Gemeindemitgliedschaft,[1051] womit das Gesetz zugleich auch den „veralteten Unterschied zwischen Bürgern

[1046] Auch „Die Biene" forderte weiterhin eine revidierte Gemeinde- und Staatsverfassung ein. – „Die politischen Vereine und die Wahlen", in: Die Biene, Jg. 1849, Nr. 82 vom 1. September 1849, S. 331-332, 332.

[1047] *Decret an die Kammern vom 3. November 1849, die innenbemerkten Gesetzentwürfe betreffend, eingegangen bei der II. Kammer am 26. November 1849*, in: LA 1849/50, 1. Abth., königl. Mitth., Bd. 1, S. 515-565, hier 516-530. Das Gesetz war lediglich als Vorgriff auf eine umfassende Revision der Kommunalverfassung angelegt. – a.a.O., S. 552.

[1048] vgl. oben, S. 148.

[1049] *Decret an die Kammern vom 3. November 1849, die innenbemerkten Gesetzentwürfe betreffend, eingegangen bei der II. Kammer am 26. November 1849*, in: LA 1849/50, 1. Abth., königl. Mitth., Bd. 1, S. 515-565, hier S. 516-530. Das Gesetz war lediglich als Vorgriff auf eine umfassende Revision der Kommunalverfassung angelegt. – a.a.O., S. 552.

[1050] a.a.O., S. 516.

[1051] § 2 d. E.: „Die Gemeinde wird gebildet durch die Gesamtheit der Gemeindebürger des Bezirks." – a.a.O., S. 516; vgl. auch § 16 d. E., a.a.O., S. 521.

und Schutzverwandten“ in den Städten beseitigte, da der Begriff des Schutzverwandten in seiner praktischen Anwendung nur schwer zu fassen war.[1052]

Zunächst bestimmte § 3 d. E. für den Erwerb des Gemeindebürgerrechts die sächsische Staatsangehörigkeit als allgemeine Voraussetzung. Nach § 5 d. E. waren Grundbesitzer und Gewerbetreibende „auch ohne wesentlichen Wohnsitz”, öffentliche Beamte, verschiedene Freiberufler, „Directoren von Privat-, Schul- und Erziehungsanstalten” sowie „Capitalisten und Rentiers” mit mindestens 2 Thl. Personalsteuer im Jahr zum Erwerb des Gemeindebürgerrecht „berechtigt und verpflichtet”.[1053]

Allen übrigen Personen musste nach § 6 d. E. das Gemeindebürgerrecht dagegen ausdrücklich durch den Stadtrat mit Zustimmung der Stadtverordneten bzw. durch den Gemeinderat mit Zustimmung der Gemeindeversammlung erteilt werden, wobei § 6 Abs. 2 lit. a) „Frauenspersonen“, und im folgenden auch Minderjährige, „Dienstboten, im Sinne der Gesindeordnung vom 10. Januar 1835”[1054], „Handwerksgesellen und Gewerbegehülfen” ohne eigenen Hausstand und Personen ohne wesentlichen Aufenthalt in der Gemeinde hiervon ausnahm.[1055] Damit war für Frauen der Erwerb des Gemeindebürgerrechts ausschließlich in den Fällen des § 5 d. E. möglich, in denen sie es bereits per Gesetz erwarben.[1056]

Der Gesetzentwurf sah erstmals ein überwiegend einheitlich geregeltes Wahlrecht in den Städten und Landgemeinden vor, wobei nach § 28 d. E. eine unmittelbare Wahl der Gemeindevertreter erfolgen sollte.[1057] Stimmberechtigt war nach § 17 d. E. „jeder männliche Gemeindebürger, welcher das fünf und zwanzigste Altersjahr erfüllt hat und sich an dem Orte, wo er das Stimmrecht ausüben will, seit mindestens einem Jahre wesentlich aufhält, dafern nicht einer der nachbemerkten Ausschließungsgründe[1058] entgegensteht“.[1059] Das Stimmrecht war nach § 19 d. E. persönlich auszuüben.[1060]

[1052] a.a.O., S. 551f.

[1053] a.a.O., S. 517.

[1054] §§ 2, 3 *Gesindeordnung vom 10ten Januar 1835*, in: GVBl. 1835, S. 18-37, 18.

[1055] In: LA 1849/50, 1. Abth., königl. Mitth., Bd. 1, S. 517f.

[1056] vgl. dazu die Motive: „Das Recht der Gemeinden, andere Personen als Mitglieder aufzunehmen, wird in § 6. hinsichtlich einiger Kategorien beschränkt. Frauenzimmer und Auswärtige sind Kraft Gesetzes Gemeindebürger, wenn sie innerhalb des Bezirks Grundeigenthum besitzen oder Gewerbe treiben.” – §§ 4-6, a.a.O., S. 558.

[1057] a.a.O., S. 525.

[1058] Das waren die damals üblichen Ausschlussgründe vom Stimmrecht. – vgl. im Einzelnen § 18, a.a.O., S. 521f.

[1059] a.a.O., S. 521. Die Motive „Zu § 17.“ erwähnen die Geschlechterfrage hier nicht. – a.a.O., S. 558.

[1060] a.a.O., S. 522.

§ 20 d. E. enthielt jedoch wiederum einige Ausnahmen von diesen Regelungen: „Von den Vorschriften in § 17., 18., 19. sind Angesessene und Eigenthümer von Gewerbsetablissements insofern ausgenommen, daß sie … ihr Stimmrecht in den Gemeindewahlen[1061] durch einen Vertreter auszuüben befugt sind. Dasselbe gilt von Frauenspersonen, welche angesessen oder Eigenthümerinnen eines Gewerbsetablissements sind.“ Nach § 21 d. E. konnte auch von nicht ansässigen Grundstückseigentümern ein Stellvertreter für die Ausübung des Stimmrechts bestellt werden,[1062] hier wohl aber nicht von Frauen.

Außerdem wurden mit den §§ 41 bis einschließlich 59, 125 bis 128 AStO in § 40 d. E. die bisherigen Wahlrechtsregelungen aufgehoben.[1063]

Das bedeutete, dass nach dem Gesetzentwurf zumindest grundbesitzenden und gewerbetreibenden Frauen in den Landgemeinden ein per Stellvertreter auszuübendes Stimmrecht zugebilligt werden sollte. Wählbar sollten allerdings in den Städten wie in den Landgemeinden auch weiterhin nur Männer sein. § 22 d. E. bestimmte hier ausdrücklich für die Landgemeinden, dass nur „die bei den Gemeindewahlen persönlich stimmberechtigten Gemeindebürger … zu Gemeindevertretern und Gemeindebeamten wählbar“ sein sollten.[1064]

Die Beibehaltung der Unterschiede im Wahlrecht zwischen den Städten und Landgemeinden wird in den Gesetzesmotiven zu § 20 d. E. mit der besonderen Interessenlage der Angesessenen in den Landgemeinden begründet: „Den Angesessenen die Ausübung des Stimmrechts, auch wenn sie dazu nicht persönlich berechtigt sind, wenigstens bei den Gemeindewahlen nachzulassen, schien billig, da hierbei insbesondere auf dem Lande bei der Vertheilung der Gemeindelasten die Interessen der Angesessenen und Unangesessenen nicht selten verschieden sind und es daher von Wichtigkeit werden kann, wenn vielleicht mehre Angesessenen von dem Stimmrecht persönlich keinen Gebrauch machen können.“[1065] Die Interessen der Angesessenen waren deshalb auf dem Land von besonders großer Bedeutung, da der bäuerliche Grundbesitz die Grundlage für den nach wie vor mehrheitlich agrarisch geprägten Haupterwerb in den Landgemeinden darstellte.

Um die notwendigen Voraussetzungen für die Umsetzung der neuen Wahlrechtsregelungen zu schaffen, sollten nach § 24 d. E. am Jahresende Listen

[1061] Und zwar hier im Sinne von Landgemeindewahlen!

[1062] a.a.O., S. 523.

[1063] a.a.O., S. 528f.

[1064] a.a.O., S. 523. Ausnahmen siehe dort.

[1065] a.a.O., S. 560f.

der Stimmberechtigten erstellt werden, wobei bei den Personen, die nur durch Stellvertreter stimmberechtigt waren, dessen Name anzugeben war.[1066]

Dazu kam es aber nicht, weil die Zweite Kammer an Stelle der vorgelegten partiellen Gesetzesänderungen auf Vorschlag des vorberatenden Ausschusses die Vorlage einer gänzlich neuen Gemeindeordnung verlangte und die Regierung am 1. Juni 1850 die Auseinandersetzung um die Reform der Kommunalverfassung durch die Landtagsauflösung abbrach.[1067]

Mit *dem Gesetz, die Aufhebung des Gesetzes wegen der Wahlen der Gemeindevertreter vom 17ten November 1848 betreffend, vom 11ten Mai 1852*[1068] wurde schließlich auch das Gesetz vom 17. November 1848 aufgehoben, das bisherige Recht wieder in Kraft gesetzt und damit die Wahlrechtsänderungen rückgängig gemacht. Aber lediglich für die Städte und Landgemeinden, die aufgrund der aufgehobenen Regelung anstatt von indirekten Wahlen direkte vorgenommen hatten, wurden Neuwahlen angeordnet. Alle übrigen nach dem aufgehobenen Gesetz Gewählten blieben im Amt.

Damit blieb das *Gesetz, die Wahlen der Gemeindevertreter betreffend; vom 17ten November 1848* das einzige Gesetzesvorhaben zum Wahlrecht in den Städten und Landgemeinden, das während der Revolutionszeit zum Abschluss kam. Es wurde nach der Niederschlagung der revolutionären Bestrebungen der Jahre 1848/49 im Zuge der Restauration als ein grundlegender Bestandteil des – provisorischen – Landtagswahlrechts von 1848 ebenfalls wieder aufgehoben und durch das vorrevolutionäre Recht ersetzt.[1069]

Auf dem Landtag von 1863/64 war das Stimmrecht der Frauen in den Landgemeinden erneut Beratungsgegenstand, nachdem bereits auf dem letzten Landtag von der Ständeversammlung mit der *Ständischen Schrift vom 19. Juli 1861* eine Änderung des Wahlverfahrens des Gemeinderats beantragt

---

[1066] a.a.O., S. 524.

[1067] vgl. oben, S. 148.

[1068] In: GVBl. 1852, S. 74-75; vgl. auch die *Verordnung zu Ausführung des Gesetzes vom 11ten Mai dieses Jahres, die Wahlen der Gemeindevertreter betreffend; vom 11ten Mai 1852*, a.a.O., S. 75-76.

[1069] Ausführlich zu Verlauf und Scheitern der Revolution von 1848/49 sowie zur nachfolgenden Phase der Restauration bereits oben, S. 143ff.

wurde.[1070] Mit dem Entwurf der Regierung sollte demgemäß nun eine „größere Selbständigkeit der Gemeinden, Vereinfachung des Wahlverfahrens und Verminderung der Kosten erzielt werden“.[1071]

§ 1 des RegE vom 19. November 1863 schuf daher – neben der bisherigen Verfahrensweise – für die Gemeinde die Möglichkeit, die Wahlen der Gemeindeausschusspersonen, des Gemeindevorstandes und der Gemeindeältesten nun auch „unter der Leitung des Gemeindevorstandes“ vorzunehmen. Die Gemeinden, die von dieser Möglichkeit Gebrauch machen wollten, hatten das nach § 2 d. E. bis zum 1. Oktober des Wahljahres bei der Gemeindeobrigkeit anzuzeigen und waren bis zu einem Widerruf der Entscheidung auch für die folgenden Wahlen daran gebunden.[1072]

Entsprechend übertrug daher § 3 d. E. bisher bei der Obrigkeit liegende Obliegenheiten für die Durchführungen der Wahlen dem Gemeindevorstand. Nach § 6 behielt die Obrigkeit aber die Aufsicht über die Wahlen, darunter die Prüfung der Verzeichnisse der stimmberechtigten Gemeindemitglieder, der Wahlliste, die Bearbeitung von Einsprüchen gegen die Wahlliste und das Wahlverfahren sowie die Feststellung des Endergebnisses der Wahl.[1073]

Die weitaus größere Tragweite hatte aber § 10 d. E., der § 28 Abs. 1 LGO aufhob und dahingehend ersetzte, dass „die Stimmberechtigung bei den Wahlen der Gemeindeausschußpersonen“ auch den unangesessenen Gemeindemitgliedern zustehen sollte. Dabei sollten in den Gemeinden, in denen die Zahl der stimmberechtigten unangesessenen Gemeindemitgliedern nicht

---

[1070] Grundlage war der *Antrag des Vizepräsidenten Friedrich Wilhelm Oehmichen und 22 Genossen auf Änderung der Gemeindeordnung auf dem Landtag von 1860/61*, sowie eine *Petition gleichen Inhalts von Johann Christoph Rudert und 85 Genossen*, die an die Regierung weitergeleitet wurden. – Mitth. über die Verh. d. LT 1860/61, 2. K., S. 2640f. und Mitth. über die Verh. d. LT 1860/61, 1. K., S. 1637f.; SächsHStA Dresden, MdI Sekt. 6, 4152 Das Gesetz, die Wahlen in den Landgemeinden u. einige damit zusammenhängende Bestimmungen vom 12. Juli 1864, Bl. 1ff.; vgl. *Bericht der ersten Deputation der ersten Kammer über den mittels Allerhöchsten Decrets vom 19. November 1863 vorgelegten Entwurf zu einem Gesetze, die Wahlen in den Landgemeinden und einige damit zusammenhängende Bestimmungen betreffend, Eingegangen am 22. April 1864*, in: LA 1863/64, 2. Abth., Beil. z. Prot. d. 1. K., Bd. 1, S. 293.

[1071] *Bericht der ersten Deputation über den mittels Allerhöchsten Decrets vom 19. November 1863 vorgelegten Entwurf zu einem Gesetze, die Wahlen in den Landgemeinden und einige damit zusammenhängende Bestimmungen betreffend, Eingegangen am 27. Januar 1864*, in: LA 1863/64, 3. Abth., Beil. z. Prot. d. 2. K., Bd. 1, S. 107-122, 107; vgl. dazu ULBRICHT, Die verfassungsrechtliche Trennung, in: NASächsG 69 (1998), S. 177f.

[1072] *Decret an die Stände, die Wahlen in den Landgemeinden und einige zusammenhängende Bestimmungen betreffend. Eingegangen bei der II. Kammer am 21. November 1863*, in: LA 1863/64, 1. Abth., königl. Mitth., Bd. 2, S. 149-162, 150; zum RegE vgl. SächsHStA Dresden, a.a.O., Bl. 118-169.

[1073] a.a.O., S. 151ff.

mehr als ein Viertel der stimmberechtigten ansässigen Gemeindeglieder beträgt, die Unangesessenen „insgesamt zur persönlichen Ausübung ihrer Stimmberechtigung befugt“ sein und „einzeln in die Wahlliste aufzunehmen“. Bei einem höheren Anteil unansässiger Gemeindeglieder „nehmen dieselben an den Gemeindewahlen nur durch aus ihrer Mitte durch Abstimmung nach einfacher Stimmenmehrheit bestellte Wahlmänner Theil“. Die Zahl der Wahlmänner sollte dabei ein Viertel bis ein Drittel der stimmberechtigten Ansässigen betragen.[1074] Ob hier nun auch unansässige Frauen, sofern sie die übrigen Voraussetzungen erfüllten, entsprechend der Grundsätze der LGO stimmberechtigt sein sollten, ließ der Entwurf offen.

Die aktive Beteiligung der Unansässigen an den Gemeindewahlen sollte jedenfalls den veränderten Verhältnissen auf dem Land Rechnung tragen, da in vielen Landgemeinden die Zahl der Unansässigen in einem Maße gestiegen sei und ihre Erwerbstätigkeit derart an Bedeutung gewonnen habe, dass ihnen eine Interessenvertretung und damit „eine Mitwirkung bei der Wahl der Gemeindeorgane“ in Zukunft nicht mehr „füglich“ versagt werden könne. Durch die Einführung der Gewerbefreiheit mit dem *Gewerbegesetz vom 15ten Oktober 1861* erwartete man sogar noch einen deutlichen Anstieg der Unansässigen auf dem Land. Auch war im *Gesetz, die Wahlen der Abgeordneten beider Kammern der Ständeversammlung betreffend, vom 19. Oktober 1861* bereits die Ansässigkeit als Voraussetzung für das Stimmrecht entfallen.[1075] Trotzdem sollten die Interessen der Angesessen in den Landgemeinden auch weiterhin denen „der leicht veränderlichen, unangesessenen Bevölkerung gegenüber“ bevorzugt berücksichtigt werden, was mit dem unterschiedlichen Wahlverfahren erreicht werden sollte.[1076]

Die erste Deputation[1077] der Zweiten Kammer betrachtete diese Reform ebenfalls „als eine natürliche und nothwendige Folge der vorgeschrittenen Volksbildung“, hielt die Ausweitung der Selbstverwaltung der Landgemeinden für wünschenswert und sah außerdem die Möglichkeit einer Einsparung von Beamten bei den Aufsichtsbehörden.[1078] Damit, dass er den Unangesessenen noch das Stimmrecht zuerkannte, ging der Regierungsentwurf sogar über den

[1074] a.a.O., S. 154f.

[1075] Dazu bereits oben, S. 157ff.

[1076] „Zu § 10.“, a.a.O., S. 161f.

[1077] Mitglieder waren FRIEDRICH THEODOR VON CRIEGERN, BERNHARD JOHANN ARNEST, FRIEDRICH RAIMUND SACHßE, GUSTAV VON KÖNIG, HEINRICH THEODOR KOCH, FRIEDRICH WILHELM ZIESLER und GOTTLOB FRIEDRICH GÖHLER (Referent).

[1078] LA 1863/64, 3. Abth., Beil. z. Prot. d. 2. K., Bd. 1, S. 107f.; vgl. auch die Deputationsprotokolle, in: SächsHStA Dresden, MdI Sekt. 6, Nr. 4152 Das Gesetz, die Wahlen in den Landgemeinden u. einige damit zusammenhängende Bestimmungen vom 12. Juli 1864, Bl. 170-183.

ständischen Antrag von 1861 hinaus. Doch auch hierin konnte „die Deputation nur die Befriedigung eines berechtigten Anspruchs erblicken," denn seit der Einführung der LGO hätte die wirtschaftliche Bedeutung des Gewerbes in den Landgemeinden weiter zugenommen. Deshalb sei auch der Anteil der Unangesessenen stark gestiegen. Es handele sich bei ihnen nicht mehr im Wesentlichen nur um Tagelöhner und Handarbeiter, sondern um selbständige Gewerbetreibende, denen es aus Gründen der Gerechtigkeit „kaum länger versagt bleiben" könne, durch die Teilnahme an den Gemeindewahlen ihre Interessen notwendigerweise zu vertreten.[1079]

Trotz der grundsätzlich positiven Haltung hatte die Deputation einige Änderungsvorschläge eingebracht. So sprach man sich u. a. hinsichtlich § 1 d. RegE zwar für die Beibehaltung der Möglichkeit aus, auch weiterhin die Obrigkeit mit der Durchführung der Wahlen zu beauftragen, wollte das aber nicht als Regelfall verstanden wissen.[1080] Das erforderte eine Anpassung weiterer Vorschriften des Regierungsentwurfs.[1081]

Einig war sich die Deputation in der Frage, dass den Unangesessenen das Stimmrecht zuerkannt werden sollte. Zwar wollte man weiterhin „dem Grundbesitze das in der Natur der Sache liegende Übergewicht in den Gemeinden .. sichern", dem vorgeschlagenen „complicirten" Wahlverfahren stimmte man hingegen nicht zu.[1082] Ob statt dessen nun – wie von der Deputationsmehrheit vorgeschlagen – sogar einer Gleichstellung von Unangesessenen und Angesessenen im Sinne eines allgemeinen Stimmrechts in den Landgemeinden der Vorzug gegeben werden sollte oder – so der Standpunkt einer Minderheit in der Deputation – dem bereits in den kleinen Gemeinden i. S. v. § 54 LGO für die Bestimmung der Vertreter der Unangesessenen praktizierten Wahlverfahren, darauf konnte sich die Deputation nicht einigen. Die Entscheidung darüber wurde der Zweiten Kammer übertragen.[1083]

Die allgemeine Debatte zum Deputationsbericht in der Zweiten Kammer[1084] befasste sich vor allem mit der Frage der Erweiterung der Selbständigkeit der

[1079]a.a.O., S. 108.

[1080]„Zu § 1.", a.a.O., S. 109.

[1081]vgl., a.a.O., S. 110f.

[1082]„Zu § 10.", in: LA 1863/64, 3. Abth., Beil. z. Prot. d. 2. K., Bd. 1, S. 116f.

[1083]Erstens – die Mehrheitsmeinung – aber unter ausdrücklicher Beibehaltung des § 42 LGO. – „Zu § 10.", in: LA 1863/64, 3. Abth., Beil. z. Prot. d. 2. K., Bd. 1, S. 117ff.

[1084]Mitth. über die Verh. d. LT 1863/64, 2. K., Bd. 1, S. 526ff.; vgl. LA 1863/64, 3. Abth., Prot. d. 2. K., S. 154ff.

Landgemeinden, der Vereinfachung des Wahlverfahrens und der Verminderung der Kosten der Wahlen für die Gemeinden. Themen, die sämtliche schon auf dem Landtag von 1842/43 eine Rolle gespielt hatten.[1085]

Im Mittelpunkt der Einzelberatungen stand wiederum das Wahlverfahren. Über die Einführung des Stimmrechts der Unangesessen an sich war man sich weitgehend einig, auch wenn dadurch der Gleichklang mit der AStO aufgegeben wurde, nach der die Schutzverwandten nach wie vor vom Stimmrecht ausgeschlossen waren.

Vizepräsident FRIEDRICH WILHELM OEHMICHEN (1808-1884),[1086] Mitglied der konservativen Fraktion, erklärte das Misstrauen für unberechtigt, das gegenüber den Unansässigen durch ihre Benachteiligung beim Stimmrecht zum Ausdruck käme. Zwischen den Bewohnern der Landgemeinden und der Städte bestehe ebenso kein Unterschied, wie es keinen grundlegenden Interessengegensatz zwischen Angesessenen und Unangesessenen gäbe. Vielmehr würden die Unangesessenen durch eine Sonderstellung überhaupt erst dazu angeregt, gesonderte Interessen zu formulieren.[1087] Als weiterer entschiedener Befürworter des allgemeinen Stimmrechts und damit des Standpunkts der Deputationsmehrheit bezog sich der bäuerliche Abg. HEINRICH THEODOR KOCH, Bürgermeister zu Buchholz, u. a. auf die Regelungen im Landtagswahlgesetz vom 19. Oktober 1861, „nach welchem die Unangesessenen sowohl stimmberechtigt, als wählbar und nicht etwa bei der Ausübung ihres Wahlrechts auf ihre Klasse beschränkt sind".[1088]

Schwierigkeiten bereitete den Abgeordneten die sehr unterschiedliche Sozialstruktur der einzelnen Landgemeinden, so dass die Bildungsbürger, die in großer Zahl gerade als Unangesessene in einigen Gemeinden nahe den großen Städten lebten und die auf der Grundlage des Minoritätsgutachtens eine für ihre gesellschaftliche Bedeutung viel zu geringe Einflussmöglichkeit auf die Angelegenheiten der Gemeinde eingeräumt bekommen hätten: So sah etwa der städtische Abg. FRIEDRICH WILHELM ZIESLER „eine gewisse natürliche [Herv. i. O.] Feindseligkeit" zwischen den Interessen des Grundbesitzes und der Unangesessenen. Weil er eine größere Befähigung der Angesessenen sah, für die Angelegenheiten ihrer Gemeinde Sorge zu tragen, sprach er sich deshalb für den Vorschlag der Majorität aus.[1089] Der städtische Abg. HERMANN FRIEDRICH THEODOR SCHRECK wies darauf hin, dass in den Um-

[1085]Dazu oben, S. 197.

[1086]Zur Person vgl. Sächsische Parlamentarier, hrsg. v. DÖSCHER/SCHRÖDER, S. 436.

[1087]Mitth. über die Verh. d. LT 1863/64, 2. K., Bd. 1, S. 555f.

[1088]a.a.O., S. 577.

[1089]a.a.O., S. 569; vgl. auch zu § 10, a.a.O., S. 580f.

landgemeinden großer Städte „Leute aus den gebildetsten Ständen in überwiegender Zahl als Miethbewohner ihren bleibenden Wohnsitz haben", d. h. als Unansässige, und daher nach dem Vorschlag der Minorität aber nur „eine ganz unverhältnismäßig geringe, beziehentlich gar keine Betheiligung bei den Wahlen zugestanden" bekämen.[1090]

Beispielhaft bringt schließlich der stellvertretende Abg. GUSTAV DÖRSTLING, Fabrikant aus Chemnitz, die überwiegende Ansicht der Kammer zum Ausdruck, die dem Minderheitsvorschlag der Deputation zuneigte: „Ich glaube, daß wir das allgemeine Stimmrecht, auf welches der Majoritätsvorschlag basirt, nie [Herv. i. O.] einführen dürfen; wir entfernen uns damit von der Basis, auf und mit welcher die staatliche Gesellschaft bisher bestanden hat. Der Besitz und wesentlich der Grundbesitz giebt dem Menschen im Allgemeinen eine gewisse Stabilität, einen moralischen Halt, ohne daß damit jedoch gesagt sein soll, daß der Nichtbesitzende diese Eigenschaften entbehren müsse; allgemeiner aber sind und werden sie sein unter den Besitzenden."[1091]

In der Kammer stieß die von der Deputationsmehrheit vorgeschlagene Einführung eines allgemeinen Stimmrechts in den Landgemeinden daher auf Ablehnung. Zwar gab es bisher bereits eine Wählbarkeit nach Klassen, aber noch kein derartig ausgestaltetes Stimmrecht der Unangesessenen in allen Landgemeinden. Somit brachte auch der Vorschlag der Minorität der Deputation hier etwas Neues. Er entzog den Angesessenen nämlich sogar teilweise ihr Stimmrecht, soweit es sich auf die Unangesessenen bezog, die sie nicht mehr mitwählen sollten. Nach Auffassung der Regierung werde das aber dadurch kompensiert, dass die Angesessenen bei der Wahl ihrer Vertreter das alleinige Stimmrecht haben.[1092] Damit war die Vorrangstellung der Angesessenen in der Gemeinde auch weiterhin sichergestellt.

Somit stimmte die Zweite Kammer § 10 d. E. in der Fassung der Minorität ihrer vorberatenden Deputation mit 42 zu 27 Stimmen zu und nahm auch den Gesetzentwurf insgesamt an.[1093]

Die erste Deputation der Ersten Kammer[1094] hielt gar nicht erst alle Gemeinden für befähigt, ihre Wahlen selbst durchzuführen und begrüßte die Wahlmöglichkeit der Gemeinden, ihre Wahlen künftig nicht nur selbst, sondern

---

[1090] a.a.O., S. 571.

[1091] a.a.O., S. 577.

[1092] So der königl. Kommissar VON CHARPENTIER, a.a.O., S. 578.

[1093] a.a.O., S. 581ff.; LA 1863/64, 3. Abth., Prot. d. 2. K., S. 162.

[1094] Mitglieder waren LUDWIG EDUARD VICTOR VON ZEHMEN, JOHANN FRIEDRICH MÜLLER, KARL VON KÖNNERITZ, FRANZ GUIDO HEMPEL (Referent), HEINRICH LUDOLPH KASTEN und ERNST LUDWIG HENNIG.

auch weiterhin unter Einschaltung der Obrigkeit abhalten zu können. Allerdings bemängelte man, dass es dem Entwurf nicht gelungen sei, das Wahlverfahren wesentlich zu vereinfachen. Ebenso erwartete man keine Kosteneinsparung für die Gemeinden, befürwortete den Entwurf aber vor dem Hintergrund einer angestrebten „Entnahme von Geschäften von der Obrigkeit und deren Übertragung auf die zunächst Betheiligten“. Die Selbstverwaltung der Gemeinden solle ausgeweitet werden „und die Gemeinden dahin geführt werden, der Hülfe [Herv. i. O.] der Obrigkeit bei Verwaltung ihrer Angelegenheiten immer mehr und mehr entbehren zu lernen“.[1095]

Mit dem Stimmrecht der Unangesessenen war man nicht uneingeschränkt einverstanden, denn es würde dazu führen, die „Gestaltung der Gemeindeverhältnisse in ihrer weiteren ruhigen Fortentwicklung zu stören und Zerwürfnisse vielfach in die Gemeinden zu bringen“. Auch wäre dann eine Revision vieler anderer Vorschriften der LGO erforderlich, wie die über die Gemeindemitgliedschaft.[1096]

Die Deputation ließ unterschwellig erkennen, dass ihr nicht an einer Anteilnahme aller unangesessenen Gemeindemitgliedern und schon gar nicht von Frauen an den Gemeindeangelegenheiten gelegen war, denn „hat man vor Augen, daß die Landgemeindeordnung Frauenspersonen, welche Mitglieder der Gemeinde sind vom Stimmrecht nicht ausschließt, erwägt man, daß durch die eingeführte gewerbliche Freizügigkeit im Laufe der Zeit sich vielfach die Landgemeindeverhältnisse, namentlich auch bezüglich der Unangesessenen, ändern dürften,“ so käme man in Widerspruch zu den Vorschriften des Wahlgesetzes für die Ständeversammlung von 1861 sowie zur AStO. Ersteres schließe nicht nur die Frauen vom Stimmrecht völlig aus, sondern enthielte einen Zensus. Letztere gewähre den Schutzverwandten auch nicht das Stimmrecht, sondern nur den Bürgern. Mit der Bestimmung des § 10 RegE „würde man die Interessen der Landgemeinden nicht fördern und bei Einführung derselben mit den in den meisten Gemeinden herrschenden Anschauungen in den directesten Widerspruch sich setzen“. Insgesamt verlangte die Deputation – auch aufgrund weiterer Bedenken – wesentliche Änderungen in § 10 RegE.[1097]

Das bestehende Stimmrecht für angesessene Frauen stellte die Deputation zwar nicht in Frage, sie war aber der Ansicht, dass man bei der Zuerkennung

---

[1095] *Bericht der ersten Deputation der ersten Kammer über den mittels Allerhöchsten Decrets vom 19. November 1863 vorgelegten Entwurf zu einem Gesetze, die Wahlen in den Landgemeinden und einige damit zusammenhängende Bestimmungen betreffend, Eingegangen am 22. April 1864*, in: LA 1863/64, 2. Abth., Beil. z. Prot. d. 1. K., Bd. 1, S. 295f.

[1096] a.a.O., S. 296.

[1097] a.a.O., S. 297f.

des Stimmrechts an Frauen mit der LGO „ohne Zweifel keine unansässigen, sondern nur ansässige Frauenspersonen vor Augen gehabt“ habe. Die Deputation sei gegen den Vorschlag, „das zeither ansässigen Frauenspersonen in der Landgemeindeordnung zugestandene Stimmrecht denselben zu entziehen“. Weder sei „eine solche Entziehung oder Beschränkung desselben“ angeregt worden, noch bestehe „hierzu sonst eine äußere Veranlassung“.

Man ging sogar davon aus, dass in den kleinen Landgemeinden i. S. v. § 54 LGO nicht nur die männlichen unansässigen Gemeindemitglieder ein Stimmrecht bei der Wahl ihrer Vertreter für die Gemeindeversammlung besäßen, sondern sämtliche unangesessene Gemeindemitglieder einschließlich der Frauen, denn diese seien mangels ausdrücklicher gesetzlicher Regelung nicht vom Stimmrecht ausgeschlossen gewesen. Das Problem des Stimmrechts der unansässigen Frauen, „namentlich lediger“, würde aber dadurch Bedeutung gewinnen, wenn nun nicht mehr nur in wenigen kleinen Gemeinden die Unansässigen das Stimmrecht bekämen. Da es weder „angemessen“ erscheine, „im Interesse der Landgemeinden“ läge, noch deren „Wünschen und Ansichten“ entspreche, lehnte die Deputation das Stimmrecht für unansässige Frauen ab.[1098]

Die Erfahrungen zeigten auch, dass bisher in kaum einer Gemeinde i. S. v. § 54 LGO unangesesse ledige Frauen oder getrenntlebende Ehefrauen „von dem ihnen stillschweigend in der Landgemeindeordnung zugestandenen Stimmrecht Gebrauch gemacht haben“. Ebenso besäßen Frauen in anderen Staaten überhaupt kein Stimmrecht bei den Gemeindewahlen und in Sachsen zumindest nicht bei Wahlen nach der AStO und den Landtagswahlen.[1099] Daher schlug die Deputation vor, ausdrücklich „den Ausschluß unansässiger Frauenspersonen vom Stimmrecht bei den Gemeindewahlen zu beschließen und solches in einem besonderen Paragraph im vorliegenden Gesetzentwurfe, welcher als Ergänzung des § 29 der Landgemeindeordnung anzusehen sein würde, auszusprechen“.[1100] Der neue, in den Entwurf einzufügende § 10b sollte lauten: „Unansässige Frauenspersonen sind vom Stimmrechte ausgeschlossen.“[1101]

In der Ersten Kammer spielte in den Beratungen des Deputationsberichts u. a. der Bildungsstand und eine gewisse Unselbständigkeit der ländlichen Bevölkerung eine Rolle, da sich das neue Gesetz „auf die Voraussetzung einer gewissen individuellen Intelligenz und Geschäftsbefähigung gründet“. So beklagte CURT ROBERT FREIHERR VON WELCK, vom König zum Abg. ernannter Rittergutsbesitzer, „daß es in unsern ländlichen Gemeinden noch viele, aber

[1098] a.a.O., S. 308f.
[1099] a.a.O., S. 310.
[1100] a.a.O., S. 310.
[1101] a.a.O., S. 311.

allerdings, wie ich zugeben muß, meist nur ältere Mitglieder giebt, denen es unendlich schwer wird, ihren eigenen Namen zu schreiben und die automatisch nur einer solchen Versammlung beiwohnen, ohne ein Lebenszeichen und noch viel weniger ein Zeichen ihres Denkens von sich zu geben". Doch sei dies „in vielen Fällen nicht immer wirklicher Mangel an Befähigung .., sondern sehr oft nur eine gewisse Geistesträgheit und eine angewohnte große Bequemlichkeit, die namentlich dem ältern Geschlechte noch anklebt und wozu allerdings der früher so mangelhafte Schulunterricht beigetragen hat. Die Gewohnheit, alles von Andern machen zu lassen, ist noch einem großen Theil der Landbevölkerung eigen; sie hält dies für das Bequemste und wohl auch für das Beste; denn sie ist doch am Ende bei uns daran gewöhnt, daß ihre Behörden es nicht zu übel mit ihnen meinen."[1102]

Der Bürgermeister und Abg. der Stadt Leipzig, KARL WILHELM KOCH, sprach sich für eine gemeinsame Wahl von Angesessenen und Unangesessenen aus. Zugleich sollte aber – und zwar nach dem Vorbild der AStO – „dem activen Wahlrechte eine Grenze gezogen werden". Man dürfe nicht außer Acht lassen, dass die unangesessene Landbevölkerung „eine sehr bewegliche" sei „und immer beweglicher" werde, je mehr Industrie sich infolge der Gewerbefreiheit in den Landgemeinden ansiedele. Es sei zu bedenken, „ob der, der heute in eine Gemeinde einzieht und sie morgen wieder verläßt, berechtigt sein könne, an diesem wichtigsten Theile der Gemeinderechte Theil zu nehmen, oder ob es sich nicht empfehle, die Theilnahme an diesem Rechte von einem längeren Aufenthalte in der Gemeinde abhängig zu machen". Deshalb wollte KOCH die Stimmrechtsfrage der Staatsregierung nochmals zu Erwägung antragen und bis dahin die Beratungen des Gesetzentwurfs aussetzen lassen.[1103] Damit konnte er sich jedoch nicht durchsetzen.

OSWALD VON NOSTITZ-WALLWITZ, gewählter Rittergutsbesitzer des Leipziger Kreises, hielt den Vorschlag KOCHS, die Beteiligung an den Gemeindeangelegenheiten einzuschränken, „für sehr schwierig". Gemeindemitgliedern Rechte zu entziehen, die sie „zeither unbestritten" ausgeübt hätten, sei „eine gefährliche und bedenkliche Sache". Er konnte sich auch kein anderes Kriterium für die Begrenzung des Stimmrechts vorstellen, als die Ansässigkeit. Denn nur die Ansässigen hätten ein wirklich dauerhaftes Interesse an den Gemeindeangelegenheiten.[1104]

Grundlegende Bedenken gegen die Einrichtung einer Vertretung der Unangesessenen per Gesetz in sämtlichen Gemeinden kamen von LUDWIG EDUARD

[1102] Mitth. über die Verh. d. LT 1863/64, 1. K., Bd. 1, S. 612f.

[1103] a.a.O., S. 614; dahingehend auch der Abg. LUDWIG WILHELM FERDINAND VON BESCHWITZ, a.a.O., S. 615.

[1104] a.a.O., S. 615.

VICTOR VON ZEHMEN (1812-1900),[1105] einem vom König ernannten Mitglied der Kammer: Das solle sich nach den jeweiligen Verhältnissen in der Gemeinde richten. In vielen Landgemeinden gäbe es so wenige Unangesessene, dass es überhaupt nicht möglich sei, eine Vertretung der Unangesessenen zu bilden. Es könne in kleinen Gemeinden vorkommen, „daß z. B. nur zwei alte Auszügler, die noch dazu vielleicht Almosenpercipienten sind, eine halb blinde Wittwe, eine oder zwei Männer, die auf Tagearbeit gehen, und eine unverehelichte Frauensperson, die heute sich selbständig einmiethet oder bei ihren Aeltern sich aufhält und übermorgen in Dienste geht, als Unangesessene vorhanden sind".[1106]

Dieses Problem versuchte man damit zu lösen, dass auch die Unangesessenen als „Hauptclasse" i. S. v. § 42 LGO angesehen wurden, wie es auch die Zweite Kammer beschlossen hatte. Mit der Frage des Stimmrechts unangesessener Frauen setzte sich die Kammer dagegen nicht auseinander. Sie folgte am 27. April 1864 weitgehend den Vorschlägen ihrer Deputation – einschließlich der vorgeschlagenen Fassung des § 10b.[1107]

Damit wichen aber nun die Beschlüsse der Kammern in einigen Punkten voneinander ab, wobei es aber weniger um grundlegende inhaltliche Unterschiede, als mehr um Formulierungsfragen ging.[1108] Einer der Differenzpunkte, mit denen sich nun die erste Deputation der Zweiten Kammer in einem weiteren Bericht auseinander zu setzen hatte, betraf die Stimmberechtigung der unansässigen Frauen bei § 10 RegE.:

Die Deputation der Ersten Kammer ging davon aus, „daß die Landgemeindeordnung Frauenspersonen vom Stimmrecht nicht ausschließt". Wenn also „nach § 10 bei den Gemeindewahlen das Stimmrecht im Allgemeinen den unansässigen Gemeindemitgliedern zuerkannt werde", seien daher „unansässige Frauenspersonen stimmberechtigt" und es sei auch anzunehmen, „daß Letztere dermalen schon in Gemeinden auf welche § 54 der Landgemeindeordnung Anwendung leide, vom Stimmrecht nicht hätten ausgeschlossen sein können".[1109] Im Gegensatz dazu bezweifelte die erste Deputation der Zweiten Kammer, dass die letztgenannte Auslegung je Eingang in die Praxis gefunden

[1105] Zur Person vgl. V. BOETTICHER, Geschichte des Oberlausitzischen Adels, Bd. 3, S. 153ff.

[1106] a.a.O., S. 630.

[1107] a.a.O., S. 631ff. In der Endabstimmung stimmte lediglich KARL WILHELM KOCH gegen den Gesetzentwurf.; vgl. LA 1863/64, 2. Abth., Prot. d. 1. K., S. 217.

[1108] Das betraf die Gesetzesüberschrift wie die §§ 6 bis 10 RegE. – vgl. *Anderweitiger Bericht der ersten Deputation der zweiten Kammer, über den mittels Allerhöchsten Decrets vom 19. November 1863 vorgelegten Entwurf zu einem Gesetze, die Wahlen in den Landgemeinden und einige damit zusammenhängende Bestimmungen betreffend, Eingegangen am 13. Mai 1864*, LA 1863/64, 3. Abth., Beil. z. Prot. d. 2. K., Bd. 3, 1. Theil, S. 29-34, 29.

[1109] a.a.O., S. 31f.

habe. Man vermöge auch keine beachtenswerten Gründe zu finden, „welche es als gerechtfertigt und nothwendig erscheinen ließen, die, ausnahmsweise in der Landgemeindeordnung den ansässigen Frauenspersonen verliehene Stimmberechtigung auch auf unansässige Frauenspersonen auszudehnen". Sie teile vielmehr die von der Deputation der Ersten Kammer geltend gemachten Gründe und empfehle der Zweiten Kammer die Annahme des § 10.[1110]

Die Zweite Kammer stimmte am 26. Mai 1864 u. a. bei § 10 d. E auch dem Vorschlag der Ersten Kammer und damit ihrer Deputation zu, die Bestimmung: „Unansässige Frauenspersonen sind vom Stimmrechte ausgeschlossen", in § 10 b) aufzunehmen, einstimmig zu[1111] und erteilte der *Ständischen Schrift auf den, mittelst Allerhöchsten Decrets vom 21. November 1863 vorgelegten Entwurf zu einem Gesetze, die Wahlen in den Landgemeinden und einige damit zusammenhängende Bestimmungen betreffend*, vom 13. Juni 1864, ihre Genehmigung.[1112] Darin hatte man zu § 10 d. E. festgehalten: „Schließlich haben wir in Erwägung, daß § 29 der Landgemeindeordnung Frauenspersonen vom Stimmrecht nicht ausschließt und sonach künftig auch unansässige Frauenspersonen stimmberechtigt sein würden, gleichwohl die Ausdehnung der Stimmberechtigung auf letztgedachte Personen nicht als begründet erscheint, für nöthig erachtet, die Ausschließung unansässiger Frauenspersonen im vorliegenden Gesetz auszusprechen, und beantragen die Aufnahme der diesfallsigen Bestimmung in folgender Fassung als § 10b. ‚Unansässige Frauenspersonen sind vom Stimmrecht ausgeschlossen.'"[1113]

Das so in Kraft getretene *Gesetz, die Wahlen in den Landgemeinden betreffend; vom 12ten Juli 1864* führte also eine Liberalisierung der Wahlen in den Landgemeinden herbei. Nach § 1 d. G. konnten nunmehr die Wahlen nach §§ 40, 43, 44, 45, 54 LGO entweder „unter Leitung des Gemeindevorstands, in Verhinderungsfällen, seines Stellvertreters (Landgemeindeordnung § 39) und oberer Aufsicht der Gemeindeobrigkeit nach Vorschrift dieses Gesetzes §§ 3 bis 8" erfolgen oder „unter unmittelbarer Leitung der Gemeindeobrigkeit nach Maßgabe der Vorschriften der Landgemeindeordnung".[1114] Wenn sich die Landgemeinden für die Beibehaltung der Wahlleitung durch die Ob-

[1110] a.a.O., S. 32.

[1111] LA 1863/64, 3. Abth., Prot. d. 2. K., S. 396.

[1112] In: LA 1863/64, 1. Abth., Bd. 2, S. 625-630; vgl. *Genehmigung einer ständischen Schrift, den Entwurf eines Gesetzes, die Wahlen in den Landgemeinden betreffend*, in: Mitth. über die Verh. d. LT 1864/64, 2. K. Bd. 3, S. 2271; LA 1863/64, 3. Abth., Prot. d. 2. K., S. 435.

[1113] LA 1863/64, 1. Abth., Bd. 2, S. 629f.

[1114] In: GVBl. 1864, S. 247-251, 247; vgl. dazu STRAUß, 125 Jahre Gemeindewahlrecht, in: SächsHBl. 3 (1957), S. 247 und V. BOSSE, Die Novelle, in: ZS f. Praxis u. Gesetzgebung d. Verw. 7 (1886), S 193f.

rigkeit entschieden, hatten sie das nach § 2 d. G. bis zum 1. Oktober des Jahres, in dem die Ergänzungswahl stattfinden sollte, der Gemeindeobrigkeit anzuzeigen.[1115] Die selbständige Wahlleitung der Gemeinden war damit nun der Regelfall.

Die Leitung der Wahlen durch den Gemeindevorstand regelten §§ 3ff. näher: So musste der Gemeindevorstand das Verzeichnis der Gemeindemitglieder führen und die „Wahlliste"[1116] erstellen, den Wahltermin ansetzen, die Einsprüche gegen die Wahlliste entgegennehmen, die Wahlversammlung abhalten, die Wahlmänner einberufen und deren Versammlung leiten und schließlich das Wahlprotokoll bei der Gemeindeobrigkeit einreichen. Ebenso waren die Wahlen von Gemeindevorstand und Gemeindeältesten vorzubereiten und durchzuführen. Für die Wahltermine selbst war zur Unterstützung des Gemeindevorstandes nach § 4 d. G. ein Wahlausschuss zu bilden, der jeweils aus dem Gemeindeältesten und zwei bis vier Gemeindeausschusspersonen bestehen sollte, die vom Gemeinderat bestimmt wurden; in kleinen Gemeinden i. S. v. § 54 LGO jedoch aus „von der Gemeindeversammlung nach einfacher Stimmenmehrheit zu wählenden stimmberechtigten Gemeindemitgliedern besteht".[1117]

Damit wurde letztlich ein Vorschlag aufgegriffen, der schon auf dem Landtag von 1842/43 diskutiert worden war, als eine Reihe von Petitionen die eigenständige Leitung der Wahlen durch die Gemeinden einforderten, um die Kosten für die vorgeschriebene Inanspruchnahme der Gemeindeobrigkeit einsparen zu können.[1118]

Ganz wesentlich war die Erweiterung des Kreises der Stimmberechtigten. § 9 d. G. hob § 28 Abs. 1 LGO auf; Stimmberechtigt waren „künftig sowohl die im Gemeindebezirke ansässigen, als die nicht ansässigen Gemeindeglieder". Allerdings wurden die ansässigen Gemeindeausschusspersonen nur von den Ansässigen und die unansässigen Gemeindeausschusspersonen nur von unansässigen Stimmberechtigten gewählt. Gleiches galt für die Wahl der Ausschusspersonen durch Wahlmänner. § 43 LGO, der bisher die Wahl der Gemeindeausschusspersonen regelte, wurde aufgehoben.[1119] § 10 d. G. stellte

---

1115 STRAUß, a.a.O., S. 247f.

1116 Das ist die Liste der stimmberechtigten und wählbaren Gemeindemitglieder.

1117 a.a.O., S. 248f.; vgl. die *Ausführungsbestimmungen der Verordnung des Ministeriums des Innern zu Ausführung des die Wahlen in den Landgemeinden betreffenden Gesetzes; vom 12ten Juli 1864*, in: GVBl. 1864, S. 251-263 und dazu: SächsHStA Dresden, MdI Sekt. 6, Nr. 4152 Das Gesetz, die Wahlen in den Landgemeinden u. einige damit zusammenhängende Bestimmungen vom 12. Juli 1864, Bl. 212-218.

1118 Dazu oben, S. 197.

1119 GVBl. 1864, S. 250.

außerdem klar: „Unansässige Frauenspersonen sind vom Stimmrechte ausgeschlossen."[1120] Somit kam es hier zwar mit der Ausweitung des Stimmrechts zu einer deutlichen Erweiterung des Kreises der Stimmberechtigten in den Gemeinden, jedoch nur für männliche Personen. Für die Frauen in den Landgemeinden hatte das zur Folge, dass ihr Gewicht in der Gemeinde sogar insgesamt sank, da einerseits zwar die stimmberechtigten ansässigen Frauen nun die Vertreter der Unansässigen nicht mehr wählten, aber andererseits unansässige Frauen kein Stimmrecht erhielten.

IV. Die Anwendung der AStO und der LGO auf das Frauenstimmrecht zwischen 1831 und 1866

Die Einführung der AStO und der LGO sowie die ersten Wahlen auf ihrer Grundlage sind bisher kaum erforscht. Material zu einzelnen Wahlen ist nur bruchstückhaft erhalten geblieben und wurde bisher nur in sehr geringem Umfang für einige Gemeinden ausgewertet. Hier wären aber selbst unter sehr großem Aufwand landesweit wohl keine Zahlen zur Wahlberechtigung und Wahlbeteiligung, auch der Frauen, mehr rekonstruierbar.[1121] Es liegen aber Untersuchungen zumindest für einzelne Städte vor, so etwa für Dresden[1122] und für die westsächsische Stadt Groitzsch.[1123]

In den Städten wie in den Landgemeinden bevorteilte das Wahlrecht vermögende Personen, so dass sich aus der sozialen Zusammensetzung der sächsischen Bevölkerung gewisse Rückschlüsse auch auf den Anteil der Wahlberechtigten ziehen lassen. Entsprechende Zahlen sind zumindest für das Jahr 1843 ermittelt worden. So betrug der Anteil des Stadtbürgertums nur 16 Prozent,[1124] während der Anteil der Gärtner und Häusler bei fast 50 Prozent[1125] und der Anteil der völlig besitzlosen Inwohner bei etwa 25 Prozent

---

[1120]a.a.O., S. 251.

[1121]Daher sollen an dieser Stelle auch die wenigen Daten aus den Jahren 1831ff. Berücksichtigung finden, gleichwohl sie zeitlich Kap. III zuzuordnen wären.

[1122]Werner, Politisierung, Bd. 1, insbes. S. 263ff; vgl. auch Groß/Werner, Verfassung und Verwaltung nach Einführung der kommunalen Selbstverwaltung, in: Geschichte der Stadt Dresden, Bd. 2, S. 567-576.

[1123]Stange, Die Einführung der Städteordnung in Groitzsch. Hier einschließlich der Wahlergebnisse bis 1840.

[1124]Blaschke, Bevölkerungsgeschichte, S. 193. Von den 1,2 Millionen Einwohnern des Großherzogtums Baden waren nach der Volkszählung von 1833 jeder sechste (etwa jeder Dritte Erwachsene) Gemeindebürger, wobei aber der Anteil von Ort zu Ort sehr verschieden war. – Nolte, Gemeindebürgertum, S. 97. In den dort angegebenen Beispielen lag der Anteil der Gemeindebürger an der Einwohnerschaft zwischen 12 und 18 Prozent.

[1125]Blaschke, a.a.O., S. 193f.

lag.[1126] Die folgenden Beispiele zeigen, dass im konkreten Fall der Anteil der Stimmberechtigten sogar noch geringer war.

1. Die Stadtverordnetenwahlen in großen Städten

In Dresden hatten die Communrepräsentanten bereits am 31. April 1832 einen Stadtrat gewählt, der neben dem Bürgermeister aus fünf auf Lebenszeit gewählten besoldeten und zwölf unbesoldeten Mitgliedern bestand. Er nahm am 31. Mai 1832 seine Tätigkeit auf.[1127] Im Vorfeld der ersten Stadtverordnetenwahl[1128] hatte es dann aber vor allem bei der Aufstellung der Wählerlisten Schwierigkeiten gegeben, was den Wahltermin erheblich hinauszögerte.[1129] Die Urwahl erfolgte daher erst am 16. und 17. Januar 1837. Von den etwa 75.000 Einwohnern[1130] Dresdens im Jahre 1836 waren dabei aber nur ganze 3.601, also nicht einmal 5 Prozent, stimmberechtigt, darunter 1.510 Ansässige und 2.091 Unansässige. Diese bestimmten 179 Wahlmänner (90 Unangesessene und 89 Angesessene), die wiederum die 60 Stadtverordneten und 40 Ersatzmänner am 13. März 1837 wählten. Dabei waren auf jedem Stimmzettel die Namen von 30 Angesessenen und 30 unangesessenen Bürgern anzugeben.[1131] Die Stimmzettel konnten bereits vorab geschrieben werden und mussten nur zum Wahltag im Altstädter Rathaus abgegeben werden. Insgesamt gingen dort 173 Stimmzettel der Wahlmänner ein. Mit dieser Stadtverordnetenwahl galt nunmehr die AStO für in Dresden eingeführt.

Auffallend ist, dass unter den ersten Stadtverordneten – wie auch in anderen Städten – die Neigung zur Aufgabe des Mandats und damit zum Eintritt neuer Personen sehr hoch ist. Offenbar waren die Aufgaben sehr umfangreich und konnten vielfach mit privaten wie beruflichen Verpflichtungen nicht in Einklang gebracht werden.[1132]

[1126] a.a.O., S. 195.

[1127] RICHTER, Verfassungs- und Verwaltungsgeschichte, Bd. 1, S. 104f.

[1128] Zur Wahl der Communrepräsentanten in Dresden bereits oben, S. 102ff.

[1129] Zu Vorbereitung und Ablauf der Wahlen ausführlich WERNER, Politisierung, Bd. 1, S. 263ff.

[1130] Die Volkszählungen von 1834 und 1837 ergaben eine Einwohnerzahl von 73.614 bzw. 77.339. – Einwohnerzahlen im Folgenden nach WÄCHTER, Die sächsischen Städte, in: ZSächsStatB 47 (1901), S. 190f.

[1131] vgl. Wahlliste oder Verzeichnis der, bei der, nach Vorschrift der allgemeinen Städteordnung, vorzunehmenden Wahl von Stadtverordneten und Ersatzmännern, stimmberechtigten und wählbaren Bürger der Stadt Dresden, abgedr. in: WERNER, Politisierung, Bd. 2, S. 579-599; Bekanntmachung, die erfolgte Ernennung der Wahlmänner zur Stadtverordnetenwahl betreffend, vom 20. Februar 1837, a.a.O., S. 600-606.

[1132] WERNER, a.a.O., S. 265f.

Die Wahlliste vom 31. Dezember 1838 enthielt 1.570 Ansässige und 2.251 Unansässige, also insgesamt 3.821 Dresdner Bürger.[1133] Von den inzwischen etwa 80.000 Einwohnern[1134] waren das nicht einmal fünf Prozent. Die Zahl der Wahlberechtigten stieg bis zum 22. November 1841 auf 4.094, davon 1.599 Ansässige und 2.495 Unansässige.[1135] An den Urwahlen im Dezember 1841 nahmen 2.222 Wähler teil. Auf dieser Grundlage ergibt sich – unter Vernachlässigung möglicher weitere Korrekturen bis zum Wahltag – eine Wahlbeteiligung von 54 Prozent.[1136]

Mit Stand vom 3. Oktober 1844 enthielt die Wahlliste 5.401 Dresdner Bürger, 1.881 Ansässige und 3.520 Unansässige.[1137] Im November 1844 beteiligen sich 3.012 Stimmberechtigte und damit 790 mehr als 1841.[1138] Daraus ergibt sich eine Wahlbeteiligung von 56 Prozent bei einem Anteil von Wahlberechtigten an der Einwohnerschaft von etwa sechs Prozent.[1139]

Die Wahlliste vom 11. September 1847 nennt 4.981 Bürger. Davon waren 1.958 ansässig und 3.023 unansässig.[1140] Bei der folgenden Urwahl der Stadtverordneten im Oktober/November 1847 betrug die Zahl der Wähler 2.517,[1141] so dass sich aus diesen Zahlen eine Wahlbeteiligung von nur noch 50 Prozent errechnen lässt. Von den etwa 90.000 Einwohnern[1142] konnten 5,5 Prozent teilnehmen.

Bei der ersten Stadtverordnetenwahl in Chemnitz, das zu dieser Zeit etwa 18.000 Einwohner zählte, waren 2.251 Bürger, 12,5 Prozent, bei der Urwahl stimmberechtigt. Dabei kamen vor allem die vermögenden Bürger überdurchschnittlich zum Zuge. Von den 833 Webergesellen der Stadt besaßen

[1133]Wahlliste oder Verzeichniß der, bei der, nach Vorschrift der allgemeinen Städteordnung, vorzunehmenden Wahl von Stadtverordneten und Ersatzmännern, stimmberechtigten und wählbaren Bürger der Stadt Dresden, vom 31. Dezember 1838.

[1134]1840: 82.014 Einwohner.

[1135]Wahlliste oder Verzeichniß der, bei der, nach Vorschrift der allgemeinen Städteordnung, vorzunehmenden Wahl von Stadtverordneten und Ersatzmännern, stimmberechtigten und wählbaren Bürger der Stadt Dresden, vom 18. November 1841, mit den Berichtigungen vom 22. November 1841.

[1136]INES WERNER schätzt die Wahlbeteiligung auf 65 Prozent. – WERNER, a.a.O., S. 278ff.

[1137]Wahlliste oder Verzeichniß der, bei der, nach Vorschrift der allgemeinen Städteordnung, vorzunehmenden Wahl von Stadtverordneten und Ersatzmännern, stimmberechtigten und wählbaren Bürger der Stadt Dresden, vom 3. Oktober 1844, mit Berichtigungen vom 3. Oktober 1844.

[1138]WERNER, a.a.O., S. 282.

[1139]1843: 86.621 Einwohner.

[1140]Wahlliste oder Verzeichniß der, bei der, nach Vorschrift der allgemeinen Städteordnung, vorzunehmenden Wahl von Stadtverordneten und Ersatzmännern, stimmberechtigten und wählbaren Bürger der Stadt Dresden, vom 4. September 1847, mit Berichtigungen vom 11. September 1847.

[1141]WERNER, a.a.O., S. 284.

[1142]1846: 89.327 Einwohner.

aber dagegen beispielsweise nur drei das Stimmrecht und selbst von 1.548 Webermeistern lediglich 1.223. Auch in Chemnitz erfolgte eine indirekte Wahl. Erst mit dem Votum der 300 Wahlmänner wurden die 27 Stadtverordneten bestimmt.[1143]

2. Die Stadtverordnetenwahlen in kleineren Städten mit AStO

In der Stadt Groitzsch, im Leipziger Land, waren am 14. März 1831 bereits 9 Communrepräsentanten und 6 Stellvertreter gewählt worden. Aufgrund der geringen Einwohnerzahl des Städtchens erfolgte die Wahl direkt, wobei 185 von 210 wahlberechtigten Bürgern ihre Stimme abgaben. Eine derart hohe Wahlbeteiligung von 88 Prozent ist später hier nicht wieder erreicht worden. Nachdem die Communrepräsentanten am 10. März 1832 sich für die Annahme der AStO erklärt hatten, fanden am 19. September 1832 die Wahlen der Ausschusspersonen für den Bürgerausschuss statt. Von 274 stimmberechtigten Bürgern gaben dabei 185 ihre Stimme ab, mithin 67 Prozent. Der Anteil der Wahlberechtigten an den zu dieser Zeit etwa 1400 Einwohnern[1144] betrug damit etwa 20 Prozent. Aufgrund eines überzähligen Stimmzettels musste am 9. März 1833 eine Nachwahl eines Mitglieds erfolgen. Daraufhin konnte am 21. Mai 1833 die Wahl des Stadtrates erfolgen, die am 1. Juni 1833 durch die Königliche Landesdirektion in Dresden bestätigt wurde.[1145]

Nachdem das vorläufige Lokalstatut auf Anordnung der Landesdirektion nachgebessert werden musste, erfolgte erst am 16. Februar 1835 die Wahl der Stadtverordneten nach der AStO. Von den 270 Stimmberechtigten gaben 224 ihre Stimme ab. Das entspricht einer Wahlbeteiligung von 83 Prozent. Von den damals ungefähr 1611 Einwohnern waren damit etwa 17 Prozent stimmberechtigt. In den folgenden Jahren sank dieser Anteil auf um die 11 Prozent.[1146]

[1143] So STRAUß, 125 Jahre Gemeindewahlrecht, in: SächsHBl. 3 (1957), S. 244. Nach der Volkszählung vom 3. Dezember 1837 betrug die Einwohnerzahl allerdings schon 22.265, so dass demnach ein geringerer Anteil an Wahlberechtigten anzunehmen ist.

[1144] 1834: 1611 Einwohner. – Einwohnerzahlen nach WÄCHTER, Die sächsischen Städte, in: ZSächsStatB 47 (1901), S. 190f.

[1145] STANGE, Die Einführung der Städteordnung, S. 6ff.

[1146] Weitere Stadtverordnetenwahlen (jeweils Urwahlen) waren am 29. Februar 1836 mit 207 Stimmberechtigten, 140 abgegebenen Stimmen, 67 Prozent Wahlbeteiligung; am 10. November 1836, 192 Stimmberechtigte, 128 abgegebenen Stimmen, 66 Prozent Wahlbeteiligung; Wahl der Stadtverordneten und Mitglieder für den größeren Bürgerausschuss am 1. Dezember 1837, 204 Stimmberechtigte, 137 abgegebene Stimmen, 67 Prozent Wahlbeteiligung; Stadtverordnetenwahl am 13. Dezember 1838, 219 Stimmberechtigte, 147 abgegebene Stimmen, 67 Prozent Wahlbeteiligung; am 13. Dezember 1839 erfolgte aufgrund des *Gesetzes, die Abänderung einiger Bestimmungen in der allgemeinen Städteordnung betreffend, vom 9ten Dezember 1837*, in: GVBl. 1837, S. 140-141, keine Urwahl, es waren 21 Wahlmänner aus der Urwahl vom 13. Dezember 1838 wahlberechtigt. – STANGE, a.a.O., S. 21ff.

Die Wahlmänner wählten am 24. Februar 1835 die Stadtverordneten und Ausschusspersonen. Allerdings versagte die Landesdirektion die Genehmigung dieser Wahl, weil zum Zeitpunkt der Wahl noch nicht das endgültige Lokalstatut genehmigt worden war und daher nur ein Drittel der bisherigen Communrepräsentanten durch die Wahl zu ersetzen war. Es wurde entschieden, dass die übrigen zwei Drittel als nicht gewählt galten. Somit waren neben sechs Communrepräsentanten ab April 1835 vorerst nur drei gewählte Stadtverordnete im Amt. Erst im Jahre 1837 waren alle Communrepräsentanten ausgeschieden und das Lokalstatut trat sogar erst am 9. April 1840 in seiner Endfassung in Kraft.[1147] Dieses enthielt keine Besserstellung von Witwen bei der Bürgerrechtsgebühr.[1148]

Auch die Stadt Brandis im Leipziger Kreisdirektionsbezirk führte – mit einigen Abänderungen – die AStO ein. In ihrem Local-Statut aus dem Jahre 1837 setzte sie die Zahl der Stadtverordneten auf 9 fest, die direkt zu wählen waren. Dabei sollte sich das Verhältnis von Angesessen und Unangesessen nach den Vorschriften des § 129 AStO richten und jeder Gewählte mindestens sechs Stimmen erzielen.[1149] Darüber hinaus enthielt das Lokalstatut keine Regelungen zu Wahlen. Die Bürgerrechtsgebühr betrug für Fremde 5 Thl., für Einheimische 3 Thl. und für „jede Wittwe eines Bürgers, mit Ausnahme der Meisters-Wittwen, welche, so viel die Fortsetzung des Handwerks ihres verstorbenen Ehemannes anlangt, von Gewinnung des Bürgerrechts gesetzlich befreit sind, 1 Thl. 12 gr.“. Zusätzlich hatte noch jeder 8 gr. an Verwaltungsgebühren zu entrichten.[1150] Damit hatten zwar Frauen hier kein Stimmrecht, zumindest kam die Stadt aber Witwen bei der Höhe ihrer Bürgerrechtsgebühren deutlich entgegen.

3. Die Anwendung der LGO in kleineren Städten

Die ebenfalls im Bezirk der Leipziger Kreisdirektion gelegenen Städte Nerchau, Lunzenau und Naunhof entschieden sich dagegen für die Annahme der LGO. Das Local-Statut für das Städtchen Nerchau aus dem Jahre 1842 kannte in § 2 als Gemeindemitglieder Bürger und Schutzverwandte und orientierte sich nach § 3 hinsichtlich des Erwerbs des Bürgerrechts weitgehend an der AStO. Die Bürgerrechtsgebühr betrug nach § 5 d. Lokalstatuts – je nach Status – 6, 3 oder 2 Thl., wobei der niedrigste Betrag neben Einheimischen auch

---

[1147] a.a.O., S. 10ff.; *Local-Statut für die Stadt Groitzsch 1840*, Leipzig, abgedruckt a.a.O., S. 26-39.

[1148] Art. 11 Lokalstatut, a.a.O., S. 30f.

[1149] §§ 12ff. *Local-Statut für das Städtchen Brandis* (1837), enthalten in: SächsHStA Dresden, MdI Sekt. 6, Nr. 3912 Der Stadt Brandis communliche Angelegenheiten, Bl. 17-22, hier Bl. 19.

[1150] a.a.O., B. 18.

von Bürgerswitwen zu entrichten war. „Meisterswitwen, welche das Handwerk ihres verstorbenen Ehemannes fortsetzen wollen, sind diesfalls von der Gewinnung des Bürgerrechts frei, jedoch nur so lange, als mit dieser Gewerbe-Fortsetzung nicht auch die Ansässigmachung verbunden wird.“[1151]

In Nerchau waren nach § 8 d. Lokalstatuts nur Bürger stimmberechtigt und wählbar, sofern sie „nicht durch die Bestimmungen §. 29 und 32 LGO davon ausgeschlossen sind“. Die Organe der Gemeinde trugen hier im Gegensatz zu anderen Städten ebenfalls die Bezeichnungen nach der LGO, auch ihre Wahl richtete sich weitgehend nach deren Vorschriften.[1152] Die Regelungen zu den bürgerlichen Ehrenrechten wurden damit nicht aus der AStO übernommen, sondern auch hinsichtlich der Beschränkungen des Stimmrechts nach der LGO vorgegangen.

Damit waren in Nerchau Frauen nach dem Lokalstatut zum Stimmrecht zugelassen.[1153] Allerdings war die weitgehende Anwendung der LGO den Verhältnissen des Patrimonialstädtchens geschuldet, die wohl eher einem Dorf als einer Stadt entsprachen,[1154] so dass anfangs selbst das Stadtrecht überhaupt in Frage stand.[1155]

Nach § 6 d. Lokalstatuts von Lunzenau[1156] aus dem Jahre 1840 waren ebenso „die Mitglieder der Stadtgemeinde entweder Bürger oder Schutzverwandte“. Für die Befähigung und Aufnahme zum Bürger, „ingleichen der Ausschließung von den bürgerlichen Ehren- und Gemeinderechten und des Verlusts

---

[1151] *Local-Statut für das Städtchen Nerchau*, Grimma 1842, enthalten in: SächsHStA Dresden, MdI Sekt. 6, Nr. 3996 Der Stadt Nerchau communliche Angelegenheiten, Bl. 76-82, hier Bl. 77f.; vgl. die *Bemerkungen zu dem Localstatut für Nerchau*, a.a.O., Bl. 29-35.

[1152] § 10ff. Lokalstatut, a.a.O., Bl. 78f.

[1153] Dafür spricht auch der Hinweis zu § 8 in den Bemerkungen zu dem Localstatut für Nerchau, „daß die Vorschrift in §. 73. sub i. der allgemeinen Städteordnung hier nicht anwendbar ist.“ Somit kamen auch die anderen Ausschlussgründe von den bürgerlichen Ehrenrechten in dieser Vorschrift nicht zum Tragen, zu denen auch der Ausschluss von Frauen vom Stimmrecht in den Städten gehörte. – a.a.O., Bl. 31. Allerdings ist diese Frage in den umfangreichen Erörterungen zum Entwurf des Lokalstatus nicht thematisiert worden.

[1154] Im Jahre 1840 hatte Nerchau nur 711 Einwohner. – WÄCHTER, Die sächsischen Städte, in: ZSächsStatB 47 (1901), S. 192.

[1155] Zu den Auseinandersetzungen um die Stadtverfassung vgl. insbes. den *Vortrag der Landes-Direction an Ein hohes Ministerium des Innern die Verfassung in Nerchau betr.*, vom 3. August 1833, in: SächsHStA Dresden, MdI Sekt. 6, Nr. 3996 Der Stadt Nerchau communliche Angelegenheiten, Bl. 1-7.

[1156] Die Stadt Lunzenau war mit 2.105 Einwohnern im Jahre 1840 deutlich größer als Nerchau. – WÄCHTER, a.a.O., S. 190

derselben“, fanden dagegen nach § 8 Lokalstatut die Vorschriften der AStO Anwendung, so namentlich die §§ 41 bis 67 und 75 bis 81 AStO.[1157]

Damit fand § 73 AStO auch hier keine Anwendung, so dass dadurch Frauen nicht nur infolge einer partiellen Anwendung der LGO stimmberechtigt, sondern mangels Ausschlusstatbestandes zugleich auch Inhaberinnen der bürgerlichen Ehrenrechte waren! Die Bürgerrechtsgebühren waren auch hier nach § 11 Lokalstatut in 10 Thl. 16 gr. für Fremde und 5 Thl. und 16 gr. für Einheimische, einschließlich der Witwen von Bürgern und Schutzverwandten gestaffelt. Hinzu kamen die Verwaltungsgebühren und Beiträge zu „Armen-, Schul-, und Communalschulden-Tilgungscasse“.[1158]

§ 15 Lokalstatut schrieb die persönliche Ausübung des Stimmrechts vor. „Ehefrauen, sofern sie nicht von Tisch und Bett getrennt sind, haben an demselben durch ihre Ehemänner Theil zu nehmen.“ Von der Wählbarkeit waren sie nach § 16 Abs. 1 lit. a jedoch ausgeschlossen, wobei aber „persönlich unangesessene Ehemänner von mit Wohnhäusern angesessenen Frauen .., dafern sie das Bürgerrecht erlangt haben, in der Klasse der Angesessenen wählbar“ waren.[1159] Die Wahlen selbst richteten sich gemäß § 27ff. Lokalstatut wieder weitgehend nach der LGO, wobei aber § 29 Lokalstatut die indirekte Wahl anordnete.[1160] Auch das Lokalstatut Lunzenaus von 1868 behielt das Frauenstimmrecht bei.[1161]

Sehr umfassend übernahm das Local-Statut für Naunhof aus dem Jahre 1844 die einzelnen Regelungen von AStO und LGO.[1162] Nach § 11 waren „nur diejenigen selbständigen Personen, welche entweder Grundstücke im Gemeindebezirke besitzen, oder innerhalb desselben ohne Grundbesitz ihren bleibenden Wohnsitz haben“ Mitglieder der Stadtgemeinde.[1163] Der Erwerb der Gemeindemitgliedschaft selbst richtete sich damit zwar nach der LGO, die Unterscheidung in Bürger und Schutzverwandte, wie die Regelungen zum Erwerb des Bürgerrechts – darunter auch § 49 AStO als § 23 Lokalstatut –

[1157] *Local-Statut für die Stadt Lunzenau*, Penig 1840, enthalten in: SächsHStA Dresden, MdI Sekt. 6, Nr. 3984 Das Localstatut für die Stadt Lunzenau, Bl. 10-21, 12; vgl. die *Bemerkungen zu dem Lokalstatut für Lunzenau*, a.a.O., Bl. 4-6.

[1158] a.a.O., S. 12f.

[1159] a.a.O., Bl. 13f.

[1160] a.a.O., Bl. 17f.

[1161] *Orts-Statut für die Stadt Lunzenau*, vom 21. August 1868, a.a.O., Bl. 35, § 8 übernimmt wiederum nicht den Ausschlusstatbestand des § 73 AStO.

[1162] *Local-Statut für Naunhof*, vom 17. April 1844, enthalten in: SächsHStA Dresden, MdI Sekt. 6, Nr. 3995 Das Localstatut für das Städtchen Naunhof, Bl. 31-64. 1840 hatte Naunhof 1.061, 1843 1.042 Einwohner. – WÄCHTER, a.a.O., S. 192.

[1163] *Local-Statut für Naunhof*, a.a.O., Bl. 37; vgl. § 24 LGO.

wurden allerdings aus der AStO übernommen.[1164] Die Bürgerrechtsgebühren betrugen gestaffelt in § 34 Lokalstatut zwischen 5 und einem Thl., wobei es keine Sonderregelung für Witwen gab.[1165]

§ 38 Lokalstatut bestimmte die bürgerlichen Ehrenrechte näher, darunter auch Stimmrecht und Wählbarkeit. Allerdings waren nach § 46 lit. b Lokalstatut davon „Frauenspersonen, wenn sie auch das Bürgerrecht erlangt haben" ausdrücklich ausgeschlossen.[1166] Auch die Regelungen zu Stimmrecht und Wählbarkeit, §§ 55 und 56 Lokalstatut, richteten sich nach der AStO, wobei nach § 56 Abs. 2 „persönlich angesessene Ehemänner von mit Wohnhäusern im Gemeindebezirke angesessenen Frauen .. in der Classe wählbar [waren], zu welcher das Besitzthum der Frau gehört".[1167]

Die Organe der Gemeinde trugen zwar die städtischen Bezeichnungen, auf sie fanden aber überwiegend die Reglungen der LGO Anwendung.[1168]

Interessant ist der Fall, in dem eine Stadt die Grundlagen ihrer Verfassung nachträglich wechselte. Die erzgebirgische Stadt Brand führte im Jahre 1834 zunächst die AStO ein.[1169] Infolge von Unregelmäßigkeiten in der städtischen Verwaltung stellte der Stadtbürgerverein zu Brand am 20. Juli 1848 den Antrag auf Einführung der LGO, der die Unterschriften eines erheblichen Teils der Bürger trug.[1170] Nach weiterem Insistieren der Bürgerschaft gab das Innenministerium zwar seine Zustimmung, der Übergang sollte aber erst nach der Revision der AStO erfolgen und bis dahin ein neuer Bürgermeister auf Zeit gewählt werden. Den Wechsel zur LGO leitete man schließlich Ende 1852 in die Wege.[1171]

Nach § 1 des am 14. November 1853 von der Königlichen Kreisdirektion in Dresden bestätigten neuen Localstatuts der Stadt Brand waren die LGO und das *Gesetz über deren Anwendung auf kleinere Amts- und Patrimonial-Städte betreffend*, Grundlage der städtischen Verfassung. Das Lokalstatut, das die Modifikationen der LGO enthielt, war „jederzeit im Sinne der Landgemein-

---

[1164] §§ 12ff. a.a.O., Bl. 37ff.

[1165] a.a.O., Bl. 42.

[1166] a.a.O., Bl. 43f.; vgl. § 73 AStO.

[1167] a.a.O., Bl. 46f.; vgl. §§ 126, 127 AStO.

[1168] §§ 56ff., a.a.O., Bl. 47ff.

[1169] vgl. *Local-Statut für die Stadt Brand,* Freiberg 1835, enthalten in: SächsHStA Dresden, MdI Sekt. 6, Nr. 3911 Der Stadt Brand communliche Angelegenheiten, Bl. 39-50.

[1170] a.a.O., Bl. 52ff.

[1171] a.a.O., Bl. 80ff.

deordnung auszulegen .., insoweit nicht lediglich aus der Städte-Ordnung entlehnte Bestimmungen in Frage sind". Als Ortsobrigkeit wurde nach § 2 das Königliche Kreisamt Freiberg anerkannt.[1172]

„Die Mitglieder der Stadtgemeinde sind", so § 8 Lokalstatut, auch hier „entweder Bürger oder Schutzverwandte". Nach § 9 sollten sich die „Erlangung des Bürgerrechts, Verpflichtung und Berechtigung dazu" und die „Verhältnisse der Schutzverwandten und sonst" „im Allgemeinen" nach den Bestimmungen der §§ 41 bis 55, 59 und 62 bis 71 AStO richten.[1173] Die Bürgerrechtsgebühr war in § 12 Lokalstatut dreifach – 12, 9 und 6 Thl. – in Abhängigkeit vom Gewerbe oder der Kaufsumme des Grundstücks gestaffelt, wobei den niedrigsten Satz neben Berg- und Hüttenarbeitern „gemeine unzünftige Gewerbe", darunter ausdrücklich auch die Putzmacherinnen, zu entrichten hatten. Für Ehefrauen bestand beim Grunderwerb die Erleichterung, dass „die Bürgerrechtsgebühren lediglich nach der Kaufsumme der betreffenden Grundstücke und ohne Rücksicht auf den Stand und das Gewerbe der Ehemänner zu entrichten" waren. „Dasselbe gilt für Wittwen verstorbener Bürger, welche jedoch nur die Hälfte des sie treffenden Satzes zu bezahlen haben, wenn sie das Grundstück aus dem ehemännlichen Nachlasse acquiriren." Außerdem war eine Abgabe für den Grunderwerb selbst zu zahlen.[1174]

Aber auch, so § 14 Abs. 1 des Lokalstatus, „wer sich als Schutzverwandter in Brand niederläßt, hat, mag er fremd oder in der Stadt heimathsangehörig sein, eine Abgabe von Einem Thaler 10 Ngr. – Pf. [Herv. i. O.] zur Armenkasse zu entrichten".[1175]

Hinsichtlich des Stimmrechts enthielt § 15 Lokalstatut die folgende Regelung: „Das Stimmrecht in Gemeindeangelegenheiten steht nur Bürgern zu, auch sind nur Bürger zu communlichen Ehrenämtern und zu Stadtverordneten wählbar." Außerdem kamen nach § 16 „über die Ausschließung von den bürgerlichen Ehrenrechten, den Eintritt von Bürgern in die Classe der Schutzverwandten und den Verlust des Schutzverwandtenrechts .. im Allgemeinen die in §. 73 bis 81 der Städte-Ordnung und beziehendlich im Gesetze vom 9. December 1837[1176] unter I. enthaltenen Bestimmungen" zur Anwendung.[1177]

[1172]*Local-Statut für die Stadt Brand, Entworfen im Jahre 1853*, enthalten in: SächsHStA Dresden, MdI Sekt. 6, Nr. 3911 Der Stadt Brand communliche Angelegenheiten, Bl. 110-122, 111.

[1173]a.a.O., Bl. 111f.

[1174]a.a.O., Bl. 112f.

[1175]a.a.O., Bl. 113.

[1176]Dazu oben, S. 122f.

[1177]SächsHStA Dresden, MdI Sekt. 6, Nr. 3911 Der Stadt Brand communliche Angelegenheiten, Bl. 114.

Damit richtete sich auf Grundlage des Lokalstatuts der Stadt Brand trotz Anwendung der LGO nicht nur die Gemeindemitgliedschaft nach den Vorschriften der AStO, auch Frauen waren wegen der Übernahme des § 73 lit. b) AStO vom Stimmrecht ausgeschlossen.[1178] Somit brachte der Wechsel von der AStO zur LGO keine Veränderung in Bezug auf das Stimmrecht von Frauen.

Für die Ausgestaltung der zu wählenden Organe orientierte man sich im Wesentlichen nach den Vorschriften der LGO. Auch der „Stadtgemeinderath" bestand demnach gemäß § 20 Lokalstatut aus „einem Bürgermeister, als Gemeindevorstand, drei Rathmännern, als Gemeindeältesten,", die den Stadtrat bildeten, und außerdem „neun Stadtverordneten, wovon 6 angesessen und 3 unangesessen sein müssen". Dabei reichte der Besitz eines bewohnbaren Grundstücks in der Stadt aus, jedoch wurden „Ehemänner ansässiger Frauen .. den Unansässigen beigezählt".[1179] Damit konnten diese Männer weder unmittelbar selbst wie im Landtagswahlrecht noch als Stellvertreter aufgrund der wirtschaftlichen Stellung ihrer Frauen in den Genuss politischer Rechte kommen.

4. Die Wahlen der Ausschusspersonen nach der LGO in verschiedenen Landgemeinden

In den Beständen des Sächsischen Hauptstaatsarchivs befinden sich die erhaltenen Verzeichnisse der Gemeindemitglieder einiger Landgemeinden unter Angabe deren Stimmberechtigung und die daraus erstellten Wahllisten, die auf Grundlage der LGO anzulegen waren. Dabei waren die Ansässigen nach den Klassen ihres Grundbesitzes sowie dessen Größe zu ordnen und die Unansässigen alphabetisch.[1180] Ebenso liegen Protokolle von Gemeindeversammlungen zum Zwecke der Wahl der Gemeindeausschusspersonen vor. Zumindest teilweise lässt sich auch der Anteil der Stimmberechtigten und Wählbaren an den Einwohnern ermitteln.[1181]

[1178] vgl. dazu auch die Bemerkungen des SMI zu § 14 des Entwurfs des Localstatuts vom 30. Mai 1853, a.a.O., Bl. 101f. und 106.

[1179] a.a.O., Bl. 114.

[1180] vgl. *Verordnung, die Ausführung der Landgemeindeordnung und des Gesetzes über deren Anwendung auf kleinere Städte betreffend*, in: GVBl. 1838, S. 451-459, 458f.

[1181] In den ersten Jahren sind die Volkszählungsergebnisse nicht für einzelne Landgemeinden, sondern überwiegend nur für die Städte und Ämter veröffentlicht worden. Auch später werden z. T. Gemeinden zusammengefasst.

In der noch bis 1856 zum Justizamt[1182] Hohnstein gehörenden Landgemeinde Hinterhermsdorf ordnet das erste auf Grundlagen der LGO erstellte Verzeichnis der in der Gemeinde zu Hinterhermsdorf unter dem Königl. Sächs. Justiz-Amt Hohnstein vorhandenen Gemeindeglieder vom 27. Dezember 1838 die Ansässigen der Landgemeinde nach der „Qualität in Hinsicht des Grundbesitzes". Unter den hier aufgelisteten 139 Ansässigen finden sich ganze drei Frauen (2,2 Prozent). Ferner werden 59 Unangesessene geführt.[1183] Mit Datum 6. Februar 1839 liegt zudem ein „Verzeichnis der in der Gemeinde Hinterhermsdorf unterm Amte Hohnstein vorhandenen Auszügler" vor, das 20 Personen umfasst.[1184]

Die erste Wahl von Gemeindeausschusspersonen fand am 18. März 1839 statt. Die dafür erstellte Wahlliste vom 16. Februar 1839 führte insgesamt 128 „ansäßige und allein stimmberechtigte sowie wählbare Gemeindeglieder". Darin sind auch sechs Frauen (4,7 Prozent) enthalten, davon eine verwitwete „Halbgärtnerin", drei verwitwete Häuslerinnen, eine verwitwete Neuhäuslerin, sowie auch eine Häuslerin, deren Familienstand nicht gesondert vermerkt wurde. Die Frauen werden dabei sämtliche als „nur stimmberechtigt" geführt. Unansässige und damit nur wählbare Personen gab es 74.[1185]

Zu dieser Zeit hatte Hinterhermsdorf etwa 1.100 Einwohner.[1186] Damit waren hier etwa zwölf Prozent der Einwohner als Ansässige stimmberechtigt und weitere etwa sieben Prozent zumindest als Unansässige wählbar.

Im Protokoll der Gemeindeversammlung, in der die Wahl erfolgte, sind namentlich 103 erschienene Wähler vermerkt (80,5 Prozent der Stimmberechtigten), darunter auch vier Witwen (3,9 Prozent). Gewählt wurden zehn ansässige (in zwei Klassen) und zwei unansässige Ausschusspersonen. Am

---

[1182] Im Jahre 1855 fiel die Patrimonialgerichtsbarkeit endgültig an den Staat. Sie konnte bereits seit dem 1. August 1833 freiwillig abgetreten werden, so dass für die Übergangszeit zunächst Königliche Gerichten eingerichtet wurden, um die Aufgaben der Justiz wahrzunehmen. Im Jahre 1856 wurden die Justizämter und die Königlichen Gerichte in Sachsen aufgelöst und damit die alte Ämterverfassung aufgehoben. An ihre Stelle traten 123 Gerichtsämter als unterste Ebene von Innenverwaltung und Justiz. Erst 1873 erfolgte mit der Bildung der Amtshauptmannschaften die Trennung von Justiz und Verwaltung auf der untersten Ebene. – WYDUCKEL, Die Entwicklung der Staats- und Kommunalverwaltung, in: 100 Jahre Allgemeines Baugesetz, S. 31f. m. w. N.

[1183] SächsHStA Dresden, Amt Hohnstein mit Lohmen, Nr. 0805 Einführung der Landgemeindeordnung in Hinterhermsdorf, Bl. 2-6. – Korrekturen in der Liste wurden hier wie im Folgenden in der Regel berücksichtigt.

[1184] a.a.O., Bl. 8.

[1185] a.a.O., Bl. 12-20.

[1186] Einwohnerzahl 1834 1.063, 1837 1.077, 1840 1.130, 1843 1.110, 1846 1.122. – Mitth. d. statist. Vereins, 6. Lfg. (1835), S. 42; 10. Lfg. (1838), S. 42; 15. Lfg. (1842), S. 58; 16. Lfg. (1844), S. 4; 17. Lfg. (1848), S. 4.

22. April konnte schließlich nach Abschluss der weiteren Wahlen die Einweisung des Gemeinderats durch das Justizamt erfolgen.[1187]

Im folgenden Verzeichnis der Gemeindemitglieder vom 25. September 1840 werden 130 Angesessene genannt. Darunter finden sich acht Frauen (6, 2 Prozent), die bis auf eine sämtliche als Witwen benannt werden. Darüber hinaus enthält die Liste eine Besitzung für die lediglich pauschal „Erben" als „blos stimmberechtigt" genannt werden, jedoch ohne Angabe von Namen, Alter, Stand oder Geschlecht. Außerdem werden eine verheiratete Halbgärtnerin, deren Ehemann aber selbst auch ansässig ist, sowie eine weitere Häuslerin, deren Stimmrecht entfällt, da ihr Ehemann selbst stimmberechtigt ist, aufgeführt. Unangesessene sind 50 benannt, Auszügler sieben.[1188] Die daraus erstellte Wahlliste vom 28. September 1840 ist nunmehr unterteilt in die 115 „ansässigen Gemeindeglieder …, welche stimmberechtigt und wählbar sind" (etwa zehn Prozent der Einwohner) und die „ansässigen Gemeindeglieder, welche nur stimmberechtigt, nicht aber wählbar sind". Letztere sind elf verwitwete Frauen, davon zwei Halbgärtnerinnen, eine Zwölftelgärtnerin, eine Mühlenbesitzerin und sieben Häuslerinnen. Daneben gab es in der Gemeinde 98 nur wählbare Unansässige[1189] (etwa neun Prozent der Einwohner). Bei der ersten Ergänzungswahl der Gemeindeausschusspersonen am 2. November 1840 werden im Protokoll 69 Wähler geführt, darunter keine Frauen.[1190] Damit betrug die Wahlbeteiligung 54,8 Prozent.

Am 6. August 1842 enthält die Liste der Gemeindemitglieder 110 Ansässige. Davon waren zehn Witwen (9,1 Prozent). Für zwei weitere verheiratete Häuslerinnen war ein Stimmrecht durch den Ehemann vermerkt. Es werden 74 Unansässige und 18 Auszügler genannt.[1191] Die Wahlliste führt 111 stimmberechtigte und wählbare Ansässige, darunter zwei in Vertretung der Ehefrau, sowie zwölf stimmberechtigte Frauen (9,8 Prozent der Stimmberechtigten), davon aber nur acht Witwen. 161 waren als Unangesessene nur wählbar.[1192] Damit waren etwa zehn Prozent der Einwohner stimmberechtigt und wählbar und weitere 15 Prozent zumindest wählbar. Das Protokoll der Wahl vom 1. November 1842 führt 56 Wähler auf, darunter ein Mann in Vertretung seiner Ehefrau, aber wiederum keine Frauen.[1193] Die Wahlbeteiligung lag somit bei 45,5 Prozent.

[1187]a.a.O., Bl. 45.
[1188]a.a.O., Bl. 72-78.
[1189]a.a.O., Bl. 89-98.
[1190]a.a.O., Bl. 83-87.
[1191]a.a.O., Bl. 131-143.
[1192]a.a.O., Bl. 154-164.
[1193]a.a.O., Bl. 146-149.

Das Verzeichnis der Gemeindemitglieder vom 18. August 1844 führt 117 Ansässige, sechs davon waren Frauen (5,1 Prozent). Zwei Frauen wurden jeweils vertreten, davon zumindest eine durch ihren Ehemann. 54 unangesessene Gemeindemitglieder wurden ebenfalls aufgeführt.[1194] Die Wahlliste vom 15. September 1844 nennt 114 stimmberechtigte und wählbare Personen, darunter ein Vertreter seiner Ehefrau. Sieben Frauen – davon sechs als Witwen – werden als Ansässige nur mit Stimmrecht geführt (6,1 Prozent der Stimmberechtigten). Als Frauen waren sie nicht wählbar. Unansässige gab es 51.[1195] Somit waren zehn Prozent der Einwohner stimmberechtigt und wählbar, sowie weitere fünf Prozent nur wählbar. Bei der Wahl am 3. Oktober 1844 erschienen 64 ausschließlich männliche Stimmberechtigte.[1196] Das entspricht einer Wahlbeteiligung von 54,7 Prozent.

Im Verzeichnis der Gemeindemitglieder von 1845 werden unter 98 Ansässigen sechs Frauen (6,1 Prozent) geführt, darunter vier als Witwen. Eine Häuslerwitwe hatte das Stimmrecht offenbar an Stelle ihres Sohnes, der noch seinen Militärdienst leistete. Außerdem werden 58 Unansässige genannt.[1197]

In der Wahlliste vom 5. November 1846 sind 117 Ansässige mit Stimmrecht und Wählbarkeit, zehn Ansässige nur mit Stimmrecht (davon sechs Frauen, sämtliche verwitwet) und 55 nur wählbare Unansässige vermerkt.[1198] Die Wahl zur Drittelerneuerung der Gemeindeausschusspersonen fand am 3. Dezember 1846 statt.

Das Verzeichnis der Gemeindemitglieder von 9. Oktober 1848 umfasst 132 ansässige Gemeindemitglieder, davon zwölf Frauen (9,1 Prozent), wovon aber nur neun als Witwen geführt werden. 58 Gemeindemitglieder werden als unansässig benannt.[1199] Die Wahlliste vom 22. November 1848 enthält 117 Ansässige mit Stimmrecht und Wählbarkeit, 15 nur stimmberechtigte Ansässige (darunter zwölf Frauen, von denen zehn als Witwen geführt werden) und 63 nur wählbare Unangesessene.[1200] Bei der Ergänzungswahl der Ausschusspersonen am 15. Dezember 1848 nahm unter 49 Wählern (37, 1 Prozent) auch eine Frau teil.[1201]

[1194] a.a.O., Bl. 181-184.

[1195] a.a.O., Bl. 193-200.

[1196] a.a.O., Bl. 185-189.

[1197] SächsHStA Dresden, Amt Hohnstein mit Lohmen, Nr. 0806 Einführung der Landgemeindeordnung in Hinterhermsdorf, Bl. 16-23.

[1198] a.a.O., Bl. 30-36.

[1199] a.a.O., Bl. 39-47.

[1200] a.a.O., Bl. 49-58.

[1201] a.a.O., Bl. 59-61.

Im Verzeichnis der Gemeindemitglieder vom 13. Oktober 1850 finden sich sogar 19 Frauen unter den 133 Angesessenen (14,3 Prozent). Außerdem gab es 56 Unangesessene.[1202] Die Wahlliste führt dann 119 Ansässige mit Stimmrecht und Wählbarkeit an, aber als Ansässige nur mit Stimmrecht lediglich noch elf Frauen, von denen zehn Witwen waren. 58 Personen wurden als nur wählbare Unansässige angegeben.[1203] An der Ergänzungswahl der Gemeindeausschusspersonen am 27. November 1850 nahmen nur noch 25 Personen (18,8 Prozent) teil, wobei ein Wähler seine Ehefrau vertrat. Frauen beteiligten sich selbst keine.[1204]

Am 10. Oktober 1852 nennt das Verzeichnis der Gemeindemitglieder 124 Ansässige. Von sich darunter befindenden elf Frauen (8,9 Prozent) wurden acht als Witwen geführt. Von den übrigen Frauen hatte eine Frau den Grundbesitz und damit das Stimmrecht selbst von einer Witwe übernommen. Auch enthält die Liste einen Fall der Vertretung einer Ansässigen durch ihren Ehemann. 53 Personen waren unansässig.[1205] In der Wahlliste sind dann 115 stimmberechtigte und wählbare Ansässige enthalten, elf ansässige Frauen (nur eine nicht als Witwe) und zwei weitere Personen nur mit Stimmrecht, sowie 52 nur wählbare Unansässige.[1206] Das Protokoll der Wahl liegt nicht vor.

Das Verzeichnis der Gemeindemitglieder vom 6. Oktober 1854 führte elf ansässige Frauen (8,7 Prozent) unter insgesamt 127 ansässigen Gemeindemitgliedern. Eine wurde durch ihren Ehemann vertreten. 66 Gemeindemitglieder waren unansässig.[1207] In der Wahlliste waren 115 stimmberechtigte und wählbare Ansässige enthalten, nur stimmberechtigt waren elf Frauen (9,6 Prozent), davon sechs Witwen und eine vom Ehemann Vertretene. Nur wählbare Unansässige waren 66 genannt.[1208] An der Wahl am 16. Dezember 1854 nahmen 26 Wähler teil, darunter keine Frau.[1209] Die Wahlbeteiligung betrug damit 22,6 Prozent.

Damit ist zumindest für diese Landgemeinde ein sehr deutlicher Rückgang des Interesses der Gemeindemitglieder an den regelmäßigen Ergänzungswahlen der Gemeindeausschusspersonen in den Jahren nach Einführung der LGO festzustellen, wie der für einige Wahlen ermittelbare Anteil der Wähler an den

[1202] a.a.O., Bl. 64-69.
[1203] a.a.O., Bl. 72-82.
[1204] a.a.O., Bl. 83-97.
[1205] a.a.O., Bl. 92-196.
[1206] a.a.O., Bl. 107-116.
[1207] a.a.O., Bl. 149-157.
[1208] a.a.O., Bl. 162-166.
[1209] a.a.O., Bl. 171-175.

Stimmberechtigten zeigt. Die Zahl der Frauen unter den ansässigen Gemeindemitgliedern wie unter den Stimmberechtigten war gering. In der Regel handelt es sich um Witwen.[1210] Bis auf die erste Wahl der Gemeindeausschusspersonen nahmen sie in dieser Landgemeinde ihr Stimmrecht so gut wie überhaupt nicht wahr. Vereinzelt wurden stimmberechtigte Frauen aber von ihren Ehemännern vertreten. Auch der Anteil der Stimmberechtigten an den Einwohnern fällt mit etwa zehn Prozent eher gering aus.

Selbst die Bereitschaft zur Teilnahme an den Sitzungen des Gemeinderats von Hinterhermsdorf ließ zumindest bei einigen seiner Mitglieder mehr als zu wünschen übrig, denn am 27. Juni 1853 beschwerte sich der Gemeindevorstand im Namen des Gemeinderates „über die Nachlässigkeit Mehrerer, die anberaumten Sitzungen zu besuchen“ sogar beim Justizamt. Diejenigen, die vom Sitzungslokal weiter entfernt wohnten, seien „gewöhnlich zur bestimmten Zeit erschienen, haben längere Zeit gewartet, wegen des Ausbleibens anderer, aber, ohne vollzählig zu sein und über den zur Berathung gelegenen Gegenstände Beschluß fassen zu können, unverrichteter Sache wieder fortgehen müssen“. Das sei in diesem Jahr bei acht von zwölf Sitzungen der Fall gewesen. Es hätte „daher dreimalige Einladungen der Mitglieder erfolgen müssen“, um überhaupt die Beschlussfähigkeit des Gemeinderats herzustellen. Das war nicht nur ärgerlich für die übrigen Gemeinderatsmitglieder, sondern erwies sich für die Gemeinde insgesamt als nachteilig, da wichtige Entscheidungen verzögert wurden.[1211] Den säumigen Mitgliedern wurde schließlich sogar eine Strafe für grundloses und unentschuldigtes Fehlen bei den Sitzungen angedroht. Bei einer weiteren Verweigerung führte das in einem Fall sogar bis zur Pfändung.

In der kleineren, ebenfalls zum Justizamt Hohnstein gehörenden Landgemeinde Hainersdorf enthält die Liste der Gemeindemitglieder vom 22. Dezember 1838 nur 26 ansässige Gemeindemitglieder. Dazu gehörten auch zwei Frauen, deren Ehemänner auch selbst zu den Ansässigen zählten.[1212] Die Wahlliste führt 25 Stimmberechtigte auf, darunter zwei von ihren Ehemännern zu vertretende Frauen.[1213]

Bei der ersten Wahl des Gemeindeausschusses am 22. Februar 1839 erschienen 22 Stimmberechtigte, darunter auch ein Vertreter seiner Ehefrau. Es wurden acht Ausschusspersonen gewählt, jeweils drei in den Klassen der

[1210]Witwen vielfach nicht mit eigenem Namen, sondern nur als „Witwe von…“ geführt.

[1211]a.a.O., Bl. 40f.

[1212]SächsHStA Dresden, Amt Hohnstein mit Lohmen, Nr. 0803 Einführung der Landgemeindeordnung in Hainersdorf, Bl. 2-3.

[1213]a.a.O., Bl. 16-18.

Gutsbesitzer und der Häusler, sowie zwei in der Klasse der Unansässigen.[1214] Die Wahlbeteiligung lag damit bei 37 Prozent.

Das Verzeichnis der Gemeindemitglieder vom 12. September 1840 führte wiederum nur 24 Angesessene auf, darunter eine durch ihren Ehemann zu vertretende Häuslerin, sowie acht Unansässige.[1215] Die Wahlliste umfasst nur 24 stimmberechtigte und wählbare Ansässige, davon einer in Vertretung seiner Ehefrau. Hinzu kommen der Schullehrer nur mit Stimmrecht und sieben Unansässige.[1216] Bei der Ergänzungswahl am 4. November 1840 nahmen wiederum 22 Wähler (92 Prozent der Stimmberechtigten) teil, einer davon in Vertretung seiner Ehefrau.[1217]

In der Liste der Gemeindemitglieder vom 9. August 1842 sind 24 Ansässige verzeichnet, darunter einer als Vertreter seiner Ehefrau, sowie sieben Unansässige.[1218] Die Wahlliste enthält ebenfalls 24 stimmberechtigte und wählbare Ansässige, einschließlich eines Vertreters seiner Ehefrau, sowie weitere zwei nur stimmberechtigte und fünf Unansässige.[1219] An der Ergänzungswahl vom 11. November 1842 nahmen 16 ausschließlich männliche Wähler teil.[1220] Die Wahlbeteiligung betrug damit 62 Prozent.

Das Mitgliederverzeichnis vom 3. August 1844 beinhaltet 25 Ansässige. An die Stelle der bisher vertretenen Frau ist nunmehr deren Ehemann getreten. Weiterhin werden acht Unansässige aufgeführt.[1221] Die Wahlliste vom 5. August 1844 führt 24 stimmberechtigte und wählbare Ansässige auf, einen nur stimmberechtigten Ansässigen und acht Unansässige. 22 Stimmberechtigte nahmen an der Ergänzungswahl vom 17. Oktober 1844 teil.[1222] Stimmberechtigte Frauen sind in diesem Jahr in der Gemeinde nicht mehr vorhanden. Die Wahlbeteiligung lag bei 88 Prozent.

Das Verzeichnis der Gemeindemitglieder vom 30. Oktober 1846 enthält 24 Ansässige und sieben Unansässige.[1223] Die Wahlliste vom 2. November führt

---

[1214] a.a.O., Bl. 5-12. Die Gemeinde bestand nur aus elf Gutsbesitzern, 15 Häuslern und neun Unansässigen.

[1215] a.a.O., Bl. 107-109.

[1216] a.a.O., Bl. 117-119.

[1217] a.a.O., Bl. 110-115.

[1218] a.a.O., Bl. 123-124.

[1219] a.a.O., Bl. 128-130.

[1220] a.a.O., Bl. 131-133.

[1221] a.a.O., Bl. 135.

[1222] a.a.O., Bl. 137-139.

[1223] a.a.O., Bl. 146-147.

24 stimmberechtigte und wählbare Ansässige, zwei nur stimmberechtigte Ansässige und sieben Unansässige auf.[1224] An der Wahl vom 17. Dezember 1846 nahmen nur noch elf Wähler teil,[1225] 42 Prozent der Stimmberechtigten.

Am 28. November 1848 werden im Verzeichnis der Gemeindemitglieder nunmehr 27 Ansässige und neun Unansässige geführt.[1226] Die Wahlliste vom 1. Dezember 1848 führt 26 stimmberechtigte und wählbare Ansässige, einen nur stimmberechtigten Ansässigen und zehn Unansässige.[1227] An der Wahl am 30. Dezember 1848 nahmen 14 Wähler teil.[1228] Das entspricht einer Wahlbeteiligung von 52 Prozent.

Im Verzeichnis der Mitglieder der Gemeinde vom 12. Oktober 1850 werden 28 Ansässige und sieben Unansässige aufgelistet.[1229] Die Wahlliste vom 24. Oktober 1850 enthält 27 stimmberechtigte und wählbare Ansässige und acht Unansässige.[1230] An der Wahl vom 28. November 1850 nahmen 21 Stimmberechtigte teil.[1231] Damit lag die Wahlbeteiligung bei 78 Prozent.

Das Verzeichnis der Gemeindemitglieder vom 5. Oktober 1852 enthält 27 Ansässige und neun Unansässige.[1232] Die Wahlliste vom 6. Oktober 1852 weist 26 stimmberechtigte und wählbare Ansässige und zwölf Unansässige aus.[1233] An der Wahl vom 12. November beteiligten sich 14 Wähler.[1234] 54 Prozent der Stimmberechtigten beteiligten sich an der Wahl.

Das Verzeichnis der Mitglieder der Gemeinde vom 30. September 1854 nennt 26 Angesessene und 13 Unangesessene.[1235] Die Wahlliste weist 25 stimmberechtigte und wählbare Ansässige, sowie einen nur stimmberechtigten Ansässigen aus. Angaben zu Unansässigen fehlen.[1236] An der Wahl am 28. November 1854 beteiligten sich nur zwölf Wähler.[1237] Die Wahlbeteiligung lag somit bei 46 Prozent.

[1224] a.a.O., Bl. 154.
[1225] a.a.O., Bl. 150.
[1226] a.a.O., Bl. 158-159.
[1227] a.a.O., Bl. 164-167.
[1228] a.a.O., Bl. 163-163.
[1229] a.a.O., Bl. 168-169.
[1230] a.a.O., Bl. 177-180.
[1231] a.a.O., Bl. 173-376.
[1232] a.a.O., Bl. 192-193.
[1233] a.a.O., Bl. 196-198.
[1234] a.a.O., Bl. 199-200.
[1235] a.a.O., Bl. 201-202.
[1236] a.a.O., Bl. 210-212.
[1237] a.a.O., Bl. 206-208.

Auch in Hainersdorf wurden die Sitzungen des Gemeinderats nicht oder nur sehr unregelmäßig besucht, so dass auch hier das Justizamt bereits am 16. Juni 1842 deswegen Strafen androhte.[1238]

Kaum anders zeigt sich die Situation in Oberposta, das ebenfalls zum Justizamt Hohnstein gehörte. Das erste Verzeichnis der Gemeindemitglieder vom 24. Dezember 1838 weist insgesamt 65 ansässige Gemeindemitglieder aus, davon zwei vertretene Ehefrauen und fünf Witwen, sowie 30 unangesessene. Interessant ist hier die – eigentlich fehlerhafte – Auflistung der weiblichen Auszügler, deren Zahl 14 beträgt. Zwölf Auszügler waren männlich.[1239] In der Wahlliste vom 4. Februar 1839 werden 65 ansässige Stimmberechtigte genannt, darunter auch fünf Witwen und drei vom Ehemann zu vertretende Frauen.[1240] Hinzu kommen 30 nur wählbare Unangesessene. An der Wahl der Gemeindeausschusspersonen am 25. Februar 1839 nahmen 46 Wähler teil, davon drei Witwen. Drei weitere Frauen wurden von ihren Ehemännern vertreten.[1241] Die Wahlbeteiligung betrug damit 71 Prozent.

Im Verzeichnis der Gemeindemitglieder vom 22. September 1840 sind 65 Angesessene vertreten. Davon ist eine Frau vom Ehemann zu vertreten, fünf sind verwitwet und eine vermutlich unverheiratet. Als Unangesessene werden 25 aufgeführt.[1242] Die Wahlliste vom 23. September 1840 weist 56 stimmberechtigte und wählbare Ansässige aus, darunter zwei in Vertretung ihrer Ehefrauen. Neun ansässige sind nur stimmberechtigt, darunter sechs Witwen und ein Vertreter seiner Ehefrau.[1243] An der Ergänzungswahl vom 12. November 1840 nahmen nur noch 22 Wähler (39 Prozent der Stimmberechtigten) teil, darunter keine Frauen.[1244]

Das Gemeindemitgliederverzeichnis vom 5. März 1842 nennt 57 Ansässige. Davon sind zwei Vertreter ihrer Ehefrauen und sieben Witwen. Unangesessene gab es nur noch 13.[1245] Die Wahlliste vom 1. Juni 1842 beinhaltet 48 stimmberechtigte und wählbare Ansässige, wovon drei ihre Ehefrauen vertraten, und acht nur stimmberechtigte, darunter fünf Frauen. Unangesessene – und somit lediglich wählbare – Gemeindemitglieder sind 13 verzeichnet.[1246]

[1238] a.a.O., Bl. 120-121.

[1239] SächsHStA Dresden, Amt Hohnstein mit Lohmen, Nr. 0812 Einführung der Landgemeindeordnung in Oberposta, Bl. 1-4.

[1240] a.a.O., Bl. 23-27.

[1241] a.a.O., Bl. 5-22.

[1242] a.a.O., Bl. 42-44.

[1243] a.a.O., Bl. 49-51.

[1244] a.a.O., Bl. 46-47.

[1245] a.a.O., Bl. 72-76.

[1246] a.a.O., Bl. 82-84.

An der Wahl am 20. Juni 1842 nahmen 36 Wähler teil, davon drei Frauen.[1247] Die Wahlbeteiligung betrug damit 64 Prozent.

Am 5. August 1844 führt das Verzeichnis der Gemeindemitglieder 58 Ansässige, davon vier Frauen. In zwei Fällen sind „Erben“ als stimmberechtigt angegeben, wobei unklar ist, ob es sich hier eventuell um Frauen handelt. Eine Frau war durch den Ehemann zu vertreten. Die Zahl der Unansässigen betrug 16.[1248] Die Wahlliste vom 7. August 1844 enthält 49 Stimmberechtigte und Wählbare, darunter einen Vertreter seiner Ehefrau. Von 9 nur Stimmberechtigten waren sieben Frauen. Außerdem werden 21 Unansässige genannt.[1249] An der Wahl am 12. November 1844 nahmen 28 Stimmberechtigte teil, darunter eine Frau.[1250] Das entspricht einer Wahlbeteiligung von 48 Prozent.

Das Verzeichnis der Gemeindemitglieder vom 30. Oktober 1846 beinhaltet 59 Ansässige, davon fünf Frauen, sowie 28 Unansässige.[1251] Die Wahlliste vom 2. November 1846 verzeichnet 47 stimmberechtigte und wählbare Ansässige, zwölf nur stimmberechtigte, von denen sechs Frauen waren, und 27 Unansässige.[1252] Von den 360 Einwohnern[1253] waren damit rund 13 Prozent stimmberechtigt und wählbar, drei Prozent nur stimmberechtigt, sowie 7,5 Prozent nur wählbar. An der Wahl am 1. Dezember 1846 nahmen lediglich 20 männliche Wähler teil.[1254] Das entspricht einer Wahlbeteiligung von 34 Prozent.

Das Verzeichnis der Gemeindemitglieder vom 1. Oktober 1848 führt 56 Ansässige auf, davon drei Frauen, sowie 42 Unansässige.[1255] Die Wahlliste vom 20. Oktober 1848 enthält 47 stimmberechtigte und wählbare, zehn nur stimmberechtigte Ansässige, davon vier Frauen. Unansässige gab es 41.[1256] Die Wahl erfolgte erst am 20. Januar 1849, woran sich nur 27 Stimmberechtigte (47 Prozent) beteiligten, darunter keine Frauen.[1257]

Am 16. Oktober 1850 führt das Verzeichnis der Gemeindemitglieder 57 Ansässige, davon fünf Frauen, sowie 46 Unansässige.[1258] Die Wahlliste vom

---

[1247] a.a.O., Bl. 85-89.

[1248] a.a.O., Bl. 92-95.

[1249] a.a.O., Bl. 103-106.

[1250] a.a.O., Bl. 96-100.

[1251] a.a.O., Bl. 107-112.

[1252] a.a.O., Bl. 115-119.

[1253] Mitth. d. statist. Vereins, 17. Lfg. (1848), S. 4.

[1254] SächsHStA Dresden, Amt Hohnstein mit Lohmen, Nr. 0812 Einführung der Landgemeindeordnung in Oberposta, Bl. 120-122.

[1255] a.a.O., Bl. 123-126.

[1256] a.a.O., Bl. 130-135.

[1257] a.a.O., Bl. 135-136.

[1258] a.a.O., Bl. 137-142.

16. Oktober 1850 nennt 47 Gemeindemitglieder mit Stimmrecht und Wählbarkeit. Zehn waren nur stimmberechtigt, davon fünf Frauen. Unansässige waren 46 enthalten.[1259] An der Wahl vom 7. Dezember 1850 nahmen nur noch 17 Wähler teil, unter ihnen war keine Frau.[1260] Damit lag die Wahlbeteiligung nur noch bei 30 Prozent.

Das Gemeindemitgliederverzeichnis vom 10. Oktober 1852 führt 62 Ansässige auf, unter ihnen sieben Frauen, sowie 41 Unansässige.[1261] Die Wahlliste vom 12. Oktober 1852 nennt 49 Stimmberechtigte und Wählbare; nur Stimmberechtigte 13, davon sieben Frauen, und 41 Unansässige.[1262] An der Wahl am 27. November 1852 nahmen 27 männliche Wähler (44 Prozent) teil.[1263] Damit war auch in dieser Gemeinde die Wahlbeteiligung tendenziell rückläufig.

In Niederposta, ebenfalls Justizamt Hohnstein, führt das Verzeichnis der Gemeindemitglieder vom 27. Dezember 1838 wie auch die Wahlliste vom 6. Februar 1839 nur zwölf stimmberechtigte und wählbare Ansässige und vier nur wählbare Unansässige auf. Unter den Ansässigen befindet sich auch eine Frau, die durch ihren „Ehemann und Vormund“ vertreten wird.[1264] Die Gemeinde fiel daher unter die Regelung des § 54 LGO für kleine Gemeinden, so dass hier lediglich ein Gemeindevorstand und ein Gemeindeältester zu wählen war. Zu der Wahl am 26. Februar 1839 erschienen 13 Stimmberechtigte, darunter auch der in Vertretung seiner Frau Stimmberechtigte und der Vertreter der Unangesessenen.[1265]

Am 4. August 1844 enthält das Gemeindemitgliederverzeichnis 13 Ansässige und sieben Unansässige, darunter keine Frau.[1266] Die Wahlliste vom 6. August 1839 weist zehn stimmberechtigte und wählbare und drei nur stimmberechtigte Ansässige aus, sowie elf nur wählbare Unansässige.[1267] Bei einer Einwohnerzahl von etwa 100[1268] waren damit etwa zehn Prozent der Einwohner

[1259] a.a.O., Bl. 151-155.

[1260] a.a.O., Bl. 146-149.

[1261] a.a.O., Bl. 158-162.

[1262] a.a.O., Bl. 167-172.

[1263] a.a.O., Bl. 172-173.

[1264] SächsHStA Dresden, Amt Hohnstein mit Lohmen, Nr. 0933 Einführung der Landgemeindeordnung in Niederposta, Bl. 2-3 und 7-8.

[1265] a.a.O., Bl. 4-6. An der Wahl des Gemeindevorstandes und des Gemeindeältesten nahm auch der Vertreter der Unangesessenen teil, der zuvor in der Versammlung gewählt worden war. An seiner Wahl insgesamt 13 Personen teil, davon 11 Ansässige und zwei Unansässige.

[1266] a.a.O., Bl. 12-13.

[1267] a.a.O., Bl. 28-29.

[1268] 1843: 98 Einwohner. – Mitth. d. statist. Vereins, 16. Lfg. 1844, S. 4.

stimmberechtigt und wählbar, drei Prozent nur stimmberechtigt und elf Prozent nur wählbar.

Der Wahl am 12. November 1844 blieb lediglich ein Unansässiger fern. Sämtliche Ansässigen waren erschienen.[1269] Hier kommt die Benachteiligung der Unansässigen im Gemeindewahlrecht aufgrund ihrer hohen Anzahl besonders zum Tragen. Während etwas mehr als die Hälfte der Gemeindemitglieder direkt in den Angelegenheiten der Gemeinden mitwirken konnte, wurde der andere Teil lediglich durch einen einzigen Vertreter repräsentiert!

Im Verzeichnis der Gemeindemitglieder vom 16. Oktober 1850 sind 14 ausschließlich männliche Ansässige und elf Unansässige enthalten.[1270] Die Wahlliste vom 1. November 1850 enthält zwölf ansässige Stimmberechtigte und Wählbare, drei nur stimmberechtigte Ansässige, sowie elf Unansässige.[1271] Davon haben an der Wahl vom 9. Dezember 1850 sieben Ansässige und der Vertreter der Unangesessenen teilgenommen.[1272]

Hinsichtlich des Anteils der Frauen unter den Stimmberechtigten und der Wahlbeteiligung zeigt sich in den untersuchten Landgemeinden im Justizamt Hohnstein ein ähnliches Bild. Während es in Hainersdorf mehrere Jahre keine weiblichen Stimmberechtigten gibt, sind auch sonst nur sehr wenige Stimmberechtigte weiblich. Die überwiegende Zahl von ihnen ist verwitwet, einige werden als Verheiratete durch den Ehemann vertreten. Nur ausgesprochen selten sind ledige Frauen stimmberechtigt.[1273] Die Bereitschaft der Frauen, ihr Stimmrecht auszuüben ist außerdem sehr gering, so dass auch deshalb ein großer Teil der Ergänzungswahlen der Gemeindeausschusspersonen ganz ohne weibliche Teilnahme erfolgte. Sieht man von der ersten Wahl nach Einführung der LGO sowie einigen Ausreißern in der eher kleinen Landgemeinde Hainersdorf ab, ist aber auch die Wahlbeteiligung unter den stimmberechtigten Männern niedrig. Damit zeigt sich, dass hier nicht nur das Interesse von stimmberechtigten Frauen an den Gemeindewahlen gering ist, sondern der männlichen Stimmberechtigten ebenso. Damit korrespondiert auch die selbst bei den Gewählten z. T. fehlende Bereitschaft, ihr Amt auszuüben.[1274]

[1269]SächsHStA Dresden, Amt Hohnstein mit Lohmen, Nr. 0933 Einführung der Landgemeindeordnung in Niederposta, Bl. 24-26.

[1270]a.a.O., Bl. 30-31.

[1271]a.a.O., Bl. 39-40.

[1272]a.a.O., Bl. 35-37.

[1273]Ob die Angaben über den Familienstand in jedem Fall vollständig und richtig sind, ist freilich unsicher.

[1274]Beobachtungen einzelner Abgeordneter der Ständeversammlung werden insofern bestätigt.

Aufgrund der Sozialstruktur des Grundbesitzes kam es auch vor, dass in Gemeinden über Jahrzehnte hin die Regelungen des Frauenstimmrechts überhaupt nicht zur Anwendung gelangten. So ist in der Gemeinde Gasern, die zum Amt Meißen gehörte und als kleine Gemeinde mit nur neun ansässigen Gemeindemitgliedern und einem unansässigen Gemeindemitglied im Jahre 1839 nach § 54 LGO ebenfalls nur einen Gemeindevorstand und einen Gemeindeältesten wählte, von den ersten Gemeindewahlen im Jahre 1839 bis mindestens 1862 weder in den Verzeichnissen der ansässigen Gemeindemitglieder noch in den Wahllisten auch nur eine einzige Frau verzeichnet.[1275]

5. Schlussfolgerungen

Die AStO wie die LGO führten in einzelnen Städten trotz der angestrebten Einheitlichkeit der Kommunalverfassung zu sehr unterschiedlichen Ausprägungen auch des Stimmrechts und der Wählbarkeit. Nicht nur Frauen waren nach der Einführung einer gewählten Repräsentation in den Städten mit alleiniger Anwendung der AStO vom Stimmrecht ausgeschlossen, auch nur ein relativ geringer Teil der männlichen Einwohnerschaft war an deren Wahl beteiligt. Das galt sowohl für große Städte wie Dresden, als auch für kleine Städte wie Groitzsch.

Eine Reihe von kleineren Städten hatte sich für die Anwendung der LGO entschieden. Das führte in den hier untersuchten Städten zu sehr unterschiedlichen Ergebnissen. Während sich Nerchau ganz überwiegend an der LGO orientierte und auch deren Regelungen zur Wahl der städtischen Repräsentanten umfänglich übernahm, hatte sich Lunzenau für eine Kombination des Wahlrechts von AStO und LGO entschieden und orientierte sich Naunhof an der AStO. Das führte dazu, dass Frauen in den ersten beiden Städten das Stimmrecht besaßen, sofern sie ansässige Gemeindemitglieder waren.

Von den Städten mit nachträglich angenommener LGO hat die hier untersuchte Stadt Brand in ihrem Lokalstatut von 1853 nicht nur die Vorschriften für die Gemeindemitgliedschaft aus der AStO übernommen, sondern auch das Stimmrecht an die bürgerlichen Ehrenrechte der AStO geknüpft, so dass Frauen hier vom Stimmrecht ausgeschlossen waren.

Selbst wenn Frauen in Städten kein Stimmrecht hatten, bestanden oft Sonderregelungen für Witwen oder Meisterswitwen hinsichtlich der von ihnen zu entrichtenden Bürgerrechtsgebühren. Auch wurde z. T. der Grundbesitz von

[1275] SächsHStA Dresden, Kreisamt Meißen, Nr. 2110 Die Einführung der Landgemeindeordnung in Gasern betreffend.

Frauen den Ehemännern zugerechnet, so dass zumindest diese so das Stimmrecht bekamen.

Die Stichproben einiger Landgemeinden zur Wahlberechtigung, Wahlbeteiligung und Teilnahme stimmberechtigter Frauen zeigen, dass der Anteil der Frauen unter den Stimmberechtigten sehr gering war. Frauen waren außerdem selten bereit, ihr Stimmrecht wahr zu nehmen. Doch im Vergleich dazu war auch die Beteiligung der männlichen Stimmberechtigten nach den ersten Wahlen in den Landgemeinden stark rückläufig. Mangels stimmberechtigter Frauen kam häufig das Frauenstimmrecht überhaupt nicht zum Tragen.

Außerdem ist die Neigung, Mandate aufzugeben oder sie nicht mit dem notwendigen Einsatz auszuüben, gerade in der Anfangszeit von AStO und LGO hoch.

VI. Zwischenfazit

Die LGO von 1838 ähnelt in ihren Strukturen der AStO, berücksichtigt aber die traditionellen Unterschiede aufgrund der Hauptwirtschaftszweige von Stadt und Land – Handel und Gewerbe bzw. Landwirtschaft – auch weiterhin. Im Gegensatz zu den Städten bekamen in den Landgemeinden Frauen nicht nur die Gemeindemitgliedschaft, sondern – auf Betreiben der Stände – als ansässige Gemeindemitglieder sogar das Stimmrecht bei den Gemeindewahlen eingeräumt. Dabei sind verheiratete Frauen, die nicht getrennt leben, nur vertreten durch ihren Ehemann zur Ausübung des Stimmrechts berechtigt, alle anderen dagegen persönlich. Wählbar sind Frauen aber auch in den Landgemeinden nicht. Ursache für das Frauenstimmrecht in den sächsischen Landgemeinden waren eine – zumindest in einem Großteil der Gemeinden – traditionell bereits bestehende Rechtspraxis, die Bedeutung der Ansässigkeit für die landwirtschaftlich geprägte Landgemeinde sowie auch Billigkeits- und Gerechtigkeitserwägungen, die die Stände von einem Entzug des Stimmrechts für ansässige Frauen Abstand nehmen ließen. Mit der Betonung des Prinzips der Ansässigkeit in der Landgemeinde wurde hier zugleich das Prinzip der Realgemeinde aufrechterhalten, so dass letztlich das Stimmrecht in der Landgemeinde weniger politisch als wirtschaftlich angelegt war.

Da die Wahlrechtsänderungen während der Revolutionsjahre von 1848/49 lediglich kurzzeitig in Kraft traten und nach dem Scheitern der Revolution in der nachfolgenden Phase der Reaktion wieder zurückgenommen wurden, entfalteten nur die Wahlrechtsnovellen von 1837 in den Städten und 1864 in den Landgemeinden wirkliche Relevanz. Während es 1837 zu einer Vereinfachung des Wahlverfahrens in den Städten kam, erhielten 1864 die männlichen unansässigen Gemeindemitglieder in den Landgemeinden ein Stimmrecht, das sie allerdings nur innerhalb ihrer Klasse ausüben durften. Wie allen Ansässigen ging auch den Frauen das Stimmrecht bei der Wahl der Vertreter der Unangesessenen verloren, da nun die Ansässigen ebenfalls ihre Vertreter nur noch innerhalb der eigenen Klasse wählten. Angesichts der Aufhebung der Geschlechtsvormundschaft stießen die Bestrebungen der Frauen nach mehr bürgerlicher Selbständigkeit und Teilnahme am öffentlichen Leben zumindest bis zu einem gewissen Grade auf Verständnis. Forderungen nach der Ausweitung des Stimmrechts in den Städten und Landgemeinden waren damit aber nicht ernsthaft verbunden.

In ihrer praktischen Bedeutung ist das Frauenstimmrecht auf Grundlage der LGO von 1837 jedoch kaum von Relevanz. Stichproben zeigen, dass Wahlberechtigung und Wahlbeteiligung von Frauen sehr gering ausfallen. Oftmals bleibt das Frauenstimmrecht sogar mangels stimmberechtigter Frauen völlig außer Anwendung. Sonst sind auch nur sehr wenige, in der Regel verwitwete Frauen, stimmberechtigt und ihre Neigung, dieses Recht dann auch wahrzunehmen, nur gering. Im Vergleich dazu ist – abgesehen von den ersten Wahlen bei Einführung der LGO und gelegentlichen Ausnahmen – auch das Interesse von Männern an den Gemeindewahlen in den untersuchten Gemeinden rückläufig.

Die Sonderregelung, die den kleineren Städten die Möglichkeit schuf, statt der AStO ganz oder auch nur teilweise Regelungen der LGO anzunehmen, führte zu sehr unterschiedlich gestalteten Verfassungen dieser Städte. Für das Frauenstimmrecht bedeutete dies, dass zumindest in einigen Städten mit LGO Frauen das Stimmrecht zugestanden bekamen. Damit waren also Frauen nicht generell vom Stimmrecht in den Städten des Königreichs Sachsen ausgeschlossen.

In den Landgemeinden, wie auch in den Städten war darüber hinaus nur ein relativ geringer Teil der Einwohnerschaft überhaupt aufgrund der engen gesetzlichen Vorgaben stimmberechtigt. Das gilt selbst für die männliche Bevölkerung. Insgesamt betrachtet ist damit das Frauenstimmrecht auf Grundlage der LGO von 1837 zwar durchaus von politischer, kaum aber von praktischer Relevanz für die Entwicklung im Königreich Sachsen.

Eine Gemeindemitgliedschaft von Frauen in den Landgemeinden wurde in den Beratungen der Stände nicht mehr in Frage gestellt. Unter der Voraussetzung der Selbständigkeit konnten sie sowohl als Angesessene wie als Unangesessene Gemeindemitglieder sein. Das Heimatgesetz von 1834 ermöglichte hier eine relativ weite Freizügigkeit. Außerdem wollten die Stände ausdrücklich auch jede Person unter dem Begriff der Selbständigkeit fassen, die keinen eigenen Hausstand führten, sondern sich nur eingemietet hatten und damit quasi zum Hausstand ihrer Vermieter gehörten. Hierbei handelte es sich vor allem um Arbeiter und wohl auch Arbeiterinnen, die sich noch ohne Familie in einem der großen Industriedörfer oder in der unmittelbaren Umgebung größerer Städte niedergelassen hatten, um dort ihrem Beruf nachzugehen. Sie verfügten über Arbeitseinkommen und sollten mit diesem zu den Gemeindelasten herangezogen werden, wofür eine Gemeindemitgliedschaft erforderlich war. Das Stimmrecht bei der Wahl der Ausschusspersonen besaßen sie – wie alle Unansässigen zunächst auch – hingegen nicht.[1276]

Der Regierungsentwurf von 1837 hatte in Bezug auf das Frauenstimmrecht wenigstens zum Teil die Forderung der Stände berücksichtigt und ein Stimmrecht für verheiratete, ansässige Frauen eingeführt, das diese aber nur mittels Stellvertretung ihrer Ehemänner ausüben durften. In den Beratungen der Stände setzte sich schließlich nach sehr kontroverser Debatte eine Mehrheit dafür durch, das Merkmal „weibliches Geschlecht" als Ausschlusstatbestand vom Stimmrecht ganz fallen zu lassen und nur bei verheirateten, nicht getrenntlebenden Frauen, eine Stellvertretung durch den Ehemann anzuordnen. Auch die Sonderregelung für kleine Gemeinden wurde beibehalten, wonach hier die ansässigen Frauen bzw. in Vertretung deren Ehemänner Mitglied der Gemeindeversammlung waren.

Die Verankerung des Frauenstimmrechts in der LGO bedeutete die Beibehaltung des Prinzips der Realgemeinde (Grundstücksgemeinde) in dem Sinne, dass in den Landgemeinden die Ansässigkeit auch weiterhin das entscheidende Kriterium für das Stimmrecht war. Dahinter musste selbst das sonst damals noch für eine politische Partizipation so unüberwindliche Hindernis des weiblichen Geschlechts zurücktreten. Auch eine Abweichung von der AStO, mit der sonst weitgehende Übereinstimmung angestrebt wurde, nahm man in Kauf, ja sogar die prinzipielle Ermöglichung des Frauenstimmrechts in den kleinen Landgemeinden, die sich für die Anwendung der entsprechenden Vorschriften der LGO entschieden.[1277]

In den Auseinandersetzungen um das Frauenstimmrecht in den Landgemeinden zeigt sich aber schon Ende der 1830er Jahre eine veränderte Haltung gegenüber der Partizipation von Frauen. So wird eine gewisse Notwendigkeit der Interessenvertretung als Grundbesitzerinnen gesehen, wie auch die Bedeutung der Kenntnisse der Frauen um die Zusammenhänge vor Ort für ihre fundamentale Aufgabe, die Kinder (Söhne) zur Teilnahme am Staatsleben zu

[1276]Bis auf die Ausnahme nach § 54 LGO in kleinen Gemeinden.

[1277]Die Städte waren dem gegenüber Personalgemeinden. – so VOLLPRECHT, Gemeindemitgliedschaft, S. 26.

erziehen. Dabei wird am Rande sogar die Frage des Frauenstimmrechts in den Städten aufgeworfen, aber dann nicht weiterverfolgt.

Aus den Reihen der Abgeordneten wird als Begründung für diese veränderte Sichtweise die Aufhebung der Geschlechtsvormundschaft angeführt, die im Jahre 1838 in Sachsen erfolgt ist und die zu einer Emanzipation der Frauen geführt habe. Als Unterstützer der Belange der Frauen trat in der Debatte der Ersten Kammer CARL FRIEDRICH AUGUST WILHELM ZIEGLER VON KLIPPHAUSEN hervor, der sich bereits in der Vergangenheit anlässlich der Frage des Zutritts von Frauen zu den Tribünen der Ersten Kammer als vehementer Befürworter einer Anteilnahme von Frauen an öffentlichen Belangen hervorgetan hatte. Der Regierung schien die Frage des Frauenstimmrechts hingegen gleichgültig.

Neben der Frage des Frauenstimmrechts bei der Wahl der Ausschusspersonen, gab es in den Landgemeinden offenbar weitere Mitwirkungsrechte, die allerdings nicht unter die Regelungen der LGO fallen sollten. Das betraf das Stimmrecht in den Angelegenheiten der einzelnen Klassen in der Gemeinde, wie z. B. der Häusler, Gärtner etc. Hier bestanden wohl ebenso nur privatrechtliche Beziehungen untereinander, wie innerhalb der weiterhin fortbestehenden Altgemeinde. Die LGO fand hier keine Anwendung, so dass die Frage der Partizipation von Frauen nach wie vor dem jeweiligen Gewohnheitsrecht der einzelnen Gemeinde überlassen war.

Zwar blieb das Wahlrecht in den Landgemeinden zunächst – abgesehen von der kurzen Episode der Liberalisierung durch Abschaffung der indirekten Wahlen mit dem *Gesetz, die Wahlen der Gemeindevertreter betreffend; vom 17ten November 1848* – im Wesentlichen unverändert. Auffällig ist, dass nach dem insgesamt sehr liberalen Entwurf von 1849 selbst unverheiratete Frauen ihr Stimmrecht in den Landgemeinden nicht mehr persönlich ausüben durften, sondern nur noch durch Stellvertreter. Und auch von der Ausweitung der Stimmberechtigung auf unansässige Gemeindemitglieder profitierten Frauen nicht: Im Ergebnis der Beratungen der Stände wurden die unansässigen Frauen ausdrücklich vom Stimmrecht ausgeschlossen. Jedoch wurden nach der Niederschlagung der revolutionären Bestrebungen von 1848/49 im Zuge der Restauration auch die Änderungen der Gemeindeverfassungen durch das *Gesetz, die Wahlen der Gemeindevertreter betreffend; vom 17ten November 1848*, das als einziges Gesetzesvorhaben zum Wahlrecht in den Städten und Landgemeinden während der Revolutionszeit zum Abschluss gekommen war, wieder aufgehoben. Damit waren auch das Bestreben, mit den Reformversuchen der Gemeindeverfassung in den Jahren 1848/49 zugleich einen Übergang zu einer gemeinsamen Gemeindeverfassung für Städte und Landgemeinden anzustoßen, an der Restauration des Kommunalverfassungsrechts gescheitert.[1278]

Erst auf dem Landtag von 1863/64 erfolgte eine Änderung des Gemeindewahlrechts dahingehend, dass nunmehr die Leitung der Gemeindewahlen im Regelfall den Gemeinden selbst oblag und aufgrund veränderter wirtschaftlicher Verhältnisse in den Landgemeinden den unangesessenen Gemeindemitgliedern überall ein Stimmrecht eingeräumt wurde. Jedoch konnten sich die Verfechter eines allgemeinen Stimmrechts nicht durchsetzen, so dass nach dem Vorbild des § 54 LGO die Unangesessenen – wie auch die Angesessenen – nunmehr lediglich in ihrer eigenen Klasse stimmberechtigt waren. Unansässige Frauen waren auf Betreiben der Ersten Kammer ausdrücklich vom Stimmrecht ausgeschlossen.

Anlässlich einzelner parlamentarischer Auseinandersetzungen lässt sich zumindest bei einigen Abgeordneten der Wille nach größerer Selbständigkeit der Gemeinden, eine Unzufriedenheit mit der Inanspruchnahme der Partizipationsrechte in den Landgemeinden, wie auch der Durchführung einzelner Wahlen in der Praxis bis hin zum Vorwurf der Wahlbeeinflussung aufgrund der vermeintlichen Naivität vieler Landbewohner und deren Abhängigkeitsverhältnissen ausmachen. Eine Besserung der Missstände versprach man sich hier von einer Übertragung der Regelungen der AStO, wozu es aber nur in Ansätzen kam. Forderungen nach der Ausweitung des Frauenstimmrechts gab es nicht. Rückblickend betrachtet sollte sich die LGO trotz aller Kritik „als ein gutes und zweckmäßiges Gesetz" erweisen.[1279]

1278 ULBRICHT, Die verfassungsrechtliche Trennung, in: NASächsG 69 (1998), S. 177.

1279 v. BOSSE, RevLGO, S. 1; DERS., Die Novelle, in: ZS f. Praxis u. Gesetzgebung d. Verw. 7 (1886), S. 193.

§ 10 Frauenstimmrechte in weiteren Bereichen des öffentlichen Lebens

Neben den Stimmrechten auf Landes- und Gemeindeebene kamen für Frauen grundsätzlich auch Stimmrechte in weiteren Bereichen des öffentlichen Lebens in Betracht. Jedoch sind diese kaum von Bedeutung, da Frauen insgesamt zu dieser Zeit so gut wie gar nicht am öffentlichen Leben aktiv und gestaltend teilnahmen, sondern bestenfalls eine Begleiter- und Unterstützerrolle für gesellschaftlich und politisch aktive Männer ausfüllten.

Das galt selbst noch für die ersten Vertreterinnen der Frauenbewegung und auch noch für die im Zuge der Revolution von 1848/49 entstandenen Vaterlandsvereine.[1280] Trotzdem wurde die Politisierung auch der Frauen von einer verstärkten Betätigung in Vereinen vorangetrieben. In den 40er Jahren des 19. Jahrhunderts entwickelten sich insbesondere die mitgliederreichen Vereine von Turnern, Sängern und Freireligiösen zu schichtenüberspannenden Einrichtungen. Erstmals gehörten ihnen auch Frauen an und zwar etwa 40 Prozent.[1281]

I. Frauen als Stimmberechtigte in den Angelegenheiten der Kirchen- und Schulgemeinden

Insbesondere nach dem Erlass der LGO waren Zweifel an der Vertretungsberechtigung der Schulgemeinden entstanden, so dass eine Ergänzung des Volksschulgesetzes vom 6. Juni 1835[1282] notwendig wurde. Gemäß § 70 d. G. fungierte auf dem Lande der Gemeinderat zugleich als Schulvorstand. Nach § 79 war in Städten die Art der Zusammensetzung des Schulvorstands durch die Lokal-Schulordnung unter behördlicher Genehmigung festzusetzen.[1283]

§ 1 des *Gesetzes, die Vertretung der Schulgemeinden betreffend; vom 24ten September 1843*,[1284] übertrug die Beschlussfassung in Schulsachen[1285] – wenn Gemeindebezirk und Schulbezirk deckungsgleich waren – in den Städten mit

---

[1280] Näher dazu oben, Kap. II, S. 69.

[1281] Langewiesche, Europa, S. 69.

[1282] *Gesetz, das Elementar-Volksschulwesen betreffend; vom 6ten Juni 1835*, in: GVBl. 1835, S. 279-297; Geschäfte des Schulvorstandes wurden in der Regel vom Kirchenvorstand mit besorgt – vgl. §§ 73 und 80 d. E., *Decret an die Stände vom 7. December 1833, den Entwurf eines Gesetzes über die Volksschulen betreffend*, in: LA 1833/34, 1. Abth., königl. Mitth., Bd. 3, S. 345-400, 372f.; zur Schulverwaltung vgl. Wyduckel, Verwaltungsaufbau, in: FS zum 100-jährigen Jubiläum, hrsg. v. Reich, S. 90.

[1283] GVBl. 1835, S. 296 und 297.

[1284] In: GVBl. 1843, S. 125-129.

[1285] vgl. auch d. *Gesetz, einige Bestimmungen über die Verpflichtung der Kirchen- und Schulgemeinden zu Aufbringung des für ihre Kirchen und Schulen erforderlichen Aufwandes betreffend; vom 8ten März 1838*, in: GVBl. 1838, S. 266-273.

AStO dem Stadtrat, ggf. auch mit Zustimmung der Stadtverordneten bzw. des größeren Bürgerausschusses, sowie in Landgemeinden dem Gemeinderat bzw. bei § 54 LGO der Gemeindeversammlung; in den Städten ohne AStO oder mit LGO „ebenfalls den Vertretern der bürgerlichen (politische) Gemeinde".

Wenn ein Schulbezirk hingegen mehrere Gemeindebezirke umfasste, oder sonst Schulbezirk und Gemeindebezirk nicht deckungsgleich waren, „so gebührt [nach § 3 d. G.] das Recht der Beschlußfassung in den § 1 erwähnten Angelegenheiten der gemeinschaftlichen Schule den Vertretern der einzelnen eingeschulten Gemeinden, oder Gemeindetheile ingleichen den Besitzern der eingeschulten, nach § 20 der Landgemeindeordnung vom Gemeindeverbande ausgeschlossenen, Grundstücke", wobei letztere „ihre Stimmen persönlich, oder durch geeignete Bevollmächtigte, oder auch schriftlich" abgeben.[1286]

Somit waren Frauen, die als ansässige Mitglieder von kleinen Landgemeinden i. S. v. § 54 LGO als Gemeindemitglieder in den Gemeindeversammlungen selbst oder durch Stellvertretung mitwirken konnten, zumindest theoretisch ebenfalls befugt, in diesem besonderen Fall auch in Fragen der Kirchen- und Schulgemeinden mitzuwirken. Gleiches galt für die Besitzungen außerhalb von Gemeinden. Ob das jedoch jemals von praktischer Relevanz gewesen ist und Frauen hier tatsächlich teilgenommen haben, ist angesichts der für die Landgemeinden gewonnenen Erkenntnisse doch eher zu bezweifeln.

II. Die Wahl von Friedensrichtern

Infolge einer Initiative der Stände auf dem Landtag von 1842/43 legte die Staatsregierung im Jahre 1845 einen *Gesetzentwurf, die Bestellung von Schiedsmännern betreffend*, den Ständen zur Beratung vor. Man orientierte sich dabei an dem bereits im Jahre 1827 in Preußen eingeführten „Schiedsmannsinstitut", das kleinere Rechtsstreitigkeiten durch gütliche Einigung außergerichtlich bereinigen und damit den Gang der Parteien zur ordentlichen Gerichtsbarkeit vermeiden sollte. Zwar sah die Regierung keine unbedingte Notwendigkeit für eine Einführung dieser Institution in Sachsen, hielt sie aber auch nicht für schädlich.[1287] Die Zweite Kammer war auch dem Antrag ihrer vorberatenden Deputation gefolgt, die Bezeichnung „Schiedsmann" durch „Friedensrichter" zu ersetzen, um dem Anliegen der „Wiederherstellung des

[1286] GVBl. 1843, S. 126.

[1287] *Allerhöchstes Decret vom 14. September 1845, die Bestellung von Schiedsmännern betreffend*, in LA 1845/46, 1, Abth., Bd. 1, S. 493ff.; vgl. Mitth. über die Verh. d. LT 1845/46, 2. K., Bd. 1, S. 1024ff. In den ehemals französisch besetzten Gebieten hatte man dagegen das Institut der Friedensgerichte beibehalten, das nach französischem Recht Teil der ordentlichen Gerichtsbarkeit war.

Friedens zwischen den in Streit geratenen Bürgern" Nachdruck zu verleihen.[1288] Damit kam Sachsen hier zu einer eigenen, vom preußischen Vorbild abweichenden Terminologie.

Mit dem so zustande gekommenen *Gesetz, die Bestellung von Friedensrichtern betreffend; vom 22ten Juni 1846,*[1289] waren die Voraussetzungen für die Wahl der Friedensrichter zu schaffen, durch deren „Vermittlung Rechtsstreitigkeiten in Güte beigelegt werden" sollten.[1290] Auch sie waren nach § 2 d. G. von den Gemeinden zu wählen, und zwar in den Städten vom größerem Bürgerausschuss, oder – wenn es ihn nicht gab – von den Stadtverordneten. In den Landgemeinden und kleinen Städten mit LGO nahm die Wahl der Gemeinderat vor. Wo kein Gemeinderat bestand, wurden die Friedensrichter „durch die sämmtlichen stimmberechtigten Gemeindemitglieder gewählt".

Damit hatten bei den letzteren Gemeinden zwar auch die stimmberechtigten Frauen ein Stimmrecht bei der Wahl der Friedensrichter. Aber dies galt wiederum nur für den speziellen Fall, wenn die Gemeinde nicht mit anderen Gemeinden einen gemeinsamen Friedensrichter wählte! Nach § 3 d. G. konnten nämlich nur Gemeinden mit mindestens 500 Einwohnern einen eigenen Friedensrichter wählen, kleinere hatten sich mit anderen zusammen zu tun. Dann aber oblag die Wahl nach § 4 d. G. wieder den gewählten Repräsentanten der Gemeinden sowie für die kleinen Gemeinden dem Gemeindevorstand und den Gemeindeältesten, die dafür zu einer gemeinsamen Versammlung zusammenkamen.[1291]

Von dieser Regelung konnten aber die Oberbehörden unter bestimmten Voraussetzungen Ausnahmen zulassen. Das bedeutete, dass das Frauenstimmrecht praktisch wohl nur in diesen Ausnahmefällen bestand, denn eine Gemeinde mit weniger als 25 angesessenen Mitgliedern, die gleichzeitig mindestens 500 Einwohner hatte, wird es zu dieser Zeit wohl kaum gegeben haben.

Die Wahl erfolgte auf acht Jahre. Wählbar war „jeder volljährige, selbständige, unbescholtene Mann, der an dem Orte oder in dem Bezirke, für welchen er zum Friedensrichter gewählt wird, seinen wesentlichen Aufenthalt hat und einen schriftlichen Aufsatz deutlich abzufassen versteht", sofern andere Ausschlussgründe nicht vorlagen.[1292]

[1288]Mitth. über die Verh. d. LT 1845/46, 2. K., Bd. 1, S. 1061ff.

[1289]In: GVBl. 1846, S. 81-90.

[1290]a.a.O., S. 81.

[1291]a.a.O., S. 82; dahingehend auch § 3 d. *Verordnung zu Ausführung des Gesetzes vom 22ten Juni 1846, die Bestellung von Friedensrichtern betreffend; vom 1ten November 1848*, in: GVBl. 1848, S. 277-302, 277.

[1292]§§ 8, 14 d. G., GVBl. 1846, S. 83.

Im Zuge der Beratungen über die Neuordnung der unteren Instanzen der Gerichtsbarkeit und eine mögliche Abschaffung der Patrimonialgerichtsbarkeit in den 1850er Jahren versuchte VON BEUST, die Patrimonialgerichtsbarkeit durch ein – in Anlehnung an das englische Vorbild gestaltetes – Institut des Friedensrichters zu ersetzen. Damit wollte er den Rittergutsbesitzern einen Ausgleich für den Entzug der Patrimonialgerichtsbarkeit geben, um ihre verfassungsmäßige Stellung als politische Körperschaft zu erhalten. Die Rittergutsbesitzer sollten als Friedensrichter die örtliche Polizeipflege in die Hand bekommen und damit ihr Charakter als „Obrigkeit" gewahrt bleiben. Zugleich sollte die Versammlung der Friedensrichter einer Amtshauptmannschaft dem Amtshauptmann als beratendes Organ zur Seite gegeben werden und so zur Grundlage einer Selbstverwaltungsorganisation werden. VON BEUST scheiterte mit seinen Plänen nach zähen Verhandlungen innerhalb der Regierung und der Stände schließlich am Widerstand der Ersten Kammer, die auf dem außerordentlichen Landtag von 1854 zwar nicht die Aufhebung der Patrimonialgerichtsbarkeit, aber VON BEUTSTS Friedensrichterinstituts verhindern konnte. Erst ein neuerlicher Vorstoß VON BEUSTS mit einer überarbeiteten Ausgestaltung des Friedensrichterinstituts passierte die Stände und trat als *Gesetz über die Friedensrichter vom 11. August 1855* in Kraft.[1293] § 22 dieses Gesetzes hob zugleich das *Gesetz, die Bestellung von Friedensrichtern betreffend; vom 22ten Juni 1846*, wieder auf.

III. Stimmrechte im berufsständischen Selbstverwaltungswesen

Das *Gewerbegesetz vom 15ten Oktober 1861*[1294] führte in Sachsen die Gewerbefreiheit ein und billigte in § 3 auch ausdrücklich Frauen den „selbständigen Betrieb eines jeden Gewerbes" zu.[1295] Das Gesetz sah zweigliedrige Kammern mit einer Handelskammer für Handel und Fabriken und einer Gewerbekammer für die übrigen vor. Bis auf die Zuordnung zu einer dieser Abteilungen waren die Voraussetzungen für die Stimmberechtigung einheitlich: Ein Mindestalter von 30 Jahren, Besitz eines Unternehmens im Kammerbezirk seit mindestens 3 Jahren sowie der Besitz der bürgerlichen Ehrenrechte.

[1293]In: GVBl. 1855, S. 159-164 (außer Kraft gesetzt durch das Organisationsgesetz vom 21. April 1873); vgl. auch das *Gesetz, die künftige Einrichtung der Behörden erster Instanz für Rechtspflege und Verwaltung betreffend; vom 11ten August 1855*, a. a. O., S. 144-158; ausführliche Darstellung der Entstehungsgeschichte bei HOLLDACK, Geschichte der Reaktion, S. 148ff.
[1294]In: GVBl. 1861, S. 187-217; vgl. auch die *Verordnung zur Ausführung des Gewerbegesetzes; vom 15ten October 1861*, a.a.O., S. 255-261 und die *Verordnung, die Handels- und Gewerbekammern betreffend; vom 15ten October 1861*, a.a.O., S. 270-279. näher dazu: ALBERT HERZOG ZU SACHSEN, Die Reform der sächsischen Gewerbegesetzgebung, hier insbes. S. 1111ff.; WYDUCKEL, Johanns rechtliches Wirken, in: König Johann von Sachsen, S. 379.
[1295]a.a.O., S. 188.

Für die Wählbarkeit als Wahlmann wie als Kammermitglied war darüber hinaus eine Gewerbesteuerleistung von mindestens 10 Talern erforderlich.[1296] § 114 lit. A. d) schloss Frauen vom Stimmrecht und damit nach lit. B. auch von der Wählbarkeit der Kaufleute und Fabrikanten der Handelskammer aus, da diese nicht – wie verlangt – „im Besitze des *persönlichen* [Herv. d. Verf.] Stimmrechts nach §§ 73 und 74 der allgemeinen Städteordnung und dem Erläuterungsgesetze vom 7ten December 1837 oder nach § 29 der Landgemeindeordnung sich befinden oder doch dasselbe besitzen würden, wenn sie Bürger oder ansässige Gemeindemitglieder wären". Diese Regelung galt nach § 115 lit. b) auch für Stimmrecht und Wählbarkeit für die Gewerbekammern.[1297]

IV. Zwischenfazit

Die Sonderregelung des § 54 LGO für kleine Landgemeinden mit nicht mehr als 25 ansässigen Mitgliedern, wonach an Stelle des Gemeinderates die Versammlung aller stimmberechtigten Gemeindemitglieder einschließlich der stimmberechtigten Frauen trat, hatte zur Folge, dass diese Frauen damit auch in den Angelegenheiten stimmberechtigt waren, deren Entscheidung den Gemeindevertretungen der Landgemeinden übertragen war. Hierbei handelt es sich jedoch um Einzelfälle, da der Anteil der stimmberechtigten Frauen sehr gering und bei ihnen auch kaum eine Bereitschaft zu erkennen war, die Stimmrechte tatsächlich auszuüben. Eine Wählbarkeit von Frauen bestand dagegen auch hier generell nicht.

[1296] §§ 112ff., a.a.O., S. 213f.; vgl. GENSEL, Stimmrecht, S. 3f.

[1297] In: GVBl. 1861, S. 214.

FÜNFTES KAPITEL

Die Reformphase nach dem Beitritt zum Norddeutschen Bund 1866 und der Gründung des Kaiserreiches 1871

§ 11 DAS WAHLRECHT ZUR STÄNDEVERSAMMLUNG

Nachdem die Revolution von 1848/49 gescheitert war, wurden die wesentlichen, auf eine Liberalisierung und Demokratisierung gerichteten Gesetzesnovellen rückgängig gemacht und die Stände ohne erneute Wahlen in ihrer vorrevolutionären Zusammensetzung von 1846 einberufen. Es folgte nunmehr eine Zeit der Restauration in Sachsen, die maßgeblich vom Wirken FRIEDRICH FERDINAND VON BEUSTS – seit dem 25. Oktober 1858 auch Vorsitzender des Gesamtministeriums – geprägt war. Außenpolitisch bemühte sich Sachsen um die Errichtung eines deutschen Nationalstaates unter der Führung seines traditionellen Verbündeten Österreich.[1298]

Die Niederlage in der Schlacht von Königgrätz im Deutschen Krieg 1866 läutete das endgültige Scheitern der mittelstaatlichen Bundesreformpolitik Sachsens ein. Zwar war es im Vorfrieden von Nikolsburg am 26. Juli 1866 mit der Unterstützung Österreichs Sachsen gelungen, den Bestand seiner Grenzen zu sichern. Angesichts seines außenpolitischen Scheiterns sah sich VON BEUST am 15. August 1866 jedoch zum Rücktritt veranlasst.[1299]

Damit setzte in den späten 1860er Jahren eine weitere grundlegende Reformphase für Sachsens Verfassung und Verwaltung im 19. Jahrhundert ein, die sich von 1867 bis in die 1870er Jahre hinein in einer „liberalen Ära"[1300] manifestierte. Den Regierungen unter JOHANN PAUL VON FALKENSTEIN (1801-1882), ab 1871 RICHARD VON FRIESEN (1808-1884) und ab 1876 GEORG FRIEDRICH ALFRED GRAF VON FABRICE (1818-1891) bot sich die Chance, in den Jahren 1873 bis 1878 eine umfassende Staats- und Verwaltungsreform zu verwirklichen: Neben der Realisierung eines dreistufigen Verwaltungsaufbaus und Revision der Gemeindeverfassung, wurde die Trennung von Justiz

---

[1298] vgl. GROß, Geschichte Sachsen, S. 229ff.

[1299] vgl. KÖTZSCHKE/KRETZSCHMAR, Sächsische Geschichte, S. 360ff.; zu V. BEUSTS bereits oben, Kap. IV, S. 151, Fn. 784.

[1300] So GERHARD SCHMIDT, Der sächsische Landtag, in: Beiträge zur Archivwissenschaft, hrsg. v. GROß/KOBUCH, S. 455; vgl. dazu im folgenden SCHRÖDER, Saxony's „Liberal Era", in: Saxony, hrsg. v. RETALLACK, S. 235ff.

und Verwaltung unter Beseitigung der Patrimonialverwaltung auch in der unteren Instanz zum Abschluss gebracht.[1301]

Nach der Niederlage gegen Preußen und der Auflösung des Deutschen Bundes kamen auch auf Sachsen weitreichende politische Veränderungen zu. Der Norddeutsche Bund, dem Sachsen am 21. Oktober 1866 beitrat, war zwar zunächst noch ein Militärbündnis, doch bekam er durch die Wahl eines konstituierenden Reichstags am 12. Februar 1867 und der Annahme einer Verfassung durch diesen am 16. April desselben Jahres den Charakter eines föderalen Bundesstaates.[1302]

Dies konnte nicht ohne Bedeutung für die Entwicklung seiner Mitgliedsstaaten bleiben: Der Reichstag des Norddeutschen Bundes, wurde – entgegen dem ausdrücklichen Wunsch Sachsens[1303] – nach einem allgemeinen, gleichen, direkten und geheimen Wahlrecht gewählt,[1304] so dass daneben das ständisch ausgebildete Wahlrecht des Königreichs kaum ohne Veränderungen Bestand haben konnte.[1305] Auch gehörte es zu Bismarcks „Revolution von oben“, das allgemeine, direkte und geheime Wahlrecht für das Parlament des Norddeutschen Bundes gegenüber dem neuen Bundesgenossen Sachsen durchzusetzen.[1306] Freilich war das nur ein allgemeines Wahlrecht im Sinne eines allgemeinen Wahlrechts für alle Männer. In den Wahlrechtsdebatten wurde die Frage des Frauenwahlrechts nicht einmal mehr thematisiert, da schon das neue Wahlrecht den meisten Abgeordneten zu weitgehend war.[1307]

Waren in Verfassung und Wahlgesetz des Norddeutschen Bundes Frauen auch nicht ausdrücklich von Stimmrecht und Wählbarkeit ausgeschlossen, so war es doch damals immer noch allgemeine Auffassung, dass in Anlehnung an die Interpretation des Reichswahlgesetzes vom 12. April 1849 nur Männer für wahlberechtigt erklärt werden sollten. ROBERT VON MOHL regte daher im

---

[1301]vgl. dazu wie im folgenden etwa WYDUCKEL, Die Entwicklung der Staats- und Kommunalverwaltung, in: 100 Jahre Allgemeines Baugesetz, S. 32ff.; DIETRICH, Die Verwaltungsreform, in: NASächsG 61 (1940), S. 49ff.; BADURA, Verfassungsgeschichte, in: 100 Jahre Allgemeines Baugesetz, S. 15; OETTEL, Zur Verwaltungsgliederung, in: 175 Jahre amtliche Statistik, S. 79f.; MAYER, Staatsrecht, S. 230ff.; KÖTZSCHKE/KRETZSCHMAR, Sächsische Geschichte, S. 360ff.

[1302]vgl. BADURA, Verfassungsgeschichte, in: 100 Jahre Allgemeines Baugesetz, S. 13f.; GERHARD SCHMIDT, a.a.O., S. 455.

[1303]KÖTZSCHKE/KRETZSCHMAR, Sächsische Geschichte, S. 362.

[1304]*Wahlgesetz für den Reichstag des Norddeutschen Bundes vom 31. Mai 1869,* in: Bundes-Gesetzblatt des Norddeutschen Bundes 1869, S. 145-148; *Wahlgesetz für den Reichstag des Norddeutschen Bundes; vom 7. Dezember 1866*, in: GVBl. 1866, S. 255-257.

[1305]Dazu, sowie im Folgenden: DIERSCH, Die geschichtliche Entwicklung, S. 146ff.; vgl. auch GOLDT, Parlamentarismus, S. 32ff. und LA 1866/68, 1. Abth., Bd. 3, S. 171f.

[1306]vgl. SCHRÖDER, Wahlrecht und Wahlen, in: Wahlen und Wahlkämpfe, hrsg. v. RITTER, S. 83.

[1307]vgl. ROSENBUSCH, Frauenwahlrecht, S. 74ff.

Jahre 1873 in seinem „Reichsstaatsrecht" – allerdings erfolglos – eine entsprechende Klarstellung im Gesetz an.[1308] Hier fand auch die Frauenstimmrechtsbewegung den Ansatzpunkt einer rechtlich begründeten Argumentation für die Gleichheit der Frauen im Wahlrecht, da ansonsten die männliche Form im Gesetz beide Geschlechter meinte.[1309]

Dennoch war dieses Wahlrecht auf der Ebene des Norddeutschen Bundes bzw. später in seiner Fortführung im Deutschen Reich zumindest für Männer ein großer Fortschritt.[1310] Wählen durfte nach § 1 des Wahlgesetzes für den Reichstag des Norddeutschen Bundes nunmehr jeder deutsche Staatsangehörige, der das 25. Lebensjahr vollendet hatte.[1311]

In der Folge nahmen nun auch im Königreich Sachsen Regierung und Ständeversammlung die Umgestaltung des Wahlrechts zum Landtag in Angriff, aber ebenso die Revision der Verfassungen der Städte und Landgemeinden, wie der unmittelbaren Staatsverwaltung im Königreich.

I. Das Frauenwahlrecht als politische Forderung der sozialdemokratischen Parteien

Ein Frauenwahl- und Frauenstimmrecht kommt als Forderung politischer Parteien im 19. Jahrhundert nahezu überhaupt nicht vor. Wo mehr politische Mitbestimmung angestrebt wurde, so galt das in der Regel allein für Männer. Eine Ausnahme hiervon bildete die sozialdemokratische Bewegung, als deren Ursprungs- und Kernland Sachsen zu Recht gelten kann. Sie erzielte nicht nur seit 1877 in Sachsen zunehmend politische Erfolge. Mit der Sozialistischen Arbeiter-Partei Deutschlands (SAPD) nahm auch die erste deutsche Partei im Jahre 1881 die Forderung nach dem Wahlrecht für Frauen in ihr Programm auf.

1. Die Entstehung der Sozialdemokratie in Sachsen

Wie sich in Sachsen bereits frühzeitig die industrielle Produktionsweise herausgebildete hatte, so entwickelte sich hier auch die Arbeiterbewegung früher

[1308] V. MOHL, Das deutsche Reichsstaatsrecht, S. 342; vgl. HEEPE, Zur Geschichte des Frauenwahlrechts, in: Jura 20 (1998), S. 233f. m. w. N.
[1309] vgl. ROSENBUSCH, Frauenwahlrecht, S. 56ff.
[1310] Das Wahlrecht des Norddeutschen Bundes wurde bei der Reichsgründung im Jahre 1871 beibehalten und blieb nahezu unverändert bis zum Ende der Monarchie in Deutschland in Kraft.
[1311] In: Bundes-Gesetzblatt des Norddeutschen Bundes 1869, S. 145.

als in den anderen deutschen Staaten.[1312] Insbesondere die Gebiete der Textilindustrie um Chemnitz, Meerane und Zwickau entwickelten sich in den 1870er Jahren zu sozialdemokratischen Hochburgen.

Bereits für die 1830er Jahre sind für Leipzig die ersten Ansätze einer Arbeiterbewegung zu verzeichnen.[1313] Angestoßen durch bürgerlich-demokratische Kreise entstanden in der Zeit des Vormärz und der Bürgerlichen Revolution Arbeitervereine, die 1848 sogar einen Landesverband gründeten, der ein „Programm für alle Arbeiter-Vereine Sachsens" beschloss. Darin forderten sie vor allem Bildung für Arbeiter und bessere materielle Lebensverhältnisse. Eine Adresse an die Frankfurter Nationalversammlung verlangte den 11-Stunden-Tag und die politische wie rechtliche Gleichstellung der Arbeiter.[1314] Wie in den bürgerlichen politischen Vereinigungen hatten auch in denen der Arbeiter Frauen zu dieser Zeit noch keinen Platz.[1315] Bei der Gründung der ersten sozialdemokratischen Vereine wurde die Gleichberechtigung der Frau noch abgelehnt und war damals kein Bestandteil des Sozialismus.[1316]

Der sächsische Landesverband schloss sich der im August 1848 in Berlin gegründeten „Allgemeinen deutschen Arbeiter-Verbrüderung" an, deren Sitz bis zum Verbot 1850 Leipzig war. Die Stadt war damit zu dieser Zeit das bedeutendste Zentrum der deutschen Arbeiterbewegung.

Nach einer Phase äußerst restriktiver Handhabung des Vereinsrechts in Sachsen[1317] konnten sich erst ab 1861 wieder Arbeiter-, Arbeiterbildungsvereine und gewerkschaftsähnliche Zusammenschlüsse gründen. Aus ihnen ging der Allgemeine Deutsche Arbeiterverein (ADAV) als erste sozialdemokratische Organisation hervor, die am 23. Mai 1863 in Leipzig gegründet wurde. Aber auch die 1869 in Eisenach gegründete Sozialdemokratische Arbeiterpartei (SDAP) konnte in Sachsen eine breite Anhängerschaft gewinnen.[1318] ADAV – 1868 in Sachsen verboten – und SDAP schlossen sich 1875 in Gotha zur Sozialistischen Arbeiter-Partei Deutschlands (SAPD) zusammen. Diese Partei, deren Schwerpunkt auch weiterhin in Sachsen lag, benannte sich im Jahre

[1312]Im Folgenden HEIDENREICH, Arbeiterkulturbewegung, S. 30ff.; LÄSSIG, Wahlrechtskampf, S. 36ff.; RITTER, Das Wahlrecht, in: Der Aufstieg der deutschen Arbeiterbewegung, hrsg. v. DEMS./MÜLLER-LUCKNER, S. 553ff.

[1313]ZWAHR, Bourgeoisie und Proletariat, in: ZfG 25 (1977), S. 656ff.

[1314]STRAUSS, Die Lage und die Bewegung der Chemnitzer Arbeiter, S. 273 und 367.

[1315]ZWAHR, Arbeiterbewegung, in: Revolutionen in Sachsen, S. 232f.

[1316]SCHREIBER, Lernt wählen!, S. 7.

[1317]Dazu oben, Kap. II, S. 79.

[1318]Allein schon die Tatsache, dass im Gegensatz zum kleindeutsch-preußenfreundlich orientierten ADAV eine Vereinigung Deutschlands unter Einschluss des traditionell mit Sachsen verbündeten Österreichs angestrebt wurde, stieß bei den sächsischen Arbeitern auf großen Zuspruch.

1890, nach dem Ende des Sozialistengesetzes[1319], in Sozialdemokratische Partei Deutschlands (SPD) um.

Der Erfolg der Sozialdemokraten, d. h. des ADAV, der SDAP und später der SPD, in Sachsen wird auf mehrere Ursachen zurückgeführt: die frühe Industrialisierung und lange handwerkliche Tradition Sachsens, die industrielle Struktur des Landes, aber auch seine tiefe konfessionelle Verankerung im Protestantismus.[1320]

2. August Bebels „Die Frau und der Sozialismus"

AUGUST FERDINAND BEBEL (1840-1913),[1321] Mitbegründer der SDAP, veröffentlichte im Jahre 1879 mit *Die Frau und der Sozialismus* eines der theoretischen Grundlagenwerke der proletarischen Frauenemanzipation.[1322] BEBEL war im Februar 1867 erstmals von einem sächsischen Wahlkreis in den Reichstag des Norddeutschen Bundes gewählt worden und nahm sein Mandat mit kurzen Unterbrechungen bis zu seinem Tode wahr. Zugleich war er von 1881 bis 1891 Abgeordneter der Zweiten Kammer in Sachsen.

In *Die Frau und der Sozialismus* forderte BEBEL – im Gegensatz zu anderen seiner Parteigenossen – nicht nur gleiche Entlohnung und gleiche Bildungsmöglichkeiten für Frauen, sondern auch ihre vollständige politische Gleichstellung. Er folgte dabei nicht dem Ansatz der bürgerlichen Frauenbewegung, Frauen den Männern in deren bestehender Position gleichzustellen, sondern sah die Frauenfrage als Teil der sozialen Frage an.

Selbst wenn die bürgerliche Frauenbewegung ihre Forderungen nach Gleichberechtigung der Frauen mit den Männern in vollem Umfang durchsetzen könnte, wäre dadurch weder „die Sklaverei, was für unzählige Frauen die heutige Ehe ist, noch die Prostitution, noch die materielle Abhängigkeit der großen Mehrzahl der Ehefrauen von ihren Eheherren aufgehoben". Für die

---

[1319] *Gesetz gegen die gemeingefährlichen Bestrebungen der Sozialdemokratie vom 21. Oktober 1878*, in: RGBl. 1878, S. 351-358; vgl. zu dessen Auswirkungen auf Sachsen SCHMEITZNER/RUDLOFF, Geschichte der Sozialdemokratie, S. 18ff.

[1320] So HEIDENREICH, Arbeiterkulturbewegung, S. 41. Als förderlich hatte sich auch die Streichung des Verbindungsverbots im Vereins- und Versammlungsrecht erwiesen. – Art. 1 des *Gesetzes, die Abänderung des Gesetzes über das Vereins- und Versammlungsrecht vom 22. November 1850 betreffend; vom 21. Juni 1898*, in: GVBl. 1898, S. 187. Minderjährigen war nach dem mit Art. 2 eingefügten neuen § 1a allerdings die Teilnahme an politische Versammlungen nunmehr verboten.

[1321] 1867-1871 MdNR, 1871-1881 und 1883-1913 MdR, 1881-1890 MdL, 1892-1913 SPD-Vorsitzender. – Zur Person vgl. Sächsische Parlamentarier, hrsg. v. DÖSCHER/SCHRÖDER, S. 344f.

[1322] So auch SCHREIBER, Lernt wählen!, S. 7; vgl. FREVERT, „Mann und Weib…", S. 104f.; vgl. im folgenden auch CLEMENS, Der Kampf um das Frauenstimmrecht, in: „Heraus mit dem Frauenwahlrecht", hrsg. v. WICKERT, S. 67f.

große Mehrheit der Frauen sei es unerheblich, „ob einige Tausend ihrer Geschlechtsgenossinnen, die den günstiger situierten Schichten der Gesellschaft angehören" den Beruf der Lehrerin an höheren Schulen, der Ärztin oder „irgendeine wissenschaftliche oder Beamtenlaufbahn" ergreifen könnten. An der „*Gesamtlage* [Herv. i. O.] des Geschlechts" ändere sich dadurch nichts.[1323]

Nur wenn die Benachteiligung der Arbeiterklasse beseitigt werde, könne auch die angeblich doppelte Benachteiligung der Frauen – und zwar in erster Linie der Arbeiterinnen – überwunden werden. „In seiner Masse" leide das weibliche Geschlecht sowohl „unter der sozialen und gesellschaftlichen Abhängigkeit von der Männerwelt" als auch „durch die ökonomische Abhängigkeit, in der sich die Frauen im Allgemeinen und die proletarischen Frauen im Besonderen gleich der proletarischen Männerwelt befinden".[1324] Dies entspricht einem vollkommen anderen Verständnis von Gleichheit und Gleichberechtigung als dem von der bürgerlichen Frauenbewegung vertretenen. Auch die politischen Konsequenzen kommen eher den allgemeinen Positionen des Klassenkampfes gleich als der Durchsetzung spezifisch weiblicher Partizipationsinteressen:

Die Frauen seien unabhängig von ihrer sozialen Stellung „ein durch unsere Kulturentwicklung von der Männerwelt beherrschtes und benachteiligtes Geschlecht", das diesen Status „durch Änderungen in den Gesetzen und Einrichtungen der bestehenden Staats- und Gesellschaftsordnung" weitestgehend beseitigen wolle. „Die enorme Mehrheit der Frauen" sei „aufs lebhafteste" daran interessiert, „die bestehende Staats- und Gesellschaftsordnung *von Grund aus* umzugestalten, um sowohl die Lohnsklaverei, unter der das weibliche Proletariat am meisten schmachtet, wie die Geschlechtssklaverei, die mit unseren Eigentums- und Erwerbszuständen aufs innigste verknüpft ist, zu beseitigen".[1325]

Daher „begreifen" die Vertreterinnen der bürgerlichen Frauenbewegung „die Notwendigkeit einer solchen radikalen Umgestaltung nicht". Unter dem Einfluss „ihrer bevorzugteren Stellung" hielten sie die proletarische Frauenbewegung für eine Gefahr, die sie „zu bekämpfen" hätten. Damit manifestiere sich auch innerhalb der Frauenbewegung jener „Klassengegensatz", der sich „zwischen der Kapitalisten- und Arbeiterklasse" immer mehr zuspitze. Gleichwohl gäbe es zwischen den „feindlichen Schwestern" der Frauenbewegung – im Gegensatz zu den Männern beider Klassen – einige „Berührungspunkte" für eine gemeinsame Zielsetzung unter getrenntem Agieren.

[1323] BEBEL, Die Frau und der Sozialismus, S. 240.
[1324] a.a.O., S. 240.
[1325] a.a.O., S. 240.

Das sei dort der Fall, wo „auf dem Boden der gegenwärtigen Staats- und Gesellschaftsordnung" eine Gleichberechtigung der Frau in Frage käme. Die „proletarische Frauenwelt" sei zudem besonders daran interessiert, „Hand in Hand mit der proletarischen Männerwelt" für den Schutz der arbeitenden Frau „vor physischer und moralischer Degeneration" zu kämpfen „und ihr die Fähigkeiten als Mutter und Erzieherin der Kinder [zu] sichern". Gemeinsam führten sie auch „den Kampf für eine Umwandlung der Gesellschaft von Grund aus", die erst „die volle ökonomische und geistige Unabhängigkeit beiden Geschlechtern durch entsprechende soziale Einrichtungen ermöglicht".

Im Gegensatz zur bürgerlichen Frauenbewegung beschränke sich also die proletarische Frauenbewegung nicht darauf, „die Gleichberechtigung der Frau mit dem Manne auf dem Boden der bestehenden Staats- und Gesellschaftsordnung zu verwirklichen", sondern wolle alle menschlichen Abhängigkeitsverhältnisse beseitigen. Daher sei die Frauenfrage aus proletarischer Sicht Teil der sozialen Frage. Wer „die Lösung der Frauenfrage in vollem Umfange" anstrebe, müsse daher „mit jenen Hand in Hand gehen, welche die Lösung der sozialen Frage als Kulturfrage für die gesamte Menschheit auf ihre Fahne geschrieben haben, das sind die Sozialisten".[1326]

Mit dieser Veröffentlichung verstieß BEBEL gegen das Sozialistengesetz, so dass bereits die erste Auflage am 24. März 1879 durch das Königliche Polizeipräsidium Berlin verboten wurde. Im Untergrund weiterverbreitet, wurde *Die Frau und der Sozialismus* bis zur Jahrhundertwende zum wohl meistgelesenen Buch seiner politischen Couleur.[1327] Inhaltlich setzte sich die Position BEBELS zwar deutlich von der bürgerlichen Frauenbewegung ab. Sie hatte aber vor dem Hintergrund der damals in der öffentlichen Meinung auf wenig Gegenliebe treffenden Forderung nach mehr Gleichberechtigung für die Frauen den Vorteil, dass sie die Frauenfrage nicht in den Mittelpunkt der Bestrebungen stellte, sondern diese vielmehr im Rahmen einer allgemeinen Neuordnung mit erledigt werden sollte. Seitens der überwiegenden Mehrheit der bürgerlichen Frauenbewegung war eine dezidiert politische Zielrichtung, wie sie von den Sozialdemokraten mit der Frauenfrage verknüpft wurde, nicht erwünscht.[1328] Der im Mai 1894 als Dachverband gegründete „Bund Deutscher Frauenvereine" war außerdem auf politische Neutralität bedacht. Aber auch die Wortführerin der sozialistischen Frauenbewegung, CLARA ZETKIN, die selbst einen ganz wesentlichen Impuls für ihr eigenes Wirken in der

[1326]a.a.O., S. 240f., sowie zum Frauenstimmrecht vgl. a.a.O., S. 492ff.

[1327]a.a.O., S. 729f., Anm. 1.

[1328]Maßgeblich war hier vor allem der nicht überwindbare weltanschauliche Konflikt. – vgl. dazu SALOMON, Sozialdemokratie und Frauenbewegung, in: Die Frau 12 (1904/05), S. 72-77, insbes. 74.

sozialistischen Frauenbewegung von BEBELS Werk empfangen hatte, schloss später ihrerseits eine Zusammenarbeit aus.[1329]

Die sozialistische Frauenbewegung hatte ein grundlegend anderes Verständnis hinsichtlich ihrer Aufgaben und Ziele: Während die bürgerlichen Frauen überwiegend eine Gleichstellung mit den Männern in ihren bestehenden Rechten anstrebten, war für die Sozialistinnen die Frauenfrage nur ein Bestandteil ihres „Klassenkampfes“ und damit auch des Strebens nach einer Umwälzung der bestehenden Verhältnisse hin zu einem allgemeinen und gleichen Wahlrecht für Männer und Frauen. LILY BRAUN (1865-1916), die aus den Reihen der bürgerlichen zur sozialistischen Frauenbewegung kam, unterschied 1896 süffisant zwischen der bürgerlichen „Damenfrage“ und einer weiter gefassten, sozialistischen, „Frauenfrage“. Sie lehnte daher „jede Arbeit in der bürgerlichen Frauenbewegung ab“.[1330]

3. Die Verankerung des Frauenwahlrechts im Parteiprogramm der Sozialdemokratischen Arbeiterpartei (SDAP)

Nach 1848 entwickelte sich die Frauenbewegung zunächst zu einer „Bewegung für das Recht auf Arbeit, Bildung und Beruf“, die vorerst nur vereinzelt für politische Rechte eintrat.[1331]

Von den Arbeitervereinen ist die Forderung nach dem Frauenwahlrecht seit Mitte der 1860er Jahre z. T. schon heftig diskutiert worden.[1332] Die Sozialdemokraten vertraten zunächst aber auch – so etwa FERDINAND LASALLE (1825-1864) – eine ablehnende Haltung gegenüber einem Frauenwahlrecht. Das galt noch bis in die 1870er Jahre hinein. Das Eisenacher Gründungsprogramm der SDAP aus dem Jahre 1869 enthielt zwar bereits die Forderung nach Einführung eines allgemeinen, gleichen, direkten und geheimen Wahlrechts ab einem Alter von 20 Jahren, jedoch ausdrücklich nur für Männer. AUGUST BEBEL war mit seinem Versuch, auch das Frauenwahlrecht in den Forderungskatalog aufzunehmen, noch an der Mehrheit der Delegierten gescheitert.[1333]

Bei der Vereinigung von SDAP und ADAV im Jahre 1875 entbrannte ein Streit um die Frage, ob das allgemeine Wahlrecht weiterhin im Parteiprogramm nur für Männer gefordert werden solle. WILHELM LIEBKNECHT (1826-

---

1329 vgl. NOTZ, „Her mit dem allgemeinen, gleichen Wahlrecht…“, S. 12ff.

1330 BRAUN(-GIZYCKI), Frauenfrage und Sozialdemokratie, S. 3f.

1331 So auch SCHREIBER, Lernt wählen!, S. 7.

1332 vgl. zur Frauenfrage in der Arbeiterbewegung KLEMM, Die langen Linien, in: Auf den Spuren, S. 38ff.

1333 FREVERT, „Mann und Weib…“, S. 103; vgl. KÖLLMANN, Politische und soziale Entwicklung, in: Die deutschen Parteien vor 1918, hrsg. v. RITTER, S. 318.

1900)[1334] und AUGUST BEBEL, die sich für das Frauenwahlrecht aussprachen, sahen sich mit den Einwänden konfrontiert, dass Frauen keine politische Bildung besäßen und eher konservativen Parteien zuneigen würden. Obwohl ihr Antrag eines Wahlrechts für „Staatsangehörige beiderlei Geschlechts" keine Mehrheit fand, einigte man sich in der Frauenfrage für das nun beschlossene reformorientierte Gothaer Programm zumindest auf die neutral gefasste Forderung eines Wahlrechts für „alle Staatsangehörigen".[1335] Angesichts des damals herrschenden Verständnisses politischer Begrifflichkeiten, ist aber davon auszugehen, dass Frauen hier in den Augen der Mehrheit nicht mitgemeint sein sollten.

Auf ihrem Erfurter Parteitag vom 14. bis 20. Oktober 1881 verabschiedete die SDAP einstimmig ein nun deutlich marxistisch[1336] ausgerichtetes Programm.[1337] Gleich in Punkt 1 forderte es ein „allgemeines gleiches direktes Wahl- und Stimmrecht mit geheimer Stimmabgabe aller über 20 Jahre alten Reichsangehörigen ohne Unterschied des Geschlechts für alle Wahlen und Abstimmungen", ein „Proportional-Wahlsystem; und bis zu dessen Einführung gesetzliche Neueinteilung der Wahlkreise nach jeder Volkszählung. Zweijährige Gesetzgebungsperioden. Vornahme der Wahlen und Abstimmungen an einem gesetzlichen Ruhetage. Entschädigung für die gewählten Vertreter. Aufhebung jeder Beschränkung politischer Rechte außer im Falle der Entmündigung". Dazu unter Punkt 2 „direkte Gesetzgebung durch das Volk vermittels des Vorschlags- und Verwerfungsrechts", unter Punkt 4 „Abschaffung aller Gesetze, welche die freie Meinungsäußerung und das Recht der Vereinigung und Versammlung einschränken oder unterdrücken" und als Punkt 5 die „Abschaffung aller Gesetze, welche die Frau in öffentlich- und privatrechtlicher Beziehung gegenüber dem Manne benachteiligen".

Damit war das Frauenwahlrecht nun Teil der offiziellen Parteiprogrammatik geworden. Allerdings spielte es – jedenfalls in Sachsen – in den parlamentarischen Aktivitäten der sozialdemokratischen Abgeordneten und vor allem deren Anträgen zunächst noch keine Rolle. Den ersten sozialdemokratischen Antrag auf Einführung des Frauenwahlrechts stellte BEBEL am 13. Februar 1895 im Reichstag. Er begründete das damit, dass allein von Männern über Frauen gemachte Gesetze immer zu deren Ungunsten ausfallen müssten. Nicht

---

[1334]WILHELM PHILIPP MARTIN LUDWIG LIEBKNECHT – zur Person vgl. Sächsische Parlamentarier, hrsg. v. DÖSCHER/SCHRÖDER, S. 420f.

[1335]FREVERT, a.a.O., S. 103f.

[1336]So orientieren sich etwa die Forderungen nach Abschaffung der Klassenherrschaft und der Überwindung der Lohnsystems an der Marxschen Wirtschafts- und Gesellschaftskritik. Die marxistische Richtung war lange Zeit dominierende Kraft innerhalb der Partei.

[1337]Abgedr. bei BOVENSCHEN, Grundsätze und Forderungen, S. 87-90, hier insbes. S. 89; vgl. SCHREIBER, a.a.O., S. 8; FREVERT, a.a.O., S. 106.

Männer sollten die Interessen von Frauen vertreten, sondern Frauen selbst. Das gebiete auch die vermehrte Frauenerwerbstätigkeit und es sei ungerecht, die Hälfte der Bürger vom Wahlrecht von vornherein auszuschließen.[1338]

Allerdings ging es den Sozialdemokraten zu dieser Zeit vorrangig um die Bekämpfung der Wahlrechtsrestriktionen für Männer, wie vor allem dem preußischen Dreiklassenwahlrecht. Für dieses Ziel sah man teilweise die Frauenstimmrechtsforderung sogar als hinderlich an, da das allgemeine und gleiche Männerwahlrecht weit weniger Gegnerschaft habe als ein Frauenwahlrecht. So blieb dann auch das Eintreten der sozialdemokratischen Parlamentarier für das Frauenwahlrecht eher verhalten und wurde den Frauen in der Partei überlassen, die freilich selbst keinen Zugang zu den Parlamenten hatten.[1339] Erste sozialdemokratische Frauenvereine, die für das Frauenwahlrecht eintraten und Versammlungen organisierten, wurden Ende des 19. Jahrhunderts gegründet.[1340]

Gleichwohl blieb die – später in SPD umbenannte – SDAP bis 1910 die einzige politische Partei, die sich für das Frauenwahlrecht einsetzte. Erst zu dieser Zeit wurde die Forderung auch von der ersten kleinen bürgerlichen Partei, der – jedoch ohne politischen Erfolg bleibenden – Demokratischen Vereinigung aufgegriffen. Die großen bürgerlichen Parteien blieben aber bis wenige Tage vor dem Ende des Kaiserreichs bei ihrer ablehnenden Haltung.[1341]

4. Schlussfolgerungen

Ausgehend von den Arbeitervereinen des Vormärz und der Bürgerlichen Revolution entstand in den 1860er Jahren in Sachsen die Sozialdemokratie als neue politische Kraft und machte das Land für Jahrzehnte zu ihrer deutschen Hochburg. Zu den politischen Forderungen gehörte auch die politische Partizipation der bisher unterprivilegierten Arbeiterschaft und vor allem deren Teilnahme an den Wahlen. Zunächst wurde die Forderung nach dem allgemeinen, gleichen, direkten und geheimen Wahlrecht mehrheitlich als ein Wahlrecht allein für Männer verstanden.

Dagegen wurde vor allem von AUGUST BEBEL bereits frühzeitig auch die politische Gleichberechtigung und das Wahlrecht für Frauen gefordert. In seinem Hauptwerk *„Die Frau und der Sozialismus“* aus dem Jahre 1879

[1338] Verh. des Reichstags, 9. Legislaturperiode, III. Session 1894-1895, Bd. 159, Stenogr. Ber., S. 856f.; zu diesem und weiteren gleichgerichteten Anträgen im Reichstag HEEPE, Zur Geschichte des Frauenwahlrechts, in: Jura 20 (1998), S. 236f.; FREVERT, a.a.O., S. 106f.

[1339] So FREVERT, a.a.O., S. 107.

[1340] Zur sozialistischen Frauen(stimmrechts)bewegung ausführlich NOTZ, „Her mit dem allgemeinen, gleichen Wahlrecht…“, S. 15ff.

[1341] FREVERT, „Mann und Weib…“, S. 103.

formulierte er seine Forderung nach einer Gleichberechtigung der Frau, die als Teil einer umfassenden Umgestaltung der bestehenden Staats- und Gesellschaftsordnung durch Klassenkampf verwirklicht werden könne. Eine Gleichberechtigung der Frau nach den bestehenden Gesetzen, wie sie die bürgerliche Frauenbewegung forderte, lehnte er dagegen ab.

Im Parteiprogramm der SDAP fand das Frauenwahlrecht ausdrücklich erst im Jahre 1881 eine Verankerung. Damit war diese Forderung zwar zum integralen Bestandteil sozialdemokratischer Programmatik geworden, aber – vor allem in der Anfangszeit – nicht ohne Gegner und nicht unumstritten. Allerdings wurde sie nicht eigenständig formuliert, sondern war „nur“ Bestandteil des Konzeptes einer umfassenden gesellschaftlichen Neuordnung, die ohne die Neubestimmung der Rolle der proletarischen Frau nicht erfolgreich sein konnte und ihr eine weitgehende Gleichstellung im öffentlichen Leben, aber auch die Befreiung von ihren familiären und häuslichen Verpflichtungen durch deren Vergesellschaftung versprach. Bis zum Jahre 1910 blieb die SPD die einzige Partei in Deutschland, die für das Frauenwahlrecht eintrat.

II. Das Wahlrecht und die Vernachlässigung des Frauenwahlrechts nach dem Gesetz vom 3. Dezember 1868, die Wahlen zum Landtag betreffend

Ein bereits zu Beginn des Landtages von 1866/68 in der ersten öffentlichen Sitzung der Zweiten Kammer am 16. November 1866 vorgebrachter Antrag des nur kurze Zeit als Abg. der „freisinnigen Partei“[1342] der Kammer angehörenden früheren Vizepräsidenten der Frankfurter Nationalversammlung JACOB BERNHARD EISENSTUCK (1805-1871)[1343] und 15 Genossen, „die hohe Staatsregierung zu ersuchen, die gegenwärtige Ständeversammlung sofort aufzulösen und auf Grund des Wahlgesetzes vom 15. November 1848 eine verfassungsmäßige Volksvertretung schleunigst einzuberufen“, wurde gegen vier Stimmen nicht zur Begutachtung in die zuständige Deputation überwiesen, sondern einstimmig zur sofortigen Beratung und Beschlussfassung gebracht.[1344] Finanz- und Außenminister RICHARD FREIHERR VON FRIESEN

[1342]Gemeint ist hier die 1861 als erste deutsche Programmpartei gegründete Deutsche Fortschrittspartei, die als erste Partei im modernen Sinne gilt. Zwar forderte sie die Verwirklichung der Rechtsstaatlichkeit, nicht aber das allgemeine Wahlrecht. Die Deutsche Fortschrittspartei ging 1884 in der Deutschen Freisinnigen Partei auf. – R. KOCH, Deutsche Fortschrittspartei (DFP), in: Lexikon zur Geschichte der Parteien, hrsg. v. WENDE, S. 88f.

[1343]Zur Person BRÄUER, Jacob Bernhard Eisenstuck, in: Jahrbuch für das Erzgebirge 11 (2005), S. 68f.; SCHMIDT, GERHARD, „Eisenstuck, Jakob Bernhard“, in: Neue Deutsche Biographie 4 (1959), S. 421.

[1344]Mitth. über die Verh. d. LT 1866/68, 2. K., Bd. 1, S. 3f.; vgl. LA 1866/68, 3. Abth., S. 13ff.; vgl. hierzu wie im Folgenden SCHIMMEL, Die Entwicklung des Wahlrechts, S. 88ff.

(1803-1884)[1345], der nochmals die Sichtweise der Staatsregierung der 1850er Jahre darlegte,[1346] bezeichnete das Wahlrecht von 1848 als eine der besonderen Situation der Zeit geschuldete Zwischenlösung ohne Anspruch auf Dauerhaftigkeit, aus deren neuerlichen Einführung „eine sehr große Verwirrung aller unsrer Rechtsverhältnisse hervorgehen würde, weil dann fast alles Das gänzlich schwankend und unsicher werden würde, was inzwischen gesetzlich festgestellt worden ist“. Stattdessen habe die Regierung selbst die Absicht, noch auf diesem Landtag ein neues Wahlrecht vorzulegen, und sei gewillt, „auch diese innere Frage nach und nach durch versöhnliches Entgegenkommen von beiden Seiten aus der Welt zu schaffen“.[1347] Der Eisenstuck‘sche Antrag wurde von der Kammer mit 48 gegen 17 Stimmen abgelehnt.[1348]

Ein gleich im Anschluss auf der Registrande stehender Antrag der Abg. HEINRICH THEODOR KOCH, KARL OTTO MÜLLER (1819-1898)[1349], ERNST ALBERT JORDAN (1831-1892)[1350] und KARL FRIEDRICH AUGUST WALTHER, der die Überarbeitung von Verfassung und Wahlgesetz im Sinne des Wahlrechts des Norddeutschen Parlaments verlangte, schaffte es dagegen, einstimmig der Dritten Deputation[1351] zur Beratung überwiesen zu werden.[1352] Die Dritte Deputation, die die Antragsteller zu den Beratungen hinzugezogen hatte, empfahl mit einigen Änderungen die Annahme des Antrags,[1353] und fand damit ihrerseits in der Sitzung vom 6. Dezember 1866 die Zustimmung der Kammer. J. B. EISENSTUCK hatte dagegen mit einem neuerlichen Antrag in dieser Sitzung auf Wiedereinführung des Wahlrechts von 1848 keinen Erfolg.[1354]

[1345]Zur Person vgl. BESCHORNER, Friesen, Richard Freiherr von, in: ADB, Bd. 49, S. 143f.

[1346]GERHARD SCHMIDT, Der sächsische Landtag, in: Beiträge zur Archivwissenschaft, hrsg. v. GROß/KOBUCH, S. 455. V. FRIESEN war seinerzeit Innenminister, mittlerweile Unterzeichner des Berliner Friedens 1866, in der Folge als Außenminister erneut Regierungsmitglied und 1870 auch an den Verhandlungen in Versailles beteiligt.

[1347]Mitth. über die Verh. d. LT 1866/68, 2. K., Bd. 1, S. 8f.

[1348]a.a.O., S. 9f.

[1349]Professor an der Universität Leipzig. – zur Person TEICHMANN, Müller, Karl Otto, in: ADB, Bd. 52 (1906), S. 521f.

[1350]JORDAN war nach 1867 Führungsmitglied der sächsischen Nationalliberalen. – zur Person vgl. Sächsische Parlamentarier, hrsg. v. DÖSCHER/SCHRÖDER, S. 401.

[1351]Mitglieder waren ERDMANN THEODOR GÜNTHER (REFERENT), FRIEDRICH GUSTAV WEIDAUER, EMIL BRUNO MOSCH, KARL FRIEDRICH AUGUST WALTHER, FREIHERR KARL VICTOR VON FERBER, KARL ERNST SEYDEL und KARL HEINRICH OTTO.

[1352]Mitth. über die Verh. d. LT 1866/68, 2. K., Bd. 1, S. 10f.; vgl. LA 1866/68, 3. Abth., S. 14ff.

[1353]*Bericht der dritten Deputation der zweiten Kammer über den Antrag der Herrn Abgeordneten Koch, Dr. Müller, Walther und Jordan, die Reform des Wahlgesetzes betreffend. Eingegangen am 3. Dezember 1866,* in: LA 1866/68, Beil. 2. K., Bd. 1, S. 27-30.

[1354]LA 1866/68, 3. Abth., S. 40ff.; Mitth. über die Verh. d. LT 1866/68, 2. K., Bd. 1, S. 94ff.

In der Sitzung der Ersten Kammer vom 20. Dezember 1866 kam der Bericht ihrer Dritten Deputation[1355] zur Beratung, der die Empfehlung enthielt, sich dem Beschluss der Zweiten Kammer anzuschließen.[1356] Die Erste Kammer folgte nach längerer Debatte mit 28 gegen 10 Stimmen diesem Vorschlag.[1357] Die Stände behielten sich in ihrer Ständischen Schrift vom 10. Januar 1867 dann allerdings vor, mit ihrem Beschluss in keiner Weise ein Ergebnis künftiger Beratungen präjudizieren zu wollen, zeichneten aber gleichwohl das neue Wahlrecht in seinen wesentlichen Grundzügen vor.[1358]

Als der Landtag, der sich in der Zwischenzeit zweimal vertagt hatte, wieder zusammenkam, und die Regierung mit den Entwürfen auf sich warten ließ, hatte sich die Zweite Kammer am 7. November 1867 mit einer *Interpellation des Herrn Abgeordneten Schreck und fünfzehn nahmhaft gemachten anderen Herrn Abgeordneten* zu befassen, die wissen wollten, „ob und wann die Königliche Staatsregierung die Wahlgesetzfrage zu Erledigung zu bringen gedenkt?" HERMANN FRIEDRICH THEODOR SCHRECK (1817-1891),[1359] Mitglied der Fortschrittspartei, erhielt darauf die Zusage seitens der Regierung, dass die bereits fertigen Entwürfe „demnächst" der Kammer übergeben würden. Aufgrund der „veränderten Verhältnisse" seien „veränderte Bestimmungen über die Landesvertretung räthlich", die es aber trotzdem nicht rechtfertigten, hier „ein tumultuarisches Verfahren einzuschlagen".[1360]

[1355] Mitglieder waren GUSTAV FRIEDRICH THEODOR VON KÖNIG (Referent), AUGUST FRIEDRICH CLAUß, OTTO VON BÖHLAU, FREIHERR BERNHARD VON HAUSEN, KARL ADOLF GRAF VON HOHENTHAL.

[1356] *Bericht der dritten Deputation der ersten Kammer über den Antrag der Herren Abgeordneten Koch, Dr. Müller, Walther und Jordan, die zu erwartenden Abänderungen der Verfassungsurkunde und des Wahlgesetzes betreffend. Eingegangen am 18. December 1866*, in: LA 1866/68, Beil. 1. K., Bd. 1, S. 17-20.

[1357] LA 1866/68, 2. Abth., S. 45ff.; Mitth. über die Verh. d. LT 1866/86, 1. K., Bd. 1, S. 81ff.

[1358] *Ständische Schrift, den Antrag der Abgeordneten Koch, Dr. Müller, Walther und Jordan wegen der zu erwartenden Vorlagen über Umänderungen der Verfassungsurkunde und des Wahlgesetzes betreffend*, in: LA 1866/68, 1. Abth., Bd. 2, S. 341f.; LA 1866/68, 3. Abth., S. 99; vgl. auch Mitth. über die Verh. d. LT 1866/68, 1. K., Bd. 2, S. 1540. - Allerdings waren die Gesetzesvorhaben bereits in einer Thronrede angekündigt und im Dekret vom 16. November 1866 durch KÖNIG JOHANN bekräftigt worden.

[1359] Zur Person vgl. Sächsische Parlamentarier, hrsg. v. DÖSCHER/SCHRÖDER, S. 463.

[1360] LA 1866/68, 3. Abth., S. 255f.

Wenig später lagen der Entwurf eines Gesetzes, einige Abänderungen der Verfassungsurkunde vom 4. September 1831 betreffend und der Entwurf eines Gesetzes, die Wahlen für den Landtag betreffend zur Beratung vor.[1361] Diese beinhalteten neben der Neufassung des Wahlrechts – nach dem Vorbild des gescheiterten Entwurfs RICHARD FREIHERR VON FRIESENS von 1849/50[1362] – insgesamt eine Anpassung an die neue verfassungsrechtliche Situation des Landes als Mitglied des Norddeutschen Bundes.

1. Die Zusammensetzung der Kammern nach den Entwürfen vom 19. November 1867

Die Gesetzentwürfe vom 19. November 1867 sahen u. a. eine Veränderung der Zusammensetzung der Kammern vor. Der Ersten Kammer sollten nach § 63 Nr. 14 VerfUrk künftig „zehn auf Lebenszeit ernannte Mitglieder, unter denen sich stets mindestens fünf Rittergutsbesitzer befinden müssen“, angehören, somit also das Erfordernis des Rittergutsbesitzes bei fünf ernannten Mitgliedern entfallen. Dabei sollten die verbliebenen Rittergutsbesitzer nach § 65 Abs. 1 VerfUrk Eigentümer der Rittergüter sein und diese mindestens 4.000 Steuereinheiten leisten. Für die Wahl der zwölf auf Lebenszeit gewählten Abgeordneten der Rittergutsbesitzer nach § 63 Nr. 13 VerfUrk verwies § 65 Abs. 1 VerfUrk nach dem RegE auf nähere Regelungen im Wahlgesetz.[1363] Der WahlGE schrieb dafür u. a. in seinem § 13 einen Zensus für die Wählbarkeit von ebenfalls mindestens 4.000 Steuereinheiten vor.[1364]

Als weitaus bedeutsamer erscheinen die Änderungen der Entwürfe für die Zweite Kammer, so vor allem die Abschaffung deren ständischer Gliederung. Die Zweite Kammer sollte zwar nach § 68 VerfUrk auch weiterhin aus 80 Abgeordneten bestehen, von denen waren aber nun 35 in städtischen und 45 in ländlichen Wahlkreisen in direkter Wahl zu bestimmen.[1365] Dabei wurde eine Gleichmäßigkeit bei der Größe der Wahlkreise angestrebt und daher die größeren Städte nach § 16 WahlGE in mehrere Wahlkreise untergliedert.[1366]

[1361] *Decret an die Stände, die Vorlage innenbemerkter Gesetzentwürfe betreffend. Eingegangen bei der II. Kammer am 21. November 1867*, in: LA 1866/68, 1. Abth., Bd. 3, S. 155-182; Mitth. über die Verh. d. LT 1866/68, 2. K., Bd. 3, S. 2613ff.; vgl. dazu im folgenden DIERSCH, Die geschichtliche Entwicklung, S. 149ff.; SCHIMMEL, Die Entwicklung, S. 88ff.; HOFMANN, Die Entwicklung des Wahlrechts, S. 53ff.; MAYER, Staatsrecht, S. 126f.; GOLDT, Parlamentarismus, S. 33ff.; SCHRÖDER, Wahlrecht und Wahlen, in: Wahlen und Wahlkämpfe, hrsg. v. RITTER, S. 95ff.; ROSENBUSCH, Frauenwahlrecht, S. 83.

[1362] vgl. oben, S. 265.

[1363] LA 1866/68, 1. Abth., Bd. 3, S. 156f.; vgl. dazu auch die Motive, a.a.O., S. 172.

[1364] a.a.O., S. 161f. und Motive „Zu § 13.“, a.a.O., S. 178.

[1365] a.a.O., S. 157 und Motive „Zu § 68.“, a.a.O., S. 176.

[1366] a.a.O., S. 162.

Für die Kandidaten in den Wahlkreisen wurde außerdem der bisher bestehende Bezirkszwang aufgehoben, so dass nun jeder, der wählbar war, in jedem Wahlkreis gewählt werden konnte, und nicht mehr nur an seinem Wohnort. Auch sollte die Stellvertretung der Abgeordneten in § 69 VerfUrk abgeschafft werden.[1367]

Nach § 71 VerfUrk war eine Wahlperiode von neun Jahre vorgesehen, wobei eine Drittelerneuerung nunmehr jeweils *vor* Beginn des ordentlichen Landtages aller drei Jahre erfolgen sollte. Allerdings sollte vor dem Zusammentreten des ersten Landtages nach Inkrafttreten des neuen Wahlrechts eine Neuwahl der gesamten Kammer erfolgen und für die ersten beiden Drittelerneuerungen wieder Überleitungsvorschriften wie im Jahre 1831 greifen.[1368]

2. Die Voraussetzungen von Stimmberechtigung und Wählbarkeit nach den Entwürfen von 1867

Stimmberechtigt sollte nach § 1 WahlGE jeder sächsische Staatsangehörige mit Vollendung des 25. Lebensjahres sein, wobei wie bisher eine Reihe von Ausschlussgründen galten. „Ausgeschlossen vom Stimmrecht" waren etwa nach § 2 lit. a) WahlGE weiterhin „Frauenspersonen", aber auch Almosenempfänger, säumige Schuldner und Personen, die ihre staatsbürgerlichen Rechte verloren hatten.[1369] Die Ausschlussgründe unterschieden sich nur unwesentlich von den bisherigen Regelungen. Nach § 3 Abs. 1 WahlGE sollte das Stimmrecht persönlich ausgeübt werden.[1370]

Die Regelungen des Reichstagswahlrechts hielt man – so die Motive – „nicht als geeignet". Aufgrund der sehr allgemein gearteten Aufgaben des Reichstages im Vergleich zum Landtag, billigte man diesem ein weiter gefasstes Wahlrecht zu. Dagegen liege die Hauptaufgabe der einzelnen Landtage der Bundesstaaten nach wie vor in der „gewissenhaften Controle des Staatshaushalts und der besonnenen Fortbildung bestehender Verhältnisse und Einrichtungen", so dass „auch die Voraussetzungen des Stimmrechts verschieden sein" könnten und ferner zu berücksichtigen sei, dass zwar vom Landtagswahlrecht „keine Classen der Bevölkerung" ausgeschlossen würden, es aber wiederum nur Personen erhielten, „welche ihren bürgerlichen Verhältnissen nach zu der Annahme berechtigen, daß ihnen für die nurgedachten Aufgaben

[1367] a.a.O., S. 172ff. und 175.

[1368] a.a.O., S. 157f.

[1369] a.a.O., S. 159 und Motive „Zu § 2.", a.a.O., S. 176. Letzteres wurde von den Ständen nicht angenommen. Der Ausschluss der Frauen vom Stimmrecht findet in den Motiven keine Erwähnung.

[1370] a.a.O., S. 160.

das erforderliche Interesse beiwohnt“. Zu diesem Zweck sei in anderen Ländern das Landtagswahlrecht an das Gemeindewahlrecht gekoppelt worden. In Sachsen seien dafür die Städte- und die Landgemeindeordnung in ihrer jetzigen Form nicht geeignet, da die hierzu erforderliche Überarbeitung der Gemeindeordnungen „eine umfassendere Vorbereitung und eingehendere Erwägung“ erfordere, als sie zurzeit möglich sei.[1371]

Das Stimmrecht für die Zweite Kammer verlangte daher gemäß § 18 WahlGE Eigentum an einem Grundstück und zugleich Wohnsitz an diesem Ort oder einen Zensus von zwei Thl. Grundsteuer und/oder direkte Personalabgaben jährlich, wobei nach § 5 WahlGE – und das für beide Kammern – „dem Ehemanne und Vater der Grundbesitz seiner Ehefrau und der in seiner väterlichen Gewalt befindlichen Kinder, sowie die für Ehefrau und Kinder zu entrichtende Steuer anzurechnen“ war.[1372]

In den Kreis der Stimmberechtigten wurden damit auch mittlere Einkommen und Besitz einbezogen, so dass erheblich mehr Männer stimmberechtigt waren. Das Stimmrecht für die Zweite Kammer konnte nach § 18 Abs. 2 WahlGE aber nur noch an einem Ort ausgeübt werden, für die Erste Kammer nach § 12 WahlGE in jedem der Kreise höchstens einmal.[1373]

Wählbar waren nach § 4 WahlGE Stimmberechtigte ab dem 30. Lebensjahr, die seit mindestens drei Jahren im Besitz der sächsischen Staatsangehörigkeit waren.[1374] Während für die Wählbarkeit zur Ersten Kammer nach § 13 Abs. 1 WahlGE der Rittergutsbesitz „zusammen mit wenigstens 4.000 Steuereinheiten belegt“ sein musste, war für die Wählbarkeit zur Zweite Kammer nach § 20 WahlGE ein Zensus von zehn Thl. Voraussetzung.[1375]

Die Wahl selbst sollte – wie schon nach den Regelungen von 1861 – nach § 28 WahlGE ausschließlich mittels Stimmzetteln und persönlich erfolgen. Eine Übersendung durch die Post, wie bisher für die Urwahlen der Vertreter des Handels- und Fabrikstandes zulässig, war nicht mehr möglich.[1376] Nach § 30 WahlGE galt als gewählt, wer die absolute Mehrheit der Stimmen auf sich vereinigen konnte, andernfalls war eine Stichwahl zwischen den beiden Kandidaten mit den meisten Stimmen erforderlich.[1377]

[1371]a.a.O., S. 174f.

[1372]a.a.O., S. 160 und 162f.

[1373]a.a.O., S. 161 und 163.

[1374]a.a.O., S. 160.

[1375]a.a.O., S. 162f.

[1376]a.a.O., S. 165; vgl. § 84 WahlG 1861 und § 18 d. *Verordnung, die Ausführung des Gesetzes wegen der Wahl der Vertreter des Handels und Fabrikwesens vom 7. März 1839 betreffend*, in: GVBl. 1839, S. 36-50, 41.

[1377]LA 1866/68, 1. Abth., Bd. 3, S. 165.

3. Die Entwürfe in den Beratungen der Kammern

Der Deputationsbericht vom 16. März 1868[1378] empfahl der Zweiten Kammer eine Reihe von Änderungen an den Entwürfen. Das betraf u. a. § 63 Nr. 13 und 14 VerfUrk: Nach Antrag der Deputation sollten zwölf auf Lebenszeit gewählte Ritterguts- oder andere Gutsbesitzer und zehn vom König ernannte Mitglieder, davon mindestens fünf Gutsbesitzer im genannten Sinne, der Ersten Kammer angehören. Diese sollten sämtlich bei Inkrafttreten des Gesetzes neu bestimmt werden. Auch hielt die Deputation bei § 63 Nr. 17 VerfUrk drei Mitglieder des Handels- und Fabrikstandes für ausreichend, die vom König ernannt werden sollten, „damit irgend welchen politischen Partheitreiben die Abordnung der Mitglieder entrückt werde“.[1379]

Hinsichtlich der Zusammensetzung der Zweiten Kammer war man mit der Aufgabe des ständischen Prinzips einverstanden, da infolge der Eingliederung Sachsens in den Norddeutschen Bund und das aus diesem hervorgegangene Kaiserreich eine Anpassung der Sächsischen Verfassung an die Reichsverfassung unvermeidbar erschien,[1380] und empfahl hier die Annahme der Regierungsvorlage.[1381] Auch sprach man sich für eine Verkürzung der Wahlperiode von neun auf sechs Jahre mit zweijährigem Sitzungsturnus aus.[1382]

§ 1 WahlGE, „die Bestimmung, daß das active Wahlrecht, die Stimmberechtigung, erst mit dem 25. Lebensjahre anheben solle, ist entsprechend sowohl dem Reichstagswahlgesetze, als dem derzeitigen Landtagswahlgesetze; die Deputation empfiehlt dessen Annahme“. Ebenso folgte man der Erweiterung des Stimmrechts durch Verminderung der Ausschlussgründe in § 2 WahlGE, wie dem Mindestalter von 30 Jahren für das passive Wahlrecht in § 3 WahlGE.[1383] Bei den §§ 16ff., die u. a. den Zensus für das aktive Wahlrecht

---

[1378] *Bericht der ersten Deputation der zweiten Kammer über die Gesetzentwürfe: A., einige Abänderungen der Verfassungsurkunde vom 4. September 1831, und B., die Wahlen für den Landtag betreffend. Eingegangen den 16. März 1868*, in: LA 1866/68, Beil. 2. K., Bd. 3, S. 373-418. Mitglieder der überwiegend konservativen Deputation waren FRIEDRICH THEODOR VON CRIEGERN, HEINRICH THEODOR KOCH, FRIEDRICH RAIMUND SACHSSE (Referent), THEODOR GRAF UND EDLER HERR ZUR LIPPE-BIESTERFELD, OTTO HERMANN KRAUSSE und LEONÇE ROBERT FREIHERR VON KÖNNERITZ. Einzelne Minoritätsvoten sollen im Folgenden unberücksichtigt bleiben.

[1379] a.a.O., S. 377ff.

[1380] vgl. dazu GROSS, Geschichte Sachsens, S. 240f.

[1381] LA 1866/68, Beil. 2. K., Bd. 3, S. 379ff. Mit Ausnahme des Abg. HEINRICH THEODOR KOCH, der seinen Minderheitenantrag aufrechterhielt, die Trennung in städtische und ländliche Wahlkreise ebenfalls zu beseitigen.

[1382] a.a.O., S. 383f.

[1383] a.a.O., S. 388f.

regelten, folgten zumindest drei Deputationsmitglieder der Regierungsvorlage. Die Abg. FRIEDRICH THEODOR VON CRIEGERN (1801-1870)[1384] und LEONÇE ROBERT FREIHERR VON KÖNNERITZ (1835-1890)[1385] schlugen einen Zensus von zehn Thl. in den städtischen und von 20 Thl. in den ländlichen Wahlkreisen vor, damit könne „der Gefahr vorgebeugt werden, die aus dem Übergewichte der großen Massen bei Ausübung des nur nach Kopfzahl bemessenen Wahlrechts notwendiger Weise hervorgehen muß".[1386]

Nach Vorschlag einer Deputationsmehrheit sollte für die Wahl zum Abgeordneten im Gegensatz zum Regierungsentwurf bei § 30 WahlGE nunmehr bereits zur Vermeidung von „unnöthigem Zeit- und Kostenaufwande" die einfache Mehrheit im Ersten Wahlgang ausreichend sein.[1387]

Die Debatte setzte sich neben der Zusammensetzung der Ersten Kammer vor allem mit der Wahlkreisaufteilung und dem Wahlmodus der Abgeordneten der Zweiten Kammer auseinander.[1388] Wie von der Deputation vorgeschlagen, wurde im Entwurf A. der neue § 63 VerfUrk dahingehend formuliert, dass nunmehr nach Ziff. 13 „zwölf auf Lebenszeit gewählte Abgeordnete der Besitzer von Rittergütern und anderen ländlichen Gütern des platten Landes" sowie nach Ziff. 14 „zehn vom Könige auf Lebenszeit ernannte Mitglieder, unter denen sich stets mindestens fünf Besitzer von Gütern der sub 13 gedachten Art befinden müssen". Weiterhin folgte die Kammer einem Antrag des Leipziger Abg. HERMANN BECKMANN, statt den von der Regierung akzeptierten drei nunmehr „fünf vom König ernannte Mitglieder der Handels- und Gewerbekammer" aufzunehmen.[1389]

In der Frage der Voraussetzungen der Wahl der Abgeordneten nach § 63 Nr. 13 VerfUrk sollten die näheren Bestimmungen nach Auffassung der Kammer zwar auch weiterhin einem Wahlgesetz überlassen werden. In § 65 Abs. 1 VerfUrk fand nun aber auch ausdrücklich Aufnahme, unter welchen Voraussetzungen ein Ritter- oder anderes großes Gut einen Sitz in der Ersten Kammer erhalten könne: Es musste im Eigentum des der Kammer angehörigen Gutsbesitzers stehen und zudem einen Zensus von 3.000 Steuereinheiten erbringen.[1390]

Bei der Zusammensetzung der Zweiten Kammer gemäß § 68 VerfUrk folgte die Kammer mehrheitlich der Deputationsmehrheit und sprach sich für 35

[1384]Zur Person vgl. V. BOETTICHER, Geschichte des Oberlausitzischen Adels, Bd. 1, S. 272.

[1385]Zur Person vgl. Sächsische Parlamentarier, hrsg. v. DÖSCHER/SCHRÖDER, S. 189.

[1386]LA 1866/68, Beil. 2. K., Bd. 3, S. 392ff.

[1387]a.a.O., S. 401f.

[1388]Mitth. über die Verh. d. LT 1866/68, 2. K., Bd. 3, S. 2613ff.; vgl. LA 1866/68, 3. Abth., S. 646, 649ff. und 656ff.

[1389]LA 1866/68, 3. Abth., S. 650; Mitth. über die Verh. d. LT 1866/68, 2. K., Bd. 3, S. 2674.

[1390]LA 1866/68, 3. Abth., S. 651; Mitth. über die Verh. d. LT 1866/68, 2. K., Bd. 3, S. 2676.

städtische und 48 ländliche Abgeordnete aus.[1391] Ebenso fand die Aufhebung der Stellvertretung in § 69 VerfUrk und die Verkürzung der Wahlperiode in § 71 VerfUrk Zustimmung.[1392]

Die Zweite Kammer beschloss einstimmig, dass „der Genuß der staatsbürgerlichen Rechte .. unabhängig von dem religiösen Glaubensbekenntnis" einzuräumen sei und die Regierung zu ermächtigen, dazu weitere Gesetzesänderungen vorzunehmen.[1393]

Die §§ 1ff. WahlGE nahm die Kammer einstimmig an.[1394] Zu § 18 WahlGE führte die Kammer dagegen eine längere Debatte über die Frage des Zensus. Eine wesentliche Rolle spielte hier die Frage der Einführung des allgemeinen Wahlrechts und damit verbunden auch die Entscheidung zwischen einem Ein- oder Zweikammer-System. Nach dem Reichstagswahlrecht würden nämlich die Arbeiter von vornherein nicht von der Teilnahme an der Wahl ausgeschlossen. Dort gäbe es das Korrektiv der Diätenlosigkeit der Abgeordnetentätigkeit, das eine Mandatsausübung für Personen ohne hinreichende finanzielle Grundlage – und damit zugleich mutmaßliche sozialdemokratische Parteigänger – von vornherein unmöglich mache.

Das Spektrum der Anträge von Abg. aus der Kammer reichte von der weitgehenden Beibehaltung der städtischen Gliederung bis hin zur Einführung eines allgemeinen Stimmrechts.[1395] Letzteres wurde von dem Abg. OSKAR AUGUST KRETZSCHMAR (1827-1886)[1396] aus Großenhain in Form einer Änderung des § 18 WahlGE beantragt, wonach „das Stimmrecht allen nach §§. 1 und 2 dazu befähigten Ortseinwohnern" gewährt werden sollte.[1397] Freilich war auch das nur ein allgemeines Männerstimmrecht.

Die Opposition forderte die Rückkehr zu dem noch über das allgemeine Wahlrecht hinausgehenden Gesetz von 1848.[1398] Während ein Zensus von zwei Thl. Gewerbe- und Personalsteuer – so der altliberale Abg. FRIEDRICH RAIMUND SACHßE (1817-1898)[1399] – 69.000 Männern das Stimmrecht einräumen würde, wären es bei einem Zensus von einem Thl. 50.700 mehr. Ein

---

[1391] LA 1866/68, 3. Abth., S. 654; Mitth. über die Verh. d. LT 1866/68, 2. K., Bd. 3, S. 2693f.

[1392] LA 1866/68, 3. Abth., S. 656f.; Mitth. über die Verh. d. LT 1866/68, 2. K., Bd. 3, S. 2696f.

[1393] LA 1866/68, 3. Abth., S. 659; Mitth. über die Verh. d. LT 1866/68, 2. K., Bd. 3, S. 2700. Dem folgte auch die Erste Kammer auf Vorschlag ihrer Deputation einstimmig. – Mitth. über die Verh. d. LT 1866/68, 1. K., Bd. 2, S. 1574f.

[1394] LA 1866/68, 3. Abth., S. 659; Mitth. über die Verh. d. LT 1866/68, 2. K., Bd. 3, S. 2700f.

[1395] Im Einzelnen dargestellt bei DIERSCH, Die geschichtliche Entwicklung, S. 158ff.

[1396] Zur Person vgl. Sächsische Parlamentarier, hrsg. v. DÖSCHER/SCHRÖDER, S. 413.

[1397] Mitth. über die Verh. d. LT 1866/68, 2. K., Bd. 3, S. 2705ff.

[1398] Dazu oben, Kap. IV, S. 142ff.

[1399] Zur Person vgl. Sächsische Parlamentarier, hrsg. v. DÖSCHER/SCHRÖDER, S. 456.

allgemeines Stimmrecht ohne Zensus führe sogar zu einer Anzahl von über 300.000 Stimmberechtigten.[1400] Trotzdem wurde der weitaus erfolgversprechendere Vorschlag der Deputationsmehrheit unterstützt.

Dieser fand schließlich auch eine Mehrheit in der Kammer, so dass § 18 WahlGE gegen 24 Stimmen beschlossen und damit der Zensus gegenüber dem Regierungsentwurf auf einen Thl. abgesenkt wurde.[1401] Ebenso wurde der Antrag der Deputationsmehrheit zu § 30 WahlGE angenommen, der das im Entwurf vorgesehene Prinzip der absoluten Mehrheit durch das der relativen Mehrheit ersetzte.[1402] Schließlich beschloss die Zweite Kammer die so geänderten Entwürfe am 24. März 1868 mit der verfassungsändernden Zweidrittelmehrheit von 64 gegen 10 Stimmen.[1403]

In ihrer Sitzung am 16. April beschäftigte sich die Erste Kammer mit den Entwürfen. Sie unterstützte ebenfalls grundsätzlich die Reform des Wahlrechts,[1404] war aber vor allem mit den sie selbst betreffenden Beschlüssen der Zweiten Kammer nicht einverstanden.

Zuvor hatte sich schon ihre vorberatende Deputation[1405] nicht auf ein einheitliches Votum einigen können. Die Deputationsmehrheit[1406] stimmte zwar in wesentlichen Zügen dem Beratungsergebnis der Zweiten Kammer zu. Streitig blieb hier aber die Frage der künftigen Zusammensetzung der Ersten Kammer. Man erkannte die Notwendigkeit, in der Zweiten Kammer die ständische Gliederung weitgehend aufzugeben, sehr wohl an, da „durch die Ablösung der gutsherrlichen Gerechtsame und Gefälle, Entziehung der Jagdberechtigung, der Gerichtsbarkeit, Auflösung des Lehnverbandes nach unten, der gänzlich veränderten Richtung der Zeit, das Emporblühen des Bauerstandes an Wohlhabenheit und Intelligenz .. der frühere Unterschied zwischen ritterschaftlichem und bäuerlichem Grundbesitze thatsächlich [Herv. i. O.] im Laufe

---

1400 Mitth. über die Verh. d. LT 1866/68, 2. K., Bd. 3, S. 2693.

1401 LA 1866/68, 3. Abth., S. 661; Mitth. über die Verh. d. LT 1866/68, 2. K., Bd. 3, S. 2710.

1402 Damit entfiel die Notwendigkeit eines zweiten Wahlgangs, wenn keiner der Kandidaten im ersten Wahlgang die erforderliche Mehrheit erreicht hatte. – LA 1866/68, 3. Abth., S. 662; Mitth. über die Verh. d. LT 1866/68, 2. K., Bd. 3, S. 2715.

1403 LA 1866/68, 3. Abth., S. 664; Mitth. über die Verh. d. LT 1866/68, 2. K., Bd. 3, S. 2719.

1404 vgl. LA 1866/68, 2. Abth., S. 516ff.; Mitth. über die Verh. d. LT 1866/68, 1. K., Bd. 2, S. 1546ff.

1405 Mitglieder waren LUDWIG EDUARD VICTOR VON ZEHMEN, Bürgermeister JOHANN FRIEDRICH MÜLLER, ERNST LUDWIG HENNIG, KARL FRIEDRICH RUDOLF HEINZE, GUSTAV FRIEDRICH THEODOR VON KÖNIG (Referent).

1406 *Bericht der ersten Deputation der ersten Kammer über das Königliche Dekret Nr. 77: A. den Entwurf eines Gesetzes, einige Abänderungen der Verfassungsurkunde vom 4. September 1831, B. den Entwurf eines Gesetzes, die Wahlen für den Landtag betreffend. Eingegangen den 7. April 1868*, in: LA 1866/68, Beil 1. K., Bd. 1, S. 597-695; vgl. Mitth. über die Verh. d. LT 1866/68, 1. K., Bd. 2, S. 1540ff.

der Zeit fast gänzlich verwischt und … wesentlich nur noch der Unterschied der Lebensinteressen zwischen Stadt und Land übrig geblieben" sei.[1407]

Die Deputationsmitglieder LUDWIG EDUARD VICTOR VON ZEHMEN (1812-1892)[1408] – zugleich Referent – und ERNST LUDWIG HENNIG, Bürgermeister zu Grimma, waren der Überzeugung, dass die Erste Kammer sehr wohl in ihrer gegenwärtigen Zusammensetzung fortbestehen solle. Der ritterschaftliche Grundbesitz habe gegenüber den großen Bauerngütern keine besondere „Geltung und Bedeutung im Staatsleben" mehr als durch die besondere Größe des Landbesitzes. Da es aber ebenso große bäuerliche Besitzungen gebe, müssten diesen die gleichen Rechte wie den Rittergütern zugestanden werden. Zugleich könnten aber die kleinen Rittergüter und solche ohne Grundbesitz „kein besonders bevorzugtes [Herv. i. O.] Wahl- und Stimmrecht mehr beanspruchen".[1409]

Das Deputationsmitglied GUSTAV FRIEDRICH THEODOR VON KÖNIG vertrat dagegen die Ansicht, dass „der staatsrechtliche und tatsächliche Unterschied zwischen Ritterguts- und anderem Grundbesitze noch keineswegs völlig aufgehoben" sei und daher zumindest die herausgehobene Stellung des ritterschaftlichen Grundbesitzes in der Ersten Kammer unangetastet bleiben solle. Er bezog sich dabei insbesondere auf das Patronatsrecht und die Exemtion der Rittergüter nach § 20 LGO. Es läge „auch hinsichtlich eines Stimmrechts in Begriff der Wahlen für die erste Kammer .. keine Veranlassung vor, es den kleineren Rittergütern, welche dasselbe bisher ausübten, zu entziehen und an Andere zu übertragen".[1410]

Die Deputationsmehrheit sprach sich außerdem für die Beibehaltung des Zweikammersystems aus, da „in keinem Staate von irgend einiger Bedeutung, der für uns maßgebend sein könnte, er möge eine monarchische oder republikanische Verfassung haben" ein Einkammersystem bestehe.[1411] Außerdem stütze die Erste Kammer in ihrer besonderen Zusammensetzung die staatliche Ordnung, wogegen die Zweite Kammer Interessengegensätze kanalisiere. Auch die geltenden wie die früheren Gesetze „schließen den Arbeiterstand keineswegs principiell vom Stimmrechte aus. Schon nach dem Gesetze vom 19. October 1861 ist jeder Angesessene stimmberechtigt, ohne Beschränkung durch einen Census". Vor allem auf dem Lande und in den kleineren

[1407]Mitth. über die Verh. d. LT 1866/68, 1. K., Bd. 2, S. 1540.

[1408]1871/72-1889/90 Präsident der Ersten Kammer. – zur Person MATZERATH, Ludwig Eduard Victor v. Zehmen, in: Präsidenten und Abgeordnete, S. 23-24; V. BOETTICHER, Geschichte des Oberlausitzischen Adels, Bd. 3, S. 153 und 155.

[1409]Mitth. über die Verh. d. LT 1866/68, 1. K., Bd. 2, S. 1541.

[1410]a.a.O., S. 1542.

[1411]Die kurhessische Verfassung von 1831 sah bereits ein Einkammerparlament vor!

Städten seien unter den Angesessenen auch viele Arbeiter. „Will man dagegen auch der unangesessenen [Herv. i. O.], hin und her fluctuirenden Arbeiterbevölkerung der Städte, namentlich der größeren, sowie der Fabrik- und Bergbaudistricte, unterschiedslos das Stimmrecht in unseren öffentlichen Angelegenheiten geben", so bestehe die Gefahr, dass die Unangesessenen die Wahlen entscheiden und „einen unbilligen überwiegenden Einfluß auf die Geschicke des ganzen Landes gewinnen würde[n]". Daher könne man – trotz seiner Geltung für die Wahlen zum Reichstag des Norddeutschen Bundes[1412] – die Einführung eines allgemeinen Wahlrechts nicht empfehlen.[1413]

In seinem Separatvotum trat der bäuerliche Abg. KARL FRIEDRICH RUDOLF HEINZE (1825-1896)[1414], Professor für Strafrecht, Strafprozess und Rechtsphilosophie in Leipzig und Abg. des Reichstages des Norddeutschen Bundes, für die Einführung eines allgemeinen Wahlrechts für die Zweite Kammer ein: „die politische Freiheit [muss] sich auf alle erstrecken, welche ohne Mittelperson, d. h. persönlich selbständig dem Staate gegenüber stehen und zugleich eine größere oder geringere ökonomische Selbständigkeit durch Zahlung directer Steuern von irgend welchem Betrage bewähren". Allerdings sollte das nun doch nicht so ganz für alle gelten: „Nur die Ausnahmen sind zulässig und nothwendig [Herv. i. O.], welche Geschlecht, Alter, Bescholtenheit u. s. w. mit sich bringen."[1415] HEINZES Stellungnahme bezieht damit zumindest überhaupt zur Frage des Wahlrechts von Frauen Position, wenn auch kategorisch ablehnend. Außerdem sprach er sich damit ausdrücklich für ein „gemäßigtes" allgemeines Wahlrecht aus, „gemäßigt durch das Erforderniß eines höheren Alters, directer Steuerzahlung und persönlicher Selbständigkeit. Das andere ist ungemäßigt; um nicht zu sagen maßlos. Jenes giebt man freiwillig, wenn man will; dieses gewährt man gezwungen, weil man muß."[1416]

Sogar einen sehr niedrigen Zensus sah er als schädlich an, denn „je geringer die Zahl Derer ist, denen er Vorrechte giebt, desto leichter wird er von den Ausgeschlossenen ertragen". Er verschärfe daher nur die Gegensätze; und auch unter den Niedrigbesteuerten befinde sich „eine sehr große Anzahl durchaus gemäßigter und loyal gesinnter Männer …, deren conservativer

---

[1412] Mit diesem lägen noch nicht genügend Erfahrungen vor und es besäße im Gegensatz zu Sachsen das Korrektiv der Diätenlosigkeit der Mandate.

[1413] Mitth. über die Verh. d. LT 1866/68, 1. K., Bd. 2, S. 1542ff. – Während man darüber hinaus die Abschaffung des Bezirkszwanges trotz erheblicher Bedenken billigte, konnte man sich mit dem Wegfall der Stellvertretung für die Abg. nicht einverstanden erklären.

[1414] Vom 26. Oktober bis 13. November 1918 sächsischer Ministerpräsident. – zur Person vgl. Sächsische Parlamentarier, hrsg. v. DÖSCHER/SCHRÖDER, S. 392; TEICHMANN, Heinze, Rudolf, in: ADB, Bd. 50 (1905), 153-155.

[1415] Mitth. über die Verh. d. LT 1866/68, 1. K., Bd. 2, S. 1544.

[1416] So in einem zweiten Redebeitrag. – a.a.O., S. 1552.

Sinn in diesem neuen Rechte eine Stütze finden würde".[1417] Damit nahm er die Argumentation der bürgerlichen Kritiker der Einführung des Dreiklassenwahlrechts knapp zwanzig Jahre später voraus.

Als Korrektiv gegen einen möglichen Missbrauch des allgemeinen Wahlrechts sollten vor allem eine unverändert zusammengesetzte Erste Kammer kraft ihrer verfassungsrechtlichen Funktion, und daneben u. a. die „Prärogation der Krone" und eine sechsjährige Wahlperiode mit partieller Erneuerung, sowie letztlich sogar die Verfassung des Norddeutschen Bundes wirken.[1418]

HEINZE erhielt in der Debatte für sein Sondervotum selbst von KARL ADOLF GRAF VON HOHENTHAL (1811-1875)[1419], vom König ernannter Rittergutsbesitzer und Mitunterzeichner des Friedens von Berlin, sowie etwa EGON HEINRICH GUSTAV FREIHERR VON SCHÖNBERG-BIBRAN, dem Klostervoigt von St. Marienstern, CURT ERNST VON POSERN (1804-1879)[1420] und BERNHARD FREIHERR VON ROCHOW, beachtliche Unterstützung,[1421] während die übrigen Redner in der allgemeinen Debatte weitgehend die Deputationsmehrheit unterstützten.

Staatsminister HERMANN VON NOSTITZ-WALLWITZ (1826-1906) verteidigte den Ein-Thaler-Zensus des Regierungsentwurfs und lehnte HEINZES Ansicht ab. Die Forderung nach einem allgemeinen Stimmrecht sei bisher immer nur mit der nach der Aufhebung der Ersten Kammer verbunden worden. Es sei geradezu naiv, zu glauben, dass eine Erweiterung des Stimmrechts nie mit Nachteilen verbunden sei. Die Exekutive könne in ihrer derzeitigen Form nie einem Missbrauch Einhalt gebieten. Dazu bedürfe es „einer großen Präsenz der bewaffneten Macht", der „Beschränkung der Presse und des Vereinsrechtes und große Ausdehnung der Polizeigewalt". Daher werde das weder vom Volke akzeptiert werden, noch dauerhaft eine Sicherheit bieten. Außerdem könne „man in Bezug auf das Wahlrecht niemals rückwärts reformiren ..; jede Reform in dieser Beziehung kann nur eine ausdehnende sein".[1422]

Hinsichtlich der konkreten Beschlusspunkte empfahl die Deputation der Kammer, nur dann der Fassung des § 63 VerfUrk der Zweiten Kammer zuzustimmen, wenn zugleich der Zensus für das Vorliegen eines größeren ländlichen Grundbesitzes in der VerfUrk und nicht nur im Wahlgesetz auf 3.000 Steuereinheiten festgelegt werde. Der Abg. VON KÖNIG lehnte die Änderungen der Zweiten Kammer dagegen ab und wollte stattdessen die bisherige Regelung

[1417]Mitth. über die Verh. d. LT 1866/68, 1. K., Bd. 2, S. 1545.

[1418]a.a.O., S. 1545f.

[1419]Zur Person vgl. V. BOETTICHER, Geschichte des Oberlausitzischen Adels, Bd. 1, S. 752.

[1420]Zur Person vgl. a.a.O., Bd. 2, S. 494f.

[1421]Die Anhängerschaft der beiden Standpunkte der Deputation in der Kammer war offenbar ungefähr gleich stark.

[1422]Mitth. über die Verh. d. LT 1866/68, 1. K., Bd. 2, S. 1570f.

von 2.000 Thl. Zensus beibehalten oder zumindest dem Regierungsentwurf folgen. Diesen Grundsatz vertrat auch HEINZE in seinem Separatvotum.[1423]

Einer Erhöhung der Mitgliederzahl der Ersten Kammer auf 46 (ohne die volljährigen Prinzen) mit einer Überzahl von 24 Nichtgrundbesitzern zu 22 Grundbesitzern konnte die Deputationsmehrheit nicht zustimmen, war aber – anders als VON KÖNIG und HEINZE – nicht prinzipiell gegen die Aufnahme von Vertretern des Handels-, Fabrik- und Gewerbestandes. Daher beantragte man die Aufnahme von zwölf auf Lebenszeit gewählten Vertretern der Ritter- und anderen ländlichen Güter mit einem Zensus von mindestens 3.000 Steuereinheiten, zehn vom König ernannter Mitglieder, davon mindestens fünf derartige Grundbesitzer und drei vom König zu ernennender Mitglieder des Handels-, Fabrik- oder Gewerbestandes.[1424]

Nach einer längeren und sehr kontroversen Debatte erhielt von den Änderungsanträgen der Kammer lediglich der des Abg. HEINRICH OTTO VON ERDMANNSDORFF (1815-1888)[1425], nach § 63 Nr. 14 VerfUrk künftig 15 Mitglieder vom König auf Lebenszeit in die Erste Kammer zu berufen, von denen mindestens zehn Rittergutsbesitzer sind, die erforderliche Mehrheit.[1426] Als Zensus für die Wählbarkeit der Rittergutsbesitzer i. S. v. § 63 Nr. 13 und 14 VerfUrk folgte man OSWALD VON NOSTITZ' (1830-1885) Antrag und legte den Zensus auf 4.000 Steuereinheiten fest.[1427] Die Kammer folgte obendrein der Deputation, gegen den Beschluss der Zweiten Kammer zu stimmen, „die Erneuerung in den Stellen sub 13 und 14 sofort mit der Giltigkeit des Gesetzentwurfs eintreten zu lassen".[1428]

Breiten Raum nahm in der Debatte die Frage des allgemeinen Wahlrechts zur Zweiten Kammer ein. Im Ergebnis wurde HEINZES Ergänzungsantrag zu § 68 VerfUrk mit dem Inhalt, den Zensus in der Form abzuschaffen, dass eine bestimmte Mindeststeuerleistung erreicht werden müsse und stattdessen die Steuerpflichtigkeit zur direkten Steuer – gleich welcher Höhe – als ausreichend für das Wahlrecht zur Zweiten Kammer anzusehen, mit 31 gegen 7 Stimmen abgelehnt.[1429] In seiner Antragsbegründung führt er detailliert das von ihm geforderte „gemäßigte allgemeine Wahlrecht" aus. Er war keinesfalls der Auffassung, dass dieses „ein Naturrecht, als ein angeborenes Recht"

[1423] Mitth. über die Verh. d. LT 1866/68, 1. K., Bd. 2, S. 1575f.; zu den Beschlüssen der Kammer i. E. vgl. auch DIERSCH, Die geschichtliche Entwicklung, S. 170ff.

[1424] Mitth. über die Verh. d. LT 1866/68, 1. K., Bd. 2, S. 1577.

[1425] Zur Person V. BOETTICHER, Geschichte des Oberlausitzischen Adels, Bd. 1, S. 356.

[1426] Mitth. über die Verh. d. LT 1866/68, 1. K., Bd. 2, S. 1592f.

[1427] a.a.O., S. 1598.

[1428] Mitth. über die Verh. d. LT 1866/68, 1. K., Bd. 2, S. 1603.

[1429] a.a.O., S. 1603 und 1610.

sei und deshalb „Jedermann im Staate mit zu stimmen und zu wählen habe“. Stattdessen sei es ein „in Beziehung auf unsere staatlichen Verhältnisse natürliches Recht“. Es stehe in einem direkten Zusammenhang mit den Pflichten gegenüber dem Staat, zu denen alle herangezogen werden, die dazu in der Lage sind, insbesondere der Steuerpflicht und der Wehrpflicht. Der Staat könne aber „politische Pflichten von so bedeutendem Umfange und so einschneidender Wichtigkeit der Gesamtbevölkerung nicht auferlegen, ohne ihr correspondirende politische Rechte einzuräumen“. Der „Stand des Kriegers [werde] vor Allem dadurch geadelt, daß der feindlichen Kugel gegenüber der General und Gemeine gleich sind; es läßt sich wohl behaupten, daß das allgemeine und gleiche Wahlrecht durch einen ganz ähnlichen Zug geadelt wird, sofern nämlich an der Wahlurne nur der Mann als solcher gilt, ohne alle Rücksicht auf die Eigenschaften, die nicht mit dem innersten Wesen der Manneswürde verflochten sind“.[1430] Danach konnte freilich ein Wahlrecht für Frauen als Teil dieses allgemeinen und gleichen Wahlrechts überhaupt nicht auch nur im Geringsten in Erwägung gezogen werden.

Bei der Schlussabstimmung wurde das Gesetz, einige Abänderungen der Verfassungsurkunde vom 4. September 1831, sowie der Nachtragsgesetze zu derselben vom 5. Mai 1851 und 19. Oktober 1861 betreffend, ohne weitere wesentliche Abweichungen vom Beratungsergebnis der Zweiten Kammer mit 36 gegen 2 Stimmen angenommen.[1431]

Der Entwurf des Wahlgesetzes betraf nunmehr die näheren Regelungen zu Umfang und Ausübung des Stimmrechtes. Hinsichtlich „der Gründe der Ausschließung vom Stimmrechte“ nach § 2 d. E. fasste die Kammer einstimmig den Beschluss, wie von der Deputation vorgeschlagen, den lit. e, f und g in der Fassung der Zweiten Kammer nicht zu folgen, da diese von einer noch ausstehenden, separaten Gesetzesvorlage über den Entzug der bürgerlichen Ehrenrechte betroffen seien, und stattdessen die entsprechenden Regelungen von 1861 beizubehalten.[1432] Ebenso folgte die Erste Kammer bei den §§ 3, 4, 5, 6, 7, 8, 9 d. E. fast unverändert dem Vorschlag der Deputation der Zweiten Kammer.[1433]

Bei §§ 10ff. d. E. wurde die Fassung des RegE beschlossen, da man zuvor auch den Änderungen bei § 63 Ziff. 13 VerfUrk zur Zusammensetzung der Ersten Kammer nicht gefolgt war und passte auch § 13 entsprechend dem bereits beschlossenen Zensus für die Wählbarkeit von 4.000 Steuereinheiten

---

[1430]a.a.O., S. 1603f. Unselbständigkeit sollte vom Wahlrecht ausschließen. – a.a.O., S. 1606.
[1431]Mitth. über die Verh. d. LT 1866/68, 1. K., Bd. 2, S. 1618; vgl. LA 1866/68, 2. Abth., S. 533.
[1432]Mitth. über die Verh. d. LT 1866/68, 1. K., Bd. 2, S. 1618f.
[1433]a.a.O., S. 1619.

an.[1434] Auch der in § 18 d. E. geregelte Zensus für die Stimmberechtigung zur Zweiten Kammer, der gegenüber dem Regierungsentwurf von zwei auf einen Thl. von der Zweiten Kammer herabgesetzt worden war,[1435] fand die Mehrheit der Kammer. Die Wählbarkeit zur Zweiten Kammer nach § 20 d. E. hatte die Zweite Kammer u. a. an einen Zensus von 10 Thl. geknüpft. Während HEINZE und VON HOHENTHAL auch hier die Abschaffung des Zensus verlangten, was mit 32 gegen 4 Stimmen abgelehnt wurde,[1436] nahm die Kammer die Vorschrift unverändert an.

Bei § 30 blieb man auf Anraten der Deputation beim Regierungsentwurf. Die Zweite Kammer hatte beschlossen, dass für die Wahl zum Abgeordneten der Zweiten Kammer statt der absoluten, bereits die relative Mehrheit im ersten Wahlgang ausreichend sein sollte.[1437]

In der Schlussabstimmung der 35 anwesenden Mitglieder der Ersten Kammer über den Wahlgesetzentwurf stimmte lediglich CURT ERNST VON POSERN (1804-1879) gegen die Novelle. Die Kammer fasste außerdem den Beschluss, die eingegangenen wahlrechtlichen Petitionen auf sich beruhen zu lassen.[1438]

Die Zweite Kammer war in ihrer Sitzung am 20. Mai 1868 bei der Beratung des nunmehr zweiten Berichts ihrer Deputation[1439] nicht bereit, in wesentlichen Differenzpunkten, wie vor allem der Zusammensetzung der Ersten Kammer, ihren Standpunkt aufzugeben,[1440] so dass das Vereinigungsverfahren nach §§ 91 und 131 VerfUrk beschritten wurde.

Die nunmehr von den Kammern gemeinsam gebildete Vereinigungsdeputation konnte sich allerdings ebenfalls nicht auf einen Kompromiss verständigen.[1441] Die Deputationsmehrheit wollte nun – wie die Zweite Kammer – auch

---

[1434] a.a.O., S. 1622ff.

[1435] Es wurde ausgeführt, dass bei einem Zensus von zwei Talern die Zahl der Stimmberechtigten 68.000 und bei einem Zensus von einem Thl. 119.700, also 50.700 mehr betragen würde. Bei einem Wegfall des Zensus müsste mit einer Zunahme um über 300.000 gerechnet werden. – a.a.O., S. 1626.

[1436] a.a.O., S. 1630f.

[1437] Mitth. über die Verh. d. LT 1866/68, 1. K., Bd. 2, S. 1635.

[1438] a.a.O., S. 1643; vgl. LA 1866/68, 2. Abth., S. 543.

[1439] *Bericht der ersten Deputation der zweiten Kammer über die Differenzen in den Beschlüssen beider Kammern hinsichtlich: A. des Entwurfs eines Gesetzes, einige Abänderungen der Verfassungsurkunde vom 4. September 1831 betreffend, und B. des Entwurfs eines Gesetzes, die Wahlen für den Landtag betreffend. Eingegangen am 18. Mai 1868*, in: LA 1866/68, Beil. 2. K., Bd. 3, S. 817-827.

[1440] LA 1866/68, 3. Abth., S. 852f.; Mitth. über die Verh. d. LT 1866/68, 2. K., Bd. 4, S. 3626ff.

[1441] *Bericht des Referenten der ersten Deputation der ersten Kammer über das Ergebniß des Vereinigungsverfahrens in Betreff der Differenzpunkte in den Beschlüssen beider Kammern hinsichtlich der Gesetzentwürfe: A. einige Abänderungen der Verfassungsurkunde, B. Die Wahlen zum Landtage betreffend. Eingegangen am 25. Mai 1868,* in: LA 1866/68, Beil. 1. K., Bd. 3, S. 549-556.

den Kreis der schon bisher ohne Zensus stimmberechtigten Besitzer von Rittergütern um die der Besitzer anderer ländlicher Güter erweitern und – entsprechend der bisherigen Position der Ersten Kammer – für beide den Zensus für die Wählbarkeit auf 4.000 Steuereinheiten festlegen. Eine Minderheit blieb bei ihrer bisherigen Auffassung, die im Hinblick auf das Stimmrecht die Rittergutsbesitzer dem Zensus der bäuerlichen Grundbesitzer unterstellen wollte.[1442] Bei § 30 WahlGE verständigte man sich zwar auf die relative Mehrheit der abgegebenen gültigen Stimmen, jedoch sollte der Kandidat für seine Wahl mindestens ein Drittel davon auf sich vereinigen müssen.[1443]

Das Beratungsergebnis gelangte zunächst in die Erste Kammer. Diese nahm – um die Wahlreform als solche nicht zu gefährden – trotz erheblicher Bedenken den Vorschlag der Deputationsmehrheit weitgehend an.[1444] Der Berichterstatter der Vereinigungsdeputation, VON ZEHMEN, informierte die Kammer nicht nur darüber, dass man sich inzwischen über die Verankerung der Bestimmung hinsichtlich einer Gewährung der bürgerlichen und staatsbürgerlichen Rechte unabhängig vom religiösen Bekenntnis in der Verfassung geeinigt habe, sondern auch über das Fortbestehen von Differenzen zur Zusammensetzung der Ersten Kammer.

Der von der Mehrheit der Vereinigungsdeputation getragene Vermittlungsvorschlag sah vor, keinen Unterschied hinsichtlich der Voraussetzungen ihrer Wählbarkeit zwischen den Rittergutsbesitzern und den bäuerlichen Gutsbesitzern in § 63 Nr. 13 VerfUrk zu machen und den Zensus für beide auf 4.000 Steuereinheiten festzusetzen. Die Stimmberechtigung wollte man dagegen allen Rittergutsbesitzern zugestehen und den Bauerngütern ab einem Zensus von 3.000 Steuereinheiten. Die Ernennung durch den König in § 63 Nr. 14 VerfUrk sollte nur für Rittergutsbesitzer gelten und zusätzlich aber noch nach Nr. 17 fünf Mitglieder anderer Berufsklassen nach freier königlicher Wahl ernannt werden. Damit würde sich auch die Zahl der Mitglieder der Ersten Kammer um fünf erhöhen. Eine Minorität, darunter der Berichterstatter selbst, trug den Vermittlungsvorschlag an dieser Stelle nicht mit und schlug ihrerseits eine andere Regelung für den Zensus vor.[1445]

In der Ersten Kammer rechnete man mit dem Scheitern des Gesetzesvorhabens, falls der Vorschlag der Deputationsmehrheit keine Zustimmung finden sollte. Auch Staatsminister VON NOSTITZ-WALLWITZ rief dazu auf, „daß die Kammer der Majorität zustimmen möge im Interesse des Landes, im Interesse der conservativen Sache und im Interesse der Ersten Kammer selbst".

[1442] a.a.O., S. 550ff.

[1443] a.a.O., S. 556.

[1444] LA 1866/68, 2. Abth., S. 699ff.; Mitth. über die Verh. d. LT 1866/68, 1. K., Bd. 2, S. 2110ff.

[1445] a.a.O., S. 2110f.

Die Unterstützer des Minderheitsvotums rückten schließlich von diesem ab und die Erste Kammer billigte den Kompromiss.[1446]

Da auch die Zweite Kammer einverstanden war,[1447] erteilten die Stände mit der Ständischen Schrift vom 28. Mai 1868 ihre Zustimmung.[1448]

Das Gesetz vom 3. Dezember 1868, die Wahlen zum Landtag betreffend,[1449] stellte – abgesehen vom provisorischen Gesetz von 1848 – die bisher tiefgreifendste Umgestaltung des Landtagswahlrechts seit 1831 dar. Es brachte für die Zweite Kammer die Abschaffung ihrer ständischen Gliederung.[1450] Neben der kaum ins Gewicht fallenden Änderung bei der Zusammensetzung der Ersten Kammer, der künftig u. a. nach § 63 Ziff. 13 VerfUrK „zwölf auf Lebenszeit gewählte Abgeordnete der Besitzer von Rittergütern und anderen größeren ländlichen Gütern", sowie nach Ziff. 17 „fünf vom Könige nach freier Wahl auf Lebenszeit ernannte Mitglieder" angehörten, und der Aufhebung der ständischen Gliederung in der Zweiten Kammer unter Beibehaltung einer Unterscheidung in 35 städtische und 45 ländliche Wahlkreise gemäß § 68 VerfUrk,[1451] brachte die Wahlrechtsnovelle die Einführung eines moderat gehaltenen, aktiven Zensuswahlrechts.

Stimmberechtigt waren nunmehr nach § 1ff., 18 WahlG die mindestens 25jährigen, männlichen sächsischen Staatsangehörigen, die entweder im Besitz eines Wohnhauses waren oder einen Thl. an direkten Steuern zahlten; wählbar die Stimmberechtigten von mindestens 30 Jahren, die zehn Thl. Steuern zu zahlen hatten und seit drei Jahren die Staatsangehörigkeit besaßen. Gemäß § 2 lit. a) WahlG waren allerdings „Frauenspersonen" ausdrücklich von der Wahl ausgeschlossen.[1452]

1446 Mitth. über die Verh. d. LT 1866/68, 1. K., Bd. 2, S. 2116f. Lediglich die Änderung von § 75 VerfUrk, die Beurlaubung von Beamten die zum Gegenstand hatte, verfehlte die Zweidrittelmehrheit.

1447 LA 1866/68, 3. Abth., S. 888ff., Mitth. über die Verh. d. LT 1866/68, 2. K., Bd. 4, S. 3768ff.

1448 *Ständische Schrift über das Allerhöchste Decret vom 19. November 1867, A., den Entwurf eines Gesetzes, einige Abänderungen der Verfassungsurkunde vom 4. September 1831 betreffend, B., den Entwurf eines Gesetzes, die Wahlen für den Landtag betreffend*, in: LA, 1. Abth., Bd. 4, S. 363-370; vgl. LA 1866/68, 2. Abth., S. 714.

1449 In: GVBl. 1868, Bd. 2, S. 1365-1243; vgl. die *Verordnung zur Ausführung des Gesetzes vom 3. Dezember 1868, die Wahlen für den Landtag betreffend; vom 4. Dezember 1868*, a.a.O., S. 1378-1385.

1450 vgl. BADURA, Verfassungsgeschichte, in: 100 Jahre Allgemeines Baugesetz, S. 14.

1451 GVBl. 1868, Bd. 2, S. 1366f.

1452 a.a.O., S. 1369f. und 1372.

4. Schlussfolgerungen

Mit der Wahlrechtsänderung von 1868 näherte sich das sächsische Landtagswahlrecht zwar ein gutes Stück dem – nach damaligen Maßstäben sehr liberalen – Wahlrecht zum Reichstag des Norddeutschen Bundes an, blieb aber auch weiterhin in Bezug auf die Zahl der Stimmberechtigten hinter diesem zurück.[1453] Außerdem wurde das Kriterium der Ansässigkeit zumindest formal weiter beibehalten.

Indem die ständische Gliederung der Zweiten Kammer im Wesentlichen abgeschafft und nur noch in städtische und ländliche Wahlkreise unterschieden wurde, verloren die Rittergutsbesitzer zugunsten der ländlichen Abgeordneten und die Vertreter des Handels- und Fabrikwesens zugunsten der städtischen Abgeordneten allgemein an Gewicht. Bei den Verhandlungen über die künftige Zusammensetzung der Ersten Kammer erfolgte ein zähes Ringen um bisher bestehende ständische Privilegien des Rittergutsbesitzes, die die Mehrheit der Ersten Kammer nicht aufzugeben bereit war. In einem Kompromiss wurden diese schließlich deutlich abgeschwächt. Die Erste Kammer stimmte dem nur zu, um ein Scheitern der Reform als Ganzes zu verhindern.

Das Frauenstimmrecht spielte in den Verhandlungen der Kammern kaum eine Rolle. Lediglich der Abg. KARL FRIEDRICH RUDOLF HEINZE ging in seinem Separatvotum überhaupt auf diese Frage ein. Obwohl er die Einführung eines allgemeinen Wahlrechts forderte, gehörte das Geschlecht zu den Kriterien, die er für eine Beschränkung des Wahlrechts als nichts weniger als notwendig erachtete.

III. Reformbestrebungen im Landtagswahlrecht bis zum Jahre 1895

Erst auf dem Landtag von 1875/76 spielte das Landtagswahlrecht wieder eine Rolle.[1454] Der Abg. KARL FRIEDRICH BIEDERMANN (1812-1901)[1455] und 18 Genossen strebten den Ausschluss vom passiven Wahlrecht für diensttuende Minister, Personen in aktiven ausländischen Diensten und für Verwaltungsbeamte in den Wahlkreisen ihres Dienstbereiches an, konnten sich damit aber nicht durchsetzen.[1456] Anlässlich dieser Debatte kam erneut die Forderung nach einer allgemeinen Revision des Wahlrechts auf. Darauf zielte ebenfalls die Petition von F. A. OSKAR KLEMICH an die Erste Kammer ab, die nicht nur

[1453] 244.000 in Sachsen. – THÜMMLER, Die sozialökonomische Zusammensetzung, S. 14.

[1454] Im Folgenden DIERSCH, Die geschichtliche Entwicklung, S. 179ff. und SCHIMMEL, Die Entwicklung des Wahlrechts, S. 104ff.

[1455] Zur Person vgl. Sächsische Parlamentarier, hrsg. v. DÖSCHER/SCHRÖDER, S. 348f.

[1456] Mitth. über die Verh. d. LT 1875/76, 2. K., Bd. 2, S. 1143ff. und 1607ff.

die Einführung eines allgemeinen und gleichen Wahlrechts verlangte, sondern die Wahltage auf Sonn- und Feiertage legen wollte. Auch sie blieb erfolglos, da die Kammer einstimmig und ohne Debatte beschloss, sie auf sich beruhen zu lassen.[1457]

Obwohl damit der Wille nach einer Wahlreform sehr deutlich zum Ausdruck kam, befasste sich erst der folgende Landtag wieder mit Wahlrechtsfragen. Der sozialdemokratische Abg. OTTO FREYTAG (1835-1917)[1458] stellte bereits unmittelbar nach seinem Einzug in die Zweite Kammer am 14. November 1877 – zu dieser Zeit sogar noch mit den Unterstützungsunterschriften der Fortschrittspartei – den Antrag, aus dem Wahlgesetz von 1868 diejenigen Bestimmungen, die „die activen und passiven Wahlrechte von Eigenthum eines Grundstücks oder der Entrichtung eines gewissen Abgabenbetrages abhängig machen“, sowie die, die „zur Wählbarkeit bei den Wahlen Erfüllung des 30. Lebensjahres, sowie dreijährigen Besitz der Sächsischen Staatsangehörigkeit erfordern“, zu streichen.[1459] Insbesondere äußerte er die Befürchtung, dass durch eine etwaige Steuersenkung, ein Teil der Wahlberechtigten wieder ausgeschlossen würde. Auch dieser Antrag stieß allgemein auf Ablehnung, so dass die Kammer beschloss, ihn auf sich beruhen zu lassen.[1460]

Das Wahlrecht wurde dann erst wieder auf dem Landtag von 1883/84 Beratungsgegenstand. Anlässlich der Debatte in der Zweiten Kammer über eine Petition zum Gemeindewahlrecht[1461] kündigte der mittlerweile zum Abg. gewählte WILHELM LIEBKNECHT zwar einen Antrag auf Einführung des allgemeinen, gleichen, direkten und geheimen Wahlrechts für die Gemeinde- wie die Landtagswahlen an,[1462] stellte ihn aber dann nicht. Stattdessen gingen

[1457]Mitth. über die Verh. d. LT 1875/76, 1. K., S. 173. Interessanterweise war in Preußen im Jahre 1873 ein Antrag auf Einführung des allgemeinen und gleichen Wahlrechts vom Zentrum gestellt worden, das in Sachsen politisch bedeutungslos war, so dass hier die Sozialdemokraten weitgehend alternativlos in die Rolle der Interessenvertreter der „Arbeiterklasse“ gegenüber einem konservativ-nationalliberalen Kartell eintraten. – so GOLDT, Parlamentarismus, S. 38f.

[1458]Zu OTTO EMIL FREYTAG siehe unten Kap V, S. 371.

[1459]LA 1877/78, Ber. 2. K., Bd. 1, Nr.13.

[1460]a.a.O., Nr. 21; Mitth. über die Verh. d. LT 1877/78, 2. K. Bd. 1, S. 217ff. und 269ff.; vgl. auch BEYER, Der Kampf der deutschen Sozialdemokratie, S. 74f.; SCHMEITZNER/RUDLOFF, Geschichte der Sozialdemokratie, S. 16f.

[1461]Dazu sogleich unten, S. 345ff.

[1462]Mitth. über die Verh. d. LT 1883/84, 2. K. Bd. 1, S. 267.

zahlreiche dahingehende Petitionen bei der Kammer ein, die aber ohne weitere Erörterung in den Kammerverhandlungen erledigt wurden, indem man dem Vorschlag der Deputation folgte, sie auf sich beruhen zu lassen.[1463]

Auf dem Landtag von 1889/90 setzte man sich mit der Einteilung der Wahlkreise auseinander. Vor allem ging es um die Erhöhung der Anzahl der Wahlkreise der Stadt Leipzig, da die Stadt mittlerweile aufgrund von Eingemeindungen stark gewachsen war und noch weitere geplant waren. Daher fragte der Leipziger Abg. OTTO SCHILL (1838-1918)[1464] in einer Interpellation am 17. März 1890 bei der Staatsregierung an, ob sie eine Anpassung der Wahlkreiseinteilung plane.[1465] Innenminister HERMANN VON NOSTITZ-WALLWITZ unterstützte dieses Begehren im Sinne einer Erhöhung von drei auf fünf Wahlkreise und kündigte einen entsprechenden Gesetzentwurf für den folgenden Landtag an.[1466] Seitens der Sozialdemokratie wurde durch AUGUST BEBEL auch diese Debatte dazu genutzt, die Forderung nach Abschaffung der Unterteilung in städtische und ländliche Wahlkreise und dem Proportionalwahlsystem zu bekräftigen.[1467] Demgegenüber zeigten sich die Liberalen erstaunlicherweise aufgeschlossen.[1468]

Bereits zu Beginn des Landtags von 1891/92 legte die Regierung den Ständen mit Dekret vom 11. November 1891[1469] zwei Gesetzentwürfe vor, die die angekündigte Veränderung der Wahlkreiseinteilung enthielten. Der *Entwurf eines Gesetzes, Änderungen des Nachtragsgesetzes vom 3. Dezember 1868 zur Verfassungsurkunde vom 4. September 1831 betreffend*, und der *Entwurf ei-*

[1463] vgl. etwa den Antrag zum mündlichen Bericht der Beschwerde- und Petitions-Deputation der zweiten Kammer über *die Petition des Töpfers Otto Richter in Pieschen nebst 47 Anschlußpetitionen um Abänderung des Wahlgesetzes für den Landtag und für die Gemeindewahlen. Eingegangen am 7. März 1884*, in: LA 1883/84, Ber. d. 2. K., Bd. 1, 2. Theil, S. 501; Mitth. über die Verh. d. LT 1883/84, 2. K., Bd. 2, S. 1348ff.

[1464] Zur Person vgl. Sächsische Parlamentarier, hrsg. v. DÖSCHER/SCHRÖDER, S. 459.

[1465] LA 1889/90, Ber. 2. K., Bd. 2, S. 935. – Einzelheiten bei DIERSCH, Die geschichtliche Entwicklung, S. 183ff.

[1466] Mitth. über die Verh. d. LT 1889/90, 2. K., Bd. 2, S. 950f.; vgl. auch die *Verordnung, einige Aenderungen in den für die Wahlen zur II. Kammer bei der Ständeversammlung bestehenden Wahlkreisen betreffend, vom 24. August 1891*, in: GVBl. 1891, S. 67f.; *Verordnung, die Vornahme von Wahlen für die II. Kammer der Ständeversammlung betreffend; vom 27. August 1891 betreffend*, a.a.O., S. 77f.; *Verordnung, die Veranstaltung einer weiteren Ergänzungswahl für die II. Kammer der Ständeversammlung betreffend; vom 16. September 1891*, a.a.O., S. 81; *Verordnung, die Bestellung von Kommissaren für die Ergänzungswahlen zur II. Kammer der Ständeversammlung betreffend; vom 22. September 1891*, a.a.O., S. 81-83.

[1467] Mitth. über die Verh. d. LT 1889/90, 2. K., Bd. 2, S. 955.

[1468] vgl. SCHMEITZNER/RUDLOFF, Geschichte der Sozialdemokratie, S. 21f.

[1469] *Decret an die Stände, die innenbezeichneten Gesetzentwürfe betreffend. Eingegangen bei der II. Kammer am 11. November 1891*, in: LA 1891/92, Dekr., Bd. 3, S. 22-25.

nes Gesetzes, die Abänderung einer Bestimmung des Gesetzes über die Wahlen für den Landtag vom 3. Dezember 1868 betreffend, sahen Änderungen in den §§ 68 und 71 VerfUrk bzw. in § 16 WahlG vor. Künftig sollte die Anzahl der Leipziger Abgeordneten der Zweiten Kammer von drei auf fünf erhöht werden, was auch eine Anpassung der Regelungen zur Drittelerneuerung notwendig machte. Der Entwurf des Gesetzes zur Änderung des Wahlgesetzes setzte damit die Forderungen nach Erhöhung der Abgeordnetenzahl um.

Die Zweite Kammer überwies die Entwürfe in ihre erste Deputation,[1470] nachdem in der Debatte wiederholt die Frage nach der Abschaffung der Unterteilung in städtische und ländliche Wahlkreise thematisiert worden war.[1471] Die Deputation empfahl, die Regierungsentwürfe weitgehend unverändert anzunehmen[1472] und die Kammer folgte ihr einstimmig und ohne weitere Debatte.[1473] Auch die Erste Kammer schloss sich einstimmig dem Votum ihrer Deputation an,[1474] so dass das *Gesetz, Abänderungen des Nachtragsgesetzes vom 3. Dezember 1868 zur Verfassungsurkunde vom 4. September 1831 betreffend,* und das *Gesetz, die Abänderung einer Bestimmung des Gesetzes über die Wahlen für den Landtag vom 3. Dezember 1868 betreffend,*[1475] infolge der ständischen Schrift am 20. April 1892 publiziert wurden.[1476]

Auf dem Landtag von 1893/94 stellten die Sozialdemokraten, die inzwischen über 14 Abgeordnete in der Zweiten Kammer verfügten, einen Antrag auf Einführung des allgemeinen und gleichen Wahlrechts. Die Kammer sollte

---

[1470]Mitglieder der Gesetzgebungsdeputation waren DANIEL FERDINAND LUDWIG HABERKORN (Vorsitzender), LOTHAR OTTOKAR WILHELM STREIT, CHRISTIAN HEINRICH RICHARD BRETSCHNEIDER, GOTTLOB REINHARD BUCHWALD, ADOLF OSWALD EULITZ, FRIEDRICH WILHELM KÜHLMORGEN, KARL OSWALD MINCKWITZ, ADOLF MAXIMIMIAN VON POLENZ, OSKAR PREIBISCH (Berichterstatter), KARL BERNHARD SPECK.

[1471]Mitth. über die Verh. d. LT 1891/92, 2. K., Bd. 1, S. 123f.

[1472]LA 1891/92, Ber. 2. K., Bd. 1, Nr. 105, S. 459-463.

[1473]Mitth. über die Verh. d. LT 1891/92, 2. K., Bd. 1, S. 608ff.

[1474]*Bericht der ersten Deputation der ersten Kammer über die durch das Königliche Dekret Nr. 5 vorgelegten Entwürfe A. eines Gesetzes, Abänderungen des Nachtragsgesetzes vom 3. Dezember 1868 zur Verfassungsurkunde vom 4. September 1831 betreffend, und B. eines Gesetzes, die Abänderung einer Bestimmung des Gesetzes über die Wahlen für den Landtag vom 3. Dezember 1868 betreffend*, in: LA 1891/92 Ber. 1. K., S. 234-236; Mitth. über die Verh. d. LT 1891/92, 1. K., S. 377ff. Mitglieder waren HERMANN VON NOSTITZ-WALLWITZ, FERDNINAND GRAF UND EDLER HERR ZUR LIPPE (Berichterstatter), FRIEDRICH ALFRED DEGNER, LUDWIG EDUARD VICTOR VON ZEHMEN, OTTO ROBERT GEORGI.

[1475]GVBl. 1892, S. 127f. bzw. 128f.

[1476]*Ständische Schrift auf das Königliche Dekret Nr. 5, A, den Entwurf eines Gesetzes, Abänderungen des Nachtragsgesetzes vom 3. Dezember 1868 zur Verfassungsurkunde vom 4. September 1831 betreffend, und B, den Entwurf eines Gesetzes, die Abänderung einer Bestimmung des Gesetzes über die Wahlen für den Landtag vom 3. Dezember 1868 betreffend*, in: LA 1891/92, Ständische Schriften, S. 28f.

„die Regierung .. ersuchen, noch diesem Landtage einen Gesetzentwurf vorzulegen, durch welchen das allgemeine, gleiche und direkte Wahlrecht mit geheimer Abstimmung für alle Staatsangehörigen vom 21. Lebensjahre an, zur Einführung gelangt und das Gesetz vom 3. Dezember 1868, die Wahlen für den Landtag betreffend, aufgehoben wird".[1477] Dieser Antrag des Abg. AUGUST FRIEDRICH COLDITZ (1834-1911)[1478] und Genossen, die Einführung des allgemeinen Wahlrechtes bei den Wahlen für den Landtag betreffend, implizierte damit erstmals auch die Forderung nach der Einführung des Landtagswahlrechts für Frauen in Sachsen.[1479] Die Zweite Kammer lehnte ihn bereits nach der Vorberatung am 11. Januar 1894 gegen die Stimmen der Sozialdemokraten ab, wobei sich lediglich die Antragsteller selbst überhaupt an der Debatte beteiligten:[1480]

Der sozialdemokratische Abg. ERNST FERDINAND SCHULZE (1855-1932),[1481] Tischlermeister aus Cossebaude b. Dresden, rechtfertigte diesen Antrag damit, dass man mit ihm „einem allgemeinen dringenden Wunsche des sächsischen Volkes Rechnung" trage und wandte sich in seiner Rede vor allem gegen die Aufteilung der Wahlkreise in Stadt und Land, sowie gegen den Zensus. Dabei sprach er die Frage des Frauenwahlrechts ebenso wenig an, wie der Abg. KARL WILHELM STOLLE (1842-1918)[1482] aus Gesau b. Glauchau. Hauptmotiv für den Antrag sei die Tatsache gewesen, dass man in einem Rechtsstaat lebe, der „die heiligste Verpflichtung und Aufgabe hat, allen Staatsbürgern das gleiche Recht zu gewähren". Der Antrag beziehe sich ausdrücklich auf den – erst wenige Jahre zuvor verstorbenen – sächsischen Kultusminister und Vorsitzenden des Gesamtministeriums CARL FRIEDRICH WILHELM VON GERBER, der „hier schon längst verlangt hat, daß alle Glieder des Staates voll und ganz gleichberechtigt sein müssen, mitarbeiten zu können an dem Ausbaue der Gesetzgebung des Staates".

Die Gegner des Antrags reagierten lediglich mit einer vorgefertigten Erklärung: „Die der sozialdemokratischen Partei nicht angehörigen Mitglieder der Zweiten Kammer können den … vorliegenden Antrag der Herren Abgg. Colditz und Genossen als eine die Aufgaben, Bedürfnisse und Einrichtungen des sächsischen Staates gehörig berücksichtigende Grundlage für ein neues

[1477]Eingegangen bei d. 2. K. am 19. Dezember 1893, in: LA 1893/94, Ber. d. 2. K., Bd. 1, 1. Teil, S. 55; vgl. BEYER, Der Kampf der deutschen Sozialdemokratie, S. 76f.

[1478]Zur Person vgl. Sächsische Parlamentarier, hrsg. v. DÖSCHER/SCHRÖDER, S. 360.

[1479]So auch GOLDT, Parlamentarismus, S. 39f.; DIERSCH, Die geschichtliche Entwicklung, S. 188, Anm. 39; HOFMANN, Die Entwicklung des Wahlrechts, S. 59f.; OPPE, Die Reform des Wahlrechts, in: JöR 4 (1910), S. 376.

[1480]Mitth. über die Verh. d. LT 1893/94, 2. K., S. 301ff.

[1481]Zur Person vgl. Sächsische Parlamentarier, hrsg. v. DÖSCHER/SCHRÖDER, S. 465.

[1482]Zur Person vgl. a.a.O., S. 476.

Landtagswahlgesetz nicht erachten und werden daher gegen den Antrag, sowie gegen jede weitere geschäftliche Verhandlung desselben stimmen.“[1483]

Die Debatte wurde schließlich mit einem Antrag auf Ende der Debatte gegen 14 Stimmen abgebrochen und auch der Antrag auf Überweisung an die Gesetzgebungsdeputation abgelehnt.[1484]

IV. Wirkungen des Wahlrechts zur sächsischen Ständeversammlung bis 1895

Auf der Grundlage der Wahlrechtsänderung von 1868 wurde am 4. Juni 1869 die Zweite Kammer vollständig neu gewählt und dann wieder aller zwei Jahre ein Drittel der Kammer in Ergänzungswahlen erneuert, so dass – mit Ausnahme der übergangsweise vorzeitig erfolgten ersten beiden Ergänzungswahlen – die Abgeordneten jeweils auf sechs Jahre gewählt waren. Vorzeitig ausgeschiedene Abgeordnete bekamen dabei für die Dauer ihrer verbliebenen Mandatszeit durch Ergänzungswahlen Nachfolger bestimmt. Bis zum Erlass des *Gesetzes, die Wahlen für die zweite Kammer der Ständeversammlung betreffend, vom 28. März 1896*[1485] haben insgesamt 67 Ersatzwahlen stattgefunden.[1486]

Da auch die Änderung der Wahlkreiseinteilung von 1891/92 eine außerordentliche Wahl nach sich zog, wurden damit in jedem der Wahlkreise nach dem Wahlrecht von 1868 zwischen fünf und neun Wahlen durchgeführt.

1. Entwicklung der Zahl der Wahlberechtigten

Während nach dem Wahlrecht von 1868 zunächst etwa die Hälfte der Männer, die das Reichstagswahlrecht besaßen, infolge der rigideren sächsischen Wahlrechtsvoraussetzungen aber nicht im Land wahlberechtigt waren, sank ihre Zahl 1890 auf nur noch etwa ein Drittel. Das ist vor allem auf den Anstieg der unteren Einkommen bei gleichbleibendem Zensus zurückzuführen. Trotzdem waren es immer noch konstant zwischen 225.000 und 240.000 Männer weniger als bei den Reichstagswahlen.[1487]

[1483] a.a.O., S. 304.

[1484] a.a.O., S. 310 bzw. 313.

[1485] In: GVBl. 1896, S. 44-51.

[1486] Im Folgenden WÜRZBURGER, Die Wahlen, in: SächsStLAZ 51 (1905), S. 1ff.; vgl. SCHIMMEL, Die Entwicklung des Wahlrechts, S. 91ff.; SCHRÖDER, Wahlrecht und Wahlen, in: Wahlen und Wahlkämpfe, hrsg. v. RITTER, S. 102ff.; RITTER, Das Wahlrecht, in: Der Aufstieg der deutschen Arbeiterbewegung, hrsg. v. DEMS./MÜLLER-LUCKNER, S. 70ff.

[1487] WÜRZBURGER, a.a.O., S. 2; LÄSSIG, Wahlrechtskampf, S. 51f.; RITTER/NIEHUSS, Wahlgeschichtliches Arbeitsbuch, S. 164 und 173, Tabelle 2; RITTER, Wahlen und Wahlpolitik, in: Sachsen im Kaiserreich, hrsg. v. LÄSSIG/POHL, S. 35. Einigermaßen vollständige Statistiken liegen erstmals für die Ergänzungswahl im Jahre 1871 vor.

Bei der ersten Wahl im Jahre 1869 waren 244.594 Männer in allen 80 Wahlkreisen wahlberechtigt.[1488] Ihre Zahl stieg bis 1895 auf 185.333 in 27 Wahlkreisen und – hochgerechnet auf ganz Sachsen – auf 536.000 an.[1489] Auf die gesamte Bevölkerung Sachsens bezogen, nahm der Anteil der Wahlberechtigten von 9,9 Prozent im Jahre 1869 auf 14,3 Prozent im Jahre 1895 zu.[1490] Es wird angenommen, dass unter ihnen die Zahl der nicht Wahlberechtigten aus ärmeren Bevölkerungsgruppen – und damit potentiellen Anhängern der Sozialdemokratie – ungleich höher war, da diese am wenigsten in der Lage waren, die nötige Steuerleistung zu erbringen.[1491] Aufgrund des hohen Zensus für das passive Wahlrecht konnte die SDAP zunächst auch nicht an den Landtagswahlen teilnehmen.[1492]

2. Entwicklung der Wahlbeteiligung

Während die Wahlbeteiligung bei der ersten Wahl im Jahre 1869 noch 39,8 Prozent betrug, sank sie bei der ersten Ergänzungswahl 1871 – wohl aufgrund einer gewissen Enttäuschung über die tatsächlichen Auswirkungen der Neuregelung des Wahlrechts – auf nur 24,2 Prozent ab und stieg erst im Jahre 1887 mit 44,5 Prozent erstmals über die 40-Prozent-Marke. Erst 1891 gingen mit 53,6 Prozent zum ersten Mal über die Hälfte der Wahlberechtigten wählen, so viele, wie es bis zur Einführung des Dreiklassenwahlrechts nicht wieder werden sollten.[1493]

Die Unterschiede hinsichtlich der Wahlbeteiligung legen die Annahme nahe, dass zunächst eine Politisierung und Mobilisierung der breiten Bevölkerung für die Landespolitik noch nicht erfolgt war, sondern erst allmählich in den 1890er Jahren einsetzte.[1494] Nicht nur die politische Agitation der Sozialdemokraten hatte zugenommen, auch das bürgerliche Lager – und hier vor allem die Konservativen – hielten mit der Zeit mehr und mehr mit ihrer eigenen

---

[1488] Im Jahre 1868 wurden nur die Anzahl der Stimmen für die gewählten Kandidaten ermittelt. – vgl. WÜRZBURGER, a.a.O., S. 2.

[1489] So WÜRZBURGER, a.a.O., S. 11.

[1490] Mangels weiterer Daten lassen sich diese prozentualen Angaben nicht nachvollziehen, sondern beruhen allein auf ihrer Erwähnung bei WÜRZBURGER, a.a.O., S. 11; vgl. auch SCHRÖDER, Wahlrecht und Wahlen, in: Wahlen und Wahlkämpfe, hrsg. v. RITTER, S. 102f.

[1491] RITTER/NIEHUSS, Wahlgeschichtliches Arbeitsbuch, S. 165 und 173, Tabelle 2; DERS., Das Wahlrecht, in: Der Aufstieg der deutschen Arbeiterbewegung, hrsg. v. DEMS./MÜLLER-LUCKNER, S. 71.

[1492] HEIDENREICH, Arbeiterkulturbewegung, S. 37. Die Wahlbeteiligung lag aber auch später unter den Handwerkern und Fabrikarbeitern merklich niedriger, da die Chancen „ihrer" Kandidaten auf ein Mandat schlechter waren als bei den Reichstagswahlen.

[1493] RITTER, Das Wahlrecht, a.a.O., S. 73, Tabelle 8.

[1494] LÄSSIG, Wahlrechtskampf, S. 52.

Programmatik dagegen.[1495] Begünstigt durch den Wandel der politischen Kultur überhaupt, stieg somit auch die Wahlbeteiligung an.[1496]

Zugleich scheinen die Wahlberechtigten ihre eigenen Möglichkeiten wirklicher politischer Partizipation unter dem geltenden sächsischen Wahlrecht als eher gering eingeschätzt zu haben, denn die Beteiligung an den Reichstagswahlen war deutlich höher. Es ist also davon auszugehen, dass die Bereitschaft, an individuell erfolgversprechenden Wahlen teilzunehmen, größer ist.[1497]

Bemerkenswert ist, dass in städtischen Wahlkreisen die Wahlbeteiligung bei einigen Wahlen sogar unter zehn Prozent lag, z. B. in Dresden 1871 im 3. Wahlkreis (Nördlicher und westlicher Teil der Wilsdruffer Vorstadt, Friedrichstadt) bei 8,8 Prozent[1498] und 1875 im 4. Wahlkreis (Dresden-Neustadt, Leipziger Vorstadt) nur bei 6,5 Prozent[1499] sowie in Chemnitz 1871 im 2. Wahlkreis (Stadtgebiet auf dem linken Ufer der Wasserläufe Gablenz und Chemnitz) bei 8,9 Prozent[1500]. Dagegen lag lediglich der 1. ländliche Wahlkreis (mittlerer Teil der Amtshauptmannschaft Zittau) im Jahre 1877 mit 8 Prozent als einziger ländlicher Wahlkreis jemals auf diesem Niveau.

Auch Veränderungen in der wirtschaftlichen Situation der Wählerschaft schlugen sich auf die Wahlen und die Wahlbeteiligung nieder. So reklamiert die Leipziger Volkszeitung für die Ergänzungswahl von 1895 in Leipzig eine schwache Wahlbeteiligung von kaum 50 Prozent, die zudem auch keine Veränderung im Ergebnis brachte:[1501] „Die weit schwächere Wahlbeteiligung hat zum Teil ihren Grund in einer Verschlechterung der wirtschaftlichen Lage der arbeitenden Bevölkerung Leipzigs. Wie uns [der Leipziger Volkszeitung –

[1495] Zur – u. a. gegen die Ausweitung des Wahlrechts und auf Bekämpfung der Sozialdemokratie gerichteten – Programmatik der 1876 auf Reichsebene gegründete Deutschkonservativen Partei; vgl. PRÄTORIUS, Deutschkonservative Partei (DKonsP), in: Lexikon zur Geschichte der Parteien, hrsg. v. WENDE, S. 97.

[1496] vgl. RITTER, Das Wahlrecht, in: Der Aufstieg der deutschen Arbeiterbewegung, hrsg. v. DEMS./MÜLLER-LUCKNER, S. 74.

[1497] KOHL, Zur langfristigen Entwicklung, in: Probleme politischer Partizipation, hrsg. v. STEINBACH, S. 476; LÄSSIG, Wahlrechtskampf, S. 51f.

[1498] Gewählt wurde hier der Liberale RICHARD BECK (1834-?), Stadtrat und Kaufmann. Er entzog sich im Juli 1875 durch Flucht der Strafverfolgung wegen Unterschlagung; zur Person vgl. Sächsische Parlamentarier, hrsg. v. DÖSCHER/SCHRÖDER, S. 345.

[1499] Gewählt wurde der Konservative ERNST HUGO KÄUFFER (1826-1890), Hauptmann a. D., in einer Nachwahl für KARL WILHELM GEBERT. Zur Person vgl. a.a.O., S. 403.

[1500] Hier erfolgte die Wiederwahl des Nationalliberalen und Leipziger Hochschullehrer KARL FRIEDRICH BIEDERMANN, der als Abg. dieses Wahlkreises dem Landtag von 1869-77 angehörte. Zur Person vgl. oben, S. 294 Fn. 1508.

[1501] Es handelt sich hier wohl um die Wiederwahl des deutsch-freisinnigen Kandidaten OTTO SCHILL (1838-1918) im 2. Wahlkreis in Leipzig mit einer Wahlbeteiligung von 54,5 Prozent. – vgl. WÜRZBURGER, a.a.O., S. 4.

Anm. d. Verf.] mitgeteilt wird, ist die Zahl derjenigen Staatsbürger, die infolge Bezuges von Armenunterstützung ihr Wahlrecht verloren haben, eine geradezu erschreckend große.“ Ebenso wurde beklagt, dass den Sozialdemokraten diesmal im Vorfeld keine Abschrift der Wählerlisten ausgehändigt worden sei, die „Kartellparteien“ diese aber bekommen hätten.[1502] Behinderungen von Wählern und Kandidaten kamen in Sachsen offenbar häufiger vor, so dass bei den Reichstagswahlen mehrfach eine Wahlprüfung sächsischer Mandate erfolgte.[1503]

3. Schlussfolgerungen

Die Wahlrechtsreform von 1868 erweiterte den Kreis der Wahlberechtigten zu den Landtagswahlen erheblich, schloss aber vor allem infolge des Zensus und der Beschränkung auf Männer noch immer etwa 90 Prozent der Bevölkerung aus. Durch den Anstieg der Einkommen erfüllten im Laufe der Zeit immer mehr Männer die Voraussetzungen des Zensus, so dass der Anteil der Wahlberechtigten kontinuierlich anstieg. Gleichwohl blieb ihre Anzahl stets deutlich unter der Zahl der Wahlberechtigten zu den Reichstagswahlen zurück.

Auch die Wahlbeteiligung war zunächst gering und stieg erst mit zunehmender Politisierung der Massen durch die Agitation der Sozialdemokraten in den 1890er Jahren an. Bei einzelnen städtischen Ergänzungswahlen lag sie sogar unter zehn Prozent. Anfang der 1890er Jahre nahmen erstmals mehr als die Hälfte der Wahlberechtigten auch an den Landtagswahlen teil. Diese Entwicklung der Wahlbeteiligung ist vor allem darauf zurückzuführen, dass in der Wahrnehmung der Wähler ihr persönlicher Einfluss auf die Geschicke des Landes, den sie mit der Stimmabgabe bei den Landtagswahlen in Sachsen nehmen konnten, offenbar als eher gering eingeschätzt wurde. Daher lohnte sich selbst für den beschränkten Kreis der Wahlberechtigten eine Wahlteilnahme offenbar nicht.

V. Zwischenfazit

Ende der 1860er Jahre gab die politische Entwicklung Sachsens – vor allem auch durch den Beitritt zum Norddeutschen Bund – erneut den Anstoß zu einer Reform des Landtagswahlrechts. Seine weitgehende Liberalisierung

---

[1502] Die Sozialdemokraten waren daher mit dem Ausgang der Wahl unzufrieden. – „Die Ergebnisse der Landtagswahlen“, in: LVZ Nr. 243 vom 18. Oktober 1895, 1. Beil. Hier finden sich auch die Wahlergebnisse der einzelnen Wahlreise für die Jahre 1883, 1889 und 1895. Nur am Rande soll hier das Problem der Wahlbeeinflussung von oben – durch Behörden – wie auch von unten – durch die politischen Gruppierungen selbst – erwähnt werden. Dazu etwa WEICHLEIN, Wahlkämpfe, in: Modernisierung und Region, hrsg. v. LÄSSIG/POHL/ RETALLACK, S. 70ff.

[1503] SCHRÖDER, Wahlrecht und Wahlen, in: Wahlen und Wahlkämpfe, hrsg. v. RITTER, S. 127.

und Angleichung an das Wahlrecht des Norddeutschen Bundes erweiterte zwar den Kreis der Wähler erheblich, schloss aber auch weiterhin Frauen und einen Teil der Männer, die den Zensus von einem Thl. nicht erreichten, sowohl vom aktiven als auch vom passiven Wahlrecht aus. Aufgrund dieser wesentlichen Beschränkungen war es zwar ein geheimes und direktes, nicht aber – nach heutigem Verständnis[1504] – ein allgemeines und gleiches Wahlrecht.[1505]

Infolge der positiven Einkommensentwicklung stieg zumindest der Anteil der wahlberechtigten Männer kontinuierlich an. Der Anstieg der Wahlbeteiligung vor allem seit Beginn der 1890er Jahre ist ganz erheblich auf das Aufkommen der Sozialdemokratie als neuer politischer Kraft zurückzuführen. Diese hatte sich seit den 1860er Jahren in ihrer Hochburg Sachsen zu einem mehr und mehr ernst zu nehmenden Faktor entwickelt. Hatten auch die Sozialdemokraten zunächst das Frauenwahlrecht noch abgelehnt und lediglich ein allgemeines, gleiches und direktes Wahlrecht für Männer gefordert, so änderte sich das bald. Spätestens seit dem Erfurter Parteitag von 1881, als das Frauenwahlrecht im Parteiprogramm der SDAP verankert wurde, reihte es sich in den politischen Forderungskatalog der Partei ein. Zuvor hatte bereits AUGUST BEBEL in seinem Hauptwerk *Die Frau und der Sozialismus* aus dem Jahre 1879 das Frauenwahlrecht als festen Bestandteil seines sozialistischen Gleichberechtigungskonzeptes formuliert, das nur im Rahmen einer neuen Staats- und Gesellschaftsordnung durch Klassenkampf verwirklicht werden könne.

Die Forderung nach einer Demokratisierung des Wahlrechts wurde zwar seitens der Sozialdemokraten unmittelbar nach dem Einzug ihres ersten Abgeordneten in die Zweiten Kammer am 14. November 1877 erstmals auf einem Landtag erhoben. Ein Antrag, der in die Forderung nach einem allgemeinen, gleichen, direkten und geheimen Wahlrecht auch erstmals das Landtagswahlrecht für Frauen – wenn auch nicht ausdrücklich – mit einschloss, wurde erst auf dem Landtag von 1893/94 gestellt. Dieser Antrag scheiterte bereits in der Vorberatung, an der sich die Abg. der bürgerlichen Mehrheit nicht einmal aktiv beteiligt hatten.

[1504] Aber nach zeitgenössischer Deutung durchaus ein allgemeines Wahlrecht! Dazu bereits oben, Kap. I, S. 24f.

[1505] vgl. RITTER, Das Wahlrecht, in: Der Aufstieg der deutschen Arbeiterbewegung, hrsg. v. DEMS./MÜLLER-LUCKNER, S. 70f.; zu den Begriffen oben, Kap. I, S. 23f.

§ 12 Das Frauenstimmrecht in den Städten und Landgemeinden

Bereits vor der Eingliederung Sachsens in den Norddeutschen Bund hatte sich das sächsische Staatswesen als reformbedürftig erwiesen. Wenn auch in einigen Bereichen, wie etwa dem Gewerberecht, eine sehr fortschrittliche Gesetzgebung erfolgte, blieben doch weite Teile des Staatswesens auf dem Entwicklungsstand der 1830er Jahre stehen. Auch die vorangegangene, 1831 begonnene Staats- und Verwaltungsreform war noch nicht zu Ende geführt worden.

Zwar hatten sich die Befürchtungen um den Verlust der staatlichen Selbständigkeit nach der Niederlage bei Königgrätz glücklicherweise als unbegründet erwiesen. Das Verhältnis zwischen der preußischen Besatzung und der sächsischen Bevölkerung gestaltete sich dennoch als sehr schwierig. Trotzdem war es gelungen, die sächsische Staatsverwaltung einigermaßen arbeitsfähig zu halten. Den neuen liberaleren Regierungen, die nach dem Rücktritt von Beusts im Jahre 1866 folgt, bot sich im Rahmen einer umfassende Staats- und Verwaltungsreform nun auch die Chance zur Revision der Gemeindeverfassung.[1506]

I. Vorgeschichte der Revision der Städte- und Landgemeindeordnungen

Wenn auch das Urteil über die AStO und die LGO rückblickend sehr positiv ausfiel, entsprachen doch „einzelne Bestimmungen derselben nicht mehr den gegenwärtigen Verhältnissen" und vor allem nicht mehr „den Anschauungen der Gegenwart über die Autonomie der Gemeinden".[1507] Daher war auch die Reform des Kommunalverfassungsrechts Bestandteil der Reformgesetze. In diesem Zusammenhang kam es auch mit der Schaffung der Kreisausschüsse, Bezirksausschüsse und Bezirksversammlungen zur Einführung von Vertretungskörperschaften, die erste Ansätze einer Selbstverwaltung auf der Mittelebene der Staatsverwaltung bzw. weiteren auf der Kommunalebene bedeuteten. Damit wurde nicht zuletzt auch dem wachsenden Interesse der Bevölkerung nach Dezentralisierung und Mitgestaltung öffentlicher Angelegenheiten durch Selbstverwaltung Rechnung getragen und durch die aktive Mitgestaltung König Johanns am Reformwerk befördert.[1508]

Bereits in den 1860er Jahre hatte sich die sächsische Staatsregierung sehr konkret mit den Vorarbeiten zu einer Verwaltungsreform beschäftigt. So liegt

---

[1506] vgl. dazu oben, S. 254f.

[1507] So für die LGO v. Bosse, Einleitung zu: RevLGO, S. 1; vgl. auch Ders., Die Selbstverwaltung, in: Mitth. d. Ökonom. Ges., Jg. 1877-78, S. 79f.

[1508] Wyduckel, Johanns rechtliches Wirken, in: König Johann von Sachsen, S. 379f.

vom Ministerium den Innern aus dem Jahre 1863 ein umfangreiches Dossier mit dem Titel *Grundzüge für die Organisation der Verwaltung und der Verwaltungsbehörden im Königreich Sachsen, zunächst im Ressort des Ministeriums des Innern* vor, das einen Organisationsplan und eine Schätzung der bei seiner Umsetzung zu erwartenden Kosten beinhaltet.[1509] Hiernach waren etwa „1., in jedem Amtsbezirke eine Amts-Versammlung; 2. in jedem amtshauptmannsch.[aftlichen] Bez. eine Bezirks-Versammlung; 3., in jedem Kreise eine Kreisversammlung; zur Berathung und Beschlußfassung in solchen Angelegenheiten, welche durch Gesetz zu Angelegenheiten der Amts- Bezirks- oder Kreisverbände erklärt; desgleichen über solche Anstalten und Unternehmungen für gemeinnützige Zwecke, welche durch freiwilligen Beschluß der betreffenden Verbände von diesen zur Unterhaltung und eignen Verwaltung übernommen worden sind; endlich als berathendes Organ für die zur Amts- Bezirks- und Kreisverwaltung berufenen Behörden".[1510] Dabei sollten die „Amts-Versammlung durch Wahlen aus der Mitte der Gemeindevertretungen; die Bezirks-Versammlungen durch Wahlen aus der Mitte der Amtsversammlungen, endlich die Kreis-Versammlung aus der Mitte der Bezirksversammlungen gebildet" werden.[1511]

Unter Berücksichtigung von Ständeversammlung und Gemeindevertretungen hätten sich daraus fünfstufige Repräsentativversammlungen ergeben. Nach einer Stellungnahme vom 30. Juli 1863, die wohl vom damaligen Finanzminister RICHARD FREIHERR V. FRIESEN stammt, war das dann doch „etwas zu viel".[1512] Der Minister befürchtete, dass man gar nicht genügend Männer für diese Aufgaben finden würde, „die Zeit, Lust und Geschick für eine solche Beschäftigung haben" und bezweifelte, „wo wirkliche und geeignete Geschäfte für diese zahlreichen Versammlungen herkommen sollen". Der Minister sah daher eine einzige Repräsentativversammlung auf der Ebene zwischen Staat und Gemeinden als ausreichend an.[1513]

[1509] SächsHStA Dresden, MdI Sekt. 1, Nr. 9328 Vorarbeiten des Ministeriums des Innern für eine neue Verwaltungsorganisation in Sachsen 1863-1865, Bl. 1-115; vgl. auch die in der Akte folgenden diesbezüglichen Schriftwechsel und Stellungnahmen.

[1510] a.a.O., Bl. 26.

[1511] a.a.O., Bl. 27; vgl. dazu auch Bl. 75ff.

[1512] Einige Bemerkungen zu dem Organisations-Plane des Ministeriums des Innern, a.a.O., Bl. 224-259, 256.

[1513] a.a.O., Bl. 257.

1. Die Einführung von Kreisausschüssen, Bezirksausschüssen und Bezirksversammlungen im Rahmen der Verwaltungsreform von 1873 bis 1878

Als wesentlicher Bestandteil der Verwaltungsreform trat am 15. Oktober 1874 in Sachsen auch eine weitgehend neue Verwaltungsorganisation in Kraft.[1514] Sie beruhte im Wesentlichen auf dem *Gesetz über die Organisation der Behörden für die innere Verwaltung, vom 21. April 1873*[1515] (OrgG) und dem *Gesetz, die Bildung von Bezirksverbänden und deren Vertretung betreffend, vom 21. April 1873*[1516].

Neu war die Beteiligung zumindest von Teilen der Einwohnerschaft an der Beratung und Beschlussfassung von Gegenständen, die bisher allein Sache der Verwaltung waren. Die §§ 22ff. OrgG[1517] setzten an die Stelle der Kreisdirektionen die vier Kreishauptmannschaften in Bautzen, Dresden, Leipzig und Zwickau. Bei ihren Verwaltungsaufgaben wirkten die Kreisausschüsse mit, von denen es in den Kreishauptmannschaften je einen gab und die im Jahr im Durchschnitt bis zu fünfmal unter Vorsitz des Kreishauptmanns tagten.[1518] Die Kreisausschüsse waren nach § 27 OrgG als beschließende Beschwerdeinstanz gegen bestimmte Entscheidungen der Amtshauptmannschaften und Stadträte nachgeordneter Städte tätig und hatten darüber hinaus über verschiedene Gewerbeangelegenheiten zu entscheiden. Nach § 28 OrgG waren sie beratendes Organ in ihnen durch Gesetz, die Ministerialbehörde oder den Kreishauptmann überwiesenen Angelegenheiten.[1519]

[1514] § 1 d. *Verordnung, die Ausführung des Gesetzes, die Organisation der Behörden für die innere Verwaltung betreffend, vom 21. Mai 1873 und der damit zusammenhängenden Gesetze betreffend, vom 20. April 1874*, in: GVBl. 1874, S. 113-123, 113f.; vgl. zur Entwicklung der Verwaltungsstruktur bereits oben, Einleitung, S. 35ff.; zu den verschiedenen Reformvorschlägen Mitth. über die Verh. d. LT 1869/70, 2. K., Bd. 4, S. 3160ff.

[1515] In: GVBl. 1873, S. 275-284; vgl. auch die *Verordnung, die Ausführung des Gesetzes über die Organisation der Behörden für die innere Verwaltung vom 21. April 1873 und der damit zusammenhängenden Gesetze betreffend, vom 20. August 1874*, in: GVBl. 1874, S. 113-123; vgl. dazu wie im Folgenden V. BOSSE, Die Selbstverwaltung, in: Mitth. d. Ökonom. Ges., Jg. 1877/78, S. 82ff.

[1516] In: GVBl. 1873, S. 284-290, vgl. auch das *Gesetz, das Ausscheiden der Stadtgemeinden Zittau, Freiberg, Meißen und Bautzen aus ihren Bezirksverbänden sowie die Erweiterung der Bezirksaufgaben betreffend, vom 16. Oktober 1914*, in: GVBl. 1914, S. 471-474 und das *Gesetz über die Wahlen zu den Bezirksversammlungen, Bezirksausschüssen, Kreisausschüssen und innerhalb dieser Körperschaften, vom 5. Juli 1919*, in: GVBl. 1919, 145-148.

[1517] In: GVBl. 1873, S. 275-284, 280ff.; §§ 2ff. d. AusführungsVO vom 20. August 1874, in: GVBl. 1874, S. 114ff.; dazu etwa MAYER, Staatsrecht, S. 258ff.; WAENTIG, Justiz und Verwaltung, in: ZS f. Praxis u. Gesetzgebung d. Verw. 1 (1880), S. 2ff.

[1518] Näher MAYER, a.a.O., S. 260ff.; WAENTIG, a.a.O., S. 21; ANONYM, Über die Verwaltungsorganisation, in: ZS f. Praxis u. Gesetzgebung d. Verw. 2 (1881), S. 294.

[1519] In: GVBl. 1873, S. 281f.

Jeder der nunmehr 25 Amtshauptmannschaften war nach § 10 OrgG ein Bezirksausschuss beigeordnet, der teils beschließendes und teils beratendes Organ war. Seine Funktion entsprach in etwa der des Stadtrates in den Städten. Die Bezirksausschüsse setzten sich aus dem Amtshauptmann und von der jeweiligen Bezirksversammlung gewählten Mitgliedern zusammen.[1520] Ihre Zuständigkeit erstreckte sich nach § 11 OrgG in beschließender Funktion u. a. auch auf verwaltungsrechtliche Angelegenheiten von Unterstützungswohnsitz und Armenversorgung, „Einsprüche, beziehendlich Recurse in Bezug auf die Stimmberechtigung und Wählbarkeit bei öffentlichen Wahlen“, die Erteilung von Konzessionen für die Gastronomie und andere gewerberechtliche Entscheidungen, sowie Fragen des öffentlichen Wegerechts. Beratend wurden sie zu polizeilichen Maßregeln des Bezirkes, der „Befürwortung von Staatsbeihülfen zu communlichen Straßenbauten“ und nach Dafürhalten der vorgesetzten Behörde oder der Amtshauptmannschaft auch in sonstigen Angelegenheiten tätig.[1521]

Die Bezirksversammlungen wurden mit dem *Gesetz, die Bildung von Bezirksverbänden und deren Vertretung betreffend, vom 21. April 1873*[1522] eingerichtet. Danach hatte gemäß § 1 d. G. jede Amtshauptmannschaft einen Bezirksverband im Sinne eines Gemeindeverbandes zu bilden, mit der Bezirksversammlung als gewähltes Vertretungsorgan nach §§ 3ff. d. G. Die Bezirksversammlungen waren Interessenvertretungen für wirtschaftliche Belange, die Verwaltung des Bezirksvermögens, die Erhebung der Bezirkssteuer und die Aufnahme von Anleihen. Sie waren nach § 21 d. G. u. a. zunächst für die Einrichtungen der Armenversorgung, die öffentliche Krankenpflege, die Förderung des „Communicationswegebaues“ und die Abwehr eines allgemeinen Notstandes zuständig.[1523] Dazu konnten sie nach § 20 d. G. eine Bezirkssteuer erheben.[1524]

Die Bezirksversammlung bestand nach § 5 d. G. neben dem Amtshauptmann aus mindestens 24 Mitgliedern. Ein Drittel davon waren nach §§ 4 d. G. Vertreter der Höchstbesteuerten, zwei Drittel „Abgeordnete der im Bezirke gelegenen Städte und Landgemeinden“. Deren Verteilung auf die Gemeinden

[1520] a.a.O., S. 277; vgl. auch MAYER, a.a.O., S. 262ff.

[1521] In: GVBl. 1873, S. 277f.

[1522] a.a.O., S. 284-290, vgl. im Folgenden auch die §§ 12ff. d. AusführungsVO vom 20. August 1874, in: GVBl. 1874, S. 116ff. und MAYER, a.a.O., S. 299f.

[1523] ANONYM, a.a.O., S. 298f. Es zeigte sich aber ein Bedarf an weiteren Zuständigkeiten, insbes. an gemeinsamen kommunalen Einrichtungen auf Bezirksebene.

[1524] In: GVBl. 1873, S. 287f.

richtete sich nach den Bevölkerungszahlen auf der Grundlage der letzten allgemeinen Volkszählung.[1525] Dabei waren die Vertreter des Landes in der Regel überrepräsentiert, da die Bevölkerung in den Städten erheblich schneller anwuchs. Die Städte Dresden, Leipzig und Chemnitz waren aufgrund ihrer Größe von einer Zuteilung zu Bezirksverbänden ausgenommen.[1526]

An der Wahl der Vertreter der Höchstbesteuerten nach § 6 d. G. durften „diejenigen selbständigen Personen“ teilnehmen, „welche im Bezirke an directen Staatssteuern den Betrag von mindestens 100 Thalern entrichten“. Dabei war jeweils die Steuerverpflichtung der Ehefrau bzw. der unter väterlicher Gewalt stehenden Kinder anzurechnen.[1527]

Gemäß § 10 wurden die Vertreter der Städte „von den Mitgliedern des Stadtraths und den Stadtverordneten in gemeinsamer Sitzung“ bzw. „den Mitgliedern der Stadtgemeinderäthe unter Leitung des Bürgermeisters“ gewählt. Für den Fall, dass mehrere Städte zu einem Wahlbezirk zusammengeschlossen waren, erfolgte eine indirekte Wahl.[1528]

In den Landgemeinden wurden die Vertreter für die Bezirksversammlung nach § 12 d. G. „durch die Vorstände der im Wahlbezirke gelegenen Gemeinden, und die Beisitzer derjenigen vom Gemeindeverbande ausgenommenen Güter, welche nicht unter den Höchstbesteuerten stimmberechtigt sind“, gewählt. Dabei stellten Gemeinden von 500 bis 1.000 Einwohnern zusätzlich noch einen Wahlmann für die Wahlversammlung, und je weiteren 1.000 Einwohnern einen weiteren Wahlmann.[1529]

Nach § 15 d. G. erfolgten die Wahlen mit absoluter Mehrheit, ggf. in einer Stichwahl unter den beiden bestplatzierten Bewerbern. Die Vertreter wurden dabei auf sechs Jahre gewählt, wobei nach drei Jahren die Hälfte neu gewählt wurde, § 16 d. G. § 17 d. G. schloss Frauen von der Wahl aus, indem „nur selbständige männliche Personen, welche die sächsische Staatsangehörigkeit besitzen und im Sinne der Gemeindeordnungen unbescholten sind“ für stimmberechtigt und wählbar erklärt wurden.[1530]

1525 a.a.O., S. 284f.

1526 ANONYM, a.a.O., S. 300f.

1527 In: GVBl. 1873, S. 285.

1528 a.a.O., S. 285f.

1529 a.a.O., S. 286.

1530 vgl. hierzu auch § 16 d. RegE im *Decret an die Stände, die Entwürfe von Gesetzen über die Organisation der Behörden für die innere Verwaltung und über die Bildung von Bezirksvertretungen betreffend. Eingegangen bei der II. Kammer am 3. Januar 1872*, in: LA 1871/71, 1. Abth., Bd. 2, S. 473, der in den Motiven keine Begründung für den Ausschluss der Frauen vom Stimmrecht enthält.

Diese Vorschrift war in den Verhandlungen der Kammern nicht unumstritten gewesen. Nach dem RegE des *Gesetzes, die Bildung von Bezirksvertretungen betreffend*,[1531] waren „stimmberechtigt und wahlfähig bei den Wahlen zur Bezirksversammlung nur selbständige männliche Personen, welche die sächsische Staatsangehörigkeit besitzen und im Sinne der Gemeindeordnungen unbescholten sind". Die vorberatende Deputation der Zweiten Kammer hielt es jedoch für zweckmäßig, hier genau die Voraussetzungen für Stimmrecht und Wählbarkeit in den Städten und Landgemeinden abzubilden, „um die Analogie der Bezirksversammlung mit der Gemeindevertretung so viel als möglich festzuhalten". Da zwischen Städte- und Landgemeindeordnung Unterschiede im Stimmrecht bestehen, „so wird es nöthig sein, daß bei den Wahlen für die Bezirksversammlung die Bestimmungen der Städteordnung für die Wahlen der Stadtbewohner, die der Landgemeindeordnung für die der Landbewohner in Anwendung gebracht werden".[1532]

Daher schlug die Deputation hier eine andere Fassung des § 16 S. 1 RegE vor: „Stimmberechtigt und wählbar bei den Wahlen zur Bezirksversammlung sind Diejenigen, welche die in den Gemeindeordnungen für die Stimmberechtigung und Wählbarkeit bei Gemeindewahlen vorgeschriebenen Eigenschaften besitzen und im Bezirke entweder ihren wesentlichen Wohnsitz haben oder daselbst ansässig sind." Demnach sollten sowohl Unansässige als auch Ansässige – also Grundbesitzer – stimmberechtigt sein. § 17 RegE sollte als nun überflüssig gestrichen werden. Die Zweite Kammer nahm diesen Vorschlag ohne Debatte einstimmig an.[1533] Daraus hätte sich für die Frauen in den Landgemeinden nun auch ein Stimmrecht bei den Wahlen zu den Bezirksvertretungen ergeben, sofern diese bei den Gemeindewahlen stimmberechtigt waren.

Während sich die Erste Kammer auf Vorschlag ihrer vorberatenden Deputation für die Fassung des RegE und damit ausdrücklich nur für männliche Stimmberechtigte aussprach,[1534] beharrte die Zweite Kammer auf ihrem Beschluss.[1535] Die Kammern einigten sich schließlich aber darauf, § 16 in der Fassung des RegE anzunehmen und mit § 17 in Städten für das Stimmrecht das Bürgerrecht und in den Landgemeinden die Gemeindemitgliedschaft oder den Besitz eines selbständigen Gutes zu verlangen.[1536]

[1531] Mitth. über die Verh. d. LT 1871/73, 2. K., Bd. 3, S. 2759ff.

[1532] a.a.O., S. 2789.

[1533] a.a.O., S. 2789.

[1534] Mitth. über die Verh. d. LT 1871/73, 1. K., Bd. 2, S. 1276f.; vgl. Verh. d. LT 1871/73, 2. K., Bd. 4, S. 3922.

[1535] Mitth. über die Verh. d. LT 1871/73, 2. K., Bd. 4, S. 3915ff.

[1536] Mitth. über die Verh. d. LT 1871/73, 1. K., Bd. 2, S. 1582f.; 2. K., Bd. 5, S. 4600.

Für die Wählbarkeit trat nach § 18 d. G. als weitere Voraussetzung für die städtischen Vertreter der Besitz des Bürgerrechts bzw. für die Vertreter der Landgemeinden der Besitz „eines selbständigen Gutes in dem betreffenden Wahlkreise" hinzu. Lediglich für die Höchstbesteuerten bestanden keine weiteren Voraussetzungen als die Zugehörigkeit zu dieser Gruppe.[1537]

Nach §§ 25, 26 und 31 d. G. kam die Bezirksversammlung unter Leitung des Amtshauptmannes mindestens einmal im Jahr zu einem öffentlich tagenden Bezirkstag zusammen.[1538] Die Bezirksversammlungen wählten auf diesen Bezirkstagen auch die Mitglieder des Bezirks- und des Kreisausschusses in schriftlicher Abstimmung.[1539] Unter den i. d. R. acht Mitgliedern des Bezirksausschusses mussten sich gemäß § 13 OrgG jeweils zwei Vertreter der Höchstbesteuerten, der Städte und der Landgemeinden befinden. Sie wurden nach § 14 OrgG auf sechs Jahre von den Bezirksversammlungen frei gewählt, wobei alle drei Jahre die Hälfte ausschied. Darüber hinaus fanden nach § 23 Abs. 4 OrgG i. v. m. §§ 17 und 18 des Gesetzes, die Bildung von Bezirksverbänden dieselben „allgemeinen Bedingungen der Wählbarkeit" wie für die Bezirksversammlung selbst Anwendung.[1540] Somit waren auch hier Frauen von der Wahl ausgeschlossen.

Die *Kreisordnung für die Provinzen Preußen, Brandenburg, Pommern, Posen, Schlesien und Sachsen. Vom 13. Dezember 1872,*[1541] sah dagegen sehr wohl ein Stimmrecht für Frauen bei der Wahl der Kreistage vor. Innerhalb der ständischen Dreigliederung des Kreistags nach §§ 84ff. d. G. waren Frauen hier als ländliche Grundbesitzerinnen und Gewerbetreibende neben Minderjährigen und juristischen Personen zur Ausübung des Stimmrechts mittels Stellvertreter zugelassen. Während Ehefrauen von ihren Ehemännern vertreten wurden, konnten sich die Unverheirateten einen Vertreter unter den jeweils selbst Stimmberechtigten auswählen. Ebenso waren Frauen durch Stellvertreter stimmberechtigt, wenn nach der Sonderregelung in § 45 Abs. 3 der *LGO für*

[1537] In: GVBl. 1873, S. 286f.

[1538] a.a.O., S. 289.

[1539] vgl. §§ 24ff. d. AusführungsVO vom 20. August 1874, in: GVBl. 1874, S. 119f.

[1540] In: GVBl. 1873, S. 278 und 286f.

[1541] In: PrGS 1872, S. 661-716, hier insbes. 682ff.; vgl. dazu RÜFNER, Preußen, in: DtVerwG Bd. 3, S. 678-714, 696ff.; APOLANT, Das kommunale Wahlrecht, S. 21; ROSENBUSCH, Frauenwahlrecht, S. 102f. und 117f.

die östlichen Provinzen vom 3. Juli 1891 bereits ein Gemeindewahlrecht bestand.[1542] Auch hinter der preußischen Regelung stand damit letztlich der Gedanke einer Grundbesitzer- und Gewerbetreibendenvertretung, so dass auch der Besitz von Frauen nicht ohne Interessenvertretung bleiben sollte.

Die sächsischen Bezirksversammlungen bestimmten nach § 29 OrgG außerdem gemeinsam mit den unmittelbaren Städten auch die Mitglieder des übergeordneten Kreisausschusses. Dabei hatten im Regierungsbezirk Bautzen die Bezirksversammlungen jeweils zwei, die übrigen – einschließlich der Städte Dresden, Leipzig und Chemnitz – jeweils einen Vertreter zu entsenden.[1543] Da hier ebenfalls gemäß § 29 Abs. 3 OrgG dieselben Voraussetzungen für die Wählbarkeit wie für die Bezirksversammlung Anwendung fanden, waren damit Frauen ebenso von der Wahl ausgeschlossen.

Somit besaßen die sächsischen Frauen weder das Stimmrecht noch die Wählbarkeit zu den mit der Verwaltungsreform neu eingeführten Vertretungskörperschaften der mittleren und kommunalen Verwaltungsebene im Königreich Sachsen.

2. Die Streit'sche Vorlage einer einheitlichen Städte- und Gemeindeordnung auf dem Landtag von 1869/70

Als eigentlicher Anstoß der Verwaltungsreform[1544] gilt der Antrag des Herrn Vicepräsidenten Streit und Genossen, die Vorbereitung einer neuen Gemeindeordnung und den alsbaldigen Erlaß eines provisorischen Gesetzes über die Gemeindemitgliedschaft und die Wahlen der Gemeindevertreter betreffend,[1545] der am 11. Oktober 1869 in der Zweiten Kammer eingebracht wurde.

Der nationalliberale Vizepräsident der Zweiten Kammer und Bürgermeisters von Zwickau, LOTHAR OTTOKAR WILHELM STREIT (1823-1898)[1546], beantragte darin die Vorlage einer für Stadt- und Landgemeinden bestimmten Gemeindeordnung. Sie sollte das Gemeindeverfassungsrecht weitgehend subsidiär regeln und u. a. damit den Gemeinden die nähere Ausgestaltung überlassen, weitgehende Selbstverwaltung mit freigewählten Gemeindevertretungen und Verwaltung, Übertragung der Sicherheits- und Wohlfahrtspflege auf die Gemeinden, aber auch „für alle Gemeinden in Betreff der Erwerbung der vollen

[1542] Voraussetzung für das Stimmrecht nach § 45 Abs. 3, das auch Forenser und Minderjährige erfasste, war ein bestimmter Grundbesitz.

[1543] In: GVBl. 1873, S. 282.

[1544] So DIETRICH, Die Verwaltungsreform, in: NASächsG 61 (1940), S. 52.

[1545] In: LA 1869/70, 3. Abth., S. 87f.; vgl. im Folgenden V. BOSSE, Einleitung, zu: RevLGO, S. 2ff. und DERS., Einleitung, zu: RevStO, S. 1ff.

[1546] Zur Person vgl. Sächsische Parlamentarier, hrsg. v. DÖSCHER/SCHRÖDER, S. 477.

Gemeindemitgliedschaft (des Gemeinde-Bürgerrechts) gleiche Grundsätze" aufstellen und „für die Wahl der Gemeindevertreter allgemeines gleiches Stimmrecht der Gemeindemitglieder (Bürger), Unmittelbarkeit und geheime Abstimmung" beinhalten. Die letzten beiden Punkte sollten sofort und noch vor dem Erlass der neuen Gemeindeordnung umgesetzt werden.[1547] Dieser Antrag stützte sich dabei im Wesentlichen auf die Ergebnisse der Beratungen der Städte- und Gemeindetage der Jahre 1868 und 1869.[1548]

Dem Antrag war mit Datum vom 11. Oktober 1869 auch ein eigener *Entwurf zu einem Gesetze, die Gemeindemitgliedschaft und die Wahlen der Gemeindevertreter betreffend*, beigefügt.[1549] Nach § 1 d. E. sollte für das Stimmrecht und die Wählbarkeit bei den Gemeindewahlen in Städten und Landgemeinden der Besitz des „Gemeinde-Bürgerrechts" erforderlich sein. Zu diesem sollten nach § 2 d. E. nur diejenigen Personen befähigt sein, die volljährig, selbständig, unbescholten sind, ihren wesentlichen Wohnsitz im Gemeindebezirk haben, die sächsische Staatsangehörigkeit oder die eines anderen deutschen Landes besitzen, in den letzten drei Jahren nicht mit der Zahlung ihrer Gemeindeabgaben in Verzug geraten sind oder in dieser Zeit keine Armenunterstützung bezogen und nicht „wegen Bettelns oder Landstreicherei bestraft worden sind".[1550]

Hinsichtlich des Bürgerrechts von Frauen regelte § 3 d. E., dass „Personen, weiblichen Geschlechts .. nur das Ehrenbürgerrecht (§ 17) erlangen" können.[1551] Gemäß § 17 d. E. konnten Frauen dieses Ehrenbürgerrecht nur „durch Beschluß des Raths und der Stadtverordneten, in den Landgemeinden durch Beschluß des Gemeinderaths" erlangen, wenn sie sich „um die Gemeinde besonders verdient gemacht haben" oder „als Beweis der Dankbarkeit und Achtung". Da damit aber nicht die „Theilnahme an den Gemeindeangelegenheiten und den sonstigen bürgerlichen Obliegenheiten" der Bürger verbunden war,[1552] beinhaltete das Ehrenbürgerrecht – wie auch sonst üblich – nicht das Stimmrecht bei den Gemeindewahlen. Frauen waren daher nach STREITS Entwurf vom Stimmrecht und der Wählbarkeit in den Städten und Landgemeinden ausgeschlossen, da sie nicht einmal ein Gemeindebürgerrecht erlangen konnten. Damit hätten mit diesem Entwurf die bisher nach der LGO stimmberechtigten Frauen in den Landgemeinden sogar ihr Stimmrecht verloren.

[1547] LA 1869/70, 3. Abth., S. 87; vgl. im folgenden Mitth. über die Verh. d. LT 1869/70, 2. K., Bd. 1, S. 236ff.

[1548] vgl. dazu HEYDENREICH, Gemeinde-Ordnung, S. 3ff.

[1549] In: LA 1869/70, 1. Abth., Anträge (ohne Paginierung des Bandes).

[1550] a.a.O., S. 3f.

[1551] a.a.O., S. 4.

[1552] a.a.O., S. 7.

§ 20 d. E. bekräftigte diese Regelung nochmals, in dem er bestimmte, dass „die mit der vollen Gemeindemitgliedschaft verbundenen Rechte, – die bürgerlichen Ehrenrechte – … a) Personen weiblichen Geschlechts“ nicht ausüben dürfen.[1553]

Unklar vor allem hinsichtlich der bisher stimmberechtigten Frauen in den Landgemeinden ist dagegen § 28 d. E., der denjenigen, die bisher die „volle Gemeindemitgliedschaft“ besessen hatten, das künftige Gemeindebürgerrecht zuerkennt. „Inwieweit sie aber zur Ausübung der bürgerlichen Ehrenrechte und insbesondere zur Stimmberechtigung und Wählbarkeit für Gemeindeämter zugelassen sind“, sollte sich wiederum nach § 26 d. E. richten, der das den Gemeinden zur Regelung per Ortsgesetz überließ.[1554] Die Motive enthalten weder dazu, noch zu dem Problem des Stimmrechts von Frauen Ausführungen. Prinzipiell hätten damit die Landgemeinden durch Ortsgesetz regeln können, den bisher stimmberechtigten Frauen in den Landgemeinden mit dem Gemeindebürgerrecht auch das Stimmrecht weiterhin einzuräumen. Davon hätten ebenso diejenigen kleinen Städte Gebrauch machen können, die den Frauen durch Anwendung der entsprechenden Vorschriften der LGO auf der Grundlage des *Gesetzes, die Anwendung der Landgemeindeordnung auf kleinere Amts- und Patrimonialstädte betreffend*, das Stimmrecht bisher zubilligten.

§ 5 d. E. enthielt außerdem eine Legaldefinition des Begriffs Selbständigkeit. Und zwar waren als selbständig „im Allgemeinen Alle zu erachten, welche nicht unter väterlicher Gewalt oder Vormundschaft stehen, nicht in einem Gesindedienstverhältnisse sich befinden und übrigens eine besondere Wohnung (also nicht blos eine Schlafstätte und das Recht zum Mithaushalte in der Wohnung eines Anderen) haben“.[1555]

Die Zweite Kammer verwies den Antrag am 11. Oktober 1869 zur Beratung an ihre erste Deputation.[1556] Ebenso verfuhr sie am 15. Oktober 1869 mit dem *Antrag der Herren Abgeordneten Dr. Hahn und Genossen, die directe Stadtverordnetenwahl, Wegfall der Bestätigung der Rathsmitglieder durch die Behörde, auch Zuziehung von Nichtjuristen zum Registriren etc. betreffend,* und dem *Antrag der Herrn Abgeordneten Oehmichen und Genossen, die Reorga-*

[1553] a.a.O., S. 8.
[1554] a.a.O., S. 9f.
[1555] a.a.O., S. 4.
[1556] LA 1869/70, 3. Abth., S. 37 und 40; vgl. Mitth. über die Verh. d. LT 1869/70, 2. K., Bd. 1, S. 61.

nisation der Gemeindeordnung, Aufhebung der Bestimmung sub ○ des Gesetzes vom 11. August 1855 und demgemäße Einrichtung von Bezirks- und Kreisvertretungen betreffend.[1557]

Am 26. Oktober stand dann bereits ein mündlicher Bericht der ersten Deputation, die Geschäftsbehandlung der auf die Reform der Gemeindeverfassung bezüglichen Anträge betreffend, auf der Tagesordnung der Zweiten Kammer. Den Deputationsantrag hinsichtlich der weiteren Verfahrensweise, zuerst die allgemeinen Grundsätze der Anträge gemeinsam zu beraten, nahm die Kammer ohne Debatte einstimmig an und auch V. NOSTITZ-WALLWITZ zeigte sich seitens der Regierung damit einverstanden.[1558]

Dieser Debatte widmete sich die Zweite Kammer schon erstmals am 28. Oktober 1869.[1559] Staatsminister V. NOSTITZ-WALLWITZ „erklärte im Allgemeinen die Bereitheit der Regierung zur Mitwirkung auf diesem Felde, bestätigt den zwischen der Gemeindereform und der Behördenorganisation bestehenden Zusammenhang und die Absicht der Regierung, beide Fragen gleichzeitig zum Abschluß zu bringen, und zwar ... für den nächsten Landtag". Dabei sah er auch die Frage, ob eine einheitliche Gemeindeordnung für Städte und Landgemeinden zu errichten sein würde, für wesentlich an.[1560] Hinsichtlich des Gemeindewahlrechts führte der Minister dann seitens der Regierung in der Sitzung vom 30. Oktober aus, dass er nicht glaube, „daß die Mehrheit der Bevölkerung für das suffrage universel ... in Bezug auf die Gemeinde-Angelegenheiten" sei. Stattdessen hielt er eine Garantie „in irgend einer Form" für erforderlich, „daß die Verwaltung der Gemeinde-Angelegenheiten nicht in die Hände der flottanten Bevölkerung gelegt" werde. Daraufhin fasste die Kammer mit 35 gegen 32 Stimmen den Beschluss, das Wahlrecht dahingehend zu beschränken, dass „jedoch für die Wählbarkeit ein Classensystem" eingerichtet werden soll.[1561]

Allerdings konnte die zu einer schnellen Neuregelung notwendige Einigkeit von Ständevertretern und Regierung nicht hergestellt werden: Am 3. Januar 1870 erklärte KARL FRIEDRICH BIEDERMANN im Namen der ersten Deputation, dass hinsichtlich der Frage der Gemeindemitgliedschaft und der Gemeindewahlen in den Landgemeinden in den gemeinsamen Beratungen mit

---

[1557] LA 1869/70, 3. Abth., S. 44 und 53; vgl. Mitth. über die Verh. d. LT 1869/70, 2. K., Bd. 1, S. 74.

[1558] LA 1869/70, 3. Abth., S. 77 und 80f.; vgl. Mitth. über die Verh. d. LT 1869/70, 2. K., Bd. 1, S. 217f. Mittlerweile gelangte eine Vielzahl von Petitionen und Anträgen zur Gemeindeverfassung vor. (vgl. LA 1869/70, 1. Abth., Anträge) Hier soll nur auf die beiden in diesem Zusammenhang Wesentlichen eingegangen werden.

[1559] LA 1869/70, 3. Abth., S. 84ff.; vgl. Mitth. über die Verh. d. LT 1869/70, 2. K., Bd. 1, S. 235ff.

[1560] LA 1869/70, 3. Abth., S. 85.

[1561] a.a.O., S. 99.

der Regierung und ländlichen Abgeordneten die Meinungsverschiedenheiten nicht ausgeräumt werden konnten. Daher solle die Kammer von dem Beschluss, diese Regelungen in einem separaten Gesetz vorab zu klären, wieder Abstand nehmen, zumal die Umsetzung noch in dieser Session kaum mehr wahrscheinlich sei. Dem folgte die Kammer einstimmig.[1562]

Die Zweite Kammer nahm schließlich in der Schlussberatung am 10. Januar 1870 den Streit'schen Antrag z. T. in etwas modifizierter Fassung insgesamt an.[1563]

Die Dritte Deputation der Ersten Kammer schlug u. a. vor, zu prüfen „inwieweit die gegenwärtigen Vorschriften über Erwerbung der vollen Gemeindemitgliedschaft in Stadt und Land vereinfacht und in größere Übereinstimmung gebracht werden können". Sie sprach sich zwar für unmittelbare und geheime Wahlen, aber zugleich auch dafür aus, „für die Wählbarkeit ein Classensystem bei[zu]behalten".[1564]

Die Beschlüsse zum Streit'schen Antrag lehnte die Erste Kammer am 12. Februar 1870 entweder gänzlich ab oder nahm sie z. T. nur mit erheblichen Änderungen an. Es wurde aber gemäß dem Vorschlag der vorberatenden Deputation einstimmig beschlossen,[1565] „die Staatsregierung zu ersuchen, eine Revision sowohl der Städteordnung als der Landgemeindeordnung und der in Bezug auf beide erlassenen späteren Gesetze vorzunehmen und das Resultat der nächsten Ständeversammlung vorzulegen". Das sollte unter der Maßgabe geschehen, „daß für die Wahlen der Gemeindevertreter Unmittelbarkeit und geheimes Stimmrecht festgestellt, jedoch für die Wählbarkeit ein Classensystem beibehalten werde".[1566] Ebenso stimmte man dem Antrag – in der Fassung der eigenen Deputation – auf Einsetzung einer Zwischendeputation zu.[1567]

Mit der Ständischen Schrift vom 16. Februar 1870 manifestierten die Stände nochmals ihren Willen zu einer Revision der Gemeindeverfassung.[1568] Auch

---

[1562]LA 1869/70, 3. Abth., S. 371; vgl. Mitth. über die Verh. d. LT 1869/70, 2. K., Bd. 2, S. 1743ff.

[1563]LA 1869/70, 3. Abth., S. 420ff.; vgl. Mitth. über die Verh. d. LT 1869/70, 2. K., Bd. 2, S. 1898ff.

[1564]*Bericht der dritten Deputation der ersten Kammer, die Anträge des Abgeordneten Vicepräsident Streit und Genossen wegen Abänderung der Städteordnung und Landgemeindeordnung und wegen einiger damit zusammenhängender Gegenstände betreffend*, in: LA 1869/70, Beil. 2. Abth., Bd. 1, S. 417-444, 443.

[1565]LA 1869/70, 2. Abth., S. 297ff.; vgl. Mitth. über die Verh. d. LT 1869/70, 1. K., Bd. 1, S. 828ff.

[1566]LA 1869/70, 2. Abth., S. 298f.

[1567]a.a.O., S. 300f.

[1568]*Ständische Schrift über den Antrag des Abgeordneten Oehmichen und Genossen, die Abänderung des § 1 im Gesetze vom 12. Juli 1864 betreffend*, in. LA 1869/60, 1. Abth., Bd. 2, S. 487.

König JOHANN stellte in seiner Rede zum Landtagsschluss diese für den nächsten Landtag nun in Aussicht.[1569]

3. Das Promemoria zur Reformfrage vom 16. Mai 1871 und Vorentwürfe der Städte- und Landgemeindeordnungen

Im Rahmen der Vorarbeiten der Verwaltungsreform legte V. NOSTITZ-WALLWITZ eigenhändig ein *Promemoria* zur Reformfrage dem Gesamtministerium vor.[1570] Er hielt darin zwar die Reform selbst für erforderlich, sah aber keine Notwendigkeit, dabei den Streit'schen Antrag zu berücksichtigen, da dieser von der Ersten Kammer abgelehnt worden sei.

Der Minister skizzierte u. a. die wesentlichen Grundzüge der künftigen Gemeindeverfassung. So wollte er die Trennung in Städte- und Landgemeindeordnung beibehalten. Er schlug noch eine Städteordnung für mittlere und kleinere Städte vor, die bisher die Landgemeindeordnung angewandt hatten. Die Städteordnung sollte vereinfacht und die Autonomie der Gemeinden durch die Verminderung des Einflusses der Aufsichtsbehörden und Erweiterung der eigenen Zuständigkeiten gestärkt werden. Zwar sollten die Ritter- und Kammergüter auch weiterhin exemt bleiben können, aber nur dann, wenn sie willens und in der Lage waren, die Verpflichtungen einer Gemeinde selbst zu erfüllen.

Darüber hinaus enthielt die Schrift auch den Vorschlag einer neuen Behördenorganisation und Gebietseinteilung sowie die sich daraus ergebende Veränderung der Zuständigkeiten. Sie wurde damit wesentliches Gerüst der später tatsächlich realisierten Reform und den Forderungen insofern gerecht, dass sie eine Erweiterung der kommunalen Selbstverwaltung mit einer klaren Verwaltungsgliederung zu verbinden wusste.[1571]

Mit diesen Vorschlägen befasste sich das Gesamtministerium in Anwesenheit des Königs am 7. Juli 1871. Dabei fanden lediglich die Städte- und Gemeindeordnungen ungeteilte Zustimmung.[1572] Somit erarbeitete VON NOSTIZ-WALLWITZ nunmehr eine weitere Denkschrift und einen ersten Gesetzentwurf zur Verwaltungsreform, der in der Folge weiterentwickelt wurde.[1573] Gemeinsam mit diesem Entwurf des OrgG übersandte das Innenministerium

[1569] Rede Sr. Majestät des Königs beim feierlichen Schlusse des ordentlichen Landtags 1869/70, a.a.O., S. 645f., 646.

[1570] Dazu ausführlich DIETRICH, Die Verwaltungsreform, in: NASächsG 61 (1940), S. 57ff. Die von DIETRICH angegebenen Aktenbestände des SächsHStA waren dort nicht (mehr) auffindbar.

[1571] a.a.O., S. 59.

[1572] a.a.O., S. 59.

[1573] a.a.O., S. 60ff.

dem Gesamtministerium am 11. Oktober 1871 auch schon die Entwürfe zu den beiden Städteordnungen und der Landgemeindeordnung.[1574]

4. Das Gesetz über die Aufhebung der Bürgerrechtsgebühren

Der erste Schritt hin zu einer neuen Gemeindeverfassung erfolgte vorab mit dem Gesetz, den Wegfall der Bürgerrechtsgebühren und die Einführung directer Wahlen der Stadtverordneten, ingleichen der Mitglieder des größeren Bürgerausschusses betreffend, vom 5. März 1870,[1575] das das Verfahren bei den städtischen Wahlen einer Neuregelung unterzog. In den Motiven zum Gesetzentwurf kündigte die Regierung nochmals „eine allgemeine Revision der auf die Verfassung der Gemeinden bezüglichen Gesetze, insbesondere der allgemeinen Städteordnung" an und eine entsprechende „umfassendere Gesetzesvorlage für den nächsten ordentlichen Landtag".[1576]

Infolge der nun in Sachsen Anwendung findenden *Gewerbeordnung des Norddeutschen Bundes vom 21. Juni 1869* sah die Regierung die Aufhebung der Bürgerrechtsgebühren für alle Bürger als notwendig an, da diese in § 13 die Erhebung von Bürgerrechtsgebühren für Gewerbetreibende untersagte.[1577] Und auch sei „das für die Wahlen der Stadtverordneten zeither als Regel gegoltene System indirecter Wahlen von der öffentlichen Meinung im Allgemeinen aufgegeben, auch bei den Wahlen zum Reichstage wie zu den Landtagen bereits verlassen worden". Daher sei es empfehlenswert, ungeachtet der Revision der AStO, die indirekte Wahl aufzugeben.[1578]

Nach § 1 d. E. sollte künftig somit „die Erhebung eines Bürgerrechtsgeldes (Bürgerrechtsgebühr einschließlich von Abgaben zur Armencasse oder zur Schuldentilgung) wegen Erwerbung des Bürgerrechts" nicht mehr zulässig

---

[1574] a.a.O., S. 62f. Entwürfe in: SächsHStA Dresden, Gesamtministerium, L III/1 Loc. 60 Nr. 1, Bd. 3.

[1575] In: GVBl. 1870, S. 47f.; vgl. DIETRICH, Die Verwaltungsreform, in: NASächsG 61 (1940), S. 69.

[1576] *Decret an die Stände, den Gesetzentwurf, den Wegfall der Bürgerrechtsgebühren und die Einführung directer Wahlen der Stadtverordneten betreffend, vom 15. Januar 1870*, in: LA 1869/70, 1. Abth., Bd. 2, S.405-411, S. 409; vgl. auch den Entwurf in: SächsHStA Dresden, Gesamtministerium, L III/1 Loc. 60 Nr. 1, Bd. 3, Bl. 241ff.

[1577] In: Bundes-Gesetzblatt des Norddeutschen Bundes 1869, S. 245–282, 248. § 11 dieser Gewerbeordnung enthielt zudem eine vollständige Gleichstellung von Frauen im Gewerberecht: (1) „Das Geschlecht begründet in Beziehung auf die Befugniß zum selbstständigen Betriebe eines Gewerbes keinen Unterschied." (2) „Frauen, welche selbstständig ein Gewerbe betreiben, können in Angelegenheiten ihres Gewerbes selbstständig Rechtsgeschäfte abschließen und vor Gericht auftreten, gleichviel, ob sie verheirathet oder unverheirathet sind. Sie können sich in Betreff der Geschäfte aus ihrem Gewerbebetrieb auf die in den einzelnen Bundesstaaten bestehenden Rechtswohlthaten der Frauen nicht berufen. Es macht hierbei keinen Unterschied, ob sie das Gewerbe allein oder in Gemeinschaft mit anderen Personen, ob sie dasselbe in eigener Person oder durch einen Stellvertreter betreiben." – a.a.O., S. 247.

[1578] a.a.O., S. 409.

sein. Auch die Verwaltungsgebühr sollte auf maximal einen Thl. begrenzt werden. Die Stadtverordnetenwahlen sollten – ebenso wie die Wahlen der Mitglieder des größeren Bürgerausschusses – künftig gemäß § 2 d. G. nur noch direkt erfolgen. Daneben enthielt der Entwurf noch Regelungen zur Durchführung dieser Wahlen, so sollte etwa gemäß § 6 d. E. die „relative Mehrheit der abgegebenen gültigen Stimmen“ ausreichen, um die Zahl der Wahlwiederholungen zu reduzieren. Nach § 9 d. E. sollte die Neuregelung erstmals auf die Ergänzungswahlen im Jahre 1870 Anwendung finden.[1579]

In der Debatte des Entwurfs in der Zweiten Kammer am 9. Februar 1870 schränkte diese auf Vorschlag des Regierungskommissars ERNST ADOLF KÖRNER die Anwendung der §§ 2ff. auf die Städte ein, die bisher noch nicht direkt gewählt haben.[1580] Nachdem die Erste Kammer den Gesetzentwurf ihrerseits am 18. Februar 1870 beraten hatte[1581] und einige Differenzpunkte zwischen den Kammern ausgeräumt werden konnten,[1582] blieben die Stände bei der Regelung, dass gemäß § 9 Abs. 2 die §§ 2ff. nur in den Städten zur Anwendung gelangen sollten, die nicht schon bisher nach § 125 AStO direkt gewählt haben. Das sollte schon bei den folgenden Wahlen gelten, die als „totale Erneuerung der Stadtverordnetencollegien, beziehendlich Bürgerausschüsse vorgenommen“ werden sollten.[1583]

5. Schlussfolgerungen

Die Reform der Gemeindeverfassung wurde in Sachsen als Teil einer umfassenden Verwaltungsreform in den 1870er Jahren in Angriff genommen. Diese war spätestens mit der Eingliederung Sachsens in den Norddeutschen Bund notwendig geworden. Aber auch schon vorher hatte sich gezeigt, dass einzelne Bestimmungen der Städte- und Landgemeindeordnung nicht mehr den tatsächlichen Verhältnissen gerecht wurden und einer Überarbeitung bedurften.

Mit der Neuordnung der Verwaltungsorganisation wurden auf der Ebene der Amts- und Kreishauptmannschaften weitere Vertretungskörperschaften der Kommunal- bzw. Mittelebene der Verwaltung eingerichtet. Diese gingen ebenfalls aus Wahlen hervor. Frauen waren hier ausdrücklich von Stimmrecht

---

[1579] a.a.O., S. 406ff.

[1580] in: LA 1869/70, 3. Abth., S. 629ff.

[1581] LA 1869/70, 2. Abth., S. 339f.

[1582] vgl. LA 1869/70, 3. Abth., S. 753f.; 2. Abth., S. 379; 3. Abth., S. 783.

[1583] GVBl. 1870, S. 48; vgl. die *Ständische Schrift auf das Allerhöchste Decret Nr. 46 vom 15. Januar 1870, einen Gesetzentwurf, den Wegfall der Bürgerrechtsgebühren und die Einführung der directen Wahlen der Stadtverordneten betreffend*, in: LA 1869/70, 1. Abth., Bd. 2, S. 557f.

und Wählbarkeit ausgeschlossen und konnten zumeist von vornherein schon nicht den stimmberechtigten Körperschaften angehören.

Die Revision der Städte- und Landgemeindeordnung nahm ihren Anfang bereits mit einer Reihe von Anträgen auf dem Landtag von 1869/70 sowie der vorgezogenen Abschaffung der indirekten Wahl der Stadtverordneten. Der Streit'sche Antrag beinhaltete dabei auch einen Gesetzentwurf für ein einheitliches Bürgerrecht in den Städten und Landgemeinden nach süddeutschem Vorbild, wobei für Frauen lediglich nur noch die Möglichkeit des Ehrenbürgerrechts vorgesehen war. Ebenso waren sie vollständig von Stimmrecht und Wählbarkeit zu den Gemeindevertretungen ausgeschlossen, so dass hiernach auch die bisher in den Landgemeinden stimmberechtigten Frauen ihr Stimmrecht verloren hätten. Das legt die Annahme nahe, dass bei der Einführung eines einheitlichen Gemeindebürgerrechts und einer gemeinsamen Gemeindeordnung für Städte und Landgemeinden aufgrund des Strebens nach einer einheitlichen Verfassung für alle Gemeinden, mit der Unterscheidung spezifischer Interessenlagen in den Städten auf der einen und den Landgemeinden auf der anderen Seite auch das Frauenstimmrecht in den Landgemeinden gefährdet gewesen wäre.

II. Das Wahlrecht und die Vernachlässigung des Frauenstimmrechts nach der Revidierten Städteordnung (RevStO) vom 24. April 1873

Am 3. Januar 1872 gingen endlich mit dem *Decret, die Entwürfe zu drei Gemeindeordnungen betreffend*, die Entwürfe einer Revidierten Städteordnung, einer Städteordnung für mittlere und kleine Städte und einer Revidierten Landgemeindeordnung bei der Zweiten Kammer ein.[1584]

Nachdem bereits am 3. Januar 1872 einige Vorfragen der Beratung der Entwürfe im Plenum erörtert worden waren,[1585] hatte sich die Zweite Kammer am 9. Januar mit einem Antrag des Abg. STREIT und 13 weiterer Kammermitglieder zu befassen. Sie beantragten, zunächst wiederum die allgemeinen Fragen der künftigen Gemeindeverfassung vorab und in einer bestimmten

---

[1584] Vom 22. Dezember 1871, in: LA 1871/73, 1. Abth., Bd. 2, S. 321-409; SächsHStA Dresden, MdI Sekt. 6, 844/1 Die Revision der Gemeindeverfassung, Bl. 3-45 (Entwurf RevStO), Bl. 46-55 (Entwurf StO mittlere und kleine Städte), Bl. 56-99 (Entwurf RevLGO), Bl. 100-115 (Motive); vgl. im Folgenden V. BOSSE, Einleitung zu: RevLGO, S. 4ff. und Ders., RevStO, S. 3ff.; WYDUCKEL, Verwaltungsaufbau, in: FS zum 100-jährigen Jubiläum, hrsg. v. Reich, S. 86ff.; ULBRICHT, Die verfassungsrechtliche Trennung, in: NASächsG 69 (1998), S. 178ff.

[1585] Der Antrag des Abg. BIEDERMANN auf eine Generaldebatte über die Entwürfe in der Vorberatung im Plenum war einstimmig angenommen worden. – LA 1871/73, 3. Abth., S. 75; vgl. Mitth. über die Verh. d. LT 1871/73, 2. K., Bd. 1, S. 160f.

Reihenfolge zu beraten. Erst dann wollten die Antragsteller überhaupt die Regierungsvorlage in die Kammer eingebracht sehen und die Einzelvorschriften beraten. Die Kammer nahm diesen Antrag unter Zustimmung der Regierung einstimmig an.[1586]

Am 11. Januar 1872 wurden die Vorberatungen in der Zweiten Kammer abgeschlossen und die Gesetzentwürfe der ersten Deputation[1587] zur Berichterstattung übergeben. Die Einzelberatungen hatte die Zweite Kammer zunächst mit der Beratung des Berichts über die revidierte Städteordnung am 16. März 1872 begonnen.[1588] Der Deputationsbericht vom 7. März 1872 verzichtete zwar auf ein nochmaliges Eingehen auf die bereits von der Kammer erörterten allgemeinen Fragen, nahm aber an den einzelnen Vorschriften des RegE z. T. umfangreiche Änderungen vor.[1589] Die Erste Kammer hatte die Vorberatung der Entwürfe am 12. Februar 1872 einer außerordentlichen Deputation[1590] übertragen,[1591] deren Bericht erstmals am 1. November 1872 zur Beratung gelangte.[1592] Die Differenzen zwischen den Beschlüssen der Kammern konnten im Vereinigungsverfahren nach § 131 VerfUrk ausgeräumt werden.[1593]

Nach STREITS Antrag war schon in den Vorberatungen u. a. die Frage zu klären, ob überhaupt eine Revision der Gemeindegesetzgebung notwendig sei und auch in Zukunft drei Gesetze beibehalten oder nur noch *eine* Gemeindeordnung für alle Städte und Landgemeinden erarbeitet werden sollte.[1594] Die Regierung hatte sich in ihrem Entwurf für die Beibehaltung der Aufteilung entschieden, da zwar durch die „in Sachsen schon von länger her mehr als anderwärts bestandene und seit einem Jahrzehnte allseitig durchgeführte

---

1586 LA 1871/73, 3. Abth., S. 93ff.; vgl. Mitth. über die Verh. d. LT 1871/73, 2. K., Bd. 1, S. 227f.

1587 Mitglieder waren LOTHAR OTTOKAR WILHELM STREIT, LEONÇE ROBERT FREIHERR VON KÖNNERITZ, KARL FRIEDRICH BIEDERMANN, ERNST GUSTAV PFEIFFER, FRIEDRICH RAIMUND SACHẞE, HERMANN FRIEDRICH THEODOR SCHRECK (Referent), KARL BERNHARD PÄẞLER, GOTTFRIED RICHARD PETRI und JOHANN KARL GOTTLOB PANITZ.

1588 Mitth. über die Verh. d. LT 1871/73, 2. K., Bd. 1, S. 321 und Bd. 2, S. 1840ff.; vgl. LA 1871/71, 3. Abth., S. 407ff.

1589 *Bericht der ersten Deputation der zweiten Kammer, den Entwurf einer revidirten Städteordnung betreffend. Eingegangen am 8. März 1872*, in: LA 1871/73, Beil. 3. Abth., Bd. 1, S. 391-444. Die Deputation sprach sich aber zumindest gegen ein einheitliches Gesetz für alle Städte und Landgemeinden aus.

1590 Mitglieder waren GUSTAV FRIEDRICH THEODOR VON KÖNIG, FRANZ GUIDO HEMPEL, ERNST LUDWIG HENNIG (Referent), JULIUS ROBERT DEUMER, BERNHARD EDLER VON DER PLANITZ, CARL WILHELM OTTO KOCH.

1591 Mitth. über die Verh. d. LT 1871/73, 1. K., Bd. 1, S. 300, 385 und 424. Neben dieser Deputation, die sich mit sämtlichen Organisationsvorlagen befassen sollte, wurde noch eine weitere Deputation zur Schulgesetzgebung eingerichtet.

1592 Mitth. über die Verh. d. LT 1871/73, 1. K., Bd. 1, S. 782ff.

1593 Mitth. über die Verh. d. LT 1871/73, 2. K., Bd. 4, S. 3842ff. und Bd. 5, S. 4602f.

1594 Mitth. über die Verh. d. LT 1871/73, 2. K., Bd. 1, S. 229ff.; vgl. LA 1871/71, 3. Abth., S. 93.

Freiheit im Handel und Gewerbe, welche die fortschreitende Schulbildung und die Theilnahme am politischen Leben bewirkt hat – doch fortwährend ein charakteristischer Unterschied besteht, der sich, von dem häuslichen und wirthschaftlichen Leben ausgehend, durch alle örtlichen Verhältnisse fortzieht und eine völlig gleichmäßige Gestaltung der Gemeindevertretung, überhaupt aller communlicher Organe unmöglich erscheinen läßt". Außerdem hätten sich selbst in den kleinen Städten „Verhältnisse und Interessen ausgebildet", die eine Gleichstellung für diese „schmerzlich" erscheinen ließen. Daher sei es aus Gründen der Übersichtlichkeit und Praktikabilität geboten, auch weiterhin verschiedene Gesetze beizubehalten.[1595]

Dabei sei eigens für die mittleren und kleinen Städte eine eigene Regelung angebracht, da diese „in ihren einfachen Verhältnissen sich mit einer der Landgemeindeverfassung ähnlichen Organisation begnügen können". Eine Anwendung der Landgemeindeordnung wäre dagegen weder passend noch von ihnen gewollt.[1596]

In der Vorberatung der Zweiten Kammer stand die Notwendigkeit des Gesetzesvorhabens selbst außer Zweifel: STREIT wies zu Beginn einer längeren und äußerst kontroversen Debatte darauf hin, dass die beiden Kammern auf dem letzten Landtag die Revision der Gemeindeverfassung in Übereinstimmung mit der Staatsregierung dieser angetragen haben. Jedoch sei man sich in der Zweiten Kammer auch darüber einig gewesen, dass es nur noch ein gemeinsames Gesetz für alle Städte und Landgemeinden geben solle. Weder die Erste Kammer noch die Staatsregierung sei dem aber gefolgt und der Vorschlag auch in der Öffentlichkeit als „etwas vollständig Unpraktisches und Unausführbares" kritisiert worden. Dass eine gemeinsame Gemeindeordnung für Stadt und Land möglich sei, zeige aber das Beispiel anderer Länder.[1597] Und auch die vorliegenden sächsischen Entwürfe enthielten zahlreiche parallele Regelungen. Eine solche gemeinsame Gemeindeordnung sei keine Formsache, sondern trage der Tatsache Rechnung, dass die Übergänge zwischen Landgemeinden und Städten fließend seien und viele Landgemeinden inzwischen städtischen Charakter und kleine Städte mehr den von Landgemeinden hätten. Ansonsten betrachtete STREIT aber seine Anträge durchaus als berücksichtigt.[1598] Staatsminister VON NOSTITZ-WALLWITZ machte dagegen nochmals

[1595]LA 1871/73, 1. Abth., Bd. 2, S. 385f.

[1596]a.a.O., S. 386f.

[1597]z. B. Bayern 1869 und die österreichischen Kronländer.

[1598]Mitth. über die Verh. d. LT 1871/73, 2. K., Bd. 1, S. 229ff.; vgl. zu den Verhandlungen auf dem Landtag von 1869/70 oben, S. 300.

deutlich, dass die Regierung der Frage, ob es eine oder drei Gemeindeordnungen sein sollen, „materiell sehr wenig Gewicht beilege". Die Regierung habe sich lediglich durch praktische Erwägungen leiten lassen.[1599]

Dem Standpunkt der Staatsregierung schloss sich die außerordentliche Deputation der Ersten Kammer an.[1600] Der Abg. und Glauchauer Bürgermeister ARWED AUGUST MAXIMILIAN MARTINI (1824-1892)[1601] hielt den „vorliegenden Entwurf einer Städteordnung ... für einen so erfreulichen Fortschritt im Gemeindeleben".[1602]

So enthielt der RegE der RevStO in § 1 die Voraussetzungen für die Einführung der Städteordnung im Gegensatz zur bisherigen Regelung in verbindlicher Form festgeschrieben. Danach sollte sie auf diejenigen Städte Anwendung finden, deren Stadtrat gemäß §§ 86 und 87 d. E. u. a. über mindestens ein Mitglied mit der Befähigung zum Richteramt verfügte. Auf diejenigen mittleren und kleinen Städte, die diese Voraussetzungen nicht erfüllten, sollte die StOmkSt zur Anwendung kommen. Städte, deren Einwohnerzahl bei der letzten Volkszählung unter 6.000 gelegen hatte, sollten sich entscheiden, nach welcher Städteordnung sie ihre Verhältnisse regeln wollten und eine entsprechende Erklärung abgeben. Für Städte deren Einwohnzahl darüber lag, sollte die RevStO automatisch gelten, sofern sie sich nicht anderweitig erklärten.[1603] Von der Deputationsmehrheit der ersten Deputation der Zweiten Kammer wurde diese Vorschrift in dieser Form genehmigt, jedoch um die §§ 1b und 1c ergänzt. Darin wurden auch bisherigen Landgemeinden und künftigen Gemeindeverbänden und Städten mit StOmkSt die Möglichkeit eingeräumt, unter bestimmten Voraussetzungen die Anwendung der RevStO beim Innenministerium zu beantragen. Sie sollten dadurch zwar als Städte gelten, jedoch ausdrücklich nicht hinsichtlich der Aufteilung der Landtagswahlkreise.[1604]

1599 Mitth. über die Verh. d. LT 1871/73, 2. K., Bd. 1, S. 235. Allerdings stand die Befürchtung im Raum, dass im Zuge einer einheitlichen Gemeindeordnung auch die Trennung in städtische und ländliche Landtagswahlkreise beseitigt werden könnte.

1600 *Bericht der außerordentlichen Deputation der ersten Kammer über den Entwurf einer Revidirten Städteordnung. Eingegangen am 19. October 1872*, in: LA 1871/73, Beil. 2. Abth., Bd. 1, S. 275-320, 275f.; vgl. Mitth. über die Verh. d. LT 1871/73, 1. K., Bd. 1, S. 782.

1601 MARTINI war auch Deputationsmitglied, hatte wegen Krankheit aber nicht an deren Beratungen teilgenommen.

1602 Mitth. über die Verh. d. LT 1871/73, 1. K., Bd. 1, S. 783.

1603 LA 1871/73, 1. Abth., Bd. 2, S. 322 und Motive S. 337.

1604 LA 1871/73, Beil. 3. Abth., Bd. 1, S. 392ff. Die Zweite Kammer nahm diesen dann Vorschlag an. – LA 1871/73, 3. Abth., S. 407ff.; Mitth. über die Verh. d. LT 1871/73, 2. K., Bd. 2, S. 1860ff.; vgl. wie im folgenden auch ULBRICHT, Die exemten Mittelstädte, S. 29ff.

Damit hatten die Städte weiterhin die Wahl, ob sie die RevStO annehmen wollten. Allerdings war die Alternative nun nicht mehr die Landgemeindeordnung oder eine selbst gewählte Mischform zwischen städtischer und landgemeindlicher Verfassung, sondern eine vereinfachte Fassung der RevStO nach den Vorschriften der StOmkSt.[1605]

Die Erste Kammer folgte zu § 1 dem Beschluss der Zweiten Kammer nicht und schloss sich dem Votum der Deputation an, die Einfügung der §§ 1b und 1c abzulehnen.[1606] Da bisher – wie Staatsminister V. NOSTITZ-WALLWITZ erklärte – der Wechsel der Gemeindeordnung auch ohne gesetzliche Grundlage von der Regierung auf Antrag genehmigt werde, sah man die Gefahr, dass eine ausdrückliche Verankerung im Gesetz die Gemeinden dazu animieren könne, häufiger und mit Unbedacht die Gemeindeverfassung zu wechseln. Die bisherige Möglichkeit stehe den Gemeinden auch nach dem RegE weiterhin offen.[1607]

Die erste Deputation der Zweiten Kammer spaltete sich bei § 1 in eine Majorität, die dem RegE folgte und eine Minorität, die sich der Position der Ersten Kammer anschloss. Die Kammer folgte der Mehrheit. Auch bei den eingefügten §§ 1b und c beharrte die Deputation auf ihrem Beschluss.[1608] Im Vereinigungsverfahren ließ die Zweite Kammer dann aber ihre Vorschläge fallen und folgte der Ersten Kammer.[1609] Damit war das gesetzlich verbriefte Recht der Gemeinden, ihre Verfassung zu wählen, in § 1 RevStO vom Tisch.[1610] Es bestand aber auch weiterhin die Möglichkeit, nach getroffener Entscheidung mit Genehmigung der Regierung wieder zu einem der anderen Gesetze zu wechseln.[1611]

[1605] § 131 d. E. enthielt außerdem einen Vorbehalt, dass das „Ministerium des Innern auf Antrag des Stadtraths und der Stadtverordneten oder der Aufsichtsbehörde von den Bestimmungen dieses Gesetzes“ einen Dispens erteilen kann. Somit bestand auch eine Öffnungsklausel für die RevStO. – LA 1871/73, 1. Abth., Bd. 2, S. 350.

[1606] Mitth. über die Verh. d. LT 1871/73, 1. K., Bd. 1, S. 483ff., 787.

[1607] a.a.O., S. 785f.

[1608] Mitth. über die Verh. d. LT 1871/73, 2. K., Bd. 4, S. 3842f.

[1609] Mitth. über die Verh. d. LT 1871/73, 2. K., Bd. 5, S. 4602.

[1610] vgl. GVBl. 1873, S. 295.

[1611] V. BOSSE, RevStO, § 1 Anm. 1, S. 12. 1898 waren 143 Orte als Städte anerkannt, davon galt in 76 die RevStO und in 66 die StOmkSt. – a.a.O., Anm. 3, S. 12f.

1. Frauen als Mitglieder der Stadtgemeinde

Nach § 15 RegE waren „diejenigen selbständigen Personen, welche im Stadtbezirke wesentlich wohnhaft[1612] sind oder ein Grundstück besitzen, oder daselbst ein selbständiges Gewerbe treiben“ Mitglieder der Stadtgemeinde. Ebenso sah der RegE diese Gemeindemitgliedschaft mit wenigen Ausnahmen für juristische Personen[1613] vor und selbst für die Mitglieder des Königlichen Hauses, sofern diese mit einem Grundstück ansässig waren.

Die Frage der Gemeindemitgliedschaft und das „besondere Bürgerrecht in Städten“ war bereits Gegenstand der allgemeinen Vorberatungen gewesen.[1614] Der Abg. BIEDERMANN hielt „es für sehr wünschenswerth .., wenn in Bezug auf die Mitgliedschaft und Stimmberechtigung in den Gemeinden Land und Stadt gleichgestellt werden könnten, schon deswegen, weil der häufige Umzug von der Stadt auf das Land und vom Land in die Stadt immerhin es wünschenswerth macht, daß man die einzelnen Verhältnisse, die man dort verläßt, am anderen Ort wiederfindet“. Problematisch sei dabei aber, dass bislang auf dem Land die Gemeindemitgliedschaft und Stimmberechtigung keinen Beschränkungen unterliege und daher jeder, der sich in einer Landgemeinde niederlasse, auch stimmberechtigtes Gemeindemitglied werde. Die städtische Bevölkerung habe Bedenken, „ob man die Stimmberechtigung in den Städten ohne Weiteres Jedem freigeben könne“. Dem würden nun auch die Entwürfe Rechnung tragen. BIEDERMANN forderte, dass sichergestellt werden müsse, dass in den Gemeinden nur die mitbestimmen könnten, die auch ein tatsächliches Interesse an den Gemeindeangelegenheiten hätten. Er forderte deshalb u. a. einen Mindestaufenthalt in der Gemeinde von zwei Jahren.[1615]

Das Hauptaugenmerk der weiteren Debatte zu diesem Beratungspunkt lag auf dem Für und Wider verschiedener Regelungen in Städten und Landgemeinden. Der konservative Abg. HEINRICH BERNHARD FREIHERR VON HAUSEN (1835-1893)[1616] sah etwa die Einführung eines allgemeinen Gemeindebürgerrechts an die Aufgabe der Trennung in Stadt und Land geknüpft. Er verlangte einen Zensus im Gemeindewahlrecht und warnte davor, dass – wie schon jetzt zu beobachten sei –, „durch die extensive Handhabung in die Gemeindevertretungen Elemente gekommen sind, die vom politischen oder social-politischen Parteistandpunkt aus entschieden eine communliche Weiterent-

[1612] Wesentlich wohnhaft i. S. v. § 7ff. BGB, wobei bei mehreren Wohnsitzen auch mehrere Gemeindemitgliedschaften möglich waren. – SIEBLIST, RevStO, § 14 Anm. 4k), S. 36f. und 33f.

[1613] Im Sinne einer hoheitlich anerkannten, mit eigener Rechtsfähigkeit ausgestatteten Personenvereinigung oder Vermögensmasse.

[1614] Mitth. über die Verh. d. LT 1871/73, 2. K., Bd.1, S. 246ff.; vgl. LA 1871/71, 3. Abth., S. 93f.

[1615] Mitth. über die Verh. d. LT 1871/73, 2. K., Bd.1, S. 246.

[1616] Zur Person vgl. Sächsische Parlamentarier, hrsg. v. DÖSCHER/SCHRÖDER, S. 389.

wicklung verhindern".[1617] STREIT forderte im Gegensatz dazu zwar das allgemeine Stimmrecht für alle Gemeinden, ließ aber die Frage des Frauenstimmrechts ebenso wie die übrigen Redner offen.[1618]

a. Der Erwerb des Bürgerrechts durch Frauen

Innerhalb der Gemeindemitgliedschaft sah § 16 RegE noch ein besonderes Bürgerrecht vor, „welches nur durch ausdrückliche Verleihung des Stadtraths erworben werden kann".[1619] Den Begriff der Schutzverwandten des §§ 11 Abs. 1 Satz 1 AStO als weitere Ausprägung der Gemeindemitgliedschaft kennt der RegE dagegen nicht mehr,[1620] ebenso wenig den der bürgerlichen Ehrenrechte.

Die Motive zu den §§ 15 und 16 sprechen sich ausdrücklich für die Beibehaltung dieses Bürgerrechts aus. Es habe „noch hinlänglich tiefe Wurzeln in den Anschauungen der Betheiligten und neben den erwähnten politischen Rechten einen moralischen Inhalt", sei gleichwohl aber „im Anschluß an die veränderten Lebens- und Gesellschaftsverhältnisse zu erweitern".[1621] Damit war letztlich ein Kompromiss zwischen der Tradition des städtischen Bürgerrechts und der Gewerbeordnung des Norddeutschen Bundes gewählt worden, die ihrerseits die Kopplung von Bürgerrecht und Gewerbeausübung nicht mehr zuließ.[1622] Das Bürgerrecht sollte auch künftig nicht mehr „das Attribut einzelner Berufsclassen sein, sondern die Gesamtheit aller Gemeindemitglieder umfassen, deren Verhältnisse die nötigen Garantien dazu bieten". Entscheidend sollte hier zum einen „ein dauerndes Interesse am Gemeindewohl" und zum anderen „die Befähigung, für dasselbe zu wirken" sein.[1623]

Die erste Deputation der Zweiten Kammer nahm die §§ 15 und 16 d. RegE mit redaktionellen oder geringfügigen Änderungen an. So schlug sie etwa vor, in § 16 „Verleihung" durch „Ertheilung" zu ersetzen, weil das Bürgerrecht bei Vorliegen der gesetzlichen Voraussetzungen nicht verweigert werden könne.[1624] Die Zweite Kammer nahm diese Vorschriften in der Fassung ihrer Deputation

---

1617 Mitth. über die Verh. d. LT 1871/73, 2. K., Bd.1, S. 249; vgl. auch S. 254f.

1618 a.a.O., S. 249f.

1619 LA 1871/73, 1. Abth., Bd. 2, S. 324f.

1620 vgl. MAYER, Staatsrecht, S. 282, Anm. 13.

1621 „Zu §§ 15 und 16", in: LA 1871/73, 1. Abth., Bd. 2, S. 389.

1622 vgl. oben, S. 306.

1623 „Zu § 18", in: LA 1871/73, 1. Abth., Bd. 2, S. 389; vgl. v. BOSSE, RevStO, § 17 Anm. 1, S. 32.

1624 LA 1871/73, Beil. 3. Abth., Bd. 1, S. 401f.

einstimmig an. Die Frage des Bürgerrechts von Frauen fand dabei in der Debatte keinerlei Erwähnung.[1625] Die vorberatende Deputation der Ersten Kammer stimmte bei § 15 (§ 14 RevStO) der Zweiten Kammer zu und nahm auch § 16 (§ 15 RevStO) auf Vorschlag ihrer Deputation einstimmig an.[1626]

Nach § 18 Abs. 1 RegE waren nur „alle unbescholtenen Gemeindeglieder männlichen Geschlechts“ verpflichtet, dieses Bürgerrecht zu erwerben. Zudem mussten sie „die Sächsische Staatsangehörigkeit besitzen, im Orte mit einem Wohnhause ansässig“ sein oder mindestens drei Thl. direkte Staatssteuern im Jahr zahlen. Dagegen waren nach Abs. 2 unansässige Gemeindemitglieder mit einer Steuerleistung von mindestens einem Thl. zwar zum Erwerb des Bürgerrechts berechtigt aber nicht verpflichtet.[1627] Somit entsprach der Zensus für das Bürgerrecht dem des Landtagswahlrechts für die Zweite Kammer.

Da das Bürgerrecht nun nicht mehr Voraussetzung für die Ausübung eines Gewerbes war, hielten die Motive es auch nicht mehr für erforderlich, „Frauenspersonen, welche man zur Theilnahme an den Gemeindewahlen nach wie vor nicht berufen will, dennoch zu Erlangung des Bürgerrechts anzuhalten“.[1628] Damit hatten nach diesem Entwurf im Gegensatz zur bisher geltenden AStO Frauen nicht mehr die Pflicht, das Bürgerrecht in den Städten zu erwerben, wohl aber nach § 18 Abs. 2 RegE auch weiterhin die Möglichkeit dazu.

Die erste Deputation der Zweiten Kammer sprach sich für eine völlige Neufassung des § 18 aus: „Zum Erwerbe des Bürgerrechts berechtigt [Herv. i. O.] sind alle Gemeindemitglieder, welche 1. die Sächsische Staatsangehörigkeit besitzen, 2. das fünfundzwanzigste Lebensjahr erfüllt haben, 3. öffentliche Armenunterstützung weder beziehen, noch im Laufe der letzten zwei Jahre bezogen haben, 4. unbescholten sind, 5. directe Staatssteuer entrichten, auf die letzten zwei Jahre ihre Staatssteuer und Gemeindeabgaben, Armen- und Schulanlagen am Orte ihres bisherigen Aufenthalts vollständig berichtigt haben, 7. entweder a) im Gemeindebezirke ansässig sind, oder b) daselbst seit wenigstens zwei Jahren ihren wesentlichen Wohnsitz haben, oder c) in einer anderen Stadtgemeinde des Königreichs Sachsen bis zur Aufgabe ihres bisherigen Wohnsitzes stimmberechtigte Bürger waren.“ Die Gemeinde konnte jedoch von den Voraussetzungen der Nr. 7 dispensieren. Auch waren nur Männer, die ansässig waren oder mindestens drei Thl. an directen Staatssteuern zahlten, zum Erwerb des Bürgerrechts verpflichtet.

[1625] LA 1871/73, 3. Abth., S 418; Mitth. über die Verh. d. LT 1871/73, 2. K., Bd. 2, S. 1906ff.

[1626] Mitth. über die Verh. d. LT 1871/73, 1. K., Bd. 1, S. 791; vgl. GVBl. 1873, S. 297.

[1627] LA 1871/73, 1. Abth., Bd. 2, S. 325.

[1628] „Zu § 18“, in: LA 1871/73, 1. Abth., Bd. 2, S. 389; vgl. v. BOSSE, a.a.O., § 17 Anm. 2, S. 32f.

Demnach konnten auch nach dem Vorschlag der Deputation Frauen das Bürgerrecht in den Städten erwerben. Zur Begründung stellt die Deputation u. a. klar, dass infolge des veränderten Gewerberechts „Frauenspersonen zwar berechtigt, aber nicht verpflichtet sein sollen, das Bürgerrecht zu erwerben“. Es sei „unbillig“, „die Gemeindemitglieder weiblichen Geschlechts, welche bei den Gemeindewahlen kein Stimmrecht haben, noch fernerhin zur Erwerbung des Bürgerrechts zu zwingen“. Eine Berechtigung dazu könne „aus dem Grunde nicht abgesprochen werden, weil in einer großen Anzahl von Städten gemeinnützige Stiftungen existieren, deren Vortheile nach Inhalt der betreffenden Stiftungsurkunden nur Denen zufließen können, welche am Orte der Stiftung das Bürgerrecht erlangt haben“.[1629]

Damit rückte die Deputation zumindest z. T. wieder von der Verpflichtung zum Erwerb des Bürgerrechts ab, behielt aber sonst das Prinzip des Regierungsentwurfs – auch den Wegfall der Verpflichtung zum Bürgerrechtserwerb für Frauen – bei. Hinsichtlich eines Zensus für den Erwerb des Bürgerrechts, den es bisher in den Städten nicht gegeben hatte,[1630] gingen dagegen die Meinungen in der Deputation auseinander. Während die Mehrheit hier überhaupt das Zahlen einer Steuer für ausreichend hielt, beantragte eine Minderheit einen Zensus von mindestens 20 Ngr. Letzteres hätte z. B. in Leipzig zur Folge gehabt, dass von 39.137 Personen 27.000 vom Bürgerrecht ausgeschlossen würden.[1631]

In den Beratungen der zweiten Kammer wurden noch eine Reihe von Änderungsanträgen gestellt.[1632] Die Kammer sprach sich aber schließlich bei § 18 Abs. 1 mehrheitlich für die Fassung der Deputationsminderheit aus und folgte auch bei Abs. 2 und 3 weitgehend der Deputation. Lediglich der Änderungsantrag des Abg. ROBERT KLEMM (1828-1882)[1633] hatte Erfolg, durch den – für die zum Erwerb des Bürgerrechts Verpflichteten – das Erfordernis der Ansässigkeit mit einem Wohnhaus mit dem jetzt kumulativ zum Zensus erforderlichen eines mindestens dreijährigen Wohnsitzes im Gemeindebezirk ersetzt wurde.[1634] Damit hatte die Zweite Kammer gegenüber dem RegE nicht nur das Mindestalter von 21 auf 25 Jahre heraufgesetzt und die Voraussetzungen für den Bürgerrechtserwerb durch Hinzufügung des Zensus verschärft,

---

[1629] LA 1871/73, Beil. 3. Abth., Bd. 1, S. 402ff.

[1630] Zu den sich daraus ergebenden Problemen vgl. etwa den Redebeitrag des Abg. STREIT, Mitth. über die Verh. d. LT 1871/73, 2. K., Bd. 2, S. 1924f.

[1631] LA 1871/73, Beil. 3. Abth., Bd. 1, S. 405f.

[1632] LA 1871/73, 3. Abth., S. 418ff.; Mitth. über die Verh. d. LT 1871/73, 2. K., Bd. 2, S. 1909ff.

[1633] Zur Person vgl. Sächsische Parlamentarier, hrsg. v. DÖSCHER/SCHRÖDER, S. 407.

[1634] LA 1871/73, 3. Abth., S. 419f. und 425; vgl. KLEMMS Antragsbegründung: Mitth. über die Verh. d. LT 1871/73, 2. K., Bd. 2, S. 1913f.

sondern mit dieser als § 17 RevStO in Kraft getretenen Vorschrift auch den Frauen die Möglichkeit des Bürgerrechtserwerbs unzweideutig zuerkannt.[1635]

Bemerkenswert ist, dass die Debatte selbst trotz ihrer großen Bedeutung offenbar nur auf ein geringes Interesse stieß, so dass Staatsminister VON NOSTITZ-WALLWITZ bemängelte, dass er „es auch nie für möglich gehalten [habe], daß wir über diese Frage vor halbleeren Tribünen und zum Theil vor leeren Bänken im Hause verhandeln würden“.[1636]

Die außerordentliche Deputation der Ersten Kammer trat bei Abs. 1 und 2 dem Votum der Zweiten Kammer bei, wollte aber den Zensus auf einen Thl. wie beim Landtagswahlrecht festlegen. Die Dispensbefugnis sollte abgeschafft werden, da hierzu kein praktisches Bedürfnis bestehe. Die Debatte in der Ersten Kammer drehte sich überwiegend um die Zensusfrage. Der Abg. MARTINI war etwa gegen jeden Zensus, da dieser wegen § 20 RegE (§ 19 RevStO) sowieso weitgehend wirkungslos sei und zudem den sozialen Unfrieden befördere: „Der Zensus wird den Klassen- und Parteienkampf, unter welchem jetzt eine ziemliche Anzahl Städte zu leiden hat, nicht beseitigen, sondern er wird nur die vorhandenen Gegensätze schärfen, er wird da, wo ein solcher Klassen- und Parteienkampf noch vorhanden ist, ihn in das politische und gesellschaftliche Gemeindeleben hineintragen, die ohnehin schon gewaltig erregten Leidenschaften noch weit stärker aufregen und die arbeitenden Klassen zu einer viel schrofferen Stellung den Besitzenden gegenüber treiben“.[1637]

Die Regierung bemühte sich um die redaktionelle Klarstellung, dass nach der Intention ihres Entwurfs, die Verpflichtung zum Bürgerrecht sowohl das männliche Geschlecht als auch Wohnsitz etc. voraussetze.[1638] Während die Erste Kammer hier ihrer Deputation folgte, beharrte die Zweite Kammer weitgehend auf ihrem Beschluss.[1639] Im Vereinigungsverfahren entschied sich die Zweite Kammer bei der als § 17 RevStO in Kraft getretenen Vorschrift dann doch für einen Zensus von einem Thl.[1640]

Für bisherige Inhaber des Bürgerrechts enthielt § 20 RegE (§ 19 RevStO) eine Sonderregelung, wonach sie das Bürgerrecht weiterhin behalten konnten; „jedoch, was Frauenspersonen und nicht Staatsangehörige anlangt, auch ferner ohne Stimmrecht“.[1641] Offenbar gab es damit einen gewissen Kreis an

---

1635 So ausdrücklich auch die Kommentierung von SIEBLIST, RevStO, § 17 Anm. 1, S. 43.
1636 Mitth. über die Verh. d. LT 1871/73, 2. K., Bd. 2, S. 1922.
1637 Mitth. über die Verh. d. LT 1871/73, 1. K., Bd. 1, S. 792f.
1638 a.a.O., S. 793.
1639 LA 1871/73, 2. Abth., S. 293; Mitth. über die Verh. d. LT 1871/73, 1. K., Bd. 1, S. 793f.; 2. K., Bd. 4, S. 3845f.
1640 Mitth. über die Verh. d. LT 1871/73, 2. K., Bd. 5, S. 4608; vgl. GVBl. 1873, S. 297f.
1641 LA 1871/73, 1. Abth., Bd. 2, S. 325; vgl. auch „Zu § 20“, a.a.O., S. 390; GVBl. 1873, S. 298.

Bürgern, der künftig nicht mehr die Voraussetzungen des Bürgerrechts erfüllen würde. Ausnahmen von der Verpflichtung zum Erwerb des Bürgerrechts bestanden nach § 22 d. E. (§ 20 RevStO) zudem für Mitglieder des Königlichen Hauses und für Militärpersonen, sowie hinsichtlich der Entrichtung von Sporteln nach § 24 d. E. (§ 22 RevStO) auch für Beamte, Geistliche und Lehrer.[1642]

Die §§ 20 und 22 RegE nahm die Zweite Kammer ebenfalls unverändert an. Bei der Debatte zu § 20 beantragte der Chemnitzer Advokat und bäuerliche Abg. der Fortschrittspartei RICHARD LUDWIG (1822-1909)[1643] jedoch, „auf die Worte: ‚Frauenspersonen und' eine besondere Frage zu richten", d. h. über diesen Passus separat abstimmen zu lassen. Er wurde dann bei zwei Gegenstimmen angenommen.[1644] Damit wollte die überwiegende Mehrheit zwar Frauen ein nach dem bisher geltenden Recht erworbenes Bürgerrecht nicht nehmen, aber ihnen auch künftig das Stimmrecht nicht zugestehen.[1645] § 20 wurde von der Ersten Kammer unverändert in Fassung der Zweiten Kammer angenommen; bei § 22 folgte man einstimmig dem Deputationsvorschlag, juristische Personen zu streichen.[1646] Die Zweite Kammer schloss sich der Streichung der „juristischen Personen" nicht an.[1647] Im Vereinigungsverfahren stimmte die Zweite Kammer bei nur einer Gegenstimme dafür, in § 20 „Frauenspersonen" durch „juristische Personen" zu ersetzen, so dass zwar beide ein bisher bestehendes Bürgerrecht behalten konnten, zugleich aber nach *dieser* Vorschrift statt der betroffenen Frauen nur die juristischen Personen vom Stimmrecht ausgeschlossen sein sollten. Damit wurde regelungstechnisch eine Doppelung zu § 46 d. E beseitigt, der Personen vom Stimmrecht ausschloss, die die Voraussetzungen für den Erwerb des Bürgerrechts nicht mehr erfüllten. § 22 wurde nun so gefasst, dass juristische Personen *künftig* zum Erwerb des Bürgerrechts weder berechtigt noch verpflichtet sein sollten.[1648]

[1642] a.a.O., S. 326; vgl. Mitth. über die Verh. d. LT 1871/73, 2. K., Bd. 2, S. 1931ff.

[1643] Zur Person vgl. Sächsische Parlamentarier, hrsg. v. DÖSCHER/SCHRÖDER, S. 422f.

[1644] „Besondere Frage" ist hier im Sinne einer separaten Abstimmung zu verstehen. – LA 1871/73, 3. Abth., S. 420; Mitth. über die Verh. d. LT 1871/73, 2. K., Bd. 2, S. 1931.

[1645] vgl. dazu auch die Einlassung des Abg. LUDWIG zu § 46 d. E., unten S. 323f.

[1646] Mitth. über die Verh. d. LT 1871/73, 1. K., Bd. 1, S. 794.

[1647] Mitth. über die Verh. d. LT 1871/73, 2. K., Bd. 4, S. 3846f.

[1648] Mitth. über die Verh. d. LT 1871/73, 2. K., Bd. 5, S. 4608. Zu § 46 d. E. (§ 44 RevStO) siehe sogleich S. 322ff.

b. Zum Kriterium der Selbständigkeit als Voraussetzung für die Gemeindemitgliedschaft

Offen blieb weiterhin der Begriff der Selbständigkeit, die nach wie vor das wesentliche Kriterium für die Mitgliedschaft in der Stadt- aber auch in der Landgemeinde war.[1649] Gleichwohl war auch hier die Auslegung des Begriffes wohl einem gewissen Wandel unterlegen. Politisch betrachtet, ging es vermehrt um die Frage, wann die sehr zahlreichen und z. T. häufiger den Wohnsitz wechselnden Lohnarbeiter die Selbständigkeit erlangten. Eine Legaldefinition blieb das Gesetz auch weiterhin schuldig. Der Begriff der Selbständigkeit nach der LGO entsprach aber dem der AStO.

In den Beratungen der Zweiten Kammer zur RevStO wies Vizepräsident STREIT auf die Positionierung der Regierung zur Auslegung des Begriffes „selbständig" während der Deputationsberatungen hin: Dieser Begriff meine die Personen, welche dispositionsfähig sind und nicht in eines anderen Lohn und Kost stehen. Die Regierung halte es für bedenklich, eine Definition aufzustellen, „weil man ja schlüßlich allemal sich sagen müßte, jede derartige Definition würde zu verschiedenen Deutungen Anlaß geben, beziehendlich zu falschen Consequenzen führen". Daher habe sich die Deputation entschlossen, die Entwicklung dieses Begriffs lieber der Praxis zu überlassen.[1650] Somit verzichtete man dann auch auf Legaldefinitionen in der RevStO und der RevLGO.

Nach einer Stellungnahme des Innenministeriums aus dem Jahre 1880 galten „Personen des Gesindestandes, sowie überhaupt solche Personen, die in eines andren Lohn und Brod stehen", nicht als selbständig im Sinne von § 14 RevStO.[1651] Im Jahre 1893 hielt das Ministerium neben der unzweifelhaft ausreichenden persönlichen Selbständigkeit auch die geschäftliche oder berufliche Selbständigkeit für grundsätzlich erwägenswert: Von Seiten der Städte wurde versucht, den Begriff der Selbständigkeit nach ihren praktischen Bedürfnissen selbst auszulegen. So wollte man der übergroßen Zahl an Bewerbern aus den Reihen der Arbeiter und Gewerbsgehilfen das Bürgerrecht versagen können, da die Beteiligung dieser „Leute der sogenannten fluctuirenden Bevölkerung" an der Gemeindevertretung und -verwaltung „die gedeihliche

[1649] vgl. dazu v. BOSSE, RevLGO, § 14 Anm. 2, S. 33ff. und RevStO, § 14 Anm. 1, S. 29f. sowie oben Kap. III, S. 117ff.; SIEBLIST, RevStO, § 14 Anm. xxx; zu den praktischen Auswirkungen des Selbständigkeitsbegriffs in den Städten siehe sogleich S. 345ff.

[1650] Mitth. über die Verh. d. LT 1871/73, 2. K., Bd. 2, S. 1925; vgl. auch die Anfrage des Abg. KLEMM an die Staatsregierung zur künftigen Auslegung des Begriffs „selbständig" in § 15 d. E. – Mitth. über die Verh. d. LT 1871/73, 2. K., Bd. 2, S. 1907.

[1651] „Zu §. 30. der revidirten Städteordnung (§. 24. der revidirten Landgemeindeordnung). Die Ausführung dieser Bestimmung in Gemeinden, welche ihre Anlagen nach Verhältniß der direkten Staatssteuern beziehentlich des bei der Staatssteuereinschätzung ermittelten Einkommens der Gemeindemitglieder erheben", in: ZS f. Praxis u. Gesetzgebung d. Verw. 1 (1880), S. 184-188, 187.

Entwicklung des städtischen Gemeinwesens über kurz oder lang ernstlich gefährdet werden könnte“. Eine Verordnung des Ministeriums des Innern vom 14. November 1892 gestattete daher zumindest für Ausnahmefälle eine strenge Auslegung des Begriffs Selbständigkeit, so dass man auch weiterhin keine Notwendigkeit einer Legaldefinition dieses Begriffs sah.[1652]

Das SächsOVG erteilte einer allzu engen Auslegung des Begriffs „selbständig“ dagegen einige Jahre später eine Absage. Nach einer Entscheidung vom 11. Juli 1903 zum Begriff der Selbständigkeit nach § 14 RevStO waren für den Erwerb des Bürgerrechts nach § 17 Abs. 1 i. V. m. § 14 Abs. 1 RevStO weder ein dauerhaftes Arbeitsverhältnis noch ein eigener Hausstand erforderlich:[1653] „Jedenfalls bietet das Wort ‚selbständig‘ seiner begrifflichen und sprachgebräuchlichen Bedeutung nach keinen Anhalt für die Annahme, daß hierunter nur solche Personen verstanden werden sollen, die in einem auf längere Zeit berechneten Arbeitsverhältnisse stehen und einen eigenen Hausstand haben. In Übereinstimmung mit der bisherigen Praxis hat man davon auszugehen, daß zur persönlichen Selbständigkeit der Besitz voller Geschäftsfähigkeit im Sinne des bürgerlichen Rechtes und die Füglichkeit gehören, über sich selbst frei verfügen zu können. Ebenso wenig lässt sich aber auch behaupten, daß hierdurch irgendwelche Beschränkungen der freien Verfügung über die Person, eine rechtliche Abhängigkeit, herbeigeführt wird, wenn sich hieraus vielleicht auch eine gewisse wirtschaftliche Abhängigkeit ergibt. Nur wo die erste Voraussetzung gegeben ist, wird man mit Recht von mangelnder Selbständigkeit sprechen können.“[1654]

In einer weiteren Entscheidung vom 15. Juni 1904 zur Auslegung des § 14 RevStO befand das Gericht, dass selbst „einem Ehemanne, der im Geschäfte der Ehefrau als Gehilfe tätig ist, .. aus diesem Grunde die Selbständigkeit nicht abgesprochen werden“ kann. Dem Kläger war vom Stadtrat die Erteilung des Bürgerrechts verweigert worden, da er „abgesehen von 60 M[ark] für einen Hausmannsposten, den er bekleide, einen eigenen Erwerb nicht habe, auch eine eigene Wohnung nicht besitze, vielmehr von seiner Ehefrau … in allem unterhalten werde“. Nach Auffassung des SächsOVG müsse man in Sachsen aufgrund der bisherigen Rechtspraxis davon ausgehen, „daß selb-

[1652] „Der Begriff der ‚Selbständigen Person‘ im Sinne der §§ 14 und 17 der Revidirten Städte-Ordnung betreffend“, in: in: ZS f. Praxis u. Gesetzgebung d. Verw. 14 (1893), S. 185-188, 186ff.; vgl. SIEBLIST, RevStO, § 14 Anm. 2a), S. 32.

[1653] Jb. d. SächsOVG 4 (1904), S. 335-337.

[1654] a.a.O., S. 336f.

ständig im Sinne der Gemeindegesetzgebung ein jeder ist, der nach dem bürgerlichen Rechte Geschäftsfähigkeit besitzt und über sich selbst frei verfügen kann". Daran ändere auch die wirtschaftliche Abhängigkeit nichts.[1655]

„Selbständig ist" – auch noch nach OTTO MAYER im Jahre 1909 – „nur der Geschäftsfähige, der aus dem väterlichen Haushalt ausgeschieden ist und nicht in eines anderen Lohn und Kost steht."[1656]

Die Selbständigkeit nach der RevStO – wie nach der RevLGO – setzte somit einen selbständigen oder mit eigener Wirtschaftsführung verbundenen, d. h. bodenständigen Erwerb zwingend voraus. Entscheidend dafür war, dass über die eigenen Angelegenheiten und die Person selbständig verfügt werden konnte. Damit waren auch Arbeiter, anders als in den sozialpolitischen Gesetzen, wo sie – im Gegensatz zu den „selbständigen" Handwerkern – als unselbständig angesehen wurden, im Sinne der Gemeindeordnungen selbständig. Lediglich das Gesinde, sowie alle anderen Personen, die in eines anderen Lohn und Brot standen galten als nicht selbständig.[1657]

Die Frage der Selbständigkeit hatte auch Auswirkungen auf die Beteiligung an den Aufwendungen der Gemeinde. Zwar hatten gemäß § 27 d. E. (§ 25 RevStO) grundsätzlich nur die Gemeindemitglieder, also die selbständigen Personen, zu den Gemeindelasten und der Schuldentilgung beizutragen. Nach § 28 d. E. (§ 26 RevStO) konnten aber auch unselbständige Personen per Beschluss, der durch die Aufsichtsbehörde zu genehmigen war, unter bestimmten Voraussetzungen dazu herangezogen werden.[1658] Frauen betraf das wohl nicht, da an ihren Vermögen – entgegen der Vorschrift – in der Regel ein Nießbrauchsrecht des Ehemannes bestand.

2. Stimmrecht und Wählbarkeit in der Stadtgemeinde

Mit der Frage von „Stimmberechtigung und Wählbarkeit bei der Wahl der Gemeindevertreter", sowie dem Klassenwahlrecht, hatte sich die Zweite Kammer ebenfalls bereits am 10. Januar in den Vorberatungen auseinandergesetzt.[1659] Der bäuerliche Abg. der Fortschrittspartei, MORITZ ADOLPH JUNGNICKEL (1817-1895)[1660] aus Limbach b. Chemnitz, wandte sich gegen die Beibehaltung der bisherigen Klasseneinteilung bei den Wahlen in den

[1655] Jb. d. SächsOVG 6 (1905), S. 56f.; vgl. SIEBLIST, RevStO, § 14 Anm. 2d), S. 33.

[1656] MAYER, Staatsrecht, S. 281.

[1657] VOLLPRECHT, Gemeindemitgliedschaft, S. 59; UHLIG, Die Landgemeindeordnung, Anm. S. 20 und S. 29.

[1658] LA 1871/73, 1. Abth., Bd. 2, S. 327; vgl. GVBl. 1873, S. 299.

[1659] Mitth. über die Verh. d. LT 1871/73, 2. K., Bd. 2, S. 277ff.; vgl. LA 1871/71, 3. Abth., S. 99.

[1660] Zur Person vgl. Sächsische Parlamentarier, hrsg. v. DÖSCHER/SCHRÖDER, S. 402.

Landgemeinden, da „nach den Ortsverhältnissen des größeren Theiles der Landgemeinden .. sich diese zergliederten Abstufungen so ziemlich verwischt“ haben. Auch sprach er sich gegen die Beibehaltung der Unterscheidung in Ansässige und Unansässige bei der Stimmberechtigung aus.[1661] Die Frage des Frauenstimmrechts wurde hier ebenfalls nicht thematisiert.

Nach § 46 d. E. (§ 44 RevStO) waren grundsätzlich die Bürger stimmberechtigt, sofern sie nicht durch einen der Ausschlusstatbestände hiervon ausgeschlossen waren. Diese wurden im Wesentlichen wie bisher beibehalten und lediglich in lit. f) hinsichtlich der „unter polizeilicher Aufsicht“ stehenden Personen ergänzt. Es waren gemäß lit. h) auch diejenigen Bürger nicht stimmberechtigt, „welche die Selbständigkeit verloren haben oder die in § 18 für den Erwerb des Bürgerrechts festgesetzten Vorbedingungen nicht mehr erfüllen“.[1662] Das betraf damit auch jene Frauen, denen das nach bisherigem Recht erworbene Bürgerrecht gelassen werden sollte. Hinsichtlich der übrigen Frauen, die das Bürgerrecht neu erwerben würden, enthielt der RegE keine Regelung zum Stimmrecht. Der Gesetzgeber wollte aber trotzdem diesen Frauen künftig nicht das Stimmrecht in den Städten einräumen.[1663]

Nach § 47 d. E. (§ 45 RevStO) war das Stimmrecht persönlich auszuüben. Eine Ausnahme galt nur für juristische Personen,[1664] die durch ihren gesetzlichen Vertreter stimmten. Fiel dieser unter die Ausschlussgründe des § 46 d. E., so ruhte das Stimmrecht.[1665] Die vorberatende Deputation der Zweiten Kammer war hier u. a. „der Ansicht, daß den Frauenspersonen, welche das Bürgerrecht erlangt haben, das Stimmrecht nicht zuzugestehen sei. Es wird daher von der gesamten Deputation beantragt: im Eingange des § 46 hinter den Worten: ‚mit Ausnahme‘ die Worte: ‚der Frauenspersonen und‘ einzuschalten.“ Dieser Zusatz sei auch durch § 20 d. E. (§ 19 RevStO) nicht überflüssig, da sich dieser auf Frauen bezog, die nach bisherigem Recht das Bürgerrecht erworben hatten.[1666] Offenbar ging also die Deputation – zu Unrecht – davon aus, dass nach dem Regierungsentwurf Frauen, die nach der RevStO in der Fassung des RegE das Bürgerrecht erwerben, auch das Stimmrecht haben und wollte somit diese offensichtliche Gesetzeslücke schließen.

[1661] Mitth. über die Verh. d. LT 1871/73, 2. K., Bd. 2, S. 277.

[1662] LA 1871/73, 1. Abth., Bd. 2, S. 331; vgl. v. Bosse, RevStO, § 44 Anm. 1, S. 112.

[1663] Das ergibt sich eindeutig aus den Motiven zum RegE der RevLGO. – „Zu § 33“, in: LA 1871/73, 1. Abth., Bd. 2, S. 404f.; vgl. Mitth. über die Verh. d. LT 1871/73, 2. K., Bd. 4, S. 3851f. Die Differenzen zwischen den Kammern betrafen hier nicht die Frauenfrage.

[1664] Zum Begriff S. 313, Fn. 1613.

[1665] LA 1871/73, 1. Abth., Bd. 2, S. 332. STREIT wollte den Rathsmitgliedern das Stimmrecht entziehen.

[1666] LA 1871/73, Beil. 3. Abth., Bd. 1, S. 412ff.

Die Zweite Kammer widmete § 46 d. E. eine längere Debatte, die sich u. a. auch mit der Frage der Stimmberechtigung von Frauen auseinandersetzte:[1667] Der Abg. der linken Fortschrittspartei und erklärter Gegner der Monarchie, RICHARD LUDWIG (1822-1909),[1668] wandte sich gegen den Deputationsvorschlag, Frauen ausdrücklich vom Stimmrecht auszuschließen: „Ich stimme dafür, daß die Frauen Stimmrecht erhalten“[1669]. Er ging damit als einziger Redner überhaupt auf diese Frage ein. Die Kammer stimmte aber schließlich gegen zehn Stimmen für den Ausschluss der Frauen vom Stimmrecht in den Städten und darüber hinaus weitgehend der Fassung der Deputation zu.[1670]

Mit diesem Beschluss hatte die Zweite Kammer zwar den juristischen Personen das Stimmrecht nach § 46 zugestanden, nicht aber ihnen die Möglichkeit eingeräumt, auch Bürger zu werden. Die außerordentliche Deputation der Ersten Kammer schlug daher vor, die juristischen Personen in § 46 zu streichen. Hinsichtlich des Ausschlusses der Frauen – und weitgehend auch bei den anderen Ausschlusstatbeständen – folgte sie dagegen der Zweiten Kammer.[1671] Problematisiert wurde hier in der Debatte auch das Problem der Forenser, also die Frage, ob stimmberechtigte Bürger am Ort wohnhaft sein müssen.[1672] Die Deputation hatte ihnen das Stimmrecht zugestanden. Die Kammer genehmigte hier den Deputationsbericht einstimmig.[1673] Im Vereinigungsverfahren verständigte man sich auf die Weglassung der juristischen Personen in § 46 Abs. 1 d. E. (§ 44 Abs. 1 RevStO).[1674]

Wählbar waren nach § 48 d. RegE (§ 46 RevStO) die stimmberechtigten Bürger, die seit mindestens einem Jahr ihren wesentlichen Wohnsitz in der Stadt hatten. Stadtratsmitglieder und besoldete Gemeindebeamte konnten nicht gleichzeitig Stadtverordnete sein.[1675] Der Stadtrat hatte die Durchführung der Wahlen vorzubereiten und zu leiten, § 51 d. E (§ 49 RevStO).[1676] § 59 d. E. (§ 57 RevStO) ermöglichte es den Städten, im Ortsstatut eine „Wahl nach gewissen Classen der Bürgerschaft“ vorzuschreiben.[1677] Die Zweite Kammer

---

[1667] LA 1871/73, 3. Abth., S. 432; Mitth. über die Verh. d. LT 1871/73, 2. K., Bd. 2, S. 1967ff.

[1668] Zur Person vgl. Sächsische Parlamentarier, hrsg. v. DÖSCHER/SCHRÖDER, S. 422.

[1669] Mitth. über die Verh. d. LT 1871/73, 2. K., Bd. 2, S. 1969f.

[1670] a.a.O., S. 1975; LA 1871/73, 3. Abth., S. 432f.

[1671] Mitth. über die Verh. d. LT 1871/73, 1. K., Bd. 1, S. 805f.

[1672] Wählbar waren sie dagegen unstreitig nicht; vgl. den Redebeitrag HENNIGS, Mitth. über die Verh. d. LT 1871/73, 1. K., Bd. 1, S. 806.

[1673] Mitth. über die Verh. d. LT 1871/73, 1. K., Bd. 1, S. 807.

[1674] Mitth. über die Verh. d. LT 1871/73, 2. K., Bd. 5, S. 4602f.; vgl. GVBl. 1873, S. 302.

[1675] LA 1871/73, 1. Abth., Bd. 2, S. 332.

[1676] a.a.O., S. 333.

[1677] a.a.O., S. 334f.

folgte hier ebenso ihrer Deputation, wie bei § 48 d. E., wo diese für die Wählbarkeit das Erfordernis des einjährigen Wohnsitzes gestrichen hatte.[1678] Die außerordentliche Deputation der Ersten Kammer schloss sich zwar bei § 48 Abs. 1 der Zweiten Kammer an, verlangte für Abs. 2 aber die Fassung des RegE.[1679] Die Zweite Kammer beharrte zunächst auf ihrem Standpunkt, folgte im Vereinigungsverfahren hier dann jedoch der Ersten Kammer.[1680] Damit waren die Forenser nach der RevStO von der Wählbarkeit ausgeschlossen.

§ 125 d. E. (§ 130 RevStO) schuf die Möglichkeit, durch Ortsstatut den Bewohnern eines Stadtbezirks oder Klassen von Einwohnern ein Recht zur Beschlussfassung „in ihren gemeinsamen und zugleich das öffentliche Interesse berührenden Angelegenheiten durch Stimmenmehrheit" einzuräumen.[1681] Nach den Gesetzesmotiven war diese Vorschrift aber so zu verstehen, dass es sich hierbei nicht um „eigentliche Gemeindeangelegenheiten" handeln könne.[1682] So stellt sich die Frage, ob die Regelungen hinsichtlich des Stimmrechts hier Anwendung finden sollten, zumal nicht von einer Beschlussfassung der Bürger, sondern der Einwohner die Rede ist.[1683] Beide Kammern nahmen § 125 in der Fassung des Regierungsentwurfs einstimmig an.[1684]

Nach § 39 d. E. (§ 37 RevStO) wurde die Stadtgemeinde durch den Stadtrat und die Stadtverordneten als ihre Organe vertreten. Mittels Ortsstatut konnte aber bestimmt werden, beide Organe zu einem Stadtgemeinderat zusammenzuführen.[1685] Damit wurde der strenge Dualismus von Stadtrat und Stadtverordnetencollegium der AStO aus dem Jahre 1838 aufgeweicht, was vor allem den kleinen Städten entgegen kam.[1686] Die Zweite Kammer folgte auch hier dem Regierungsentwurf.[1687] Die Deputationsmehrheit der außerordentlichen Deputation der Ersten Kammer wollte § 39 Abs. 1 annehmen, Abs. 2 – ent-

---

[1678] LA 1871/73, 3. Abth., S. 434 bzw. 439f.; Mitth. über die Verh. d. LT 1871/73, 2. K., Bd. 2, S. 1978, 1989f. und 1892ff.

[1679] LA 1871/73, Beil. 2. Abth., Bd. 1, S. 292f.; Mitth. über die Verh. d. LT 1871/73, 1. K., Bd. 1, S. 808. Lehrer sollten dabei nicht als Gemeindebeamte zählen.

[1680] Mitth. über die Verh. d. LT 1871/73, 2. K., Bd. 4, S. 3852f.; Bd. 5, S. 468f.; vgl. GVBl. 1873, S. 303.

[1681] LA 1871/73, 1. Abth., Bd. 2, S. 349.

[1682] LA 1871/73, 1. Abth., Bd. 2, S. 399; vgl. v. Bosse, RevStO, § 130, Anm., S. 174.

[1683] „Zu § 125", in: LA 1871/73, 1. Abth., Bd. 2, S. 399.

[1684] LA 1871/73, 3. Abth., S. 456; Mitth. über die Verh. d. LT 1871/73, 2. K., Bd. 2, S. 2053; LA 1871/73, 2. Abth., S. 302; Mitth. über die Verh. d. LT 1871/73, 1. K., Bd. 1, S. 843; vgl. GVBl. 1873, S. 318.

[1685] LA 1871/73, 1. Abth., Bd. 2, S. 329f.

[1686] vgl. „Zu § 39", a.a.O., S. 392.

[1687] LA 1871/73, 3. Abth., S. 430; Mitth. über die Verh. d. LT 1871/73, 2. K., Bd. 2, S. 1958f.

sprechend dem Votum der Zweiten Kammer – dagegen ablehnen. Eine Minderheit wollte beide Absätze beschließen.[1688] Der Abg. KOCH sprach sich zwar grundsätzlich gegen den Dualismus von Stadtrat und Stadtverordneten aus, wollte ihn aber jetzt trotzdem nicht abschaffen. Es sollte wenigstens die Möglichkeit bleiben, über Abs. 2 den Dualismus in einigen Gemeinden aufheben zu können.[1689] Die Erste Kammer nahm § 39 Abs. 1 einstimmig in der Fassung des RegE an und lehnte bei Abs. 2 das Votum der Deputationsmajorität zugunsten der Deputationsminderheit ab.[1690] Somit wurde in § 37 Abs. 2 RevStO den Städten die Möglichkeit eingeräumt, durch Regelung im Ortsstatut Stadtrat und Stadtverordnete zu einem Organ mit der Bezeichnung Stadtgemeinderat zu verschmelzen.[1691]

Die Anzahl der Stadtverordneten war gemäß § 41 d. E. (§ 39 RevStO) ebenfalls mittels Ortsstatut festzulegen, sollte aber zwischen 9 und 60 Mitgliedern betragen.[1692] Darunter hatten sich gemäß § 42 d. E. (§ 40 RevStO) mindestens die Hälfte Ansässige zu befinden. Nach § 44 d. E. (§ 42 RevStO) galt für Stadtverordnete und deren Ersatzmännern – sofern auf diese nicht gemäß § 43 d. E. (§ 41 RevStO) per Ortsstatut verzichtet wurde – eine Drittelerneuerung. Durch von der Aufsichtsbehörde zu genehmigendem Beschluss hatte sich die Stadt dabei gemäß § 44 Abs. 2 d. E. zu entscheiden, ob die Ergänzungswahl jährlich oder aller zwei Jahre stattfinden sollte.[1693] Das hätte zu einer verschieden langen Wahlperiode in den Städten von entweder drei oder sechs Jahren geführt. Auf Antrag des nationalliberalen Abg. der Stadt Dresden, ERNST ALBERT JORDAN (1831-1892),[1694] wurde dieser Absatz von der Zweiten Kammer gestrichen und die Vorschrift – wie auch § 41 und 43 d. E. – ansonsten genehmigt.[1695] § 44 Abs. 1, 2 und 3 d. E. billigte die Erste Kammer einstimmig und fügte bei Abs. 4 eine Klarstellung hinsichtlich der Drittelerneuerung nach einer vollständigen Neuwahl ein. Nachdem die Zweite Kammer zunächst auch hier auf ihrer Position beharrte, verständigte man sich im Vereinigungsverfahren auf die Fassung des RegE.[1696]

1688 Mitth. über die Verh. d. LT 1871/73, 1. K., Bd. 1, S. 799ff.

1689 a.a.O., S. 799f.

1690 Mitth. über die Verh. d. LT 1871/73, 1. K., Bd. 1, S. 803.

1691 GVBl. 1873, S. 301.

1692 Die erste Deputation der Zweiten Kammer schlug hier die Streichung der Höchstzahl von 60 vor. – LA 1871/73, Beil. 3. Abth., Bd. 1, S. 411.

1693 LA 1871/73, 1. Abth., Bd. 2, S. 330.

1694 Zur Person vgl. Sächsische Parlamentarier, hrsg. v. DÖSCHER/SCHRÖDER, S. 401.

1695 LA 1871/73, 3. Abth., S. 430f.; Mitth. über die Verh. d. LT 1871/73, 2. K., Bd. 2, S. 1959ff.; vgl. Mitth. über die Verh. d. LT 1871/73, 1. K., Bd. 1, S. 804f.; vgl. GVBl. 1874, S. 301f.

1696 Mitth. über die Verh. d. LT 1871/73, 1. K., Bd. 1, S. 805; 2. K., Bd. 4, S. 3850; 2. K., Bd. 5, S. 4609.

Die Wahl war nach § 45 d. E. (§ 43 RevStO) direkt vorzunehmen, wobei es durch Ortsstatut zu regeln war, „ob die Wahl der ordentlichen und Ersatzmitglieder in einer und derselben Wahlhandlungen oder jede besonders vorzunehmen ist“.[1697]

§ 85 d. E. (§ 82 RevStO) erlaubte es dem Innenministerium, „aus Gründen eines erheblichen öffentlichen Interesses die Stadtverordneten auf[zu]lösen und die Neuwahl der Gesamtheit an[zu]ordnen“.[1698] Die vorberatende Deputation der Zweiten Kammer hatte versucht, diese Vorschrift etwas zu entschärfen, indem sie u. a. eine der Auflösung voraus zu stellende Verwarnung und eine Begründungspflicht einforderte.[1699] Dem stimmten – entgegen der Stellungnahme der Regierung – auch die Zweite und teilweise die Erste Kammer zu; am Ende des Vereinigungsverfahrens stand hier ein Kompromiss, der neben der unstreitigen Begründungspflicht eine Verwarnung vor Auflösung der Stadtverordneten zumindest „in der Regel“ vorsah.[1700]

Die Stadtverordneten hatten nach § 70 Abs. 1 Nr. 1 und 2 d. E. (§ 68 Abs. 1 Nr. 1 und 2 RevStO) die Aufgabe, den Stadtrat zu wählen und in seiner Arbeit zu überwachen. Ihre Zustimmung war z. B. bei Änderungen am Ortsstatut, Grundstückstransaktionen, der Aufstellung und Änderung des Stadthaushaltsplanes und bei der Verleihung des Ehrenbürgerrechts erforderlich und stellte damit eine Erweiterung gegenüber der AStO von 1838 dar.[1701] Auch sollten die Stadtverordneten nach § 84 d. E. (§ 81 RevStO) „für ihre Beschlüsse nur insoweit verantwortlich [sein], als sie damit ihre gesetzlichen Befugnisse überschreiten, ein Strafgesetz verletzen oder wider besseres Wissen in unredlicher Absicht handeln“.[1702] Dem folgten beide Kammern einstimmig.[1703]

Die Anzahl der von den Stadtverordneten zu wählenden Mitglieder des Stadtrates war nach § 86 d. E. (§ 83 RevStO) im Ortsstatut festzulegen. Auch sollte

---

[1697] LA 1871/73, 1. Abth., Bd. 2, S. 331. Von den Ständen einstimmig genehmigt: LA 1871/73, 3. Abth., S. 431; Mitth. über die Verh. d. LT 1871/73, 2. K., Bd. 2, S. 1967; 1. K., Bd. 1, S. 805; vgl. GVBl. 1874, S. 302.

[1698] LA 1871/73, 1. Abth., Bd. 2, S. 340.

[1699] LA 1871/73, Beil. 3. Abth., Bd. 1, S. 422.

[1700] LA 1871/73, 3. Abth., S. 444; Mitth. über die Verh. d. LT 1871/73, 2. K., Bd. 2, S. 2009f.; 1. K., Bd. 1, S. 818; 2. K., Bd. 4, S. 3850; 2. K., Bd. 5, S. 4609; GVBl. 1874, S. 310.

[1701] LA 1871/73, 1. Abth., Bd. 2, S. 336ff.; vgl. „Zu § 70“, a.a.O., S. 395. Die Aufgabenzuweisung in § 70 RegE erschien der ersten Deputation der Zweiten Kammer zu eng, sowie zu unpräzise formuliert. – LA 1871/73, Beil. 3. Abth., Bd. 1, S. 391-444; vgl. zu den Änderungen der Kammern im Einzelnen: LA 1871/73, 3. Abth., S. 441ff.; Mitth. über die Verh. d. LT 1871/73, 2. K., Bd. 2, S. 1989ff.; LA 1871/73, 2. Abth., S. 298f.; Mitth. über die Verh. d. LT 1871/73, 1. K., Bd. 1, S. 814ff.; 2. K., Bd. 4, S. 3854ff.; 2. K., Bd. 5, S. 4609; vgl. GVBl. 1873, S. 307.

[1702] LA 1871/73, 1. Abth., Bd. 2, S. 340; GVBl. 1873, S. 310.

[1703] LA 1871/73, 3. Abth., S. 444; Mitth. über die Verh. d. LT 1871/73, 2. K., Bd. 2, S. 2009; LA 1871/73, 2. Abth., S. 299; Mitth. über die Verh. d. LT 1871/73, 1. K., Bd. 1, S. 818.

der Bürgermeister weiterhin besoldet sein. Um Mitglied des Stadtrates werden zu können, musste das 25. Lebensjahr erfüllt und vor Amtsantritt „das Bürgerrecht mit voller Stimmberechtigung" erlangt worden sein. Mindestens ein Ratsmitglied musste „die Voraussetzung zu Ableistung des Richtereides" erfüllen.[1704]

Während die besoldeten Ratsmitglieder im Regelfall nach § 89 d. E. (§ 86 RevStO) auf Lebenszeit zu wählen waren, erfolgte die Wahl der unbesoldeten nach § 92 d. E. (§ 89 RevStO) auf 6 Jahre.[1705] Nach § 95 d. E. (§ 92 RevStO) hatte die Aufsichtsbehörde die Wahl der besoldeten Ratsmitglieder und des Stellvertreters des Bürgermeisters zu bestätigen.[1706] Hiergegen erhob die erste Deputation der Zweiten Kammer Bedenken: Die besoldeten Ratsmitglieder sollten zwar grundsätzlich auf Lebenszeit gewählt werden, jedoch wollte man den Städten zugestehen, stattdessen durch Ortsstatut eine Wahl auf sechs oder zwölf Jahre einzuführen, wobei eine Wiederwahl stets auf Lebenszeit erfolgen sollte.[1707] Das Bestätigungsrecht der Obrigkeit in § 95 RegE lehnte sie zwar grundsätzlich ab, gestand es aber aufgrund der Oberaufsicht des Staates über die Gemeinden in modifizierter Form dennoch zu.[1708] Die Zweite Kammer strich das Bestätigungsrecht sogar vollständig.[1709] Dagegen folgte die Erste Kammer ihrer Deputationsmehrheit, die die unveränderte Fassung des RegE zur Annahme empfahl.[1710] Im Ergebnis des Vereinigungsverfahren wurde das Bestätigungsrecht schließlich in der Fassung des RegE in der RevStO verankert.[1711]

Dem Stadtrat oblag gemäß § 101 d. E. (§ 98 RevStO) die Verwaltung der Stadtgemeinde (einschließlich der Ortspolizei). Er war zugleich nach § 103

[1704]LA 1871/73, 1. Abth., Bd. 2, S. 340f. Die erste Deputation der Zweiten Kammer verlangte hier eine unwesentliche Klarstellung des Textes, was von der Kammer angenommen wird. – LA 1871/73, Beil. 3. Abth., Bd. 1, S. 422f.; LA 1871/73, 3. Abth., S. 444; Mitth. über die Verh. d. LT 1871/73, 2. K., Bd. 2, S. 2010f.; so auch von der Ersten Kammer genehmigt: LA 1871/73, 2. Abth., S. 299; Mitth. über die Verh. d. LT 1871/73, 1. K., Bd. 1, S. 819; GVBl. 1873, S. 310.

[1705]LA 1871/73, 1. Abth., Bd. 2, S. 341f.; vgl. zu den Beratungen d. § 89 d. E. LA 1871/73, 3. Abth., S. 445f.; Mitth. über die Verh. d. LT 1871/73, 2. K., Bd. 2, S. 2015ff.; dagegen wurde § 92 von beiden Kammern in der Fassung des RegE angenommen. – LA 1871/73, 3. Abth., S. 446; 2. Abth., S. 299; vgl. GVBl. 1873, S. 311.

[1706]LA 1871/73, 1. Abth., Bd. 2, S. 342f.

[1707]LA 1871/73, Beil. 3. Abth., Bd. 1, S. 424f.

[1708]a.a.O., S. 427ff.

[1709]LA 1871/73, 3. Abth., S. 452; Mitth. über die Verh. d. LT 1871/73, 2. K., Bd. 2, S. 2033.

[1710]Mitth. Über die Verh. d. LT 1871/73, 1. K., Bd. 1, S. 822ff. Die Abg. KOCH und HENNIG hatten sich mit ihrer Fassung in Anlehnung an die Zweite Kammer nicht durchsetzen können.

[1711]LA 1871/73, Beil. 2. Abth., Bd. 3, S. 329; vgl. GVBl. 1873, S. 312.

d. E. (§ 100 RevStO) regelmäßig „das örtliche Organ der Staats- und Bezirksverwaltung".[1712]

In den Städten, in denen Stadtverordnete und Stadtrat ein gemeinsames Gremium bildeten, erfüllte dieser Stadtgemeinderat auch beider Aufgaben. Ausnahmefälle sollten nach § 80 d. E. (vgl. § 116 RevStO) nur § 70 Nr. 3 (vgl. § 68 Nr. 2 RevStO) – Rechnungsprüfung – und § 113 d. E. (vgl. § 113 RevStO) – Rechtsstreitigkeiten zwischen der Stadtgemeinde und dem Stadtrat – sein.[1713] § 80 RegE sollte nach dem Vorschlag der vorberatenden Deputation der Zweiten Kammer durch eine umfangreiche Einfügung gleicher Zielrichtung nach § 115 d. E. ersetzt werden.[1714] Die Kammer setzte die Beschlussfassung über § 80 daher aus, beriet diese Vorschrift bei § 115 und billigte schließlich die vorgeschlagenen Änderungen der Deputation.[1715] Die Erste Kammer nahm im Zusammenwirken mit ihrer außerordentlichen Deputation noch einige Änderungen an den neuen §§ 115 b bis i (§§ 114 bis 120 RevStO) vor.[1716]

Durch Ortsstatut konnten nach §§ 116ff. d. E. (§§ 121ff. RevStO) außerdem „zu Unterstützung des Stadtraths" gemischte Ausschüsse und Bezirksvorsteher bestellt werden. Erstere setzten sich gemäß § 117 d. E. (§ 122 RevStO) „aus einem oder mehreren Rathsmitgliedern und einer Anzahl von Stadtverordneten oder anderen nach § 48 [d. i. § 46 RevStO – Anm. d. Verf.] wählbaren Bürgern" zusammen. Letztere wurden für die Bezirke bestellt, in die die Stadt nach § 120 d. E. (§ 125 RevStO) „zu Erleichterung der Verwaltung" unterteilt werden konnte.[1717] Diese Vorschriften wurden von der Zweiten Kammer auf Vorschlag der Deputation unverändert und einstimmig angenommen.[1718] Dem folgte auch die Erste Kammer.[1719]

1712 LA 1871/73, 1. Abth., Bd. 2, S. 344. Das wurde von beiden Kammern so genehmigt. – Mitth. über die Verh. d. LT 1871/73, 2. K., Bd. 2, S. 2036; Mitth. über die Verh. d. LT 1871/73, 1. K., Bd. 1, S. 828; GVBl. 1873, S. 313.

1713 LA 1871/73, 1. Abth., Bd. 2, S. 339.

1714 LA 1871/73, Beil. 3. Abth., Bd. 1, S. 421 und 439ff.

1715 LA 1871/73, 3. Abth., S. 443 und S. 454ff.; Mitth. über die Verh. d. LT 1871/73, 2. K., Bd. 2, S. 2008 und 2045ff.

1716 Näher dazu: Mitth. über die Verh. d. LT 1871/73, 1. K., Bd. 1, S. 841ff.; vgl. auch Mitth. über die Verh. d. LT 1871/73, 1. K., Bd. 1, S. 818; 2. K., Bd. 4, S. 3864ff.; GVBl. 1874, S. 316f.

1717 LA 1871/73, 1. Abth., Bd. 2, S. 347f.; vgl. GVBl. 1873, S. 317f. und SIEBLIST, RevStO, § 122 Anm. 1-3, S. 188f.

1718 LA 1871/73, 3. Abth., S. 456; Mitth. über die Verh. d. LT 1871/73, 2. K., Bd. 2, S. 2051f.

1719 Mitth. über die Verh. d. LT 1871/73, 1. K., Bd. 1, S. 843.

3. Das Inkrafttreten der Revidierten Städteordnung

Die Ständische Schrift vom 26. Februar 1873[1720] genehmigte zwar die Entwürfe, ließ aber den Termin des Inkrafttretens offen. Die Regierung sollte den Termin selbst bestimmen und ggf. dazu noch Anpassungen an die Städteordnung vornehmen.[1721] Sie trat schließlich gemeinsam mit der RevLGO, der StOmkSt und dem OrgG am 15. Oktober 1874 in Kraft. Ihre Einführung in den Städten zog sich aber wiederum einige Zeit hin, da die neuen Ortsstatuten zunächst erstellt und vor allem auch von den Aufsichtsbehörden genehmigt werden mussten.

4. Änderungen des Wahlrechts nach der RevStO bis zum Jahre 1895

Bis Mitte der 1890er Jahre erfolgten keine für das Stimmrecht relevanten Änderungen der RevStO.[1722] Bereits kurz nach dem Inkrafttreten der RevStO waren aber schon einige Landgemeinden bemüht, einzelne oder sogar alle Vorschriften der StOmkSt und RevStO für sich in Anwendung zu bringen.[1723]

Auf dem Landtag von 1879/80 legte die Staatsregierung einen Gesetzentwurf zur Änderung der RevStO und RevLGO vor: Mit dem *Decret an die Stände, die Abänderung einer Bestimmung der Revidirten Städteordnung und der Revidirten Landgemeindeordnung betreffend, vom 9. Januar 1880*[1724] versuchte man dem „dringenden Bedürfnis" vieler Gemeinden Rechnung zu tragen, „zum Schutze der daselbst seßhaften Gewerbetreibenden die in neuerer Zeit immer häufiger kommenden Wanderlager und Waarenauctionen … zur communalen Besteuerung zu ziehen". Daher sollte u. a. auch das Erfordernis „bei mehr als dreimonatiger Dauer dieses Aufenthalts" in den §§ 26 Satz 2 RevStO und 17 Satz 2 RevLGO gestrichen werden. Nach dem Gesetz, die Abänderung einer Bestimmung der Revidirten Städteordnung und Landgemeindeordnung, sowie die weitere Besteuerung des Wanderlagerbetriebes betreffend, vom 23. März 1880, das ohne größere Kontroversen die Kammern

[1720] Ständische Schrift über die mittelst Königlichen Decrets vom 22. December 1871 vorgelegten Entwürfe zu drei Gemeindeordnungen, in: LA 1871/73, 1. Abth., Bd. 3, S. 815-857.

[1721] a.a.O., S. 815.

[1722] Auf die Änderungen dienst- und besoldungsrechtlicher Bestimmungen für Gemeindebeamte und die zahlreichen, diesbezüglichen Petitionen soll hier nicht eingegangen werden.

[1723] vgl. zu einzelnen Landgemeinden sogleich unten, S. 347.

[1724] Eingegangen bei der I. Kammer am 13. Januar 1880, in: LA 1879/80, Decrete, Nr. 29, S. 158-159.

passierte, waren nunmehr alle selbständigen Personen, die sich vorübergehend in einer Gemeinde aufhielten, unabhängig von der Dauer ihres Aufenthalts in dieser steuerpflichtig.[1725]

5. Schlussfolgerungen

Die RevStO von 1873 behielt die wesentlichen Strukturen der bisherigen städtischen Verfassung bei, erweiterte aber zumindest in einigen Belangen die Selbständigkeit der Städte. Frauen konnten die Mitgliedschaft in der Stadtgemeinde unter denselben Voraussetzungen wie Männer erlangen. Lediglich beim Erwerb des Bürgerrechts waren sie insofern bessergestellt, dass für sie die Verpflichtung zum Erwerb nicht mehr galt. Das wurde damit begründet, dass infolge der Einführung der *Gewerbeordnung des Norddeutschen Bundes* die Ausübung eines Gewerbes in den Städten nicht mehr an das Bürgerrecht gekoppelt war.

Durch die Einführung der RevStO wuchs in den Städten der Kreis derer, die zum Erwerb des Bürgerrechts berechtigt waren, deutlich an. So gingen etwa bei der Stadt Dresden allein zwischen 1870 und 1874 6.000 neue Anträge ein.[1726] Damit stellte die Neuregelung nunmehr die Verwaltung der Stadt auf eine breitere Basis, da sich mit der Zahl der Bürger auch die Zahl der Stimmberechtigten erhöhte.

Hinsichtlich des Frauenstimmrechts waren die Formulierungen der Vorschriften des Regierungsentwurfs unklar. Lediglich aus den Motiven ging hervor, dass die Staatsregierung das Frauenstimmrecht in den Städten nicht einführen wollte. Die vorberatende Deputation der Zweiten Kammer beantragte insofern eine klarstellende Ergänzung im Entwurf. Mit RICHARD LUDWIG forderte in den Kammerverhandlungen lediglich ein Einzelner, dem linken Flügel der Liberalen zuzurechnender Abgeordneter der zweiten Kammer, das Stimmrecht für Frauen auch bei den städtischen Wahlen. Diese Frage wurde nicht näher debattiert, sondern durch eine entsprechende Klarstellung im Gesetz gegen das Frauenstimmrecht mit übergroßer Mehrheit entschieden. Darüber hinaus spielte die Frauenfrage in den Beratungen zur RevStO keinerlei Rolle. Die RevStO blieb bis in die 1890er Jahre hinein nahezu unverändert in Geltung.

[1725] In: GVBl. 1880, S. 47f.; vgl. die *Ständische Schrift auf das Königliche Decret Nr. 29, die Abänderung einer Bestimmung der Revidirten Städteordnung und der Revidirten Landgemeindeordnung betreffend*, in: LA 1879/80, Decrete, S. 78-80.

[1726] ULBRICHT, Kommunale Vertretung und Verwaltung, in: Geschichte der Stadt Dresden, Bd. 3, hrsg. v. STARKE, S. 41.

III. Das Wahlrecht und die Vernachlässigung des Frauenstimmrechts nach der Städteordnung für mittlere und kleine Städte (StOmkSt) vom 24. April 1873

Die Beratungen[1727] in der Zweiten Kammer über die Städteordnung für mittlere und kleine Städte (StOmkSt) am 2. November 1872 gestalteten sich als weitgehend unproblematisch.[1728] Offenbar lag das auch daran, dass die Abg. der Kammern – im Gegensatz zu den betroffenen Städten selbst – kaum ein persönliches Interesse an diesem Entwurf hatten.[1729] Die Stände nahmen den von ihnen geänderten Entwurf am 2. November bzw. am 10. Dezember 1872 nahezu ohne inhaltliche Debatte und mit jeweils zwei Gegenstimmen an.[1730]

Die StOmkSt sollte nach Art. I d. RegE (Art. I StOmkSt) für die Städte zur Anwendung gelangen, die die Voraussetzungen des § 1 Abs. 1 RevStO nicht erfüllten.[1731] Zwar galt grundsätzlich auch für diese Städte die RevStO, doch mit einigen wesentlichen Modifizierungen.

Die Art. Ib und Ic, die die erste Deputation der Zweiten Kammer auch hier im Sinne eines Wahlrechts der Gemeindeverfassung eingefügt hatte, wurden von der Zweiten Kammer ohne Debatte und einstimmig angenommen.[1732] Nachdem die Zweite Kammer entgegen dem Votum der Ersten Kammer[1733] mit der Deputationsmajorität auf ihrem Beschluss beharrte,[1734] einigten sich die Stände im Vereinigungsverfahren auf die Fassung des RegE.[1735]

[1727] Als zweiter der drei Entwürfe kam ab dem 22. März 1872 die RevLGO zur Beratung und erst zuletzt die StOmkSt. Aus Gründen der Systematik soll hier zunächst die StOmkSt erörtert werden.

[1728] Mitth. über die Verh. d. LT 1871/73, 2. K., Bd. 3, S. 2843ff.; 1. K., Bd. 2, S. 1262ff.; 2. K., Bd. 5, S. 4610f.

[1729] vgl. den Abg. ROBERT KÖRNER zu seinem Antrag des in der Sitzung der Zweiten Kammer vom 5. April 1872, den Entwurf von der Tagesordnung bis zum erneuten Zusammentritt der Kammer abzusetzen: „Ich will zugeben, daß die Meisten von Ihnen gerade kein lebhaftes Interesse für diesen Gesetzentwurf empfinden, weil der größere Theil nicht persönlich betheiligt ist; indeß die kleineren Städte selbst haben doch ein lebhaftes Interesse daran und es wird wohlgethan sein, wenn wir ihnen Zeit lassen, sich über ihre Bedürfnisse schlüssig zu machen, und ich halte den Gesetzentwurf für nicht wichtig genug, um ihn nicht in einer kurzen Berathung, wie sie morgen eintreten wird, so zu sagen über Bord zu werfen, ihn in einer allzuschleunigen Berathung zu erledigen." Diesem Antrag folgte die Kammer mit einer Stimme Mehrheit. – Mitth. über die Verh. d. LT 1871/73, 2. K., Bd. 3, S. 2601f.

[1730] Mitth. über die Verh. d. LT 1871/73, 2. K., Bd. 3, S. 2866; 1. K., Bd. 2, S. 1268f. Zum Ergebnis des Vereinigungsverfahrens vgl. LA 1871/73, 2. Abth., S. 479; 3. Abth., S. 960ff.; Mitth. über die Verh. d. LT 1871/73, 2. K., Bd. 5, S. 1580ff.

[1731] Dazu bereits oben, S. 311; vgl. V. BOSSE, Einleitung zu: RevLGO, S. 5.

[1732] Mitth. über die Verh. d. LT 1871/73, 2. K., Bd. 3, S. 2846.

[1733] Mitth. über die Verh. d. LT 1871/73, 1. K., Bd. 2, S. 1263.

[1734] Mitth. über die Verh. d. LT 1871/73, 2. K., Bd. 4, S. 3916.

[1735] Mitth. über die Verh. d. LT 1871/73, 2. K., Bd. 5, S. 4611.

Diese städtische Verfassung nach der StOmkSt war deutlich einfacher strukturiert. So hatten nach Art. II RegE (Art. II StOmkSt) Stadtrat und Stadtverordnete alle Aufgaben zu einem Stadtgemeinderat verschmolzen wahrzunehmen, die nicht allein dem Stadtrat oder dem Bürgermeister übertragen waren. Außerdem war die Vorbereitung und Leitung der Stadtverordnetenwahlen an Stelle des Stadtrates dem Bürgermeister übertragen.[1736]

Bei Art. IV § 2 hatte die vorberatende Deputation der Zweiten Kammer die Streichung des Mindestalters von 25 Jahren und des zweijährigen Wohnsitzes für die Stadtratsmitglieder vorgeschlagen. Dem folgte zunächst die Zweite Kammer einstimmig und ohne Debatte,[1737] blieb auch bei ihrem Beschluss,[1738] und schließlich auch die Erste Kammer.[1739]

Die Vorschriften der §§ 83 bis 120 RevStO über die Organisation und Zuständigkeiten der Organe waren durch Art. IV d. E. (Art. IV StOmkSt) in Gänze ersetzt, so dass etwa der Stadtrat wenigstens nur aus dem Bürgermeister und einem Stellvertreter bestehen sollte, der Stadtgemeinderat die Stadträte zu wählen hatte und die Wahlperiode für die Ratsmitglieder und den Bürgermeister regelmäßig sechs Jahre betragen sollte.[1740]

Auch die §§ 121 bis 129 RevStO über die gemischten Ausschüsse, die Bezirkseinteilung und Bezirksvorsteher sollten nach Art. V RegE (Art. V StOmkSt) nicht zur Anwendung kommen. Es war den Städten aber nachgelassen, einzelne Vorschriften durch Ortsstatut für anwendbar zu erklären.[1741]

Was die Regelungen zu Stimmrecht und Wählbarkeit bei den Stadtverordnetenwahlen anbelangt, so blieb es bei den Vorschriften der RevStO.[1742] Daher hatten Frauen auch in diesen Städten, und damit überhaupt ausnahmslos in

[1736]Mitth. über die Verh. d. LT 1871/73, 2. K., Bd. 3, S. 2846; 1. K., Bd. 2, S. 1263f.; vgl. GVBl. 1873, S. 321f.

[1737]Mitth. über die Verh. d. LT 1871/73, 2. K., Bd. 3, S. 2854.

[1738]Mitth. über die Verh. d. LT 1871/73, 2. K., Bd. 4, S. 3920; zum Votum der Ersten Kammer LA 1871/73, Beil. 2. Abth., Bd. 1, S. 598; 2. Abth., S. 382.

[1739]*Bericht der ersten Deputation der ersten Kammer über die Ergebnisse des Vereinigungsverfahrens über die abweichenden Beschlüsse beider Kammern bezüglich der Entwürfe: I. einer Revidirten Städteordnung, und II. einer Städteordnung für mittlere und kleine Städte. Eingegangen am 29. Januar 1873*, in: LA 1871/73, Beil. 3. Abth., Bd. 3, S. 325-334, 332; LA 1871/73, 2. Abth., S. 824; vgl. GVBl. 1873, S. 322.

[1740]LA 1871/73, 1. Abth., Bd. 2, S. 352ff.; Mitth. über die Verh. d. LT 1871/73, 2. K., Bd. 3, S. 2853ff.; 1. K., Bd. 2, S. 1264ff.; vgl. GVBl. 1873, S. 322ff.

[1741]LA 1871/73, 1. Abth., Bd. 2, S. 358; vgl. GVBl. 1873, S. 327.

[1742]vgl. „Zu Art. I bis III.“, a.a.O., S. 401.

allen sächsischen Städten, kein Stimmrecht mehr.[1743] Da sie in Einzelfällen infolge der Anwendung von Vorschriften der LGO auf einzelne Städte vormals aber das Stimmrecht besaßen, bedeutete für sie die Revision der Städteverfassung den Verlust ihres Stimmrechts bei den Gemeindewahlen.

Die StOmkSt von 1873 gelangt in 66 sächsischen Städten zur Anwendung.[1744]

IV. Das Frauenstimmrecht nach der Revidierten Landgemeindeordnung (RevLGO) vom 24. April 1873

Auch der Regierungsentwurf der RevLGO behielt die bisherigen Strukturen weitgehend bei. Zugleich erweiterte er die Selbständigkeit der Landgemeinden „entsprechend ihrem weiter vorgeschrittenen Bildungsstande" mit der Übertragung „von wesentlichen Theilen der obrigkeitlichen Gewalt und der Polizeipflege" deutlich.[1745] Statt der Gemeindeobrigkeit war nun bei den Entscheidungen der Gemeinde zumeist die Mitwirkung des Bezirksausschusses erforderlich, auf dessen Zusammensetzung die Gemeinde selbst Einfluss nehmen konnte.[1746]

Auch hier verzichtete die vorberatende Deputation der Zweiten Kammer in ihrem Bericht vom 13. März 1872 auf allgemeine Ausführungen, sondern lobte vielmehr die bisher geltende LGO. Sie wies aber ebenso auf deren Defizite hin: „Erscheint aber eine Erweiterung der Selbständigkeit und des Selbstbestimmungsrechts der Gemeinden an sich schon mit Hinblick auf die seit Erlaß der Landgemeindeordnung fortgeschrittene Schulbildung und die in den letzten Jahren bemerkbare regere Theilnahme an dem communalen Leben unbedenklich, so muß dieselbe auch als eine wesentliche Vorbedingung der aus anderen Gründen sich als nothwendig darstellenden Reorganisation der Verwaltung bezeichnet werden, indem ohne Übertragung wesentlicher Theile der obrigkeitlichen Gewalt und der Polizeipflege an die von den Gemeinden zur Verwaltung ihrer Angelegenheiten gewählten Organe eine Reform der Verwaltung nur mit unverhältnismäßigem Aufwande durchgeführt werden könnte, auch dem allseitig angestrebten Principe der Selbstverwaltung nicht Rechnung

[1743] So auch in Nerchau, dessen Verfassung sich nunmehr nach der StOmkSt richtete; vgl. dazu den Bericht über den Stand und die Verwaltung der Gemeindeangelegenheiten, hrsg. v. KAULISCH, insbes. S. 105f. und oben Kap. IV, S. 224ff.

[1744] V. BOSSE, RevStO, Art. I StOmkSt Anm., S. 185; STRAUß, 125 Jahre Gemeindewahlecht, in: SächsHBl. 3 (1957), S. 246.

[1745] LA 1871/73, 1. Abth., Bd. 2, S. 402; vgl. dazu wie im Folgenden V. BOSSE, Die Selbstverwaltung, in: Mitth. d. Ökonom. Ges., Jg. 1877/78, S. 79ff.; WYDUCKEL, Verwaltungsaufbau, in: FS zum 100-jährigen Jubiläum, hrsg. v. REICH, 88ff.

[1746] vgl. Mitth. über die Verh. d. LT 1871/73, 1. K., Bd. 2, S. 1183.

tragen würde." Damit trat auch der eigentliche Zweck der Revision hervor, nämlich die Erweiterung der Selbstverwaltung.[1747]

Die Zweite Kammer führte am 22. März 1872 eine sehr ausgiebige allgemeine Debatte zum Entwurf durch.[1748] Referent ERDMANN THEODOR GÜNTHER (1823-1889),[1749] Führer der Konservativen in der Zweiten Kammer, machte deutlich, dass die derzeitige LGO „vielseitiger Verbesserungen" bedarf und diese nur im Sinne einer „größeren Selbständigkeit der Gemeinden" erfolgen könnten.[1750]

Die RevLGO sollte nach § 1 d. RegE (§ 1 RevLGO) auf alle Ortschaften zur Anwendung gelangen, die nicht als Städte anerkannt waren. Dabei waren Grundstücke, die bisher nicht zu einem Gemeindeverband gehörten, nach § 5 d. E. (§ 5 RevLGO) einem Gemeindebezirk zuzuordnen.[1751] Bei § 1 RegE wollte lediglich eine Minderheit die unveränderte Annahme des RegE, während die Majorität der ersten Deputation eine erweiterte Neufassung vorschlug, die nunmehr diejenigen Gemeinden unter das Gesetz fasste, die sich durch ihre gesetzlichen Vertreter nicht für die Anwendung einer der Städteordnungen erklärten oder auf deren Anwendung künftig verzichteten. Das wurde dann auch von der Zweiten Kammer so gebilligt.[1752]

Die Erste Kammer sprach sich dagegen entsprechend dem Bericht ihrer außerordentlichen Deputation für die unveränderte Annahme des RegE aus, während die Zweite Kammer auch weiterhin auf Anraten ihrer Deputationsmajorität auf ihrem Beschluss beharrte.[1753] Im Ergebnis des Vereinigungsverfahrens wurde auch hier das Wahlrecht der Gemeindeverfassung aufgeben und die Fassung des RegE beschlossen.[1754]

[1747] *Bericht der ersten Deputation der zweiten Kammer über das Königliche Decret Nr. 21, den Entwurf einer Revidirten Landgemeindeordnung betreffend. Eingegangen am 15. März 1872*, in: LA 1871/73, Beil. 3. Abth., Bd. 1, S. 475-530, 475f.

[1748] vgl. LA 1871/73, 3. Abth., S. 461f.; Mitth. über die Verh. d. LT 1871/73, 2. K., Bd. 3, S. 2074ff.

[1749] Zur Person vgl. Sächsische Parlamentarier, hrsg. v. DÖSCHER/SCHRÖDER, S. 384.

[1750] Mitth. über die Verh. d. LT 1871/73, 2. K., Bd. 3, S. 2074. Die Erste Kammer verzichtete dagegen auf eine allgemeine Debatte. – Mitth. über die Verh. d. LT 1871/73, 1. K., Bd. 2, S. 1197f.

[1751] LA 1871/73, 1. Abth., Bd. 2, S. 359; vgl. GVBl. 1873, S. 328. Ausgenommen waren nach § 79 d. E. (§ 82 RevLGO) lediglich die Königlichen Schlösser, Staatswaldungen und sonstige geschlossene Waldungen, die bisher noch keinem Gemeindebezirk angehörten.

[1752] vgl. LA 1871/73, 3. Abth., S. 467; Mitth. über die Verh. d. LT 1871/73, 2. K., Bd. 3, S. 2106ff.

[1753] *Bericht der außerordentlichen Deputation der ersten Kammer über das königliche Decret Nr. 21, den Entwurf einer Revidirten Landgemeindeordnung betreffend. Eingegangen den 19. October 1872*, in: LA 1871/73, Beil. 2. Abth., Bd. 1, S. 321-362, 332f.; 2. Abth., S. 359, Mitth. über die Verh. d. LT 1871/73, 1. K., Bd. 2, S. 1198.; 2. K., Bd. 4, S. 3875ff.

[1754] Mitth. über die Verh. d. LT 1871/73, 2. K., Bd. 5, S. 4582ff.

Nach §§ 79ff. d. E. (§§ 82ff. RevLGO) waren königliche Schlösser, Staatswaldungen und andere geschlossene Waldungen ebenso weiterhin vom Gemeindeverband ausgeschlossen, wie Kammergüter, Rittergüter und ihnen gleichkommende Güter. Die Besitzer dieser Güter hatten dabei die Aufgaben, die sonst der Gemeinde zufielen, zu erfüllen und unterstanden insofern auch der staatlichen Aufsicht.[1755] Die erste Deputation der Zweiten Kammer hatte sich zu einer kompletten Überarbeitung dieser Vorschriften entschlossen, da sie sich u. a. gegen zwangsweise Zusammenschlüsse von Kammer-, Ritter- und sonstigen bisher nicht zu einer Gemeinde gehörenden Gütern mit Gemeinden aussprach.[1756] Dem trat die Kammer überwiegend einstimmig bei.[1757] Dagegen folgte die Erste Kammer bei § 79 Abs. 2 d. E. einem Antrag des Abg. WILHELM OTTO SEILER, der lediglich die Möglichkeit eines freiwilligen Zusammenschlusses der selbständigen Gutsbezirke mit den Gemeinden ermöglichen wollte.[1758] Letztlich einigten sich die Kammern im Vereinigungsverfahren hier auf das Votum der Zweiten Kammer.[1759]

1. Frauen als Mitglieder der Landgemeinde

Nach § 14 d. E. (§ 14 RevLGO) waren „diejenigen selbständigen Personen, welche im Gemeindebezirke wesentlich wohnhaft sind, oder ein Grundstück besitzen, oder ein selbständiges Gewerbe treiben" Mitglieder der Landgemeinde. Auch juristische Personen waren in der Regel als Gemeindemitglieder anzusehen.[1760] Das Neumitglied hatte sich nach § 15 Abs. 1 S. 1 d. E. (§ 15 Abs. 1 S. 1 RevLGO) zwecks Vereidigung „bei seinem Einzuge in die Gemeinde oder sobald es zu Letzterer durch Erlangung der Selbständigkeit, Ansässigmachung oder Begründung einer Gewerbeniederlassung in ein die Gemeindemitgliedschaft bedingendes Verhältniß tritt, bei dem Gemeindevorstande zu melden".[1761] Damit waren zugleich auch die Wege benannt, die zur

[1755] LA 1871/73, 1. Abth., Bd. 2, S. 380f.

[1756] LA 1871/73, Beil. 3. Abth., Bd. 1, S. 519ff.

[1757] LA 1871/73, 3. Abth., S. 487f.; Mitth. über die Verh. d. LT 1871/73, 2. K., Bd. 3, S. 2191ff.

[1758] LA 1871/73, 2. Abth., S. 365 und 367f.; Mitth. über die Verh. d. LT 1871/73, 1. K., Bd. 2, S. 1215ff.

[1759] Mitth. über die Verh. d. LT 1871/73, 2. K., Bd. 4, S. 3898f.; *Bericht der außerordentlichen Deputation der ersten Kammer über die Resultate des Vereinigungsverfahrens in Betreff I. Des Organisationsgesetzes, II. Der Revidirten Landgemeindeordnung, II. Der Bezirksvertretungen und IV. des Verfahrens in Verwaltungsstrafsachen. Eingegangen den 29. Januar 1873*, in: LA 1871/73, Beil. 2. Abth., Bd. 3, S. 193-207, 204; 2. Abth., S. 462; 3. Abth., S. 817; vgl. GVBl. 1873, S. 346f.

[1760] LA 1871/73, 1. Abth., Bd. 2, S. 361.

[1761] a.a.O., S. 362; vgl. GVBl. 1873, S. 330.

Gemeindemitgliedschaft führten. Die Stände nahmen diese Vorschriften mit lediglich formalen Korrekturen an.[1762]

§§ 16ff. d. E. (§ 16ff. RevLGO) verpflichteten alle Gemeindemitglieder, die Gemeindelasten zu tragen. Unterschiede hinsichtlich des Geschlechts wurden nicht gemacht. Es bestand aber die Möglichkeit, sich bei persönlichen Diensten nach § 18 Abs. 2 d. E. durch die „Stellung eines tüchtigen Stellvertreters" vertreten zu lassen. Ebenso konnten Landgemeinden – analog der Regelung in der RevStO – den Beschluss fassen, auch unselbständige Personen zu den Gemeindelasten heranzuziehen, sofern an deren Vermögen kein Nießbrauchsrecht eines anderen besteht.[1763] Die erste Deputation der Zweiten Kammer ließ zumindest diese Grundsätze hinsichtlich der Gemeindelasten unverändert, unterzog aber unter Zustimmung der Kammer die §§ 18ff. einer vollkommenen Neufassung, an der die Erste Kammer noch weitere kleinere Änderungen vornahm.[1764] Letztlich erwarben damit Frauen also auch nach der RevLGO unter den gleichen Voraussetzungen wie Männer die Mitgliedschaft in den Landgemeinden und wurden wie diese gemäß §§ 16ff. RevLGO zu den Gemeindeleistungen herangezogen.

2. Stimmrecht und Wählbarkeit in der Landgemeinde

Stimmberechtigt waren gemäß § 33 d. E. bei der Wahl des Gemeinderats „alle Gemeindeglieder, welche die Sächsische Staatsangehörigkeit besitzen, mit Ausnahme unansässiger Frauenspersonen". Die Motive merken hier ausdrücklich den Unterschied hinsichtlich des Frauenstimmrechts zur RevStO an. Den ansässigen Frauenspersonen werde das Stimmrecht in der Landgemeinde zugestanden, da „auf dem platten Lande das Gemeindeleben sich mehr, als in den Städten, an das wirthschaftliche Leben anschließt" und diese Besonderheit auch bisher schon bestanden habe.[1765] Somit waren zumindest die ansässigen Frauen auch weiterhin stimmberechtigt. Allerdings fiel bei mehreren Eigentümern eines Grundbesitzes das Stimmrecht immer zunächst den männlichen zu. Hinsichtlich der Ausübung des Stimmrechts enthielt § 34

[1762] LA 1871/73, Beil. 3. Abth., Bd. 1, S. 483f.; LA 1871/73, 3. Abth., S. 469; Mitth. über die Verh. d. LT 1871/73, 2. K., Bd. 3, S. 2114ff.; *Bericht der außerordentlichen Deputation der ersten Kammer über das Königliche Dekret Nr. 21, den Entwurf einer Revidirten Landgemeindeordnung betreffend. Eingegangen am 19. Oktober 1872*, in: LA 1871/73, Beil. 2. Abth., Bd. 1, S. 321-362; 338f; 2. Abth., S. 359; Mitth. über die Verh. d. LT 1871/73, 1. K., Bd. 2, S. 1198ff.

[1763] LA 1871/73, 1. Abth., Bd. 2, S. 362.

[1764] § 18 Abs. 2 RegE fand sich in § 24 wieder, wobei nunmehr auch eine Ablösung in Geld möglich war. – LA 1871/73, Beil. 3. Abth., Bd. 1, S. 488; LA 1871/73, 3. Abth., S. 470; Mitth. über die Verh. d. LT 1871/73, 2. K., Bd. 3, S. 2116ff.; LA 1871/73, Beil. 2. Abth., Bd. 1, S. 339ff.; 2. Abth., S. 359; vgl. GVBl. 1873, S. 331f.

[1765] „Zu § 33", in: LA 1871/73, 1. Abth., Bd. 2, S. 404f.

d. E. eine Reihe von Beschränkungen. Sie bezogen sich jedoch nicht auf das Merkmal des Geschlechts.[1766]

Auch hatten die Stimmberechtigten grundsätzlich ihr Stimmrecht nach § 35 RegE persönlich auszuüben. Ehefrauen waren nach Abs. 1 lit. a) von ihren Männern zu vertreten. Abs. 2 bestimmte jedoch, dass im Falle des Todes des Ehemannes das Stimmrecht ruhe. In Abs. 3 räumte der RegE den Ehemännern für den Vertretungsfall die Möglichkeit ein, „ein mehrfaches Stimmrecht in einer und derselben Gemeinde auszuüben".[1767]

Die erste Deputation der Zweiten Kammer konnte sich bei § 33 RegE nicht auf eine einheitliche Stellungnahme verständigen. Eine Minderheit wollte, „theils um ein gleiches Stimmrecht in den Stadt- und Landgemeinden herzustellen, theils um der Gefahr vorzubeugen, daß die sogenannten flottirenden Elemente der Bevölkerung in gewissen Zeiten an einzelnen Orten ein bedenkliches Übergewicht erlangen", hier das Stimmrecht an dieselben Voraussetzungen knüpfen, wie das Bürgerrecht in den Städten. Die Deputationsmehrheit dagegen hatte Bedenken, auf diese Weise bisher Stimmberechtigten ihr Stimmrecht zu entziehen. Um schädliche Elemente fern zu halten, sah man das Klassensystem hinsichtlich der Wählbarkeit als ausreichend an.[1768]

Deputationsmitglied und Mitglied der Fortschrittspartei, HERMANN FRIEDRICH THEODOR SCHRECK (1817-1891),[1769] Advokat und Notar aus Pirna, wollte außerdem „den ansässigen Frauenspersonen" das Stimmrecht entziehen, da Frauen auch in den Städten vom Stimmrecht ausgeschlossen seien. Die Mehrheit der Deputation konnte dem aber nicht folgen, da „auf dem platten Lande das Gemeindeleben sich mehr, als in den Städten, an das wirthschaftliche Leben anschließt, und daher eine Frauensperson als Besitzerin eines Grundstücks ein nicht unwichtiges Interesse an allen Gemeindeangelegenheiten hat".[1770] Die Deputationsmehrheit sprach sich bei § 33 dann für die Fassung des Regierungsentwurfs aus.[1771]

Referent LEONÇE ROBERT FREIHERR VON KÖNNERITZ erläuterte den Standpunkt der Majorität gegenüber der Zweiten Kammer. Es sei „eine allgemeine Regel .., daß die Entwicklung in einem constitutionellen Staate mehr die Richtung einschlagen muß, die allgemeinen politischen Rechte nach und

[1766] LA 1871/73, 1. Abth., Bd. 2, S. 367.

[1767] a.a.O., S. 368.

[1768] Zur Minorität gehörten Vizepräsident STREIT, und die Abg. SCHRECK, PETRI und PANITZ. – LA 1871/73, Beil. 3. Abth., Bd. 1, S. 500f.

[1769] Zur Person vgl. Sächsische Parlamentarier, hrsg. v. DÖSCHER/SCHRÖDER, S. 463.

[1770] LA 1871/73, Beil. 3. Abth., Bd. 1, S. 501.

[1771] a.a.O., S. 502.

nach zu erweitern, nicht aber die Richtung einschlagen darf, bestehende Rechte ohne zwingende Nothwendigkeit wieder zu beschränken". Eine derartige Notwendigkeit bestehe hier nicht, da „von keiner Seite eine Klage über eine zu große Ausdehnung der Stimmberechtigung auf dem Lande zugekommen und ebenso wenig von der ländlichen Bevölkerung der Wunsch ausgesprochen worden ist, daß die Stimmberechtigung an die Erfüllung des 25. [Lebens-]Jahres und an den 2 jährigen wesentlichen Aufenthalt in der Landgemeinde geknüpft werde".

Der Abg. FRANZ JACOB WIGARD (1807-1885),[1772] Vertreter des linken Flügels der Fortschrittspartei, beantragte eine gesonderte Abstimmung über die Worte „mit Ausnahme unansässiger Frauenspersonen". Mit Streichung dieser Passage hätten alle selbständigen weiblichen Gemeindemitglieder das Stimmrecht besessen. Bis auf einen Abg. sprach sich die Zweite Kammer für die vorgeschlagene Fassung und damit entgegen der Intention WIGARDS aus.[1773]

In der Kammerverhandlung der Ersten Kammer stellte der Abg. WILHELM OTTO SEILER den Antrag, das Erfordernis des zweijährigen Aufenthalts, wie in Städten, auch hier einzuführen, da nur die mitbestimmen sollten, die „ein gewisses Interesse" an den Geschicken der Gemeinde hätten. Da man auf diesem Wege aber nicht auch die Forenser vom Stimmrecht ausschließen wollte und für kleine Gemeinden sogar die Gefahr erblickte, dass es keine Stimmberechtigten mehr gäbe, lehnte die Kammer den Seilerschen Antrag ab.[1774]

Die vorberatende außerordentliche Deputation der Ersten Kammer sprach sich hier teils für den RegE und teils für die Fassung der Zweiten Kammer aus; die Mehrheit in der Kammer folgte der erstgenannten Position.[1775] Die Zweite Kammer beharrte bei § 32 RegE (§ 33 RevStO) auf ihrem Beschluss, trat aber bei § 33 d. E. (§ 34 RevLGO) den redaktionellen Änderung der Ersten Kammer bei.[1776] Im Vereinigungsverfahren wurde § 32 d. E. dann sogar einer Neufassung unterzogen, so dass diese Vorschrift nunmehr die Wahl der Ausschusspersonen den stimmberechtigten Gemeindemitgliedern auftrug, wobei die Ansässigen und die Unansässigen jeweils ihre Vertreter zu wählen hatten. Dabei war es den Gemeinden zur Regelung im Ortsstatut überlassen,

---

[1772] WIGARD gehörte bereits der Frankfurter Nationalversammlung an. Zur Person vgl. Sächsische Parlamentarier, hrsg. v. DÖSCHER/SCHRÖDER, S. 489f.

[1773] Mitth. über die Verh. d. LT 1871/73, 2. K., Bd. 3, S. 2139f., 2140.

[1774] So JULIUS ROBERT DEUMER bzw. KARL RICHARD HIRSCHBERG, Mitth. über die Verh. d. LT 1871/73, 1. K., Bd. 2, S. 1201f.

[1775] LA 1871/73, Beil. 2. Abth., Bd. 1, S. 345; 2. Abth., S. 360.

[1776] Mitth. über die Verh. d. LT 1871/73, 2. K., Bd. 4, S. 3880f.

ob die Wahl in den einzelnen Klassen „gemeinschaftlich oder in jeder Classe besonders vorgenommen werde“.[1777]

Bei § 34 d. E. (§ 35 RevLGO) folgte die Zweite Kammer dem Vorschlag ihrer vorberatenden Deputation, die nur einige unwesentliche Änderungen vornahm und denen dann auch die Erste Kammer folgte.[1778]

In der ersten Deputation der Zweiten Kammer standen sich bei § 35 RegE (§ 36 RevLGO) wiederum verschiedene Auffassungen hinsichtlich des Stimmrechts juristischer Personen gegenüber. Bezüglich des Stimmrechts der Ehefrauen war man sich einig, dass diese – wie im RegE vorgesehen – bei der Stimmabgabe durch ihre Ehemänner vertreten werden sollten. Teilweise wurde aber verlangt, dass das Stimmrecht der Ehefrauen für den Fall ruhe, wenn die Ehemänner in eigener Person nicht stimmberechtigt sind.[1779]

In der Debatte der Zweiten Kammer spitzte sich der Dissens in der ersten Deputation zu § 35 d. E. auf die Frage der Ausübung des Stimmrechts der ansässigen Frauen zu: Referent VON KÖNNERITZ wies darauf hin, dass nach der Streichung der juristischen Personen in § 33 d. E. sich nunmehr die Majorität und Minorität der Deputation nur noch darin unterscheiden, „als die Abgg. Streit, Petri, Dr. Biedermann und Dr. Panitz den ansässigen Frauen zwar das Stimmrecht einräumen wollen; aber wenn dieselben verheirathet sind, deren Männern kein doppeltes, während die anderen Mitglieder der Deputation in Consequenz der Einräumung des Stimmrechts an ansässige Frauen auch deren Ehemännern ein doppeltes Stimmrecht einräumen wollen, weil sonst das Stimmrecht der verheiratheten Frauen ein illusorisches würde“.[1780] Die Kammer folgte daraufhin der Deputationsmehrheit, so dass sich die Ehefrauen bei der Ausübung das Stimmrechts vom Ehemann vertreten lassen sollten: „Das Stimmrecht ist in Person auszuüben; doch haben für Ehefrauen deren Ehemänner die Stimmen abzugeben.“ Für diesen Fall hatte dann auch der Ehemann nach §§ 33, 34 d. E. die Voraussetzungen der Stimmberechtigung zu erfüllen und ihm war – als einzige Ausnahme – eine mehrfache Stimmabgabe gestattet.[1781]

[1777] LA 1871/73, Beil. 2. Abth., Bd. 3, S. 201; 3. Abth., S. 962; Mitth. über die Verh. d. LT 1871/73, 2. K., Bd. 5, S. 4592; GVBl. 1873, S. 334.

[1778] Die Zweite Kammer folgte bei § 34 d. E. dem Vorschlag der Deputation. – LA 1871/73, 3. Abth., S. 473; Mitth. über die Verh. d. LT 1871/73, 2. K., Bd. 3, S. 2141ff.; zur Ersten Kammer LA 1871/73, Beil. 2. Abth., Bd. 1, S. 345; 2. Abth., S. 473; Mitth. über die Verh. d. LT 1871/73, 1. K., Bd. 2, S. 1202f.; vgl. GVBl. 1873, S. 334f.

[1779] So die Abg. ERNST GUSTAV PFEIFFER, KARL BERNHARD PÄßLER, LEONÇE ROBERT VON KÖNNERITZ und FRIEDRICH RAIMUND SACHßE. – LA 1871/73, Beil. 3. Abth., Bd. 1, S. 503.

[1780] Mitth. über die Verh. d. LT 1871/73, 2. K., Bd. 3, S. 2144.

[1781] LA 1871/73, 3. Abth., S. 473; Mitth. über die Verh. d. LT 1871/73, 2. K., Bd. 3, S. 2144.

In den Beratungen der Ersten Kammer zu § 35 d. E. wurde die Frauenfrage dagegen nicht thematisiert. Die Kammer folgte bei Abs. 1 und 2 auf Vorschlag ihrer Deputation der Zweiten Kammer. Abs. 3 beschloss die Erste Kammer ebenso in der Fassung ihrer Deputation: „Abgesehen von dem vorstehend und dem § 32 am Ende [Herv. i. O.] gedachten Falle kann Niemand ein mehrfaches Stimmrecht in einer und derselben Gemeinde ausüben."[1782]

Da die Zweite Kammer wiederum von ihrem Beschluss nicht abgehen wollte,1783 ergab sich hinsichtlich des § 35 Abs. 3 d. E. auch hier die Notwendigkeit des Vereinigungsverfahrens, in dessen Ergebnis die Ausnahme eines mehrfachen Stimmrechts bei der Stellvertretung der Ehefrau Bestätigung fand.1784 Somit konnten die selbst schon stimmberechtigten Ehemänner stimmberechtigter Frauen zwei Stimmen abgeben, ihre eigene und – als Stellvertreter – die der Ehefrau.

Wählbar waren dagegen nach § 36 d. E. (§ 37 RevLGO) nur die „stimmberechtigten männlichen Gemeindeglieder", sofern sie seit mindestens einem Jahr ihren wesentlichen Wohnsitz im Gemeindebezirk hatten.[1785] Das galt nach § 56 Abs. 1 d. E. (§ 57 RevLGO) auch für die Wählbarkeit des Gemeindevorstandes und der Gemeindeältesten durch den Gemeinderat.[1786] Beide Kammern folgten hier einstimmig der Fassung der ersten Deputation der Zweiten Kammer, die als Zusatz zur Fassung des RegE den Ausschluss der Gemeindebediensteten von der Wählbarkeit beantragt hatte.[1787]

§ 78 d. E. (§ 81 RevLGO) räumte den Landgemeinden außerdem die Möglichkeit ein, durch Ortsstatut einzelnen „Classen der Gemeindemitglieder in den ihnen allein angehörigen, jedoch zugleich das öffentliche Interesse berührenden Angelegenheiten durch Stimmrecht" die Befugnis einzuräumen, eigene Beschlüsse zu fassen.[1788] Hier wird wohl in erster Linie an die überkommene Unterteilung der Gemeindemitglieder nach der Art des Grundbesitzes, d. h. in Hüfner, Gärtner, Häusler etc., zu denken sein.[1789] In seiner im

[1782]LA 1871/73, Beil. 2. Abth., Bd. 1, S. 345f.; LA 1871/73, 2. Abth., S. 361; Mitth. über die Verh. d. LT 1871/73, 1. K., Bd. 2, S. 1203f.

[1783]Mitth. über die Verh. d. LT 1871/73, 2. K., Bd. 4, S. 3881.

[1784]LA 1871/73, Beil. 2. Abth., Bd. 3, S. 201; 2. Abth., S. 462; 3. Abth., S. 962; Mitth. über die Verh. d. LT 1871/73, 2. K., Bd. 5, S. 4592.

[1785]LA 1871/73, 1. Abth., Bd. 2, S. 368; vgl. GVBl. 1873, S. 335.

[1786]LA 1871/73, 1. Abth., Bd. 2, S. 372.

[1787]LA 1871/73, Beil. 3. Abth., Bd. 1, S. 503 bzw. 508f. und 3. Abth., S. 473 bzw. 475; Mitth. über die Verh. d. LT 1871/73, 2. K., Bd. 3, S. 2144f. bzw. 2157; 1. K., Bd. 2, S. 1204f.

[1788]LA 1871/73, 1. Abth., Bd. 2, S. 379; von den Ständen unverändert angenommen, LA 1871/73, Beil. 3. Abth., S. 519 und 3. Abth., S. 487; Mitth. über die Verh. d. LT 1871/73, 2. K., Bd. 3, S. 2191; Mitth. über die Verh. d. LT 1871/73, 1. K., Bd. 2, S. 1245.

[1789]vgl. MICHEL, LGO, zu § 18, S. 266-283, 269.

Jahre 1914 erschienenen Kommentierung gibt EMMANUEL MICHEL an, dass ihm bislang kein Fall bekannt sei, in dem eine Gemeinde von dieser Regelung Gebrauch gemacht hätte.[1790]

Nach § 28 d. E. oblag die Verwaltung der Landgemeinde dem Gemeinderat, der aus dem Gemeindevorstand, mindestens einem Gemeindeältesten und Gemeindeausschusspersonen bestand. Die genaue Anzahl hatte die Gemeinde entsprechend ihrer örtlichen Verhältnisse gemäß § 29 d. E. per Ortsstatut festzulegen, wobei die Zahl der Gemeindeausschusspersonen nicht mehr als 27 betragen sollte. Auch waren diese „auf die verschiedenen Hauptclassen der Ansässigen, und auf die Classe der unansässigen Gemeindeglieder zu vertheilen“. Neu war die Mitgliedschaft im Gemeinderat per Gesetz: Sie sollte für alle Grundbesitzer gelten, deren Grundbesitz „mit wenigstens dem vierten Theile der auf allen von Gemeindeleistungen nicht befreiten Grundstücken des Gemeindebezirks haftenden Steuereinheiten belegt ist“. Dabei war die Stellvertretung durch einen „unbescholtenen Mann“ ausdrücklich möglich.

Auch sonst richtete sich die Klasseneinteilung der Gemeindemitglieder nach dem Grundbesitz oder der Steuerleistung. Diese Merkmale waren neben der Anzahl der Personen in der Klasse auch für die Festlegung der Anzahl der jeweils von einer Klasse zu wählenden Ausschusspersonen anzusetzen. Wie bisher nach der LGO sollte die Zahl der unansässigen Ausschusspersonen nicht mehr als ein Drittel der ansässigen betragen. Zusätzlich konnte durch Ortsstatut die Wahl von Ersatzmännern in jeder Klasse festgesetzt werden.[1791] Während die Zweite Kammer § 28 RegE (§ 29 RevLGO) auf Deputationsempfehlung unverändert zustimmte, nahm sie auf Vorschlag der Deputation bei § 29 RegE (§ 30 RevLGO) einige Änderungen vor, so etwa in Abs. 4 bei der näheren Verfahrensweise der Einteilung der Ansässigen in Klassen hinsichtlich ihres passiven Wahlrechts.[1792] Die Erste Kammer folgte einstimmig und ohne Debatte dem Votum ihrer außerordentlichen Deputation, die § 28 d. E zur unveränderten Annahme empfohlen hatte und bei § 29 d. E. teilweise der Zweiten Kammer gefolgt war. Zwar wurde ebenfalls eine Vertretung im

[1790] MICHEL, a. a. O., zu § 78 RevLGO [i. d. F. v. 11. Juli 1913!], S. 518f.; vgl. auch Motive zu § 125 d. E. d. RevStO, in: Mitth. über die Verh. d. LT 1871/73, 2. K., Bd. 2, S.1858.

[1791] LA 1871/73, 1. Abth., Bd. 2, S. 365f.

[1792] LA 1871/73, Beil. 3. Abth., Bd. 1, S. 495ff. und 3. Abth., S. 471f.; Mitth. über die Verh. d. LT 1871/73, 2. K., Bd. 3, S. 2131ff.

Gemeinderat kraft Gesetzes für die Güter mit dem höchsten Steueraufkommen abgelehnt, dafür sollte aber den Besitzern von der Gemeinde beigetretenen selbständigen Gütern eine solche Vertretung eingeräumt werden.[1793]

Gewählt wurden die Ausschusspersonen gemäß § 32 d. E. (§ 33 RevLGO) von den stimmberechtigten Gemeindemitgliedern, wobei die Wahlen – nunmehr auch bei den Ansässigen – nach den jeweiligen Klassen getrennt und direkt zu erfolgen hatten.[1794] Damit sollten nicht nur – wie mit dem Gesetz vom 12. Juli 1864 eingeführt[1795] – die Ansässigen und die Unansässigen getrennt wählen, sondern nunmehr auch die Klassen der Ansässigen selbst. Zwar wollte die erste Deputation der Zweiten Kammer nunmehr den Gemeinden die Entscheidung über gemeinsame oder getrennte Wahl überlassen, als Regelfall aber die gemeinschaftliche Wahl der Ausschusspersonen durch alle Stimmberechtigten im Gesetz verankern. Die Staatsregierung konnte damit allerdings nicht mitgehen.[1796]

Während die Zweite Kammer diesem Antrag mehrheitlich zustimmte,[1797] folgte die Erste Kammer dem Teil ihrer vorberatenden Deputation, der sich für die Fassung des RegE ausgesprochen hatte.[1798] Im Ergebnis des Vereinigungsverfahrens entschieden sich die Kammern für eine Fassung, die als Regelfall eine getrennte Wahl der Ansässigen und Unansässigen vorsah, es den Gemeinden aber einräumte, per Ortsstatut eine gemeinsame Wahl aller oder eine weitere Auftrennung der Wahl in Klassen zu bestimmen.[1799]

Gemäß § 39 d. E. (§ 40 RevLGO) stand die Wahlleitung dem Gemeindevorstand zu, der sich aus der Mitte der Stimmberechtigten zwei bis drei „Wahlgehülfen“ zur Unterstützung nehmen konnte. Wie bisher waren nach § 40 d. E. (§ 41 RevLGO) Listen der Stimmberechtigten und Wählbaren entsprechend der Klassen zu erstellen und auszulegen.[1800] Die Ausschusspersonen wurden

[1793]LA 1871/73, Beil. 2. Abth., Bd. 1, S. 342ff., 2. Abth., S. 360; Mitth. über die Verh. d. LT 1871/73, 1. K., Bd. 2, S. 1198ff.; *Anderweitiger Bericht der ersten Deputation der zweiten Kammer über das Königliche Decret Nr. 21, den Entwurf einer Revidirten Landgemeindeordnung betreffend. Eingegangen am 13. Dezember 1873*, in: LA 1871/73, Beil. 3. Abth., S. 99-123, 102; 3. Abth., S. 816; vgl. GVBl. 1873, S. 333f.

[1794]LA 1871/73, 1. Abth., Bd. 2, S. 366; vgl. auch „Zu § 32“, a.a.O., S. 404.

[1795]Dazu oben, Kap. IV, S. 209f.

[1796]LA 1871/73, Beil. 3. Abth., Bd. 1, S. 499f.

[1797]LA 1871/73, 3. Abth., S. 472; Mitth. über die Verh. d. LT 1871/73, 2. K., Bd. 3, S. 2137ff.

[1798]Der andere Teil der Deputation wollte hier dem Votum der Zweiten Kammer folgen. LA 1871/73, Beil. 2. Abth., Bd. 1, S. 345; 2. Abth., S. 360; Mitth. über die Verh. d. LT 1871/73, 1. K., Bd. 2, S. 1200f.

[1799]Beil. 2. Abth., 3. Bd., S. 201; 2. Abth., S. 462, 3. Abth. S. 816; Mitth. über die Verh. d. LT 1871/73, 2. K., Bd. 4, S. 3881; vgl. GVBl. 1873, S. 334.

[1800]LA 1871/73, 1. Abth., Bd. 2, S. 369.

nach § 54 d. E. (§ 55 RevLGO) auf sechs Jahre gewählt, wobei nach zwei Jahren eine Drittelerneuerung erfolgte.[1801] Gemäß § 57 d. E. (§ 58 RevLGO) war für eine erfolgreiche Wahl die absolute Mehrheit der abgegebenen Stimmen erforderlich. Konnte diese auch in einem weiteren Wahlgang nicht erzielt werden, so war im dritten Wahlgang die relative Mehrheit ausreichend.[1802]

Nach § 67 d. E. (§ 69 RevLGO) war der Gemeinderat zwar „die berathende und beschlußfassende Behörde in allen Gemeindeangelegenheiten", Gemeinderathsmitglieder und auch Höchstbesteuerte i. S. v. § 29 Abs. 3 d. E.[1803] konnten aber gemäß § 66 d. E. (§ 67 RevLGO) die Aufsichtsbehörde einschalten, „wenn sie einstimmig das Interesse ihrer Classe durch einen Beschluß gefährdet erachten".[1804]

Der Gemeindevorstand leitete gemäß § 68 d. E. (§ 70 RevLGO) als „Ortsbehörde" die Verwaltung und hatte die Beschlüsse des Gemeinderates zu vollziehen. Gemäß § 69 d. E. (§ 71 RevLGO) besaß er zudem ein Widerspruchsrecht gegen Gemeinderatsbeschlüsse, wenn er diese für „ungesetzlich" oder „für offenbar nachtheilig für das Gemeinwesen hält".[1805] Gleichzeitig war der Gemeindevorstand nach §§ 71ff. d. E. (§ 73ff. RevLGO) „das örtliche Organ der Landes- und Bezirksverwaltung".[1806]

Der Regierungsentwurf behielt in § 30 (§ 31 RevLGO) die Ausnahmeregelung des bisher geltenden § 54 LGO für kleine Gemeinden bei. Hatten sie nicht mehr als 25 ansässige Mitglieder, gab es keine Ausschusspersonen. Die Stelle des Gemeinderates nahmen „die sämtlichen angesessenen und stimmberechtigten Gemeindeglieder, sowie eine nach den örtlichen Verhältnissen statuarisch zu bestimmende, jedoch nicht über den vierten Theil[1807] der ansässigen Gemeindeglieder zu steigende Anzahl von Abgeordneten der unansässigen stimmberechtigten Gemeindeglieder" ein.[1808] Die

[1801]LA 1871/73, 1. Abth., Bd. 2, S. 369. Nach § 58 d. E. galt diese sechsjährige Wahlperiode für alle Wahlen, sofern nichts Anderes geregelt war. – a.a.O., S. 372.

[1802]LA 1871/73, 1. Abth., Bd. 2, S. 372; zu den §§ 54, 57 d. E. vgl. Mitth. über die Verh. d. LT 1871/73, 2. K., Bd. 3, S. 2156ff.; 1. K., Bd. 2, S. 1205; GVBl. 1873, S. 338f.

[1803]Die Mitgliedschaft der Höchstbesteuerten wurde auf Beschluss der Stände gestrichen; siehe oben, S. 342.

[1804]LA 1871/73, 1. Abth., Bd. 2, S. 374; GVBl. 1873, S. 340f.; vgl. Mitth. über die Verh. d. LT 1871/73, 2. K., Bd. 3, S. 2166f.

[1805]LA 1871/73, 1. Abth., Bd. 2, S. 375; GVBl. 1873, S. 341; zu d. Verh. der Stände vgl. Mitth. über die Verh. d. LT 1871/73, 2. K., Bd. 3, S. 2166ff.; 1. K., Bd. 2, S. 1206ff.; 2. K., Bd. 4, S. 3884.

[1806]LA 1871/73, 1. Abth., Bd. 2, S. 376ff. So etwa hinsichtlich der Gesundheits- und Armenpflege, Bau- und Gewerbeaufsicht und der Arbeiter-, Gesinde- und Sittenpolizei; vgl. dazu „Zu §§ 68, 70 bis 74", a.a.O., S. 405ff.; vgl. GVBl. 1873, S. 342ff.

[1807]Hier handelt sich es um einen redaktionellen Fehler, es muss „den vierten Theil" heißen. – Mitth. über die Verh. d. LT 1871/73, 2. K., Bd. 3, S. 2136.

[1808]LA 1871/73, 1. Abth., Bd. 2, S. 371; GVBl 1873, S. 334.

Gemeindeversammlung wählte nach § 56 Abs. 2 d. E. (§ 57 Abs. 2 RevLGO) hier auch den Gemeindevorstand und die Gemeindeältesten.[1809]

3. Das Inkrafttreten der Revidierten Landgemeindeordnung

Nach § 96 d. E. (§ 100 RevLGO) sollte die RevLGO am 1. Januar 1873 in Kraft treten. Dabei sollte aber gemäß § 97 d. E. (§ 101 RevLGO) die bisherige Zusammensetzung der Gemeinderäte erhalten bleiben, bis die jeweilige Gemeinde eine entsprechende Änderung per Ortsstatut vornahm. Der abweichende Wahlmodus für ansässige Gemeindemitglieder, die nach § 32 d. E. (§ 30 RevLGO) nunmehr auch in ihrer Klasse zu wählen waren, sollte sukzessive mit dem Eintreten neuer Mitglieder Geltung erlangen.[1810] Die RevLGO trat gemeinsam mit den beiden Städteordnungen und dem OrgG am 15. Oktober 1874 in Kraft.[1811]

4. Änderungen des Wahlrechts nach der Revidierten Landgemeindeordnung bis zum Jahre 1895

In einigen größeren Landgemeinden war die Einwohnerzahl in den 1870/80er Jahre sprunghaft angestiegen, so dass hier nicht nur ein Interesse an Änderungen bei der Stimmberechtigung laut wurde, sondern es „drohte der Fall einzutreten, daß die Socialisten das Übergewicht in der Gemeindevertretung erhielten“.[1812]

a. Die Petitionen einiger Landgemeinden auf Anwendung wahlrechtlicher Vorschriften der RevStO

Nachdem auf den Landtagen von 1875/76, 1877/78 und 1881/82 Petitionen einzelner Landgemeinden, wie Limbach, auf Annahme der StOmkSt oder der RevStO noch unerledigt oder sonst erfolglos blieben, waren nun die Gemeinde Lindenau und eine Reihe weitere, sie unterstützende Landgemeinden,

---

[1809] LA 1871/73, 1. Abth., Bd. 2, S. 371f.; GVBl. 1873, S. 338; die Zweite Kammer nahm § 30 mit einige redaktionellen Änderungen an, behielt § 56 aber unverändert bei: Mitth. über die Verh. d. LT 1871/73, 2. K., Bd. 3, S. 2136 bzw. 2157; vgl. auch Mitth. über die Verh. d. LT 1871/73, 1. K., Bd. 2, S. 1200 und 1205.; vgl. Mitth. über die Verh. d. LT 1871/73, 2. K., Bd. 4, S. 3880.

[1810] LA 1871/73, 1. Abth., Bd. 2, S. 384; vgl. „Zu §§ 96 und 97“, a.a.O., S. 409; zu den Beratungen vgl. Beil. 3. Abth., Bd. 1, S. 527f.; 3. Abth., S. 489 und 818; Beil. 2. Abth., Bd. 1, S. 361f., Mitth. über die Verh. d. LT 1871/73, 1. K., Bd. 2, S. 1219; 2. K., Bd. 4, S. 3904.

[1811] V. BOSSE, RevLGO, S. 197, Anm.

[1812] a.a.O., S. 15. Aufgrund von Industrieansiedlungen strömten junge Arbeiter in großer Zahl in diese Gemeinden. Sie erwarben in der Regel dort auch die Gemeindemitgliedschaft, da angenommen wurde, dass volljährige ledige Arbeiter, die sich nur am Wochenende anderswo aufhalten, ihren wesentlichen Wohnsitz am Ort ihrer Arbeits- und Schlafstätte haben, verheiratete dagegen am Wohnort ihrer Familie. – SIEBLIST, RevStO, § 14 Anm. 4f) und g), S. 35f.

auf dem Landtag von 1883/84 mit dem Anliegen, die Voraussetzung des Stimmrechts in den Landgemeinden zu verschärfen, erfolgreich. Lindenau hatte damals bei ca. 14.000 Einwohnern[1813] nur fünf landwirtschaftliche Güter, daneben auch Gewerbe, vor allem aber Industriebetriebe. Die hier in großer Zahl beschäftigten jungen Fabrikarbeiter seien in der Regel als selbständig anzusehen. „Das Wahlrecht werde von diesen jungen Leuten beim Mangel allen Verständnisses für die Gemeindeangelegenheiten unter allerlei Vorwänden oft in der unwürdigsten Weise benutzt, gemeingefährlichen Sonderinteressen dienen zu helfen.“[1814]

Die Petenten schlugen daher – in Anlehnung an das Bürgerrecht in den Städten – als Voraussetzungen für das Stimmrecht zu den Gemeindevertretungen die Heraufsetzung des Mindestalters von 21 auf 25 Jahre, einen Mindestaufenthalt in der Gemeinde für Unansässige und Neumitglieder der Gemeinde von zwei Jahren, sowie die Einführung eines Zensus vor. Sie verlangten daher, die §§ 15 bis 24 RevStO unter entsprechender Abänderung der §§ 14, 15 und 34 RevLGO in die Verfassung der Landgemeinden zu übernehmen, zumindest aber ihre Anwendung den großen, industriell geprägten Landgemeinden mittels Regelung im Ortsstatut in Form der Einführung eines Gemeindebürgerrechts zu ermöglichen.[1815]

Die Stände billigten den Petenten zu, dass die weitgefasste Stimmberechtigung nach der RevLGO in einigen Landgemeinden zu Nachteilen führe. Die Beschwerde- und Petitionsdeputation der Zweiten Kammer führte dazu in ihrem Bericht vom 13. Dezember 1883 aus, dass sie zwar die Existenz von Gemeinden mit derartigen Problemlagen anerkenne, diese aber immer die Ausnahme seien. In der Mehrzahl der Landgemeinden genüge nach wie vor der Nachweis der Selbständigkeit. Eine Einführung des städtischen Bürgerrechts in allen Landgemeinden würde dort zahlreiche Stimmberechtigte ungerechtfertigter Weise von der Wahl ausschließen, u. a. auch „die ansässigen Frauenspersonen, die über 21 Jahre alt sind“. Daher käme eine Beschränkung

---

[1813] Das zur Amtshauptmannschaft Leipzig gehörende Lindenau hatte nach der Volkszählung von 1885 15.340 Einwohner, etwa dreimal so viele wie 1864. – Die Einwohnerzahlen der Landgemeinden, in: SächsStLAZ 51 (1905), S. 12-91, 58.

[1814] V. BOSSE, RevLGO, S. 15; vgl. DERS., Die Novelle, in: ZS f. Praxis u. Gesetzgebung d. Verw. 7 (1886), S. 194ff.; vgl. dazu wie im folgenden ULBRICHT, Die verfassungsrechtliche Trennung, in: NASächsG 69 (1998), S. 179ff.

[1815] Einen anderen Weg hatte Limbach (jetzt Limbach-Oberfrohna) beschritten, das im Jahre 1883 zur Stadt erhoben wurde. Olbernhau folgte 1902.

des Wahlrechts nur dort in Betracht, „wo die öffentliche Wohlfahrt und die Interessen der Gemeinden es nothwendig [Herv. i. O.] machen“.[1816]

Seitens der vierten Deputation der Ersten Kammer wurde darauf hingewiesen, dass es „entschieden weder in der Absicht der Gesetzgebung von 1873 gelegen, noch .. erwünscht sein [kann], die Wahlen für den Gemeinderath wesentlich mit in die Hände von etwa 21jährigen jungen Leuten zu legen, welche übrigends nicht einmal durch Besitz oder längeren Aufenthalt mit der betreffenden Gemeinde verbunden zu sein brauchen, noch viel weniger hat man gewünscht, daß derartige Personen Mitglieder des Gemeinderaths werden“.[1817]

Die Kammern überwiesen daher die Petition mittels ihrer Ständischen Schrift vom 26. März 1884 der Staatsregierung zur Kenntnisnahme, ersuchten diese aber zugleich, für die bevölkerungsreichen, industriellen Landgemeinden den Erlass besonderer Vorschriften in Erwägung zu ziehen. Für Gemeinden mit 4.000 und mehr Einwohnern sollte die Regierung schon vorab Ausnahmeregelungen im Wege des Erlasses entsprechender Ortsstatute unter Zustimmung der Kreisausschüsse ermöglichen.[1818]

Auf dieser Grundlage ergingen zunächst Ausnahmebewilligungen für die Gemeinden Lindenau, Reudnitz, Striesen, Pieschen und Löbtau.[1819] Diese Gemeinden, die entweder selbst entsprechende Petitionen an die Stände gerichtet oder sich der Petition der Gemeinde Lindenau angeschlossen hatten,

[1816] *Bericht der Beschwerde- und Deputations-Deputation der zweiten Kammer über die Petition der Gemeinde Lindenau und Genossen, die Anwendung der Bestimmungen von §§ 15 bis 24 der revidirten Städteordnung auf größere Landgemeinden etc. betreffend. Eingegangen am 17. December 1883*, in: LA 1883/84, Ber. d. 2. K., Bd. 1, 1. Theil, S. 79-83, 81f.

[1817] *Bericht der vierten Deputation der ersten Kammer, die Petition der Gemeinde Lindenau und Genossen, die Anwendung der Bestimmungen von §§ 15 bis 24 der Revidirten Städteordnung auf größere Landgemeinden betreffend. Eingegangen am 11. Februar 1884*, in: LA 1883/84, Ber. d. 1. K., S. 243-250, 247.

[1818] *Ständische Schrift über die Petition der Gemeinde Lindenau und Genossen, die Anwendung der Bestimmungen von §§ 15 bis 24 der Revidirten Städteordnung auf größere Landgemeinden etc. betreffend*, in: LA 1883/84, Ständische Schriften, S. 93; vgl. auch den *Antrag zum mündlichen Bericht der Beschwerde- und Petitions-Deputation der zweiten Kammer über die Petition der Gemeinde Lindenau und Genossen um Abänderung des Wahlrechts in den Landgemeinden. Eingegangen am 7. März 1884*, in: LA 1883/84, Ber. d. 2. K., Bd. 1, 2. Theil, S. 497 und den *Anderweitigen Bericht der vierten Deputation der ersten Kammer über die Petition der Gemeinde Lindenau und Genossen um Abänderung des Wahlrechts in den Landgemeinden. Eingegangen am 29. Februar 1884*, in: LA 1883/84, Ber. d. 1. K., S. 314f. Im Dezember 1884 erging seitens der Regierung eine entsprechende Verordnung.

[1819] Im Jahre 1885 wurden in Reudnitz 18.824, in Striesen 8.011, in Pieschen 7.950 und in Löbtau 10.090 Einwohner gezählt. – Die Einwohnerzahlen der Landgemeinden, in: SächsStLAZ 51 (1905), S. 59, 32 und 34f. Aufgrund der fehlenden Zustimmung des jeweiligen Kreisausschusses wurden die Gesuche der Landgemeinden Schedewitz, Klingenthal und Schönheide abgelehnt. – v. BOSSE, Die Novelle, in: ZS f. Praxis u. Gesetzgebung d. Verw. 7 (1886), S. 196. 1909 folgten Leutzsch, Stötteritz, Schönfeld, Rodewisch und Oberplanitz.

führten jeweils ein Gemeindebürgerrecht ein, das zur Voraussetzung für Stimmrecht und Wählbarkeit wurde.[1820]

In der Gemeinde Striesen, die nur wenige Jahre später am 1. Juni 1892 mit einer Einwohnerzahl von etwa 11.000 nach Dresden eingemeindet[1821] wurde, hatten Frauen nach der RevLGO und dem *Orts-Statut der Gemeinde Striesen vom 14. September 1879*,[1822] zunächst entsprechend den gesetzlichen Voraussetzungen das Stimmrecht besessen.[1823]

Der Striesener Gemeinderat hatte bereits am 18. Oktober 1884 die Einführung dieses Gemeindebürgerrechts beschlossen. „Vom Gemeindeältesten Schöne und Genossen ist der Antrag gestellt worden, die §§ 14, 15, 33, 34, 36 und 37 der Landgemeindeordnung für Striesen, ferner nicht mehr für anwendbar zu erklären und dafür ein Gemeindebürgerrecht einzuführen. Nach längerer erregter Debatte wird der Antrag" mit 14 gegen 5 Stimmen angenommen. Außerdem wurde beschlossen, die nächsten Gemeinderatswahlen vorerst auszusetzen.[1824] Zu diesem Zeitpunkt lagen schon entsprechende und bereits positiv beschiedene Beschlüsse der Gemeinderäte von Lindenau und Löbtau vor.[1825]

Der Beschluss einer Einführung des Gemeindebürgerrechts stieß auf massiven Widerstand bei den Sozialdemokraten.[1826] Auch das Striesener Gemeinderatsmitglied J. FREUDENBERG wandte sich im Ergebnis dieser Gemeinderatssitzung vom 18. Oktober 1884 mit einem Protestschreiben an die Amtshauptmannschaft Dresden-Neustadt: Der Gemeinderatsbeschluss würde ca. 800 Wählern das Wahlrecht entziehen. Unter dem Vorwand, dass an der Abstimmung auch ein Vertreter der Ansässigen teilgenommen habe,

---

[1820]SächsHStA Dresden, Ständeversammlung, Nr. 8623 Acta der II. Kammer die Petitionen der Gemeinde Lindenau und Genossen, die Anwendung der Bestimmungen von §§ 15-24 der Rev.Städte-Ordn. auf größere Landgemeinden betr.; V. BOSSE, RevLGO, S. 20.

[1821]Die Eingemeindung einer Landgemeinde in eine Stadt mit RevStO bedeutete automatisch den Wechsel zum städtischen Wahlrecht und damit für die bisher stimmberechtigten Frauen den Verlust ihres Stimmrechts. Eine Übersicht über die Eingemeindungen in Städte bis zum Jahre 1900 findet sich in: Die Einwohnerzahlen der Landgemeinden, in: SächsStLAZ 51 (1905), S. 81f.

[1822]SächsHStA Dresden, Amtshauptmannschaft Dresden, Nr. 3317 Ortsstatut von Striesen, Bl. 26-29.

[1823]Adreß-Buch der Gemeinde Striesen, S. 7. Anfang 1889 zählte die Gemeinde Striesen dann schon 222 ansässige und 393 unansässige Gemeindebürger. – a.a.O., S. 5.

[1824]Dresdner Tageblatt, Nr. 295 vom 21. October 1884, S. 3; vgl. „Gemeinderathssitzung in Striesen. Sonnabend, den 18. October 1884, Abends 7 Uhr", a.a.O., Nr. 292 vom 18. October 1884, S. 3.

[1825]a.a.O., Nr. 288 vom 14. Oktober 1884, S. 3 und Nr. 300 vom 26. October 1884, S. 3.

[1826]vgl. a.a.O., Nr. 297 vom 23. Oktober 1884, S. 3.

der nicht mehr Grundbesitzer sei, bat er darum, den Beschluss zu beanstanden.[1827] Ebenso war der Ortsverein zu Striesen gegen die Anwendung des städtischen Wahlrechts, da hierfür die Höhe der Gemeindeabgaben unerheblich sein sollte: „Nach der Städteordnung für mittlere und kleinere Städte können nur diejenigen Einwohner wählen, welche Bürger sind, das 25. Lebensjahr zurückgelegt haben und mindestens 3 Mark directe Staatssteuer zahlen. Es giebt aber in Striesen eine große Anzahl mittellose Leute, die unter Mitwirkung der Frauen- und Kinderarbeit nach dem jetzigen Abgabenmodus jährlich mindestens 10 bis 30 Mark und darüber Gemeindeabgaben bezahlen, dagegen nicht 3 Mark directe Staatssteuer, diese würden ihres Wahlrechts sofort verlustig gehen. Ebenso würde die Erwerbung des Striesener Bürgerrechts für sehr viele schwierig, wenn nicht unmöglich werden. Diese Einwohner hätten dann gar keine Vertretung im Gemeinderathe, sie wären rechtlich gleich Null, obwohl dieselben einen ganz beträchtlichen Theil an Steuern für die Wohlfahrt des Ortes beitragen.“[1828]

Am 20. Oktober 1884 wandte sich nunmehr der Gemeinderat von Striesen unter Berufung auf den erfolgreichen Ausgang der Petition mit Lindenau und anderen Gemeinden an die Amtshauptmannschaft Dresden-Neustadt, damit diese für sie erwirke, „dispensationsweise die Bestimmungen der §§. 14, 15, 33, 34, 36 und 37 der Rev. Landgemeindeordnung auf die Gemeinde Striesen ferner nicht mehr Anwendung zu leiden, daß vielmehr an Stelle dieser Bestimmungen diejenigen der §§. 15-24 der Rev. Städteordnung zu treten haben“.[1829] Nachdem der Bezirksausschuss das Begehren befürwortete hatte, erteilte die Kreishauptmannschaft Dresden am 18. Dezember 1884 ihre Zustimmung.[1830]

Nach dem neuen Ortsstatut vom 18. Oktober 1884 waren nun „die Bestimmungen in den §§. 14, 15, 33, 34, 36 und 37 der Rev. Landgemeindeordnung .. auf die Landgemeinde Striesen ferner nicht mehr anwendbar“. Nach Art. 1 sollten Gemeindemitglieder „diejenigen selbständigen Personen [sein], welche im Gemeindebezirke wesentlich wohnhaft sind oder daselbst ein Grundstück besitzen oder ein selbständiges Gewerbe betreiben“. Ebenso konnten juristische Personen und unter bestimmten Voraussetzungen auch gemeinnützige Stiftungen und Vereine Gemeindemitglied sein. Art. 2 schuf unter den

---

[1827] SächsHStA Dresden, Amtshauptmannschaft Dresden, Nr. 3317 Ortsstatut von Striesen, Bl. 30.
[1828] *Protest gegen den Antrag des Gemeinderaths zu Striesen, die Einführung des Wahlrechts für die Gemeinde Striesen, analog der Städteordnung für mittlere und kleinere Städte betreffend*, in: SächsHStA Dresden, Amtshauptmannschaft Dresden, Nr. 1824 Ortsstatut von Löbtau, Bl. 138-140, 138f. Das Schriftstück befindet sich in der Akte zu Löbtau.
[1829] SächsHStA Dresden, Amtshauptmannschaft Dresden, Nr. 3317 Ortsstatut von Striesen, Bl. 33f.
[1830] a.a.O., Bl. 35 und 45.

Gemeindemitgliedern noch ein „besonderes Gemeindebürgerrecht“, das nach den Voraussetzungen in Art. 4 erworben wurde. Dabei waren wiederum nur bestimmte Männer zum Erwerb des Gemeindebürgerrechts verpflichtet. Nach Art. 12 Ortsstatut waren außerdem nicht einmal alle dieser Gemeindebürger stimmberechtigt: „Stimmberechtigt bei den Wahlen sind die Bürger mit Ausnahme der Frauenspersonen und der in § 35 sub a bis h der Rev. Landgemeindeordnung aufgeführten Personen, ferner diejenigen welche die in Art. 4 für den Erwerb des Ortsbürgerrechts festgesetzten Vorbedingungen nicht mehr erfüllen.“[1831]

Bei Einführung des Gemeindebürgerrechts bestand der Gemeinderat von Striesen aus 13 Ansässigen, vier Unansässigen und drei Gemeindeältesten. Seit 1872 bestanden zudem für die Ansässigen keine Klassen mehr. Nach den letzten Wahllisten vor der Einführung des Gemeindebürgerrechts gab es 222 in der Gemeinde wohnhafte wahlberechtigte Ansässige und 140 Forenser; damit 362 Ansässige mit Stimmrecht. Weitere 990 Stimmberechtigte waren Unansässige. Zu dieser Zeit hatte die Landgemeinde bereits mehr 2.000 Einwohner.[1832]

Der Gemeindevorstand ging auf Grundlage der neuen Gemeindeverfassung nur noch von 180 stimmberechtigten Ansässigen (darunter 150 zum Erwerb des Gemeindebürgerrechts verpflichteten) aus. Die Beteiligung der Forenser wurde als „schwach“ bezeichnet. Dass 42 Ansässige künftig als Wähler ausfallen würden, „ergibt sich durch den Wegfall der früher stimmberechtigten Ehefrauen bez. deren Ehemännern“.[1833] Somit war der Anteil der stimmberechtigten ansässigen Frauen in dieser Gemeinde nicht unerheblich gewesen. Von den 362 Ansässigen mit Stimmrecht waren das immerhin 11,6 Prozent. Diese waren künftig nun nicht mehr stimmberechtigt.

Von den 590 Unansässigen (davon 150 künftig zum Erwerb des Gemeindebürgerrechts verpflichtete) würden 400 ihr Stimmrecht verlieren, davon 150 unter 25 Jahren und 250 ohne 3 Mark Staatssteuer bzw. zwei Jahre Wohnsitz in der Gemeinde. Da außerdem viele Unansässige mit den Steuern im Rückstand waren, prognostizierte der Gemeindevorstand für die Zukunft eine Zahl von nur noch unter 590 stimmberechtigten Unansässigen;[1834] weniger als 60 Prozent der bisher stimmberechtigten Unansässigen.

[1831] *Nachtrag zum Ortsstatut für Striesen*, in: SächsHStA Dresden, Amtshauptmannschaft Dresden, Nr. 3317 Ortsstatut von Striesen, Bl. 41-44.

[1832] 1871: 1.996, 1875: 4.894 – Die Einwohnerzahlen der Landgemeinden, in: SächsStLAZ 51 (1905), S. 35.

[1833] Bericht des Gemeindevorstands von Striesen am 29. Dezember 1884 an die Amtshauptmannschaft Dresden-Neustadt, a.a.O., Bl. 55-56, 55.

[1834] a.a.O., Bl. 55f.

Auch die Gemeinde Pieschen hatte sich der Petition der Gemeinde Lindenau angeschlossen und ersuchte nunmehr die Amtshauptmannschaft Dresden-Neustadt unter dem 30. Oktober 1884, schon für die Gemeinderatswahlen Ende 1884 die Gemeinde von den Vorschriften der §§ 33, 34, 35 und 36 RevLGO zu dispensieren und die „Genehmigung zur Einführung eines Gemeindebürgerrechts in Pieschen und den Bestimmungen in den §.§. 15 bis mit 24. 44. 45 und 46 der revidirten Städteordnung annalog des Nachtrags zu den Ortsstatuten" von ihrer vorgesetzten Regierungsbehörde zu erwirken.[1835] Die Kreishauptmannschaft erteilte am 9. Dezember 1884 die Genehmigung zur Einführung des Gemeindebürgerrechts und der Anwendung der Vorschriften über Stimmrecht und Wählbarkeit bei den Gemeindewahlen nach der StOmkSt und RevStO.[1836]

Zu dieser Zeit bestand der Gemeinderat von Pieschen aus einem Gemeindevorstand, zwei Gemeindeältesten und 16 Ausschusspersonen. Davon waren 12 Ansässige und vier Unansässige. Eine weitere Einteilung nach Klassen bestand darüber hinaus nicht. Die ansässigen Vertreter wurden von den Ansässigen und die unansässigen von den Unansässigen in gesonderter Wahl bestimmt. Bei der Gemeinderatswahl Ende 1882 gab es in Pieschen ca. 200 ansässige und 1.350 unansässige Stimmberechtigte. Mit dem neuen Gemeindebürgerrecht betrug ihre Zahl nur noch 180 bzw. 680.[1837] Damit war auch hier ein deutlicher Rückgang der Stimmberechtigten zu erwarten.

Der Gemeinderat von Pieschen war sich sehr wohl bewusst, dass mit der Einführung des Gemeindebürgerrechts auch ein großer Teil der bisher stimmberechtigten Unansässigen das Stimmrecht verlieren würde. Um dafür einen gewissen Ausgleich zu schaffen, fasste er am 14. Januar 1885 den Beschluss, die Zahl ihrer Vertreter von vier auf sechs anzuheben, wobei die Zahl der Vertreter der Ansässigen unverändert bleiben sollte. Dazu beantragte die Gemeinde einen Dispens von § 30 Abs. 5 RevLGO, der ihr am 9. März 1885 erteilt wurde.[1838]

Das mit Dekret vom 13. Dezember 1884 genehmigte Ortsstatut von Pieschen vom 30. Oktober d. J. bestimmte – weitgehend wortgleich mit dem Striesener Ortsstatut –, dass „die Bestimmungen in den §§ 33, 34, 36, 37 der revidirten Landgemeinde-Ordnung .. auf die Landgemeinde Pieschen ferner nicht mehr anwendbar" sind. Nach Art. 1 des Ortsstatuts sollte „innerhalb der Gesamtheit der Gemeindemitglieder .. ein besonderes Gemeindebürgerrecht [bestehen], welches vom Gemeinderathe ertheilt wird". Nach Art. 3 Ortsstatut waren

[1835] SächsHStA Dresden, Amtshauptmannschaft Dresden, Nr. 2736 Ortsstatut von Pieschen, Bl. 1f.
[1836] a.a.O., Bl. 11f.
[1837] a.a.O., Bl. 28-30.
[1838] a.a.O., Bl. 34f. bzw. 39.

Frauen zwar – entsprechend § 17 RevStO – zum Erwerb des Gemeindebürgerrechts unter bestimmten Voraussetzungen berechtigt. Allerdings waren sie nach Art. 11 Ortsstatut vom Stimmrecht trotzdem ausgeschlossen: „Stimmberechtigt bei den Wahlen sind Gemeindebürger mit Ausnahme der Frauenspersonen und der in § 35 sub a. bis h. der revidirten Landgemeindeordnung aufgeführten Personen, ferner Derjenigen, welche in Art. 3 für den Erwerb des Gemeindebürgerrechts festgesetzten Vorbedingungen nicht mehr erfüllen." Nach Art. 13 war für die Wählbarkeit der „wesentliche Wohnsitz" im Gemeindebezirk erforderlich.[1839]

Der Gemeinderat der Landgemeinde Löbtau hatte in seiner Sitzung vom 28. Oktober 1874 den Entwurf eines neuen Ortsstatuts auf Grundlage der RevLGO beschlossen und der Amtshauptmannschaft Dresden zur Genehmigung vorgelegt.[1840] Darin regelte die Gemeinde u. a. in § 4f. die Voraussetzungen der Gemeindemitgliedschaft und ihres Erwerbs, wie sie von den §§ 14f. RevLGO vorgegeben waren.[1841]

Nach § 11 d. E. sollte die Wahl der Ausschusspersonen „von den stimmberechtigten Gemeindemitgliedern und zwar von den Ansässigen und Unansässigen durch directe Wahl" erfolgen. „Stimmberechtigt sind", so § 12 d. E., „alle Gemeindemitglieder welche die Sächs. Staatsangehörigkeit besitzen mit Ausnahme der unansässigen Frauenspersonen". Dabei war „das Stimmenrecht in Person auszuüben, doch haben für ansäßige Frauenspersonen deren Ehemänner die Stimme abzugeben; sind letztere aber nach §§ 34 u. 35 d. L. O. nicht stimmberechtigt, so ruht das Stimmrecht". Nach § 13 d. E. „steht [die Wählbarkeit] jedem stimmberechtigten männlichen Gemeindemitgliede zu, welches seit mindestens einem Jahre im Gemeindebezirke seinen wesentlichen Wohnsitz hat".[1842] Damit hatten die ansässigen Frauen entsprechend der im Ortsstatut nochmals deklaratorisch ausgeführten Bestimmungen der RevLGO unzweifelhaft das Stimmrecht in dieser Landgemeinde und konnten entweder persönlich oder vertreten durch ihre Ehemänner an der Wahl der Gemeindeausschusspersonen teilnehmen. Der Gemeindevorstand und die beiden Gemeindeältesten wurden nach §§ 10, 24 d. E. vom Gemeinderat gewählt.[1843]

[1839] a.a.O., Bl. 38; vgl. Bl. 16-20.

[1840] SächsHStA Dresden, Amtshauptmannschaft Dresden, Nr. 1824 Ortsstatut von Löbtau, Bl. 1-9, vgl. zum Ortsstatut die Erinnerungen für die Gemeinde Löbtau seitens der Amtshauptmannschaft vom 25. Januar 1875, a.a.O., Bl. 22-29.

[1841] a.a.O., Bl. 3.

[1842] a.a.O., Bl. 5.

[1843] a.a.O., Bl. 5 und 7; vgl. § 57 RevLGO.

Am 1. Dezember 1874 fasste der Gemeinderat von Löbtau den Beschluss, aufgrund des erheblichen Anstiegs der Einwohnerzahl die Anzahl der Ausschusspersonen um sechs – vier Angesessene und zwei Unangesessene – zu erhöhen.[1844] Am 12. März 1875 legte der Gemeinderat einen weiteren Entwurf eines Ortsstatuts zur Genehmigung vor.[1845] Nach den dort beigefügten Angaben der Gemeinde gab es zu dieser Zeit in Löbtau zwar ca. 150 Grundstücksbesitzer, von denen aber nur ganze 15 in der Gemeinde auch wohnten. Eine genaue Anzahl der übrigen Bewohner lasse sich „des vielen Wechsels mit Dresden und auch von umliegenden Ortschaften" wegen niemals genau ermitteln.[1846]

Man schätzte die Zahl der mindestens 18jährigen männlichen Einwohner auf ca. 1.670, die der weiblichen mindestens 15jährigen auf ca. 1.500. Mit den ca. 600 Kindern und Schulkindern, sowie 120 Jugendlichen im Alter von 14-15 Jahren waren das etwa 4.600 Einwohner. Jedoch hätte „der lange, wenig arbeitbietende Winter .. eine Menge Arbeiter veranlaßt theils nach der Heimat, theils nach anderen Orten sich zu wenden". In Löbtau waren zu dieser Zeit lediglich noch vier landwirtschaftliche Güter verblieben, dazu kamen 125 Hausbesitzer.[1847]

Das *Orts-Statut für den Gemeindebezirk des Ortes Löbtau,*[1848] das am 14. August 1875 genehmigt wurde, sah in § 4 als Gemeindevertretung neben dem Gemeindevorstand zwei Gemeindeälteste, 12 ansässige und vier unansässige Ausschusspersonen vor. Letztere wurden nach § 5 „von den stimmberechtigten Gemeindemitgliedern und zwar von den Ansässigen wie von den Unansässigen, jede Classe für sich, durch directe Abstimmung gewählt".[1849] Die Gemeinde machte zudem von der Möglichkeit Gebrauch, jeweils bei den Ergänzungswahlen auch Ersatzmänner zu wählen. Die umfangreichen Vorschriften zu Stimmberechtigung und Wählbarkeit waren hier nicht mehr enthalten und wie die übrigen noch im Ausgangsentwurf enthaltenen deklaratorisch aufgenommenen Regelungen der RevLGO entfallen.[1850]

Zunächst richtete sich hier der Unmut der Ansässigen in der Gemeinde gegen den „Steuermodus" hinsichtlich der Aufbringung der Gemeindeanlagen;[1851] der Gemeinderat beschritt aber nach ebenfalls erfolgreicher Petition zum Ge-

[1844] a.a.O., Bl. 16. Nach den Angaben der Gemeinde lag die Einwohnerzahl 1874 bei ca. 2000.

[1845] a.a.O., Bl. 31-33 [unvollständige Paginierung].

[1846] a.a.O., Bl. 32.

[1847] a.a.O., Bl. 32.

[1848] Dresden, 1876, a.a.O. beigeh. unter Bl. 43-45.

[1849] a.a.O., Bl. 44.

[1850] a.a.O., Bl. 44 (S. 4).

[1851] vgl. a.a.O., B. 74ff.

meindewahlrecht nunmehr auch den Dienstweg: Der Gemeinderat von Löbtau ersuchte – unter Bezugnahme auf die erfolgreiche Petition der Landgemeinden – die Amtshauptmannschaft Dresden-Altstadt, ihrerseits beim Kreisausschuss einen Dispens von der Anwendung der §§ 14, 15 und 34 RevLGO auf die Gemeinde zu erwirken, diese Vorschriften durch die §§ 15 bis 24 RevStO zu ersetzen und die Löbtauer Gemeindeverfassung überhaupt nach Maßgabe der StOmkSt zu regeln.[1852]

Die Gemeinde reichte ihren Entwurf eines Nachtrags zum Ortsstatut am 19. August 1884 der Amtshauptmannschaft zur Prüfung ein.[1853] In dem daraufhin einstimmigen Beschluss des Bezirksausschusses der Königlichen Amtshauptmannschaft Dresden-Altstadt vom 13. September 1884 zu einem entsprechenden Nachtrag zum Ortsstatut für Löbtau führte der Bezirksausschuss aus, dass auch er allgemein von der Notwendigkeit einer Revision der Vorschriften über das „Stimm- und Wahlrecht" in der RevLGO überzeugt sei, „da in Ortschaften mit vorwiegend gewerbetreibender Bevölkerung (Fabrikdörfern), auch wenn sie was weniger als 4.000 Einwohner haben, sich Unzuträglichkeiten herausgestellt haben, welche eine Abänderung jener Vorschriften dringend geboten erscheinen lassen".[1854]

Die Amtshauptmannschaft Dresden-Altstadt berichtete unter dem 23. September 1884 an die Kreishauptmannschaft, aufgrund der Ermächtigung der Ständeversammlung die StOmkSt nunmehr ebenfalls in Landgemeinden zur Anwendung bringen zu können. Auch der Gemeinderat von Löbtau habe beschlossen, auf diesem Wege zunächst die wahlrechtlichen Bestimmungen – also die §§ 15f. und 44-46 RevStO – „substituiren" zu wollen. Die §§ 33 und 37 RevLGO brächten für bevölkerungsreiche Landgemeinden „sogar schwere Gefahren für dieselben mit sich".[1855] Bei den bevorstehenden Wahlen drohe ein weiteres Zunehmen der Sozialdemokratie. Daher hielt man es für „dringend geboten", in der Gemeinde Löbtau die Voraussetzungen „der aktiven und passiven Wahlfähigkeit" zu verschärfen, wofür eine Anwendung der entsprechenden Vorschriften der StOmkSt und der RevStO als „das geeignete Mittel" erschien.[1856]

Die Kreishauptmannschaft Dresden genehmigte am 14. Oktober 1884 die Einführung des Gemeindebürgerrechts auch in Löbtau und die Annahme der Vorschriften zu Stimmrecht und Wählbarkeit aus der städtischen Verfassung,

---

[1852]a.a.O., Bl. 120f., 120.
[1853]Die Anlage mit Regelungen zu diesem Schreiben mit dem Entwurf des Ortsstatuts fehlt in der Akte ebenso wie eine erwähnte weitere Fassung vom 29. Oktober 1884. – a.a.O., Bl. 123 und 132f.
[1854]a.a.O., Bl. 124.
[1855]a.a.O., Bl. 125-128, 125.
[1856]a.a.O., Bl. 126.

forderte aber eine Nachbesserung des Entwurfs des Nachtrags zum Ortsstatut, das seinerseits dann am 7. November 1884 genehmigt wurde.[1857] Am 9. März 1885 erteilte die Kreishauptmannschaft ferner die Genehmigung nach § 98 RevLGO, entgegen § 30 Abs. 5 RevLGO die Zahl der Unansässigen im Gemeinderat auf sechs von insgesamt 18 Ratsmitgliedern zu erhöhen.[1858] Später wurde die Zahl der Ausschusspersonen infolge weiter stark ansteigender Bevölkerung nochmals erhöht.

b. Das Gesetz, eine Änderung der Revidirten Landgemeindeordnung vom 24. April 1873 betreffend, vom 24. April 1886

Die angestrebte generelle Verschärfung der Voraussetzungen für das Stimmrecht in den Landgemeinden erfolgte mit dem *Gesetz, eine Änderung der Revidirten Landgemeindeordnung vom 24. April 1873 betreffend; vom 24. April 1886.*[1859] § 34 Abs. 1 RevLGO wurde aufgehoben und durch die Regelung ersetzt, dass künftig alle Gemeindemitglieder stimmberechtigt sind, „welche a) die sächsische Staatsangehörigkeit besitzen, b) das fünfundzwanzigste Lebensjahr erfüllt haben und c) im Gemeindebezirke ansässig sind oder daselbst seit wenigstens zwei Jahren ihren wesentlichen Wohnsitz haben. Unansässige Frauenspersonen, sowie juristische Personen sind nicht stimmberechtigt." Auch wurden in § 37 RevLGO die Worte „seit mindestens einem Jahre" gestrichen,[1860] so dass die bisherige Mindestdauer eines wesentlichen Wohnsitzes in der Gemeinde als Erfordernis der Wählbarkeit entfiel.

Die Staatsregierung war „in Übereinstimmung mit den in beiden Kammern mehrfach zum Ausdrucke gebrachten Beobachtungen und Erfahrungen zu der Ansicht" gekommen, „daß es im Hinblick auf die veränderten Erwerbs- und Verkehrsverhältnisse in vielen Landgemeinden und hierdurch herbeigeführte Verschiebung des Begriffs der Selbständigkeit" geboten sei, die Voraussetzungen von Stimmrecht und Wählbarkeit in den Landgemeinden denen der Städte mehr anzunähern.[1861]

[1857] a.a.O., Bl. 129-131 und 133.

[1858] a.a.O., Bl. 153f.; vgl. die am 26. März 1885 von der Gemeinde Löbtau bei der Amtshauptmannschaft Dresden-Altstadt eingereichte Entwurfsfassung, die vorsah, den § 4 des bisherigen Ortsstatuts vom 19. Juni 1875 entsprechend zu ersetzen; a.a.O., Bl. 155-157, insbes. 156.

[1859] In: GVBl. 1886, S. 91; vgl. dazu im Folgenden V. BOSSE, Die Novelle, in: ZS f. Praxis u. Gesetzgebung d. Verw. 7 (1886), S. 196ff.

[1860] Damit hatten die Stände den Regierungsentwurf vom 13. Februar 1886 im *Decret an die Stände, den Entwurf eines Gesetzes, eine Abänderung der revidirten Landgemeindeordnung vom 24. April 1873 betreffend. Eingegangen bei der I. Kammer am 16. Februar 1886*, in: LA 1885/86, Decrete, Bd. 2, S. 480f., ohne Änderungen beschlossen.

[1861] LA 1885/86, Decrete, Bd. 2, S. 481.

Mit der Änderung des § 34 Abs. 1 RevLGO wollte man sich demnach – so die Motive – „dem früheren Inhalte des Begriffs der Selbständigkeit wenigstens einigermaßen wieder nähern“. Damit wurde die Altersgrenze nicht nur der RevStO, sondern auch dem Landtagswahlrecht von 1868 angeglichen. Daher könne die Anhebung der Altersgrenze auch in denjenigen Landgemeinden „zu Bedenken keinen Anlaß geben“, in denen die bisherigen Regelungen „erheblichere Übelstände noch nicht zur folge gehabt haben“. Da nun für die Stimmberechtigung der Unansässigen ein wesentlicher Wohnsitz verlangt wurde, war die Regelung des § 37 RevLGO in dieser Hinsicht obsolet geworden und konnte gestrichen werden.[1862]

Man versprach sich von diesen Änderungen offenbar einiges, denn auch in seiner Rede zum Landtagsabschied brachte der seit dem Tode seines Vaters, König JOHANN, am 29. Oktober 1873, regierende König ALBERT (1828-1902) seine Hoffnung zum Ausdruck, dass „die beschlossene, dem unverkennbaren Bedürfnisse einer Mehrzahl von Landgemeinden entgegenkommende Abänderung der Landgemeindeordnung .. eine stäte und gedeihliche Weiterentwicklung des ländlichen Gemeindelebens erhoffen“ lässt.[1863]

Für die Frauen bedeutete das Gesetz von 1886 letztlich dieselbe Schlechterstellung wie auch für die Männer. Lediglich dort, wo ausnahmsweise die Einführung eines dem städtischen Bürgerrecht entsprechenden Gemeindebürgerrechts in den Landgemeinden gestattet worden war, bedeutete das für die wenigen stimmberechtigten ansässigen Frauen zugleich den Verlust ihres Stimmrechts. Denn für diese Gemeinden war der Weg offen, damit auch die Regelungen zu einem besonderen Bürgerrecht einzuführen, das den Frauen wie in den Städten ohne Ausnahme das Stimmrecht versagte.

5. Die Teilnahme von Frauen an den Wahlen in Landgemeinden

In den wenigen noch vorhandenen Berichten einzelner Gemeinden über ihre Gemeindewahlen finden sich für die Zeit der RevLGO kaum Hinweise auf eine Wahlteilnahme von Frauen.[1864] Am 20. November 1874 berichtete die Landgemeinde Obergorbitz[1865] an die Amtshauptmannschaft Dresden-Altstadt, dass der Gemeindeversammlung – nach § 31 RevLGO – derzeit 17 stimmberech-

[1862] a.a.O., S. 481.

[1863] *Landtagsabschied für die Ständeversammlung der Jahre 1885 und 1886 betreffend. Eingegangen bei der I. Kammer am 28. März 1886*, in: LA 1885/86, Decrete, Bd. 2, S. 506-510, 507.

[1864] Möglicherweise befinden sich noch weitere Unterlagen in Gemeindearchiven. Hier wurde sich auf die Auswertung der spärlichen, noch vorhandenen Berichte der Gemeinden an die Aufsichtsbehörden beschränkt.

[1865] Mit Niedergorbitz 1921 nach Dresden eingemeindet.

tigte ansässige Gemeindemitglieder und 1 Vertreter der unansässigen Gemeindemitglieder angehören. Der Gemeindevorstand sei in der Wahlversammlung vom 18. November 1874 von 14 anwesenden Stimmberechtigten (davon eine Gegenstimme) aus 18 Stimmberechtigten überhaupt gewählt worden. Auch habe die für die Zeit vom 1. Januar 1875 bis 31. Dezember 1880 gewählte Gemeindeversammlung den Beschluss gefasst, dass nach § 31 RevLGO künftig zwei Vertreter der insgesamt 21 Unansässigen zu wählen sind.[1866]

Bei der Neuwahl des Gemeindeältesten am 21. November 1876 fanden sich 18 stimmberechtigte ansässige Mitglieder (über zwei Drittel der stimmberechtigten Ansässigen) und die beiden Vertreter der Unansässigen ein.[1867]

Am 16. November 1880 wurde der Gemeindevorstand mit sieben Stimmen und die Vertreter der Unansässigen mit sechs Stimmen gewählt.[1868] Zu der Wahl des Gemeindeältesten fanden sich am 14. November 1882 14 stimmberechtigte Mitglieder einschließlich der Vertreter der Unansässigen und damit zwei Drittel der Stimmberechtigten ein.[1869] Am 15. November 1888 wurde der Gemeindeälteste einstimmig wiedergewählt. 13 Wähler waren erschienen.[1870] Hinweise auf die Teilnahme von Frauen an diesen Wahlen lassen sich der Akte nicht entnehmen.[1871]

Am 6. Januar 1890 berichtete der Obergorbitzer Gemeindevorstand an die Amtshauptmannschaft Dresden-Altstadt über die Gemeindeversammlung vom Vortag. Diese habe den einstimmigen Beschluss gefasst, künftig einen Gemeinderat zu bilden. Seit Kurzem sei die Zahl der nicht in der Gemeinde wohnhaften Ansässigen wie auch die der „ansässigen Frauenspersonen“ angestiegen, so dass es Probleme mit der Beschlussfähigkeit der Gemeindeversammlung gebe. Daher werde die Amtshauptmannschaft von der Gemeinde um möglichst rasche Bestätigung des Beschlusses gebeten. Die Amtshauptmannschaft kam dem Ersuchen unter Mitwirkung des Bezirksausschusses 12. Februar 1890 nach, erteilte dabei aber die Auflage, die Vertreter der Ansässigen noch in mindestens zwei Klassen zu unterteilen. Hinsichtlich der beiden

[1866] SächsHStA Dresden, 10754 Amtshauptmannschaft Dresden, Nr. 1204 Gemeindewahlen Obergorbitz, Bl. 2. zu § 31 RevLGO siehe oben, S. 344.

[1867] a.a.O., Bl. 4.

[1868] a.a.O., Bl. 8.

[1869] a.a.O., Bl. 13.

[1870] a.a.O., Bl. 19f.

[1871] Seit dem Inkrafttreten der RevLGO und der größeren Selbständigkeit der Landgemeinden werden die Wählerlisten und Wahlprotokolle nicht mehr in den Akten der Amtshauptmannschaften geführt. Weitere Erkenntnisse könnten hier evtl. durch eine Auswertung der Unterlagen der Gemeinden selbst gewonnen werden.

Vertreter der Unansässigen gab es keine Einwände.[1872] Damit hatte die Gemeinde durch Einführung eines Gemeinderates letztlich auch gezielt die an der Gemeindeversammlung teilnehmenden Frauen, die es offenbar in „bedenklich" wachsender Zahl gegeben haben muss, von der direkten Mitwirkung an den Geschicken der Gemeinde ausgeschlossen und auf das Stimmrecht verwiesen.

Mit Schreiben vom 23. Februar 1890 zeigte die Gemeinde ihrer Amtshauptmannschaft an, dass in der an diesem Tage stattgefundenen Gemeindeversammlung die Angesessenen nunmehr in vier Vertreter der Begüterten und zwei der Häusler unterteilt worden seien, da „die Ansässigen aus 13 Begüterten 3 Forensern und 8 Hausbesitzern bestehen; sowie daß die Begüterten und Forenser 10.646 und die Hausbesitzer 1.500 Steuereinheiten in Summe besitzen".[1873] Am 13. Juli 1901 wählten schließlich 23 unansässige Gemeindemitglieder in Obergorbitz einen Sozialdemokraten als ihren Vertreter einstimmig in den Gemeinderat, da die „Ordnungspartei" keinen Kandidaten aufgestellt hatte.[1874]

Die Gemeinde Obergorbitz hatte im Jahre 1874 mehr als 300 Einwohner.[1875] Somit war auch hier nur ein geringer Teil der Einwohner überhaupt stimmberechtigt. Die Bereitschaft, sich an der Wahl zu beteiligen, war dann allerdings hoch.

6. Schlussfolgerungen

Die RevLGO behielt die bisherigen Strukturen der Verfassung der Landgemeinden in den wesentlichen Zügen bei, erweiterte aber deren Autonomie deutlich. Frauen stand auch nach § 14 RevLGO die Gemeindemitgliedschaft in den Landgemeinden unter denselben Voraussetzungen offen, wie Männern, auch wenn davon auszugehen ist, dass sie die Voraussetzungen der Gemeindemitgliedschaft aufgrund ihrer konkreten Lebensverhältnisse viel seltener erfüllten.

Die Frage der Stimmberechtigung der Frauen ist in den Verhandlungen der Stände durchaus Anlass zu Diskussionen gewesen. Doch blieben Bestrebungen, den Frauen das Stimmrecht generell zu entziehen, um eine einheitliche Regelung mit den Städten herzustellen – so seitens des Abg. der Fortschrittspartei HERMANN FRIEDRICH THEODOR SCHRECK – ebenso erfolglos, wie der Versuch des Abg. des linken Flügels der Fortschrittspartei, FRANZ JACOB WIGARD, auch den unansässigen Frauen das Stimmrecht zuzuerkennen.

[1872] a.a.O., Bl. 24.
[1873] a.a.O., Bl. 25.
[1874] a.a.O., Bl. 56.
[1875] 1871 wurden 171 Einwohner gezählt, 1875 339, 1880 343 und 1885 477. – Die Einwohnerzahlen der Landgemeinden, in: SächsStLAZ 51 (1905), S. 33.

Darüber hinaus bestanden in der Frage der Vertretung der stimmberechtigten Ehefrauen durch ihre Ehemänner zumindest innerhalb der Zweiten Kammer verschiedene Meinungen. So wurde verlangt, deren Stimmrecht für den Fall ruhen zu lassen, dass der Ehemann selbst auch stimmberechtigt sei. Hier einigte man sich schließlich aber auf ein ausnahmsweise doppeltes Stimmrecht für den Ehemann, auch wenn dieser für die Stellvertretung die Voraussetzung des Stimmrechts zu erfüllen hatte.

Letztlich behielt also auch die RevLGO das Stimmrecht für die ansässigen Frauen in den Landgemeinden bei. Unverheiratete ansässige Frauen übten es persönlich und verheiratete durch Vertretung des Ehemannes aus, der dadurch im Falle eigener Stimmberechtigung auch ein doppeltes Stimmrecht haben konnte. Damit waren Frauen auch weiterhin wie nach der LGO von 1838 nur unter der Voraussetzung ihrer Ansässigkeit in der Gemeinde stimmberechtigt, wogegen auch unansässige Männern stimmberechtigt sein konnten. Für männliche Gemeindemitglieder brachte damit die RevLGO eine Erweiterung des Stimmrechts gegenüber der LGO.

Während sich in der Folgezeit die RevLGO in der überwiegenden Zahl der Landgemeinden, die auch weiterhin einen vorwiegend agrarischen Charakter behielten, durchaus bewährte und auch die Regelungen der RevLGO zu Stimmrecht und Wählbarkeit ihren Zweck erfüllten, bereiteten gerade diese Vorschriften den bevölkerungsreichen, gewerblich geprägten Landgemeinden im Umfeld der großen Städte zunehmend Schwierigkeiten. Hier tat sich ein Interessenkonflikt zwischen der jugendlichen, nicht fest in der Gemeinde verwurzelten, wenig an dieser selbst interessierten und in der Regel zugewanderten Arbeiterschaft, die zudem stark der Sozialdemokratie zuneigte, und den alteingesessenen Gemeindemitgliedern, die in den Industriedörfern schon rein zahlenmäßig in die Minderheit geraten waren, auf. Angeführt von der Gemeinde Lindenau gelang es einer Reihe dieser Landgemeinden über Petitionen bei den Ständen eine Anwendung des städtischen Wahlrechts im Wege von Ausnahmegenehmigungen zu erwirken. Für die Frauen, die in diesen Landgemeinden bisher das Stimmrecht besaßen, bedeutete die Anwendung der Regelungen der RevStO den Verlust ihres Stimmrechts. Im Jahre 1886 erfolgte schließlich eine Novelle der RevLGO, die die Voraussetzung des Wahlrechts in den Landgemeinden generell dann zu Ungunsten vor allem der unansässigen Arbeiterschaft verschärfte. Das führte zu einem deutlichen Rückgang der Zahl der stimmberechtigten Unansässigen in den Landgemeinden.

V. Zwischenfazit

Als wesentlicher Teil der Verwaltungsreform in den 1870er Jahren traten gemeinsam mit den Organisationsgesetzen am 15. Oktober 1874 die RevStO,

StOmkSt und RevLGO in Kraft. Sie führten im Wesentlichen die bisherigen Strukturen fort, erweiterten aber vor allem die Selbständigkeit der Landgemeinden deutlich. Zwischen den Stadt- und Landgemeinden und der Ständeversammlung wurden die Bezirksversammlungen, Bezirksausschüsse und Kreisausschüsse als weitere Vertretungskörperschaften eingeführt. Frauen besaßen bei den Wahlen zu diesen Körperschaften weder Stimmrecht noch Wählbarkeit: Die im Beschlussvorschlag der Zweiten Kammer enthaltene Stimmberechtigung von Frauen, die auf der Anwendung der entsprechenden Vorschriften für die Wahlen in den Landgemeinden zumindest für die dort nach der RevLGO stimmberechtigten Frauen gegeben war, wurde im Vereinigungsverfahren der Kammern aufgegeben.

Die Unterschiede zwischen Städten und Landgemeinden verschwammen zunehmend. Durch Industrieansiedlungen oder die unmittelbare Nähe zu Großstädten wuchsen kleine, bis dato unbedeutende Landgemeinden zu einwohnerstarken Siedlungen mit überwiegend städtischem Charakter heran. Aus dieser Entwicklung resultieren die Bestrebungen einzelner Landgemeinden in den seit Ende den späten 1870er Jahren, entweder zur Stadt erhoben zu werden oder zumindest in den Genuss von Teilen der RevStO zu kommen. Das betraf in erster Linie das Wahlrecht. Lediglich in den Landgemeinden hatten die selbständigen, ansässigen Frauen das Stimmrecht bei den Gemeindewahlen. Waren sie unverheiratet, konnten sie es sogar persönlich ausüben, andernfalls waren sie von ihrem Ehemann bei der Stimmabgabe zu vertreten. Dieser Unterschied gegenüber der städtischen Verfassung wurde mit dem nach wie vor noch bestehenden Unterschied im wirtschaftlichen Charakter der Landgemeinden gegenüber den Städten gerechtfertigt. Danach hätten auch die weiblichen Grundbesitzer ein besonderes Interesse an der Vertretung der Belange ihres Besitzes.

Die kleinen Ackerbürgerstädte auf der einen und die großen, bevölkerungsreichen Industriedörfer in den Ballungsräumen der großen Städten und im Erzgebirge und Vogtland auf der anderen Seite wollten nicht mehr so recht in das Schema von Stadt und Land passen.[1876] Es war – etwa im Vergleich zu Preußen – eine Besonderheit der Industrialisierung in Sachsen, dass diese sich nicht nur auf die Städte beschränkte, sondern ebenso große Teile der ländliche Gebiete erfasste, da sich in Sachsen die Industriearbeiterschaft nicht aus ehemaligen – durch die Agrarreform ihrer landwirtschaftlichen Existenz beraubten – Kleinbauern rekrutierte, sondern aus Angehörigen der traditionell bereits in Handwerker und Gewerbe tätigen Häusler auf dem Lande.[1877] Auf

[1876]vgl. zu dieser Problematik auch ULBRICHT, Die verfassungsrechtliche Trennung, in: NASächsG 69 (1998), insbes. S. 179ff.

[1877]BLASCHKE, Wirtschaftliche Entwicklung, in: 100 Jahre Allgemeines Baugesetz, S. 65.

dieser Grundlage wurde Sachsen mit seiner rasanten Wirtschaftsentwicklung und Herausbildung vielfältiger Wirtschaftszweige zum „Pionierland der industriellen Revolution in Deutschland" im 19. Jahrhundert und ermöglichten seinen Aufstieg zu einem bedeutenden deutschen Industriestandort.[1878]

Die industriell geprägten Landgemeinden, die kaum mehr über einen nennenswerten Anteil von Ansässigen gegenüber den zahlreichen zugewanderten unansässigen Arbeitern unter den stimmberechtigten Gemeindemitgliedern verfügten, verlangten nach einer Verschärfung der Voraussetzungen des Wahlrechts. Man befürchtete wohl nicht zu Unrecht, dass sich die politischen Kräfteverhältnisse hier zu Ungunsten der Alteingesessen verschieben und den politischen Bestrebungen der Sozialdemokraten Vorschub leisten könnten.

Mit der Änderung der RevLGO von 1886 versuchte man dieser Entwicklung Einhalt zu gebieten. Diese Verschärfung der Voraussetzungen des Stimmrechts – und auch der Wählbarkeit – traf allerdings weibliche wie männliche Gemeindemitglieder gleichermaßen. Die Altersgrenze für das Stimmrecht wurde auf 25 Jahre angehoben und künftig im Gemeindebezirk entweder die Ansässigkeit oder der wesentliche Wohnsitz seit mindestens zwei Jahren gefordert.

Noch vor Inkrafttreten dieser Novelle konnten einige Landgemeinden durch eine Petition für sich die entsprechende Anwendung der Vorschriften der RevStO zur Gemeindemitgliedschaft erwirken und so durch die Einführung eines Gemeindebürgerrecht wenigstens z. T. unerwünschte Gemeindemitglieder vom Stimmrecht fernhalten. Dadurch verlor nicht nur ein erheblicher Teil der Unansässigen ihr Stimmrecht, sondern mit der Einführung des städtischen Wahlrechts auch sämtliche, bisher stimmberechtigte ansässige Frauen. Letzteres muss ebenso für jene Landgemeinden gelten, die zur Stadt erhoben oder in eine Stadt eingemeindet wurden.

Darüber hinaus wurden auch mit der Errichtung von Gemeinderäten in Landgemeinden, in denen bis dahin nach § 31 RevLGO die Versammlung aller stimmberechtigten Gemeindemitglieder die Aufgaben der Gemeindevertretung wahrgenommen hatte, die Partizipationsmöglichkeiten von Frauen offenbar gezielt eingeschränkt.

Insgesamt führte die Revision der Gemeindeverfassung in Sachsen zu keiner grundsätzlichen Veränderung für die Frauen hinsichtlich ihrer Partizipationsmöglichkeiten in den Städten und Landgemeinden. Dort, wo ein Wechsel hin zur städtischen Verfassung insgesamt oder die Übertragung der Voraussetzungen der Stimmberechtigung auf die Landgemeinden erfolgten, verloren Frauen aber ihr Stimmrecht bei der Wahl der Gemeindevertretung.

[1878] a.a.O., S. 70f.

§ 13 Frauenstimmrechte in weiteren Bereichen des öffentlichen Lebens

In der zweiten Hälfte des 19. Jahrhunderts kam der Gedanke der Selbstverwaltung auch außerhalb der Städte und Landgemeinden zunehmend zum Tragen. Das ermöglichte den Mitgliedern dieser Körperschaften, durch ein gewisses Maß an Partizipation ihre Interessen im jeweils festgeschriebenen Umfang selbst wahrzunehmen. Wesentlich dafür war die aktive wie passive Teilnahme an den Wahlen zu den jeweiligen Vertretungskörperschaften. Frauen gehörten zwar ebenfalls Kirchgemeinden, Handels- und Gewerbekammern und den Sozialkassen an, hatten aber gleichwohl nur selten die Möglichkeit ihre Interessen hier selbst wahrzunehmen.

I. Der Ausschluss von Frauen von den Stimmrechten in der Verfassung der Evangelisch-lutherischen Landeskirche in Sachsen

Mit der Zweiten Staatsreform kam es auch zu einer grundlegenden Neuordnung der Verfassung der Evangelisch-lutherischen Kirche im Königreich Sachsen. Ziel der neuen *Kirchenvorstands- und Synodalordnung für die evangelisch-lutherische Kirche des Königreichs Sachsen; vom 30. März 1868*[1879] war es, so Ludwig Robert Feller, „die kirchliche Gemeinde zu der ihr bisher versagt gewesenen Mitwirkung beim Kirchenwesen heranzuziehen und dadurch zu einer besseren Verbindung und Verwendung der kirchlichen Kräfte die Hand zu bieten".[1880]

In der bisher geltenden Kirchenverfassung hatten die einzelnen Kirchgemeinden keinerlei Vertretung ihrer Interessen besessen. Die Verwaltung lag bei den Kirchenvorstehern, die von der jeweiligen Kircheninspektion oder dem Kirchenpatron eingesetzt wurden. Zwar war mit der §§ 273ff. AStO den Stadtverordneten die Kontrolle über die Verwaltung des Kirchenvermögens übertragen, und mit den Gesetzen vom 30. März 1844 und 12. Dezember 1855 eine Vertretung in Rechtsstreitigkeiten für die übrigen Kirchgemeinden

---

[1879] *Gesetz, die Publication der Kirchenvorstands- und Synodalordnung, sowie die Vertretung der evangelisch-lutherischen Kirchengemeinden betreffend; vom 30. März 1868*, in: GVBl. 1868, Bd. 1, S. 201-228, insbes. S. 204ff.; vgl. auch die *Verordnung, die Einsetzung der Kirchenvorstände, sowie die Einrichtung und Abnahme der Kirchenrechnungen betreffend, vom 30. März 1868*, a.a.O., S. 220-228.

[1880] Feller, Kirchenvorstands- und Synodal-Ordnung, S. III; zur Kirchenreform im Rahmen der Zweiten Staatsreform in Sachsen vgl. Wyduckel, Verwaltungsaufbau, in: FS zum 100-jährigen Jubiläum, hrsg. v. Reich, S. 90f.; Ders., Johanns rechtliches Wirken, in: König Johann von Sachsen, S. 380f.; Bürger, Carl Friedrich Wilhelm von Gerber, S. 75ff. m. w. N.

geschaffen worden. Hierbei handelte es sich aber um Vertreter der politischen Gemeinde, so dass kirchliche Eigenschaften unberücksichtigt blieben.[1881]

Zwar war schon für den Landtag von 1833/34 und dann für 1842/43 jeweils ein Entwurf zu einem entsprechenden Gesetz einer Kirchengemeindevertretung erarbeitet worden. Es gelangte aber jeweils nicht zur Beratung. Auf dem folgenden Landtag von 1845/46 erklärte sich dann die Staatsregierung dahingehend, eine Presbyterial- und Synodalverfassung einführen zu wollen. Zu einem wiederholten Anlauf für ein Gesetzesvorhaben kam es aber erst auf dem Landtag von 1854, als die Stände die Erarbeitung eines Gesetzentwurfs verlangten. Dieser wurde schließlich erst mit Dekret vom 6. November 1860 vorgelegt. Da der Entwurf bei der Ersten Kammer, die damit zuerst befasst war, auf wenig Gegenliebe stieß, zog ihn die Regierung wieder zurück.

Neuerliche Entwürfe gingen den Ständen auf dem Landtag von 1863/64 zu.[1882] Wegen Überlastung der Stände wurden diese an eine Zwischendeputation übergeben.[1883] Mit dem Königlichen Decret vom 1. November 1867 wurden der *Entwurf einer Kirchenvorstands- und Synodalordnung für die evangelisch-lutherische Kirche des Königreichs Sachsen* und der *Entwurf, die Vertretung der evangelisch-lutherischen Kirchengemeinden betreffend*, von der Zwischendeputation wieder an die Stände übertragen und nach eingehender Beratung in den Kammern auf dem Landtag von 1867/68 schließlich beschlossen.[1884]

Allerdings war die Kirchenvorstands- und Synodalordnung kein Gesetz im eigentlichen Sinne, sondern wurde als Verordnung von den in Evangelicis beauftragten Staatsministern erlassen, die Träger der landesherrlichen Kirchengewalt waren. Somit wurde sie auch von den Ständen nicht im Gesetzgebungsverfahren beschlossen, sondern lediglich begutachtet.[1885] Grundlegend für das neue Gesetz war die weitgehende Herauslösung der kirchlichen Verwaltung aus dem staatlichen Behördenapparat, und zwar von vor allem in den Kirchgemeinden und mittels der neu eingerichteten Synode als deren landesweites, gewähltes Vertretungsorgan.[1886]

§ 2 der Kirchenvorstands- und Synodalordnung richtete in jeder Kirchgemeinde einen Kirchenvorstand zu deren Vertretung ein. Diesem gehörten

---

[1881] FELLER, a.a.O., S. 15.

[1882] *Entwurf einer Kirchenvorstands- und Synodalordnung für die evangelisch-lutherische Kirche des Königreichs Sachsen*, in: LA 1865/66, 1. Abth., königl. Mitth., Bd. 1, S. 163-206.

[1883] *Decret an die Stände, den Entwurf einer Kirchenvorstands- und Synodalordnung für die evangelisch-lutherische Kirche des Königreichs Sachsen betreffend, vom 1. November 1867*, in: LA 1865/66, 1. Abth., königl. Mitth., Bd. 3, S. 41.

[1884] Zur Vorgeschichte und Entstehung ausführlich FELLER, a.a.O., S. 18ff.

[1885] a.a.O., S. 33f.

[1886] BÜRGER, a.a.O., S. 79.

nach § 3 neben einem oder ggf. auch mehreren Geistlichen eine „Anzahl weltlicher Mitglieder der Kirchengemeinde (Kirchenvorsteher), welche von letzterer gewählt werden". Das sollten zwischen vier und 16 sein.[1887]

§ 8 Kirchenvorstands- und Synodalordnung regelte die Voraussetzungen der Stimmberechtigung: „Stimmberechtigt sind alle selbständigen Hausväter, welche das 25. Lebensjahr erfüllt haben, sie seien verheirathet oder nicht, mit Ausnahme solcher, die durch Verachtung des Wortes Gottes oder unehrbaren Lebenswandel öffentliches, durch nachhaltige Besserung nicht wieder gehobenes Ärgerniß gegeben haben, oder von der Stimmberechtigung bei den Wahlen der politischen Gemeinde ausgeschlossen sind." Für die Wählbarkeit war neben diesen Voraussetzungen mindestens das 30. Lebensjahr erforderlich, wobei „die Wähler .. ihr Augenmerk auf Männer von gutem Rufe, bewährtem christlichen Sinne, kirchlicher Einsicht und Erfahrung" richten sollten. Die Wahl erfolgte nach § 17 auf sechs Jahre, wobei aber nach drei Jahren jeweils die Hälfte der Kirchvorsteher neu zu wählen war.[1888]

Die Kommentierung weist ausdrücklich auf die Absicht hin, die Voraussetzungen für Stimmrecht und Wählbarkeit unabhängig von denen zu politischen Vertretungskörperschaften zu formulieren. Andererseits sollten aber nur diejenigen Personen stimmberechtigt sein, die auch das politische Stimmrecht innehatten. Das Mindestalter von 25 Jahren für das Stimmrecht und von 30 Jahren für die Wählbarkeit sollte ausdrücklich die vorwiegend jugendliche Arbeiterschaft in den Fabrikdörfern von der Wahl fernhalten.[1889]

Frauen hatten unabhängig davon kein Stimmrecht. Selbst dann nicht, wenn sie in den Landgemeinden das politische Stimmrecht innehatten. Daher konnten sie auch nicht nach § 30 an den Kirchgemeinde-Versammlungen teilnehmen, zu denen in jeder Ephorie jährlich einmal die stimmberechtigten Gemeindemitglieder zusammenkamen, sowie nach § 31 an den als „Diöcesanversammlungen" bezeichneten Versammlungen der Mitglieder der Kirchenvorstände.[1890] Entsprechend galt das dann auch für die übergeordnete Ebene. Frauen waren von den – indirekt vorzunehmenden – Wahlen der Mitglieder der Synoden nach §§ 37, 38 Kirchenvorstands- und Synodalordnung ausgeschlossen.[1891]

[1887] In: GVBl. 1868, Bd. 1, S. 204f.
[1888] a.a.O., S. 206f. und 209.
[1889] FELLER, a.a.O., S. 70.
[1890] In: GVBl. 1868, Bd. 1, 215f.
[1891] a.a.O., S. 217f.

Als Präsident der ersten Landessynode der Evangelisch-Lutherischen Kirche Sachsens, die im Jahre 1871 gewählt wurde, fungierte der zu diesem Zeitpunkt noch als Rechtsprofessor an der Universität Leipzig tätige CARL FRIEDRICH WILHELM VON GERBER.[1892] Da man sich von ihm – im Vergleich zum bisherigen, bereits im vorgerückten Alter stehenden Kultusminister JOHANN PAUL FREIHERR VON FALKENSTEIN[1893] – eine weitaus größere Offenheit für eine Neuorientierung im Verhältnis von Staat und Kirche erwartete, wurde er mit Wirkung zum 1. Oktober 1871 zum Kultusminister ernannt. In den folgenden Jahren realisierte VON GERBER u. a. das dringend zu bewältigende Gesetzesvorhaben zur Neuordnung der Evangelischen Landeskirche und die damit im engen Zusammenhang stehende Reform des sächsischen Volksschulwesens.[1894]

II. Frauenstimmrechte im berufsständischen Selbstverwaltungswesen

Mit § 17 Nr. 3 des *Gesetzes, die Abänderung mehrerer Bestimmungen des Gewerbegesetzes vom 15. Oktober 1861 betreffend, vom 23. Juni 1868,*[1895] wurde nicht nur für Stimmberechtigung und Wählbarkeit ein Zensus von 10 Talern (sowie Vorliegen der Eigenschaft als Kaufmann oder Fabrikant) für die Handelskammern und für die nicht darunterfallenden ein Zensus von einem Taler für die Gewerbekammern eingeführt. Es wurde ebenso die Voraussetzung des männlichen Geschlechts und eines Mindestalters von 25 Jahren für die Handelskammern und – neben weiteren Voraussetzungen – auch für die Wahlen zu den Gewerbekammern der Fabrikanten und Kaufleute festgeschrieben. Ebenso durfte kein Ausschluss vom Stimmrecht nach den Vorschriften der AStO oder LGO vorliegen.

Dieses Gesetz, wie die *Gewerbeordnung des Norddeutschen Bundes vom 21. Juni 1869*[1896], berührten die Frage des Frauenstimmrechts ebenso nicht, wie die mit Einführung der RevStO und RevLGO notwendig gewordenen Anpassungen des Gewerberechts. Das *Gesetz, die direkten Steuern betreffend, vom 3. Juli 1878* beseitigte zwar mit der Gewerbesteuer zugleich auch eine Voraussetzung des bisher geltenden Zensus. An seine Stelle trat das geschätzte Einkommen nach Einkommenssteuergesetz: über 600 Mark für Gewerbekammern und über 1.900 Mark für Handelskammern.[1897]

[1892]vgl. Fn. 297.

[1893]vgl. Fn. 734; V. FALKENSTEIN war seit 1853 Kultusminister.

[1894]Dazu ausführlich BÜRGER, Carl Friedrich Wilhelm von Gerber, S. 121ff.

[1895]In: GVBl. 1868, Bd. 1, S. 335-341, 338ff. (§ 17); vgl. dazu GENSEL, Stimmrecht, insbes. S. 4ff.

[1896]Siehe oben, Fn. 1577.

[1897]vgl. Art. 2 d. G., in: GVBl. 1878, S. 153-156, 153f.; vgl. GENSEL, Stimmrecht, S. 7f.

Erst das *Gesetz, die Handels- und Gewerbekammern betreffend, vom 4. August 1900*[1898] billigte dann in seinem § 7 Nr. 1 das Wahlrecht bei den Urwahlen zu den Handelskammern ausdrücklich allen natürlichen und juristischen Personen entsprechend ihres Gewerbes zu. Entsprechendes galt auch für die Urwahlen zu den Gewerbekammern nach § 8 d. G.[1899] Damit waren nun auch Frauen „wahlberechtigt“, hatten aber nach § 10 Abs. 3 d. G. die Möglichkeit, sich – und zwar fakultativ – durch einen Bevollmächtigten vertreten zu lassen. Zu Wahlmännern wie Kammermitgliedern wählbar waren dagegen gemäß § 12 Abs. 1 d. G. nur wahlberechtigte männliche Personen.[1900] Ausnahmen bildeten hier Frauen als gesetzliche Vertreterinnen von juristischen Personen, die in dieser Eigenschaft prinzipiell wählbar waren.[1901]

III. Das Frauenstimmrecht in der Selbstverwaltung der Sozialversicherung

Mit dem Fortschreiten der Industrialisierung nahm auch der Anteil der allein lebenden Menschen ohne nähere Zugehörigkeit zu einer, ihnen im Bedarfsfall soziale Absicherung bietenden Familie oder Nachbarschaft zu. Aus den sozialen Schäden der industriellen Revolution erwuchs ein Bedürfnis nach einer von diesen Beziehungen unabhängigen solidarischen Sicherung. Soziale Verwerfungen bisher unbekannten Ausmaßes, die Armut ganzer Bevölkerungsschichten bis hin zu Massenelend, schufen zunehmend gesellschaftlichen Sprengstoff, der die bürgerliche Ordnung gefährdete.[1902]

Auf der Grundlage des alten Systems der Unterstützungskassen in einzelnen Erwerbszweigen, wurde zwar schon in den 1870er Jahren versucht, zumindest teilweise einen Beitrittszwang für die gewerblichen (Kranken-)Hilfskassen einzuführen.[1903] Die sozialpolitischen Aktivitäten blieben aber in den 1870er Jahren nach wie vor unzulänglich und konnten der Arbeiterschaft längst keine ausreichende Absicherung gewährleisten. Angesichts der sich formierenden Sozialdemokratie, die ihrerseits beanspruchte, Vorkämpferin für die Interessen einer „Arbeiterklasse“ zu sein, versuchte Reichskanzler OTTO VON

[1898] In: GVBl. 1900, S. 865-873; vgl. HEYMANN, Das Wahlrecht der Frauen zu den Handelskammern, S. 25f.

[1899] GVBl. 1900, S. 867f.

[1900] a.a.O., S. 869.

[1901] So HEYMANN, a.a.O., S. 25.

[1902] Näher dazu wie im folgenden STOLLEIS, Geschichte des Sozialrechts, S. 36ff.; SCHLICKE, Die Entwicklung, S. 25ff.; ROSENBUSCH, Frauenwahlrecht, S. 124ff.

[1903] vgl. Gesetz über die eingeschriebenen Hülfskassen. Vom 7. April 1876, in: RGBl. 1876, S. 125-133.

BISMARCK (1815-1898) – erfolglos – mit seiner Sozialpolitik, die Arbeiterschaft nach bürgerlichen Vorstellungen in die Gesellschaft zu integrieren und so der Agitation der Sozialdemokraten endgültig den Boden zu entziehen.[1904]

Zunächst wurde mit dem *Gesetz, betreffend die Krankenversicherung der Arbeiter vom 15. Juni 1883*, das zum 1. Dezember 1884 in Kraft trat,[1905] eine Krankenversicherung vorerst für Arbeiter geschaffen. Mit dem *Unfallversicherungsgesetz vom 6. Juli 1884*, das am 1. Oktober 1885 in Kraft trat,[1906] und dem *Gesetz, betreffend die Alters- und Invaliditätsversicherung, vom 22. Juni 1889*, in Kraft getreten am 1. Januar 1891,[1907] kamen schließlich noch Versicherungen gegen Unfall, Invalidität und Altersarmut hinzu.

So räumte etwa das Krankenversicherungsgesetz von 1883 in den §§ 34 ff. das aktive wie passive Wahlrecht zur Generalversammlung und dem Vorstand der Ortskrankenkassen allen Kassenmitgliedern ein, sofern diese „großjährig" und im Besitz der bürgerlichen Ehrenrechte waren.[1908] Das galt nach § 64 ebenso für die Betriebskrankenkassen, nach §§ 72 Abs. 3 i. V. m. 64 d. G. für die Baukrankenkassen.[1909] Für die Gemeindekrankenversicherung, die etwa den Dienstboten und anderen, sonst nicht von einer Krankenversicherung umfassten Berufsgruppen offen stehen sollte, bestanden dagegen keine aus der Mitte der Mitglieder gewählten Vertretungsorgane.

Die Sozialversicherungsgesetze stellten die Frauen in gewissem Rahmen den Männern gleich.[1910] Die weitgehende Zwangsmitgliedschaft in der gesetzlichen Sozialversicherung sollte mit einer genossenschaftlichen Selbstverwaltung ein Gegengewicht erhalten. Bei den Wahlen für die Krankenkassen, die somit der Selbstverwaltung der Versicherten unterstanden, besaßen auch Frauen das volle aktive und passive Wahlrecht für die Vertreterversammlungen, die Vorstände und Ausschüsse. Von der Wählbarkeit zu der Aufsichtsinstanz der Versicherungsämter, wie auch von den höheren Verwaltungsstellen, waren sie dagegen ausgeschlossen.[1911]

Die Beteiligung an Krankenkassenwahlen war in den ersten Jahren nach ihrer Einrichtung allgemein gering. Durch ihre Überzeugungsarbeit gelang es den

---

[1904]vgl. KÖLLMANN, Politische und soziale Entwicklung, in: Die deutschen Parteien, hrsg. v. RITTER, S. 320f.

[1905]In: RGBl. 1883, S. 73-104; vgl. dazu STOLLEIS, a.a.O., S. 76ff.; SCHLICKE, a.a.O., S. 25ff.

[1906]In: RGBl. 1884, S. 69-111; vgl. SCHLICKE, a.a.O., S. 33ff.

[1907]In: RGBl. 1889, S. 97-144; vgl. SCHLICKE, a.a.O., S. 39ff.

[1908]RGBl. 1883, S. 86f.

[1909]a.a.O., S. 95f. und 98f.

[1910]vgl. Frauenstimmrecht in der Praxis, S. 132f.

[1911]Daran änderte sich auch mit § 47 Abs. 1 der RVO von 1911 (RGBl. 1911, S. 505-838, 518) nichts.

Frauenstimmrechtsvereinen, die Teilnahme von Frauen wesentlich zu erhöhen.[1912] Die relativ weit gehende Gleichstellung der Frauen im Wahlrecht zu den Selbstverwaltungskörperschaften der Sozialversicherung wurde zu einer beliebten Argumentationsbasis für das politische Wahlrecht der Frauen.[1913]

IV. Zwischenfazit

Im Zuge der Zweiten Staatsreform entwickelten sich neben der Ausweitung der Selbstverwaltung in den Städten und Landgemeinden Ansätze einer Selbstverwaltung auch in anderen Bereichen des öffentlichen Lebens. Das betraf etwa die mit der Kirchenvorstands- und Synodalordnung von 1868 neu eingerichteten Kirchenvorstände. Sie wurden durch Wahl von den Gemeindemitgliedern bestimmt. Allerdings waren hier ausschließlich Männer stimmberechtigt und wählbar. Gleiches galt auch nach wie vor für den Bereich der Handels- und Gewerbekammern. Zwar hatten Frauen spätestens auf der Grundlage der Gewerbeordnung des Norddeutschen Bundes die gleiche Gewerbefreiheit erhalten wie Männern, von den Vertretungsgremien der Kammern waren sie aber – noch bis zum Jahre 1900 – sowohl als Wähler wie Mitglieder ausgeschlossen.

Dagegen sah die in den 1880er Jahren unter Bismarck geschaffene Sozialversicherung in weiten Bereichen der Vertretungen der Kassen nunmehr auch ein Stimmrecht für Frauen vor. Lediglich von höheren Positionen blieben sie auch hier ausgeschlossen. Diese Partizipationsrechte wurden von Seiten der Frauenbewegung als Argumentationsgrundlage für die Einführung des politischen Wahl- und Stimmrechts für Frauen aufgegriffen.

[1912]Frauenstimmrecht in der Praxis, S. 134.

[1913]Näher dazu sogleich in Kap. VI, S. 424ff.

SECHSTES KAPITEL
Die Zeit von den Wahlrechtskämpfen um 1900 bis zum Ende der Monarchie in Sachsen 1918

§ 14 DIE BEDEUTUNG DER FRAGE DES FRAUENWAHLRECHTS IN DEN WAHLRECHTSKÄMPFEN 1895-1909 UND IN DER WEITEREN ENTWICKLUNG DES WAHLRECHTS ZUR STÄNDEVERSAMMLUNG

Nach einer Phase besonders starken Bevölkerungszuwachses in den 1870er und 1880er Jahren fiel Sachsen wieder unter den Durchschnitt des Kaiserreiches zurück und hatte einen Einbruch bei der Geburtenrate ebenso zu verzeichnen wie deutliche Wanderungsverluste. Zwar blieb Sachsen auch in den 1890er Jahren ein industrielles Zentrum mit – im Gegensatz etwa zu Preußen – vor allem kleinen und mittleren Unternehmen, war aber zunehmend sozialen Verwerfungen und Wohnungselend ausgesetzt.

Zu dieser Zeit war Sachsen der deutsche Bundesstaat mit den meisten Arbeiterinnen. Diese Frauen verdrängten infolge ihrer deutlich geringeren Entlohnung trotz weitgehend gleicher Arbeit, männliche Arbeitskräfte aus der Industrie und selbst aus der Metallindustrie. Im Jahre 1895 waren 33 Prozent aller Industriearbeiter weiblich, in der Textilindustrie sogar 54 Prozent. Hinzu kam eine sprunghafte Zunahme der Beschäftigung von Kindern und Jugendlichen.

Die Wirtschaftskrise von 1901/02 erwies sich in besonderem Maße für die sächsische Wirtschaft als kritisch, da sie stark exportorientiert war. Dies trug zu einer weiteren Polarisierung und Verschärfung in den politischen Auseinandersetzungen bei, wie etwa bei den Auseinandersetzungen um das Landtagswahlrecht in den Wahlrechtskämpfen.[1914]

I. Das Erstarken der Sozialdemokratie in Sachsen und das „Kartell der Ordnungsparteien“

Der Umgang mit dem Wahlrecht von 1868[1915] war – angesichts sozialdemokratischer Wahlerfolge – vor allem durch die Angst einer gebildeten Minderheit vor einer Beherrschung durch die weithin ungebildete Masse geprägt. Zunächst erfüllte dieses Wahlrecht auch seinen Zweck, die besitzlosen Massen von der politischen Partizipation fernzuhalten: An der ersten Wahl der

---

[1914] RITTER, Das Wahlrecht, in: Der Aufstieg der deutschen Arbeiterbewegung, hrsg. v. DEMS./ MÜLLER-LUCKNER, S. 50ff.; KÖTZSCHKE/KRETZSCHMAR, Geschichte Sachsen, S. 370ff.; BEYER, Der Kampf der deutschen Sozialdemokratie, S. 1ff.

[1915] Siehe dazu oben, Kap. V, S. 264ff.

Zweiten Kammer auf der Grundlage des 1868er Wahlrechts, einer Integralerneuerung,[1916] hatten die Sozialdemokraten aus Protest gegen die Beschränkung des sächsischen Landtagswahlrechts gegenüber dem Wahlrecht zum Reichstag des Norddeutschen Bundes nicht einmal teilgenommen.[1917]

Infolge der Ausweitung der Steuerbemessung und des allmählichen Wertverlustes des Geldes hatte die Wirkung des Ein-Thaler-Zensus nicht lange angehalten. Das begünstigte eine allmähliche Verschiebung der politischen Machtverhältnisse in Sachsen. Im Jahre 1877 war es den Sozialdemokraten erstmals gelungen, einen Abgeordneten in die Zweite Kammer zu entsenden: Der Leipziger Rechtsanwalt und frühere Bürgermeister von Adorf, OTTO EMIL FREYTAG (1835-1917)[1918], bekam in einer Ersatzwahl in Crimmitschau ein Mandat für die Zweite Kammer zugesprochen, nachdem die Wahl des eigentlich dort gewählten WILHELM LIEBKNECHT für ungültig erklärt worden war, da ihm mit dem mindestens dreijährigen Besitz der sächsischen Staatsangehörigkeit eine Voraussetzung des passiven Wahlrechts fehlte.[1919]

Mit dem Erscheinen der Sozialdemokraten in der Zweiten Kammer der sächsischen Ständeversammlung sorgten diese für eine Annäherung der Liberalen an die Konservativen auf den Landtagen, so dass sich diese bürgerlichen „Ordnungsparteien" zu einem „Kartell" formierten.[1920] Durch eine strikte Abgrenzungsstrategie wollten sie dem Vordringen sozialdemokratischen Einflusses Einhalt gebieten und die Dominanz bürgerlicher Kräfte in Sachsen erhalten. Die Sozialdemokraten sollten nach Möglichkeit auch von einer Vertretung in der Zweiten Kammer überhaupt ferngehalten werden. Dazu führten die Ordnungsparteien Wahlabsprachen in den Wahlkreisen durch und brachten damit im Regelfall stets dann, wenn sie sich auf einen Kandidaten einigten, diesen auch durch.[1921] Diese Politik der Ordnungsparteien war bis etwa

---

[1916] Neubesetzung der gesamten Kammer.

[1917] SCHMEITZNER/RUDLOFF, Geschichte der Sozialdemokratie, S. 15. Jedoch trat man bereits bei den Ergänzungswahlen im Jahre 1871 mit einigen Kandidaten an. Zu den politischen Mehrheitsverhältnissen in der Zweiten Kammer näher SCHIMMEL, Die Entwicklung des Wahlrechts, S. 91ff.; THÜMMLER, Die sozialökonomische Zusammensetzung, S. 16ff.

[1918] Zur Person vgl. Sächsische Parlamentarier, hrsg. v. DÖSCHER/SCHRÖDER, S. 374.

[1919] GERHARD SCHMIDT, Der sächsische Landtag, in: Beiträge zur Archivwissenschaft, hrsg. v. GROß/KOBUCH, S. 457; LÄSSIG, Wahlrechtskampf, S. 50 Fn. 33; SCHMEITZNER/RUDLOFF, a.a.O., S. 15.

[1920] Eine zeitgenössische Bewertung dieses Bündnisses aus sozialdemokratischer Sicht findet sich in: Phrasen und Schlagworte, S. 17f.

[1921] RITTER, Das Wahlrecht, in: Der Aufstieg der deutschen Arbeiterbewegung, hrsg. v. DEMS./MÜLLER-LUCKNER, S. 71; vgl. auch den Abg. KARL WILHELM STOLLE, in: Mitth. über die Verh. d. LT 1895/96, Bd. 1, 2. K., S. 157, am 10. Dezember 1895: „Nach dem Schluß des vorigen Landtages traten 109 Herren von der Ersten und Zweiten Kammer zu einem Cartell zusammen, um das Fortschreiten der Socialdemokratie zu verhindern".

1903 erfolgreich.[1922] Erschwerend kam für die Sozialdemokraten noch hinzu, dass man aus eigener Kraft vorerst – bis zu den Ergänzungswahlen von 1891 – auch die für Anträge notwendigen zehn Unterstützungsunterschriften in der Zweiten Kammer nicht zusammen bekam.[1923]

Nach einer anfänglichen leichten Mehrheit der liberalen Gruppierungen über die Konservativen in den 1870er Jahren wurde die Zweite Kammer seit 1881 bis zur Wahlrechtsänderung von 1909 von den Konservativen beherrscht. Für die Sozialdemokraten erwies sich demgegenüber bereits die Wahlkreiseinteilung als sehr ungünstig. Entgegen der tatsächlichen Verteilung der Bevölkerung dominierten die 45 ländlichen die 37 städtischen Wahlkreise auf den Landtagen.[1924] Zudem setzte das geltende sächsische Wahlgesetz von 1868 für eine Kandidatur mit dem Zensus von 10 Thl. (30 M.) Staatssteuern[1925] und einer mindestens dreijährigen sächsischen Staatsangehörigkeit für das passive Wahlrecht eine Hürde, die dazu führte, dass die Sozialdemokraten zunächst nur schwer geeignete Landtagskandidaten finden konnten. Somit traten ihre Kandidaten anfangs nur in einem Teil der Wahlkreise an. Erst kurz vor dem Auslaufen des Sozialistengesetzes wurden in sämtlichen Wahlkreisen eigene Kandidaten ins Rennen geschickt. Bisher hatten das nur die Konservativen geschafft. Ebenso gelang es, Ende der 1880er Jahre die Wahlbeteiligung merklich zu erhöhen und vor allem bisher nicht Wahlberechtigte für die Sozialdemokraten zu gewinnen.[1926] Die bürgerlichen Parteien konnten aufgrund ihrer schwachen Strukturen und geringen Mitgliederzahlen der politischen Propaganda nur schwer etwas entgegensetzen und waren den Wahlkämpfen kaum mehr gewachsen, so dass sich im bürgerlichen Lager eine „gewisse Ratlosigkeit" breitmachte.[1927]

Zwar gelang es den Sozialdemokraten, sich im Landtag zu stabilisieren, von der Zugehörigkeit zu den Deputationen blieben sie jedoch ausgeschlossen.[1928] Die Zahl ihrer Abgeordneten stieg bis 1895 auf 14. Das war mehr als ein

[1922] RITTER, a.a.O., S. 52; SCHMEITZNER/RUDLOFF, Geschichte der Sozialdemokratie, S. 23ff.; LÄSSIG, Wahlrechtskampf, S. 61ff.; DIES., Wahlrechtsreformen, in: Modernisierung und Region, hrsg. v. DERS./POHL, S. 133; RETALLACK, Wahlrechtskämpfe, in: DH 80 (2004), H. 4, S. 15ff.; RITTER, Wahlen und Wahlpolitik, in: Sachsen im Kaiserreich, hrsg. v. LÄSSIG/POHL, S. 40ff.; vgl. SCHRÖDER, Wahlen und Wahlrecht, in: Wahlen und Wahlkämpfe, hrsg. v. RITTER, S. 128f.

[1923] Schmeitzner/Rudloff, a.a.O., S. 16ff.

[1924] RITTER/NIEHUSS, Wahlgeschichtliches Arbeitsbuch, S. 163ff.; vgl. BEYER, Der Kampf der deutschen Sozialdemokratie, S. 17f.

[1925] Siehe dazu oben, Kap. V, S. 280.

[1926] Insbes. bei den Ergänzungswahlen 1887. – Näher dazu LÄSSIG, Wahlrechtskampf, S. 54f. und 65f.

[1927] LÄSSIG, Wahlrechtskampf, S. 60f.

[1928] GERHARD SCHMIDT, Der sächsische Landtag, in: Beiträge zur Archivwissenschaft, hrsg. v. GROß/KOBUCH, S. 458.

Drittel aller sozialdemokratischen Landtagsabgeordneten in den Ländervertretungen des Deutschen Reiches überhaupt.[1929] Nicht zuletzt darin liegt der Ruf Sachsens als das „rote Königreich“ begründet.[1930] Das zunächst hinderliche Zensuswahlrecht wurde jetzt sogar zur Grundlage dafür, um den Landtag als politische Bühne zu nutzen, u. a. auch in der Wahlrechtsfrage.

Mit ihrer Forderung nach einem allgemeinen, gleichen, geheimen und direkten Wahlrecht konnten sich die Sozialdemokraten zwar weiterhin nicht durchsetzen, sahen sich aber zugleich in der Rolle eines Wächters gegen eine Verschlechterung des Wahlrechts. So beklage etwa der Gewerkschaftsfunktionär und Abg. REINHOLD POSTELT (1853-1917)[1931] – wie die Leipziger Volkszeitung berichtete – bei einer Wahlkampfveranstaltung im Leipziger Stadtteil Neusellerhausen die „politische Rückständigkeit“ des Landes im Vergleich zu seiner hohen industriellen Entwicklung, die eine „entschiedene Anteilnahme“ der Arbeiterschaft an den Landtagswahlen erforderlich mache. Die dabei bereits erzielten Erfolge der Sozialdemokraten hätten „in den bürgerlichen Parteien den Gedanken an eine Rückwärtsänderung des geltenden Wahlrechts wachgerufen“. Deshalb hätten die Sozialdemokraten die Pflicht, einer Verschlechterung des Wahlrechts entgegen zu wirken.[1932]

Sowohl die Zahl der Sozialdemokraten wie auch der Anteil weiblicher Mitglieder wuchs rasch an. Von den über 40.000 Sozialdemokraten in Sachsen Ende 1903 waren 1.500 Frauen, also etwa 3,8 Prozent. 1914 waren es von 177.715 Mitgliedern bereits 28.424 (16 Prozent), was dem Reichsdurchschnitt entsprach. Der Frauenanteil an der Mitgliedschaft war dabei im Partei-Bezirk Dresden mit 13,1 Prozent am geringsten und im Bezirk Zwickau mit 20,2 Prozent am höchsten.[1933] Das Hauptbetätigungsfeld sozialdemokratischer Frauen lag in der Bildungsarbeit.[1934]

Die bürgerlichen Parteien erreichten dagegen nur einen Bruchteil der Mitgliederzahlen der Sozialdemokraten. Der 1878 gegründete Konservative Landesverein für Sachsen hatte 1882 lediglich 882 Mitglieder, die Nationalliberalen 1888 nur 838 Mitglieder.[1935] Bemerkenswert ist, dass die Konservativen trotz

---

[1929]In keinem anderen Bundesstaat war man zu dieser Zeit so erfolgreich. – dazu LÄSSIG, Wahlrechtskampf, S. 50; vgl. DIES., Wahlrechtsreformen, in: Modernisierung und Region, hrsg. v. DERS./POHL/RETALLACK, S. 139; BEYER, Der Kampf der deutschen Sozialdemokratie, S. 55.

[1930]Dazu etwa RUDOLPH, Ein „Rotes Königreich“, in: DH 80 (2004), H. 4, S. 3ff.

[1931]Zur Person vgl. Sächsische Parlamentarier, hrsg. v. DÖSCHER/SCHRÖDER, S. 444.

[1932]LVZ Nr. 240 vom 15. Oktober 1895.

[1933]HEIDENREICH, Arbeiterkulturbewegung, S. 43ff.

[1934]Zur sozialdemokratischen Frauenarbeit in Sachsen vgl. HEIDENREICH, a.a.O., S. 88f. und 101f.

[1935]LÄSSIG, Wahlrechtskampf, S. 60.

dieser schwachen Strukturen zeitweilig sogar eine Zweidrittelmehrheit in der Zweiten Kammer hatten.[1936] Frauen waren im Kaiserreich bis in die Zeit nach der Jahrhundertwende lediglich in einzelnen Ausnahmefällen als Mitglieder bürgerlicher Parteien zugelassen.[1937] Die Mitarbeit von Frauen wurde allerdings aus der Frauenbewegung auch kritisch gesehen und geradezu als schädlich für den Kampf für das Frauenstimmrecht betrachtetet, da der „Parteigeist" Frauen in den Parteiorganisationen den größeren Blick für ihre Kulturaufgabe der Frauenbewegung verstelle und ihre Arbeitskraft für die Interessen von Männern ausgenutzt werde, anstatt dass sie ihren eigenen Zielen zugutekommen könne.[1938]

II. Die Einführung des Dreiklassenwahlrechts in den Gesetzen vom 27. und 28. März 1896

Die Ergebnisse der Reichstagswahlen, bei denen die Sozialdemokraten in Sachsen im Jahre 1890 42 Prozent und im Jahre 1893 45,8 Prozent der Stimmen erhalten hatten,[1939] riefen Befürchtungen einer sozialdemokratischen Mehrheit in der Zweiten Kammer hervor. Die Einkommenssituation der Arbeiter hatte sich inzwischen derart positiv verändert, dass zu befürchten war, dass immer mehr der bei den Reichstagswahlen sozialdemokratisch wählenden Arbeiter nun auch das Wahlrecht bei den Landtagswahlen bekommen würden.[1940] Somit war es naheliegend, einer derartigen Verschiebung der Mehrheitsverhältnisse durch die Abänderung des Wahlrechts entgegen zu wirken.

Während in der Folge die Ordnungsparteien schon aufgrund ihres Selbstverständnisses als Honoratiorenparteien keine Veranlassung sahen, durch eine gezielte Mobilisierung der breiten Massen ihre Anhängerschaft zahlenmäßig zu vermehren, versuchten die Sozialdemokraten gerade unter dem Eindruck des Sozialistengesetzes[1941] diesen Weg gezielt zu beschreiten. Damit gewannen in Sachsen auch die Landtagswahlkämpfe an Bedeutung.[1942]

[1936]RITTER, Das Wahlrecht, in: Der Aufstieg der deutschen Arbeiterbewegung, hrsg. v. DEMS./MÜLLER-LUCKNER, S. 72, Tabelle 7.

[1937]vgl. dazu ROSENBUSCH, Frauenwahlrecht, S. 321ff., allerdings nur mit Beispielen aus anderen Bundesstaaten; HEYMANN, Wird die Mitarbeit..., in: Kultur und Fortschritt Nr. 392 (1911), S. 11f.

[1938]So HEYMANN, a.a.O., S. 3ff.; vgl. CLEMENS, Der Kampf um das Frauenstimmrecht, in: „Heraus mit dem Frauenwahlrecht", hrsg. v. WICKERT, S. 61f.

[1939]RITTER/NIEHUSS, Wahlgeschichtliches Arbeitsbuch, S. 89.

[1940]RITTER, Das Wahlrecht, in: Der Aufstieg der deutschen Arbeiterbewegung, hrsg. v. DEMS./ MÜLLER-LUCKNER, S. 74.

[1941]Gesetz gegen die gemeingefährlichen Bestrebungen der Sozialdemokratie vom 21. Oktober 1878, in: RGBl. 1878, S. 351-358.

[1942]vgl. LÄSSIG, Wahlrechtskampf, S. 53 und 60.

1. Die Vorgeschichte der Gesetzentwürfe von 1896

Die Wahlrechtsänderung wurde schließlich sogar durch die Sozialdemokratie selbst in Gang gebracht.[1943] Schon zu Beginn des Landtags von 1895/96, am 15. November 1895, hatten sie ihren Wahlrechtsantrag aus dem Jahre 1893 wortgleich als „Antrag Fräßdorf und Genossen" erneut eingebracht. Danach sollte die Zweite Kammer den Beschluss fassen, „die Regierung zu ersuchen, noch diesem Landtage einen Gesetzentwurf vorzulegen, durch welchen das allgemeine, gleiche und direkte Wahlrecht mit geheimer Abstimmung für alle Staatsangehörigen vom 21. Lebensjahre an zur Einführung gelangt und das Gesetz vom 3. Dezember 1868, die Wahlen für den Landtag betreffend, aufgehoben wird".[1944] Der Antrag, der wiederum ausdrücklich alle Staatsangehörigen meinte, beinhaltete damit auch die Einführung des Wahlrechts für Frauen.[1945]

Der sozialdemokratische Abg. KARL WILHELM STOLLE stützte sich bei der Einbringung des Antrags im Plenum u. a. darauf, dass nach der Steuereinschätzung von 1894 50,2 Prozent aller Eingeschätzten durch das geltende Zensuswahlrecht vom Wahlrecht ausgeschlossen seien, ging aber auf die Frage des Frauenwahlrechts nicht gesondert ein.[1946]

Die bürgerliche Mehrheit beschränkte sich angesichts der zunehmend schärferen Agitation der Sozialdemokraten nun nicht mehr nur allein auf die Ablehnung, sondern nahm erstmals aktiv an der Debatte im Plenum teil: In der Vorberatung des sozialdemokratischen Antrags in der Sitzung der Zweiten Kammer vom 10. Dezember 1895 ging die konservative Fraktion unter Führung KARL PAUL MEHNERTS (1852-1922)[1947] – für die Sozialdemokraten offenbar in dieser Brillanz und Schärfe völlig überraschend – zum Gegenangriff über und stellte mit weiteren 63 Mitgliedern der Zweiten Kammer einen Gegenantrag, den auch sämtliche Abgeordneten der nationalliberalen und der

[1943] vgl. im Folgenden MAYER, Staatsrecht, S. 126f.; DIERSCH, Die geschichtliche Entwicklung, S. 189ff.; PACHE, Geschichte des sächsischen Landtagswahlrechts, S. 8ff.; OPPE, Die Reform des Wahlrechts, in: JöR 4 (1910), S. 376; SCHIMMEL, Die Entwicklung des Wahlrechts, S. 108ff.; SCHMEITZNER/RUDLOFF, Geschichte der Sozialdemokratie, S. 25ff.; sowie auch ROSENBUSCH, Frauenwahlrecht, S. 83f.; BEYER, Der Kampf der deutschen Sozialdemokratie, S. 76ff. und den *Bericht der Gesetzgebungs-Deputation der zweiten Kammer über die durch das Königliche Dekret Nr. 21 vorgelegten Entwürfe A. Eines Gesetzes, eine Abänderung von § 2 des Gesetzes vom 3. Dezember 1868, die Wahlen für den Landtag betreffend, B. eines Gesetzes, die Wahlen für die zweite Kammer der Ständeversammlung betreffend. Eingegangen am 28. Februar 1896*, in: LA 1895/96, Ber. 2. K., 1. Bd., 1. Theil, S. 447-515, 447ff.

[1944] LA 1895/96, Ber. 2. K., Bd. 1, 1. Theil, S. 1.

[1945] GERHARD SCHMIDT, Der sächsische Landtag, in: Beiträge zur Archivwissenschaft, hrsg. v. GROß/KOBUCH, S. 458; BEYER, Der Kampf der deutschen Sozialdemokratie, S. 80.

[1946] Mitth. über die Verh. d. LT 1895/96, 2. K., Bd. 1, S. 158.

[1947] Zur Person vgl. Sächsische Parlamentarier, hrsg. v. DÖSCHER/SCHRÖDER, S. 425f.

Fortschrittspartei unterzeichneten: „In der Erwägung, daß das allgemeine gleiche, direkte und geheime Wahlrecht den Verhältnissen und Interessen des Landes nicht entspricht, in der Erwägung, daß diesen Interessen eine Änderung des Wahlrechts nur dient in der Richtung, daß das Wahlsystem auf dem Prinzip des Verhältnisses der Leistungen der einzelnen Staatsbürger an direkten Staatssteuern aufgebaut wird unter ausdrücklicher Wahrung des Grundsatzes, daß eine Entziehung des Wahlrechts derjenigen, die dasselbe jetzt besitzen, nicht eintritt, wolle die Kammer beschließen: über den Antrag Fräßdorf zur Tagesordnung überzugehen.“[1948]

MEHNERT vertrat in seiner Antragsbegründung die Überzeugung, dass man die Einführung des allgemeinen Wahlrechts nicht mehr vorantreiben könne, „wenn nicht die größten Gefahren für eine gesunde und fördersame Weiterentwicklung unseres Staats- und Volkslebens entstehen sollen“.[1949] Eine völlige Gleichheit aller Steuerzahler im Wahlrecht dürfe es schon deshalb nicht geben, weil dann auch vermögende Unmündige mit wählen können müssten. Jede Wahl ziehe zudem aufgrund der politischen Agitation und falscher Versprechungen im Wahlkampf ein „Defizit der öffentlichen Moral“ nach sich.[1950] Das allgemeine Wahlrecht führe nur „zur Herrschaft der brutalen Masse“. Auch wandte er sich entschieden gegen eine geheime Wahl, da diese der Beeinflussung der Wähler Vorschub leiste, wie sie von Seiten der Sozialdemokraten schon jetzt zu beobachten sei. Die sozialdemokratischen Wahlrechtsforderungen waren für ihn letztlich nichts Anderes als „eine unerhörte Provocation gegen die Mehrheit dieses Hauses“.[1951]

Die „wüste Agitation“ durch „berufsmäßige Agitatoren“ hetze die Bevölkerung unnütz auf. Die Teilnahme an diesen Wahlversammlungen sei ganz besonders für jugendliche Teilnehmer schädlich.[1952] Es blieben „viele hochgebildete Männer“ von der Wahl fern, weil sie das mittlerweile üblich gewordene „Umschmeicheln der Massen“, der „Lug und Trug“ und der „Schmutz und Koth“, durch den die Kandidaten und Wahlkämpfer gezogen würden, abschreckten.[1953]

[1948] *Antrag zu Drucksache Nr. 1. Eingegangen am 10. Dezember 1895*, in: LA 1895/96, Ber. d. 2. K., Bd. 1, 1. Theil, S. 32; Mitth. über die Verh. d. LT 1895/96, Bd. 1, 2. K., S. 174; vgl. dazu wie im folgenden RITTER, Wahlen und Wahlpolitik, in: Sachsen im Kaiserreich, hrsg. v. LÄSSIG/ POHL, S. 62ff.; GOLDT, Parlamentarismus, S.40f.; BEYER, Der Kampf der deutschen Sozialdemokratie, S. 83ff.

[1949] Mitth. über die Verh. d. LT 1895/96, 2. K., Bd. 1, S. 163-175, hier S. 165.

[1950] a.a.O., S. 167.

[1951] a.a.O., S. 168f.

[1952] a.a.O., S. 170f.

[1953] a.a.O., S. 171.

MEHNERT lehnte eine Anhebung des Wahlalters und des Zensus ab, weil niemand das Wahlrecht verlieren solle, ebenso wie das Pluralwahlrecht[1954], da es in der Praxis noch nicht hinreichend erprobt sei.[1955] Obwohl er im Grundsatz eine Änderung des geltenden Wahlrechts nicht als notwendig erachtete, stellte er dann vier Grundsätze für ein neues Wahlrecht auf: Es sollte zunächst niemandem das Wahlrecht entzogen werden, der es bereits besaß, die Unterscheidung in städtische und ländliche Wahlkreise sollte Bestand haben, keine Integralerneuerung der Kammer erfolgen und – und das war letztlich das Entscheidende – „es ist das indirekte Klassenwahlsystem einzuführen unter besonderen Garantien dafür, daß den reichen Leuten bei diesem Klassenwahlrecht kein übermäßiger Einfluß zu theil wird".[1956]

In seiner Rede hatte MEHNERT auch den grundlegenden Unterschied zwischen dem konservativen und dem sozialdemokratischen Politikverständnis herausgearbeitet. Während seine Partei das Aufkommen von politisch motivierten Konflikten, Parteienkonkurrenz und politischer Polemik verhindern wolle, seien die Sozialdemokraten geradezu darauf aus: Durch eine Politisierung und damit letztlich Aufwiegelung der bisher weitgehend noch unpolitischen wie unvermögenden Massen, seien diese bestrebt, die Fundamente der staatlichen Ordnung wie die grundlegenden Werte der Gesellschaft aus den Angeln zu heben.[1957] Für die Konservativen – wie letztlich für die Regierung – war es auch deshalb angebracht, durch die Einführung eines Dreiklassenwahlrechts nicht nur die politischen Mehrheiten, sondern die politische Welt überhaupt, in ihrem Sinne wieder gerade zu rücken.

Der politische Gegenschlag der Ordnungsparteien traf die Sozialdemokraten offenbar derart unerwartet, dass sie in der laufenden Debatte zu ihrem eigenen Antrag dem Vorstoß der Ordnungsparteien nur noch wenig entgegenzusetzen wussten. HERMANN FRIEDRICH GOLDSTEIN (1852-1909)[1958] mahnte an, dass Sachsen zum „politischen Experimentirtiegel" einer Beschränkung

---

[1954] Zum Begriff Pluralwahlrechts siehe Kap. I, S. 24.

[1955] a.a.O., S. 171.

[1956] a.a.O., S. 172f.; LA 1895/96, Ber. 2. K., 1. Bd., 1. Theil, S. 448.

[1957] Mitth. über die Verh. d. LT 1895/96, 2. K., Bd. 1, insbes. S. 166ff. Zum Widerstreit dieses politischen „Code" vgl. LÄSSIG, Wahlrechtskampf, S. 69ff.

[1958] Er gehörte 1891-1899 und 1905-1909 der Zweiten Kammer an. – zur Person vgl. SCHMEITZNER/RUDLOFF, Geschichte der Sozialdemokratie, S. 191f.; Sächsische Parlamentarier, hrsg. v. DÖSCHER/SCHRÖDER, S. 378f.

des Wahlrechts im gesamten Kaiserreich gemacht werde solle, womit er – ohne es zu wissen – sogar Recht hatte.[1959]

Was die sozialdemokratische Forderung nach dem Frauenwahlrecht betraf, so war auch LOTHAR OTTOKAR WILHELM STREIT,[1960] Vertreter der Freisinnigen Volkspartei[1961], nicht verborgen geblieben, dass die Sozialdemokraten das Wahlrecht nicht nur „auf alle Personen in dem Alter von 21 bis mit 25 Jahren" und selbst solche, „denen die bürgerlichen Ehrenrechte entzogen sind, oder Leuten in besonderen Lagen, das Wahlrecht genommen werde," ausdehnen wollten. Es sollten *alle* Staatsangehörigen das Wahlrecht erhalten und er befürchtete, dass die Sozialdemokraten „noch so weit [gehen], daß sie das Wahlrecht sogar auf das weibliche Geschlecht ausdehnen und so die politischen Kämpfe selbst in die Familie tragen wollen". Das sei Ausdruck des sozialdemokratischen Programms. Daher müssten die Ordnungsparteien freilich fest zusammenstehen, um hier Schlimmstes zu verhindern, weshalb auch seine Partei – trotz Bedenken – den Antrag Mehnerts unterstütze.[1962]

MEHNERTS Ausführungen – und die Beiträge der Unterstützer des konservativen Antrages – orientieren sich klar am Vorbild des preußischen Dreiklassenwahlrechts. Dieses unterteilte die Urwähler jedes Wahlkreises nach dem Steueraufkommen in drei Klassen: Zur Ersten Klasse gehörten die Wahlberechtigten mit dem höchsten Steueraufkommen, durchschnittlich etwa vier Prozent, zur Zweiten Klasse zwölf Prozent und zur Dritten Klasse 80 Prozent. Jede dieser Klassen wählte in einem öffentlichen Wahlverfahren ein Drittel der Wahlmänner. Damit hatten die Stimmen der Wähler mit den niedrigsten Steuern,

---

[1959]Mitth. über die Verh. d. LT 1895/96, 2. K., Bd. 1, S.176; vgl. LÄSSIG, Wahlrechtskampf, S. 72. Lediglich der Abg. der antisemitischen Deutschen Reformpartei und Professor an der Technischen Hochschule Dresden, MAX GEORG SCHUBERT (1840-1901), reihte sich als einziger Nicht-Sozialdemokrat in die Reihe der Redner gegen das Dreiklassenwahlrecht ein. Seine Partei nahm in der Wahlrechtsfrage eine ambivalente Haltung ein. Zur Person vgl. DÖSCHER/ SCHRÖDER, a.a.O., S. 465; Mitth. über die Verh. d. LT 1895/96, 2. K., Bd. 1, S. 174.

[1960]vgl. oben, S. 300.

[1961]Die linksliberale Freisinnige Volkspartei (FVp) war im Jahre 1893 aus der Spaltung der Deutschen Freisinnigen Partei (DFsP) hervorgegangen und vertrat vor allem den wirtschaftsliberalen gewerblichen Mittelstand. Zu den Forderungen der Partei zählte u. a. Die Einführung des Reichstagswahlrechts in den Bundesstaaten. Der andere Teil der DFsP bildete die sozialreformerisch ausgerichtete Freisinnigen Vereinigung (FVg), die sich für eine weitgehende Demokratisierung und Parlamentarisierung einsetzte und zudem eine Zusammenarbeit mit den Sozialdemokraten anstrebte. 1910 schlossen sich FVp und FVg mit der Deutsche Volkspartei (DtVP) zur linksliberal orientierten Fortschrittlichen Volkspartei (FVP) zusammen. – näher dazu R. KOCH, Freisinnige Volkspartei (FVP), in: Lexikon zur Geschichte der Parteien, hrsg. v. WENDE, S. 107; DERS., Freisinnige Vereinigung (FVg), a.a.O., S. 106.

[1962]Mitth. über die Verh. d. LT 1895/96, 2. K., Bd. 1, S. 190; vgl. auch GERHARD SCHMIDT, Der sächsische Landtag, in: Beiträge zur Archivwissenschaft, hrsg. v. GROß/KOBUCH, S. 459.

obwohl sie den ganz überwiegenden Teil der Wählerschaft ausmachten, nur einen verhältnismäßig geringen Anteil auf die Besetzung der Mandate.[1963]

Jedoch wollte man in einem sächsischen Dreiklassenwahlrecht die preußischen Regelungen nicht unverändert übernehmen, sondern strebte durchaus nicht unwesentliche Korrekturen an.[1964] Auch die Regierung erklärte sich durch Innenminister GEORG VON METZSCH (1836-1927)[1965] mit den Vorschlägen einverstanden und kündigte an, noch auf diesem Landtag dementsprechende Entwürfe vorzulegen.[1966]

Nach dieser sehr umfangreichen Debatte beschloss die Zweite Kammer schließlich mit großer Mehrheit gegen die Stimmen der 14 sozialdemokratischen Abgeordneten den Mehnertschen Antrag.[1967] Die Mehrheit war der Ansicht, dass Personen mit hoher Steuerleistung auch mehr Gewicht bei den Wahlen haben müssten. Allerdings bedeutete das den Verzicht auf eine Gleichheit im Wahlrecht, vor deren Hintergrund auch die leichte Erhöhung der Zahl der Wahlberechtigten im Ganzen keine wirkliche Verbesserung für die große Zahl der Wähler aus unterprivilegierten Bevölkerungsgruppen bringen konnte.

Die Debatte blieb nicht ohne Folgen. Am 22. Dezember 1895 berichtete der Kammerpräsident KARL GUSTAV ACKERMANN (1820-1901)[1968], dass bereits 17 Proteste und Resolutionen gegen die Wahlrechtsänderung eingegangen seien. Diese und mögliche weitere sollten solange zurückgestellt werden, bis das angekündigte Dekret der Regierung vorläge.[1969]

2. Der Inhalt und die Beratungen der Gesetzentwürfe von 1896

Die Regierung kam ihrer Ankündigung schon wenig später nach und legte mit Dekret vom 3. Februar 1896 gleich zwei Gesetzentwürfe vor, den *Entwurf eines Gesetzes, eine Abänderung von § 2 des Gesetzes vom 3. Dez. 1868, die*

[1963]vgl. LA 1895/96, Ber. 2. K., 1. Bd., 1. Theil, S. 449ff.; OPPE, Die Reform des Wahlrechts, in: JöR 4 (1910), S. 377.
[1964]Mitth. über die Verh. d. LT 1895/96, 2. K., Bd. 1, S. 173; zum Dreiklassenwahlrecht vgl. auch MAYER, S. 128; HUBER, Verfassungsgeschichte, Bd. 4, S. 404ff.
[1965]KARL GEORG LEVIN VON METZSCH-REICHENBACH, zur Person vgl. Dresdner Anzeiger, Nr. 523 vom 7. November 1927, S. 1.
[1966]Mitth. über die Verh. d. LT 1895/96, 2. K., Bd. 1, S. 193ff.
[1967]a.a.O., S. 207.
[1968]Zur Person vgl. MATZERATH, Dr. Karl Gustav Ackermann, in: Präsidenten und Abgeordnete, S. 75f.
[1969]a.a.O., S. 450.

Wahlen für den Landtag betreffend, und den *Entwurf eines Gesetzes die Wahlen für die zweite Kammer der Ständeversammlung betreffend.*[1970] Eine Änderung der Verfassung selbst sollte dabei nicht erfolgen.[1971]

Der erstere Gesetzentwurf änderte das Wahlrecht von 1868 dahingehend ab, dass es einerseits notwendige Aktualisierungen, wie z. B. der Ausschlussgründe in § 2 WahlG infolge des neuen Reichsstrafgesetzbuchs,[1972] und andererseits auch entsprechende Anpassungen für das zweite Gesetz vorgenommen werden mussten. „Frauenspersonen" sollten dabei auch nach der Änderung von § 2 lit. a WahlG „vom Stimmrechte" ausgeschlossen bleiben.[1973]

Der Zweite Gesetzentwurf enthielt das eigentliche neue Wahlrecht. Zunächst brachte § 1 d. E. (§ 1 WahlG 1896) die Wiedereinführung des indirekten Wahlrechts. Dabei sollte nach § 2 d. E. (§ 2 WahlG 1896) „auf jede von 500 Seelen ein Wahlmann" entfallen und nach § 3 d. E. (§ 3 WahlG 1896) die Wahlbezirke regelmäßig 1.500 bis 3.499 Seelen umfassen.[1974]

Nach § 7 d. E. (§ 8 WahlG 1896) sollten sich nunmehr die Urwähler in drei Abteilungen (gleichbedeutend mit Klassen) unterteilen. Die Erste Abteilung sollte die höchst besteuerten Urwähler umfassen, auf die ein Drittel des gesamten Steueraufkommens entfiel, mindestens aber alle Urwähler mit einem Steueraufkommen von 300 Mark. Die Zweite Abteilung sollte die nächst niedriger besteuerten Urwähler betreffen, auf deren Steuer insgesamt die Hälfte der übrigen Gesamtsteuersumme entfiel, mindestens aber diejenigen mit 50 Mark Steuern. Alle übrigen Urwähler sollten der Dritten Abteilung zufallen. Für den Fall, dass weniger als drei Urwähler der Ersten oder Zweiten Abteilung angehörten, sollten sie jeweils aus der nächst niedrigeren Abteilung ergänzt werden. Nach oben hin war – etwa im Gegensatz zur

[1970] In: LA 1895/96, Dekr., Bd. 3, S. 331-350; vgl. dazu etwa DIERSCH, Die geschichtliche Entwicklung, S. 194ff.; OPPE, Die Reform des Wahlrechts, in: JöR 4 (1910), S. 376ff.; HOFMANN, Die Entwicklung des Wahlrechts, S. 61ff. RITTER, Das Wahlrecht, in: Der Aufstieg der deutschen Arbeiterbewegung, hrsg. v. DEMS./MÜLLER-LUCKNER, S. 74ff.; LÄSSIG, a.a.O., S. 78f. und BEYER, Der Kampf der deutschen Sozialdemokratie, S. 149ff.

[1971] Eine Verfassungsänderung wäre durch einfaches Gesetz nicht möglich gewesen, sondern hätte nach § 152 Abs. 2 VerfUrk jeweils eine Zweidrittelmehrheit in beiden Kammern bei Anwesenheit einer Mindestanzahl von drei Vierteln ihrer verfassungsmäßigen Mitglieder vorausgesetzt. – vgl. MAYER, Staatsrecht, S. 168.

[1972] Außerdem wurde der Ausschluss derer vom Wahlrecht, die mehr als zwei Jahre ihre Grund- und Einkommenssteuer nicht entrichtet hatten, wieder in das Gesetz aufgenommen.

[1973] LA 1895/96, Dekr., Bd. 3, S. 331.

[1974] a.a.O., S. 333; vgl. GVBl. 1896, S. 45.

preußischen Regelung – für die Berechnung der Gesamtsteuersumme der Steuerbetrag nur bis zu einer Höhe in 2.000 Mark in Ansatz zu bringen.[1975]

Die Abteilungen sollten nach § 9 d. E. (§ 10 WahlG 1896) jeweils getrennt ein Drittel der Wahlmänner des Wahlbezirks wählen, obwohl auf die Dritte Abteilung 94,17 Prozent (!), auf die Zweite Abteilung 4,93 Prozent und auf die Erste Abteilung lediglich 0,1 Prozent der Urwähler entfielen.[1976]

Zum Wahlmann konnten nach § 13 d. E. (§ 14 WahlG 1896) stimmberechtigte Urwähler des Wahlbezirks oder – bei Wahlbezirken mit mehreren Orten – der Gemeinde berufen werden, und zwar unabhängig von ihren eigenen Wahlabteilungen. Diese Wahlmänner, die nach § 22 d. E. (§ 23 WahlG 1896) im Regelfall für die gesamte Wahlperiode im Amt blieben, wählten dann den Abgeordneten. Diese Wahlen waren – ebenso wie die Urwahlen – nach §§ 17, 19 bzw. 28f. d. E. (§§ 18, 20 bzw. 29f. WahlG 1896) geheim. Es galt für sie das Prinzip der absoluten Mehrheit.[1977]

§ 31 d. E. (§ 33 WahlG 1896) enthielt eine Neufassung des § 18 Abs. 1 WahlG 1868, wonach nunmehr der Wohnsitz oder Aufenthalt seit mindestens sechs Monaten im Wahlort und die Leistung von Grund- und Einkommenssteuer nachzuweisen war. Der bisherige Zensus sollte entfallen.[1978] Die übrigen Voraussetzungen des Stimmrechts, das Mindestalter von 25 Jahren und die sächsische Staatsangehörigkeit, blieben unverändert.

§ 32 d. E. (§ 34 WahlG 1896) fasste § 20 des WahlG von 1868 neu, so dass die Wählbarkeit einen Zensus von 30 M. an Grund- und Einkommenssteuer verlangte, wobei „die für die Ehefrau und die unter väterlicher Gewalt stehenden Kinder zu entrichtende Steuer in Anrechnung“ kam.[1979] Damit wurde die Anrechnung bezogen auf das passive Wahlrecht beibehalten, während sie für das aktive mit dem Zensus gestrichen wurde.

Welche verheerenden Auswirkungen dieses Dreiklassenwahlrecht aber dann letztlich auf die Stimmengewichtung der Wähler aus den unteren Einkommensgruppen haben würde, zeigen die Berechnungen, die zum RegE angestellt wurden. So umfasste die Erste Abteilung in den 65 ländlichen

---

[1975] LA 1895/96, Dekr., Bd. 3, S. 333f.; vgl. GVBl. 1896, S. 45f. Nach DIERSCH, a.a.O., S. 195, Anm. 60, entsprach ein Steuersatz von 300 Mark einem Einkommen von 10.000 Mark und ein Steuersatz von 50 Mark einem Einkommen von 2.800 Mark.

[1976] LA 1895/96, Dekr., Bd. 3, S. 334; vgl. GVBl. 1896, S. 46; Abg. FRIEDRICH AUGUST CARL GEYER, in: Mitth. über die Verh. d. LT 1895/96, 2. K., Bd. 1, S. 612f.

[1977] LA 1895/96, Dekr., Bd. 3, S. 335f.; vgl. GVBl. 1896, S. 47ff.

[1978] Damit würde sich die Zahl der Wahlberechtigten leicht erhöhen. – GOLDT, Parlamentarismus, S. 42.

[1979] LA 1895/96, Dekr., Bd. 3, S. 337f.; vgl. GVBl. 1896, S. 50.

Ortschaften zwischen 5 und 67 Personen, was 1,7 bis 10,6 Prozent der Wahlberechtigten entsprach. In den 14 kleineren Städten gehörten 5 bis 36 Personen zur Ersten Abteilung, also 1,6 bis 6 Prozent. In den drei Wahlkreisen Dresden, Leipzig und Chemnitz umfasste die Erste Abteilung zwischen 289 und 518 Personen, 3,1 bis 6,4 Prozent. Dagegen gehörten der Dritten Abteilung in den ländlichen Ortschaften zwischen 102 und 1287 Personen, 58,4 bis 88,5 Prozent aller Wahlberechtigten an. In den kleinen Städten waren es 184 bis 1.041 Personen, 74,2 bis 90,1 Prozent. In den großen Städten umfasste die Dritte Abteilung sogar zwischen 5.134 und 8.929 Personen. Das waren 76,2 bis 81,2 Prozent der Wahlberechtigten in dieser Abteilung.[1980]

In der sozialdemokratischen Leipziger Volkszeitung stießen die Entwürfe erwartungsgemäß auf harsche Kritik. Sie erblickt darin „die politische Entmachtung des sächsischen Volkes", die „den Bankrott der bisher politisch führenden Bourgeoisie" bedeute, da „aus Furcht vor der mächtigen Arbeiterklasse nicht nur den Arbeitern selbst, sondern allen denen, die nicht mehr als 2.800 Mark jährliches Einkommen haben, das Recht, am öffentlichen Leben mitgestaltend thätig zu sein, nach mehr als 25jähriger Ausübung des Wahlrechts grundlos geraubt" werde.[1981]

Die Zweite Kammer führte die Vorberatungen der Entwürfe am 12. und 13. Februar 1896 durch.[1982] Die sehr umfangreiche und erregte Debatte setzte sich eingehend mit den Entwürfen auseinander und führte schließlich – gegen 14 Stimmen – zur Überweisung an die Gesetzgebungsdeputation.[1983] In der Debatte verwies der sozialdemokratische Abg. FRIEDRICH AUGUST CARL GEYER (1853-1937)[1984] aus Leipzig auf eine „Bewegung ... für das Frauenstimmrecht", die schon in einigen Jahren von einer Mehrheit im englischen Parlament unterstützt werde, und deutete damit das „Frauenstimmrecht" als einen Schritt bei der Herausbildung des „allgemeinen gleichen, directen und geheimen Wahlrechts" an.[1985] Für den nationalliberalen Abg. OSKAR

[1980]a.a.O., S. 468f.

[1981]„Leipzig, 7. Februar", in: LVZ Nr. 31 vom 7. Februar 1896; „Die Wahl-‚Reform' in Sachsen.", Nr. 30 vom 6. Februar 1896; vgl. BEYER, a.a.O., S. 152.

[1982]Mitth. über die Verh. d. LT 1895/96, 2. K., Bd. 1, S. 596ff. und 651ff.

[1983]a.a.O., S. 702. Deputationsmitglieder waren LOTHAR OTTOKAR, WILHELM STREIT, FRIEDRICH WILHELM KÜHLMORGEN, KARL AUGUST RUDOLF RÜDER (Berichterstatter), PAUL EMIL HERFURTH, ADOLF OSWALD EULITZ, KARL OSWALD MINCKWITZ, OSKAR PREIBISCH, GUSTAV ROSTOSKY, FRIEDRICH AUGUST LOUIS UHLIG und JOHANN HERMANN UHLIG.

[1984]Zur Person vgl. Sächsische Parlamentarier, hrsg. v. DÖSCHER/SCHRÖDER, S. 377f.

[1985]Mitth. über die Verh. d. LT 1895/96, 2. K., Bd. 1, S. 615.

PREIBISCH (1842-1910)[1986] war die Forderung der Sozialdemokraten nach dem Wahlrecht für Frauen dagegen „vollkommen undiscutirbar".[1987]

Die Deputation legte bereits am 28. Februar ihren weitgehend zustimmenden Bericht zu den Gesetzentwürfen vor,[1988] der aber auch einige Korrekturen enthielt. So schlug die Deputation etwa die Streichung des Passus „väterliche Gewalt" in § 2 lit. b) Änderungsgesetzes zu § 2 Wahlgesetz vor. Ansonsten würden volljährige, selbständige Männer, nur weil sie im väterlichen Haushalt lebten, nicht „stimmberechtigt" sein.[1989] Zur Frage des Wahlrechts von Frauen äußerte sich die Deputation in ihrem Bericht dagegen nicht.

Während sich OSKAR PREIBISCH ganz gegen den Wahlgesetzentwurf und die Notwendigkeit einer Wahlrechtsänderung zum gegenwärtigen Zeitpunkt überhaupt aussprach und sich lediglich mit der Einführung des Pluralwahlsystems[1990] nach belgischem Vorbild einverstanden erklärte,[1991] nahm die Deputationsmehrheit nur eine bedeutsame Änderung am RegE vor: In § 7 Abs. 6 d. E. sollte die Zahl der Urwähler durch die nächst niedriger besteuerten Urwähler aus der Zweiten oder Dritten Abteilung nicht nur bis auf drei, sondern bis auf fünf ergänzt werden, falls der Abteilung nicht ausreichend Urwähler zur Verfügung standen.[1992] Damit entfielen nach dem Vorschlag der Deputation auf jeden Wahlmann mindestens fünf Urwähler, was zu einer gewissen Abmilderung des Dreiklassenwahlrechts führte und den Einfluss einzelner, besonders hoch besteuerter Wahlberechtigter verminderte.

Die Deputation beantragte schließlich, nicht nur die Entwürfe mit den Änderungen zu genehmigen, sondern zugleich auch, „die auf den Wahlgesetzentwurf eingegangenen Erklärungen, Resolutionen und Proteste auf sich beruhen zu lassen" und die auf Wiederaufnahme des Antrags Fräßdorf und

---

[1986] Zur Person vgl. Sächsische Parlamentarier, a.a.O., S. 444f.

[1987] Mitth. über die Verh. d. LT 1895/96, 2. K., Bd. 1, S. 668.

[1988] *Bericht der Gesetzgebungs-Deputation der zweiten Kammer über die durch das Königliche Dekret Nr. 21 vorgelegten Entwürfe A. Eines Gesetzes, eine Abänderung von § 2 des Gesetzes vom 3. Dezember 1868, die Wahlen für den Landtag betreffend, B. eines Gesetzes, die Wahlen für die zweite Kammer der Ständeversammlung betreffend. Eingegangen am 28. Februar 1896*, in: LA 1895/96, Ber. 2. K., Bd. 1, 1. Theil, S. 447-515, insbes. S. 455ff.

[1989] a.a.O., S. 455.

[1990] Zum Begriff vgl. Kap. I, S. 24.

[1991] a.a.O., S. 457f.; vgl. auch den *Bericht der Minderheit der Gesetzgebungs-Deputation der zweiten Kammer über die durch das Königliche Dekret Nr. 21 vorgelegten Entwürfe A. Eines Gesetzes, eine Abänderung von § 2 des Gesetzes vom 3. Dezember 1868, die Wahlen für den Landtag betreffend, B. eines Gesetzes, die Wahlen für die zweite Kammer der Ständeversammlung betreffend. Eingegangen am 28. Februar 1896*, in: LA 1895/96, Ber. 2. K., Bd. 1, 2. Theil, S. 545-550.

[1992] LA 1895/96, Ber. 2. K., Bd. 1, 1. Theil, S. 460.

Genossen gerichteten Petitionen für unzulässig zu erklären.[1993] Damit waren die Proteste gegen ein Dreiklassenwahlrecht zumindest auf dem Wege der Gesetzgebung erst einmal abgeblockt.

In der Beratung dieses Berichts in der Zweiten Kammer am 5. und 6. März 1896[1994] verzichtete die Kammer auf eine Generaldebatte. Gleichwohl machten beide Seiten ihre Positionen mit der gewohnten Polemik wiederholt deutlich. So sah der sozialdemokratische Abg. FRIEDRICH AUGUST CARL GEYER die öffentliche Meinung nicht adäquat berücksichtigt und warf der Deputation vor, sie habe bei ihrem Votum nicht „des öffentlichen Wirkens des gesamten Volkes, der Stellung oder der Stimmung des Volkes gedacht".[1995] HERMANN FRIEDRICH GOLDSTEIN warnte davor, dass das Dreiklassenwahlrecht zu noch mehr Unzufriedenheit führen würde. Er war der Überzeugung, dass sich seine Befürworter damit einen Bärendienst erweisen und dadurch selbst „der Sozialdemokratie endlich zum Siege verhelfen" würden.[1996] Der Nationalliberale HUGO GOTTFRIED OPITZ (1846-1916)[1997] wollte dagegen die Arbeiterschaft „von dem Wahne [befreien], als ob die socialdemokratischen Erfolge bei den Wahlen an seiner Lage etwas bessern können" und lehnte eine Gleichstellung der gesellschaftlichen Klassen ab. Mit einem allgemeinen und gleichen Wahlrecht könnten die Sozialdemokraten „sich der bestehenden Gesellschaft und des Staates bemächtigen". Missstände in der Arbeiterfrage müssten auf dem Boden der derzeitigen Verfassung beseitigt werden.[1998]

Die Sozialdemokraten erklärten schließlich gleich zu Beginn des zweiten Beratungstages, dass sie an der eigentlichen Spezialdebatte nicht teilnehmen wollen, da sie die Einführung des indirekten Dreiklassenwahlrechts schon dem Grundsatz nach ablehnten.[1999] Somit schritt die Debatte ohne größere Kontroversen voran. Aus den Reihen der Ordnungsparteien, d. h. der Konservativen, Liberalen und Freisinnigen, wurde lediglich noch mit einem Antrag von Dr. Mehnert und Genossen in § 7 Abs. 4 WahlGE die Untergrenze für die

[1993] a.a.O., S. 467.

[1994] Mitth. über die Verh. d. LT 1895/96, 2. K., Bd. 2, S. 800ff.; vgl. auch LÄSSIG, Wahlrechtskampf, S. 79f.

[1995] Mitth. über die Verh. d. LT 1895/96, 2. K., Bd. 2, S. 805.

[1996] a.a.O., S. 823.

[1997] Zur Person vgl. Sächsische Parlamentarier, hrsg. v. DÖSCHER/SCHRÖDER, S. 264f.

[1998] Mitth. über die Verh. d. LT 1895/96, 2. K., Bd. 2, S. 830.

[1999] So der Abg. AUGUST WILHELM KADEN, in: Mitth. über die Verh. d. LT 1895/96, 2. K., Bd. 2, S. 866.

Zugehörigkeit zur Zweiten Klasse von 50 auf 38 M. Grund- und Einkommenssteuer herabgesetzt.[2000] Darüber hinaus folgte die Kammer der Deputation nahezu ohne weitere Debatte und stimmte den beiden Gesetzentwürfen mit 56 Stimmen zu.[2001]

In der Beratung des Berichts der Ersten Deputation[2002] der Ersten Kammer am 18. März 1896 unterstützte die Kammer die Wahlrechtsvorlage der Staatsregierung. In der Generaldebatte tat Präsident VON KÖNNERITZ die öffentliche Kritik an den Entwürfen mit den Worten ab, es läge „im Charakter jeder Wahlgesetzvorlage, daß sie Feinde hat und Feinde haben muß".[2003] Ohne weitere Einzelberatung nahm die Kammer die gesamte Vorlage unverändert und einstimmig in der Fassung der Zweiten Kammer an, wie es die Deputation vorgeschlagen hatte.[2004]

Das Gesetz, eine Abänderung von § 2 des Gesetzes vom 3. Dezember 1868, die Wahlen für den Landtag betreffend, vom 27. März 1896, und das Gesetz, die Wahlen für die Zweite Kammer der Ständeversammlung betreffend, vom 28. März 1896,[2005] kamen erstmals bei den Wahlen im September 1897 zur Anwendung.[2006] Eine Integralerneuerung, d. h. eine komplette Neuwahl, der Zweiten Kammer erfolgte gemäß § 38 des neuen WahlG ausdrücklich nicht.

[2000] *Antrag zum Berichte Nr. 113*, in: LA 1895/96, Ber. 2. K., Bd. 1, 2. Theil, S. 696; Mitth. über die Verh. d. LT 1895/96, 2. K., Bd. 2, S. 876f. und 881.

[2001] Mitth. über die Verh. d. LT 1895/96, 2. K., Bd. 2, S. 889f. Es erfolgte noch eine von PAUL MEHNERT, FRIEDRICH WILHELM MAY und ALBERT NIETHAMMER beantragte Korrektur in § 30 WahlGE hinsichtlich der Diäten. – a.a.O., S. 883f.; vgl. BEYER, a.a.O., S. 174ff.

[2002] *Bericht der ersten Deputation der ersten Kammer über das Dekret Nr. 21 vom 3. Februar 1896, den Entwurf eines Gesetzes, eine Abänderung von § 2 des Gesetzes vom 3. Dezember 1868, die Wahlen für den Landtag betreffend, und den Entwurf eines Gesetzes, die Wahlen für die zweite Kammer der Ständeversammlung betreffend. Eingegangen am 10. März 1896*, in: LA 1895/96, Ber. 1. K., Bd. 1, S. 177-187; Deputationsmitglieder waren HERMANN VON NOSTITZ-WALLWITZ, KARL GUSTAV VON WATZDORF, OTTO ROBERT GEORGI, FERDINAND GRAF UND EDLER HERR ZUR LIPPE, KARL LOUIS WEHINGER, HEINRICH FRIEDRICH WILHELM ANDRÉ, FRIEDRICH THEODOR VON ZEZSCHWITZ (Berichterstatter) und HANS VON TREBRA-LINDENAU.

[2003] Mitth. über die Verh. d. LT 1895/96, 1. K., Bd. 1, S. 398ff., hier S. 402.

[2004] a.a.O., S. 404f.; vgl. die *Ständische Schrift auf das Königliche Dekret Nr. 21 über A, den Entwurf eines Gesetzes, eine Abänderung von § 2 des Gesetzes vom 3. Dezember 1868, die Wahlen für den Landtag betreffend, und B, den Entwurf eines Gesetzes, die Wahlen für die zweite Kammer der Ständeversammlung betreffend, vom 19. März 1896*, in: LA 1895/96, Ständische Schriften, S. 46-51.

[2005] In: GVBl. 1896, S. 43-44 und 44-55; vgl. die *Verordnung zur Ausführung des Gesetzes vom 28. März 1896, die Wahlen für die zweite Kammer der Ständeversammlung betreffend, vom 10. Oktober 1896*, a.a.O., S. 141-215.

[2006] *Verordnung, die Vornahme von Ergänzungswahlen zur zweiten Kammer der Ständeversammlung betreffend, vom 10. September 1897*, a.a.O., S. 134f.

3. Die Wahlrechtskämpfe in Sachsen 1896-1906

Bereits vor der Veröffentlichung des Entwurfs hatte in der Öffentlichkeit auf der Grundlage des Beschlusses vom 10. Dezember eine lebhafte Erörterung der Wahlrechtsreform eingesetzt. Auch wandten sich eine große Zahl von Petitionen und Resolutionen gegen die Wahlrechtsverschlechterung.

Als unmittelbare Reaktion auf die erste Beratung der Entwürfe in der Zweiten Kammer hatte die sozialdemokratische Presse zu einer Gegenbewegung gegen die Wahlrechtsänderung aufgerufen und kündigte Protestversammlungen an. Da sich damit in der Weihnachtszeit allerdings niemand auf die Straße locken ließ, setzten die Protestversammlungen erst im Januar 1896 ein. Auf öffentlichen Kundgebungen in Leipzig-Stötteritz Anfang Februar mit 20.000 bzw. 50.000 Teilnehmern traten zwar sogar BEBEL und LIEBKNECHT als Redner auf; sonst blieben außerhalb Leipzigs die Proteste im Januar/Februar 1896 jedoch weitgehend auf Versammlungen in Räumen beschränkt.[2007]

In seiner Rede am 5. Januar 1896 in Leipzig-Stötteritz erörterte LIEBKNECHT die Möglichkeiten einer „blutigen Revolution" und einer „friedlichen Entwicklung und des Fortschritts", warnte aber auch vor einer Überbewertung des Wahlrechts. Denn „das, was uns das deutsche Reich wert macht, ist das allgemeine Wahlrecht, [Herv. i. O.] nimmt man es uns, dann werden wir Feinde des Reiches und bekämpfen es – das Reich, nicht das Volk. Reiche können vergehen, Völker nie".[2008] Somit schienen – zumindest für LIEBKNECHTS Anhängerschaft – die Befürchtungen der bürgerlichen Landtagsmehrheit, die Sozialdemokraten würden das Wahlrechts instrumentalisieren wollen, durchaus nicht unbegründet zu sein.[2009]

Die beginnenden Wahlrechtskämpfe brachten offenbar auch eine rigidere Handhabung des Vereins- und Versammlungsrechts mit sich, die sich auch auf die Teilnahme von Frauen an Versammlungen auswirkte. So berichtet die LVZ am 3. Januar 1896 über das Verbot einer „außergewöhnlichen Versammlung des Wahlvereins" in Johanngeorgenstadt, zu der „auch Frauen Zutritt haben" sollten. In Chemnitz war ein Vortrag – wahrscheinlich eines SPD-

---

[2007] „Klar zum Kampfe wider die Reaktion!" (Aufruf zu Versammlungen z.B. mit Rede Liebknechts in Leipzig-Stötteritz am 5. 1.), LVZ Nr.1 vom 2. Januar 1896; gegen Einführung des „preußischen Dreiklassen-Wahlsystems", Nr. 2 vom 3. Januar 1896 und Nr. 3 vom 4. Januar 1896; vgl. auch den Veranstaltungsbericht in LVZ Nr. 4 vom 7. Januar 1896; sowie LÄSSIG, Wahlrechtskampf, S. 74; SCHMEITZNER/RUDLOFF, Geschichte der Sozialdemokratie, S. 26f.

[2008] „Die Rede Liebknechts", in: LVZ Nr. 4 vom 7. Januar 1896, Beilage.

[2009] So etwa auch hatte der Abg. Otto SCHILL bereits in der Vorberatung der Entwürfe mit Hinweis auf den Breslauer Parteitag der SPD vor einem Missbrauch des Wahlrechts gewarnt, da „das Ziel der Socialdemokratie .. die Dictatur des Proletariats" sei. – Mitth. über die Verh. d. LT 1895/96, 2. K., Bd. 1, S. 181.; vgl. BEYER, a.a.O., S. 102.

Reichstagsabgeordneten – geplant, den die Amtshauptmannschaft mit der Begründung verboten hatte, „daß durch Hinzuziehung von Frauen die Versammlung einen öffentlichen Charakter erhalte". Unter den gleichen Verhältnissen hätten aber Versammlungen früher ungehindert stattfinden können.[2010]

Es gab – insbesondere seit dem Februar 1896 – auch kritische Stimmen unter den königstreuen Arbeitern sowie in bürgerlichen Kreisen. Vor allem die Freisinnige Partei wandte sich in Versammlungen gegen die Regierungspläne und forderte stattdessen die Einführung des Reichstagswahlrechts in Sachsen. Ähnliche Aktivitäten entfalteten auch die antisemitische „Deutsche Reformpartei",[2011] die vor allem die Beschränkung des Wahlrechts im unteren Mittelstand – aus dem sich ihre Klientel rekrutierte – befürchtete. Auch Teile der Nationalliberalen wandten sich gegen die Wahlrechtsänderung, weil sie dadurch den sozialen Frieden gefährdet sahen. Die bürgerlichen Kritiker des Dreiklassenwahlrechts sprachen sich dafür aus, nach süddeutschem Vorbild durch Einbeziehung der Sozialdemokratie in das politische Tagesgeschäft ihr den Radikalismus auszutreiben und deren in der Mehrheit gemäßigte und – so vermutete man – gar konservativ geprägte Anhängerschaft einzubinden. Das sollte auf der Basis des geltenden Wahlrechts geschehen, denn lediglich die Freisinnigen strebten eine Angleichung an das Reichstagswahlrecht an.[2012]

Der Leipziger Hochschullehrer RUDOLPH SOHM (1841-1917)[2013] und der zu dieser Zeit an der dortigen Juristenfakultät lehrende KARL LORENZ BINDING (1841-1920)[2014] wandten sich gemeinsam mit dem Vorsitzenden des Vaterländischen Vereins, HANS VOIGT, in einer als sog. „Fabrikantenpetition" bezeichneten Erklärung gegen die Wahlrechtsänderung an die Öffentlichkeit und sammelten hierfür Unterschriften. Sie befürchteten, dass eine Verschärfung des Wahlrechts eine Gefährdung „der versöhnenden Wirkung der sozialpolitischen Gesetzgebung" darstelle und die Massen nur noch mehr aufhetzen und radikalisieren würde.[2015] Dabei gingen sie ausdrücklich zu den

---

[2010]LVZ Nr. 2 vom 3. Januar 1896, Beilage.

[2011]Die Deutsche Reformpartei (DRP), meist nur als „Antisemiten" bezeichnet, vertrat sowohl antisemitische als auch antikonservative, antikapitalistische und sozialreformerische Positionen. – Näher dazu PRÄTORIUS, Deutsche Reformpartei (DRP), in: Lexikon zur Geschichte der Parteien, hrsg. v. WENDE, S. 92f.

[2012]Näher dazu LÄSSIG, a.a.O., S. 75ff.; vgl. wie im folgenden BEYER, a.a.O., S. 130ff.

[2013]SOHM gehörte 1896 wie FRIEDRICH NAUMANN zu den Mitbegründern des Nationalsozialen Vereins, der u. a. sozialreformerische Ziele vertrat, und sich später überwiegend den Freisinnigen anschloss; zur Person vgl. KIENZLER, Sohm, Rudolph, in: BBKL, Bd. 10, Sp. 743-745.

[2014]Zur Person vgl. STOLZ, Binding, in: NDB, Bd. 2, S. 244-246.

[2015]„Leipziger Angelegenheiten", in: LVZ Nr. 38 vom 15. Februar 1896, 2. Beilage; vgl. „Über Sohms Auftreten im Reichstag", in: LVZ Nr. 31 vom 7. Februar 1896, 2. Beilage, „Professor Sohm über die Wahlrechtsvorlage", in: LVZ Nr. 39.

sozialdemokratischen Forderungen nach einem allgemeinen, gleichen und direkten Wahlrecht nach dem Vorbild des Reichstagswahlrechts auf Distanz und warnten davor, durch das Dreiklassenwahlrecht „in die Arbeitermassen Sachsens plötzlich eine ganz unnötige Verbitterung hineinzutragen und die Stellung der Unternehmer zu erschweren“.[2016]

Aus der Feder des Dresdner Nationalökonoms, nationalliberalen Sozialreformers und Initiators mehrerer gemeinnütziger Vereine, KARL VICTOR BÖHMERT (1829-1918)[2017], stammt ebenfalls eine kritische Auseinandersetzung mit den Wahlgesetzentwürfen. Darin äußert er u. a. die Befürchtung, dass das Wahlrecht einen Keil zwischen Unternehmer und Arbeiter treiben und den sozialen Frieden stören werde.[2018] BÖHMERT verfolgte damit eine ähnliche Argumentation wie die Fabrikantenpetition.[2019]

Diese mäßigenden sozialreformerischen Ansätze blieben bei ihren Adressaten allerdings ohne Wirkung. Von den öffentlich ausgelegten Petitionen war vor allem die *Petition Kluge und Genossen betreffend Wahlrechtsänderung zum Sächsischen Landtage* des Dresdner Buchdruckereibesitzers FRIEDRICH PAUL KLUGE vom Januar 1896 erfolgreich. Sie forderte „unter Ablehnung der von den Sprechern der Kartellparteien gewünschten und von der Regierung im Landtage in der Sitzung vom 10. Dezember 1895 angekündigten reaktionären Wahlgesetzvorlage die Einführung des allgemeinen, gleichen, direkten und geheimen Wahlrechts für alle Staatsangehörigen vom 20. Lebensjahre ab ohne Unterschied des Geschlechts für die II. Kammer des Landtags zu beschließen“.[2020] Die Petition wurde im Leipziger Raum öffentlich zur Unterschrift ausgelegt und soll nach Angaben der Sozialdemokraten von etwa 160.000 Unterstützern unterzeichnet worden sein.[2021]

Auch trotz der Erfolglosigkeit der Proteste gegen die Einführung des Dreiklassenwahlrechts setzten die Sozialdemokraten ihre Agitation dagegen fort.[2022] Auf dem Landtag von 1899/1900 wandte sich eine *Petition des Emil Fanghänel in Dresden und Genossen* gegen das geltende Landtagswahlrecht

[2016] „Von der Wahlrechtsbewegung“, in: LVZ Nr. 45 vom 24. Februar 1896, Beilage.

[2017] Zur Person vgl. POHL, Kommunen, in: Modernisierung und Region, hrsg. v. LÄSSIG/POHL/RETALLACK, S. 121f.; KRANICH, Böhmert, Karl Viktor, in: BBKL, Bd. 19, Sp. 69-74; D. WEBER, Karl Victor Böhmert, in: 175 Jahre amtliche Statistik, S. 18-27.

[2018] BÖHMERT, Der sächsische Wahlgesetzentwurf, insbes. S. 8ff.

[2019] Zu den Unterzeichnern gehörten Fabrikanten, Professoren, Rechtsanwälte, Baumeister, Pfarrer, Kaufleute und Rittergutsbesitzer, darunter auch BÖHMERT. – vgl. BEYER, Der Kampf der deutschen Sozialdemokratie, S. 138f.

[2020] LVZ Nr. 11 vom 15. Januar 1896, 2. Beilage; vgl. BEYER, S. 124ff.

[2021] „Die Landesversammlung der Sozialdemokratie“, in: LVZ Nr. 80 vom 8. April 1896, Beilage.

[2022] Ausführlich dargestellt bei LÄSSIG, Wahlrechtskampf, S. 81ff.

an die Zweite Kammer. Die Petenten forderten „die Einführung des allgemeinen, gleichen, geheimen und direkten Wahlrechts für alle sächsischen Staatsbürger beiderlei Geschlechts vom 21. Jahre ab".[2023] In der sehr intensiven Debatte in der Kammer merkte der liberale Abg. AUGUST JULIUS ALFRED GRÄFE (1852-1905)[2024] zur Forderung des Frauenwahlrechts an, man brauche sich deswegen „heute noch keine Kopfschmerzen zu machen, da können wir wohl die Beschlußfassung späteren Generationen überlassen".[2025] Das entsprach immer noch der überwiegenden Sichtweise auf diese Thematik. Obwohl die Sozialdemokraten ihren Standpunkt auch hier wieder ausführlich darlegten, beschloss die Kammer gegen deren drei noch verbliebene Stimmen und die GRÄFES, die Petition auf sich beruhen zu lassen.[2026]

Insgesamt vier Petitionen zum Landtagswahlrecht gingen der Zweiten Kammer auf dem folgenden Landtag von 1901/02 zu. Sie forderten neben einer Änderung der Wahlkreiseinteilung zugunsten der stark gewachsenen Städte auch ausdrücklich wieder das allgemeine Wahlrecht. Die zuständige Deputation empfahl der Kammer, die Petitionen auf sich beruhen zu lassen. Lediglich hinsichtlich der Frage einer Veränderung der Wahlkreiseinteilung sprach sich eine Minderheit dafür aus, diese der Regierung zur Erwägung zu überweisen.[2027] In der Beratung des Deputationsberichts in der Zweiten Kammer am 4. Juni 1902[2028] forderten einige Abgeordnete zwar ebenfalls die baldige Reform der Wahlkreiseinteilung, konnten dafür aber keine Mehrheit gewinnen. Auch im Hinblick einer Einführung des allgemeinen Wahlrechts folgte die Kammer weitgehend ihrer Deputation, hob aber hervor, dass die Regelungen von 1896 durchaus mit erheblichen Mängeln behaftet seien, die grundsätzlich eine Wahlrechtsreform notwendig machten. Allerdings stellte man sich mit der Regierung auf den Standpunkt, dass zunächst erst noch Erfahrungen mit dem jungen Gesetz gesammelt werden müssten. Die Kammer folgte daher den Anträgen der Deputation und fasste den Beschluss, die Petitionen auf sich beruhen zu lassen.[2029]

[2023] LA 1899/00, Ber. 2. K., Bd. 2, 2. Theil, S. 1428; Mitth. über die Verh. d. LT 1899/1900, 2. K., Bd. 2, S. 1870ff.

[2024] Zur Person vgl. Sächsische Parlamentarier, hrsg. v. DÖSCHER/SCHRÖDER, S. 378f.

[2025] Mitth. über die Verh. d. LT 1899/1900, 2. K., Bd. 2, S. 1878.

[2026] a.a.O., S. 1889.

[2027] *Bericht der Beschwerde- und Petitions-Deputation der zweiten Kammer. Eingegangen am 26. Mai 1902*, in: LA 1901/02, Ber. 2. K., Bd. 2, Nr. 292, S. 1419-1427. Außerdem hatten die Petitionen z. T. eine Änderung der Wahlkreiseinteilung zugunsten der stark gewachsenen Städte verlangt. – näher DIERSCH, Die geschichtliche Entwicklung, S. 111ff.

[2028] Mitth. über die Verh. d. LT 1901/02, 2. K., Bd. 2, S. 1632ff.

[2029] vgl. hier vor allem die Ausführungen des Staatsministers GEORG VON METZSCHS, in: Mitth. über die Verh. d. LT 1901/02, 2. K., Bd. 2, S. 1649ff.

Die Unzufriedenheit mit dem geltenden Landtagswahlrecht hatte inzwischen weite Teile der Öffentlichkeit erfasst. Um die Jahrhundertwende mehrten sich nun auch die kritischen Stimmen zum Wahlrecht bei den Nationalliberalen, die selbst noch für das Dreiklassenwahlrecht gestimmt hatten.[2030] Nicht zuletzt verstand man inzwischen auch den überragenden Erfolg der Sozialdemokraten bei den Reichstagswahlen von 1903, in denen diese in 22 der 23 sächsischen Wahlkreise erfolgreich waren, als Protest gegen das Dreiklassenwahlrecht. Dieser spektakuläre Erfolg gab auch der Wahlrechtsbewegung wieder neuen Auftrieb. Da inzwischen alle Sozialdemokraten infolge der Chancenlosigkeit sozialdemokratischer Kandidaturen nach der Einführung des Dreiklassenwahlrechts aus der Zweiten Kammer der sächsischen Stände ausgeschieden waren, verschärfte dieser Gegensatz sowohl die allgemeine Unzufriedenheit mit dem Wahlrecht in Sachsen, wie die darauf bezogenen Auseinandersetzungen. Eine Wahlrechtsreform erschien – vor allem auch angesichts des politischen Druckes der erneut angefachten Wahlrechtskämpfe – unausweichlich.[2031]

4. Die Vorschläge der Regierung zu einer Reform des Landtagswahlrechts

Auf dem Landtag von 1903/04 hatte sich die Gesetzgebungsdeputation der Zweiten Kammer mit dem *Decret an die Stände, eine Denkschrift über das Wahlrecht zur zweiten Kammer der Ständeversammlung im Königreiche Sachsen betreffend*,[2032] einem *Antrag des Abg. Andrä und Genossen auf Vorlegung von Gesetzentwürfen wegen einer Neuordnung des Wahlrechts für die zweite Kammer und Änderung der Zusammensetzung der ersten Kammer der*

[2030] Auch die Freisinnigen wollten schon nach kurzer Zeit die Wiedereinführung des Wahlrechts von 1868, später sogar das Reichstagswahlrecht, die Nationalliberalen ein direktes Wahlrecht. – SCHIMMEL, Die Entwicklung des Wahlrechts, S. 117.

[2031] vgl. dazu SCHMEITZNER/RUDLOFF, Geschichte der Sozialdemokratie, S. 28f.; RITTER, Das Wahlrecht, in: Der Aufstieg der deutschen Arbeiterbewegung, hrsg. v. DEMS./MÜLLER-LUCKNER, S. 64f. und 84ff.; LÄSSIG, Wahlrechtskampf, S. 101ff.; DIERSCH, Die geschichtliche Entwicklung, S. 215ff.; BEYER, a.a.O., S. 175.

[2032] Eingegangen bei der II. Kammer am 2. Januar 1904, in: LA 1903/1904, Dekr., Bd. 3, S. 440-481.

Ständeversammlung[2033] sowie einer Reihe von Petitionen zu dieser Denkschrift auseinandergesetzt und sich bemüht, durch eine baldige Begutachtung noch dem gegenwärtigen Landtag eine Arbeitsgrundlage vorzulegen.[2034]

Zunächst war es nicht an die Öffentlichkeit gedrungen, dass die Regierung zu dieser Zeit bereits an einer neuerlichen Wahlreform saß, so dass sie ihre Haltung in Folge des großen Drucks selbst von Seiten der konservativen Presse in einer öffentlichen Erklärung klarstellen musste. Demnach hatte die Staatsregierung die Arbeiten an einem neuen Wahlrecht bereits unmittelbar nach Ende des Landtages von 1901/02 aufgenommen und war zu dem Ergebnis gekommen, dass das Wahlrecht von 1896 seine beabsichtigte Wirkung verfehlt habe, da eine derart eklatante Benachteiligung der Wähler der Dritten Abteilung nicht Intention der Gesetzgebung gewesen sei. Daher zog die Regierung nunmehr eine neuerliche Reform des Wahlrechts in Erwägung und kündigte an, dazu für Ende August/Anfang September 1903 einen Beirat ohne parlamentarischen Charakter einzuberufen, der die Wahlrechtsfrage unverbindlich erörtern sollte.[2035] Die Grundsatzentscheidung, eine Wahlrechtsreform durchzuführen, fasste die Regierung am 10. Juli 1903.[2036]

Aufgrund der zahlreichen Reformvorschläge, die der Regierung vorlagen und mit einbezogen werden sollten, konnte die Versammlung der Vertrauensmänner dann erst am 20. Oktober 1903 zusammenkommen. Für diese Versammlung hatte die Staatsregierung bereits eine erste Denkschrift zur Wahlrechtsfrage erstellt, in der sie nicht nur das geltende Wahlrecht einer eingehenden Analyse unterzog, sondern zugleich ein neues Wahlsystem in seinen wesentlichen Zügen skizzierte. Danach war ein Wahlsystem mit 48 direkt in drei Abteilungen und 35 berufsständisch gewählten Abgeordneten vorgesehen.

Die Heranziehung der Steuerleistung für die Zuordnung zu den Abteilungen (Klassen) sollte dabei erheblich vereinfacht werden, indem sie nun auf das ganze Land bezogen wurden und zudem auch der Bildungsgrad Berücksichtigung finden sollte: Hochschulabsolventen sollten generell der ersten und Wahlberechtigte mit der Befähigung zum Einjährig-Freiwilligen Dienst, also der Mittleren Reife, der Zweiten Abteilung zugeschlagen werden. Während

---

[2033] In: LA 1903/04, Ber. 2. K., Bd. 1, S. 28; siehe dazu unten, S. 408.

[2034] *Bericht der Gesetzgebungs-Deputation der zweiten Kammer. Eingegangen am 22. April 1904*, in: LA 1903/04, Ber. 2. K., Bd. 2, S. 1069-1124; Mitth. über die Verh. d. LT 1903/04, 2. K., Bd. 1, S. 549ff.; vgl. dazu wie im folgenden PACHE, Geschichte des sächsischen Landtagswahlrechts, S. 16ff; DIERSCH, Die geschichtliche Entwicklung, S. 216ff..; OPPE, Die Reform des Wahlrechts, in: JöR 4 (1910), S. 378ff.; HOFMANN, Die Entwicklung des Wahlrechts, S. 66ff.; RITTER, Das Wahlrecht, in: Der Aufstieg der deutschen Arbeiterbewegung, hrsg. v. DEMS./ MÜLLER-LUCKNER, S. 75f.

[2035] LA 1903/04, Dekr., Bd. 3, S. 458ff.

[2036] Dazu wie im folgenden RETALLACK, Wahlrechtskämpfe, in: DH 80 (2004), H. 4, S. 16ff.

die direkten Wahlen in nur noch 16 Wahlkreisen ohne Unterscheidung in Stadt und Land erfolgen sollten, waren die berufsständischen Wahlen indirekt durch die landwirtschaftlichen Kreisvereine sowie die Handels- und die Gewerbekammern durchzuführen.[2037]

Die Staatsregierung fiel jedoch mit diesen Vorschlägen durch: Nicht nur der Zeitpunkt der Wahlreform wurde in Frage gestellt, auch der beabsichtigte Umfang. Dennoch fand man sich bereit, eine verbesserte Berücksichtigung der Arbeiterschaft im Wahlrecht zu erwägen – aber ohne dass das den Sozialdemokraten zu Gute kommen sollte. Wie dieses Ziel aber erreicht werden sollte, darüber erlangte man keine Einigkeit. So blieb auch die Versammlung letztlich ohne greifbares Ergebnis:[2038]

In ihrer von der Gesetzgebungsdeputation der Zweiten Kammer begutachteten Denkschrift für die Stände war die Regierung im Wesentlichen bei ihrem Wahlrechtsmodell geblieben. Lediglich für die Wahlen der berufsständischen Vertreter sollte nunmehr ein direktes Wahlrecht zur Anwendung gelangen. Ein Gesetzentwurf selbst wurde den Ständen dagegen nicht vorgelegt. Zunächst sollten sich die Stände zu den Vorschlägen positionieren.[2039] Die Deputation wies die Regierungsvorschläge ebenfalls zurück, eine Deputationsmehrheit sprach sich gegen das allgemeine Wahlrecht aus und beauftragte die Regierung, die Wirkungen eines Pluralwahlrechts, also eines Wahlrechts, das unter bestimmten Voraussetzungen Teilen der Wahlberechtigten Zusatzstimmen einräumte, näher zu untersuchen und sich darauf beziehende Reformvorschläge der Regierung zur Begutachtung zu überweisen. Eine Minderheit der Deputation wollte von der Regierung sogar schon einen Gesetzentwurf auf Grundlage des Pluralwahlrechts für den folgenden Landtag erarbeiten lassen.[2040]

Schon in der Vorberatung der Zweiten Kammer am 3. Februar 1904[2041] wurden die Regierungsvorschläge kritisch aufgenommen. Vor allem auch die berufsständischen Wahlen stießen auf wenig Unterstützung, denn nicht nur ein Teil der Berufsgruppen, sondern auch die Arbeiterschaft insgesamt sollte dabei keine Berücksichtigung finden. Nur etwa 30 bis 40 Prozent der Wähler

---

[2037] LA 1903/04, Dekr., Bd. 3, S. 472f.; vgl. DIERSCH, a.a.O., S. 217f.; OPPE, Die Reform des Wahlrechts, in: JöR 4 (1910), S. 378f.; LÄSSIG, Wahlrechtskampf, S. 118f.

[2038] Die Staatsregierung griff lediglich den Vorschlag auf, an Stelle der landwirtschaftlichen Kreisvereine und der Handels- und Gewerbekammern, die Urwahlen berufsständischen Abgeordneten durch die Stimmberechtigten zum Landeskulturrat, zu den Handelskammern bzw. solchen Handel- und Gewerbetreibenden vornehmen zu lassen, die zumindest eine Person mit Pflicht zur Invaliditätsversicherung in ihren Betrieben beschäftigen.

[2039] LA 1903/04, Dekr., Bd. 3, S. 474ff.

[2040] LA 1903/04, Ber. 2. K., Bd. 2, S. 1083f.

[2041] Mitth. über die Verh. d. LT 1903/04, 2. K., Bd. 1, S. 549ff.

würden in den Genuss des berufsständischen Wahlrechts kommen.[2042] Nationalliberale Abg. wie ARTHUR SCHIECK (1847-1930) und PAUL AUGUST SCHULZE (1861-1906)[2043] forderten etwa die Einführung eines Pluralwahlsystems. Andere Abgeordnete verlangten die Wiedereinführung des Wahlrechts von 1868, wenn auch unter Erhöhung des Zensus. Trotz dieser stark auseinandergehenden Vorstellungen fand sich die Kammer aber letztlich bereit, eine Wahlrechtsreform grundsätzlich zu unterstützen und überwies die Denkschrift mehrheitlich ihrer Gesetzgebungsdeputation zur Begutachtung.[2044]

Der Deputationsbericht kam am 28. April in die Zweite Kammer zur Beratung.[2045] Auch hier sprach sich eine Mehrheit für das Pluralwahlsystem aus. Da sich keine Mehrheit für die Vorschläge der Staatsregierung abzeichnete, erklärte Staatsminister V. METZSCH, dass nun auch die Regierung die Anträge der Deputation im Falle ihrer Beschlussfassung weiterverfolgen und entsprechende statistische Untersuchungen zur Wirkung eines Pluralwahlrechts anstellen würde. Als eine endgültige Entscheidung für das Pluralwahlrecht wollte sie das aber nicht verstanden wissen.[2046] So lehnte auch die Kammer nach ausgiebiger Debatte einstimmig die ursprünglichen Regierungsvorschläge ab und sprach sich für die Anträge der Deputationsmehrheit aus.[2047]

Nach 1904 wurde dann die Einführung des allgemeinen und gleichen Wahlrechts zu einem Schwerpunkt der politischen Tätigkeit der sächsischen Sozialdemokratie.[2048] Die Öffentlichkeit war von der bisherigen Ergebnislosigkeit enttäuscht und die Verärgerung unter der Arbeiterschaft war groß, dass die angekündigte Wahlrechtsreform durch die Zweite Kammer nicht voran getrieben wurde.[2049] Als Reaktion auf die Revolution in Russland, die Wahlrechtskämpfe in Österreich und die Diskussion um politische Massenstreiks zur

---

[2042] So etwa der Abg. HUGO GOTTFRIED OPITZ, a.a.O., S. 566.

[2043] Zur diesen Personen vgl. Sächsische Parlamentarier, hrsg. v. DÖSCHER/SCHRÖDER, S. 324 bzw. 346.

[2044] Mitth. über die Verh. d. LT 1903/04, 2. K., Bd. 1, S. 575f. bzw. 605f.; zu den verschiedenen Standpunkten vgl. auch GEORGI, Zur Reform des Wahlrechts, insbes. S. 28ff.

[2045] Mitth. über die Verh. d. LT 1903/04, 2. K., Bd. 2, S. 1658ff.

[2046] a.a.O., S. 1683f.

[2047] a.a.O., S. 1701ff. Von den Anträgen der Deputationsminderheit war lediglich der auf Beibehaltung der geheimen Stimmabgabe erfolgreich.

[2048] HEIDENREICH, Arbeiterkulturbewegung, S. 38.

[2049] SCHMEITZNER/RUDLOFF, Geschichte der Sozialdemokratie, S. 29; DIERSCH, a.a.O., S. 243f.; PACHE, Geschichte des sächsischen Landtagswahlrechts, S. 35; vgl. auch die Interpellationen vom 26. Oktober 1905 des Abg. ARTHUR SCHIECK und Gen., die bei der Staatsregierung anfragte, ob diese nun endlich einen Wahlgesetzentwurf vorlegen will, und der Abg. MICHAEL ERNST BÄR und OSKAR HEINRICH GÜNTHER, die einen Gesetzentwurf zur Einführung des allgemeinen Wahlrechts forderten. – LA 1905/06, Ber. 2. K., Bd. 1, S. 3 bzw. S. 4; Mitth. über die Verh. d. LT 1905/06, 2. K., Bd. 1, S. 366ff.

Durchsetzung der Wahlrechtsforderung auf dem Jenaer Parteitag im September organisierten die Sozialdemokraten im Februar 1905 auch in Dresden Versammlungen zur Unterstützung dieser als revolutionär empfundenen Bestrebungen. Sie versuchten dabei, revolutionäre Ziele nach russischem Vorbild mit der Wahlrechtsbewegung zu verknüpfen, um über die Wahlrechtskämpfe das revolutionäre Potential der Arbeiterschaft zu mobilisieren.[2050]

Der starke Anstieg der Lebensmittelpreise in der zweiten Hälfte des Jahres 1905 löste zahlreiche Protestdemonstrationen gegen die dafür ursächliche Hochzollpolitik der Reichsregierung, aber auch in der Wahlrechtsfrage, Ende 1905/Anfang 1906 aus. Im November 1905 fanden zahlreiche Massenkundgebungen statt, u. a. in Wurzen und Zwickau, die bedeutendsten davon aber in Dresden. Die Demonstranten forderten auf 130 Versammlungen in ganz Sachsen in einer einheitlichen Resolution die Abschaffung des Dreiklassenwahlrechts. Unter diesem Eindruck rückten schließlich die Liberalen von ihrem bisherigen Bündnis mit den Konservativen in Sachsen ab.[2051]

Die Parteiführung der Sozialdemokraten konnte sich gegen radikale Kräfte in den eigenen Reihen durchsetzen, die versuchten, nach russischem Vorbild Massenstreiks zu initiieren, und entschied sich dafür, die Auseinandersetzung auf der politischen Bühne des Landtages zu führen. Die Staatsregierung reagierte zwar am 14. Dezember 1905 auf die Interpellation des Abg. GOLDSTEIN vom 5. Dezember, die ihre Haltung zu den Ereignissen wie zur Wahlrechtsreform erfragte, billigte aber das z. T. blutige Vorgehen der Polizei und kündigte erneut Gewalt für den Wiederholungsfall an.[2052] Daraufhin kam es am 16. Dezember erneut zu Massendemonstrationen und Auseinandersetzungen mit der Polizei.[2053] Im Gegensatz zu Versammlungen in geschlossenen Räumen, liegen keine Hinweise zur Beteiligung von Frauen an diesen Protestkundgebungen vor.[2054]

Dem Landtag von 1905/06 lagen wiederum eine Reihe von Petitionen zum Landtagswahlrecht vor. So begehrten einige große Städte die Erhöhung der Anzahl der Landtagswahlkreise zur Zweiten Kammer. Sie verlangten bei der

---

2050 RITTER, Das Wahlrecht, in: Der Aufstieg der deutschen Arbeiterbewegung, hrsg. v. DEMS./ MÜLLER-LUCKNER, S. 85.

2051 HEIDENREICH, Arbeiterkulturbewegung, S. 38f.; LÄSSIG, Wahlrechtskampf, S. 137ff.; HERRMANN, Der Kampf der Sozialdemokratie, in: ZfG (Berlin) 3 (1955), S. 858ff.; DÖRRER, Die Wahlrechtskämpfe, in: JBG Dresden 8 (1980), S. 59ff.

2052 Mitth. über die Verh. d. LT 1905/06, 2. K., Bd. 1, S. 633f.; vgl. die Antwort v. METZSCHS auf die Resolution der Demonstranten, in: Mitth. 1905/06, 2. K., Bd. 1, S. 377; vgl. HERRMANN, a.a.O., S. 861.

2053 DOERRER, a.a.O. S. 63f.; HERRMANN, a.a.O., S. 870f.

2054 So LÄSSIG unter Hinweise auf die Quellenlage für Dresden. – LÄSSIG, Wahlrechtskampf, S. 153 Fn. 13.

Aufteilung der Wahlkreise künftig entsprechend ihrer Einwohnerzahl und Steuerleistung adäquat berücksichtigt zu werden. Auf Antrag der jeweils vorberatenden Deputationen der Kammern wurden diese Petitionen von den Ständen der Staatsregierung zur Kenntnisnahme überwiesen.[2055]

Die Regierung nahm mit dem *Dekret an die Stände, den Entwurf eines Gesetzes, Änderungen in der Zusammensetzung der ersten Kammer betreffend*, nun auch die von den Ständen bereits auf dem vorherigen Landtag angeregte Veränderung bei der Zusammensetzung der Ersten Kammer in Angriff.[2056] Dazu musste eine Verfassungsänderung erfolgen. Nach Art. I. d. E. sollten in § 63 Ziff. 5 VerfUrk die Vertreter der Universität Leipzig und – das war neu – auch der Technischen Hochschule Dresden nunmehr aus ihrer ordentlichen Professorenschaft gewählt werden.[2057] § 63 Ziff. 15 VerfUrk sollte künftig die Oberbürgermeister der Städte Dresden, Leipzig und – nunmehr ebenfalls neu – auch Chemnitz und nach Ziff. 16 die Ratsvorstände von fünf weiteren, vom König zu bestimmenden Städten, per Gesetz zu Mitgliedern der Ersten Kammer erheben. Art. II d. E. brachte die bedeutsamste Änderung: In § 63 VerfUrk sollte eine neue Ziff. 18 eingefügt werden, die „fünf vom Könige aus den Kreisen des Handels, der Industrie und des Gewerbestandes auf Lebenszeit ernannte Mitglieder" zusätzlich in die Erste Kammer aufzunehmen.[2058]

Die umfangreiche Vorberatung in der Ersten Kammer am 12. Januar 1906 endete mit der einstimmigen Überweisung in deren erste Deputation.[2059] Staatsminister V. METZSCH legte dar, dass das Gesetz dazu diene, die Erste Kammer

[2055] vgl. die *Anträge zu den mündlichen Berichten der Beschwerde- und Petitions-Deputation der zweiten Kammer über die Petitionen des Rates der Stadt Leipzig und der Stadtverordneten zu Leipzig, der Stadtgemeinde zu Plauen, des Rates zu Chemnitz und der Stadtverordneten zu Chemnitz bzw. des Rates zu Dresden und der Stadtverordneten zu Dresden*, in: LA 1905/06, Ber. 2. K., Bd. 2, S. 112f. und 642f.; Mitth. über die Verh. d. LT 1905/06, 2. K., Bd. 2, S. 2230ff.; *Antrag zum mündlichen Berichte der vierten Deputation der ersten Kammer über die Petitionen der Stadtgemeinden Dresden, Leipzig, Chemnitz und Plauen um Vermehrung der Landtagswahlkreise zur zweiten Kammer der Ständeversammlung. Eingegangen am 30. März 1906*, in: LA 1905/06, Ber. 1. K., S. 504; Mitth. über die Verh. d. LT 1905/06, 1. K., S. 862f.

[2056] *Eingegangen bei der I. Kammer am 13. Dezember 1905*, in: LA 1905/06, Dekr., Bd. 3, S. 433-436. Eine Petition des Abg. Andrä und Genossen war der Staatsregierung bereits auf dem Landtag von 1903/04 zur Erwägung überweisen worden. Diese hatte eine Anpassung der Zusammensetzung der Ersten Kammer an die sich verändernden wirtschaftlichen Verhältnisse des Landes verlangte, und zwar durch eine Hinzuziehung von Vertretern aus Industrie, Handel und Gewerbe. – LA 1903/04, Ber. 2. K., Bd. 1, S. 28 und Bd. 2, S. 1095; Mitth. über die Verh. d. LT 1903/04, 2. K., Bd. 2, S. 1703. Dahingehend auch der Antrag AHNERT und Genossen, a.a.O., Bd. 1, S. 31.

[2057] LA 1905/06, Dekr., Bd. 3, S. 433.

[2058] a.a.O., S. 434.

[2059] Mitth. über die Verh. d. LT 1905/06, 1. K., S. 131ff., insbes. 171.

zu erhalten und sie dazu mit „Vertretern der wirtschaftlichen Faktoren“ als Experten für diesen an Bedeutung gewinnenden Bereich zu ergänzen.[2060] Der Deputationsbericht der Ersten Kammer nahm – wie schon die Kammer in der Vorberatung – das Anliegen der Regierung positiv auf, hatte aber hinsichtlich der Anzahl und des Berufungsverfahrens der Wirtschaftsvertreter in die Kammer etwas andere Vorstellungen.[2061] Die nunmehr fünf Mitglieder sollten auf einer dazu abzuhaltenden Wahlversammlung von den Mitgliedern der Handels- und Gewerbekammern vorgeschlagen und ernannt werden.[2062]

In der Beratung dieses Berichts in der Ersten Kammer am 23. Februar 1906 lag der Schwerpunkt dann auch auf der Frage, wie viele Sitze für Wirtschaftsvertreter bereitstehen sollten.[2063] Mit den Anträgen der Abg. DIETRICH AUGUST LEO SAHRER VON SAHR (1852-1925) und ADOLF WACH (1843-1926)[2064] scheiterte zwar die Deputation mit ihrem Beschlussvorschlag zu Art. II d. E. an der Zweidrittelmehrheit in der Kammer. Man gab sich aber damit zufrieden, die Fassung des RegE zu beschließen, da Art. I d. E. seitens der Kammer in veränderter Fassung nach dem Deputationsantrag bereits angenommen worden war und man den Gesetzentwurf nicht scheitern lassen wollte.[2065]

Die Zweite Kammer „beerdigte“ am 5. April schließlich doch das gesamte Dekret, als sie nicht nur die sehr weitreichenden Forderungen aus Industrie und Handel nach einer Umwandlung der Ersten Kammer in eine berufsständische Interessenvertretung ablehnte, sondern gleich das gesamte Dekret auch in der Fassung des RegE.[2066] Obwohl dieses Ergebnis bei der Ersten Kammer auf deutlichen Unmut stieß und der Weg des Vereinigungsverfahrens prinzipiell immer noch offen stand, da die Erste Kammer auf Vorschlag

---

2060 a.a.O., S. 133.

2061 *Bericht der ersten Deputation der ersten Kammer über das Dekret Nr. 19, den Entwurf eines Gesetzes, Änderungen in der Zusammensetzung der ersten Kammer betreffend, ingleichen über die hierzu eingegangenen Petitionen. Eingegangen am 15. Februar 1906*, in: LA 1905/06, Ber. 1. K., Nr. 110, S. 169-198.

2062 a.a.O., S. 180f.

2063 Mitth. über die Verh. d. LT 1905/06, 1. K., S. 347ff.

2064 Zur Person vgl. GEROLD SCHMIDT, Zur Erinnerung an den großen Prozeßrechtler Adolf Wach, in: ZZP 100 (1987), S. 3-10.

2065 a.a.O., S. 390ff.

2066 Mitth. über die Verh. d. LT 1905/06, 2. K. Bd. 2, S. 2636ff. und 2713ff.; vgl. *Antrag zum mündlichen Bericht der Gesetzgebungs-Deputation der zweiten Kammer über Königliche Dekret Nr. 19, den Entwurf eines Gesetzes, Änderungen in der Zusammensetzung der ersten Kammer betreffend, sowie über die hierzu eingegangenen Petitionen. Eingegangen am 2. April 1906*, in: LA 1905/06, Ber. 2. K., Nr. 332, S. 915-919.

ihrer Deputation bei ihren Beschlüssen blieb, hatte sich das Gesetzesvorhaben damit infolge der unüberwindbaren Interessengegensätze beider Kammern trotzdem erledigt.[2067]

5. Schlussfolgerungen

Angesichts der zunehmenden Wahlerfolge der Sozialdemokraten bei den Reichstags- aber auch den Landtagswahlen sowie einer befürchteten, fortschreitenden Annäherung des Landtagswahlrechts von 1868 an das Reichstagswahlrecht, befürchtete die bürgerliche Mehrheit in der Zweiten Kammer einen sozialdemokratischen Wahlsieg auch bei den Wahlen zur Zweiten Kammer. Zwar erhoben die Sozialdemokraten auch weiterhin die Forderung nach der Einführung eines allgemeinen und gleichen Wahlrechts unter Einschluss der Frauen. Gegen ihren Widerstand setzte die bürgerliche Mehrheit der Kammer – die sich zu einem Kartell der Ordnungsparteien formiert hatte – die Einführung eines indirekten, d. h. unter Einsetzung von Wahlmännern praktizierten, Dreiklassenwahlrechts nach preußischem Vorbild durch. Damit sollte zwar niemand das Wahlrecht verlieren, trotzdem aber sichergestellt werden, dass der Einfluss der Sozialdemokraten in der Zweiten Kammer zurückgedrängt wird.

Die Einführung des Dreiklassenwahlrechts hatte zunächst zwar zur Folge, dass die Zahl der Wahlberechtigten bei den Wahlen zur sächsischen Zweiten Kammer gegenüber dem bisherigen Zensuswahlrecht um etwa 150.000 anstieg. Infolge der Klasseneinteilung waren aber die Stimmen dieser Wähler deutlich unterschiedlich gewichtet. Die drei Wahlabteilungen wählten jeweils die gleiche Zahl von Abgeordneten. Doch durch die Zuordnung der Wähler zu diesen Abteilungen nach ihrer Steuerleistung hatten die Stimmen der Vermögenden deutlich mehr Gewicht als die der unteren Einkommensgruppen. Damit konnten die Erste und Zweite Abteilung die Besetzung der Zweiten Kammer praktisch unter sich ausmachen. Die Wähler der Dritten Abteilung, denen die ganz überwiegende Zahl aller Wahlberechtigten – und darunter auch die Anhängerschaft der sächsischen Sozialdemokraten – zugeschlagen wurden, hatten damit auf den Ausgang der Landtagswahlen keinen nachhaltigen Einfluss, da sie selbst praktisch keine Kandidaten mehr durchbringen konnten.

Für die Initiatoren der Wahlrechtsänderung im Jahre 1896 hatte zwar außer Frage gestanden, dass sie damit die Sozialdemokratie in der Zweiten Kammer

[2067] Mitth. über die Verh. d. LT 1905/06, 1. K., S. 916f. Offenbar war die Zweite Kammer – nachdem die Umformung der Ersten Kammer in eine berufsständische Vertretung nicht mehrheitsfähig erschien – nicht mehr willens, überhaupt irgendeinen Kompromiss mit der Ersten Kammer einzugehen, um zumindest die Aufnahme einzelner Vertreter von Handel und Industrie in die Erste Kammer zu ermöglichen.

bekämpfen wollten. Jedoch hatte man nicht die Absicht, diese vollständig aus der Kammer auszuschließen. Trotzdem hatte das Gesetz in seinen extremen Wirkungen zur Folge, dass ab 1901 vorerst keine sozialdemokratischen Abg. mehr in der Zweiten Kammer saßen. Bis dahin waren alle noch nach dem alten Zensuswahlrecht errungene Mandate ausgelaufen.[2068]

Die Einführung des Dreiklassenwahlrechts entfachte von Beginn an mit den Wahlrechtskämpfen einen Sturm des Widerstands bei den Sozialdemokraten, aber auch Kritik im bürgerlichen Spektrum. Mit Massenkundgebungen und zahlreichen Petitionen wurde dagegen angekämpft. Die Unzufriedenheit mit dem geltenden Landtagswahlrecht ließ nicht nur die Anhängerschaft der Sozialdemokraten weiter anwachsen und bei den Reichstagswahlen fast alle sächsischen Mandate erringen. Sie erfasste auch weite Teile der Öffentlichkeit. Bereits kurz nach der Jahrhundertwende hatte es deshalb seitens der Staatsregierung erste Ansätze zu einer Wahlrechtsreform gegeben, da auch sie die Wirkungen des Dreiklassenwahlrechts als ungerecht empfand. Jedoch konnte sich die Regierung mit ihrem neuen Wahlrechtsmodell, das eine direkte Wahl in drei Abteilung mit berufsständischen Wahlen kombinierte, nicht durchsetzen. Die Stände tendierten stattdessen zur Einführung eines Pluralwahlrechts.

III. Das Wahlgesetz für die Zweite Kammer der Ständeversammlung vom 5. Mai 1909

Regierung und Landtag blieben auch weiterhin in der Wahlrechtsfrage uneins, da Innenminister VON METZSCH – unterstützt von den Konservativen – keine Notwendigkeit einer Änderung des bestehenden Wahlsystems sah.[2069] Erst als KARL ADOLF PHILIPP WILHELM GRAF VON HOHENTHAL UND BERGEN (1853-1909)[2070] am 1. Mai 1906 das Amt des Innenministers übernahm, änderten sich in der Regierung in Bezug auf das Wahlrecht die Prämissen und die Reform wurde nun mit entschieden mehr Nachdruck in Angriff genommen. Es wurde eine Wahlrechtskommission eingesetzt, der zunächst sogar der damals einzige sozialdemokratische Abg. HERMANN FRIEDRICH GOLDSTEIN angehörte, um Vorschläge für eine Reform zu erarbeiten. Kundgebungen im Januar 1906 wurden verboten[2071] und die Wahlrechtsfrage auf den Landtag von 1907/08 vertagt.

[2068] vgl. DIERSCH, Die geschichtliche Entwicklung, S. 210.

[2069] vgl. hierzu DIERSCH, a.a.O., S. 244ff.

[2070] Zur Person vgl. HUBER, Verfassungsgeschichte, Bd. 4, S. 401 Fn. 6.

[2071] DOERRER, a.a.O., S. 64; HERRMANN, a.a.O., S. 877.

1. Die Beratungen der Gesetzentwürfe von 1907/1908

Im Juli 1907 hatte v. HOHENTHAL vor dem Sächsischen Gemeindetag den Regierungsentwurf vorgestellt, der kurz darauf auch veröffentlicht wurde und eine lebhafte öffentliche Debatte auslöste.[2072] Die Regierung legte schließlich mit Dekret vom 15. Oktober 1907 den Gesetzentwurf der Zweiten Kammer vor.[2073]

Auch dieser Entwurf sah in seinem § 1 wie bisher 82 Abgeordnete für die Zweite Kammer vor. Diese sollten anteilig von den Bezirksverbänden der Amtshauptmannschaften und den exemten Städten Dresden, Leipzig, Chemnitz, Plauen und Zwickau sowie in direkter und geheimer Verhältniswahl in den Wahlkreisen bestimmt werden. § 2 d. E. sah erstmals einen einheitlichen Wahltermin für alle Wahlkreise vor. Nach der amtlichen Feststellung und Verkündung dieses Ergebnisses sollte dann an einem weiteren Termin in den Bezirksverbänden und exemten Städten gewählt werden.[2074]

Die Abgeordneten sollten nach § 3 Abs. 1 d. E. auf sechs Jahre gewählt werden. Dabei sollte jeweils eine Integralerneuerung erfolgen und die bisherigen Drittelerneuerungen damit abgeschafft werden.[2075]

Nach § 8 d. E. waren bei den Wahlen durch die Kommunalverbände die Mitglieder der Bezirksversammlungen bzw. ein gemeinsam aus Stadtrat und Stadtverordneten gebildeter Wahlkörper – mit Ausnahme des den Wahlgang leitenden Vorsitzenden – stimmberechtigt. Von der Wählbarkeit ausgeschlossen waren Personen unter 30 Jahren und solche, die nicht seit mindestens drei Jahren im Besitz der sächsischen Staatsangehörigkeit, Amtshauptmann oder Stadtratsmitglied im Wahlkreis, nach § 17 d. E. vom Stimmrecht bei den direkten Wahlen in den Wahlkreisen ausgeschlossen, bereits in die Zweite Kammer gewählt waren oder der Ersten Kammer angehörten. Die Kommunalverbände wählten nach § 9 d. E. insgesamt 40 Abgeordnete für die Zweite Kammer.[2076] Die Stimmabgabe hatte nach § 10 d. E. geheim zu erfolgen und

[2072] PACHE, Geschichte des sächsischen Landtagswahlrechts, S. 36; OPPE, Die Reform des Wahlrechts, in: JöR 4 (1910), S. 383; zur öffentlichen Wirkung des Entwurfs LÄSSIG, Wahlrechtskampf, S. 206ff.

[2073] *Dekret an die Stände, den Entwurf zu einem Wahlgesetze für die zweite Kammer der Ständeversammlung betreffend. Eingegangen bei der II. Kammer am 15. Oktober 1907*, in: LA 1907/08, Dekr., Bd. 3, 1. Theil, S. 37-78; vgl. dazu RITTER, Das Wahlrecht, in: Der Aufstieg der deutschen Arbeiterbewegung, hrsg. v. DEMS./MÜLLER-LUCKNER, S. 85f.; DIERSCH, a.a.O., S. 247ff.; OPPE, a.a.O., S. 383ff.; SCHIMMEL, Die Entwicklung des Wahlrechts, S.119ff.; Die Wahlgesetze für den Landtag, hrsg. v. HETTNER, S. 41ff.; LÄSSIG, a.a.O., S. 214ff.

[2074] LA 1907/08, Dekr., Bd. 3, 1. Theil, S. 37f.

[2075] a.a.O., S. 38.

[2076] Es bestanden insgesamt 27 Bezirksverbände.

nach § 11 d. E. sollte die Wahl mit absoluter Mehrheit erfolgen und erst im dritten Wahlgang die relative Mehrheit ausreichend sein.[2077]

Die übrigen 42 Abgeordnete der Zweiten Kammer sollten – wobei die persönlichen Voraussetzungen des Wahlrechts beibehalten wurden – mittels einer Kombination aus Verhältnis- und Pluralwahl bestimmt und hierfür nach § 15 d. E. insgesamt 42 Wahlkreise gebildet werden:[2078]

Meldete sich der Kandidat als Vertreter einer Partei zur Wahl, kam er in den Genuss einer parteibezogenen Stimmenübertragung, § 25 d. E. Eine Partei bekam daher gemäß § 41 d. E. so viele Abgeordnete, wie aus der Anzahl der gültigen Stimmen für ihre Kandidaten mittels einer sog. Wahlzahl berechnet wurden. Zur Ermittlung dieser Wahlzahl wurde die Gesamtzahl der für die Kandidaten einer Partei abgegebenen gültigen Stimmen durch 43 dividiert und jeweils auf die ganze Zahl aufgerundet. Dann teilte man die Zahl aller abgegebenen gültigen Stimmen durch die jeweilige Wahlzahl der Partei. Das Ergebnis brachte wiederum – abgerundet – die Zahl der gewählten Kandidaten für diese Partei. Dabei waren dann diejenigen Kandidaten einer Partei gewählt, die die meisten Stimmen erhalten hatten.[2079] Eine Partei wurde also umso bessergestellt, in umso mehr Wahlkreisen sie Kandidaten aufstellte. Einzelbewerber wurden dagegen benachteiligt.

Als Element eines Pluralwahlsystems sollten gemäß § 18 d. E. diejenigen Wähler eine Zusatzstimme (insgesamt bis zu zwei) erhalten, die über ein mit mindestens 120 Steuereinheiten behaftetes Grundvermögen, ein steuerpflichtiges Einkommen für die Einkommenssteuer von mehr als 1.600 M. im Jahr verfügten oder eine wissenschaftliche Bildung genossen hatten, mit der sie die Voraussetzungen für den einjährig-freiwilligen Militärdienst, d. h. die Mittlere Reife, erfüllten.[2080]

Die Vorschriften über Stimmrecht und Wählbarkeit einschließlich der Ausschlussgründe vom Stimmrecht sollten weitgehend unverändert beibehalten werden. Somit waren nach § 16 d. E., der inhaltlich dem § 18 WahlG 1868 entsprach, bei der direkten Verhältniswahl in den Wahlkreisen sächsische Staatsangehörige, die mit direkter Staatssteuer steuerpflichtig, mindestens 25 Jahre alt und seit mindestens sechs Monaten am Ort der Aufstellung der Wahlliste wohnhaft waren oder dort ihren wesentlichen Aufenthalt hatten und nicht sonst unter einen der Ausschlussgründe fielen, stimmberechtigt. § 17

[2077] LA 1907/08, Dekr., Bd. 3, 1. Theil, S. 38ff.

[2078] a.a.O., S. 40.

[2079] a.a.O., S. 42, 44f. sowie die Motive S. 49ff.; vgl. OPPE, Die Reform des Wahlrechts, in: JöR 4 (1910), S. 383f.; DIERSCH, a.a.O., S. 249f.

[2080] LA 1907/08, Dekr., Bd. 3, 1. Theil, S. 40f.

d. E. enthielt die Ausschlussgründe vom Stimmrecht. Nach § 17 lit. a d. E. waren „Frauenspersonen" vom Stimmrecht ausgeschlossen; des Weiteren etwa unter Vormundschaft stehende Personen, solche die gegenwärtig oder im letzten Jahr öffentliche Armenunterstützung erhalten hatten, denen die bürgerlichen Ehrenrechte entzogen worden waren, Konkurs- und Steuerschuldner etc. Wählbar waren nach § 21 d. E. darüber hinaus nur Personen die den Zensus von 30 M. im Jahr erfüllten.[2081]

Auch dieser Entwurf hatte wieder die Zielrichtung, bestimmte politische Kräfte nach Möglichkeit aus der Zweiten Kammer fern zu halten, trotzdem aber eine Volksvertretung des ganzen Landes zu sein.

Die Mehrheitswahl benachteiligte jedoch große Minderheiten, was mit der Stimmenübertragung abgemildert werden sollte, da diese nahezu alle gültigen Stimmen dann doch in das Wahlergebnis einbezog. Die Komponente der Pluralwahl stellte trotzdem sicher, dass Besitz und Bildung in besonderem Maße auf die Zusammensetzung der Zweiten Kammer Einfluss nehmen konnten. Damit sollte eine Übermacht der ungebildeten und besitzlosen Massen verhindert werden. Gleichwohl hatte die Regierung die Prognose aufgestellt, dass von den 42 mittels der Pluralwahl bestimmten Mandaten etwa 15 an die Sozialdemokraten fallen würden. Die Wahlen durch die Kommunalverbände sollten sicherstellen, dass besonders erfahrenen Persönlichkeiten in die Zweite Kammer gewählt werden.[2082]

Dieser Entwurf stieß erneut in der Öffentlichkeit auf wenig Gegenliebe und wurde wiederum von den Sozialdemokraten – aber auch aus den Reihen der Nationalliberalen – aufs Schärfste bekämpft. Erneut kam es in den großen Städten zu Massendemonstrationen, an denen in Leipzig geschätzte 70.000, in Dresden 50.000 und in Chemnitz 20.000 Menschen teilnahmen.[2083] Auch die Meinungsbeiträge in der Zweiten Kammer, die sich am 4. und 5. Dezember 1907 in ihrer Vorberatung mit dem Gesetzentwurf beschäftigte,[2084] zeigten sich mehr oder minder kritisch gegenüber dem Regierungsentwurf. Zwar hatte V. HOHENTHAL nochmals darauf hingewiesen, dass das vorgelegte zweiteilige Wahlsystem dazu diene, „auch die staatserhaltenden Elemente gegen eine Majorisierung durch die staatsfeindlichen" zu schützen.[2085] Wie die Redebeiträge des konservativen Vizepräsidenten der Kammer, HUGO GOTTFRIED

[2081] a.a.O., S. 40ff. und die Motive S. 72.

[2082] vgl. PACHE, Geschichte des sächsischen Landtagswahlrechts, S. 49ff.; OPPE, a.a.O., S. 384; DIERSCH, a.a.O., S 254.

[2083] LÄSSIG, Wahlrechtskampf, S. 219ff.; OPPE, a.a.O., S. 385; PACHE, a.a.O., S. 79ff.

[2084] Mitth. über die Verh. d. LT 1907/08, 2. K., Bd. 2, S. 913 Dff.

[2085] a.a.O., S. 907 B.

OPITZ (1846-1916)[2086], und des Vorsitzenden der nationalliberalen Fraktion, ARTHUR SCHIECK (1847-1930)[2087], zeigen,[2088] wurde zumindest von den Konservativen und den Nationalliberalen – wenn auch unter kritischer Würdigung der Verhältniswahl und strikter Ablehnung der Wahlen durch die Kommunalverbände – das Pluralwahlsystem prinzipiell unterstützt.

Ebenso auf Ablehnung bei der Staatsregierung und der bürgerlichen Mehrheit der Kammer stießen die beiden, zur Beratung stehenden freisinnigen *Anträge Günther, Roch, Bär und Müller (Hirschfelde), die Reform des Wahlrechts für die zweite Kammer betreffend,* und *Günther, Bär und Roch, die Einberufung des ordentlichen Landtags frühestens im Oktober eines jeden Jahres betreffend.* Ersterer verlangte die Einführung des Reichstagswahlrechts und für den Fall der Ablehnung hilfsweise des Wahlrechts von 1868 ohne Zensus – aber mit bestehender Steuerpflichtigkeit – und mit einer Stimmberechtigung ab der Vollendung des 25. Lebensjahres. Letzterer wollte eine jährliche Sitzungsperiode des Landtags einführen.[2089]

Insgesamt erklärte man sich bereit, die Regierung bei der Reform des Wahlrechts zu unterstützen. Die Kammer folgte daher einstimmig dem Antrag des Vizepräsidenten OPITZ, die Regierungsvorlage einer außerordentlichen Deputation[2090] zur Begutachtung zu überweisen.[2091]

[2086]Zur Person vgl. Sächsische Parlamentarier, hrsg. v. DÖSCHER/SCHRÖDER, S. 437.

[2087]Zur Person vgl. a.a.O., S. 459.

[2088]Mitth. über die Verh. d. LT 1907/08, 2. K., Bd. 2, S. 917 Bff. bzw. S. 925 Bff. Die Konservativen stellten seit den Ergänzungswahlen im Herbst 1907 46, die Nationalliberalen 31 Abg. – Die Wahlgesetze für den Landtag, hrsg. v. HETTNER, S. 48.

[2089]*Eingegangen am 22. Oktober 1907*, in: LA 1907/08, Ber. 2. K., Bd. 1, S. 299 bzw. *Eingegangen am 29. Oktober 1907*, a.a.O., S 319; ablehnend etwa SCHIECK und V. HOHENTHAL, in: Mitth. über die Verh. d. LT 1907/08, 2. K., Bd. 2, S. 924 Df. und 944 Df.

[2090]Mitglieder waren HUGO GOTTFRIED OPITZ, PAUL WILHELM VOGEL, OSKAR SCHANZ, PHILIPP LEOPOLD PFLUG, GOTTFRIED GEORG ANDRÄ, MICHAEL ERNST BÄR, GUSTAV ADOLPH BRÜCKNER, CARL ADALBERT FÖRSTER, HERMANN FRIEDRICH GOLDSTEIN, FRANZ ALBERT FRIEDRICH GONTARD, RUDOLPH ELWIR HÄHNEL, FRANZ HERMANN ERICH HETTNER, CLEMENS THEODOR HEYMANN, JOHANNES HOFMANN, ERNST OTTOMAR KLEINHEMPEL, FRIEDRICH WILHELM KÜHLMORGEN (Berichterstatter), MAX CLEMENS LANGHAMMER, ANTON ROBERT MERKEL, HANS HUGO KARL VON QUERFURTH, HANS CHRISTIAN SPIEß, CLEMENS AUGUST TRÄBER, KARL EDUARD ULRICH und KARL GEORG ZÖPHEL.

[2091]Mitth. über die Verh. d. LT 1907/08, 2. K., Bd. 2, S. 922 C und 1029 A. Die beiden vorberatenen Anträge wurden ebenfalls der Deputation überwiesen.

Aus den Beratungen dieser Deputation gingen von April bis November 1908 insgesamt vier Berichte hervor.[2092] Bereits im ersten Bericht vom 16. April 1908 hob sie u. a. die Zahl der Abgeordneten auf 96 an. Die Wahlen in den kommunalen Körperschaften stießen – auch entgegen der nochmaligen nachdrücklichen Empfehlung der Regierung – zugunsten eines Pluralwahlsystems in der Deputation überwiegend auf Ablehnung. Infolge der Debatte hatte die Regierung der Deputation nochmals Änderungen am Entwurf vorgelegt, die aber keine Unterstützung fanden.[2093] Ebenso sprach sich die Deputation gegen das Verhältniswahlsystem aus.[2094]

Da sich die Deputation nicht auf die Beratung der Regierungsvorlage beschränkt hatte, sondern selbst Vorschläge erarbeitete, legte sie zumindest einige Grundsätze hinsichtlich der Pluralwahl fest. So sollten nunmehr auch Wähler ab dem vollendeten 45. Lebensjahr eine Zusatzstimme erhalten, ebenso bei Besitz von Wohn- und Gewerbegrundstücken, für bestimmte Gewerbe und Berufe, ab einem steuerpflichtigen Einkommen von 1.900 M., sowie für einen bestimmten wissenschaftlichen Bildungsgrad.[2095] Da allerdings die Befürchtung bestand, dass nun bei maximal möglichen fünf Zusatzstimmen, über ein Drittel aller Stimmen sozialdemokratisch sein könnten, folgte die Deputation schließlich dem Antrag des Konservativen GOTTFRIED GEORG ANDRÄ (1851-1932)[2096], der sich für die Begrenzung auf vier mögliche Zusatzstimmen (Alter, Ansässigkeit, Selbständigkeit, Steuerleistung oder Vorbildung) aussprach.[2097]

In einem von Konservativen und Nationalliberalen mittlerweile vertraulich erarbeiteten Kompromissantrag, den man in der Zweiten Kammer für mehrheitsfähig erachtete, begehrten die beiden Fraktionen eine Begrenzung auf bis zu drei Zusatzstimmen je Wähler und zugleich aber auch eine Verschärfung der Vorschriften zu Stimmrecht und Wählbarkeit.[2098] Er wurde von der Deputation mit großer Mehrheit in leicht veränderter Fassung angenommen

---

[2092] Berichte vom 16. April, 4. Juli, 23. November und der Minderheitsbericht vom 23. November 1908, in: LA 1907/08, Ber. d. 2. K., Bd. 2, S. 1013-156; Bd. 3, S. 2049-2087, 2257-2452, 2453-2482; abgedr. auch bei OPPE, Die Reform des Wahlrechts, in: JöR 4 (1910), S. 397ff.; zu den umfangreichen Beratungen und verschiedenen Anträgen in der Deputation ausführlich DIERSCH, Die geschichtliche Entwicklung, S. 268ff.

[2093] LA 1907/08, Ber. d. 2. K., Bd. 2, S. 1019 und 1021ff.

[2094] a.a.O., S. 1041f.

[2095] a.a.O., S. 1026f.

[2096] Zur Person vgl. Sächsische Parlamentarier, hrsg. v. DÖSCHER/SCHRÖDER, S. 340f.

[2097] LA 1907/08, Ber. d. 2. K., Bd. 2, S. 1031.

[2098] LA 1907/08, Ber. d. 2. K., Bd. 2, S. 2055f.; vgl. OPPE, Die Reform des Wahlrechts, in: JöR 4 (1910), S. 397f.

und die Regierung mit der entsprechenden Überarbeitung ihres Entwurfes beauftragt.[2099] Die Frage des Frauenwahlrechts wurde dabei nicht thematisiert, sondern die Regelungen über das Stimmrecht allein auf Männer beschränkt.

Da sich die Regierung jedoch mit dem Entwurf der Deputation nicht einverstanden erklärte und das Pluralwahlrecht nur mit einer Stimmenzahl je Wähler von höchstens vier und ohne eine Altersstimme für zustimmungsfähig hielt, außerdem auf Verhältniswahlen in den großen Städten, der Integralerneuerung der Kammer und einer sechsjährigen Wahlperiode bestand, akzeptierten schließlich auch die Konservativen die Forderungen der Regierung, um nicht die Wahlreform insgesamt zum Scheitern zu bringen.[2100] Auf dieser Grundlage erstellte die Regierung einen neuerlichen Gesetzentwurf, der nur noch das Pluralwahlsystem enthielt und nunmehr Beratungsgrundlage der Deputation wurde.[2101] Stimmberechtigt war hiernach gemäß § 8 „jeder Sachse männlichen Geschlechts, der eine direkte Staatssteuer im Königreich Sachsen entrichtet, bei Abschluß der Wählerliste das 25. Lebensjahr vollendet hat, seit mindestens 2 Jahren die sächsische Staatsangehörigkeit besitzt und seit mindestens 6 Monaten seinen Wohnsitz am Orte der Listenerstellung hat".[2102]

Bis auf die Entscheidung für die absolute Mehrheit mit ggf. nachfolgender Stichwahl, nahm die Deputation daran nur noch einige unwesentliche und redaktionelle Änderungen am Wahlsystem vor.[2103] Sie empfahl der Zweiten Kammer, die ursprüngliche Regierungsvorlage abzulehnen und den neuen Regierungsentwurf zu beschließen.[2104]

Einen Antrag des Abg. GOLDSTEIN, der die „Einführung des allgemeinen gleichen, direkten Wahl- und Stimmrechts mit geheimer Stimmabgabe aller über 20 Jahre alten Reichsangehörigen ohne Unterschied des Geschlechts unter Anwendung des Verhältniswahlsystems" forderte, empfahl die Deputation der Kammer zur Ablehnung.[2105] Auch einige Petitionen zum Wahlgesetz hatten die Einführung des Wahlrechts für Frauen gefordert. Eine Petition des „Sächsischen Vereins für Frauenstimmrecht" zu Dresden empfand den neuen Wahlgesetzentwurf als „unzeitgemäß und ungerecht", da er kein allgemeines und gleiches Wahlrecht beinhalte. Er enthalte eine „schwere Benachteiligung der auch fernerhin von einer eigenen Vertretung ausgeschlossenen weiblichen Volkshälfte". Die Petenten forderten daher die Einführung eines allgemeinen,

[2099] In der Fassung des Antrags HETTNER, LA 1907/08, Ber. d. 2. K., Bd. 2, S. 2059ff.

[2100] LA 1907/08, Ber. d. 2. K., Bd. 2, S. 2344ff.

[2101] Als Eventualentwurf bezeichnet, a.a.O., S. 2356ff.

[2102] a.a.O., S. 2357.

[2103] vgl. a.a.O., S. 2364ff.

[2104] a.a.O., S. 2356 und 2404.

[2105] a.a.O., S. 2405.

gleichen, geheimen und direkten Verhältniswahlrechts gleichermaßen für Männer und Frauen. Eine einzelne Petentin, FRANZISKA VERW. LEHMANN aus Dresden, verlangte darüber hinaus sogar „auf das entschiedenste das allgemeine, gleiche, direkte, passive und aktive Wahlrecht für alle volljährigen Personen beiderlei Geschlechts zu allen Körperschaften in Staat und Gemeinde". Sie begründete das mit der gleichen Verpflichtung zur Zahlung von Steuern für Männer und Frauen.[2106] Die Deputation empfahl hier der Kammer, diese und zahlreiche andere Petitionen, sofern sie nicht ohnehin schon durch die Beschlüsse zum Entwurf erledigt seien, „auf sich beruhen zu lassen".[2107]

Nach dem nunmehr der Kammer zur Beschlussfassung übergebenen Entwurf waren Frauen zwar nicht mehr von den Ausschlussgründen in § 9 d. E. umfasst, dafür war nun in § 8 d. E. bei der Stimmberechtigung die Voraussetzung des „männlichen Geschlechts" enthalten.[2108] Somit fand nur eine Änderung der Regelungstechnik statt.

Infolge des nationalliberalen Minderheitsvotums der Deputation, das u. a. eine andere Aufteilung der Pluralstimmen verlangte,[2109] war die Mehrheit in der Zweiten Kammer unsicher. Die notwendige Zweidrittel-Mehrheit für die verfassungsändernden Beschlüsse war sogar praktisch chancenlos.

In der Schlussberatung der Zweiten Kammer am 30. November 1908 lehnte Staatsminister V. HOHENTHAL eine Stellungnahme der Regierung zur Eventualvorlage ab, solange die Kammer noch nicht über das ursprüngliche Regierungsdekret beschlossen habe. Der Minister hegte immer noch die Hoffnung, dass die Kammer sich doch noch für den Vorschlag der Regierung entscheiden würde.[2110] Die Erfolgschancen der Wahlreform überhaupt schätzte der Abg. OPITZ sehr realistisch ein, als er die Kammer darauf hinwies, dass nur noch eine Mehrheit für den Eventualentwurf oder andernfalls ein Scheitern der gesamten Wahlreform zur Debatte stehe.[2111]

Am zweiten Beratungstag lehnte die Kammer – wie von der Deputation vorgeschlagen – zunächst das Ursprungsdekret einstimmig ab.[2112] Um die Wahlreform trotz fehlender Zweidrittelmehrheit zu retten, wurden aufgrund von Anträgen der Konservativen alle Bestimmungen aus der Vorlage gestrichen,

[2106] a.a.O., S. 2408f.
[2107] a.a.O., S. 2426.
[2108] a.a.O., S. 2427ff.
[2109] vgl. a.a.O., S. 2453ff.
[2110] Mitth. über die Verh. d. LT 1907/08, 2. K., Bd. 5, S. 4113 A und 4121 A.
[2111] a.a.O., S. 4118 B.
[2112] a.a.O., S. 4228 Dff.

die eine Zweidrittelmehrheit erfordert hätten. Somit blieb es in wesentlichen Punkten bei den bisherigen Regelungen der Abgeordnetenzahl von 82, der Drittelerneuerung und der Unterscheidung in städtische und ländliche Wahlkreise.[2113] Ebenso wurde auch noch ein Antrag des konservativen Abg. Andrä und Genossen angenommen, nun doch wenigstens für einen Teil der Wählerschaft eine Altersstimme einzuführen und damit den Nationalliberalen entgegen zu kommen.[2114] Das Vorgehen der Konservativen sollte sich als richtig erweisen, da die Kammer am 2. Dezember 1908 den Eventualentwurf in der so geänderten Fassung knapp mit 40 gegen 37 Stimmen annahm.[2115]

Die Erste Kammer überwies die Vorlage am 10. Dezember 1908 an ihre Gesetzgebungsdeputation, die sie dazu um vier weitere Abg. verstärkt hatte.[2116] Die Deputation verzichtete aufgrund der Dringlichkeit eines Ergebnisses auf eine selbständige Beratung der Regierungsvorlage, sondern griff das Material der Ersten Kammer auf. Allerdings sah man im Gegensatz zur Zweiten Kammer für eine Wahlrechtsreform eine Zweidrittelmehrheit prinzipiell für notwendig an.[2117]

Zunächst erblickte die Deputation im Vorgehen der Zweiten Kammer einen Formfehler, den Eventualentwurf als Änderungsantrag der Regierungsvorlage zu behandeln und zugleich die Regierungsvorlage selbst abzulehnen. Daher verfolgte nun die Deputation eine Bearbeitung der ursprünglichen Regierungsvorlage.[2118] Es entstanden vier Vorschläge, die aber keine neuen Aspekte enthielten.[2119] Da im Hinblick auf eine Zweidrittelmehrheit allein der

---

2113 a.a.O., S. 4232 Cff.; vgl. Die Wahlgesetze für den Landtag, hrsg. v. HETTNER, S. 54; OPPE, a.a.O., S. 390.

2114 *Anträge des Abg. Andrä und Gen. zum Wahlrechtsentwurfe. Eingegangen am 26. November 1908*, in: LA 1907/08, Ber. 2. K., Bd. 3, S. 2487f.; Mitth. über die Verh. d. LT 1907/08, 2. K., Bd. 5, S. 4315Df.; vgl. DIERSCH. a.a.O., S. 301ff.

2115 Mitth. über die Verh. d. LT 1907/08, 2. K., Bd. 5, S. 4341B-D; vgl. DIERSCH, a.a.O., S. 298f. Die Regierung lehnte diese Fassung allerdings vor allem aufgrund der nun wieder verankerten Altersstimme ab.

2116 Mitth. über die Verh. d. LT 1907/08, 1. K., S. 1256ff.; vgl. dazu wie im folgenden OPPE, Die Reform des Wahlrechts, in: JöR 4 (1910), S. 391f. Mitglieder waren GRAF KARL GEORG LEVIN VON METZSCH-REICHENBACH, ALFRED GEORG SAHRER VON SAHR-EHRENBERG, KONRAD JOHANNES KAEUBLER, ALBIN MAX AY, PAUL GUSTAV LEOPOLD VON HÜBEL, HANS VON TREBRA-LINDENAU, ADOLF WACH (Berichterstatter), GUSTAV ALBERT ZWEINIGER, GUSTAV OTTO BEUTLER, JOHANN KARL KEIL, OTTO LUDWIG CHRISTOPH VON SCHÖNBERG, KLEMENS GRAF ZUR LIPPE-BIESTERFELD-WEIßENFELD, DIETRICH AUGUST LEO SAHRER VON SAHR-DAHLEN.

2117 *Bericht der verstärkten ersten Deputation der ersten Kammer über das Königliche Dekret Nr. 12, den Entwurf zu einem Wahlgesetz für die zweite Kammer der Ständeversammlung betreffend*, in: LA 1907/08, Ber. 1. K., 2. Teil, S. 1129-1187, 1129f.

2118 a.a.O., S. 1131.

2119 Abgedr. a.a.O., S. 1133ff.

Vorschlag aussichtsreich erschien, die Eventualvorlage in den Regierungsentwurf einzuarbeiten, verständigte sich die Deputation auf ein Pluralwahlrecht mit höchstens drei Zusatzstimmen (Höhe des Einkommens, größerer Grundbesitz, feste Anstellung oder Gewerbe, Alter von 50 Jahren), eine Integralerneuerung der Kammer, eine Erhöhung der Zahl der städtischen Wahlkreise (Dresden, Leipzig und Chemnitz je zwei, Plauen einer) unter Beibehaltung der weiteren Wahlkreiseinteilung und eine Verhältniswahl in den drei großen Städten.[2120] Da es nun auch gelang, für diesen Vorschlag nach einer weiteren Überarbeitung[2121] eine Zweidrittelmehrheit in der Zweiten Kammer sicher zu stellen, nahm ihn die Erste Kammer in ihrer Schlussberatung am 20. Januar 1909 einstimmig an.[2122] Die Zweite Kammer trat diesem Beschluss am 22. Januar mit 72 gegen 5 Stimmen bei.[2123] Mit ihrer ständischen Schrift vom 25. Januar konnten die Stände der Regierung den überarbeiteten Gesetzentwurf vorlegen.[2124]

Das *Wahlgesetz für die Zweite Kammer der Ständeversammlung, vom 5. Mai 1909*[2125] sah somit in seinem Art. I eine Änderung der §§ 68 und 71 VerfUrk vor. Die Zahl der Abg. wurde auf 43 städtische und 48 ländliche festgelegt, die alle sechs Jahre in einer Integralerneuerung neu zu wählen waren. Art. II d. G. beinhaltete die Regelungen des neuen Wahlgesetzes. So war nach § 8 d. G. „jeder Sachse männlichen Geschlechts" stimmberechtigt, „der eine direkte Staatssteuer im Königreiche Sachsen entrichtet, bei Abschluss der Wählerliste das 25. Lebensjahr vollendet hat, seit mindestens zwei Jahren die sächsische Staatsangehörigkeit besitzt und seit mindestens sechs Monaten seinen Wohnsitz im Orte der Listenaufstellung hat".[2126]

§ 11 d. G. regelte die Verteilung der Wählerstimmen. Danach hatte jeder Wahlberechtigte zunächst mindestens eine Stimme. Zwei Stimmen gab es bei einem jährlichen Einkommen von mehr als 1.600 M., einem Einkommen von

---

[2120]a.a.O., S. 1134f.

[2121]Übersicht in: Die Wahlgesetze für den Landtag, hrsg. v. HETTNER, S. 55ff.

[2122]LA 1907/08, Ber. 1. K., 2. Teil, S. 1137; Mitth. über die Verh. d. LT 1907/08, 1. K., S. 1358 Bff.

[2123]*Antrag zum mündlichen Berichte der außerordentlichen Deputation der zweiten Kammer über den Entwurf zu einem Wahlgesetze für die zweite Kammer der Ständeversammlung. Eingegangen am 20. Januar 1909*, in: LA 1907/08, Ber. 2. K., Bd. 3, S. 3069-3103; Mitth. über die Verh. d. LT 1907/08, 2. K., Bd. 5, S. 5164 Df. Der Antrag auf jährliche Einberufung des Landtages wurde gegen drei Stimmen abgelehnt. – a.a.O., S. 5177 Df.

[2124]*Ständische Schrift auf das Königliche Dekret Nr. 12, den Entwurf zu einem Wahlgesetze für die zweite Kammer der Ständeversammlung betreffend*, in: LA 1907/08, Ständ. Schr., S. 207-238.

[2125]In: GVBl. 1909, S. 339-398.

[2126]a.a.O., S. 339f.

mehr als 1.400 M. aus einem öffentlichen Amt oder dauerhafter privater Anstellung, bei einer Wahlberechtigung zur Gewerbekammer oder dem Landeskulturrat verbunden mit einem Einkommen aus dem Unternehmen von mehr als 1.400 M, bei einem Grundbesitz von einer bestimmten Mindestgröße oder schließlich einer für den einjährig-freiwilligen Militärdienst ausreichenden wissenschaftlichen Bildung. Für drei Stimmen war ein Einkommen von mehr als 2.200 M., ein dienstliches, gewerbliches, wissenschaftliches oder künstlerisches Einkommen von mehr als 1.900 M. oder ein Grundbesitz von bestimmter Steuerpflichtigkeit oder Größe Voraussetzung. Die Höchstzahl von vier Stimmen hatten Wahlberechtigte mit einem Einkommen von über 2.800 M., einem dienstlichen, gewerblichen, wissenschaftlichen oder künstlerischen Einkommen von mehr als 2.500 M. sowie ab einer bestimmten Größe oder Steuerpflicht ihres Grundbesitzes. Außerdem gewährte das Gesetz ab dem 50. Lebensjahr eine Altersstimme, die aber nur dann zum Tragen kam, wenn der Wähler nicht schon aus anderen Gründen die Höchstzahl von vier Stimmen erreichte.[2127]

Wählbar war nach § 14 d. G. „der Sachse männlichen Geschlechts“, der mindestens drei Jahre im Besitz der sächsischen Staatsangehörigkeit oder im Königreich Sachsen wohnhaft war, der Steuerpflicht bei der direkten Staatssteuer unterlag und mindestens 30 Jahre alt war.[2128]

2. Anträge auf Abänderung der Zusammensetzung der Ersten Kammer

Nach dem der *Antrag Opitz und Genossen* vom 17. Oktober 1907 sollte die Staatsregierung Überlegungen anstellen, „in welcher Weise bei der Zusammensetzung der ersten Kammer den veränderten wirtschaftlichen Verhältnissen durch eine entsprechendere Berücksichtigung der Industrie, des Handels, des Gewerbes und des Mittelstandes Rechnung getragen werden kann“.[2129] Die Vorlage eines dahingehenden Gesetzentwurfs seitens der Staatsregierung verlangte der *Antrag Bär, Roch und Günther*.[2130] Der einen Tag später bei der Kammer eingegangene *Antrag Langhammer und Genossen* enthielt dagegen bereits konkrete Vorstellungen für eine entsprechende Verfassungsänderung. So sollte die Technische Hochschule Dresden künftig ebenso vertreten sein, wie die Stadt Chemnitz. Die seit mindestens 10 Jahren zu den Wahlen der Handelskammer berechtigten Personen, die außerdem im Besitz der sächsischen Staatsangehörigkeit und seit mindestens fünf Jahren Inhaber oder Mitinhaber eines Unternehmens mit einem einkommenssteuerpflichtigen

2127 a.a.O., S. 341f.

2128 a.a.O., S. 343.

2129 *Antrag. Eingegangen am 17. Oktober 1907*, in: LA 1907/08, Ber. d. 2. K., Bd. 1, S. 295.

2130 Antrag. Eingegangen am 17. Oktober 1907, a.a.O., S. 295.

Geschäftseinkommen von mindestens 6.000 M. sind, sollten 10 Abg. auf Lebenszeit wählen können, aus jeder Kreishauptmannschaft je zwei. Darüber hinaus sollte der König zwei Vertreter des Gewerbes und einen Vertreter der Lehrerschaft auf Lebenszeit ernennen können. Die ärztlichen Kreisvereine und die Anwaltskammer sollten ebenfalls jeweils ein Mitglied der Kammer auf Lebenszeit bestimmen können.[2131]

Beide Anträge wurden von der Gesetzgebungsdeputation bis nach Erledigung des Wahlrechtsentwurfs zur Zweiten Kammer zurückgestellt. Da aber bereits am 26. Januar 1909 der Landtag beendet wurde, kamen sie nicht mehr zu einer weiteren Beratung.[2132]

3. Schlussfolgerungen

Mit dem *Wahlgesetz für die zweite Kammer der Ständeversammlung vom 5. Mai 1909* waren die Vorstellungen der Zweiten Kammer aus dem Jahre 1903/04 weitgehend berücksichtigt. Das Gesetz brachte zwar eine deutliche Verbesserung des Wahlrechts für die unterprivilegierten Bevölkerungsgruppen und war auch wieder ein direktes, aber immer noch kein gleiches Wahlrecht, wie es vor allem die Sozialdemokraten forderten. Damit reagierte man zwar in gewisser Weise auf die Protestbewegung, blieb aber bei weitem hinter deren Forderungen zurück: Die bestehende politische Ordnung sollte nicht angetastet, sondern auch durch die Ausgestaltung des neuen Wahlrechts im Grundsatz erhalten bleiben: Die Wähler bekamen nunmehr bis zu drei Zusatzstimmen aufgrund von Einkommen, Besitz, Vorbildung oder Alter. Dadurch wurden auch weiterhin erhebliche Teile der Bevölkerung benachteiligt, wenn auch nicht mehr so stark wie unter dem Dreiklassenwahlrecht in seiner spezifisch sächsischen Ausprägung. Trotz entsprechender Forderungen durch Petitionen und Anträge spielte die Einführung des Wahlrechts für Frauen auch in diesem Gesetzgebungsverfahren keinerlei Rolle.

Wiederholt hatte sich der Landtag von 1907/09 mit einer Änderung der Zusammensetzung der Ersten Kammer zu befassen, die jedoch abermals nicht zu einem Abschluss kam.

[2131] *Antrag. Eingegangen am 18. Oktober 1907*, in: LA 1907/08, Ber. d. 2. K., Bd. 1, S. 297f.

[2132] Die Wahlgesetze für den Landtag, hrsg. v. HETTNER, S. 60f. – Am 9. November 1911 wurde nochmals bei der Staatsregierung erfragt, wann denn nun die Reform der Ersten Kammer in Angriff genommen werde. – *Interpellation des Abg. Hettner und Gen., die Zusammensetzung der Ersten Ständekammer betreffend*, in: LA 1911/12, Ber. 2. K., Bd. 1, S. 18.

IV. Die Wahlen zur sächsischen Ständeversammlung unter dem Dreiklassen- und dem Pluralwahlrecht im Überblick

Das Dreiklassenwahlrecht brachte infolge des Wegfalls des Zensus eine Erhöhung der Zahl der Wahlberechtigten, entwertete aber zugleich die überwiegende Zahl der Wählerstimmen.

Bei den Ergänzungswahlen im Herbst 1897, die erstmals nach dem Dreiklassenwahlrecht in 31 Wahlkreisen stattfanden und bei denen die Sozialdemokraten in 28 davon angetreten waren, betrug die Wahlbeteiligung nur noch 38,9 Prozent (Erste Abteilung 68,2, Zweite Abteilung 54,4 und Dritte Abteilung 34,6 Prozent). 1899 lag sie bei 29,8 Prozent (Erste Abteilung 65,5, Zweite Abteilung 47,5 und Dritte Abteilung 29,8 Prozent) und 1901 bei 39,6 Prozent (Erste Abteilung 63,8, Zweite 49,9 Abteilung und Dritte Abteilung 39,6 Prozent). Dabei ist der Anstieg der Wahlbeteiligung in der Dritten Abteilung im Jahre 1901 wohl auf die Mobilisierung der sozialdemokratischen Wähler infolge verstärkten Eintretens ihrer Partei für das Wahlrecht zurückzuführen, nachdem die Partei zunächst die Wahlen unter dem Dreiklassenwahlrecht zu boykottieren suchte.[2133]

Unter dem Dreiklassenwahlrecht der Jahre 1897 bis 1907 entfielen im Durchschnitt etwa 3,5 Prozent der Wahlberechtigten auf die Erste, 17 Prozent auf die Zweite und 80 Prozent auf die Dritte Abteilung. Ein Kandidat musste also, um erfolgreich zu sein, zumindest die Mehrheit der Stimmen der Wahlmänner in zwei Abteilungen hinter sich bringen. Damit schloss das Wahlgesetz in seiner Wirkung sogar weit über das Ziel hinaus und sorgte bis zum Jahre 1901 für das Ausscheiden sämtlicher sozialdemokratischer Abgeordneter,[2134] da die Dritte Abteilung allein gegen die anderen beiden keinen Kandidaten durchbringen konnte.

Der beharrliche Massenprotest hatte zwar schließlich im Jahre 1909 zur Einführung des Pluralwahlrechts geführt, aber auch dieses blieb immer noch hinter dem Reichstagswahlrecht zurück. Nach wie vor durfte ein Viertel der Reichstagswähler nicht an der Landtagswahl teilnehmen. Bei der Landtagswahl vom 21. Oktober 1909, der letzten vor dem Ersten Weltkrieg und zugleich einzigen auf der Grundlage des Pluralwahlrechts, stimmten zwar 53,8

[2133]LA 1903/1904, Dekr., Bd. 3, S. 453; zur Wahlstatistik: Statistik der Urwahlen für die zweite Kammer der Ständeversammlung in den Jahren 1897 bis 1901, in: ZSächsStatB 49 (1903), S. 1-64; Die Urwahlen für die zweite Kammer der Ständeversammlung in den Jahren 1903 bis 1907, in: SächsStLAZ 54 (1908), S. 168-171; DIERSCH, a.a.O., S. 223, Anm. 16.; RITTER, Das Wahlrecht, in: Der Aufstieg der deutschen Arbeiterbewegung, hrsg. v. DEMS./MÜLLER-LUCKNER, S. 70ff. RITTER/NIEHUSS, Wahlgeschichtliches Arbeitsbuch, S. 175ff.; vgl. LÄSSIG, Wahlrechtskampf, S. 88ff.; BEYER, a.a.O., S. 209f.

[2134]vgl. SCHMEITZNER/RUDLOFF, Geschichte der Sozialdemokratie, S. 26.

Prozent der Wähler für die Sozialdemokraten, dies führte aber nur zu 25 von 91 Mandaten. Trotzdem bedeutete das für Sachsen das Ende der konservativen Vorherrschaft in der Zweiten Kammer, die seit 1881 bestanden hatte.[2135] Von zeitgenössischen Autoren wie DIERSCH und OPPE wurde das Pluralwahlrecht trotz seiner nur einmaligen Anwendung als positiv und auf die sächsischen Verhältnisse passend bewertet.[2136]

Bemerkenswert ist eine nahezu Verdopplung der Wahlbeteiligung gegenüber den vorangegangenen Wahlen auf 82,6 Prozent. Sie lag damit nun noch rund sieben Prozent unter der Wahlbeteiligung bei der Reichstagswahl.[2137]

Die Sitzungsperiode des 1909 gewählten ordentlichen Landtags endete im Mai 1914. Da mit dem Ende der Legislaturperiode nun auch Wahlen stattfinden sollten, war ein Zusammentreten des Landtags erst wieder für das Jahr 1916 geplant. Mit dem Beginn des Ersten Weltkrieges wurden diese Pläne jedoch obsolet, so dass die Kammern schon im November desselben Jahres wieder in ihrer bisherigen Zusammensetzung zusammenkamen. Bis zum Ende der Monarchie im Jahre 1918 fanden – bis auf einzelne Nachwahlen – keine regulären Landtagswahlen in Sachsen mehr statt.[2138]

In ihrer Zusammensetzung von 1909 traten die Stände auf den Landtagen von 1909/10, 1911/12, 1913/14, 1915, 1915/16 und 1917/18 zusammen.[2139] Der außerordentliche Landtag, der für den 22. Juni 1915 einberufen wurde,[2140] verlängerte mit dem *Gesetz, betreffend die Hinausschiebung der Neuwahlen für die zweite Kammer der Ständeversammlung, vom 24. Juli 1915,* die Mandate der Abg. um zwei Jahre, damit die Kriegsteilnehmer und die unter kriegsbedingten Einkommenseinbußen leidenden Wähler nicht benachteiligt

---

[2135] HEIDENREICH, Arbeiterkulturbewegung, S. 39; vgl. im folgenden OPPE, Die Reform des Wahlrechts, in: JöR 4 (1910), S. 393ff.; zur sozialen und politischen Zusammensetzung der Zweiten Kammer vgl. SCHIMMEL, Die Entwicklung des Wahlrechts, S. 129ff.

[2136] OPPE, a.a.O, S. 395; DIERSCH, a.a.O., S. 326f.

[2137] Zur Wahlstatistik für 1909: Die Wahlen für die Zweite Kammer der Ständeversammlung vom Oktober und November 1909, in: SächStLAZ 55 (1909), S. 220-246; 57 (1911), S. 1-168; 58 (1912), S. 259-331; RITTER, Das Wahlrecht, in: Der Aufstieg der deutschen Arbeiterbewegung, hrsg. v. DEMS./MÜLLER-LUCKNER, S. 89ff. RITTER/NIEHUSS, Wahlgeschichtliches Arbeitsbuch, S. 179ff. sowie – mit einer Analyse der Pluralastimmen – LÄSSIG, Wahlrechtskampf, S. 231ff.

[2138] vgl. SCHMEITZNER/RUDLOFF, Geschichte der Sozialdemokratie, S. 41f.

[2139] vgl. GERHARD SCHMIDT, Der sächsische Landtag, in: Beiträge zur Archivwissenschaft, hrsg. v. GROß/ KOBUCH, S. 463.

[2140] Bekanntmachung, die Versammlung der Stände des Königreichs Sachsen zu einem außerordentlichen Landtag gemäß § 115 der Verfassungsurkunde betreffend, vom 22. Mai 1915, in: GVBl. 1915, S. 179.

würden und zugleich ein etwaiger Wahlkampf die Geschlossenheit im Inneren des Landes nicht gefährdete.[2141] Eine weitere Verlängerung der Wahlperiode um zwei weitere Jahre erfolgte in § 1 des *Gesetzes über die anderweitige Hinausschiebung der Neuwahlen für die Zweite Kammer der Ständeversammlung; vom 6. Juni 1917.*[2142]

Kurz zuvor hatte sich die USPD von der SPD abgespalten und als neue Partei konstituiert. Wie fast der gesamte Leipziger Parteibezirk waren auch drei Abg. der Zweiten Kammer zur USPD übergegangen.[2143] In der Frage des „Burgfriedens" forderte nun der Wortführer der USPD in der Zweiten Kammer, HERMANN FLEIßNER (1865-1939)2144, am 30. April 1917 an Stelle des bisherigen Stillhaltens sofortige Reformen und vor allem auch die Einführung eines allgemeinen Wahlrechts.[2145] Das Aufkommen der USPD sollte in der Folgezeit auch Auswirkungen für die Frage der politischen Partizipation von Frauen und ihrer praktischen Umsetzung bei den ersten demokratischen Wahlen Anfang 1919 haben.

V. Die Aktivitäten der Frauenstimmrechtsbewegung in Sachsen für das Frauenwahlrecht

Gegen Ende des 19. Jahrhunderts hatten sich die Betätigungsfelder für Frauen allmählich erweitert. Ihnen standen verbesserte Ausbildungs- und Berufsmöglichkeiten ebenso offen, wie eine größere Teilhabe am öffentlichen Leben. Nicht nur die Frauenbewegung mit ihren Vereinen gewann an Bedeutung und wurde zunehmend ernst genommen. Auch die Kultur-, Sport- und Freizeitvereine öffneten sich allmählich für eine Mitgliedschaft von Frauen, jedoch ohne dass diese dort maßgeblichen Einfluss gewinnen konnten.[2146]

Zwar hatten die Bemühungen um eine Verbesserung der Bildungs- und Berufschancen von Frauen mittlerweile sichtbare Fortschritte erzielt. Das Frauenstimmrecht stieß dagegen auf wenig Zuspruch. Die Frauen empfanden es aber als ungerecht und ihren Interessen widersprechend, von der Gesetzgebung selbst dort ausgeschlossen zu sein, wo sie selbst betroffen waren. Zudem versprachen sie sich vom Frauenstimmrecht selbst, dass sie damit einen positiven Beitrag zur Lösung der sozialen Probleme leisten würden.[2147]

[2141] a.a.O., S. 217f.; vgl. GOLDT, Parlamentarismus, S. 63.
[2142] GVBl. 1917, S. 67-69.
[2143] vgl. SCHMEITZNER/RUDLOFF, Geschichte der Sozialdemokratie, S. 42f.
[2144] Zur Person vgl. Sächsische Parlamentarier, hrsg. v. DÖSCHER/SCHRÖDER, S. 371.
[2145] Mitth. über die Verh. d. LT 1915/17, 2. K., Bd. 3, S. 1931 Cf.
[2146] vgl. HEIDENREICH, Arbeiterkulturbewegung, S. 101.
[2147] So ICHENHAEUSER, Frauenwahlrecht, S. 3ff.

1. Das Wirken Marie Stritts in der bürgerlichen Frauenbewegung

Zu Beginn der 1890er Jahre hatte sich in Dresden eine „Montagsgesellschaft" für politisch interessierte Frauen etabliert, zu der auch MARIE STRITT (1855-1928) gehörte.[2148] Der wöchentliche Zirkel politisch interessierter Frauen war unter dem Eindruck der 25-Jahr-Feier des „Allgemeinen Deutschen Frauenvereins" (ADF) im Jahre 1890 in Leipzig entstanden. Ziele waren die Ausweitung der Erwerbsmöglichkeiten für Frauen, die rechtliche Gleichstellung und verbesserte staatliche Bildungseinrichtungen bis hin zu einem wissenschaftlichen Studium. Gleichzeitig sollten aber auch Mitglieder für den ADF gewonnen werden.

Die aus dem siebenbürgischen Schäßburg stammende Schauspielerin war durch Vermittlung ihrer für die Frauenbildung engagierten Mutter, der verwitweten Unternehmerin THERESE BACON (1824-1911), mit der deutschen bürgerlichen Frauenbewegung in Kontakt gekommen. Bei der gemeinsamen Teilnahme an der Jubiläumsfeier des ADF hatte STRITT die in die Jahre gekommenen Begründerinnen der deutschen Frauenbewegung LOUISE OTTO PETERS und AUGUSTE SCHMIDT kennen gelernt. Im Herbst 1891 war sie im Rahmen der ADF-Generalversammlung in Dresden an der Gründung einer Ortsgruppe des ADF beteiligt. Ihre rhetorische Begabung ließ STRITT schnell große Anerkennung zuteil werden, so dass sie eine rege Vortragstätigkeit über die Ziele der Frauenbewegung aufnahm. Die rasch anwachsende Dresdner Ortsgruppe wurde – neben der Leipziger – zu einem der beiden, für die weitere Entwicklung der deutschen bürgerlichen Frauenbewegung wesentlichen Zentren.

Bereits Anfang 1894 kam es durch die Dresdner Ortsgruppe, die sich mittlerweile vom ADF gelöst hatte, zur Gründung des ersten Rechtsschutzvereins zur kostenlose Rechtsberatung für Frauen und Mädchen in Selbsthilfe. MARIE STRITT, die zunächst als stellvertretende Vorsitzende und ab 1896 als Vorsitzende fungierte, sah in der Arbeit des Rechtsschutzvereins die Basis für eine künftige öffentliche Betätigung von Frauen in Rechtspflege wie in kommunalen Ämtern. Bis zum Jahre 1903 waren ausschließlich Frauen als Vereinsmitglieder zugelassen. Der Verein war so erfolgreich, dass Frauen in anderen Städten ebenfalls Vereine nach dem Dresdner Modell errichteten und es im Jahre 1900 zur Gründung eines Dachverbandes der Rechtsschutzvereine kam, deren Zahl bis zum Ersten Weltkrieg auf 130 anwuchs.[2149]

[2148] Im Folgenden SCHÜLLER, Marie Stritt, S. 99ff.; S. KOCH, Marie Stritt – Frauenrechtlerin im Kaiserreich, in DH 62 (2000), H. 2, S. 79ff.

[2149] SCHÜLLER, Marie Stritt, S. 112ff.; GREVEN-ASCHOFF, Die bürgerliche Frauenbewegung, S. 83f.

STRITT und ihr Dresdner Rechtsschutzverein sind zumindest in dieser Zeit dem radikalen Flügel der bürgerlichen Frauenbewegung zuzurechnen. Das führte Persönlichkeiten der Radikalen, wie MINNA CAUER (1841-1922), LILY BRAUN (1865-1916)[2150] und ANITA AUGSPURG (1857-1943) nach Dresden.[2151] In der Folge versuchte sich der Verein auch für die Interessen der Arbeiterinnen einzusetzen und damit eine Brücke zur proletarischen Frauenbewegung zu schlagen und beteiligte sich im Jahre 1896 an der als „Frauenlandsturm" bezeichneten reichsweiten Protestbewegung der Frauenbewegung gegen die Benachteiligung von Frauen in den künftigen Regelungen des im Entstehen begriffenen BGB.[2152] STRITT wandte sich in der Folge dem gemäßigten Lager der bürgerlichen Frauenbewegung zu und übernahm im Jahre 1899 den Vorsitz des 1894 gegründeten „Bundes Deutscher Frauenvereine",[2153] dem Dachverband der bürgerlichen Frauenbewegung in Deutschland. In dieser Eigenschaft nahm sie an zahlreichen Kongressen der internationalen Frauenbewegung teil. Sie organisierte 1904 einen internationalen Frauenkongress in Berlin, den die internationale Frauenstimmrechtsbewegung zum Anlass der Gründung der „International Suffrage Alliance of Women" (IAW) nahm. MARIE STRITT hatte auch maßgeblichen Anteil daran, dass schließlich auch der „Bund Deutscher Frauenvereine" im Jahre 1907 das Frauenstimmrecht offiziell in sein Programm aufnahm.[2154] 1910 legte sie den Vorsitz des „Bundes Deutscher Frauenvereine" aufgrund von programmatischen Streitigkeiten zwischen Radikalen und Gemäßigten und persönlichen Querelen nieder.[2155]

2. Die Entstehung und Zielsetzung der organisierten Frauenstimmrechtsbewegung

Die organisierte Frauenstimmrechtsbewegung erlangte erst nach der Jahrhundertwende politische Bedeutung. Die Gründung des „Deutschen Vereins für

---

[2150] Die Sozialdemokratin und eine der wenigen Sozialistinnen, die nunmehr ein Zusammengehen mit den Bürgerlichen anstrebte und damit entgegen der marxistischen Klassentheorie handelte, trat zunächst unter dem Namen VON GIZYCKI auf. – vgl. NOTZ, „Her mit dem allgemeinen, gleichen Wahlrecht…", S. 18; vgl. oben, Fn. 2161, S. 416.

[2151] So SCHÜLLER, a.a.O., S. 117ff.

[2152] a.a.O., S. 121ff.

[2153] Die erste Vorsitzende war die Leipzigerin AUGUSTE SCHMIDT. – Zu Entstehung, Struktur und Entwicklung des Bundes Deutscher Frauenvereine vgl. etwa BÄUMER, Die Geschichte des Bundes Deutscher Frauenvereine, in: Jahrbuch des Bundes Deutscher Frauenvereine 1921, S. 15ff.

[2154] vgl. a.a.O., S. 22f., 26 und 31.

[2155] SCHÜLLER, a.a.O., S. 133ff. Auslöser war letztlich, dass sie sich mit ihrer Forderung nach einer gänzlichen Abschaffung des § 218 StGB im „Bund Deutscher Frauenvereine" nicht durchsetzen konnte. STRITTS Nachfolgerin wurde GERTRUD BÄUMER. Vgl. dazu auch GREVEN-ASCHOFF, Die bürgerliche Frauenbewegung, S. 102ff.

Frauenstimmrecht" am 1. Januar 1902 in Hamburg[2156] war Ausdruck verstärkter Bemühungen um die Durchsetzung der Stimmrechtsforderung. Diese war in der bürgerlichen Frauenbewegung in den Jahren 1894 bis 1898 aufgekommen, nachdem einzelne Persönlichkeiten aus den Reihen der Frauenbewegung schon vorher für das Frauenstimmrecht eingetreten waren, wie vor allem HEDWIG DOHM (1831-1919).[2157] Sie hatte bereits im Jahre 1876 die Gründung von Frauenstimmrechtsvereinen gefordert.[2158]

Bereits kurz nach seiner Gründung war auch MARIE STRITT Mitglied des Deutschen Vereins (ab 1904 „Verband") für Frauenstimmrecht geworden und seit 1909 Vorsitzende von dessen Sächsischem Landesverein. 1911 ließ sie sich als Beisitzerin des Verbandes wählen, was die zugleich wiedergewählten Vorsitzenden ANITA AUGSPURG und LIDA GUSTAVA HEYMANN veranlasste, die Wahl nicht anzunehmen, da sie vor dem Hintergrund der Querelen im „Bund Deutscher Frauenvereine" ihre Ziele mit denen MARIE STRITTS für nicht vereinbar ansahen. Bei der Wiederholung der Wahl wurde nun STRITT selbst zur Vorsitzenden gewählt.[2159]

Stand zu Beginn der organisierten bürgerlichen Frauenstimmrechtsbewegung intern die Frage im Mittelpunkt, ob sich die Frauen das politische Stimmrecht erst noch durch ihre eigene Leistung verdienen müssten oder es doch eine Frage der Gerechtigkeit und Voraussetzung für die Gleichstellung der Frauen überhaupt sei, im Mittelpunkt, so spalteten sich die Lager nunmehr an Art und Umfang des einzufordernden Stimmrechts. In der Folge kam es zu einer Dreiteilung der bürgerlichen Frauenstimmrechtsbewegung: Zunächst spalteten sich im April 1912 die konservativen Frauen ab, die lediglich das bereits bestehende Männerwahl- bzw. Männerstimmrecht für die Frauen forderten. Sie gründeten die „Deutsche Vereinigung für Frauenstimmrecht". Die radikalen, die das allgemeine und gleiche Wahlrecht für Männer und Frauen verlangten, riefen im Jahr darauf mit AUGSPURG und HEYMANN den „Deutschen Bund für Frauenstimmrecht" ins Leben. STRITT verfolgte mit dem „Deutsche

---

2156 Dort waren Frauen nach Landesrecht nicht von politischen Vereinen ausgeschlossen.

2157 Zur Person vgl. HEIMPEL, Dohm, Hedwig, in: NDB, Bd. 4, S. 41f.

2158 Zu den Anfängen der Forderung nach dem Frauenstimmrecht und HEDWIG DOHM etwa CLEMENS, Der Kampf um das Frauenstimmrecht, in: „Heraus mit dem Frauenwahlrecht", hrsg. v. WICKERT, S. 55ff.; vgl. auch Frauenstimmrecht in der Praxis, S. 135 und im folgenden FREVERT, „Mann und Weib...", S. 97ff.; GREVEN-ASCHOFF, Die bürgerliche Frauenbewegung, S. 132ff.; ROSENBUSCH, Frauenwahlrecht, S. 292ff. Zu DOHMS Argumentation vgl. DIES., Der Frauen Natur und Recht, S. 159ff.

2159 SCHÜLLER, a.a.O., S. 182ff.; CLEMENS, a.a.O., S. 99f.

Verband für Frauenstimmrecht“ hingegen einen gemäßigten, kompromissorientierten Kurs.[2160]

Die Frauenstimmrechtsbewegung widmete sich auch dem schmalen Bestand von bereits bestehenden Beteiligungsrechten von Frauen. So versuchte man die Frauen zur Teilnahme zu motivieren – und sei es mangels eigenem Stimmrecht auch nur durch den Besuch von öffentlichen Sitzungen der Gemeindevertretungen. Dazu gehörte es zunächst, Frauen über bestehende Rechte aufzuklären. Es erschienen eine Reihe von Schriften aus der Feder namhafter Vertreterinnen der Frauenstimmrechtsbewegung zu diesen gesetzlichen Regelungen in den einzelnen Bundesstaaten, wie etwa von LIDA GUSTAVA HEYMANN zum kommunalen Wahlrecht und zum Wahlrecht der Handelskammern und von JENNY APOLANT ebenfalls zum kommunalen Wahlrecht der Frauen.[2161]

Die Mitarbeit von Frauen in der Kommunalverwaltung, wie auch das Stimmrecht in den Städten und Landgemeinden sollten Etappen einer „fortschreitenden Entwicklung“ hin zum aktiven und passiven parlamentarischen Frauenwahlrecht sein. Vorbild war das europäische Ausland, vor allem England, wo ledige Frauen das aktive Gemeindewahlrecht bereits seit 1862 besaßen und das passive seit 1907, Schweden mit dem aktiven Gemeindewahlrecht für unverheiratete Frauen seit 1862 und dem passiven sowohl für verheiratete wie unverheiratete ab 1909, und ebenso Dänemark und Finnland. Norwegen räumte – nachdem die Frauen 1901 zunächst ein teilweises Wahlrecht in den Gemeinden bekommen hatten – im Jahre 1913 das allgemeine parlamentarische Wahlrecht für Männer und Frauen ein.[2162] Diese Entwicklung motivierte die Frauen, auch ihrerseits zu versuchen, auf den Gesetzgebungsprozess in den deutschen Bundesstaaten Einfluss zu nehmen. Jedoch blieb der Versuch, mit der neuen Badischen Städteordnung vom 18. Oktober 1910 den Frauen das Gemeindewahlrecht einzuräumen, trotz anfänglicher Absicht ebenso ohne die erforderlichen Mehrheiten,[2163] wie auch die Petitionen der sächsischen Frauen letztlich in der Sache kein Gehör fanden.

[2160] STRITT war zugleich seit 1913 auch auf der internationalen Ebene der Stimmrechtsbewegung im Vorstand des IAW tätig. – a.a.O., S. 185ff.; zu den drei Stimmrechtsorganisationen vgl. CAUER, Drei Richtungen, in: Zeitschrift für Frauenstimmrecht Jg. 1914, Nr. 4, S. 11; CLEMENS, a.a.O., S. 85ff.

[2161] Jeweils zu Sachsen: HEYMANN, Das kommunale Wahlrecht, S. 62ff.; DIES., Das Wahlrecht der Frauen zu den Handelskammern, S. 25f.; APOLANT, Das kommunale Wahlrecht, S. 25ff.; zu einzelnen Aktionen der Frauenstimmrechtsbewegung für das Gemeindewahlrecht in verschiedenen Bundesstaaten vgl. ROSENBUSCH, Frauenwahlrecht, S. 354ff.

[2162] So etwa ALTMANN-GOTTHEIMER, Wie erlangen wir das Gemeindewahlrecht, in: Die Frau 18 (1910/11), S. 100f.

[2163] a.a.O., S. 101; vgl. APOLANT, Das kommunale Wahlrecht, S. 27f.

Die Bereitschaft der Frauen, ihre Rechte auch wahrzunehmen, war offenbar nicht sehr ausgeprägt. Ebenso waren die Kommunen selbst nicht daran interessiert, die Beteiligung von Frauen an den Gemeindewahlen zu fördern.[2164] Der sächsische „Landesverein für Frauenstimmrecht" hatte im Winter 1913/14 eine Umfrage an sächsische Landgemeinden gerichtet, um die dort nach § 24 RevLGO stimmberechtigten Frauen zu ermitteln. Von den aus der Kreishauptmannschaft Leipzig angefragten 865 Gemeinden antworteten lediglich 86; ganze 39 ermittelten stimmberechtigte Frauen. Die Umfrage ergab auch, dass die Landgemeinden in der Nähe der Großstädte dem Anliegen tendenziell aufgeschlossener gegenüberstanden. Einige Gemeindevorsteher reagierten sogar ausgesprochen ungehalten, verwiesen die Frauen auf die Erfüllung ihrer häuslichen Pflichten, behaupteten „ihre" Frauen hätten aufgrund ihrer Arbeit in Haushalt und Landwirtschaft keine Zeit und auch kein Interesse an den Gemeindewahlen und die Anfragenden würden sich im Übrigen auch nur deshalb mit diesen Dingen beschäftigen (können), weil sie keinen Ehemann abbekommen hätten.[2165]

Mit der Herausbildung organisierter Formen war das Verhältnis zwischen bürgerlicher und sozialistischer Frauenbewegung sehr schwierig geworden, da einer Zusammenarbeit bis auf Einzelfälle die politische Barriere der „sozialistischen Emanzipationstheorie" entgegenstand.[2166] Doch sahen sich die Arbeiterinnen zunächst auch einer Missgunst der Arbeiter ausgesetzt, die sie als Lohndrückerinnen ansahen und sich die Forderung nach der Aufnahme eines Frauenerwerbsverbots in das sozialdemokratische Parteiprogramm erhob. In der SPD war die Einbeziehung der Frauen in die Wahlrechtsforderungen lange Zeit nicht mehrheitsfähig gewesen und erst 1891 ins Parteiprogramm aufgenommen worden.[2167] Die Sozialdemokratinnen begleiteten die Aktivitäten ihrer Partei im Reichstag und den Ländervertretungen mit Agitation und Demonstrationen für das Frauenwahl- bzw. Frauenstimmrecht aus sozialistischer Perspektive.[2168] Neben den sog. Vertrauenspersonen, die Kontakt zur Partei halten und die Arbeit vor Ort zu organisierten hatten, kam während der Zeit des Sozialistengesetzes den Frauenbildungsvereinen eine wesentliche Rolle zu. Letztere dienten der politischen Bildung und Diskussion unter Frauen und dem gemeinschaftlichen Studium von politischen Schriften. Seit 1900 kamen Vertreterinnen der sozialdemokratischen Frauen

---

[2164] vgl. ALTMANN-GOTTHEIMER, a.a.O., S. 105f.

[2165] So der Bericht „Bei uns in Sachsen – geht es immer sehr gemütlich zu…", in: Frauenstimmrecht 2 (1913/14), S. 96-98; vgl. ROSENBUSCH, a.a.O., S. 357.

[2166] CLEMENS, Der Kampf um das Frauenstimmrecht, in: „Heraus mit dem Frauenwahlrecht", hrsg. v. WICKERT, S. 70.

[2167] vgl. CLEMENS, a.a.O., S. 65ff. und oben Kap. V, S. 261ff.

[2168] CLEMENS, a.a.O., S. 67.

zu Frauenkonferenzen zusammen. Als mit dem Reichsvereinsgesetz von 1908 zumindest die gesetzlichen Schranken für eine Betätigung von Frauen in den politischen Parteien in *allen* Bundesstaaten fielen, wurde noch im selben Jahr mit LOUISE ZIETZ (1865-1922) die erste Frau Deutschlands in den Vorstand einer Partei, der SPD, auf Reichsebene gewählt. Obwohl die Frauen selbst an den Wahlen nicht teilnehmen konnten, so hatten sie doch wesentlichen Anteil an der Unterstützung der Kandidaten in den Wahlkämpfen.[2169]

Während des Ersten Weltkrieges orientierte sich auch der überwiegende Teil der Frauenstimmrechtsbewegung an der Burgfriedenspolitik und widmete sich statt dem Stimmrechtskampf der Kriegsfürsorgearbeit. Nur der radikale „Deutsche Bund für Frauenstimmrecht" – wie auch eine Minderheit der Sozialdemokratinnen – verweigerte sich einer Unterstützung des Krieges in jeder Hinsicht.[2170] 1916 kam es schließlich zum Zusammenschluss des „Deutschen Verbandes für Frauenstimmrecht" und der „Deutschen Vereinigung für Frauenstimmrecht" unter dem Vorsitz von MARIE STRITT zum „Deutschen Reichsverband für Frauenstimmrecht". Bereits ein Jahr später gehörten dieser Vereinigung zehn Landesvereine mit fast 90.000 Mitgliedern an. Es wurde weiterhin die Burgfriedenspolitik verfolgt[2171] und als Vereinszweck die Forderung nach den gleichen öffentlichen Rechten für Frauen, insbesondere das aktive und passive Wahlrechts auf Reichs- und Länderebene und zu den Selbstverwaltungskörperschaften festgelegt.[2172]

Mit dem wachsenden innenpolitischen Reformdruck kam es in Jahre 1917 nun auch zu einem Wiederaufleben des Stimmrechtskampfes. Der Reichsverband wandte sich mit einer Petition an den Verfassungsausschuss des Reichstages und auch der „Bund Deutscher Frauenvereine" erhob nun erstmals in einer Denkschrift seine Forderung nach einer Gleichstellung der Frauen im Wahlrecht an die deutschen Regierungen und Ständeversammlungen. Auch die seit 1917 in ein MSPD- und ein USPD-Lager gespaltene sozialdemokratische Frauenbewegung forderte nun das Frauenstimmrecht wieder ein. Während der gemäßigte MSPD-Flügel unter MARIE JUCHACZ (1879-1956) seine Ziele auf parlamentarischem Wege verwirklichen wollte, verfolgte der radikale USPD-Flügel unter CLARA ZETKIN den Kampf um das Frauenstimmrecht als Teil einer umfassenden, revolutionären Umwälzung. Am 17. Dezember 1917 veranstalteten der „Bund Deutscher Frauenvereine" und die

---

[2169] a.a.O., S. 71f.

[2170] SCHÜLLER, Marie Stritt, S. 192ff.; vgl. wie im folgenden CLEMENS, a.a.O., S. 103ff.

[2171] Ebenso von Teilen der Sozialistinnen. – NOTZ, „Her mit dem allgemeinen, gleichen Wahlrecht…", S. 37ff.

[2172] SCHÜLLER, a.a.O., S. 196f.

bürgerlichen Stimmrechtsverbände mit den gemäßigten Sozialdemokratinnen in Berlin sogar eine gemeinsame Kundgebung für das Frauenstimmrecht. Dieses Bündnis wurde in der Folge noch erweitert, so dass sich nunmehr – bis auf die extrem konservativen und die kommunistischen Strömungen – sämtliche Frauenorganisationen zusammen schlossen.[2173] Auch als sich im Herbst 1918 erste Anfänge einer Demokratisierung des Staatswesens abzeichneten, erhoben die Frauen gegenüber der Reichsregierung wieder ihre Wahlrechtsforderung.[2174] Auf Initiative MARIE STRITTS richteten sie am 25. Oktober 1918 einen offenen Brief an den Reichskanzler, in dem sie die Berücksichtigung der Frauen bei der Neugestaltung Deutschlands einforderten. Und noch am 4. November fand in Berlin eine Kundgebung für das Frauenstimmrecht mit etwa 2.000 Teilnehmerinnen statt.[2175]

3. Der erfolgreiche Protest gegen die Einführung des Verbots der Teilnahme von Frauen an politischen Versammlungen in Sachsen im Jahre 1898

Anders als etwa in Preußen galten in Sachsen für Frauen im Vereins- und Versammlungsrecht auch weiterhin keine anderen Restriktionen als für Männer.[2176] Nach § 8 des preußischen Vereins- und Versammlungsgesetzes vom 11. März 1850 war „Frauenspersonen" die Teilnahme an den Versammlungen und Sitzungen politischer Vereine nicht gestattet. Als mit dem nunmehr reichseinheitlichen Vereinsgesetz im Jahre 1908[2177] diese Einschränkungen beseitigt wurden, brachte das einen Entwicklungsschub für die Frauenbewegung insgesamt. Es konnten nicht nur eine große Anzahl neuer Ortsgruppen und Vereinigungen der Stimmrechtsbewegung entstehen, sondern auch die Aktivitäten nun ungehindert und flächendeckend entfaltet werden. Bereits 1913 sollen im Kaiserreich 11 Landes- und 11 preußische Provinzialvereine des Vereins (ab 1904 Verband) für Frauenstimmrecht, mit 89 Ortsvereinen und mit etwa 90.000 Mitgliedern bestanden haben.[2178]

Ein erster Erfolg war den sächsischen Frauen bereits einige Jahre vor dieser Reform des Vereins- und Versammlungsrechts gelungen. Mit dem *Dekret an die Stände, den Entwurf eines Gesetzes, die Abänderung des Gesetzes über das Vereins- und Versammlungsrecht vom 22. November 1850 betreffend,*

2173 a.a.O., S. 198ff.; vgl. BÄUMER, Die Geschichte des Bundes Deutscher Frauenvereine, in: Jahrbuch des Bundes Deutscher Frauenvereine 1921, S. 39f.

2174 Zu den Begriffen „Frauenstimmrecht" und „Frauenwahlrecht" vgl. oben, Kap. I., S. 22ff.

2175 SCHÜLLER, a.a.O., S. 201f.; NOTZ, a.a.O., S. 41ff.

2176 Siehe dazu oben, Kap II, S. 79ff.

2177 Vereinsgesetz vom 19. April 1908, in: RGBl. 1908, S. 151-157.

2178 SCHÜLLER, a.a.O., S. 197.

vom 9. November 1897, strebte die Regierung eine Neufassung des § 24 Vereins- und Versammlungsgesetz vom 22. November 1850 an. Nachdem der Reichstag die landesrechtliche Bestimmung über ein Verbindungsverbot von inländischen Vereinen im Jahre 1896 aufgehoben hatte, wurde hier eine Neuregelung erforderlich. Allerdings wollte die Staatsregierung politischen Vereinen eine Verbindung mit außerdeutschen Vereinen nur mit Genehmigung des Innenministeriums gestatten, da man u. U. außenpolitische Verwicklungen befürchtete.[2179]

Die Mehrheit in der Zweiten Kammer zeigte sich bereits in der Vorberatung des Entwurfs am 30. November 1897 nur unter der Bedingung zu einer Zustimmung zum Gesetzentwurf bereit, wenn statt der unumgänglichen Aufhebung der bestehenden Schranken in § 24 VereinsG nun stattdessen eine anderweitige Beschränkung des Versammlungsrechts erfolgte.[2180] In den Deputationsberatungen erhob daher ein Mitglied der Gesetzgebungs-Deputation mit Unterstützung einiger Mitglieder der Kammer die Forderung, nunmehr Minderjährigen den Besuch politischer Versammlungen generell und Frauen „den Besuch von solchen Versammlungen, die anarchistische und sozialdemokratische Zwecke verfolgen“, zu verbieten.[2181] Der konservative Berichterstatter FRIEDRICH WILHELM KÜHLMORGEN (1851-1931)[2182] griff den Vorschlag auf und beantragte die Einfügung eines neuen § 5a in das Vereins- und Versammlungsgesetz, wonach „Personen weiblichen Geschlechts und Minderjährigen .. die Theilnahme an Versammlungen, in denen politische Angelegenheiten erörtert werden sollen, verboten“ wird. Eine Ausnahme sollte lediglich dann für die Teilnahme von volljährigen weiblichen Personen an Versammlungen bestehen, „die lediglich für die Erörterung der besonderen Berufs- und Standesinteressen der Frauen bestimmt sind“.[2183] Er begründete das damit, dass, wenn Frauen eine Ausübung politischer Rechte nicht zustehe, es ihnen auch nicht zukäme, an politischen Versammlungen teilzunehmen. Jedoch sollte sich das Verbot nicht auf sämtliche Versammlungen zur

---

2179 Eingegangen bei der II. Kammer am 9. November 1897, in: LA 1897/98, Dekr., Bd. 3, S. 250f.

2180 Mitth. über die Verh. d. LT 1897/98, 2. K., Bd. 1, S. 223ff.

2181 *Bericht der Mehrheit der Gesetzgebungs-Deputation der zweiten Kammer über das Königliche Dekret Nr. 9, die Abänderung des Gesetzes über das Vereins- und Versammlungsrecht vom 22. November 1850 betreffend. Eingegangen am 25. März 1898*, in: LA 1897/98, Ber. 2. K., Bd. 2, 1. Theil, S. 1053-1071, 1054.

2182 Zur Person vgl. Sächsische Parlamentarier, hrsg. v. DÖSCHER/SCHRÖDER, S. 413f.

2183 LA 1897/98, Ber. 2. K., Bd. 2, 1. Theil, S. 1059.

Erörterung öffentlicher Angelegenheiten beziehen, sondern nur auf solche mit politischer Natur.[2184]

Da sich dieses Vorgehen bereits in der Vorberatung des Entwurfs in der Kammer angedeutet hatte, sah sich die Deputation mit einer großen Anzahl von Eingaben konfrontiert, von denen sich 28 gegen den Ausschluss von Frauen und Minderjährigen wandten und 62 dafür. Unter den Protesten der Gegner befand sich auch der von „Cäcilie Dose und Genossinnen, Protestresolution einer am 7. Januar dieses Jahres im ‚Tivoli' zu Dresden abgehaltenen Frauenversammlung".[2185]

Die Mehrheit der Gesetzgebungsdeputation der Zweiten Kammer unterstützte aber letztlich mit ihrem Bericht vom 23. März 1898 den Antrag, Frauen und Minderjährige von der Teilnahme an politischen Versammlungen auszuschließen.[2186] Das Minderheitsvotum der nationalliberalen Abg. JOHANNES ROLLFUß (1859-1906), OSKAR PREIBISCH (1842-1910), PAUL HERFUHRT (1855-1936) und JOHANNES IMMANUEL SCHÖNE (1856-1933)[2187] lehnte zwar den Ausschluss von Minderjährigen wie Frauen von der Teilnahme an politischen Versammlungen ab, aber nur „aus Gründen rechtlicher und praktischer Natur". Grundsätzlich teilte man die Auffassung, wonach eine Teilnahme dieser Personen an politischen Zusammenkünften nicht angemessen sei.[2188]

Nach dem Mehrheitsvotum durften damit Frauen – so MARIE STRITT – an jenen Versammlungen nicht teilnehmen, „die ausgesprochen sozialdemokratische und anarchistische Zwecke verfolgen". Das Verbot traf damit in erster Linie die Arbeiterinnen. STRITT erblickte in der weitgehenden Gleichstellung

---

[2184] u. a. mit dem ausdrücklichen Hinweis auf eine Definition des Begriffs „Politik" seitens des SächsOLG vom 30. April 1885: „Die Politik begreift nicht nur die theoretische Erörterung von Fragen des Staatslebens, sondern es fallen darunter noch alle Bethätigungen des Parteilebens, welche unmittelbar auf die Förderung der in den Parteiprogrammen mehr oder weniger klar ausgesprochenen Zwecke und der Richtung der Partei hin wirken." – a.a.O., S. 1062f.

[2185] a.a.O., S. 1076f.

[2186] Das waren HUGO GOTTFRIED OPITZ (Vorsitzender), FRIEDRICH WILHELM KÜHLMORGEN (Berichterstatter), PAUL HERMANN LEUPOLD, JULIUS EDUARD RÖßNER, LOUIS UHLIG und JOHANN HERMANN UHLIG (sen.); a.a.O., S. 1071.

[2187] Zu den Personen vgl. Sächsische Parlamentarier, hrsg. v. DÖSCHER/SCHRÖDER, S. 300, 280f., 145 und 331f.

[2188] *Bericht der Minderheit der Gesetzgebungs-Deputation der zweiten Kammer über das Dekret Nr. 9, den Entwurf eines Gesetzes, die Abänderung des Gesetzes über das Vereins- und Versammlungsrecht vom 22. November 1850 betreffend. Eingegangen am 25. März 1898*, in: LA 1897/98, Ber. 2. K., Bd. 2, 1. Theil, S. 1072-1076.

der Frauen mit Minderjährigen, eine „Erniedrigung“ des weiblichen Geschlechts, das dadurch „zeitlebens auf das Niveau der Unmündigen herabgedrückt“ werde.[2189]

Durch ihren öffentlichen Protest konnten die bürgerlichen Frauen Dresdens unter der Führung von STRITT im Jahre 1898 die drohende Schlechterstellung von Frauen, die vor allem die Arbeiterinnen getroffen hätte, schließlich verhindern. An ihrer Protestversammlung am 7. Januar 1898 nahmen auch Abgeordnete teil, von denen sich der Sozialdemokrat FRÄSDORF und der Konservative BEHRENS mit umfangreichen Beiträgen selbst an der Debatte beteiligten. Nach STRITTS Bericht hätten beide sogar das aktive und passive Frauenwahlrecht „für zeitgemäßer als eine Beschränkung ihrer Rechte“ bezeichnet.[2190]

Zwar teilte auch die Regierung die Ansicht, dass Minderjährige und Frauen auf politischen Versammlungen nichts zu suchen hätten, hielt ihren Ausschluss aber für praktisch nicht durchführbar. Die vorberatende Deputation der Ersten Kammer hielt lediglich den Ausschluss von Minderjährigen für wünschenswert. Gegen eine Mitwirkung von Frauen an bestimmten politischen Angelegenheiten hatte man zwar Bedenken, wies aber darauf hin, dass der Regelungsvorschlag der Zweiten Kammer im Widerspruch zum geltendem Vereinsrecht stehe, nach dem Frauen keinen Beschränkungen unterlägen. Somit sprach sich die Deputation gegen einen Ausschluss von Frauen aus.[2191]

Am 4. Mai 1898 befasste sich nunmehr die Erste Kammer mit dem Bericht ihrer vorberatenden Deputation zum Gesetzentwurf.[2192] Zwar war diese der Zweiten Kammer hinsichtlich des Ausschlusses von Minderjährigen von politischen Versammlungen ebenfalls gefolgt, vertrat aber in Bezug auf die volljährigen Frauen eine andere Auffassung. Zum einen wurde als problematisch angesehen, dass mit der Regelung eine Ungleichbehandlung von Frauen bei der Beteiligung an Vereinen und an Versammlungen geschaffen würde. Zum anderen hielt man es – wie es von einer Mehrheit in der Zweiten Kammer vorgeschlagen worden war – für nicht praktikabel, die Teilnahme von Frauen auf solche Versammlungen zu beschränken, „welche für die Erörterung der besonderen Berufs- und Standesinteressen der Frauen bestimmt“ seien, da hier eine Abgrenzung vielfach schwerfalle.[2193]

[2189] STRITT, Die Protestversammlung, in: Die Frauenbewegung 4 (1898), S. 38f., 38; vgl. dazu wie im folgenden auch SCHÜLLER, Marie Stritt, S. 120f.; ROSENBUSCH, Frauenwahlrecht, S. 320f.

[2190] STRITT, a.a.O., S. 39.

[2191] LA 1897/98, Ber. 1. K., S. 434f.

[2192] Mitth. über die Verh. d. LT 1897/98, 1. K., S. 739ff.

[2193] a.a.O., S. 740.

Der Abg. KARL KASPAR GRAF VON REX, vom König zum Kammermitglied ernannter Rittergutsbesitzer, sprach sich gleichwohl für den Ausschluss der Frauen von politischen Versammlungen aus und sah darin eine geeignete Maßnahme, um Aktivitäten der Frauenbewegung einzudämmen, die eine Mitwirkung von Frauen am politischen Geschehen anstrebe. Eine Teilnahme von Frauen an der Politik gefährde die Familie und lenke Frauen von ihren häuslichen Aufgaben ab. Dagegen verwies OTTO LUDWIG CHRISTOPH VON SCHÖNBERG darauf, dass man Frauen schon deshalb nicht die Teilnahme an sämtlichen politischen Versammlungen versagen könne, da diese nach § 152 Reichsgewerbeordnung[2194] sogar ausdrücklich und berechtigterweise das Recht eingeräumt bekommen haben, im Hinblick auf ihr Arbeitsverhältnis auch ihre Interessen zu verfolgen. Da dies aber auch ein politisches Recht sei, könne man ihnen allgemein die Teilnahme an politischen Versammlungen nicht verwehren. Auch werde der von der Zweiten Kammer verfolgte Zweck, Frauen explizit von sozialdemokratischen Aktivitäten fernzuhalten, nicht wirklich erreicht. Sie könnten das immer noch auf anderen Wegen, wie etwa der Unterstützung von sozialdemokratisch orientierten Männern, auch weiterhin verfolgen.[2195]

Die Staatsregierung vertrat nun sogar die Auffassung, dass den Frauen gerade aufgrund der Aktivitäten der Frauenbewegung ihr bestehendes Recht auf Teilnahme an politischen Versammlungen nicht mehr entzogen werden könne: Ihnen seien erst verschiedene Beteiligungsrechte an öffentlichen Angelegenheiten zugestanden und selbst der Weg zum Universitätsstudium eröffnet worden.[2196] Die Erste Kammer folgte dem Votum ihrer Deputation und lehnte einen Ausschluss von Frauen ab.[2197] Damit wurde schließlich nur Minderjährigen die Teilnahme an politischen Versammlungen untersagt.[2198]

4. Petitionen auf Einführung des Frauenwahlrechts aus den Reihen der sächsischen Frauenstimmrechtsbewegung

Seit 1906 richteten die Frauenstimmrechtsvereine eine Reihe von Petitionen an den Reichstag und ebenso an die Ländervertretungen, die sich überwiegend auf das Wahlrecht bezogen, aber auch auf Fragen der Bildung und Ausbildung von Frauen und Mädchen und die Mitwirkung von Frauen in der

2194 RGBl. 1883, S. 177-240, 239.

2195 Mitth. über die Verh. d. LT 1897/98, 1. K., S. 741f.

2196 So V. METZSCH, a.a.O., S. 744. Aber ursprünglich nicht zum Referendariat.

2197 a.a.O., S. 746.

2198 *Ständische Schrift auf das Königliche Dekret Nr. 9, den Entwurf eines Gesetzes wegen Abänderung des Gesetzes über das Vereins- und Versammlungsrecht vom 22. November 1850 betreffend, vom 10. Mai 1898*, in: LA 1898/99, Ständische Schriften, S. 90-91, 90.

Wohlfahrtspflege.[2199] Auch der sächsische „Verein für Frauenstimmrecht" reichte bereits eine – wenn auch erfolglose – Petition zum Entwurf eines neuen Landtagswahlrechts von 1907 bei den sächsischen Ständen ein.[2200]

Einer Petition des „Deutschen Verbandes für Frauenstimmrecht" in Dresden-Altstadt an den Reichstag gelang im Jahre 1913 immerhin schon eine Überweisung zur Kenntnisnahme, da man sich seitens der Abgeordneten der Tatsache nicht verschließen wollte, dass die Frauenstimmrechtsbewegung inzwischen eine gewisse Bedeutung erlangt hatte. Die Petition forderte, „den Frauen das aktive und passive Wahlrecht zum Reichstag unter denselben Bedingungen zu verleihen, wie es den Männern zustehe". Begründet wurde das mit den allgemeinen wirtschaftlichen und sozialen Veränderungen, durch die auch die Stellung der Frau in der Gesellschaft eine andere geworden sei.

Eine ähnliche Petition war schon 1908 eingereicht worden. Damals hatte sich die Kommission einstimmig dafür entschieden, über die Petition zur Tagesordnung überzugehen. Allerdings wurde dieser Beschluss vom Plenum dann nicht behandelt, sondern blieb unerledigt liegen. Diesmal sprach sich in der Sitzung der Kommission für die Petitionen am 27. Februar 1913 der Korreferent für die Berücksichtigung der Petition aus, während der Referent die Überweisung zur Kenntnisnahme beantragte. Einige Kommissionsmitglieder vertraten die Ansicht, dass aufgrund der bereits am Vortag im Plenum des Reichstags behandelten Wahlrechtsfrage auch diese Petition als erledigt gelten könne. Man einigte sich auf den Antrag des Referenten: „Der Reichstag wolle beschließen: die Petition II. Nr. 4897 des Deutschen Verbandes für Frauenstimmrecht in Dresden-A.[ltstadt], betreffend Gewährung des aktiven und passiven Wahlrechts zum Reichstag für Frauen, dem Herrn Reichskanzler zur Kenntnisnahme zu überweisen."[2201] Seitens der bürgerlichen Frauenbewegung wurde dieses Ergebnis als mehr oder minder großer Erfolg verbucht: Zum ersten Mal in seiner Geschichte hatte sich der Reichstag ernsthaft und sachlich mit dem Anliegen der Frauenstimmrechtsbewegung befasst und sie damit – entgegen der bisherige Praxis – ernst genommen. Doch war nach wie vor bis auf die SPD keine der dort vertretenen Parteien bereit, die Forderung zu unterstützen.

[2199] Dazu wie im Folgenden etwa HEEPE, Zur Geschichte des Frauenwahlrechts, in: Jura 20 (1998), S. 235f.; FREVERT, „Mann und Weib...", S. 101ff.

[2200] Dazu bereits oben, S. 405f.

[2201] *86. Bericht der Kommission für die Petitionen*, in: Verh. des Reichstags, 13. Legislatur-Periode, I. Session 1912/14, Bd. 301, Anlagen, Nr. 832, S. 1129; vgl. SächsHStA Dresden, MdI, Sekt. IV, Nr. 5445 Änderungen des Reichstagswahlgesetzes und des Wahlreglements, Bl. 1ff.; ROSENBUSCH, Frauenwahlrecht, S. 374f.

5. Schlussfolgerungen

Kurz vor der Jahrhundertwende formierte sich aus der bürgerlichen Frauenbewegung heraus eine in Vereinen organisierte Frauenstimmrechtsbewegung, die mit der Forderung nach dem politischen Wahlrecht für Frauen in den Blickpunkt der Öffentlichkeit trat. Zu dieser Zeit waren Leipzig und Dresden bedeutende Zentren der Frauenbewegung im Kaiserreich. Das vor allem im Vergleich zu Preußen liberale sächsische Vereins- und Versammlungsrecht bot hier Frauen die gleichen Bedingungen für den Zusammenschluss in politischen Vereinen und die Teilnahme an politischen Versammlungen wie Männern.

Diesen rechtlichen Vorteil gelang es für die organisierte Frauenarbeit zu bewahren: Der Versuch aus den Reihen der Zweiten Kammer, noch im Jahre 1898 für Frauen nach preußischen Vorbild das Vereins- und Versammlungsrecht drastisch zu beschränken, scheiterte an rechtlichen wie organisatorischen Bedenken von Staatsregierung und Erster Kammer, nachdem auch der Kreis um die frühere Schauspielerin und gefragte Rednerin in Frauenversammlungen, MARIE STRITT, in Dresden öffentliche Proteste organisiert und sich an die Stände gewandt hatte.

So konnte etwa in Dresden ausgehend von diesen Frauen auch der erste Rechtsschutzverein für Frauen entstehen. STRITT avancierte im Jahre 1899 sogar zur Vorsitzenden des „Bundes Deutscher Frauenvereine“, des sich zu parteipolitischer Neutralität verpflichtet sehenden Dachverbandes bürgerlicher Frauenvereine im Kaiserreich. Sie hatte maßgeblichen Anteil daran, dass dieser 1907 nach langem Zögern schließlich die Forderung nach dem Frauenstimmrecht offiziell ins Programm aufnahm. Nach dem Ausscheiden aus dieser Funktion übernahm Stritt 1911 den Vorsitz des „Deutschen Vereins für Frauenstimmrecht“, mit dem sie einen vermittelnden Kurs zwischen konservativen und radikal-liberalen Positionen in der Frauenstimmrechtsbewegung verfolgte.

Erst mit dem Reichsvereinsgesetz von 1908 erlangten Frauen in allen Bundesstaaten das gleiche Recht, sich politisch zu organisieren und an politischen Versammlungen teilzunehmen. Das verlieh auch der Frauenstimmrechtsbewegung neuen Auftrieb, verlagerte aber auch deren Schwerpunkt mehr nach Berlin.

Die Frauenstimmrechtsbewegung wandte sich mit zahlreichen Petitionen an die Ländervertretungen und den Reichstag, um für die Frauen das Wahl- und Stimmrecht, aber auch deren Einbeziehung in die Verwaltungsarbeit auf kommunaler Ebene, einzufordern. Die Mitarbeit in den Kommunen, vor allem in der Wohlfahrtspflege, sah man als Bewährungsmöglichkeit für Frauen, um sich das uneingeschränkte Wahlrecht in den Gemeinden zu „verdienen“ und dieses wiederum als die Ausgangsbasis für eine – wenn auch erst spätere – Gewährung des parlamentarischen Wahlrechts zu nutzen.

Durch gezielte Propaganda versuchten die Stimmrechtsvereine zudem Frauen zur Stimmabgabe zu bewegen, wo sie ein Wahl- und Stimmrecht besaßen. Jedoch musste man in Sachsen die Erfahrung machen, dass die Landgemeinden selbst kaum ein Interesse an ihren potentiellen Wählerinnen hatten und auch deren Bereitschaft zur Wahlteilnahme offenbar nur gering ausfiel.

Die Sozialdemokratinnen vertraten im Gegensatz zur bürgerlichen Frauenbewegung keinen politischen Neutralitätskurs, sondern unterstützten die parlamentarischen Aktivitäten der SPD-Abgeordneten mit Versammlungen und Protestaktionen.

Während des Ersten Weltkriegs bemühte sich auch die Frauenstimmrechtsbewegung überwiegend in der Kriegsfürsorge und unterstützte die Burgfriedenspolitik. Lediglich eine Minderheit unter den Sozialistinnen verweigerte sich dem und wandte sich daher auch der USPD zu. Erst in den letzten Kriegsjahren fanden bürgerliche und sozialistische Frauenbewegung zu gemeinsamen öffentlichen Aktionen zusammen.

VI. Letzte Reformversuche des Landtagswahlrechts 1917/18

Auch nach der Einführung des Pluralwahlrechts im Jahre 1909 bemühten sich die Sozialdemokraten, ihre Wahlrechtsforderungen weiter durchzusetzen. Auf nahezu jedem der noch folgenden Landtage bis zum Ende der Monarchie beantragten sie – wenn auch erfolglos – die Einführung eines allgemein und gleichen Wahlrechts für Männer *und* Frauen.[2202]

Während des Ersten Weltkrieges beschäftigte sich der Landtag in erster Linie mit Fragen der Kriegswirtschaft. So wurden der Regierung gleich zu Beginn umfangreiche Kreditmittel bewilligt, damit diese – wohl vorrangig zur Arbeitsbeschaffung – ein Investitionsprogramm in die Infrastruktur auflegen und kriegsbedingte Einnahmeverluste ausgleichen konnte.[2203] Die Wahlrechtsfrage als solche erlangte erst Mitte 1918 noch einmal Bedeutung.

Dabei werden auch die Ereignisse auf Reichsebene und in Preußen nicht ohne ihre Wirkungen auf Sachsen geblieben sein: In seiner Osterbotschaft vom

[2202] Etwa der Antrag des Abg. Castan und Gen., die Einführung des allgemeinen, gleichen, geheimen und direkten Wahlrechts für die Wahlen der zweiten Ständekammer betreffend, in: LA 1911/12, Ber. 2. K., Bd. 1 S. 16; Mitth. über die Verh. d. LT 1911/12, 2. K., Bd. 3, S. 2057 Aff.; vgl. DIERSCH, Die geschichtliche Entwicklung, S. 327ff.

[2203] vgl. SCHMEITZNER/RUDLOFF, Geschichte der Sozialdemokratie, S. 42.

7. April 1917 hatte Kaiser FRIEDRICH WILHELM II. (1859-1941) die Abschaffung des Preußischen Dreiklassenwahlrechts zugunsten von direkten und geheimen Wahlen und im Reformerlass vom 11. Juli dann sogar die Einführung des allgemeinen und gleichen Wahlrechts in Preußen angekündigt, das mit der am 25. November 1917 im Preußischen Abgeordnetenhaus eingebrachten Wahlrechtsvorlage recht konkrete Gestalt annahm. Jedoch billigte dieser Entwurf nur allen männlichen Personen, die seit mindestens drei Jahren im Besitz der preußischen Staatsangehörigkeit waren, seit mindestens einem Jahr am Wahlort ihren Wohnsitz hatten, mit Vollendung des 25. Lebensjahres das Wahlrecht zu. Ein Frauenwahlrecht war dagegen nicht vorgesehen.[2204] Den Protest der Frauenstimmrechtsbewegung gegen den Ausschluss der Frauen vom Wahlrecht hatte diese in einer von MARIE STRITT, MARIE JUCHACZ und MINNA CAUER unterzeichneten Erklärung im Dezember 1917 den preußischen Ständen übergeben und veröffentlicht.[2205]

So hatten sich dann auch die sächsischen Stände mit einer Reihe von Anträgen zu befassen, die eine politische Neuordnung des Königreichs anstrebten. Zu Beginn des Landtags von 1915/17 hatte die SPD wieder ihren Wahlrechtsantrag gestellt,[2206] der dann aber erst am 12. Mai 1917 mit vier ähnlichen Anträgen zur Beratung kam, die teilweise das Wahlrecht der Zweiten Kammer, teilweise auch die Zusammensetzung der Ersten Kammer zum Gegenstand hatten. Ebenso hatten die Sozialdemokraten zur Beratung ihres Wahlrechtsantrags die Einsetzung einer Zwischendeputation beantragt. Einen entsprechenden Gesetzentwurf sollte die Regierung nach dem Willen der Sozialdemokraten spätestens dem nächsten Landtag vorlegen.[2207]

[2204]DIERSCH, a.a.O., S. 328; HUBER, Verfassungsgeschichte, Bd. 5, S. 152ff., 302f und 479ff.

[2205]SCHÜLLER, Marie Stritt, S. 200. Lediglich die USPD-Frauen hatten nicht unterzeichnet. Vgl. oben, S. 419f.

[2206]*Antrag des Abg. Castan und Genossen, betreffend Einführung des allgemeinen und gleichen Wahlrechts zum Landtage sowie zu den Gemeinde-, Bezirks-und Kreisvertretungen. Eingegangen am 11. November 1915*, in: LA 1915/17, Ber. 2. K., Bd. 1, S. 9; vgl. Mitth. über die Verh. d. LT 1915/17, 2. K., Bd. 1, S. 3 B.

[2207]Das wurde mit einer Reihe von Anträgen gefordert: *Antrag des Abg. Castan und Gen., Neuordnung und die Einsetzung einer Zwischendeputation hierfür betreffend. Eingegangen am 30. April 1917*, in: LA 1915/17, Ber. 2. K., Bd. 2, S. 947; *Antrag des Abg. Bär und Gen., Reform der ersten Kammer betreffend. Eingegangen am 30. April 1917*, a.a.O., S. 955; *Antrag des Abg. Bär und Gen., Wahlrecht für die zweite Kammer betreffend. Eingegangen am 30. April 1917*, a.a.O., S. 955; *Antrag der Abg. Hettner, Dr. Niethammer, Nitzsche (Leutzsch) und Gen., Reform der ersten Kammer betreffend. Eingegangen am 1. Mai 1917*, a.a.O., S. 957; Mitth. über die Verh. d. LT 1915/17, 2. K., Bd. 3, S. 2303 A.

Der nationalliberale Präsident der Zweiten Kammer, PAUL WILHELM VOGEL (1845-1930)[2208], war zwar der Ansicht, die Wahlrechtsfrage generell bis auf die Zeit nach dem Krieg zu vertagen. Jedoch drängten die Sozialdemokraten auf eine baldige Behandlung, da sie die Neuordnung des Wahlrechts für den inneren Zusammenhalt des Landes in der Kriegszeit geradezu als unverzichtbar ansahen: Es reiche auch nicht mehr aus, die Frauen zu ehren und ihnen für ihre aufopferungsvolle Arbeit zu danken. Ihnen müsse das volle Wahlrecht gegeben werden.[2209] Die Nationalliberalen erkannten zwar ebenfalls die Leistungen der Frauen an, sahen aber die Einführung des „Frauenwahlrechts" nicht als dringlich an, zumal es sich hierbei um eine „grundstürzende Änderung" handele. Jedoch im Bereich der kommunalen Selbstverwaltung wollten auch die Nationalliberalen den Frauen mehr politische Rechte einräumen. Erst danach solle dann über die Frage des „Frauenwahlrechts" entschieden werden.[2210] Ebenfalls würdigte Staatsminister CHRISTOPH JOHANN FRIEDRICH GRAF VITZTHUM VON ECKSTÄDT (1863-1944)[2211] die Leistungen der Frauen und war auch der Ansicht, dass „nach dem Krieg an der Frauenfrage nicht ganz vorübergegangen werden" könne. Man müsse prüfen, „inwieweit wir die besonderen Gaben und Fähigkeiten unserer Frauenwelt besser als bisher ausnützen können zum Wohle des Staates, der Gemeinden und der einzelnen". Das Wahlrecht brauche ihnen deshalb aber nicht gewährt werden.[2212]

Die Kammer beschloss schließlich einstimmig, eine außerordentliche Deputation mit 17 Mitgliedern einzusetzen und ihr die Bearbeitung der Wahlrechtsfrage zu übertragen.[2213] Diese Deputation[2214] schlug der Kammer vor, „die Regierung zu ersuchen, durch ihre Vertretung im Bundesrat dahin zu wirken, dass alsbald im Reich eine freiheitliche und volkstümliche Neuordnung durchgeführt werde".[2215] Dem folgte dann auch die Zweite Kammer in

---

[2208]Zur Person vgl. MATZERATH, Dr. Paul Wilhelm Vogel, in: Präsidenten und Abgeordnete, S. 79-80.

[2209]So Vizepräsident KARL JULIUS FRÄßDORF, Mitth. über die Verh. d. LT 1915/17, 2. K., Bd. 3, S. 2303 Cff.

[2210]So der Abg. FRANZ HERMANN ERICH HETTNER, a.a.O., S. 2325 Df.

[2211]Zur Person vgl. HUBER, Verfassungsgeschichte, Bd. 4, S. 409 Fn. 38.

[2212]a.a.O., S. 2331 B-C.

[2213]a.a.O., S. 2361 B-D; vgl. auch Mitth. über die Verh. d. LT 1915/17, 2. K., Bd. 3, S. 2547 Cff.

[2214]Mitglieder waren CARL GEORG ZÖPHEL (Vorsitzender), MAX WILHELM AUGUST HELDT, JOHANN FRIEDRICH ROTH, MAX WINKLER, GOTTHOLD ANDERS, FRANZ ALFRED BRODAUF (Berichterstatter), FRANZ HERMANN ERICH HETTNER, OTTO JOHANNES MANGLER, EMIL NITZSCHE (Mitberichterstatter), OSKAR SCHANZ, OSWIN EUGEN SCHMIDT (Mitberichterstatter), ALBAN SCHNABEL und KARL OTTO UHLIG.

[2215]*Antrag zum mündlichen Berichte der außerordentlichen Deputation für die Neuordnung über den Antrag des Abg. Castan und Gen., die freiheitliche und volkstümliche Neuordnung im Reiche betreffend. Eingegangen am 12. Juni 1917*, in: LA 1915/17, Ber. 2. K., Bd. 2., S. 1134.

ihrer Schlussberatung am 3. und 4. Juli 1917. Die übrigen Anträge – darunter die Wahlrechtsfrage – sollte die Deputation nunmehr als Zwischendeputation i. S. v. § 114 VerfUrk weiter beraten.[2216]

Die Erste Kammer, die sich am 27. Dezember mit dem Beschluss, die Neuordnung über den Bundesrat voranzutreiben, auseinanderzusetzen hatte, sah diesen aber nicht als das geeignete Gremium an, sondern wollte die Frage auf Länderebene behandeln. Daher setzte die Erste Kammer hierfür ebenfalls eine Zwischendeputation ein.[2217]

Was die Aktivitäten über den Bundesrat betraf, so empfahl der Zweiten Kammer am 8. Oktober 1917 ihre außerordentliche Deputation, „bei ihrem Beschluss vom 3. Juli 1917 stehen zu bleiben".[2218] Mit Bericht vom gleichen Tage griff sie die seit Jahren unerledigte Reform der Ersten Kammer auf und empfahl, die Regierung mit der Erarbeitung eines Gesetzentwurfs zu beauftragen. Dieser sollte u. a. einige in der Verfassung ausdrücklich verankerte Sitze der Kammer aufheben, die Wahlen der gewählten Vertreter auf eine breitere Grundlage stellen, eine der wirtschaftlichen Bedeutung entsprechende Vertretung von Handel, Industrie, Gewerbe und Landwirtschaft einführen und auch Arbeiter, Lehrer, Beamte und freie Berufe berücksichtigen, einen weiteren Sitz für die Hochschulen einrichten sowie die Wahlperiode der gewählten Vertreter auf sechs Jahre begrenzen.[2219]

Wenige Tage später nahm die Deputation außerdem noch zu einer Reihe von Anträgen zu Änderungen in der Verfassung Stellung und empfahl der Kammer, die Regierung mit der Vorlage eines Gesetzentwurfs zu beauftragen, der

---

[2216] *Antrag zum mündlichen Berichte der außerordentlichen Deputation für die Neuordnung auf Einsetzung einer Zwischendeputation zur Vorbereitung der Beschlußfassung über die Anträge der Abg. Castan und Gen., Bär und Gen sowie Hettner, Dr. Niethammer, Nitzsche (Leutzsch) und Gen., die Neuordnung betreffend, und über die hierauf bezüglichen Petitionen. Eingegangen am 2. Juli 1917*, a.a.O., S. 1170, Mitth. über die Verh. d. LT 1915/17, 2. K., Bd. 4, S. 2588 Cff.

[2217] *Antrag zum mündlichen Berichte der ersten Deputation der ersten Kammer über den Antrag des Abg. Castan und Genossen, die freiheitliche und volkstümliche Neuordnung im Reiche betreffend. Eingegangen am 10. September 1917*, in: LA 1915/17, Ber. 1. K., S. 409; Mitth. über die Verh. d. LT 1915/17, 1. K., S. 812 Dff. und 878 C.

[2218] *Antrag zum mündlichen anderweitigen Bericht der außerordentlichen Deputation für die Neuordnung über den Antrag des Abg. Castan und Genossen, die freiheitliche und volkstümliche Neuordnung im Reich betreffend. Eingegangen am 8. Oktober 1917*, in: LA 1915/17, Ber. 2. K. Bd. 2, S. 1258.

[2219] *Bericht der außerordentlichen Deputation für die Neuordnung über die Anträge der Abg. Bär und Gen. sowie Hettner, Dr. Niethammer und Nitzsche (Leutzsch) und Gen. zur Reform der ersten Kammer und über die hierzu eingegangenen Petitionen. Eingegangen am 8. Oktober 1917*, in: LA 1915/17, Ber. 2. K. Bd. 2, S. 1259-1282, 1272ff.

u. a. die Einführung einer jährlichen Sitzungsperiode des Landtags, Regelungen zur Abgeordnetenimmunität und Einführung des Amtes eines Ministerpräsidenten beinhalten sollte.[2220]

Auch der Verfassungsausschuss des Reichstages befasste sich im Jahre 1917 nun erstmals mit der Frage der Einführung des Frauenwahlrechts.[2221] Am 30. März 1917 hatte der Reichstag beschlossen, eine Resolution der USPD und einen Antrag der SPD, die die Einführung des Frauenwahlrechts forderten, an den Verfassungsausschuss zu überweisen, der das Begehren aber letztlich ablehnte.[2222]

Die Plenardebatte des Reichstags am 6. Juli 1917 über den *ersten Bericht des 26. Ausschusses (Verfassungsausschuss) über die Fragen der Änderung des Wahlrechts im Reiche* nutzte der Sozialdemokrat und spätere sächsische Ministerpräsident, GEORG GRADNAUER (1866-1946),[2223] um zur „Forderung des Frauenstimmrechts" umfassend Stellung zu nehmen.[2224] Auch beantragte er für die SPD im Plenum erneut die Einführung des allgemeinen, gleichen und unmittelbaren Verhältniswahlrechts für alle Reichsangehörigen ab dem 20. Lebensjahr ohne Unterschied des Geschlechts.

Die Antragsbegründung nutzte er für einem Rekurs über das Frauenwahlrecht, das mehr als nur „eine Rechtsforderung der Frau", sondern darüber hinaus „eine Kulturforderung allerersten Ranges" sei. Auch liefere die „große Umwälzung" der Kriegszeit hierfür „neue starke Begründungen".

Seinen politischen Gegnern warf GRADNAUER fehlende Entscheidungsbereitschaft oder sogar Gegnerschaft vor. In keinem Bereich des politischen Lebens treten „mehr philiströse Auffassungen zutage, als gerade hier". GRADNAUER sah das Frauenwahlrecht nämlich nicht nur als eine billige Forderung der mehr und mehr berufstätigen Frauen nach Mitgestaltung ihrer Lebensverhältnisse an, sondern auch als Chance für die Frau in der Erfüllung ihrer häuslichen Aufgaben. Eine Beschäftigung mit „staatlichen und Gemeindeangelegenheiten" würde es der Frau ermöglichen, „ihren Beruf als

---

[2220] *Bericht der außerordentlichen Deputation für die Neuordnung über Anträge zur Abänderung einzelner Bestimmungen der Verfassung. Eingegangen am 12. Oktober 1917*, in: LA 1915/17, Ber. 2. K. Bd. 2, S. 1367-1380, 1379f.

[2221] vgl. im folgenden HEEPE, Zur Geschichte des Frauenwahlrechts, in: Jura 20 (1998), S. 236.

[2222] *Erster Bericht des Verfassungsausschusses. Teilbericht über die Fragen der Änderung des Wahlrechts im Reiche*, in: Verh. des Reichstags, 13. Legislatur-Periode, II. Session 1914/17, Bd. 321, Anlagen, Nr. 895, S. 1666ff.; vgl. SächsHStA Dresden, MdI, Sekt. 4, Nr. 5445 Änderungen des Reichstagswahlgesetzes und des Wahlreglements, Bl. 62ff.

[2223] Zur Person vgl. HUBER, Verfassungsgeschichte, Bd. 4, S. 111 Fn. 84.

[2224] Verh. des Reichstags, 13. Legislaturperiode, II. Session 1914/17, Bd. 310, Stenogr. Ber., S. 3509 Bff.; vgl. SächsHStA Dresden, MdI Sekt. 4, Nr. 5445 Änderungen des Reichstagswahlgesetzes und des Wahlreglements.

Erzieherin ihrer Kinder“ in Zukunft besser zu erfüllen. Neben der männlichen müsse auch die weibliche Jugend „staatsbürgerlichen Unterricht“ erhalten. Wenn sie „über das Wesen und die Grundfragen des Staats- und Gemeindelebens unterrichtet“ werde, könne sie „politische Dinge“ besser beurteilen, so dass somit auch der Einwand entfalle, „daß die Frau nicht imstande sei, mit Erfolg das politische Wahlrecht auszuüben“.[2225] Außerdem hätten die Frauen in der Kriegszeit bei der Erfüllung öffentlicher Aufgaben unermessliche Dienste geleistet, was mit der Gewährung des Wahlrechts honoriert werden sollte. Zwar befinde sich das „Frauenwahlrecht“[2226] gegenwärtig auf einem Siegeszug durch alle Länder. Jedoch habe die SPD „wahrlich kein besonderes parteipolitisches Interesse an dieser Frage“.[2227]

Nicht zuletzt hatten auch die Leistungen der Frauen im Krieg in den Reihen der bürgerlichen Parteien einen grundlegenden Prozess des Umlernens in der Wahlrechtsfrage in Gang gesetzt. Hinzu kam das Beispiel anderer europäischer Länder, die seit der Jahrhundertwende zumindest teilweise das Wahlrecht für Frauen eingeführt hatten, wie z. B. Dänemark, Norwegen, Finnland und selbst der Kriegsgegner England. So stand man der Einführung des Frauenwahlrechts in Deutschland nunmehr zumindest aufgeschlossener gegenüber und nahm diese Frage in der politischen Diskussion ernst.

Das führte dazu, dass man zu dieser Frage nicht mehr Stellung bezog, da es offenbar innerparteilich zu einem Prozess der Neuorientierung gekommen war, dem nicht vorgegriffen werden sollte. Es galt, „die richtige Form“ für die durch den Krieg veränderte Stellung der Frau im öffentlichen Leben zu finden und „ihr das ihr zukommende Recht im öffentlichen Leben zu geben“.[2228] Trotzdem lehnte der Reichstag das Begehren letztlich doch ab.[2229]

In Folge wachsenden öffentlichen Drucks, erschien nunmehr auch eine Demokratisierung des sächsischen Staatswesens unausweichlich geworden zu sein. Am 15. März 1918 kam daher endlich das eingeforderte *Dekret, den Entwurf eines Gesetzes über Abänderung der Verfassungsurkunde betreffend*, zur Beratung in der Ersten Kammer.[2230] Die vorberatende erste Deputation

---

2225 Verh. des Reichstags, a.a.O., S. 3509 B-D.

2226 GRADNAUER verwendet in seiner Rede die Begriffe „Frauenwahlrecht“ und „Frauenstimmrecht“ offenbar synonym.

2227 a.a.O., S. 3510 A-B.

2228 So der Abg. DAVID FELIX WALDSTEIN (Fortschrittliche Volkspartei), a.a.O., S. 3519 B.

2229 a.a.O., 3523 B.

2230 Mitth. über die Verh. d. LT 1917/18, 1. K., S. 202 Dff.

empfahl die Annahme des Entwurfs, der sowohl die Reform der Ersten Kammer als auch die Indemnität der Kammermitglieder enthielt.[2231] Die Kammer beschloss mit verfassungsändernder Zweidrittelmehrheit gemäß § 152 Abs. 2 Satz 1 VerfUrk den Antrag der Deputation.[2232]

Am 20. März 1918 befasste sich die Zweite Kammer mit dem Dekret und überwies es an die außerordentliche Deputation für die Neuordnung.[2233] In der Schlussberatung am 14. Mai blieb dann die Kammer im Wesentlichen bei ihrem Beschluss vom vorangegangenen Landtag,[2234] nachdem die Erste Kammer in ihrer Sitzung am 8. Mai 1918 die Verfassungsänderungen der Zweiten Kammer in wesentlichen Punkten abgelehnt hatte, darunter auch die Errichtung des Amtes eines Ministerpräsidenten.[2235]

Am selben Tage fand auch die Schlussberatung zum Wahlrecht der Zweiten Kammer statt.[2236] Grundlage war der Bericht der außerordentlichen Deputation der Zweiten Kammer für die Neuordnung vom 9. April 1918.[2237] Er beinhaltete einen Antrag der Deputationsmehrheit, wonach die Regierung aufgefordert werden sollte, eine Wahlrechtsvorlage einzubringen. Diese sollte ein allgemeines, gleiches, direktes und geheimes Verhältniswahlrecht enthalten und zusätzlich zwei Zusatzstimmen gewähren, „für die in erster Linie das Lebensalter, nicht aber Vermögen, Grundbesitz oder Bildungszeugnis maßgebend sein sollen“.[2238]

Grundlage der Deputationsberatungen war auch eine Petition des „Sächsischen Landesvereins für Frauenstimmrecht“, die das aktive und passive Frauenwahlrecht forderte. Sie fand lediglich die vollumfängliche Unterstüt-

---

[2231] *Bericht der ersten Deputation der ersten Kammer über das Königliche Dekret Nr. 9, den Entwurf eines Gesetzes über Abänderungen der Verfassungsurkunde betreffend, sowie über die hierzu eingegangenen Petitionen. Eingegangen am 1. März 1918*, in: LA 1917/18, Ber. 1. K., S. 77-80.

[2232] Mitth. über die Verh. d. LT 1917/18, 1. K., S. 233 D.

[2233] Mitth. über die Verh. d. LT 1917/18, 2. K., Bd. 2, S. 1323 Dff., 1374 B.

[2234] Mitth. über die Verh. d. LT 1917/18, 2. K., Bd. 3, S. 2071 Cff.

[2235] *Antrag zum mündlichen Berichte der außerordentlichen Deputation der ersten Kammer für die Anträge wegen der Neuordnung über Anträge zur Abänderung einzelner Bestimmungen der Verfassung. Eingegangen am 25. April 1918*, in: LA 1917/18, Ber. 1. K., S. 209; Mitth. über die Verh. d. LT 1917/18, 1. K., S. 415 Aff.

[2236] Mitth. über die Verh. d. LT 1917/18, 2. K., Bd. 3, S. 2073 Aff.

[2237] *Bericht der außerordentlichen Deputation für die Neuordnung über die Anträge der Abg. Castan und Gen. Nr. 8 und Bär und Gen. Nr. 386 der Berichte der zweiten Kammer von 1915/17, betreffend das Wahlrecht für die Wahlen zur zweiten Ständekammer, sowie über die hierzu eingegangenen Petitionen. Eingegangen am 8. April 1918*, in: LA 1917/18, Ber. 2. K., Bd. 1, S. 263-271.

[2238] a.a.O., S. 270f.

zung der Sozialdemokraten, während die fortschrittlichen und nationalliberalen Abg. sich für eine schrittweise Ausweitung der politischen Rechte von Frauen und die konservativen vollkommen dagegen aussprachen. Somit fasste die Deputation mehrheitlich den Beschluss, die Petition auf sich beruhen zu lassen.[2239]

Der USPD-Abg. HERMANN FLEIßNER gab eines der Minderheitsvoten der Deputation ab. Darin forderte er nicht nur das aktive und passive Frauenwahlrecht, sondern ein allgemeines, gleiches, direktes und geheimes Verhältniswahlrecht für alle in Sachsen wohnhaften Reichsangehörigen über 20 Jahre. Ebenso sollte die Unterscheidung in städtische und ländliche Wahlkreise aufgehoben, diese neu eingeteilt und die Wahl an einem Sonntag angesetzt werden.[2240]

Im Plenum – in der letzten Wahlrechtsdebatte der Zweiten Kammer – ging es am Rande auch um das Frauenwahlrecht. Zunächst warnte der konservative Mitberichterstatter OSWIN EUGEN SCHMIDT (1855-1922)[2241] vor der Einführung eines Frauenwahlrechts. Seiner Ansicht nach würde „nichts so sehr zur Zerrüttung des Familienlebens beitragen als die Politisierung der Frauen und ihre Anteilnahme am politischen Leben“. Gerade das Familienleben sei aber „Grundlage deutscher Kraft“ und dürfe deshalb nicht angetastet werden.[2242]

Gegen die sozialdemokratische Forderung nach dem Frauenwahlrecht erklärte sich auch der freisinnige Abg. FRANZ ALFRED BRODAUF (1871-1946).[2243] Zwar werde sich die Entwicklung künftig auch zum Wahlrecht für Frauen hinwenden, aber gegenwärtig stehe „noch ein großer Teil der Frauen den politischen Fragen gleichgültig“ gegenüber. Seine Partei halte deshalb den Zeitpunkt für die Einführung eines aktiven Wahlrechts für Frauen noch nicht für reif.[2244] Damit sprachen sich auch die Linksliberalen – zumindest vorerst noch – gegen das Frauenwahlrecht aus.

Der Abg. FLEIßNER bemängelte, dass weder in den Deputationsberatungen noch im Plenum das Frauenwahlrecht bisher näher erörtert worden sei. Er wies SCHMIDTS Argumentation als nicht zeitgemäß zurück und hob die

[2239] a.a.O., S. 269f.

[2240] a.a.O., S. 270f.

[2241] Zur Person vgl. Sächsische Parlamentarier, hrsg. v. DÖSCHER/SCHRÖDER, S. 460f.

[2242] Mitth. über die Verh. d. LT 1917/18, 2. K., Bd. 3, S. 2083 A.

[2243] Zur Person vgl. Sächsische Parlamentarier, hrsg. v. DÖSCHER/SCHRÖDER, S. 356.

[2244] Mitth. über die Verh. d. LT 1917/18, 2. K., Bd. 3, S. 2094 Df.

Gleichheit der Frauen im Steuerrecht und ihre Leistungen für die Familie hervor, woraus ihnen auch gleiche Rechte erwachsen müssten. Andere Länder, wie vor allem die USA und Russland, seien da bereits weiter.[2245]

Die Kammer folgte schließlich am 14. Mai 1918 unter Ablehnung FLEIßNERS Minderheitsvotums mit 39 gegen 23 Stimmen der Deputationsmehrheit und ließ dabei auch einstimmig die Petition des Vereins für Frauenstimmrecht auf sich beruhen.[2246]

Nachdem der Landtag kurz darauf vertagt worden war, berief die Staatsregierung die Stände erst wieder für den 28. Oktober 1918 ein.[2247] Der Nationalliberale RUDOLF HEINZE (1865-1928),[2248] seit dem 13. Juni 1918 Justizminister und vom 26. Oktober bis zum 13. November letzter Vorsitzender des Gesamtministeriums, stellte unter geradezu überwältigender Anteilnahme der Öffentlichkeit[2249] ein Regierungsprogramm für die Neuordnung Sachsens am 5. November 1918 der Zweiten Kammer vor.[2250] HEINZE kündigt an, dass es im Rahmen eines nun in Angriff genommenen planvollen und geordneten Übergangs auch „das Wahlrecht für die Zweite Kammer auf breitester Grundlage aufgebaut werde“ und dabei vor allem die bisherigen „Vorrechte des Besitzes“ im Wahlrecht aufgegeben werden müssten. Die Regierung werde „in kurzer Frist den Entwurf eines Wahlgesetzes vorlegen, das das allgemeine, gleiche, geheime und direkte Wahlrecht ohne jede kleinliche Einschränkung vorschlägt“. Es solle sich um ein Verhältniswahlsystem handeln, damit im Wahlergebnis auch Minderheiten wirksam werden. Neuwahlen könnten aber erst nach Kriegsende erfolgen. Nach HEINZES Prognose sollte die Neuwahl schon im Spätsommer oder Herbst 1919 stattfinden können.[2251] Aussagen darüber, ob auch Frauen in den Genuss dieses neuen Wahlrechts kommen sollten, enthielt die Regierungserklärung nicht.

[2245] a.a.O., S. 2101 Bff.

[2246] a.a.O., S. 2113 Aff.; vgl. ausführlich zum Ganzen SCHMEITZNER/RUDLOFF, Geschichte der Sozialdemokratie, S. 43f.

[2247] *Bekanntmachung, die Wiedereinberufung der Ständeversammlung betreffend, vom 9. Oktober 1918*, in: GVBl. 1918, S. 341. In dem nach dem Vorbild von 1831 gebildeten Staatsrat wurden am 1. November 1918 auch die Sozialdemokraten KARL JULIUS FRÄßDORF (1857-1932) und MAX HELDT (1872-1933) berufen; vgl. *Verordnung über den Staatsrat, vom 29. Oktober 1918*, in: GVBl. 1918, S. 349f.

[2248] Zur Person vgl. Sächsische Parlamentarier, hrsg. v. DÖSCHER/SCHRÖDER, S. 392f.

[2249] „Lange vor Eröffnung der ersten Sitzung der Zweiten Kammer nach der Vertagung sind die öffentlichen Tribünen überfüllt“, so dass sich der Beginn der Sitzung vom 28. Oktober um eine halbe Stunde verzögerte. – „Sächsischer Landtag. Zweite Kammer, 66. öffentliche Sitzung“, in: DNN 26. Jg., Nr. 297 vom 30. Oktober 1918, S. 3.

[2250] Mitth. über die Verh. d. LT 1917/18, 2. K., Bd. 3, S. 2185 Cff.; vgl. „Die Rede des sächsischen Ministerpräsidenten“, in: DNN Nr. 303, 6. November 1918, S. 1.

[2251] Mitth. über die Verh. d. LT 1917/18, 2. K., Bd. 3, S. 2186 C-D.

Außerdem stellte HEINZE u. a. eine Verwaltungsreform einschließlich der Gemeindeordnungen und Rechtsverhältnisse der Bezirksverbände in Aussicht. Nach der Neufassung des Landtagswahlrechts sollte eine Reform des Gemeindewahlrechts erfolgen. HEINZE stellt auch hier eine weitgehende Demokratisierung in Aussicht, lässt aber die Frage der Beteiligung von Frauen ebenfalls unerwähnt.[2252]

In der folgenden Aussprache in der Zweiten Kammer über diese Regierungserklärung forderte KARL OTTO UHLIG (1872-1950)[2253] seitens der MSPD neben dem allgemeinen und gleichen Wahlrecht sogar die Errichtung einer Republik und Abschaffung der Ersten Kammer.[2254] Der nationalliberale Abg. PAUL KONRAD FRIEDRICH NIETHAMMER (1863-1931)[2255] sagte für seine Partei ebenso die Mitarbeit an einer künftigen Demokratie zu, wie an der Reform des Landtags- und Kommunalwahlrechts sowie der Ersten Kammer.[2256] Den Übergang zum parlamentarischen System sah selbst der konservative Abg. GEORG HERMANN BÖHME (1868-1919)[2257] als wesentlich an, hob allerdings hervor, dass die Konservativen ihren Standpunkt zum Wahlrecht nicht geändert hätten.[2258]

Offenbar war man – einschließlich der MSPD – zu diesem Zeitpunkt noch der Ansicht, eine Demokratisierung in geordneten parlamentarischen Bahnen durchführen zu können.[2259] Diese Bemühungen, wie auch der Versuch, in Sachsen den geordneten Übergang zu einer konstitutionellen Monarchie zu vollziehen, wurde von den Ereignissen Anfang November 1918 ein jähes Ende gesetzt. Die Zweite Kammer trat am 8. November 1918 zum letzten Mal zusammen, ohne einen Wahlrechtsentwurf beraten zu haben.

Ganz zuletzt, ebenfalls unter dem 8. November 1918, brachten 21 Reichstagsabgeordnete von SPD, Zentrum, Nationalliberalen und Fortschrittlicher Volkspartei eine Initiative ein, in der sie die Einführung des „geheimen, gleichen und unmittelbaren Wahlrechts" zum Reichstag und den Ländervertretungen forderten. Dabei sollte „ohne unterschied des Geschlechts" wahlberechtigt sein, wer das 24. Lebensjahr vollendet hat. Die Bundesstaaten

---

[2252] a.a.O., S. 2188 Dff.

[2253] Zur Person vgl. Sächsische Parlamentarier, hrsg. v. DÖSCHER/SCHRÖDER, S. 482f.

[2254] Mitth. über die Verh. d. LT 1917/18, 2. K., Bd. 3, S. 2192 Cf.

[2255] Zur Person vgl. Sächsische Parlamentarier, hrsg. v. DÖSCHER/SCHRÖDER, S. 434.

[2256] Mitth. über die Verh. d. LT 1917/18, 2. K., Bd. 3, S. 2195 Aff.

[2257] Zur Person vgl. Sächsische Parlamentarier, hrsg. v. DÖSCHER/SCHRÖDER, S. 352.

[2258] Mitth. über die Verh. d. LT 1917/18, 2. K., Bd. 3, S. 2196 Cff. bzw. 2201 A.

[2259] So etwa der Redebeitrag des Abg. WILHELM HEINRICH LANGE, in: Mitth. über die Verh. d. LT 1917/18, 2. K., Bd. 3, S. 2173 Cf. die USPD hielt davon offenbar recht wenig. – vgl. SCHMEITZNER/RUDLOFF, Geschichte der Sozialdemokratie, S. 44.

sollten bis zum 31. Januar 1919 ihr Wahlrecht entsprechend anpassen.[2260] Infolge der Ereignisse kam dieser Antrag nicht mehr zur Beratung.

VII. Zwischenfazit

Mit dem Einzug des ersten Sozialdemokraten in die Zweite Kammer der sächsischen Ständeversammlung im Jahre 1877 formierten sich die bürgerlichen Parteien in der Kammer zu einem Kartell der „Ordnungsparteien", um den Sozialdemokraten jeden Einfluss in der Ständeversammlung unmöglich zu machen, so dass diese zunächst auch von einer Mitarbeit in den Deputationen ausgeschlossen blieben. Angesichts zunehmender Wahlerfolge der Sozialdemokraten nutzten die Ordnungsparteien einen SPD-Antrag auf Einführung des allgemeinen und gleichen Wahlrechts für Männer wie Frauen, um ihrerseits mit einem Gegenantrag eine deutliche Beschränkung des Wahlrechts zur Zweiten Kammer anzustoßen. Dieses indirekte Dreiklassenwahlrecht nach preußischem Vorbild aus dem Jahre 1896 führte dazu, dass zwar auch die potentielle männliche Wählerschaft der Sozialdemokratie das aktive Wahlrecht bekam, aber überwiegend nur in der Dritten Abteilung (Klasse), deren Stimmen – etwa 80 Prozent der Wahlberechtigten – für die Mandatszuteilung praktisch ohne Einfluss waren. Dieser „Wahlrechtsraub" führte bereits nach dem Bekanntwerden des Gesetzgebungsvorhabens zu öffentlichen Protesten von allem seitens der Sozialdemokraten, stieß aber auch auf Kritik in bürgerlichen Kreisen, die dann in Wahlrechtskämpfen mündeten. Die Forderung nach dem allgemeinen und gleichen Wahlrecht, die auf den Protestkundgebungen erhoben wurde, schloss zwar seitens der Sozialdemokraten durchaus auch das Frauenwahlrecht mit ein. Für sich genommen, spielte es aber in den Auseinandersetzungen kaum eine Rolle.

Bereits auf dem Landtag von 1903/04 wurde eine erneute Reform des Landtagswahlrechts debattiert, da auch nach Einschätzung der Staatsregierung und der Ordnungsparteien die drastischen Wirkungen des Dreiklassenwahlrechts auf die Vertretung der sozialdemokratischen Wählerschaft in der Zweiten Kammer nicht beabsichtigt waren, die zwischenzeitlich zum Ausscheiden sämtlicher Abgeordneter der SPD geführt hatten. Da die Novelle nicht vorankam, flammten die Wahlrechtsproteste erneut auf. Erst im Jahre 1909 kam dann eine Wahlrechtsreform zu Stande, die die Einführung des Pluralwahlrechts im Königreich Sachsen brachte. Die Forderung nach einem Wahlrecht für Frauen wurde in den Verhandlungen der Entwürfe nur insoweit thematisiert, wie dieses Bestandteil der wiederholten sozialdemokratischen Anträge

[2260] *Antrag Prinz zu Schoenaich-Carolath und Gen.*, in: Verh. des Reichstags, 13. Legislaturperiode, II. Session 1914/17, Bd. 325, Anlagen, Nr. 2002, S. 3153; vgl. zu den „preußischen" Hintergründen des Antrags ROSENBUSCH, Frauenwahlrecht, S. 449ff.; SPIES, Die Schranken, S. 135.

auf Einführung eines allgemeinen und gleichen Wahlrechts für alle Staatsangehörigen sowie von Petitionen seitens der Frauenstimmrechtsbewegung war. Diese Vorstöße hatten aber allesamt keinen Erfolg und lösten auch keine nähere inhaltliche Diskussion in der Ständeversammlung aus.

Nach dem Pluralwahlrecht, das im Ergebnis der Massenproteste schließlich 1909 eingeführt wurde, fand infolge der Wahlaussetzung während des Ersten Weltkriegs nur noch eine einzige Wahl statt. Die Wahlbeteiligung verdoppelte sich im Vergleich zu den vorangegangenen Wahlen nahezu. Die SPD wurde mit 53,8 Prozent zwar stärkste Kraft, holte aber infolge der Mehrfachstimmen für bestimmte, privilegierte Kreise nur 25 von 91 Mandaten.

Kurz vor der Jahrhundertwende war aus der bürgerlichen Frauenbewegung heraus eine in Vereinen organisierte Frauenstimmrechtsbewegung entstanden. Infolge des bis 1908 in Sachsen für eine politische Betätigung von Frauen im Vergleich zum Preußen günstigeren Vereins- und Versammlungsrechts waren zunächst in Leipzig und Dresden Zentren der organisierten Frauenbewegung entstanden. So konnte unter Mitwirkung von MARIE STRITT in Dresden der erste Rechtsschutzverein für Frauen entstehen. STRITT war von 1899 bis 1907 Vorsitzende des „Bundes Deutscher Frauenvereine" und von 1911 bis zu dessen Auflösung Vorsitzende des „Deutschen Vereins für Frauenstimmrecht".

Wesentlicher Bestandteil der Arbeit der Stimmrechtsvereine waren Petitionen an die Landtage und den Reichstag, mit denen man nicht nur das Frauenwahl- und Frauenstimmrecht zu den verschiedenen Vertretungskörperschaften einforderte, sondern auch eine stärkere Einbeziehung von Frauen in die Bewältigung kommunaler Aufgaben. Dahinter stand ein schrittweises Vorgehen, um am Ende einer Entwicklung mit dem Zwischenschritt des Kommunalwahlrechts schließlich auch das Wahlrecht auf Landes- und Reichsebene eingeräumt zu bekommen.

Zwar konnte mit den Petitionen und Protestaktionen durchaus Einfluss auf die öffentliche Meinung genommen werden. Die eher moderaten Erfolge lagen aber mehr im Bereich der Frauenbildung, als in der Gewährung politischer Mitwirkungsrechte für Frauen. Hinsichtlich des Stimm- und Wahlrechts waren die Fortschritte in Sachsen eher marginal. Mit den Petitionen gelang es den Frauen aber zumindest, die Forderung nach dem „Stimmrecht" dauerhaft auf den Tagesordnungen der Landtage und des Reichstags zu halten. Die Abgeordneten fanden, nach anfänglichem Ignorieren und Verweigern einer inhaltlichen Auseinandersetzung, im Laufe der Zeit zu einer sachlichen Erörterung des Themas. Ebenso versuchten die Stimmrechtsvereine Frauen dazu zu motivieren, von ihren Rechten auch Gebrauch zu machen.

Seitens der sozialistischen Frauenstimmrechtsbewegung, die sich nicht zu parteipolitischer Neutralität verpflichtet sah, wurden die parlamentarischen Aktivitäten der Sozialdemokraten mit öffentlichen Aktionen unterstützt. Erst in der Spätphase des Ersten Weltkriegs gelang es dem ganz überwiegenden Teil der bürgerlichen wie sozialistischen Frauenstimmrechtsbewegung, mit gemeinsamen Kundgebungen und Resolutionen an die Öffentlichkeit zu treten, so etwa mit einem Protestschreiben gegen den Ausschluss von Frauen in den Entwürfen für das neue preußische Wahlrecht im Dezember Jahre 1917.

In Sachsen vollzog sich im selben Jahr ein Stimmungswandel in Hinblick auf das Frauenwahlrecht: Durch alle Parteien hindurch musste man die Leistungen der Frauen in der Kriegsfürsorge und Wohlfahrtspflege anerkennen. Obwohl die Sozialdemokraten auf eine schnelle Beratung der Wahlrechtsfrage insgesamt drängten, fasste die Zweite Kammer den Beschluss, eine Zwischendeputation einzusetzen und die Entscheidung über das künftige Wahlrecht einschließlich der Frage des Frauenwahlrechts bis nach dem Ende des Krieges zu vertagen. Grundsätzlich wurden den Frauen im Rahmen einer umfassenden Neuordnung für die Zukunft mehr politische Rechte in Aussicht gestellt, eine dezidierte Stellungnahme zum Frauenwahlrecht fand aber nicht statt. Der Beschluss der Zweiten Kammer vom 20. März 1918, mit dem sie die Staatsregierung mit der Erarbeitung eines neuen Wahlrechts zu beauftragen, kam gar nicht mehr zur Ausführung.

Ob und inwiefern hierbei auch die Einführung eines Frauenwahlrechts angestrebt wurde oder ob gar eine Mehrheit dafür in Aussicht stand, bleibt offen: In dieser letzten Wahlrechtsdebatte gingen die Positionen zum Frauenwahlrecht auseinander. Die Konservativen lehnten das Frauenwahlrecht nach wie vor ab und für die Freisinnigen war die Zeit dafür noch nicht reif. Lediglich die Sozialdemokraten erklärten sich uneingeschränkt für das Frauenwahlrecht. Zwar kündigte der letzte Vorsitzende des Gesamtministeriums, RUDOLF HEINZE, ein Wahlrecht auf breitester Grundlage an, bezog aber zum Frauenwahlrecht nicht Stellung.

Somit wäre die Frage eines Frauenwahlrechts in Sachsen letztlich mit dem Ausgang der nächsten Wahlen zur Zweiten Kammer entschieden worden, die für Sommer oder Herbst 1919 in Aussicht gestellt wurden. Den Bestrebungen, das Königreich Sachsen auf dem Wege geordneter Reformen zu einer konstitutionellen Monarchie umzugestalten, wurde mit den Ereignissen des 9. November 1918 ein für die meisten Zeitgenossen wohl unerwartet rasches Ende gesetzt.

§ 15
DIE PRAXIS DES FRAUENWAHLRECHTS UNTER DEN REVIDIERTEN STÄDTEORDNUNGEN UND DER REVIDIERTEN LANDGEMEINDEORDNUNG

Seit den 1890er Jahre sind vor allem Bemühungen von Petenten zu verzeichnen, die die Abänderung einzelner Vorschriften der RevStO und RevLGO zum Gegenstand hatten. Zugleich versuchten die Städte mit der Beschränkung des städtischen Wahlrechts, dem Einzug der Sozialdemokraten auch in ihre Gremien entgegen zu wirken. Angesichts der sozialpolitischen Herausforderungen und des Mangels an männlichen Zivilbeschäftigten im Ersten Weltkrieg nahm das Bedürfnis zu, im immer komplexer werdenden Gemeindeleben, Frauen stärker in die Aufgaben der Wohlfahrtpflege einzubeziehen. Diese Entwicklung wurde auch von der Frauenbewegung vorangetrieben.

I. Änderungen im Gemeindewahlrecht der Städte und Landgemeinden

Die Sozialdemokraten konnten auch die in den Städten und Landgemeinden erhebliche Stimmenzuwächse erzielen. Aufgrund des Wahlrechts nach der RevStO und RevLGO schlug sich das aber nicht entsprechend auf die Zusammensetzung der Gemeindeorgane nieder. Die Kommunalpolitik wurde zudem nicht als Politik im eigentlichen Sinne angesehen, sondern als Kommunalverwaltung: Die Stadtverordneten waren daher bemüht, ihr Hauptaugenmerk anstatt auf parteipolitische Auseinandersetzungen auf den Austausch über Sachfragen zu richten.[2261] Die Kommunalpolitik in den deutschen Städten zeigte sich seit dem ausgehenden 19. Jahrhundert als mehr oder – in Dresden – weniger stark ausgeprägter „Munizipalsozialismus", d. h. als eine am Gemeinwohl orientierte Politik, die versucht, die Bedürfnisse aller Schichten zu berücksichtigen. Demgegenüber war der Umgang mit dem kommunalen Wahlrecht undemokratisch und diente dem Machterhalt kommunaler Eliten.[2262]

Mittlerweile hatte sich gezeigt, dass die RevLGO, aber auch die gesamte Struktur der Kommunalverwaltung, den Anforderungen und Ansprüchen der Zeit nicht mehr in vollem Umfang gerecht werden konnte. Die Staatsregierung sah sich daher veranlasst, zunächst möglichst schnell für die größeren

---

[2261] vgl. u. a. für Dresden POHL, Kommunen, in: Modernisierung und Region, hrsg. v. LÄSSIG/POHL/RETALLACK, S. 112ff.

[2262] So für Dresden und München POHL, Nationalliberalismus und Kommunalpolitik, in: Sachsen in Deutschland, hrsg. v. RETALLACK, S. 171-188, 171f.

Landgemeinden einige Veränderungen in ihrer Gemeindeverfassung herbeizuführen.

1. Die Einführung eines Dreiklassenwahlrechts in den Städten und seine Wirkungen

Seitens der Sozialdemokraten wurde die Beteiligung an den Gemeindewahlen noch bis kurz vor der Jahrhundertwende als Kräftevergeudung betrachtet. Stattdessen richteten sie das Augenmerk auf die Reichstagswahlen, da diese infolge des Wahlrechts besonders aussichtsreich erschienen. Trotzdem waren die Sozialdemokraten bereits frühzeitig in die Stadtverordnetenkollegien von Crimmitschau, Glauchau, Hainichen, Hohenstein, Kirchberg, Meerane, Mylau und Werdau sowie zahlreiche Gemeinderäte eingezogen, vor allem in den erzgebirgischen Textilarbeiterdörfern und den Umlandgemeinden der großen Städte, wie Lindenau, Pieschen, Plagwitz und Reudnitz. Dagegen blieben sie im als konservativ geltenden Dresden und in Zittau bis zu den Wahlen von 1905 ohne ein einziges Mandat.[2263]

Für das Jahr 1912 berichtete etwa die Amtshauptmannschaft Chemnitz, dass die Sozialdemokratie nicht nur „immer noch an Boden gewinnt, und dass sie langsam auch bei den Landwirten Anhänger findet". Allen 45 Gemeinderäten der Amtshauptmannschaft gehörten sozialdemokratische Vertreter an, 184 von insgesamt 572. Das sei eine Steigerung von 25,50 Prozent auf 27,38 Prozent gegenüber dem Vorjahr. Eine Mehrheit hätten sie bisher nur in einer Gemeinde – Kändler (seit 1999 zu Limbach-Oberfrohna) – erzielen können.[2264]

In den Städten war eine Verschiebung der politischen Kräfteverhältnisse noch mehr zu erwarten, da die Sozialdemokraten bei den Landtagswahlen gerade in den rein städtischen Wahlkreisen die meisten Stimmen bekamen und dort auch die Wahlbeteiligung besonders stark anstieg.[2265] Wie eine Reihe von Landgemeinden sich daher um die Anwendung des Wahlrechts nach der RevStO bemüht hatten, versuchten aber Mitte 1890er Jahre auch die Städte – analog zu den in das Dreiklassenwahlrecht von 1896 mündenden Bestrebungen auf Landesebene – eine Beschränkung des Wahlrechts für die unteren

[2263] LÄSSIG, Wahlrechtskampf, S. 49ff.

[2264] Siehe hier auch den Randvermerk: „Allerh. Bemerkung Läßt sich denn da nichts machen durch Änderung des Wahlgesetzes." – Abschrift aus dem Geschäftsberichte der Amtshauptmannschaft Chemnitz auf das Jahr 1912 vom 31. Januar 1913, in: SächsHStA Dresden, MdI, Sekt. IV, Nr. 5445 Änderungen des Reichstagswahlgesetzes und des Wahlreglements, Bl. 5.

[2265] Dargestellt bei RITTER, a.a.O., S. 56ff., sowie Tabelle 1 und 2. In Sachsen war die SPD vor allem in den kleineren Städten mit 2.000-10.000 Einwohnern stark.

Einkommensschichten vorzunehmen.[2266] Sachsen übernahm dabei sogar innerhalb des Kaiserreichs eine Vorreiterrolle.[2267]

Die Wahlrechtsbeschränkungen erfolgten nicht in den landesgesetzlichen Regelungen, sondern durch die Städte selbst in ihren Ortsstatuten. So haben von 310 Gemeinden in den Jahren 1895 bis 1905 immerhin 79 Einschränkungen im Wahlrecht vorgenommen.[2268] Die in seinen Augen positiven Erfahrungen mit dem Dreiklassenwahlrecht in den Städten Leipzig und Falkenstein führte der Abg. MEHNERT auch in seiner Begründung der Einführung des Dreiklassenwahlrechts für die Wahlen zur Zweiten Kammer der Ständeversammlung in den Landtagsverhandlungen an. Danach wären in Leipzig mindestens 5 Prozent der Stimmberechtigten der Ersten, 15 Prozent der Zweiten und 80 Prozent der Dritten Klasse zugeschlagen worden.[2269]

Dieses Dreiklassenwahlrecht war in Leipzig bereits im Jahre 1894 eingeführt worden. Die Grundlage dafür bildet § 57 RevStO, der den Städten durch Ortsstatut die Möglichkeit einräumte, „die Wahl nach gewissen Classen der Bürgerschaft“ vorzunehmen, „ingleichen daß solche in jeder dieser Classen oder in jedem Bezirke besonders für einen bestimmten Theil der zu wählenden vorgenommen werde“.[2270]

Im Gegensatz zum indirekten Dreiklassenwahlrecht auf Landesebene handelte es sich beim Leipziger Klassenwahlrecht aber um ein direktes Wahlrecht, so dass es zu weit weniger Benachteiligungen gerade bei den Wählern der Dritten Klasse kam.[2271] Bei den Stadtverordnetenwahlen im Jahre 1895 teilte Leipzig seine Wahlberechtigten in drei Klassen ein: Die Erste Abteilung (Klasse) umfasste die Wahlberechtigten mit einer städtischen Einkommens- und Grundsteuer von 630 M. im Jahr und mehr, die Zweite Abteilung von 629 M. 99 Pfg. bis 117 M. 60 Pfg. und die Dritte Abteilung von 117 Mk. 59 Pfg. an abwärts.[2272] Es traten auch lokale berufsständische Interessenvertre-

---

2266 RITTER, Das Wahlrecht, in: Der Aufstieg der deutschen Arbeiterbewegung, hrsg. v. DEMS./ MÜLLER-LUCKNER, S. 76.

2267 Im Folgenden POHL, Kommunen, in: Modernisierung und Region, hrsg. v. LÄSSIG/ POHL/ RETALLACK, S. 95f.; zu diesem Problem in den Landgemeinden vgl. oben, Kap. V, S. 345ff.

2268 So eine Umfrage des Zentralkomitees der Sozialdemokratie Sachsen. RITTER, a.a.O., S. 76 Fn. 51.

2269 Darüber hinaus gäbe es ein Klassenwahlrecht schon lange in der LGO. – Mitth. über die Verh. d. LT 1895/96, 2. K., Bd. 1, S. 173; vgl. auch RITTER, Wahlen und Wahlpolitik, in: Sachsen im Kaiserreich, hrsg. v. LÄSSIG/ POHL, S. 62f.

2270 GVBl. 1873, S. 305.

2271 SCHMEITZNER/RUDLOFF, Geschichte der Sozialdemokratie, S. 26.

2272 „Leipziger Angelegenheiten“, in LVZ Nr. 261 vom 9. November 1895 2. Beilage.

tungen, wie ein Vereinigtes Bürgerwahlkomittee aus Mitgliedern der Hausbesitzervereine, einiger Bezirksvereine und des Handwerker- und Gastwirtsvereins, zur Wahl an.[2273]

Diese Wahlrechtsbeschränkungen wirkten sich massiv auf die Zusammensetzung des Stadtverordnetenkollegiums aus. Bei der Wahl in der Dritten Abteilung am 25. November 1895 gaben von 22.454 stimmberechtigten Bürgern 61 Prozent ihre Stimme ab. Auf die Sozialdemokraten entfielen 8.249, auf die „Ordnungsparteien" des bürgerlichen Wahlausschusses 4.294, auf die „Antisemiten"[2274] 841 und auf das Bürgerwahlkomitee 444 Stimmen. Die Wahlbeteiligung war damit schwächer als im Vorjahr, als noch 65 Prozent wählen gingen. Gewählt wurden in der Dritten Abteilung damit sechs sozialdemokratische und zwei bürgerliche Stadtverordnete. Ohne das Dreiklassenwahlsystem hätte die SPD die Mehrheit im Leipziger Stadtverordnetenkollegium erzielt. So stand sie 62 Vertretern der Ordnungsparteien gegenüber.[2275]

In der Zweiten Abteilung gaben von 4.175 Stimmberechtigten 2.742 ihre Stimme ab. Das entspricht einer Wahlbeteiligung von ca. 65 Prozent. Sie lag damit auf derselben Höhe wie in den Vorjahren. Das Bürgerwahlkomitee erzielte 1.500, der bürgerliche Wahlausschuss 1.065 Stimmen, die antisemitische Liste 115 und die sozialdemokratische Liste lediglich 49 Stimmen.[2276] Bei der Wahl in der Ersten Abteilung am 6. Dezember 1895 kam die Liste des bürgerlichen Wahlausschusses auf 562 und das Bürgerwahlkomitee auf 470 Stimmen. Die Wahlbeteiligung lag hier bei 75 Prozent.[2277]

Seit dem Jahre 1897 gehörten den Chemnitzer Stadtverordneten auch Sozialdemokraten an, obwohl die Stadt bereits 1894 nach § 57 RevStO ein Klassenwahlrecht eingeführt hatte. Danach bestanden drei Abteilungen nach Steuerleistung, die jeweils ein Drittel der Stadtverordneten wählten, davon jeweils die Hälfte Angesessene und die Hälfte Unangesessene. Mit Ortsgesetz vom 7. Dezember 1898 wurde dann ein berufsständisches Klassensystem eingeführt.[2278]

[2273] LVZ Nr. 239 vom 14. Oktober 1895, 2. Beilage.

[2274] vgl. oben S. 387 Fn. 2011.

[2275] „Die Wahl der Stadtverordneten in der dritten Abteilung", in: LVZ Nr. 274 vom 26. November 1895, Beilage; vgl. „Leipziger Angelegenheiten", in: LVZ Nr. 276 vom 28. November 1895.

[2276] „Leipziger Angelegenheiten", in: LVZ Nr. 281 vom 4. Dezember 1895, Beilage.

[2277] „In der dritten Klasse wählten 61, in der zweiten 65, in der ersten 75 Prozent. Ein Zeichen, wie sehr gerade das arbeitende Volk es an Bethätigung seiner politischen Rechte fehlen läßt." – „Leipziger Angelegenheiten", in: LVZ Nr. 284 vom 7. Dezember 1895, Beilage.

[2278] STRAUß, 125 Jahre Gemeindewahlecht, in: SächsHBl. 3 (1957), S. 245f.; DIERSCH, Die geschichtliche Entwicklung, S. 226.

In Chemnitz erhielten die Sozialdemokraten zwar seit 1901 zwischen 46 und 55 Prozent der Stimmen. Bis 1908 konnten sie aufgrund des Wahlrechts aber nur neun Stadtverordnete von insgesamt 57 stellen.[2279]

In Dresden war die Stadtpolitik zu dieser Zeit konservativ geprägt. Seit 1895 war Oberbürgermeister GUSTAV OTTO BEULTER (1853-1926)[2280] im Amt, dessen Eingemeindungspolitik die Sozialstruktur der Stadt in erheblichem Maße veränderte, da bevölkerungsreiche, von Arbeitern bewohnte Vororte zur Stadt kamen.[2281] Die Stadtverordnetenversammlung wurde seit den 1880er Jahren von der Haus- und Grundbesitzerfraktion beherrscht, die mit der antisemitischen Deutschen Reformpartei[2282] verbunden war.[2283] Liberale Strömungen fanden zu dieser Zeit keinen Zugang zur Stadtpolitik und konzentrierten sich deshalb auf die Vereinsarbeit.[2284]

Im Jahre 1882 war in Dresden auf der Grundlage der RevStO ein neues Ortsstatut in Kraft getreten. War zunächst die Wahl der 72 Stadtverordneten noch eine reine Personalwahl, so erfüllten durch den Zensus für den Erwerb des Bürgerrechts in Höhe von mindestens drei M. direkten Steuern nach dem Steuersystem von 1878 doch etwa 40.000 bis 60.000 Personen bereits die Voraussetzungen für das Bürgerrecht nicht. Sie waren daher von vornherein vom Stimmrecht ausgeschlossen. Auch verzichtete ein erheblicher Teil der Berechtigten auf den Erwerb des Bürgerrechts. Deshalb waren in Dresden bis zur Jahrhundertwende nur etwa fünf Prozent der Einwohner stimmberechtigt, deutlich weniger als bei den Landtagswahlen. Die Wahlbeteiligung lag zwischen 22,56 und 69,95 Prozent, wobei sie in der Tendenz zunahm und seit Anfang der 1880er Jahre stets über 50 Prozent lag.[2285]

Um die Jahrhundertwende zeichnete sich ab, dass die Wahl des ersten sozialdemokratischen Stadtverordneten nur noch eine Frage der Zeit sein würde.

[2279] HEIDENREICH, Arbeiterkulturbewegung, S. 40; vgl. zu Chemnitz auch die Ausführungen in den Verhandlungen der Stadtverordneten zu Dresden 1905, S. 678ff.

[2280] BEUTLER war von 07.02.1895 bis 30.9.1915 Oberbürgermeister der Stadt Dresden und gehörte der Ersten Kammer zunächst von 1885 bis 1890 als Bürgermeister von Freiberg und von 1895 bis 1904 als erste Magistratsperson der Stadt Dresden an. – Zur Person vgl. HILLEN, Beutler, Gustav Otto, in: Sächsische Biografie, Online-Ausgabe.

[2281] STARKE, Dresden um 1900, in: Sachsen, hrsg. v. WIßUWA/ VIERTEL/ KRÜGER, S. 329f.

[2282] vgl. oben S. 387 Fn. 2011.

[2283] STARKE, a.a.O., S. 328f.

[2284] So hatte etwa BÖHMERT mit wenig Erfolg für die Nationalliberalen kandidiert. a.a.O., S. 329f.; POHL, Kommunen, in: Modernisierung und Region, hrsg. v. LÄSSIG/POHL/ RETALLACK, S. 121.

[2285] ULBRICHT, Kommunale Vertretung und Verwaltung, in: Geschichte der Stadt Dresden, Bd. 3, hrsg. v. STARKE, S. 41ff.; zu den Stadtverordnetenwahlen in Dresden seit 1875 ausführlich WIEDFELD, Die Beteiligung der Dresdner Bürgerschaft an den Stadtverordnetenwahlen von 1875 bis 1903, in: Monatsberichte des Statist. Amtes der Stadt Dresden 26 (1903), S. 313-320, insbes. S. 314f.

Die Sozialdemokraten konnten sehr erfolgreich vor allem die Arbeiter aus den eingemeindeten Gemeinden zum Erwerb des Bürgerrechts motivieren.[2286] Unter dem Eindruck der Reichstagswahl von 1903, bei der die Sozialdemokraten in Sachsen einen überwältigenden Sieg errungen hatten, war nun auch bei den Ende des Jahres in Dresden stattfindenden Gemeindewahlen eine bisher unbekannte Schärfe in den Wahlkampf eingezogen und eine hohe Wahlbeteiligung zu verzeichnen.[2287]

Mittlerweile hatte der Rat von Dresden eine Untersuchung des Wahlrechts verschiedener anderer Städte vornehmen lassen, die ein Wahlrecht nach Berufsklassen nach dem Chemnitzer Vorbild empfahl. Bereits in der ersten öffentlichen Sitzung des Stadtverordnetenkollegiums im Jahre 1905 wurden die Stadtverordneten mit der Frage konfrontiert, ob sie dem Vorschlag des Rates, das berufsständisch gegliederte Stadtverordnetenwahlrecht einzuführen, folgen wollten: Oberbürgermeister BEUTLER stellte gleich in seiner Eröffnungsrede klar, dass seiner Meinung nach das bisherige Wahlrecht nicht mehr auf die stark angewachsene Bürgerschaft passe, die sich innerhalb weniger Jahre mehr als verdoppelt habe. Eine Gliederung des Wahlkörpers sei erforderlich „wenn man nicht die Herrschaft der Massen etablieren will".[2288] Der entsprechende *Entwurf zu einem 14. Nachtrage zum Ortsstatute* stand dann aber erst am 2. Juni erstmals auf der Tagesordnung.[2289] Der Vizevorsteher der Stadtverordneten, PAUL FELIX CONRAD HÄCKEL warnte bei seiner Vorstellung der Vorlage davor, dass bei einer Beibehaltung des bisherigen Listenwahlsystems „die Sozialdemokratie das Kollegium überfluten, ja schließlich erobern wird". Bereits in anderen Städten sei deshalb das Wahlrecht geändert worden. Für die zunehmenden Erfolge der Sozialdemokraten in Dresden machte HÄCKEL in erster Linie das Urteil des SächsOVG verantwortlich, das den Begriff der Selbständigkeit einer weiten Auslegung unterzogen hatte.[2290] Seiner Meinung nach seien nämlich nur diejenigen wirklich selbständig, „die im Stadtbezirke wesentlich wohnhaft sind oder ein Grundstück besitzen oder ein selbständiges Gewerbe betreiben". Daher sei man nun genötigt, das Wahlrecht zu ändern und habe dafür verschiedene Wahlsysteme geprüft.[2291] Gleichwohl wurde die Vorlage mit 32 zu 31 Stimmen abgelehnt und am

[2286] STARKE, a.a.O., S. 330.

[2287] a.a.O., S. 331.

[2288] Verh. der Stadtverordneten zu Dresden 1905, S. 4.

[2289] a.a.O., S. 662ff.

[2290] Siehe dazu oben, Kap. V, S. 320f.

[2291] Verh. der Stadtverordneten zu Dresden 1905, S. 673.

29. Juni die Angelegenheit an den Verfassungsausschuss überwiesen, der einen überarbeiteten Entwurf vorlegte.[2292] Dieser wurde am 6. Juli nach ausführlicher Debatte mit 32 zu 31 Stimmen angenommen.[2293]

Dieser *14. Nachtrag zum Ortsstatute der Stadt Dresden vom 15. Juli 1905* legte in § 1 die Zahl der Stadtverordneten auf 84 fest. Nach § 2 hatten davon 42 mit Wohnhäusern ansässig zu sein, wobei auch ein Ehemann mit Bürgerrecht zu den Ansässigen gezählt wurde, dessen Frau ansässig war. Gewählt wurden die Stadtverordneten nach § 3 auf sechs Jahre, wobei nach jeweils zwei Jahren eine Drittelerneuerung erfolgte.[2294]

Die nach der RevStO stimmberechtigten Bürger wurden in § 5 des Nachtrags entsprechend ihrem Beruf in fünf Abteilungen unterteilt, die jeweils eine bestimmte Zahl von ansässigen und unansässigen Stadtverordneten zu wählen hatten. Diejenigen Bürger innerhalb einer Abteilung, die schon länger als zehn Jahre im Besitz des Bürgerrechts waren, bildeten die Erste und alle anderen die Zweite Klasse. In zwei der Abteilungen wählten nach § 7 des Nachtrags die Wahlberechtigten der Ersten Klasse drei unansässige und drei ansässige Stadtverordnete, alle übrigen Klassen in den Abteilungen je einen unansässigen und einen ansässigen. Damit wurden Beamte, Angestellte, Geistliche, Lehrer, selbständige Gewerbetreibende und Landwirte mit langjährigem Bürgerrecht im Wahlrecht bessergestellt, da sie zu diesen begünstigten Abteilungen gehörten.[2295]

Hinsichtlich der Anhängerschaft der Parteien wurden durch diese stärker ausdifferenzierte Klasseneinteilung die potentiellen Wähler der Sozialdemokraten deutlich benachteiligt und vor allem die Nationalliberalen begünstigt. Das neue Stadtverordnetenwahlrecht war zum ersten Mal bei den Ergänzungswahlen am 29. und 30. Oktober 1905 zur Anwendung gekommen.[2296] Nachdem die Sozialdemokraten erstmals im Jahre 1900 an einer Stadtverordnetenwahl in Dresden teilgenommen und dabei nur 7,4 Prozent der Stimmen – und kein Mandat[2297] – erhalten hatten, konnten sie unter dem geänderten Wahlrecht sechs Mandate erringen und waren dabei sogar in der

[2292] a.a.O., S. 714, 835, 857ff.

[2293] a.a.O., S. 879. Dem trat auch der Rat bei. – a.a.O., S. 973; vgl. STARKE, S. 332f.

[2294] Dresdner Ortsgesetzblatt 1905, S. 19-23, 19.

[2295] a.a.O., S. 19ff.; vgl. POHL, Nationalliberalismus und Kommunalpolitik, in: Sachsen in Deutschland, hrsg. v. RETALLACK, S. 179f.

[2296] Dazu wie im folgenden ausführlich SCHÄFER, Der Verlauf und das Ergebnis der Stadtverordneten-Ergänzungswahlen vom 29. und 30. November 1905, in: Monatsberichte des Statist. Amtes der Stadt Dresden 28 (1905), S. 301-305.

[2297] Dabei kamen sie aber über die Jahre diesem Ziel sukzessive näher. – vgl. ULBRICHT, a.a.O., S. 49.

Abteilung der selbständigen Gewerbetreibenden erfolgreich, da sich die bürgerlichen Bewerber hier nicht einigen konnten. Insgesamt betrug die Wahlbeteiligung an dieser Wahl 67,8 Prozent. Von den 37.747 stimmberechtigten Dresdner Bürgern hatten 25.591 an der Stadtverordnetenergänzungswahl teilgenommen. Damit waren etwa 7,3 Prozent der Einwohner insgesamt und 15,4 Prozent der männlichen Einwohner stimmberechtigt.[2298]

Auch 1909 waren nur 8,4 Prozent der Einwohner Dresdens überhaupt stimmberechtigt. Im Jahre 1910 konnte die SPD aber trotzdem schon 15 Stadtverordnete entsenden. Gemeinsam mit den Nationalliberalen verfügten sie damit erstmals über die Mehrheit in der Stadtverordnetenversammlung. Somit war auch das neue Wahlrecht nicht wirklich nachhaltig geeignet, den Einfluss der Sozialdemokraten in der Stadtpolitik dauerhaft gering zu halten.[2299]

Entsprechendes gilt auch für andere sächsische Städte und Landgemeinden: Im Jahre 1914 gab es in 82 Städten 332 sozialdemokratische Stadtverordnete sowie 2.094 Mitglieder in Gemeinderäten. Aber nur in einer Stadt konnte diese Partei zwei unbesoldete Stadträte und in vier Landgemeinden den Gemeindeältesten stellen.[2300]

2. Das Gesetz, Änderung und Ergänzung von Bestimmungen der Revidierten Landgemeindeordnung betreffend, vom 4. Juli 1912

Von der Mitte der 1890er Jahre bis 1918 gab es eine Vielzahl von Petitionen auf Änderung der Gemeindeordnungen[2301] sowie auch einige tatsächlich sei-

[2298] Die Einwohnerzahl Dresden betrug am 1. Dezember 1905 516.996, davon waren 244.455 männlich.

[2299] STARKE, a.a.O., S. 333f. und 338; ULBRICHT, a.a.O., S. 49. Im bayrischen Fürth besaßen im Jahre 1905 15 Prozent der Bevölkerung das Gemeindewahlrecht; 17,5 bei den Landtags- und 22 Prozent bei den Reichstagswahlen. Sonst lag der Anteil der Wahlberechtigten bei den bayrischen Gemeindewahlen bei etwa 5 Prozent. – POHL, Kommunen, in: Modernisierung und Region, hrsg. v. LÄSSIG/POHL/RETALLACK, S. 99f.

[2300] HEIDENREICH, Arbeiterkulturbewegung, S. 40.

[2301] vgl. etwa *Bericht der Beschwerde- und Petitions-Deputation der zweiten Kammer über die Petition der Gemeinden Hilbersdorf, Einsiedel, Grüna, Harthau, Lugau, Niederwürschnitz, Rabenstein und Thalheim um Aufhebung der Bestimmung § 23 Abs. 2 der Revidirten Landgemeindeordnung vom 24. April 1873. Eingegangen am 10. Februar 1902*, in: LA 1901/02, Ber. 2. K., Bd. 1, S. 265-267.

tens der Staatsregierung in Angriff genommene, aber überwiegend geringfügige Novellen.[2302] Für die Stimmrechtsfrage von Bedeutung ist hier lediglich das *Gesetz, Änderung und Ergänzung von Bestimmungen der Revidierten Landgemeindeordnung betreffend, vom 4. Juli 1912.*[2303] Es nahm Änderungen an den Vorschriften zum Erwerb der Gemeindemitgliedschaft, den Gemeindevertretern, dem Stimmrecht und seiner Ausübung, der Wählbarkeit sowie den Aufgaben der Gemeindeorgane und der Gemeindeaufsicht vor.[2304]

Die Staatsregierung hatte den Gesetzentwurf dazu mit Dekret vom 17. November 1911 den Ständen vorgelegt, das am 26. März 1912 in der Zweiten Kammer zur Schlussberatung kam.[2305] In der Begründung des Entwurfs verwahrte sich die Regierung gegen die geforderte Änderung des Gemeindewahlrechts, da diese nur auf die – zuvor bereits verworfene – Einführung

---

[2302] z. B. *Dekret an die Stände, den Entwurf eines Gesetzes behufs Abänderung des § 7 Absatz 3 der Revidirten Landgemeindeordnung vom 24. April 1873 betreffend. Eingegangen bei der I. Kammer am 18. Januar 1898*, in: LA 1897/98, Dekr., Bd. 3, S. 675-677; *Dekret an die Stände, Entwurf eines Gesetzes zur Abänderung der Bestimmungen in § 65 verbunden mit § 44 Lit. c und e der Revidirten Städteordnung sowie in § 53 verbunden mit § 35 Lit. c und e der Revidirten Landgemeindeordnung betreffend. Eingegangen bei der I. Kammer am 12. November 1901*, in: LA 1901/02, Dekr., Bd. 3, S. 509f.; *Gesetz, eine Abänderung des § 7 Abs. 3 der Revidirten Landgemeindeordnung vom 24. April 1873 betreffend, vom 22. April 1898*, in: GVBl. 1898, S. 43; *Gesetz zur Abänderung der Bestimmungen in § 95 Abs. 3 und § 105 der Revidierten Städteordnung*, vom 29. April 1906, in: GVBl. 1906, S. 85f.; *Dekret an die Stände zur Abänderung der Bestimmung in Absatz 2 von § 84 der Revidierten Städteordnung betreffend. Eingegangen bei der I. Kammer am 10. November 1903*, in: LA 1903/04, Dekr., Bd. 3, S. 114-116; *Gesetz zur Abänderung der Bestimmungen in § 95 Abs. 3 und § 105 der Revidierten Städteordnung, vom 29. April 1906*, in: GVBl. 1906, S. 85f.

[2303] In: GVBl. 1912, S. 387-397.

[2304] Auf dem Landtag von 1909/10 war von der Vereinigung der Bürgermeister und berufsmäßigen Gemeindevorstände den Ständen bereits eine Petition vorgelegt worden, die konkrete Vorschläge für eine Revision der Gemeindeverfassung beinhaltete. Entsprechend dem Antrag ihrer Beschwerde- und Petitionsdeputation überwies die Zweite Kammer diese Petition der Regierung zur Kenntnisnahme. Dem Ansinnen einer umfassenden Revision folgte die Regierung nicht. In der Deputationsberatung dazu hatte ein namentlich nicht benannter Abg. die Einführung des Stimmrechts in den Landgemeinden für alle Frauen gefordert. – *Bericht der Beschwerde- und Petitions-Deputation der zweiten Kammer über die Petitionen 1. der Vereinigung von Bürgermeistern und berufsmäßigen Gemeindevorständen im Königreiche Sachsen um Abänderung der Organisationsgesetze und der Gemeindeordnungen, 2. des Vaterländischen Vereins zu Thalheim im Erzgebirge um Abänderung der §§ 30 und 33 der Revidierten Landgemeindeordnung, 3. der Stadträte zu Freiberg, Zittau und Crimmitschau aus den Bezirksverbänden. Eingegangen am 9. Mai 1910*, in: LA 1909/10, Ber. 2. K., Bd. 2, S. 1553-1573, 1566.

[2305] *Dekret, den Entwurf eines Gesetzes über Änderung und Ergänzung von Bestimmungen der Revidierten Landgemeindeordnung betreffend, vom 17. November 1911*, in: LA 1911/12, Dekr., Bd. 3, S. 391-449; *Bericht der Gesetzgebungs-Deputation über das Königliche Dekret Nr. 18, den Entwurf eines Gesetzes über Änderung und Ergänzung von Bestimmungen der Revidierten Landgemeindeordnung betreffend*, in: LA 1911/12, Ber. 2. K., Bd. 1, S. 503-525; Mitth. über die Verh. d. LT 1911/12, 2. K., Bd. 3, S. 2333 Aff.

eines allgemeinen und gleichen Wahlrechts hinauslaufe könne, wie auch gegen „eine wesentliche Änderung des staatlichen Aufsichtsrechts“.[2306] Gleichwohl gestand man zu, dass die besonderen Verhältnisse der größeren Industriedörfer Anpassungen der RevLGO erforderten. Von etwa 80 derartigen Landgemeinden war der Wunsch zu einer Überarbeitung der RevLGO an die Staatsregierung herangetragen worden, so dass diese nunmehr mit ihrem Entwurf Sondervorschriften für größere Landgemeinden in die RevLGO einführte. Daneben sollte den größeren Landgemeinden weiterhin der Weg zur Annahme der RevStO durch Entscheidung im Einzelfall verbleiben.[2307]

Zumindest ein Teil der Abgeordneten hatte sich enttäuscht vom Gesetzentwurf gezeigt, da ihnen dieser nicht weit genug ging und sie sich eine umfassende Revision der Verwaltungsgesetze vorgestellt hatten. Der nationalliberale Berichterstatter K. FRITZ KAISER (1877-nach 1942/43)[2308] machte aber deutlich, dass das Dekret lediglich darauf gerichtet sei, einige Missstände in der Verfassung der Landgemeinden zu beseitigen.[2309] Die Deputation hätte daher zwar die Aufhebung der exemten Gutsbezirke als für dieses Gesetz zu weitgehend abgelehnt, sich aber mit der Schaffung der großen Landgemeinden einverstanden geklärt. Man habe in Kauf genommen, dass mit den großen Landgemeinden eine zusätzliche Form kommunaler Verwaltung hinzukomme, die das System weiter verkompliziere. Besser wäre eine Neuordnung der Städte und Landgemeinden in nur noch drei Gemeindeformen gewesen: „große Städte, dann eine Mittelgemeinde, die die kleinen Städte und die großen Landgemeinden umfaßt, und dann die kleinen Landgemeinden“. Das habe man zurückstellen müssen, damit die Verbesserungen, die das Dekret bringe, schnell ihre Wirkung entfalten könnten.[2310]

Auch in der Beratung der Ersten Kammer wies Berichterstatter PAUL HEINRICH OTTO WAENTIG (1846-1927)[2311] darauf hin, dass die fortschreitende Industrialisierung in den ländlichen Gebieten dazu geführt habe, dass die RevLGO mittlerweile überholt sei. Die Regierung wolle nicht nur den Bedürfnissen der industriellen Orte gerecht werden, sondern auch sonst Unzulänglichkeiten in der RevLGO beseitigen.[2312]

2306 LA 1911/12, Dekr., Bd. 3, S. 401ff.

2307 a.a.O., S. 405ff.

2308 Zur Person vgl. Sächsische Parlamentarier, hrsg. v. DÖSCHER/SCHRÖDER, S. 171f.

2309 Mitth. über die Verh. d. LT 1911/12, 2. K., Bd. 3, S. 2333 Cf.

2310 a.a.O., S. 2334 A.

2311 Zur Person vgl. Sächsische Parlamentarier, hrsg. v. DÖSCHER/SCHRÖDER, S. 404.

2312 Mitth. über die Verh. d. LT 1911/12, 1. K., S. 700ff., 701A-C.

Eine wesentliche Rolle in den Beratungen der Stände spielte die Neufassung des § 30 Abs. 2 und 4 RevLGO.[2313] Dieser erweiterte die Basis der Steuerbemessung für die Einteilung der Klassen der Ansässigen, gestattete den Gemeinden durch Ortsgesetz die Erbbauberechtigten unter die Ansässigen zu fassen und schuf erstmals die Möglichkeit, auch die unansässigen Gemeindemitglieder durch Ortsgesetz in Klassen zu unterteilen. Für juristische Personen mit Sitz in der Gemeinde, die für diese von dauerhafter wirtschaftlicher Bedeutung waren, konnte durch Ortsgesetz eine Vertretung im Gemeinderat geschaffen werden.[2314] Bestrebungen in der Gesetzgebungsdeputation der Zweiten Kammer, die eine Aufgabe der Klasseneinteilung nach der Art des Grundbesitzes forderten, konnten sich ebenso wenig durchsetzen, wie eine völlige Abschaffung der Klassen. Lediglich auf die Bildung von Klassen bei den Vertretern der Ansässigen sollte nach Vorschlage der Deputation nunmehr per Ortsgesetz verzichtet werden können.[2315]

Der sozialdemokratische Abg. EMIL AUGUST NITZSCHE (1869-1931)[2316] erblickte in dem Gesetzentwurf neuerliche „Wahlrechtsverstümmelungen" und bemängelte die – für die größeren Gemeinden sogar obligatorische – Einführung der Klasseneinteilung bei den Unansässigen. Am schlimmsten sei die Aufnahme von „Besitzern gewerblicher Großbetriebe" in den Gemeinderat. Damit wolle man „Vorrechte schaffen für die großkapitalistischen Unternehmungen".[2317] Ebenso kritisierte NITZSCHE das Stimmrecht und die Wählbarkeit der Forenser.[2318]

Auch der Abg. BRODAUF wandte sich gegen die Änderungen der Deputation bei § 30. Zwar sei seine Partei gegen Klassenwahlrechte aller Art, stimme aber einer Unterscheidung in Ansässige und Unansässige zu, da diese nicht künstlich geschaffen sei. Auch sei § 30 Abs. 3 unannehmbar.[2319]

KARL OTTO UHLIG stellte für die Sozialdemokraten erwartungsgemäß den Antrag, für die Gemeindewahlen das allgemeine Wahlrecht einzuführen und die Einteilung der Wähler und Gemeindevertreter in Klassen für unzulässig

---

[2313] Mitth. über die Verh. d. LT 1911/12, 2. K., Bd. 3, S. 2315 Bff.; Mitth. über die Verh. d. LT 1911/12, 1. K., S. 700ff.

[2314] LA 1911/12, Dekr., Bd. 3, S. 392 und 408f. (Motive).

[2315] Bericht der Gesetzgebungs-Deputation der zweiten Kammer über das Königliche Dekret Nr. 18, den Entwurf eines Gesetzes über Änderung und Ergänzung von Bestimmungen der Revidierten Landgemeindeordnung betreffend. Eingegangen am 15. März 1912, in: LA 1911/12, Ber. 2. K., Bd. 1, S. 503-525, 504ff.

[2316] 1919 Finanzminister; zur Person vgl. Sächsische Parlamentarier, hrsg. v. DÖSCHER/SCHRÖDER, S. 256f.

[2317] Mitth. über die Verh. d. LT 1911/12, 2. K., Bd. 3, S. 2338 Bff.

[2318] a.a.O., S. 2340 Bff.

[2319] a.a.O., S. 2345 Bf.

zu erklären. Die Voraussetzungen von Stimmrecht und Wählbarkeit sollten dem Reichstagswahlrecht entsprechen, aber „mit der Maßgabe .., daß weibliche Personen in gleichem Maße wie männliche stimmberechtigt und wählbar sind und die Verteilung der Gemeindevertretersitze nach den Grundsätzen der Verhältniswahl erfolgt“.[2320] Zur Frage des Frauenstimmrechts führte er aus, dass man selbst bei einer ablehnenden Haltung ihm gegenüber auf der staatlicher Ebene doch die Gemeinden hiervon unterscheiden müsse. Wenn immer noch die reaktionäre Forderung erhoben werde, dass Frauen sich auf ihre Tätigkeit im Haushalt beschränken sollen, so sei doch auch die Gemeinde „nur ein Haushalt im weiteren Sinne, und in ihrer Entwicklung greift die Gemeinde immer tiefer in den eigentlichen Familienhaushalt ein“. Wenn die Frau also „zur Haushälterin geboren“ sei, wäre sie ganz besonders dazu geeignet, auch „im Gemeindehaushalte nützlich und kulturfördernd zu wirken“. Nach Auffassung UHLIGS gebe es keinen Grund mehr, Frauen anders als Männer zu behandeln, „um so weniger, als die Frau in immer steigendem Maße in den Kampf ums Dasein hineingetrieben und gezwungen wird, für ihre Person selbst einzustehen“. Daher habe sie sowohl einen „Rechtsanspruch“ als auch das Bedürfnis rechtlicher Gleichstellung mit dem Mann. Er sehe deshalb keinen Grund für einen Ausschluss der Frauen vom Wahlrecht, erwarte aber nicht das der Antrag angenommen werde. Trotzdem hätten die Sozialdemokraten es für ihre Pflicht gehalten, in dieser Frage hier Position zu beziehen und damit auch der Kammer eine Stellungnahme abzuverlangen. Die Wahlrechtsfrage dürfe „nach dem Stande unserer Kultur nicht mehr aufgeschoben werden“, werde es aber vorerst noch aufgrund der politischen Machtverhältnisse.[2321] Der Antrag wurde erwartungsgemäß von der Kammer abgelehnt und § 30 einschließlich des Abs. 3 in Fassung der Deputation angenommen.[2322]

Die vorberatende Deputation der Ersten Kammer folgte dem RegE in seiner Intention, einer juristischen Person mit Sitz in der Gemeinde und Bedeutung für deren Wirtschaftsleben eine Vertretung im Gemeinderat einzuräumen. Sie beantragte aber eine Änderung der von der Zweiten Kammer beschlossenen Fassung des § 30 RevLGO in dem Sinne, dass dieser Gegenstand nun in erweiterter Fassung in einem Abs. 3 geregelt werden sollte: Die Gemeinden sollten die Möglichkeit bekommen, durch Ortsgesetz Sitze im Gemeinderat für juristische und natürliche Personen und Personenvereinigungen zu schaffen, die ihren Sitz in der Gemeinde haben und für diese von dauerhafter wirtschaftlicher Bedeutung waren. Entrichteten diese unter Einschluss ihrer

[2320]a.a.O., S. 2346.
[2321]a.a.O., S. 2351 D.
[2322]a.a.O., S. 2353 Dff.

Beschäftigten mehr als 1/3 der Gemeindeanlagen, sollten sie sogar per Gesetz Sitz und Stimme im Gemeinderat haben. Wenn dieser Vertreter selbst nicht wählbar war, war ein Vertreter zu entsenden, der dann aber für die Zeit seiner Zugehörigkeit zum Gemeinderat sein eigenes Stimmrecht verlor.[2323] Die Erste Kammer folgte dem einstimmig.[2324] Somit wurde nun in § 30 RevLGO die Unterteilung der Gemeindevertreter auf die einzelnen Klassen der ansässigen und die Klasse der unansässigen Gemeindemitglieder beibehalten. Jedoch konnte nunmehr die Gemeinde durch Ortsgesetz auch Erbbauberechtigte zu den Ansässigen rechnen und auch in der Gemeinde niedergelassenen natürlichen wie juristischen Personen, die „für die wirtschaftlichen Verhältnisse der Gemeinde dauernd von Bedeutung sind, eine Vertretung im Gemeinderat eingeräumt werden".[2325]

§ 33 RevLGO bestimmte nunmehr, dass die Gemeindevertreter in jeder Klasse gesondert in direkter und geheimer Wahl zu ermitteln seien.[2326] Damit wurde die bisher mit Ortsgesetz regelbare gemeinsame Wahl der Klassen durch alle Stimmberechtigten abgeschafft. Die in § 35 RevLGO geregelten Ausschließungsgründe von der Wahl waren infolge veränderter Landes- und Reichsgesetzgebung anzupassen.[2327] Während die Stände die Neufassung der §§ 33 und 35 RevLGO nach der Vorlage annahmen,[2328] betrafen die Verhandlungen zu § 36 wiederum das Frauenstimmrecht. Nach dem RegE sollte das mehrfache Stimmrecht für Ehemänner in Vertretung ihrer Frauen abgeschafft werden und die Stimmabgabe ausschließlich nur noch in Person zulässig sein. Das Stimmrecht der ansässigen Ehefrauen, das regelmäßig vom Ehemann auszuüben war, sollte ruhen, wenn der Ehemann selbst kein Stimmrecht hatte. Ebenso ruhte das Stimmrecht des Ehemanns für den Fall, dass er das Stimmrecht seiner Frau ausübte. Damit sollte ein doppeltes Stimmrecht ausgeschlossen werden.[2329] Gegen das doppelte Stimmrecht der Ehemänner von ansässigen Frauen hatte es nämlich Beschwerden gegeben.[2330]

[2323] *Bericht der ersten Deputation der ersten Kammer über den durch Königliches Dekret Nr. 18 den Ständen vorgelegten Entwurf eines Gesetzes über Änderung und Ergänzung von Bestimmungen der Revidierten Landgemeindeordnung, die daran geknüpften selbständigen Beschlüsse der zweiten Kammer und die zu dem Dekrete eingegangenen Petitionen. Eingegangen am 10. Mai 1912*, in: LA 1911/12, Ber. 1. K., Bd. 2, S. 501-534, 503ff.

[2324] Mitth. über die Verh. d. LT 1911/12, 1. K., S. 701 Bff.

[2325] In: GVBl. 1912, S. 388.

[2326] LA 1911/12, Dekr., Bd. 3, S. 392; vgl. UHLIG, Die Landgemeindeordnung, S. 26.

[2327] LA 1911/12, Dekr., Bd. 3, S. 392 und insbes. die Motive S. 409f.

[2328] Mitth. über die Verh. d. LT 1911/12, 2. K., Bd. 3, S. 2355 Bf.; 1. K., S. 706 Bff.; vgl. auch die Deputationsberichte in: LA 1911/12, Ber. 2. K., Bd. 1, S. 508f. und Ber. 1. K., Bd. 2, S. 509ff.

[2329] LA 1911/12, Dekr. Bd. 3, S. 393.

[2330] LA 1911/12, Dekr. Bd. 3, S. 410.

Von der Gesetzgebungsdeputation der Zweiten Kammer wurde es „als unbillig empfunden“ das Stimmrecht der ansässigen Ehefrau ruhen zu lassen, wenn der Ehemann selbst nach §§ 34, 35 RevGemO nicht stimmberechtigt sei. Stattdessen sollte dann die Ehefrau ihre Stimme selbst abgeben können. Sie sollte auch dann persönlich stimmberechtigt sein, wenn der Ehemann sein Stimmrecht als Unansässiger und nicht das seiner ansässigen Ehefrau ausüben wollte. Die Regierung erklärte sich hiermit einverstanden, so dass die Deputation den § 36 Abs. 1 RevLGO neu fasste: „Das Stimmrecht ist in Person auszuüben. Für die ansässige Ehefrau stimmt der Ehemann, dafern er für seine Person stimmberechtigt ist und von seinem persönlichen Stimmrecht keinen Gebrauch machen will.“ Der zweite Absatz wurde gestrichen.[2331]

Diese Lösung sah eine Minderheit in der Deputation „als Feindseeligkeit gegen das Frauenstimmrecht“ an und schlug vor, auch für die stimmberechtigten Frauen eine persönliche Ausübung ihres Stimmrechts vorzuschreiben. Dieser Antrag fand nicht die Mehrheit in der Deputation,[2332] wurde aber in der Beratung in Zweiten Kammer vom Abg. NITZSCHE erneut gestellt: Er forderte die generelle persönliche Ausübung des Stimmrechts und den Ausschluss des Mehrfachstimmrechts. Damit wollte der Antragsteller den ansässigen Frauen mit Stimmrecht ermöglichen, ihr Stimmrecht selbst auszuüben. Der Antrag wurde gegen 33 Stimmen von der Kammer wiederum abgelehnt.[2333]

Der Frauenverein zu Plauen, der Dresdner und der Chemnitzer Ortsverein für Frauenstimmrecht, der Verein für Frauenstimmrecht Leipzig und der Zittauer Verein zur Förderung der Frauenbestrebungen hatten sich mit Petitionen gegen das Ruhen des Stimmrechts der Ehefrauen von selbst nicht stimmberechtigten Ehemännern gewandt und forderten stattdessen die persönliche Stimmabgabe für die stimmberechtigten Ehefrauen. Namentlich die Petition des „Dresdner Ortsvereins für Frauenstimmrecht“, die außer von dessen Vorsitzender MARIE STRITT, noch von den Vorsitzenden des Dresdner Rechtsschutzvereins für Frauen, JULIE SALINGER (1863–1942),[2334] sowie der Dresdner Abteilung des „Vereins Frauenbildung-Frauenstudium“ und des Zweigvereins der „Internationalen Abolitionistischen Föderation“, KATHARINA SCHEVEN (1861–1922),[2335] unterzeichnet war, forderte eine Änderung

[2331] LA 1911/12, Ber. 2. K., Bd. 1, S. 509; vgl. auch Mitth. über die Verh. d. LT 1911/12, 1. K., S. 707 B.

[2332] LA 1911/12, Ber. 2. K., Bd. 1, 509.

[2333] Mitth. über die Verh. d. LT 1911/12, 2. K., Bd. 3, S. 2355 D und 2356 Af.

[2334] Zur Person vgl. L. VOGEL, Parlamentsarbeit einer „Novizin“. JULIE SALINGER im Sächsischen Landtag, in: Medaon 1/2007, S. 1-3; KIRSCH, Julie Salinger, in: DH 62 (2000), H. 2, S. 85ff.

[2335] KATHARINA SCHEVEN gehörte gemeinsam mit ihrem Mann zu den engagiertesten Sozialpolitikern in Dresden. – vgl. IGEL, Besitzstandswahrung, in: DH 62 (2000), H. 2, S. 43f.

der RevStO in der Gestalt, „daß den Frauen das Wahlrecht unter den gleichen Bedingungen verliehen werde, unter denen die männlichen Gemeindeangehörigen es besitzen". In der Begründung wurde u. a. darauf verwiesen, dass sich „die Stellung der Frau innerhalb des Wirtschaftslebens ... im Lauf der letzten Jahrzehnte vollständig verschoben" habe. Besonders die steigende Zahl berufstätiger Frauen empfinde es als ungerecht, von den für die Vertretung ihrer Interessen bedeutsamen Gemeindevertretungen ausgeschlossen zu sein. Zudem sei es auch für die Gemeinden schädlich, wenn ihnen tatkräftige Frauen vorenthalten würden. Daher forderten nun Frauen in allen Bundesstaaten auf der Grundlage eines Beschlusses des „Bundes Deutscher Frauenvereine" das Gemeindewahlrecht für sich ein. In anderen europäischen Staaten hätte sich das Frauenwahlrecht in den Gemeinden bereits hinreichend bewährt.[2336]

Die Deputation war mit ihrem Mehrheitsbeschluss den Petenten zu einem erheblichen Teil gefolgt, wollte dem unansässigen Ehemann aber ausdrücklich das Wahlrecht vorbehalten, ob er sein eigenes Stimmrecht oder das seiner Ehefrau ausübe. Man war der Überzeugung, dass in der Regel der Ehemann sein eigenes Stimmrecht ausüben werde und somit die Ehefrau auch von dem ihren Gebrauch machen könne. Lediglich bei „besonderem Interesse" werde er auf das Stimmrecht der Frau zurückgreifen. Zudem verwies die Deputation darauf, „daß ein noch größeres Entgegenkommen gegen die Wünsche der Frauenstimmrechtsvereine zu gesetzlichen Bestimmungen führen würde, die nicht allein für die Landgemeinden, sondern auch für die Stadtgemeinden getroffen werden müssten. Es könnte sich sonst ergeben, daß die Frauen auf dem Lande größere Rechte als in der Stadt besitzen, ein Zustand, den herbeizuführen nicht der Zweck der Revision der Landgemeindeordnung ist." Daher beantragte die Deputation, diese Petitionen, soweit sie nicht berücksichtigt wurde, „auf sich beruhen zu lassen."[2337]

Die Zweite Kammer nahm § 36 Abs. 1 in Fassung der Deputation und Abs. 2 und 3 in der Fassung des RegE gegen 26 Stimmen an.[2338] Auch die vorberatende Deputation der Ersten Kammer und die Erste Kammer selbst konnte dem folgen, dass eine Ehefrau lediglich unter diesen Umständen ihr Stimmrecht selbst ausüben solle.[2339]

[2336] Zu Inhalt und Behandlung dieser Petition: SächsHStA Dresden, MdI Sekt. 6, Nr. 4401 Gemeindewahlrecht der Frauen, Bl. 1ff., hier Bl. 3f.

[2337] LA 1911/12, Ber. 2. K., Bd. 1, S. 524f.; dahingehend auch der Deputationsbericht der Ersten Kammer, in: LA 1911/12, Ber. 1. K., Bd. 2, S. 528.

[2338] Mitth. über die Verh. d. LT 1911/12, 2. K., Bd. 3, S. 2356 B.

[2339] LA 1911/12, Ber. 1. K., Bd. 2, S. 510; Mitth. über die Verh. d. LT 1911/12, 1. K., S. 707 B-C.

Nach der in Kraft getretenen Fassung des § 36 RevLGO war das Stimmrecht nun zwar grundsätzlich in Person auszuüben. Der Ehemann übte jedoch für seine ansässige Ehefrau das Stimmrecht aus, sofern er selbst stimmberechtigt war und auf die Ausübung seines Stimmrechts verzichtete.[2340] War er nicht zu einem Verzicht auf sein eigenes Stimmrecht bereit und erklärte er nicht rechtzeitig, das Stimmrecht seiner Ehefrau ausüben zu wollen, konnte nunmehr diese ihr Stimmrecht selbst ausüben.[2341] Damit wurde durch die Neuregelung des § 36 RevLGO das Stimmrecht für Frauen im Prinzip nicht erweitert, ihnen aber die Möglichkeit gegeben, es – sofern der Ehemann nicht davon Gebrauch machen wollte – auch als verheiratete selbst auszuüben.

Wählbar waren gemäß § 37 Abs. 1 RevLGO weiterhin nur männliche Stimmberechtigte. Jedoch konnte durch Ortsgesetz auch Forensern die Wählbarkeit zuerkannt werden.[2342] Die Zweite Kammer hatte hier die Fassung der Regierungsvorlage unter Streichung von des 2. Satzes, der die Möglichkeit einräumen sollte, auch Forensern durch Ortsgesetz die Wählbarkeit zu gewähren, auf Antrag des Abg. UHLIG angenommen.[2343] Zuvor hatte bereits die vorberatende Deputation den Ausschluss von der Wählbarkeit für Gemeindebedienstete in Abs. 2 aufgehoben.[2344]

Während die weiteren Änderungen der RevLGO von den Ständen weitgehend unverändert angenommen wurden, scheiterte der Antrag NITZSCHES zu § 44, die Wahlen auf einen Sonntag zu legen.[2345]

Auch bei den neu ins Gesetz eingefügten Regelungen des Art. IV. zu den größeren Landgemeinden, hatte die Zweite Kammer nur einige kleinere Änderungen vorgenommen, so etwa in 80a d. E. den Passus „mit Genehmigung

---

[2340] GVBl. 1912, S. 389; vgl. UHLIG, Die Landgemeindeordnung, S. 27.

[2341] MICHEL, LGO, S. 303.

[2342] GVBl. 1912, S. 389; vgl. Mitth. über die Verh. d. LT 1911/12, 1. K., S. 707 D. Entsprechendes galt nach § 82 Abs. 1 RevLGO 1913 auch für die Besitzerinnen der selbständigen Gutsbezirke. Zwar gab es in den selbständigen Gutsbezirken keine gewählten Gemeindevertretungen, doch trat an deren Stelle der Gutsbesitzer als Gutsvorsteher. Generell war aber nur derjenige zur Ausübung der öffentlichen-rechtlichen Befugnisse des Gutsvorstehers berechtigt, der die Wählbarkeit zum Gemeinderat besaß. Andernfalls hatte der Amtshauptmann auf Kosten des Gutsbesitzers eine Regelung über die Verwaltung des Gutsbezirkes zu treffen. Fiel die Position des Gutsvorstehers einer Ehefrau zu, so wurde sie von ihrem Ehemann vertreten, Kinder (und damit Töchter) unter väterlicher Gewalt durch ihren Vater, sonstige Bevormundete durch den Vormund. – UHLIG, Die Landgemeindeordnung, S. 14f. Nach der Kommentierung von MICHEL, LGO, S. 536, konnten unverheiratete Frauen und Witwen dagegen selbst Gutsvorsteher sein, da gemäß § 83 Abs. 1 RevLGO für die Ausübung von dessen öffentlich-rechtlichen Befugnissen nur das „Stimmrecht“ nach §§ 22, 23 RevLGO, nicht aber die „Wählbarkeit“ Voraussetzung war.

[2343] LA 1911/12, Dekr., Bd. 3, S. 393; Mitth. über die Verh. d. LT 1911/12, 2. K., Bd. 3, S. 2356Bf.

[2344] LA 1911/12, Ber. 2. K., Bd. 1, S. 510.

[2345] Mitth. über die Verh. d. LT 1911/12, 2. K., Bd. 3, S. 2356 Dff.

der Aufsichtsbehörde" auf Antrag ihrer Deputation einstimmig gestrichen.[2346] Wurden wie bisher unter den Begriff der Landgemeinde auch weiterhin alle Gemeinden gefasst, die nicht Städte waren, so führte das Gesetz in den neu eingefügten §§ 80a ff. RevLGO unter den Landgemeinden eine Unterscheidung in einfache und größere Landgemeinden ein. Kriterien, nach denen sich die Unterscheidung richtete, formulierte der Gesetzgeber nicht, vielmehr sollte es – wie in der Gesetzesbegründung ausgeführt – allein vom Wunsch der Gemeinde selbst abhängen, ob sie die Sonderreglungen für größere Landgemeinden zur Anwendung bringe.[2347]

Hintergrund dieser Unterscheidung war die Tatsache, dass sich unter den Landgemeinden eine Reihe durch ihre umfangreiche, meist industrielle Bevölkerung hervorhoben und die für eher traditionell-landwirtschaftlich geprägte Gemeinden geschaffene RevLGO sich als kaum mehr geeignet erwies, die zunehmend komplexen Gemeindeangelegenheiten zu regeln.[2348] Auf Grundlage der *Ständischen Schrift vom 26. März 1884* war mittlerweile den Landgemeinden Pieschen, Löbtau, Striesen, Lindenau, Eutritzsch, Cölln, Cotta, Reudnitz, Wilkau und Seifhennersdorf die Anwendung der §§ 15 bis 24 RevStO per Dispens gestattet worden. Bis auf die letzten beiden Gemeinden waren diese jedoch mittlerweile wieder in Städte eingemeindet worden.[2349] Die Problematik selbst bestand aber weiterhin.

Diese größeren Landgemeinden konnten etwa nach § 80b RevLGO die Zahl der Unansässigen unter ihren Gemeindevertretern durch Ortsgesetz bis auf die Hälfte anheben. Die Voraussetzung dafür war entweder die Einführung eines Gemeindebürgerrechts oder die Unterteilung der Unansässigen in mindestens zwei Klassen. Nähere Regelungen zum Gemeindebürgerrecht, einschließlich den Voraussetzungen des Stimmrechts, enthielt die Novelle nicht.[2350] Doch konnten Frauen in den größeren Landgemeinden auch in die gemischten Ausschüsse gewählt werden, und zwar unabhängig von ihrem Stimmrecht.[2351]

[2346]LA 1911/12, Dekr., Bd. 3, S. 395ff. und 411ff.; LA 1911/12, Ber. 2. K., Bd. 1, S. 514ff.; Mitth. über die Verh. d. LT 1911/12, 2. K., Bd. 3, S. 2360 Dff., 2360 D; 1. K., S. 712 C; vgl. GVBl. 1912, S. 394ff.

[2347]„Zu § 80 a", in: LA 1911/12, Dekr., Bd. 3, S. 412; vgl. dazu UHLIG, Die Landgemeindeordnung, S. 10ff.

[2348]Nach einer Erhebung des MdI waren das etwa 80 Landgemeinden. 40 davon besaßen überwiegend Arbeiterbevölkerung, 60 eine größere Zahl leistungsstarker Industriebetriebe und 35 noch zahlreiche größere landwirtschaftliche Betriebe. Die Einwohnerzahl bewegte sich zwischen 1.170 und 16.500. – UHLIG, a.a.O., S. 11.

[2349]„Zu § 80 b", in: LA 1911/12, Dekr., Bd. 3, S. 412; näher dazu bereits oben, Kap. V, S. 345ff.

[2350]In: GVBl. 1912, S. 394.

[2351]Dazu sogleich auf S. 461ff.

Auch die vorberatende Deputation der Ersten Kammer verwies auf den Wunsch der größeren Landgemeinden nach einer Sonderregelung ihrer Verfassung und folgte bei Art. IV nahezu ohne Änderungen den Beschlüssen der Zweiten Kammer.[2352]

Von der Frauenstimmrechtsbewegung wurden die Änderungen beim Gemeindewahlrecht der Frauen in dieser Novelle durchaus als ein Erfolg ihrer Petitionen angesehen. Bezogen auf die sächsischen Verhältnisse bedeutete das vor allem die Loslösung des Stimmrechts vom Familienstand der Grundbesitzerinnen.[2353] Andere deutsche Länder waren Sachsen zu dieser Zeit bereits um einiges voraus. So stimmte der Landtag des Großherzogtums Oldenburg am 9. Februar 1912 mehrheitlich für ein weit umfassenderes kommunales Frauenstimmrecht für Frauen über 24 Jahre.[2354]

Mit der *Bekanntmachung des Wortlauts der Landgemeindeordnung, vom 11. Juli 1913*[2355] wurde die so geänderte Sächsische RevLGO insgesamt neu bekannt gemacht, wodurch sich z. T. die Nummerierung der §§ veränderte.

Wie bei den Wahlen der Zweiten Kammer der Ständeversammlung und der Bezirksvertretungen, wurden auch die Gemeindewahlen kriegsbedingt ausgesetzt. Nach Art. 1 Ziff. 1 des *Gesetzes über die Abänderung einiger Bestimmungen der Gemeindeordnungen und des Gemeinde-, des Kirchen- und des Schulsteuergesetzes, vom 3. Dezember 1914* wurden die Gemeindewahlen im Jahre 1914 auf das Folgejahr verschoben. Die Wahlen von 1915 und der folgenden Jahre sollten jeweils um ein Jahr nach hinten verschoben werden.[2356] In den Folgejahren kam es zu weiteren gesetzlichen Verschiebungen von Gemeindewahlen. Allerdings hatten die Städte und Landgemeinden die Möglichkeit, von sich aus trotzdem eine Durchführung der Wahlen zu beschließen.[2357]

[2352] LA 1911/12, Ber. 1. K., Bd. 2, S. 518ff.

[2353] „Die in den letzten Jahren – z. T. auf Anregung des Bundes deutscher Frauenvereine, z. T. von den Stimmrechtsorganisationen – an die gesetzgebenden Körperschaften der Einzelstaaten gerichteten Petitionen an das kommunale Wahlrecht fanden schon erheblich mehr Beachtung.“ – Frauenstimmrecht in der Praxis, S. 136.

[2354] a.a.O., S. 136f.

[2355] In: GVBl. 1913, S. 280-305.

[2356] In: GVBl. 1914, S. 491f.

[2357] Auch in den Folgejahren wurden die Gemeindewahlen aufgeschoben; vgl. etwa das *Gesetz über die weitere Hinausschiebung der Gemeindewahlen, vom 7. August 1915*, in: GVBl. 1915, S. 223f.

3. Schlussfolgerungen

Die politische Entwicklung auf Landesebene mit den zunehmenden Wahlerfolgen der Sozialdemokraten spiegelte sich auch bei den Wahlen der Gemeindevertretungen wider. Zur Verhinderung sozialdemokratischer Mehrheiten nutzten die größeren Städte die Möglichkeit der RevStO, mit Ortsgesetz Wahlrechtsbeschränkungen in Anlehnung an das Dreiklassenwahlrecht einzuführen. Das führte auch in den Städten zu einer weitgehenden Einflusslosigkeit der Mehrheit der Stimmberechtigten auf den Wahlausgang und zu einem geringeren Interesse an der Wahl in dieser Klasse.

Die Landgemeinden standen nach wie vor vor dem Problem, dass sich ihre wirtschaftliche Struktur sehr weit auseinanderentwickelt hatte. Daher passte auf die großen Industriedörfer die Verfassung der Landgemeinden nicht mehr in dem gewünschten Sinne und man fürchtete auch hier aufgrund der erdrückenden Überzahl der Unansässigen über die Ansässigen einen vermehrten sozialdemokratischen Einfluss. War bisher einigen Landgemeinden schon im Einzelfall die Einführung eines Gemeindebürgerrechts und städtischer Wahlrechtsregeln gestattet worden, so wurde nun mit der Novelle der RevLGO von 1912 ein gesetzlich geregelter Sonderstatus für die größeren Landgemeinden geschaffen. Diese konnten nun u. a. ein Gemeindebürgerrecht einführen. Seine konkrete Ausgestaltung, einschließlich der des Stimmrechts, war nicht geregelt. Doch konnten hier Frauen unabhängig von ihrem Stimmrecht in die gemischten Ausschüsse gewählt werden.

Auch für die übrigen Landgemeinden brachte die Novelle eine Änderung hinsichtlich des Frauenstimmrechts: In Abweichung vom Regierungsentwurf setzte sich in den Beratungen der Kammern die Auffassung durch, dass verheiratete Frauen nun immer dann ihr Stimmrecht persönlich ausüben sollten, wenn der Ehemann sich für die Ausübung seines eigenen Stimmrechts entschied und nicht für das seiner Ehefrau. Verheiratete Grundbesitzerinnen wurden damit deutlich bessergestellt, der Kreis stimmberechtigter Frauen gleichwohl aber nicht erweitert. Weitergehende Petitionen seitens der Frauenstimmrechtsbewegung, Frauen den Männern im Gemeindewahlrecht gleichzustellen, blieben ohne Erfolg. Doch sahen die Frauen die beschlossene Regelung dennoch als Verbesserung und positives Ergebnis ihrer Bemühungen an.

II. Anderweitige Mitwirkung von Frauen an der Gemeindeverwaltung

Die Forderung nach einem Kommunalwahlrecht für Frauen wurde von allen Flügeln der Frauenbewegung getragen, wenn auch mit unterschiedlicher

Schwerpunktsetzung. Doch wurde Frauen nach wie vor die Stimmberechtigung und Wählbarkeit bei den Gemeindewahlen in den Städten gänzlich verwehrt und in den sächsischen Landgemeinden konnte nur eine geringfügige Verbesserung erzielt werden. Weder eine Gleichstellung mit männlichen Gemeindemitgliedern noch die Einführung eines allgemeinen und gleichen Wahlrechts für beide Geschlechter in den Gemeinden schien in naher Zukunft realistisch.

So stellte sich die Frage, ob Frauen als Bürgerinnen und Gemeindemitglieder sich auf andere Weise an der aktiven Verwaltung ihrer Gemeinden beteiligen konnten. Einzelne kommunale Aufgaben boten sich dafür geradezu an: Die Wohlfahrtspflege, und insbesondere die Armen- und Waisenpflege, wurde als Möglichkeit zur Mitarbeit angesehen, da der Frau auf diesem Gebiet ihre – gemeinhin zugeschriebenen – mütterlich-fürsorgenden Eigenschaften zugutekamen.[2358]

Im Jahre 1913 arbeiteten im gesamten Kaiserreich in den Stadt- und Landgemeinden mit über 6.000 Einwohnern in 559 Gemeinden 17.960 Frauen in der kommunalen Wohlfahrtspflege mit, davon 16.939 ehrenamtlich und nur 1.021 besoldet.[2359] Dieses verstärkte soziale Engagement von Frauen wurde ihnen nicht mit der Gewährung von mehr Rechten honoriert. Diese mussten stattdessen seitens der Frauenbewegung vehement eingefordert werden.[2360] Zugleich dienten – neben der zunehmenden Frauenerwerbstätigkeit und dem schmalen Bestand des bereits bestehenden Stimmrechts in den Landgemeinden – die positiven Erfahrungen mit Frauen in der Wohlfahrtpflege als Argumentationsgrundlage für die Forderung nach einer Erweiterung der politischen Partizipationsmöglichkeiten von Frauen auf kommunaler Ebene.[2361]

1. Die Mitarbeit von Frauen in den Gemeindewaisenräten

Eine Reihe von Frauenvereinen wandte sich an die Stände, um mit einer Petition die Vertretung auch von Frauen in den neu eingerichteten Gemeindewaisenräten sowie ihre Wählbarkeit als Waisenräte einzufordern. Die Erste Kammer hatte am 9. Februar 1900 über den Deputationsbericht zu beraten,

---

[2358]vgl. HEYMANN, Wird die Mitarbeit…, in: Kultur und Fortschritt Nr. 392 (1911), S. 5; ROSENBUSCH, Frauenwahlrecht, S. 344ff.

[2359]Zahlen nach APOLANT, Das kommunale Wahlrecht, S. 152f.

[2360]vgl. ROSENBUSCH, a.a.O., S. 354f. Auch die SPD hatte in ihrem kommunalpolitischen Programm von 1911 die Teilnahme der Frau an der Gemeindeverwaltung verankert; a.a.O., S. 362.

[2361]vgl. ALTMANN-GOTTHEIMER, Wie erlangen wir das Gemeindewahlrecht, in: Die Frau 18 (1910/11), S. 98f.

den sie durch ihre erste Deputation hierzu hatte erstellen lassen. Der Berichterstatter der Deputation, der Abg. MAX OTTO SCHRÖDER, führte dazu aus, dass die Regierung diesem Ersuchen bereits mit § 45 der *Verordnung zur Ausführung des Bürgerlichen Gesetzbuchs und der zu dessen Ein- und Ausführung ergangenen Gesetze, vom 6. Juli 1899,*[2362] nachgekommen sei.[2363]

Diese Vorschrift ermöglichte aber keine volle Mitgliedschaft in den Waisenräten. Nach § 38 d. VO waren für jede Gemeinde ein oder mehrere Gemeindewaisenräthe zu bestellen. Das erfolgte gemäß § 39 d. VO durch Wahl „in Städten mit RevStO auf Vorschlag des Stadtraths durch die Stadtverordneten, in anderen Städten auf Vorschlag des Bürgermeisters durch den Stadtgemeinderath, in Landgemeinden durch den Gemeinderath und wo ein solcher nicht besteht, durch die Gemeindeversammlung. Die Wahl vollzieht sich in der für die sonstigen Wahlen einer solchen Körperschaft vorgeschriebenen Weise."[2364] Die Wählbarkeit entsprach der der Stadtverordneten bzw. Gemeindeausschusspersonen, die Amtszeit betrug drei Jahre.[2365]

Nach § 44 d. VO konnten dem Gemeindewaisenrat „ehrbare Frauen als Waisenpflegerinnen in widerruflicher Weise beigegeben werden. Die Annahme erfolgt auf Vorschlag des Gemeindewaisenrats durch die in § 43 Abs. 1 Satz 2 bezeichneten Behörden und Beamten."[2366] Die Tätigkeit dieser Frauen war außerdem auf die Unterstützung des Gemeindewaisenrates bei der Betreuung „von Mündeln unter 6 Jahren sowie von älteren weiblichen Mündeln" beschränkt. Auch hatten diese Waisenpflegerinnen keinen Anspruch auf Ersatz von Auslagen, der sonst den Gemeindewaisenräten nach § 40 d. VO gewährt wurde.[2367]

Die Kammer fasste einstimmig den Beschluss, die Petition in der Hauptsache für erledigt zu erklären und sie im Übrigen auf sich beruhen zu lassen.[2368] Damit konnten Frauen zwar beschränkt in der Waisenpflege der Gemeinden mitarbeiten, waren aber gegenüber ihren männlichen Kollegen deutlich schlechter gestellt. Mit der Forderung einer Gleichberechtigung auf diesem Gebiet hatten sich die Frauenvereine nicht durchsetzen können.

[2362]In: GVBl. 1899, S. 203-217, 213.
[2363]Mitth. über die Verh. d. LT 1899/00, 1. K., S. 220f.
[2364]a.a.O., S. 211.
[2365]a.a.O., S. 212.
[2366]In Städten mit RevStO der Stadtrat, in anderen Städten der Bürgermeister, in Landgemeinden der Gemeindevorstand, in selbständigen Gutsbezirken der Gutsherr.
[2367]a.a.O., S. 212.
[2368]Mitth. über die Verh. d. LT 1899/00, 1. K., S. 221.

2. Frauen in der Gewerbeaufsicht

Auf dem Landtag von 1903/04 verlangte eine Petition des Vorstandes des „Allgemeinen Deutschen Frauenvereins“ Leipzig, für die Ausbildung und amtliche Stellung von weiblichen Gewerbeaufsichtsorganen gesetzliche Regelungen zu schaffen. Dabei sollten akademisch gebildete Frauen gleich den wissenschaftlich gebildeten Männern als Gewerbeaufsichtsbeamte tätig sowie auch weibliche Hilfskräfte mit praktischer Vorbildung aus der Arbeiterschaft eingesetzt werden.[2369]

Die Regierung hatte ihrerseits in Aussicht gestellt, fünf weibliche Inspektions-Beamtinnen anstellen zu wollen, die sich vor allem mit der Einhaltung der Gesetze zur Kinderarbeit befassen sollten. Auch seien bereits jetzt schon fünf weibliche Vertrauenspersonen bei den Kreishauptmannschaften vorhanden, die als Ansprechpartnerinnen für etwaige Beschwerden von Arbeiterinnen in sittlichen Fragen dienten. Daher sah die Regierung keine Veranlassung, auf die Petition einzugehen. Diese Auffassung teilte auch die Beschwerde- und Petitions-Deputation der Zweiten Kammer und empfahl, die Petition auf sich beruhen zu lassen. In der Schlussberatung ihres mündlichen Berichts am 1. Februar 1904 folgte die Kammer ohne nähere inhaltliche Debatte einstimmig diesem Beschlussvorschlag.[2370]

3. Die Hinzuziehung von Frauen in die gemischten Ausschüsse

Hinsichtlich der Frage der Mitgliedschaft und des Stimmrechts von Frauen in den gemischten Ausschüssen nach § 121 lit. a RevStO – und nach § 77 Abs. 1 RevLGO i. d. F. v. 1913 später auch in Landgemeinden – hatte sich eine recht unübersichtliche Rechtslage entwickelt.

Die gemischten Ausschüsse setzten sich nach § 122 RevStO aus einem oder mehreren Mitgliedern des Stadtrates und mehreren Stadtverordneten oder nach § 46 RevStO wählbaren Bürgern zusammen.[2371] Da Frauen aber nach der RevStO von 1873 weder stimmberechtigt noch wählbar waren, konnten sie in deren Anwendungsbereich auf keinem dieser drei Wege Mitglied in einem gemischten Ausschuss werden. Somit war die Mitgliedschaft von Frauen höchstens noch durch einen Dispens von der Regelung des § 122 RevStO möglich.

[2369] Mitth. über die Verh. d. LT 1903/04, 2. K., Bd. 1, S. 536.

[2370] a.a.O., S. 536f.

[2371] GVBl. 1873, S. 317.

Ursprünglich hatte die RevLGO überhaupt keine gemischten Ausschüsse gekannt. Erst durch den § 77 Absatz 1 RevLGO i. d. F. v. 1913[2372] konnten nunmehr auch die größeren Landgemeinden gemischte Ausschüsse durch Ortsgesetz einrichten. Die Ausschussmitglieder wählte der Gemeinderat „aus seiner Mitte und den übrigen stimmberechtigten Gemeindemitgliedern". In die Ausschüsse zur Beratung der Angelegenheiten der Armen-, Kranken-, Waisen- und öffentlichen Gesundheitspflege sowie der Fürsorgeerziehung konnten „auch Frauen ohne Rücksicht auf ihre Stimmberechtigung gewählt werden".[2373]

Die freisinnigen Abg. Paul Ludwig Otto Koch (1866-1934), Ernst Michael Bär (1855-1923), Reinhard Richard Dietel (1876-1959), Oskar Heinrich Günther (1861-1945), Wilhelm Ernst Roch (1862-1931), Johann Friedrich Roth (1863-nach 1924) und Ernst Emil Schwager (1858-1927)[2374] beantragten am 28. November 1917 die Aufnahme von Frauen in die gemischten Ausschüsse mit beschließender Stimme. Danach sollte die Kammer die Staatsregierung ersuchen, „eine Änderung der Revidierten Städteordnung in der Weise herbeizuführen, dass in die §§ 121 bis 129 vorgesehenen Ausschüsse ohne weiteres auch Frauen mit beschließender Stimme gewählt werden können". Außerdem sollten die StOmkSt und die RevLGO so geändert werden, dass auch dort „die Bildung gemischter Ausschüsse ohne weiteres zulässig ist und … in alle diese Ausschüsse Frauen mit beschließender Stimme gewählt werden können".[2375]

Die Regierung sah sich zu einer ausführlichen Auseinandersetzung mit dem Antrag veranlasst: Der erste Teil des Antrags könne zwar durchaus so aufgefasst werden, als ob in den Städten mit RevStO Frauen allgemein „das passive Wahlrecht für alle überhaupt bestehenden Ausschüsse durch Landesgesetz gesichert werden solle". Die gemischten Ausschüsse seien aber nicht von der RevStO vorgeschrieben, sondern der Regelung durch Ortsgesetz überlassen. Daher müsse auch im Rahmen der Ortsgesetzgebung im Einzelfall für einen

---

[2372] vgl. oben, S. 457.

[2373] GVBl. 1913, S. 301; vgl. Mitth. über die Verh. d. LT 1918, 2. K., S. 610-616, 610; vgl. UHLIG, Die Landgemeindeordnung, S. 30.

[2374] Zu diesen Personen vgl. Sächsische Parlamentarier, hrsg. v. DÖSCHER/SCHRÖDER, S. 409, 341, 362, 383f., 451, 453f. und 466f.

[2375] *Antrag des Abg. Koch und Gen., Beteiligung der Frauen an der Gemeindevertretung betreffend. Eingegangen am 28. November 1917*, in: LA 1917/18, Ber. d. 2. K., Bd. 1, S. 30; vgl. wie im folgenden SächsHStA Dresden, MdI Sekt. 6, Nr. 4401 Gemeindewahlrecht der Frauen, insbes. Bl. 39ff.

einzusetzenden Ausschuss entschieden werden, ob eine Mitwirkung von Frauen „notwendig oder angebracht“ sei.[2376]

Dieser Antrag ging der Staatsregierung zu weit. Hätte er sich dagegen auf die Aufnahme einer Vorschrift entsprechend dem § 77 Abs. 1 Satz 2 RevLGO in den § 122 RevStO beschränkt, wäre er zustimmungsfähig gewesen. Jedoch sei eine derartige Änderung der RevStO zudem nicht dringlich, da der Weg nach § 136 RevStO bereits jetzt offen stehe, per Ausnahmebewilligung Frauen in gemischte Ausschüsse von Städten aufzunehmen. Das Ministerium habe bereits drei so gestaltete Ortsgesetze genehmigt und man wolle auch künftig derartige Ausnahmen wohlwollend prüfen. An dieser Stelle zeigte die Regierung sogar ihre Bereitschaft an, die Mitwirkung von Frauen im Ausnahmefall auch für andere gemischte Ausschüsse zu gestatten, wenn es „für die Arbeiten dieses [Herv. i. O.] Ausschusses erwünscht und nützlich sein kann“. Es gäbe aber auch gemischte Ausschüsse ohne „ein sachliches Bedürfnis für die Zulassung der Frauen“, wie die etwa die „Finanz-, Verwaltungs-, Sparkassen-, Feuerlösch-Ausschüsse“. Weibliche Mitglieder kämen sich in diesen Ausschüssen „wohl ziemlich überflüssig“ vor.[2377]

Weiterhin interpretierte man den Antrag so, dass er den Städten ohne RevStO und allen noch nicht von § 71 Abs. 1 RevLGO umfassten Landgemeinden die Möglichkeit einräumen will, durch Ortsgesetz gemischte Ausschüsse einzurichten. Für diese Landgemeinden sah die Regierung jedoch kein Bedürfnis, da hier i. d. R. die vorberatenden Ausschüsse innerhalb des Gemeinderates ausreichend seien. Zudem bestehe im Ausnahmefall auch die Möglichkeit einer entsprechenden Ausnahmeregelung. Für die Städte mit StOmkSt greife aufgrund des Art. V StOmkSt sowieso die RevStO.

Schließlich wurde noch darauf hingewiesen, dass es den Gemeindeordnungen nicht widerspräche, „wenn etwa Gemeindevertretungen oder ihre vorberatenden Ausschüsse in geeigneten Fällen Frauen lediglich mit beratender [Herv. i. O.] Stimme zu ihren Sitzungen hinzuziehen wollen“.[2378]

In der allgemeinen Vorberatung über den Antrag in der Zweiten Kammer am 28. Januar 1918 machte KOCH in seiner Antragsbegründung deutlich, „weder die Frage des Frauenwahlrechts aufrollen, noch viel weniger sie erledigen“ zu wollen. Es gehe lediglich darum, Frauen zu den gemischten Ausschüssen

---

[2376] *[Vorentwurf der] Regierungserklärung zu dem Antrage Koch und Genossen vom 28. November 1917*, in: SächsHStA Dresden, MdI Sekt. 6, Nr. 4401 Gemeindewahlrecht der Frauen, Bl. 40-42, 40. Diese Fassung ist wesentlich ausführlicher gehalten als die endgültige, vgl. a.a.O., Bl. 43-44.
[2377] a.a.O., Bl. 40f.
[2378] a.a.O., Bl. 41f.

hinzuziehen zu können, da „sich ja nun seit den letzten Jahrzehnten die Stellung der Frau im allgemeinen geändert“ habe. Auch seien sie in verschiedenen, ausländischen Staaten bereits „sowohl zu den Gemeindevertretungen als auch zu den Parlamenten“ hinzugezogen worden. Das Problem sahen die Antragsteller insbesondere in den unterschiedlichen Regelungen in den Städten und Landgemeinden. Vor allem bemängelte man gerade, dass die Einrichtung von gemischten Ausschüssen gegenwärtig in einem Teil der Landgemeinden und Städte entweder ohne Ausnahmegenehmigung überhaupt nicht zulässig oder ausdrücklich dann durch Ortsgesetz erfolgen müsse. Auch hinsichtlich der Beteiligung von Frauen müsse eine einheitliche Rechtslage hergestellt werden.[2379]

Außerdem ging KOCH davon aus, dass den Frauen, sobald sie in die Ausschüsse gewählt sind, dann auch das Stimmrecht zustehe. Andernfalls müsse das vorher ausdrücklich ausgeschlossen werden. In den Fällen, wo für die gemischten Ausschüsse nach der RevStO ein Dispens für eine Mitgliedschaft von Frauen erteilt worden sei, „ist vielfach die Beschlußfassung in der Weise geregelt worden, daß die Frauen nur beratende Stimme haben“. Man wünsche daher „überall gleiches Recht, einheitliches Recht hinsichtlich der gemischten Ausschüsse und hinsichtlich der Zuziehung der Frauen“. Als KOCH schließlich die sofortige Beschlussberatung beantragte, wurde ihm dieses Ansinnen sogar mit Bravo-Rufen quittiert.[2380]

Innenminister GRAF VITZTHUM VON ECKSTÄDT sah eine Mitarbeit in bestimmten gemischten Ausschüssen zwar grundsätzlich als „wertvoll“ an und sagte die Bereitschaft zu weiteren Ausnahmebewilligungen für Städte mit RevStO zu, bezweifelte aber ansonsten die Sinnhaftigkeit des Antrags: Keine Stadtvertretung werde „im Ernste“ daran denken, „in alle [Herv. i. O.] städtischen Ausschüsse Frauen aufzunehmen“. In manchen Ausschüssen[2381] würden sich diese „wohl ziemlich überflüssig vorkommen“.

Zwar bestehe also für eine regelmäßige Einführung gemischter Ausschüsse in den Landgemeinden kein Bedürfnis und „die bloße Möglichkeit eines solchen Falles [bilde] keine genügende Veranlassung“ für eine Gesetzesänderung, da seit 1913 in herausgehobenen Landgemeinden Frauen in gemischte Ausschüsse mit sozialen Aufgaben wählbar seien. Darüber hinaus erkläre sich die Regierung bereit, ohne Notwendigkeit einer Gesetzesänderung „in gleichem Umfange wie bei den revidierten Städten, durch Erteilung von Be-

2379 Mitth. über die Verh. d. LT 1917/18, 2. K., Bd. 1, S. 610 Bf.

2380 a.a.O., S. 611 A.

2381 z. B. Finanz-, Verwaltungs-, Sparkassen- oder Feuerlöschausschuss.

freiung den Frauen den Eintritt in die gemischten Ausschüsse zu ermöglichen". Der Antrag scheine zudem „aus dem Wunsche entsprungen zu sein, unseren Frauen, die sich während des Krieges auch auf dem Gebiete der öffentlichen Verwaltung so erfolgreich und opferwillig beteiligt haben, in Dankbarkeit zu huldigen". Einer solchen „dankbaren Huldigung für die deutschen Frauen" schloss sich der Innenminister gern an.[2382]

Der Bürgermeister von Oelsnitz i. Vogtl., OSKAR SCHANZ, (1868-1920)[2383] führte aus, dass er und seine „politischen Freunde" dem Antrag „im ganzen sympathisch gegenüberstehen" und pflichtete dem Antragsteller KOCH darin bei, „daß dieser Antrag nicht der erste Schritt zum Frauenstimmrecht und Frauenwahlrecht sein soll" und daher „mit dem Antrage auf diesem Wege nicht weiter fortgeschritten werden soll". Zwar schloss er sich zudem der Auffassung der Regierung, dass eine Gesetzesänderung nicht notwendig sei, „für die nächste Zeit" an, bat die Regierung aber, anlässlich der nächsten Gesetzesänderung trotzdem in Sachen der gemischten Ausschüsse mit tätig zu werden. Die Verwaltungen hielten es allgemein für einen „Übelstand", zwecks Anwendung einer von ihnen selbst wie auch von der Staatsregierung als „zweckmäßig" anerkannten Regelung um Dispensation bitten zu müssen.[2384]

Die Wahl von Frauen in einzelne Ausschüsse von Städten wie Landgemeinden zu ermöglichen, bedeute längst nicht, dass eine solche Wahl dann auch notwendig sei. Sie schaffe zudem kein „eigentliches Mitbestimmungsrecht der Frauen an den gemeindlichen Angelegenheiten", da es sich hierbei regelmäßig nur um vorberatende, nur Vorschläge unterbreitende Ausschüsse von Landgemeinderat, Stadtrat oder Stadtverordnetenkollegium handele und nicht um beschließende, die selbst rechtsverbindliche Beschlüsse fassen. Daher sei dem Antrag mit den von der Regierung geteilten Einschränkungen zuzustimmen.[2385]

Nachdem die Kammer beschlossen hatte, den Antrag sofort fertig zu beraten, sprach sich der nationalliberale Abg. KARL AUGUST RICHARD HARTMANN (1859-1933)[2386] aus Bautzen ohne diese Bedenken für den Antrag aus, für den zweifellos auch ein „dringendes Bedürfnis" vorläge. Die Erfahrungen des Krieges hätten gezeigt, „wie ungemein wichtig, beinahe unerläßlich es geworden ist, die Frauen an wichtigen Beratungen teilnehmen zu lassen". Auch in Friedenszeiten werde man künftig auf die Frauen nicht mehr verzichten können, das gebiete schon die „Dankespflicht" ihnen gegenüber. Neben den

[2382] Mitth. über die Verh. d. LT 17/1918, 2. K., Bd. 1, S. 611.
[2383] Zur Person vgl. Sächsische Parlamentarier, hrsg. v. DÖSCHER/SCHRÖDER, S. 317.
[2384] Mitth. über die Verh. d. LT 17/1918, 2. K., Bd. 1, S. 612.
[2385] a.a.O., S. 612.
[2386] Zur Person vgl. Sächsische Parlamentarier, hrsg. v. DÖSCHER/SCHRÖDER, S. 128.

bereits genannten Ausschüssen könne er sich auch eine Mitarbeit von Frauen in weiteren Ausschüssen vorstellen, wie z. B. im „Schulausschuß, in dem nicht nur als Lehrerin, sondern auch die Mutter und Erzieherin [Her. v. O.] die Mitarbeit der Frau sehr viel Gutes zu bringen berufen wäre". Außerdem seien Frauen – im Gegensatz zu Männern – ja nicht verpflichtet, diese Wahl anzunehmen und könnten es am besten abschätzen, „ob ihre Mutterpflichten, ihre Pflichten als Hausfrau und Erzieherin" noch genügend Raum ließen, um sich „dem öffentlichen Wohl zu widmen". Wenn das der Falls sei, „so wollen wir uns darüber freuen und es freudig begrüßen, wenn die Frauen an den Ausschußberatungen teilnehmen".[2387]

Der sozialdemokratische Abg. WILHELM HEINRICH LANGE (1861-1939)[2388] aus Leipzig begrüßte zwar den Stadtpunkt der Regierung, trat aber für den ursprünglichen Antrag ein, da die RevStO ausdrücklich vorsehe, dass nur wählbare Bürger Mitglied der gemischten Ausschüsse werden können. Mangels aktivem und passivem Wahlrecht der Frau in den Städten sei es „richtiger", anstelle der bisher schon geübten, umständlichen Praxis des Dispenses den Frauen das Recht auf Ausschussmitgliedschaft einzuräumen. Ein Teil der in Betracht kommenden Ausschüsse sei sehr wohl schon beschließend. Anstatt das Tätigkeitsfeld der Frauen von vornherein auf die Armenpflege und Jugendfürsorge zu beschränken, wäre es besser, den Gemeinden die Entscheidung zu überlassen, in welchen Ausschüssen Frauen mitarbeiten sollen. Die Sozialdemokraten hielten den Antrag nicht nur für begrüßenswert, sondern wünschten sich, dass er „ein Schritt auch zum allgemeinen gleichen Stimmrecht der Frauen werden möge".[2389]

Nach Ansicht von ERNST FERDINAND SCHULZE, sozialdemokratischer Abg. der Stadt Dresden, habe der Antrag „mit der Gleichberechtigung der Frau eigentlich gar nichts zu tun", da zwar in manchen Städten bereits Frauen in die gemischten Ausschüsse gewählt würde, diese Wahl aber ausschließlich von Männern erfolge. Frauen selbst hätten kein Recht mitzubestimmen und zu beschließen. Außerdem würde die Gemeindevertretung nochmals über die Ausschussvoten entscheiden. Daher könne hier nicht „von einer Erfüllung der politischen Forderung die Rede sein". Die bürgerliche Frauenbewegung wie die Frauen der Arbeiterbewegung würden „mindestens auf kommunalem Gebiete", aber auch auf Landes- und Reichsebene, die politische Gleichberechtigung verlangen. Vor allem seit Beginn des Krieges würde die Frauenbewegung in anderen Staaten mit dieser Forderung immer mehr Gehör

[2387]Mitth. über die Verh. d. LT 1917/18, 2. K., Bd. 1, S. 612f.

[2388]Zur Person vgl. Sächsische Parlamentarier, hrsg. v. DÖSCHER/SCHRÖDER, S. 207f.

[2389]Mitth. über die Verh. d. LT 1917/18, 2. K., Bd. 1, S. 613f.

finden. Lediglich in Deutschland beschränke sich die Forderung des Frauenwahlrechts auf die Sozialdemokraten. Es gäbe aber bereits 4.000 Vereine bürgerlicher Frauen mit mehr als 600.000 Mitgliedern, die die politische Gleichberechtigung forderten. Daher sei es „für jeden Gerechtdenkenden klar", dass die gegenwärtige wirtschaftliche Situation die Gleichberechtigung von Frauen „unbedingt" erforderte. Die Arbeit der Frauen sei in der kriegswichtigen Rüstungsindustrie und Landwirtschaft, sowie in der Industrie, überhaupt unverzichtbar. Für die Teilnahme am Erwerbsleben sei es „ein Akt der Notwendigkeit und der Gerechtigkeit", endlich den politischen Einfluss von Frauen zu erhöhen und ihnen gleiche politische Rechte wie den Männern zu gewähren. Als erstes müsse den Frauen das Wahlrecht in den Kommunen gewährt werden. Die Sozialdemokraten seien insgesamt der Auffassung, dass den Frauen „früher oder später" das politische Wahlrecht unbedingt eingeräumt werden müsse und diese Forderung solange auf der Agenda bleibe, bis sie endlich erfüllt sei.[2390]

In seinem Schlusswort konnte der Antragsteller KOCH zufrieden feststellen, dass alle Redner seinem Antrag im Wesentlichen zugestimmt hätten. Er betonte nochmals die Notwendigkeit der Gesetzesänderung und wies darauf hin, dass es aufgrund der derzeitigen Dispenslösung den Städten „unverhältnismäßig erschwert" werde, Frauen in die Ausschüsse zu wählen. Die Zweite Kammer beschloss am 28. Januar schließlich einstimmig, die Regierung zu ersuchen, die §§ 121 bis 129 der RevStO, StOmkSt und die RevLGO entsprechend abzuändern sowie der Ersten Kammer eine gleichlautende Beschlussfassung anzutragen.[2391]

In der Sitzung der ersten Deputation der Ersten Kammer 15. Februar 1918 berichtete der Oberbürgermeister der Stadt Meißen, ALBIN MAX AY (1862-1943), über eine „große Zufriedenheit" mit solchen Ausschüssen, so im Volksheim-Ausschuss und der Armenpflege. Der Antrag sei aber nicht dringend, da „mit dem Dispens auszukommen sei" und gemischte Ausschüsse für kleinere Landgemeinden nicht passten.[2392]

Uneinigkeit bestand in der Frage, ob der Antrag die Angelegenheit der Regierung nur zur Erwägung überweisen wolle oder eine konkrete Aufforderung

---

[2390]Mitth. über die Verh. d. LT 1917/18, 2. K., Bd. 1, S. 614f.

[2391]a.a.O., S. 615f.

[2392]*[Protokoll der] 6. Sitzung der 1. Deputation der I. Kammer vom 15. Februar 1918*, in: SächsHStA Dresden, MdI Sekt. 6, Nr. 4401 Gemeindewahlrecht der Frauen, Bl. 49-51, 49. Mitglieder der Deputation waren GRAF KARL GEORG LEVIN V. METZSCH-REICHENBACH, ALFRED GEORG SAHRER V. SAHR-EHRENBURG, ALBIN MAX AY, BROCKHAUS, PAUL GUSTAV LEOPOLD V. HÜBEL, ADOLF WACH und JOHANN FRIEDRICH KRETZSCHMAR (Berichterstatter).

zum Handeln beinhalte. Letztlich einigte sich die Deputation auf einen Antrag von AY, die Erste Kammer solle beschließen, die Staatsregierung mit einer Gesetzesänderung dergestalt zu beauftragen, dass Frauen in die gemischten Ausschüsse der Städte und Landgemeinden, für die die Vorschriften für größere Landgemeinden Anwendung finden, gewählt werden können.[2393]

In der Sitzung der Ersten Kammer am 22. Februar 1918 erhob auch die Staatsregierung keine Bedenken gegen den Antrag der Deputation. Doch unterschied sich dieser etwas vom Ausgangsantrag Dr. Koch und Genossen: Mittlere und kleinere Städte könnten per Ortsgesetz schon jetzt derartige Ausschüsse problemlos einrichten. In den kleinen Landgemeinden sei die Bildung von gemischten Ausschüssen „unnötig". In denen, die nicht über 25 ansässige Mitglieder hätten, kämen sie gar nicht erst in Frage und auch in den anderen sei kein Bedarf gegeben. Die Worte „mit beschließender Stimme" seien überflüssig, da schon die Mitgliedschaft in einem gemischten Ausschuss das Stimmrecht mit einschließe. Auch sei es geboten, Frauen hinsichtlich ihrer Mitarbeit in diesen Ausschüssen nach RevStO und RevLGO gleich zu behandelten.[2394]

In der Debatte hob der Dresdner Oberbürgermeister, CURT BERNHARD OTTOMAR BLÜHER (1864-1938)[2395], hervor, dass auch die Schulverwaltung betroffen sei. In Dresden wären Frauen insbesondere mit beratender Stimme in Ausschüsse gewählt worden, und zwar in den Schulausschuss und den Ausschuss für das Fach- und Fortbildungswesen. Ebenso käme „möglicherweise" der Ausschuss für das höhere Mädchenschulwesen für Frauen in Betracht. Das Kultusministerium müsse daher auch das Volksschulgesetz und das Gesetz über das Mädchenbildungswesen entsprechend anpassen. Nach Ansicht des Abg. JOHANN FRIEDRICH KRETZSCHMAR würden die Schulausschüsse, die nur bei den Städten mit RevStO bestehen, schon jetzt wie die gemischten Ausschüsse gebildet. Daher sei auf Grundlage des Antrages dann auch eine Zuziehung von Frauen problemlos möglich. Auch die Erste Kammer genehmigte schließlich einstimmig den Antrag.[2396]

[2393]a.a.O., Bl. 50f.; *Antrag zum mündlichen Berichte der ersten Deputation der ersten Kammer über den Antrag des Abg. Koch und Gen., Beteiligung der Frauen an der Gemeindevertretung betreffend. Eingegangen am 15. Februar 1918*, in: LA 1917/18, Ber. 1. K., S. 50f.

[2394]Mitth. über die Verh. d. LT 1917/18, 1. K., S. 151ff.

[2395]Zur Person vgl. COLDITZ, Dresden im Ersten Weltkrieg, in: Geschichte der Stadt Dresden, Bd. 3, insbes. S. 245f.

[2396]a.a.O., S. 155.

4. Schlussfolgerungen

Die Forderung der Frauenbewegung nach mehr Teilhabe von Frauen an der Erfüllung öffentlicher Aufgaben beschränkte sich nicht nur auf politische Rechte. Von großer Bedeutung war auch das Streben nach Einbeziehung in die Kommunalverwaltung. Besonders in der Wohlfahrtspflege gelang es den Frauen mehr und mehr, Aufgaben übertragen zu bekommen. Jedoch waren sie auch hier Männern nicht gleichgestellt und konnten regelmäßig nur untergeordnete Aufgaben ausüben. In Sachsen konnten Frauen etwa ohne Entgelt oder Aufwandsentschädigung als Gemeindewaisenpflegerinnen tätig sein und es gab in der Gewerbeaufsicht der Kreishauptmannschaften weibliche Ansprechpartner für Beschwerden von Arbeiterinnen. Mit Petitionen unterlegte Forderungen, diese Funktionen auszuweiten, fanden bei den Ständen kein Gehör.

Eine besondere Bedeutung erlangte die Frage der Mitwirkung von Frauen in den gemischten Ausschüssen der Städte und größeren Landgemeinden nach §§ 121 lit. a RevStO und 77 Abs. 1 RevLGO i. d. F. v. 1913. Während die RevStO für die Mitglieder der gemischten Ausschüsse, die nicht zu den Gemeindevertretern gehörten, ausdrücklich die Wählbarkeit verlangte und damit Frauen von der Mitgliedschaft grundsätzlich ausschloss, sind in die RevLGO – und zwar auch nur für die neu geschaffene Kategorie der größeren Landgemeinden – die gemischten Ausschüsse überhaupt erst mit der Novelle von 1912 eingeführt worden. Dabei wurde bereits einer neueren Entwicklung Rechnung getragen, Frauen vermehrt für Aufgaben der Wohlfahrtspflege heranzuziehen und § 77 Abs. 1 Satz 2 RevLGO als Ausnahmeregelung in die RevLGO aufgenommen, die ihnen die Mitgliedschaft in den gemischten Ausschüssen mit sozialpolitischen Aufgaben unabhängig vom Stimmrecht ermöglichte.

In den Städten konnten Frauen dagegen auch weiterhin nur auf dem umständlichen Weg des behördlichen Dispenses von § 122 RevStO auf der Grundlage von § 136 RevStO in die gemischten Ausschüsse aufgenommen werden, was auch in verschiedenen Fällen geschah. Offenbar handelte es sich dabei nur um eine Mitgliedschaft mit beratender Stimme, so dass einige freisinnige Abgeordnete der Zweiten Kammer im Jahre 1917 auf eine einheitliche Regelung drängten und die Mitgliedschaft von Frauen mit beschließender Stimme für sämtliche gemischte Ausschüsse und alle Gemeindearten beantragten. Damit sollten die Verdienste der Frauen in der Kriegsfürsorge honoriert werden. Das Frauenstimmrecht in den Gemeinden wollten sie damit ausdrücklich nicht befördern. Der Regierung ging dieser Vorstoß zwar zunächst zu weit, da sie stattdessen ihre bisherige Praxis der Dispensierung fortsetzen und künftig ggf. auch für die übrigen Gemeindearten beschreiten wollte. Sie zeigte sich aber schließlich mit dem Auftrag der Stände einverstanden, die Gemeindegesetze im Sinne des Antrags zu überarbeiten, um die Aufnahme von Frauen in die gemischten Ausschüsse zu erleichtern und ging sogar davon aus, dass diese Mitgliedschaft per se eine beschließende Stimme beinhalte. Damit zeigte sich eine deutlich veränderte Sichtweise auf die Mitarbeit von Frauen bei der Erfüllung von Aufgaben der öffentlichen Verwaltung. Während sich noch bei Einführung der RevStO Frauen nicht als Mitglieder der gemischten Ausschüsse der Städte vorstellen konnte, wurden sie im Jahre 1912 als solche bei der Revision der RevLGO in die gemischten Ausschüsse der größeren Landgemeinden aufgenommen. Kurz vor Kriegsende konnten sich nun die Stände darauf einigen, den gesetzlichen Rahmen nochmals zu erweitern und den positiven Erfahrungen mit der Mitarbeit von Frauen in der kommunalen Wohlfahrtspflege nunmehr durch eine Verfestigung ihrer Möglichkeiten Rechnung zu tragen.

III. Zwischenfazit

Wie auch bei den Wahlen zur Zweiten Kammer, war der Anteil sozialdemokratischer Wähler in den Städten und Landgemeinden erheblich im Anstieg begriffen. Deshalb schränkten ihrerseits auch die großen sächsischen Städte das Wahlrecht in Anlehnung an das parlamentarische Dreiklassenwahlrecht durch Ortsstatut nach § 57 RevStO ein, so dass auch hier die Mehrheit der Wähler mit geringem Einkommen und Vermögen ihre Stimmen nicht entsprechend im Wahlergebnis berücksichtigt fand.

Für die bereits stimmberechtigten Frauen in den Landgemeinden brachte die Novelle der RevLGO von 1912 eine Verbesserung ihrer Situation bezüglich der Ausübung des Stimmrechts. Sofern der Ehemann das Stimmrecht seiner Ehefrau nicht unter Verzicht auf sein eigenes ausüben wollte, konnte die Ehefrau nunmehr das Stimmrecht bei den Gemeindewahlen persönlich ausüben. Weitergehende Forderungen der Frauenstimmrechtsbewegung blieben ebenso ungehört wie die nach einer weitgehend gleichberechtigten Teilhabe an der Erfüllung von Aufgaben in der Kommunalverwaltung.

In der Wohlfahrtspflege gelang es zwar den Frauen mehr und mehr, Aufgaben übertragen zu bekommen, jedoch blieb ihre Stellung gegenüber der der Männern eine untergeordnete. Hervorzuheben ist hier, dass die Novelle der RevLGO von 1912 für die größeren Landgemeinden nicht nur die gemischten Ausschüsse einführte, sondern durch eine Ausnahmebestimmung auch Frauen die Mitgliedschaft darin ermöglichte. Demgegenüber konnten in den Städten mir RevStO Frauen nur durch Dispens von den gesetzlichen Vorschriften aufgrund eines entsprechenden Ortsstatuts in diese Ausschüsse aufgenommen werden. Der Versuch, die Rechtslage der Frauen hier weiter zu verbessern und zu vereinheitlichen, fand zwar im Jahre 1918 noch die Zustimmung der Stände, kam aber nicht mehr zur Umsetzung.

§ 16 FRAUENSTIMMRECHTE IN WEITEREN BEREICHEN DES ÖFFENTLICHEN LEBENS

Zu den Forderungen der Frauenbewegung gehörte bereits seit längerer Zeit auch die Beteiligung von Frauen an der kommunalen Schulverwaltung und der Schulaufsicht. Die Situation war hier insofern eine besondere, da Frauen als Lehrerinnen an Mädchenschulen tätig waren und die Lehrerinnenausbildung zunächst eine Art Ersatzabitur darstellte, mit der Frauen die Zugangsberechtigung zu den Hochschulen erwerben konnten. Auch hier blieben die deutschen Bundesstaaten im internationalen Vergleich hinsichtlich der Frauenbeteiligung zurück. Daher dienten die Nachbarländer wiederum als Vorbild, um mehr Beteiligungsrechte einzufordern.[2397]

I. Das Frauenstimmrecht im Schulwesen

Das *Volksschulgesetz vom 26. April 1873* sah eine Mitgliedschaft von Frauen in den Schulvorständen nicht vor.[2398] Eine Ausnahme galt insofern nur für die Vertretung exemter, d. h. zu keiner Ortsgemeinde gehörenden, Grundstücke im Schulvorstand: Nach einer Verordnung des Kultusministeriums vom 12. Mai 1896 zu § 25 des Volksschulgesetzes wurde festgestellt, dass Frauen als Besitzerinnen exemter Grundstücke das ihnen „zustehende Recht auf Sitz und Stimme im Schulvorstande nicht in Person ausüben können". Jedoch gestand man ihnen für die Wahl von Vertretern mehrerer Exemten aufgrund einer fehlenden gesetzlichen Bestimmung zu, für sich einen Stellvertreter in den Schulvorstand wählen zu lassen und sagte ihnen dafür sogar das Stimmrecht zu.[2399]

Auf dem Landtag von 1909/10 ging bei den Ständen eine Petition des „Allgemeinen deutschen Frauenvereins", Ortsgruppe Leipzig, ein. Die Petenten begehrten darin die Aufnahme von Frauen in die städtischen Schulausschüsse und die Schulvorstände der kleineren Städte und Landgemeinden, wozu eine entsprechende Änderung der RevStO und RevLGO erforderlich war. Frauen sollten an der Verwaltung der Mädchenschulen mitwirken können, wie es bereits in anderen Bundesstaaten möglich sei, in denen Frauen bereits Sitz und

---

[2397]Einen Überblick zu einzelnen Regelungen findet sich etwa bei BÄUMER, Die Aussichten der Frau auf Zulassung zur lokalen Schulverwaltung, in: Die Frau 10 (1902/03), S. 298-306.

[2398]In: GVBl. 1873, S. 350-374. Zu den Schulgesetzen und der Organisation des sächsischen Schulwesens vgl. MODEROW, Sachsens Volksschule, in: DH 97 (2008), H. 1, S. 6ff. m. w. N.; WYDUCKEL, Verwaltungsaufbau, in: FS zum 100-jährigen Jubiläum, hrsg. v. REICH, S. 90f.

[2399]§ 25 Volksschulgesetz vom 26. April 1873. Verordnung des Ministeriums des Cultus und öffentlichen Unterrichts vom 12. Mai 1896. Das Recht weiblicher Personen, an der Wahl der Vertreter mehrer Exemten im Schulvorstande theilzunehmen, in: ZS f. Praxis u. Gesetzgebung d. Verw. 18 (1897), S. 317.

Stimme in den Schulverwaltungen erhalten hätten. Frauen seien aufgrund ihrer eigenen Lebenspraxis in besonderer Weise dazu geeignet, die Mädchen in den Schulen mit auf ihren künftigen Beruf als Hausfrau und Mutter vorzubereiten.

Die Beschwerde- und Petitionsdeputation der Zweiten Kammer stellte den Antrag, „die Petition als Material für das in Aussicht stehende Volksschulgesetz zu überweisen".[2400] Diese Frage sollte in einem künftigen Volksschulgesetz mit geregelt werden, wobei es aus der Sicht der gegebenen Verhältnisse jedoch offen sei, ob man dem Begehren dann folge. Die Zweite Kammer erledigte die Petition letztlich im Sinne des Deputationsantrags, ohne sich über den Gegenstand selbst zu einigen.[2401]

Die Erste Kammer hatte sich am 17. März 1910 mit der Petition zu befassen.[2402] Auch die vierte Deputation der Ersten Kammer hatte inhaltlich keine Stellung zur Frage selbst genommen. Berichterstatter JOHANN FERDINAND SCHMID machte aber deutlich, dass die Deputation keine „so große Notwendigkeit" für eine Mitwirkung von Frauen in der Schulverwaltung anerkennen könne. Frauen würden bereits jetzt im Bedarfsfall angehört, und zwar nicht nur in Schulsachen.[2403]

Auch sei es nicht erforderlich, den Lehrerinnen zur Vertretung ihrer Interessen in den Schulausschüssen Sitz und Stimme einzuräumen. Würde man hier einmal nachgeben und Frauen in die Schulverwaltung hereinnehmen, würden wahrscheinlich „dann auch Wünsche nach Beteiligung der Frauen in anderen Zweigen der öffentlichen Verwaltung nachfolgen", wie z. B. in der Armen- und Krankenpflege und der Kinderfürsorge. Das aber widerspreche nach Auffassung der Deputation den tradierten „Gepflogenheiten und Anschauungen" in Sachsen ebenso wie in ganz Deutschland. Es bestünde kein Bedürfnis „die Frau mit schalten und mit walten zu lassen". Der Satz „mulier taceat"* gelte für Frauen nicht nur in der Kirche, sondern auch „im Staate und in der Ge-

---

[2400] vgl. *Antrag zum anderweitigen mündlichen Berichte der Beschwerde- und Petitions-Deputation der zweiten Kammer über die Petition des Allgemeinen deutschen Frauenvereins, Ortsgruppe Leipzig, Aufnahme von Frauen in die städtischen Schulausschüsse betreffend. Eingegangen am 6. Mai 1910*, in: LA 1909/10, Ber. 2. K., Bd. 2, S. 1519; zur Vorgeschichte der Reform und dem Entwurf vgl. MODEROW, a.a.O., S. 10ff.

[2401] Mitth. über die Verh. d. LT 1909/10, 2. K., Bd. 2, S. 1259 C-D.

[2402] Mitth. über die Verh. d. LT 1909/10, 1. K., S. 396 Cff.

[2403] a.a.O., S. 397 A.

*Die Frau hat zu schweigen.

meinde". Um ein Einvernehmen mit der Zweiten Kammer herzustellen, beantragte die Deputation aber trotzdem, die Petition der Regierung zur Kenntnis zu überweisen.[2404]

In der Debatte der Erste Kammer erklärte sich der Abg. JOHANN KARL KEIL gegen „ein allzu weites Übergreifen der Frau auf die Gebiete der öffentlichen Verwaltung", da diese das „männliche Wesen" gefährde. Es sei für die Zukunft des Landes schädlich, die „männlichen Tugenden ... durch ein Überwiegen des Feminismus" zu gefährden. Die Kammer fasste schließlich auf seinen Antrag gegen 11 Stimmen den Beschluss, die Petition auf sich beruhen zu lassen.[2405]

Der Entwurf des neuen Volksschulgesetzes vom 12. Januar 1912[2406] ermöglichte es, die Schulvorstände[2407] in § 56 Nr. 3 durch die Ortsschulordnung zur Errichtung von vorberatenden Ausschüssen zu ermächtigen „und daß zu deren Mitgliedern auch Lehrerinnen oder andere fachverständige Frauen gewählt werden können". Für Fragen der Mädchenbildung konnte der Schulvorstand nach Nr. 5 ebenfalls Lehrerinnen oder andere sachkundige Frauen zu Rate ziehen und „als Auskunftspersonen" für die entsprechenden Tagesordnungspunkte zu seinen Sitzungen zulassen. Nach § 49 Nr. 1 Abs. 2 d. E. bestand sogar für den Fall, dass bei der Schulgemeinde mehrere Lehrerinnen ständig angestellt waren, die Möglichkeit, eine von ihnen aufgrund entsprechender Regelung in der Ortsschulordnung als Mitglied in den Schulvorstand aufzunehmen.[2408]

Die Motive verweisen hier ausdrücklich auf die Petition des ADF aus dem Jahre 1910. Man hatte sich aber nur für eine partielle Heranziehung von Frauen entschlossen, da damit „die Möglichkeit zur Erlangung weiblichen

[2404]Die erste Kammer schloss dann aber, die Petition auf sich beruhen zu lassen. – a.a.O., S. 397 B-C.

[2405]Mitth. über die Verh. d. LT 1909/10, 1. K., S. 399 A-B.

[2406]*Dekret an die Stände, den Entwurf eines Volksschulgesetzes betreffend. Eingegangen bei der II. Kammer am 15. Januar 1912*, in: LA 1911/12, Dekr., Bd. 3, S. 783-878.

[2407]Die Schulvorstände der Volksschulen hatten nach § 48 RegE die Geschäfte der Schulverwaltung zu führen und den äußeren Schulbetrieb zu beaufsichtigen. Sie wurden nach § 50 durch die Gemeindevertretungen gewählt, wobei nach § 50 Nr. 3 nur männliche Personen zum Schulvorsteher, d. h. Mitglied im Schulvorstand, in der Gemeinde wählbar waren, sofern sie das Stimmrecht bei den Gemeindewahlen hatten und dem Bekenntnis der Schule angehörten. – LA 1911/12, Dekr., Bd. 3, S. 805ff.

[2408]a.a.O., S. 810 bzw. 807. Selbst die Erste Kammer ließ das in dieser Form unverändert. – *Bericht der Zwischendeputation der ersten Kammer über den durch das Königliche Dekret Nr. 28 vorgelegten Entwurf eines Volksschulgesetzes. Eingegangen am 19. November 1912*, in: LA 1911/12, Ber. 1. K., Bd. 2, S. 635-825, 696f.; vgl. UHLIG, Die Landgemeindeordnung, S. 30f. (Anm.)

Rates da, wo solcher nötig oder zweckmäßig erscheint, genügend gewährleistet sein“ werde.[2409]

In der zur Beratung des Entwurfs eingesetzten Zwischendeputation[2410] entspann sich bei § 50 RegE die Kontroverse, in welchem Umfang Frauen in die Schulvorstände einzubeziehen seien: Die sozialdemokratische Minderheit in der Zwischendeputation hatte sich mit ihrem Antrag zu § 50 d. E., wonach „jedes Mitglied der Schulgemeinde ohne Unterschied des Geschlechts“ zum Schulvorsteher wählbar sein sollte, nicht durchsetzen können. Außerdem wurde der Antrag gestellt, die Schulvorsteher „durch die Mitglieder der Schulgemeinde in allgemeiner, gleicher, direkter und geheimer Wahl“ zu bestimmen.[2411]

Die konservative Minderheit war sogar der Ansicht, dass die „Mitwirkung von Frauen im Schulvorstande keinerlei Vorteil verspricht“ und hielt die Einbeziehung von Lehrerinnen, wie sie der RegE vorsah, für ausreichend. Auch seitens der Ersten Kammer war für eine Mitgliedschaft von Frauen „mit Sitz und Stimme im Schulvorstand“ keine Zustimmung zu erwarten, da diese bereits der Petition des ADF ablehnend gegenüberstand. Trotzdem sprach sich die Deputation gegen fünf Stimmen entsprechend eines Antrages des nationalliberalen Berichterstatters HERMANN RICHARD SEYFERT (1862-1940)[2412] dafür aus, den Frauen die „vollwertige Mitwirkung“ – allerdings nur als „kann“-Bestimmung durch Regelung im Ortsgesetz – einzuräumen.[2413]

Der Entwurf des Volksschulgesetzes scheiterte Ende 1912 schließlich daran, dass das Vereinigungsverfahren infolge der Beendigung des Landtages ergebnislos verlief.[2414] Somit kam es auch nicht zu einer Einbeziehung von Frauen in die Arbeit der Schulvorstände. Erst mit dem Übergangsschulgesetz vom 22. Juli 1919 sollte eine Reform des Schulwesens in Sachsen beginnen.

[2409] LA 1911/12, Dekr., Bd. 3, S. 867.

[2410] vgl. *Dekret an die Stände, die Vertagung des gegenwärtigen Landtags und die Wahl von Zwischendeputationen betreffend. Eingegangen bei der II. Kammer am 17. Mai 1912,* in: LA 1911/12, Dekr., Bd. 3, S. 1190.

[2411] *Bericht der Zwischendeputation der zweiten Kammer für den durch das Königliche Dekret Nr. 28 vorgelegten Entwurf eines Volksschulgesetzes... Eingegangen am 11. November 1912*, in: LA 1911/12, Ber. 2. K., Bd. 3, S. 1679.

[2412] Er galt als bedeutender Reformpädagoge; zur Person vgl. Sächsische Parlamentarier, hrsg. v. DÖSCHER/SCHRÖDER, S. 469f.

[2413] LA 1911/12, Ber. 2. K., Bd. 3, S. 1678f.

[2414] vgl. *Ständische Schrift auf das Königliche Dekret Nr. 51, betreffs der Wahl von Zwischendeputationen*, in: LA 1911/12, Ständische Schriften, S. 115-119, 115; MODEROW, a.a.O., S. 14.

II. Frauenstimmrechte in der Selbstverwaltung der Sozialversicherung

Mit der *Reichsversicherungsordnung vom 19. Juli 1911*[2415] (RVO), die schrittweise bis zum 1. Januar 1914 in Kraft trat, erfolgte vor dem Ersten Weltkrieg nochmals eine umfassende Änderung der Sozialversicherungsgesetze. Die drei bisherigen Gesetze wurden zu einem vereinigt und dabei eine Reihe ähnlicher Bestimmungen zusammengefasst.[2416] Für Frauen brachte das eine Erweiterung ihrer Mitbestimmungsrechte. Waren sie bisher nur für die Versicherungsträger der Krankenkassen wählbar, so erhielten sie nunmehr die Wählbarkeit auch für die beiden anderen Zweige, nämlich die Unfallversicherung und die Alters- und Invaliditätsversicherung. Damit wurde der starken Zunahme der Erwerbstätigkeit von Frauen Rechnung getragen.[2417]

Um die Wählbarkeit der Frauen als Beisitzer der Versicherungsämter war es im Reichstag zu einer lebhaften Auseinandersetzung gekommen, doch fand sich für entsprechende Anträge keine Mehrheit.[2418]

Auch zu den Organen der Selbstverwaltung der am 1. Januar 1913 in Kraft getretenen Versicherung für Privatangestellte waren Frauen wahlberechtigt und wählbar. Lediglich waren sie von den höheren Verwaltungsstellen sowie von jeder schiedsrichterlichen Funktion ausgeschlossen.[2419] Die Beteiligung der Frauen an den ersten Wahlen der Privatangestelltenversicherung im Herbst 1912 war „außerordentlich stark“. Erfasst wurden vor allem Handels- und Büroangestellte, Lehrerinnen und Krankenpflegerinnen, die bereits vorher zu einem nicht geringen Teil organisiert waren.[2420]

III. Zwischenfazit

Trotz aller Bemühungen um ein neues Volksschulgesetz, das auch Frauen wenigsten teilweise in die Arbeit der Schulausschüsse einbeziehen sollte, kam dieses Gesetz bis Kriegsende nicht zustande. Während die Konservativen der Mitwirkung von Frauen hier wiederum ablehnend gegenüberstanden, forderten die Nationalliberalen und vor allem die Sozialdemokraten eine mehr oder minder verbindliche vollkommene Gleichstellung.

Auch die Reform der Sozialversicherung mit der RVO von 1911 betraf das Stimmrecht von Frauen. Aufgrund dieser Rechtsvereinheitlichung erhielten

[2415] In: RGBl. 1911, S. 509-838., insbes. S. 518 (§ 47 Abs. 1 RVO).

[2416] Zur Entstehung vgl. SCHLICKE, Die Entwicklung, S. 48f.

[2417] a.a.O., S. 50f.

[2418] vgl. a.a.O., S. 51ff.

[2419] Frauenstimmrecht in der Praxis, S. 132.

[2420] a.a.O., S. 134.

Frauen nunmehr die Wählbarkeit auch für die Versicherungsträger der Unfallversicherung und der Alters- und Invaliditätsversicherung.

Siebentes Kapitel
Die Einführung des Frauenwahlrechts nach dem Ende der Monarchie in Sachsen

§ 17 Die Einführung des Frauenwahlrecht durch den „Aufruf des Rates der Volksbeauftragten an das deutsche Volk“ vom 12. November 1918

Mit dem Ende des Kaiserreiches veränderte sich nicht nur die politische Ordnung grundlegend. Die neue Verfassungsordnung beseitigte die engen Grenzen politischer Partizipation. Auch Frauen bekamen in der neu errichteten Demokratie nun erstmals die Möglichkeit, durch das Wahlrecht selbst an den Geschicken der Politik mitzuarbeiten, auch wenn ihnen schließlich die bisweilen als „freieste Verfassung der Welt“ hervorgehobene Weimarer Reichsverfassung trotzdem keine vollkommene Rechtsgleichheit einräumte.[2421]

I. Die Neuordnung des Wahlrechts im Freistaat Sachsen

Die revolutionären Ereignisse der Jahre 1918/19 beseitigten zugleich die bestehenden Verfassungsordnungen des Kaiserreiches und seiner Bundesstaaten. Anfangs war unter dem als neue Regierungsgewalt in Berlin agierenden Rat der Volksbeauftragten die bundesstaatliche Zuordnung von Gesetzgebungskompetenzen, wie sie bisher bestanden hatte, zumindest faktisch nicht weiter existent. Die Reichsregierung setzte ungeachtet bisheriger Gesetzgebungskompetenzen unmittelbar für die Ebene der Länder und Kommunen Recht. Bereits deshalb können auch die Vorgänge in Sachsen nicht losgelöst von denen auf der bundesstaatlichen Ebene betrachtet werden.

1. Die Ereignisse auf Reichsebene und ihre Wirkungen auf Sachsen

Im *Aufruf des Rates der Volksbeauftragten an das deutsche Volk vom 12. November 1918*[2422] formulierte die neue Reichsregierung ihr sozialrevolutionäres Programm für die „Arbeiterklasse in Feldgrau und Zivil“ und erließ zugleich Anweisungen für einige erste Schritte seiner Umsetzung. Neben

---

[2421] Bereits der Entwurf Hugo Preuß’ hatte keine völlige Gleichstellung der Geschlechter durch die Verfassung vorgesehen. Art. 108 d. E. (späterer Art. 109 WRV) enthielt lediglich die Regelung „Männer und Frauen haben grundsätzlich dieselben Rechte und Pflichten.“ In der zweiten und dritten Lesung des Entwurfs gelang es MSPD und USPD nicht, eine Streichung des Wortes „grundsätzlich“ durchzusetzen, das für sie die Befürchtung einer starken Einschränkung mit sich brachte. – Zur Debatte um den Gleichheitssatz in der WRV vgl. Gilde, Reichsstrafgesetzbuch, S. 172ff.

[2422] RGBl. 1918, S. 1303f.

wirtschafts- und sozialpolitischen Maßnahmen gehörte dazu auch die Proklamation – wenn auch mit Rechtssatzeigenschaft[2423], d. h. sehr wohl im Sinne der Trägerschaft einer Rechtsnorm – eines neuen Wahlrechts: „Alle Wahlen zu öffentlichen Körperschaften sind fortan nach dem gleichen, geheimen, direkten und allgemeinen Wahlrecht auf Grund des Proportionalsystems für alle mindestens 20 Jahre alten männlichen und weiblichen Personen zu vollziehen; auch für die konstituierende Versammlung, über die nähere Bestimmungen noch erfolgen, gilt dieses Wahlrecht."[2424] Damit griff die neue Reichsgewalt in die – zumindest bisherige – Gesetzgebungskompetenz der Länder in Fragen des Landtags- und Kommunalwahlrechts ein, indem sie nicht nur einheitliche Vorgaben zu einer Neuregelung des Wahlrechts formulierte, sondern dessen Regelungsgehalt auch gleich selbst anordnete. Das wurde – so etwa von GERHARD ANSCHÜTZ (1867–1948) – durchaus positiv als eine Stärkung der Reichskompetenzen gegenüber den Ländern verstanden und aufgrund der revolutionären Legitimationsgrundlage auch nicht als verfassungsrechtliches Problem betrachtet.[2425]

Der Rat der Volksbeauftragten hatte mit seinem Aufruf offenbar nicht die Absicht, das Frauenstimmrecht für alle Bereiche des öffentlichen Lebens durchzusetzen, denn durch die *Bekanntmachung, betreffend die Wahlen zu öffentlichen Körperschaften, vom 29. Januar 1919*[2426] wurde der Begriff „öffentliche Körperschaften" im Nachhinein noch dahingehend erläutert, dass darunter nur die Vertretungen von Ländern und Gemeinden zu verstehen seien.[2427]

Über die Umgestaltung des Wahlrechts hinaus wurden durch die Reichsregierung auch die Voraussetzungen für die politische Betätigung überhaupt grundlegend verbessert und zwar die Beschränkungen des Vereins- und Versammlungsrechts und die Zensur aufgehoben sowie die Meinungsfreiheit erklärt.[2428] Das galt unmittelbar auch für Sachsen und seine gesamten

[2423] W. JELLINEK, Revolution, in: JöR 9 (1920), S. 11.

[2424] ANSCHÜTZ, Das Programm der Reichsregierung, in: JW (47) 1918, S. 751; vgl. „Neue Gesetze", in: DNN Nr. 311 vom 14. November 1918, S. 1.

[2425] ANSCHÜTZ, a.a.O., S. 751; zum Problem der Zuständigkeiten vgl. auch W. JELLINEK, a.a.O., S. 19.

[2426] RGBl. 1919, S. 123.

[2427] W. JELLINEK, a.a.O., S. 11.

[2428] ANSCHÜTZ, a.a.O., S. 751.

öffentlichen Vertretungskörperschaften, so dass nunmehr die Voraussetzungen für die politische Betätigung im Vorfeld der ersten Wahlen[2429] der im Entstehen begriffenen Demokratie geschaffen waren.

2. Die Entwicklungen in Sachsen

Am 10. November 1918 hatte HERMANN FLEIẞNER (1865–1939),[2430] ein eher gemäßigter USPD-Führer, in Dresden nicht nur die Republik ausgerufen, sondern in der „Proklamation an das sächsische Volk" des „Vereinigten Arbeiter- und Soldatenrates" auch die Erste Kammer des Landtages für nicht mehr existent erklärt und die Auflösung der Zweiten Kammer sowie die Neuwahl einer Nationalversammlung „nach freiem Wahlrecht für alle Männer und Frauen" gefordert.[2431] Nachdem König FRIEDRICH AUGUST III. (1865–1932) am 13. November 1918 auf Schloss Gutenborn bei Ruhland seinen Thronverzicht erklärt und damit die neuen Verhältnisse akzeptiert hatte, wurde in Sachsen die Neuordnung der staatlichen Ordnung in Angriff genommen und in einem ersten Schritt von den Dresdner, Leipziger und Chemnitzer Arbeiter- und Soldatenräten ein Kollegium aus sechs sog. „Volksbeauftragten"[2432] eingesetzt.

Diese neue, nunmehr als Gesamtministerium – ein Begriff, den schon die Sächsische Verfassung von 1831 in § 41 gekannt hatte – unterzeichnende Landesregierung erklärte in einem ersten *Aufruf der neuen Regierung* „die Beseitigung der veralteten bundesstaatlichen Verfassung und die Einordnung Sachsens in die einheitliche groß deutsche Volksrepublik" und damit die Abschaffung der bisherigen Bundesstaaten überhaupt anzustreben, behielt sich aber – neben etwaigen Missfallensbekundungen – dennoch eine eigene, ergänzende Gesetzgebungskompetenz für Sachsen jenseits derjenigen der Reichsregierung ausdrücklich vor.[2433] Diesem Selbstverständnis folgend,

---

[2429] Die Auseinandersetzungen mit der extremen Linken, die ein Rätesystem forderte, sollen hier unberücksichtigt bleiben.

[2430] Zur Person vgl. SCHMEITZNER/RUDLOFF, Geschichte der Sozialdemokratie, S. 185f.

[2431] „Die Vorgänge in Dresden", in: DNN Nr. 309 vom 12. November 1918, S. 1; vgl. SCHMEITZNER/RUDLOFF, a.a.O., S. 57f. sowie zu den Ereignissen 1918/19 in Sachsen insgesamt vgl. FRACKOWIAK, Soziale Demokratie, S. 34ff.; HEIDENREICH, Arbeiterkulturbewegung, S. 136ff. und für Dresden SCHMEITZNER, Novemberrevolution, in: Geschichte der Stadt Dresden, Bd. 3, S. 252-259.

[2432] MSPD: JOHANN WILHELM BUCK (1869-1945), GEORG GRADNAUER (1866-1946), ALBERT SCHWARZ (1876-1929); USPD: HERMANN FLEIẞNER (1865-1939), FRIEDRICH CARL AUGUST GEYER (1855-1937), RICHARD ROBERT LIPINSKY (1867-1936); vgl. d. *Bekanntmachung über Fortführung der Dienstgeschäfte, vom 16. November 1918*, in: GVBl. 1918, S. 362-364.

[2433] *Aufruf der neuen Regierung; vom 18. November 1918. An das sächsische Volk!*, in: GVBl. 1918, S. 364-366, 346.

wurde die Aufhebung der Beschränkungen im Vereins- und Versammlungsrecht und der „Preßfreiheit" nicht erklärt, sondern nur bestätigt.[2434] In Bezug auf die Kommunalverfassung ordnete man zwar die Einführung einer „vollen Selbstverwaltung" an, beließ die bestehenden Gemeindevertretungen aber „zunächst" im Amt und kündigte „für die Erneuerung der Gemeindevertretungen ... nähere Anweisungen" für „demnächst" an.[2435]

Bereits zwei Tage zuvor war die Anweisung erfolgt, die bestehende Behördenorganisation im Wesentlichen beizubehalten. Zugleich wurde den örtlichen Arbeiter- und Soldatenräten lediglich eine Kontrollfunktion, aber ausdrücklich kein Weisungsrecht gegenüber der Verwaltung eingeräumt.[2436] In einem nächsten Schritt lösten die Volksbeauftragten am 7. Dezember 1918 den bisherigen Landtag einschließlich seiner Ausschüsse auf[2437] und setzten bereits zehn Tage später ein neues Wahlrecht in Kraft.[2438] Als vorbereitende Maßnahme für künftige Wahlen überhaupt, wurde die Aufstellung von Wählerlisten durch die Gemeindebehörden bis spätestens Ende des Jahres 1918 angewiesen.[2439] Die Erarbeitung einer Verfassung wurde zunächst zurückgestellt, um der Verfassungsgebung auf Reichsebene nicht vorzugreifen.[2440] Zur Überbrückung setzte die Regierung ein vorläufiges Grundgesetz in Kraft, das sich im Wesentlichen auf Regelungen über Volkskammer und Gesamtministerium beschränkte.[2441]

Damit war der weitere Weg für Sachsen sowohl von gesamtstaatlicher Ebene wie durch das Wirken der neuen Landesregierung vorgegeben. Die Einführung des Frauenwahlrechts war z. T. entgegen bisheriger Gesetzgebungskompetenzen für das gesamte Reichsterritorium angeordnet und zugleich

---

[2434]a.a.O., S. 365.

[2435]a.a.O., S. 366.

[2436]*Bekanntmachung über Fortführung der Dienstgeschäfte; vom 16. November 1918*, in: GVBl. 1918, S. 362-364, insbes. S. 362f.

[2437]*Verordnung über die Aufhebung des Landtagsausschusses zur Verwaltung der Staatsschulden, vom 7. Dezember 1918,* in: GVBl. 1918, S. 403; Die Erste Kammer verwahrte sich mehrfach gegen ihre Auflösung, vgl. „Die Erste Ständekammer und die Beseitigung des Landtages", in: Dresdner Anzeiger Nr. 15 vom 16. Januar 1919, S. 3.

[2438]Und im folgenden MATZERATH, „Auf der Bahn der Demokratie und des Sozialismus", in: Varianten der Moderne, S. 56ff.

[2439]Unter IV. der Ausführungsverordnung zum Reichswahlgesetz, vom 7. Dezember 1918, in: GVBl. 1918, S. 388-389, insbes. S. 389, ergangen aufgrund der *Verordnung über die Wahlen zur verfassunggebenden deutschen Nationalversammlung (Reichswahlgesetz) vom 30. November 1918* (RGBl. 1918, S. 1345-1352) und der *Wahlordnung für die Wahlen zur verfassungsgebenden deutschen Nationalversammlung vom gleichen Tage* (RGBl. 1918, S. 1353-1383).

[2440]FRACKOWIAK, Soziale Demokratie, S. 36.

[2441]Vorläufiges Grundgesetz für den Freistaat Sachsen, vom 28. Februar 1919, in: GVBl. 1919, S. 37-41.

wohl auch aus eigenem Antrieb im Freistaat Sachsen proklamiert worden. Sie war damit Bestandteil eines umfassenden Neuordnungs- und Demokratisierungsprozesses.

3. Die Rolle der Frauenbewegung in der Revolution von 1918

In den Reihen der Frauenbewegung stellte man einen grundlegenden Zusammenhang zwischen der Revolution und dem Frauenstimmrecht her.[2442] Es trete immer dann die Forderung nach den Rechten der Frau hervor, wenn eine Revolution „für die Aufhebung irgendeiner Knechtschaft" eintrete.[2443] Dennoch war die Revolution von 1918 keine Revolution der Frauen. Die Einführung des Frauenwahlrechts erfolgte als Bestandteil der von den Sozialdemokraten nach den Novemberereignissen angestrebten Umsetzung ihres Gesamtprogramms.[2444] Als Akteure traten Frauen – anders als 1789 oder 1848 – in der Revolution selbst kaum in Erscheinung. Besonders deutlich wird das in der Bedeutung von Frauen in den Arbeiter- und Soldatenräten.

a. Frauen in den Arbeiter- und Soldatenräten

Die Arbeiter- und Soldatenräte besaßen zunächst weder einheitliche Strukturen, noch ein einheitliches Programm, sondern waren recht diffus am Vorbild der Februarrevolution 1917 in Russland ausgerichtet. Die Arbeiterräte[2445] bildeten sich anfangs in der Regel durch Delegiertenwahlen auf Betriebsebene,[2446] als Ergebnis von Aushandlungen zwischen den lokal

[2442]So etwa ADELE SCHREIBER (1872–1957), erste Vizepräsidentin des „Weltbundes für Frauenstimmrecht und Staatsbürgerliche Frauenarbeit" – BRAUNE, Adele Schreiber, insbes. S. 119ff.

[2443]SCHREIBER, Lernt wählen!, S. 3.

[2444]Dazu oben, Kap. V, S. 262f.

[2445]An den Soldatenräten konnten schon aufgrund der Natur der Sache Frauen keinen Anteil haben.

[2446]So wurden z. B. in Leipzig bereits am 9. November 1918 erstmals Arbeiterräte auf Betriebsebene gewählt, nachdem bereits einen Tag zuvor „ein provisorischer Arbeiterrat aus der Parteileitung der unabhängigen Sozialdemokraten gebildet" worden war. – „Ein Arbeiter- und Soldatenrat in Leipzig", in: Dresdner Anzeiger Nr. 311 vom 9. November 1918, S. 3.

dominierenden sozialistischen Vertretern von Parteien[2447] und Gewerkschaften oder durch Wahlen in öffentlichen Versammlungen[2448]. Nachwahlen fanden in Form von geheimen Listenwahlen auf Wohnbezirksebene statt.[2449] In jedem Fall dominierten hier Vertreter von MSPD und USPD.[2450] Bis auf sehr wenige Einzelpersönlichkeiten blieben Frauen dabei kaum mehr als eine Randerscheinung, waren bestenfalls auf kommunaler Ebene aktiv und auch dann nur in den Arbeiterräten einzelner Branchen mit besonders hohem Frauenanteil unter den Beschäftigten.[2451]

Die Gründe dafür sind zum einen bereits in der Struktur der Arbeiterräte zu suchen, die vorrangig eine Interessenvertretung von organisierten, gut ausgebildeten – und damit fast ausnahmslos männlichen – Facharbeitern waren, andererseits aber auch in einer gewissen Skepsis dieser Gruppe gegenüber einer politischen Betätigung von Frauen überhaupt.[2452] GERTRUD BÄUMER (1873–1954), Vorsitzende des „Bundes Deutscher Frauenvereine" von 1910 bis 1919, bezweifelte daher nicht ohne Grund bereits im Dezember 1918, „ob die frauenlosen Arbeiter- und Soldatenräte eine Körperschaft sind, die das Problem der arbeitenden Frau mit Einsicht und sozialem Verständnis zu sehen bereit und imstande ist"[2453] und äußerte im Mai 1919 sogar die Befürchtung, „daß das Rätesystem, in welcher Form es auch immer verwirklicht werden sollte, eine schwere Gefahr für das Frauenstimmrecht bedeutet, einen Rück-

[2447] In Leipzig konstituierte sich z. B. der Vorstand der dort vorherrschenden USPD als Arbeiter- und Soldatenrat. – SCHMEITZNER/RUDLOFF, Geschichte der Sozialdemokratie, S. 57.

[2448] So im Grunde auch in Dresden, als OTTO KNAUß und einige weitere Personen auf einer spontanen Versammlung die Initiative ergriffen, in deren Folge ein provisorischer Arbeiter- und Soldatenrat gebildet und auf einer öffentlichen Kundgebung bestätigt wurde. – „Kundmachung des Arbeiter- und Soldatenrates, in: Dresdner Anzeiger Nr. 311 vom 9. November 1918 (zweite Ausgabe), S. 1; „In den Straßen der Stadt", in: Dresdner Anzeiger Nr. 312 vom 10. November 1918, S. 1; „Die Vorgänge in Dresden", in: Dresdner Anzeiger Nr. 312 vom 10. November 1918 (zweite Ausgabe), S. 1.

[2449] Zur bezirksweisen Wahl der Arbeiterräte vgl. MÜLLER, Arbeiterräte, S. 32f.

[2450] WEBERLING, Zwischen Räten und Parteien, S. 10.

[2451] Dazu m. w. N. WEBERLING, a.a.O., S. 10f., insbes. Fn. 11.

[2452] WEBERLING, a.a.O., S. 15f.

[2453] BÄUMER, Die politische Lage und die Frauenbewegung, in: Die Frauenfrage 20 (1918), S. 93, zit. nach WEBERLING, a.a.O., S. 36.

schlag, der auf lange hinaus den politischen Einfluß der Frauen ... aufs unüberwindlichste hemmen kann".[2454] Das grundlegende Strukturproblem der Räte lag nach Ansicht BÄUMERS darin, dass die Räte nur eine Vertretung der Produktionsinteressen seien und die Frauen, deren Mehrzahl als Hausfrauen der Reproduktionssphäre zuzuordnen seien, durch sie nicht vertreten würden.[2455]

In den Augen der USPD-Frauen könnte dieses grundlegende Defizit gerade durch eine weitgehende Frauenerwerbstätigkeit überwunden werden.[2456] Obwohl also für die Räte frauenspezifische Problemstellungen kaum eine Rolle spielten, da diese zum großen Teil jenseits der von ihnen zu vertretenden „Interessen der Arbeiter, Angestellten und Beamten beider Geschlechter in Privatunternehmungen, kommunalen und staatlichen Betrieben"[2457] angesiedelt waren, stellten sich die USPD-Frauen weitgehend hinter das Rätemodell. Der im „Bund Deutscher Frauenvereine" versammelte, überwiegende Teil der bürgerlichen Frauenbewegung lehnte das Rätesystem dagegen insgesamt ab und trat für den Parlamentarismus ein. Einzelne Bemühungen um eine Frauenquote in den Räten waren nicht erfolgreich.[2458]

Dem Dresdner Arbeiter- und Soldatenrat[2459] gehörten auch einige Frauen an. Bereits am 24. November 1918 erfolgte eine Neuwahl, um nun seine endgültige Zusammensetzung zu ermitteln.[2460] Sie fand in einem von den betrieblichen Strukturen unabhängigen Wahlverfahren nach den Grundsätzen der Verhältniswahl statt. Die Wahl erfolgte gegen Vorlage eines entsprechenden Legitimationsnachweises oder Parteimitgliedsbuches in örtlichen Schank-

[2454] BÄUMER, Eine neue Gefahr für das Frauenstimmrecht, in: Die Frauenfrage 21 (1919), S. 36, zit. nach WEBERLING, a.a.O., S. 38. In dieser Richtung könnte auch eine Bemerkung ADELE SCHREIBERS zu verstehen sein: „Schon regten sich im Kampf um die Nationalversammlung die alten Bedenken gegen das Frauenstimmrecht. Nicht nur dass rechts stehende Parteien Angst bekunden vor dem großen Zug nach links, es ist vorgekommen, daß ganz Links stehende den Frauen das Wahlrecht absprechen wollten aus Angst um den Zug nach rechts, weil die Frauen angeblich ein zu reaktionäres Element sein würden." – SCHREIBER, Lernt wählen!, S. 14f.

[2455] WEBERLING, a.a.O., S. 39.

[2456] a.a.O., S. 79.

[2457] MÜLLER, Arbeiterräte, S. 31.

[2458] WEBERLING, a.a.O., S. 40f.

[2459] Nachdem sich anfangs in Dresden gleich zwei Räte bildeten, hatten sich diese mittlerweile zu einem vereinigten Arbeit- und Soldatenrat Groß-Dresden, d. h. einschließlich einiger nicht zur Stadt gehörender, umliegender Gebiete, zusammengeschlossen. Unter den am 17. November 1918 ausgetretenen 20 kommunistischen Räte waren mit AUGUSTE LEWINSOHN (1868–1957) und MINNA NAUMANN (1882–?) auch zwei Frauen. – „Die Vorgänge in Dresden", in: DNN Nr. 309 vom 12. November 1918, S. 1; „Austritt der Kommunisten aus dem A.- und S.-Rat Groß-Dresden", in: Dresdner Anzeiger Nr. 320, vom 18. November 1918, S. 1.

[2460] „Wahlen für den A.- und S.-Rat", in: DNN Nr. 311 vom 14. November 1918, S. 3.

wirtschaften, die als Wahllokale dienten. Der Wahlaufruf formulierte die Voraussetzungen für die Wahlteilnahme: „Wahlberechtigt und wählbar sind alle über 20 Jahre alten gegen Lohn oder Gehalt beschäftigten Personen beiderlei Geschlechts, also alle Staats-, Gemeinde- und Privatangestellten bis zu einem Gehaltseinkommen von 5000 M., außerdem noch alle sonstigen 20 Jahr alten Personen, die am 9. November 1916 mindestens 6 Monate Mitglied einer sozialdemokratischen Partei waren."[2461] Wahlberechtigt waren auch ausländische Arbeiter und Arbeiterinnen.[2462] Personen mit höherem Einkommen, die nicht schon längere Zeit Mitglied von MSPD oder USPD waren, sollten dagegen kein aktives und passives Wahlrecht erhalten, da diese offenbar nicht als „Arbeiter" im politischen Sinne des Arbeiter- und Soldatenrates galten. Auch wurden keine Wählerlisten aufgestellt. Stattdessen hatten die Wähler ihren Namen mit auf den Stimmzettel zu schreiben![2463] Sie hatten lediglich die Wahl zwischen einer MSPD- und einer USPD-Liste.

Die kurz darauf in der Presse veröffentlichten vorläufigen Wahlergebnisse offenbarten bereits einen überwältigenden Erfolg für die MSPD-Kandidaten, die 47 der 50 Mandate im Arbeiterrat errangen.[2464] Es wurde sowohl eine „in allen Wahllokalen den Tag über gewaltig[e]" Wahlbeteiligung beobachtet,[2465] als auch von den weiblichen Wählern Notiz genommen. Nach vorläufigen Schätzungen betrug der Anteil der weiblichen Wähler 50 Prozent.[2466] Die auf der Wahlvorschlagsliste der Mehrheits-Sozialdemokraten angetretenen fünf Kandidatinnen, darunter ELISABETH STOLZ,[2467] HEDWIG KURTH (1877–?),

[2461] „Neuwahlen zum Arbeiterrat", in: DNN Nr. 318 vom 22. November 1918, S. 3; wortgleich in der „Bekanntmachung des Vereinigten revolutionären Arbeiter- und Soldatenrates zur Neuwahl des Arbeiterrates am 24. November 1918", a.a.O., S. 8 und in: Dresdner Anzeiger Nr. 323 vom 21. November 1918, S. 4.

[2462] „Bekanntmachung des ver. rev. Arbeiter- und Soldaten-Rats Groß-Dresden", in: DNN Nr. 320 vom 24. November 1918, S. 8.

[2463] „Wahlbewegung", in: Dresdner Anzeiger Nr. 8 vom 9. Januar 1919, S. 3.

[2464] „Die Neuwahlen des Dresdner A.- und S.-Rats", in: DNN Nr. 322 vom 26. November 1918, S. 3; „Die Wahlen zum Arbeiterrat", in: Dresdner Anzeiger Nr. 327 vom 25. November 1918, S. 3; „Das endgültige Ergebnis der Wahlen zum Arbeiterrat", in: DNN Nr. 323 vom 27. November 1918, S. 3; „Das endgültige Wahlergebnis" in: Dresdner Anzeiger, Nr. 328 vom 26. November 1918, S. 2. Sowohl vorläufige wie endgültige Wahlergebnisse nach Stimmen weichen jeweils voneinander ab.

[2465] „Die Wahlen zum Arbeiterrat", in: Dresdner Anzeiger Nr. 326 vom 25. November 1918, S. 3.

[2466] „Die Neuwahlen des Dresdner A.- und S.-Rats", in: DNN Nr. 322 vom 26. November 1918, S. 2. Einen Tag später wird die Anzahl der Frauen an den Wählern auf 40 bis 60 Prozent geschätzt. – „Das endgültige Ergebnis der Wahlen zum Arbeiterrat", in: DNN Nr. 323 vom 27. November 1918, S. 3.

[2467] Sie wurde in den Wahlprüfungsausschuss gewählt. – „Erste Tagung des neuen A.- und S.-Rats", in: DNN Nr. 325 vom 29. November 1918, S. 3.

KLARA NOACK (1873–1962) und ERNESTINE LUTZE[2468] (1873–1948), waren als einzige Frauen des insgesamt 100 Mitglieder zählenden Dresdner Arbeiter- und Soldatenrates[2469] gewählt worden.[2470] KLARA NOACK nahm als eine von zwei Frauen unter 489 Delegierten[2471] am ersten Reichskongress der Arbeiter- und Soldatenräte vom 16. bis 21. Dezember 1918 in Berlin teil. Das entsprach einem Frauenanteil von 0,4 Prozent unter den Delegierten. Unklar ist, ob überhaupt alle Wahlkreise zum ersten Reichsrätekongress bereits das Frauenwahlrecht praktizierten, da es keine entsprechenden Festlegungen seitens des Berliner Vollzugsrates des Arbeiter- und Soldatenrates gab.[2472] Auch die Zahl der Wähler ist nicht ermittelbar, da die Delegierten nach der jeweils regional üblichen Praxis der Räte bestimmt und damit nur zum Teil überhaupt im eigentlichen Sinne gewählt wurden.[2473] Der Folgekongress im April 1919 fand wieder ganz ohne weibliche Beteiligung statt,[2474] obwohl nunmehr auch das Frauenwahlrecht formal ausdrücklich festgeschrieben war.

Insgesamt tendierten die Räte zu einer zumindest gleichgültigen, wenn nicht gar feindseligen Haltung gegenüber weiblichen Interessen, auch wenn sie das Frauenstimmrecht selbst nicht in Frage stellten.[2475] Die Etablierung eines Rätesystems, wie es von den radikalen Linken bis hinein in Teile der USPD angestrebt wurde, hätte aufgrund der dargestellten Defizite den Frauen damit deutlich weniger Möglichkeiten geboten, ihre Interessen durchzusetzen, als eine parlamentarische Verfassungsordnung.

[2468] Kandidatenliste abgedruckt in „Neuwahl des Arbeiterrates", in: Dresdner Anzeiger Nr. 325 vom 23. November 1918, S. 2.

[2469] Die Wahl des Soldatenrates fand am Sonnabend, dem 23. November 1918 statt. – „Die Wahl des Soldatenrates Groß-Dresden", in: Dresdner Anzeiger Nr. 325 vom 23. November 1918, S. 2.

[2470] „Der ver.[einigte] Rev. Arbeiter- und Soldatenrat Groß-Dresden", in: Dresdner Anzeiger Nr. 330 vom 28. November 1918, S. 2.

[2471] ROß, Biographisches Handbuch der Reichsrätekongresse, S. 31. Sachsen entsandte 28 Vertreter, davon wiederum 8 aus Dresden. – vgl. „Die Reichskonferenz der A.- und S.-Räte", in: DNN Nr. 343 vom 17. Dezember 1918, S. 1.

[2472] So jedenfalls ROß, a.a.O., S. 33 und Revolution, S. 43, Anm. 12.

[2473] ROß, Biographisches Handbuch der Reichsrätekongresse, S. 35.

[2474] WEBERLING, Zwischen Räten und Parteien, S. 11.

[2475] a.a.O., S. 2f.; ROSENBUSCH, Frauenwahlrecht, S. 489ff.

b. Stimmen zur Einführung des Frauenwahlrechts aus den Reihen der Frauenbewegung

In den Reihen der Frauenbewegung rief das Frauenwahlrecht nicht nur Begeisterung hervor.[2476] Die Frauen betrachteten es gleichzeitig auch als besondere Herausforderung, als „die schwerste Pflicht", die den Frauen in einer schweren Zeit auferlegt wurde.[2477] Die Einführung des Wahlrechts setzte nämlich nicht nur einen Wettbewerb der Parteien um die Stimmen der Frauen in Gang, sondern führte auch seitens der „Unorientierten" zu „wilden Unternehmungen", d. h. Gründung von Vereinen und Frauenparteien[2478], und brachte die Gefahr der Ausnutzung der „Urteilslosigkeit breiter Schichten zur Förderung unklarer und undurchsichtiger Ziele" mit sich. Besonders die Gründung von Frauenparteien stieß auf weite Ablehnung, denn „die Frauen müssen in diejenigen Parteien hineingehen, in die sie nach ihrer Überzeugung und Auffassung hineinpassen".[2479]

Ein erheblicher Teil der künftigen Wählerinnen besaß bis dato weder eine eigene, genau umrissene politische Orientierung, noch waren sie auf die Ausübung politischer Rechte überhaupt vorbereitet. In besonderem Maße traf das auf Frauen aus jenen Bevölkerungsgruppen zu, in denen eine politische Partizipation von Frauen wie auch das Frauenwahl- und Frauenstimmrecht bisher kein Thema gewesen war. Das galt auch für Berufstätige wie Lehrerinnen, Beamtinnen, kaufmännische Angestellte, Hausangestellte, Krankenpflegerinnen und Hebammen.[2480] So war „im Durchschnitt die 20jährige Arbeiterin bei weitem lebensreifer und politisch selbständiger ... als die meisten 20jährigen Mädchen der bürgerlichen Schichten".[2481] Auch die politischen Parteien des bürgerlichen Spektrums selbst standen den Frauen ihrer Klientel weitaus ferner, als das im sozialistischen Lager der Fall war.[2482]

Das ist kaum verwunderlich, denn bis 1918 war keine der maßgeblichen bürgerlichen Parteien für die Interessen von Frauen eingetreten, obwohl der „Bund Deutscher Frauenvereine" mit fast einer halben Million Mitgliedern als größte Organisation der bürgerlichen Frauenbewegung eine durchaus ernst zu nehmende Kraft darstellte. Gerade diese Frauen standen den Parteien

---

[2476] vgl. z. B. BLOS, Befreiung der Frau, in: Dresdner Volkszeitung Nr. 3 vom 4. Januar 1919, S. 2; STRITT, Nach den ersten Wahlen, in: Die Frauenfrage 21 (1919), S. 9f.

[2477] SCHREIBER, Lernt wählen!, S. 9; vgl. „Frauenwahlrecht – Frauenwahlpflicht", in: Dresdner Anzeiger Nr. 333, vom 1. Dezember 1918, S. 3.

[2478] Dazu näher GREVEN-ASCHOFF, Frauenbewegung, S. 158.

[2479] SCHREIBER, a.a.O., S. 12.

[2480] vgl. a.a.O., S. 13.

[2481] a.a.O., S. 10.

[2482] vgl. BLOS, Befreiung der Frau, in: Dresdner Volkszeitung Nr. 3 vom 4. Januar 1919, S. 2.

z. T. aber skeptisch gegenüber, weil sie die Parteipolitik nicht als ein geeignetes Mittel zur Durchsetzung weiblicher Interessen ansahen.[2483]

Mit Blick auf die zu erwartenden Wahlen erschien es daher als dringend notwendig, „Millionen Frauen … aufzuklären, die gänzlich unwissend der Politik gegenüberstanden", da die staatsbürgerliche Erziehung von Mädchen bislang völlig vernachlässigt worden sei. Lediglich einzelne Parteien hätten „ihre Frauen in ihrem Sinne erzogen". Dazu gehörte vor allem die Sozialdemokratie, aber auch das Zentrum, die ihre weibliche Anhängerschaft gezielt schulten.[2484] Politisch unerfahrenen Frauen versuchte man Hilfestellungen zu geben, sich in der politischen Landschaft zurechtzufinden.[2485] Seitens des „Bundes Deutscher Frauenvereine" wurde im Vorfeld der Wahlen zur Weimarer Nationalversammlung daher eine groß angelegte und zentral gesteuerte Aufklärungskampagne für Frauen gestartet. Unter tatkräftiger Unterstützung lokaler Akteurinnen[2486] wurde versucht, die Frauen für ihre Beteiligung an den Wahlen zur Nationalversammlung zu rüsten.[2487]

Nachdem die Mehrheitssozialisten auf dem allgemeinen Kongress der Arbeiter- und Soldatenräte die Abhaltung von Wahlen zu einer verfassungsgebenden Versammlung für den 19. Januar 1919 durchgesetzt hatten, bildete die Frauenbewegung ein breites Aktionsbündnis unter der Federführung des „Bundes Deutscher Frauenvereine", um die Frauen auf ihre Wahlteilnahme vorzubereiten und sie dafür vor allem auch zu mobilisieren.[2488] So traten etwa MARIE STRITT – neben JULIE SALINGER und KATHARINA SCHEVEN – am 30. November 1918 bei einer öffentlichen Versammlung des am 29. Januar 1918 von 31 bürgerlichen und konfessionellen Vereinen gegründeten „Stadtbundes der Dresdner Frauenvereine" – ungeachtet gewisser programmatischer Differenzen untereinander – als Rednerinnen auf, um „die Frauen Dresdens über das ihnen gleichsam über Nacht zugefallene Frauenwahlrecht aufzuklären". Die stark besuchte Versammlung beschloss einstimmig eine Resolution, mit der sie die Gewährung der vollen Bürgerrechte für Frauen „dankbar" begrüßte und zugleich die unverzügliche Einberufung einer Nationalversammlung forderte.[2489] Auch brachte der Stadtbund die „Richtlinien

---

[2483] WEBERLING, Zwischen Räten und Parteien, S. 2f.

[2484] SCHREIBER, a.a.O., S. 10.

[2485] vgl. z. B. TREUGE, Die Vorbereitung der Frau auf die Wahlen, Die Frau 26 (1918/19), S. 73ff.

[2486] In Dresden z. B. frühzeitig durch Vorträge zum Wahlrecht von FRANZISKA OHNESORGE und JULIE SALINGER. – IGEL, Besitzstandswahrung, in: DH 62 (2000), H. 2, S. 43f.

[2487] WEBERLING, a.a.O., S. 34.

[2488] vgl. STRITT, Nach den ersten Wahlen, in: Die Frauenfrage 21 (1919), S. 10; GILDE, Reichsstrafgesetzbuch, S. 171f.

[2489] „Frauenwahlrecht – Frauenwahlpflicht", in: Dresdner Anzeiger Nr. 333 vom 1. Dezember 1918, S. 3.

für Wählerinnen“ des „Deutschen Reichsverbandes für Frauenstimmrecht“ als Plakat und Flugblatt unter die Wählerschaft.[2490]

4. Schlussfolgerungen

Mit ihrem *Aufruf des Rates der Volksbeauftragten an das deutsche Volk vom 12. November 1918* führte die neue Reichsregierung das allgemeine, gleiche, geheime und direkte Wahlrecht unabhängig vom Geschlecht in den Kommunen, auf Landes- und auf Reichsebene als Teil sozialdemokratischer Programmatik ein. Damit wurde zugleich der Rahmen für die künftige Neuregelung des Wahlrechts gesetzt. Nach der Auflösung der Stände durch die sächsischen Volksbeauftragten am 7. Dezember 1918 wurden die Gemeindebehörden mit der Aufstellung von Wählerlisten beauftragt. An den revolutionären Ereignissen wie an den zunächst als neue Regierungsgewalt eingerichteten Arbeiter- und Soldatenräten waren Frauen so gut wie nicht beteiligt. Damit war die Einführung des Frauenwahlrechts auch nicht ein Erfolg der unmittelbaren Bemühungen der Frauenbewegung, sondern Bestandteil der angestrebten, umfassenden Umgestaltung. Seitens der Frauenbewegung wurde die Errichtung eines Rätesystems für die Sache der Frauen überwiegend als negativ angesehen und – wie dann von der MSPD durchgesetzt – der Parlamentarismus befürwortet. Lediglich die USPD-Frauen stellten sich weitgehend hinter das Rätemodell.

Die Frauenbewegung sah die Einführung des Frauenwahlrechts als große Herausforderung an und bemühte sich, Frauen an die Politik und die Wahlen heranzuführen und auf deren Bedeutung aufmerksam zu machen. Der „Bund Deutscher Frauenvereine“ startete dazu eine zentral organisierte Aufklärungskampagne.

II. Das Frauenwahlrecht bei den sächsischen Volkskammerwahlen vom 2. Februar 1919

In Sachsen ordnete die neue Landesregierung die Wahlen einer verfassungsgebenden Landesversammlung an und brach so mit der bis dahin bestehenden zweigliedrigen Ständevertretung des Königreichs. Dazu erging seitens des Gesamtministeriums, das sich in Abwesenheit einer parlamentarischen Legislative noch bis zum Zusammentreten der Volkskammer als Gesetzgeber betätigte, für die sächsischen Volkskammerwahlen vom 2. Februar 1919 ein „Landeswahlgesetz“.

[2490] SCHÜLLER, Marie Stritt, S. 208ff.

1. Die Verordnung über die Wahlen zur Volkskammer der Republik Sachsen (Landeswahlgesetz), vom 27. Dezember 1918

Die *Verordnung über die Wahlen zur Volkskammer der Republik Sachsen (Landeswahlgesetz), vom 27. Dezember 1918*[2491], sah ein Einkammerparlament mit nur 96 Abgeordneten und einer zeitlichen Begrenzung von zwei Jahren vor. Es sollte aus einer allgemeinen, unmittelbaren und geheimen Verhältniswahl hervorgehen. Wahlberechtigt waren alle Männer wie Frauen mit deutscher Staatsangehörigkeit[2492] und Wohnsitz in Sachsen, die das 20. Lebensjahr vollendet hatten.[2493] Für eine Wählbarkeit musste zudem noch die deutsche Staatsangehörigkeit seit mindestens einem Jahr bestehen.[2494]

Das LandeswahlG von 1918 übernahm damit im Wesentlichen die Regelungen des Reichswahlrechts[2495] wie auch die Wahlkreiseinteilung. Während Sachsen für die Wahlen zur Zweiten Kammer des Landtages in 91 und für die Reichstagswahlen vormals in 23 Wahlkreise geteilt war,[2496] bestanden jetzt gemäß § 6 LandeswahlG 1918[2497] nur noch drei Wahlkreise: Im 1. (28.) Wahlkreis (Dresden) wurden 35, im 2. (29.) Wahlkreis (Leipzig) 24 und im 3. (30.) Wahlkreis (Chemnitz) 37 Abgeordnete für die Volkskammer gewählt und für die Nationalversammlung im 1. und im 3. Wahlkreis jeweils 12 und im 2. Wahlkreis 8 Abgeordnete.[2498] Die Aufteilung in diese drei Wahlkreise wurde später durch das *Reichswahlgesetz vom 27. April 1920*[2499] übernommen. Für die Landtagswahlen wurden dagegen mit dem *Landeswahlgesetz für den Freistaat Sachsen, vom 4. September 1920*[2500] die Wahlkreise aus verwaltungstechnischen Gründen an die Verwaltungsbezirke angeglichen, so dass nunmehr die Kreishauptmannschaften Bautzen und Dresden dem 1., die

[2491] In: GVBl. 1918, S. 408-410.

[2492] Auch österreichische Staatsangehörige mit Wohnsitz in Sachsen wurden unter bestimmten Voraussetzung für die Volkskammerwahl für wahlberechtigt erklärt. – *Verordnung zur Ergänzung des Landeswahlgesetzes vom 27. Dezember 1918, vom 24. Januar 1919*, in: GVBl. 1919, S. 11-12.

[2493] §§ 1-3 LandeswahlG 1918, in: GVBl. 1918, S. 408.

[2494] § 5 LandeswahlG 1918, a.a.O., S. 408.

[2495] vgl. § 7 LandeswahlG 1918, a.a.O., S. 409.

[2496] Zur Zuordnung im Detail vgl. ZEICHART, Die Wahlen, in: SächsStLAZ 66/67 (1919/20), S. 328f.

[2497] GVBl. 1918, S. 408f.

[2498] vgl. ZEICHART, a.a.O., S. 329.

[2499] In: RGBl. 1920, S. 627-635.

[2500] In: GVBl. S. 331-337, insbes. S. 332.

Kreishauptmannschaft Leipzig dem 2. und die Kreishauptmannschaften Chemnitz und Zwickau dem 3. Wahlkreis zugeordnet wurden.[2501]

2. Weibliche Kandidaturen bei den Wahlen zur Volkskammer am 2. Februar 1919

Bei den Wahlen zur Sächsischen Volkskammer am 2. Februar 1919, aus denen die MSPD als stärkste Kraft hervorging,[2502] traten insgesamt 42 Frauen für sechs verschiedene Parteien an, allerdings vornehmlich nur auf hinteren Listenplätzen.[2503] Für viele Frauen bisher unvorstellbar, hatten sämtliche politische Parteien und darunter auch solche, die bisher in schärfster Gegnerschaft zum Frauenwahlrecht standen, nahezu durchgängig weibliche Kandidaten auf ihre Wahlvorschläge gebracht, einschließlich einer Reihe bekannter Protagonistinnen der Frauenbewegung. Die Gründe für diesen Wandel wurden nicht in einer veränderten Haltung zur Frauenfrage gesehen, „sondern in den meisten Fällen wohl mehr der Not gehorchend als dem eigenen Triebe".[2504] Dieses Engagement sei vielfach nicht aus Überzeugung erfolgt, denn „sie haben eher gemußt, unter die Konsequenz der Idee gebeugt, die sie fortriß".[2505]

So fanden sich beispielsweise im 1. Wahlkreis (Dresden) insgesamt 16 Kandidatinnen in den Wahlvorschlägen, davon lediglich vier überhaupt auf vorderen Listenplätzen: für die DDP JULIE SALINGER auf Listenplatz 5, für die DVP LOTTE SCHURIG auf 8, für die DNVP FRANZISKA OHNESORGE auf 7 und für die USPD ANNA JACOB auf 4.[2506] Alle weiteren Kandidatinnen waren auf Platz 10 oder schlechter eingeordnet. Dadurch ergaben sich unter Berücksichtigung der Chancen für die einzelnen Parteien nur sehr geringe Aussichten für den Wahlerfolg einer Frau.

Bemerkenswert ist, dass nahezu alle Kandidatinnen aus Dresden oder aus den damaligen – und mittlerweile eingemeindeten – unmittelbaren Umlandgemeinden der Stadt kamen. Auffällig viele Kandidatinnen übten den damals bereits in gewissem Rahmen etablierten Frauenberuf der Lehrerin aus oder

---

2501 vgl. ZEICHART, a.a.O., S. 329. Das erschwert die Vergleichbarkeit der Wahlergebnisse in den einzelnen Wahlkreisen.

2502 Zum Wahlergebnis im Einzelnen MATZERATH, „Auf der Bahn der Demokratie und des Sozialismus", in: Varianten der Moderne, S. 57.

2503 L. VOGEL, „...so bin ich da als Mutter" Teil 1, in: Landtagskurier, Jg. 2007, H. 4, S. 23.

2504 STRITT, Nach den ersten Wahlen, in: Die Frauenfrage 21 (1919), S. 10.

2505 BÄUMER, Zwischen den Zeiten, in: Die Frau 26 (1918/19), S. 72.

2506 Namen der Kandidatinnen und Listenplätze beruhen auf der „Amtlichen Bekanntmachung. Wahlvorschläge in dem 1. Wahlkreise für die Wahlen zur Volkskammer", in: Dresdner Anzeiger Nr. 27 vom 28. Januar 1919, S. 9.

besaßen einen Beruf bzw. sonstigen Status, der auf eine gewisse wirtschaftliche Unabhängigkeit schließen lässt. Ähnliches zeigen auch die Kandidatenlisten der anderen sächsischen Wahlkreise.[2507]

Ein großer Teil dieser Kandidatinnen hatte zuvor schon für die Weimarer Nationalversammlung kandidiert. Die Platzierung der Frauen auf den jeweils zwölfköpfigen Listen der Wahlvorschläge war hier ebenfalls wenig aussichtsreich gewesen. Im 28. Wahlkreis (Dresden) waren für die MSPD mit ERNESTINE LUTZE und HEDWIG KURTH gerade mal zwei Kandidatinnen auf den Listenplätzen 4 und 10 angetreten. Die bürgerlichen Parteien stellten jeweils mindestens eine Kandidatin auf, die DNVP – auf aussichtslosen – Plätzen sogar zwei. Die beste Listenplatzierung von Frauen in diesem Wahlkreis hatten ANNA JACOB für die USPD und LOTTE SCHURIG für die DVP jeweils mit Platz drei.

3. Die schlechte Listenplatzierung von Frauen und ihre Ursachen

Die Ursachen für die schlechte Platzierung der Frauen auf den Wahlvorschlagslisten2508 liegen vor allem in der Beschränkung der Kandidatinnen auf vermeintlich weibliche Politikfelder. Besonders „wertvoll" galt die Mitarbeit von Frauen in Bereichen wie Jugendfürsorge, Waisenpflege, der Übernahme von Vormundschaften, der Hinterbliebenen- und Armenfürsorge und der Lebensmittelversorgung.[2509] Als Verfechterinnen von vorrangig weiblichen Interessen traten die Frauen damit als Repräsentantinnen einer Gruppe auf, die weder in sich homogen noch mit entsprechendem Machtpotential ausgestattet war. Gemeinsam mit ihrer in der Regel erst seit wenigen Jahren möglichen Mitgliedschaft in den Parteien[2510] erwuchs ihnen daraus nur ein sehr geringer Rückhalt vor allem innerhalb der Basis ihrer Parteien. Mit ihrer Selbstbeschränkung auf Frauenthemen bewegten sie sich inhaltlich „an der Peripherie sozialer und politischer Verteilungskämpfe"[2511], wurden aber

[2507] vgl. „Bei dem unterzeichneten Wahlausschuß…[Leipzig]", in: Beilage zu Nr. 21 der Sächsischen Staatszeitung vom 27. Januar 1919, S. 6; „Wahlvorschläge der Parteien im 3. Kreis für die Wahlen zur Volkskammer der Republik Sachsen", in: Beilage zu Nr. 22 der Sächsischen Staatszeitung, Nr. 22 vom 28. Januar 1919, S. 8.

[2508] Dargestellt am Beispiel der DDP von GREVEN-ASCHOFF, Frauenbewegung, S. 159ff.

[2509] Diese Politikfelder benennt aus den Reihen der Sozialdemokratinnen etwa die Schriftstellerin und Frau des württembergischen Ministerpräsidenten ANNA BLOS, Die Stellung der Frau im Volksstaat, in: Dresdner Volkszeitung Nr. 6 vom 10. Januar 1919, S. 2.

[2510] Da Frauen überhaupt erst durch die Einführung des Reichsvereinsgesetzes vom 19. April 1908 die Möglichkeit bekommen hatten, in *allen* Bundesstaaten Mitglied politischer Parteien zu werden, waren parteigebundene Interessenvertretungen von Frauen schon deshalb noch relativ neue Gebilde.

[2511] GREVEN-ASCHOFF, Frauenbewegung, S. 163.

gleichzeitig nicht als Vertreterinnen dieser Interessen in den Parteien wahrgenommen. Doch auch eine Kompetenz von Frauen in sozialen Fragen war nicht vorbehaltlos anerkannt. Selbst nach der Liberalisierung des Wahlrechts wurden etwa bei der Wahl von Armenpflegern in Dresden unter 857 Armenpflegern lediglich 23 Frauen vom Wahlausschuss vorgeschlagen.[2512]

Zudem war es schwierig, überhaupt Frauen für die politische Arbeit zu gewinnen, so dass sie in der Mitgliedschaft der Parteien auch zahlenmäßig deutlich in der Minderheit waren. Daraus entstanden den politisch aktiven Frauen entscheidende Nachteile für die Kandidatur um aussichtsreiche Positionen auf den Wahlvorschlagslisten und damit für eine erfolgreiche Kandidatur. CAMILLA JELLINEK (1860–1940), Witwe des Staatsrechtslehrers GEORG JELLINEK (1851–1911) und in Rechtsfragen führender Kopf des „Bundes Deutscher Frauenvereine“, resümiert mit Blick auf das passive Frauenwahlrecht, dass „zwischen Gesetz und Ausführung ein bedenklicher Abgrund“ klaffe. Zwar könne jede Frau wählen gehen, aber selbst die hohe Wahlbeteiligung der Frauen habe nicht dazu geführt, dass die politischen Kräfteverhältnisse zugunsten jener Parteien verschoben worden seien, auf deren Kandidatenlisten sich gerade Verfechter von Frauenforderungen zur Wahl gestellt hätten. „Das aktive Wahlrecht allein würde also für die Frauen als solche von keiner allzu großen Bedeutung sein.“[2513]

Als Ursache dafür machte sie das Nominierungsverfahren der Kandidaten in den Parteien aus: Die Namen für die Wahlvorschläge seien nach der üblichen Verfahrensweise von den Parteivorständen zusammengestellt und dann zur Diskussion und Beschlussfassung durch die Mitgliederversammlungen gebracht worden. Die Anzahl von Frauen im Vergleich zu den Männern sei aber in den Vorständen „verschwindend klein“ und auch in der Mitgliedschaft gering. Das wirke sich sowohl direkt bei Aufstellung der Kandidaten aus als auch indirekt dadurch aus, dass es durchaus als „gerecht“ empfunden werde, wenn in die Parteivorstände angesichts deren bedeutender Machtstellung nur sehr wenige Frauen gewählt würden.[2514]

Auf den Listen fanden sich nicht nur wenige Namen von Frauen,[2515] sondern auch das zugrundeliegende Auswahlverfahren erschien der Frauenbewegung befremdlich: CAMILLA JELLINEK erkennt dahinter eine Absicht der Männer,

[2512] Sitzungsberichte der Stadtverordneten zu Dresden vom Jahre 1919, 9. öffentliche Sitzung vom 20. März 1919, S. 231; vgl. „Stadtverordnetensitzung“, in: DNN Nr. 78 vom 22. März 1919, S. 3.

[2513] C. JELLINEK, Der graue Alltag im Frauenstimmrecht, in: Die Frau 26 (1918/19), S. 341f.

[2514] a.a.O., S. 342.

[2515] Bei den Wahlen auf Bundesebene, in den Ländern und den Gemeinden seien durchschnittlich auf einen männlichen Kandidaten lediglich acht bis zehn Frauen auf den Wahlvorschlagslisten vertreten gewesen.

bei denen „begreiflicherweise ausgesprochene Vertreterinnen der Frauenrechte“ nicht beliebt seien. Wenn ein Mann schon nicht als Persönlichkeit, „sondern wegen seines Berufs, seiner Standesinteressen, ja bisweilen wegen des Stadtteils, in dem er wohnt, ausgesucht“ werde, so würden Frauen erst recht nur deshalb gewählt, weil sie Frauen seien und dazu noch als Vertreterinnen potentieller Wählerinnen ihres Berufsstandes ohne Rücksicht darauf, ob sie Fraueninteressen vertreten. Bei der Aufstellung der Wahllisten würden neben Jugendlichen – die Jugendorganisationen hätten ein besonderes Interesse an einer Vertretung – verheiratete Frauen bevorzugt. Letztlich fiel C. JELLINEKS Urteil über die weiblichen Mandatsträger vernichtend aus: Nach Anzahl und persönlichen Eigenschaften seien von ihnen „wahrscheinlich“ keine „ausschlaggebenden Leistungen „zu erwarten. Das wirke sich wiederum kontraproduktiv auf die Vertretung von Frauen aus, da die Gegner des Frauenstimmrechts in ihrem Vorurteil weiblicher Inkompetenz in der Politik bestätigt würden.[2516] In dieser Einschätzung scheint sie hier gegen bestimmte Vertreterinnen zu polemisieren, denn es ist festzustellen, dass der überwiegende Teil der Kandidatinnen in irgendeiner Form politisch aktiv war und nicht wenige sogar zu den führenden Vertreterinnen der Frauenbewegung gehörten.[2517]

MARIE STRITT sieht die Situation der ersten weiblichen Kandidatinnen „trotz mancher nicht unbedingt erfreulichen Erfahrungen im Parteigetriebe“ gleichwohl positiver. So erkennt sie zumindest in einigen Fällen eine ernste Absicht, eine Frau tatsächlich ins Parlament bringen zu wollen.[2518] Und auch in den durchaus häufigen Fällen, in denen sich Frauen erst auf Platz drei oder vier des Wahlvorschlags befinden, erkennt sie einen guten Willen zugunsten der Frauen, der nur „von dem vorsichtig ängstlichen Bestreben, männliche Kandidaten und alte Parlamentarier nicht vor den Kopf zu stoßen, erheblich beeinträchtigt wurde“. Weiter hinten platzierte Frauen seien hingegen gerade auf den insgesamt weniger aussichtsreichen bürgerlichen Wahlvorschlägen „lediglich als Plakate für die Wählerinnen gedacht“.[2519] Sie selbst kandidierte – wenn auch erfolglos – für die DDP im 28. Wahlkreis für die Nationalversammlung.[2520] Neben MARIE STRITT hatten sich zahlreiche der führenden

[2516]C. JELLINEK, a.a.O., S. 342f.

[2517]GREVEN-ASCHOFF, Frauenbewegung, S. 161.; vgl. auch STRITT, Nach den ersten Wahlen, in: Die Frauenfrage 21 (1919), S. 10.

[2518]So stand etwa GERTRUD BÄUMER auf Betreiben des DDP-Vorsitzenden FRIEDRICH NAUMANN (1860–1919) gleich in zwei Wahlkreisen auf Platz 2.

[2519]STRITT, Nach den ersten Wahlen, in: Die Frauenfrage 21 (1919), S. 10.

[2520]vgl. SCHÜLLER, Marie Stritt, S. 213f.

Vertreterinnen der Frauenbewegung der im November 1918 neu gegründeten DDP angeschlossen.[2521]

Doch auch die Teilnehmerinnen der DDP-Frauentagung im Sommer 1919 mussten beklagen, dass die Kandidatur von Frauen bei den Wahlen zu den verfassungsgebenden Versammlungen auf Reichs- und Länderebene von ihrer Partei mehr geduldet als gefördert worden sei. Dennoch gelang es einzelnen Frauen, sich in der Parteihierarchie durchzusetzen und in führende Positionen zu gelangen. So wurde etwa GERTRUD BÄUMER, Vorsitzende des „Bundes Deutscher Frauenvereine", 1919 zu einem von drei stellvertretenden DDP-Vorsitzenden gewählt und zwar wohl vorrangig nicht als Vertreterin von Fraueninteressen, sondern jedenfalls als anerkannte Kulturpolitikerin.[2522]

Nicht zu vernachlässigen ist aber auch die Praxis, dass es Kandidatinnen gab, die auf eigenen Wunsch überhaupt nur als Stimmkandidatinnen und Listenfüllerinnen zur Wahl antraten, ohne überhaupt tatsächlich gewählt werden zu wollen. Ein sehr prominentes Beispiel ist hier die frühere Vorsitzende des „Deutschen Verbands für Frauenstimmrecht" LIDA GUSTAVA HEYMANN (1868–1943), eine der führende Köpfe des radikalen Flügels der bürgerlichen Frauenbewegung. Sie ließ sich erst als Kandidatin für die Nationalversammlung aufstellen, nachdem sie sich versichert hatte, keine Chance auf einen Wahlerfolg zu haben.[2523]

4. Teilnahme von Frauen an öffentlichen Wahlveranstaltungen

Trotz aller Widerstände verstummten die Gegner des „Frauenstimmrechts" weitgehend und zumindest im offiziellen Auftreten der Parteien wurde es akzeptiert. Ausgewiesene Gegner wandelten sich z. T. sogar zu angeblichen Vertretern von Fraueninteressen.[2524] Im Wahlkampf Anfang 1919 traten Frauen

[2521] SCHÜLLER, a.a.O., S. 212f.

[2522] GREVEN-ASCHOFF, Frauenbewegung, S. 163 und 166.

[2523] WEBERLING, Zwischen Räten und Parteien, S. 54.

[2524] vgl. die bissige Analyse der neuen Situation von BÄUMER, Der erste Wahlkampf, in: Die Frau 26 (1918/19), S. 133f.

bei öffentlichen Wahlversammlungen auf.[2525] Die Presse berichtete von ihren Auftritten, so etwa über „Maria“ STRITT als Rednerin zum Thema „Frauenforderungen an den Volksstaat“ am 5. Januar 1919 bei einer Veranstaltung der DDP: Sie formulierte öffentlich die Forderung von Frauen z. B. nach Umgestaltung der Ehegesetze im Sinne einer rechtlichen Gleichstellung von Mann und Frau, besserer Rechtslage des unehelichen Kindes, Aufhebung der Reglementierung der Prostitution, Ausbau des Arbeiterinnenausschusses, Zutritt für Frauen zu den Berufsvertretungen und erweiterten allgemeinen Bildungsmöglichkeiten.[2526] Auch Frauenorganisationen, wie etwa der „Stadtbund der Dresdner Frauenvereine“, traten mit eigenen Wahlveranstaltungen an die Öffentlichkeit.[2527] Unmittelbar nach der Wahl der Nationalversammlung setzte sich der Wahlkampf – nun für die Volkskammerwahl – fort. Frauen wandten sich erneut bei Wahlveranstaltungen selbst an die Wählerschaft.[2528]

Zeitgenossen schätzten die Anteilnahme der Frauen an den Wahlversammlungen als über Erwarten groß ein.[2529] Die erstmalige Ausübung des Wahlrechts durch die Frauen selbst wurde danach sogar vielfach zum

[2525]So beispielsweise die Vorsitzende des Deutschen Frauenbundes für abstinente Kultur Frl. GUSTEL VON BLÜCHER (1860–1940) aus Dresden am 2. Januar 1919 bei der DDP zum Thema: „Wie wollen wir deutschen Staatsbürgerinnen wählen.“ – Anzeige, in: DNN Nr. 1 vom 1. Januar 1919, S. 9 und Dresdner Anzeiger Nr. 1 vom 1. Januar 1919, S. 10, sowie der Bericht darüber in der DNN Nr. 3 vom 4. Januar 1919, S. 3 und Dresdner Anzeiger Nr. 3 vom 3. Januar 1919, S. 3: Die Verleihung des Wahlrechts der Frau erlege ihr die moralische Pflicht auf, auch davon Gebrauch zu machen. Die DDP trete für die vollkommene Gleichberechtigung der Geschlechter ein. Die Hebung der allgemeinen Sittlichkeit sei nur durch den Erlass alkoholgegnerischer Gesetze möglich.; LOTTE SCHURIG bei der DVP – DNN Nr. 3 vom 4. Januar 1919, S. 3 und (Anzeigen) S. 8, sowie Bericht „Wahlbewegung“, in Dresdner Anzeiger Nr. 6 vom 7. Januar 1919, S. 5; JULIE SALINGER bei einer gemeinsamen Veranstaltung von DDP und dem Dresdner Hausfrauenbund am 13. Januar 1919 zum Thema „politische Aufklärung von Hausangestellten“ – Anzeige, in: DNN Nr. 11 vom 12. Januar 1919 (zweite Ausgabe), S. 11; ANNA GRADNAUER (MSPD) als Rednerin in Radeberg – Anzeige, Dresdner Volkszeitung Nr. 4 vom 7. Januar 1919, S. 8; mehrere männliche wie weibliche Referenten auch bei einer Wahlversammlung für Frauen der Bürgerlichen Vereinigung Cossebaude – „Eine Versammlung für Frauen…“, in: Elbtal-Abendpost Nr. 2 vom 3. Januar 1919, S. 2.

[2526]DNN Nr. 6 vom 8. Januar 1919, S. 3; vgl. „Wahlbewegung“, in: Dresdner Anzeiger Nr. 6 vom 7. Januar 1919, S. 5.

[2527]Referentinnen waren z. B. PAULA SCHLODTMANN, Schulvorsteherin in Dresden und Vorstandsmitglied des Vereins Frauenbildung-Frauenstudium, und ANNEMARIE VON WILUCKA, die spätere Schatzmeisterin des „Stadtbundes der Dresdner Frauenvereine“ – Anzeige, in: DNN Nr. 3 vom 4. Januar 1919, S. 8.

[2528]z. B. Vortrag von Frl. VON PFUEL am 29. Januar 1919 zum Thema „Frauenaufgaben in Gegenwart und Zukunft.“–Anzeige, in: DNN Nr. 22 vom 29. Januar 1919, S. 4; Frl. RATHENAU und KATHARINA SCHEVEN „Politische Aufgaben der Frau“ bei der DDP am 30. bzw. 31. Januar – Anzeige in: DNN Nr. 28 vom 30. Januar 1919, S. 8.

[2529]„Eheglück, Frauenglück und die Wahlen“, in: Elbtal-Abendpost Nr. 8 vom 11. Januar S. 2; vgl. STRITT, Nach den ersten Wahlen, in: Die Frauenfrage 21 (1919), S. 10.

Familienereignis: GERTRUD BÄUMER schildert, dass ganze Familien mit ihren Kindern zum Wahllokal kamen, damit auch diese den denkwürdigen Moment miterleben konnten, wie ihre Mutter zum ersten Mal wählte.[2530]

5. Das Abschneiden von Frauen bei den Wahlen zur Volkskammer

Bereits wenige Wochen nach der Wahl zur Weimarer Nationalversammlung wählte Sachsen am 2. Februar 1919 mit der Volkskammer seine Verfassungsgebende Landesversammlung. Der Forderung des Landesrates der Arbeiter- und Soldatenräte, diese Wahlen gemeinsam mit denen zur Weimarer Nationalversammlung abzuhalten, war das Innenministerium nicht gefolgt.[2531] Als stärkste Partei in Sachsen ging wiederum die MSPD aus den Wahlen hervor. Von den insgesamt 96 Sitzen errang sie 42 – mit 21 die meisten davon im 3. Wahlkreis (Chemnitz) –, verfehlte aber eine absolute Mehrheit.[2532]

Im Vergleich zu den Wahlen zur Nationalversammlung mussten die Mehrheits-Sozialdemokraten in Sachsen einen Stimmenverlust von rund zehn Prozent hinnehmen.[2533] Die Dresdner Volkszeitung vermutet daher, dass dieser Rückgang auf eine geringe Parteibindung und eine aufkommende „Gleichgültigkeit" zurückzuführen seien, „am meisten wohl beim weiblichen Geschlecht, auf dessen ausschlaggebende Bedeutung die eingetretenen Schwankungen zum allergrößten Teile mit beruhen".[2534]

Als am 25. Februar die neu gewählte Volkskammer des Freistaates Sachsen zu ihrer ersten Plenarsitzung in Dresden zusammentrat,[2535] waren lediglich drei Frauen unter den Abgeordneten: JULIE SALINGER (DDP) aus Dresden, HELENE WAGNER[2536] (MSPD) aus Chemnitz und ANNA GEYER[2537] (USPD)

[2530] BÄUMER, Der erste Wahlkampf, in: Die Frau 26 (1918/19), S. 133.

[2531] „Festsetzung der sächsischen Wahlen auf den 2. Februar", in: DNN Nr. 2, vom 2. Januar 1919, S. 2; vgl. „Wahlbewegung", in: Dresdner Anzeiger Nr. 8 vom 9. Januar 1919, S. 3; „Ministerium des Innern und Vollzugsrat der A.- und S.-Räte, in: Elbtal-Abendpost Nr. 2 vom 3. Januar 1919, S. 1.

[2532] „Amtliche Bekanntmachung. Wahlergebnis der Wahlen zur Volkskammer der Republik Sachsen im 1. Wahlkreise", in: Dresdner Anzeiger Nr. 40 vom 10. Februar 1919, S. 4.

[2533] vgl. FALTER/LINDENBERGER/SCHUMANN, Wahlen und Abstimmungen, S. 67 und 100.

[2534] „Die Wahlen zur Sächsischen Volkskammer", in: Dresdner Volkszeitung Nr. 25 vom 31. Januar 1919, S. 1f.

[2535] vgl. die *Bekanntmachung, die Einberufung der Volkskammer betreffend; vom 11. Februar 1919*, in: GVBl. 1919, S. 28.

[2536] (1877-?) Sie hatte bereits ohne Erfolg für die Weimarer Nationalversammlung im 30. WK kandidiert. – „Sozialdemokratische Liste im 30. Wahlbezirk.", in: DNN Nr. 3 vom 3. Januar 1919, S. 3.

[2537] (1893-1973) Ehefrau von KURT GEYER, der Mitglied der Weimarer Nationalversammlung war, Kassiererin der USPD-Volkskammerfraktion. – Verzeichnis der Mitglieder, Ausschüsse und Fraktionen der Volkskammer des Freistaates Sachsen, 1919, S. 11.

aus Leipzig-Stötteritz.[2538] Das entsprach einem Frauenanteil in der Volkskammer von lediglich 3,1 Prozent. Die Tatsache, dass die drei Frauen ausgerechnet die größten Städte Sachsens vertraten, legt den Schluss nahe, dass hier die Akzeptanz des Frauenwahlrechts ungleich größer war als anderswo im Land.[2539] Allerdings konnte sich Leipzig als über Jahrzehnte hin auch überregional wirksames Zentrum der deutschen Frauenbewegung nicht durch eine besonders hohe Erfolgsrate von Frauen von den anderen großen sächsischen Städten abheben. Auch die Besonderheit Leipzigs als USPD-Hochburg und die damit verbundenen Wahlerfolge dieser deutlich linksstehenden Partei, ermöglichten den Frauen keine überdurchschnittlichen Erfolge.

In anderen Bundesländern schafften es Frauen trotz einiger Kandidaturen gar nicht, einen Sitz in der Verfassungsgebenden Versammlung zu erringen. So blieb beispielsweise im Freistaat Oldenburg die Verfassungsgebende Landesversammlung ohne Frauen, obwohl hier 19 Kandidatinnen zur Wahl angetreten waren.[2540] Auch der erste, am 6. Juni 1920 gewählte Landtag war trotz 8 Prozent weiblicher Kandidaten anfangs noch rein männlich zusammengesetzt. Erst 1932 gelang es hier der Sozialdemokratin ELISABETH FRERICHS (1883–1967) als erster Frau am Wahltag in den Landtag einzuziehen.[2541] Die Wahl zur Verfassungsgebenden Preußischen Landesversammlung am 26. Januar 1919 brachte für 22 Frauen[2542] ein Mandat, die damit 5,5 Prozent der insgesamt 402 Abgeordneten stellten.[2543] In Bayern gehörten aufgrund der

[2538] Verzeichnis der Mitglieder, Ausschüsse und Fraktionen der Volkskammer des Freistaates Sachsen, 1919, S. 3, 6, 7 und 9. GEYER und WAGNER waren 1919 Mitglied im Petitionsausschuss, SALINGER im Rechenschafts-Ausschuss.

[2539] So auch MATZERATH, „Auf der Bahn der Demokratie und des Sozialismus“, in: Varianten der Moderne, S. 57.

[2540] Ergebnis der Wahlen zur Landesversammlung: MSPD 33,4 Prozent, DDP 31,1, Zentrum 22,0, DVP 11,4, DNVP 2,1. – FALTER/LINDENBERGER/SCHUMANN, Wahlen und Abstimmungen, S. 100.

[2541] Es gab zuvor lediglich drei Nachrückerinnen für ausgeschiedene Abgeordnete. – SCHNITGER, Frauen und Parlamente, S. 84.

[2542] Verzeichnis der Mitglieder, in: Handbuch für den Preußischen Landtag 1921, S. 229ff.

[2543] Ergebnis: MSPD 36,4 Prozent, Zentrum 22,3, DDP 16,2, DNVP 11,2, USPD 7,4, DVP 5,7, DHP 0,5, SHBL 0,4. – FALTER/LINDENBERGER/SCHUMANN, Wahlen und Abstimmungen, S. 101; vgl. MÖLLER, Parlamentarismus, S. 228; BRAUNE, Adele Schreiber, S. 314.

Wahl zum ersten Landtag am 12. Januar 1919[2544] von insgesamt 180 Abgeordneten sieben Frauen, mithin 3,9 Prozent, dem Parlament an.[2545] Die meisten Stimmen entfielen hier auf eine bürgerliche Partei (BVP).[2546] Sie stellte drei Parlamentarierinnen, DDP und MSPD jeweils zwei. Unter den am 12. Januar 1919 gewählten 150 Mitgliedern der Verfassungsgebenden Landesversammlung für den Volksstaat Württemberg befanden sich 13 Frauen (8,7 Prozent).[2547] In den thüringischen Staaten zeigte sich ein sehr unterschiedliches Bild: Während am 2. Februar 1919 für den Landtag des Freistaates Reuß j. L. drei Frauen von insgesamt 21 Abgeordneten (14,3 Prozent!) und im Landtag des Freistaates Reuß ä. L. am selben Tage zumindest eine Frau unter 15 (6,7 Prozent) ein Mandat erhielten,[2548] blieben die Landtage der Freistaaten Schwarzburg-Rudolstadt[2549] und Schwarzburg-Sondershausen[2550] ohne weibliche Beteiligung. Die sächsischen Frauen erreichten somit ein im Vergleich zu anderen Ländern durchaus noch respektables Ergebnis.

Bis zum Ende der Tätigkeit der Volkskammer blieb die Zahl der weiblichen Mitglieder weitgehend konstant. Während mit ELSE ULICH-BEIL (1886–1965)[2551] am 4. Februar 1920 für die DDP ein Mitglied des „Bundes Deutscher Frauenvereine" in die Volkskammer für den wegen Krankheit ausgeschiedenen ehemaligen Staatsminister EMIL ROBERT OTTO NITZSCHKE aus Leutzsch b. Leipzig nachrückte,[2552] schied ANNA GEYER zugunsten von PAUL

[2544] Ergebnis: USPD 2,5 Prozent, SPD 33, DDVP 14, BVP 35, NLP 5,8, BBB 9,1 – FALTER/LINDENBERGER/SCHUMANN, Wahlen und Abstimmungen, S. 91.

[2545] Verzeichnis der Mitglieder des Bayerischen Landtags nach dem Stande vom 27. März 1919, in: Verhandlungen des Bayerischen Landtags. Ordentliche und außerordentliche Tagung 1919. Stenografische Berichte Nr. 1 bis 27, 1. Sitzung am 21. Februar 1919 bis zur 27. Sitzung am 24. Oktober 1919, 1. Band, S. XXXI–XLVII. – In Bayern nahm der erste demokratisch gewählte Landtag die Funktion einer verfassungsgebenden Versammlung wahr.

[2546] Neben Bayern konnte in den nach dem Versailler Vertrag verbleibenden Gebieten nur noch in Baden eine bürgerliche Partei – das Zentrum mit 36,6 Prozent – die meisten Stimmen bei den Wahlen zur verfassungsgebenden Landesversammlung erzielen, sonst erhielt die MSPD bzw. in Thüringen die USPD die meisten Sitze. Alle Wahlergebnisse bei FALTER/LINDENBERGER/SCHUMANN, Wahlen und Abstimmungen, S. 89ff.

[2547] Darunter auch Vater und Tochter sowie ein Ehepaar, was in keiner anderen verfassungsgebenden Versammlung sonst der Fall war. – RABERG, Biographisches Handbuch der württembergischen Landtagsabgeordneten, S. XXVI.

[2548] SEELA, Landtage und Gebietsvertretungen in den reußischen Staaten 1848/67–1923, S. 149 bzw. 190.

[2549] LENGEMANN, Landtag und Gebietsvertretung von Schwarzburg-Rudolstadt, S. 128f.

[2550] LENGEMANN, Landtag und Gebietsvertretung von Schwarzburg-Sondershausen, S. 293.

[2551] Sie wird wie die anderen Frauen im Mai 1920 als Mitglied des Prüfungsausschusses geführt. – Verzeichnis der Mitglieder, Ausschüsse und Fraktionen der Volkskammer des Freistaates Sachsen nach dem Stande vom 6. Mai 1920, S. 10.

[2552] ULICH-BEIL, Ich ging meinen Weg, S. 77; vgl. Verzeichnis der Mitglieder, Ausschüsse und Fraktionen der Volkskammer des Freistaates Sachsen nach dem Stande vom 6. Mai 1920, S. 7.

BARTHEL aus Lunzenau (Mulde) vorzeitig aus.[2553] ULICH-BEIL hatte die DDP bereits in den Wahlkämpfen unterstützt, weil sie als Frau, der das Wahlrecht gegeben wurde, am Aufbau der Demokratie mitarbeiten wollte. Ihre Kandidatur im Leipziger Wahlkreis war zunächst aber erfolglos geblieben.[2554]

Auch bei den Wahlen zur Nationalversammlung war es bereits nach dem ersten vorläufigen Wahlergebnis absehbar gewesen, dass es nur wenigen Frauen gelungen war, ein Mandat zu erringen. Somit hatte sich die Situation der Frauen nicht verändert. Von den sächsischen Kandidatinnen schafften es lediglich die MSPD-Frauen ERNESTINE LUTZE (1873–1948) im 28. Wahlkreis (Dresden)[2555] und MINNA SCHILLING, geb. Petermann, (1877–1943) aus Döbeln (daselbst seit 1919 Stadtverordnete und später unbesoldete Stadträtin) im 30. Wahlkreis (Chemnitz).[2556] Trotz des schlechten Abschneidens sächsischer Frauen setzte das Wahlergebnis der Weimarer Nationalversammlung auf lange Zeit hin Maßstäbe: Der Anteil von 8,6 Prozent Frauen unter den am 19. Januar 1919 gewählten Abgeordneten[2557] wurde erstmals wieder im Deutschen Bundestag zu Beginn der Wahlperiode 1953-1957 mit 8,8 Prozent erreicht und liegt – nach einem zwischenzeitlichen erneuten Rückgang in den 1970er Jahren – erst seit der Bundestagswahl von 1987 über 10 Prozent.[2558]

[2553]vgl. Verzeichnis der Mitglieder, Ausschüsse und Fraktionen der Volkskammer des Freistaates Sachsen nach dem Stande vom 6. Mai 1920, S. 7f.

[2554]ULICH-BEIL, a.a.O., S. 77f.

[2555]Ergebnis im 28. Wahlkreis: SPD 7 Sitze, DDP 2, DNVP 2, DVP 1. – „Die vorläufigen Wahlergebnisse in Sachsen", in: DNN Nr. 20 vom 22. Januar 1919, S. 3; „Verändertes Wahlergebnis im 28. Wahlkreis (Ostsachsen)", in: DNN Nr. 21 vom 23. Januar 1919, S. 2.

[2556]„Der Wahltag in Sachsen", in: DNN Nr. 19 vom 21. Januar 1919, S. 1.; „Die vorläufigen Wahlergebnisse in Sachsen", in: DNN Nr. 20 vom 22. Januar 1919, S. 3; „Endgültiges Wahlergebnis im 29. Wahlkreis (Leipzig)", in DNN Nr. 22 vom 24. Januar 1919, S. 2.

[2557]Von den am 19. Januar 1919 zunächst gewählten 421 Mitgliedern der Nationalversammlung waren 36 Frauen (8,6 Prozent), eine weitere trat am 2. Februar 1919 noch vor dem ersten Zusammentreten in das Parlament ein. Ihre Zahl stieg bis zur Verabschiedung der WRV am 31. Juli 1919 auf 41 Parlamentarierinnen von nunmehr insgesamt 423 (9,7 Prozent) und bis zur Auflösung der Nationalversammlung auf 42 (9,9 Prozent). Die Zahlen veränderten sich aufgrund der Wahl von 2 zusätzlichen Abgeordneten der Truppen in Russland am 2. Februar 1919 und durch das Nachrücken von weiteren 6 Frauen. Für Sachsen ist als dritte Frau HEDWIG KURT (MSPD) am 10. April 1919 für GEORG GRADNAUER im 28. Wahlkreis in die Nationalversammlung eingetreten. – vgl. ROSENBUSCH, Frauenwahlrecht, S. 478.

[2558]GEIßEL/PENROSE, Partizipation, S. 10. Die Volkskammer der ehem. DDR soll ungeachtet ihres deutlich höheren Frauenanteils mangels demokratischer Verhältnisse hier unberücksichtigt bleiben. – vgl. dazu HEß-MEINIG, Politische Partizipation und bürgerschaftliches Engagement, in: Gender Datenreport, S. 365ff. Bei den Bundestagswahl 2005 wurden unter den 614 Abg. 195 Frauen (31,8 Prozent) und 2009 unter 622 Abg. 204 Frauen (32,8 Prozent) gewählt.

Dieser herausragende Erfolg im Jahre 1919 war für die Radikalen der bürgerlichen Frauenbewegung angesichts der überwiegenden Zahl weiblicher Wähler dennoch ein tiefer Rückschlag.[2559]

6. Entwicklung der Zahl der Wahlberechtigten

Gegenüber den bisherigen Reichstags- bzw. Landtagswahlen ist insgesamt auch ein sprunghafter Anstieg der Zahl der Wahlberechtigten zu verzeichnen. Im Vergleich zu den früheren Reichstagswahlen nahm sie um 171,38 Prozent und zu den Landtagswahlen sogar um 270,88 Prozent zu, so dass von 100 nunmehr Wahlberechtigten nur 37 bzw. 27 auch bereits nach dem altem Recht wahlberechtigt gewesen waren.[2560] Das liegt freilich nicht nur an der Ausweitung des Wahlrechts auf Frauen und Jüngere, sondern auch an der Abschaffung weitreichender Einschränkungen für Männer, wie etwa dem Zensus. Frauen waren bei ihren ersten Wahlen auch nicht nur das Zünglein an der Waage, sondern die die Wahl wesentlich entscheidende Bevölkerungsmehrheit: Zu der Wahl vom 19. Januar 1919 waren 260.907 mehr Frauen als Männer zugelassen. Die Volkszählung vom 8. Oktober 1919 ergab bei 2.930.197 Personen im Wahlalter insgesamt sogar einen Frauenüberschuss von 312.001.[2561]

7. Die Wahlbeteiligung von Frauen an den Volkskammerwahlen

Die Zahl der abgegebenen Stimmen ging gegenüber den Wahlen zur Nationalversammlung bei den Volkskammerwahlen deutlich zurück.[2562] Sachsenweit sank sie um mehr als 11 Prozent,[2563] im Dresdner Wahlkreis um über 10 Prozent.[2564] Der Dresdner Anzeiger vermutet daher, dass „der Reiz der Neuheit, den für viele jedenfalls die erstmalige Ausübung des Wahlrechts gehabt hat, verflogen sei und manche den Stimmzettel beiseite geworfen hätten, wie ein Kind sein Spielzeug, dessen es überdrüssig geworden ist“.[2565] Auch in den anderen Bundesstaaten ist diese Entwicklung auszumachen.[2566]

[2559] WEBERLING, a.a.O., S. 54; vgl. BRAUNE, Adele Schreiber, S. 314.

[2560] ZEICHART, Die Wahlen, in: SächsStLAZ 66/67 (1919/20), S. 330.

[2561] vgl. SCHREIBER, Lernt wählen!, S. 14.

[2562] vgl. „Die sächsischen Volkskammerwahlen“, in: DNN Nr. 33, vom 4. Februar 1919, S. 1.

[2563] Von 2.426.041 um 275.290 auf 2.150.751 Stimmen – FALTER/LINDENBERGER/SCHUMANN, Wahlen und Abstimmungen, S. 67 und 108.

[2564] Von 914.625 um 94.336 auf 820.289 – ZEICHART, Die Wahlen, in: SächsStLAZ 66/67 (1919/20), S. 332.

[2565] „Der Wahlausfall in Sachsen“, in: Dresdner Anzeiger Nr. 34 vom 4. Februar 1919, S. 1.

[2566] FALTER/LINDENBERGER/SCHUMANN, Wahlen und Abstimmungen, S. 86; vgl. „Die Wahlen in Preußen“, in: DNN Nr. 26, vom 28. Januar 1919, S. 2.

Rückschlüsse auf die Wahlbeteiligung von Frauen lassen sich für die Wahlen zur Sächsischen Volkskammer selbst auf der Grundlage des amtlichen statistischen Materials nur indirekt und dann auch nur wenig zuverlässig ziehen. Für diese Wahl ist die Zahl der Wahlberechtigten durch das Statistische Landesamt von den Kreiswahlleitern nicht abgefordert worden, weil die Wahlen nur wenige Wochen auseinanderlagen und deshalb die Wählerlisten der Wahl zur Nationalversammlung erneut verwendet wurden. Hinsichtlich der Wahlen zur Nationalversammlung hatten die Kreiswahlleiter zwar die Anweisung erhalten, auch die Daten der Wahlberechtigten hinsichtlich des Geschlechts und der Altersgruppen auszählen zu lassen. Infolge der kurzen Zeit und mangelndem Fachpersonal musste seitens des Landesamtes jedoch eingestanden werden, „daß die Ergebnisse zu manchem Zweifeln Anlaß gaben". Nicht einmal die Wählerlisten selbst wurden als zuverlässig für die Ermittlung der Zahlen angesehen, da z. T. erhebliche Abweichungen zu den Ergebnissen der Volkszählungen bestanden.[2567] Die Fehler in den Wählerlisten müssen z. T. gravierend gewesen sein. So berichten etwa die DNN am 5. Januar 1919 von einem Dresdner Unternehmen, das für seine Angestellten die Wählerliste prüfen lies. Dabei sei festgestellt worden, dass von 16 wahlberechtigten Personen sechs nicht verzeichnet waren.[2568]

Trotz dieser Problematik liegt die Annahme nahe, dass das Wahlrecht im Vergleich zu den Wahlen zur Weimarer Nationalversammlung – trotz der insgesamt rückläufigen Wahlbeteiligung – auch bei den Wahlen zur Sächsischen Volkskammer auf eine hohe Resonanz bei den sächsischen Frauen stieß. Zumindest für die Wahlen zur Nationalversammlung zeigt sich aber zugleich die Tendenz, dass Frauen wenig geneigt waren, der MSPD ihre Stimme zu geben, obwohl gerade die Sozialdemokraten bereits in der Vergangenheit eindeutig für die politischen Rechte der Frauen Position bezogen hatten.[2569] Die sozialdemokratische Dresdner Volkszeitung beklagte deshalb, dass die Sozialdemokraten ohne das Frauenwahlrecht wahrscheinlich in der Weimarer Nationalversammlung die absolute Mehrheit erzielt hätten. Die Frauen seien „infolge ihrer größeren politischen Unerfahrenheit sowohl stärker von der Tradition befangen als auch den Redensarten des äußersten Radikalismus zugänglich". Er werde aber trotzdem „kein Sozialdemokrat bedauern, daß die

[2567] Dargelegt bei E. ZEICHART: Die Wahlen, in: SächsStLAZ 66/67 (1919/20), S. 329f.

[2568] „Fehler in den Wählerlisten", in: DNN Nr. 5, vom 5. Januar 1919 (zweite Ausgabe), S. 4.

[2569] Dazu näher FALTER/LINDENBERGER/SCHUMANN, Wahlen und Abstimmungen, S. 81; KÜHNE, Historische Wahlforschung, in: Modernisierung und Region, hrsg. v. LÄSSIG/ POHL/ RETALLACK, S. 61ff.

Frauen das Wahlrecht haben“, da die Frauen gerade durch das Wahlrecht politisch geschult und „für eine ernsthafte verantwortungsbewußte sozialistische Politik reif“ gemacht würden.[2570]

Die hohe Beteiligung der Frauen an den Wahlen zur Nationalversammlung machte – jedenfalls auf ihre Zeitgenossen – offenbar einen großen Eindruck.[2571] Im Reichsdurchschnitt nahmen 82 Prozent der weiblichen Wahlberechtigten an den Wahlen teil. In Sachsen war die Wahlbeteiligung den Frauen mit 84,9 Prozent sogar höher als die der Männer mit 83,1 Prozent. Im 28. Wahlkreis (Dresden) war sie mit 85,7 Prozent am höchsten (Männer: 84,0). Im Vergleich dazu war sie bei den Männern im 30. Wahlkreis (Chemnitz) am höchsten und überschritt nur in diesem sächsischen Wahlkreis die der Frauen von 81,9 Prozent. Das größte Gefälle bestand im 29. Wahlkreis (Leipzig). Hier lag die Wahlbeteiligung der Frauen mit 85,6 Prozent um 7,6 über der der Männer mit nur 78 Prozent. Die Ursachen dieser Unterschiede lassen sich aus den vielfältigen Faktoren, die die Wahlbeteiligung beeinflussen können,[2572] wenn überhaupt, so jedenfalls im Rahmen dieser Darstellung nicht herausfiltern. Ob und ggf. wie sich etwa der im Chemnitzer Wahlkreis festzustellende deutlich geringere Anteil der Beschäftigten in der Landwirtschaft und der höhere Urbanisierungsgrad im Leipziger Wahlkreis auf die Wahlbeteiligung von Frauen auswirkte,[2573] muss daher offenbleiben.

8. Schlussfolgerungen

Grundlage für die sächsischen Volkskammerwahlen am 2. Februar 1919 war die *Verordnung über die Wahlen zur Volkskammer der Republik Sachsen (Landeswahlgesetz), vom 27. Dezember 1918.* Danach verfügten alle Männer und Frauen mit deutscher Staatsangehörigkeit und Wohnsitz in Sachsen, die das 20. Lebensjahr vollendet hatten, über das aktive und passive Wahlrecht. Für eine Wählbarkeit musste zudem die Staatsangehörigkeit seit mindestens einem Jahr bestehen. Sachsen folgte im Wesentlichen dem neuen Reichstagswahlrecht und übernahm auch dessen Wahlkreiseinteilung.

[2570] „Frauen in der Nationalversammlung“, in: Dresdner Volkszeitung Nr. 25 vom 31. Januar 1919, S. 1f.

[2571] z. B. „Ganz besonders lebhaft war die Beteiligung an der Wahl seitens der zum erstenmal dieser Pflicht genügenden Frauenwelt.“ – „Die Wahlen zur Nationalversammlung“, in: Elbtal-Abendpost Nr. 16 vom 21. Januar 1919, S. 2.

[2572] vgl. GEIßEL/ PENROSE, Dynamiken der politischen Partizipation, S. 13ff.

[2573] Daten zur Sozialstruktur der Wahlkreise finden sich bei FALTER/LINDENBERGER/ SCHUMANN, Wahlen und Abstimmungen, S. 66. Sie zeigen ansonsten für Sachsen ein weitgehend homogenes Bild.

Bei den Wahlen zur Sächsischen Volkskammer am 2. Februar 1919 traten zwar insgesamt 42 Frauen für sechs verschiedene Parteien an. Es konnten aber nur drei Frauen ein Mandat erringen: JULIE SALINGER (DDP), HELENE WAGNER (MSPD) und ANNA GEYER (USPD). Das entsprach einem Frauenanteil unter den 96 Abgeordneten von lediglich 3,1 Prozent. Die meisten Frauen mussten von vornherein scheitern, weil sie nur über unsichere oder sogar aussichtslose Listenplätze verfügten. Im Wahlkampf waren die Kandidatinnen bei zahlreichen Veranstaltungen als Rednerinnen aufgetreten. Auch bei den Wahlen zur Weimarer Nationalversammlung waren in Sachsen lediglich zwei MSPD-Frauen erfolgreich. Insgesamt erreichten Frauen hier einen Anteil von 8,6 Prozent unter den am 19. Januar 1919 gewählten Abgeordneten, was auf Jahrzehnte nicht wieder erreicht wurde.

Infolge des Frauenüberschusses überstieg die Zahl der weiblichen Wahlberechtigten sogar die der männlichen. Von 100 nunmehr Wahlberechtigten waren nach dem alten Wahlrecht nur 27 auch bereits wahlberechtigt gewesen. Damit waren nicht nur die Frauen erstmals dazu gekommen, auch ein erheblicher Teil der Männer hatte in Sachsen erstmals das Wahlrecht auf Landesebene erlangt. Die Tatsache, dass gegenüber den Wahlen zur Weimarer Nationalversammlung die Wahlbeteiligung in Sachsen um 11 Prozent zurückgegangen war, schrieben Zeitgenossen vor allem dem nachlassenden Interesse der Neu-Wähler und damit letztlich auch den Frauen zu.

III. Die Einführung des Frauenwahlrechts in weiteren Bereichen des öffentlichen Lebens

Im Nachgang zur umfassenden Änderung des Wahlrechts auf der Reichsebene wie in den Ländern, Städten und Landgemeinden, erhielten Frauen auch mehr Partizipationsmöglichkeiten in anderen Bereichen des öffentlichen Lebens: So konnten sie etwa mit dem *Übergangsgesetz für das Volksschulwesen, vom 22. Juli 1919* als Gemeinde- und Elternvertreterinnen den Schulvorständen angehören.[2574] Ein Wahlrecht für Männer wie Frauen bestand von Anfang an zu den Bauern- und Landarbeiterräten, die auf Anordnung des Reichsernährungsamtes „in allen Gemeinden, in denen in beachtlichem Umfang Landwirtschaft betrieben wird“ und wenig später auch in den Amtshauptmannschaften zu bilden waren.[2575] Frauen waren wahlberechtigt und wählbar zu den Arbeiter- und Angestelltenausschüssen i. S. v. § 11 der *Verordnung über Tarifverträge, Arbeiter- und Angestelltenausschüsse und*

[2574] § 15 Abs. 5 des *Übergangsgesetzes für das Volksschulwesen, vom 22. Juli 1919*, in: GVBl. 1919, S. 171-185, insbes. S. 181.

[2575] GVBl. 1919, S. 47-49; Verordnung über die Bildung von Bezirks-Bauern- und Landarbeiterräten, vom 5. August 1919, in: GVBl. 1919, S. 217-218.

Schlichtung von Arbeitsstreitigkeiten vom 23. Dezember 1918,[2576] als Gewerbegerichtsbeisitzer[2577] und besaßen zumindest das aktive Wahlrecht zu den Handelskammern[2578].

Auf der am 20. Mai 1919 begonnenen 10. Evangelisch-lutherischen Landessynode wurde ebenfalls eine Veränderung des Wahlrechts beraten, darunter auch die – nach Auffassung des Präsidenten des Landeskonsistoriums, HERMANN BÖHME († 1919), berechtigte – Forderung nach dem Frauenwahlrecht.[2579] Im Ergebnis wurden mit der Änderung der *Kirchenvorstands- und Synodalordnung vom 2. Juli 1919*[2580] „alle konfirmierten männlichen und weiblichen Mitglieder der Kirchgemeinde, die volljährig sind und in die Wählerliste der Kirchgemeinde aufgenommen sind", für stimmberechtigt erklärt.[2581] Diese Entscheidung stieß auf Zustimmung, denn auch hier waren Veränderungen im Gange, so dass „der innere Ausbau der Kirche zur Volkskirche" es als notwendig erkennen ließ, „der Frau auch im kirchlichen Leben das Recht zu wählen und gewählt zu werden zu geben".[2582]

[2576] RGBl. 1918, S. 1456-1467; vgl. „Amtliches", in: Elbtal-Abendpost Nr. 31 vom 7. Februar 1919, S. 5f.

[2577] vgl. „Gewerbegerichtswahlen", in: Elbtal-Abendpost Nr. 253 vom 31. Oktober 1919, S. 4; betr. die Gewerbegerichtswahlen in der Amtshauptmannschaft Dresden-Altstadt am 15. Dezember 1919.

[2578] *Verordnung des Ministeriums des Inneren gemäß der Gesetze vom 4. August 1900*; wählbar waren allerdings nur die wahlberechtigten männlichen Personen und die gesetzlichen Vertreter der wahlberechtigten juristischen Personen; Wahlzettel waren persönlich abzugeben, „jedoch können weibliche Wahlberechtigte ihre Stimme auch durch einen mit Vollmacht versehenen Vertreter abgeben lassen." – „Ergänzungswahl für die Handelskammer zu Dresden [am 10. und 11. November 1919]", in: Elbtal-Abendpost Nr. 249 vom 26. Oktober 1919, S. 5.

[2579] DNN Nr. 137 vom 22. Mai 1919, S. 3; vgl. aber zur Wahl der Synode: X. ordentliche Landessynode, 19. öffentliche Sitzung am 29. September [1919], in: Synodalbeilage zur Sächsischen Staatszeitung, Nr. 15/1919, S. 54f. und Nr. 18, S. 61.

[2580] Kirchengesetz zur weiteren Abänderung der Kirchenvorstands- und Synodalordnung, vom 2. Juli 1919, in: GVBl. 1919, S. 134-135.

[2581] z. B. „Bekanntmachung der Kirchenvorstandswahl in der Parochie Briesnitz [am 30. November 1919] betreffend", in: Elbtal-Abendpost Nr. 246 vom 23. Oktober 1919, S. 3: „Stimmberechtigt [Herv. i. O.] sind alle konfirmierten männlichen und weiblichen Mitglieder der Kirchgemeinde, die volljährig und in die Wählerlisten des Pfarramts aufgenommen sind."; „Kirchenvorstandswahl der Friedensgemeinde [am 14. Dezember 1919]", in: Elbtal-Abendpost Nr. 247 vom 24. Oktober 1919, S. 5.

[2582] „Zur Kirchenvorstandwahl in der Friedens- und in der Hoffnungsgemeinde…", in: Elbtal-Abendpost Nr. 249 vom 26. Oktober 1919, S. 2.

IV. Zwischenfazit

Am 12. November 1918 führte der Rat der Volksbeauftragten mit dem allgemeinen, gleichen und geheimen Wahlrecht nach den Grundsätzen der Verhältniswahl für alle öffentlichen Körperschaften auch das Frauenwahlrecht ein, das auch von der neuen sächsischen Regierung so bestätigt wurde.

Problematisch war hingehen die Einbeziehung der Frauen in die während der revolutionären Ereignisse gebildeten Arbeiter- und Soldatenräte. Frauen waren aufgrund der Struktur der Räte deutlich benachteiligt und daher auch kaum vertreten. Auch scheint fraglich, ob bei der Einsetzung der Räte Frauen überhaupt überall gleichberechtigt berücksichtigt worden sind. Von den nur zwei Frauen, die am ersten Reichsrätekongress im Dezember 1918 teilnehmen konnten, kam mit KLARA NOACK eine aus dem Dresdner Arbeiter- und Soldatenrat. Diesem gehörten seit der Wahl vom 24. November 1918 insgesamt fünf Frauen der MSPD an.

Vertreterinnen der Frauenbewegung befürchteten deshalb, dass die Etablierung eines Rätesystems den Bemühungen um das Frauenstimmrecht einen dauerhaften Rückschlag versetzten könnte und befürworteten mehrheitlich den Parlamentarismus. Das Frauenwahlrecht selbst sahen die Frauen als Herausforderung an und erkannten ein großes Defizit in der politischen Bildung vor allem von bürgerlichen Frauen. Das sollte durch eine gezielte Informationskampagne seitens des „Bundes Deutscher Frauenvereine" und lokaler Akteurinnen abgebaut werden. In Dresden traten dabei besonders MARIE STRITT und der „Stadtbund Dresdner Frauenvereine" hervor. Auch die Parteien erkannten entgegen ihrer bisher überwiegend skeptischen bis gegnerischen Haltung das Potential der Frauen als Wählerinnen.

Kurz vor dem Jahreswechsel regelte das Gesamtministerium das Wahlrecht auf Landesebene neu, um die rechtliche Grundlage für die Wahl einer verfassungsgebenden Landesversammlung, der Volkskammer, zu schaffen. Frauen waren den Männern hierbei in Sachsen erstmals bei einer Wahl auf Landesebene vollkommen rechtlich gleichgestellt. Bei der Wahl der Volkskammer am 2. Februar 1919 traten insgesamt 42 Frauen für sechs verschiedene Parteien an. Sie übten überwiegend einen der damals üblichen Frauenberufe aus oder waren sonst wirtschaftlich selbständig. Ein großer Teil dieser Kandidatinnen hatte zuvor bereits bei der Wahl zur Weimarer Nationalversammlung am 19. Januar 1918 kandidiert. Bei beiden Wahlen waren Frauen auf den Wahlvorschlägen der Parteien kaum auf aussichtsreichen Plätzen vertreten gewesen, so dass im Vergleich zur weiblichen Bevölkerungsmehrheit nur sehr wenige Frauen in die Parlamente einziehen konnten.

Als Ursachen hierfür wurden aus den Reihen der Frauenbewegung sowohl männlich dominierte Parteistrukturen wie die politische Unerfahrenheit und der geringe Anteil von Frauen in den Parteien ausgemacht, sowie immer noch bestehende Vorurteile gegenüber einer politischen Betätigung von Frauen.

Die im November 1918 gegründete DDP entwickelte sich zum Sammelbecken der führenden Köpfe der Frauenbewegung, die auch darüber hinaus einen erheblichen Teil der Kandidatinnen stellten. Im Kampf um Wählerstimmen setzten auch die Parteien auf die Unterstützung durch die Frauen. Vor allem aus den Reihen der Frauenbewegung traten Rednerinnen wieder bei Wahlveranstaltungen auf. Aber auch Frauenorganisationen selbst, wie z. B. der „Stadtbund Dresdner Frauenvereine", wandten sich mit eigenen, vor allem an Frauen gerichteten Veranstaltungen an die Öffentlichkeit.

Bei den Wahlen zur Nationalversammlung waren Frauen so erfolgreich wie auf lange Zeit nicht mehr. Auch zwei sächsische Kandidatinnen wurden gewählt. Bei den Volkskammerwahlen errangen drei Frauen ein Mandat. Im Vergleich mit anderen verfassungsgebenden Länderversammlungen erreichte Sachsen damit ein respektables Ergebnis, zumal in einigen Ländern überhaupt keine Frauen den Sprung ins Parlament schafften.

Hinsichtlich der Wahlbeteiligung lässt sich – trotz erheblicher Quellenprobleme bei der Volkskammerwahl – eine höhere Wahlbeteiligung bei Frauen als bei Männern in Sachsen feststellen. Auch die Zahl der Wahlberechtigten war durch die Liberalisierung des Wahlrechts im Vergleich zu früher sprunghaft angestiegen. Außer den Frauen konnten zahlreiche Männer durch die Demokratisierung des Wahlrechts zum ersten Mal wählen. Allerdings sank die Wahlbeteiligung bei der Volkskammerwahl gegenüber der Wahl zur Nationalversammlung deutlich. Dafür, wie für die Stimmenverluste bei den Sozialdemokraten, wurden in erster Linie die Frauen verantwortlich gemacht, deren Stimmen vor allem auch den Parteien zugutekamen, die sich bisher am entschiedensten gegen die Einführung des Frauenwahlrechts gestellt hatten.

Die Einführung des Frauenwahlrechts in den öffentlichen Körperschaften[2583] brachte ferner einen Bewusstseinswandel hinsichtlich der Partizipation von Frauen in anderen Bereichen des öffentlichen Lebens mit sich, so dass sie auch dort Partizipationsrechte eingeräumt bekamen.

[2583] Zum Begriff vgl. S. 479.

§ 18 DAS FRAUENWAHLRECHT ZUM LANDTAG UNTER DER SÄCHSISCHEN VERFASSUNG VOM 1. NOVEMBER 1920

In seiner Eröffnungsrede der Volkskammer am 5. Februar 1919 hatte der Volksbeauftragte GEORG GRADNAUER sowohl die Erarbeitung einer vorläufigen Verfassung wie auch die Demokratisierung der Bezirks- und Kreisversammlungen als eine der vordringlichsten Aufgaben des neuen Parlaments benannt.[2584] Die vorläufige Verfassung für den Freistaat Sachsen wurde am 28. Februar 1919 durch die Volkskammer lediglich als eine Übergangsregelung für die Zeit der Neuordnung beschlossen. Anders als etwa in den süddeutschen Ländern Baden, Württemberg und Bayern, deren Verfassungen bereits vor oder zumindest nahezu zeitgleich mit der Weimarer Reichsverfassung vom 11. August 1919 (WRV)[2585] in Kraft gesetzt wurden, wartete man in Sachsen wie etwa auch in Preußen zunächst die Reichsverfassung ab.[2586] Die WRV schrieb nunmehr in Art. 17 die Spielregeln für die Länderverfassungen fest, darunter ausdrücklich auch das Wahlrecht der Frauen zu den Länderparlamenten und Gemeindevertretungen.

I. Das Frauenwahlrecht bei den Landtagswahlen vom 14. November 1920

Nachdem mit dem *Vorläufigen Grundgesetz für den Freistaat Sachsen, vom 28. Februar 1919* in Sachsen erstmals das demokratische Prinzip verfassungsrechtliche Verankerung fand,[2587] enthielt die Verfassung selbst, am 1. November 1920 ausgefertigt und am 12. November 1920 in Kraft getreten,[2588] insgesamt nur noch Regelungen zu Gegenständen, die von der WRV noch nicht geregelt waren. Obwohl die Volkskammer bereits am 28. Februar 1919 erklärte hat, „Sachsen ist ein demokratisch-sozialistischer Freistaat im Rahmen des deutschen Reiches“[2589], konnte sich diese Linie – und vor allem die Bestrebungen nach weitreichenden Sozialisierungen in der Wirtschaft – letztlich auch aufgrund der realpolitischen Anforderungen des raschen wirtschaftlichen Wiederaufbaus und der schwierigen Versorgungslage nach Kriegsende sowie internen Differenzen im sozialdemokratischen Spektrum nicht durchsetzen.

[2584] MATZERATH, „Auf der Bahn der Demokratie und des Sozialismus“, in: Varianten der Moderne, S. 58.

[2585] RGBl. 1919, S. 1383-1418.

[2586] vgl. FRACKOWIAK, Soziale Demokratie, S. 27; für Preußen MÖLLER, Parlamentarismus, S. 32.

[2587] GVBl. 1919, S. 37-41; vgl. FRACKOWIAK, a.a.O., S. 40.

[2588] GVBl. 1920, S. 445-456.

[2589] GVBl. 1919, S. 41.

Das – nun nicht mehr übergangsweise verstandene – *Landeswahlgesetz für den Freistaat Sachsen; vom 4. September 1920*[2590] brachte gegenüber seinem Vorgänger wenig Neues[2591] und folgte wiederum sehr eng dem Reichstagswahlrecht. Neben der Veränderung der Wahlkreiseinteilung in § 8 und einer veränderten Berechnung der Sitzverteilung auf die Wahlkreise[2592] ermöglichte es durch die Einführung des Wahlscheins nunmehr die Stimmabgabe in einem beliebigen Wahlraum. Auch das zunächst eingeräumte Wahlrecht der Deutsch-Österreicher war ebenso nicht mehr enthalten, wie das Wahlrecht der Angehörigen der Streitkräfte für die Dauer ihrer Zugehörigkeit wieder aufgehoben wurde.[2593]

Die Landtagswahl vom 14. November 1920 beendete als erste Landtagswahl unter der neuen Verfassung endgültig die Phase der verfassungsrechtlichen Neuordnung in Sachsen. Die MSPD ging wiederholt als stärkste Partei hervor, auch wenn sie mit einem Stimmenanteil von nur noch 28,3 Prozent deutliche Verluste hinnehmen musste.[2594] Im Januar 1925 gehörten diesem Landtag sechs, in der folgenden Wahlperiode im Dezember 1926 fünf Frauen an.[2595]

II. Die ersten weiblichen Abgeordneten im Sächsischen Landtag

Bis zum vorläufigen Ende des Länderparlamentarismus im Jahre 1933[2596] schafften es insgesamt 16 Frauen einen Sitz im Landesparlament zu erlangen. Den Parlamentarierinnen wurden jene Politikfelder als Tätigkeitsbereiche weiterhin ausdrücklich anempfohlen, die für Frauen auch bisher als gesellschaftlich akzeptabel galten, wie etwa die Wohnungsfürsorge und die Wohlfahrtspflege,2597 und auch gezielt von ihnen besetzt. Die erste Rede einer Frau, die von HELENE WAGNER (MSPD), hatte dementsprechend auch die Folgen der alliierten Blockade für die Versorgung der Bevölkerung zum

---

2590 GVBl. 1920, S. 331-337.

2591 vgl. auch schon oben S. 489f.

2592 Näher dazu ZEICHART, Die Wahlen, in: SächsStLAZ 66/67 (1919/20), S. 328f.

2593 ZEICHART, a.a.O., S. 328.

2594 FALTER/LINDENBERGER/SCHUMANN, Wahlen und Abstimmungen, S. 108.

2595 Verzeichnis der Mitglieder, Ausschüsse und Fraktionen des Landtags des Freistaates Sachsen, nach dem Stande vom 14. Januar 1925 bzw. Verzeichnis der Mitglieder, Ausschüsse und Fraktionen des am 31. Oktober 1926 gewählten Landtags des Freistaates Sachsen, nach dem Stande vom 16. Dezember 1926; eine Auflistung aller Abgeordneten findet sich bei MATZERATH, Mitglieder des Landtags Weimarer Republik, in: Präsidenten und Abgeordnete, S. 150-160.

2596 Durch das sog. „Vorläufige Gesetz zur Gleichschaltung der Länder mit dem Reich vom 31. März 1933", in: RGBl. 1933, Teil I, S. 153-154.

2597 So auch der spätere erste Ministerpräsident Sachsens, GEORG GRADNAUER. – L. VOGEL, „…so bin ich da als Mutter", Teil 1, in: Landtagskurier, Jg. 2007, H. 4, S. 23.

Thema. Die Plenumsbeiträge von Frauen widmeten sich in der Zeit der Weimarer Republik zu über zwei Dritteln der Sozialpolitik. Als erste und einzige Frau bekleidete seit Anfang 1920 ELSE ULICH-BEIL (DDP) als Regierungsrätin im Referat Wohlfahrtspflege des Sächsischen Innenministeriums ein Regierungsamt, musste aber aufgrund Art. 14 Abs. 1 der *Verordnung zur Herabminderung der Personalausgaben des Reichs (Personal-Abbau-Verordnung). Vom 27. März 1923*[2598] zum 31. März 1924 als Doppelverdienerin aus ihrem Amt ausscheiden.[2599]

III. Das Gesetz über Volksbegehren und Volksentscheid vom 8. März 1921

In der Verfassungsdiskussion in Sachsen in den Jahren 1919/20 nahm die Frage einer Verankerung von Elementen der direkten Demokratie breiten Raum ein. Das Fehlen plebiszitärer Elemente im vorläufigen Grundgesetz[2600] wurde von GEORG GRADNAUER mit der Freiheit des neuen Wahlrechts begründet, so dass es kein Bedürfnis für ein unmittelbares Vorschlagsrecht für Gesetzesinitiativen seitens des Volkes gebe. Das Verhältniswahlrecht sei bereits ausreichend in der Lage, jeder größeren Interessengruppe eine parlamentarische Vertretung zu ermöglichen. Außerdem sei die Umsetzung von Volksinitiativen in größeren Staaten technisch schwierig.[2601]

Das Volksbegehren war in allen Entwürfen bis zum Vorentwurf Bestandteil des Kapitels Gesetzgebung, wurde aber – in Anlehnung an den Preußischen Verfassungsentwurf – noch in den Beratungen des Entwurfs durch das Gesamtministerium gestrichen, obwohl es in den eigentlich als Vorbild dienenden süddeutschen Verfassungen enthalten war. Diese entsprachen mehr der sozialdemokratischen Verfassungsprogrammatik, gleichwohl aber nicht GRADNAUERS eigenem Standpunkt.[2602] Die Wiederaufnahme plebiszitärer Elemente in die Verfassung ist in den Vorberatungen wie auch in den Beratungen der Volkskammer kontrovers diskutiert[2603] und im Verfassungsausschuss schließlich auch beschlossen worden.[2604] Neben dem Gesetzesinitiativrecht wurde in Art. 36 SächsVerf das Initiativrecht auf Landtagsauflösung aufgenommen.

[2598]RGBl. 1923, Teil I, S. 999-1010, 1006.

[2599]ULICH-BEIL, Ich ging meinen Weg, S. 77f. und 97f.; L. VOGEL, a.a.O., S. 23.

[2600]Eine Ausnahme bildet die durch Gesamtministerium angeordnetes Volksabstimmung in § 16 Abs. 1.

[2601]vgl. FRACKOWIAK, Soziale Demokratie, S. 40.

[2602]a.a.O., S. 82ff.

[2603]a.a.O., S. 80ff. bzw. 86ff.

[2604]a.a.O., S. 95ff.

Nähere Bestimmungen enthielt das *Gesetz über Volksbegehren und Volksentscheid vom 8. März 1921*,[2605] das hinsichtlich der Stimmberechtigung wie Beantragung keine Unterschiede zwischen den Geschlechtern machte. Erstmals zur Anwendung gelangte das neue Recht mit dem Volksbegehren auf Landtagsauflösung im Juni 1922.

IV. Zwischenfazit

Mit der Sächsischen Verfassung, die am 12. November 1920 in Kraft trat, wurde das Frauenwahlrecht erstmals in einer sächsischen Verfassung verankert und auch durch das neue Landeswahlgesetz entsprechend durchgeführt. Bei den folgenden Landtagswahlen zogen erneut einige Frauen in den Landtag ein. Bis zum vorläufigen Ende des demokratisch gewählten Landtags 1933 gab es in Sachsen insgesamt 16 weibliche Abgeordnete. Sie widmeten sich im Landtag vor allem sozialpolitischen Themen. Auch bei den in der Verfassung verankerten Volksentscheid und Volksbegehren waren Frauen den Männern vollkommen gleichberechtigt.

[2605] SächsGBl. 1921, S. 62-64.

§ 19 Das Frauenwahlrecht in den Städten und Landgemeinden

Bereits während des Krieges war der Spielraum von Frauen in der Kommunalpolitik etwas erweitert worden. Die hohe Zahl kriegsbedingt für den Verwaltungsdienst nicht verfügbarer Männer sowie die besonderen Erfordernisse der Kriegswirtschaft und der Versorgung mit lebenswichtigen Gütern veranlassten die Kommunen, den Sachverstand und die Arbeitskraft von Frauen für die Sicherstellung der Verwaltungstätigkeit heranzuziehen. So wurden Frauen in Sachsen wie in anderen Ländern auch erstmals städtischen Deputationen beigeordnet.[2606]

I. Die Bekanntmachung über die Wahlen von Stadtverordneten und Gemeindevertretern vom 28. November 1918

Zunächst hatte es in Fortführung der Reformdiskussion aus der Endphase der Monarchie durchaus auch selbständige Bestrebungen der Kommunen nach einer Anpassung des Wahlrechts an die neuen politischen Rahmenbedingungen gegeben. Die Dresdner Stadtverordneten intensivierten in der ersten Sitzung nach den revolutionären Ereignissen ihre bisher recht zögerlichen Bemühungen um eine Liberalisierung des Stadtverordnetenwahlrechts. Aufgrund des seit einiger Zeit vorliegenden Antrags Kühn[2607] beschloss der Verfassungsausschuss am 18. November 1918, das Verfassungsamt mit der Erarbeitung eines Wahlgesetzes zu beauftragen, das die Einführung eines „gleichen, geheimen, direkten, allgemeinen Wahlrechts auf Grund des proportionalen Wahlsystems für alle mindestens 20 Jahre alten männlichen und weiblichen Personen“ beinhaltete. Der Rat kam zu der Einschätzung, dass die Neuwahlen des zum Jahresende ausscheidenden Drittels der Stadtverordneten aufgrund des alten Rechts, wie sie turnusmäßig bereits für den 27. und 28. November 1918 vorbereitet waren, infolge der Ereignisse nicht mehr zulässig seien und setzte sie daher im Einvernehmen mit den Stadtverordneten ab. Das angestrebte Ortsgesetz sei zügig „auf der von der Reichsregierung gegebenen Grundlage auszuarbeiten“, damit es noch im selben Jahr zu Neuwahlen kommen könne. Außerdem sollte die Regierung darüber befinden, „ob die notwendigen Dispensationen von der Städteordnung und überhaupt

---

[2606] Siehe oben, Kap. VI, S. 461ff.

[2607] Siehe dazu sogleich Kap. VII, S. 523.

die einzelnen Bestimmungen des Gesetzes ihren Intentionen und den Richtlinien, die sie herausgeben will, entsprechen".[2608]

Offenbar rechnete man nicht mehr damit, dass die neue sächsische Regierung ihrerseits noch rechtzeitig für die beabsichtigten Wahlen eine Rechtsgrundlage schaffen würde. Doch bereits mit der *Bekanntmachung des Gesamtministeriums zur Wahl der Gemeindevertretungen vom 25. November 1918* wurde das Gesamtministerium tätig, ersetzte diese aber bereits wieder durch die *Bekanntmachung über die Wahlen von Stadtverordneten und Gemeindevertretern, vom 28. November 1918*[2609], da der ursprünglich als letztmöglicher Wahltermin festgesetzte 31. Dezember 1918 organisatorisch nicht zu halten war.[2610]

Die Bekanntmachung sah „bis zum Erlaß eines Reichsgemeindewahlgesetzes" eine Neuwahl des gesamten Stadtverordnetenkollegiums nach dem bereits für die Nationalversammlung angeordneten „allgemeinen, gleichen, geheimen und direkten Stimmrecht aller Männer und Frauen" vor, „die Deutsche sind, das 20. Lebensjahr vollendet haben und am Tage des Abschlusses der Wählerlisten im Gemeindebezirk ihren wesentlichen Wohnsitz haben". Die Wahl sollte wiederum als Verhältniswahl mit gebundenen Listen stattfinden und eine Zugehörigkeit zum Militär sollte ebenso wenig vom „Stimmrecht" ausschließen wie der Bezug von öffentlicher Armenunterstützung. Das passive Wahlrecht wurde allen aktiv Wahlberechtigten zugebilligt. Im Gegensatz zum Wahlrecht zur Nationalversammlung wurde nicht verlangt, dass die deutsche Staatsangehörigkeit mindestens ein Jahr vorliegen müsse. Auch wurde hier die Anzahl der zu Wählenden nicht vorgeschrieben, sondern den Gemeinden zur Regelung per Ortsgesetz übertragen. Die Bekanntmachung enthält wiederum eine ausdrückliche Bezugnahme auf das Reichswahlrecht in Gestalt des *Reichsgesetzes über die Zusammensetzung des Reichstages und die Verhältniswahl in großen Reichstagswahlkreisen vom 24. August 1918*,[2611] räumt den Gemeinden z. T. aber Raum für abweichende Regelungen ein.

[2608] Sitzungsberichte der Stadtverordneten zu Dresden vom Jahre 1918, 20. öffentliche Sitzung vom 21. November 1918, S. 625f.; vgl. „Neues Stadtverordnetenwahlrecht", in: Dresdner Anzeiger Nr. 322 vom 20. November 1918, S. 3 und „Stadtverordnetenversammlung", in: DNN Nr. 319 vom 23. November 1918, S. 3.

[2609] *Bekanntmachung über die Wahlen von Stadtverordneten und Gemeindevertretern*; vom 28. November 1918, in: GVBl. 1919, S. 4f. – Die Bekanntmachung wurde im GVBl. erst am 22. Januar 1919 veröffentlicht.

[2610] „Zum neuen Gemeindewahlrecht", in: DNN Nr. 328 vom 1 Dezember 1918, S. 3; vgl. im folgenden Ulbricht, Die exemten Mittelstädte, S. 39ff.

[2611] Wahlverfahren in §§ 10 bis 15 d. G., in: RGBl. 1918, S. 1079.

Die Neuwahlen auf dieser Grundlage sollten spätestens am 9. Februar 1919 in allen Städten und Landgemeinden stattfinden, demnach nicht zu einem einheitlichen Wahltermin.[2612] Eine Ausnahme sollte für besonders kleine Landgemeinden gelten, in denen „die Bildung eines Gemeinderats undurchführbar erscheint". Sie wurden ermächtigt, durch Ortsgesetz zu bestimmen, dass an die Stelle des Gemeinderats die Gesamtheit der stimmberechtigten Gemeindemitglieder tritt und damit auf Wahlen verzichtet wird.[2613] Die unbesoldeten Stadträte und Gemeindeältesten beließ die Regierung vorerst im Amt, da sie der Volkskammer nicht vorgreifen wollte und angesichts der existenziellen Aufgaben wie Nahrungsmittelversorgung, Arbeitsbeschaffung, Demobilmachung usw. auch nicht auf den Erfahrungsschatz dieser Personen verzichten konnte.[2614]

Damit hatten sich sowohl die eigenständigen Bestrebungen um eine Neuwahl wie auch um die Regelung des Wahlrechts seitens der Kommunen erledigt. Für das *Ortsgesetz der Stadt Dresden über die Wahlen von Stadtverordneten vom 19. Dezember 1918*, das am 20. Dezember von den Stadtverordneten einstimmig beschlossen wurde,[2615] blieb nur ein sehr eingeschränkter Spielraum für eigene Bestimmungen zum Wahlrecht übrig. Es galt ausdrücklich nur für die nächste Wahl, die es auf den 9. Februar 1919 festlegte (A.) und sah die Wahl von 84 Stadtverordnete (B.) in „allgemeiner, gleicher, geheimer und direkter Wahl nach dem Grundsatze der Verhältniswahl auf die Dauer von drei Jahren" vor. § 1 erklärte „alle deutschen Männer und Frauen, die am Tage des Abschlusses der Wählerlisten das 20. Lebensjahr vollendet und im Gemeindebezirk ihren wesentlichen Wohnsitz haben" einschließlich der „Personen des Soldatenstandes" mit Wohnsitz im Sinne von § 9 Abs. 2 BGB für stimmberechtigt. Von der Stimmberechtigung ausgeschlossen sollten nach § 2 nur entmündigte oder unter vorläufiger Vormundschaft stehende, im Konkurs befindliche und der bürgerlichen Ehrenrechte verlustige Personen sein. Wählbar waren die Stimmberechtigten mit Ausnahme der Mitglieder des Stadtrats (§ 3). In § 28 des Ortsgesetzes war zudem im Gegensatz zur

---

[2612] Es war offenbar auch nicht erwünscht, dass Gemeindewahlen am selben Tag wie die Volkskammerwahlen stattfinden. – vgl. „Wahlen für die sächsische Nationalversammlung", in: Dresdner Anzeiger Nr. 357 vom 25. Dezember 1918, S. 1.

[2613] *Bekanntmachung über die Wahlen von Stadtverordneten und Gemeindevertretern; vom 28. November 1918*, in: GVBl. 1919, S. 5.

[2614] „Unbesoldete Stadträte und Gemeindevertreter bleiben vorläufig im Amte", in: DNN Nr. 32 vom 2. Februar 1919, S. 3; „Vorläufig keine Neuwahl von Stadträten", in: Dresdner Anzeiger vom 2. Februar 1919, S. 5.

[2615] Abgedr. in: Dresdner Anzeiger Nr. 10 vom 11. Januar 1919, S. 9-11; vgl. „Stadtverordnetensitzung", in: DNN Nr. 347 vom 21. Dezember 1918, S. 3.

früheren Rechtspraxis ausdrücklich festgeschrieben, dass „das Stimmrecht ... persönlich durch Abgabe von Stimmzetteln ausgeübt" wird.[2616]

II. Die Auflösung der selbständigen Gutsbezirke

Mit der *Bekanntmachung über die Vereinigung der Rittergüter und Freigüter mit benachbarten Gemeinden; vom 31. Dezember 1918*[2617] wurde die Sonderstellung der selbständigen Gutsbezirke im Sinne der §§ 82ff. RevLGO beseitigt und deren Vereinigung mit benachbarten Gemeinden bis Ende 1919 angeordnet. Damit endete auch deren besondere Rechtsstellung endgültig und die Bewohner dieser Gebiete wurden nunmehr als Einwohner von Stadt- und Landgemeinden zu deren Gemeindevertretungen wahlberechtigt.

III. Die Wahlen in den Städten und Landgemeinden in Sachsen Anfang 1919 anhand einiger Beispiele

Auf der Grundlage des neuen Kommunalwahlrechts fanden zu Beginn des Jahres 1919 erstmals Wahlen der Stadtverordneten und Gemeindevertreter statt. Vor allem in den größeren Gemeinden brachten sie sozialistische Mehrheiten.[2618] Das wurde auf das Wahlsystem zurückgeführt und auch darauf, dass die Anhänger der Sozialdemokratie im Gegensatz zu den bürgerlichen Kräften „durchorganisiert und ihrer Wahlpflicht im allgemeinen viel stärker bewußt" seien.[2619]

1. Kandidatur und Listenplatzierung von Frauen am Beispiel der Stadtverordnetenwahl in Dresden

Die Listen der Wahlvorschläge wurden zumeist mit den Namen ihrer Spitzenkandidaten bezeichnet und waren nur z. T. Listen der politischen Parteien. Die bei den Dresdner Stadtverordnetenwahlen kandidierenden Listen waren z. B. weitgehend berufsständisch besetzt.[2620] Nur zwei lassen sich eindeutig Parteien zuordnen, die Liste Kühn der MSPD und die Liste Haenel der USPD. Auf beiden Listen finden sich fast nur Vertreter der Arbeiterschaft.

[2616] vgl. „Das neue Stadtverordnetenwahlrecht", in: DNN Nr. 10 vom 12. Januar 1919, S. 3.; vgl. „Öffentliche Sitzung der Stadtverordneten", in: Dresdner Anzeiger Nr. 352 vom 20. Dezember 1918, S. 3.

[2617] GVBl. 1919, S. 6-8.

[2618] BERTHOLD, Vorbemerkung zu: Die Gemeindeordnung für den Freistaat Sachsen vom 1. August 1923, S. 3.

[2619] „Die Stadtverordnetenwahlen", in: DNN Nr. 38, vom 9. Februar 1919, S. 3.

[2620] vgl. ULBRICHT, Kommunalpolitik und Stadtverwaltung, in: Geschichte der Stadt Dresden, Bd. 3, S. 274.

Bei den übrigen Wahlvorschlägen ist die parteipolitische Ausrichtung nicht eindeutig. Nur ein Teil der Kandidaten lässt sich überhaupt politischen Lagern zuordnen. Gleichwohl sind hier gewisse Tendenzen auszumachen. So ist auf der Liste Dr. März (Industrie, Handel- und Kaufmannschaft, Ärzteschaft, Handwerk) die DVP und der mit ihr verbundenen Liste Thierfelder (Innungen, Hausbesitzer) die DNVP stark vertreten. Die Liste Eichler (Freie Berufe, Beamtenschaft, Lehrer, gewerblicher Mittelstand, aber auch die Dresdner Hausfrauen) wurde von der DDP offiziell unterstützt, der damit verbundene Wahlvorschlag Wachsmuth (kaufmännische Angestellte, Privatbeamten) umwarb ebenfalls das bürgerliche Spektrum.

Der „Freie Ausschuß für Stadtverordnetenwahlen" mit dem Spitzenkandidaten JOHANNES MÄRZ (1878–1936)[2621] grenzte sich selbst von jeder Parteipolitik ab und sah sich als Interessenvertreter der hauptstädtischen Verwaltung und aller Vereine. Er rief all jene, die nicht die Beamten- und Innungsliste unterstützten auf, sich ihm anzuschließen, nachdem eine gemeinsame Liste von Beamten, Innungen, Bezirks- und Bürgervereinen trotz entsprechender Bemühungen nicht zustande gekommen war.2622 Der Wahlvorschlag März wandte sich ausdrücklich an „Frauen aller Stände, deren Mitarbeit in vielen Abteilungen der städtischen Verwaltung dringend erwünscht ist".[2623] Auf dieser Liste traten auch die Kandidatinnen des „Stadtbundes der Dresdner Frauenvereine" an, obwohl sie drei verschiedenen bürgerlichen Parteien angehörten. Der Stadtbund selbst veranstaltete Versammlungen zur bevorstehenden Wahl2624 und seine Vertreterinnen arbeiteten im Ausschuss zur Vorbereitung der Stadtverordnetenwahlen mit, der bereits im Dezember 1918 in Dresden gebildet worden war.[2625]

Bei der Stadtverordnetenwahl in Dresden traten am 9. Februar 1919 unter insgesamt 416 Kandidaten 49 Frauen an[2626] – 11,8 Prozent. Für die Wahlvorschläge Wachsmuth und März traten mit 14 bzw. 16 die meisten Frauen an. Somit waren nicht nur auf der von den Frauenvereinen unterstützten Liste

[2621]DVP, vgl. ULBRICHT, Kommunalpolitik und Stadtverwaltung, in: Geschichte der Stadt Dresden, Bd. 3, S. 274.

[2622]„Kandidaturen", in: DNN Nr. 1 vom 1. Januar 1919, S. 3.; DNN Nr. 4 vom 5. Januar 1919 (erste Ausgabe), S. 3.

[2623]„Die Stadtverordnetenwahlen", in: Dresdner Anzeiger Nr. 38, vom 8. Februar 1919, S. 3.

[2624]Etwa mit einem Vortrag von Frl. FRANZISKA OHNESORGE zum Thema „Was bedeutet die Stadtverordnetenwahl für die Frauen". – „Zu den Stadtverordnetenwahlen", in: Dresdner Anzeiger Nr. 37 vom 7. Februar 1919, S. 4.

[2625]IGEL, Besitzstandswahrung, in: DH 62 (2000), H. 2, S. 43f.

[2626]„Amtliche Bekanntmachung" [der Wahlvorschläge für die Stadtverordnentenwahl in Dresden], in: Dresdner Anzeiger Nr. 34 vom 4. Februar 1919, S. 9.

vergleichsweise besonders viele Frauen zu finden. Auf der Liste des Wahlvorschlags Kühn mit insgesamt 84 Personen kandidierten 6 Frauen. Auffallend ist, dass die erste Sozialdemokratin erst auf Platz 28 zu finden ist und die vorderen Listenplätze ausschließlich Männern vorbehalten waren. Für den Wahlvorschlag Haenel kandidierten fünf Frauen, für Thierfelder und Eichler jeweils vier.

Im Ergebnis der Wahl erzielte der sozialdemokratische Wahlvorschlag Kühn mit 39 Sitzen das beste Ergebnis. Wachsmuth erhielt 4, März 12, Thierfelder 11, Haenel 4 und Eichler 14 Mandate.[2627] Damit waren auch zehn Frauen gewählt, 11,9 Prozent der 84 Stadtverordneten. Unter den Gewählten waren so bekannte Persönlichkeiten wie MARIE STRITT und KATHARINA SCHEVEN sowie auch die Mitglieder des Arbeiter- und Soldatenrates ELISABETH STOLZ, HEDWIG KURT und CLARA NOACK. Auffallend ist, dass Frauen zahlenmäßig besonders stark auf bürgerlichen Wahlvorschlägen kandidieren konnten. Im Vergleich zum Anteil von Frauen unter den Kandidaten waren sogar im Verhältnis geringfügig mehr Frauen gewählt worden, so dass zumindest für diese Stadtverordnetenwahl in Dresden insgesamt nicht von einer durchgehenden Benachteiligung von Frauen bei der Platzierung auf den Wahlvorschlägen ausgegangen werden kann.[2628]

In Leipzig fand die Stadtverordnetenwahl bereits am 27. Januar 1919 und damit noch vor der Volkskammerwahl statt. Bereits Ende November 1918 war hier ein „Werbe-Ausschuß für die politische Betätigung von Frauen" gegründet worden, um die Frauen für eine politische Betätigung zu gewinnen und sich dafür entsprechend zu bilden. Bis kurz vor der Stadtverordnetenwahl waren dazu vom Ausschuss 48 Vorträge organisiert und 800.000 Flugblätter verteilt worden.[2629] Bei der Stadtverordnetenwahl waren schließlich auch

---

[2627] Gewählt wurden ELSBETH GEORGI, ANNA GROß, ANNA HETZE, ANNA JACOB, geb. HAMPEL, HEDWIG KURT, CLARA NOACK, FRANZISKA OHNESORGE, KATHARINA SCHEVEN, ELISABETH STOLZ, geb. WÄHLTE, SELINA MILLINGTON, verw. WEIßWANGE. – Liste enthalten in: Sitzungsberichte der Stadtverordneten zu Dresden vom Jahre 1919; siehe auch die „Amtliche Bekanntmachung. Wahlergebnis der Stadtverordnetenwahl in Dresden", in: Dresdner Anzeiger Nr. 44, vom 14. Februar 1919, S. 5; „Die Dresdner Stadtverordnetenwahlen", in: DNN Nr. 40 vom 11. Februar 1919, S. 3.

[2628] vgl. dazu oben S. 491ff.

[2629] „Der Werbe-Ausschuß...", in: Leipziger Allgemeine Zeitung Nr. 23 vom 24. Januar 1919, S. 3.

zehn Frauen erfolgreich.[2630] Auf der Liste der USPD waren mit fünf Kandidatinnen die meisten Frauen erfolgreich, darunter auch MARTHA SCHILLING und ANNA GEYER. Bemerkenswert ist allerdings, dass alle Frauen hier nacheinander nur die Listenplätze 26 bis 30 belegten und aufgrund des Wahlergebnisses von 33 Sitzen trotzdem alle gewählt worden sind. Die MSPD, die Privatangestellten-Verbände und die DNVP entsandten jeweils eine Frau, die DDP zwei Frauen in das Leipziger Stadtparlament. Die Platzierung der weiblichen Kandidaten auf den Wahlvorschlägen wie auch ihr Wahlerfolg unterscheidet sich in Leipzig kaum von denen in Dresden.

2. Kandidatur und Wahlerfolg von Frauen in Landgemeinden und kleineren Städten

Nachteilig für den Anteil der Frauen wirkte sich wohl eher ihre insgesamt deutlich geringere Zahl unter den Kandidaten im Vergleich zur weiblichen Bevölkerungsmehrheit aus. Auch in den Landgemeinden und kleineren Städten war die Situation kaum anders, sie war eher sogar noch ungünstiger. So waren unter den Gemeindevertretern mancherorts überhaupt keine Frauen gewählt worden und auch Kandidaturen von Frauen sind z. T. sehr spärlich oder überhaupt nicht erfolgt. Die Erfolgsquote für weibliche Kandidaturen war recht unterschiedlich.

So traten z. B. bei der bereits am 12. Januar 1919 erfolgten Wahl der Gemeindevertreter zu Döhlen MSPD und Bürgerausschuss mit rein männlichen Wahlvorschlägen an. Lediglich die USPD stellte auf Platz 3 ihres 9-köpfigen Wahlvorschlags eine Frau auf, die auch gewählt wurde.[2631] Am gleichen Tage stellten sich in der nicht weit entfernten Gemeinde Potschappel auf den jeweils zwanzigköpfigen Listen der MSPD auf Platz 15, der USPD auf Platz 3, 6, 10 und 13, sowie für den Bürgerausschuss für Potschappel auf Platz 17

[2630] Ergebnis: Wahlvorschlag Seeger (USPD) 33 Sitze, Junck 17, Heinze 7, Lüttich 7, Bennewitz, 5 Mandel 4, Schrömbgens kein Mandat. Gewählt wurden ANNA IDA HELENE ACKERMANN, ANNA GEYER, FANNY GOETZ, JOHANNE KREDEL, ELSE SANDER, MARTHA SCHILLING, WILHELMINE SCHREIHART, KAROLINE JOHANNA MARTHA SCHULT, ANNA SCHUMANN, AUGUSTE BERTHA THIEL. – „Ergebnis der Stadtverordnetenwahl", in: Leipziger Allgemeine Zeitung Nr. 28 vom 29. Januar 1919, Beiblatt; vgl. auch „Wahlvorschläge zur Stadtverordnetenwahl", in: Leipziger Allgemeine Zeitung Nr. 20 vom 21. Januar 1919, Beiblatt.

[2631] „Wahl der Gemeindevertreter in Döhlen", in: Dresdner Volkszeitung Nr. 1 vom 2. Januar 1919, S. 4; „Die Gemeinderatswahlen…", in: Elbtal-Abendpost Nr. 11 vom 15. Januar 1919, S. 2.

deutlich mehr Frauen zur Wahl. Erfolgreich war hier ebenfalls nur eine Kandidatin.[2632] In Kleinnauendorf wurden am 26. Januar 1919 zehn sozialdemokratische und zwei bürgerliche Gemeindevertreter gewählt. Weder unter den Gewählten noch unter den Kandidaten war eine Frau.[2633]

Am selben Tag traten in Burgk auf den jeweils 12 Listenplätzen für die MSPD auf Platz 6 und für die USPD auf Platz 2 zwei Frauen an, während der Bürgerausschuss auf Kandidatinnen verzichtete. Gewählt wurden beide Frauen.[2634] In Gittersee stellten sich an diesem Tag für die MSPD auf Platz 4, für die USPD auf Platz 2 und 4, sowie für die Bürgerlichen auf 7 gleich vier Frauen von jeweils 12 Kandidaten zur Wahl. Von ihnen waren zwei erfolgreich.[2635]

Das erzgebirgische Schmiedeberg konnte am 26. Januar 1919 zwar weder eine Mehrheitssozialdemokratin noch eine Bürgerliche wählen, dafür aber auf Platz 6, 7 und 9 gleich drei Frauen von 15 Kandidaten der USPD, von denen allerdings keine erfolgreich war.[2636] In der Stadt Radebeul wurden an diesem Tag bei nur zwei Wahlvorschlagslisten jeweils eine Sozialdemokratin und eine Bürgerliche gewählt. Frauen hatten hier auf den Listenplätzen 8 und 17 bzw. 8 und 19 kandidiert.[2637] In Ottendorf-Moritzburg fand die Gemeindevertreterwahl am selben Tag wie die Volkskammerwahl statt, allerdings ebenfalls ohne weibliche Kandidaten unter den drei Wahlvorschlägen.[2638]

[2632] „Für die Gemeindevertreterwahlen in Potschappel", in: Dresdner Volkszeitung Nr. 4 vom 7. Januar 1919, S. 4; „Die Gemeinderatswahlen…", in: Elbtal-Abendpost Nr. 11 vom 15. Januar 1919, S. 2.

[2633] „Wahl der Gemeindevertreter in Kleinnaundorf.", in: Dresdner Volkszeitung Nr. 7 vom 11. Januar 1919, S. 8; „Gemeinderatswahlen", in: Dresdner Volkszeitung Nr. 22 vom 28. Januar 1919, S. 5.

[2634] Ergebnis: 6 MSPD, 4 USPD, 2 Bürgerliche. – „Gemeindevertreterwahl in Burgk", in: Dresdner Volkszeitung Nr. 14 vom 18. Januar 1919, S. 6; „Burgk", in: Dresdner Volkszeitung Nr. 26 vom 1. Februar 1919, S. 6; „Gemeinderatswahlen", in: Dresdner Volkszeitung Nr. 22 vom 28. Januar 1919, S. 5.

[2635] Ergebnis: 7 MSPD, 3 USPD, 2 Bürgerliche. – „Gittersee", in: Dresdner Volkszeitung Nr. 17 vom 22. Januar 1919, S. 8; „Gemeinderatswahlen", in: Dresdner Volkszeitung Nr. 22 vom 28. Januar 1919, S. 5.

[2636] Ergebnis: 9 MSPD, 1 USPD, 5 Bürgerliche. – „Schmiedeberg", in: Dresdner Volkszeitung Nr. 17 vom 22. Januar 1919, S. 8; „Gemeinderatswahlen", in: Dresdner Volkszeitung, Nr. 22 vom 28. Januar 1919, S. 5 und „Bekanntmachung [des Wahlergebnisses]", a. a. O, S. 6.

[2637] Ergebnis: 13 Sozialdemokraten, 10 Bürgerliche. – „Radebeul", in: Dresdner Volkszeitung Nr. 16 vom 21. Januar 1919, S. 4; „Gemeinderatswahlen", in: Dresdner Volkszeitung Nr. 22 vom 28. Januar 1919, S. 5.

[2638] „Wahlen zur Volkskammer und Gemeindevertretung", in: Dresdner Volkszeitung Nr. 22 vom 28. Januar 1919, S. 6; „Gemeinderatswahl", in: Dresdner Volkszeitung Nr. 22 vom 28. Januar 1919, S. 6.

3. Die Wahlbeteiligung an den Stadtverordneten- und Gemeindevertreterwahlen

Die Wahlbeteiligung ging – stärker noch als ohnehin schon erwartet – abermals zurück[2639] und betrug in Dresden sogar nur noch 55 Prozent, so dass etwa 22.000 Stimmen weniger abgegeben wurden als bei der Volkskammerwahl.[2640] Der Dresdner Anzeiger musste daher als „sehr bedauerlich" festhalten, dass die „Wahlmüdigkeit" schon soweit um sich gegriffen hätte, dass in einigen Wahlbezirken bis zu 50 Prozent der Wahlberechtigten der Wahl fern geblieben seien.[2641] Die Elbtal-Abendpost vermutet dahinter sogar eine unzureichende Aufklärung der Wählerschaft über ihr neu gewonnenes Wahlrecht. Die „bedauerliche Erscheinung" der „überall" gesunkenen Wahlbeteiligung sei „zweifellos auf die zunehmende Wahlmüdigkeit und auf die Interesselosigkeit an den Aufgaben der Gemeindeverwaltung zurückzuführen". Bei der Wahlbeteiligung der Frauen sei das „am fühlbarsten" in Erscheinung getreten, so dass „in manchen Wahllokalen fast gar keine Wählerinnen" erschienen seien. Sie hätten „vermutlich" angenommen, dass nur die „Bürgerinnen zur Wahl berechtigt seien".[2642] Und auch die sozialdemokratische Dresdner Volkszeitung beklagte, dass bei vielen Gemeinderatswahlen „die Wahlbeteiligung sehr zu wünschen übrig" ließe und vor allem „Arbeiterwähler und -wählerinnen" der Wahl ferngeblieben seien und davon vielerorts die Bürgerlichen durch eine größere Zahl gewonnener Mandate profitiert hätten.[2643]

In anderen sächsischen Gemeinden war die Wahlbeteiligung dagegen z. T. deutlich höher als in Dresden. So betrug sie in Aue 67,8 Prozent,[2644] in Plauen

[2639] Aufgrund des uneinheitlichen Wahltermins in den Gemeinden, lässt sich wohl kaum eine generelle Aussage zur Wahlbeteiligung treffen.

[2640] ULBRICHT, Kommunalpolitik und Stadtverwaltung, in: Geschichte der Stadt Dresden, Bd. 3, S. 274; vgl. „Unser Erfolg in Dresden", in: Dresdner Volkszeitung Nr. 33 vom 10. Februar 1919, S. 1.

[2641] „Das Ergebnis der Stadtverordnetenwahl", in: Dresdner Anzeiger Nr. 40 vom 10. Februar 1919, S. 1.

[2642] „Die Stadtverordnetenwahl in Dresden", in Elbtal-Abendpost Nr. 34 vom 11. Februar 1919, S. 1f., 2.

[2643] „Gemeinderatswahlen", in: Dresdner Volkszeitung Nr. 24 vom 30. Januar 1919, S. 5.

[2644] Von 11.309 haben am 26. Januar 1919 7.662 gewählt. – „Aus Sachsen", in: Beilage zu Nr. 22 der Sächsischen Staatszeitung vom 28. Januar 1919, S. 6.

i. V. 74,3 Prozent,[2645] in Oelsnitz i. V. 80 Prozent,[2646] in Marienberg 57,7 Prozent,[2647] in Crimmitschau 74,2 Prozent,[2648] in Burgstädt etwa 70 Prozent[2649] und in Glauchau 70 Prozent,[2650] aber in Neustadt i. S. nur rund 50 Prozent.[2651] In den Landgemeinden Hartmannsdof b. Knauthain betrug die Wahlbeteiligung 88,4 Prozent, in Gröbern 85 Prozent, in Probstdeuben 83 Prozent und in Quasnitz 83,3 Prozent.[2652]

An den Stadtverordnetenwahlen in Leipzig am 26. Januar 1919 nahmen etwa zwei Drittel der Wahlberechtigten teil.[2653] Hier wird wiederum von einem besonders starken Rückgang der Beteiligung von Frauen berichtet. So hätte es Befürchtungen gegeben, „irgendwelchen Belästigungen ausgesetzt zu werden", die sich zwar als unberechtigt herausgestellt hätten, aber „doch dazu beigetragen haben, viele Wählerinnen von dem Gang nach dem Wahllokal abzuschrecken".[2654] Weitere Ursachen sah man auch hier in einer allgemeinen Wahlmüdigkeit und einem geringeren Interesse an kommunalen Angelegenheiten.[2655]

Insgesamt zeichnet sich auf Grundlage dieser Ergebnisse ein sehr uneinheitliches Bild hinsichtlich Kandidatur und Wahlerfolg von Frauen bei den Kommunalwahlen Anfang 1919 ab. Nach Einschätzung ihrer Zeitgenossen waren Frauen also eher geneigt, der Wahl fern zu bleiben. Ob das tatsächlich wesentlich an der mangelnden Kenntnis lag, dass das Bürgerrecht als Voraussetzung für die Wahlteilnahme entfallen war, erscheint jedoch zweifelhaft. Mit der erheblichen und gezielt auch auf Frauen ausgerichteten Aufklärungsarbeit aller an der Wahl teilnehmenden Gruppierungen und der Frauenvereine ist

---

[2645] Von 57.542 Wahlberechtigten wählten 42.746.

[2646] Von 8.828 Stimmberechtigten wählten 7.058, unter den gewählten 16 Sozialdemokraten und 8 Bürgerlichen war jeweils eine Frau.

[2647] Von 4.215 Wahlberechtigten wählten 2.431.

[2648] Von 17.161 Wahlberechtigten wählten 12.749; Ergebnis: 13 MSPD darunter 2 Frauen, 5 USPD, 9 Bürgerliche.

[2649] „Gemeindewahlen in Sachsen", in: Dresdner Anzeiger Nr. 26 vom 27. Januar 1919, S. 3.

[2650] „Aus Sachsen", in: Beilage zu Nr. 34 der Sächsischen Staatszeitung vom 11. Februar 1919, S. 5f.

[2651] „Gemeindewahlen", in: Dresdner Anzeiger Nr. 27 vom 28. Januar 1919, S. 5.

[2652] „Aus Leipzigs Umgebung", in: Leipziger Allgemeine Zeitung Nr. 28 vom 29. Januar 1919, S. 3.

[2653] Von ca. 420.000 Wahlberechtigten wählten 178.281. – „Ergebnis Stadtverordnetenwahl", in: DNN Nr. 26 vom 28. Januar 1919, S. 3; "Mannigfaltiges", in 1. Beilage zu Nr. 23 der Sächsischen Staatszeitung vom 29. Januar 1919, S. 5.

[2654] „Zu den Stadtverordnetenwahlen", in: Leipziger Allgemeine Zeitung Nr. 16 vom 27. Januar 1919, S. 3.

[2655] „Die Bedeutung der Gemeindewahlen", in: Leipziger Allgemeine Zeitung Nr. 34 vom 4. Februar 1919, S. 3.

das Frauenwahlrecht in den Städten und Landgemeinden deutlich öffentlich wahrnehmbar thematisiert worden. Es sind daher wohl eher Frustrationseffekte und mangelndes Interesse an kommunalen Themen für den überdurchschnittlichen Rückgang der Wahlbeteiligung bei den Frauen zu vermuten. Eine gewisse Rolle dürfte auch gespielt haben, dass bei der z. T. nunmehr schon dritten Wahl innerhalb weniger Wochen besonders für die Frauen der Reiz des Neuen endgültig verflogen sein dürfte.

Die Wahlbeteiligung fiel in den Städten und Landgemeinden sehr unterschiedlich aus. Eine nähere Bewertung ist aber problematisch, da – abgesehen von der sehr unübersichtlichen Quellenlage – die Wahlen von Gemeindevertretern und Stadtverordneten z. T. noch vor der Wahl der Nationalversammlung[2656] oder zumindest überwiegend vor der Volkskammerwahl stattfanden,[2657] und so die gegenseitige Überlagerung und Wechselwirkung zwischen den Wahlen, den Wahlkämpfen und den z. T. gewalttätigen politischen Auseinandersetzungen kaum auszumachen sind.

4. Weitere Stimmrechte von Frauen in kommunalen Gremien

Die Teilnahme von Frauen an den Gemeindewahlen stieß nach zeitgenössischer Einschätzung zwar auf weitgehende Akzeptanz,[2658] gleichwohl traten im Einzelfall für sie nachteilige Widersprüche zwischen alter und neuer Gesetzgebung und wohl auch bei etlichen männlichen Zeitgenossen unterschwellig vorhandene Vorbehalte gegen zu viel weibliche Partizipation in der Kommunalpolitik zu Tage. Das wird an der Debatte um Sitz und Stimmrecht von Frauen in gemischten Ausschüssen in Dresden deutlich. Nachdem Frauen schon bisher in einigen dieser Ausschüsse als beratende Mitglieder mitarbeiten konnten, war bereits vor dem Umbruch die Frage nach ihrem Stimmrecht Gegenstand politischer Auseinandersetzungen bis hinein in die Kammern des Landtags gewesen.[2659]

In der Sitzung vom 6. Mai 1919 behandelten die Stadtverordneten den Antrag der Stadtverordneten Fräulein Ohnesorge und Genossen, betreffend die Gewährung des Stimmrechts an die den gemischten Ausschüssen der städtischen Verwaltung mit beratender Stimme angehörenden Frauen. In der mündlichen Begründung, eingebracht von KATHARINA SCHEVEN, hoben die Antragsteller

---

2656 z. B. in den Gemeinden Deuben, Potschappel und Döhlen bereits am 12. Januar 1919. – „Die Gemeinderatswahlen...", in: Elbtal-Abendpost Nr. 11 vom 15. Januar 1919, S. 2.

2657 Die Wahlen hatten lediglich spätestens am 9. Februar 1919 stattzufinden, wobei frühere Wahltermine zulässig waren. – vgl. die *Bekanntmachung über die Wahlen von Stadtverordneten und Gemeindevertretern; vom 28. November 1918*, in: GVBl. 1919, S. 4-5.

2658 C. JELLINEK, Der graue Alltag im Frauenstimmrecht, in: Die Frau 26 (1918/19), S. 341.

2659 Dazu oben Kapitel V, S. 461ff.

hervor, dass es für sich angesichts der „völlig veränderten Verhältnisse" selbstverständlich sei, dass Frauen „für alle gesetzgebenden und Verwaltungskörperschaften" das aktive und passive Wahlrecht hätten und sie „vollberechtigte Staatsbürgerinnen" geworden seien. Erklärtes Ziel sei es aber auch, „die Frauen zu eifrigen tätigen Mitgliedern und Mitarbeiterinnen in den städtischen Ausschüssen zu erziehen". Denn erst mit dem vollen Stimmrecht würden „sie das volle Verantwortungsgefühl für die Beschlüsse, die in diesen Ausschüssen gefaßt werden, in sich entwickeln können, und ein dauerndes fachliches Interesse an den Fragen gewinnen, die zur Verhandlung stehen". Mit nur beratender Stimme seien sie hingegen nur geduldete Außenseiter.[2660]

Als nun der Vizevorsteher der Stadtverordneten, JOHANNES E. LEHMANN (Liste Eichler), in einem Ergänzungsantrag u. a. forderte, das Innenministerium um die Befreiung von den Vorschriften der RevStO nachzusuchen, die bisher dem vollen Stimmrecht der Frauen entgegenstanden, zeigt sich das im Hintergrund stehende Problem. Für die einen war es selbstverständlich, dass mit den revolutionären Ereignissen das Frauenstimmrecht in der Kommunalverfassung eingeführt worden sei und entsprechend anderslautende Regelungen hinfällig waren,[2661] die anderen betrachteten es hingegen als unerlässlich, den Frauen das Stimmrecht nun ausdrücklich für jeden Fall durch Änderung oder Aussetzung der alten Regelungen einzuräumen. Letzteres entsprach auch der Auffassung des Vorsitzenden EMIL A. NITZSCHE, der davon ausging, dass es sich nicht um als Stadtverordnete gewählte und damit stimmberechtigte Frauen handele, „sondern um Frauen, die als Vertreter aus dem Bürgertum kommen" und daher „nach den jetzigen Bestimmungen nicht ohne weiteres das Stimmrecht" besäßen.[2662]

Beschlossen wurde schließlich einstimmig ein Antrag von OTTO KÜHN, der als weitest gehender Antrag vorsah, Frauen in alle der 39 gemischten Ausschüsse mit vollem Stimmrecht hinzu zu ziehen und dafür vom Rat einen Dispens des Innenministeriums zu erwirken. Bürgermeister PAUL HERMANN KRETZSCHMAR sicherte noch vor der Abstimmung zu, dass der Rat die Ausnahmebewilligung einholen werde.[2663] Ein halbes Jahr später hatte sich in der Sache aber immer noch nichts bewegt, als wiederum ein „*Schreiben des Rates*

[2660]Sitzungsberichte der Stadtverordneten zu Dresden vom Jahre 1919, 7. öffentliche Sitzung vom 6. März 1919, S. 166.

[2661]Dahingehend auch die Redebeiträge von BERNHARD MENKE (Liste Hänel) und OTTO KÜHN. – Sitzungsberichte der Stadtverordneten zu Dresden vom Jahre 1919, 7. öffentl. Sitzung vom 6. März 1919, S. 167 und 168.

[2662]a.a.O., S. 167. Vergleichbar mit den sachkundigen Einwohnern nach § 44 Abs. 2 SächsGemO, die vom Gemeinderat bzw. Stadtrat als beratende Mitglieder in beratende wie beschließende Ausschüsse berufen werden können.

[2663]a.a.O., S. 168f.

vom 11. Juli 1919, betreffend den Antrag der Stadtverordneten, die Zuziehung von Frauen in alle gemischten Ausschüsse mit Sitz und Stimme herbeizuführen und hierzu Befreiung von den gesetzlichen Bestimmungen der Revidierten Städteordnung beim Ministerium des Innern nachzusuchen“ auf der Tagesordnung stand, in dem die Stadtverordneten den Rat abermals zu einer Stellungnahme aufforderten.[2664] Das Innenministerium beschied schließlich die Angelegenheit mit einer entsprechenden Verordnung vom 27. Juni 1919 positiv, so dass der Antrag in der Sitzung vom 7. Oktober 1920 für erledigt erklärt wurde.[2665]

Noch einen großen Erfolg konnten die Dresdner Frauen bis zur Einführung einer neuen Kommunalverfassung erzielen: Am 7. Januar 1920 wurden MARIE STRITT und zwei weitere Frauen von den Stadtverordneten[2666] zu ehrenamtlichen und unbesoldeten Stadträtinnen gewählt, den ersten weiblichen Stadträtinnen in Dresden.[2667]

5. Schlussfolgerungen

Die Situation von Frauen bei den Gemeindewahlen zeigt sich in den Städten und Landgemeinden recht unterschiedlich. Bei den ersten freien Stadtverordnetenwahlen in Dresden im Jahre 1919 etwa traten sowohl parteipolitisch wie berufsständisch orientierte Listen an. Dabei wurde die dem bürgerlichen Spektrum zuzurechnende, aber parteiunabhängige Liste des „Freien Ausschusses für Stadtverordnetenwahlen“ mit ihren 16 Kandidatinnen vom „Stadtbund Dresdner Frauenvereine“ maßgeblich unterstützt. Von den gewählten 84 Dresdner Stadtverordneten waren zehn weiblich und somit Frauen – verglichen mit dem Frauenanteil unter den Kandidaten – sogar geringfügig erfolgreicher als Männer. Auch kann zumindest für diese Stadtverordnetenwahl in Dresden insgesamt nicht von einer Benachteiligung von Frauen bei der Listenplatzierung ausgegangen werden. In Leipzig wurden ebenfalls zehn Frauen als Stadtverordnete gewählt, davon allein fünf auf der Liste der USPD. Allerdings waren diese Frauen hier nur infolge des guten Abschneidens ihrer Liste so erfolgreich, da sie sämtlich auf hinteren Listenplätzen kandidierten.

[2664]Sitzungsberichte der Stadtverordneten zu Dresden vom Jahre 1919, 1. öffentl. Sitzung vom 4. September 1919, S. 775.

[2665]Sitzungsberichte der Stadtverordneten zu Dresden vom Jahre 1920, 28. öffentl. Sitzung vom 7. Oktober 1919, S. 976.

[2666]vgl. das Gesetz zur Ergänzung des Gesetzes über Wahlen für die Gemeindeverwaltung vom 17. Juni 1919, vom 15. Oktober 1919, in: GVBl. S. 109.

[2667]vgl. SCHÜLLER, Marie Stritt, S. 218f. – Sie schied aufgrund der Neuwahl am 31. März 1922 jedoch bereits wieder aus.

In kleineren Städten und Landgemeinden war die Situation von Frauen bei den Gemeindewahlen in der Tendenz noch ungünstiger. Mancherorts wurden überhaupt keine Frauen gewählt und ist auch eine Kandidatur von Frauen nur in geringer Zahl oder überhaupt nicht erfolgt. Die Erfolgsquote der Kandidatinnen war recht unterschiedlich, wobei sie in der Regel auf unsicheren oder aussichtslosen Listenplätzen antraten.

Auch fiel die Wahlbeteiligung überwiegend niedriger aus, als bei den Volkskammer- und Nationalversammlungswahlen. Zeitgenössische Stimmen schreiben das insbesondere einem geringen Interesse der Frauen an diesen Wahlen zu. Es gab aber nach wie vor kleinere Städte, in den die Wähler kaum oder zumindest deutlich weniger Interesse an den Wahlen verloren hatten als etwa in Dresden, wo die Wahlbeteiligung nur noch 55 Prozent betrug. Die Ursachen für diese Differenzen lassen sich kaum ausmachen, doch wird der Effekt der Wahlmüdigkeit dabei ebenso eine Rolle gespielt haben, wie Wechselwirkungen mit den anderen Wahlen oder die jeweiligen lokalpolitischen Konstellationen.

Trotz der Neuordnung des Wahlrechts der Gemeindevertretungen stand nach wie vor die Ausgestaltung der Mitgliedschaft von Frauen in den gemischten Ausschüssen in Frage, denn die bisherigen Gemeindegesetze galten trotz aller Änderungen dem Grunde nach fort. So wurde die Frage des Stimmrechts dieser Frauen in Dresden erneut zum Gegenstand politischer Auseinandersetzungen und konnte erst durch das Eingreifen der Landesregierung zugunsten der Frauen geklärt werden. Das deutet darauf hin, dass zwar das Frauenstimmrecht als solches auf Akzeptanz stieß, eine gleichberechtigte Partizipation an den öffentlichen Angelegenheiten aber nach wie vor noch nicht zur Selbstverständlichkeit geworden war und eine Interpretation einschlägiger Gesetze trotz der veränderten Situation nicht automatisch zugunsten einer Partizipation von Frauen erfolgte, sondern der vorrevolutionäre Zustand weiterkultiviert wurde.

IV. Die Wählbarkeit von Frauen zu den Bezirksversammlungen, Bezirksausschüssen und Kreisausschüssen

Konnten nunmehr erstmals Frauen zu Mitgliedern der Stadtverordnetenkollegien und Gemeinderäte gewählt werden, stand jetzt auch ihre Entsendung in dieser Eigenschaft in weitere kommunale Vertretungskörperschaften im Raum.

Im Gesetz über die Wahlen zu den Bezirksversammlungen, Bezirksausschüssen, Kreisausschüssen und innerhalb dieser Körperschaften vom 5. Juli

1919[2668] – und einer aufgrund dieses Gesetzes durch das Innenministerium erlassenen Ausführungsverordnung vom 12. Juli 1919[2669] – regelte die Volkskammer nun auch das Wahlrecht auf der Ebene der Bezirksverbände, Amts- und Kreishauptmannschaften teilweise und damit auch zugunsten der Frauen neu: § 1 d. G. löste zunächst die bestehenden Bezirksversammlungen auf und ordnete Neuwahlen binnen drei Monaten an.[2670] Den Bezirksversammlungen sollten gemäß § 2 nunmehr jeweils 40 nach den Grundsätzen der Verhältniswahl zu bestimmende Vertreter der Gemeinden und selbständigen Gutsbezirke im Bezirksverband angehören. Die Sitze waren entsprechend ihrer Anteile an der Bezirksbevölkerung auf die Gemeinden und Gutsbezirke verteilt, die entsprechend zu Wahlkreisen zusammengefasst wurden, §§ 3ff.

Stimmberechtigt waren in den Städten die Stadtverordneten,[2671] in den Landgemeinden die Gemeindevertreter und „in den selbständigen Gutsbezirken alle Personen, die zur Zeit der Wahl die Voraussetzungen für die Wahlberechtigung zur Volkskammer erfüllen".[2672] Erstmals konnten nun gemäß § 8 Satz 1 auch Frauen in die Bezirksversammlungen, Bezirksausschüsse und Kreisausschüsse gewählt werden: „Wählbar zur Bezirksversammlung, zum Bezirksausschuß und zum Kreisausschuß sind alle deutschen Männer und Frauen, die das 20. Lebensjahr vollendet haben und im Bezirk ihren wesentlichen Wohnsitz haben." Die bezirksfreien Städte entsandten ihre Abgeordneten direkt in die Kreisausschüsse. Die Zusammensetzung von Bezirksausschüssen und Kreisausschüssen änderte sich darüber hinaus nicht, sie richtete sich auch weiterhin nach den bisherigen Vorschriften.[2673]

Die in den 1870er Jahren geschaffenen Bezirksverbände sollten den Ortsgemeinden im Rahmen eines gesetzlichen zugewiesenen Aufgabenbereichs jene Mittel zum Aufbau vor allem von Wohlfahrtseinrichtungen verschaffen, die diese allein nicht aufbringen konnten.[2674] Zunächst hatte die Entwicklung der Bezirksverbände aber nur vereinzelt Erfolge zu verzeichnen. Ihre Haupttätigkeit beschränkte sich – und das nicht einmal flächendeckend – bis zum Krieg in der Einrichtung von Bezirksanstalten. Erst während des Ersten Welt-

[2668] In: GVBl. 1919, S. 145-148.

[2669] a.a.O., S. 149-155.

[2670] GVBl. 1919, S. 145.

[2671] vgl. z. B. die Wahl in Dresden: Sitzungsberichte der Stadtverordneten zu Dresden vom Jahre 1919, 21. öffentliche Sitzung vom 4. September 1919, S. 773f.

[2672] GVBl. 1919, S. 146.

[2673] Dazu bereits oben, Kap. I, S. 37 und Kap. V, S. 295ff.

[2674] Dazu oben, Kap. V, S. 295ff.; vgl. OETTEL, Verwaltungsgliederung, in: Statistik in Sachsen 12 (1996), S. 79ff.

kriegs konnten die Bezirksverbände ihre nunmehr zentrale Funktion im Bereich der Kriegswirtschaft, Kriegswohlfahrtspflege und Arbeitsverwaltung ausfüllen.[2675]

Bereits im Gesetz, das Ausscheiden der Stadtgemeinden Zittau, Freiberg, Meißen und Bautzen aus ihren Bezirksverbänden sowie die Erweiterung der Bezirksaufgaben betreffend, vom 16. Oktober 1914[2676] war der Aufgabenbereich der Bezirksverbände deutlich erweitert worden, so dass nach Art. VI Abs. 1 d. G. das Innenministerium „auf Antrag einer Bezirksversammlung" und „nach Gehör des Kreisausschusses genehmigen" konnte, dass ein Bezirksverband nun u. a. „die Förderung von Arbeitsnachweisen" und „von Bestrebungen im Interesse der Jugend" zu Bezirksangelegenheiten erklären konnte. Mit dem Wohlfahrtspflegegesetz vom 30. Mai 1918 kamen weitere sozialpolitische Betätigungsfelder hinzu, die ebenfalls weitgehend frauenspezifische Aufgabenbereiche betrafen, wie etwa die Säuglings- und Kinderpflege und die „Krüppelhilfe".[2677]

Zu den Aufgaben der Bezirksversammlungen gehörte aber ebenso die Wahl der Mitglieder der Bezirksausschüsse und auch der Kreisausschüsse, sofern diese nicht von den bezirksfreien Städten durch deren Stadtverordnete zu wählen waren.[2678] So wies dann auch die amtliche Interpretation des Gesetzes vom 5. Juli 1919 auf eine besondere Bedeutung dieses Gesetzes hin, da die Wichtigkeit der Bezirksversammlungen besonders während der letzten Jahre zugenommen habe. Allgemeine Wahlen kämen aber dennoch für die Bezirksversammlungen nicht in Betracht,[2679] da einerseits die Gefahr bestehe, „durch zu häufige Vornahme allgemeiner Wahlen Wahlmüdigkeit zu erzeugen, die die praktische Durchführung des demokratischen Gedankens zu einem bloßen Schein herabwürdigen müßte" und andererseits die bisherige Struktur auch den Gemeinden selbst und „nicht bloß den einzelnen Bewohnern des Bezirks, einen gewissen Einfluß zur Vertretung ihrer Bedürfnisse" sichere. Daher sei die Regierungsvorlage ein Kompromiss zwischen beiden Interessenlagen, der gewährleiste, dass zumindest mittelbar durch die unmittelbar

---

[2675] *Vorlage, eine Denkschrift zur Neuordnung der Gemeindeverfassung betreffend. Eingegangen am 3. Mai 1920*, S. 119, in: Volkskammer-Akten aus dem Jahre 1920, Vorlagen, Bd. 2 Nr. 43 bis 67, 69 bis 101, Nr. 66.

[2676] In: GVBl. 1914, S. 471-474.

[2677] Gesetz über die Wohlfahrtspflege, vom 30. Mai 1918, in: GVBl. 1918, S. 145-148.

[2678] vgl. „Das neue Gesetz für die Bezirks- und Kreiswahlen", in: DNN Nr. 154 vom 8. Juni 1919, S. 3.

[2679] Entsprechende Anträge hatten keine Mehrheit gefunden. – 50. Sitzung der Volkskammer [am 1. Juli 1919], in: Beilage zur Sächsischen Staatszeitung über die Verhandlungen der sächsischen Volkskammer Nr. 52 vom 3. Juli 1919, S. 192-191.

von der Bevölkerung gewählten Stadtverordneten und Gemeindevertreter[2680] „die Stimmen aller wahlberechtigten Männer und Frauen in dem gleichen Umfange wie bei den Volkskammerwahlen auch bei den Bezirksversammlungswahlen in die Waagschale geworfen" werden.[2681] Die Befürchtung, dass durch eine häufige Wahlfrequenz das Interesse der Wähler an einer Teilnahme sinke, erscheint angesichts der Erfahrungen mit der Wahlbeteiligung der 1919 bereits durchgeführten Wahlen nur zu verständlich. Abgesehen von Nationalversammlungs-, Volkskammer- und Kommunalwahlen waren zahlreiche Gremien und Ämter des öffentlichen Lebens neu zu besetzen, da ihr Zustandekommen in den wenigsten Fällen den neuen politischen Gegebenheiten gerecht wurde und die über das Kriegsende hinaus z. T. sogar mehrfach verlängerten Wahlperioden nun endgültig ausliefen.

In den 275 kleinen Landgemeinden bei denen die wahlberechtigte Bevölkerung direkt die Gemeindeversammlung bildete, sowie in den selbständigen Gutsbezirken, wählten die wahlberechtigten Einwohner die Vertreter für die Bezirksversammlungen hingegen unmittelbar. Maßgeblich waren in jedem Fall die Grundsätze der Verhältniswahl, um eine Vertretung auch von Minderheiten zu ermöglichen. Darüber hinaus sollten die Voraussetzungen der Wählbarkeit an das Wahlrecht der Nationalversammlung und der Volkskammer angeglichen werden.[2682]

Die Wahlen zu den Bezirksversammlungen erfolgten auf Grundlage dieser Änderungen bereits wenige Zeit später. So stand schon am 15. August 1919 die „Stimmbewertung und Wahlkreiseinteilung für die Wahlen zu der Bezirksversammlung" auf der Tagesordnung der Bezirksversammlung der Amtshauptmannschaft Dresden-Altstadt und wurde in der öffentlichen Sitzung vom 10. September 1919 beschlossen.[2683] Nach der Amtlichen Bekanntmachung[2684] war in sieben Wahlkreisen zu wählen, wobei die Sozialdemokraten letztlich mit 23 die meisten Sitze erhielten und die bürgerlichen Parteien und die Unabhängigen nur auf 12 bzw. fünf Mandate kamen.[2685]

[2680]Mitglieder des Stadtrats, Gemeindevorstände und Gemeindeälteste waren dagegen nicht wahlberechtigt.

[2681]„Das neue Gesetz für die Bezirks- und Kreiswahlen", in: DNN Nr. 154 vom 8. Juni 1919, S. 3.

[2682]a.a.O., S. 3.

[2683]„Auf die Tagesordnung der Sitzung des Bezirksausschusses...", in: Elbtal-Abendpost Nr. 187 vom 15. August, S. 2; „Der Ausschuss der Amtshauptmannschaft Dresden, in: Elbtal-Abendpost Nr. 211 vom 12. September 1919, S. 2f.

[2684]„Wahlen zur Bezirksversammlung [der Amtshauptmannschaft Dresden-Altstadt]", in Nr. 213 vom 14. September 1919, S. 5.

[2685]Frauen werden nicht genannt. – „Die Wahlen zu der Bezirksversammlung...", in: Elbtal-Abendpost Nr. 258 vom 7. November 1919, S. 3

Bereits auf ihrem ersten Bezirkstag wählte die neue Bezirksversammlung die acht Vertreter des Bezirksausschusses auf vorherigen Antrag ebenfalls im Wege der Verhältniswahl. Die MSPD ging hierbei wiederum als klarer Sieger hervor. Die zwei gewählten Vertreter in die Mitgliederversammlung des Verbandes der Bezirksverbände gehörten der MSPD und der USPD an, die bürgerlichen Kandidaten unterlagen. Abgeordneter zum Kreisausschuss der Kreishauptmannschaft Dresden[2686] wurde ein Vertreter der MSPD und sein Stellvertreter, ein Bürgerlicher. Frauen waren nicht unter den Gewählten,[2687] das gilt auch für die anderen Kreisausschüsse in Bautzen,[2688] Leipzig,[2689] Chemnitz[2690] und Zwickau.[2691]

V. Das Frauenwahlrecht nach der Gemeindeordnung für den Freistaat Sachsen vom 1. August 1923

Die sozialistische Mehrheit im Landtag nahm eine grundlegende Umgestaltung des Gemeindeverfassungsrechts in ihrem programmatischen Sinne in Angriff, ohne dass die bürgerlichen Parteien dabei ihre Vorstellungen einbringen konnten.[2692] Zwischen 1921 und 1923 befasste sich der Landtag mit insgesamt acht verschiedenen Gesetzentwürfen. Mit der *Gemeindeordnung für den Freistaat Sachsen vom 1. August 1923* – in Kraft getreten am 1. April 1924[2693] – entschied man sich für einen, von Zeitgenossen nicht unkritisch gesehenen,[2694] eigenen Weg jenseits der damals gebräuchlichen Modelle von Magistrats- und Bürgermeisterverfassung mit den Gemeindeverordneten als alleiniger beschließender Körperschaft.[2695] Die neue Gemeindeordnung folgte den Grundsätzen der Einheitsgemeinde und der Einheitsverfassung.

[2686]Dazu gehörten die Amtshauptmannschaften Dippoldiswalde, Dresden-Altstadt, Dresden-Neustadt, Freiberg, Großenhain, Meißen, Pirna und die seit 1874 bzw. 1915 bezirksfreien Städte Dresden und Freiberg.

[2687]Namen der Gewählten abgedr. in: "Der Kreisausschuß…", in: Sächsische Staatszeitung Nr. 286 vom 10. Dezember nachmittags 1919, S. 1; vgl. „Bezirkstag Dresden-Altstadt", in: Elbtal-Abendpost Nr. 271 vom 23. November 1919, S. 2.

[2688]„Der Kreisausschuß…", in: Sächsische Staatszeitung Nr. 57 vom 19. März 1920, S. 1.

[2689]„Der Kreisausschuß…", in: Sächsische Staatszeitung Nr. 30 vom 10. Februar 1920, S. 1.

[2690]„Der Kreisausschuß…", in: Sächsische Staatszeitung Nr. 134 vom 15. Juni 1920, S. 1.

[2691]„Der Kreisausschuß…", in: Sächsische Staatszeitung Nr. 288 vom 16. Dezember 1919, S. 1.

[2692]So BERTHOLD, Vorbemerkung zu: Die Gemeindeordnung für den Freistaat Sachsen vom 1. August 1923, S. 4; näher zur Gemeindeverfassungsreform und ihrer Vorgeschichte ULBRICHT, Die exemten Mittelstädte, S. 45ff.

[2693]In: SächsGBl. 1923, S. 373-406, geändert durch Gesetz vom 15. Juni 1925, in: SächsGBl. 1925, S. 131-169.

[2694]z. B. bei BERTHOLD, a.a.O., S. 4.

[2695]Dazu und im Folgenden ausführlich GOEDSCHE, Die Verfassung der sächsischen Gemeinden, S. 8ff.

Das bedeutete, dass es in Sachsen nur noch eine Gemeindeordnung für alle Gemeinden, also Stadt- wie Landgemeinden, gab und bis auf die Staatsforste keine gemeindefreien Gebiete mehr bestanden.

In allen Gemeinden, sofern nicht aufgrund geringer Größe die Wahlberechtigten selbst die Gemeindevertretung bildeten, wurde nach dem demokratischen Verhältniswahlrecht in allgemeiner, gleicher und geheimer Wahl von den Einwohnern, die das 20. Lebensjahr vollendet hatten, gewählt. In einer späteren Novelle war für das passive Wahlrecht die Voraussetzung hinzugekommen, mindestens seit sechs Monaten in der Gemeinde zu wohnen und die Reichsangehörigkeit zu besitzen. Ebenso wurde die Möglichkeit, in mehreren Gemeinden zu wählen, abgeschafft.

VI. Zwischenfazit

Die Neuordnung des kommunalen Wahlrechts durch die Volksbeauftragten und die Volkskammer noch im November 1918 eröffnete sächsischen Frauen sowie auch unterschiedslos allen Männern erstmals die vollumfängliche Beteiligung an den Wahlen der Gemeindevertretungen. Infolge anstehender Neuwahlen bestand hier dringender Handlungsbedarf. Im Gegensatz zur bisher geübten Praxis war die Wahlhandlung persönlich vorzunehmen. Mit Auflösung der selbständigen Gutsbezirke wurde auch deren Sonderstellung beseitigt, ihre Bewohner erhielten nunmehr die Möglichkeit an den Wahlen der Gemeinde teilzunehmen. Die bisher geltende Kommunalverfassung wurde darüber hinaus vorerst im Wesentlichen beibehalten.

Die einzelnen in den sächsischen Städten und Landgemeinden abgehaltenen Wahlen, die an mehreren Wahltagen bis zum Februar 1919 stattfanden, sind in ihrer Gesamtheit kaum zu überblicken. Für einzelne Wahlen unterscheidet sich die Situation der Frauen nur wenig von den vorangegangenen Wahlen des Jahres 1919. Sie sind unter den Kandidaten wie unter den Gewählten deutlich in der Minderheit. Namentlich in Dresden und Leipzig wurden große Anstrengungen unternommen, Frauen zur Wahlteilnahme zu bewegen. Die Erfolgsquote der Kandidatinnen bei der hier näher untersuchten Stadtverordnetenwahl in Dresden war gut. 11,8 Prozent Frauen unter den Kandidaten stehen 11,9 Prozent weibliche gewählte Stadtverordnete gegenüber. Die meisten Kandidatinnen finden sich auf den der DVP bzw. der DDP nahestehenden Wahlvorschlägen. Die DVP-nahe Liste März wurde vom „Stadtbund Dresdner Frauenvereine“ unterstützt, so dass hier zahlreiche, zumindest in der lokalen Frauenbewegung aktive Frauen unabhängig von ihrer Parteipräferenz kandidierten. Auffallend ist, dass sich auf den – jeweils mit Abstand erfolgreichsten – Wahlvorschlägen der MSPD in Dresden und der USPD in Leipzig keine Frauen auf den vorderen Plätzen finden und sie deshalb auf ein

– wenn auch nur erwartungsgemäß – besonders günstiges Wahlergebnis angewiesen waren.

Die Lage der Frauen in kleineren Städten und Landgemeinden hinsichtlich Kandidatur und Wahlerfolg ist recht unterschiedlich. Sie reicht vom völligen Fehlen der Frauen über erfolglose Kandidaturen bis hin zur Wahl relativ zahlreicher oder sogar aller angetretenen Frauen. Da eine landesweite Erhebung weiblicher Kandidaturen kaum zu leisten ist, lassen sich hier nur Tendenzen auf der Grundlage einiger aufgefundener Ergebnisse feststellen. Dort, wo es – wie in Dresden – Frauenvereinen gelang, ihre Vertreterinnen auf den Wahlvorschlägen in größerer Zahl zu platzieren, führte das auch zu Erfolgen. Gleichwohl waren Frauen am häufigsten auf den USPD-nahen Wahlvorschlägen erfolgreich. Auch kandidierten sie hier besonders oft auf vorderen Plätzen. Die Wahlbeteiligung war gegenüber den vorangegangenen Wahlen deutlich gesunken. In Dresden war sie mit 55 Prozent besonders niedrig. Nach zeitgenössischer Beurteilung ist dafür vor allem das geringe Interesse der Frauen an der Kommunalwahl verantwortlich.

Unklar blieben hingegen die Rechte von Frauen in kommunalen Gremien wie den gemischten Ausschüssen. In Dresden etwa war zwar das passive Wahlrecht von Frauen aus der Bürgerschaft zumindest für einige mit sozialpolitischen Fragen befasste Ausschüsse unbestritten, nicht aber, ob ihnen auch das volle Stimmrecht zukam. Die Mehrheit sah sich hier nach wie vor an die RevStO gebunden, so dass diese Angelegenheit schließlich seitens der Regierung zugunsten der Frauen entschieden wurde.

Weiterführende kommunale Ämter blieben Frauen ebenfalls vorerst noch weitgehend – wenn auch nicht mehr von Gesetzes wegen – verwehrt. Frauen wurde das aktive wie passive Wahlrecht zu den Bezirksversammlungen, Bezirksausschüssen und Kreisausschüssen eingeräumt. Diese Körperschaften wurden indirekt gewählt, so dass jedenfalls in den vier Kreisausschüssen keine Frauen vertreten waren. Indirekte Wahlen waren offenbar besonders ungünstig für Frauen, vor allem, weil unter den hier wahlberechtigten Stadtverordneten bzw. Gemeindevertretern nur wenige Frauen waren. Hinweise auf erste weibliche Bürgermeister in dieser Zeit in Sachsen liegen ebenfalls nicht vor. Als erste Frau Deutschlands soll angeblich in dem in der Rhön gelegenen Dorf Steinberg 1919 eine Gastwirtin namens Schuchert zur Bürgermeisterin gewählt worden sein.[2696]

[2696] „Die Bürgermeisterin von Steinberg", in: Elbtal-Abendpost Nr. 185 vom 13. August 1919, S. 3. Um welche Gemeinde es sich tatsächlich handelt oder ob angesichts des als sehr kurios beschriebenen Hintergrunds der Wahl nur eine Fama wiedergegeben wurde, ist unklar.

Dennoch boten die kommunalen Vertretungskörperschaften günstige Voraussetzungen für die Mitarbeit von Frauen. Die Teilnahme von Frauen an den Gemeindewahlen stieß auf weitgehende Akzeptanz. Auch die Frauen selbst waren der Überzeugung, dass hier der beste Raum war, um sich mit politischer Arbeit vertraut zu machen und Erfahrungen zu sammeln.

Für die Sozialdemokraten war die neue Kommunalverfassung ein wesentlicher Schritt, um auch in den Vertretungskörperschaften der Städte und Landgemeinden Fuß zu fassen. Nachdem die Wahlen Anfang 1919 vor allem in größeren Gemeinden sozialistische Mehrheiten hervorgebracht hatten, setzten die Vertreter der neuen Mehrheit in der Regierung und im Landtag die Entlassung aller unbesoldeten Stadtratsmitglieder und nicht berufsmäßigen Gemeindeältesten aus ihren Ämtern zum 1. Januar 1920 durch.[2697] Das bot Frauen wiederum die Chance, sich auch hier erstmals zur Wahl zu stellen.

Die Gemeindeordnung von 1923, die den Grundsätzen der Einheitsgemeinde folgte, ordnete schließlich die Kommunalverfassung in Sachsen grundlegend neu und behielt dabei das demokratische Verhältniswahlrecht ohne Unterschied des Geschlechts bei.

[2697] Durch das *Gesetz über die Wahlen für die Gemeindeverwaltung vom 17. Juni 1919*, in: GVBl. 1919, S. 109-111; vgl. bei BERTHOLD, Vorbemerkung zu: Die Gemeindeordnung für den Freistaat Sachsen vom 1. August 1923, S. 3.

Ergebnis und Ausblick

Die konstitutionelle Bewegung, die Ende des 18. Jahrhunderts aufkam, griff die Idee des Gleichheitsgedankens als staatsbürgerliches Recht auf. In den Bereich des Frühkonstitutionalismus fällt auch die zunächst in Süddeutschland verwirklichte Idee einer ständisch-repräsentativen Verfassung.[2698] Sie fand in der zweiten Verfassungswelle auch in der Sächsischen Verfassung von 1831 ihren Niederschlag. Das bedeutete eine Abkehr vom System ständischer Privilegien hin zu einer neuen gesellschaftlichen wie rechtlichen Ordnung, die grundsätzlich jedem Menschen die gleiche Möglichkeit zur Entfaltung einräumen sollte. Sie brachte auch das Bedürfnis nach einer Neubestimmung des Platzes der Geschlechter hervor.

Erst die bürgerliche Gesellschaft machte das Merkmal des Geschlechts in Rechtstheorie wie Rechtspraxis für Frauen zu einer einheitlichen Kategorie. Das weibliche Geschlecht wurde dabei für die Teilnahme am politischen wie am gesellschaftlichen Leben zu einem unabänderlichen, diskriminierenden Makel und dadurch die rechtlichen Auswirkungen der Geschlechterdifferenz in besonderem Maße betont.

Auf diese Weise ging den Frauen zusehends die Möglichkeit formeller Machtausübung verloren und sie blieben vor allem auf den Bereich der informellen Macht beschränkt, die allerdings nach dem bürgerlichen Frauenbild weder gesellschaftlich erwünscht noch anerkannt sein konnte. Doch schuf die politische Theorie der Aufklärung in der Zeit des Frühkonstitutionalismus mit dem neuen Verständnis des Menschen und seiner Rechte die Basis für die Anerkennung aller Menschen als eigenständige Personen. Sie beinhaltete aber zugleich eine Relativierung des demokratischen Gedankens dahingehend, dass sie durch eine spezielle Deutung des Gleichheitsbegriffes eine neue Legitimationsgrundlage für den Ausschluss von Frauen vom öffentlichen Leben schuf. Damit wurde sie zeitgenössischen sittlich-moralischen Konventionen des neu entstehenden Bürgertums gerecht.

Auch im Verfassungsrecht stellte sich die immer drängendere Frage nach der Gleichheit der Geschlechter und deren Einbeziehung in die repräsentativen Volksvertretungen und deren Zustandekommen. War in der ständischen Gesellschaft das Merkmal „Geschlecht" vielfach von dem des „Standes" überlagert, und damit zumindest in geringem Umfang Frauen durch Privilegien politische Rechte eingeräumt, schlug sich nunmehr die funktionell-reproduktiv und religiös begründete generelle Unterordnung der Frau unter den Mann

[2698] vgl. im folgenden FLOßMANN, Die beschränkte Grundrechtssubjektivität, in: GERHARD, Frauen in der Geschichte des Rechts, S. 293ff.

in Ehe und Familie dem neuen bürgerlichen Frauenideal entsprechend in einem Ausschluss der Frauen aus der Öffentlichkeit und ihre Beschränkung auf die Privatheit der Familie nieder.

Das neue Gleichheitskonzept war dazu geeignet, die Einschränkung der Stellung der Frauen im Recht eher noch zu verstärken. Die Generalisierung und Egalisierung politischer Kategorien, die eigentlich Ausdruck eines allmählichen Durchdringens des demokratischen Gedankens waren, bedeutete für Frauen vielfach die Gefahr eines Rechtsverlusts, da sie mit einem Wegfall der Herrschaftsbeziehungen und Privilegien der altständischen Ordnung und deren überlieferter Schutzfunktion einherging. Politische Rechte, wie das Wahl- und Stimmrecht, konnten den Frauen nach der allgemeinen politischen und rechtlichen Meinung nun fast ausnahmslos und selbstverständlich verweigert werden. Zwar bezieht etwa auch KANT Frauen zumindest als passive Bürger in seinen Staatsbürger-Begriff mit ein, legitimiert aber letztlich überkommene Rollenbilder damit, dass er Frauen aufgrund von deren Unfähigkeit zu einer bürgerlichen Selbständigkeit aus der Politik wie selbstverständlich ausschließt.

Dagegen gehörte es – nach den in diesem Sinne formulierten Geschlechtscharakteren – ausdrücklich und allein zur Bestimmung des Mannes, als Staatsbürger zu agieren. Selbst ein Großteil der Männer aus bisher unterprivilegierten Schichten erlangte erstmals verfassungsrechtlich verbürgte politische Rechte, die den Frauen unabhängig von deren Stand und Vermögen nicht zugebilligt wurden. In der Konsequenz erfolgte eine zunehmend spezifischere Interpretation des Gleichheitssatzes, die diesen an die bürgerlichen Wertvorstellungen anpasste. Folgerichtig musste deshalb die Gleichheit vor dem Gesetz, wie sie in § 26 VerfUrk[2699] zumindest ansatzweise zum Ausdruck kommt, lediglich als eine relative Gleichheit verstanden werden, die Unterschiede in Alter, Besitz, Arbeitskraft, sozialer Stellung, Geschlecht, Staatsangehörigkeit u. ä. nicht berührte.

Die Verfassungsgebung in Sachsen im Jahre 1831 brachte zwar für eine privilegierte Minderheit grundbesitzender und vermögender Männer das politische Wahlrecht, ließ aber die Frage eines Landtagswahlrechts für Frauen noch gänzlich unbeachtet. Die Verfassung wurde gleichwohl zur Grundlage für eine umfassende Staatsreform, die auch erstmals eine einheitliche Regelung der sächsischen Kommunalverfassung brachte. Mit der Schaffung einer Städteordnung war die Forderung nach Einrichtung einer gewählten Repräsentation der Bürgerschaft in den Städten dem Grunde nach erfüllt worden.

[2699] § 26 VerfUrK: „Die Rechte der Landeseinwohner stehen für Alle in gleicher Maaße unter dem Schutze der Verfassung."

Von Ausnahmen abgesehen, wurde hierbei die Beteiligung von Frauen an den städtischen Wahlen kaum thematisiert. Lediglich bei der Wahl der Leipziger Communrepräsentanten, die in der Übergangsphase zur neuen Stadtverfassung die Bürgerschaft repräsentierten, hatten Frauen zumindest mittels Stellvertretung das Stimmrecht erhalten. Die Dresdner „Einwohner und Bürger" hatten mit ihrer Forderung nach einer Beteiligung von Frauen dagegen keinen Erfolg. Die AStO von 1832 räumte Frauen zwar unter bestimmten Voraussetzungen das Bürgerrecht ein, schloss sie aber generell vom Stimmrecht aus. Anders als etwa in Preußen, wo den Frauen 1831 das Bürgerrecht in den Städten entzogen wurde, war in Sachsen das Stimmrecht nicht direkt an das Bürgerrecht gebunden, sondern vielmehr als besonderes bürgerliches Ehrenrecht ausgestaltet, das als solches ausschließlich Männern zustand.

Bemerkenswert ist, dass in Sachsen zwar Frauen als Ansässige, also Grundbesitzerinnen, in den Landgemeinden eine Vertretung der Interessen ihres Besitzes in der Gemeinde – und damit das Stimmrecht – zugestanden bekamen, Rittergutsbesitzerinnen dagegen nicht, so dass das Stimmrecht ihrer Rittergüter somit ruhte. Dagegen besaßen Besitzerinnen vergleichbaren Grundbesitzes in einzelnen thüringischen Staaten zumindest zeitweilig sogar ein Stimmrecht bei den Wahlen der Ständeversammlung.

In Sachsen hatte man sich dafür entschieden, die Verfassung der Städte und der Landgemeinden in getrennten Gesetzen zu regeln. Bereits im Februar 1833 legte die sächsische Staatsregierung den Ständen den Entwurf einer Landgemeindeordnung und eines Gesetzes zu deren Anwendung auf kleine Städte vor. Zwar war darin eine Repräsentation der Gemeindemitglieder unter der Aufsicht der Obrigkeit vorgesehen, Frauen aber vom Stimmrecht ausgeschlossen. Da zumindest in einigen Landesteilen bisher die Teilnahme der ansässigen Frauen an den Gemeindeversammlungen durchaus üblich gewesen war, verwarf die vorberatende Deputation der Ersten Kammer den beabsichtigen Ausschluss dieser Frauen vom Stimmrecht als ungerecht und unzweckmäßig. Dabei stand jedoch allein die Interessenvertretung des ländlichen Grundbesitzes im Vordergrund und nicht die Einbeziehung von Frauen als solchen in die Gemeindevertretung.

Nachdem dieser Entwurf unerledigt liegen geblieben war, leitete die Regierung im August 1834 den Ständen eine neue Gesetzesvorlage zu, die nur die Teile der Gemeindeverfassung umfasste, die sich auf die Repräsentation der Gemeindemitglieder bezogen. Dabei waren wesentliche Vorschläge zum vorangegangenen Entwurf eingearbeitet worden, nicht aber das Frauenstimmrecht. Auch dieser Entwurf blieb in den Deputationsberatungen hängen. Erst der Regierungsentwurf von 1837 berücksichtigte in Bezug auf das Frauenstimmrecht wenigstens zum Teil die Forderung der Stände. Er sah ein Stimmrecht für verheiratete, ansässige Frauen vor, das diese aber nur mittels Stellvertretung ihrer Ehemänner ausüben durften. Im Ergebnis der sehr kontroversen Debatte wurde schließlich das Merkmal „weibliches Geschlecht“ als Ausschlusstatbestand vom Stimmrecht fallen gelassen und nur bei verheirateten, nicht getrenntlebenden Frauen, eine Stellvertretung durch den Ehemann vorgeschrieben. Abgesehen von dieser Stellvertretungsregelung waren ansässige Frauen damit unter denselben Voraussetzungen stimmberechtigt wie Männer. Eine Wählbarkeit von Frauen bestand nach der LGO nicht und ist auch nicht thematisiert worden.

In kleinen Landgemeinden mit nicht mehr als 25 ansässigen Mitgliedern, in denen an die Stelle des Gemeinderates die Versammlung aller stimmberechtigten Gemeindemitglieder trat, waren ansässige Frauen – bzw. in Vertretung deren Ehemänner – sogar selbst Mitglied der Gemeindeversammlung. Das hatte zur Folge, dass überall dort, wo sonst der Gemeinderat wirksam wurde, diese Frauen an Entscheidungen und auch Wahlen als Gemeindevertreterinnen partizipieren konnten.

Die Verankerung des Frauenstimmrechts in der LGO war die unmittelbare Folge einer Beibehaltung des Prinzips der Realgemeinde (Grundstücksgemeinde) in dem Sinne, dass die Ansässigkeit auch weiterhin das entscheidende Kriterium für das Stimmrecht in den Landgemeinden blieb. In der Konsequenz musste selbst das weibliche Geschlecht als Ausschlusstatbestand von einer politischen Partizipation zurücktreten. Ebenso zeigt sich in den Auseinandersetzungen um das Frauenstimmrecht in den Landgemeinden schon Ende der 1830er Jahre eine veränderte Haltung gegenüber der Partizipation von Frauen. So wird nicht nur eine gewisse Notwendigkeit der Interessenvertretung von Frauen als Grundbesitzerinnen gesehen, sondern den Kenntnissen von Frauen um die Zusammenhänge vor Ort auch eine gewisse Bedeutung für die fundamentale Aufgabe beigemessen, ihre Söhne zu einer aktiven Teilnahme am Staatsleben zu erziehen. Am Rande wurde zwar nun auch die Frage des Frauenstimmrechts in den Städten aufgeworfen, dann aber nicht weiterverfolgt. Wesentlich für die Einordnung des Frauenstimmrechts in den sächsischen Landgemeinden ist hier, dass es eben nicht als ein politisches Recht, sondern vor allem als ein wirtschaftliches angesehen wurde.

Die Vertretung der Belange erwerbstätiger Frauen wurde schließlich sogar zu einem Keim der Frauenbewegung, die in Sachsen um die Revolutionsjahre von 1848/49 insbesondere aufgrund des Wirkens von LOUISE OTTO-PETERS ihren Anfang nahm. Infolge der durch die Industrialisierung veränderten wirtschaftlichen Erfordernisse waren auch Frauen in wachsender Zahl zu einer außerhäuslichen Erwerbstätigkeit und damit zum Eintritt in die männliche Domäne der Öffentlichkeit gezwungen waren. Das bürgerliche Idealbild einer auf den Bereich des Privaten beschränkten Frau ging mit der z. T. katastrophalen wirtschaftlichen und sozialen Situation vieler arbeitender Frauen nicht konform. Die frühe bürgerliche Frauenbewegung war daher vor allem sozialkritisch und setzte sich für eine Verbesserung der Bildungs- und Berufsmöglichkeiten von Frauen ein. Frauen sahen sich aber auch zunehmend mit der Notwendigkeit einer Selbstreflektion ihrer Stellung in Staat und Gesellschaft konfrontiert. LOUISE OTTO-PETERS forderte daher eine aktive Teilnahme von Frauen am Staatsleben. Ihr positiver Standpunkt zu einem Frauenwahlrecht blieb vorerst allerdings eine private Einzelmeinung und war nicht Gegenstand der Frauenbewegung.

Bis mindestens in die Zeit der Bürgerlichen Revolution von 1848/49 hinein galt der Ausschluss von Frauen vom politischen Stimmrecht als derart selbstverständlich, dass er in den Parlamentsdebatten nicht einmal thematisiert wurde. Daher besaß der Ausschluss der Frauen vom Wahlrecht im sächsischen Wahlgesetz von 1831 nur deklaratorischen Charakter. In der Paulskirchenverfassung und in ihrem Wahlgesetz bedurfte es nicht einmal einer Kodifizierung: Die Debatte verlief auch hier im üblichen Rahmen und beruhte nach wie vor auf der Prämisse, dass Frauen in der Politik nichts zu suchen und sich stattdessen allein ihren häuslichen Fürsorgepflichten zu widmen hätten.

Zwar war die Paulskirchenverfassung mit ihrem allgemeinen und gleichen Wahlrecht ein Meilenstein für die Wahlrechtsentwicklung in Deutschland. Im Hinblick auf die Gewährung von Partizipationsrechten für Frauen brachte dagegen der Gedanke einer staatsbürgerlichen Gleichheit unter Abkehr von bisherigen ständischen Privilegien sogar eine Einschränkung mit sich: So verloren in den thüringischen Kleinstaaten die Frauen ihr „Stimmrecht“ bei den Wahlen zu den Ständeversammlungen. Aber auch in Sachsen zeigt sich in der Diskussion um das Stimmrecht der ansässigen Frauen bei den Gemeindewahlen in den Landgemeinden die Tendenz, Frauen durchaus auch ein bereits bestehendes Stimmrecht entziehen zu wollen.

In den Städten wie in den Landgemeinden behielt man in Bezug auf Frauen das in der AStO und der LGO kodifizierte Wahlrecht weitgehend unverändert bei. Zwar beinhalteten die Demokratisierungsbestrebungen der Jahre 1848/49 auch den Versuch, eine gemeinsame Gemeindeordnung für Städte wie Landgemeinden zu schaffen. Doch enthielt dieser Entwurf neben der Beschränkung des Bürgerrechtserwerbs durch Frauen auf die zwingenden Tatbestände von Grundbesitz oder Betreibens eines Gewerbes innerhalb des Gemeindesbezirks auch die Einführung der Voraussetzung des männlichen Geschlechts für das Stimmrecht in den Städten und Landgemeinden gleichermaßen. Lediglich über einen Ausnahmetatbestand von dieser Regelung sollten verheiratete wie unverheiratete Gemeindebürgerinnen in den Landgemeinden ihr Stimmrecht noch durch einen Stellvertreter ausüben können. Zudem profitierten Frauen nicht von der Ausweitung der Stimmberechtigung auf unansässige Gemeindemitglieder. Sie blieb auf unansässige Männer beschränkt.

Gleichwohl zeichnete sich in der revolutionären Aufbruchsstimmung ein gewisser Wandel der öffentlichen Meinung hinsichtlich des Auftretens von Frauen in der Öffentlichkeit ab: War ihnen bislang von der Ersten Kammer der Zutritt zu den Tribünen des Sitzungssaales entschieden verwehrt worden, so fasste die Kammer nun den Beschluss zur Einrichtung einer Damentribüne. Zwar traten hier Vertreter der liberalen Landtagsopposition durchaus für die Interessen der Frauen ein, doch war man sich in dieser Frage nicht einig. Eine Einbeziehung von Frauen in das für kurze Zeit in Kraft gesetzte liberale Wahlrecht erschien noch unvorstellbar.

Die Gesetzesänderungen der Revolutionszeit traten entweder infolge der Landtagsauflösungen gar nicht in Kraft oder wurden kurze Zeit später in der Reaktionsphase wieder zurückgenommen. Als dann der Landtag von 1863/64 schließlich doch den unangesessenen Gemeindemitgliedern überall das Stimmrecht tatsächlich einräumte, wurden die unansässigen Frauen auf Betreiben der Ersten Kammer ausdrücklich vom Stimmrecht in den Landgemeinden ausgeschlossen.

Auch die Entscheidung über eine Anwendung von AStO oder LGO, die die kleineren Städte für sich selbst treffen konnten, erscheint aufgrund der dabei weitgehend ins Belieben der Gemeindevertreter gestellten Gewährung oder Nichtgewährung des Frauenstimmrechts als willkürlich. Dennoch führte sie dazu, dass Frauen in einigen Städten, die sich für eine Anwendung der entsprechenden Vorschriften der LGO entschieden hatten, als ansässige Gemeindemitglieder das Stimmrecht bekamen.

Die Stichproben einiger Landgemeinden zur Wahlberechtigung, Wahlbeteiligung und Teilnahme stimmberechtigter Frauen zeigen aber, dass der Anteil der Frauen unter den Stimmberechtigten in den Landgemeinden sehr gering war. Sofern überhaupt stimmberechtigte Frauen vorhanden waren, waren sie nur selten bereit, ihr Stimmrecht überhaupt wahrzunehmen. Das Frauenstimmrecht in den Landgemeinden war für die Zusammensetzung der Gemeindevertretung insgesamt ohne praktische Relevanz. Doch auch die Beteiligung der männlichen Stimmberechtigten war nach den ersten Wahlen in den Landgemeinden stark rückläufig.

Ende der 1860er Jahre gab die politische Entwicklung Sachsens einen erneuten Anstoß zur Reform des Landtagswahlrechts. Entscheidend für diese Zeit waren die Niederlage Sachsens im Deutschen Krieg an der Seite Österreichs und seine darauffolgende Eingliederung in den Norddeutschen Bund sowie das Aufkommen der Sozialdemokratie als neuer politischer Kraft.

Die Wahlrechtsänderung des Landtagswahlrechts von 1868 brachte eine weitgehende Liberalisierung und Angleichung an das Wahlrecht des Norddeutschen Bundes mit sich. Der Kreis der Wähler erweiterte sich zwar erheblich. Frauen und jene Männer, die den Zensus von einem Thl. nicht erbringen konnten, blieben aber auch weiterhin vom Wahlrecht ausgeschlossen. Das weibliche Geschlecht fand in den diesbezüglichen Verhandlungen über das Wahlrecht lediglich einmal Erwähnung, und zwar als ein Kriterium, das unbedingt auch den Ausschluss von einem allgemeinen Wahlrecht nach sich ziehen müsse. Das Wahlrecht zum Reichstag des Norddeutschen Bundes knüpfte wiederum an das Wahlrecht der Paulskirchenverfassung an, so dass ein Frauenwahlrecht nach allgemeinem Verständnis gar nicht erst in Betracht kam. Auch nach dieser Wahlrechtsreform blieben – vor allem infolge des Zensus und der Beschränkung auf Männer – noch immer etwa 90 Prozent der Bevölkerung von der Wahl ausgeschlossen.

In den 1870er Jahren wurde in Sachsen als Teil einer umfassenden Verwaltungsreform eine Reform der Gemeindeverfassung in Angriff genommen und auf der Ebene der Amts- und Kreishauptmannschaften weitere Vertretungskörperschaften der Kommunal- bzw. Mittelebene der Verwaltung eingerichtet. Diese gingen ebenfalls aus Wahlen hervor, doch waren Frauen hier ausdrücklich von Stimmrecht und Wählbarkeit ausgeschlossen.

Erste Ansätze zur Revision der Städte- und Landgemeindeordnungen seit dem Landtag von 1869/70 strebten ein einheitliches Bürgerrecht in den Städten und Landgemeinden nach süddeutschem Vorbild an und schlossen Frauen vollständig von Stimmrecht und Wählbarkeit zu den Gemeindevertretungen aus. Dagegen führten die RevStO, die RevLGO und die StOmkSt von 1873 die Strukturen der bisherigen Gemeindeverfassung – also vor allem auch die Aufteilung in mehrere Gesetze mit dem Versuch einer Anpassung an städtische und ländliche Gegebenheiten – im Wesentlichen fort. In den Städten konnten Frauen die Mitgliedschaft in der Stadtgemeinde unter denselben Voraussetzungen wie Männer erlangen und wurden beim Erwerb des Bürgerrechts sogar insofern besser als diese gestellt, da sie hierzu nicht mehr verpflichtet waren. Nicht nur die Zahl der zum Erwerb des Bürgerrechts Berechtigten wuchs mit der RevStO deutlich an, sondern auch die der stimmberechtigten Bürger. Zwar bestand hinsichtlich des Frauenstimmrechts im

Regierungsentwurf der RevStO Klarstellungsbedarf, da der Ausschluss der Frauen vom Stimmrecht lediglich aus den Gesetzesmotiven, nicht aber aus dem Gesetzestext selbst hervorging. Aber nur ein Abgeordneter trat in der Zweiten Kammer für das Frauenstimmrecht in den Städten – erfolglos – ein.

Auch die RevLGO sah für Frauen die Gemeindemitgliedschaft in den Landgemeinden unter denselben Voraussetzungen wie für Männer vor. Mit der Frage des Stimmrechts der Frauen setzten sich die Stände erneut auseinander: Die Positionen gingen vom generellen Stimmrechtsentzug durch Anpassung an die Regelungen der RevStO bis hin zu einer Ausweitung des Stimmrechts auch auf die unansässigen Frauen. Doch behielt die RevLGO das Stimmrecht letztlich nur für die ansässigen Frauen bei. Uneinigkeit hatte hinsichtlich einer Vertretung der Frauen bei der Stimmabgabe bestanden. Obwohl man einerseits einem doppelten Stimmrecht in der Gemeinde kritisch gegenüberstand, hielt man es andererseits für unbillig, das Stimmrecht verheirateter Frauen immer dann ruhen zu lassen, wenn der Ehemann ein eigenes Stimmrecht ausüben wollte. Letztlich entschieden sich die Stände für ein ausnahmsweise doppeltes Stimmrecht des selbst stimmberechtigten Ehemannes, der zugleich seine Frau bei deren Stimmabgabe vertreten musste. Unverheiratete ansässige Frauen übten ihr Stimmrecht auch weiterhin persönlich aus.

Im Zuge der Zweiten Staatsreform entwickelten sich Ansätze einer Selbstverwaltung auch in anderen Bereichen des öffentlichen Lebens. Das betraf etwa die mit der Kirchenvorstands- und Synodalordnung von 1868 neu eingerichteten Kirchenvorstände. Hier waren aber ebenso ausschließlich Männer stimmberechtigt und wählbar, wie zunächst auch zu den Handels- und Gewerbekammern. Eine Ausnahme bildet die in den 1880er Jahren durch Reichsgesetz geschaffene Sozialversicherung, die Frauen wenigstens teilweise ein Stimmrecht zu den Vertretungen der Kassen einräumte, welche mit der RVO von 1911 sogar noch ausgeweitet wurde. Diese Partizipationsrechte dienten der Frauenstimmrechtsbewegung als willkommene Argumentationsgrundlage für eine Einführung des politischen Frauenstimmrechts.

Da das allgemeine Einkommensniveau wie auch die Wahlbeteiligung anstiegen, gelang den Sozialdemokraten im Jahre 1877 zum ersten Mal der Einzug in die Zweite Kammer. Schon kurz darauf erhoben sie dort die Forderung nach einer Demokratisierung des Wahlrechts erstmals auf einem Landtag. Es gelang ihnen zunehmend, ihre Anhängerschaft zu verbreitern und für eine Teilnahme an den Wahlen zu mobilisieren. Anfang der 1890er Jahre nahmen erstmals mehr als die Hälfte der Wahlberechtigten auch an den Landtagswahlen teil. 1895 verfügten die Sozialdemokraten über 14 Sitze in der Zweiten Kammer.

Die Forderung nach Einführung des Wahlrechts auch für Frauen war von den Sozialdemokraten im Jahre 1881 in das Parteiprogramm aufgenommen und in der Zweiten Kammer der Ständeversammlung erstmals auf dem Landtag von 1893/94 erhoben worden. Grundlage hierfür war vor allem AUGUST BEBELS Hauptwerk „Die Frau und der Sozialismus“ aus dem Jahre 1879, in dem er die Gleichberechtigung der Frau im Rahmen einer neuen Staats- und Gesellschaftsordnung forderte. Eine Gleichberechtigung der Frau nach den bestehenden Gesetzen, wie sie die bürgerliche Frauenbewegung forderte, lehnte er dagegen ab. Die SPD blieb bis zum Jahre 1910 die einzige Partei in Deutschland, die für das Frauenwahlrecht eintrat.

Die bürgerlichen Parteien, die sich für den gemeinsamen Kampf gegen die Sozialdemokratie bereits 1877 zu einem Kartell der Ordnungsparteien zusammengeschlossen hatten, setzten im Jahre 1896 unter großen öffentlichen Protesten im Einvernehmen mit der Staatsregierung die Einführung eines Dreiklassenwahlrechts nach preußischem Vorbild in Sachsen durch. Es war zwar nicht beabsichtigt, bisher Wahlberechtigten das Wahlrecht zu entziehen und auch die Sozialdemokraten sollten von einer Vertretung in der Zweiten Kammer nicht vollständig ausgeschlossen, sondern ihr Einfluss lediglich zurückgedrängt werden. In seiner tatsächlichen Wirkung war das Dreiklassenwahlrecht aber verheerend: Die wenigen vermögenderen Wähler in der Ersten und Zweiten Abteilung konnten die Besetzung der Zweiten Kammer praktisch unter sich allein ausmachen. Die Wähler der Dritten Abteilung, zu der die ganz überwiegende Zahl aller Wahlberechtigten einschließlich der sozialdemokratischen Wähler gehörte, konnten selbst keine Kandidaten durchbringen. Der Sturm des öffentlichen Widerstandes gegen diesen „Wahlrechtsraub“, der überwiegend von den Sozialdemokraten, aber auch von bürgerlichen Kräften ausging, mündete nach langwierigen Beratungen der Ständeversammlung im Jahre 1909 schließlich in das Pluralwahlsystem, das ältere, gebildete und vermögende Wähler durch Zuerkennung von zusätzlichen, insgesamt bis zu vier Wahlstimmen bevorzugte.

Während sich die RevLGO in den Landgemeinden mit vorwiegend agrarischem Charakter durchaus bewährte, bereiteten gerade die Regelungen zu Stimmrecht und Wählbarkeit in den bevölkerungsreichen, gewerblich geprägten Landgemeinden im Umfeld der großen Städte zunehmend Schwierigkeiten. Nicht fest in der Gemeinde verwurzelte, in der Regel zugewanderte und zugleich vorwiegend sozialdemokratisch eingestellte jüngere Arbeiter, drängten die alteingesessenen, ansässigen Gemeindemitglieder in eine Minderheitenrolle. Eine Reihe dieser Landgemeinden konnte über Petitionen bei den Ständen eine Anwendung des städtischen Wahlrechts im Wege von Ausnahmegenehmigungen erwirken. Für die bisher in diesen Landgemeinden stimmberechtigten Frauen bedeutete die Anwendung der Regelungen der RevStO den Verlust ihres Stimmrechts. Im Jahre 1886 wurden dann die Voraussetzungen des Gemeindewahlrechts in der RevLGO zu Ungunsten vor allem der unansässigen Arbeiterschaft generell verschärft und damit die Anzahl der stimmberechtigten Unansässigen deutlich vermindert. Das Frauenstimmrecht als solches blieb hiervon insofern unberührt, da die Verschärfungen – vor allem die Anhebung der Altersgrenze für das Stimmrecht auf 25 Jahre – unabhängig von der Frage des Geschlechts erfolgten. In den Landgemeinden, die zur städtischen Verfassung insgesamt wechselten oder die Voraussetzungen der Stimmberechtigung der RevStO übernahmen, verloren Frauen ihr Stimmrecht.

Infolge der zunehmenden Wahlerfolge der Sozialdemokraten führten die größeren Städte mit Ortsgesetz ebenfalls Wahlrechtsbeschränkungen in Anlehnung an das Dreiklassenwahlrecht ein. Das führte zu ähnlichen Wirkungen wie auf Landesebene und ließ auch hier das Interesse der so benachteiligten Wähler am Wahlausgang schwinden.

Als weiteres Zugeständnis an die großen Industriedörfer wurde mit der Änderung der RevLGO von 1912 ein gesetzlich geregelter Sonderstatus für die größeren Landgemeinden geschaffen. Diese konnten u. a. ein Gemeindebürgerrecht einführen, dessen konkrete Ausgestaltung jedoch nicht geregelt war. Frauen konnten hier unabhängig von ihrem Stimmrecht in die gemischten Ausschüsse gewählt werden.

Die Novelle brachte auch für die übrigen Landgemeinden eine Änderung hinsichtlich des Frauenstimmrechts: In Abweichung vom Regierungsentwurf hatte sich in den Beratungen der Stände die Auffassung durchgesetzt, verheirateten Frauen immer dann die persönliche Stimmabgabe zu gestatten, wenn der Ehemann sich für die Ausübung seines eigenen Stimmrechts entschied und nicht für das seiner Ehefrau. Zwar standen damit verheiratete Grundbesitzerinnen deutlich besser als bisher da, der Kreis stimmberechtigter Frauen an sich blieb aber unverändert.

Für die Entwicklung der Frauenbewegung bestanden in Sachsen im Gegensatz zu anderen Staaten des Deutschen Bundes bzw. Kaiserreichs günstigere rechtliche Rahmenbedingungen, da sich Frauen hier aufgrund ihrer weitgehenden Gleichstellung im Vereins- und Versammlungsrecht mit den Männern auch schon vor dem Reichsvereinsgesetz von 1908 gleichermaßen an politischen Vereinen und Versammlungen beteiligen konnten. Dagegen war als Reaktion auf die intensive publizistische Tätigkeit von LOUISE OTTO-PETERS Frauen im sächsischen Presserecht die Möglichkeit eigenständiger redaktioneller Tätigkeit ausdrücklich untersagt worden.

Im Mittelpunkt der Bemühungen der bürgerlichen Frauenbewegung stand zunächst die Verbesserung von Bildungs- und Berufschancen und die Stellung der Frau im Familienrecht. Im Gegensatz zu den Sozialistinnen fühlte man sich zu parteipolitischer Neutralität verpflichtet. Dabei sah man das Frauenstimmrecht teils als Voraussetzung und teils als Ziel dieser Bestrebungen an, trat aber mehrheitlich erst nach der Wende zum 20. Jahrhundert dafür ein. Wiederholte inhaltliche wie persönliche Differenzen führten dazu, dass sich der 1902 in Hamburg gegründete „Deutsche Verein für Frauenstimmrecht" in bis zu drei Verbände aufspaltete, von denen der Ursprungsverein, der einen gemäßigten Kurs verfolgte, bis zu seiner Auflösung unter der Führung der Dresdnerin MARIE STRITT stand.

Die Vereine der bürgerlichen Frauenbewegung Sachsens und Einzelpersonen brachten wiederholt Petitionen bei den sächsischen Ständen und auch beim Reichstag ein, in denen sie mehr Rechte für Frauen und insbesondere das Frauenwahl- und Frauenstimmrecht einforderten. Man war der Ansicht, dass Frauen vor allem durch ihre Mitarbeit in der kommunalen Wohlfahrtspflege sich zunächst ihr Stimmrecht in den Kommunen „verdienen" müssten und später dann ebenso das Wahlrecht auf Landes- und Reichsebene.

Zwar blieben diese Petitionen hinsichtlich der Stimmrechtsforderung – abgesehen von der Frage der persönlichen Stimmabgabe stimmberechtigter Ehefrauen im Rahmen der Novelle der RevLGO im Jahre 1912 – weitgehend erfolglos. Es konnten durchaus einzelne sozial- und bildungspolitische Forderungen z. T. realisiert werden. Später lösten die Stimmrechtspetitionen dann zumindest Debatten um die Frauenstimmrechtsfrage unter den Abgeordneten aus und zwangen die Parteien, Position zu beziehen. Während die Sozialdemokraten unverändert das allgemeine und gleiche Verhältniswahlrecht für beide Geschlechter einforderten, lehnten die Konservativen das Frauenwahlrecht bis zuletzt ab. Die übrigen, bürgerlichen Parteien verhielten sich abwartend und teils auch zustimmend, wollten die Entscheidung aber weitgehend auf die Zeit nach dem Ende des Krieges aufschieben. Einigkeit bestand lediglich darüber, dass die Frauen in der Kriegswirtschaft und Wohlfahrtpflege große Leistungen erbracht hätten.

Das aus langwierigen Verhandlungen hervorgegangene Pluralwahlrecht aus dem Jahre 1909 kam kriegsbedingt nur einmal zur Anwendung. Dabei verdoppelte die Wahlbeteiligung sich im Vergleich zu den vorangegangenen Wahlen nahezu und die SPD wurde mit 53,8 Prozent zwar stärkste Kraft, holte aber infolge der Möglichkeit, Mehrfachstimmen abzugeben, nur 25 von 91 Mandaten der Zweiten Kammer.

Noch kurz vor dem Ende der Monarchie gab es dann zwar Bestrebungen nach einer Demokratisierung des Wahlrechts sowohl in Sachsen als auch auf

Reichsebene. Infolge der Ereignisse der Novemberrevolution konnten diese aber weder konkrete Formen – auch in Bezug auf eine etwaige Einbeziehung von Frauen – annehmen, geschweige denn zur Ausführung gelangen. Nachdem der Rat der Volksbeauftragten am 12. November 1918 mit dem allgemeinen, gleichen und geheimen Wahlrecht nach den Grundsätzen der Verhältniswahl für alle öffentlichen Körperschaften auch das Frauenwahlrecht eingeführt hatte, konnten an der Wahl der Volkskammer am 2. Februar 1919 nun endlich Frauen gleichberechtigt teilnehmen. Von den 42 Kandidatinnen für sechs verschiedene Parteien waren infolge ihrer schlechten Listenplatzierung aber nur drei erfolgreich.

Befürchtungen seitens der Frauenbewegung, dass die Einführung eines Rätesystems den Bemühungen um das Frauenstimmrecht einen dauerhaften Rückschlag versetzten könnte, kamen nicht zum Tragen, da auch die regierende MSPD sich für den Parlamentarismus entschieden hatte.

In der Sächsischen Verfassung, die am 12. November 1920 in Kraft trat, war dann erstmals das Wahlrecht der Frauen verankert und im neuen Landeswahlgesetz geregelt. Bis zum vorläufigen Ende des demokratisch gewählten Landtags im Jahre 1933 zogen in Sachsen insgesamt 16 weibliche Abgeordnete in den Landtag ein.

Auch die Neuordnung des kommunalen Wahlrechts im November 1918 eröffnet den sächsischen Frauen die gleichberechtigte Beteiligung an den Gemeindewahlen, doch waren sie hier ebenso unter den Kandidaten wie unter den Gewählten deutlich in der Minderheit. Hinsichtlich des Status von Frauen in den gemischten Ausschüssen musste seitens der Regierung zugunsten der Frauen Klarheit geschaffen werden. Abgesehen von den verschiedenen Anpassungen an die veränderten Verhältnisse galten nämlich die RevStO, die StOmkSt und die RevLGO noch bis zur grundlegenden Neuordnung der Kommunalverfassung durch die Gemeindeordnung von 1923 fort. Diese behielt dann das demokratische Verhältniswahlrecht ohne Unterschied des Geschlechts bei.

Auch zu den Bezirksversammlungen, Bezirksausschüssen und Kreisausschüssen besaßen Frauen seit 1918 das aktive wie passive Wahlrecht. Aufgrund des ungünstigen indirekten Wahlrechts dieser Körperschaften waren jedenfalls anfangs in den vier Kreisausschüssen keine Frauen vertreten.

In der sächsischen Wahlrechtsentwicklung während der Zeit von der Verfassungsgebung im Jahre 1831 bis hin zum revolutionären Umbruch im Jahre 1918 zeigt sich das Merkmal des Geschlechts zwar als ein wesentliches, aber eben auch nur als *ein* Ausschlusskriterium von vielen. Zugleich war einer großen Zahl von Männern aus anderen Gründen, vor allem wegen fehlendem

Besitzes, das Wahl- bzw. Stimmrecht verwehrt geblieben. In die Bestrebungen nach Demokratisierung und politischer Mitbestimmung erlangte die Forderung nach dem Frauenstimm- bzw. Frauenwahlrecht erst in der Zeit der sozialdemokratischen Massenbewegung gegen Ende des 19. Jahrhunderts politische Bedeutung und wurde mit dem Einzug sozialdemokratischer Abgeordneter in die Zweiten Kammer der Sächsischen Ständeversammlung erstmals zum Gegenstand parlamentarischer Auseinandersetzungen.

Zwar gab es in Sachsen schon vor 1918 ein Frauenstimmrecht für Grundbesitzerinnen in den Landgemeinden. Doch war dieses als politisches Instrument faktisch bedeutungslos. Es war überhaupt nur dazu gedacht, dem dahinterstehenden Grundbesitz – wenn er sich mehr zufällig gerade in der Hand einer Frau befand – eine Vertretung in der Gemeinde einzuräumen. Da es aber nur sehr wenige stimmberechtigte Frauen gab, die dann auch noch kaum geneigt waren, von ihrem Stimmrecht Gebrauch zu machen, oder das Stimmrecht nur durch Vertretung des Ehemanns ausüben konnten, besitzt dieses Frauenstimmrecht bestenfalls eine Bedeutung für die Interessenverfolgung im konkreten Einzelfall. Bei der Erweiterung des Stimmrechts auf die Unansässigen blieben Frauen ebenso unberücksichtigt wie bei den verschiedenen Änderungen des Landtagswahlrechts. Erst in den letzten Jahren wurde die politische Mitbestimmung von Frauen überhaupt zu einem ernsthaft von den Kammern diskutierten Thema. Bis zuletzt zeichneten sich für ein Frauenwahlrecht zur Zweiten Kammer keine politischen Mehrheiten ab. Erst der abrupte Einschnitt der Novemberrevolution in die Verfassungsentwicklung brachte den entscheidenden Umbruch im Sinne der sozialdemokratischen Forderungen nach einem allgemeinen Wahlrecht für *beide* Geschlechter.

Doch auch bei den ersten Wahlen zu Beginn des Jahres 1919 blieben Frauen im Landtag und den Gemeindevertretungen deutlich unterrepräsentiert. Weibliche Kandidaten traten von vornherein nur in geringer Zahl an und besaßen außerdem in der Regel nur eine sehr ungünstige Listenplatzierung.

Das heute geltende Wahlrecht tritt uns somit als das Ergebnis einer rechts- und verfassungshistorischen Entwicklung entgegen, die im Wesentlichen mit der Französischen Revolution einsetzte und im Grundgesetz und den Nachkriegsverfassungen der Länder ihren vorläufigen Abschluss fand. Sein Wandel ist das Spiegelbild des wachsenden Bedürfnisses nach demokratischer Legitimation.[2700] Parallel mit diesem Prozess ging ein Wandel des Menschenbildes einher, der auch die gesellschaftliche wie politische und rechtliche

[2700] vgl. ROSENBUSCH, Frauenwahlrecht, S. 26f.

Stellung der Frauen betraf und zu ihrer weitgehenden Gleichberechtigung gegenüber den Männern führte. Das Wahl- und Stimmrecht der Frauen ist damit unablösbarer Bestandteil der Wahlrechtsentwicklung insgesamt.